INTRODUCTION TO PERSONALITY
Toward an Integrative Science of the Person
8th Edition

パーソナリティ心理学
全体としての人間の理解

W. ミシェル | Y. ショウダ | O. アイダック 共著

黒沢 香 | 原島雅之 監訳

培風館

訳者一覧

(2010年4月現在)

黒沢　香（くろさわ かおる）	東洋大学社会学部教授，Ph.D. 〔監訳〕
原島　雅之（はらしま まさゆき）	千葉大学地域観光創造センター特任研究員 〔監訳，14，15章〕
川野　健治（かわの けんじ）	国立精神・神経センター精神保健研究所保健計画部，博士（人間科学） 〔1章〕
鈴木　麻里子（すずき まりこ）	株式会社 日本能率協会マネジメントセンター 〔2章〕
萩生田　伸子（はぎうだ のぶこ）	埼玉大学教育学部教育心理カウンセリング講座准教授，博士（学術） 〔3，18章〕
鈴木　公啓（すずき ともひろ）	東洋大学非常勤講師，博士（社会学） 〔4章〕
森　秀都（もり ひでと）	埼玉県立小児医療センター保健発達部 〔5，6章〕
今尾　真弓（いまお まゆみ）	名古屋大学非常勤講師，臨床心理士，博士（心理学） 〔7章〕
酒井　久美代（さかい くみよ）	日本女子体育大学体育学部教授 〔8，12章〕
大久保　智生（おおくぼ ともお）	香川大学教育学部准教授，博士（人間科学） 〔9章〕
荒川　歩（あらかわ あゆむ）	名古屋大学法学研究科特任講師，博士（心理学） 〔9，10章〕
増田　公男（ますだ きみお）	金城学院大学人間科学部教授 〔11章〕
岸本　陽一（きしもと よういち）	近畿大学総合社会学部教授 〔11章〕
山上　真貴子（やまがみ まきこ）	お茶の水女子大学教育研究特設センターアソシエート・フェロー 〔13，16章〕
高崎　文子（たかさき ふみこ）	清泉女学院大学人間学部准教授，博士（人間科学） 〔17章〕
菅野　幸恵（すがの ゆきえ）	青山学院女子短期大学子ども学科准教授，博士（心理学） 〔18章〕

Introduction to Personality: Toward an Integrative Science of the Person, Eighth Edition

by

Walter Mischel, Yuichi Shoda, & Ozlem Ayduk

Copyright © 2007 by John Wiley & Sons, Inc. All Rights Reserved. Authorized translation from the English language edition published by John Wiley & Sons, Inc.

本書の無断複写は，著作権上での例外を除き，禁じられています。
本書を複写される場合は，その都度当社の許諾を得てください。

序文および本書の構成

　パーソナリティ心理学は，人の全体的な側面における一貫性や独自性を研究するため，心理学の一分野として確立されてきた（Allport, 1937）。パーソナリティ心理学の願いは，人の機能や構造，重要な個人差の性質などの理解に必要な分析レベルの中心的拠点となることであり，それらの分析レベルは一つの大きな視点へと統合されることであった。

　その統合的な目標の代わりに，長年パーソナリティ心理学の分野や特にその文献（1971年の発行された本書の初版を含む）は，競合するアプローチや理論に分けられていた。つまり，ある特定の分析レベルにおけるアプローチが有用で「正しい」としたら，もう片方のアプローチやレベルは明らかに「間違い」で取るに足らないものであるに違いない，というようなものであった。そこで問題となるのは常に「どのアプローチが最もよいのか？」，「どちらのアプローチが優れているか？」であった。いくつかの教科書では，学生たちが最も正しいと感じるやり方で，そのコースを解釈するよう勧めるものさえあった。このようなやり方は，この分野における初期的もしくは前科学的な段階としては理解できるものの，成熟した科学においては恥ずべきものであり，学生たちを混乱させてしまうリスクがある。例えば，教科書で「有機化学の選択的視点」を提唱したら驚くことになるだろう。

　年月を重ねるにつれ，パーソナリティに対する異なる理論的アプローチがそれぞれ異なる問いを扱い，異なる分析レベルにおける現象に取り組んでいることが徐々に明らかになってきた。それゆえ，パーソナリティ全体の構造ではなく，それぞれ選択された側面だけをたいてい扱っている。これは，特に加速度的なペースで成長する分野における知識ベースとして，ある一人の研究者や理論家が研究したり，知ったりすることのできる範囲に限界をもたらしているとしたら，歴史的に理解できることである。しかしこのようなやり方は，統合の場もしくは中枢となるというパーソナリティ心理学本来の意欲的な使命を損なうものでもあった。そして，それは学者たちに1世紀にわたる多様な概念や研究知見をどのようにまとめるかの大きな視点を浮かび上がらせることを不可能ではないにせよ困難にし，そのコースにおける重要な点を弱め，それぞれの断片を組み合わせる感覚をもたらさなかった。しかしながら現在，胸を躍

らせるような挑戦が起こり始めており，パーソナリティ心理学は新たな段階へと進みつつある（例：Carver, 1996; Cervone & Mischel, 2002; Duke, 1986; Mischel, 2004, 2005; Morf, 2003）。この統合に向けた動きはいくつかの論文のタイトルからも感じることができ，例えば「パーソナリティ心理学の学際的役割についての再考と再主張——人間の性質に関する科学が社会・人文科学の中心であるべき」（Baumeister & Tice, 1996）などがあげられる。幸運なことに，異なる分析レベルや隣接領域における研究知見の急増は，少なくともそのおおまかな概要において，パズルの断片を合わせることを可能にするほど大きなものとなった。異なるレベルからの洞察は徐々にうまく互いに補うものとなり，より統合され蓄積された人間の全体像を確立する助けとなっているのである。

本書"*Introduction to Personality*, 8th edition"は，この新たな進展を反映しており，豊かな過去の知見に基づきつつ，さらに現在では社会における個人のより一貫した全体的な機能を念頭に入れ，蓄積された統合的科学としての，この分野における一つの視点を学生たちに提供するものである。この大きな変化に基づいて，7版と今回の8版では"*Toward an Integrative Science of the Person*"というサブタイトルをつけているが，これは統合的視点や実践的な応用，日常生活における個人的関心といった，より学生たちにとって明確で関心の高いテーマについて表したものとなっている。

同時に，本書はこの分野における豊富な知見からの貢献や本質的特徴の範囲を提供し続けている。そうするにあたり，今回の版では冒頭において，前世紀の数十年にわたりこの分野において形づくられてきた重要なアイデアや先駆的な研究たちをバランスよく網羅している。しかしそのねらいは，それぞれの分析レベルの知見がどのような話をし，互いに情報を伝えあうか，また，現在の科学やその持続的な成長にどのような貢献をなしえているかを引きだすことにある。

六つの主要な分析レベル（特性・性質，生物学・生理，精神力動的・動機づけ，行動・条件づけ，現象学的・人間性，社会認知的）における知見間の相互作用を，学生たちに示すために役立つさまざまな工夫をわれわれは用いている。本書を通して，それぞれのレベルにおける発見が，どのようにして人間全体の性質への理解を深めるかを，われわれは明らかにした。また，個人的な適応や自己理解，効果的な対処法といった実践的な応用についても，それぞれのレベルがいかに役立っているかも紹介している。先の7版同様，それぞれのレベルがそれらの問題にどのように取り組んでいるかについて，具体的な問いを学生に投げかけることによって，「科学の個人的側面」を強調している。統合というテーマに即しては，各部への序章は，それぞれの主要なセクションがより広い概念的枠組みのどこに位置づけられるのかを読者にわかりやすくさせるために用意されている。各部の終わりには，統合を促進させ次の部分へスムーズに移行できるよう，それぞれの部分のまとめのセクションを設けた。

序文および本書の構成　　iii

　六つの分析レベルそれぞれに存在する確固たる背景を紹介した後，それらの互いのつながりを指摘した本書の最後の部である「各分析レベルの統合──全人としての人間」では，現在までの他のパーソナリティ心理学のテキストではみられない，最も革新的な試みを引き続き行っている。この8版においては大幅な改訂を行い，この部分は三つの新しい，最新のパーソナリティ心理学の背景に焦点をあてた統合的な章から構成された。これらの章では，全体的な人間の性質やパーソナリティシステムの考え方に対する理解を深めるために，すべてのレベルの間の相補的な関係を明らかにしている。そこでは，本書を通して概観している各分析レベルにおける研究からの持続的な貢献について扱うと同時に，パーソナリティの科学における先駆的な知見を描く，統合的なシステムのタイプについて説明している。われわれはこれらの章において，自らおかれている状況や文化の中に，積極的に機能し適応するための自己制御や目標追求に関与する人について考察した。
　本書の全体的な構成はページ下部の図によって示されているように，六つのレベルがそれぞれ統合へと流れていき，統合にあたる最後の3章において，それぞれのレベルがいかにして人間の全体像の理解に貢献するかを説明している。
　本書の多くの部分は今回の8版のために書き直されているが，最も優れた実績ある特色だけは残されている。広範囲にわたる書き直しは，近年のパーソナリティ心理学における持続的な成長と変化を反映させたものとなっている。しかし，それはまた今日の学生にとって読みやすく，刺激的で参考になるものであると同時に，個人的に関心をもち楽しみながら学ぶことができることを目的として行われたことでもある。
　筆者たちがパーソナリティ心理学のコースにおいて，学部生を指導してきた経験は合算すると50年以上の年月にわたることになるが，それらの経験に基づいた新たな

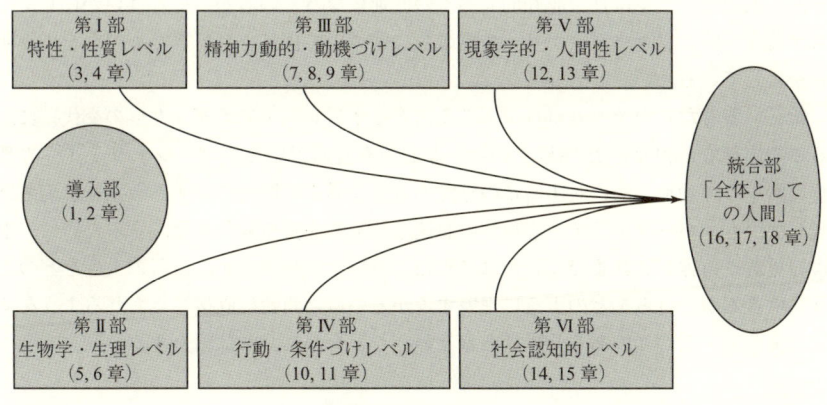

図　本書の構成

工夫が学習を促進すると考えられる。その一つの重要な教育的な工夫として，7版から引き続き採用し，今回の版ではさらに拡大された，問題が本文中の重要な概念や事実に続いてあげられている。この問題は，読者が積極的に内容を理解することを手助けするとともに，スタディガイドや内容を思い出す際の手がかりとしても機能するようにデザインされたものである。これは統制された研究における教育的調査に基づいており，そこではこのような問題を投げかけることによって，概念や事実をよりよく記憶に保持できることが示されている。筆者らが指導する学生たちに対しても，このアプローチは成功していた（無作為に選んだ学生のグループに行ったところ，問題を与えなかった学生たちに比べて，目覚ましくテストの得点が増加した）ことから，われわれは本書において不可欠な学習ツールとして採用することとした。効果的に重要なポイントを強調するため，詳細かつ包括的な箇条書きによる要約をそれぞれの章の最後に配置し，必要な章においては概要的なまとめのセクションも用意した。

それぞれの版の作成は，われわれが自分たちの専門分野について，より多くを学ぶというすばらしい冒険のようなものである。教師や学生のいずれにおいても，パーソナリティ心理学の現在と未来についてわれわれが抱いたような興奮と，豊かな過去の遺産に対する感謝の気持ちを共有することを願っている。これまでの版に対してなされた読者の方々からのコメントは，本書のそれぞれの版の作成や修正の助けとなっており，皆さんの指摘に対して耳を傾け，それに対して反応してきたとわれわれは信じている。これらの変化の一つは新たな部の配置や章の順序などにおいてみることができる。目次に示されているように，部や章の順序は，われわれの教育活動と同様に，本書を手に取った教師たちの最近の経験に基づくフィードバックを反映したものである。特に，生物学・生理レベルは特性・性質レベルの直後になっているが，それによってこれら二つの緊密なつながりがよりわかりやすくなっている。同様に，現象学的・人間性レベルは社会認知的レベルの直前になっているが，それはいかにして後者が前者（特にジョージ・ケリーの貢献）に基づいて構築されてきたものかをより明らかにしている。

新しい著者たちのチーム（ロン・スミスからオズレム・アイダックへの交代）によるこの広範な改訂は，25％以上の新たな記述を含んでいる。パーソナリティへの理解に関する理論や手法に対するこの分野の豊かな過去の歴史に対する敬意や忠実さは残しつつも，パーソナリティ心理学の急速な持続的成長や変化を反映するために，本書の更新や再編がこれまでに行われてきた。パーソナリティが，自らの人生をどのように生きるか，自らをどのように理解するかといった問題に直接答えられるような活気に満ちた，広がりのある分野であるということをわれわれは紹介する。

ウォルター・ミシェル，ユウイチ・ショウダ，オズレム・アイダック

謝　辞

　筆者らはここで名前をあげている方よりも，もっと多くの方々の多大な恩義を受けている。ウォルター・ミシェルは，この分野の構築に貢献した歴史上の先駆者たちから直接学び，また研究をともに行うという大きな恩恵を受け，おおいなる影響を受けた。特に，オハイオ州立大学での指導教官であるジョージ・ケリーとジュール・ロッター，ハーバード大学時代の先輩であるゴードン・オールポート，ヘンリー・マレー，デビット・C・マクレランドであり，彼ら全員にいまでも感謝している。そして，同様にスタンフォード大学にいた20年以上の間や，さらにそれ以上の期間に至るコロンビア大学においてえた，数多くの親しい同僚たちにも感謝している。また，ここで名前をあげることもできないほど数多くのすばらしい教え子たちのおかげで50年以上にわたる心理学者としてのキャリアはとても刺激的なものとなった。

　ユウイチ・ショウダは1980年代初頭にカリフォルニア大学サンタクルーズ校において心理学を学び始めたが，エリオット・アロンソンやトム・ペティグルー，ブリュースター・スミス，そして特にデビッド・ハリントンにはお世話になった。大学院生時代を過ごしたスタンフォード大学やコロンビア大学では，指導教官や同僚たちであるローレンス・アバー，オズレム・アイダック，アルバート・バンデューラ，ジェラルディン・ダウニー，キャロル・ドゥエック，E・トリー・ヒギンズ，デビッド・クランツ，ロバート・M・クラウス，ロドルフォ・メンドーサデントン，フィリップ・K・ピーク，エヴァート・トーマス，ジャック・ライトらから科学に対するアプローチや哲学を，幸運にも学ぶことができた。特にダニエル・サーボーンのよいアイデアを大切にする姿勢，自らの分野に対する献身さなどには多大な影響を受け，それはいまでも彼の心をひきつけている。現在の所属であるワシントン大学の同僚であるロン・スミス，トニー・グリーンワルド，ブライアン・ラフェティ，そして数多くの教え子たち（最近ではビビアン・ザヤス）に感謝している。しかしながら最も重要なことに，パーソナリティを動的で多面的でありながら一貫した全体としてとらえるというビジョンを，よき師であり友人でもあるウォルター・ミシェルとともに20年以上にわたって追求してきたことをとても名誉に思っている。本書はこのビジョンを形にしたものである。

オズレム・アイダックはコロンビア大学心理学部社会心理-パーソナリティ学系において，ウォルター・ミシェル，ジェラルディン・ダウニー，ユウイチ・ショウダ，E・トリー・ヒギンズ，キャロル・ドゥエックなどにお世話になり，彼女や同僚の大学院生たちを訓練した。幸運なことにコロンビア大学は，社会心理学者あるいはパーソナリティ心理学者ではなく，社会-パーソナリティ心理学者を志すにあたって，とてもふさわしい環境であった。状況が及ぼす効果は，その状況に反応する個人差を説明することなしには理解しえず，また同時に，パーソナリティの概念について考える際には状況を考慮に入れる必要があるという考えは，現在においても彼女の研究の構想や実施に多大な影響を及ぼしている。

この8版の作成にあたって，ロドルフォ・メンドーサ-デントンとイーサン・クロスは草稿段階での貴重なコメントなど，重要な役割を果たした。ダイアン・リーダーとビビアン・ザヤスは，一般的な査読者からのフィードバックに期待されるより，はるかに献身的に詳細かつ膨大なコメントによって，初期段階の草稿の質をおおいに高めてくれた。われわれは彼らに感謝している。

エイミー・ブラム・コールとデニス・セベノヤンには特に大きな恩恵を受け，彼らは終わることのない草稿の作成に寛大な心で手を貸してくれ，最も初期の段階から最終段階に至るまで，前向きかつ勤勉にコメントし作業してくれた。また，教師用のマニュアルのデザインや予備調査などに加え，広範囲にわたる革新的な教育用の補足資料の開発にあたって，第一著者とともに緊密かつ長期にわたる作業も行ってくれた。

モーリン・クレンデニー，パティ・ドノバン，クリス・ジョンソンをはじめとする，編集や出版にかかわってくれたスタッフたちによる熱心に取り組みや，このプロジェクトをよりよくするために集中してくれたおかげで，本書の仕事を最初から最後まで楽しむことができた。われわれは心から彼らに感謝している。また，以下にあげる人々からのきわめて有益なコメントやサポートにも感謝している。そして，本書に貢献してくれたにもかかわらず，ここには名前をあげることのできなかった方々にはこの場を借りてお詫び申し上げる。

　　ドナ・ゲッツ，エルムハースト大学
　　ダイアン・リーダー，ジョージア工科大学
　　ミンディ・メカニック，カリフォルニア州立大学フラートン校
　　ハーバート・ミレルズ，オハイオ州立大学
　　カレン・プレガー，テキサス大学ダラス校
　　ロバート・ワイスコフ，インディアナ大学
　　ビビアン・ザヤス，コーネル大学

目　次

1章　パーソナリティ入門 ─────────────────────────── 1
1.1　パーソナリティ心理学とは何か　1
　　　安定して，首尾一貫した個人差　1
　　　パーソナリティ心理学における予測と理解　2
　　　パーソナリティの定義　3
1.2　パーソナリティ心理学における理論と分析のレベル　5
　　　初期の壮大なパーソナリティ理論　5
　　　大型理論から分析レベルの議論へ　5
1.3　パーソナリティ理論と分析のレベル──本書の構成　7
　　　●フォーカス1.1　パーソナリティ科学のパーソナルな側面　9
　　　特性・性質レベル　10
　　　生物学・生理レベル　10
　　　精神力動的・動機づけレベル　11
　　　行動・条件づけレベル　12
　　　現象学的・人間性レベル　13
　　　社会認知的レベル　15
　　　予期できなかった攻撃行動を理解するためのそれぞれのレベルにおける分析
　　　　　──テキサス・タワー乱射事件の事例　16
　　　パーソナリティ理論における分析レベルの統合──全体としての人間　20
　　　実践的応用──ストレス対処と個人的適応　21
要約　22／重要な用語　23／考えてみよう　23

2章　データ，研究法，研究手段 ─────────────────────── 25
2.1　なぜ，パーソナリティの科学が必要なのか──後知恵的理解を越えるもの　25
　　　●フォーカス2.1　ゲリー・Wの事例──自己描写　27
2.2　パーソナリティに関連する測定のいろいろ　28
　　　面接技法　29
　　　●フォーカス2.2　初期のパーソナリティ測度　30
　　　テストと自己報告法　30
　　　投影法　32
　　　自然観察法と行動サンプリング法　32
　　　遠隔的行動サンプリング法　34
　　　生理的機能と脳画像　34
　　　社会的認知についての実験的技法　37
2.3　概念的・技法的な研究手段　39
　　　構成概念と操作的定義　39
　　　例──「攻撃」という構成概念を定義する　40
2.4　観察された事象どうしの関係性を確立する　41
　　　相関関係──何と何が共変しているのか　42
　　　相関関係を解釈する　44

- **2.5 観察や測定の信頼性と妥当性　45**
  - 信頼性——測定結果は一貫しているか　45
  - 妥当性——何を測っているのか　46
  - ●フォーカス2.3　直接的な自己報告法が最も優れている場合もある　47
- **2.6 実験的アプローチ　48**
- **2.7 パーソナリティ研究における倫理　51**
- 要約　53／重要な用語　54／考えてみよう　54

第I部　特性・性質レベル　57

3章　類型論と特性論 ———————————————— 60

- **3.1 類型と特性　60**
  - 類　型　61
  - ●フォーカス3.1　タイプAパーソナリティという例　62
  - 特性——次元上の個人差　63
  - 特性帰属　64
- **3.2 特性理論家　65**
  - ゴードン・オルポート　65
  - レイモンド・B・キャテル　67
  - ハンス・J・アイゼンク　69
- **3.3 特性論の共通の特徴　71**
  - 特性の一般性と安定性　71
  - 特性と状態の区別　72
  - 基本的特性の探究　72
  - 数量化　72
  - 信頼性を増すために複数の状況にわたってデータを集積する　73
- **3.4 人間の属性の分類　74**
  - 心理辞書的アプローチ　74
  - 特性次元におけるビッグ5　75
  - 特性次元を見つけるための因子分析——NEO-PI-Rとビッグ5　76
- **3.5 根拠となるエビデンスと残された問題　78**
  - ビッグ5の有用性の全体像　78
  - ●フォーカス3.2　プロトタイプ——典型的な人々　80
  - 時間を越えた特性の安定性　81
  - ビッグ5での差異で人生と生活の結果を予測する　84
  - 限界，懸念，寄与　85
  - 特性と状況の相互作用　89
- 要約　90／重要な用語　91／考えてみよう　91

4章　性質の表出 ———————————————— 93

- **4.1 特性，状況，そしてパーソナリティのパラドックス　94**
  - 行動傾向の個人差　94
  - 一貫性の直感的前提　94
  - 1968年の挑戦　95
  - 明らかにされたパラドックス　95
  - 人か状況か論争　96

目次

- 4.2 状況を特性へ組みこむ　97
  - 「〜なら〜に」状況 - 行動徴候　98
  - ●フォーカス4.1　エンジンルームをのぞく　99
  - パーソナリティ類型の存在を示す徴候的な証拠　100
  - ゲリー・Wの行動徴候　102
  - 一貫性の二つのタイプ　103
  - 一貫性の二つのタイプの活用　104
- 4.3 パーソナリティ心理学における相互作用論　106
  - 人と状況の相互作用の意味　107
  - ●フォーカス4.2　敵意の三重類型論　109
  - 科学のルールとしての相互作用　110
  - パーソナリティのパラドックスの解決　111
  - 要約――特性・性質レベルにおける一貫性の表出　112
- 要約　113／重要な用語　114／考えてみよう　114

第I部のまとめ　特性・性質レベルにおける分析　116
- 概観――焦点，概念，方法　116
- 特性・性質レベルで認められた貢献　117

第II部　生物学・生理レベル　121

5章　遺伝とパーソナリティ　124
- 5.1 パーソナリティの遺伝的基礎　125
  - ヒトゲノムと遺伝　125
  - ●フォーカス5.1　ハチだって，そうしている
    ――社会行動における遺伝子と環境の相互作用について　128
- 5.2 双生児の研究　130
  - 双生児法　130
  - 双生児研究の結果　130
  - ●フォーカス5.2　抑制的な子ども――ケイガンの内気研究　134
  - 別々に育てられた双生児　136
  - 自己報告式尺度を越えて　138
  - ●フォーカス5.3　遺伝性と推定遺伝率　139
  - 遺伝か環境かという両断誤論　141
  - 要約　142
- 5.3 遺伝子と環境の相互作用　143
  - 家族の一人ひとりにとっての固有すなわち非共有の心理的環境　143
  - 氏や育ちの影響にみられる相互作用　146
  - ●フォーカス5.4　氏（遺伝）か育ち（環境）かではなく，遺伝と環境と　147
  - 遺伝子は環境にも影響を与える　148
  - 特定の遺伝子と行動のつながりについての研究　150
  - 因果のメカニズムにおける神経伝達物質系の役割　152
  - ●フォーカス5.5　生物学的要素と環境のもたらすストレスの相互作用と抑うつの発達　154
  - 人と状況の相互作用における遺伝と環境の影響　155
  - 社会環境が遺伝子の発現，脳，そしてパーソナリティを変化させる　155

ストレスは脳によくない　156
要約　157／重要な用語　158／考えてみよう　158

6章　脳，進化，パーソナリティ ―――――――――――――― 160
6.1　脳とパーソナリティのつながり　160
●フォーカス6.1　体型とパーソナリティに関する初期の理論　161
外向性と内向性の生物学的基礎（H. J. アイゼンク）　163
大脳の非対称性と個人差　164
●フォーカス6.2　BIS／BASと日常的な感情経験　167
神経症の生物学的基礎を探る　170
刺激欲求特性には特定の生物学的基礎があるのか　171
●フォーカス6.3　テストステロンと反社会的パーソナリティ　174
6.2　生物学的査定と変化　174
脳への新しい窓　175
扁桃体とパーソナリティ　176
生物学的治療法　177
6.3　進化論とパーソナリティ　180
進化的アプローチ　180
●フォーカス6.4　「生命に対するこの観点には壮大さがある」　181
パーソナリティにおける進化の意味　182
進化論と，学習における生得的制約　185
心理的メカニズムにおける固有性　186
ストレス対処における弁別性の価値　187
要約　188／重要な用語　189／考えてみよう　189

第II部のまとめ　生物学・生理レベルにおける分析 ―――――― 191
概観――焦点，概念，方法　191
生物学・生理レベルで認められた貢献　192

第III部　精神力動的・動機づけレベル　195

7章　精神力動論――フロイトの諸概念 ―――――――――――― 198
7.1　基本的前提――無意識の心的決定論　199
無意識　199
無意識への道　200
●フォーカス7.1　自由連想の進め方　202
7.2　心的構造論――心の解剖学的構造　203
イド――核心にある情熱　203
自我――現実，道理，秩序の担い手　205
超自我――完全，理想，超越を追求する最高判断者　206
フロイトの心的構造論およびその生物学的基盤についての再検討　207
7.3　葛藤，不安，そして精神力動　209
●フォーカス7.2　フロイトとオルポートのトラウマティックな出会い　210
葛藤　211
防衛――否認と抑圧　212

7.4　神経症　213
　　　　防衛が失敗するとき——神経症的不安と葛藤　213
　　　　神経症の起源　215
　　　　日常生活における精神病理——本心を見せてしまう「過ち」　216
　　　　動機決定論——無意識的要因　217
　　7.5　パーソナリティの発達　217
　　　　発達の各段階　217
　　　　●フォーカス7.3　幼児はどれだけ口唇的か？　218
　　　　固着と退行　221
　　　　フロイトの同一視の理論　221
　　7.6　フロイト理論の影響　222
　　　　人間のイメージ　222
　　　　健康なパーソナリティ　223
　　　　症状としての行動　224
　　要約　224／重要な用語　226／考えてみよう　226

8章　精神力動論の適用と過程　227
　　8.1　パーソナリティ査定への適用　228
　　　　仮面の下にある核心　228
　　　　臨床家への信頼　228
　　　　投影法　229
　　　　●フォーカス8.1　TATでゲリーがつくった物語　232
　　　　精神力動的な臨床的推論からみたゲリー・W——フロイト派の見方　233
　　8.2　マレー，ハーバード派人格学者たちと高次の動機　236
　　　　人生と生活を深く掘り下げた研究　236
　　　　査定方略——診断会議　236
　　　　●フォーカス8.2　スパイ要員の選抜——OSS査定プロジェクト　238
　　　　高次の動機　239
　　8.3　治療と変容　244
　　　　最初期の手法——自由連想と夢解釈　244
　　　　フロイトのトラウマ理論に関する現在の見解　245
　　　　転移関係と徹底操作　246
　　　　ゲリー・Wについての新しい精神力動的解釈　247
　　8.4　精神力動的過程——不安と無意識　248
　　　　無意識の抑圧という精神分析概念　249
　　　　知覚的防衛　251
　　8.5　無意識過程の現代の見解——適応的無意識　254
　　　　抑圧された記憶に関する論争——虐待の偽りの記憶？　255
　　　　自己開示することの価値　257
　　8.6　防衛のパターン——認知的回避における個人差　258
　　　　抑圧性‐鋭敏性　258
　　　　選択的注意　259
　　　　鈍麻型‐監視型　261
　　　　統制の役割——「知らぬが仏」がよいのはいつ？　262
　　　　医療情報を患者のスタイルに適合させる　262
　　要約　263／重要な用語　265／考えてみよう　265

9章　フロイト後の精神力動論 ─────────── 267
9.1　自我心理学と自己へ　267
アンナ・フロイトと自我防衛機制　268
　●フォーカス9.1　「アンナ」ちゃんとジグムント──フロイトによるフロイト的過ち　269
　●フォーカス9.2　実験室での反動形成の検証　273
カール・ユング　273
アルフレッド・アドラー　276
エリック・フロム　278
9.2　エリック・エリクソンのパーソナリティ発達の心理社会的理論　279
心理社会的発達段階　280
エリクソンの貢献　284
9.3　対象関係論と自己　285
「善悪の分割」　285
自己の発達　286
9.4　愛着──対象関係の根本　287
愛着理論　287
初期の愛着関係──安定／不安定型の愛着パターン　288
成人の関係における愛着　289
　●フォーカス9.3　親密な成人の関係における安定型-不安定型愛着と知覚されたソーシャル・サポート　290
コフートの理論　292
関係性療法と自己の回復　294
要約　295／重要な用語　296／考えてみよう　296

第Ⅲ部のまとめ　精神力動的・動機づけレベルにおける分析 ─────── 298
概観──焦点，概念，方法　298
精神力動的・動機づけレベルで認められた貢献　299

第Ⅳ部　行動・条件づけレベル　303

10章　行動主義の考え方 ─────────────── 306
10.1　精神力動論への行動主義的アプローチ──ダラードとミラー　307
神経症的葛藤──核心　307
10.2　葛藤を学習研究の用語によって位置づける　308
基本的欲求と学習　310
精神力動的行動理論に対する反応　315
10.3　古典的条件づけ──学習性情動連合　316
古典的条件づけはどのように起こるか　316
高次条件づけ　318
　●フォーカス10.1　神経症の精神力動論に対する行動主義の挑戦　320
トラウマから不安へ　321
10.4　オペラント条件づけ（道具的学習）──B. F. スキナーの貢献　322
オペラント条件づけはどのように起こるか──反応の結果から学ぶ　323
スキナーの基本的なアプローチ　323

目次　　　　　　　　　　　　　　　　　　　　　　　　　　　xiii

　　　　状況の重要さ――刺激の役割　324
　　　　推論された動機の否定　325
　　　　般化した条件性強化子　327
　　　　日常生活における弁別と般化　327
　　　　漸次的接近法による行動形成　328
　　　　結果のパターン化――強化のスケジュール　329
　　　　迷信行動――不合理な反応につながる強化の獲得　330
　　　　罰　331
　　　　スキナー自身の行動　332
　　　　　●フォーカス10.2　スキナーが分析するスキナー　332
　　　　学習の二つのタイプのまとめ　333
　　要約　333／重要な用語　334／考えてみよう　334

11章　行動の分析と変容 ―――――――――――――――――― 336
　11.1　行動査定の特徴　336
　　　　事例――ゲリーの不安を「支配している」条件　337
　11.2　直接的な行動の測定　339
　　　　状況的な行動サンプリング　339
　　　　効果的な報酬を探す　341
　11.3　行動を統制する条件を査定する　342
　　　　機能分析――基礎的手法　343
　　　　機能分析――事例　345
　11.4　情動反応を変える　348
　　　　脱感作――不安の克服　348
　　　　条件性嫌悪――刺激を嫌うようにする　351
　　　　コカイン依存の治療例　351
　11.5　行動を変える　353
　　　　症例――多動　353
　　　　　●フォーカス11.1　報酬は裏目に出るかもしれない　354
　　　　随伴性管理――薬物乱用を統制する契約　355
　　　　　●フォーカス11.2　強化が不十分だから抑うつに　356
　　　　症状代理形成が起こるのか　358
　　　　人ではなく，行動の結果を評価する　359
　　　　行動の変容はパーソナリティを変えるか　360
　　要約　361／重要な用語　362／考えてみよう　363

第IV部のまとめ　行動・条件づけレベルにおける分析 ―――― 364
　　　　概観――焦点，概念，方法　364
　　　　行動・条件づけレベルで認められた貢献　365

―――――――――――――――――――――――――――――――

　　　　　　　　第V部　現象学的・人間性レベル　367

―――――――――――――――――――――――――――――――

12章　現象学的・人間性レベルの諸概念 ―――――――――― 370
　12.1　現象学的・人間性的視点の源流　371
　　　　人間性心理学，現象学，実存主義の定義　371

　　　　　●フォーカス12.1　同じ職場で生まれた異なる分析レベルの創始者たち　373
　　　　オルポートの機能的自律性　374
　　　　レヴィンの生活空間　375
　　　　現象学と実存主義——いま・ここで　377
　12.2　カール・ロジャーズの自己理論　379
　　　　独自の経験——主観的世界　379
　　　　自　己　実　現　379
　　　　　●フォーカス12.2　マズロー理論における欲求としての自己実現　380
　　　　自　　　己　381
　　　　一致と肯定的配慮　382
　　　　自　己　決　定　383
　　　　クライエント中心療法　384
　　　　ロジャーズが振り返った自分の研究　386
　12.3　ジョージ・ケリーのパーソナル・コンストラクトの心理学　387
　　　　その人のコンストラクトとパーソナリティ　387
　　　　パーソナル・コンストラクトの特徴　388
　　　　パーソナル・コンストラクトの探究　389
　　　　パーソナル・コンストラクトからみたゲリー・W　390
　　　　パーソナル・コンストラクトの参照行動例　392
　　　　わけのわからない行動パターンの根本にある意味　393
　　　　科学者としての人間　394
　　　　コンストラクトには多くの見方が可能　395
　　　　たくさんの役割　396
　　　　「人は自分が理解したもの」という自己決定　397
　12.4　共通のテーマと問題　397
　　　　知覚された世界　397
　　　　成長と変化と自由の可能性　398
　　　　　●フォーカス12.3　行動主義理論と実存主義の意外な類似性　399
　要約　400／重要な用語　401／考えてみよう　401

13章　内面へのまなざし ────────── 403
　13.1　内的経験を探る　403
　　　　なぜ自己が大事なのか——自己不一致の結果　403
　　　　　●フォーカス13.1　自己不一致の影響——拒食症　406
　　　　本人の目を通した見方　407
　　　　自己査定の利用　408
　　　　Qソート法　409
　　　　面　　　接　410
　　　　SD法　411
　　　　非言語コミュニケーション　412
　　　　人生を内側から研究する——心理的伝記法　413
　　　　ナラティブによる同一性——人生と生活に意味を与える語り　414
　13.2　自覚を強める——自分の体験に接近する　415
　　　　集　団　経　験　416
　　　　瞑　　　想　418
　　　　経験と無意識　419
　　　　つらい情動に接近する——催眠による探求　420
　　　　意識の中をのぞきこむ——主観的経験の脳画像　421
　　　　主観的経験を自己開示することの重要性　421

目　次　　xv

　　　　　●フォーカス13.2　注意——「考えこみ」は抑うつを増大させることがある　422
13.3　変化と精神的安寧　423
　　　有意義な人生・生活と，健康なパーソナリティ　423
　　　ポジティブ心理学——人間の強さを見いだす　424
　要約　427／重要な用語　427／考えてみよう　428

第V部のまとめ　現象学的・人間性レベルにおける分析 ——————— 429
　　概観——焦点，概念，方法　429
　　現象学的・人間性レベルで認められた貢献　430

第VI部　社会認知的レベル　433

14章　社会認知的アプローチ ——————————————————— 436
14.1　社会認知的視点の展開　436
　　　歴史的起源　436
　　　●フォーカス14.1　ジョージ・ケリー——社会認知的レベルへの架け橋　437
　　　認知と社会的行動との結びつき　438
　　　認知革命　439
14.2　アルバート・バンデュラと社会的学習理論　440
　　　観察を通した学習とモデル学習　440
　　　他者の成果の観察——その人たちに起きたことはあなたにも起こるかもしれない　442
　　　法則性と象徴的プロセスの重要性　443
　　　主体能動的，主動的人間像　444
　　　自己効力感　444
　　　パーソナリティや行動の変化における自己効力感の役割　445
14.3　パーソナリティの社会認知的理論——ウォルター・ミシェル　445
　　　パーソナリティの一貫性の理解——意味をつくりだす存在としての人間　446
　　　社会認知的個人変数　447
　　　符号化（解釈）——あなたがそれをどのようにみるか？　448
　　　予期と信念——結果として，何が起こりそうか？　449
　　　感情——気持ちと熱い反応　450
　　　目標と価値——何を求めているのか？　どんな価値があるのか？　450
　　　あなたに何ができるか？——自己制御による刺激統制の克服　451
　　　社会認知的個人変数研究への貢献者たち——長い歴史の簡単なまとめ　452
　　　●フォーカス14.2　ミシェルのよき指導者たち
　　　　　　　　　　　——ジュリアン・ロッターとジョージ・ケリー　452
14.4　パーソナリティの査定　454
　　　自己効力期待の測定　455
　　　「～なら～に」徴候における個人差　457
　　　潜在連合テスト（IAT）　457
　　　心理的状況をパーソナリティ査定に組み入れる　459
　　　●フォーカス14.3　心理的状況を探求する　460
14.5　パーソナリティの変容と心理療法　461
　　　アプローチの概観　461
　　　行動療法から認知行動療法へ　462
　　　ベックの認知療法　463

14.6 共通のテーマ　465
要約　466／重要な用語　468／考えてみよう　468

15章　社会認知的プロセス ———————————————— 470
15.1 パーソナリティ研究に応用された社会的認知の法則　470
　　社会的認知とパーソナリティ　470
　　スキーマ　471
　　スキーマの効果　472
15.2 自　己　475
　　自己スキーマ　476
　　関係的自己と転移　476
　　自己の知覚された安定性と，変化の潜在的可能性　478
　　多元的自己概念——可能自己　479
　　自尊心と自己評価　481
　　自己の本質的機能と特徴　482
15.3 知覚された効力感，無力感，支配感　483
　　自己効力期待　483
　　学習性無力と無気力　483
　　情動や結果に対する原因帰属の影響　485
　　●フォーカス15.1　統制と意味の知覚　486
　　無力感や抑うつの再解釈——悲観的説明スタイル　487
　　学習性楽観　488
　　フォーカス15.2　錯誤的だが温かく心地よい楽観主義　489
　　無力感と支配感志向の子どもの対比　490
　　成長論者と固定論者——本人のパーソナリティ理論が影響する　492
要約　493／重要な用語　494／考えてみよう　495

第Ⅵ部のまとめ　社会認知的レベルにおける分析 ———————— 496
概観——焦点，概念，方法　496
社会認知的レベルで認められた貢献　497

第Ⅶ部　各分析レベルの統合——全人としての人間　499

16章　パーソナリティ・システム——それぞれのレベルを統合する ———— 504
16.1 何を統合すべきなのか？——各レベルからの貢献　505
　　特性・性質レベル——一貫性の二つのタイプ　505
　　生物学・生理レベル　507
　　精神力動的・動機づけレベル　507
　　行動・条件づけレベル　508
　　現象学的・人間性レベル　509
　　社会認知的レベル　509
16.2 統合に向けて——パーソナリティ・システムの特徴　510
　　パーソナリティ・システムに認知・神経ネットワークモデル／ネットワーク
　　　情報処理モデルをあてはめる　510
　　認知的・感情的パーソナリティ・システム（CAPS）　511

　　　　二つの基本仮定——常習的接近可能性と関係の安定した機構　512
　　　　パーソナリティ構造の表出——CAPSにおける「〜なら〜に」パーソナリティ徴候　513
　　　　パーソナリティ性質（処理力動）　514
　　　　拒否感受性（RS）徴候——「〜なら〜に」要素と特性要素の両方を見いだす　515
　　　　自己愛的徴候　517
　　　　パーソナリティの発達と変化　518
　　　　各レベルから統合された特長と知見　519
　16.3　活動するパーソナリティ・システム　521
　　　　活性化の外的・内的な原因　522
　　　　システムの表出と結果　524
　　　　自分自身の未来の状況をつくりあげる——デートの相手を選ぶ　526
　　　　　●フォーカス16.1　「状況」が他者であるとき
　　　　　　　　　　　　　——親密な対人関係におけるパーソナリティ　527
　　　　CAPSを実生活の問題にあてはめる——乳房自己診断　528
　　　　エンジン・ルームを点検する——人はその状況で何を考え，感じ，行っているのか　530
　　　　全部をまとめる——各レベルを統合する　536
　　　　意図的な変化に向けた自己制御　537
　　要約　538／重要な用語　540／考えてみよう　540

17章　自己制御——目標追求から目標達成へ　541
　17.1　それぞれの分析レベルからの自己制御研究への貢献の概観　542
　17.2　目標追求における自己制御過程　546
　　　　個人的目標とプロジェクト　546
　　　　なぜ自己制御が必要なのか？　548
　　　　生物学・生理レベル——努力統制　550
　　　　特性・性質レベル　551
　　　　社会認知的レベルと現象学的・人間性レベル　553
　17.3　接近（食餌）ジレンマにおける自己制御　553
　　　　報酬遅延の能力　553
　　　　冷静化の戦略——考え方こそ重要　555
　　　　自己制御有能性の生涯的意味　558
　　　　自己制御における複数の相互作用の影響　561
　17.4　回避（嫌悪）ジレンマにおける自己制御　562
　　　　ストレスに関する認知的評価——否定的情動にどのように対処するか　562
　　　　　●フォーカス17.1　医学教育で死体を解剖するストレスを，どのように乗り越えるか　563
　　　　認知的評価とネガティブ感情の隠蔽　563
　　　　　●フォーカス17.2　親密な人間関係において，感情的な争いを徹底操作で克服する　564
　　　　認知的転換によるストレス対処　565
　17.5　自己制御における熱いシステムと冷静なシステムの相互作用　566
　　　　感情的で熱い脳と合理的で冷静な脳　567
　　　　自己制御における熱いシステムと冷静なシステムの相互作用　569
　　　　　●フォーカス17.3　衝動的暴力の神経的メカニズム　570
　　　　意志力を自動的なものにする——意図から「〜なら〜に」実行へ　571
　　　　自己制御を可能にする社会的感情——進化に関連して　572
　　　　自己制御の否定的側面　573
　　　　結　論　573
　　要約　575／重要な用語　576／考えてみよう　577

18章　社会的文脈および文化とパーソナリティ ─────── 578
18.1　文化とパーソナリティ　578
ビッグ5からみた文化差　578
異文化間の差異と同一文化内の差異　579
共有された意味体系としての文化　581
●フォーカス18.1　感情的な意味における文化差──状況の評価　582
パーソナリティ構造の文化的な差異？──「〜なら〜に」文化的徴候　583
文化と人の力動に関する統合的システム論　585
●フォーカス18.2　名誉の文化を研究した「チキン」ゲーム　586
要約──文化的および個人的な意味体系の間の関連　586
●フォーカス18.3　人種関連の拒否感受性の研究　588
18.2　ジェンダーと男女差　589
概観と問題　590
●フォーカス18.4　成人の男女差とその意味　591
脅威に対する反応における生物学，性別，および文化の相互作用　593
性役割の起源における相互作用　595
18.3　パーソナリティの発達における相互作用的影響　596
生物学，特性，そして社会化の相互作用──内気さ　598
18.4　何が発達するのか？──進化する自己　599
責任を引き受ける──人間の主体能動性　600
能動的行為主体としての自己　601
心的隆盛に何が必要か？──いろいろなレベルの視点から　602
変化の可能性　605

要約　606／重要な用語　607／考えてみよう　607

第VII部のまとめ　各分析レベルを統合する──全体としての人間 ─────── 609
パーソナリティ心理学の未来　609
人格学再考　609

訳者あとがき　611

用語解説　613

引用・参考文献　633

索　引　677

1章

パーソナリティ入門

1.1 パーソナリティ心理学とは何か

　パーソナリティとは何だろうか？　これまでパーソナリティという用語には数多くの定義がなされてきたが，そのどれか一つだけが広く受け入れられているわけではない。一般には，パーソナリティはしばしば，社会的スキル（対人能力）や「（何かが）できる人」という意味で使われている。例えば，私たちはある人をさして「性格・パーソナリティがよい」と言ったり，「人に好かれる性格・パーソナリティ」と言ったりするし，自己啓発セミナーの宣伝は「魅力的な性格・パーソナリティになれる」ことを約束したりする。

　このような表面的な考え方でないとすれば，パーソナリティは最も目を引く，あるいは最も優勢な個人の特徴のことになるだろう。この意味では例えば，ある人が恥ずかしがり屋のパーソナリティをもっているとか，神経症的なパーソナリティであるとか言われるとき，その人の優勢な特徴はシャイネス=内気ということになる。

　パーソナリティ心理学における概念には，いま述べた以上の意味がある。その概念には数多くの側面があって，専門用語によって参照される現象の複雑さと豊かさを反映している。概念の一つの側面の例を次にあげる。

■ 安定して，首尾一貫した個人差

　チャールズとジェーンは，経済学入門を受講している大学1年生である。講義を担当する教授から返却された中間試験は，ともにD（ようやく合格）であった。授業終了後，チャールズは先生の研究室に行ったが，極度に緊張し，取り乱しているようである。汗をかき，手はかすかに震え，ゆっくりと力なく，ほとんどささやくように話している。顔は紅潮していて，泣きださんばかりである。成績の悪さを弁解し，ひどく自分を責めている。「まったく言い訳のできない，本当にバカなことをしてしまいました。どうしてあんなひどい点になってしまったのか，自分でもわかりません。」

チャールズは残りの授業をさぼってしまい，その日一日を一人で寮の部屋で過ごし，日記に長々と書きこみをしたのである。

一方，ジェーンは授業終了後に教室を飛びだすや否や，友だちと大声で経済学についてのジョークを言い始めた。授業について冗談を飛ばし，教授へのコメントは辛らつで，大またでスタスタと次のクラスに向かうところをみると，成績のことは気にも留めていないようである。そのクラスではいつも以上に積極的で，教えている先生も驚いたのだが，いくつかの優れた意見を出したのである。

これらの例が示しているのはよく知られている事実である。つまり，同じような刺激でも，人によって反応は違う。パーソナリティ心理学の一つの目的は，心理学として意味があり，安定して見いだせる個人差を見つけだして，記述することである。

パーソナリティとは，一人ひとりがいかに異なるかということにかかわる概念であるが，それ以上の意味もある。パーソナリティとは，個人の比較的安定した性質のことをさしている。もしある人の行動がそのたびごとに変わってしまうものなら，その行動はパーソナリティを示すものではないかもしれない。翌日の英作文の授業において，自分のエッセイをクラスのみんなの前で読み上げられたとき，ジェーンのほうがチャールズよりもショックを受けたとしよう。経済学とは異なる分野においてだが，仲間の受講生たちが二人のエッセイの出来によい評価をしていなかったことがわかったからである。さて，この情報が加わると，二人の行動を理解する助けになるだろうか？　もしそう思うなら，その理由を考えてみよう。

一つの可能性は，2日目の出来事について新しい情報があると，二人の行動が1日目と2日目で変わってしまった理由を理解できるようになるということである。経済学で悪い成績をとっても取り乱さないが，英作文で悪い成績をとったり，自分が書いた文章に仲間たちのよい反応が得られなかったり，あるいはその両方が同時に起こったりすると，打ちのめされてしまう人を，私たちはいきいきと想像することができる。同様に，経済学での悪い成績には取り乱しても，英作文での悪い評価や仲間の冷淡な反応に影響を受けないような人についても，一定の印象をもつことが可能だろう。このように，状況についての情報は，ある日から別の日の行動上の変化を理解させるもとになる。変化そのものに意味があり，たとえ表面的にはチャールズとジェーンの行動は変化していたとしても，その変化の仕方に首尾一貫性があるのである。すなわち，個々人の変化のパターンにおける首尾一貫性は，パーソナリティを理解するもう一つの鍵となる。

■ パーソナリティ心理学における予測と理解

パーソナリティという用語は，通常，個人の連続性あるいは一貫性を意味している。したがって，パーソナリティ心理学者は以下のようなことに関心をもつ。人々の間の

1章　パーソナリティ入門

違いはどのくらい一貫しているのか。チャールズとジェーンは，体育のD評価にはどのように反応するのだろうか。もし二人がアルバイト先でクビになったらどんな反応をするのだろうか。二人の成績への反応の違いから，この人たちの他の特徴についても，何かわかるのだろうか。例えば，二人の大学での目的とこれまでの成績には，どのような違いがあるのだろうか。

このようなことに関心をもつなら，観察された二人の違いはこの二人のパーソナリティの個人差の指標として意味があるということである。一貫して安定した個人差を見いだすことは，パーソナリティ心理学者にとって，そして日常生活においても重要な目的である。というのも，そのことで人々を記述し，将来の行動を予測し，あるいは何が予測できるかを知ることができるからである。

人々の違いを行動の特徴，つまり考えることや感じることやふるまうことの特徴に着目して位置づけることに加え，パーソナリティ心理学者は，これらの違いの根底にあるものについても理解しようとする。つまり，以下のようなことを問うのである。なぜジェーンとチャールズは同じ出来事にあれほど異なる反応をするのだろうか。異なる行動をとらせるものは何か。二人がある状況において何を考え，感じ，ふるまうかを理解するために，そして時には予測をするために，私たちは何について知るべきなのだろうか。パーソナリティ心理学者がこれらの問題意識をもつのは，心理学的に観察可能な人々の違いを説明し，理解することを目的にしているからである。

■ パーソナリティの定義

その定義としては，安定した個人差があるという仮定から始まる。そしてさらに，これらの個人差がその基底にある心理的な体制または構造の違いを反映していると仮定する。少し古くなるがいまだによく引用され，実際に使われている古典的定義では，そういった体制の考え方が定義の中核にある。パーソナリティとは「……ある人の特徴的な行動と思考を決定する複数の心理‐生理系における，その個人の中の力動的な体制である」(Allport, 1961, p. 28)。

パーソナリティの科学が成熟するに従い，時間をかけて行われた検証の結果として，知見や概念についての合意がしだいに形成されてきた。最終的には，パーソナリティの統一された概念，もう少し控えめにいえば，少なくとも幅広く受け入れられた定義ができあがってくるだろう。そのような定義の有力な候補は，パヴィンによるものである。

「パーソナリティとは，認知，感情，行動の複雑な体制で，人の人生と生活に方向性と一貫したパターンを与えるものである。身体と同じように，パーソナリティは構造と過程（プロセス）によって構成されており，氏（遺伝）と育ち（経験）の双方を反映している。加えて，パーソナリティは過去の影響と記憶を含む

ものであり，その人の現在や未来を構成していくものである。」

(Pervin, 1996, p. 414)

　この定義と一致しているが，ファンダー（David Funder, 2001, p. 198）は，パーソナリティ心理学の使命を，「個人のもつ思考，感情，行動の特徴的なパターンを，背景にある心理学的メカニズムを用い，そのメカニズムは観察可能であってもなくてもよいのだが，説明しようとすること」にあるとしている。

　上で書いたように，個人差・個性と多様性は常に領域の核となる部分であるが，この領域はそれだけではない。つまり，パーソナリティ心理学という用語は，個人内で一貫している特徴の，個人間の差を研究することに限定される必要はない。むしろ「パーソナリティ心理学は，人々の思考や行為について，それがいかに人生や生活上の諸条件と相互に交渉し形成しあうのかについても研究すべき」なのである（Mischel, 1981b, p. 17）。

　このように視点を拡大するなら，ある人が示すいくつかの傾向性はパーソナリティの重要な要素であることを認めることになる。しかしそれはまた，その人の人生や生活上の諸条件と相互に交渉する，基本的な適応過程の研究が必要であることを示すことにもなる。このようにパーソナリティは，心理学的環境に対処したり，それを変容させたりするような，その人独自のパターンを含むものである。このようなパーソナリティについての視点は，人の傾向性だけでなく，人生や生活の全体を通しての適応パターンに影響を与えるような生物学的‐遺伝学的過程と相互作用しており，例えば，学習，動機づけ，思考といった心理的過程にも，焦点をあてるものである。

　要約すると，人間の行動の豊かさをとらえるためには，パーソナリティの構成物は以下のような側面を含んでいる必要がある。

- パーソナリティは連続性，安定性，一貫性を示す。
- パーソナリティは多様に出現する。外から見える行動に始まり，見えない思考や感情に至るまで。
- パーソナリティは体制化されている。実際，それらが断片化され，まとまりを欠いているのであれば，精神的な問題の兆候である。
- パーソナリティは人が社会といかにかかわるかについて影響する決定因の一つである。
- パーソナリティは心理学的な概念であるが，同時に人の身体的，生物学的特徴と関連していると仮定される。

1.2 パーソナリティ心理学における理論と分析のレベル

■ 初期の壮大なパーソナリティ理論

　パーソナリティ心理学は比較的歴史の浅い科学だが，人々が人間の性質について問い始めて以来，ずっと実践されてきたともいえる。誰を恐れるべきか。誰を信用すべきか。誰を友とすべきか。私は誰なのか。

　古代ギリシャ以来，西洋社会において人間の性質について考え，また重要な属性について，多様な個人差とその原因を説明するための分類の仕方を提案してきたのは，哲学者であった。紀元前400年ごろヒポクラテス（Hippocrates）は，基礎的な人間の気質（例：怒りっぽさ，抑うつ）と，それに関連する特性について，当時の生物学に基づいて哲学的に考察した。例えば，黄胆汁あるいは血液といった身体的性質が気質の背景にあると考えていたのである。その考えは一つの伝統，つまり特性と類型の心理学の始まりであり，その近代版は20世紀初頭に始まる。この伝統は受け継がれ，いまもなお研究が盛んであるが，完全に今日的な科学実践へと変わっており，現代的な測定方法と生物学に基礎をおくところまで拡張している。

　アリストテレス（Aristotle）は，合理的な心，つまり「人間独自のものである意識的かつ知的な魂」が脳にあると仮定していた（Singer, 1941, p. 43）。このような視点は，人の心についての西洋的な観点の源泉となってきた。例えば，人間を心と体からなるという二元論でみていたデカルト（R. Descartes）は，心とは思考と意識の能力を与えるものであり，私たちを物理的世界と別のものとして存在させるものであるとみていた。心が「決定し」，身体がその決定を実行するのである。

　1900年代初頭には，ウィーンで医者として働いていたジグムント・フロイト（Sigmund Freud）が，人間の性質について当時の特徴であった合理的な見方をひっくり返した。彼の理論は理性を二の次にして，その代わりに無意識と，しばしば制御しきれない非合理的な動機と欲求を第一におくことで，人間の性質についての見方を永久に変えてしまったのである。彼から始まるこの伝統もまた，現代のパーソナリティ心理学に影響を与え続けている。しかし，その後の多くの研究者による成果によって，またフロイトの著作の多くを再解釈し，必要に応じて改定することを可能にした，他領域の科学における発展を通して，その影響の仕方には大きな変化がみられる。

■ 大型理論から分析レベルの議論へ

　人間性について，20世紀の前半，壮大な観点を考案した何人かの革新者によって発展を遂げた大型理論に，パーソナリティ心理学も刺激を受けた。これらの理論家はそれぞれ，パーソナリティの性質について明確な概念を提案し，さまざまな側面における，パーソナリティについての幅広い視点のすべてを提示しようとしていた。フロ

イト同様，これらの理論家の多くは，心理的に障害がある人々を扱う治療者として西洋社会で働いていた。この人たちは治療の実践家として，事例としての患者に基礎をおき，パーソナリティの性質について一般化を試みた。したがってこれらの理論家の考え方は，パーソナリティ心理学ばかりでなく，臨床心理学や精神医学の形成に役立った。しかしながら，危うい要素を一つだけ指摘しておくなら，この人たちによる研究の多くは，情緒的に障害のある患者との臨床経験に基礎をおいていたことである。このため，障害が生じたパーソナリティの部分に対して注意が向けられ，問題の少ない人々の健康な部分には関心がもたれなかったのである。

　フロイト理論のように広範囲の現象を扱う理論にとって，心理的な問題で悩んでいる人への臨床実践は一例であり，その他にもいろいろなタイプの現場研究や現実への応用を刺激するような方向づけや視点が当然生じてくる。特に目につくのは，建設的にパーソナリティを変容させたり強化したりするようにつくられた，異なる方向性の研究や異なる形式による心理療法や介入である。それはまた，パーソナリティを査定し，そして自分自身を含む人間について考えるアプローチに結びつき，さらにそこから，人がパーソナリティや個性，つまり「一人の人間としての自分」に関して，イメージをもつことにつながる。そういう意味において，壮大な理論には価値があるといえる。

　そのような壮大な理論の多くは，フロイトのものに限らず，20世紀前半に出現し，多くのさまざまな違った方向を志向していた。結局，フロイト理論は米国の大学の心理学研究室で広く受け入れられることはなかったが，これらの経緯については，本書のあちこちで，これから議論する。パーソナリティ心理学は科学的な研究分野として成長したが，ここで述べたパーソナリティの大型理論の大多数は，実証的な研究によって明確に支持されるかどうかという，厳密な意味での科学的な検証を受けることはなかった（Meehl, 1990, 1997）。その理由としては，検証可能な専門的語句によって理論的前提を記述することの難しさから，検証結果を出して評価することにおける実験的・統計的な意味でのさまざまな限界まで，幅広く考えることができる。

　しかし，これらの限界があるにしても，大型理論はパーソナリティ研究を実施し，一定の視点や枠組みから結果を解釈する際の，一般的なガイドラインあるいは方向性としてしばしば機能する。そのような理由から，実証的な研究によって，ある理論を完全に否定したり支持したりすることは難しい。ある評論家が述べたように，あらゆる科学領域における多くの大型理論は，一般には決して否定されない。それらはただ，見捨てられて消え去るのである。つまり，より充実しているようにみえ，そして新しい研究課題と，いつも一時的なものではあるが，それらしい解答を生みだす，より情報豊かで斬新な研究につながるようなアプローチに，徐々に置き換えられていくのである。

20世紀の後半,第二次世界大戦後に,米国のパーソナリティ心理学は,他分野から離れてひとり立ちでき,重視される研究領域へと成長していった。それは,ヨーロッパの心理学に影響を受けたものでもあったが,同時に,より範囲が広い科学としての心理学の中で,独自の方向へ発展していったのである。心理学を哲学から科学へと転換させる役割を担った大学の心理学の伝統が,この米国での影響を生みだした。さらに,健常と異常それぞれの母集団に対する研究者たちが,パーソナリティ心理学における中心的テーマを扱うための洗練された科学的な方法を開発,発展させた。やがて,パーソナリティに関する重要な命題は,研究によるエビデンスに基づいて検討されうるようになった。そのエビデンスは急速に蓄積され,科学の進化に伴う刺激的で新しい方向に向けられていった。

1960年代から80年代ごろにかけてのパーソナリティ心理学は,明らかに対立するさまざまな理論間での,表面上解決できないと思われる論争に満ちていた。その結果,その重要な問題を解決する上で助けとなる多くの議論と新しい研究がなされたが,同時に相互にわかりあえるはずだった立場にも,多様な分裂を生みだしてしまった。

対照的に最近では,異なる分析レベルでの理論家や研究者からの洞察が,建設的に統合されていくという喜ばしい動きが多くみられる。今後はますます,それぞれのレベルが正当性と有用性をもち,独自の方法と概念を必要とするだろう。しかし,異なるレベルでの知見が必ずしも衝突するわけではない。それぞれの分析レベルが,多くの確定的な解答やさらなる疑問を生みだし,パーソナリティや人間の性質に関する累積的で一貫した知見を構築することに貢献することになるだろう。

1.3 パーソナリティ理論と分析のレベル――本書の構成

本書では,これまでパーソナリティへの考え方や研究法をつくりあげることに貢献してきたいくつかの主要な理論的アプローチと,研究と理論構築がそれぞれの分析レベルにおいてどのようになされているかについて紹介する。また,重要な心理学的個人差について記述・理解するために発展してきた主な概念のいくつかを概観し,人間の性質についての多様な見方に対し,中心となる概念と知見について検討する。

この研究分野の本質をとらえるため,本書はパーソナリティ研究の六つの主なレベルから構成されているが,それらは科学として,また専門的研究分野としての,1世紀にわたる心理学の研究成果でもある。各章はそれぞれの分析レベルに結びついている主な概念,方法,そして知見を紹介しており,パーソナリティの異なる側面に焦点をあてている。各レベルを学ぶことによって,パーソナリティの豊かさと複雑さに対し,正しい評価をすることが可能になるだろう。同時に各レベルは,検討に値する重要な実践的かつ個人的に適用できる知的な発見に結びついている。この六つのレベル

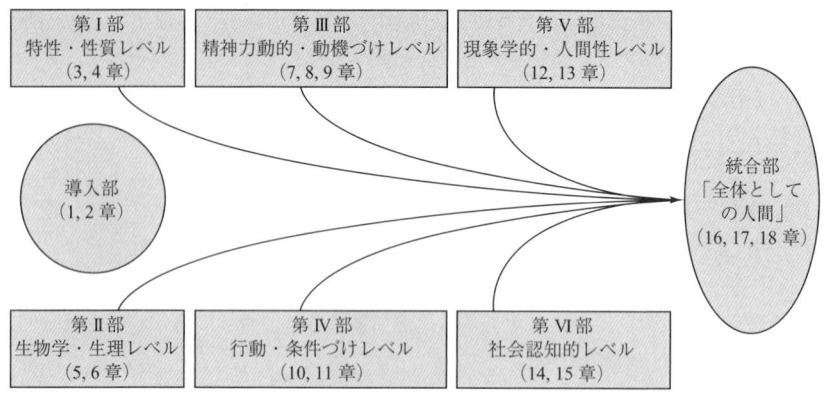

図1.1 本書の構成

の組合せで，人のパーソナリティの複雑で多様な側面を概観することができる。この本の最終章では各レベルが相互につながり，より一貫した視点で人を全体としてみるように統合される様子が示される。本書の構成は，各レベルがいかに全体に貢献しているかに焦点をあてることで，その進展的統合を示しているのである。それを図1.1に示す。

2章で科学的なデータ，研究法，研究手段を概観したのち，第Ⅰ部では特性・性質レベルからの貢献を示す。第Ⅱ部では生物学・生理レベルからの貢献に焦点をあて，第Ⅲ部では精神力動的・動機づけレベル，第Ⅳ部では行動・条件づけレベル，第Ⅴ部では現象学的・人間性レベル，第Ⅵ部で社会認知的レベルを扱う。以下では，各レベルを概観していくが，図1.1に示すように，各レベルの全体への貢献は加算的であり，統合的レベルである第Ⅶ部で六つのレベルが同時にとりあげられる。全体としての人を考えるとき，これらのレベルの相互関連は明らかである。各レベルはそれぞれ明確な命題を立てているが，それらは相互に重なり合っているのである。

たいていの人がパーソナリティの科学に興味をもつようになるのは，人を知りたいと思うからであり，特に自分自身や自分が大切にしている人については，できるかぎり知りたいはずである。この意味で，パーソナリティの科学にも明らかにパーソナル（個人的）な側面がある。つまり，研究者が科学的用語を用いて各レベルで立てる設問は，個人にとっても意味がある。そこで，この関係を明確にしておくために，各分析レベルについての質問をフォーカス1.1にまとめ，個人的な側面について自分自身で問えるように表現した。

1章 パーソナリティ入門

フォーカス 1.1

パーソナリティ科学のパーソナルな側面

自分自身について問えるような形式で表現された，各分析レベルでの鍵となる問題

- **特性・性質レベル** 私はどんな人なのだろうか。全体として，他の人と私はどう違うのだろうか。一般的にいえば，人がお互いに違うとはどのようなことだろうか。ふだん私が行い，考え，感じていることは，主に私自身に依存しているのだろうか，それとも自分がいる（と考えている）状況に依存しているのだろうか。いつ，どのように私の行動は状況に影響されるのだろうか。私のパーソナリティは，私がいる（ことを選んだ）この状況に，どうやって影響するのだろうか。状況の違いが私に与える効果に，パーソナリティはどのように影響するのだろうか。

- **生物学・生理レベル** 私のパーソナリティのうち，両親，つまり両親から受け継いだ遺伝子に由来するのは何だろうか。私のパーソナリティは，人生経験をどのように反映しているのだろうか。私のパーソナリティは，生物学的先行要因をどのように反映しているのだろうか。私の経験が私の生物的な部分を変化させるのだろうか——例えば，うつのときに脳は変化しているのだろうか。同じ経験が，異なる遺伝的先行要因をもつ者に，どのように影響するのだろうか。私のパーソナリティが，きょうだいと異なる（あるいは似ている）のはなぜ？ 私の生物的な部分が，人生や生活の目標を追求する上でどのように影響するのだろうか。異性とのデートや今日の社会的行動を理解するのに，進化論はどのように役立つのだろうか。

- **精神力動的・動機づけレベル** 私のしたことが私を悩ませることがあるのだろうか。どのように，そしてなぜ？ 私の行動を突き動かす，あるいは背景にある本当の動機とは何だろうか。非合理的な恐れや不安をどのように説明すればいいのだろうか。心理的な意味で「傷つけられる」ことから，どうやって自分を守るのだろうか。私が行うことのうち，どのくらいが無意識的あるいは気づかずになされているのだろうか。私の行動に影響を与える無意識とはどのようなものだろうか。私は自分自身を不愉快にするような動機をもっているのだろうか。もしそうなら，それについて何ができるのだろうか。

- **行動・条件づけレベル** 人がすることと，そのときその人に起こることはどのように関連しているのだろうか。情動や恐れなど，重要な行動パターンはどのように学習されるのだろうか。私が行動したり感じたりすることは，幼いころの経験にどのように影響されているのだろうか。私の行動や情動は新しく学習されたことでどのように変化するのだろうか。私のパーソナリティの各側面は，私がいるこの文脈・状況にどのように依存しているのだろうか。学校で友だちといるときと休日に家で家族といるときでは，私はどのように違うのだろうか。そして，それはなぜ？

- **現象学的・人間性レベル** 実際，私とは誰だろうか。私はどんな人になりたいのだろうか。私は自分自身をどのようにみているのだろうか。自分の両親のことはどのようにみているのだろうか。両親の期待にそわない自分について，どのように感じるのだろうか。私の現実自己は理想自己と，どのように違うのだろうか。私の理想自己とは？ 私はいかに母と異なり，父と似ているのだろうか。

● 社会認知的レベル　人が知っていること，考えていること，感じていることは，パーソナリティでどのような役割を果たしているのだろうか。私が自分自身と社会について知っていること，考えていること，感じていることは，自分がすることや自分がどんな人になるかということに影響しているのだろうか。自分の考え方や感じ方を変えるには，何をどうすればいいのだろうか。そしてそれは私のパーソナリティや行動を変えるのだろうか。私が誰で何をする者かということは，どこまで自動的であり，逆に，意思の力や自己制御で変えることができるのだろうか。意思の力や自己制御はどのように機能するものだろうか。自分の人生や生活をよりうまく統制するためにはどうすればいいのだろうか。

■ 特性・性質レベル

　このレベルでは，一貫した個人差あるいはタイプ間の違いを特徴づけるため，安定した心理学的な性質と行動傾向のタイプを見つけだそうとする。日常生活で人は，フォーカス1.1にあげた，このレベルにあたる項目を自問しているだろう。「私はどんな人なのだろうか。全体として，他の人と私はどう違うのだろうか。一般的にいえば，人がお互いに違うとはどのようなことだろうか。」　特性を表す自然言語を使って，人はこのようなことを自問するだけでなく，他人についても問い，そして答えている。友好的，自己主張が強く，攻撃的で従順で，誠実で――という具合に。最近の調査研究で用いられているこのような特性用語はかなり広い範囲を含んでおり，人あたりがいい（協調性），勤勉な（誠実性），心が広い（開放性）といったものもある。このレベルにおける研究では，生涯を通しての時間を越えた特性の安定性や一貫性についても調べている。

　このレベルの分析は，近年，最も活発に広くなされたものの一つである。それは，いくつかの直接的な，洗練された自己報告式の手法の発展に支えられており，世界中の研究者によって行われている。その結果，特性レベルの分析は広い範囲で実施され，時を越えたパーソナリティの安定性を示す証拠を得た。このレベルの分析はまた，主な特性によって個人を分ける分類法を生み，人，グループ，文化でさえ比較できるような，大きな見取り図をつくりだした。特に近年，このレベルでの研究は以下のような疑問への解答を得ようとしている。私たちが特徴的に行動し，考え，感じていることは主にその個人に依存しているのだろうか，それとも状況に依存しているのだろうか。そしてどのようにこの二つ，つまり人と状況は相互作用しているのだろうか。

■ 生物学・生理レベル

　このレベルのパーソナリティ研究における重要な目標は，私たちがどんな人に，どのようになるかについて，遺伝的決定因と社会環境の果たす役割を知ることである。

かつてこの領域の大部分の研究では，昔ながらの疑問に答えることに焦点があてられていた。すなわち，「生まれつきの性質」は，どの程度パーソナリティに反映するのだろうか。「生育環境」はどうか。とりわけ，この二つの要因は，私たちの特徴をつくりあげる上で，どのように相互作用しているのだろうか。この分析レベルからわかっていることを知っているなら，こんな質問にも答えられるだろう。「私のパーソナリティのうち，両親，つまり両親から受け継いだ遺伝子に由来するのは何だろうか。私のパーソナリティは，人生経験をどのように反映しているのだろうか。私のパーソナリティは，生物学的先行要因をどのように反映しているのだろうか。」

このレベルの分析は，人間が生物学的存在であること，つまり種としての生物学的特徴，制約，可能性があることがはっきりわかるような適応の仕方で進化してきたことを示している。これらは戦いの仕方，結婚相手の見つけ方，社会化や創造の仕方のような人間の性質に影響を与えている。このレベルの分析の目標は，パーソナリティのどの側面が，進化の圧力と歴史に応じて，時間をかけて，現在の私たちの種を形づくったのかを確かめることである。以下は，研究上の問題とこのレベルにおける命題の一例である。

　　出生後に別々にされ，非常に異なる世界で育てられた双生児の女の子のことを考えてみよう。ジェーンはアイオワ州の田舎の農場でひとりっ子として，多忙な両親の愛情を受けずに育った。ナヒドはイランの首都で，中流階級の大家族の中で，愛情深い両親に育てられた。一卵性双生児は同じDNA，つまり実質的には同じ脳をもって人生をスタートする。この双生児を30年後に広範囲にテストしたら，それぞれのパーソナリティがどのくらい似ているか想像してみよう。

■ 精神力動的・動機づけレベル

このレベルは，動機づけ，葛藤，それに「意識されない」こともある防衛について詳しく調べ，パーソナリティの複雑な一貫性と非一貫性を説明する助けとなる。このレベルでの分析を考えるとき，自分自身については，こんな質問になるだろう（フォーカス1.1）。「私のしたことが私を悩ませることがあるのだろうか。どのように，そしてなぜ？　私の行動を突き動かす，あるいは背景にある本当の動機とは何だろうか。非合理的な恐れや不安をどのように説明すればいいのだろうか。心理的な意味で傷つけられることから，どうやって自分を守るのだろうか。」

このレベルでの研究は，パーソナリティに関する多くの難問を理解する上で必要である。例えば，ある人をよく知るようになると，思っていたより複雑で予測不能であることがわかり，変化したようにみえることがある。一つの例をあげよう。

　　ロベルトは恋人をとまどわせていた。一緒に住み始める前，恋人はロベルトのことをよく知っているつもりだった。温かく，友好的で，楽しく，一緒にいるこ

とが快く感じられた。しかし同居して，ロベルトの悲しみ，内に秘めた怒り，恐れ，そして気まぐれ・心変わりといった側面にも気づき始めた。ロベルトがますます煙の向こうに見えなくなっていくように感じていたのである。知れば知るほど，相手を本当に理解していると思えなくなり，信頼できないように感じられた。ある日，ロベルトは一日の大半をベッドで過ごした。「どうしたの」と尋ねると，「大丈夫だよ」と言い，不安や抑うつを否定し，そのようにふるまおうとしていた。ロベルトは恋人を安心させようとしていたが，恋人のほうはまったく納得できないでいた。

ロベルトの恋人は，ロベルトが言い，しかも自分では本当にそう信じているらしいことがすべてでなく，実は，ロベルトには自分自身でも理解できない他の理由があることを，直感的にわかっていた。ロベルトの行動と感情の非一貫性を理解するのに必要であるこの種の洞察が，精神力動的・動機づけレベルにおける分析の核心である。

このレベルの研究の多くは臨床状況でなされているが，それはフロイトが1世紀前に始めたものである。例えばハンスの事例を考えてみよう。ハンスは4歳までに，外へ出ることに対する非合理的な恐怖を発現させていたが，その理由は馬が外にいて怖いということであった。しかし，実際にはそれまで馬に何かをされたことがあるわけではない。フロイトは，無意識や，子どもの承認されない性的・攻撃的願望といった概念を用いた理論をつくりだし，このような恐怖がどのように生みだされるのかを説明しようとした。

ここでの重要な鍵は，幼い子どもの父親に対する攻撃衝動のような，ある種の衝動は，社会からタブーとして扱われて罰せられ，またそれゆえ，子どもに不安を感じさせるという発見である。この衝動は維持されつつも強い不安を生みだすので，子どもは無意識のうちにそれを他の対象に向け，例えば，自分を罰する父を思いださせるものとして，馬を恐れるようになるというのである。

■ 行動・条件づけレベル

フォーカス1.1で示されているように，このレベルでの分析は，以下のような質問になる。「情動や恐れなど，重要な行動パターンはどのように学習されるのだろうか。私が行動したり感じたりすることは，幼いころの経験にどのように影響されているのだろうか。私の行動や情動は新しく学習されたことでどのように変化するのだろうか。」

次のようなジレンマについて考えてみよう。

　　ジェイクは，以前から熱望していた管理職の仕事がビルの80階になると知って，引き受けられなかった自分に怒りを感じていた。エレベーターに乗ることを考えただけで，怖いのである。ただし，以前は決してエレベーターを恐れていた

わけではないのだが。

　行動・条件づけレベルの研究もまた，当人を困惑させるような不合理な行動を説明しようとするものであり，研究対象はフロイトが発見した基本的なパーソナリティ現象に類似している。ただし，ここではフロイトとは異なる，別の経路を通って，異なる結論に至ることとなり，そのような問題を扱かった以前の考え方のいくつかについて，重要な見直しを迫ることになった。

　行動・条件づけレベルでは，個人を特徴づける行動パターンとその発生や強さに影響する状況や条件を分析する。学習の決定因を調べ，問題のある行動パターンを修正するために学習の原理を用いるのである。その対象には，恐怖のような感情反応も含まれる。行動分析は，例えばスピーチ不安からの吃音，あるいは試験前に勉強に集中できないことなど，重要な行動に焦点をあてる。次に，その行動を統制できそうな状況や条件を分析する。つまり，吃音や勉強への集中力がより悪い状態になったり逆によくなったりする条件である。このように問題が改善されるような条件や状況を見つけることは，問題を低減し解消するように行動を修正するための治療法を計画する上での基礎になるのである。行動分析はパーソナリティに関連する行動，例えば自己概念がよくないことで起こる吃音に始まり，対人関係における問題行動などが，学習され変容しうる条件の理解に役立ってきた。

　行動分析の結果は，人がさまざまな困難を克服する助けとなるように用いられる。ありふれているが本人にはなんともしがたい恐怖症から，体重の問題，学習困難やハンディキャップ，自己主張を強め自尊感情を高めることにまで用いられるのである。もともと，このレベルの分析は主に動物実験に基づく学習や動機づけを扱っていた。新しい方向性において，行動レベルでの分析は新たな生命を得たともいえる。例えば脳画像やその他の認知科学領域，つまり精神過程の研究における現代的な進歩が，客観的に観察可能な手法による行動分析ではわかりにくかった心の機能を分析することを可能にしているからである。

■ 現象学的・人間性レベル

　人はそれぞれ，自分なりの見方で主観的な世界をみている。パーソナリティの個人的な経験領域を理解するためには，主観的経験を検討すべきだろう。つまり，人はその世界をどのように受けとめているのかをみようとしなければならないのである。このレベルの分析に取り組むには，以下の質問（フォーカス1.1）に対して人が示す回答を，十分に聞きとり検討することについて，純粋な関心を払う必要がある。その質問とは，「実際，私とは誰だろうか。私はどんな人になりたいのだろうか。私は自分自身をどのようにみているのだろうか。自分の両親のことはどのようにみているのだろうか。両親の期待にそわない自分について，どのように感じるのだろうか。」

ここで、ある大学生による期末試験に関する文章から抜きだした、個人的感情の自己報告の例をみてみよう。

「試験のことを考えると、気持ちが悪くなる……。あまりに多くのことがその結果いかんにかかっているからだ。十分に準備しなかったことは自分でもわかっている。少なくとももっと勉強すべきだった。しかし、ある意味、なんとかごまかせるのではという希望ももっている。……先生が授業で話したことのいくつかを思いだそうとしても、気が散って集中できない。あぁ、家族のみんな。試験に不合格になり卒業できなかったら、家族はどう考えるだろうか。狂ってしまうかも。あぁ、顔が浮かぶ。もっと悪いことに、声さえも。『で、あなたの教育に費やした大金は！』 母親は傷つくだろう。私のせいで寝込んでしまうかも。母はとても苦しむだろう……。地獄だ。恋人のアニーはどうだろう。私の卒業を心待ちにしていた。私たちには将来の計画があった。アニーはどう思うだろう……。合格点をとらなければならない。なんとかしなければ。……自分に何が起ころうとしているのだろうか。まるで、この世の終わりがやってくるようだ。」

(Fischer, 1970, pp. 121-122 より抜粋)

このレベルでの研究は、対象が話していることに耳を傾けて聞き、その人が受けとめているままに、個人の世界を理解しようとするところから始まる。主観的経験、感情、世界への個人的な視点、そして自己に焦点があたっている。また、このレベルの分析には、人々の肯定的な努力と成長と自己実現に向かう傾向も関連してくる。

これらの現象に関心をもつなら、個人が経験を解釈する内的あるいは心的なプロセスを研究する必要がある。例えば、有名な心理学者であるナイサー（Ulric Neisser, 1967, p. 3）は、「美しかろうと醜かろうと、あるいは単に手近で便利なものであろうと、経験世界はそれを経験した人間によってつくりだされている」と述べている。この一文は、もちろん、そこに物理的世界がないということを意味しているのではなく、ただ単に、パーソナリティや重要な個人差のような現象を理解する基礎となるものは、経験世界であるということである。理想的には、このレベルの研究者は研究対象者の目から見えるものを見ようとし、対象者のいる場所に立とうとし、その人らしさということを感情的にも知的にも知りたいのである。

長い間、このレベルの分析は他の領域から疑いの目で見られていたが、1980年代に始まった自己や親密な人間関係、自我同一性を扱った堅実な研究が急増してきた。この領域の仕事は、最近のパーソナリティ心理学における重要な概念として、自己の地位を回復させている。人が自己や同一性、つまり自分が何者で何を求めているのかといった感覚を発達させるプロセスを記述している。それらの研究は、自らの目的や方向性の感覚を人生や生活にもたらしてくれるライフ・ストーリーや内的なナラティブといったものを、人がどのように生成しているのかについて、多くの情報を伝えて

くれる（例：McAdams, 1995, 2005）。このレベルの多くの研究は，自己とパーソナリティ適応，精神的健康，良好な心的機能などとの結びつきについて探索するものである（例：Diener & Lucas, 2000; Duckworth, Steen, & Seligman, 2005）。

■ 社会認知的レベル

このレベルのパーソナリティ研究の焦点は，個人がもつ現実世界に関する社会的知識を中心にしていて，その目標は，人々がいかに他の人や自分自身を理解しようとしているか，対人生活に折りあいをつけようと対処しているかを理解することである。このレベルの分析についての自分自身への質問（フォーカス1.1）は，「私が自分自身と社会について知っていること，考えていること，感じていることは，自分がすることや自分がどんな人になるかということに影響しているのだろうか。自分の考え方や感じ方を変えるには，何をどうすればいいのだろうか」といったものである。

このレベルでは，現実世界への対応の仕方，自己の形成，自己制御，そして自己統制において，社会的知識をいかに用いるかという点から個人差を調べる。特に，認知面でも情動面でも，個人の特徴的な考え方や情報処理の仕方に焦点があてられている。なぜならそれらが，その個人の経験や社会的行動での，明確で意味のあるパターンを決定するからである。以下の例をみてみよう。

　　　ヨランダとバージニアは大学生で，二人の母はどちらも若いときに乳ガンで亡くなっている。家族歴から，この種のガンの早期発症を引き起こす「素因」をもっている確率が高いことに，二人は気づいている。大学の健康診断で，二人と面談した専門医は，その危険性についてかなり詳細に指摘し，健康管理プログラムの重要な一部として，毎月，乳房の自己診断を忘れずにすべきだと勧めた。

　　　ヨランダは自己診断をするとき，その医者が説明した危険性をまざまざと思いだした。連想が，しこりを発見するかもしれないというところから始まり，最後に「私はもうすぐ死ぬんだ」とパニックで感情的になる。「いずれにせよ，そうなる」と考えて，自己診断をやめてしまう。一方バージニアも医者の言葉を思いだしたが，しこりは簡単に見つけることができ，摘出して，完全に対処できるというイメージをもっている。「少なくとも自分の運命に対して，ある程度は統制できる」と考えている。

まず内的，精神的，情動的プロセスについて理解し，次にそれらのプロセスと，個人差や人のタイプを安定して区別できるような特徴的行動パターンとがどのように結びついているかについて理解することがこのレベルでの重要な課題である。その目的は，「頭の中を知ること」だけでなく，安定した精神的・情動的プロセスと構造を理解することである。そのようなプロセスと構造が，目に見える多様な個人差を生みだしている。最近，多くの関心が寄せられている研究は，個人が社会的‐個人的世界を

構成し，解釈し，理解する際の，基本的心理プロセスに関するものである。ここには以下の質問が含まれる。「その人を特徴づける安定した認知，情動，行動パターンにおいて，人はどのようにして世界を扱うようになるのだろうか。自己とは何であり，自己概念や自己についての知覚は，人が考え，感じ，あるいは表現するやり方にどのように影響をするのだろうか。」

■ 予期できなかった攻撃行動を理解するためのそれぞれのレベルにおける分析
——テキサス・タワー乱射事件の事例

本書を通して議論される異なるレベルの分析は，相互に組み合わされることで完成する。総合的に考えると，一人の人間としての全人的なパーソナリティ理解が進むのである。例として次に，実生活でのパーソナリティの謎に直面したとき，各レベルが問うような種類の質問をみてみよう。ここで扱う事例から，一人のパーソナリティの中で，同時にすべてのレベルが相互作用するような現象があることを理解できるはずである。

それはチャールズ・ホイットマンという，テキサス大学の学生の事例である。ある暑い夏の夜遅くに，ホイットマンは妻と母親を殺した。次の朝，ホイットマンは大学のキャンパスにある高いタワーに登り，高性能のライフル銃を使って，眼下のキャンパスの群集をねらって撃った。その恐怖の90分間で，14人を殺し，24人に傷を負わせ，飛行機を撃とうとし，最後に警官に殺された。ホイットマン事件の後，最初の質問はお決まりのものであった。このおとなしそうな青年を暴力に走らせた原因は何なのか？

事件を起こす前の晩，ホイットマンは以下のような手紙を書いた。そこには，そのときの内なる主観的経験が記されていた。

> 最近，自分のことがわからない。私は自分が平均的で，分別があり，知的な若者だと思っている。しかし，このごろ，いつからか思いだせないが，多くのふつうではない，非合理的な思考に苦しめられている。これらの思考は継続的によみがえり，やるべき仕事を進めようと集中するには，たいへんな努力が必要になっている。3月には両親が別居して，すごくストレスを感じた。大学の健康管理センターのコクラン医師に面談し，自分で感じている精神科的な障害について相談できる人を推薦してほしいと頼んだ。そして一度，ある医者とおよそ2時間話し，自分の圧倒的な攻撃衝動に巻きこまれそうな恐怖を伝えようとした。1回会っただけで，私は二度とその医者とは会わず，それ以来，一人で自分の精神的な混乱と戦ってきたが，役に立たなかったようである。私が死んだら，目に見える，身体的な問題があるのかどうか，解剖して調べてほしいと思う。過去にとてもひどい頭痛が何度かあり，3か月で鎮痛剤エキセドリンの大瓶を2本使い果たした。

現象学的・人間性レベルは，ホイットマンによって書かれた，この文章に正面から注目し，彼が書いた手紙からその他のさまざまな方向に向かって検討することで，彼がしたこととその理由をホイットマン自身がどう考えていたのか，そして何が自分に起きていると考えていたのかについて，本人自身の視点から理解しようと努力するだろう。ホイットマンの知覚や解釈において，自分に起きていると本人が信じていたことが，あのような爆発的な行為を，どのように引き起こすことになったのか理解することが最も重要だと考える。自分の混乱と誤った知覚を解明しようとする努力において，ホイットマンが経験していた内的な葛藤，統制の喪失，断片化した気持ち，絶望，それに無力感に対処しようと本人ががんばったがゆえに生じた，錯乱した自己感覚とパニックに関心を集中させる。このような努力において，この分析レベルの研究は，精神力動的・動機づけレベルの研究と，相互に補完する関係にある。いくらか違った概念や方法を用いるが，これら二つのレベルの研究者たちは，いくつかの同じ問題への解答を見つけようと努力しているのである。

特性・性質レベルの分析でホイットマンの事例を考えた場合，主な疑問は次のようになる。ホイットマンは，次の章で述べる研究法を用いた明確な特性プロフィール，例えば高いレベルの怒りと敵意，衝動，神経症傾向，それに加えて衝動統制の乏しさやストレスを制御する能力のなさを心理テストで示すだろうか。もし，事件以前にそのようなプロフィールでなかったとしたら，少なくとも特性レベルで性格変容を経験したのだろうか。あるいはホイットマンの行動にはわずかながらも予兆があって，行動を予測できたのだろうか。そのようなテストからのプロフィールは，彼の特徴を豊かに記述することに役立つだろう。そのほとんどは，ホイットマンの以前の行動から明らかだったわけではないかもしれない。しかし事件後の時点で，この暴力の爆発とそれと合致する性格特性を理解する助けになる。

生物学・生理レベルでホイットマンを理解するためには，この人の凶暴な爆発の背景にあると思われる脳と攻撃性のつながりを考えることから始めることになるだろう。このレベルでホイットマンの事例を考えるため，強い頭痛についての本人の記述を確かめようと，死体解剖が行われた。その結果，攻撃行動にかかわると考えられる脳の領域に悪性腫瘍が発見された。そこで何人かの専門家は，損傷を受けたホイットマンの脳が，この人物を攻撃行動へと傾向づけたのだと示唆した。他方，攻撃行動を生みだす脳の部位の位置の確定と研究に多くの努力が払われてきたが，現代的な手法をもってしても，これらの関係はあまりわかっておらず，これまでに出てきた証拠がさし示すのは，脳の部位と行動の関係は単純ではないということである。脳のある領域が攻撃性に対応して機能しているかもしれないが，私たちはこれらの領域が環境からの情報を処理している脳の別の領域によって強く制御されていることも知っている。また，ある種の脳のダメージや障害が人間の暴力や予測できない行動をつくりだ

すともいえる。しかし，攻撃は脳のさまざまなメカニズムが引き金になるのではあるが，攻撃的にふるまう人の大多数には脳に損傷があるという証拠はない。

とはいえ，生物学的・遺伝子要因は攻撃行動において，かなり一般的な役割を果たす（Baron & Richardson, 1994; Loehlin, 1992）ようである。遺伝子的にお互いのコピーである一卵性双生児は，遺伝子的にお互いが異なっている二卵性双生児と比べ，より攻撃的・支配的行動パターンが似ている（Plomin & Rende, 1991）。たとえ一卵性双生児が異なる家で育っていても，つまり異なる社会養育環境であったと思われる場合でもそうである（Bouchard, Lykken, McGue, Segal, & Tellegen, 1990）。しかし，行動遺伝学者はまた，遺伝子要因はそれだけでは作動しないことも指摘している。遺伝子要因は常に環境要因と相互作用するのである。近年，脳についての新しい発見とその活動についての新しい研究方法が刺激となって，このレベルでは大きな関心と研究の増加をよんでいる。もしいま，ホイットマンがテストされれば，脳画像のような生物学・生理レベルの測定によって，思考や行動と脳過程の関係がより詳しく分析されたことだろう。後に（17章）みるように，脳のメカニズム研究の近年の最も重要な進歩によって，攻撃の暴力的な爆発において，脳内の神経メカニズムがうまく機能していない様子は，ますます鮮明な像として得られるようになっている（Davidson, Putnam, & Larson, 2000）。本書の18章で議論されているように，生物学・生理レベルの最近の研究でも，パーソナリティの生物学的側面と心理学的側面は連続的な相互作用プロセスにあり，影響を与えあっていることが明らかになっている。結論としてはやはり，異なる分析レベルからの貢献はお互いを豊かにするということである。

精神力動的・動機づけレベルでは，ホイットマンの暴力を理解するために，彼が言及していた圧倒的な暴力衝動につながる非日常的で非合理的な考えに，まずは焦点をあてる。精神力動の手法を用いて（7, 8, 9章参照），その下にある無意識での葛藤と戦いを理解しようとする。精神分析理論によると，例えば人の攻撃性は，強くて時に無意識である衝動とそれを抑えようとする自我による防衛との間で続く，葛藤の所産なのである。ホイットマンの自分自身への怒りや敵意に対する防衛は，柔軟性のない極端なものになっていたので，その怒りの衝動を直接的でないごまかした形式で表現することができなかったのだろうか。この場合，精神力動のレベルでの疑問は「解放されない圧力が爆発するまで蓄積してしまったのだろうか」である。このレベルでの分析では，予測できなかった破壊的爆発の引き金になった「きっかけ」は，通常ささいなものであることを仮定している。その代わり，典型的な行動における予想できない，一見説明不可能な変化を説明するために，潜在する葛藤と無意識の力動を推測しようとして探るのである。

行動・条件づけレベルでの焦点は，人の行動が，学習の経緯と現在の生活における諸条件を反映し，またそれらによって形成されている様子にあてられている。ホイッ

トマンにあてはめるなら，彼の事件前までの学習経験と育った文化にその答えを探すことになるだろう。このレベルで問うことは，銃に引きつけられ，あるいはそれを使うことに報酬が与えられた経緯，加えて攻撃行動のモデルにふれる経緯があったかどうかということであろう。あるいはまた，文化やサブカルチャーからの影響，さらにさまざまな形式で示される攻撃に対し，その文化から与えられる報酬が影響したかどうかということも問われるだろう。おそらくホイットマンが育った環境では，問題解決の第1選択肢は攻撃的な方法であり，本人が手紙に書いていたように，最近巻きこまれていた人生と生活のストレスにおいては，特にそうだったのだろう。

社会認知的レベルでは，出来事の知覚と解釈する仕方，そしてそのような知覚によって活性化する内的状態と精神的・情動的プロセスが，どのように行動するかを決定すると考える。ホイットマンのしたことを理解するには，彼が爆発したときに活性化したこれらの精神的・情動的プロセス，さらされていた特殊な状況，そして尋常ではない怒りを生みだした認知的・情動的力動の特徴を理解する必要がある。おそらくこの攻撃のきっかけは，少なくとも自分ではその行為を正当化できるくらいに，これまで不当に扱われてきたというホイットマンの知覚であろう。ある人やグループを実際の，あるいは想像上の悪意を理由にして責めることで，人は憎むべき敵をつくりだしその人たちに対して向けるいかなる攻撃もまったく当然であると正当化する。しかし，なぜホイットマンは，たいていの人なら同じ状況，同じような理由があってもやらないような極端な行動に出たのだろうか。ホイットマンには，人と異なる，極端な攻撃をもっともらしく説明するどんな心的過程があったのだろうか。どんな種類の技術，自己制御，価値観が欠けていて，あのような行為になったのだろうか。この人をあのような行為に導いた信念，期待とはどのようなものだろうか。このような種類の質問が，このレベルの分析を推し進める。後から考えて，そのような疑問に答える方法はないのだが，挑戦すべきであるし，その解答を追求するなかで，このレベルの分析と他のレベルの分析が集約し，相互に補いあうのはすでに指摘したとおりである。

ホイットマンの事例はとても極端ではあるが，特に変わっている，まれなものというわけでもない。40年後，NASAのある宇宙飛行士は，同僚の宇宙飛行士に一方的に夢中になってしまい，その男性がつきあっていると思いこんだ恋敵の空軍大尉の女性と対決するため，自動車で900マイルも高スピードで突っ走った。出発する前，車には大型のゴミ袋と，ナイフと空気銃など，さまざまな武器を積みこみ，テキサス州ヒューストンからフロリダ州オーランドまでの10時間に車を止める必要がないよう，紙おむつをつけたくらい，真剣であった。その女性は，職場において尊敬され知的だと思われていたので，結果的に殺人未遂で起訴されることになった個人生活におけるこの極端な行動は，その人をよく知っていると考えていた周囲の人たちにとって，まったくのショックであった。マスメディアによって，パーソナリティの複雑さがよく

とりあげられ，それで知ることも少なくはないが，そのような驚きは，実際には私たちの日常生活でたいへんによく体験されることなのである。

■ パーソナリティ理論における分析レベルの統合──全体としての人間

　これまでの議論を要約すると，それぞれのレベルは，全体としての人間を理解するために，独自の洞察を積み重ね，相互に情報を与え影響しあっている。そこで本書では，まず各レベルに別々に焦点をあてて深く検討し，それから最後の三つの章で相互のつながりと統合を考えることにする。一体としてとらえるのなら，各レベルでなされた研究は，パーソナリティにとって重要である行動的・内的な出来事について，その考えられるすべての原因を扱っていることになる。たしかに時折，異なるレベルでの研究は相互に否定するような批判的知見を生みだし，実際に論争にもなる。すべての科学において，そのような歴史がしばしばみられるし，それはこれからも続くだろう。しかしそれらは科学において最もエキサイティングな瞬間であり，しばしば飛躍的な進歩の舞台となるのである。実際のところ，近年，異なるレベルで研究しているパーソナリティ心理学者たちが，厳格であった境界を自由に横断しているようである。この分野の研究の多様な方向性のそれぞれで進行中の作業に関して，ある展望論文は以下のように記している。

　　「これらの研究プログラムは頻繁に，お互いに情報を提供しあう。相補的な知見から，パーソナリティの構造と機能の，不完全ではあるが，一貫した構図を描くことが始まっている。パーソナリティ心理学者はついに共通の土俵を見いだしたのだ。」　　　　　　　　　　　　　　　　　　　　(Cervone, 1991, p. 371)

　人間に関する，いままでより幅広い視点が登場しつつあるが，それは多様なレベルのそれぞれから，多くの洞察と知見を一つの幅広い統一的な枠組みの中に合体させようと探求しているものである（例：Baumeister & Tice, 1996; Carver, 1996; Cervone & Mischel, 2002; Mischel & Shoda, 1998）。この傾向が続くなら，この領域にとってエキサイティングな時代がくることが約束されている。パーソナリティ心理学はいままで以上に知見の蓄積が見込まれる科学となり，そこでの知見や洞察は互いに補いあい，新しい世代の研究者は初期の結論を見直し，しだいにお互いの研究を高めることができるだろう。そうなれば，各研究の流れからの主たる貢献は，より統合され，各要素は時の試練と科学の成熟としての検証に耐えて保持されるだろう。

　その上さらに，パーソナリティと関連領域との間で境界が相互に横断される生産的な兆しもある。その関連領域として，より大きな単位，つまり社会-文化的レベルでの分析（例：Nisbett, 1997）とより小さいレベル，特に認知-神経科学と行動遺伝学の両方が含まれる（Lieberman, 2007; Ochsner & Lieberman, 2001; Plomin, DeFries, McClearn, & Rutter, 1997; Rothbart, Posner, & Gerardi, 1997; Wager, Jonides, Smith, &

Nichols, 2005）。いつの日か，人間についての統合的な視点（例：Allport, 1937）を提供し，少なくともその主題の複雑さと深遠さをとらえることは，長い間パーソナリティ心理学の希望であった。この領域の楽観主義者たちは，そのときはあまり遠くないと考え始めている（Cervone & Mischel, 2002, 1章）。

■ 実践的応用──ストレス対処と個人的適応

　なぜ，こんなにも多くの人がパーソナリティについて勉強したがるのだろうか。それを説明するためには，一個人としての自分，そして少なくとも自分自身の将来の一部を設計する者としての自分を，これまでの知見によって，いかによく理解できるかをみておくといいだろう。パーソナリティ理論は，しばしば人の人生と生活の心理学的な意味での質を改善する助けになるものとして適用される。たとえ，抱えている問題が専門家に助けを求めるほどの深刻なものではない人でも，やはり人生と生活をより充実させ満足させる術を探すものである。しかし，それはどんなものだろうか。人間の強さと問題の多様さと複雑さを考えると，「よい適応」とか「健全なパーソナリティ」といった単なる心理学的な適切さの概念では単純すぎることは明らかである。「適応」と「異常」，「精神的健康」と「逸脱」といった心理学的な適切さについてのより十分な定義は，その案内役として使われるパーソナリティ理論次第なのである。本書でなされる議論は，そのような心理学的な適切さと逸脱の性質について明確な概念を提供するものである。より詳しい検討によって，このような概念については異なるレベルでの分析でさえ，実際には明確に共通のテーマがあることがわかるだろう。しかし，問題行動を変え，よりよい選択肢へと促す方法に対し，個々のレベルからも知見は提供される。

　多くのパーソナリティ心理学者は，人間の問題解決のためにパーソナリティ概念がどんなことを意味しているかについて，きちんと扱える技術を探し求めている。例えばそれは，うつや不安や不健康に対する治療法であり，またストレスへの対処や，成長のための有効な行動パターンを育成することでもある。行動を理解し変えようとする試みは，実践的・社会的に非常に重要だが，それに加えてパーソナリティに関する考え方の最も良好な検証状況の一つでもある。こういった試みには，いろいろな形式の心理療法，薬物，身体への治療，多様な特別な学習プログラム，心理学的な意味での環境の変化といったものがあり，人が十分にその潜在能力を伸ばせるようにするものである。これらのトピックスを研究することで，私たちは障害をもつ人々と同様，正常で健康な人々のパーソナリティ変容についても，いろいろな考え方をもつことの有用さや意義を知るのである。パーソナリティの査定，変化，成長に関連する概念や方法，そして知見は，主なアプローチと分析のレベルにあてはめてみることで，多様な点から議論することが可能になるだろう。

☑ 要　　約

パーソナリティとは何か
- 「パーソナリティ」という用語は，記述され予測されることが可能な，安定して一貫した個人差を意味している。
- パーソナリティ心理学で，「パーソナリティ」は心理学的な意味での環境に対処し，環境を変えさせる個人独自のパターンとされる。
- パーソナリティ心理学者は，パーソナリティの性質と心理学的・生物学‐遺伝子的過程が人々の明確な行動パターンにどのように影響するかを研究している。

理論と分析のレベル
- 20世紀の前半，パーソナリティの大型理論（例：フロイト理論）が発展し，多くの方面の研究と実践を生みだした。
- パーソナリティ心理学の研究は，今日では主に六つの分析レベルに分けられる。
- これらの六つのレベルから，人間のパーソナリティの複雑で多様な諸側面を概観することができる。
- 特性・性質レベルではパーソナリティの基本的表現における一貫性を見いだそうとしており，安定したパーソナリティの特徴として概念化されている。
- 生物学・生理レベルでは，パーソナリティの生物学的基礎を探索する。そこには，遺伝，脳，進化の役割が含まれる。
- 精神力動的・動機づけレベルでは，パーソナリティの多様な側面の背景にあると思われる，動機づけ，葛藤，そしてしばしば無意識である防衛について探る。
- 行動・条件づけレベルでは，個人を特徴づけるような特別な行動パターンを分析し，その発生条件を見つけだす。
- 現象学的・人間性レベルは，ある人の内的経験と，その人の世界に対する見方・解釈の仕方に焦点をあてる。
- 社会認知的レベルでは，精神力動的・動機づけレベル，行動・条件づけレベル，現象学的・人間性レベルと関心を共有するが，思考や感情におけるパターンと，それに影響を与える状況的文脈の役割について，科学的に厳密な分析を特に強調する点に特徴がある。
- チャールズ・ホイットマンの例は，どのようにして，各レベルの分析が個人のパーソナリティと行動の理解をより豊かにするかを示している。

統合的科学へ
- 各レベルでの研究は，人間に関する情報を探索し，不適応な行動パターンを建設的に変容させるための，基本的概念と方法を提供する。
- 人間へのますます包括的な視点が出現しているように思われるが，それらは各分析レベルからの多くの洞察と知見を組みこんでいる。
- パーソナリティ心理学と他の関係領域との境界もまた横断されつつある。

実践的応用
- パーソナリティ心理学の知見は，うつ，不安，衝動統制や不健康といった人間の多様な問題に向けられている。

1章　パーソナリティ入門

☑ 重要な用語

現象学的・人間性レベル，行動・条件づけレベル，社会認知的レベル，精神力動的・動機づけレベル，生物学・生理レベル，特性・性質レベル，分析レベル

☑ 考えてみよう

1) 個人の個性のどの二つの側面が，パーソナリティ概念の出発点になっているのか。
2) 状況要因や周囲の事情は，パーソナリティの首尾一貫性の知覚に，どのように貢献しているのか。
3) パーソナリティ心理学者の二つの目標を説明しなさい。
4) パーソナリティ概念の現時点で考えられている五つの側面をそれぞれ説明しなさい。
5) パーソナリティに関する広範すぎる理論にある科学的な欠点として，どんなことが考えられるか。
6) パーソナリティは，どのような六つのレベルで研究されているのか。それぞれのレベルで，私たちについて，どのような質問が出されているのか。
7) 特性・性質レベルでの分析では，どのようなことに焦点があてられているのか。
8) パーソナリティにおける個人差のもとになる生物的要因には，どのような種類のものが知られているのか。
9) 精神力動的・動機づけレベルの分析は，パーソナリティのどの側面を扱おうとしているのか。
10) 行動・条件づけレベルでの分析では，パーソナリティについてのどんな質問が出されているのか。
11) 現象学的・人間性レベルの分析が，最も関心をもつのは何か。
12) 社会認知的レベルでの分析は，行動・条件づけのレベルと，どこに違いがあるのか。
13) チャールズ・ホイットマンが起こした大量殺人事件の原因の可能性について，それぞれの分析レベルは，どのように違った視点から検討を行うのか。
14) パーソナリティ心理学者が，人間の統一された理解を追求するにあたり，どのような種類の理論的統合が起きつつあるのか。
15) どのような意味において，パーソナリティ心理学は応用的な科学なのか。

2章

データ，研究法，研究手段

2.1 なぜ，パーソナリティの科学が必要なのか
——後知恵的理解を越えるもの

　私たちは，自分自身あるいは他者の行動を，事後的に理解しようとし，それに多くの時間を費やしている。デンマークの哲学者キルケゴール（Sören Kierkegaard）の言葉に，「人生は前進するしかない。だが理解できるのは振り返ったときのみである」というのがある。また，ことわざにもいうように「後知恵は視力満点」である。過去に起こった出来事を説明する方法はいくとおりもある。そしてまた，たとえそこに正しい説明があるとしても，どれが本当に正しいのかをはっきりさせる方法はない。
　さらにいえば，私たちは，自分たちの目を通してしかものごとを見ておらず，別の目で見れば，同じ出来事に対して別の説明が成り立つことに気づかないまま，自分たちは真実を見たのだと自らを納得させているのである。このことは，黒澤明監督の映画『羅生門』にはっきりと示されている。この映画は，ある強姦事件と殺人事件の物語を，4人の語り手がそれぞれの立場から振り返りながら証言していくというストーリーである。語り手の証言は，一つひとつはどれも筋が通っているのだが，4人の話をつなぎあわせると，つじつまが合わず，矛盾点がみえてくる。4人の話には同じ人物が登場し，ストーリーの細部もほとんど同じである。しかし，食い違う点も多数ある。映画では，結局何が真実だったかは語られず，最後まで曖昧なままである。しかし，それと同時に，私たちが目にするものは，私たちが誰であるかに影響されているのだという教訓を与えてくれる。同じ出来事をさまざまな人の目を通して観察できるのは映画ファンの特権だが，現実世界では，私たちはそのような特権をもっていない。むしろ私たちは，映画の登場人物と同様に，自分特有の強力な眼鏡をかけ，ものごとを都合よく見ているにすぎないのである。
　事後的な理解が役に立たないというのではない。ある出来事を理解するとき，その出来事が少なくとも何を意味するのかについて，後知恵がなければ理解できない場合

も多い。だがこれは，科学的研究の本質とは大きく異なる。科学というのは，観察者によって別の異なる説明が成り立つのを避け，単純な共通理解をもたらすことができるように，ある現象を説明する言語をつくりだすことから始まる。しかし，科学の目的は，共通理解を見いだすことだけではない。科学の目的は，共通理解を通して正確な予測を行うことであり，その予測が本当に正しいのか確かめることである。しかし，その予測が正しくない場合には修正を加えたり，違った別の仮説を提案したりする余地を残している。研究者はさまざまな条件を使ってみることで，ある出来事や行動の出現に影響を与えると考えられるさまざまな要因について，仮説を検証するのである。ある行動をもたらす原因が理解できれば，その行動がどんなときに再び出現するのか，あるいはどんなときには出現しないのかについて，ある程度，正確に予測することができる。また，こうした知見によって，研究対象となる行動の背景にあるプロセス（過程）やメカニズム（機構）を理解するための理論が構築できるようになる。したがって，少なくともほとんどのパーソナリティ研究者がもつ視点としてパーソナリティの科学が必要なのである。そしてまた，パーソナリティの科学を追求するため必要となる研究法や研究手段を知っておかなくてはならないわけである。

　パーソナリティ心理学者は，科学的技法を使って人々を研究しているが，それぞれの研究課題を単純化しすぎてはいけないこと，また，パーソナリティの複雑さを，方程式や変数といった見せかけの「科学」にまとめあげてしまい，過小評価したりしてはならないことを十分に心得ている。人間の最も際立った特徴は，自分自身，そして過去や未来のことを振り返ることによって，意味をもたせることができる点であるということを，十分に認識しているのである（Cervone & Mischel, 2002, p. 5）。

　そのように考えると，人々が自分たちのことをどのようにとらえ，理解しているのかについて尋ねたり，自分の目で見た自分がどんなふうであるかを尋ねたりすることが研究の第一歩となるのも，もっともなことである。その一方で，このような個人的で「内的」な視点には間違いなく限界があり，完璧ではなさそうだということを心得ておくことも大切である。

　そこで本書では，ケーススタディ「ゲリー・W」について考えてみることにしよう。本書を読み進めるうちに，読者はゲリーのパーソナリティがわかってくることだろう。彼の臨床ファイルは，匿名性を確保したり，ポイントをわかりやすくしたりするために加工されているが，そのファイルに基づいて，彼に関するさまざまな手がかりが得られるはずである。

　フォーカス2.1は，ゲリーが「自分自身について説明することを求められた」とき，本人が話した内容の一部である。同じことを，試しに自分もやってみたいと思う読者もいるかもしれない。彼は，規模の大きい大学にある心理学部の中の学生相談室に初めて訪れたとき，自分について説明するよう求められたのである。

フォーカス 2.1

ゲリー・Wの事例――自己描写

　僕は大学卒で 25 歳。いまは MBA をとるため，学内のビジネススクールに通っている。

　……どちらかというと内向的な人間かな。あまり社交的なほうではない。人と接するのはそれほど得意なほうではないな。僕はよいリーダーではないし，政治家になれるとも思わないけど，けっこう勘がいいから，優秀なビジネスマンになるセンスは十分にあると思う。いま自分がとてもやりたい重要な仕事につけるかどうかの瀬戸際になっていて，うまくいくかどうか，とてもやきもきしている。決定権をもった上司たちが僕のことをいま一つだと思っているのは知っているけど，そんなことはないんだ。うまくやってみせる自信がある。僕は将来を見通すことができるし，誰かにうまく利用されてしまうようなお人よしではない。目標に向けて何をすべきかわかっているし，困難であろうとなかろうと，どんなことでも最後までやり抜くにはどうしたらいいかわかっている。

　でも唯一だめなのは，大きな集団の中で発言すること。つまり，大勢の人前で話すことだ。自分でもよくわかんないんだけど，ときどきとても緊張し，混乱してしまって，文字どおり，話ができなくなっちゃうんだ。鼓動が激しくなって，ほんと，死にそうになる。なんだかみんなが僕のことを批判しているんじゃないかって不安にかられるんだ。まるで，ズボンが脱げちゃったみたいな，大ドジを踏んだところを見てみたいと思っているんじゃないかって気持ちになる。たぶん，考えすぎなんだと思うけど，どうしても気になってしまい，最後にはバケツいっぱい汗をかくみたいになって，何も話せなくなっちゃうんだ。

　女の子たちとはかなりうまくやっているよ。でも，残りの一生を一緒に過ごしたいと思うような相手はまだ見つかっていない。でもね，楽しくやってるからいいんだけど。いつかは魅力的で常識的な女性と出会えることを願っているさ。温かくて人柄がよく，自分本位ではない人。他の男には目もくれず，だけど自分自身の人生をしっかりと歩んでいける。細かいことでいちいち僕を頼りにしたりしない人かな。

　僕は子ども時代，とても典型的な，かたい中流家庭で育ったと思う。年上の兄がいて，よく喧嘩したな。どこの子どもも同じだと思うけど。でもいまはお互い競争心はもっていない。二人とも成長したし，お互いに仲よく暮らしているよ。もしかしたら，ただの停戦状態なのかもしれないけど，きっとこれは，本当の和解だと思う。もし和解というのが本当にあるとしたらの話だけどね。関係が変わったきっかけは，あの事故だと思う。兄は以前，ひどい自動車事故にあって，そのときには「神様のお慈悲がなかったら，どうなったか……」なんて思ったよ。

　僕が子どものころ，父はあまり家にいなかった。事業がうまくいかず，てんてこまいになっていたから。父と母は，そこそこ仲よくやっていたように思う。でも，二人の仲には溝があったんだろうな。だって，いまは離婚しちゃったからね。ま，いまはどうってことないと思っているけど。だって，兄も僕も家を出て，もうしばらくたつからね。けど父に対しては，いまでもかわいそうに思うよ。なんだか失敗の人生だ

ったように感じるし，もう本人も抜け殻だし。
　僕の強みは，粘り強いこと，スタミナがあること，そして根性があることかな。生きていく上で，どれもみんな必要なことさ。あと，抜け目がないところかな。反対に僕の弱みは，切羽詰まると誰も何も信用できなくなることかな。誰かが僕をひどい目に遭わそうとねらっているなんて絶対わからないし，この先にどんな不幸が待っているかもわからないんだ。いくらがんばっても，どうにもできない運というものもあるし。さて，こんなところかな。他に何か聞きたいこと，ある？

　ケースから読みとれるゲリーについての印象は興味深いが，不確かである。私たちは，その内容がどれだけ正しいのか，またどういう意味なのかについて，よくわからない。どうすればより詳しく知ることができるのだろうか。人々のパーソナリティについての推測を，科学的に研究できる概念に変換するには，研究者は，そうした推測を良質な測定を用いて検証可能な用語に置き換えなくてはならない。パーソナリティ研究者が利用できる測定は幅広い。次にこれらについてみていこう。

2.2　パーソナリティに関連する測定のいろいろ

　病院に健康診断を受けに行ったところを想像してみてほしい。病院には，X線やCATスキャンを扱う放射線技師がいるだろう。また，血中ホルモンのレベルを分析する内分泌の専門家もいるだろうし，神経系の専門家は，反射神経を刺激したり，神経系の機能をチェックしたりするため，さまざまな検査を行うだろう。また，免疫系をチェックする免疫学の専門家もいるだろうし，心機能を調べる心臓内科の専門家もいるかもしれない。こうした専門家はみな，それぞれの角度から，人間の身体に関する「診断結果」を提供してくれることだろう。しかしながら，これらの「診断結果」はどれもみな，身体の中の一部分を対象にしたものである。そして，人間の身体は相互に関連する数多くの要素からなる一つのシステムだといえる。これは，パーソナリティ心理学が，さまざまな分析レベルで研究されることと似ている。分析の各レベルにおいて，全体として機能しているパーソナリティのある一面に関してデータが提供される。そして，究極的な挑戦は，パーソナリティが一つのシステムとしてどのように働いているかを理解するために，それらのデータを統合することである。

　心理学者は異なる分析レベルでパーソナリティの研究を行うが，これにより，数多くの情報源をもとに，多様な方法を通して，人々についての情報を得ている。つまり，多様な側面から，人々に関する診断結果が得られるのである。パーソナリティ心理学の中心にある目的は，個人のさまざまな側面が相互にどのように関連し，個人の中でどのように機能しているのかを理解することだといえる。さて，これについて考える

2章 データ，研究法，研究手段

前に（この課題はのちほど16章で扱う），まずは人々に関してどのようなデータを収集することができるのかを考えていきたい。収集可能なデータ範囲はとても幅広いのである。この章では，分析の各レベルで，どんなタイプのデータやどんなタイプのデータ源があるかについて紹介していく。またこうしたデータを解釈する上で用いる研究手段や概念についても解説する。

■ 面接技法

　面接技法は，面接をする者と，その面接に答える者によるやりとりであるが，これは貴重な情報源となる。面接は，現象学的・人間性レベルや精神力動的・動機づけレベルの研究者が特によく用いる手法である。なかには，いつも決まりきったやり方に従って行われるような，細かく構造化されていて形式的な面接もある。例えば，人々の性行為に関する調査などにおいては，初体験の質問から始まり，現在のパートナーとの間で抱えている潜在的な問題に至るまで，面接者はあらかじめ決まった質問を行うことがある。

　面接は，パーソナリティ研究において，最も古くからあり，精神力動的な研究や心理的査定においては，いまなお最もよく使われる技法である（Watkins, Campbell, Nieberding, & Hallmark, 1995）。心理的査定の手段としての面接が有効かどうかは，面接の進め方や構造，さらには，応答者の回答がどのように記録されたり，数値化されたり，解釈されるかによって決まる。こうした各ステップでは，臨床家の判断に委ねられるような他の技法にまつわる問題と同様の問題に注意を払わなくてはならない。近年では，ビデオ撮影や音声録音を行うことによって，面接によって得られた情報をもとに数値化や分類，それにデータ分析することが容易になった。また，コンピュータのプログラムを利用することで，こうした手続きが柔軟に行われるようになった。そのため，精神力動に基づいた心理的査定が系統的に改善されていくにつれ，面接技法に新たな関心が寄せられている（Horowitz, Rosenberg, Ureno, Kolehzan, & O'Halloran, 1989; Perry & Cooper, 1989）。

　面接は，一般的な技法である一方，実施やその後の数値化にあたっては，費用が非常に高く，膨大な時間がかかるのも事実である。面接結果を相互に比較するためには，さまざまな人々に対し，同一の標準的な方法にそって面接を行わなくてはならないが，それは簡単なことではない。そのため多くの研究者は，評定法や自己報告法といった標準化されたさまざまなテストを用いる。フォーカス2.2にあるように，評定法や自己報告法はとりわけ，研究領域の初期の発展段階においてよく使われる。

フォーカス2.2

初期のパーソナリティ測度

　パーソナリティ査定の技法としての自己描写や自己報告法への関心は，第一次世界大戦時に開発されたインベントリーによって触発された（Watson, 1959）。このインベントリーは，ウッドワース（Robert S. Woodworth）の「個人データシート」といわれるもので，のちに心理神経症インベントリーとして知られるようになった。
　これは，どの兵士が戦場におけるストレスに耐えうるのかを判定することをねらいとしたものだった。兵士一人ひとりに対し，精神科の面接を行うことは不可能だったので，精神科医が面接で確認する症状をウッドワースがリスト化したのである。その後，それらを100以上の項目からなる質問紙に改良した。例えば，「夜尿症がありますか」「白昼夢をよく見ますか」などの質問である。回答者は，各質問に対し，「はい」か「いいえ」で回答する。「はい」と多く答えた兵士に対して，続いて個人面談が行われる。この方法は，一人ひとりに面接を行う代わりに，とても簡単に経済的に実施できるので重宝された。いまでも，面接の代わりに質問紙が用いられることがよくある。
　ウッドワースの質問紙は広く活用されることはなかったが，1920年，30年代に開発された数々の自己報告式測定用具の先駆けとなった。この当時に開発されたものは，改訂を続けていまなお使われている。自己報告法では，総合点に基づき人々を相対的に比較する。総合点は，「一般的知能」を測るために開発された得点や指数と同じように，「総合的な適応レベル」といった，一つの指標を提供するものだった。その後まもなく，適応力の査定のほかにも，パーソナリティのさまざまな側面について測定する試みが盛んになった。

■ テストと自己報告法

　心理テストとは，「行動」に関する標準化された測定尺度のことで，「行動」には言語的行動も含まれる。
　多くのテストは自己報告法という形式で行われる。この場合の自己報告とは，人々が自分自身について報告することをさす。このタイプの心理テストでは，研究対象は，学力テストでみられるような多項選択式の回答方法ではなく，与えられた質問に対して決まった選択肢（例：「はい」「いいえ」「強く同意する」「かなりある」「わからない」）の中から回答する。図2.1および図2.2に，例があるので見ていただきたい。
　自己報告法は，研究対象が答える意志のある情報を手早く得るのに便利な方法である。表2.1に，自己報告法の不安尺度の質問項目例が示されている。質問への回答は数値化されて，それぞれの不安レベルの推定に用いられる。
　また，心理テストの中には，成績に関する測度も含まれる。例えば，子ども時代のパーソナリティ測定値が，その後の人生における学業成績とどのような関係があるかに興味をもっている研究者がいたとしよう。その場合，学業成績の結果を示す指標と

2章　データ，研究法，研究手段

私は多くの不安を抱えている。

　　　　　　　　は い　　いいえ　　どちらともいえない　　（いずれかに○をつけ
　　　　　　　　　　　　　　　　　　　　　　　　　　　　　てください）

ほとんどの警察官は本当に友好的である。

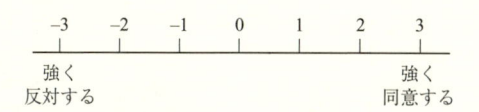

```
 -3  -2  -1  0  1  2  3
|---|---|---|---|---|---|
強く              強く
反対する          同意する
```
（同意あるいは反対の程度を示す数字に○をつけてください）

恋愛なんて面倒なだけで，それほど価値があるものではない。

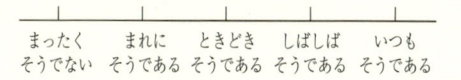

```
|----|----|----|----|----|
まったく まれに ときどき しばしば いつも
そうでない そうである そうである そうである そうである
```
（あなたの感覚に最も合った位置に印をつけてください）

他の人々に対する私の怒りはたいていの場合，

```
|----|----|----|----|----|
とても 平均より 平均程度 平均以上 とても
弱い  は弱い  である  である  強い
```
（あなた自身を最もよく表す位置に印をつけてください）

私は多くの身体的苦痛にさいなまれている。

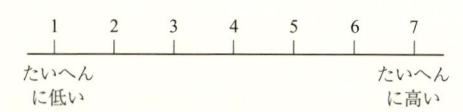

```
 1   2   3   4   5   6   7
|---|---|---|---|---|---|
たいへん            たいへん
に低い              に高い
```
（この文章があなたにあてはまる程度を示す位置に印をつけてください）

図2.1　構造化された多様なテスト項目例

```
 1  2  3  4  5  6  7  8  9
|--|--|--|--|--|--|--|--|
謙虚な                尊大な

 1  2  3  4  5  6  7  8  9
|--|--|--|--|--|--|--|--|
冷たい                温かい

 1  2  3  4  5  6  7  8  9
|--|--|--|--|--|--|--|--|
不注意な              注意深い

 1  2  3  4  5  6  7  8  9
|--|--|--|--|--|--|--|--|
安定した              不安定な

 1  2  3  4  5  6  7  8  9
|--|--|--|--|--|--|--|--|
単純な                複雑な
```

図2.2　形容詞型尺度の例。それぞれの言葉が自分にどのくらいあてはまるか実際に評定してみよう（各尺度について，自分を最もよく表すと思う数字に○をつける）。
　　　［出典：パーソナリティ次元を見いだすことを目的としたMcCrae & Costa（1985）の質問紙にある40の形容詞型尺度より抜粋し，修正］

表2.1 不安尺度に使われる項目に類似したもの

項　目	不安指標となる反応
私は何にも集中し続けることができない	は　い
私は心配性である	は　い
私はいつもびくびくしている	は　い
私は，多くの状況で安心している	いいえ
私はあまりいらいらしない	いいえ
私は試験前でもぐっすり眠れる	いいえ
自分が神経質だと思うことがよくある	は　い

備考：参加者は，「はい」か「いいえ」で回答しなければならない

して，大学進学適性試験（SAT）の得点が用いられることがあるだろう。同様に，「不安」に関心のある研究者は，困難で強いストレス下の条件で何桁もの数字を逆さからオウム返しに答える能力を，不安の測定指標として用いたりするだろう。この測定では，調査者が何桁もの数字を声に出して読み，研究対象は，その数字を後ろから順に正確に繰り返さなくてはならないのだが，研究対象は事前に，このテストで成績が悪いと知能が低いことを意味すると告げられているのである。

■ 投 影 法

投影法による検査はいまから60年以上前に開発され，いまも臨床場面で使われている。この方法では，研究者や評価者は，研究対象に曖昧な刺激を呈示し，答えに正誤がないような曖昧な質問を投げかける。例えば，インクの染みをさしながら「これを見て何を思いだしましたか」とか，カードに描かれたはっきりしないシーンを見せながら「物語をつくってみてください」と質問したりする。これらの測定指標は，精神力動的・動機づけレベルの研究において理論的に重要なものであるが，この点については本書の第Ⅲ部でより詳しく解説する。

■ 自然観察法と行動サンプリング法

宇宙の観測者が天体の動きを操作できないのと同様に，心理学者も人間行動のある側面を操作するようなことはできない，あるいは，すべきではない。例えば，夫婦喧嘩が絶えない家庭や非行少年を生みだすような家庭環境を意図的につくりだすことは誰にもできないし，そんなことをしようとする者もいないだろう。しかし，意図的につくりだすことはできない事象であっても，綿密かつ計画的に観察することは可能である。なお，実験室において，実生活との区別がつかない，強力な実験操作を行うことは，倫理規定によって規制されていることも，ここで指摘しておきたい（図2.5の参加同意書参照）。

実験を行うことによっていくつかの変数を操作することが可能であったとしても，そのような科学的な介入を行わず，自然に発生した行動を観察することを研究者は好む場合が多い。多くの情報が得られるこの技法は「自然観察」とよばれるが，これはもともと，動物行動学の研究者が始めたものである。これらの研究者は，自然環境に生息しているチンパンジーなどの動物を，じっくりと時間をかけ，動物に気づかれないように観察している。このような技法は，家庭内の家族間相互作用の研究に応用されるようになった（Patterson, 1990）。

　オレゴン社会的学習研究センターのパターソン（Gerald Patterson）と共同研究者らは，さまざまな行動を29のカテゴリーに分ける「行動の分類法」を開発した。これら29のカテゴリーはそれぞれ明確に定義されている。このシステムでは，親や子どもの行動を分類することができ，その中には，特定の嫌悪的行動（例：叫ぶ，逆らう，暴力を振るう，駄々をこねる，言うことを聞かない）なども含まれる。ある大規模な研究プロジェクトでは，訓練された観察者が，家族間のやりとりで問題が起こりやすい夕食時に家庭を訪問した。そこで観察された子どもと家族とのやりとりはすべて記録し分類され，そうすることによって，やりとりを一連の流れとして研究することが可能となった。この分類によって集められたデータによると，問題が起きている家庭では，問題児の嫌悪的行動は，長い時間の中で敵意に満ちたやりとりによって増幅され，「鎖」のようにつながっていることがわかった。問題家庭において，親が罰を与えようとすると，子どもは反抗的になってさらに攻撃的になったり，すぐにまた嫌悪的行動を始めたりする傾向にあることがわかった。こうした行動は，低い社会的スキル，学校での違反行為，学業成績の低下，仲間はずれなどを引き起こし，多くの場合，青年期における反社会的行動へと形を変えていった（Patterson & Fisher, 2002）。

　臨床場面では，観察することによって，クライエント（患者，悩みを抱え相談する人）と査定者の両方が，クライエントが抱える問題を把握したり，治療目標を明確にしたりする機会を得ることができる。また，行動のサンプルを直接観察することによって，さまざまな治療方法の中から，どの方法が有効かを知る手がかりも得られる。

　また，保育園や幼稚園のクラスにいる子どもの様子を，隠れた観察者がマジックミラーの裏から観察することがある（Mischel, Shoda, & Rodriguez, 1989）。観察は日々の生活の中でもあたり前のように行われており，私たちは観察することを通じて，出来事や周囲の人々について理解を深めたり，印象を形成したりする。しかし，科学的手法としての観察は，それができるかぎり体系的に，客観的に，そして正確に行われる点が特徴といえる。そして，観察者が観察される側から見えない状況において（例：マジックミラーやビデオカメラでの撮影），観察者による影響を少なくすることができる。

■ 遠隔的行動サンプリング法

　行動の査定者が，日常的にあらゆる状況で人々を尾行するのは，現実的ではないし困難である。それに査定者は，情緒的反応や思考パターンなど，観察困難な出来事に関心をもつことが多く，これらがパーソナリティの機能を明らかにする手がかりとなることが多い。遠隔的行動サンプリング法によって，日常生活で見られるような行動の標本・サンプルを研究対象から集めることができる。研究対象は，小さなコンピュータ機器を携帯し，一日のうち決まった回数呼びだされる。ちょうど「ポケベル」のようなものだが，そのポケベルが鳴ると，研究対象はそのときの思考，感情，行動など，研究者やセラピストが査定しようとしている事柄について記録する（Barrett & Barrett, 2001; Conner, Barrett, Bliss-Moreau, Lebo, & Kashub, 2003; Csikszentmihalyi, 1990; Singer, 1988; Stone, Shiffman, & DeVries, 1999）。また，いま現在どんな状況にいるかを報告することを通じて，状況と行動の相互作用についても検討されることがある。研究対象が記録したり報告したデータは，コンピュータに保存されたり，査定者に直接送信されたりする。

　遠隔的行動サンプリング法は，さまざまな状況でたくさんの行動サンプルを収集することができるので，数週間あるいは数か月にもわたって行われることがある。この研究アプローチによって，他の方法ではわからないようなパーソナリティ機能について，明らかにすることが可能となっている（Stone et al., 1999）。

　多くのパーソナリティ研究者たちは，直接に観察することができないような日常場面での経験を自己報告してもらうことによって，研究室から一歩踏みでたところで研究を進めている（Bolger & Romero-Canyas, 2007; Tennen, Suls, & Affleck, 1991）。例えば，日常気分測定尺度を用いて，一定期間内に経験したさまざまな感情（喜び／楽しみ，満足；落胆／ブルー）の程度を測定する研究者もいる（Larsen & Kasimatis, 1991）。測定結果は，軽い病理や心理的健康度などと関連することがある（例：Emmons, 1991）。同様に，家庭内の不和など，日々のさまざまなストレッサーやイライラについての報告は，また別のパーソナリティ尺度と関係がみられる（Bolger & Schilling, 1991; David, Green, Martin, & Suls, 1997）。いい成績をとろうとか，友だちをつくりたいなど，学生生活へ適応しようすることはきわめて日常的な課題の一つであるが，そうした課題に対し，人々がどう向きあっているかを研究する上でも，経験のサンプルを収集することが役に立つ（例：Canter et al., 1991）。表2.2に，行動サンプリング法の例をいくつか紹介している。

■ 生理的機能と脳画像

　パーソナリティ研究者は，人々の感情反応を査定する実用的な方法はないか，長い間探し求めてきた。生理的機能を測定する古典的な方法の一つがポリグラフ，すなわ

表2.2 日常場面での経験をサンプリングした実例

技法	例	出典
時間管理型サンプリング法	腕時計のアラームを合図に，回答者は，そのとき行っていた仕事，行動，感じたことなどを記録する	Cantor et al. (1991)
体系的日記法	日常的ストレスをどう感じたかを自己報告する（例：仕事の負担，家族からの要求，口論）	Bolger & Schilling (1991)
感情，症状，その他の内的状態についてのサンプリング法	感情についての自己評定（例：悲観的-楽観的，満腹-空腹），症状の発現と長さ（例：腰痛，頭痛），健康と心の満足感	Larsen & Kasimatis (1991) Emmons (1991) Diener et al. (1995) David et al. (1997)

ち自律神経系の活動を記録する器具である。特に強いストレスを与えたり興奮させたりするような刺激に対し，肉体がどのように変化するかを測定することで，多くの重要な情報が得られる。ポリグラフには，体内の変化を紙の上にペンでグラフとして記録していく装置が備わっているため，変化の様子を目に見える状態で記録することができる。ポリグラフ測定で一般的なものは，心電図（**EKG**）である。心臓が鼓動すると筋肉が収縮し，それと同時に体内で電流が発生するが，その様子を心臓の真上に取りつけた電極で感知する。心電図のほかに，血流の量を測定する血流量計もポリグラフに用いられるものの一つである。また，発汗による皮膚の電気的活動の変化は，皮膚電気反応（**GSR**）とよばれる検流計で測定され，ほかに血圧の変化や筋肉活動も，同じように有効な指標となる（Cacioppo, Berntson, & Crites, 1996; Geen, 1997）。

強度の感情的興奮は，多くの場合，脳内での高いレベルの活動を伴う（Birbaumer & Ohman, 1993; Malmo, 1959）。大脳皮質の活動は，脳波計（**EEG**）で測定される脳波（図2.3参照）から推定することができる。脳波のパターンは，深い睡眠状態から強い興奮状態まで，対象者の覚醒状態に応じて，周波数や振幅，そのほかの特徴が異なる。

生理的反応をはじめ，後の章で詳しく紹介される遺伝的機能，脳の活動プロセスなどの測定技術が発達したおかげで，生物学・生理レベルの分析は，パーソナリティ研究に多大な影響を与えるようになった。例えば，最新の脳画像法では，神経系の機能と行動の関連性について検討することができる。陽電子放射断層撮影法（**PET**，ペット・スキャン）では，脳のさまざまな部位で消費される，脳活動の主要な燃料である糖分（グルコース）の量を測定し，脳の中で特定の機能が働くときの活動指標を提供する。

機能的磁気共鳴画像化法（**fMRI**）は，脳内で機能している神経細胞が生みだす磁場を測定するもので，コンピュータによって磁場の変化を画像化することができる。

興奮状態　　　　　1秒　　　　　　　　　　　　　　　　　50 μV

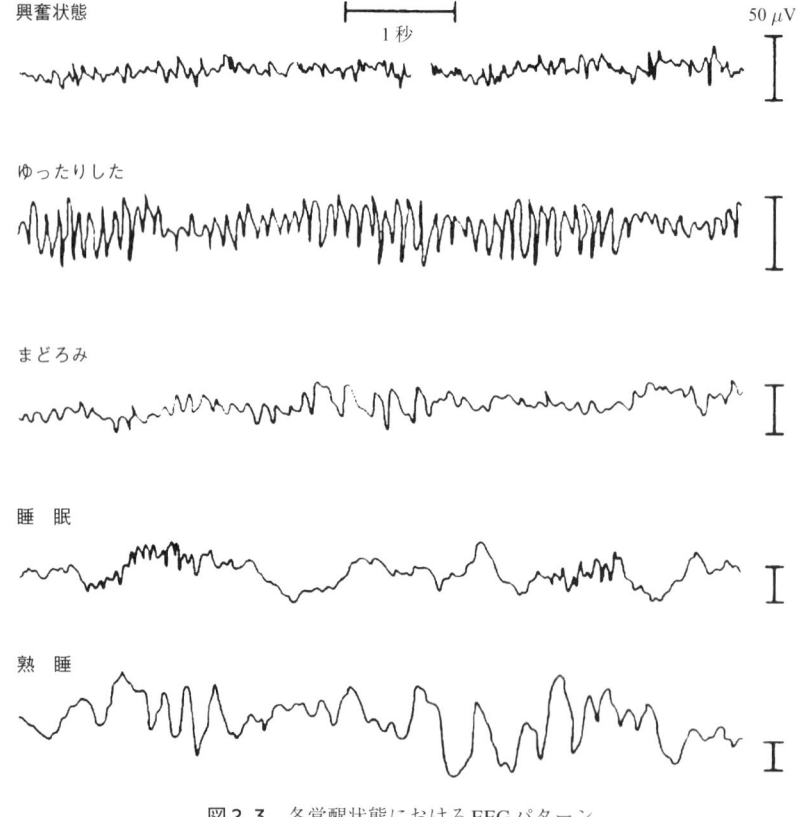

ゆったりした

まどろみ

睡眠

熟睡

図2.3　各覚醒状態におけるEEGパターン
[出典：Jasper (1941)]

　人間が心的活動を行い，ものを知覚したり，想像したり，思考したり，何らかの感情を抱くなどの経験をすると，それに伴って反応する脳内の部位の活動量が，モニター・スクリーンの上に照らしだされるようになっている。そのため，磁気共鳴画像によって私たちが経験するさまざまな思考や感情，さまざまな刺激に対する反応などの心理的状態と，脳内の活動の関連性をより詳細に分析することができる。磁気共鳴画像は，私たちが感じる不安や恐れをはじめ，私たちが最も渇望するものについての思考やイメージまで，幅広い領域を扱うことができる。生物学・生理レベルで神経活動を扱うということは，パーソナリティ心理学が問題の核心に迫る上で，きわめて革命的なことであるといえる。

2章 データ，研究法，研究手段

■ 社会的認知についての実験的技法

最近のパーソナリティ心理学や社会心理学の研究においては，さまざまな種類の社会的な刺激に対し，個人の自覚やコントロールの外でしばしばみられる情動反応や認知的反応についての個人差を理解しようと試みている。そのための技法の一つとして，連続プライミング音読課題（例：Bargh, Raymond, Pryor, & Strack, 1995）というものがある。

この技法は，特定のタイプの人々は，拒絶されたと感じたときに敵対的になるという仮説を検証するために用いられた（Ayduk, Downey, Testa, Yen, & Shoda, 1999）。実験では「怒り」「憤慨」「復讐」など，敵意に関連する言葉がターゲット語としてコンピュータ画面に現れる。これらの言葉は一つずつ表示され，実験参加者は，言葉が表示されたらすぐに，大きな声でその言葉を読み上げるよう求められる。コンピュータに接続されたマイクは，参加者の声を感知し，画面にターゲット語が表示されてからその言葉が発声されるまでの経過時間を測定する。参加者は，画面に言葉が表示されてから平均およそ4分の3秒，つまり750 ms（ミリ秒）で，その言葉を声に出すことができた。

実験で得られたことがこれですべてであったら，目で見た言葉を人はどのくらい速く言えるかについてのつまらない研究だったことになる。では，この課題をどのように用いて，人が拒絶感を味わったとき，敵対的な思考をする傾向を測定したのであろうか。その方法が「プライミング」である。プライミングとは，ある刺激の直前に異なる刺激を呈示することを意味する。最初に呈示される刺激は「プライム」とよばれ，プライムの直後に呈示される刺激を「ターゲット」という。実験参加者は，プライムは無視するよう求められるが，例えば大きな声で読み上げるなど，ターゲットについての課題を行うよう求められる。研究者たちは，人々が課題を始めるまでにかかる時間，すなわち反応時間はプライムの性質によって異なることを見いだした。アイダックら（Ayduk et al, 1999）が行った実験では，「遺棄」「除外」「無視」など拒絶と関係するプライム語が使われた。また「嫌悪」「かゆみ」「嘔吐」といった，好ましくないが拒絶とは直接的に関係しない言葉もプライム語として使われた。そして敵意に関係するターゲット語を声に出すまでの反応時間，つまり敵意に関係するターゲット語が表示されてから読み始めるまでにかかった時間の長さを測定した後，研究者は次のような問いについて検討した。「プライム語の種類は，ターゲット語を読み上げる上で重要なことか？」「敵意に関係するターゲット語が，拒絶に関係するプライム語の後に表示された場合，拒絶と関係しないプライム語の後に表示された場合に比べ，実験参加者はターゲット語をより早く言いだすのだろうか？」といったことである。実験の結果，それらへの答えは参加者個人の拒絶に対する敏感度によって違うことが明らかになった。

その研究では，コンピュータ課題の前に，拒絶への敏感さを測定するテストを実施していた。このテストで得点が高かった参加者は，実際に他者から拒絶される前から，いずれは拒絶されると信じる傾向が強く，拒絶されることに対する不安が高いことになる。コンピュータ課題を行っている間，拒絶に敏感な参加者は，拒絶と関係しないプライム語を見た後よりも，拒絶に関係するプライム語を見た後に，敵意に関係するターゲット語をより早く読み始めた。そして，拒絶に敏感でない参加者には，これと反対の現象がみられた。すなわち，拒絶に関係するプライム語を見た後のほうが，それ以外のプライム語を見た後よりも，敵意に関係するターゲット語を読み始めるまでに時間がかかったのである。

ある刺激に関係する思考や感情をすでにもっているとき（例：Bargh et al., 1995），例えばターゲット語を大きな声で読むなど，刺激を処理するスピードが速くなることは認知心理学研究の多くが示している。したがってこの実験で研究者が出した結論は次のとおりである。拒絶に特に敏感な女性たちにとって，敵意は拒絶感と密接に関連しており，それゆえ，拒絶に関係する言葉を見た場合に，この女性たちは敵意に関係する思考が自動的に喚起される。そのため，敵意に関係するターゲット語を読み上げる反応が促進されたということである。一方，拒絶に対する敏感度が低い人々にとっては，拒絶されるという感情によって，敵意は喚起されなかった。

要するに，異なる種類のプライムがもたらす効果を測定することによって，研究参加者の自動的反応——すなわち，見たもの，また考えたり感じたりしたことの反応として自動的に喚起される思考や感情についての一端を知ることができるのである。こうした反応は，自らの意図と関係なく，また，自らコントロールすることができないという点で，自動的なものであるといえる。最も重要なことは，こうした自動的反応は，人によって確実に異なり，それぞれ異なる意味をもつという点である。プライミングは，こうした自動的反応を測定する代表的な技法の一つである。

人の心の中で，情報がどのように体制化されているのかを明らかにするためには，（ものごとを覚える）記銘の際に引き起こされる間違いのタイプについて調べる記憶課題が用いられる。例えばキャンターとミシェル（Cantor & Mischel, 1977）による研究で実験参加者は，ある人物が外向的な人物，あるいは内向的な人物であるかのいずれかとして描かれたストーリーを最初に読んだ。その後，しばらくの時間をおいてから，実験参加者には記憶テストが与えられた。いくつかの単語が記載されたリストを呈示され，最初に読んだ人物記述の中に実際に登場していた単語を回答するように求められたのである。呈示された単語の中には，ストーリーの中で人物を描写するのには用いられていなかった単語も含まれていた。その結果，外向的に描写された人物記述を読んだ実験参加者たちは後の記憶テストにおいて，人物記述の中では使用されていなかった外向的な特性（例：「人づきあいがよい」「社交的」）を有する人物である

2章 データ，研究法，研究手段

との記述があったと，誤って記憶をしていた。同様に，内向的に描写された人物記述を読んだ実験参加者たちは，後の記憶テストにおいて，人物記述の中では使用されていなかった内向的な特性であるにもかかわらずそのような特性（例：「無口な」「シャイな」）を有する人物であるとの記述があったと，誤って記憶をしていた。このような（ないものをあったと誤認する）「誤報効果」が示していることは，接触する人物にかかわる情報の「要点」を引きだすことを，人々が日常的に行っているということである。また，人が他者のいずれの側面をみているのかを調べるために，同じような記憶テストが用いられる。例えば，セドリンズとショウダ（Sedlins & Shoda, 2007）の研究では次のことが示されている。実験参加者は，ナタリー・ポートマンやケイティ・ホームズなどの映画スターたちの名前を最初に読んだ。その後のテストでは，男性よりも女性において，メリル・ストリープの名前があったと誤って思いこんでいた者が多かった。このことは，回答者の心の中でナタリー・ポートマンやケイティ・ホームズが「女性映画スター」を代表していたことを示唆している。一方，他の実験参加者は，これらの若手女優とベン・アフレックを混同していた。このことは，彼らにとってナタリー・ポートマンやケイティ・ホームズが「若手映画スター」を代表していたことを示唆する。このように，記憶課題は外界についての知識を個人がどのように体制化しているのかを査定するために使用することができ，どのような体制化スキーマを用いるかは，人によって大きく異なる可能性を示唆している。

2.3 概念的・技法的な研究手段

■ 構成概念と操作的定義

知的な会話でも同じことがいえるが，科学的な研究を行うには，理解しようとしている現象をはっきりと特定することが不可欠である。心理学では，攻撃，外向性，知性，ストレス，学習，動機づけなどのさまざまな用語があふれている。これらは，行動や思考，感情や状況など，何らかのまとまりをさす言葉あるいは概念である。科学者はそれらに構成概念という用語を使うことが多い。パーソナリティという用語も含め，本書で扱うパーソナリティの用語は，すべて構成概念である。概念であって物でないのだから，これらの単語は，形の伴わない「考え」を表しているということである。そのため，人によって異なる意味をもつ場合がある。例えば，依存という用語は，特定のまとまった行動をさすが，「依存的」だとみなされる行動は，人によって異なるかもしれない。「依存的」な人々について語りあう場合，「依存的」とは何かについて，お互いに共通した定義をもたないかぎり，効果的な会話が成立しないおそれがある。心理学的な現象を研究する以上，「それは何を意味するのか」について，心理学者はしっかりした回答を出さなくてはならないのである。

操作化とは，構成概念を観察可能ないしは測定可能な対象物に置き換えることである。つまり，ある研究の中で，何かを測定したり，形成したりする手続きをさす。実験では，研究対象が割り振られる条件として，構成概念が操作されることもある。例えば，「飢え」という構成概念は，「食物を摂取しない時間の長さ」であると操作的に定義することができるだろう。あるいは参加者の何らかの行動として構成概念を操作化することも可能だろう。「参加者が空腹だと評定した程度」や「食べ物を手に入れるのにどれだけ努力したか」によって，飢えを定義することもできる。構成概念を操作化する手段がどうであれ，観察可能な何かと結びついていないかぎり，科学的な研究を行うことはできない。

■ 例——「攻撃」という構成概念を定義する

　以上のことについて理解を深めるため，攻撃という構成概念について考えてみよう。「攻撃とは何か」と問われたとき，私たちはその意味をはっきりさせようとするだろう。しかしそれは簡単なことではない。なぜなら私たちは，「攻撃」という言葉を日常会話の中でいろいろな意味で使っているし，攻撃という言葉が暗示する意味もさまざまなだからだ。スポーツ選手にとって，攻撃的であることはほめ言葉だが，攻撃的なガキ大将は，受け入れがたい。

　研究者は，「攻撃」という構成概念について，さまざまな定義を試みてきた。かつては「他の生物体に不快な刺激を与えること」（Buss, 1961）と定義されていたこともあった。しかしこの定義は広範すぎると考える心理学者もいた。例えば，ある人がたまたまぶつかってきたとしよう。そのこと自体は不快な行為だ。しかし，それは攻撃といえるだろうか。ほかにもこんな例を考えてみよう。ある医者が，子どもにとっては苦痛な予防接種をしたとしよう。それ自体は，不快な刺激である。だからといって，医者の行為は，攻撃的だといえるだろうか。このような疑問をなくすため，より精緻な定義がなされるようになった。そこで昨今の心理学者が採用している定義は，以下のようになる。攻撃とは，「他の生物体に対し，その生物体が望んでいないにもかかわらず，危害や損傷を加えようと意図して行われるあらゆる行動形態である」（Baron & Richardson, 1994, p. 7）。なお，この定義には以下のいくつかの観点が含まれているので，注意することが必要である。

① 攻撃は行動であり，情動ではない。攻撃の形態には，物理的な行為だけでなく言語的な行為も含めたさまざまな形で表れる。ある人にとって必要なものを略奪し，その結果，その人が傷ついたら，その行為も攻撃に含まれるだろう。

② 攻撃は，他者を傷つけようという意図のもとに動機づけられた行動である。したがって，他者を傷つける行為であっても，そのような意図がない場合は，攻撃とはみなされない。

③　行動の対象となるのは生物であり，無生物は対象とならない。ただし無生物（例：とても大切にしている記念品・贈り物など）に対する意図的な破壊によって他者を傷つけた場合，その行為は攻撃とみなされる。

④　攻撃の受け手は，それを回避しようと動機づけられていなくてはならない。したがって，病理に冒された人に対し，自殺を手助けした場合，それは法的には殺人罪とみなされるかもしれないが，攻撃的行為として分類されるべきでないかもしれない。

構成概念を定義し，科学的に研究を行うため，構成概念を観察可能な事象として操作的に定義するにはどうしたらよいかを考えなくてはならない。攻撃における個人差を測定するために，さまざまな操作的定義がなされてきたが，中にはたいへんうまく考えられているものもあった。数々の研究において，攻撃がどのように操作的に定義されてきたのか，また，どのように測定されてきたかについて，いくつかみてみよう。

- 停学処分のような過去の記録や，暴力行為の出現率あるいはそうした行為による逮捕・補導歴
- 面接や質問紙への回答のような，攻撃行動の言語的報告
- 攻撃傾向を測定するパーソナリティ尺度における得点
- 攻撃行動に関する他者からの評定や報告
- 自然発生的状況や実験室場面での攻撃行動の観察
- 他の自動車に対する不必要な警笛の回数
- 実験室場面における，他者に対する嫌悪ノイズや電気ショックの投与
- 実験室場面でのやりとりの中でみられる他者に対する侮辱的発言ないしは侮辱的記述
- 自分を挑発した人に対するネガティブな評価

2.4　観察された事象どうしの関係性を確立する

　観察が終わったら，次のステップは観察された事象どうしの関係性を考察することである。始めに，次のような問いかけを行うことが大切である。測定指標はどれだけ客観的だろうか。測定結果は異なる状況下で変わりうるか。複数の観察者が同じ測定結果を出しているか。関連する行動を直接観察した場合，自己報告と観察者の評定は同様の結果になるだろうか。そして，特定の測定指標について検討する際，その指標が他の構成概念の測定指標とどのように関連しているかについても考えなくてはならない。例えば，対人不安は孤独と関係しているか。外向的な人たちは，内向的な人たちよりも幸せな生活を送っているだろうか。幸せな夫婦と離婚直前の夫婦では，パー

ソナリティ要因にどのように違いがあるのか。第一子と末っ子では，パーソナリティにどのような違いがあるか。攻撃に関するテレビ映像の視聴量は，その後の反社会的攻撃行動の出現と，どの程度関係しているのか。このように，自然に発生する事象や変数どうしの関連性については，さまざまな心理学的な問いがありうる。

■ 相関関係――何と何が共変しているのか

　パーソナリティを研究している心理学者が収集するデータは，データ源にかかわらず，変数として概念化される。変数とは，二つ以上の数値をもつ，属性，性質，特性などのことをさす。例えば，身長は一つの変数であるが，婚前の性交渉に対する態度も，7段階評定尺度などで数値化されることで，変数となる。7段階評定尺度では，「0」が中立的，「＋3」がたいへんあてはまる，「－3」がまったくあてはまらない，といったように数値化される（図2.1）。一般に，二つ以上の変数が関連している，すなわち共変しているようにみえることがある。私たちは，ある変数について何か知っているとき，他の変数についてもある程度推測することができる。例えば，背が高い人は，ふつう体重も重いので，私たちは背の高さがわかると，大雑把とはいえ，その人の体重をある程度予測することができる。このように，「共変する」「関連する」あるいは変数間に連合関係があることを，心理学者は相関という用語を使って表す。

　関連性ないしは相関の程度は，相関係数とよばれる数値で量的に示すことができる。相関係数は，－1.00から＋1.00の値をとる。係数が＋1.00だと，XとYの間で完全な正の関係があることを意味する。すなわち，Xのスコアが最高点の人は，Yのスコアも最高点であり，Xのスコアが2番目に高い人は，Yのスコアも2番目に高い，などである。－1.00の相関関係は，完全な負の関係を示し，Xのスコアが高い人は，Yのスコアが低い。相関が「0.00」の場合は，XとYの間に何の関係もないことを意味する。このように，相関係数は，関係性の方向（正か負か）と二つの変数の関連性の強さを統計的に示す値である。

　心理学的な不安テストでの得点が，生徒の学業成績とどのように関係しているのかを知りたいと仮定しよう。まず，サンプルとなる各生徒について，両方の得点を集める必要がある。そして，集めたデータを図2.4にあるような散布図としてグラフ化する。散布図の中の各点は，各生徒の2変数における得点の交点であり，この2変数をX（不安），Y（平均的な学業成績のレベル）とよぶことにしよう。

　図2.4の散布図は，3種類の相関結果を表している。正の関係：不安スコアが高いと学業成績の平均も高い。負の関係：不安スコアが高いと学業成績の平均は低い。相関なし：2変数間に特定の関係はなく，図中の点はランダムに散らばっている。相関関係は，＋1.00から－1.00の間でいかなる数値もとりうる。上述したように，相関が0.00の場合は，何の関係もみられず，最も関係性が弱いことを意味している。一

2章 データ，研究法，研究手段　　43

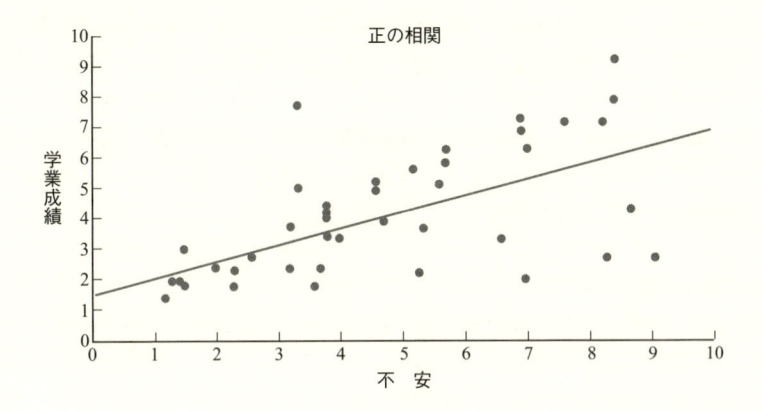

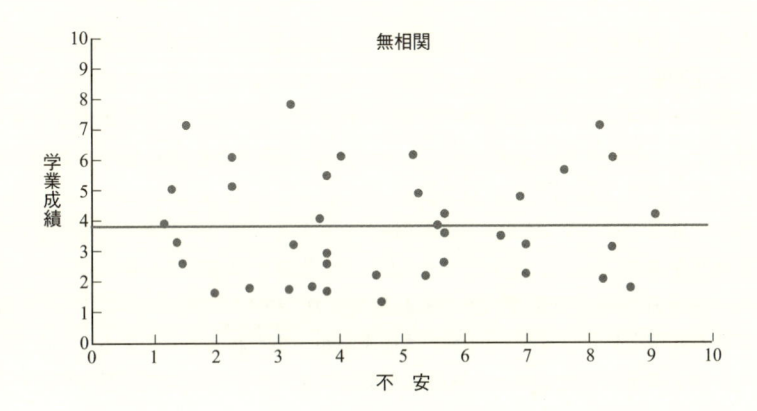

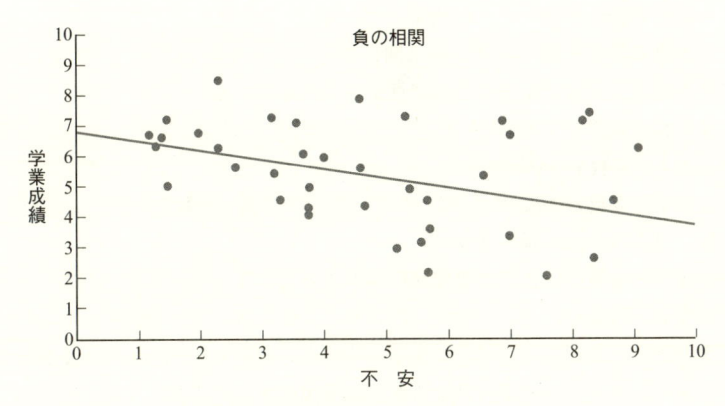

図2.4　不安と学業成績の間の正の相関，無相関，負の相関

方，＋1.00ないしは－1.00に近ければ近いほど関係性が強いことがわかる。したがって，相関係数が－.59の場合，相関係数が＋.37のときよりも，XとYの関係性は強いことを意味する。さきほどの例について気になっている読者もいるかもしれないので念のため報告しておくが，不安と学業成績の間には，一般に－.30程度の，中程度の負の相関関係がみられる。なお，参考までに，一般人口において身長と体重の間には，＋.50程度の相関関係がみられる。

■ 相関関係を解釈する

　相関係数が便利なのは，係数を二乗すると，片方の変数がもう一方の変数の分散（つまり，「ばらつき」ないしは「変動」）の何割を説明できるかがわかる点である。例えば，不安と学業成績の間の相関係数－.30を二乗すると（－.30×－.30），学業成績の分散全体の9％を不安の違いで説明できることがわかる。このことは，不安とは関係なく，また相互にも関係しない他の10個の変数が，学業成績の分散全体の9％をそれぞれ説明している可能性があることを意味している（つまり，各変数は，学業成績との間に＋.30ないしは－.30の相関関係をもちうるが，それらの変数間やそれらの変数と不安との間の相関は0.00である）。そして，不安を含めた11個の変数が，学業成績の分散の99％を説明することになる。

　心理学の世界では，完全に近い相関関係がみられるのはまれである。心理学で扱う多くの変数が実際に互いに関連していても，その関連性はそれほど強くない。心理学の研究でみられる相関関係は，正であれ負であれ.30から.50程度がふつうである。そのような相関関係は，完全な関係とは程遠いが，まぐれ当たりよりもずっと高いレベルで，相互に予測可能にする。統計的な計算によって，特定の関係性が偶然に発生した可能性を表す統計的有意性を推定することができる。この有意確率が低いほど，偶然に生じた可能性が低いことを意味している。

　相関は便利な指標だが，相関は因果関係を特定するものではない。変数XとYが相関している場合，実際には三つの可能性が秘められている。

① 変数Xは変数Yの原因である。
② 変数Yが変数Xの原因である。
③ 変数Xと変数Yの両方の原因として，第三の要因（変数Z）があり，変数XとYの間には直接の因果関係はない。

　靴のサイズと身長の間に正の相関関係があるとしよう。その場合，上述した三つの可能性のうち一つめの可能性として，靴のサイズが大きいと，背が高くなるのであろうか。それとも，二つめの可能性である，背が高いと靴のサイズが大きくなるのであろうか。あるいは，両方の原因となる第三の要因があるのであろうか。例えば，身体的な成長に影響を与える遺伝子や栄養が，身長と足のサイズの両方を規定し，その結

果，靴のサイズが決まるという考え方である。相関関係は，二つの変数を同時に発生させる多くの可能性があることを教えてくれるにすぎない。

このように，測定変数間の相関関係によって特定の因果関係を見いだすことはできないが，予測する上では役に立つものである。仮に，二つの測定変数の関係が正であっても負であっても，強いものであった場合，片方の変数での得点を知ることによって，もう一方の変数の得点を（特定の範囲内で）予測することが可能となる。大学への入学を許可するかどうか審査する担当者が，入試の得点とその後の大学での学業成績をある程度予測できると考えるのは，これらの変数間に正の相関関係があるからである。同じように，保険料も特定のリスク要因と病気や事故との相関関係に基づいて設定されている。言ってみれば保険会社は，自動車事故を起こさないこと，深刻な病気にかからないこと，つまり，その人の運転記録や喫煙の有無など申告された情報に基づいて推定されたその人の寿命に賭けているのである。保険会社の予測はしっかりした相関データに基づいているため，保険会社側の勝算は高いのである。

2.5　観察や測定の信頼性と妥当性

科学的に有用であるためには，研究対象となる概念を操作的に定義する上で用いる観察や測定は，特定の性質を備えていなくてはならない。第一に，どのような場合にも，それらの結果は一貫性がある，あるいは信頼性が高いものでなくてはならない。第二に，それらの結果が，研究対象となる構成概念の指標として妥当なものでなくてはならない。良質な測定手段がないかぎり，科学的な研究は不可能である。したがって，信頼性と妥当性を備えた測定尺度を開発するため，数々の科学的な取り組みがなされてきた。

■ 信頼性──測定結果は一貫しているか

パーソナリティ測度の「信頼性」あるいは一貫性を推定する方法はいくつかある。同一の集団に対し，同一のテストを二度実施してもらうことで，再検査信頼性，あるいは「安定性係数」を得ることができる。これは継時的信頼性の指標となる。一般に，構成概念の測度は安定していることが前提であるので，測度の継時的信頼性は高くなければならない。

信頼性の推定方法として，あるテストをいくつかの部分に分けたり，同等の異なる内容を用いたりして，それでも結果が一貫しているかを検討するやり方もある。単一のテスト内の異なる部分から得られる結果の間でみられる相関関係は内的一貫性とよばれる。また，同一の集団に対し同等の異なる内容のテストを二つ実施し，そこで得られた得点の相関関係から特別なタイプの内的一貫性を測定することができる。例え

ば，心理療法など治療的介入の前に不安テストを実施し，その後，項目は異なるが同等の内容の別の不安テストを実施したとする。二つの異なるテストを使うことによって，同じテストを二度用いることによる悪影響を避けることができる。

　主観的判断を数値化する際には，また別の観点から信頼性の確認が行われる。これは評定者間一致度，ないしは評定者間一貫性とよばれる。これは，同一の観察データについて，異なる評定者の判断が一致する程度であるといえる。例えば面接における応答者の言動や夢に関する報告に基づいて，研究対象のパーソナリティ特性を3人の評定者が推定するとしよう。その場合，3人の評定者が同じ結論に至る程度を把握する必要がある。前述したように，「はい」「いいえ」のどちらかですべて回答できるような質問などのように，客観的に数値化できる，高度に構造化されたテストは，高い評定者間一致度が得られやすい。

■ 妥当性——何を測っているのか

　ある女性について，家族と友だちがそれぞれ，「とても友好的である」と評定したとしたら，その人が本当に友好的であることを意味するであろうか。評定者間の意見の一致は，何かを表しているといえよう。しかしその何かとは，私たちが測定しようとしているものであるといえるだろうか。評定結果が示唆するものや意味を明確にするためには妥当性の検証が不可欠である。

[内容的妥当性]

　内容的妥当性とは，質問項目の内容が，定義された行動のまとまりを適切に表しているかを明らかにすることである。例えば，「友好性」質問紙にあるすべての異なる項目は，友好性概念の全体に対応するものであると，評定者全員の意見が一致しなくてはならない。ただ実際には，内容的妥当性は証明されるというより仮定されるものといえるだろう。というのも，質問項目の内容的妥当性が十分に高いようにみえても，項目への回答が個々人の「真の」特性値を表す指標であることを示すことはできないからである。自分自身のことを「友好的である」と回答した人が，本当に友好的な人物であるかどうかはわからない。自己記述は自己記述にすぎず，他者による記述も他者による記述にすぎない。したがって，そうしたデータと他の事象や測度との関連性を明確にする必要がある。

[基準関連妥当性]

　サンプルとして選ばれた行動と，その行動の指標や基準となる他の尺度得点との関係を見いだすことにより，その行動の基準関連妥当性が検証される。例えば，心理療法による改善の程度については，他の精神科医が評定した結果や，教師による学校での行動評価，他の心理テストでの成績，あるいは別の状況で本人が改善したと感じる程度などが，基準とみなされる場合があるだろう。基準関連妥当性は，同時に収集可

2章　データ，研究法，研究手段

フォーカス 2.3
直接的な自己報告法が最も優れている場合もある

　平和部隊が結成されたのは，1960年代初頭，冷戦が最悪の状況になっているころで，ケネディ政権が始まってすぐのことである。そのときパーソナリティ心理学者に課せられた最初の重要な仕事は，ナイジェリアやコロンビアといった海外での勤務をうまく遂行できる人材を見つけるための査定手続きを開発し，その手続きを評価することであった。最も重要なことは，新聞の一面をにぎわせ，国際的な笑いものになるような，ばかばかしい失敗をする人材を見つけて排除することであった。そういう例は，ある平和部隊のメンバーが，アフリカで目にした文化や社会的伝統に対して抱いた嫌悪感や軽蔑をつづった葉書をうっかり落としてしまったときに実際に起こった。最初の目標は，ナイジェリアにおいて，平和部隊派遣の教師として成功できる人材かどうかを予測することであった。訓練生についての評定と判断は，ハーバード大学の教授陣と，プロジェクトのメンバー，そして面接者によって2か月間にわたって行われた。専門家の判断は，互いに相関しており，訓練中の候補者のパーソナリティについての印象は，査定者間でたいへんよく似ていた。そして，平和部隊のメンバーが1年間ナイジェリアで教師として任務したときの現地での成績が記録された。また訓練中には，不安や権威に対する態度について，簡単な自己報告や自己評定が行われた。それは決して大げさに実施されたものではなかったが，その結果は現地での成績を統計的有意に予測するものであった。一方，専門家の判断は，ナイジェリアにおける候補者の成績を予測することに完全に失敗し，自己報告や自己評定は，相当のコストと時間を要する専門家の判断よりもずっと優れていたのである（Mischel, 1965）。この事例は，多くの判断や臨床的な推察を要する高コストな手続きよりも，簡単な自己評定のほうが有効である場合があることを示している。現在では，それは研究文献でよく見かける事実である（例：Spitzer, Kroenke, & Williams, 1999）。

能なデータ間テスト得点と精神科での現時点での診断結果などとの相関関係の有無によって確立されることがある。これは併存的妥当性とよばれる。また，ある指標とその後に収集されるデータの間に相関がみられれば，基準関連妥当性は予測的なものとなりうる。例えば，心理療法前の診断と心理療法後1年が経過したときの適応評定の間に相関がみられる場合などである。これは，予測的妥当性とよばれるものである。例えば，子どもが受けた知能テストの数的能力の得点と，その後の数学での成績といったように，内容が表面的にはとてもよく類似しているデータの間で相関がよくみられる。あるいは，患者が描いた絵と精神科医の診断といったように，内容がまったく異なるようにみえる指標との間で相関関係の有無が求められることもある。

　基準関連妥当性を有しているテストは，どのような妥当性検証の手続きを経ているかによって，異なる用途で用いられる。ほぼ同時に測定された他の基準との間で基準

関連妥当性が確保できたとしても，そのテストが将来の行動を予測できるとはいえない。同様に，併存的妥当性はないが予測的妥当性のみ有しているテストもあるだろう。例えば，患者が5年後に自殺することを予測できるテストがあったとしても，そのテストの結果が，現時点で他のどんな指標と関係しているかはわからないこともある。

[構成概念妥当性——構成概念自体が妥当かどうか]

「テスト結果を生みだしている特性あるいは性質こそが理論にとって重要なのだが，その測定値の質について，確固たる基準として使える測度がまだ存在しない」ことがしばしばありうると率直に認めた(American Psychological Association, 1966, pp. 13-14)ことへの対応として導入されたのが構成概念妥当性の考え方である。

一般的に，構成概念妥当性は以下のようなステップで検証される。まず，個人間で比較する対象となる特定の次元について直感的に考えてみる。例として，ここでは「従順さ」をとりあげてみよう。そして次にその次元の意味を定義する。ここでは「従順さ」を「他者の意思や提案に応じて従う傾向」と定義しよう (Sarason, 1966, p. 127)。そして，この傾向について検討するために，従順さを測定する測度を開発する。明確な基準はもたないとはいえ，その測度によって測定される概念（例：従順さ）を反映する行動が，その測度を通じてどの程度予測されたかによって，測度の妥当性が示される。その予測が正確であれば，その測度の構成概念妥当性は高まる。しかし，予測される行動が観察されなかったら，どうだろう。その場合，その測度は構成概念を反映したものではないということになる。あるいは，その行動に関する仮説が間違っていたとも考えられる。こうした問題に陥った場合は，従順さを反映すると考えられる行動について，他の仮説を構築し検証することによって，構成概念妥当性が確かめられることになるだろう。仮に多くの行動が，従順さの測度によって予測されたとしたら，測度の確かさは増すことになる。そして，始めに支持されなかった仮説は正しくなかったということになるだろう。このように，構成概念妥当性は，仮説と測度両方の精度を高めるため，理論と測定の間を何回も行ったり来たりして，検討していくものなのである（West & Finch, 1997）。

2.6 実験的アプローチ

ここまでのところ，人々の間に必然的に存在する個人の性質や行動の違いについて，それらの関係性を検討するための研究手法の例をみてきた。例えば，フラストレーションが全体的に高い人は，より攻撃的にふるまう傾向にあることを，研究者が示したとしよう。すると次に研究者は，フラストレーションは本当に攻撃を引き起こすのか，あるいは，攻撃を増加させるのかについて，仮説を検証したいと考えるだろう。このような仮説を検証するために，心理学者は実験的手法を用いることがある。この

手法では，実験者が一つないしは複数の変数を操作し，他の変数がどのような影響を受けるかを測定する。このアプローチのしくみは以下のように示すことができる。まず，同等の人数で構成される二つ以上の群に対し，すべての点において同じように扱う。しかし，ある特定の変数についてのみ意図的に操作する。その結果，群によって行動に違いがみられた場合，その違いは，操作された要因によって引き起こされたと考えるのである。

[独立変数／従属変数]

心理学の実験で研究者が関心をもっているのは，操作される条件と測定される行動の関係である。実験者によって統制されたり操作されたりする条件は，独立変数とよばれる。一方，その結果生じる行動で測定されるものは，従属変数とよばれる。言い換えると，独立変数は原因あるいは刺激であり，従属変数は結果あるいは反応といえる。そして，独立変数と従属変数のどちらも，操作的に定義された概念を反映するものといえる。

[実験群と統制群]

仮に，フラストレーションが攻撃を増加させるという仮説を検証したいと考えたとしよう。フラストレーションと攻撃はどちらも，さまざまな状況でみられ，さまざまな行動として出現する概念である。この仮説を実験的に検証するためには，始めに，フラストレーションと攻撃をそれぞれ操作的に定義する必要がある。まず，フラストレーションを操作的に定義するために，以下のような手続きを行った。実験の参加者に，ランダムな7文字で構成されたつづりを15回呈示し，それらの文字を並べ替え，単語にする課題を与える。10分以内でふつうの単語に変換できた人には賞金が与えられる。ところが，半数の参加者には，決して単語にはならない文字のつづりが呈示される。このことにより，参加者にフラストレーションが生起するものと考えられる。こちらの参加者群は，実験群とよばれる。その後の攻撃行動に対するフラストレーションの効果を確かめるため，もう一方の群には，簡単に単語に変換できるつづりを呈示する。フラストレーションを体験することのないこちらの参加者群は，統制群とよばれる。

フラストレーション条件あるいはフラストレーションなし条件のどちらかに割り振られ，それぞれの条件を体験した後，参加者は次に，ある別の実験，例えば，さきほどの実験とは表面上は関係のない，学習における罰の効果を調べる実験の手伝いをするよう依頼される。参加者は，電気ショックの衝撃レベルを上げる10個のボタンがついている装置の前に座らされる。そして，隣の部屋で座っている学習者が間違えたら，参加者は電気ショックのレベルを選択し，ボタンを押す。実際には，学習者は電気ショックを受けていないのだが，参加者はそのことを知らない。各参加者が選択した電気ショックの平均レベルが，攻撃の操作的定義となる。

実験群と統制群では，フラストレーション状況を経験すること以外はすべての点においてできるだけ同等にするため，各群に参加者をランダムに割り振る。確実にランダムな割り振りを行うため，各参加者に番号をつけ，くじのように番号をランダムに引いたり，統計研究者によって考案された乱数表を利用したりする。ランダムな割り振りの目的は，従属変数に影響を及ぼす可能性のある，知能や社会的階層などの他の要因によって，群間の差異が生じる可能性を最小限にすることである。

[二重盲検法]

　研究者が特定の結果を期待すると，そうした結果が得られやすくなることは，多くの研究によって示されている（Rosenthal & Rubin, 1978）。こうした研究の中には次のような報告がある。ある研究で，実験者が参加者に一定数の顔写真を呈示し，写真に写っている人が，どの程度成功している人かを評定させる。その際，何人かの実験者（参加者でなく）は，「写真に写っている人は，とても成功している人で，これまでこの実験に参加した人たちのほとんどがそう評定している」と告げられた。それ以外の実験者には，まったく反対のことが告げられた。実際のところ，これまでの参加者は，写真に写っている人を成功しているとも成功していないとも評定していない。ところが，成功していると評定されることを期待していた実験者も，成功してないと評定されることを期待していた実験者も，それぞれ期待どおりの結果を多く得る傾向がみられた。どちらの実験者も，参加者に影響を与えることは，意図的に何もしなかったけれど，そうなったのである。

　このように，実験者の期待効果は起こりうるため，データ収集を担当する実験者には，参加者が割り振られた実験的な条件を知らせないでおくようにすることが多い。独立変数の操作に対し，参加者と実験者の双方が無知の状況で実験が行われる場合，実験計画を二重盲検法とよぶ。

　自然な環境でしか研究できず，ほとんど統制できないような行動がある一方で，しっかり統制された研究室実験でしか研究できない行動もある。実験室での研究にするか，自然環境での研究にするかどうかは一長一短の関係にある。行動の原因を現実世界で特定しようとすると，他の原因を統制することができないという問題は免れない。その一方で，人々をありのままの状況で観察した場合，観察した結果が現実場面の似たような状況でもあてはまると確信をもてるようになる。自然な環境で行われる事例研究や観察による調査研究でも，人と環境の複雑な関係全体を観察することができる。しかしながら，あまりにも関係が複雑だと，確固たる自信をもって原因を特定するのは難しくなってしまうのである。

　パーソナリティ研究の手法はさまざまだが，それぞれにメリットとデメリットがある。そのため，多くのパーソナリティ研究者は，現実世界と研究室を行ったり来たりしながら多様な手法を用いて研究を進めるのが望ましいと考えている。両方の状況で

一貫した結果が得られれば，観察結果に対する確信が増す。パーソナリティ研究では，自然な状況での観察が減り，変数を統制できる実験室での観察が増えてきているのが最近の傾向である。

2.7 パーソナリティ研究における倫理

　この章でみてきた研究事例の中には，参加者をフラストレーション状況においたり，ウソの状況を体験させたりするものがあった。パーソナリティ研究の大半がそのような操作を必要とするわけではないが，中にはそうした操作が必要なものもある。重要な問題を研究するため，得るべき知見の重要性と参加者にストレスが高い条件を経験させたり，ウソを使ったりすることによって得られる成果との間で，バランスをとりながら，パーソナリティ研究者は倫理上の綱渡りをしているといえる。また，本人を特定できる可能性がある状態で，パーソナリティ研究のデータが収集されてしまうと，プライバシー侵害の問題が生じてしまう。

　参加者の福祉やプライバシーを保護しようという研究者たちの思いから，明確な倫理ガイドラインが決められている。例えば，米国心理学会（APA）の研究ガイドラインによると，実験の参加者は，参加同意書なしに物理的ないしは心理的に危険な状況におかれてはならないと定められている。一般的な参加同意書は，図2.5のとおりである。参加同意書にあるとおり，参加者は一連の手続きについて説明を受けるとともに，起こりうるリスクについて説明を受けなくてはならない。研究上，ウソが必要な場合は，参加者は実験終了後にそのことすべての報告を受け，全体の手続きについて説明を受けなくてはならない。データの匿名性を保持するために特別な対策がとられ，参加者はどんな罰や損失も受けずに研究への参加をいつでも中止できることをあらかじめ知らされていなくてはならない。

　子どもや深刻な精神病患者のように，自分で同意する能力がない人が研究に参加する場合，保護者の同意が必要となる。刑務所における研究でも同様の厳格なガイドラインが適用される。受刑者が研究協力を強制されることはない。また，研究協力を拒否することによって罰則を受けることもない。更正プログラムに関する研究では，参加する受刑者もプログラムの達成目標を知らされなくてはならない。研究倫理規定に反する研究者は，重大な法的処罰を受けることになる。

　心理学における倫理的・道徳的な問題は，単純なものではない。それらは，医学者が直面する問題とほぼ同じである。例えば，ある行動について重要な知見を得たり，人類の福祉を高めたりするための新しい技法を開発する唯一の手段が，参加者を潜在的に高ストレスの状況を経験させたり，だましたりすることだったりする。起こりうるリスクと得られる利益のバランスを図り，参加者の福祉を確実に保護するために，

参加同意書

_____ の心理学実験室において実施される
_____ の実験参加について

1. この実験において，あなたは次のようなことが求められます。
2. この実験によって，私たちは次のようなことを知りたいと考えています。
3. この実験に参加することによるリスクは（あるとしたら）

同意と承諾

私は上記の説明を読み，自分の意思でこの実験に参加することを承諾します。実験中，いかなる不利な結果になることなく，いつでも実験参加と途中でやめることができることを理解しています。また，このプログラムの中で，何か納得できないことがあれば，いつでも _____ に，匿名で苦情を訴えることができることも理解しています。

署　名：_____
日　付：_____

図2.5 心理学研究において用いられる参加同意書の一般例。倫理規定に基づき，研究への参加は課題の内容を理解し，本人の意思で承諾した場合にのみ成立する。

学術・研究機関は，各研究計画についての科学的審査委員会を設置している。提案された研究に倫理的な問題があると判断されたり，あるいは，参加者の権利，福祉，あるいはプライバシーが十分に保護できない場合には，研究方法を変えたり，中止したりしなくてはならないのである。

☑ 要　約

データ・情報を得るために人間を研究する
- 心理学者がパーソナリティを理解しようとしているのは，将来の行動を予測し，現在および過去の行動を理解するためである。
- 事例研究は，特定の個人について集中的に調査する場合に使われる技法である。この技法は，すべての分析レベルで用いることができ，また多くの場面で活用できる。本章で紹介した「ゲリー・W」のケースは，本書のいたるところで，研究事例として参照されている。
- パーソナリティを数量的に査定するため，心理学者はいろいろなタイプのパーソナリティ・テストや構造化面接を活用する。
- 行動やその原因を操作できない，あるいはすべきではない場合に，自然観察法が特に有効である。
- 行動の直接測定によって，多様な状況下での行動をサンプリングすることが可能となる。サンプリングされる行動には，言語的行動，非言語的行動，また情緒的反応の生理的計測も含まれる。
- 遠隔的行動サンプリング法や日常的な日記記録法では，対象者の日ごろの生活を通して行動のサンプルを収集することができる。
- 自律神経系の変化を測定するために，EKG，血流量計，皮膚電気反応（GSR），EEGなどから得られたデータがよく活用される。
- PETスキャンやfMRIは，脳内の神経活動を調べるのに役立っている。
- 認知的プロセスの基礎をよりよく理解するために，実験的場面において，プライミング課題や記憶課題などのさまざまな方法が活用される。

概念的・技法的な研究手段
- 構成概念とは，行動や状況のまとまりをさす概念である。
- 操作化とは，特定の研究の中で，概念を形成したり，測定したりするための手続きをさす。

観察された事象どうしの関係性を確立する
- 相関アプローチでは，二つの現象ないしは変数が相互に関係しているかどうか確かめるために，統計的な分析手法を用いる。
- 2変数の関係性の程度は，数学的には相関係数として，表すことができる。

観察や測定の信頼性と妥当性
- 異なる研究や調査において，同一の測定結果が繰り返し再現できるとき，信頼性があるといえる。
- 妥当性とは，測度が測定しようとしているものをどれだけ的確に測定できるかを意味する。妥当性には，内容的妥当性，基準関連妥当性（併存的・予測的妥当性），それに構成概念妥当性がある。

実験的アプローチ

- 実験的アプローチは，一つめの変数＝独立変数を操作するとともに，二つめの変数＝従属変数に対する影響を測定することによって，これらの変数間の因果関係を明らかにしようとするものである。
- 「実験者の期待」効果を最小限にするために，二重盲検法のもとで実験を行うことがある。

パーソナリティ研究における倫理

- 参加者の福祉やプライバシーに対し，研究者の注意を促すため，米国心理学会（APA）はガイドラインを決めている。ガイドラインには参加者の事前承諾書なしに，参加者を物理的ないしは心理的に危険な状況においてはならないと定められている。

☑ 重要な用語

記憶課題，基準関連妥当性，機能的磁気共鳴画像化法（fMRI），継時的信頼性，血流量計，攻撃，構成概念，構成概念妥当性，自己報告法，実験群，従属変数，心電図（EKG），心理テスト，成績に関する測度，相関，相関係数，操作化，ターゲット，統計的有意性，統制群，独立変数，内的一貫性，内容の妥当性，二重盲検法，脳波計（EEG），反応時間，皮膚電気反応（GSR），評定者間一致度，プライミング，併存的妥当性，変数，ポリグラフ，面接技法，陽電子放射断層撮影法（PET，ペット・スキャン），予測的妥当性，連続プライミング音読課題

☑ 考えてみよう

1) 行動とその原因を理解するための二つの基本的なアプローチを比較し，説明してみよう。科学的なアプローチの利点は何だろうか。
2) パーソナリティ心理学者が用いる測度は，それぞれ，どのレベルの分析に役立つだろうか。
3) 面接技法の強みと弱みをあげてみよう。
4) 作業法テストと自己報告テストの違いを比べてみよう。
5) 投影法テストとは何だろう。この方法と最も関係するのは，どの分析レベルだろうか。
6) 自然観察法と遠隔的行動サンプリング法の違いを説明してみよう。
7) 遠隔的行動サンプリング研究で用いる技法をあげてみよう。
8) パーソナリティの生物学的側面を測定するために，どんなタイプの生理的測度が使われているだろうか。
9) 心理学的概念とは何だろうか。なぜ操作的定義が必要なのだろうか。
10) 概念的レベルで，心理学者は攻撃をどのように定義してきたか。
11) 攻撃を操作的に定義するために，どんな測度が用いられてきたか。
12) 相関関係は何を意味するか。
13) 相関係数とは何か。相関係数の二つの要素は何か。
14) 相関係数を二乗した値で何がわかるか。
15) 相関係数が統計的に有意な場合，因果関係についてはどんな解釈ができるか。

2章　データ，研究法，研究手段

16) 測度の信頼性とは何を意味するのか。
17) 測度の妥当性とは何を意味するのか。内容的妥当性と基準関連妥当性を区別してみよう。
18) 構成概念妥当性とは何か。どのように構築されるのか。
19) 相関関係を調べる研究よりも実験的研究がすぐれているのはどんな点か。
20) 実験群と統制群を区別しよう。
21) 実験で，(a) 各条件に参加者をランダムに割り振る，(b) 二重盲検法を採用する，のはなぜか。
22) 研究参加者のプライバシーや福祉を保護するため，パーソナリティ研究者によって用いられる方策は何か。

第I部
特性・性質レベル

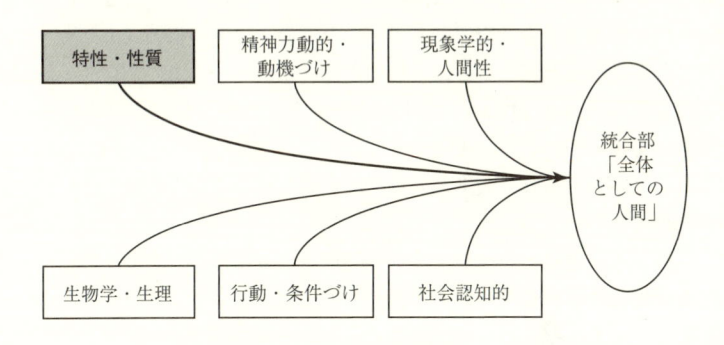

第I部への序章——特性・性質レベル

「今度寮で同じ部屋になったルームメイトは，とても自分の殻に閉じこもるタイプで，誰とも関係をもちたいと思っていないみたい。こちらからどんなに水を向けても，返ってくるのはせいぜい気の乗らない返事だけ。誰に対してもそうみたいで，本当につきあいが悪いのです。昨年は，一緒に遊ぶのが大好きな人が同室で，とてもラッキーだったけど，今年はまったく逆のタイプです。」

個人はそれぞれ一貫して，パーソナリティ上の特徴において違いがある。これらの違いは外から見えるものだし，当の本人による自己知覚も含め，観察者の間で意見がかなり一致する。この分析レベルでの研究者は，そういった違いを探し，その中から，特に重要で一貫していて，誰にでもあてはまるものを見つけようとしている。

特性・性質のレベルにおいては，次の二つの命題が研究の原動力になってきた。
- 人々を特徴づけている，基本となる心理的な性質とは何か？
- これらの性質を用いて，人と人との間の一貫した違いを，どのように把握し記述できるか？

これらの質問に答えることを目的にした，この分析レベルにおける理論と研究は，パーソナリティ研究において最も長い伝統があり，数多くの成果をあげてきた。この

研究分野の当初から，パーソナリティの分析，分類，記述，そして測定ということに，大きく貢献してきたのである。このレベルの分析ではほとんどの研究で，人間を特徴づける重要な性質は，あまり多くない数の広範な特性だけでよいということを前提にしてきた。特性は，人々の傾向性における個人差の次元であり，多くの違った状況において一貫した行動として表現され，時間的な安定性が高いものとして概念化されている（例：McCrae, Costa, Del Pilar, Rolland, & Parker, 1998）。

また特性・性質レベルの研究者は，特性は数値化できるということを仮定し，例えば，ある人は他の人よりも社交的であり，また別の人はその他の人よりも控えめであるということができると考える。これらの前提に基づき，人々の社会的・個人的特性をどのように数値化するかという方法を開発することが，研究の目標の一つであった。その方法を用いて，パーソナリティにおける根本的な特性を区別し把握するための分類語づくりが進められ，人々がもっているいろいろな特性の量を比較できるよう工夫されたのである。

このレベルでの研究は，パーソナリティ心理学の最初から，数多くの属性や性質における個人差を記述し比較するための概念や方法論を提供してきた。その重要研究の多くが3章で議論される。この章ではまず，この伝統における初期の主要研究が概説される。続いて，1世紀に及ぶ活発な研究の成果として得られた主要な特性に関して，人々を比較するための測定を可能にした最近の展開と大きな進歩について扱う。20世紀最後の十数年で，この分析レベルにおける研究は，目覚ましい復活を遂げ，重要な躍進を実現したのである。

4章では，人々の特性がどのように行動に現れてくるのかを検討する。そこでは，人々を特徴づけるのは一般的な幅広い特性だけでないことを示したい。人々は独特な形で，特定のタイプの状況に結びついた行動パターンもみせるのである。例えばモニカは，「知りあいになったときには感じよく友好的だが，本当に親しくなり始めると，相手と距離をおくようになる」というのは，彼女の行動に独特の「～なら～に」パターンがみられると考えることで，正確に把握できるかもしれない。つまり彼女は，最初は温かいが，親密な関係になってくると冷たくなってしまう。そのような行動パターンは，背後にある動機づけや目標の特徴を知る手がかりを与え，個人のパーソナリティ理解を深めることを可能にするだろう。本書のこの部分では，特性・性質の分析レベルにおいて，個人のパーソナリティを特徴づける，さまざまな種類の一貫性と，それらを測ろうとする試み，そしてそれらを説明するためにつくられた理論について検討する。

自分に引きつけて,パーソナリティ心理学を考えてみよう

自分自身について考えてみたい,特性・性質レベルに関する質問
- 自分はどんな人間か?
- 「全人的に」自分は他の人たちとどこが違うのか? 一般に,人と人には,どこに違いがあるのか?
- ふつうに自分がすること,考えること,感じることは,自分の中から起こってくるのか,それともそのときに自分がおかれた状況からか?
- 自分の行動が状況によって影響されるのはどんなときで,どんなことが起こるのか?
- 自分が入っていく状況を選ぶとき,自分のパーソナリティがどのように影響しているのか?
- いろいろな種類の状況による自分への効果に対し,自分のパーソナリティがどんな影響を与えているのか?

3章

類型論と特性論

「私の父は本当にすばらしい男さ。無条件に信頼できるし，困ったらいつでもあてにできる」

「ナンシーはとてもおとなしくて引っこみ思案だ。誰に対しても，挨拶さえしたことがない」

　上記のような人間についての描写は，日常にみられる特性心理学の例である。人が自分たち自身の差異を記述し，整理箱あるいはカテゴリーへとグループ化するときはいつでも，特性レベルでの分析を経験している。人はみな，お互いを多くの次元上になんなく分類する傾向がある。少し例をあげれば，性別，人種，宗教，職業，友好的，競争的などである。あるいは，よい‐悪い，強い‐弱い，味方‐敵，勝者‐敗者など，人間を特徴や属性を使って分類し選別する方法は，事実上無限にあるように思われる。

　多くの科学分野において，混沌の中から秩序を見いだそうとする最初期の取り組みの中で，事物を分類し，命名する。例えば，生物学の分類システムでは，すべての生命体が属と種に分類されている。分類の取り組みは心理学でも同様に行われている。そしてその中で個性についての最も古く，かつ，最も長く続いているアプローチは特性アプローチとして知られている。この分析レベルで研究している多くの心理学者は，人々を記述し，心理上の属性を比較し，理解しようとする。そのために，例えば友好的な，攻撃的な，正直なといった日常言語の特性用語を，いつもではないにしろ，頻繁に用いて人々をラベルづけし，測定し，分類しようとする（John, 1990）。

3.1　類型と特性

　伝統的に，このレベルでの分析は，行動は主に安定した一般化された特性，つまり，ある人々がさまざまな文脈で示す基本的な特質によって決定される，という仮定に方向づけられてきた。多くの研究者は，似たような一定の条件下で，個人を他の人たちと比較することによって，例えば，知能，内向性，不安などの一つあるいはそれ以上

の特性次元上でのその人物の位置を見いだそうとして，精力的に特性を探し求めた。これらの次元の上の個人の位置は，状況と時間を通じて安定している傾向があるという信念のもとで，このレベルの個性研究では，人物の基本的な安定的で一貫した特性あるいは特徴を探索することに焦点があてられるようになった。

■ 類　　型

　いくつかの分類方法では，離散型すなわちそれぞれ分離したカテゴリーあるいは類型へと個人を分類しようとする（Eysenck, 1991; Matthews, 1984）。例えば，1章で指摘したように，古代の気質理論において，ギリシャの医者ヒポクラテスは人々を，胆汁質（怒りっぽい），黒胆汁質（抑うつ的），多血質（楽天的），粘着質（静かで，物憂げな）の四つの類型の一つに割り当てた。その時代（紀元前約400年）の生物学の理論に従って，ヒポクラテスはそれぞれの気質は，黄胆汁，黒胆汁，血液，粘液という体液の一つが優勢であることに起因すると考えた。胆汁質は黄胆汁の過剰によって引き起こされる。抑うつ的気質は黒胆汁の優勢を反映する。多血質な人は血液が多すぎる。そして粘着質の人々は粘液が過剰なのである。

　別の類型論では，体格と気質の指標間に相関関係を見いだそうと，体質に基づいた類型を探し求めた。多くのステレオタイプにおいて，身体と精神が関連づけられていることからもわかるように，このような体格に基づいたグループ化はかなり大衆受けがよい。ずんぐりした人は「陽気」で「怠け者」，ほっそりした人は「気難しく」て「神経過敏」などとされる。

　パーソナリティ理論家によって繰り返し用いられてきた重要な類型論の一つにおいては，すべての人を内向型あるいは外向型に分類する。この類型論によれば，内向型の人は，とりわけストレスが多い情緒的葛藤に遭遇すると自分自身の殻に閉じこもり，一人でいることを好み，他者を避ける傾向があり，そして内気である。外向型の人はそれとは対照的に，人々の中に入ったり社会的活動に参加したりすることによって気を紛らわせてストレスに対応する。そういう人はセールス業のように直接多くの人と交渉できる職業にひかれ，常識的で，社交的で，積極的な傾向がある。

　この単純さと幅の広さこそが，このような類型論を魅力的なものとしているが，同時に類型論の価値を減少させてもいる。人の行動と心理的特質は複雑で変化しやすいので，個人を一つの分類カテゴリーに割り当てることは困難である。それにもかかわらず，重要な類型が探索され続けており，多くの目的のために役立っている。例えば，タイプA行動パターンのいくつかの要素，特に敵意や怒りの慢性的水準は，とりわけ若年性の冠状動脈疾患のような健康上のさまざまな危険な結果を予測する際に価値があるように思われる。このためタイプA行動は特に興味深い（フォーカス3.1を参照）。

フォーカス 3.1

タイプAパーソナリティという例

　心理学者と医者の共同研究において，若年性の冠状動脈疾患にかかるリスクがより高い男性について，心理学的変数の調査が行われた。心筋梗塞に見舞われがちな行動パターンが確認され（Friedman & Roseman, 1974; Glass, 1977），タイプAと命名された。この行動パターンは次のように特徴づけられる。

① 競争的な達成努力　タイプAの人は多数の活動に関与している可能性が高く，非常に多くの団体に参加し，社会的な責任を負い，競争が激しい運動競技に参加する。実験室研究では，タイプA行動をとる人は粘り強く，十分に努力すれば，さまざまな障害あるいは挫折を克服できると信じているかのようにふるまう。

② 誇張された時間的切迫感　タイプAの人は，時間がかかることに対してとても気が短く，いらだつ。例えば，交通渋滞，行列に並んで待つこと，誰かが会議に遅刻するなどにイライラする。

③ 攻撃性と敵意　タイプAの人は他の人と比較して，一般的により攻撃的というわけではないかもしれない。しかし，課題支配感が脅かされる状況，例えば批判や強い時間的切迫感にさらされるとより攻撃的になる。

　これらの行動を多く示す人はタイプAとよばれる。これとは逆に，くつろいだ，落ち着いた，時間的切迫感のなさといった行動パターンを示す人たちはタイプBと称される。この二つのタイプは家庭環境を含めた多くの面で異なっている（Woodall & Matthews, 1989）。

　タイプAの人はタイプBの人より少なくとも2倍，冠状動脈疾患にかかる可能性があることが多くの研究で示されている。タイプAの人には喫煙者が多く，血中コレステロールも高い傾向がある。またタイプAの人は，自分自身のことを衝動的で，自信に満ちており，達成動機と攻撃性が高いと記述する傾向が強い。

　また，タイプAの人は男性も女性も身体的症状や疲労を訴えない（Carver, Coleman, & Glass, 1976; Weidner & Matthews, 1978）。この，症状を無視する傾向はタイプAの人が休息を取り損ねたり，心臓病の初期に治療を受け損ねたりする結果につながるかもしれない。これが，タイプAの人は冠状動脈疾患で早死するリスクが高い理由の一つのように思われる。心臓病のリスクが高い人を選別し，身体症状にもっと多くの注意を払うように教えることは，心筋梗塞の犠牲者を減らすことを目指したプログラムの重要な部分になりうる。

　しかし，全体的なタイプA行動パターンと冠状動脈疾患の間の関連性は，当初に示唆されたより弱いようである。特にリスクが高い人の間ではそうである（Matthews, 1984）。タイプA行動全体と冠状動脈疾患の関係を調査するよりもむしろ，怒りや敵意といった，タイプA行動パターンの特定の要素を分離して冠状動脈疾患との関係を調べるほうが有用かもしれない。これらの要素は最近の研究でも冠状動脈疾患と関係があることが判明した（Miller, Smith, Turner, Guijarro, & Hallett, 1996）。要するに，今日では包括的な類型よりも特定の行動のほうが，冠状動脈疾患にかかるリスクが高いことと関連があるように思われている。

3章　類型論と特性論

■ 特性——次元上の個人差
[特性の定義]

　類型では男性あるいは女性といった離散的カテゴリーを想定するのに対し，多くの特性は「友好性」のように連続した次元上で測定される（図3.1参照）。ある人の「誠実性」の程度のような個人間の差異は，このような次元上に特質の程度の点から数値的に表すことができるだろう。通常，心理学的測定では，測定された特質の多少について，個人差の連続次元を想定している。図3.1に見られるように，多くの人は真ん中付近に集まり，少数の人が次元のどちらかの端に位置する。例えば，内向－外向の類型においては，内向－外向という性質を示す程度は個人によって異なる。しかし，純粋にどちらかの特徴しかもたない人はいない。このために，ほとんどの性質あるいは特性については個人差の心理学的な連続体を想定するほうが望ましい。

　特性は次の文章にあるように，数量化可能かつ尺度化可能であると仮定されている。

　　「(尺度化可能性)とは，特性は特定の性質もしくは属性であり，異なった個人は異なった程度の特性があるという意味である。……ある特性について，その程度の多少の点で個人間に相違がみられるのであれば，その特性を一本の直線によって表現することができる。特性次元上の個人の位置は，直線上の点によって表現できることになる。」　　　　　　　　　　　　　　（Guilford, 1959, pp. 64-65）

　最も素朴な語義では，「特性」という用語は二人以上の人間の行動あるいは特徴の間にある一貫した差異を意味する。したがって，特性は単に「識別可能な，比較的永

離散的カテゴリー（類型）

結婚している	対	独身の
血液型がRh(+)の	対	Rh(-)の
高校卒業	対	高校中退

連続的次元（特性）

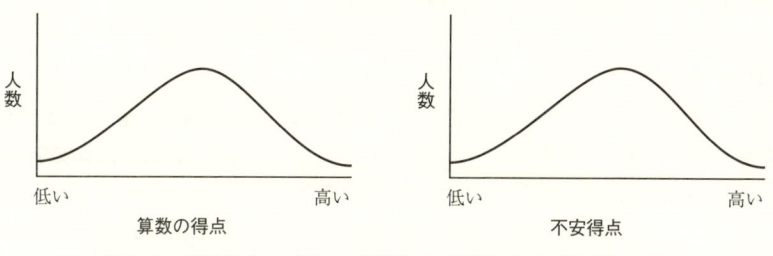

図3.1　離散的カテゴリー（類型）と連続的次元（特性）の例

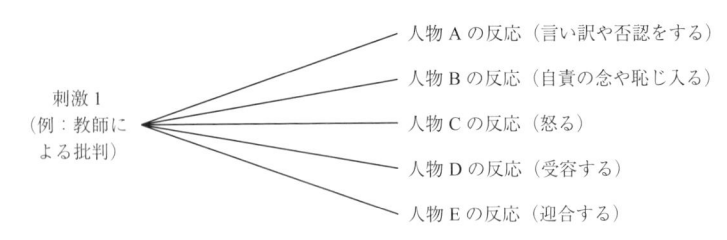

```
刺激1                  人物Aの反応（言い訳や否認をする）
（例：教師に           人物Bの反応（自責の念や恥じ入る）
よる批判）             人物Cの反応（怒る）
                       人物Dの反応（受容する）
                       人物Eの反応（迎合する）
```

図3.2 同じ刺激に対する反応の個人差。特性アプローチでは，同一刺激に対する反応が個人間で一貫した差異を示すことを強調する。

続的な，ある個人が他の人とは異なる点」と定義されるかもしれない（Guilford, 1959, p. 6）。

　個人は同じ心理的状況や刺激に対し，しばしばおおいに，かつ首尾一貫して，異なった反応を示す。特性の研究は，この常識的な観察から始まる。つまり，人々が同じ事象，例えば，同じ社会的な出会い，同じテスト問題，同じ恐怖体験に直面したとき，各個人はそれぞれ異なった方法で反応する傾向がある。同じ刺激に対し，同じように反応する人はいないという基本的な考え方の概略を図3.2に示した。さらに，私たちの大部分は日常生活で，ある個人の反応は多種多様な刺激の状況を通じて特有の一貫性があると認識する。例えば，私たちは「攻撃的な」人は多くの刺激に対して他の人とは首尾一貫して異なった反応をすると予想する。

[記述と説明]

　個人差を記述するために特性ラベルを使うことに加え，特性とは行動を説明するものだとみなす理論家もいる。その考えによると，特性とは，ある人独自ではあるが，刺激に対する安定した反応傾向を説明するもので，人間の中に存在するものである。したがって，特性は行動を説明するための構成概念である。つまり，個人差を安定させる仮説的な原因である。しかし，公式的な特性論について考える前に，特性が日常生活の中で人々によって非公式的に使用されている様子について考えるべきであろう。実際，自分自身の性質や他人の性格について，さまざまなことを考えだすという意味において，私たちはすべて特性理論家である。

■ 特性帰属

　人が日常生活でお互いを記述するとき，自然に特性用語を使う。私たちはみんな，お互いや自分自身を，攻撃的な，依存的な，びくびくした，内向的な，不安な，従順な，といった用語で描写する。使われる用語は無数にある。私たちはある人が特定のやり方でふるまっているのを見ると，ある特性を付与する。例えば，あくびしながら1時間，机に向かっているのを見ると，「やる気がない」「怠け者である」，あるいは

「退屈している」，または「さえない」という特性があるとする。

これらの素朴な「特性帰属」は，常識心理学において多くの日常的な用途で事象を説明する際には適切であることも多い（Heider, 1958; Kelley, 1973; Ross & Nisbett, 1991）。そうした常識的な説明では，特性は人々が何をするかの記述だけではなく，人々の行動の原因として引きあいに出される。このため日常的には，最初は単に行動を記述するときに用いる形容詞として特性が使用されるかもしれない。例えば「その人は怠惰にふるまう」という具合である。しかし記述はまもなく，「その人は怠惰だ」というように，行動から人物にまで一般化される。そしてさらに「怠惰な性分だ」「やる気がない」と抽象化される。それらの根拠が思いだされるかぎり，これらの記述は問題とはならない。つまり，その人は怠惰にふるまっているとみられるだけで，それ以上のことはない。

ただし，もしある人の行動に基づいて「その人には怠惰な特性がある」などの特性帰属した状態が，行動の原因だと推察され用いられたとしても，実際には何も説明できていないのである。しかし，私たちはこのことを簡単に忘れてしまう。これが特性帰属の危険な点である。私たちはすみやかに循環論法的に，「怠惰な性質だから怠惰にふるまう」あるいは「やる気がないから怠惰にふるまう」と考えるようになる。それゆえに，特性用語の実用性は，過去に他の状況で観察された行動に基づいて，新たな状況での人々の行動を予測する力次第である。

日常の現象でなく，心理学者によるパーソナリティ研究への特性アプローチは，パーソナリティが特性用語で記述できるという常識的な信念に始まる。しかし特性アプローチは，数量的，系統的にそれらを達成しようとすることによって，パーソナリティの記述を拡張し洗練してきた。公式的な特性論によって個人差を説明する取り組みは，一般人が行動の原因として特性をもちだすときに起こるのと同じ問題のいくつかに直面する。しかし，後の節で論じるように，科学的な方法を用いて，これらの難しい問題を統制しようとする数多くの予防手段が開発されている。

3.2 特性理論家

多くのそれぞれ異なる特性理論家がいるが，これまでに最も強い影響を与えたのはゴードン・オルポート（Gordon Allport），レイモンド・B・キャテル（Raymond B. Cattell），ハンス・J・アイゼンク（Hans J. Eysenck）の3人である。

■ ゴードン・オルポート

オルポートの1937年の著書『パーソナリティ——心理学的解釈（*Personality: A psychological interpretation*）』によって，分野および学問としてのパーソナリティ心理

学が始まった。彼はこの本と，後の多くの著作物において，人間とは首尾一貫した，整合性がある全体としての個人であると解釈しようとすることに時間や労力を捧げる特有な分野が必要だという説得力がある主張を行った。オルポートのパーソナリティに対する考察は広範かつ統合的であった。そしてオルポートはパーソナリティのすべての多様な様相に鋭い感性をもち，関心をもった。彼は研究者たちが個人差を考慮せず，人間をバラバラに切り離して学習や記憶といった部分的プロセスを研究する傾向に反発した。そして，パーソナリティ心理学の分野は二つの目標追求をすべきだと考えた。一つはパーソナリティの個人差を理解することであった。もう一つは，さまざまな特徴と，個人内に存在する学習，記憶，生物学的プロセスといったプロセスがどのように相互作用し，統合化された形で機能するか調べることであった。本書の1章で論じたように，オルポートの洞察はいまなおパーソナリティ心理学の定義と，主要な使命とされるものの多くの基礎となっている。特に，オルポートの特性概念は，特性・性質の分析レベルにおいて，多くの研究を方向づけ続けている。オルポートの理論では，特性がまさに実在する。それらは心理的機構の究極の現実である。オルポートは次のような生物・身体的な概念を好んだ。

「すべての特性名が必ず特性を意味するとは思わない。しかしそれにもかかわらず，むしろ，用語のすべての混乱の背景に，判定者の不一致の背後に，そして経験的な観測の誤差と失敗を別にすれば，それぞれのパーソナリティにおいて，その行動の一貫性を説明する正真正銘の精神的な構造が存在するのである。」

(Allport, 1937, p. 289)

オルポートによると，特性は反応の傾向あるいは性向を決定するものである。換言すれば，以下のようになる。

「多くの刺激を機能的に等価にし，適応的・表出的行動の，一貫し等価な形態を創始し，方向づける能力のある，一般化され集中化された個人に特有の神経精神的なシステムである。」 (Allport, 1937, p. 295)

こうしてオルポートは，特性は比較的普遍的で持続性があり，上で引用したように，「多くの刺激を機能的に等価」にすることが可能だと考えた。それによって，特性が行動におけるかなり広範な一貫性を生成し，多様な刺激と多くの反応を結びつけることを示唆した。この関係を図3.3に示した。

オルポートは一部の人々には，行動の大部分の局面に影響を与えるような傾向性があることを確信していた。そして，これらの高度に一般化された傾向を主要特性とよんだ。例えば，もしある人の人生と生活の全体が目標の達成と優秀さの獲得を中心に組織化されているように思われるなら，達成がその人の主要特性であるかもしれない。そこまでは優勢ではないが，それでも非常に一般化された傾向は中心特性である。そしてオルポートは多くの人々は，あまねく中心特性の影響を受けると考えた。最後

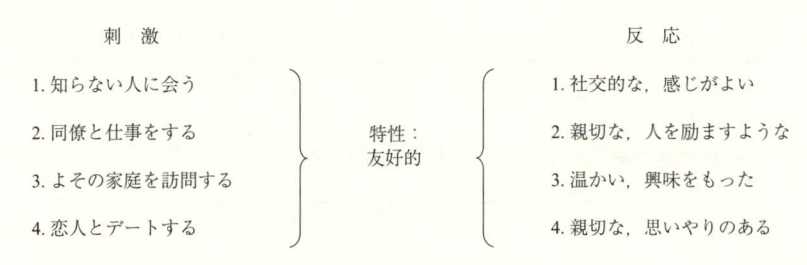

```
       刺 激                                    反 応
  1. 知らない人に会う    ⎫                ⎧  1. 社交的な，感じがよい
  2. 同僚と仕事をする    ⎬  特性：         ⎨  2. 親切な，人を励ますような
  3. よその家庭を訪問する ⎬  友好的       ⎨  3. 温かい，興味をもった
  4. 恋人とデートする    ⎭                ⎩  4. 親切な，思いやりのある
```

図 3.3 刺激と反応を統合するものとしての特性の例

に，より独特で限定的な特性が二次的性質あるいは「態度」とよばれる。

　ある人の傾向のパターンあるいは「パーソナリティ構造」はその人の行動を決定するとオルポートは考えた。この，環境や刺激条件よりも構造を強調する考え方は，彼のおもしろい言い回しに現れている。「バターを柔らかくするのも，卵を固めるのも同じ火だ」(Allport, 1937, p. 102)。オルポートは個人差の重要さに関する先駆的な代表者であった。完全に似通った人はいない。それゆえ，同じ出来事に対して同一の反応をする人はいない。各人の行動は個々人の特性構造によって決定される。

　二人の人物にまったく同じように特性が生じることはないとオルポートは考えた。それらは各人に特有の方法で機能する。この確信は，各パーソナリティの個別性と独自性を強調する彼の考えと整合性がある。特性が多くの人々の間で共通というよりは各人に特有である限りにおいて，個人間で特性を比較研究することができない。それゆえに，オルポートは集中的な，そして長期にわたる事例研究を通して，個人の綿密な研究を推進した。そして後の章で論じられるように，現象学的・人間性レベルの分析において先駆的な研究を行った。しかし一方で，経験の共有と，共通の文化的影響のために，大部分の人はいくらかおおまかに共通な特性を身につける傾向があるとオルポートは考えた。そして，これらの共通の傾向について比較可能であると考えた。彼の多くの寄与の中のこの部分こそが，特性・性質レベルの研究に関して，彼の考えをいまだ中心的なものとしている。

■ レイモンド・B・キャテル

　レイモンド・B・キャテル (Cattell, 1950, 1965) はもう一人の重要な特性理論家である。キャテルにとっても，特性は研究の基本的な単位であった。それは，行動から推測される「精神的構造」で，行動の規則性あるいは一貫性を説明する基本的な構成概念である。オルポートと同様にキャテルも，共通特性と独自特性を区別した。共通特性は，程度の相違はあるにせよ，多くの人に共通するものであり，独自特性はある特定の人物にのみ存在し，他の人にはまったく同じ形で見いだされることはないもの

表3.1 キャテルによって研究された表面的特性と根源的特性

表面的特性の例 (Cattell, 1950)	誠実，利他主義 - 不正直，あてにならなさ 節度をわきまえた思慮深さ - 愚かさ 節約的，几帳面さ，頑固さ - 気まぐれ，好奇心，直観的
根源的特性の例 (Cattell, 1965)	自我の強さ - 感情の動かされやすさと神経質 支配性 - 服従性

注：これらは長いリストから抽出され，簡略化された例である。

である。

また，キャテルは表面的特性を根源的特性から区別した（そのいくつかの例を表3.1に示す）。表面的特性は共存するように思われる明白な，あるいは顕在的な特性要素（反応）の集合体である。根源的特性は行動の顕在化を決定する原因的な存在で，潜在的な変数である。後にこの章で論じるように，キャテルにとって根源的特性とは因子分析という数学的な技法によってのみ発見されうる。この技法を使って，研究者は行動の表面上の変動の裏に潜むと思われる因子あるいは次元を推定しようとする。研究と査定の基本的な目的は，根源的特性を見つけだし，はっきりさせることにあるべきだとキャテルは考えた。この観点で，根源的特性は環境条件（環境形成特性）を反映するものと，体質的因子（体質的特性）を反映するものに分けられる。さらに，根源的特性は，多くの異なった状況において行動に影響を与えるような一般的なものであるかもしれないし，特異的であるかもしれない。特異的な根源的特性は，ある状況のみにおいて機能するパーソナリティ反応の個別化された根源である。ただキャテルはそれらにほとんど注目しなかった。

キャテルは一般的な根源的特性を発見するために3種類のデータを用いた。それらは，①毎日の行動状態を観察し，評定した生活記録，②自己評定，そして③別の状況での行動が予測できる反応を引きだすように計画された状況で，その人物を観察にすることによって行われる客観テストである。これら三つすべての情報源から得られたデータは因子分析にかけられた。キャテル自身は，多数の人々に対する多くの行動評定に基づいた生活記録データに因子分析を適用する研究方法を好んで用いた。このような研究から，およそ14〜15の根源的特性が報告された。しかし，繰り返し観測されたのは六つだけである（Vernon, 1964）。

キャテルの理論体系においても，特性はそれらがどのように表現されるかに基づいて，いくつかの種類にまとめられるかもしれない。ある目標に関して個人の「行動の準備が整っている」ことに関係がある特性は力動特性とよばれる。目標を追うことの効率に関係する特性は能力特性である。活動あるいは情緒の反応性に関連した特性は気質特性と命名された。キャテルは種々の特性とパーソナリティの発達の関係について，広範囲に理論的展開を行った（Cattell, 1965）。

■ ハンス・J・アイゼンク

英国においてアイゼンクが行った広範な研究は，多くの重要な点で米国の特性理論家の研究を補完した。アイゼンク（Eysenck, 1961, 1991）は，神経症傾向 - 情緒的安定性のような特性を研究し，異常行動の分野にまでパーソナリティ次元の研究を拡張した。ユング（Carl Jung）はもともと「内向」と「外向」をパーソナリティ類型として提案していたが，アイゼンクは内向 - 外向を特性次元として研究した。アイゼンクと共同研究者らはこれらのパーソナリティ次元の研究に際して，精巧で洗練された統計学的方法論を追求した。記述的な次元の集合を規定することに加え，アイゼンクと共同研究者らは，これらのパーソナリティ次元上のある人の位置といろいろな他のパーソナリティ尺度や知能尺度上の得点との相関関係を研究した。そして生物学・生理レベルでの分析に関連づけるという方法で，これらの特性の根源を説明するように考えられた影響力のあるパーソナリティのモデルを開発した。これに関しては，本書の当該の章（6章）で議論する。

アイゼンクは内向 - 外向の次元が完全に実証的研究に基づいており，「それが妥当なものかどうかは，経験的データに基づいて確認できる」ことを強調した（Eysenck & Rachman, 1965, p. 19）。彼は以下のように説明している。

「典型的な外向性の人は社交的で，パーティを好み，友人が多く，話し相手がたくさん必要である。そして，読書や一人で勉強することは好きではない。刺激を渇望し，一か八か賭けるようなことをし，しばしば自らの身を危険にさらし，勢いで行動し，一般的に衝動的な人物である。また，悪ふざけが好きで，当意即妙の反応ができ，一般に変化を好む。気楽で，のんきで，楽天的で，笑うことと陽気であることを好むし，動き回り活動し続けることが好きで，攻撃的な傾向があり，すぐに腹を立てる。全体的に感情をきちんと統制していない。そして常に信頼できる人間であるとは限らない。

典型的な内向性の人はもの静かで，控えめで，内省的で，人間よりむしろ本が好きな人間である。親しい友人以外には遠慮がちで，距離をおいている。そして，あらかじめ計画を立てる傾向があり，『石橋をたたいて渡る』人物で，一時の衝動には駆られない。興奮することを好まず，日常生活の事柄に適切なまじめさで取り組み，秩序立てられた生活様式が好きである。また，感情をきちんと制御し，攻撃的にふるまうことはめったになく，容易に腹を立てたりはしない。信頼できる人間で，やや悲観的，そして倫理的規範に重い価値をおく。」

実際には，大部分の人は次元の両極端よりはむしろ，中間的で，分布の中央に位置する。しかし，これらの記述では「完全な」外向性の人と内向性の人を描写しているので，ほとんど風刺文のように思えるかもしれないことを，アイゼンクと共同研究者たちは認識していた（図3.4参照）。図3.4が示すように，2番目に主要なパーソナリ

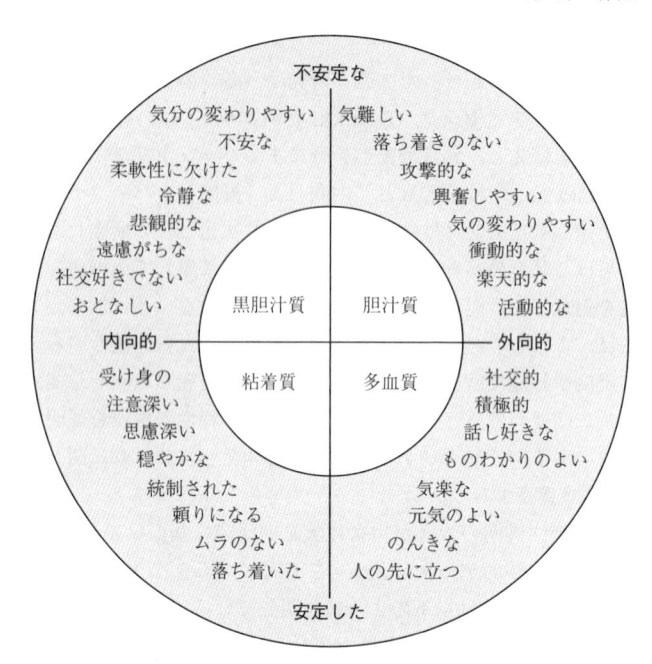

図3.4 パーソナリティの次元。内側の円はヒポクラテスの「四つの気質」を示す。外側の円は，アイゼンクら（Eysenck & Rachman, 1965）によって行われた，特性間の相関の現代的な因子分析的研究の結果を示す。

ティの次元は情緒的安定性もしくは「神経症傾向」であることをアイゼンクは示唆した。この次元の一方の端では，むら気で，神経過敏で，不安で，落ち着かないなどの傾向がある人々を記述する。反対の端には，安定した，落ち着いた，のんびりした，穏和な，信頼できる，といった用語によって特徴づけられる人々がいる。アイゼンクが強調したように，これらの次元の究極の価値は，それらが実証研究による支持をどのぐらい受けられるかによる。

　二つの次元が意味することを明確化するために，アイゼンクと共同研究者たちは，人々の次元上の位置と，多くの他の尺度上の得点の関係を研究した。結果の例を表3.2に要約した。これは，性的活動について外向性の人と内向性の人が行った自己報告の差異についてである（Eysenck, 1973で報告）。予想されたとおり，一般的に外向性の人はより早期に，より頻繁に，より多様な性的経験をしていると報告した。確かに群間の平均値は異なっている。しかし，回答傾向にかなりの重なりがあるために，特定の個人の内向‐外向得点だけに基づいて，その人の行動を予測することは困難である。しかし，このタイプの多くの研究結果の蓄積によって，アイゼンクの提唱した

表 3.2　内向および外向の学生によって報告された性的活動

活動	男性 内向	男性 外向	女性 内向	女性 外向
現在のマスタベーション	86	72	47	39
性的な接触——17歳時	16	40	15	24
19歳時	3	56	30	47
現在	57	78	62	76
性体験——17歳時	5	21	4	8
19歳時	15	45	12	29
現在	47	77	42	71
1か月あたりの性行為の中央値（性的に活発な学生のみ）	3.0	5.5	3.1	7.5
最近12か月の性行為の相手の人数　1人	75	46	72	60
（未婚の学生のみ）　　　　　　2〜3人	18	30	25	23
4人以上	7	25	4	17

注：数値は各グループによって回答された割合や人数
[出典：Giese & Schmidt（1968）を Eysenck（1973）が引用]

次元をより総合的に理解できるようになった。加えて，アイゼンクの着眼点は，気質の生物学的基盤の研究を促進する点で注目に値し，その文脈で論じることができる。

3.3　特性論の共通の特徴

ここで，特性アプローチの主要な共通の特徴について考えてみよう。

■ 特性の一般性と安定性

パーソナリティを記述するために必要な具体的内容と基本的な特性の構造について，特性理論家間で意見が一致しないことは珍しくない。しかし彼らの全体的概念には多くの似通った点があり，広く受け入れられている（Funder, 1991）。特性理論家はみな，個人の行動の一貫性を説明し，なぜ人々が同じ刺激に異なった仕方で反応するのかを説明するために特性を利用する。大部分の特性理論家は，特性とは，そういった行動を決定する傾向だとみなす。彼らはみな，比較的表面的な特性と，より根本的な基礎をなす特性とを区別する。例えば，キャテルの表面的特性と根源的特性がその例である。また，特性は幅の広さあるいは普遍性の点でさまざまであることを認識している。オルポートは，多くの状況を通じて共通特性のもつ相対的な一般性が最も重要であると考えていた。たいていの理論家はまた，性質に関してある人の位置は多少の変動，あるいは変化がみられることを認識する。同時に，彼らは比較的幅広く安定した特性を求めて調査に専心している。

■ 特性と状態の区別

「不安な気質と，不安を感じることとは異なるように，怒りっぽいことと，怒りを感じることは異なる。たまに不安になる人のすべてが不安な気質であるわけではない。また，不安な気質の人が常に不安に感じているわけでもない。同様に，泥酔と常習的な酒浸りの間には違いがある。」　　　　　　（キケロ，紀元前45年）

この古代の賢者の言葉（Chaplin, John, & Goldberg, 1988に引用）は，特性と状態について，一般人が行う直感的区別と特性心理学者が行う区別の両方を説明するために，近代的な特性理論家に利用されている（Chaplin et al., 1988; Eysenck, 1983）。特性と状態はともに，人間について認知される特質を意味する用語である。特性と状態の境界は曖昧で，どちらも基本型あるいは理想的な典型例を基礎とする（例：Cantor & Mischel, 1979）。両者の間の違いは，主に継続時間にある。典型的な特性とは人間の持続的な安定性のある性質で，長い期間にわたって，例えば生物学的要因などによって，内的に引き起こされるものである。対照的に，典型的な状態とは，持続時間が短く，一時的状況などの外的な原因に帰属されるような性質をさしている（Chaplin et al., 1988）。人々が特性として分類する傾向がある用語には，やさしい，横暴な，内気などがある。他方，夢中の，無関心な，不機嫌ななどは，状態だとみなされる傾向がある。

■ 基本的特性の探究

安定した性質が存在するという仮定に基づいて，特性心理学者は，神経症傾向，外向性といった，一つあるいは複数の次元上で個人の位置を知ろうと試みた。標準化された条件のもとで調べられた人々を比較することによって，これを行ったのである。特性心理学者はこれらの次元の上の位置がテストの状況や長い期間を通じて比較的安定していると考える。そして，特性や行動に対する環境的条件の影響力にあまり注目をしなかった。特性と特性を測定する実用的な方法の探究は，現代のパーソナリティ心理学において長い歴史がある。そしてこれは，2章で論じたように第一次世界大戦時の緊急の実務的理由に応じて始まった。

■ 数　量　化

特性アプローチの主な特徴はその方法論にある。そして2章では自己報告質問紙，自己評定，他者評定といった多くの例をみてきた。この方法論は，個人差を測定し，数量化しようと試みるという意味で「心理測定」的である。計量心理学者は，特性次元上での個人やグループのテスト得点を比較することによって研究を行う。これを行うために多くの人々をサンプリングし，同一のテスト条件下で大集団を比較し，基本的な特性を推論する統計的手法を考案する。長い年月を経て，その方法は測定目標の

3章　類型論と特性論　　　　　　　　　　　　　　　　　　　　　　　　　　　73

広い範囲に合致するようにより洗練され，効果的になっている（例：Jackson & Paunonen, 1980; John, 1990）。

■ 信頼性を増すために複数の状況にわたってデータを集積する

　特性レベルで研究している多くの心理学者は，状況が重要であることを認めている。そして，これまでの研究は行動の個人的な安定性を過小評価してきたと考えている。もし性質あるいは特性がどの程度うまく行動を予測できるかを調べたいならば，性質だけではなく予測したい行動についても十分なサンプルをとらなければならないことを指摘している（Ajzen & Fishbein, 1977; Block, 1977; Epstein, 1979, 1983）。かつて，研究者はしばしば個々の性質の尺度から個々の行為を予測しようと試みた。例えば，パーソナリティ尺度で自己評定された攻撃性から侮辱されたときに身体的攻撃を行うかを予測しようとした。一般に，このような試みは成功しなかった。特性尺度ではこのような個々の行為を予測することはできないかもしれないが，もし多重行動基準を使うなら，もっとうまく予測できるかもしれない。つまり，特性に関係がある多数の行動を集めて組み合わせたものと，多くの評定者を集めて組み合わせたものを用いるのである（例：McCrae & Costa, 1985, 1987）。

　多重行動基準を用いた研究の方法と結果は，女子大学生を対象として二つのパーソナリティ目録から引用した「支配性尺度」について調査した研究例を用いて説明することができる（Jaccard, 1974）。回答者たちはまた，支配性に関係する40種類の行動のそれぞれを行ったかどうかについても質問された。例えば，クラスで討論を始めたか，教師と議論したか，男性をデートに誘ったかなどである。パーソナリティ目録から抜きだした支配性尺度はうまく個別の行動を予測することはできなかった。しかし，40種類の行動の項目が足し合わされて一つの集積された尺度となったとき，パーソナリティ得点と十分に関連性があることを研究者は見いだした。すなわち，支配性尺度で高得点の女性はより多く支配的行動を行ったと報告する傾向があり，逆もまた同様であった。こうして，信頼性が高い行動の測定と，パーソナリティ・テストでの自己報告といった尺度との関連が明らかになった。もしも，このように項目を集積しなければ，関係を見いだすことはなかったであろう。観察によって行動が直接測定されている場合も，類似した結果がみられた（例：Weigel & Newman, 1976）。

　同様に，心理テストの項目数を増やして合算すると，信頼性が増すであろうことが示された。この点について，エプスタイン（Epstein, 1979）は，単一の日の単一項目だけに基づいたときよりも，数日分の平均に基づいたときのほうが，時間的な安定性はずっと大きくなることを明らかにした。例えば，日々記録した感情や経験の自己報告，あるいは観察者の判断は数日分の平均に基づいたほうが安定する。そして，ある人が特定の状況において何をするか予測できない場合でも，多くの状況を越えた行動

が集積され組み合わされたなら，他の人々と比較してその人の全体的な傾向を予測することが可能なことも多いことを示した（Epstein, 1983）。

3.4 人間の属性の分類

広く共有された目標は，おびただしい数の人間の属性を，大部分の個人差を記述しうる基本的な次元あるいはカテゴリーの比較的小さなまとまりに分類できるような，普遍的な分類法あるいは分類システムを見いだすことである。この見地から，心理学者は「人類で最も重要な個人差」（Goldberg, 1973, p. 1）を見いだそうと試みている。

■ 心理辞書的アプローチ

属性分類のアプローチを用いる研究者は，最も重要な，つまり日常の人間関係で最も重要な個人差は単一単語の特性用語として，その文化の自然言語の中に溶けこんでいると想定する。そして，いろいろな方法を用いて，言語の中の基本的な特性用語を見いだし，より小さなグループに分類する。ある辞書では18,000語以上とされる，何千もの特性用語が英語に含まれるとすれば，これは途方もない分類作業である。たいへんな作業ではあるが，特性用語を用いて人間の属性を記述するための，幅の広い，よく系統立てられた語彙が得られれば，よりよいパーソナリティ理論とよりよいパーソナリティ査定の方法につながるという希望がもてる。

この研究戦略は心理辞書的アプローチとよばれている。その基本的なデータは人間の性質を記述する自然言語中の単語である。心理辞書的な研究では，多数の人々が多くの特性用語のそれぞれについて，よく知っている特定の人間をどの程度うまく記述するか，あるいはあてはまるか判断するように依頼される。知っている他者を評定対象とする研究もある。参加者自身をどの程度うまく単語が記述しているかを評定する研究もある。各研究において，個人を記述する際にどの特性用語がまとまる，あるいは「共変動する」傾向があるかを明らかにするために結果が分析された。研究者は統計的手法を用いて，密接な関連がある形容詞間で共通の要素を表現すると思われる少数の因子あるいは次元を特定しようとする（例：Goldberg, 1990）。

このアプローチの例をあげよう。図3.5に示されている次元をつくりだした，対人行動の領域での包括的な分類法を見つけだそうとする初期の試み（Wiggins, 1979, 1980）である。各次元は双極，すなわち，二つの反対の端あるいは極が存在することを忘れてはならない。次元はパイのような円形のパターンで系統立てられている。それぞれの極は一組の形容詞群で構成されており，例えば「野心のある‐支配的な」の極は，辛抱強い，粘り強い，勤勉なといった用語で定義されている。反対の極は，「怠惰‐服従的な」であり，非生産的な，不徹底な，勤勉でないといった用語で定義

3章 類型論と特性論

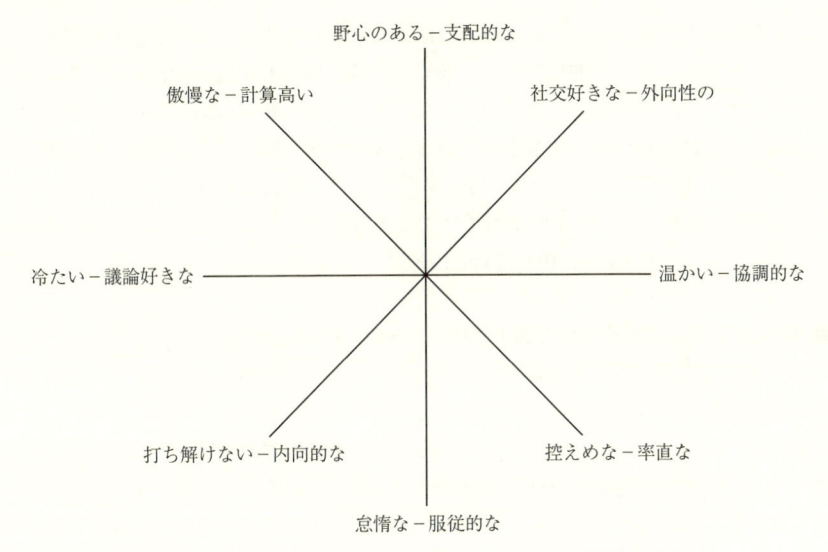

```
              野心のある-支配的な
傲慢な-計算高い        社交好きな-外向性の


冷たい-議論好きな              温かい-協調的な


打ち解けない-内向的な   控えめな-率直な
              怠惰な-服従的な
```

図3.5 ウィギンズ（Wiggins, 1980）の対人関係領域の分類

される。ウィギンズは，これらの次元は対人関係領域での初期の記述的研究の結果（Leary, 1957）にうまく合致したと報告している。それらの次元を用いて多くの人たちを対象に評定を行い，その結果によって次元を修正し，改善し続けるならば，それらの次元は適度に頑健であり，有用なものとなるように思われる（Wiggins, Phillips, & Trapnell, 1989）。

■ 特性次元におけるビッグ5

何年もの間，特性の普遍的な分類法についての多くの研究が行われてきた。その中で，パーソナリティを記述するために用いるべき次元はどれかについて，研究者間でいろいろな意見がみられた。16次元もあると提案する者もいた。わずか2～3次元を提案する者もいた（Vernon, 1964）。しかしながら，より最近になって，英語の特性形容詞を用いた評定から出現するパーソナリティの五つの次元に焦点を合わせることについて，多くの研究者間で意見の一致がみられるようになった（Goldberg, 1992; John, 1990; McCrae & Costa, 1985, 1987, 1999）。

辞書を見れば明らかなように，特性用語は何千もある。しかし，人間を系統的に記述する上で扱いやすい分析単位にするためには，それらを単純化し整理しなければならない。例えば，550項目の自己報告尺度に100人が回答することによって大量のデータが生じたと考えてみよう。このような山積みになった事実から秩序を抽出するた

めに，潜在的な特性を探している研究者はより基本的なまとまりへと反応をグループ化しようとする。この目的のために，多くの特性心理学者が因子分析を用いる。因子分析は，テストへの反応を，比較的同質な，相互に高い相関のある項目のまとまりへと分類するのに役立つ数学的な手法である。この方法を用い，そして心理辞書的アプローチを取り入れることによって，多くの研究者は，英語の特性用語は「5因子構造」とよばれる5種類の次元あるいは因子にまとまるということについて，おおよその合意に達した（例：Goldberg, 1992; John, 1990）。

■ 特性次元を見つけるための因子分析──NEO-PI-Rとビッグ5

因子分析は相関がある多数の測度の集合を，より少数の相互に無関係あるいは独立の次元へとまとめるのに非常に役立つ道具である。それ自体，どの反応パターンが共変動するかを明白にすることによって，心理学的研究の強力な助けとなりうる。例えば，50人の学生がそれぞれ100項目の質問からなる10個のパーソナリティ質問紙に答えたと考えてほしい。この膨大な情報を因子分析することによって，検査結果のどの部分が一緒に変動するかを明らかにすることができる。因子分析は項目の全体集合の中で「共変動」，つまりともに変化する傾向がある項目を見つけだし，結びつけるものである。これは図書館で数百冊の未分類な本の山を与えられて，ある次元（例：大きさ，色，長さ，言語，内容分野）ではよく似ているけれど，他の点では異なったものを見つけだして，グループ化する手続きと類似しているだろう。

一連の先駆的な研究（Norman, 1961, 1963; Tupes & Christal, 1958, 1961）では，仲間によって評定尺度を用いて評定された多様な人々の標本について得られた因子を調査した。尺度自体は，オルポートとオドバート（Allport & Odbert）が何年も前に行った，辞書中にみられる特性名についての調査で見いだされたものである。多くの研究の後に，20尺度が選ばれた。そして多数の評定者たちが他の人々を評定するように頼まれた。結果は慎重に因子分析された。

五つの比較的独立した因子のまとまりは，いくつかの研究を通じて首尾一貫してみられ，ビッグ5構造（例：Goldberg, 1992; John, 1990）となったものの基礎を構成している。表3.3に示すように，それは今日，**NEO-PI-R**（Costa & McCrae, 1997）とよばれる「パーソナリティ目録」で測定される5因子から成り立つ。

ビッグ5因子に含まれるのは，神経症傾向（**N**）である心配性や不安感，友好的な・話し好きななどの用語で表現される外向性（**E**）または高潮性（肯定的感情性），経験への開放性（**O**），協調性（**A**），そして誠実性（**C**）である。各因子の解説は表3.3にある。表3.4に示されるように，NEO-PI-Rでは各因子が，それによって因子内容が表現されると思われる，多くの異なったファセット（それ自体が次元である下位構成要素）に置き換えられて，より細かく記述されている。

3章　類型論と特性論

表3.3　ビッグ5因子と構成要素の例

因子（特性次元）	形容詞項目
Ⅰ　神経症傾向（N） （否定的な感情：例えば，不安，抑うつ）	落ち着いた - 心配な 感情的でない - 感情的な 安定した - 不安定な 嫉妬深くない - 嫉妬深い
Ⅱ　外向性（E） （内向の反対）	もの静かな - おしゃべりな 打ち解けない - 友好的な 抑制的な - のびのびした 臆病な - 図太い
Ⅲ　経験への開放性（O） （閉じられた心の反対）	常識的な - 独自の 慎重な - 大胆な 同調的な - 独立心の強い 非芸術的な - 芸術的な
Ⅳ　協調性（A） （敵対の反対）	怒りっぽい - 気のよい 非協力的 - 支援的 疑り深い - 信用しやすい 批判的な - 寛大な
Ⅴ　誠実性（C） （まじめな，勤勉な）	不注意な - 注意深い 無力な - 自立した だらしない - 細心な 意志の弱い - 目標志向の

注：例示された形容詞は次元を構成する尺度の両端を記述している。
[出典：McCrae & Costa（1987）．本質的に同様の結果が，John（1990）とNorman（1963）でもみられた]

表3.4　ビッグ5因子を説明するファセットの尺度

神経症傾向	不安，怒りと敵意，抑うつ，衝動性，傷つきやすさ
外向性	温かさ，社交好きな，自己主張，活動，興奮を求める肯定的感情
経験への開放性	空想，審美，感情性，行動，アイデア，価値
協調性	信頼，素直さ，利他主義，従順，謙虚さ，優しさ
誠実性	有能性，秩序，義務感，達成，努力，自己規律，熟考

[出典：Psychological Assessment Resources, Inc. の特別な許可により複製した。これを複製することも，同社の許可なしでは禁止されている。]

　時には少々異なった因子名をつけられることもあるが，ビッグ5は最初ノーマン（Norman, 1963）によって提案されたもので，その後も繰り返して研究において見いだされた次元と類似している。各次元は「落ち着いた - 心配な」や「臆病な - 図太い」のような，感情や行動のタイプを表す双極の評定尺度の集合からできている。表3.3では各次元について用いられる，いくつかの評定尺度の両端を記述する形容詞の例を示した。

表 3.5　NEO-PI 尺度の安定性（25～56歳）

NEO-PIの尺度	男　性	女　性
N（神経症）	.78	.85
E（外向性）	.84	.75
O（開放性）	.87	.84
A（協調性）	.64	.60
C（誠実性）	.83	.84

注：再テストの間隔は N, E, O の尺度で 6 年，短縮版の A と C で 3 年である。
［出典：McCrae & Costa（1990）］

　ビッグ5発展の基礎となった研究の典型例を説明すると，ある研究では，187人の大学生が1710の特性用語のそれぞれについて，自分自身をどの程度よく表現しているかを評定した（Goldberg, 1991）。統計的分析の結果，これらの用語がビッグ5とほとんど同じ五つの主要な因子あるいは次元にまとまった（McCrae & Costa, 1987）。こうして，表3.3に示されたような特性用語で人間を記述するとき，最上位特性とよばれる五つの大きな記述的カテゴリーあるいは因子への安定したまとまりが生じる。この5因子構造は，自然な英単語におけるパーソナリティの主要な次元を特徴づけるように思われる。こうした研究で使われるような特性語を用いた多くのパーソナリティ特性アンケートやパーソナリティ評定は，ビッグ5にそれなりにあてはまるように思われ，人々についての記述をもたらしている（Costa & McCrae, 1992a; Costa, McCrae, & Dye, 1991）。

　ビッグ5に関する特性評定とアンケートについては，長い期間をおいた研究で，時間を越えた，かなりの安定性が示されている（例：McCrae & Costa, 1990）。成人期での安定性は特に高い傾向がある（Costa & McCrae, 1997; McCrae & Costa, 1999）。長い期間を通して，成人期の間にしばしば生じる生活構造の変化，例えば，結婚，子ども，離婚，引っ越しや転職，健康問題によって生じる変化などにもかかわらず，たいていの個人のビッグ5の次元上の位置は高い安定性を示す傾向があることは注目に値する（表3.5参照）。

3.5　根拠となるエビデンスと残された問題

■ ビッグ5の有用性の全体像

　急増した研究によって，5因子モデルまたはビッグ5の頑健性が証明されている。蓄積された証拠の多様さはまさに目覚ましい（例：McCrae & Costa, 1997, 1999; McCrae et al., 1998）ものがあり，また膨大であるため，次のような一般的な結論以上

3章 類型論と特性論

に要約することは難しい。

- ビッグ5の因子構造は、いろいろなサンプルの英語話者を対象に、多様な研究者によって行われた研究で、しばしば繰り返し出現している。言語、文化、使われた項目フォーマットが異なるときでさえも、表3.3にあげられたN, E, A因子は、特によく再現されている。ハム‐セム語族、マレー‐ポリネシア語族、シナ‐チベット語族、ウラル語族に及ぶ多様な言語と言語族で、因子の再現性が報告されている。
- 当然のことながら、いくつかの因子は、きわめて特異な回答者や文化では、異なった形態をとるかもしれないが、全体としては、結果は世界中の多様な文化を越えて目覚ましいもので、広く一般化できる（例：McCrae et al., 1998）。
- このモデルによって記述された個人の因子構造は、成人では長い期間にわたって比較的安定している傾向がある。
- ビッグ5は重要な人生と生活の結果に、いくらかの予測的妥当性があり、パーソナリティ尺度やその他とも多様な関連がある。

要するに、幅広く、高度に抽象的に、あるいは最上位特性レベルの特性用語で、人々を記述する包括的な記述システムとして、この分類法の広範な頑健性と潜在的可能性のため、全体的な根拠は強い印象を与える。人々を記述し比較するためのこのような頑健で包括的な特性地図をもっていることの価値は重要であると広く認識されている（例：MacDonald, 1998）。

ビッグ5次元は、有用な再現可能な特性語の分類法を、英語でだけでなく潜在的には多様な言語にわたって提供する（Costa & McCrae, 1997; DeRaad, Perugini, Hrebickova, & Szarota, 1998; McCrae et al., 1998）。パーソナリティに関して、人が関心をもつことは何かを明らかにする方法として、言語へのこのような注目は有意義である。それは人々が身につける言語は、人間が他者や自分自身を記述したり評価したりするときに関心をもつことと共変動し、特性用語のまとまりが、その関心が何かを反映しているという考えに基づいている（Saucier & Goldberg, 1996）。因子分析はこれらのまとまりを見つけだすために効果的に使われてきた。そして、日常生活で人々にとって重要であるパーソナリティの性質についての、信頼できる観点を提供する。特性についての判断が広く用いられ、そのことに重大な結果があるとすれば、どうやってある人やものが「似ている」という判断がなされたかを問うこともまた興味を引き起こす。その疑問はフォーカス3.2でとりあげられている。

フォーカス3.2

プロトタイプ——典型的な人々

　ビッグ5の一つのような特性カテゴリーであっても，あるいは「鳥」といった日常的で「自然な」カテゴリーであっても，人間による属性の分類に関心がある心理学者は，私たちがどのようにカテゴリーの構成物のプロトタイプ性あるいは「典型性」を判断するかについて明らかにしようとしている。典型性の考え方を説明するために，最も典型的で代表的なもの，あるいは「最も鳥らしい」鳥を思い浮かべてほしい。たぶん，ニワトリやダチョウでなく，コマドリやスズメのような何かの鳥を思い浮かべるだろう。この例では鳥だったが，大切なのは，それぞれのカテゴリーには，そのカテゴリーのよりよい，あるいはより典型的な例がありうるということである。ある赤色は他の色より「より赤い」し，ある椅子は他のものよりもより椅子らしい。この点は，家具のような自然な対象物の日常的なカテゴリーに関して明快に説明されていた（Rosch, Mervis, Gray, Johnson, & Boyce-Braem, 1976）。したがって，自然カテゴリーは，概念を最もよく表現するプロトタイプ的な事例を中心におき，その周囲にそれほど典型的でないか，あまりあてはまりがよくない構成物が，程度に応じてしだいに離れていく連続体をつくりあげているという状況に整理されるだろう（Rosch, 1975; Tversky, 1977）。

　ここで重要な点は，特性カテゴリーは他のカテゴリーと同様に，しばしばカテゴリーのそれぞれの構成物がそのすべての決定的な特徴をもっているような，境界のはっきりした，明瞭な，他とは重複がないカテゴリーではないということである。例えば，多くの鳥が鳴くが，すべての鳥がそうするわけではない。また，鳥ではないものの一部も，間違いなく鳴くわけである。境界が明確で，重複のないカテゴリーは，人工的な論理的システムではつくりあげることができるが，現実世界ではまれである。もし私たちが論理的・公式的な人工システムの抽象的世界から，通常の日常的カテゴリー，例えば家具，鳥，衣類などに注意を向けるなら，カテゴリーは「ファジー」になる。哲学者ヴィトゲンシュタイン（Wittgenstein, 1953）が最初に指摘したとおり，通常の日常的なカテゴリーの構成物のすべてが，カテゴリーの構成物と認めてもらえるような，決定的な基本的特徴の一つの集合を共有するわけではない。もしも「鳥」のような，すべて一つの一般的用語でラベルづけされた自然な対象物の集合を綿密に吟味するなら，カテゴリーの全構成物が共有する特徴の集合を一つも見つけることができないかもしれない。むしろ，重複のある類似性つまり「家族的類似構造」のパターンが出現するように思われる。

　「典型性」と「家族的類似」と「ファジーさ」はまた，人間のカテゴリーについて，私たちが行う日常的な判断をうまく描写するかもしれない（Cantor & Mischel, 1979; Cantor, Mischel, & Schwartz, 1982; Chaplin et al., 1988; John, 1990）。人々についての日常の印象を形成すると同時にこれらの判断を行うとき，誰が典型的かそうでないか，あるいはきわめて典型度が高いパーソナリティであるかどうかについて，意見が一致することが可能であると思われる。これはちょうど，ニワトリよりもコマドリのほうがより鳥らしい鳥であると私たちが同意するのと同じである。例えば，「社交的」や「外

向的」といった性質は「典型的な外向性の人」の特徴である。

人間が行う判断におけるプロトタイプ性の法則と家族的類似の原則の研究は，行動の変動にもかかわらず，整合性と首尾一貫性がどのように認知されるかを理解するのに役立つ（Kunda, 1999; Mischel, 1984）。例をあげると，本当にレンブラントの作品をよく知っていて，たくさんの絵画作品を見たことがある人は，いままでに見たことがない絵画が，レンブラントの真作か，模作か，贋作かを簡単に見分けることができる。芸術の専門家は，作品の多様な変動の中から中心的な特有の要素を抽出することが可能であるように思われる。このような判断を可能にするのと同じプロセスは，行動の変動性にもかかわらずパーソナリティの首尾一貫性をどのようにして識別するか，そして，ある人物が「本当の」内向性の人であるか，あるいは不安な神経症患者であるか，あるいは誠実で友好的な人間であるか否かについて意見の一致をみることの根底に存在するはずである。特性へのプロトタイプ的アプローチが魅力的なのは，この章を通じて論じてきた分類の次元に対人行動を数量化する試みとおおいに適合的であるように思われるという点である（John, Hampson, & Goldberg, 1991）。

■ 時間を越えた特性の安定性

人間の性質は安定しているだろうか？　幼いころの特徴が後日の性質を予測可能にするだろうか？　「フレッドは小さな赤ちゃんのころから，いつもとても友好的だった」と親が言うとき，それは正しいといえるだろうか？　私たちは生後1年の反応から6歳時の人の行動を予測することができるだろうか？　幼年期を通じて子どもの性質と行動に多くの連続性があるだろうか？　行動は文脈に依存し，同一人物が異なった文脈では異なった行動をするかもしれないが，特に人生の最初の数年以降には，時間を越えた有意な特性の安定性があることが，研究によって明らかになっている。

いくつかの重要な関連性が，生涯を通して見いだされてきた。例えば，新生児期の皮膚接触に対する低感受性から，2歳半のときと7歳半のときのより成熟したコミュニケーションと対処力が予測できた。出生時の高い接触感受性と速い呼吸速度は，後年の関心のなさ，自発性の低さ，自己主張の乏しさ，コミュニケーションの不得手さと関係がみられた（Bell, Weller, & Waldrop, 1971; Halverson, 1971a, 1971b）。しかし，新生児期の行動と後の行動の間にみられたこれらの関連は例外的で，一般的には，見いだされた相関関係は強くなかった。したがって，新生児の性質と後の人生での特徴との間にはいくらか関連があるが，個々のケースでは出生時の反応に基づいて，確信をもって後年の特徴を予測することはできなかった。

「たとえを使うなら，新生児の行動はすでに広げられた本の目次というよりは序文のようなものである。さらにいえば，序文はそれ自体どんどん改訂を受けるおおまかな草稿にすぎない。序文には本の本質についていくらかの手がかりが書かれているが，これらは慣例の表現形式なので，序文を文字どおりに予告的なも

のだと考えることはガッカリする結果に終わる可能性が高いのである。」

(Bell et al., 1971, p. 132)

「本の序文」から最初の数章，つまり人生の初期へと進むにつれて，発達のもつ連続性がだんだんはっきりとみえてくる（Block & Block, 1980; McCrae & Costa, 1996; Mischel et al., 1989）。例えば，3歳のときにより活発で，はっきりと自分の意見を述べ，攻撃的で，競争心が強く，外向的であるなどとみなされる子どもたちは，大きくなった後でもこれらの性質があると記述される可能性が高い。要するに，例えば4歳時と8歳時の子どもの性質間の特定の関連性は複雑で間接的かもしれない。しかし，パターンの綿密な分析によって，連続性のある重要な筋道が時間を越えて出現することが示唆されている（Caspi, 1987, 1998; Caspi, Roberts, & Shiner, 2005）。したがって，幼年時代の特徴はある程度，首尾一貫して後の行動や属性に関係しているかもしれない（Arend, Gove, & Sroufe, 1979; Block, 1971; Mischel et al., 1989）。これらの初期の経験内容は，後に真の変化が生じる可能性を排除しないが，本の最初のほうのページで経験したことが，後のページで起こることに影響するのである。

時間を越えての安定性や変化の程度は，特徴のタイプ，経験内容のタイプ，発達段階が違えば変動する（Caspi, 1998; Caspi & Bem, 1990; Caspi et al., 2005; Srivastava, John, Gosling, & Potter, 2003）。例えば，ビッグ5特性の安定性について行われた，小学校から中年期までの40年に及ぶ，799人の被験者からなる大規模な研究を考えてみよう（Hampson & Goldberg, 2006）。40年の間隔を経た安定性は，外向性の相関は .29 で最も高く，誠実性（.25），開放性（.16）はより低く，協調性（.08）ではさらに低く，神経症傾向ではゼロであった。当然のことながら，成人期に1〜3年というより短い時間間隔で調査をしたときには，相関はより高かった（例：.70〜.79）。全体としては，特に成人期の人を短い時間間隔で調べたときは特徴の連続性がみられ，著者らが指摘したように，安定性データが得られ解析される特定の方法に大きく依存することを調査結果は示している。

何年にもわたる，人生についての興味深い一連の研究は「怒りっぽい少年たちは怒りっぽい男たちになる」ことを示唆した（Caspi & Bem, 1990, p. 568）。これらの発達における連続性は，個人の安定した性質が，欲求を抑える意志や能力のように適応的なものであるか，不機嫌さの不適切な表出のように，嫌悪的で不適応的なものであるかにかかわらず，急速に加速する重大な「連鎖効果」をもちうるという事実を反映する。それらは人生の初期に始まり，ある人が後に出会う機会や，しばしばそれらを大きく制限する選択肢に強い影響を与え，相互に結びついた事象の長い系列の引き金になりうる。カスピとベム（Caspi & Bem, 1990）が指摘したように，子どもの短気は急速に子ども自身にとって学校を否定的な経験をするものにし，学校で問題を引き起こす。それと同時に，子どもの短気は学校当局を挑発し，究極的には放校処分となり，

3章　類型論と特性論

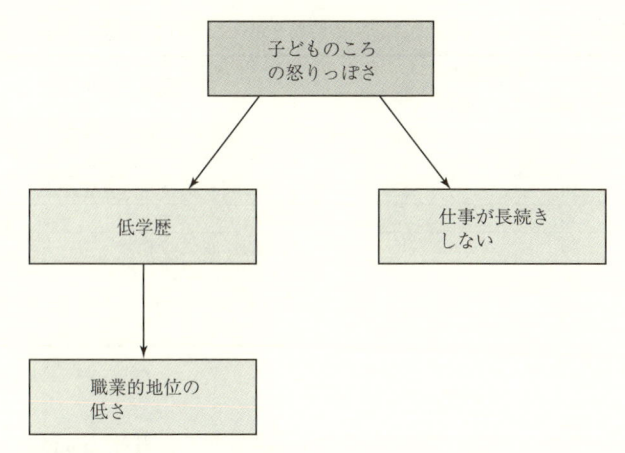

```
          ┌─────────────┐
          │ 子どものころ │
          │ の怒りっぽさ │
          └──────┬──────┘
           ┌─────┴─────┐
           ▼           ▼
    ┌──────────┐  ┌──────────┐
    │  低学歴  │  │仕事が長続き│
    │          │  │   しない  │
    └────┬─────┘  └──────────┘
         ▼
    ┌──────────┐
    │職業的地位の│
    │   低さ   │
    └──────────┘
```

図3.6 長期間経過後の結果と幼児期の怒りっぽさの間に関連が存在する。統計的に有意な相関がみられる。データは中流階級出身の45人の男性についてである。
［出典：Caspi, Elder, & Bern（1987）］

結果として永久に職業的な機会を制限し，未来を制限する結果に導く。この結果の不幸なネットワークは図3.6に図示されている。

　人生初期の怒りっぽさと関連した結果の連鎖は，学校と職業だけにとどまらない。例えば，カスピとベム（Caspi & Bem, 1990）は，子どものときに怒りっぽい行動の経歴がある男性の約半数（46％）が40歳の時点で離婚を経験していたが，そうではない男性では離婚経験者はわずか22％にとどまっていたと報告した。

　要するに，早期幼年期以後の特性次元における個人差研究によって，意味のある関連性のネットワークが明らかにされた。人々が自分自身あるいは他の人たちを幅広い特性用語を用いて評定するとき，これらの相関関係はより強く，持続性がみられる傾向がある（例：Block, 1971; Caspi & Bem, 1990; Costa & McCrae, 1988; E. L. Kelly, 1955）。このような評定は，人が自分自身をどのように認知するかと同様に，年月を越えて人々がどのように認知されるかについて，かなりの連続性と安定性を示唆する。例えば，表3.6に要約したように，評定法を用いて子どもが成人期に至るまで綿密に追跡した初期の画期的な研究では，長期的な安定性がみられることを示した（Block, 1971）。安定性は多くのパーソナリティ特性目録でも高く，平均では中間的な相関係数.34から.77にまで及んだ（Costa & McCrae, 1997）。

　しかしながら，人々が特定の状況で実際にどのようにふるまうかについて，異なった，独立の尺度で客観的にサンプリングすることによって綿密に調査するとき，相関関係は一般にずっと控えめになる傾向がある。こうして，人々がしばしば質問紙や評

表3.6　パーソナリティ評定での時間を越えた有意な安定性の例

	相関係数		設定された項目
	中学-高校間	高校-成人期間	
男性	.57	.59	欲求や衝動の制御ができない傾向；欲求充足を遅らせることが困難である
	.58	.53	まさに頼りになり，責任がある人物である
	.50	.42	自滅的である
女性	.50	.46	基本的に服従的である
	.48	.49	反抗的で，規則に従わない傾向がある
	.39	.43	他の人たちと一緒であることを強調し，社交好きである

[出典：Block（1971）]

定での回答に一貫性を示すのに対し，特性レベル分析の提唱者（Funder, 2001）でさえ指摘するように，これらの性格描写はしばしば人が何をするか正確に予測しない。この点は，次の章で論じる。そのため，再現性の高い頑健な，しっかりと確立したビッグ5の尺度を用いた場合を含めて，パーソナリティ・テストでの反応を，テスト以外での行動にまで一般化することについては，慎重でなければならない。

■ ビッグ5での差異で人生と生活の結果を予測する

　重要な論点は，特性次元での個人差は，重要な人生と生活の結果とも有意味な関係があるかどうかである。次に述べるとおり，データは実際に関係があることを示唆している。これらの研究では，相関は大きさの面では控えめで，そのために個人差の相違の多くは説明されないままになっており，予測上の有用性は限られている。しかし，相関自体は小さいものの，長い時間間隔を経て意味のある関係を示しており，統計的に有意でもある。

　少年非行　パーソナリティ特性が予測する一つの重要な人生と生活の結果が，少年非行である。しばしば法律上の問題，逮捕，収監という結果になるような，反社会的な傾向と非合法な行動を行う青年のことを「非行少年（少女も含む）」と定義する。予想どおり，非行少年ではない者と比較して，非行少年はビッグ5の自己記述で，協調性が低い傾向にあった。また，非行少年は誠実性が低く，それは衝動統制の困難さと関係がある。同様に，頑固さや知性の低さもみせているし，開放性も低得点である。最後に，非行少年は，おそらく興奮の追求，個人的テンポ，活動水準が高いので，外向性が高い傾向がある（John, Caspi, Robins, Moffitt, & Stouthamer-Loeber, 1994）。

　学業成績　誠実性と学業成績の間には小さいけれど有意な関係がある。誠実性が高い人はより一生懸命勉強する傾向があり，課題に集中した状態のままでいる方法を知っており，このことが，より大きな学問的な成功をもたらす（Chamorro-Premuzic

& Furnham, 2003; Luciano, Wainwright, Wright, & Martin, 2006)。開放性と学業成績も相関するが（Hair & Graziano, 2003），これはおそらく開放性が高い人は学習へ内的に動機づけられ，より多く学習を促進する行動に取り組むからであろう（Komarraju & Karau, 2005）。

寿命　幼年時代の誠実性の高さは寿命と関係があり，その効果量は男性‐女性の差異と比較して同程度に大きい（Friedman et al., 1995）。この相関関係に対して最も考えられる説明は，誠実性が高い人々は健康や生存を危険にさらすようなリスクをとらない傾向があることに加えて，健康を守ることや健康管理のきまりをしっかりと忠実に守るということである。興味深いことに，幼年時代に快活で楽天的な子どもたちは成人期以前に死ぬ傾向がある。快活な子どもたちは，よりリスクのある行動をする衝動的な成人へと成長する。そしてそれゆえに，より死亡率が高いリスクにさらされていることが研究によって明らかになった（Martin et al., 2002）。

異人種への態度　これらの関連性のもう一つの例として，白人の研究参加者について，開放性の高さと異人種への偏見の少ない態度が関連していることが示された。つまり，自己報告と，コンピュータによって呈示された非公式のインタビューに登場した黒人の個人に対する判断において，人種的ステレオタイプをあまり使わなかった点である（Flynn, 2005）。

以上をまとめると，重大な人生や生活の結果を予測する，いろいろなパーソナリティ特性尺度を使った研究の包括的な概観から得られた結論は次のとおりである。ビッグ5得点の差異の効果は小さい傾向にあるけれども，社会経済的地位や認知能力といった尺度から得られた相関と同様に人生や生活の結果に関連がみられる。したがって，概観を行った著者たちが強調したように，心理学者が関心をもつ多くの目標にとって価値がある。そして，特性がどのように発達するかについての研究や，あらゆる種類の人生の結果に影響を与えるかもしれないメカニズムのさらなる研究を促進する（Roberts, Kuncel, Shiner, Caspi, & Goldberg, 2007）ことが考えられる。

■ 限界，懸念，寄与

広範な特性と，特に広く用いられているビッグ5の研究が熱狂を引き起こしたのと時を同じくして，モデルやアプローチ自体の限界を指摘する批評は継続していた（例：Block, 1995; Borsboom, Mellenbergh, & Van Heerden, 2004; McAdams, 1992; Pervin, 1994）。

［因子分析の限界］

最初に，かねてより認識されていたように（例：Overall, 1964），測定された人あるいは事物のどの特徴が「本物で」，「基本的で」，あるいは「主要である」かを，因子分析では確定することはできない。得られた因子とは単に研究者が特定の尺度の間

でみられた相関に与えた名前にすぎない。換言すると，因子分析は投入されたデータを大幅に単純化したパターンを産出する。因子分析の結果は，テスト項目や研究者によって選ばれた回答者など，因子分析という方法に何が投入されたかや，手続きや決定の詳細に依存する（例：Mischel, 1968参照）。だから，因子分析の結果はもともとの心理テストあるいは尺度の限界を超越することはできない。そして分析から何が出てくるかは，研究者によって行われる多くの決定に依存する。例えば，研究者が行った因子分析の特定の手法に依存する。したがって，仮定された潜在的な特性の因子分析的な調査は，数学的に純粋な因子を産出するかもしれないが，抽出された因子の心理学的有意義性と人の実際の行動との関連性は実証的に検証されなければならない。因子分析は，図書館員が異なったカテゴリー（例：心理学，化学，辞典）へと本を分類しているとき，それが図書館の本に関する知識や学問の性質を明らかにする以上に，人々の基本的な特性を明らかにできないのである。

[特性は原因を示す説明なのか記述的な要約なのか？]

特性レベルの分析において最も永続的で難しい問題は，行動の原因としての特性の地位に関係する。問題は，特性を定義し，この章において説明された方法で研究するとき，特性は本当に個人差を説明するのに役立つのか，あるいは研究者によって選択された次元での観察された差異を測定し記述するのに有用な方法を単に提供しているだけなのか，ということである。換言すれば，日常のありふれた会話で描写されている行動そのものの原因を説明するために特性用語が使われるとき，この章の前のほうで論じられた「特性帰属」と同じ問題が起こるだろう。ロニーのルームメイトは怠惰にふるまい，期待された雑用を決してしない。ロニーはそのことを友人に説明するのに「ルームメイトが怠惰だから」と言う。

特性が原因を説明するものとして使用されるとき，この潜在的な堂々巡りに敏感な者もいるので，この分析レベルで研究をしているすべての理論家が特性を原因だとみなすわけではない。バスとクレーク（Buss & Craik, 1983）は，ある点で注目に値する例である。この研究者らは行動の通状況的一貫性の根底にある内的な原因あるいは説明としての性質という伝統的な特性観に距離をおくようになった。説明とみなす代わりに，ビッグ5のような性質を，行為傾向あるいは行動傾向の要約的記述だととらえるのである。このとらえ方では，性質は種々の行為で構成された自然カテゴリーである。あるカテゴリーに属している行為は，それらが典型的あるいは理想的な要素である程度が異なる。最も重要なことに，性質についてのこの見方では，性質が行動の説明をしない。性質は，それ自身が説明されなくてはならない行動傾向の要約的記述である（Buss & Craik, 1983; Wiggins, 1980）。

性質についての，この修正されたとらえ方は，広く数十年の間批判されてきたオルポート（Allport, 1937）の特性論のような，古典的な包括的な特性論の説明力の限界

3章　類型論と特性論　　　　　　　　　　　　　　　　　　　　　　　　　　　　　**87**

を考慮に入れようとする試みを反映している（Mischel, 1968; Ross & Nisbett, 1991; Wiggins, 1980）。それは修正であるが，研究者の多くに完全に共有されているわけではない。十分説明を提供する包括的な実体としての特性への以前のアプローチへの回帰をよびかける見解もいくらかある（Funder, 1991）。そして，これらの議論を特集した機関誌の特別号で，エプスタイン（Epstein, 1994），ミシェルとショウダ（Mischel & Shoda, 1994），パヴィン（Pervin, 1994），そして他の多くの者が指摘したように，5因子モデルの中にみられるような特性を，原因となる実体および行動の説明とみなすことは，近代的な特性アプローチをとる理論家および研究者（例：McCrae & Costa, 1999）によくある。

　ブロック（Block, 1995）は，自分自身がパーソナリティの特性・性質レベルへの大きな貢献者であるが，特性記述が潜在的なメカニズムの原因の説明を与えるかのようにみなすこの傾向に反発して，この使用法が引き起こす混乱の詳細な分析を提供した。つまり，論理的および技術的側面から，ビッグ5あるいは他のいかなる記述的な分類法に関しても，例えば「誠実性」が低いというような，人間の位置にラベルをはることがなぜ正当と認められないか，そして明確化される必要があるラベルづけされた現象の裏に潜在し，説明可能にするパーソナリティ・プロセスについて，いかなる理解も提供しないということを示した。

[知覚者および知覚対象間の関連――妥当な評定]

　最後に，ビッグ5を見いだすために使われる特性評定の有用性についての何年もの間にわたる重大な懸念の一つは，特性評定は評定対象の特性構造より，むしろ社会的なステレオタイプと評定者の概念を反映するかもしれないということであった。例えばミュレイク（Mulaik, 1964）は，評定者の概念的な因子ではなく，被検者のパーソナリティ因子をどれくらい明らかにするかを決定するために，多くの特性評定尺度を用いて，三つの別個の因子分析的研究を行った。最初の研究の評定者は，家族メンバー，親密な友人および自分自身を含む実際の人物を尺度上で評定した。2番目の研究では，評定者は「郊外の主婦」，「精神病患者」や「空軍将官」のようなステレオタイプを評定した。3番目の研究では，評定者は20の特性語の「意味」を評定した。実際の人物を評定したときにみられた因子と，ステレオタイプや単語を評定したときにみられた因子の間には多くの類似性があった。このような結果は多くの研究者を，評定によって現れるパーソナリティ因子は，評定されている対象者の特性よりは，むしろ評定者の概念的カテゴリーを反映しているかもしれないと結論づけるように導いた（Mischel, 1968; Peterson, 1968）。

　評定者のステレオタイプと先入観がこれらの評定に入りこむこと，そして研究者が異なれば，特性構造のとらえ方について異なった結論に達するかもしれないということは十分に起こりうる。にもかかわらず，ビッグ5をみれば明らかなように，少数の

基本的な特性次元が何度も繰り返して見いだされてきた。そして最も重要なことには，仲間たちの評定に基づいて行われた，これらの次元への人々の特徴づけは，その個人が行った自己評定とほどよく合致する（例：McCrae & Costa, 1987)。こうして，たとえステレオタイプや過剰な単純化がおそらく起きていて，これらの判断に入りこむとしても，評定者の判断は信頼性をもって行われ，広く共有され，そして評定対象の性質と明らかに関連しているように思われる（Funder & Colvin, 1997)。

その結果，多くのビッグ5の応用が行われている。ビッグ5尺度は，特に就職志望者の職務遂行の予測をしようとするとき，企業の領域で特に人気がある。いくつかの概観では，ビッグ5因子は職務遂行と関係があるので，社員の人事選考に関して十分な意味があると結論づけている（Hogan, 1991; Schmidt, Ones, & Hunter, 1992)。例えばバリックとマウント（Barrick & Mount, 1991)は，誠実性が高いことはすべての仕事における成功の妥当な予測因子であると結論した。テットと共同研究者たち（Tett et al., 1991)は，協調性が仕事での成功を予測できるかどうかは，特定の職務要件に依存していることを示した。興味深いことに，いくつかのパーソナリティ尺度は，認知能力尺度よりも職務遂行の予測がうまくできる（McHenry et al., 1990)。これは知的能力の低い人がその人のもつ性格特徴の性質のゆえに，知的能力がより高い人の成績を越えるかもしれないことを示唆する（Goldberg, Grenier, Guion, Sechrest, & Wing, 1991参照)。職務要件とパーソナリティがうまく合っている人は，パーソナリティが不適合な人よりも，能力をうまく発揮できる可能性が高い。

［要　約］

要するに，特性評定の限界と有用性，および特性評定によって見いだされる特性因子の意味することについての広範囲の議論があった（例：Block, 1995; Block, Weiss, & Thorne, 1979; Pervin, 1994; Romer & Revelle, 1984; Shweder, 1975)。にもかかわらず，異なった状況において異なった評定者によって行われた，人々についての評定がしばしば相互に合致することは明らかである。この基本的な結論には40年以上前に到達し，そしてまだ維持されている。例をあげれば，ある古典的な研究では，攻撃性と依存行動の次元についての仲間が行った評定と，実際の攻撃行動と依存行動についての別個の行動評定の間に一致がみられた（Winder & Wiggins, 1964)。研究参加者は最初に，仲間の評価に基づいて，攻撃性および依存性が高い，中間の，そして低い集団に分類された。後から行われた別個の行動評定は，実験的な状況において三つの集団それぞれが示した攻撃性および依存性の程度は大きく異なることを示した。同様に，大学生を対象とした研究では，仲間によって行われた評定に基づいて，攻撃性がきわめて高い者，あるいは低い者として事前に選別されていた。研究参加者のやりとりを観察した独立の評定者は，攻撃性の高低を同じように評定する傾向があった（Gormly & Edelberg, 1974)。したがって，評定者の特性概念とその人たちが評定する対象の

人々の行動の間に関連性がみられる（例：Funder & Colvin, 1997; Jackson & Paunonen, 1980; McCrae & Costa, 1987; Mischel, 1984）。

何年もの間，ほとんどの研究者は知覚者の判断か知覚対象の行動を研究した。しかし，両者の間にある適合性をほとんど考慮しなかった。ある研究では，子どもたちの攻撃性や他の特性についての観察者の全体的な判断と，子どもたちの実際の行動を独立に数値化したものを関連づけようと試みた（Mischel, 1984; Wright & Mischel, 1987）。具体的には，子どもたちの特性に関連づけられた行動は，ひと夏の間の3回のキャンプの状況を通して設定された15回の別個の繰り返された観察期間の間に記録された。攻撃的であると分類された行動の例は「おまえの面をぶん殴ってやる」あるいは「行ってメチャメチャにしてやろう」などの発言や，あるいは首輪をつかんで犬を持ち上げて，呼吸できないようにすることであった。

最初の問いは，子どもの全体的攻撃性についての評定者の判断は，他の独立した観察者によって数値化された実際の子どもの攻撃的な行為の回数と関係があるだろうかであった。研究結果はそのことを明確に示していた。つまり，独立の観察者によって，より攻撃的であると評定された子どもたちは，実際により頻繁に攻撃的になる傾向があった。例えば，その子どもらはより怒鳴り声を上げ，より挑発的であった。しかしながら最も興味深いのは，これらの差異がある特定の状況，すなわち子どもたちの能力に大きな負担がかかったか，あるいは緊張したような，ストレスが強い状況だけでみられたということである。

広範囲における最上位特性の分析レベルでの研究の制約と限界を認識するだけでなく，その重要な寄与を正当に評価する必要もある。特性の意味と利用について考えるとき，ビッグ5のような特性は，人がなぜそのように行動するのかを説明しないにしても，それらは多くの目的にとって有用であるということを忘れないでほしい。このような用語は，人々が自分自身や他の人を描写し，評価するために日常生活で使用する。これらのパーソナリティ判断は評定された人間の実際の行動と関連性がある。そのような行動は重要な個人差が出現するような，ある特定のタイプの状況でだけ明白かもしれないが，それらは特性用語の重要な次元あるいは因子上で，個人，集団，そして文化でさえ比較できる共通の図面を提供している。そしてそれらは，これらの特性のありうる基盤，それらの機能，その人の生涯上の行動にどのように表現されるかについての魅力的な命題を提起する。

■ 特性と状況の相互作用

特性研究への包括的なアプローチから，人間の性質と状況がどのようにお互いに影響を与えるか，すなわち「相互作用」するかを真剣に取り扱わなくてはならないことがしだいに認識されるようになった（Higgins, 1990; Magnusson, 1990; Mischel &

Shoda, 1998)。人間の特性の行動表現は，そのときのその人の心理的状況に依存する。例えば，ある人は広く攻撃性を示すよりは，むしろ心理的要求が非常に高いときのような，比較的限られた状況のもとでのみ高度に攻撃的であるかもしれない（Shoda, Mischel, & Wright, 1994; Wright & Mischel, 1987）。さらに，この攻撃性はある方法（例えば，言語的に）表現され，他の方法（例えば，身体的）には表明されないかもしれない。私たちが次の章で相互作用の話題と一貫性の本質について考えるとき，現代のパーソナリティ理論に対し，これらの特定の相互作用がどのような意味をもつかは明白になるであろう。

☑ 要　約

類型と特性

- パーソナリティ類型は，身体的，心理的，あるいは行動上の類似の特徴をもつ人々の離散的なカテゴリーを意味する。
- ユングは人々を二つの類型に分けた。内向型の人（引っこみ思案，内気）と外向型の人（社交的な，外向的な）である。
- 特性は人間の基本的な，安定した性質である。類型と異なり，特性は個人差が配列される連続した次元である。
- 特性理論家は，特性とは人の中に存在する，属性，性質，あるいはプロセスであると考える。
- 特性概念は，人々の中の観察された行動の一貫性と行動の差異を説明するために使われてきた。

特性理論家

- オルポートの理論では，特性とは行動の一貫性を説明する一般的で持続的な精神的構造である。オルポートによると特性は高度に一般化された主要特性から二次的な性質あるいはより具体的な「態度」にまで及ぶ。
- オルポートにとって「パーソナリティ構造」は個人の独自の性質の安定したパターンあるいは特性である。そして集中的に個人の研究を推進した。
- キャテルは表面的特性と根源的特性，環境形成特性と体質的特性，共通特性と独自特性を区別した。
- キャテルは因子分析を通して，行動における表面的相違の基礎となっている基本的次元あるいは因子を推定しようとした。
- アイゼンクによれば，個人差は二つの連続した特性次元で測定できる。すなわち，内向性‐外向性と情緒的安定性‐神経症傾向である。

特性論の共通の特徴

- 特性理論家は，特性とは行動の一貫性を説明する一般的な基礎をなす性質であると考える。一部の人たちは特性を行動の原因や説明だとみなす。他の人たちは特性を行動傾向の要約と解釈する。
- 一部の特性は比較的表面的で，具体的であると考えられる。他の特性はより基本的で

3章 類型論と特性論

- 特性とは長期間にわたり人間に持続的な，安定した性質としてみなされる。それに対して状態は持続時間が短く，外的な原因に帰因される性質とみなされる。
- このレベルの分析は，一つあるいはもっと多くの性質の次元を見つけだし，測定しようとする。
- 心理測定の方策は，基本的な特性を見つけるために，人々の大集団のサンプルをとり，数量化し，反応の比較を行う。
- 所定の特性の安定性を調べるため，心理学者は多数の状況における個人の行動のサンプルをとる。

人間の属性の分類

- パーソナリティへの心理辞書的アプローチは，基本的な人間の性質を記述し理解するため，自然言語の中の特性用語を分類しようとする。
- 因子分析を通してパーソナリティの五つの主要な次元「ビッグ5」が見いだされた。神経症傾向，外向性，経験への開放性，協調性，誠実性である。
- 五つの次元あるいは因子のそれぞれは，双極の尺度上に形容詞で表現された具体的なパーソナリティ特徴，例えば，無口な-おしゃべりな，疑い深い-信じやすいからなる。
- NEO-PI-Rはこれらのビッグ5因子について，個人を評定するよう設計された，広く使われているパーソナリティ目録である。
- 少年非行，学業成績，寿命，異人種への態度のような，ある特定の人生および生活の結果がビッグ5特性尺度によって予測できる。
- 特性研究は，自己報告，筆記式目録，質問紙によって得られた特性評定間の相関関係に焦点を合わせる。特性は時間を越えて，そして，独立した評定者間でしばしば有意な安定性を示すという結果になった。
- 人間の性質は，人が行動する状況と相互作用を起こすという認識が広まっている。

☑ 重要な用語

NEO-PI-R，因子分析，外向型，外向性（E），環境形成特性，気質特性，協調性（A），共通特性，経験への開放性（O），行為傾向，根源的特性，最上位特性，主要特性，情緒的安定性，神経症傾向（N），心理辞書的アプローチ，誠実性（C），体質的特性，対人行動の領域，多重行動基準，中心特性，独自特性，特性，特性アプローチ，特性構造，内向型，二次的性質，能力特性，ビッグ5構造，表面的特性，プロトタイプ性，力動特性

☑ 考えてみよう

1) パーソナリティへの特性・性質的アプローチの全体的な目的とは何か？
2) 特性と類型の違いを述べなさい。
3) タイプAパーソナリティの特徴と，身体的健康に対する意義を説明しなさい。
4) 特性の尺度化可能性とはどういう意味か？
5) どのような日常的な観察が特性の探索を促進するか？

6）特性の記述的な用法と説明的な用法を説明し，対比しなさい。
7）オルポートの理論において，特性の特徴は何か？ 特性は基本的な心理的プロセスとどのように結びつけられるか？
8）主要特性と中心特性というオルポートの概念の違いを示しなさい。それらと二次的性質の関係は何か？
9）パーソナリティ特性の構造を識別するためにキャテルが用いた方法を説明しなさい。根源的特性を発見するために使われたのは，どのような3種類のデータだったか？
10）アイゼンクによると，どの二つの特性次元がパーソナリティの個人差を記述するために用いることができるか？
11）特性論において行動の一貫性の重要性はどこにあるか？
12）怒りの状態と怒りの特性はどのように異なるか？
13）ジャカードとエプスタインの研究は，行動を統合することの価値をどのように例証したか？
14）パーソナリティの基礎となる主要な特性を見いだすための心理辞書的アプローチの根本的な仮定を述べなさい。
15）一部の理論家がパーソナリティを記述すると考えたビッグ5特性を見いだすため，因子分析はどのように使われたか？ それらの最初の文字を取りこんだ頭文字OCEANを用いて5因子を説明しなさい。
16）ビッグ5の次元は時間を越えて，どのくらい安定しているか？
17）5因子モデルについての一般的な結論を説明しなさい。
18）どの時点で時間的な安定性は表れ始めるか，そしてどのような行動が安定性を示すか？
19）自己記述と評定から得られた結果の時間的な安定性はどのようなものか？
20）バスとクレイクは，パーソナリティ特性の原因としての解釈について，何を提案したのか？
21）ステレオタイプや先入観によって特性評定が影響を受けた可能性について，どのような証拠が存在するだろうか？ その影響にもかかわらず，特性評定とは独立に行われた，同じ特性を反映している行動評定を予測することができるという研究的な証拠を説明しなさい。
22）特性と状況の間の相互作用の研究は，個人的な個性の理解にどのように寄与することができるか？

4章

性質の表出

　カルメンとドロリスは二人とも外向性尺度で非常に高く，合計得点は同じくらいである。しかし，両者をよく知っている者は，この二人の特定の行動のパターンに特徴的な違いがあるとみなしている。カルメンは大きな集団でより積極的であり，活動の中心として頼りになるし，キャンパスでのイベントにおいても人気者である。しかし，数人で夕食をとっているときには，どちらかというと静かにしている。カルメンにはちょっとした知りあいがたくさんいるが，実際に心を許せる親密な友人は少ない。ドロリスは対照的に，一対一の関係に心からかかわりをもつ。少人数でいるときや，夕方から夜にかけてちょっと出かけるとき，一緒になって楽しい時が過ごせる親しい友だちがたくさんいる。

　このような差異は特性と性質の本質について何かを伝えるのであろうか。本章ではこの疑問について検討するが，その回答は相当な驚きをもたらすものであった。3章では，人々が多くのパーソナリティ次元で異なることをみた。ある人々は，明らかにより優しく，慈悲深く，親切で，愛想がよく，思いやりがあり，気前がよく，機嫌がよく，礼儀正しく，好ましく，社交的であるとみなされるかもしれない。観察者は人々のパーソナリティ性質について，お互いに意見が一致する傾向がある。そしてその性質は時間を越えて一貫しており，場合によっては数十年にわたって変化しない。それでは，個人が従事する行動や，特徴的に表出する思考や気持ちにも，明らかなパターンがあるのであろうか。それらのパターンはどのようなものであり，どのような意味なのであろうか。どのような点で，ある人の行動パターンと他の人のそれとが異なっているのであろうか。この章では，異なった個人とタイプの差異を特徴づける思考，感情，そして行動の注目すべきパターンに存在する規則性と特殊性の論点について調べることとする。

4.1 特性，状況，そしてパーソナリティのパラドックス

■ 行動傾向の個人差

　より友好的に行動する可能性が高い人もいれば，他者よりも攻撃的に行動する傾向がある人もいる。不愉快な行動をとる人もいる。行動傾向の個人差についてのリストはたくさんある。そして，どのタイプの行動についても，対応した個人の性質を想定することができる。その性質により，ある人が他者よりも頻繁に，そしてより強くそれらの行動を表出するのである。あるタイプの行動を描写する形容詞，つまり，助けになる，親切な，感じのよい，まじめな，攻撃的な，を考えてみよう。そのようなすべての形容詞において，個人の性質について言及する名詞，つまり，助けになること，親切さ，感じのよさ，まじめさ，攻撃性がある。実際，与えられたどんなタイプの行動に対しても，人々にそれを生じさせるようにする対応した個人の性質を仮定することができる。英語における文法的慣例は，それらの性質を名づけることをたやすくする。つまり，形容詞の最後に単に -ness を付け加えるだけでよい。

■ 一貫性の直感的前提

　3章でみたように，人はそのパーソナリティの特徴が異なり，そして，全部ではないが多くのそのような特徴はxxx‐ness という形となる。xxx は行動のタイプを意味している。人々がいかなる特定の行動のタイプを表す傾向においても確実に異なっているということは明らかなようである。そのため，もしとても親切なやり方でふるまう人に会ったなら，その女性は親切なパーソナリティをもっていると考えるだろうし，次にその人に会ったときには，また親切なやり方でふるまうと期待するであろう。つまり，人々が行動を表出する傾向において確実に異なっている範囲で，多様な状況でも同様なやり方でふるまうと予期する。もちろん，行動はある状況と別な状況では異なる。ソフトボールチームが接戦の末，シーズン戦の終わりで負けたときは，優勝戦で勝利するときに比べ，すべての人が陰気になるだろう。しかし，チームの成功の後に特に興奮している人は，決定的な負けについて笑い飛ばすための何かを探そうとする人でもあるかもしれない。端的にいうと，ある状況において人が行動Xを他の人よりもより表出するのであれば，その人は，他の状況でも同様に，その行動を他の人よりもより表出すると予期する。

　たくさんの特性理論家が，1960年代と1970年代において，研究者が実証的な検討を行ったときの結果について驚き，困惑した。それは，「自分がどのようであるか」についての自己報告ではなく，異なった状況において実際に何を特に行うかについての研究の結果であった。これらの研究は，行動の状況を越えた一貫性を検討したものである。それは，異なったタイプの状況，例えば，家，学校，職場を越えた個人の一

貫性について検討したものである。この文献は，1920年代（例：Hartshorne & May, 1928; Newcomb, 1929）からその後何度も（例：Mischel, 1968; Mischel & Peake, 1982; Pervin, 1994; Peterson, 1968; Shoda, 1990; Vernon, 1964），状況を越えた一貫性が予想よりも小さいことを示した。それは，厳格さ，社会適合性，依存性，そして攻撃性などの特性に見受けられた。また，ほとんどの他のパーソナリティ次元においても見受けられた（Mischel, 1968; Pervin, 1994; Peterson, 1968; Vernon, 1964）。これらの知見の主旨は以下のようなものである。家にいるときに攻撃的な子どもが，学校にいるときに他のほとんどの子どもよりも攻撃的ではないことがありうる。恋愛でふられたときに例外的に敵対的になっている男性は，仕事場での批判について異常に寛容かもしれない。医師の前で不安いっぱいの人は，落ち着いた登山者であるかもしれない。仕事上でリスクをいとわない起業家は，社会的リスクをほとんどとらないかもしれない。

直感的にではあるが，多くの異なった状況で表すさまざまな行動傾向は，異なった個人の異なった行動であっても，それぞれ一貫しているということを私たちは仮定したが，綿密な観察により，それがしばしば事実でないことがわかった。この直感とデータの不一致がはっきりと認識されたとき，この領域への基本的な挑戦となったし，その後の展開の道筋に深く影響を与えたのである（Mischel, 1968, 1973, 2004）。

■ 1968年の挑戦

ミシェル（Mischel, 1968）がその結論をぶつけて，この領域での定説に挑戦したとき，反応は最も激しかった。その結論とは，全体的にいって，行動の状況を越えた一貫性はゼロではないが，特性のレベルでの分析で伝統的に仮定されてきたよりもずっと少ないということである。そのときにこの領域を最も困らせたのは，ミシェル（Mischel, 1968, 1973）が，用いられてきた手法だけでなく，パーソナリティの一貫性とまとまりという本質についての中核的な仮定についても，研究知見が明確に限界を示していると議論したことである。そのときに生じた命題は，個人を特徴づけると直感的に思われるパーソナリティの一貫性はどこにあるのかであった。

■ 明らかにされたパラドックス

ミシェル（Mischel, 1968）の著作 "*Personality and assessment*" は，何年にもわたってパーソナリティの研究領域を困惑させる挑戦となり，ベムとアレン（Bem & Allen, 1974）がパーソナリティのパラドックスとよぶものを生じさせた。すなわち，広範囲にわたる研究によるデータは行動の状況を越えた一貫性の低さを示した。それにもかかわらず，人の直感，そして，古代ギリシャの時代にさかのぼる西洋の伝統的思考は，逆が真であるという確信を生じさせる。研究と直感のどちらが正しいのであろうか。そこから人か状況か論争が起こり，それから何年にもわたり継続することになった。

■ 人か状況か論争

　この論争は，1970年代と1980年代初期におけるパーソナリティ心理学における研究活動のほとんどを費やした，パーソナリティ特性，一貫性，そして状況の役割についての長期にわたる白熱した議論である。

［状況論］

　論争が最高潮に達したとき，多くの社会心理学者は行動の主な決定要素としての状況の力についての証拠を大量に集めた。そして，たいてい状況はとても強力で，個人差とパーソナリティは大きな差異を引き起こさないと主張した。状況変数の影響力の強調と，パーソナリティが状況よりも重要ではないという信念は，状況論と名づけられた。この見解はまた，素人が他の人々の行動の原因について，間違った説明をしがちであることも主張した。この誤りは，状況の役割を体系的に無視し，その代わりにパーソナリティ気質を好ましい（ただし不正確な）社会的行動の説明として呼び起こすというものである（例：Nisbett & Ross, 1980）。根本的な帰属の誤りとよばれる，原因の説明においてすぐに性質に焦点をあてる傾向は，日常生活で素人によって犯される誤りとして知られており，これはもちろん，それらを研究している心理学者によっても犯される誤りである（Ross, 1977）。

　パーソナリティ査定と推論の際に体系的な判断の誤りが起こるという証拠があることは，もちろん，過去にもしばしば議論されていた。しかしながら，以前は，パーソナリティについての判断の問題が，単に，信頼できない，不完全な方法によるもので，測度の質を改善することによる修正が可能だとして，重大視されてこなかった。現在はそうではなく，人間の性質を反映したものとして解釈されている（例：Nisbett & Ross, 1980）。その最も極端な形として，パーソナリティは大部分が知覚者の心の中の架空の構成物であると主張する批判者もいる（例：Shweder, 1975）。

［伝統的パラダイムの復活］

　反対の極としては，多くのパーソナリティ心理学者が，特性の研究についての伝統的パラダイムを守る努力を，それまで以上に激しく再開した。3章で説明されたように，1980年代の前半に，特性の研究において因子分析アプローチの復活が生じた。特性評定に基づいた因子分析を使用した，パーソナリティの包括的な分類に必要とされる主要な特性もしくは基本的性質の基本的集合に関連する意見において，多くの研究者が一致し，「ビッグ5」（例：McCrae & Costa, 1999）などの型を発見した。多くの類似した因子分析的研究や分類がこれまでに行われてきており，その強さと限界が十分に議論されている（例：Fiske, 1994; Mischel, 1968; Peterson, 1968）。現在まだ意見が異なるのは，その因子が何であるのかについてであり，ビッグ5が少なくともパーソナリティの基本構造に近似しているということでは，意見が一致している。本書の最後の章でみるように，多くの目標のための広範な特性レベルにおける分析の有効

4章　性質の表出

性を示すことにより，この合意は実際に，特性研究への情熱をよみがえらせるのに有効であることがわかった。

[状況の役割]

この論争と騒ぎを起こした情熱を理解するためには，パーソナリティ心理学の歴史をざっとみてみることを必要とする。100年前にパーソナリティ心理学が始まったときから，特性レベルの分析は，主に人を状況から切り離して研究することに専念していた。対照的に，社会心理学の領域は，個人差を気にかけない全般的な状況の影響と力を理解することに専念していた。この構造において，社会心理学では人は排除されるべき誤差分散，つまりノイズとなっていた。対照的に，パーソナリティ心理学では，状況の影響は取り除き，ノイズや誤差として扱うべきものとして信じられていた。それは，一貫しているはずの真に状況に依存しない「パーソナリティ」を見つけるためであった。

そのころに学問としてのパーソナリティ心理学と社会心理学の使命が定義された仕方を考慮すると，多くのパーソナリティ心理学者が，領域と理論的構成物としてのパーソナリティを弱らせようとするような，状況の重要性についての強力な主張を聞かされた。対照的に，多くの社会心理学者が，状況の力の証拠を受け入れ，パーソナリティと個人差が，行動要因として比較的不十分であることを指摘するものとして解釈した。人が重要であるなら，それに反比例して状況は重要ではない。あるいはその逆もまた真であるといった誤った信念は，不幸なことに「人か状況か論争」を引き起こした。この論争をどのように解決するかについては，この章の残りを通して議論していくことになる。

4.2　状況を特性へ組みこむ

人々の行動が状況によって広く変化するということを受け入れるとすれば，どのようにそれを，個人は安定して，かつ，特有の質によって特徴づけられるという直感的確信と折りあわせることができるのか。思考，感情，そして行動の変化する流れを通した一貫性として，何が残るのであろうか。何を普遍のものとしてとらえてよいのであろうか。状況による人の行動の大きな変動についての知見は，パーソナリティ心理学の最終的な目標に大きな問題を提起している。個人の思考，感情，そして行動の背景にある一貫性と安定性を，どのように見つけるべきかということである。

とはいえ，個人によって示される変動パターンの中に，個人に特有な時間を越えて安定したパターンである，特有の時間的序列があるかもしれない。表面的には，個人の思考，感情，行動はかなり異なるから，それは，パーソナリティが状況と時間を越えて比較的一定または一貫したものであるという仮定に反するようにみえるであろ

う。しかし，表面の下に目をやり，そして，ただどのように変化が生じるか，そして外的と内的状況に依存しているものが何かに焦点をあてたとき，そこには個人にとって特有の一定の規則的なパターンが見つかるかもしれない（例：Brown & Moskowitz, 1998; Fleeson, 2001; Larsen & Kasimatis, 1990）。

　ゴードン・オルポートが1937年にパーソナリティ研究の領域を始めたとき，行動の流れの中における，そのようなパターンについての探求を研究の中心におくことを望んだ。彼は「……観測できる行動の流れへと戻ってくる。それがパーソナリティ心理学が果たすべき仕事に関する唯一の基本的データであるから……」と述べ，さらに，「この，行動の連続的で可変的で収束的であるという特徴について十分に解明されないかぎり，特性の理論は『ヒトの胸の中に住む小人』で説明しようとするような，空想的な教義となるだろう」（Allport, 1937, p. 313）と述べている。始めは，オルポートの希望と警告に誰も耳を傾けなかったようである。ひょっとしたら，領域の発展状態として，この表明が理解されるには早すぎたのかもしれない。そして，類似した異議申し立てと問いかけが30年後に持ち上がったときにも変わらないままであったようである（Mischel, 1968; Peterson, 1968）。さまざまな状況を越えてたどった一人の人についての質的事例研究，ライフヒストリーとナラティブ記述，または直接的観察は，もちろん可能である。後の章で議論するように，それらは有益であり，臨床症例やライフヒストリーの研究で行われ，特に，精神力動的レベルそして現象学的レベルの分析において行われている（McAdams, 2006; Runyan, 2005 を参照）。しかし，自然の流れでの行動における，複合的な出来事にわたる，ひとまとまりの状況を越えて，体系的に観察された，多くの個人の行動についての質的研究はあまりなかった。それには納得できる理由がある。そういった作業は，自然に生起する社会的行動を，極端に広範囲にわたって観察し，繰り返しサンプルをとることを要求したため，ビデオカメラと十分な性能のコンピュータが得られるまで実現できなかった。1980年代になって，ようやくそれらの道具が手に入り，この種の研究ができるようになった（例：Mischel & Peake, 1982; Mischel & Shoda, 1995; Shoda, Mischel, & Wright, 1993, 1994）のである。

■「～なら～に」状況 - 行動徴候

　特定の行動が生じたり生じなかったりという状況についての情報は有益なものになりうる。それは，自動車の問題の診断という単純な「たとえ」で説明することができる（フォーカス4.1を参照）。人も機械も，どちらも状況が変われば行動が変わる。しかし，状況と行動の関係は安定した情報を与えるであろう。人の場合，基本にあるパーソナリティ・システムについて，多くのことを伝えることができる。例えば，全体的には社交性の平均が同程度の二人の教授を想像してみよう。しかしながら，一人は

4章 性質の表出

> ### フォーカス 4.1
> ### エンジンルームをのぞく
>
> 自動車も人のように，多くの特性に似た次元で簡単に説明されうる（Epstein, 1994）。燃費が悪いか経済的か。モタモタしているか早いか。静かかうるさいか。そのような一般化は，特定の種類に向けて購入者を方向づけるのに非常に有用でありうるが，これらの差異をつくりだすメカニズム，つまり，エンジンルームの中で何が起きているか（Cervone, 2005）については，遠回りで間接的な手がかりのみを提供する。
> すべての車の所有者はそのことを知っており，専門家が車の特徴，例えば車の「うるささ」についてすべてを理解したいとき，特定の騒音が生じる条件の診断をしようとすることを理解している。特定の騒音が生じる条件の診断とは，以下のようなものである。いつ車が特定の甲高い音を出すか。加速するときだけ（ファンベルトが緩んでいる）？ もしくはギアを変えようとするときだけ（変速機の問題）？ 異なった運転状況に関して，車がどのように動くかについての情報は，車自身についての診断情報を提供する。
> 同様に，特定の方法で個人が行動する条件への注目は，個人の性質を理解する基礎となり，また，何が行動の背景にあるかについての洞察を生じさせうる。本文で述べたように，二人の人がある行動の全体的平均レベルで同じくらいであったとしても，どこでそれが示されるかのパターンによって，個人についての大幅に異なった推論にたどりつくであろう（Kammrath, Mendoza-Denton, & Mischel, 2005; Mendoza-Denton, 1999; Plaks, Shafer, & Shoda, 2003; Shoda & Mischel, 1993）。例えば「信頼性」の次元について考えてみよう。以下の状況を想像してみるとよい。ジョーンは仕事となると信頼でき，一貫して，何にもまして仕事を重要なものと考える。しかし，友だちや家族は社会的義務や家族の義務については，ジョーンを頼りにできないことを知っている。一方ジェインは，対人的義務となるときわめて信頼できる。しかし，仕事となると遅くてだらしない。平均では，両者とも同程度に信頼できるとみられ評価されるであろうが，その二人の異なるパターンが，繰り返しさまざまに異なる次元からなる状況において観察されたなら，両者の動機，目標，価値の差異について，非常に有用な情報を与えることになるだろう（Hong & Mallorie, 2004; Mendoza-Denton, Ayduk, Shoda, & Mischel, 1997）。

学生に対しては非常に社交的で温かいが同僚には非友好的で冷たい。対照的に，もう一人の教授は反対のパターンを示し，学生には友好的ではなく冷淡だが，同僚にはとても社交的である。研究は多くの人がそのようなパターンによって確実に特徴づけられることを示している。そのようなプロフィールは一種のパーソナリティ徴候を構成するようである。パーソナリティ徴候とは，いくつかのパーソナリティのまとまりの本質を反映し，それを生成する根本にあるシステムをみるための方法を提供することを約束してくれる（Mischel & Shoda, 1995; Shoda, Mischel, & Wright, 1994）。

他の例では，人によっては，Aという状況では他者との相互作用をめったに始めないが，一方，Bという状況ではふつうに相互作用を行うということがある。マークは無視されていると考えたときにイライラする傾向がある（状況Aで生じるということ）。一方，エイプリルは一人にされたときのほうがうれしく，他者が個人的な話題について彼女に話したときにイライラする（つまり，状況Bでしばしば生じる）。マークは状況Aではイライラするだろうが Bではならない。そしてエイプリルは逆に，Bではイライラするが Aではそうではないという「～なら～に」のパターンを示すであろう。これらの感情は，個人にとっての特徴的なパターンにおけるそれぞれの状況の他の思考と情動をさらに活性化する。もしそうであれば，二人が怒りっぽさの全体的なレベルで同じ程度だったとしても，特有で，予期できる「～なら～に」のパターンを生成するであろう。

ここでの論点は，個人のパーソナリティは示された特定のタイプの行動の全体的な平均的頻度だけでなく，行動が生起する時と場所においても見受けられるということである。展開する状況-行動の関係における「～なら～に」のパターンは，もしそれが安定したものであれば，パーソナリティ解明の手がかりを提供しうる。したがって，異なった状況を越えて行動を集めたり，もしくは完全に状況を無視したりすることによって状況が取り除かれたとき，パーソナリティのまとまりの表出は除去されてしまう。

■ パーソナリティ類型の存在を示す徴候的な証拠

研究者たちは，いま述べた論点について検証し，はっきりした証拠による支持を見つけた（Shoda, Mischel, & Wright, 1989, 1993a, 1993b, 1994）。それらの研究では，6週間コースの宿泊型サマー・キャンプにおいて，子どもを一人あたり150時間以上，系統的に観察している（例：Shoda et al., 1993b, 1994）。

予期したように，子どもたちは安定した，特有の「～なら～に」の関係性を示す傾向があった。図示したように（図4.1），大人に注意されたとき，他の子どもよりも一貫して，言語的により攻撃的な子どももいた。しかし，その子どもは仲間が肯定的に接したときにはそれほど攻撃的でなかった。対照的に，攻撃傾向の全体的な平均のレベルで同程度の他のグループの子どもたちは，際立った逆の「～なら～に」のパターンで特徴づけられた。そのパターンとは，仲間が肯定的に接したときにいかなる他の子どもたちよりも攻撃的になり，大人に注意されたとき，特に攻撃的でなくなったといったものである（Shoda et al., 1994）。攻撃行動全体では同等であったとしても，仲間が遊ぼうとしたときにいつも怒りだす子どもは，コントロールしようとする大人にたいてい怒りを表す子どもとは異なっている。端的にいうと，安定した「～なら～に」パーソナリティ徴候は，単に行動の全体的な平均のレベルの安定性ではなく，個人を

4章 性質の表出

ナンバー9の子どものプロフィールの安定性：$r=0.89$

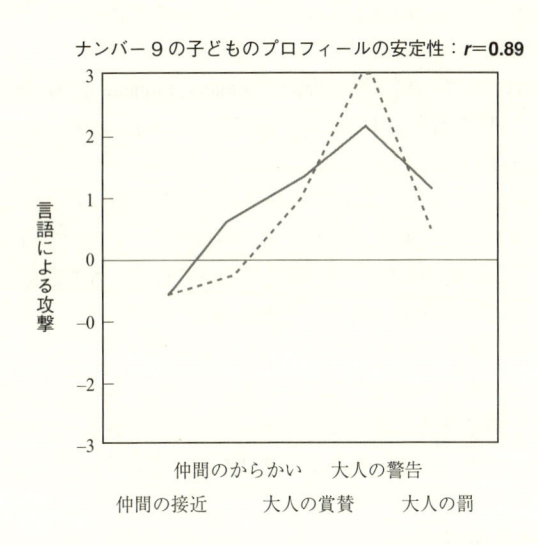

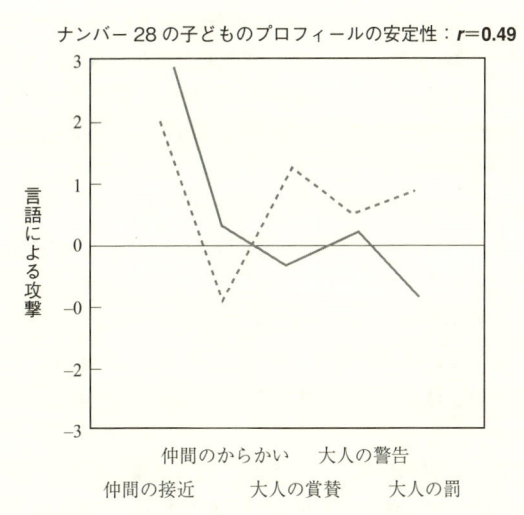

ナンバー28の子どものプロフィールの安定性：$r=0.49$

図4.1 二人の子どものそれぞれの「〜なら〜に」状況 - 行動徴候。彼らの攻撃行動は何度にもわたり五つの異なった状況で観察された。観察の半分は点線で，半分は実線で示されている。プロフィールの安定性は二つのセットの観察の相関である。
[出典：Shoda, Mischel, & Wright（1994）]

特徴づけるものとして見いだされた。そして，それらのパターンは，パーソナリティ・システムの重要な反映であるように思われる。いまや，そのような行動徴候の証拠は，ドイツの双生児の重要な観察研究で，大人を対象に非常に異なった方法を用いたときでさえ得られている（例：Borkenau, Riemann, Spinath, & Angleitner, 2006）。また，さまざまなその他の対象においても，その証拠が得られている（例：Fournier, Moskowitz, & Zuroff, 2008）。

　要約すると，「〜なら〜に」の戦略と行動パターンの特徴における安定性は個人で異なっている。結果として，与えられたタイプの状況の中において特徴的な方法でふるまうが，「〜なら」が変化したとき，状況によって行動の可変性を生みだし，予想されたように行動は変化する。そして，広範な行動の性質についての探索において，状況を越えた行動を集めることによって，研究者は見つけようとしている特有の個性と安定性を取り除いてしまう危険がある。手書きの署名のように，行動のサイン（徴候）は，人を特定できる個性の表出としてみなすことができる。このことをより具体的に説明するため，ゲリー・Wの行動兆候が次で要約される。

■ ゲリー・Wの行動徴候

　ゲリーの行動は，関係した行動のタイプと同様に状況にも依存する。例えば，多くの対人関係の状況で悲観的に反応し，また防衛的な離脱で反応するかもしれないが，数量的な技術を求める課題のときは，過剰な自信をもち楽天的である。そして，平均してゲリーは「概して攻撃的な人」ではないが，無視されたり拒否されたりしたとき，特に怒りの破滅的な噴出を示す。注目すべきことであるが，もしゲリーが，「女性との親密な関係において，じらされたり脅かされたりしたと感じた」なら，憤怒の噴出が起こりやすくなる。一方，もし「彼が安心できる」なら，非常に思いやりがある状態になれる。このような「〜なら〜に」の関係は，ゲリーのパーソナリティ徴候である独自でかつ安定したパターンを理解するための手段を提供してくれる。要するに，この観点が強調するのは，個人を理解するため，そして人がお互いに異なるという重要で一貫した点を予期し理解しようとするとき，人と状況の両方が考慮される必要があるということである。

　ゲリー・W（破線）と彼の兄のチャールズ・W（実線）の違いを検討してみよう。図4.2は，日々の日記で二人が自己報告した感情状態を，目盛りの上部における，非常に緊張し，狼狽した否定的情緒から，下部の非常に楽しい肯定的情緒まで，図示している。この図が示すように，ゲリーとチャールズは状況1で非常に狼狽している点で似ている。これは，女性との親密な個人的関係で「じらされたり脅かされたり」していると感じたときのことである。しかし，最も狼狽させる他の出来事が，二人は異なっている。人前で話すという状況，例えばセミナーでの発表である状況2において，

4章　性質の表出

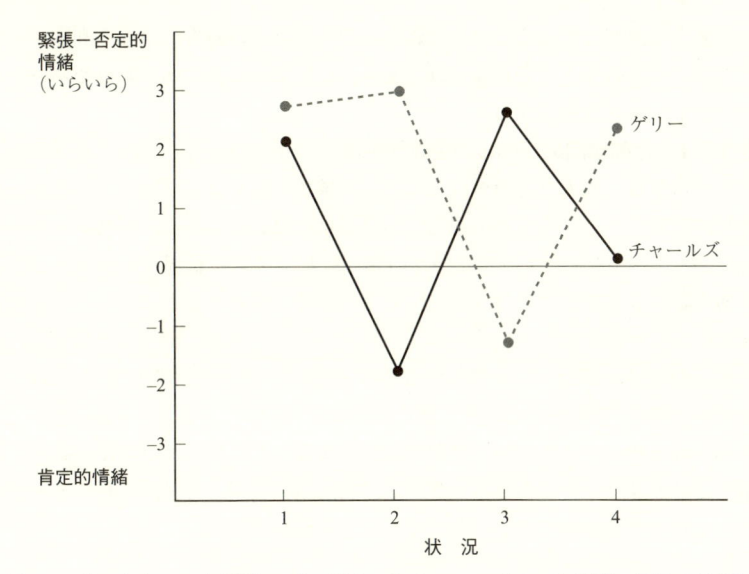

図4.2 「〜なら〜に」徴候の例。ゲリーとチャールズの3か月間の毎日の日記において繰り返しサンプリングされた四つの状況における自己記述の緊張と感情。

ゲリーは苦しむが，チャールズはそのような機会を楽しみ，待ち望んでいる。同様に，ゲリーが仕事についてネガティブなフィードバックを受けたとき（状況4），極端に落ちこみ「怒り狂う」が，一方，チャールズにとって「誰でも予想しなければいけない不満の一部であって，すべての人をいつでも満足させることはできない」として，あっさりと不満を感じた患者や同僚による苦情を忘れてしまう。興味深いことに，兄が量的な仕事の問題を扱わなければいけないとき（状況3），そのパターンは逆となる。例えば，専門技術に基づいて調査報告書を書くときである。ゲリーはそのような課題を「本当に高度な，やりがいのある仕事」と感じる。しかし，チャールズは医学研究で用いる計量的方法を十分に理解していないことがばれてしまうのではないかと恐怖し，不安を引き起こすものとして経験する。

■ 一貫性の二つのタイプ

　要するに，状況との関係において，パーソナリティと行動に一貫性を見いだすことができ，実際にそのような一貫性は見いだされてきたが，多くの研究者が長らく探してきた場所ではなかった。彼らが探してきたパーソナリティの一貫性は二つの異なった形式もしくはタイプに見いだされ，個人を特徴づける首尾一貫性と安定性を理解するためには，両者はまとめて考慮される必要がある。単独で考慮されたときに，それ

ぞれは不完全な説明しか与えない。それぞれのタイプには特有の用途や利点，そして限界がある。両方のタイプが考慮されたとき，この章の最初に述べられたパーソナリティのパラドックスは解決する。

- **タイプⅠ：行動傾向のレベルの全体的平均**　最初の，もしくは「古典的な」一貫性の形態は，個人を特徴づける異なった種類，例えば攻撃傾向や社会性などの典型的行動のレベルの全体的平均において見いだされていた。特性レベルの分析は，3章で議論されたように，多くの異なったタイプの状況において，どのようでありどのような行動を行うかについての指標を集めることにより，全体的平均をとらえている。
- **タイプⅡ：「～なら～に」（状況‐行動）徴候**　キャンプの研究（Shoda et al., 1993b, 1994）や関連した研究（例：Borkenau et al., 2006; Fournier et al., 2008; Moskowitz, 1982, 1988, 1994）における，別な個人を特徴づける攻撃行動の徴候で説明されるように，こちらの一貫性は，状況のタイプと特徴的な行動のタイプの間の安定した結合のパターンとしてとらえられる。

■ 一貫性の二つのタイプの活用

　広範な特性や状況に特有な徴候を推論しようとすることは，役に立つのだろうか。その答えは，その推論が何を目的にしているかに，常に依存している。全体的な特性についての推論は，人の特定の状況における特定の未来の行動の実用的な予測にとって，あるいは構造的変化を促進する手助けをする特定の心理療法プログラムの計画にとって，価値は限定されるかもしれない。しかし，広範な特性は多くの他の有用性を有している。実際，見知らぬ人についての第一印象をもつとき，もしくは新しい知りあいについて迅速に意見を形成するときのような，他の人が全体的にどのような人間であるかについての日々の推論に役立つ（例：McAdams, 1999）。とはいえ，よく知っている人や重要な人については，「何がその人を不満にさせるのか」も知ろうとする。そのため，「～なら～に」のパターン，つまりその人たちをよりよく特徴づけるパーソナリティ徴候をつかむため，彼らの目標，動機，そして感情を理解しようとする（Chen-Idson & Mischel, 2001）。

　始めのタイプの一貫性，つまり，広範な次元での行動の全体的平均の傾向は，本書の最後の章で紹介される，集積方法によって強化されうる。この方法においては，ある次元での行動は，その人の全体的な真のレベルの特徴を見積もるため，多くの異なった状況を越えて単純に平均化される。この方法を用いて，その人の異なった状況を越えた多次元的な観察と測度を定期的に集めたとしたら，伝統的に概念化されたものとしての全般的な性質が「健在」であるという議論が可能なように思われるかもしれない。この方法は，平均化することによって状況の役割を取り除いてしまう。この戦

略は，異なった状況のタイプにおける特定の行動がそのようなモデルによって予期されえないということをいまや認めているが（例：Epstein, 1979），これまでのように状況をノイズの発生源として除去することを続けている。とはいえ，肯定的な側面としては，たくさんの異なった種類の状況を越えた個人の行動を集めることにより，実際に，さまざまな特性について「全体的に」個人間に見受けられるであろう平均における差異の強さを，大きく増幅させることが可能である（例：Epstein, 1983）。

広範な特性についての推論はまた，以下のような課題において実用的な価値を有している。例えば人事選別のときのような巨視的な初期の選別における決定，パーソナリティ研究における個体群間の平均の差異の研究（Block & Block, 1980），また，素人の日常的な他者に対する知覚の研究（例：Funder & Colvin, 1997; Schneider, 1973; Wright & Mischel, 1988）である。そして，前章でみたように，状況の多様性を越えて測度が結合され，または集められたとき，多くの次元の社会的行動における相対的な全体的位置づけについて，個人の安定した差異を明示することができる。それらの差異は，人生と生活上の重要な結果，例えば，非行，長寿に関連することがわかってきた。

つまり，個人間の全体的な平均の差異は，特に尺度で評定することにより簡単に得られ，また全体として「彼らがどのようなものであるか」において，人々を区別するために使われる（Funder & Colvin, 1997; Kenrick & Funder, 1988）。しかし，他の目的にとっては，「～なら～に」状況‐行動徴候を考慮した，つまり状況を考慮した特定レベルの分析はより役立つであろう。いかなる状況や刺激の影響力も，経験した人によって変化し，異なった人々は多くの刺激状態でどのように対処するかという点で大きく違っている。ある人が好む「刺激」は他者の悪夢の材料であるかもしれないということは自明のことである。また，同じ「刺激状況」において，ある人は怒りを表し，他の人は愛情を表し，また別な人は無関心であるということも自明のことである。異なった人々は，特定の種類の状況で一貫して異なってふるまうかもしれない。しかし，特定の種類の状態は伝統的な特性理論が仮定したよりも，ずっと狭い傾向がある（例：Cantor, 1990; Cantor & Kihlstrom, 1987; Mischel, 1990）。個人の重要な意思決定という目的のためには，特定の状況がその人にとってどんな意味があるのかという非常に個別化された査定を必要とする。

存在する重要な一貫性は，類似したタイプの心理的状況における行動にみられる安定したパターンに，少なくともある程度は反映されている（Mischel & Peake, 1982; Mischel & Shoda, 1995）。状況間の類似性が減少するに従い，人の行動の状況を越えた一貫性も減少する（Krahe, 1990; Shoda, 1990; Shoda et al., 1994）。その結果，一つの状況のタイプで個人が何をするかをもとに，非常に異なった状況のタイプで何をするかを予期することは難しくなる。一方，特定の状況のタイプの中では，個人は特徴的な

安定したパターンをみせる。これらのパターンは安定した「〜なら〜に」関係として表出される。それは,「〜なら」という状況が安定したままであるとき(例:「メガネや外見について仲間からからかわれた」なら),特定の行動が生じる(例:身体的に攻撃する),といったものである。よく知っている人々については,一般的にその人たちがどのようであるかという特性だけでなく,例えば,休日の夕食,金銭についての議論,デートにおいて,という特定のタイプの状況で,何をしそうかということについても認識しているはずである。

これらの抽象的な論点をより具体的に説明するために,ゲリーについて再び考えてみよう。彼の一見した主な性質や強さや問題について,ある程度の一般化を形成することは確かに可能である。そのような一般化は,ゲリーを他の人と区別することを助ける。そして,他の人と比較することも助けてくれる。例えばゲリーが特性のテストで,外向性が低く,神経症傾向と不安の尺度で比較的高く,誠実性の尺度で高く,そして社交性と開放性の尺度では中くらいという傾向を示すことがわかったと仮定してみよう。このような性格描写はゲリーの全体的印象をざっと知るのに役立つ。しかし,ゲリーが特定の状況で何をするかについて予期したり,心理療法や職業相談のときにゲリーを判断したりするためには,人生や生活上での特定の状況の興味に関連した,ゲリーの特定の性質を考慮した個別指向の研究をより行う必要があるであろう。

いったいいつゲリーは,より強く,またはより弱く神経質になったり不安になったりするのであろうか。どのような条件下で,彼は人との親密な関係を拒否しないのであろうか。いつ,独特で予期できる方法で,より社交的になったりならなかったりするのであろうか。特定の行動の分析と予測には,パーソナリティ描写を,価値ある用途もいくつか考えられるより一般的な特徴づけによって表すことに加え,行動を状況に結びつけるため,そして,行動の特有のパターンや意味をとらえるため,ここであげたような質問をすることが必要になる。根底にあるメカニズムと心理プロセスを求めて行動の記述をしようとしたら,そのような質問をする必要がある。そのことについてはフォーカス4.1で議論している。

4.3 パーソナリティ心理学における相互作用論

パーソナリティの相互作用論は,個人の経験と行為は分離された個人要因と状況要因の結果として理解されないという考え方である。むしろ,パーソナリティと状況の側面の間の力動的相互作用の産物とする (Magnusson, 1999; Magnusson & Endler, 1977; Mischel, 1973)。相互作用論は「〜なら〜に」状況 - 行動関係の人々の独自のパターンにおいて,安定したパーソナリティ・システムの表出がどのように可視できるかに焦点をあてている。

■ 人と状況の相互作用の意味

　相互作用論者の見解によると，問題の行動に影響を与える条件と状況の変数についての情報が提供されるなら，個人差についての知識はしばしばより多くのことを知らせてくれる。逆に，条件・状況の影響は，そこにいる人に依存する。したがって，単に個人やその人のおかれた文脈を別々にみるのでなく，個人差と特定の条件の相互作用が重要である（Bem & Funder, 1978; Magnusson, 1990; Shoda et al., 1994; Wright & Mischel, 1987）。「自己愛者」たちの例が示すように，個人における「～なら～に」行動徴候が，相互作用論者の基本的原理を説明している。

［例——不確かさへの志向］

　人と状況の相互作用の例における個人差の次元として，不確かさへの志向の研究をみてみよう。このパーソナリティ次元は，不確実さを扱うことに比較的自信があり，それを正面から解決しようとする個人の極と，不確かさに不快になり，不確かさの主観的感覚が増加する状況を回避しようとする個人の極で定義される（Sorrentino & Roney, 1986, 2000）。さて，次の問題を考えてみよう。結果についてコントロールできない状況を経験した人は，その後で新しい情報を回避するのか，それとも接近するのか。あるテストが重要な能力を診断すると言われたなら，学生は成績がよくなるのだろうか。これらの質問に対する回答は，個人の不確かさへの志向によって違ってくる。不確かさへの志向が高い人，すなわち不確かさに自信をもち，それをどうにかしようとする人にとって，二つの質問への回答はイエスである。しかし，不確かさが不快な人の答えは非常に異なったものとなる（Huber, Sorrentino, Davidson, & Eppler, 1992）。例えば，テストが重要な能力を診断するものではないと伝えられたほうが，よりよい成績をとる（Sorrentino & Roney, 1986）。さらに，不確かさへの志向が低い人が制御不能状態を経験したとき，そして特に中程度に抑うつ的であったなら，新しい情報を回避する（Walker & Sorrentino, 2000）。そのため，すべては人のタイプと状況のタイプの相互作用によって決まってくる。そして，ある人にとって性格に合っている状況というのは，他の人にとっては苦痛かもしれない。

　注意すべきことは，ここでのパーソナリティの差異は行動傾向の全体的な平均ではなく，統制できない経験であろうがテストの知覚された意味づけであろうが，要するに，状況の影響の差異として表れるということである。同様の洞察は，3章でも言及したオルポート（Allport, 1937）が使用した例において，うまくとらえられている。彼は「バターと生卵の違いは何か」と問うた。これらの違いは，調理の熱の影響である。熱するに従い，一方は柔らかくなって溶けるが，もう一方は堅くなる。一般的にいって，どちらがより堅いかという質問は，温度を特定しないかぎり，答えられない。それらの食べ物が冷蔵庫にあるとしたら，ある一つの回答となるが，フライパンの上にあるのであれば別の答えとなる。研究で参加者が自分自身がどの状況にいると考え

るかによって，まったく逆の行動が予測される。そして，いちばん単純な表現において，それが基本的な相互作用論の原理である。

[三重類型論の定義]

パーソナリティ心理学とパーソナリティ性質の理解のための相互作用の重要性についての思慮深い分析において，ダリル・ベム（Bem, 1983）はパーソナリティ心理学，さらにいえばすべての科学の使命をすばらしい単純さをもってまとめている。いずれにせよ，分子や植物や人についての研究をする際に膨大な特定の事例がある。科学の目的は，それらを扱いやすい少数の意味あるカテゴリーに分類するための方法をつくりだすことである。対象は多くの任意の方法で分類されうるため，「意味ある」道筋が決定的な基準となる。どのような意味において，意味あるものとならなければならないのであろうか？

その質問へのベムの回答は，人や行動や状況を分類するための意味ある方法とは，「この人のタイプは，これらの状況のタイプにおいて，これらの行動のタイプを行うであろう」という形で正確な記述を可能とするものであるというものである。これが三重類型論であり，三つの分類，つまり人のタイプ，行動のタイプ，そして状況のタイプをまとめて一緒に分類するという意味である。人，行動，状況を分類する意味あるシステムとは，パーソナリティ心理学者が人のタイプの記述において正確な「～なら～に」規則性を詳述することである。例えば自己愛者の概念は，「壮大な自己概念を増強するための機会としてみなしうる状況に出会ったなら，自己の優位性を示そうと努力する」という人を分類する意味ある方法である（例：Morf & Rhodewalt, 2001b）。ここで留意すべきは，ナルシシストを記述する「～なら～に」の記述が，行動のタイプと状況のタイプへの言及をすでに含んでいることである。つまり，「優位性を示そうとする」は行動のタイプであり，「壮大な自己概念を増強するための機会としてみなしうる状況」は状況のタイプである。そこには行動と状況の意味ある分類がある。まさにそれが「～なら～に」の記述でナルシシストの単純な記述を可能にするからである。もちろん，人，行動，状況の意味ある分類を見つけることが，ここでの実践的な課題になっている。

一つの期待できる方向性として，現代のコンピュータ技術は三重類型論が実際に達成できるという期待を提供し始めている。例えば，ヴァン・メッヘレンと共同研究者たちは，人，行動，状況を分類する多くの異なった方法を同時に試すコンピュータ・アルゴリズムを開発した。それは，最も少ない誤差で，最も少ない「～なら～に」の記述で，データを表すことを可能にする最良の類型論システムを探索する（Claes, Van Mechelen, & Vortommen, 2004; Van Mechelen & Kiers, 1999; Vansteelandt & Van Mechelen, 1998）。それがどのように機能するかについては，フォーカス4.2を読んでほしい。

4章　性質の表出

フォーカス 4.2

敵意の三重類型論

　研究者たちは自分たちの方法論を検証するために，研究参加者に，特定のタイプの状況に直面したときに示すであろう特定の反応について記述するように求めた。多様な反応パターンを得るため，広い範囲の潜在的なフラストレーション状況での反応を検討できるよう，それらの状況を注意深く選択したのである。以下に，使用されたいくつかの状況の例をあげる。「あなたはレストランにいて，料理が出てくるのを長い間待っている」（低いフラストレーション）。「あなたは勉強しようとしているのだが，絶え間ない騒音が聞こえてくる」（中程度のフラストレーション）。「あなたが試験でカンニングをしたと，授業を担当する教員に間違って追及される」（高いフラストレーション）。準備された反応は，広い多様な潜在的攻撃反応を反映するように意図されていた。例えば，顔をそむける，人や物を攻撃する，手が震える，鼓動が早くなる，ののしる，緊張する，いらいらする，それに激怒するなどである（Endler & Hunt, 1968 の S-R Inventory of Hostility を用いた）。

　ヴァン・メッヘレンと共同研究者たちによってつくられたコンピュータ・プログラムによってデータが分析され，人と行動と状況のグループ化が行われた。用いられた分類で，いくつかの人のグループが見つかったが，それぞれのグループは，その集団のメンバーが，特定のタイプの状況において特定のタイプの行動をどのように表す傾向があるかを記述する「〜なら〜に」記述のセットによって特徴づけられた。例えば，一つのグループもしくは「タイプ」は，高フラストレーションの状況に，緊張し，心臓の鼓動は早くなり，汗をかき，そして手が震えるといった反応をする可能性が高い。他のタイプの人は，同じタイプの状況に，何かを攻撃したり，悪態をつき，緊張したり，イライラしたりという反応をするようである。すねをうっかり公園のベンチにぶつけたときのような，非常にフラストレーションの弱い状況では，どちらのタイプの人も攻撃的なやり方で反応しないようである。これらの人々のタイプは直接的に「〜なら〜に」徴候を反映するため，この種の類型論は，ある個人のタイプが，ある状況のタイプに直面したときに，ある行動のタイプを引き起こす確率を予測するために使用されうる。

　ヴァン・メッヘレンと共同研究者たちは，これらの類型論を定式化した後に，人のタイプを状況-反応パターンのタイプに結びつける心理的プロセスのいくつかを検証することができた。参加者の状況についての解釈，異なった行動のタイプの結果についての期待，そして，怒りを感じるか（怒り-内），または怒りを表に出すか（怒り-外）について尋ねる質問紙を作成したのである。これらの質問紙は，敵意や攻撃行動に関連した思考や感情を測定するよう設計されていた。例えば参加者は，以下の記述に対し，同意するか同意しないかを尋ねられた。「他の人があなたをトラブルに巻きこんだとき，私はすぐに，相手がわざとそうしたのだと思う」（解釈）。「怒りの表出は他の人たちによく思われないと，一般的に考えている」（予期）。「私はフラストレーションの感情を簡単に抑える」（怒り-内）。「フラストレーションを感じたとき，簡単にそれを表に出す」（怒り-外）（Vansteelandt & Van Mechelen, 1998）。この研究者

たちはまた，フラストレーションに耐える能力を測定するように設計された質問紙（Van Der Ploeg, Defares, & Spielberger, 1982）に記入するよう，参加者に求めた。これらの変数を検討することで，人のタイプが測定された思考や感情のそれぞれのタイプの存在と不在にどのように関連しているかを調べたのである。

この研究者たちによる研究知見は，人と行動と状況の意味ある分類を同時に形成することの実現可能性を示した。また，結果として得られた類型論は，さまざまなタイプの特徴の観測された「～なら～に」行動兆候の根底にある，内的な心理的プロセスを示した。異なったタイプの人々は，異なった状況において，明らかに異なった反応の仕方をし，そのことは，非常に穏やかなものから高度に不快なものまでの異なったタイプのフラストレーション状況への反応に用いられたパターンに表れたわけである。

■ 科学のルールとしての相互作用

パーソナリティ心理学における相互作用論の概念は議論の余地があるが，生物体と環境が行動と発達を決定するのにお互いに影響しあうという事実は，生きている生物体を扱う多くの科学においては一般的な結論である。生物学では，生物体と環境の相互作用の証拠はありふれたものである。リーワンティン（Lewontin, 2000）が指摘するように，遺伝と環境の影響は複雑に絡みあっていて，発達は「それが起こる環境の順次的変化に伴って生じる」（p. 20）のである。植物の成長の例でリーワンティンは，異なった標高で育てられた既知の植物の種の七つの異なった個体のクローンの標本は，成熟した植物の大きさにおいて，状況を越えた一貫性がほとんどないことを示すということを述べている。そして，その理由として，ある標高で繁栄する特定の植物は他の状況では容易に平均以下の成長しかしないであろうことを述べている。結果として，個々の生物体の平均的な成長の傾向という観点ではなく，生物体の成長する環境を考慮に入れたグラフで，生物体の成長を描写しなければならない。植物の成長を理解し，与えられた植物の大きさを他の植物と比較して予想するためには，現在の特定の環境状態を考慮に入れる必要がある。言い換えると，「～なら～に」の随伴性を見つけて，理解する必要がある。

生物科学では他にも例が豊富にある。例えば神経システムの「可塑性」（変態可能性）の分析（Edelman, 1992; Kolb & Whishaw, 1998）や，ヒトの進化における文化的そして生物的な要因がどのように相互に影響しあうかについての分析（Durham, 1991）である。アルリッヒ（Ehrlich, 2000）は，遺伝的素質と環境による経験の相互作用に焦点をあて，相互作用の重要性について同様の発見をした。彼は，行動の特徴の決定要因を遺伝要因対環境要因に分割するという心理学者の典型的な分割の戦略が，長方形の面積が主に長さによるのか，または主に幅によるのかについて尋ねることよりももっと意味がないと結論づけている。しかし不思議なことに，パーソナリティが機能

する多重的な認知，行動，そして生理的メカニズムを理解するための相互作用論の示唆は，伝統的なパーソナリティの特性レベルの分析においては受け入れるのが非常に難しかった（Cervone & Mischel, 2002 の 1 章で議論されているように）のである。

■ パーソナリティのパラドックスの解決

安定した「～なら～に」状況 - 行動パターンが，人のパーソナリティの意味ある反映であるとしたら，それは人の一貫性についての自己知覚にも結びついているはずである。個人を特定の領域の行動で特徴づける人 - 状況のプロフィールの安定性と，一貫性の自己知覚との関係性は綿密に調べられてきた。その結果は，まさにベムの古典的な「パーソナリティのパラドックス」について多くを語っている。それは先にみたものであり，かつて特性レベルについての研究における課題の多くを動機づけたものである。1970 年代にベムが指摘したように，状況を通して行動に広い範囲の一貫性がみられると私たちが信じる，広範な行動性質を人々が有しているということを，私たちの直感は確信させるが，行動の状況横断的な一貫性についての研究結果は私たちの直感と頑固に矛盾する（Bem & Allen, 1974）。このジレンマを解消しようとし，また，人々の直感が心理学者の研究よりも優れていることを証明しようとして，ベムとアレンは，すべての特性がすべての人に備わっているという伝統的方法論の仮定を問題にした。もし特定の特性が実際にはある人たちには無関係だとしたら，その特性に関する彼らの一貫性欠如は，特性に関連がある人たちの一貫性を曖昧にしてしまう。そこでベムとアレン（Bem & Allen, 1974）は，一貫性問題の解決は，ある性質において自分は一貫していると知覚する人々のみの選択が必要であると考えた。これにより，その領域の行動においては高い状況横断的な一貫性があることを期待するであろうし，逆に，その領域では一貫していないと自身をみなす人や，その領域が関係していない人たちの行動には一貫性がみられることを期待できないであろう。

始めはベムとアレン（Bem & Allen, 1974）は，この予測についてのいくつかの好意的な支持を得ていた。数年後，中西部の大学における大規模なフィールド研究での包括的な検証において，研究者たちは，多重的な状況と出来事にわたって，「大学誠実性」と友好性に関連した行動をそれが生じたときに観察した（Mischel & Peake, 1982）。参加した 63 人の大学生のそれぞれは，大学環境における誠実性に関連したキャンパスでのさまざまな状況において繰り返し観察された。関連したものとして選択された特定の行動と状況は，大学での予備調査において大学生によって提供された。誠実さの行動は，教室や学生寮や図書館などのさまざまな状況にて抽出され，観察された。そして学期を通じて，繰り返された出来事にわたって査定されたのである。

これらのデータは，学生の一貫性の自己知覚と彼らの実際の行動の間の結びつきを検討するために用いられた（Mischel & Shoda, 1995）。図 4.3 の一つめの組の二つの柱

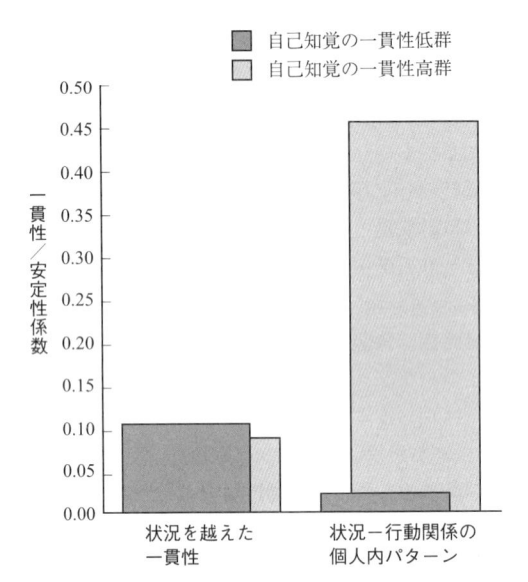

図4.3 誠実性の自己知覚された一貫性の高い人と低い人についての「〜なら〜に」徴候の状況を越えた一貫性と安定性。自己知覚された一貫性は「〜なら〜に」徴候の安定性によって予測することができる。
[出典：Mischel & Shoda（1995）]

が示すように，一貫していると自身を知覚した人は，そうでない人に比べ，より大きい全体的な状況を越えた一貫性を示さなかった。対照的に，二つめの組の柱は，パターンの安定性に関する首尾一貫性の仮説を明らかに支持している。つまり，一貫していると知覚した個人にとっての「〜なら〜に」状況 - 行動徴候の安定性の相関の平均はほぼ .5であったが，一方，一貫していないとみなした人にとってのそれは，ほとんどゼロであった。

　端的にいうと，一貫性の自己知覚は状況 - 行動徴候の安定性から予期されうるようである。言い換えると，パーソナリティの一貫性という直感は幻想ではないことを示している。しかし，それは時を経た人の特定のプロトタイプ的な行動の安定性が基準となっており，長い間想定されてきたように，多くの異なった種類の状況にわたる広範囲での一貫性が基準となっているのではない。

■ 要約——特性・性質レベルにおける一貫性の表出

　この章は，解決されなければならない問題としての基本的なパーソナリティのパラドックスからスタートした。もう一度，要約すると，パーソナリティという構成概念は，個人は異なる状況において，また，ある程度の期間，比較的不変である独特の性

質によって特徴づけられるという仮定に依拠している。この仮定は，直感的には正しいようにも思われる。パラドックスとは，100年のパーソナリティ研究において，社会的行動における個人差は，驚くことに，異なった状況によって変化する傾向があることを証拠が示してきたことである。変動性のパターンにおける規則を求めた研究は，このパラドックスへの解決を提供し始めている。すなわち，人の行動には異なった状況に対応して変動がみられるが，それは単なるランダムな変動ではない。むしろ，ある程度，それは基礎にあるシステムを知る手段を提供するような，安定して意味ある個人の特徴なのである。状況を誤差やノイズとして扱ったり，またはさまざまな状況を越えた行動を単純に平均化したりすることによって，それを取り除いてしまうとしたら，このパーソナリティの行動徴候のタイプは失われてしまう。

したがって，私たちが知っている人々の行動そして私たち自身の行動における一貫性についての直感は，逆説的でも幻でもない。単に，心理学者が何年も探し求めたものではなく，異なった行動の一貫性のタイプに基づくということがわかってきた。そのような変動性は，基礎にあり永続的なパーソナリティ・システムそれ自身とその機構の本質的な表出のように思われる。人か状況か論争は，単に，長い間受け入れられてきた事実，つまり人と状況のどちらも重要であるということを理解することによって解決したのではない。そうではなく，パーソナリティは状況による予測できる行動の変動性を，人のタイプと状況のタイプの意味があり安定した相互作用という形で行動が表出するものの中の重要な側面として考えれば，この問題は解決するのである。さらに，ショウダ（Shoda, 1990）によって数学的に示されたように，状況による行動の変動の安定した独特のパターンによって人々の行動が特徴づけられているのだから，行動の状況を越えた一貫性のレベルがそれほど高くなるはずはなく，高くなることを期待すべきではない。同様に，必然的に「状況」は，パーソナリティ研究において取り除かれるべき誤差の原因ではない。むしろ，パーソナリティが表出され，また，よりよく理解されるための場である。ここに至って，人々を安定して特徴づけるとして見いだされてきた，二つのタイプの行動の一貫性の原因となるシステムと機構の背景にある本質は何かという，意欲をかき立てる質問が出てくる。それがこの本の残りで追求し続ける問題である。

☑ 要　約

特性，状況，そしてパーソナリティのパラドックス
- 直感と西洋の思考の長い伝統にもかかわらず，多様な異なった状況にわたる行動のタイプの高い一貫性を個人が表出するということを示すのが難しいことを研究者は発見した。
- 人か状況か論争において，心理学者は二つの選択肢を有していたようである。状況の情報を，一貫したパーソナリティという真実をみえなくする「ノイズ」としてみなす

状況を特性へ組みこむ
- 上記の選択肢でなく，心理学者は個人の行動パターンを解釈するときに，状況の特徴を考慮に入れることもできる。
- パーソナリティは，行動の全体的な平均頻度としてみることができるであろうし，行動のタイプとその行動が生じる状況のタイプとの結びつきとしてみることもできる。
- 研究されてきた「～なら～に」状況 - 行動徴候は重要な安定性を示している。パーソナリティの一貫性における二つのタイプがわかってきた。①行動傾向の全体的な平均，そして②独特の「～なら～に」状況 - 行動徴候である。
- 特性の測度はしばしば単一の行動を予測できないが，異なった状況における行動の集積された結合を予期できるかもしれない。
- 特定の状況のタイプで人が何をするかを知ることは，その人の背景にあるパーソナリティ・システムについてより理解することを助けてくれる。

パーソナリティ心理学における相互作用論
- 相互作用論は，個人の行動はパーソナリティと心理的環境の力動的相互作用の産物であるとする考えである。
- 人，状況，そして行動を三重類型論で分類しようとするパーソナリティ心理学者がいる。
- 生物科学は，生物体と環境の力動的相互作用を当然のものとして扱う。
- 一貫性についての直感は，矛盾でもなく幻でもない。パーソナリティの首尾一貫性は，個人の意味ある，安定した状況 - 行動徴候において見受けられる。

☑ 重要な用語

「～なら～に」のパターン，誤差分散，根本的な帰属の誤り，三重類型論，状況論，状況を越えた一貫性，相互作用論，相互作用論の原理，パーソナリティ徴候，パーソナリティのパラドックス，人か状況か論争，人と状況の相互作用，不確かさへの志向

☑ 考えてみよう

1) 状況を越えた行動の一貫性についての驚きの結果は何か。行動の特定性がパーソナリティ性質について示唆するのは何か。
2) パーソナリティのパラドックスは，どのように，状況論の立場を擁護する一方で，パーソナリティの領域における葛藤を引き起こしたか。
3) 根本的な帰属の誤りとは何か。状況論の擁護にどのように使用されたか。
4) 行動徴候とは何か？ 「～なら～に」概念はパーソナリティのまとまりと一貫性をどのように救いだしたのか。
5) タイプIとタイプIIの一貫性の違いを述べよ。
6) 一貫性を研究する二つの方法の実践的な利点は何か。タイプIの一貫性を得るためには何が求められるのであろうか。

4章　性質の表出

7) どのような状況において，行動徴候は，パーソナリティの一貫性へアプローチするための，より役に立つ方法となるだろうか。いつ，タイプⅡの一貫性を使用して行動を予期するのが難しいか。
8) 人と状況の相互作用によって何が意味されているか。それは人の特性の知識に何を加えるのか。
9) 不確かさへの志向についての研究は，どのように相互作用論者のアプローチの価値を説明するか。
10) ダリル・ベムの三重類型論において提示された基本的な問いとは何か。
11) 敵意の三重類型論をつくりだすことになるアプローチを記述しなさい。どのような心理プロセスが怒りを表出したり，しなかったりする傾向の背景にあるのか。
12) 科学のいたるところにおいて相互作用論はどのくらい一般的か。例をあげてみよ。
13) 行動の一貫性についての自己知覚は，実際の一貫性と関係しているか。これは何の一貫性か。
14) どのように行動徴候の概念はパーソナリティのパラドックスの解決を助けるか。この解決は，パーソナリティのまとまりを私たちがどのようにみるかについて，どのような示唆を与えるか。

第Ⅰ部のまとめ

特性・性質レベルにおける分析

概観——焦点，概念，方法

　ここで，第Ⅰ部での特性・性質レベルの分析における研究の提示を終わりにして，そこでの研究を文脈に関連づけて展望し，どのような貢献があったのか，その本質について考えてみよう。特性・性質レベルのアプローチにおいて多くのことが行われてきたため，その本質的特徴を見失う危険がある。その特徴は表Aに要約されている。要約は，特性アプローチの主な目的は，人々の社会的-個人的特性を推測し定量化するための方法を提供するためのものであるということをあらためて気づかせてくれる。パーソナリティの古典的な特性理論において，それらの特性は，多くの関連した状況における広い範囲の行動の根底の背景にある，安定して広く一貫した性質と仮定された。表Aで要約されたように，特性は，対象の性質について質問紙，評定，そして他の報告によって推測される。たいてい，本人の自己報告は，関連している性質の直接的な表れとみなされる。例えば，より頻繁に自身を攻撃的と評定したならば，攻撃的性質があると想定される。研究の焦点は，重要で安定した個人差を見つけ記述する量的な方法を開発するための測度にある。伝統的に特性アプローチは，状況の変化に伴い行動は変化するということを認めてきたが，多くの状況において平均された全

表A　全体的な行動的傾向として表現された性質

基本的単位	推測された特性性質
行動の原因	一般化された（一貫した，安定した）性質
パーソナリティの行動的発現	特性の直接的な表現（指示物）
求められるデータ	検査反応（例：質問紙での）；自己評定を含む特性評定
観察された反応の使用法	性質の直接の表れ
研究の焦点	測度（検査の作成），個人差の記述とその行動様式，特性の分類法
パーソナリティの変化に対するアプローチ	変化にほとんど関心をもたない，一貫し安定した特徴の探求
状況の役割	認めているが，副次的な興味しかない

第I部のまとめ

表B 「～なら～に」行動徴候として表現された性質

基本的単位	パーソナリティの「～なら～に」行動徴候
行動の原因	基礎にあるパーソナリティ・プロセスと力動
パーソナリティの行動的発現	行動徴候のパターン，異なった種類の状況における非一貫性
求められるデータ	行動標本抽出，状況特定的な日誌，自然に展開されたときの文脈における行動の現場研究，「～なら～に」に関する自己報告，人と状況の交互作用
観察された反応の使用法	例えば，動機，目的など，背景にあるパーソナリティ・プロセスの表れ
研究の焦点	安定したパーソナリティ徴候の発見と，その意味の理解
パーソナリティの変化に対するアプローチ	パーソナリティ徴候の意味を理解すること，そして，もし望まれたら修正することによって（第VII部で議論される）
状況の役割	本質的なもの；性質とパーソナリティの概念と測度へ組みこまれることの必要性

体的反応傾向における個人差に焦点をあててきた。あらゆる特定の次元における個人差は，ある状況よりも別な状況においてより明白となる。また，すべての次元がすべての個人に関連しているわけではない。この観点の心理学者は，特性を行動の説明や決定要因としてよりも，「行動傾向（行動の要約）」といまはみなしている。

しだいに，一部の理論家や研究者は，個人の性質と交互作用するとして，状況を体系的に考慮に入れようとしたり，パーソナリティ性質の概念と測定に状況を組みこんだりするようになっている。この新しいアプローチは，表Bに要約されている。それは，個人差の研究における特定のタイプの行動の全体的レベルを含む。とはいえ，それは，パーソナリティの安定した「～なら～に」状況 - 行動徴候の形式における，特性の状況における特定の表出に焦点をあてている。これらの徴候は，性質の包括的な査定でとらえられる必要がある，二つめのタイプの行動の一貫性として理解される。それらは，動機，目的，そして根底にあるパーソナリティ・システムの，他の側面についての理解のための手がかりを提供する。表Bが示すように，それが生じる状況に関連した標本抽出行動を必要とし，また，パーソナリティとその表出について，測定し考えるための別の方法へと誘導する。

特性・性質レベルで認められた貢献

この分析レベルでの研究と理論は，パーソナリティ研究における最も長く豊富である研究様式の一つを代表している。そして1世紀にわたり，検査の結果の評価と治療効果の測定にとって，数量化とパーソナリティの客観的測度に対して，本質的な寄与を行ってきた。この学問領域の始まりから，膨大な数の属性に関する人間の個人差を

記述し比較するための概念と方法の両方を提供している。特性次元での異なった個人と人のタイプを特徴づける一貫性を見つけだして定量化したという成果は大きい。いまや，特性要因の地図における安定した位置を指し示し，人を記述するための信頼できる分類法を提供している。ビッグ5は現在の最先端のそのような地図を提供する。そして，決して完全ではないが，特性領域の多くもしくはほとんどを有効にとらえているという点でかなりの合意がある。個人とグループを特徴づける広範囲の特性の差異についての記述を可能にし，多くの目的にとって有用である。またそれは，この学問領域における研究を非常に刺激してきた。心理学者が，どの個人またはグループ，はては文化が「全体的にみるとどのようなものであるか」の一般的な要点をとらえることを助け，また，多くの情報を圧縮しまとめる広範な印象を得ることを助けた。

それにもかかわらず，このレベルの研究には限界があり，そのことは支持者でさえも認知している。基本的にその限界は，研究が間違っていたり技術的に欠陥があったりするといったものではなく，むしろ，パーソナリティ全体の概念とすべての異なった側面を統合するために必要とされるのが，たった一つのきわめて重要な要素にのみあるということであり，それゆえに完全ではない。それでも，パーソナリティの説明のための始めの部分や段階を提供する。ビッグ5の研究において，主要な先導者であるオリバー・ジョン（John, 1990）もまた，最も鋭敏な批判者の一人である。彼は，「パーソナリティにおいての分類は，『植物』と『動物』という分類が生物学的対象の世界にとって何であるかというものであり，それは，初期のおおまかな区別のためにきわめて有用であることもあるが，しかし，特定の対象の特定の行動の予期にはあまり価値がない」（p. 93）と述べ，分類は広範なレベルの抽象化のようなものであるとみなしている。ジョンの見解において，理想的な分類法は，原因となり力動的な心理的原理に基づくことが必要とされる。また，広範囲なものからより特有のものまでの異なった抽象化のレベルで行われる必要がある。本書の残りで，それらの他のレベルのそれぞれについて議論し，そして，導入で述べたように，最後の部分でその統合について説明する。

特性レベルのこれからの課題は，他のレベルから生じる成果にその研究へ結びつけることになるであろう（例：John, 2001; Mischel, 2004; Mischel & Shoda, 1998）。それはまた，個人の特性地図における位置づけを，パーソナリティの「なぜ」についてより深く理解することを助けるために必要とされる，背景にある心理的プロセスへと結びつけることを可能にするであろう。すなわち，観察された一貫性の基礎にあり生成するメカニズムは何かということである。例えば，誰かについて，一般的に「社交的な人」であると知っているときであっても，心理学者はそれでも，なぜその人がその方法で，そして，社交性の心理的行動の表出がなぜ，どのように特有の形態を必要とするのかを説明し理解することを必要とする。

第I部のまとめ

　このレベルの分析の研究はまた，人々を特徴づける一貫性が，安定した「〜なら〜に」パターンにおいて，異なったタイプの行動の全体的な平均レベルにおける一貫性と同様にみられるということを示してきた。したがって，特定のタイプの状況の中で，個人は特徴的で安定したパターンを示し，そのパターンが基礎にあるパーソナリティの反映と表出となる。それらの徴候をとらえ，それを生みだす基礎にあるプロセスを分類し，そして，他のレベルの分析における研究へとそれらを結びつけることは，未来への重要な検討事項の一部となるであろう。それらの徴候は，最上位特性レベルにおいて人を特徴づける全体的な平均レベルの行動と同様に，基礎にあるパーソナリティの構成と本質を研究するための有用な手段をともに提供するであろう。

第II部
生物学・生理レベル

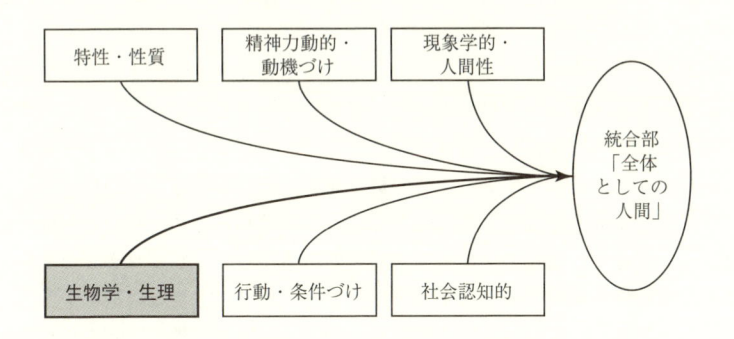

第II部への序章——生物学・生理レベル

　「一卵性双生児の女の子たちは，生まれてすぐに別々の家庭に引きとられて育てられることになった。ナヒドはイランの首都で人生を過ごし，ジェーンはアイオワ州の田舎の農場で成長した。一卵性の双生児として，二人は生まれたときにはまったく同じ遺伝子による素質をもっていたわけで，本質的に同一の脳と生理的・生物的体質をもって発達を始めたことになる。しかしながら，成長の過程で二人は，たいへんに違った家族，社会，そして文化の中で，人生を経験し，年をとることになった。一人は，引きとられた家族の中で，愛情あふれる両親と6人のきょうだいに囲まれて育てられた。4人が年上で，あとの二人は彼女よりもずっと年下であった。もう一人のほうは，子どもの世話をしたがらない，うつ傾向の母親と，アルコール依存症で暴力をふるう継父の間の一人っ子として育った。30歳になったとき，二人が出会い，心理検査をたくさん受けたなら，この二人のパーソナリティはどのくらい似通っているだろうか。」

　生物学・生理レベルの分析で，研究者たちはパーソナリティのどのくらいが生まれつきで，どのくらいが育てられ方によるのか，そして素質と養育という二つの影響要因が，人間の特徴を形づくる上において，どのように相互作用を起こすのか，という

古代からの命題に対して答えようとする。

　もう一つの命題もまた，私たち人間が生物的な存在であるという認識から生まれる。すなわち，動物界の中での生物として進化してきたことは，私たちにどのような影響を与えたのかということである。食べること，飲むこと，呼吸すること，闘うこと，配偶者を選ぶこと，社会性をもつこと，創造することなど，私たちが何で，どのような人であり，何をすることができ，どのような人になれるのか。そのことに影響を与える数多くの生物学的特徴，制約，可能性が，進化によって規定されているのである。

　このレベルでの研究は，人々がまったく空白のままに生まれてくるわけではないことを示している。人間という種が進化的に適者であることを助ける，情報処理における驚くほど多数の複雑な機能を可能にしている，たくさんのメカニズム（機制）が生まれたときにすでに備わっている。他の種と同様，私たちは進化の過程によって形づくられたのであり，その結果として存在している。だから，長い時間をかけて私たちの種を形成してきた，進化の圧力とその歴史の結果として，パーソナリティもまた進化してきた可能性を検討することが，この分析レベルでの主要な目標となる。

　長い間，生物学・生理レベルでの研究は，個人の経験や行動に影響を与える生物学的要因について，パーソナリティ心理学者が関心をもつような研究成果を提供できなかった。しかし，過去のほんの数年の間に，それは劇的に変化した。脳内における活動と，それが起きている時点における本人の思考，感情，行動の傾向性との関係を検討することを可能にする新しい手法が開発されたのである。最も著しい進展は，脳内の活動を画像化する技術である。これらの手法は，心理学的分析レベルのすべてと，大脳レベルで起こることとの関連を研究することを可能にしている。心理学的レベルと大脳レベルでの両過程が同時に活性化されているときに，両者間の関係を一つずつたどりながら探る研究が始められている。

　5章では，遺伝子や遺伝，それにパーソナリティへの遺伝的影響と社会的影響の相互作用を議論する。6章では，例えば感情や動機づけといった，パーソナリティと社会行動における中心的テーマへ，個人の遺伝的背景を結びつけていく，特定的な生物的プロセスと大脳メカニズムについて検討を加える。それから，人間という種の進化の道すじにそって，私たちの遺伝子を形づくってきた進化的な過程と，それがこのレベルにおける分析でのパーソナリティ理解にどんな意味をもつのかを考察する。

自分に引きつけて，パーソナリティ心理学を考えてみよう

自分自身について考えてみたい，生物学・生理レベルに関する質問
- 自分のパーソナリティのどの部分が，両親から受け継がれた遺伝子によるものだろうか？
- パーソナリティは，自分の人生経験の，どのような形での反映なのだろうか？
- パーソナリティは，自分の生物学的素質の，どのような形での反映なのだろうか？
- 経験は生物学的素質を変えることがあるのだろうか？ 例えば，うつ状態になると，脳は変化するのだろうか。
- 違った遺伝子的素質をもった個人に対して，同じ経験はどのような影響を与えるのだろうか。
- どうして自分のパーソナリティは，自分のきょうだいとこんなに違うのだろうか，それとも，こんなに似ているのだろうか？
- 人生と生活の目標追求に対して，自分自身の生物学的・遺伝的形質が，どのように影響を与えるのだろうか。

5章

遺伝とパーソナリティ

　人のパーソナリティの特徴を議論するとき，ほとんどの人が最初に考えるのは，それはどのくらい遺伝するのか，ということであろう。遺伝子は，私たちが男なのか女なのか，青い目をしているのか茶色い目をしているのか，巻き毛なのか直毛なのかを規定している。しかし，遺伝子はパーソナリティにも同様に関連しているのだろうか。関連していると答えるなら，次の質問は「どれくらい強く」関連しているかであろう。遺伝子は，性的な好みや配偶者の選択にも影響を及ぼしているのだろうか。深刻な情緒障害や精神病が起こる傾向にも反映されているのだろうか。態度や政治に関する考え方については，どうなのだろうか。

　急速に発展しつつある領域である**行動遺伝学**は，社会行動やパーソナリティにおける遺伝子の役割に関する研究を行う学問領域である。現在，これらのトピックに関する研究が精力的に行われており，さまざまな新しい方向に向けて展開されている。いままでよりもよい研究法や，遺伝研究における急速な進展が，パーソナリティ特徴の遺伝に関する研究を促進している。この章では，気質と態度，信念と行動を含むパーソナリティの遺伝的，生物化学的起源について検討する。次に，遺伝子による決定因と社会的要因の相互作用について考察する。さらに，子どもが成長していく背景にある家族や文化についてもとりあげる。これらは当然，パーソナリティに影響を与えるものである。

　具体的な例から始めよう。「人種」に関して，次の二つの意見を読んでほしい。

　　「能力のある黒人大学生が仲間と同じ程度の成績をとることができないとき，その理由はしばしば，試験勉強が足らないとか能力がどうだとかということより，よい成績をとる能力への『ステレオタイプ脅威』の問題と関連している。」
（C. Steele, 1999, p. 44）

　　「人種的優遇策で『社会的迎え入れ』を工作するやり方は，少数派だけに『凡庸』を認めることであり，他の人たちは優秀でなければならないとき，その人たちだけは人並みの平凡な能力が許されるということである。」　（S. Steele, 2000）

5章 遺伝とパーソナリティ

　最初の著者，クロード・スティールは社会心理学者で，全米科学アカデミーの会員である。二人めの著者，シェルビー・スティールは作家であり，1990年に"*The content of our character: A new vision of race in America*"という著作で，全米書評家連盟賞を受賞している（日本では1994年に『黒い憂鬱』として五月書房より発行されている）。また全国学識者協会の会員であり，全米人文学メダルを2004年に受賞している。クロードは，スタンフォード大学で心理学の教授を務めている。シェルビーはといえば，同じスタンフォード大学にあるフーバー研究所の研究員である。二人ともこれまで，アフリカ系米国人の学業成績について，たくさんの論考を書いてきた。しかし，この二人の意見は，真っ向から対立している。シェルビーの考え方は保守的な政治層に受け入れられ，クロードの主張は進歩的な考え方をする人たちの間で支持を得ている。この二人は，時に考え方がまったくの対極にあるが，経歴などその他の点で，ほとんど共通している。彼らは同じ日に，同じ市で，同じ家族に生まれた。実際，この二人は一卵性双生児なのである。

5.1　パーソナリティの遺伝的基礎

■ ヒトゲノムと遺伝

　まもなく21世紀も最初の10年が過ぎようとし，生命のもとになる遺伝子に関する知識は，目覚ましい進歩を遂げている。科学者たちがヒトゲノムの解明を急ぐ一方で，それに基づくとされる新しい研究成果のそれぞれが，具体的に何を意味するのかということと，そのために起こりかねない危険について，大きな論争が巻き起こった。特に，スリルの追求，アルコール依存，犯罪傾向から性的な態度や政治的保守主義に至るまで，パーソナリティの特徴と行動の傾向性が遺伝するものなのかどうかについて議論されるようになったころから，議論は熱を帯びてきた。そこで結論が出れば，他者や自分自身の行動を私たちがどのように判断すべきか，ということにまで影響するからである。もし遺伝子が反社会的行動や暴力行動の根底にあるなら，犯罪者に犯罪の責任を問うことが可能なのだろうか。犯罪者を矯正し，罪を犯さないように変えられるのだろうか。生物学的に決まるということは，現状は宿命的なものなのだろうか。パーソナリティにおける遺伝の役割をどうみるかは，人の性質をどうとらえるかに影響するだけではない。私たち個人が自分の生活を過ごし，人生を送っていこうとする上で，自分自身の可能性と制限について，どう考えるかも変えてしまう。

［DNA——基礎的な情報］

　それぞれの個人が受け継ぐ遺伝子は，23対の染色体に格納されたDNA（デオキシリボ核酸）とよばれる大きな分子の中に入っている。1本のDNAは，ヌクレオチドとよばれる4種類の小さな部品（塩基）が連なった長いひものような形をしている。

その4種の塩基は，A, T, G, Cと表記される。これらの四つは，長いひもの形でつながっており，例えば，AATATAACTTCCGGTGCAACGTATT……といった具合である。これは英語の単語がアルファベットを並べたものであるのと同じことである。23の章からなる，約10億の文字によって書かれた本と，それとほとんど同一のB版の本からなるセットの書籍を想像できるだろうか。これが基本的にヒトゲノムであるが，英語の本なら26の文字を使っているのに対し，DNAのアルファベットには四つしかない。人間の身体のだいたい1兆個の細胞のそれぞれの核の中に，欠けた部分のない，まったく同一のDNA配列が格納されている。その一つひとつが約1.5ギガバイトの遺伝情報源で，2枚のCD-ROMを満杯にする量である。この情報が，生物の形態と機能の基礎として，どのように働くのかについての発見は，「遺伝と環境」や，「人と状況」などの関係性に関する理解を急速に変えつつある。

[本当は「設計図」ではない]

　一般によく，DNAは設計図のように考えられているが，この比喩が正確であるとは，とてもいえない。それはこんなことを考えてみるとわかるだろう。私たちの身体のそれぞれ一つひとつの細胞に（数少ない例外もないわけではないが），まったく同一で欠けたところのないDNAが必ず入っているのなら，なぜあるものは神経細胞になり，他のものは皮膚細胞になり，さらにその他に，たいへんに特定的な機能を果たす，特に独特の形態をもつ細胞を形成することになるのだろうか。

　この問題は集中的な研究の対象になっていて，完全に理解できるのはまだずっと先と思われるが，この難問を解く鍵は，どの細胞においても，DNAのほとんどの部分は，実際には何の役にも立っていないというところにあるようだ。たとえとして，本書の中に書かれていることのすべてを考えてみよう。この本をいま読む者も仲間も，この授業をとっている学生はみんな，この本を1冊ずつ持っている。しかし，その本がかばんの中にしまわれているとき，何かの役に立っているだろうか。あるいは学生寮の本棚に置き忘れられたなら。書かれていることは，読まれるまで，何の役にも立たないのである。この本のどこから読むかは，読者の心の中や周囲で何が起きているかによって変わってくる。生物学に特に関心がある読者なら，この章から読み始めるかもしれない。しかし明日，特性論についての試験が予定されているなら，特に3章のほうを読むことに関心が移るに違いない。

[DNAと環境の相互作用]

　DNAの場合，情報を「読む」ということは，読まれた部分のDNAによって特別に指定されたタンパク質をつくることである。そして，何が読まれるかは，いくつものことに影響を受ける。そのとき細胞の中で何が起きているか，例えば，どんな他のタンパク質や化学物質が細胞内に流れているかが重要だが，そのこと自体が，細胞の外で何が流れているのか（例：ホルモンの分泌）や，隣の細胞の性質によって決められ

る。究極的には，これらのすべてがさらに，その人のおかれた物理的，社会的環境といった，外側にある「環境」によって影響を受けるのである。

遺伝子とは，生物体の個別の特徴に影響を与えるDNAの特定の領域を意味し，親から子に伝えられる単位である。遺伝子は典型的に，つくられるタンパク質の構造を決定するようなDNAの区間または複数の区間からなっており，タンパク質をつくるべきかどうか，つくるとしたらどのくらいの量にすべきかを決定する「調整配列」とよばれる部分も含んでいる。時には，同じ遺伝子から別のタンパク質がつくられることもあるが，それは細胞内環境，つまり細胞の中で何が起きているかと，調整配列との相互作用によって決定される。

[DNAにおける個人差]

すべての人のDNA配列は，だいたい99.9％が共通であるが，まったく同じDNAの人はいない。ただし一卵性双生児はまったく同じであるが，そのことについては後述する。そのところどころにある違いから，時に重大な結果が生じる。例えば，あなたの友人がラビ（ユダヤ教の牧師）のところに相談に行ったとしたら，どう思うだろうか。もう一人の友人は，ペットのラビット（ウサギ）のところに行ったとしたら。この二つの単語の違いは，最後に"t"があるかどうかで，他の点ではまったく同一の文章が，あなたがもつ印象にぜんぜん違った影響を与えることは，容易に理解できるはずである。これと同様に，DNAの上でのほんのちょっとした違いが，その配列の部分によってつくられるタンパク質の性質に大きな違いを生じさせるかもしれない。だから，人々の間での相対的に小さなDNAにおける違いが，身体的あるいは行動的特徴として，重大な違いとなって表れてくるとしても，驚くべきことではない。

ここで述べたような，DNAについての，こんな簡単な話——それも，ほとんどが比喩に頼ったものだが——からだけでも，人々の間でのDNA配列の違いによって，人々がどのように考え，感じ，行動するかに重要な違いを生じることがわかったと思う。しかしそれと同時に，そのような違いの性質や大きさは，環境という要因によっても影響を受けているということも明白である。環境要因とは，直接的には細胞内環境のことであるが，究極的にはその人が経験している物理的・社会的環境を含むことを忘れてはならない。

[生物学的切替え装置]

細胞がどのようなものになるかを決めるのは，その細胞の外にある「生物学的切替え装置」であり，それによって細胞の中の特定の遺伝子が働いたり働かなかったりする。マーカス（Marcus, 2004）が指摘したように，選択肢を提供するのはゲノムであるが，どの選択肢が活性化するかは環境によって決まる。遺伝子と環境の関連性における相互作用的な性質について判明したことは，身体がどのように成長するかということだけでなく，心がどのように機能するかにも，パーソナリティがどのように組織

化され表現されるかにも，同じようにあてはまる（Gazzaniga & Heatherton, 2006）。意外な例が，人間よりもずっと単純な種にもみられる（フォーカス5.1を参照）。

過去において，パーソナリティの生物学的基礎を探求するということは，異なるタイプの人たちがもつ異なった種類の遺伝子に注目することであり，異なったパーソナリティ類型や特徴のもとになると思われる遺伝子を探すことであった。「新しい見方」は，実際に本当にまだ新しい段階であるが，誰がどんな遺伝子をもっているのかを検

フォーカス 5.1

ハチだって，そうしている──社会行動における遺伝子と環境の相互作用について

採食行動に関した遺伝子は，昆虫の行動に自然に起こるバリエーションに影響を与える。キイロショウジョウバエ（*Drosophila melanogaster*）の集団にごくふつうに存在する採食遺伝子には二つの違った変異体がある。そのうちの一つは，他のものよりも広い範囲から食物を採集するようにする。したがって，このような遺伝子上の違いが，どのように行動上の重大な違いを引き起こすのかについての実例である。

しかし，これらの遺伝子が実際に発現され，違った行動が起こるのに，環境が影響を与えているという証拠がある。具体的には，ミツバチを研究している研究者たちが，この種の遺伝子が行動の発達的変化にかかわっていて，それが社会的文脈によって，部分的に引き起こされていることを報告している。成長した働きバチは，若いときには巣の中で，卵や幼虫の世話をする仕事（子育て）を担当しているが，やがて巣の外に出て，花蜜や花粉を採食するようになる。しかし，どの年齢から採食行動をとるようになるかは，きちんと決まっているわけではない。群れが必要とすることによって決まるのだが，それはまた部分的に，より高齢の個体との社会的相互作用や，幼虫や女王バチが出す化学物質によって決められる。

このように周囲から引き起こされる行動上の変化における遺伝子の役割を調べるため，研究者たちは，より若いうちから採食行動をとる個体をつくりだすため，群れの中の社会的構造を操作した。単一コホート群，すなわち開始時にすべてのハチが生後1日という群れをつくったのであるが，より高齢の個体がいない状況では，何匹かの個体が通常よりも2週間も早く，採食行動を始めることがわかった。化学物質の分析で，他の群れの同じような個体に比べ，これらの個体の採食遺伝子は2〜4倍の割合で発現していることが示された。

群れの中で違った役割を演じるのだが，これらのハチのDNAそのものは変化していないことを理解しなければならない。ミツバチにおける，子育てか採食かという労働の分担は，DNAにおける違いだけでなく，遺伝子の発現によって決定される。遺伝子発現は，年齢，社会的相互作用，群れが何を必要とするか，資源の存在などを反映する。もう一つの例として，ミツバチが花粉を集めるか花蜜を集めるかの変換において，遺伝子の影響で脳内に異なった変化を生じさせることがあげられる。

[出典：Ben-Shahar, Robichon, Sokolowski, & Robinson（2002）]

討することから，注目の対象を別に移そうとしている。現在の目標は，そういった遺伝子がどのように働いたり働かなくなったりするのか，そして結果として発現されるのかを理解しようとすることである。私たちが，どのように考え，感じ，行動するのかに，この切替え過程がどのように影響を与えているのかを理解しようとしている。ギャザニガとヘザートン（Gazzaniga & Heatherton, 2006, p. 75）が述べるように，「ある特定の効果をもつ特別の遺伝子が人間に存在するという証拠もあるけれど，私たちが自分の特徴をもつことには，遺伝子があるというだけでなく，遺伝子が発現される，つまり働いたり働かなかったりすることも，同様に重要なのである」。

人間の遺伝子の大多数はどの個人でも同じで，その結果，人間は数限りない類似点を共有している。例えば，10本の足指，10本の指，32本の歯，2本の腕，2本の脚，二つの目，二つの耳，一つの心臓などである。しかし，比較的少数の遺伝子は個々人によって違っており，それが個人を遺伝的に違ったものにしている。ごく少数の遺伝子は，多様なバリエーションをつくりだす。例えば目の色や身長のような特徴に影響を与えるのはそのような遺伝子であり，パーソナリティや社会行動についても，たぶん同様のことがいえるだろうが，そういったことは最近まで予想されていなかった。次に，個々人にある遺伝子的な違いが，パーソナリティに影響を及ぼす際に演じる役割に関する問題を議論しよう。

パーソナリティの遺伝因子について知られていることの多くは，遺伝子や環境を共有している程度が異なる個人間のパーソナリティの類似点を比較する研究から得られている。したがって，これから述べる「遺伝子」と「環境」がパーソナリティに及ぼす影響は，特定の遺伝子や特定の環境の効果について議論しているわけではない。むしろ，この2種類の決定因が，平均して個人差に及ぼす全体的な影響についてである。遺伝子と環境がパーソナリティに及ぼす影響については，非常に多くのことがここ数年に発見されており，その結果は，人の性質をどのようにとらえるかということと，非常に重要なかかわりがあると考えられる。この章を先回りしてまとめれば，パーソナリティについての遺伝的研究は現在，膨大で複雑な研究成果を生みだしつつある。しかしそのメッセージははっきりしている。遺伝子はパーソナリティにおいて，重要な役割を演じており，これまでの研究が考えていたより，その役割は大きいようである（例：Eaves, Eysenck, & Martin, 1989; Loehlin, 1992; Loehlin & Nichols, 1976; Plomin et al., 1997）。例えば，外向性 - 内向性（3章参照）のような傾向は，生物学的 - 遺伝学的な基礎をもつと広範に信じられるようになっている（Bouchard et al., 1990; Eysenck, 1973; Plomin & Caspi, 1999; Tellegen et al., 1988）。これらの性質がどのように行動に表れるかは，しかしながら，発達の全体的な経過を通して，環境との相互作用に大きく依存している。ここではまず，そのような結論を支持するいくつかの証拠をみることにしよう。

5.2 双生児の研究

■ 双 生 児 法

　遺伝の影響を調べる研究では，双生児法が最も頻繁に用いられている。この方法は，異なる受精卵から成長する二卵性双生児と，同じ受精卵から成長していて遺伝的に同一である一卵性双生児から得られたパーソナリティ尺度を用いた測定の結果を，単純に比較するものである（Plomin et al., 1997）。一卵性双生児は実質的にはクローンである。すなわち，二人は遺伝的にまったく同一であるが，それに比べ二卵性双生児は他のきょうだいと同じで，遺伝的には50％しか同じではない。遺伝要因がパーソナリティに影響を与える程度に応じて，性格の特徴ということを考えれば，一卵性双生児が二卵性双生児よりも似ていなければならないことになる。

■ 双生児研究の結果

　およそ800組の思春期の双生児を対象に，いくつものパーソナリティ特性を測定した最初期の研究から得られた結果は，その後の長期間にわたる検討にもかかわらず，変更されることがなかった結論である（Loehlin & Nichols, 1976）。一卵性双生児は二卵性双生児よりも，ずっと似ていた。一卵性双生児が似ている程度は，一般的能力において最も強い傾向があり，特殊能力においてはそれよりも弱い傾向がみられた。類似の程度は，パーソナリティ尺度ではさらに低くなり，興味，目的，自己概念の領域では最も低くなった（表5.1参照）。パーソナリティについては，「双生児間相関」は，一卵性で .50，二卵性は .25であった。この研究はまた，自己報告式の質問紙によって測定されたパーソナリティ特性のほぼすべてにおいて，中程度の遺伝的な影響があることを示している。

[ビッグ5]

　パーソナリティに関する遺伝研究は，五つのパーソナリティ次元であるビッグ5（Goldberg, 1990：本書の3, 4章を参照）に注目してきた。これまでは外向性と神経症傾向が最も多く研究された。外向性は社交性，衝動性，活発さを含んでいる。また，神経症傾向は情緒的な不安定さのことであり，気難しさ，不安傾向，過敏性を含ん

表5.1　一卵性双生児と二卵性双生児の類似に関する典型的な相関係数

特性の領域	一卵性双生児	二卵性双生児
一般的能力	.86	.62
特殊能力	.74	.52
パーソナリティ尺度	.50	.28
理想，目的，興味	.37	.20

［出典：Loehlin & Nichols（1976）］

表5.2　五つの国で，一緒に育てられた双生児と別々に育てられた一卵性双生児24000組の類似度

	それぞれの双生児間で計算された相関		
	一緒に育てられた一卵性双生児	一緒に育てられた二卵性双生児	別々に育てられた一卵性双生児
外向性	.51	.18	.38
神経症傾向	.46	.20	.38

［出典：Loehlin（1992）］

でいる。表5.2に外向性と神経症傾向についての結果がまとめられている（Loehlin, 1992）。総計で24000組のデータを利用して，五つの異なる国で行われた五つの双生児研究の結果でも同様に，中程度の遺伝的影響を示している。双生児間相関は，一卵性で約.50，二卵性で約.20になった。

外向性と神経症傾向における遺伝の役割に関しては大規模な研究が行われてきたが，ビッグ5特性の他の三つ，すなわち，好かれやすさや友好性を表す協調性，規範同調や達成意欲である誠実性，それに経験への開放性ともよばれる文化性については，それほど研究が行われてこなかった。これらの性質については，標準化されていないさまざまな尺度によって調べられることが多かったため，異なる研究間で結果を比較することが特に難しくなっていた。それにもかかわらず，この三つの特性に関連した尺度を使用し，養育環境，つまり一緒に育てられたかどうかの違いが，双生児に与えた影響について研究した結果は，協調性，誠実性，そして文化性に，少なくとも中程度の遺伝による影響がみられることを示唆している（Loehlin, 1992）。

［気　質］

気質という用語は，乳児期にもみられる特性のことをさしており（Buss & Plomin, 1984），特に個人の情動的生活と関連していると考えられる（Allport, 1961; Clark & Watson, 1999）。気質として扱われる性質はふつう，情緒性，社交性，そして活発さなどの一般的なレベルのことである。これらの気質は通常，気質評定尺度（Rothbart, Derryberry, & Posner, 1994）を用いて，両親が自分の子どもについて報告する形で評定される。成人では多くの場合，表5.3に項目を示すような，自己報告方式の尺度（例：Buss & Plomin, 1984）で評定されている。

情緒性は情緒反応性ともよばれるが，自律神経系がすばやく活動することによって生理学的に覚醒しやすい傾向や，怒り，恐怖や苦悩といったような好ましくない感情を，ことのほか頻繁にかつ強烈に感じる傾向であると定義されている（Buss & Plomin, 1984）。しかし，すべての研究者がこの定義に同意しているわけではない。ある個人が感情をどれくらい強く経験するかは，そのような感情を感じる頻度とは独立していることを見いだした研究者もいる（Larsen, Diener, & Emmons, 1986）。このこ

表 5.3　成人の気質を評定するための自己報告項目

情緒性（生理的に覚醒しやすく，否定的な感情経験をしやすい）
　　いろんなことでイライラしやすい
　　簡単に感情的になってしまう
社交性（社会的相互作用を求める）
　　一人でするより，他の人と一緒に仕事するのがよい
　　他の人たちと一緒にいるのが好きだ
活発さ（全般的な元気のよさ，テンポやスピードの速さ，集中もしくは活力）
　　生活や人生のペースが速い
　　何もないときでさえ，先を急ぐ

注：自分に「あてはまらない」から「非常に典型的」までの5件法で，項目が自分にあてはまる程度を評定する。
[出典：Buss & Plomin（1984）]

とは，情緒性を構成する二つの構成要素をそれぞれ別々のものとして考え，さらに両者を考慮しなければならないことを意味している。例えば，ジェーンはめったに恐怖を経験することはないが，ある状況では耐えがたいほどの恐怖を経験することがあるなら，中程度の恐怖をしょっちゅう感じるが，非常な強さで感じることは決してない人と，彼女の情動的生活はまったく違うだろう。さらに，好ましい感情とよくない感情は独立して機能するため，それぞれを別々に測定しなければならない。例えば，頻繁に好ましい感情を経験する人が，よくない感情も同様によく経験するかもしれないし，あまり経験しないかもしれない。

　このようにさまざまなケースが考えられるが，情緒性が気質における重要な側面であることでは意見が一致している。また情動反応性が特に高い場合，感情障害や，ある種の身体的障害の，長期的なリスク要因になることを示すデータがある。例えば，ストレローとザワツキー（Strelau & Zawadzki, 2005）は，この気質特性は，その個人が人生や生活におけるストレッサーに抑うつ的に反応するリスクを高めると主張しており，その結果として身体の病気になる確率も高まるという。

　社交性とは，他者とのやりとりを求めることや，人と一緒にいたいと思うことをどれだけ強く感じるかである。そのような定義であるから，3章で紹介した外向性と内向性の概念と重なる部分がある。

　活発さは，反応の強さないしは力強さと，テンポやスピードの両方に関係していると定義できるだろう。これは，多動性から極端な非活動性を両極とする次元においての個人差のことをさしている（例：Thomas & Chess, 1977）。

　これらの性質では，遺伝の寄与が重要な位置を占めているように思われ，ますます強い支持を示す証拠が集まりつつある（例：Clark & Watson, 1999; Plomin, 1990; Rowe, 1997）。図5.1はここに述べたことを，より具体的に示している。情緒性の次元

5章 遺伝とパーソナリティ　　133

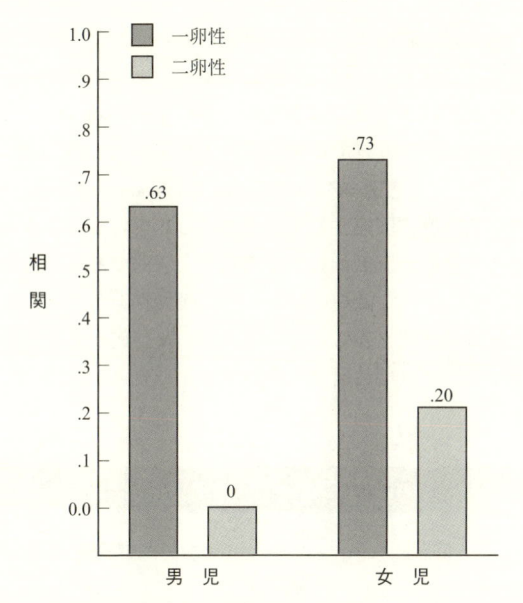

図5.1 情緒性の類似性に関する一卵性双生児と二卵性双生児の母親による評定
［出典：Buss, Plomin, & Willerman（1973）］

について，一卵性双生児は二卵性双生児よりもより似ていると，母親に評定されていることが明らかである。

　結果はすごく印象的だが，解釈は必ずしも容易でない。より類似度が高いとわかったうちのいくらかは，周囲の環境にいる他の人たちと同様に，母親が一卵性双生児の二人をより同じように接しようとしていることを反映するのかもしれない。また，双生児の行動ではなくて，一卵性双生児と二卵性双生児に対する母親自身の期待や予想によって評定が影響されていたかもしれない。しかし，それにもかかわらず，このような結果が一貫して得られるため，情緒性，社交性，それに活発さといった気質に関連するパーソナリティにおいて，遺伝的な要因は重要な役割を演じていることが示唆される（Buss & Plomin, 1984; Plomin et al., 1997）。この研究分野を包括的に検討した論文は，次のように結論づけている。「……気質という特性における個人差の1/3～1/2は，遺伝によって与えられたものが子どもによって異なることに起因するといえよう」（Rowe, 1997, p. 378）。

　遺伝の研究者は，子どもによる気質の違いを調べるとき，小さな子どもには自己報告式の質問紙を使えなかったため，観察者によって子どもの行動を直接評定するといったような，別の測定法を利用した（例：Cherney et al., 1994; Goldsmith & Campos, 1986; Saudino & Plomin, 1996）。生後数日間に行われたものにみられる例外をいくつか

除けば，乳児期の双生児の観察は，双生児研究においても，別家庭における養育に関する研究においても，さまざまな性質が遺伝によって影響されていることを示唆している。そういった性質には，さまざまな恐れ（例：Robinson et al., 1992），自宅にいるときと実験室にいるとき両方での内気さ（Cherney et al., 1994），活動レベル（Saudino & Eaton, 1991），共感性（Zahn‐Waxler, Robinson, & Emde, 1992）など，子どもの行動が抑制される程度に関連するものがあげられている。子どもがしていることを細かく観察したことを考えると，これまで最も一般的であった自己報告に依存してきた研究を補うものとして，これらの結果は特に価値があるといえる。自己報告という研究法を越えた気質の研究に，もう一つよく知られた例がある。抑制と内気に関するジェローム・ケイガンの長期的研究である（フォーカス 5.2 を参照）。

フォーカス 5.2

抑制的な子ども——ケイガンの内気研究

　ジェローム・ケイガン（Kagan, 2006）は，抑制性は気質の主要な次元であると主張し，この次元には早期から個人差があって，発達段階を通して，それがずっと続くことを見いだしている。この抑制性という要素は，ビッグ 5 における神経症傾向次元と似ていて，乳幼児が新しいものや慣れていないものを警戒する程度を問題にしている。抑制性の高い，つまり内気な子どもは，慣れていない人や状況に，恐怖反応を示す。そういう状況を避けようとし，その種の状況でリラックスできるようになるまで，長い時間がかかる。そして年齢が上がるにつれて，いくつかの恐怖症をもつ傾向がある。
　ケイガンの研究プログラムは 40 年以上も続いてきたが，どのくらい早くからこのような個人差がみられるのか，時間的にどのくらい安定したものか，そして遺伝的に影響されたものかどうかを調べるものだった。ある研究では，一卵性と二卵性の双生児を，生後 4 か月に観察した。双生児が，見知らぬ人に会う，風船が破裂するなど，初めての刺激に対し反応するところをビデオ撮影したのである。母親の顔や声など，すでにもう慣れている刺激に接触するところも撮影した。慣れていない刺激に対し，どれだけ強い恐怖反応を示すかということをビデオで観察して，そっくり返る反応，不機嫌な表情，泣くことなどを記録化した。ケイガンと共同研究者たちは，サンプルの中で 20 ％は抑制的，40 ％は非抑制的，残りの 40 ％が中間的と判断した。
　その子どもたちは，生後 14，24，そして 54 か月のときに，追跡調査を受けた。後になるほど，慣れていない状況におかれたとき，反応性が高い子どもはより強い恐怖反応，心拍・血圧の上昇を示した。54 か月のとき，抑制的な子どもは，実験室の中で話しかけてくる知らない大人に対し，会話が少なく，避ける傾向があった。その上，14 か月と 24 か月に，遺伝による中くらいの影響がみられた（フォーカス 5.3 に解説する指標を用いて）。まとめれば，抑制性に関する気質的個人差は生後 4 か月の段階ですでにみられ，最初の 4 年間，安定しており，中くらいの遺伝性があって，その発

達に生物学的‐遺伝的要素があることが示唆される（Robinson, Kagan, Reznick, & Corley, 1992）。

　この研究では，抑制性がかなりの安定性を示すことがわかったが，ある種の条件下では，抑制的な子どもも，時間とともに変化しうる。例えば，幼児のときに抑制的であった子どもも，過保護でなく合理的な期待をもつ母親に育てられたなら，幼稚園児の年齢に成長するころには，それほど抑制的でなくなる（Fox, Henderson, Rubin, Calkins, & Schmidt, 2001）。そうであっても，いちばん抑制的なところから，まったく反対の極まで，完全に一貫して変化してしまう可能性はないようである。

[態度と信念]

　遺伝による影響は，態度と信念における個人差にも一定の役割を果たしているようである。いくつかの双生児研究から結果が得られており（Eaves et al., 1989），その中には双生児のうちの一人が別の家庭に引きとられて育てられたものも含まれている（Tellegen et al., 1988）。例をあげると，さまざまな問題に対して保守的あるいは伝統的な立場をとることと，その対極として進歩的・リベラルな態度を示す一般的な傾向や，そして他の多くの態度にも，実際は遺伝が影響していることがはっきりしてきた（例：Eaves et al., 1989; Plomin et al., 1997）。

　より遺伝しやすい態度は，遺伝しにくいものとは系統的に異なるであろうし，そのような差異を検討することは，遺伝の影響の性質に光をあてるものである。例えばある研究では，特定の意味をもつ数多くの態度を2群に分けた（Tesser, 1993）。一つは，双生児研究で遺伝しやすいことが明らかにされたもので，例えば死刑に対する態度やジャズに対する態度である。もう一つは，例えば男女共学，精神科や刑務所での拘束衣の使用，聖書の真実性に対する態度など，遺伝しにくいものである。そして大学生を参加者にして，態度変容を目的に計画された実験を実施した。その結果，遺伝しやすい態度であるほど，変容させることが難しく，対人的な魅力について判断を下す際に重要になることが明らかになった。

[攻撃的傾向と利他的傾向]

　成人の双生児における研究は，社会行動の他の側面にも遺伝子が影響していることを指摘している。例えば英国でたくさんの双生児から，攻撃性についての質問紙による自己報告が集められた（Rushton, Fulker, Neale, Nias, & Eysenck, 1986）。被調査者は「他の人に迷惑をかけないようにしている」「周囲の人たちに，気性が荒いと思われている」といった質問に答えた。利他主義についての質問紙では，「献血したことがある」「見知らぬ人に道を教えたことがある」といった行動の頻度について尋ねた。一卵性双生児たちの回答は偶然による期待値よりも類似度が高かったのに対し，二卵性の回答の類似度は偶然と考えられる程度であった。この結果は男性にも女性にもみら

れた。複雑な統計手法によって研究者たちは，質問紙にみられる個人差の約50％が遺伝によるものであると見積もった。

　[恋愛と結婚]
　自尊心などの社会的態度と同様に，多くのパーソナリティ尺度の個人差に，遺伝子が直接的または間接的に影響している（例：McGuire, Neiderheiser, Reiss, Hetherington, & Plomin, 1994）ようであるが，DNAに左右されないように思われる領域がある。それは恋愛である。双生児の家族に関する行動遺伝学的研究は，成人の恋愛スタイルにおける個人差の中でも，遺伝による影響と環境による影響に関心を寄せてきた。参加者はカリフォルニア双生児データベースに登録されている890組の成人の双生児と172人の配偶者から抽出した。彼らの結婚生活は平均12年以上続いていた（Waller & Shaver, 1994）。情熱，興奮，親密さ，自己開示，一目惚れから，愛情深く信頼できる関係を重んずること，仲間づきあいや友情，例えば「いつ友情が恋愛に変わったかを正確に言うことは難しい」などの項目であるが，それによって，六つの異なる恋愛スタイルのいずれを重んじるかが測定された。

　結果は，どのように人々が愛しあうかはほぼ完全に環境に左右され，遺伝の影響はまったくといっていいほど受けていないというものだった。実際，恋愛という領域に特に重要なのは家庭の環境だということが明らかとなっている（Waller & Shaver, 1994）。研究者の結論を引用すれば，「……恋愛スタイルは子どものころの家庭内でのやりとりや，家族外で共有されたやりとりから学習されるだろうし，結果としてそれが恋愛関係で表面化し演じられるものと思われる」（p. 272-273）。

　しかし，これまで少なくとも恋愛スタイルが遺伝しないとみられてきたとしても，結婚するかどうかは遺伝するようである。ジョンソンら（Johnson et al., 2004）は7000人以上の男女を研究し，その中には双生児の両方が何組も含まれていた。彼らの知見によれば，結婚するかどうかの傾向そのものには，遺伝的な影響がみられる。

■ 別々に育てられた双生児

　遺伝と環境の役割を分離するには，異なる家族に別々に育てられた一卵性双生児を研究することが特に役立つ。別々に育てられた双生児については，二つの大規模な研究の結果が報告されている。一つはミネソタ州のものであり（Bouchard et al., 1990; Tellegen et al., 1988），もう一つはスウェーデンのものである（Pedersen, Plomin, McClearn, & Friberg, 1988; Plomin et al., 1988）。これらの結果は，遺伝子がパーソナリティに影響を及ぼしていると長年確信してきた多くの研究者をも驚かせるものであった。

　ボシャール（Bouchard, T. J.）やテレゲン（Tellegen, A.）と共同研究者たちは，10年以上にわたって生後まもなく，平均して満2か月になる前から別々に育てられた一

表5.4 別々に育てられた双生児と一緒に育てられた双生児に関する研究で使われたパーソナリティ尺度

心理的幸福	疎外感	没頭傾向
社会的影響力	攻撃性	好ましい感情での情緒性
達成欲求	統制感	よくない感情での情緒性
社会的親密さ	危害の回避	抑制性
ストレス反応	伝統主義	

注：多くの尺度で，別々に育てられた一卵性双生児は，一緒に育てられた一卵性双生児と同程度に類似した回答であった。主な例外は，「社会的親密さ」で，一緒に育てられたほうが，類似の程度が高かった。
［出典：Tellegen et al.（1988）］

卵性双生児たちを研究した。その子らは別々の家族で育ったが，主に英語圏の国であった。成人後，多くの医学的，心理的尺度で評定された。それには，パーソナリティの質問紙や知能検査も含まれていた（表5.4参照）。多くは平均して約30年間，互いに会っていなかったが，何組かは数年にわたって連絡をとりあっていた。対照群はミネソタ州で一緒に育てられた双生児の大きなサンプルから構成されていた。

その結果，双生児は心理的にたいへんによく似ている事実が明らかになった。それも，多くの場合，30年かもしくはそれ以上，極端に異なった環境で育った双生児でさえ，よく似ているという結果だった。この双生児たちは，いくつかの非常に特徴的なふるまい方，姿勢，態度や興味をお互いに共有していた。例えば，いくつかのケースでは，写真に写る際にそっくりのポーズをとった。事実上，同じ身長，同じ体重，同じ結婚回数と子どもの人数，同じ喫煙・飲酒習慣，同じ癖，同じ服装・食べ物・装飾品の好み，似たような身体的症状，そして，似たようなパーソナリティ尺度の得点であることが明らかになった双生児もいる（例：Segal 1999）。多くの双生児が，これまでの人生を別々に過ごしてきたのにもかかわらず，ただちに深い感情的なつながりをお互いに感じるようにもなった。

一卵性双生児のテスト結果の多くには強い類似がみられた。特に興味深いのは，異なる家庭で育った一卵性双生児と，同じ家庭で育った一卵性双生児の類似度の高さがほぼ同じだった点である（表5.2参照）。ボシャールと共同研究者たち（Bouchard et al., 1990）は，知能にみられる個人差の約70％を遺伝によるものとした。また，質問紙で評定されたパーソナリティにおける遺伝の影響は約50％であり，家族環境の影響は非常に小さいと解釈した（Tellegen et al., 1988）。同様に，ビッグ5を用いた双生児研究は，次のようなことを示唆している。「共有している経験ではなく，共有している遺伝子が，『血縁者』における，家族内類似を主に決定している」（Rowe, 1997, p. 380）。

■ 自己報告式尺度を越えて

　自己報告式のパーソナリティ質問紙を用いた遺伝研究から得られた結果の中で，最も驚くべきことは，研究の対象となった多くの特性が，事実上すべて，遺伝の影響のもとにあることが明らかになったことである。これは，実際にすべての特性が遺伝的な素因を反映しているからなのかもしれない。しかし，少なくともこのように類似している特性のいくつかは，研究対象がそう思っているだけにすぎないのかもしれない。例えば，フラストレーション耐性のレベルが高い双生児は，他の人たちよりも好ましくない感情をあまり経験せず，気に病むこともあまりなく，不安を感じることもめったにないと本当に考え，正直にそのように答えるかもしれない。しかしそれは，そのような感情を他の人たちよりもあまり感じないからではなく，そのような感情をあまり苦にしないからだとも考えられる。だから，この結果が自己報告式尺度そのものに起因するバイアスによって得られたものなのかどうかを調べるために，自己報告式の質問紙以外のパーソナリティ尺度を用いることが特に重要である。

　この問題を考慮して研究者は，ドイツとポーランドの約1000組の双生児にビッグ5のパーソナリティ測定を実施した（Riemann, Angleitner, & Strelau, 1997）。同時に，双生児それぞれのパーソナリティを，二人の異なる友人に評定してもらった。二人の評定は，それぞれの双生児のパーソナリティについて，互いにきちんと一致していた。

　友人による評定と双生児の自己報告による評定には，平均して.55の相関があり，これらの評定には中程度の妥当性があることが明らかとなった。表5.5はビッグ5のパーソナリティ特性での双生児間相関が示されている。表5.2の結果と似ているが，一卵性双生児では平均.52，二卵性では.23の相関がみられた。友人による評定も遺伝の影響を示しているということは，自己報告式質問紙に基づく先の結果を支持する助けとなる。

　ドイツでの成人した双生児の観察研究（Borkenau, Riemann, Spinath, & Angleitner, 2006）はまた，4章で述べた「〜なら〜に」のパーソナリティ行動兆候（Mischel &

表5.5　一卵性双生児と二卵性双生児の類似に関する典型的な相関関係

	双生児間相関			
	自己評定		他者評定	
	一卵性双生児	二卵性双生児	一卵性双生児	二卵性双生児
外向性	.56	.28	.40	.17
神経症傾向	.53	.13	.43	− .03
協調性	.42	.19	.32	.18
誠実性	.54	.18	.43	.18
文化	.54	.35	.48	.31

［出典：Riemann, Angleitner, & Strelau (1997)］

5章　遺伝とパーソナリティ　　**139**

Shoda, 1995）で測定された人と状況の相互作用に対する遺伝と環境の影響を検討している。研究者たちは，15の状況において，168組の一卵性双生児と132組の二卵性双生児の行動をビデオに撮って研究した。ビデオはこれらの双生児に会ったことのない120人の判定者によって観察されたのである。一つの状況における双生児のそれぞれを，4人の独立した判定者が担当した。いろいろな標準化された方法を用いて「～なら～に」のパーソナリティ行動兆候における類似性を分析した。そして，特性レベルと「～なら～に」のパーソナリティ行動兆候の両方で，遺伝と環境の影響を分割したのである。ボルクノウと共同研究者たちは，これらの行動兆候の分散の25％を遺伝が説明したと結論づけた。このように，当然のことではあるが，一卵性双生児のほうが二卵性双生児と比較して，人と状況の相互作用が安定しているという点で，行動兆候においても類似度が高かったのである。

　この章ではここまで主要な知見をいくつか詳しく検討した。それらは，発達するパーソナリティに遺伝が与える影響が重要であることを示すものだった。これらの研究の多くは，影響の大きさを見積もるために，遺伝率という指標を用いている。この方法とそこから得られた結果は誤解されやすいため，ここで注意深く検討する必要があると思われる。フォーカス5.3では，この誤解を検討し，この指標の意味をはっきりさせたい。

フォーカス5.3

遺伝性と推定遺伝率

　パーソナリティにおける遺伝性が何を意味するかについては，たくさんの誤解がある。そのような誤解のうち，よくみられるものについていくつか検討しよう。

　推定遺伝率　表5.5に示されているような相関は，測定された個人差得点について，遺伝要因で説明することができる分散の割合を推定するために行動遺伝学者が使っているものである。この指標の計算は簡単だが，解釈は容易ではない。ある特定の変数について計算するには，同性の二卵性と一卵性の双生児の得点を比較する。それぞれのタイプの双生児において，研究者は類似度を割りだすために，一卵性と，二卵性の双生児の間の相関をそれぞれ計算する。後者から前者を引き，その答えに2を掛けたものが推定遺伝率である。これが，研究対象になっている変数の個人差を説明するとき，どれだけ遺伝が役割を演じているかの推定値となる。この推定値を利用した結果，これまでのところ，遺伝がパーソナリティの多くの側面に重要な役割を演じていることが示唆されている。

　遺伝性が高いことの意味　双生児研究は，遺伝要因がパーソナリティの個人差に寄与しているかどうかに答える貴重な第一歩である。しかし，計算で得られた推定遺伝率はいくつかの理由によって注意して解釈されなければならない（Dickens & Flynn,

2001 を参照)。
- まず，推定遺伝率は，常に研究の対象となり算出の対象となった特定の集団に限定される。これは行動遺伝学者がいつも強調する重要な警告であるが，多くの読者はしばしばそれを見落としてしまう（Goldsmith, 1991）。推定遺伝率は決して，ある特徴が遺伝子によって影響されている程度を示す絶対的な指標ではない。例えば，ジョーの攻撃性は，遺伝の影響が30％，環境の影響が70％であると考えたり，スーザンのバレエ技術は遺伝によって20％，バレエ学校と練習によって80％影響されていると思ったりするのはナンセンスである。もしすべての子どもがバレエのレッスンを受けたなら，子どもたちにみられるバレエ技術の差の大部分は，遺伝によって受け継いだものの差のせいであるかもしれない。しかし，ある少数の子どもだけがバレエのレッスンを受けたなら，ピルエットをどれだけ上手にできるかの多くは，その子たちがバレエのレッスンをいかに活用しているかで決まるかもしれない。一般的に推定遺伝率は，研究を実施した特定の社会の中に存在する，さまざまな環境要因に影響されている。環境が均一であればあるほど，推定遺伝率も高くなる。このように，推定遺伝率は，個人というよりも母集団の特徴を反映しているのである。子どもが体験する心理的環境が，例えば，世界的なコミュニケーションとメディアの影響で，異なる文化間でより均質なものに変われば，観測された変数において，遺伝の影響が占める割合が相対的に増えることになる。

  推定遺伝率は，母集団に存在する遺伝的変動性と関連した，個人の変動の割合の指標である。もしある特徴が重要なため，それに影響を与える遺伝子がどのように変化しても，その個人が環境に適合できなくなってしまうなら，推定遺伝率はゼロに近づくだろう。これは，すべての個人がその遺伝子に関してほぼ同じであり，その特徴にみられるどのような違いも，環境による差異から生じていると考えられるからである。例えば，ほとんどの人間に2本の足がある。ない場合には，典型的には事故や怪我が考えられる。だから，足の数についての推定遺伝率は，実質的にゼロである。足が生えてくるのは，ヒトゲノムにある指示によることは明らかだが，そういうことになるのである。
- 二つめに，一卵性の双生児が別々に育てられたとしても，パーソナリティ尺度における二人の類似は，必ずしもパーソナリティの遺伝子そのものには帰せられない。例えば，一卵性双生児の類似した興味や価値は，パーソナリティの遺伝子ではなく，彼らの類似した体格や外見，体質，能力，器用さ，その他の身体的な特徴が部分的に反映されているのかもしれない。このような身体的な性質によって，二人が異なる環境に暮らしていても，他の人が二人に同じように接することになるかもしれない。例えばファッションモデルになるという二人に共通した関心は，パーソナリティの遺伝というより，顔の造作の遺伝のほうが，より多くのことを説明できるかもしれない。同時に，例えば非常に魅力的であろうがなかろうが，また，身体的に強くて敏捷で能力が高かろうが弱くて鈍く無力であろうが，二人のよく似た身体的特徴のおかげで，何らかの類似したやり方で自分自身をみているかもしれない。それが次に，自己概念や自己への信頼といったパーソナリティの側面や，それに関連した数多くの特徴に影響を与える可能性もある。

- 三つめに，先ほども述べたが，一緒に育った一卵性，または二卵性の双生児の類似を比較する多くの研究は，最もよく使われる手法である自己報告式のパーソナリティ質問紙で回答を求めている。このような質問紙では，一卵性の双生児はより似た回答をする可能性がある。同じ遺伝子をもっているからではなく，お互いをより近い存在として認識しており，お互いにまねしあうかもしれず，両親や他の人にも同じように扱われてきた可能性があり，その結果，すべての面でより似ているようになったかもしれない。例えば，二人はしばしば，よく似た服を着て，より多くの活動や時間を共有するかもしれない。一卵性双生児がとてもよく似た服装をしているのは，服装の好みが遺伝的に決定されていることを必ずしも意味しないのであるから，自己報告式の質問紙で，ある特性において回答が類似していることが，必然的にその特性が特定の遺伝子で決められていることを意味すると結論づける前に，注意深く検討することが重要である。
- 四つめに，遺伝性の係数が高いことは，その特定の特徴が重要な変化を示さないことを意味しているわけではない。遺伝子がある特性における個人差に非常に重要な影響を及ぼしているときでさえ，その特性は環境の影響によって変化しうる。例えば身長に，実質的に遺伝子が影響していることは，サンプル抽出した個人の身長差が主に遺伝子の違いによるものであることを意味している。しかし，身長が主として遺伝する特性であるにしても，環境によっても影響される可能性がある。ヨーロッパ人の平均身長は過去150年で20cm以上伸びた（Usher, 1996）。このように，身長は主に遺伝によるものだが，子どもの栄養を改善したり，健康を促進したりといった環境的な介入が身長に影響を与えることもありうる。実際，世代間で平均身長が伸びている原因は環境要因であるが，それぞれの世代の中では，身長の違いは主に遺伝によるものなのである。もう一つ別の例として，知能における遺伝の役割を考えてほしい。一緒であろうと別々であろうと，さまざまな環境で育てられた双生児についての研究は，標準化された検査で測定された知能は，共有する遺伝子の割合の程度が高いほど，より似ている傾向にあることを示している（Cartwright, 1978; Plomin et al., 1997; Vandenberg, 1971）。しかし，遺伝子はある人の知能が発達できる上限あるいは天井を設定する（Royce, 1973）と考えられるが，実際に天井に到達するのを，環境が助けるかもしれないし邪魔するかもしれない（Cantor & Kihlstrom, 1987 参照）。
- 最後に，推定遺伝率そのものは，パーソナリティにおける遺伝の影響が，個人に対してどのように働くのかのメカニズムを説明しているわけではないのである。

■ 遺伝か環境かという両断誤論

遺伝と環境についての論争は何年もの間，激しい議論がやりとりされてきた。不幸にもその論争は，どちらがより重要なのかを決める競争へとすぐに変わってしまう。行動における遺伝の役割についての研究の第一人者は，次のように指摘している。「……重要な遺伝子の影響があるという証拠はよく，遺伝率が100％であると暗黙のうちに解釈されてしまうが，行動の遺伝率が50％を越えることはめったにない」

（Plomin, 1990, p. 187）。プローミン（Plomin, 1990）は「遺伝によらない変動因」も同様に重要なのは自明のことだということをはっきりさせておかなければならないと特に言及している。実際，ボシャールたちは別々に育てられた一卵性双生児の研究の中で，自分たちの結果について，次のようなことを認めている。「個々のケースでは，環境要因がたいへんに重要であった」（Bouchard et al., 1990, p. 225）。例えば，一卵性双生児二人のIQに29ポイントの差がみられたケースもある。

　要するに，遺伝要因の影響を推定するために使われた数字がどのくらい正確かという問題を考えると，パーソナリティ研究においては，20％もの分散を説明する変数があまりないことを考慮すれば，遺伝要因の重要性は相当なものだといわざるをえない。この結論の裏返しについても，同じように注目しなければならない。つまり，少なくともパーソナリティの分散の半分は，遺伝要因によるものではなく，環境が重要であることも同じデータが実証しているという事実である。この研究分野の中で何度も繰り返される結論は明らかである。すなわち，遺伝は個人の人生や生活とパーソナリティの発達に多大な影響を及ぼすが，環境も同様の影響を及ぼしていることに疑問の余地はないということである。これからの課題として，私たちがどういう人間になるかに影響を与える上で，遺伝子と経験の両方が，生涯を通して相互作用を起こすメカニズムを解明することが考えられる。それには，そのような効果を生みだすメカニズムを特定すること，そして遺伝する特徴の性質と，特別に重要な環境上の側面のそれぞれを明確にすることが求められる。

■ 要　　約

　研究知見の全体をまとめれば，遺伝要因はパーソナリティ（ビッグ5で測定されるような広範囲の特性と，人と状況の相互作用を反映した「～なら～に」の行動兆候の両方），態度，価値はもとより，自尊心においても重要な役割を演じているという見方を支持している（McGuire et al., 1994参照）。いくつかのケースで遺伝要因は，観察された個人差の半分近くという大きな部分を説明するようである。結果が自己報告をもとにしたものであると特に，影響の重要性が誇張されるきらいがある。プローミンら（Plomin et al., 1990）は，自己報告に基づくパーソナリティの双生児研究を批判的に検討して，遺伝の役割を系統的に過大評価してしまう方法論上の問題の可能性があることを指摘している。彼らは，別々に育てられた双生児の研究結果が適切に考慮されるなら，そのバイアスは訂正できると信じている。過大評価された推定遺伝率の値が計算され直されるなら（「ストレスは脳によくない」の節を参照），「自己報告されたパーソナリティに関する真の推定遺伝率は，双生児研究から得られた40％より，別々に育てられた双生児の研究からの推定値20％に近づく」（Plomin et al., 1990, p. 233）。しかし，自己報告式よりも改善された研究法が使われたとしても，パーソナリ

ティにおける遺伝の役割は，それでも真に検討に値する重要なものであることははっきりしている。次の課題は，それらの効果が現れるメカニズムを理解することである。

5.3 遺伝子と環境の相互作用

　氏（遺伝子）も育ち（環境）も，パーソナリティに重要な影響を与えることを受け入れると，次のステップは，それらの間の発達的な相互作用を理解することである。このやりとりは生涯を通してみられるもので，一部は遺伝子に決定されるパーソナリティが，心理的世界における状況を選択し形づくることで，逆に影響する相互作用を起こす。双方向の因果関係は，どちらの側からも生じる。それは，長期にわたるこのような状況は逆に，その人がどのような人間になるかに影響を与えるからである。この相互作用と，それがパーソナリティにどういう意味をもつのかを，次に検討しよう。

■ 家族の一人ひとりにとっての固有すなわち非共有の心理的環境

　双生児研究は，遺伝的に同一の「クローン」，すなわち一卵性の双生児が，お互いに違って成長することを説明する環境の影響を調べてきた。長い間，同じ家庭内で育った子どもたちはパーソナリティの面で互いに似ていると広く考えられていた。なぜなら「同じ」家庭環境を共有しているからである。遺伝研究者は，いまではこの仮定は間違っていると考えている。家族メンバーがパーソナリティの面で互いに似ているのは，主に遺伝の要素によるものであること，そして，環境が家族メンバーを異なるものにしていると思われることを主張している（Plomin et al., 1997参照）。この推論は二つの知見によっている。一つは，別々に育てられた双生児は，同じ家庭で育てられた双生児に比べ，パーソナリティの面で似ている度合いがやや低いということである。加えて，一人以上の養子を受け入れた家族に関する研究において，遺伝的に関係のない子どもは，同じ共有環境すなわち同じ家庭の中で育てられたにもかかわらず，パーソナリティの面でほとんど類似を示さないということである（Plomin, Chipuer, & Neiderhiser, 1994）。

　双生児研究における共有環境または家庭環境は，全体的な存在として，言い換えれば，あたかも家族がその中できょうだいたち全員を同じように扱うかのごとく考えてきたことに注意を向けてほしい。しかし，家族メンバーそれぞれが経験する心理的環境はさまざまに異なるかもしれず，同じ家庭にいながら非常に違った成長経験になるかもしれない。それぞれの親はそれぞれの子どもに対し，違ったやり方で接する可能性がある。実際，出生順の影響に関する知見は，同じ家庭の子どもたちでも非常に異なる心理的環境におかれることを示唆している（Sulloway, 1996）。加えて，個人が経験する心理的環境の多くは，家族外での継続的で重要な出会い，つまり仲間，配偶者，

表5.6 同じ家族のきょうだいが同じ
程度に共有しない環境的影響

- 家族内での位置
- 両親の反応
- 事故
- 胎児期の出来事，病気
- 仲間グループの反応やサポート
- 他の対人経験（例：友人）
- 教育や労働の経験

学校，そしてより大きなグループや文化が関連する。その性質と影響は，異なる発達の段階で変化する可能性もある。

［家族内での非共有環境の影響］

　非共有環境もしくは固有環境はそれぞれの人に，多くの経路を通して影響を与える。それは出生前の発達や出生順の効果に始まる。そして，病気や栄養のような生物学的な出来事，親の反応から，仲間の影響，恋愛のパートナーや親友に至るまで，対人面での経験のような心理社会的な出来事がある（表5.6参照）。例えば，長子のほうが末子に比べて大きく，力があり，特権が与えられ，それらの違いが結果としてパーソナリティ発達に影響を与える可能性がある（Sulloway, 1996）。最初から，それぞれの子どもは心理的に，構造的に少しずつ異なる家族の中に生まれる。なぜなら，両親はきょうだいに対して異なる対応をするし，きょうだいもそれぞれに対して異なった対応をするからである。

　どの子どもにも同じように接するよう圧力をかける社会的規範があるため，ほとんどの親は，自分の子どもたちに異なる対応をしていることを認めたくないということは想像にかたくない。しかし子どものほうは，両親が確かに異なる対応をしたということを正確に覚えている。この印象は，観察研究によって確認されている（Reiss, Neiderhiser, Hetherington, & Plomin, 2000）。例えば，第1子と第5子では親の対応が異なりがちであり，おそらく，第1子にはべったりでも，第5子が誕生するころには，かまっていられなくなるだろう。よく調べれば，同じ家庭で育った子どもが，驚くほど異なった人生を歩んでいる（Dunn & Plomin, 1990）。両親の離婚といったような変化でさえ，家庭内で子どもたちに異なる影響を与える（Hetherington & Clingempeel, 1992）。例えばそれは，多くの他の変化と同様，子どもの年齢や家庭内での役割に応じて異なる。要約すると，「同じ」家庭で育ったきょうだいもそれを異なるように経験しているため，心理的には同じとはいえないのである。

　そのような経験がどのように異なるかによって，結果の違いにつながることを追跡した研究は，まだ端緒についたばかりだが，すでにいくつかの関連がみえてきた

(Reiss et al., 2000)。この関連のほとんどは，親子葛藤のような問題ある育児上の側面と，後の反社会的行動のような好ましくない結果との結びつきである。また，一卵性双生児のそれぞれに対する親の否定的な態度における違いと，抑うつや反社会的行動といった指標にみられる青年期の不適応との間で，関連が中程度の強さをもつと報告されたことは，特に興味深い（Reiss et al., 2000）。明らかに，この違いは遺伝要因によるものではなく，非共有環境によるものであるといえる（Pike et al., 1996）。一般的には，例えば愛情のような育児上の望ましい側面と，良好な適応との間には弱い相関がみられるようである。

子どもの非共有環境とパーソナリティ尺度との間の相関は，昔からある「タマゴが先かニワトリが先か」の問題を考えさせることになる。つまり，影響の方向の問題である。親の育児がよくないことが，パーソナリティにおける望ましくない結果を引き起こすのか。それとも例えば，より扱いが難しいきょうだいにより厳しく対応するように，他のきょうだいよりもある子どもに，特定のパーソナリティへの反応として，よくない扱いをするのか。もし後者であるなら，きょうだいが受ける異なる扱いは，それぞれの子どもの異なる遺伝子に部分的には起因するといえるだろう（Plomin, 1994）。言い換えれば，きょうだいに対して親の扱いが異なることは，きょうだい間で，パーソナリティも含めて，遺伝の影響が異なる可能性が出てくることになる。

［家族外の非共有環境の影響］

非共有環境は，家族内できょうだいが独自に経験したものの差も含んでいる（表5.6参照）が，それよりもはるかに範囲が広い。非共有環境の最も重要なもののいくつかは，成長につれて拡大する世界と相互作用するようになって，家族外で体験する経験である。それは特に，仲間との関係や学校や遊びの中で起こる。このやりとりの中で，同じ家庭で過ごしているきょうだいでさえ，友人関係は非常に異なり，異なるタイプの社会的サポートに出会い，その過程で，異なる教育，職業，対人経験や出来事を体験しつつ，人生や生活を送ることになる（Plomin, 1994）。さらに，偶然の出会いや体験と同様に，事故や病気のような要因のせいで，きょうだい間で重大な差が開き始めるかもしれない（Dunn & Plomin, 1990）。このような出来事は最初のうちは比較的重要でないが，雪だるま式に増大し，年を経るにつれ，後年には大きな差に膨れ上がる。

要約すると，パーソナリティの発達に影響する環境的な要因は総じて，家族全体ではなく，個人単位に作用する。すでにみたように，非共有環境における特定の原因を突き止める試みによると，きょうだいの経験は実質上異なるように思われる。子どもを育てる両親の態度や，親の婚姻状況のような一見すると共有環境と思えるものでも，同じようには経験されず，実際，それぞれのきょうだいで異なって受けとられるのである。このことは，パーソナリティに対する環境の影響は，ある家族の子ども全

員に普遍的なものというよりは、それぞれの子どもに特異的なのだということを示唆している。それぞれの子どもが、特定の家族メンバーを含む比較的特異的な環境の状況と相互作用するものとして、それぞれ分析単位とならざるをえない。パーソナリティ発達における環境の影響は、主として非共有環境によって左右され、同じ家族で育ちながらも、お互いに異なる存在となるわけである。

■ 氏や育ちの影響にみられる相互作用

遺伝的な影響の表現型と、個人が経験する状況や出来事とは、絶え間なく複雑に相互作用している（例：Rutter, 2006; Rutter et al., 1997）。この相互作用のせいで、遺伝と環境の影響がそれぞれどのように寄与しているのかを分けることは難しい。なぜなら、この相互作用は実質的に不可分だからである。

例えば、別々に育って成人した一卵性双生児が、彼らの育った家庭環境を評定したものは、別々に育った二卵性双生児よりも似ている（Rowe, 1981, 1983）。仮説としては、このことは少なくとも二つの理由から起こりえたと考えられる。第一に、一卵性の双生児が別々に育ったとしても、自分の経験を知覚して解釈するやり方が似ていたからかもしれないということである。第二に、同じく重要なのだが、例えば、外見、能力、器用さ、気質のように、二人が遺伝的に影響され、共有している特徴のせいで、周囲から同じように扱われた可能性が考えられる（Plomin, McClearn, Pedersen, Nesselroade, & Bergeman, 1988）。同じように、家族環境を越えて、遺伝的に似ていることで、仲間のグループの中（Manke, McGuire, Reiss, Hetherington, & Plomin, 1995参照）、教室の中（Jang, 1993）、仕事で働く職場の中（Hershberger, Lichtenstein, & Knox, 1994）で経験する環境も似ているかもしれない。これは、子どものころの事故への遭いやすさや病気のかかりやすさ（Phillips & Mathews, 1995）、トラウマの経験（Lyons et al., 1993）、薬物問題（Tsuang et al., 1992）といった他の人生・生活上の出来事にも影響を与える。

経験に対する遺伝の影響の中で、たぶん最もはっきりとした証拠は、しばしば弱いものではあるが、そのような遺伝の影響を示す観察研究によるものであろう。観察であるから、それは単に自己報告や質問紙だからみられたのではないことがはっきりしている。例えば、HOME（Home Observation for Measurement of the Environment）は、観察と面接を交えた家庭環境の尺度として広く使われている（Caldwell & Bradley, 1978）。両親の反応性や、発達することを後押しするといった家庭環境の側面を測定するものである。この尺度を用いた養子研究では、それぞれの子どもが1歳のときと2歳のときの家庭環境が測定された（Braungart, Fulker, & Plomin, 1992）。同じ家庭に養子として迎え入れられた遺伝的には何の関連もない「養子のきょうだい」と、養子ではなく遺伝的に関連のある「血のつながったきょうだい」のHOMEにおける相関

表 5.7 血のつながったきょうだいと養子のきょうだいの，1歳と2歳におけるHOME得点の相関

環境の尺度	きょうだい間の相関	
	血のつながっている	養子
1歳	.74	.52
2歳	.37	.20

注：養子＝遺伝的に関連がなく，同一の家庭に養子となった。血のつながっている＝遺伝的に関連があり，血のつながっている家庭。
[出典：Braungart, Fulker, & Plomin（1992）]

が比較された。HOMEの得点は，1歳のときでも2歳のときでも，養子のきょうだいよりも血のつながったきょうだいのほうが類似していた。このことから，遺伝がこの測度に影響を与えていることが示唆される（表5.7参照）。

　もう一つの観察研究では，オカナーら（O'Connor et al., 1995）が，思春期の子どもとその母親か父親が，親と子どもの二人の間にある問題や対立を10分間話しあっているやりとりをビデオに撮影して観察を行っている。思春期の子どもの参加者には六つのグループが含まれていた。一卵性双生児，二卵性双生児，離婚していない家庭における同父母のきょうだい，異父母のきょうだい，そして養子家庭におけるきょうだいである。高度な統計学に基づく遺伝率の推定によって，母と父のそれぞれとの肯定的なやりとりも否定的なやりとりも，統計的に有意な遺伝の影響を受けていることが明らかとなった。これらの研究を総合すれば，例えば親とどのようにやりとりをするかなど，社会的環境で受ける扱いに対して，あたり前ではあるが，子どもが遺伝によって得たものが大きな影響を与えていることを示している（フォーカス5.4参照）。

フォーカス 5.4

氏（遺伝）か育ち（環境）かでなく，遺伝と環境と――両方とも重要

　フランシスと共同研究者たち（Francis et al., 2003）は，妊娠中の母ネズミ（マウス）の環境が，生まれた子どもの抑制的行動にどのように影響するのか研究する重要な実験を行った。マウスを研究対象にすることのメリットは，人とマウスのゲノムは共通するところが非常に大きいが，遺伝と環境について研究することはマウスで可能だが，人間対象の実験はできないことである。

　研究者たちは，違った社会的行動のパターンをとる，二つの系統のマウス，B6とBALBを使った。BALBマウスに比べ，遺伝的にB6は有意に新奇性探求傾向が強く，

恐怖反応が少ない。遺伝的には同一の恐れを知らず新奇性探求傾向の強いB6が，恐怖反応が強い母マウス（BALB）と同じ環境に一緒になったとき，どう行動するかを調べたのである。B6の何匹かは，受精してすぐの段階で胎児として母マウスの中に移植され，他は生まれた直後に母マウスのもとに行った。これらのマウスは，生物学的に実の母親に育てられたB6とBALBマウスたちと比較されたのである。

この研究で実験群のB6マウスはどれも，遺伝子的にはまったく同一であったけれど，BALB母の胎内に胎児として移植され，そのまま母と一緒にいたB6は，統制群のBALBとほぼ同じように行動した。これらのマウスは，恐れ知らずのマウスと遺伝子的に同一なのだが，臆病なBALB母の胎内で育ち，生まれた後に育てられると，行動的にずっと抑制的で，強い恐怖反応を示すようになっていた。それに比べ，B6母のもとへ，妊娠中あるいは出産後に送られたB6は，統制群のB6とほとんど同じように行動した。つまり，ずっとより探索的で，恐れを知らないようであった。この研究は二つの重要な論点を提供している。すなわち，①遺伝的な素質は個体の行動の強力な決定因であり，②個体が成長するとき，母親という環境はその行動が表現されるにあたり，重要な影響を与えるということである。

■ 遺伝子は環境にも影響を与える

遺伝要因はいくつかの理由で，人が経験する環境に貢献するかもしれない（Plomin et al., 1997; Rutter et al., 1997）。まず人は，親族が部分的にはその人のためにつくった環境に出会う。例えば活動レベルをとってみても，遺伝的な要素が含まれているようであり，ある程度は子どもと両親との間で共有される（Saudino & Plomin, 1996）。最初から，両親は自分たちの子どもの初期環境のさまざまな側面をつくりあげ，自分たち自身と子どもの遺伝的な傾向に合致するようなやり方で，初期環境をより刺激的なものにしたり，活動にあふれるものとしたり，あるいは，より落ち着いたものとしたりする傾向にある。よって，過度に活動的な子どもは活動的な両親をもつ傾向にあり，両親をモデルとし，活動性が高いことに報酬が得られることから，その両親は遺伝子と同時に，高い活動性の発達につながる環境も提供しているのである。

次に，遺伝によって影響された個人の特徴は，他の人々がその個人に反応するやり方に影響を与える。例えば，過度に活動性の高い子どもは，仲間から好ましい反応を得るかもしれないが，逆に学校の先生からは否定的な反応を得るかもしれない。

三つめに，これが最も重要なのだが，個人は，遺伝的に影響された傾向や性質に合致するやり方で状況や社会的環境を積極的に探し求め，つくりあげる。過度に活動的な子どもは，積極的に活動性の高い友人や活動を選ぶことで，高いエネルギーの環境をつくりだす傾向にあるのに対し，あまり活動的でない子どもは自分の環境を，よりエネルギーを必要としないものにしていく傾向が考えられる。自分自身がいる状況を選択し，つくりあげていく自己指向性（自分にものごとを合わせる）のプロセス（過

程）は，パーソナリティの最も中心となるものである。個人のもつ傾向と環境が互いに影響しあうタイプの，文字どおり力動的な，人と状況の相互作用が起こる場の中心となっている。

いくつもの経路で遺伝が環境に強い影響を与えていることを考えれば，この研究分野において，遺伝要因がしばしば環境の測定に大きく貢献していることがわかる。しかし遺伝要因が，私たちが経験して選択している環境に影響を与えていることが明らかでも，効果は複雑で，直接の遺伝的影響は単に分散の変動因の一つでしかなく，そのほとんどを説明していない。

以上のような知見は，環境や遺伝がそれぞれ別々に個人に対してどのような影響を与えているか考える受動的なモデルを捨て去り，人と環境の相互作用モデルに移行する必要があることを示唆している。この相互作用モデルは，人が自身の環境を選び，改変し，つくりあげていく積極的な役割をもつことを認めている。このプロセスには，個人が発達の過程で自分の世界に関与していくのにつれ，一部は遺伝に一部は環境に影響されている個人の性質と状況との間に生じる，連続的な相互作用が含まれている。そのような相互作用は，遺伝研究における最も重要な質問が環境に関連し，環境研究における最も重要な質問のいくつかが遺伝のことを問うていることを意味している（Rutter et al., 1997）。

そのような相互作用がどのように出現するかに関するよい例が，年齢が3歳，4歳，7歳の9000組以上の双生児たちで，遺伝と環境の影響を調べた研究である（Knafo & Plomin, 2006）。子どもたちの遺伝によって影響された特徴が，親の気分やしつけの方法に重要な影響を与え，結果としてそれが，他を思いやるか，それとも利己的かという，子どもの向社会性に影響を与えていた（Knafo & Plomin, 2006）。研究者たちは，共感性が高く向社会的に行動するとみられている子どもの場合，親がその子に対して肯定的な気持ちをもつ傾向にあることを見いだした。そういった親は子どもに対し，より温かく接し，話して説得しようとし，子どもの自律性を尊重して，親の権力を押しつけようとしない。このような知見は，子どもの特徴と，親の子どもに対する気持ちや，養育態度と実践は，すべてが相互作用し，お互いに影響しあっていることを示唆し，そのことは，パーソナリティの発達において，遺伝子と社会的影響の多数が，密接に働きかけることを反映している。

生物的プロセスと心理的プロセスの相互関係は，どのレベルの分析においても明らかである。分子レベルであってもはっきりしている。脳内のシナプスは新しい学習が起こったときに物理的に変化する。この相互作用の中で，長期記憶に不可欠の新しいタンパク質を生成するために遺伝子のスイッチが入る。その長期記憶の中には個人の歴史が保存されている。さらに，例えば幼児期における活動レベルやエネルギーのレベル，情緒性，社交性といった気質の性質において（Buss & Plomin, 1984），比較的

小さな遺伝的な違いであっても，これらの源から発した，広汎で永続する行動傾向を形づくる生物学的な基礎となりうるのである（Kagan, 2003）。

例えば気質的に活動的で，エネルギーにあふれる子どもは，より活発に，激しく自分の環境を探索し，相互作用する傾向にある。そしてその環境は，危険とフラストレーションと同様に，意欲をそそる課題と報酬を矢継ぎ早に提供するだろう。不慣れなところは探索せず，気質的に内気な傾向のある子どもに比べ，時にはずっと攻撃的になりがちである（例：Daniels et al., 1985）。脳内の特定の部位において，神経活動が活発化するかどうかの限界値における遺伝的違いは，内気さのような行動に影響を与える（Kagan, Reznick, & Snidman, 1988）。敏感さと感覚刺激による生理的反応の強さにおける遺伝的違いは，部分的には，外向型よりむしろ内向型となる素因をつくる（Stelmack, 1990）。逆に内向型は，外向型が自分のために望んで積極的に探していくようなタイプの社会的刺激を，外向型よりも避ける傾向があるのかもしれない（Plomin, Manke, & Pike, 1996）。

■ 特定の遺伝子と行動のつながりについての研究

最近発見された，パーソナリティ特性における遺伝子の影響に関する証拠に基づいて，この分野の先頭をいく研究者たちは厳密さを求め，特定の性格とつながる特定の遺伝子を見つけようとしている。遺伝の影響がパーソナリティにとって重要であることを証明することより，さらに進んだ研究である。

初期の研究では，特定の遺伝子の欠損が，精神疾患のような，さまざまな異常状態と関連していることが示された。フェニルケトン尿症（**PKU**）がその例である（表5.8参照）。PKUは，遺伝子の異常から，通常の代謝に必要な酵素を生成しないという遺伝性の疾患である。この酵素の欠損のため，体内に毒性の化学物質が蓄積され，中枢神経に損傷を与えて，精神発達遅滞を引き起こす。PKUの診断は現在では生後すぐに可能で，高い成功率の治療が工夫されている。子どもは，毒性の物質が血中で増えるのを防ぐ特別な治療食を与えられる。他の精神疾患も，根底にある生物学的・生

表 5.8　染色体・遺伝子異常の二つの例

疾患名	説　明	原　因
ダウン症候群	重度の精神発達遅滞 身体的特徴：小頭蓋，まばらな毛髪，低い鼻，溝状舌（舌表面の溝が多い），肉厚のまぶた，短い首	21番染色体が1本多く，3本になっている 母親の高齢出産との関連が指摘されている
フェニルケトン尿症（PKU）	生後すぐに処置しなければ精神発達遅滞となる	ある酵素を産出する遺伝子が欠失している

5章 遺伝とパーソナリティ

理学的メカニズムがわかれば，同じように効果的な治療が可能になるであろう。

心理的な特徴は，個人の特定の遺伝構造によって決定されることもある。例えば体細胞にある21番染色体が1対で発生する代わりに3本あると，ダウン症候群を発症する（表5.8にあるように，時に重度の精神発達遅滞を引き起こす）。妊娠中の母親の子宮から羊水を取りだすことで，医者や両親となる人たちは，成長している胎児がこの染色体異常をもつかどうかを前もって知ることができる。この検査は35歳以上の妊娠した女性に対して日常的に実施されている。なぜなら，この年齢群の女性はダウン症候群の子どもを生む確率が高いからである。（訳注：日本では現在，検査を行うかどうかの判断は産科の主治医に任されている。）

パーソナリティと遺伝子を結びつける，将来性のある例として，あるドーパミン受容体が新奇性の追求と関連しているという報告が二つの研究でなされている（Benjamin et al., 1996; Ebstein et al., 1996）が，同じ遺伝子が多動性と関係しているという結果を他の研究者が報告している（LaHoste et al., 1996）。このような発見は，遺伝子研究者を興奮させるかもしれないが，解釈にあたって十分に注意すべきであり，決定的というよりは仮説として，関連を示唆するくらいのものとして扱われるべきであろう。

このように慎重になるのは，過去に指摘されたパーソナリティと特定の遺伝子の間での関連が再現できなかったからである。例えば，神経症傾向と化学的神経伝達物質であるセロトニンの機能に重要な役割を果たす遺伝子との間の関連である（Lesch, Bengel, Heils, & Sabol, 1996）。他の二つの研究では，結果を再現できなかった（Ball et al., 1997; Ebstein et al., 1997）。たぶんこのような懐疑的な事例より重要なのは，パーソナリティ特性は実際には非常に複雑なパターンをもっていて，特定の遺伝子と行動とのつながりには，おそらくほんのわずかな影響しか与えていない（Plomin, Owen, & McGuffin, 1994）ということである。パーソナリティにおける遺伝の影響は多くの遺伝子の作用を含んでおり，ある一つの主要な遺伝子が直接の影響を与えているのでなく，それぞれが少しずつ影響を与えているのである。

この高度の，しかしあたり前といえばあたり前の複雑性を考えれば，人間では実施できないが下等動物の遺伝子を解明するために将来的に有望な手法を使うことも可能であろう（Plomin & Saudino, 1994）。例えば，そのような動物研究においては，行動にどのように影響を与えるかを知るために，「ノックアウト」とよばれる，ある特定の遺伝子を変化させる強力な方法を使うことができる（Capecchi, 1994）。例えばマウスでは，破壊されると恐怖を感じたかのように行動する結果を生じる，いくつかの遺伝子が特定されている（Flint et al., 1995）。また予測されたことであるが，ある重要な神経伝達物質の生成（Saudou et al., 1994），もしくは酵素の生成（Nelson et al., 1995）にかかわる遺伝子をノックアウトすると，マウスはより強い攻撃性を示すようになっ

た。このことの限界はもちろん，マウス研究から得られた結果を人に一般化するのは難しいということである。しかし，分子遺伝学での発見にはわくわくするような可能性があり，ヒトへの関連を考えることができ，いずれパーソナリティに一般化することも可能であろう（Hamer & Copeland, 1998）。これはまだ書かれていない物語だが，しかしここ数年のうちに明らかにされるだろう。

■ 因果のメカニズムにおける神経伝達物質系の役割

　上で論じたように，遺伝と環境の影響は，常に密接な相互作用の形である。ここで，次のような疑問が生じる。この相互作用の根底にある因果のメカニズムは何なのだろうか。細胞生物学的なレベルにおける分析において，この疑問に答えるため，研究者は「神経伝達物質系」の根底にある遺伝的な違いが，どのようにしてパーソナリティ特性や行動パターンの変動性と結びついているのかを調べようとしている（例：Grigorenko, 2002）。

　神経伝達物質系は，化学的な受容体と神経伝達物質によって，信号を検出して反応する機能を実行することで，相互にやりとりを行っている生理的な経路である。個々の神経伝達物質における変動性は，対応する遺伝子の変異体によって規定されている。神経伝達物質系は九つあるが，生化学的機能を基礎にしているので，ある系は他の系よりも心理的な機能を実行することにより強く関連していると考えられる。一般にパーソナリティ心理学者は，行動の機能に関連する三つの主要な系，すなわちドーパミン系，セロトニン系，GABA（ガンマアミノ酪酸）系に注目してきた。

　研究者は，ある行動パターンが特定の遺伝子変異型とどのように関連しているのかを分析してきた。最初は，特定の特性や行動特徴と，特定の遺伝子変異型との間にある，直接的な一対一対応の相関を見つけることを目指していた。そのような研究では，これまでにはっきりとした結論が出されていない。直接的な相関を示すように思われた多くの実験が再現できなかったのである。神経伝達物質系が行動パターンの表現と関連していることは明らかであるが，これらの神経伝達物質系が行動の特徴に影響を及ぼすとき，単独で作用する必然性はないこともはっきりしている。実際に，最近の研究では，さまざまな神経伝達物質系が一緒になって非常に緊密に働いており，以前にある特定の神経伝達物質系に起因すると考えられていた多くの行動機能が，本当は二つ以上の系の相互作用によるものであることが明らかとなってきた。

　神経伝達物質系と，その機能に影響を及ぼす遺伝的変異型について，次第に理解が深まりつつあるなかで，遺伝子と行動の相関を見いだす作業は，最初に考えられていたよりも簡単にはいかないことは明らかである。遺伝子の発現とパーソナリティ表現型の発現との間にある相互作用は複雑である。研究者は特に，人間の行動の根底にある遺伝的変異型は，遺伝子レベルにおける足し算や相互作用の要因だけではなく，そ

の人の周囲を取り巻く環境の特徴にも影響を受けていることを考慮に入れなければならない。

　ここで，遺伝子とパーソナリティについての研究を総合的に検討した論文（Grigorenko, 2002）を詳しくみてみよう。そこで見いだされたのは，近年，基本的に幅広く受け入れられてきた前提のいくつかに疑問を投げかけるものである。遺伝要因が一卵性双生児の類似性に多く寄与しており，家庭すなわち環境はなんら重要な役割を演じていないという，この章の前半で検討を加えた主張を考えてみよう。グリゴレンコ（Grigorenko, 2000）は，そういえるかどうかは，時と場合，条件によるとはっきり結論づけている。彼女は，700以上のロシア人家族を対象に行動と遺伝の関連について実施された最近の研究に言及している。そこでは，共有された家庭環境の要因が，研究された特性の大部分において，有意に分散に寄与していることが示された。対照的に，サンプルの中でかなり大きな部分を占める，少なくともどちらかの片親に犯罪歴のある218家族で，15の特性のうち13において，遺伝的要因が分散に有意に寄与しなかったという注目すべき結果が示された。なぜだろうか。

　この一見不可解な結果については，適切な生物学的理由が考えられる。ここで考慮しなくてはならないのは，神経伝達物質系がお互いに相互作用していることである。パーソナリティの特徴は，一つの神経伝達物質系の働きを反映して決まるものではない。遺伝子の発現と，表面レベルの行動特徴は，それぞれずっと安定しているものではなく，成長展開するときに変動する傾向があって，環境状況との相互作用の中で，さらに複雑性が増す。

　このことすべてから得られる，パーソナリティを学ぶ者への根本的なメッセージは，私たち自身の生化学的な特徴とパーソナリティの特徴との間にあるつながりが，システム内とシステム間の両方で起きている相互作用を反映しているということである。相互作用であって，単純な一方向の因果関係ではない。このメッセージと非常によく似たものが，特性レベルでの分析における「人と状況の論争」の議論を検討したとき（4章）にも出てきた。これらのことが意味するのは，特定の遺伝要因と，ビッグ5に代表されるようなパーソナリティ特性のさまざまなカテゴリーの間に，単純または直接の関係はなさそうだということである。このように，ほんの数個の遺伝子が，例えば「開放性」といった性格に寄与していると期待することなどは，おそらく正当化できないであろう。それに対し，フォーカス5.5に詳述されているように，抑うつや自殺傾向などといった，パーソナリティに関連する重要な結果を生みだす発達の経過に，遺伝的な体質がどのように環境的要因と相互作用を起こしながら影響を与えているのかを示す，刺激的な研究もある。

フォーカス 5.5

生物学的要素と環境のもたらすストレスの相互作用と抑うつの発達

　同じ種類のストレスに対し，なぜある人たちは他の人たちより抑うつが生じ，自殺しやすいのだろうか。カスピと共同研究者たち（Caspi et al., 2003）は，この変動性を説明するために生物学的基礎をもつ個人差を検討した。過去の研究から，ストレスが多い人生や生活上の出来事，例えば喪失，屈辱，脅威などが抑うつを発症させる可能性を高めることがわかっている（例：Brown, 1998; Kendler, Karkowski, & Prescott, 1999; Kessler, 1997; Pine, Cohen, Johnson, & Brook, 2002）。それに加え，個人の遺伝的資質が抑うつへの脆弱性に影響を与える（例：Kendler et al., 1995）。これらの知見をふまえてカスピらは，個人がストレス下でうつ病を発症する傾向性に影響を与える特定的な遺伝子上の個人差を見つけようとした。

　研究者たちは個人を落ち着かせ，満足感を強めるように働くと考えられている神経伝達物質セロトニンを運ぶ働きをする遺伝子 5-HTT に注目することにした。人によっては，この遺伝子の働きが弱く，セロトニンの運搬が効率的でない。この遺伝子の異なったバージョン，すなわち遺伝的変異型の違いは長さであり，長さが短い変異型は，長いものよりセロトニンの運搬が効率的でない（Lesch et al., 1996）。もしかしたら，働きの悪い遺伝子をもつ個人が，ストレス下においていつまでも不安であったり恐怖を感じたりしているのかもしれない。このような仮説から，研究者たちはこの遺伝子の効率性と環境ストレッサーとの交互作用を予測した。具体的には，短い変異型をもつことで 5-HTT 遺伝子の働きが悪い人たちが，そうでない人たちよりも，うつ症状を発症する可能性が高いはずである。

　3 歳から 26 歳までの発達の前方視的研究を実施して，研究参加者の生活上のストレッサーと行動について，たくさんの指標を定期的に測定した。人生・生活史カレンダーを用いて，信頼性のある人生・生活史を測定することで，21 歳から 26 歳の誕生日の間に起きたストレスが高い出来事について評価した。このとき測定された出来事には，仕事や収入上の苦労や，住居，健康，対人関係のストレッサーなどが含まれていた。この研究で報告されたストレスが高い出来事の数に，遺伝子変異型との関連はみられなかった。しかし予測されたように，ストレスが高い出来事を同じだけ経験していても，効率の悪い遺伝子をもった人は，効率的な遺伝子の人よりも，ずっと頻繁に，うつの症状，うつの診断，そして自殺行動を起こしていた。遺伝子と環境の交互作用についての追加の分析によって，効率のよくない遺伝子の人の 21 歳のころに起きたストレスが高い出来事は，26 歳のときのうつの診断を予測することがわかった。研究者たちはもっと研究が必要で，再現性も確かめなくてはならないと賢明にも注意を喚起しているが，彼らの研究は人生・生活上のストレスに対する個人の反応は，その人の遺伝的資質によって調整されているという議論の予備的な証拠を提供している（Caspi et al., 2003, p. 386）。

　2002 年に実施された関連する研究において研究者たちは，大人になってからのストレスが高い人生・生活上の出来事だけでなく，それ以前の発達段階での出来事の影響も，特定の遺伝子の欠陥によって調整されているかどうかを検討した（Caspi et al., 2002）。

5章 遺伝とパーソナリティ

その結果わかったことは，MAOA遺伝子における欠陥と，10歳になるまでに起きた幼児期の虐待の交互作用が，大人になってからの攻撃や反社会的行動を予測することであった。この遺伝子が正常に働いていると，人間の興奮や攻撃を増加させることと関連があると一般に考えられている神経伝達物質（例：ノルエピネフリンやドーパミン）の働きを抑え，その結果として，興奮のレベルを下げ，例えば暴力的に行動する可能性を低めるのである。この交互作用が示しているのは，幼児期の虐待が大人になってからの暴力や反社会的行動を予測するが，それは働きの悪い遺伝子をもっている人についてのみ，いえることである。

■ 人と状況の相互作用における遺伝と環境の影響

環境だけでなく遺伝子においてもまた，この本の前半の章で議論した人と状況の相互作用パターンや「～なら～に」というパーソナリティ兆候に，相互的なやりとりが反映されている。この兆候は，遺伝と環境の両方の影響を反映しており，特定タイプの行動は，それぞれ影響される程度に違いがある。先に解説した成人した双生児のサンプルによる初期の研究は，不安性という特徴については，遺伝要因が人と状況の相互作用パターンに大きく影響しているのに対し，支配性は共有されたきょうだい環境の影響が強い（Dworkin, 1979）ことを示している。そのような結果は，個人の行動は，いくつかの異なる状況において，その人の特徴を表し意味あるパターンを示すという一般的な結論についても，それが部分的に遺伝の影響を反映しているという見方を支持するものである。

より大きなサンプルを対象としたものや，他の手法を利用したものなど，最近の研究は，同じ基本的な考えについて，さらに進んだ，より強固な証拠を提供している（Cherney et al., 1994; Plomin et al., 1997, p. 202）。以上の議論が意味することで重要なのは，遺伝の影響は単にある特定の特性を人がどれだけ「もっているか」といったような，単純な形で表現できないということである。特性に関連した行動が特定タイプの状況との関連で典型的に表現されるという，特徴的なパターンにも遺伝は影響を与えている（Borkenau et al., 2006; Mischel & Shoda, 1995; Wright & Mischel, 1987, 1988）。

■ 社会環境が遺伝子の発現，脳，そしてパーソナリティを変化させる

パーソナリティに対して遺伝という視点からアプローチする研究者は，高い遺伝性をもつ特性であっても，完全に表現されずに抑えられ，制限される可能性があることを認めるにやぶさかでない。例えば，人間の成長や最高身長は，発達段階での栄養や疾病に影響されるということを知っている。しかし，遺伝と環境の相互作用に言及したとしても，それを二方向の相互に影響しあうプロセスとしてみていないことが多い。明らかに，極端な放射線ないしは他の生化学的影響が遺伝子に変異を起こすよう

な場合を除き，ふつうの社会環境と生活圏での経験が，DNAの構造にまで影響を与える可能性はない。その意味で，これらの分析における，遺伝子と環境との間の相互作用は，遺伝子から環境への一方向の影響プロセスを意味することになってしまう。その中で遺伝は，遺伝的構造は何も変わらず，経験された環境に対し，さまざまなルートをたどって強い影響を与える。

　しかしそれでも，社会‐心理的な環境は，遺伝子の発現に影響を及ぼしうると同時に，実際に影響を及ぼしていることも事実である。この段落を読んだだけでも，神経伝達物質のDNA転写率が上昇する。そして，環境の影響は脳内で，すなわち脳細胞そのものにおいて，神経回路の接続を変化させる。このような形で，DNA構造が変わらなくても，生物学・生理レベルで体内での安定した変化を引き起こす。この事実は，例えばストレスが実際に，高次の精神機能の基礎となる脳構造である海馬のサイズを減少させる知見にも表れているように，明らかなことである（Sapolsky, 1996参照）。

■ ストレスは脳によくない

　サポルスキー（R. M. Sapolsky）は，持続するストレスが，値が高いと健康に悪影響を及ぼす化学物質である糖質コルチコイド（GC）を増加させることを示した研究を総合的に検討した。この結果と呼応して，彼はまた（Sapolsky, 1996），ネズミ類の研究から，過度のGCにさらされると，脳が傷つけられ，特に学習と記憶に重要な役割をもつ脳構造である海馬に望ましくない影響を及ぼすことを示す研究を報告している。うつ患者の研究でも（図5.2参照），この脳構造の量が有意に減少し，うつが長引けば長引くほど脳萎縮はさらに進むことを示した（Sapolsky, 1996）。さらに，例えば

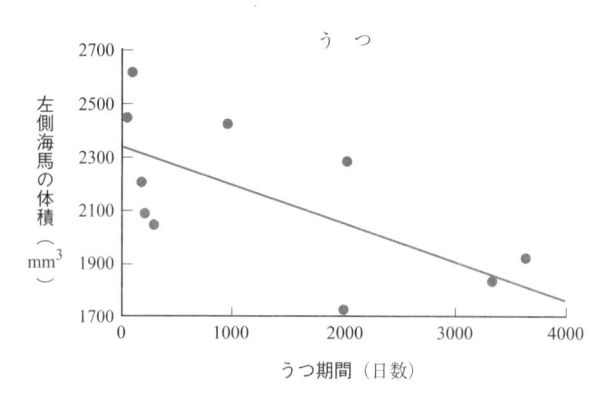

図5.2　大うつ病の病歴をもつ個人にみられる，海馬の体積とうつ期間との相関
　　　［出典：Sapolsky（1996）］

5章 遺伝とパーソナリティ

戦争中の戦闘での恐怖体験による心的外傷後ストレス反応に苦しむ退役軍人は，より高レベルのGCにさらされたことを示すだけでなく，脳の両側にある海馬の実質的な減少を示していた。

要するに，社会環境が遺伝子の構造に影響を与えなくとも，遺伝子の発現，脳，そしてパーソナリティに影響を与える。この章の他の節で検討したように，状況と環境の文脈において安定した関係の中で，状況と環境は主に人がどんな経験をして何をするかに影響を与える。状況が安定したままなら，社会行動の特徴的なパターンも安定している。状況が変化すれば，行動パターンも予想可能な形で変わる（例：Mischel & Shoda, 1995, 1998）。先ほど示したように，ストレスのレベルのような環境における事象は，行動や経験に特に強く影響を与えるだけでなく，脳細胞どうしの接続，すなわち脳の構造も変化させる。人と環境の相互作用は双方向のやりとりであり，人の特徴が環境を部分的に変えるように，その相互作用の中で，人の特徴は時がたつにつれて変化する（Rutter et al., 1997）。

まとめると，環境，遺伝，そして脳の影響は，絶え間なく続く相互作用である。この相互作用は，私たちが感じることやすることに影響を与え，それがさらに次の変化を生みだす。遺伝子，脳，そして環境の相互作用についての今後の研究での課題は，遺伝子，脳，行動の間に横たわる，複雑でダイナミックなプロセスを明らかにすることになるだろう。

☑ 要　約

パーソナリティの遺伝的基礎

- 多くの研究で，パーソナリティに対する遺伝子の影響は，以前に信じられていたよりもずっと重要なものであるという根拠を見いだしており，それは特に情緒性，活発さの程度，社交性といった気質においてよくみられる。
- 双生児研究は，一緒に育てられた双生児と別々に育てられた双生児で，一卵性と二卵性の双生児との間での類似度を比較することによって，遺伝と環境の別々の役割を検討する。
- これらの研究では，自己報告式のパーソナリティ質問紙への回答において，一緒に育てられた一卵性の双生児で .50 程度の相関があり，二卵性双生児で .25 程度の相関を一般的に示す。別々に育てられた一卵性の双生児では，ほんのわずかに相関が下がる。自己報告によるパーソナリティの個人差の約 40％〜50％は遺伝による違いに帰せられるだろう。
- パーソナリティにおけるほとんどの双生児データは自己報告式のパーソナリティ質問紙によるもので，批判を受けやすい。しかし，近年の双生児研究で，仲間による評定のような測度や，観察によるような測定であっても，強い遺伝の影響を示している。
- 推定遺伝率の意味とその使い方，間違った使い方について，この章（特にフォーカス5.3）で議論されている。

遺伝子と環境の相互作用

- パーソナリティの発達に非共有環境は重要な影響を与え，同じ家族の中で育つ子どもたちも，それぞれ異なるようにそれを体験する。
- どんな経験をするか，どんな環境で経験するかの個人差は，部分的に遺伝要因に影響されている。その遺伝要因はいくつかの経路を通じて個人差に影響を与える。ある人のパーソナリティは，遺伝だけでなく環境にも影響されているが，逆にその人が成長する過程で，選択し，影響し，つくりあげる状況にも影響を与える。
- 遺伝の要素が強い特性であっても，社会環境の種々の側面によって，その発現が抑えられ，制限される。しかし，社会環境が遺伝子の構造に影響を与えないとしても，脳を変化させ，生物学・生理レベルで安定した変化を起こす。
- 安定した人と状況の相互作用パターンは遺伝と環境の影響の両方を反映している。

☑ 重要な用語

一卵性双生児，遺伝子，遺伝的変異型，活発さ，気質，共有環境（あるいは家庭環境），行動遺伝学，社交性，情緒性，情緒反応性，神経伝達物質系，推定遺伝率，双生児法，ダウン症候群，二卵性双生児，非共有環境（あるいは固有環境），ヒトゲノム，人と状況の相互作用パターン，フェニルケトン尿症（PKU），抑制性

☑ 考えてみよう

1) ヒトゲノムとは何か。それはどのようにして人間の類似性と差異に寄与しているか。
2) 異なった人種の他人どうしは，どのくらいDNAが共通しているのか。
3) 環境がDNAを変えるのか。
4) ハチの例は，DNAの内容が発現することに環境が影響することを，どのように示しているのか。
5) 双生児研究はどのようにしてパーソナリティの遺伝的要因に光をあてるのか。
6) 一般に双生児研究は，他の特徴に比べたとき，パーソナリティにおける類似度について，どんなことを見いだしているのか。
7) 双生児研究において，遺伝要因は気質にどれほど強く影響しているのか。なぜその結果を解釈することが困難なのか。
8) 抑制傾向の遺伝性について，ケイガンは双生児研究をどのように使ったのか。
9) 遺伝要因によって態度はどれほど強く影響されているのか。どのような態度が最も強く影響されているのか。
10) 一緒に育てられた双生児と別々に育てられた双生児を比較することの特別な価値はどこにあるのか。
11) 遺伝率を査定するため，自己報告式の尺度を使用する際に生じる問題点は何か。
12) どのようにして推定遺伝率は計算されるのか。そのような推定値が意味するのはどのようなことか。
13) 双生児研究から得られた推定遺伝率と養子研究から得られた推定遺伝率とを比較しなさい。
14) 家庭内における共有環境と非共有環境とを区別しなさい。

5章　遺伝とパーソナリティ

15) 環境要因と遺伝要因の間での因果関係を解釈するのは，なぜ難しいのか。
16) 家庭内の経験に対する遺伝の影響に関して，研究結果は何を示唆しているのか。
17) 勇敢な，そして臆病なネズミの研究は，発達において，状況要因が重要な役割を果たすことを，どのように検証したのか。
18) 非共有環境要因に遺伝要因がどのように影響を与えるのか，いくつか述べなさい。
19) 研究者は特定の遺伝子とパーソナリティ変数を結びつけることができたのか。
20) グリゴレンコの遺伝とパーソナリティについての展望的検討の結果は何か。彼女はどんな結論に至ったのか。
21) 遺伝要因は，人と状況の相互作用にどのように影響を与えるのか。
22) 若者の抑うつと自殺行動における5-HTT遺伝子の役割を，研究者たちはどのように研究したのか説明しなさい。
23) 環境は遺伝子を変えられるのか。ストレス研究からの成果を引用しなさい。

6章

脳，進化，パーソナリティ

6.1 脳とパーソナリティのつながり

　私たちの種は，個人の生き残りや子孫づくりの成功に結果的に役立った遺伝子を集め，何百万年にもわたって世代から世代へと受け継いできた。その結果が，現在のヒトゲノムを構成する，約3万と見積もられる遺伝子の集合である。これらの遺伝子のうち，いくつかは個人の基本的な機能にとって非常に重要であるため，そのDNA配列はすべての人で同じであると考えられている。進化を通して完成されてきた最適な配列からのズレは，どのようなものであっても適応度を下げることになる。しかし，その他の遺伝子には変異がありうる。例えば，眼（虹彩）の色に影響を与える遺伝子には変異型があり，個人によって，どの変異遺伝子をもっているかに違いがある。パーソナリティに関して5章で述べた遺伝による個人差は，このような変異型を反映している。

　しかし，遺伝子が直接的に行動に影響を与えているわけではない。遺伝子は私たちの身体，特に脳と，酵素やホルモン，神経伝達物質のような，身体の機能を調節する数多くの特殊化された化学物質を形成する際に発揮する効果を通じて，行動に影響を与えるのである（フォーカス6.1参照）。私たちは世界を，各自のそれぞれに異なる脳で経験している。この章では，私たち個々人を特徴づける，それぞれに異なったパーソナリティのもとになる，私たちの生物的構造とプロセス（過程）が，思考，感情そして行動に，どのように影響を与えているのかについての理論と知見をみていくこととする。

フォーカス6.1

体型とパーソナリティに関する初期の理論

　個人の身体的・生物的側面とパーソナリティを結びつける試みは，決して新しいものではない。異なるパーソナリティが宿ると思われる身体のタイプに目覚ましい違いがあることに，人々は古代から気づいており，身体の構造とパーソナリティの間の関連の可能性について，さまざまに推測していた。古代ギリシャでは，ヒポクラテスが四つのパーソナリティのタイプを記述している。すなわち，短気，快活，沈着，憂うつであり，胆汁，血液，粘液，黒胆汁という体液が多すぎることによって，それぞれの特徴をもつと考えたのである。

　生物学・生理レベルにおけるパーソナリティ研究の初期のものとして，いまから約1世紀前，ドイツの精神科医クレッチマー（E. Kretschmer）が，精神疾患と体型とのつながりに関する公式的分類をつくりあげている。1942年，米国の医師シェルドン（William H. Sheldon）は三つの次元に基づく体型と，それに対応する気質を提唱した。彼の理論は図6.1に要約されているが，長年にわたって数多くの研究者の注目を受けた。図6.1が示すように，シェルドンによると，内胚葉型は肥満体であり，中胚葉型は運動選手のような体格で，外胚葉型は背が高くやせており，猫背である。シェルドンは人々を三つの異なるタイプに分けるというより，むしろそれぞれの次元における個人の位置を考えた。彼は体型のタイプを測定する7件法の評定システムを開発している。例えば，7-3-1は内胚葉型が高く，中胚葉型が中程度で，外胚葉型が低く，それぞれの気質においても数字に対応するレベルが仮定されている。シェルドンの類型論は，特に彼以前の試みと比べると，格段に洗練されたものである。

　体型と気質の連合というシェルドンの理論は，訓練を受けていない人々が他者のパーソナリティ特徴を評定するとき，支持するデータがいくらか得られた。そうした知見は部分的に，太っている人，筋肉質の人，やせている人についてのイメージが，評定する者がもつステレオタイプとして共有されている事実を反映している。例えば，もし評定者がほとんどの太った人は陽気でやせた人は繊細だと思っているとすれば，観察された行動でなく，むしろこのステレオタイプに基づいて個人の評定を行うかもしれない。そうであるなら，評定者は太った人がどのようにふるまおうと，その人を陽気だと評定するだろう。そのようなステレオタイプの影響を回避する行動研究は一般に，この理論システムの価値を裏づける証拠を提供できず（Tyler, 1956），だいたいにおいてシェルドンの理論を支持しない結果に終わっている（Herman, 1992）。

　他者に対するステレオタイプによる影響だけでなく，人々は自分自身の体型を知覚して解釈している。自分の身体について私たちがつくりあげる思考や感情は，しだいに体型とパーソナリティの連合が強まるにつれ，私たちの行動や，私たちがどんな人になるかに影響を与える。このように，身体的な外見や特徴は，たしかに他者を知覚するやり方に影響を与えるし，最終的には私たちが自分自身について感じることや経験することにも影響を与えるはずである。

　力強さ，背丈，筋肉量などの身体的特徴も，その人に簡単にできることやできないことを決定するが，そのことで選択する状況，求める仕事や趣味，つくりあげる関心

や価値観にも影響を与える。要するに，多くの異なる間接的な原因が，身体と特定のパーソナリティ特徴との関係の根底にある。これら二つの間にあるつながりは，初期の類型論が提唱したよりも，複雑で間接的なものであることがわかってきたし，その関係をもとの要素に分解して理解するのは困難であった。その結果，特に生物学的基礎とパーソナリティとの関係を探求する研究法に，この章で述べるような，別のよりよいものが開拓されたこともあり，そのつながりについての関心は薄れてしまったのである。

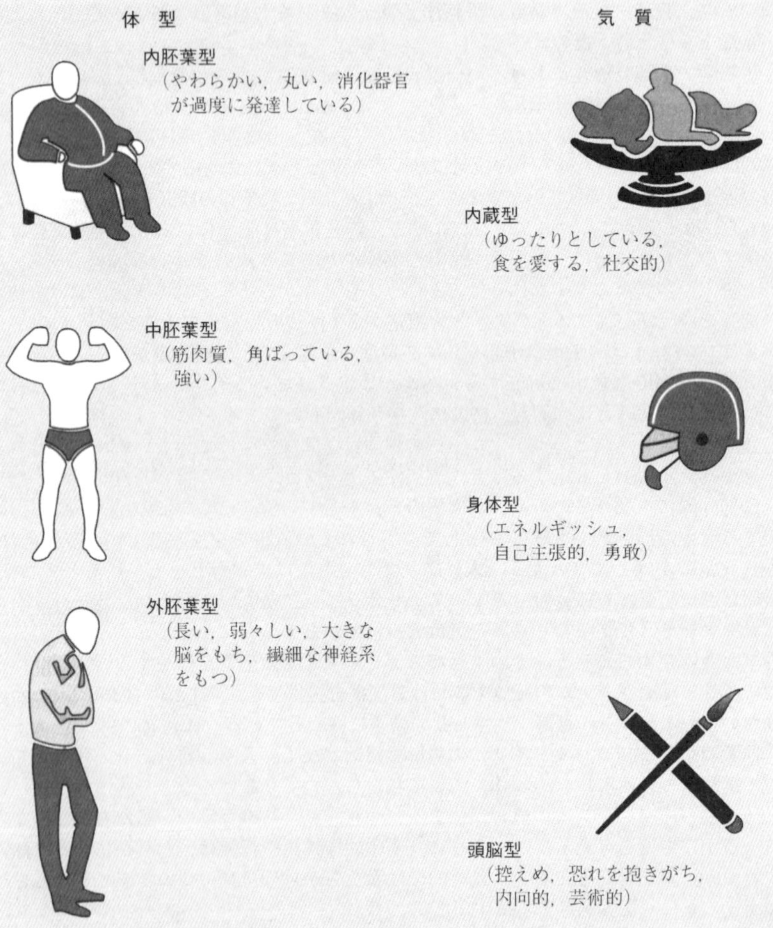

体　型

内胚葉型
（やわらかい，丸い，消化器官が過度に発達している）

中胚葉型
（筋肉質，角ばっている，強い）

外胚葉型
（長い，弱々しい，大きな脳をもち，繊細な神経系をもつ）

気　質

内蔵型
（ゆったりとしている，食を愛する，社交的）

身体型
（エネルギッシュ，自己主張的，勇敢）

頭脳型
（控えめ，恐れを抱きがち，内向的，芸術的）

図6.1　シェルドンの体型次元と，対応する気質

6章 脳，進化，パーソナリティ

■ 外向性と内向性の生物学的基礎（H. J. アイゼンク）

すでに3章で，英国の著名なパーソナリティ理論家であるアイゼンク（Hans Eysenck: 1916-1997）による特性レベルでの研究について学んだ。アイゼンクは外向性と内向性の違いに注目し，心理的性質と生物学的基礎とを結びつけようと試みたパイオニアでもあった。外向型の人は活動的で，社交的で，冒険好きであると特徴づけられ，それに対し，内向型の人はその対極に定義される。内気で，物静かで，内省的で，ひとりでいることや仲のよい数人の友だちと一緒にいることは好きであるが，大きなグループは避けるという特徴をもつ。アイゼンクの理論（Eysenck, 1990; Eysenck & Eysenck, 1985, 1995）によると，外向型の人は脳内の生理的な覚醒レベル（**LOA**）において，内向型と違いがある。特に，この差異は脳の上行性網様賦活系（**ARAS**）によって影響されていると提唱した。この系は大脳皮質における全般的な覚醒を制御していると思われる。

アイゼンクが最初に理論を発展させた1960年代には，ARASは大脳皮質への刺激レベルを制御する関門であると思われていた。アイゼンクの理論では，内向型はほんの少量の刺激で生理的に過剰に刺激されてしまい，そのような事態によって苦しめられるので，活発な行動から離脱する傾向が表れる。対照的に外向型のARASは容易には刺激されず，内向型よりも積極的に社会的関係を求めたり，例えばパーティや冒険のような刺激レベルを上昇させる活動を求めたりすることになるというのである。

この理論を検証するため，アイゼンクと共同研究者たちは，外向型と内向型の人についての研究を行い，脳波と循環器系の活動を測定した。例えば，外向型と比べて内向型の人は，低い周波数の音に反応して脳波の活動が大きく変動することがわかった。これは，理論が予測したように，刺激に対する中枢神経系（**CNS**）の閾値（反応が起こる境界値）が低いことを示している（Stelmack & Michaud-Achorn, 1985）。全体的には多くの研究で，外向型と内向型の人は，例えば寝ている状態のように休んでいるときの脳の活動レベルには差がないとしているものの，刺激への生理的反応の点において，理論が予測した形で異なることを示している。多くの異なるタイプの研究が，この結論を支持する結果になっている（例：Eysenck, 1983）。

外向型と内向型の違いは刺激に反応するときだけでなく，異なる覚醒レベルにおける作業遂行にも影響を与える。うまく課題遂行するには，それぞれの作業は異なったレベルの覚醒を必要とするからである。初期の研究でヘッブ（Hebb, 1955）は，最適覚醒レベル（**OLA**）を，特定の仕事を効果的に遂行するのに最も適切な覚醒レベルと定義し，過覚醒や逆に十分に覚醒していない場合，作業遂行量が減ってしまうことを示した。このことは直感的によくわかることである。自分自身の経験に照らしても，例えば，重要な試験の受験勉強をするときは，リラックスしようとしたり眠りにつこうとしたりしているときに必要な覚醒よりも高いレベルの覚醒と反応性が必要とされ

る。つまり，効率よく作業に取り組むには，自分の覚醒レベルと，その特定の作業が必要とする最適覚醒レベルとを一致させることが必要になるということである。その結果，覚醒のしやすさという点における外向型と内向型の人の違いは，多くの生活上の作業をいかに適切に行うかについても，重要な意味をもつことになる。自分自身の覚醒レベルに合ったレベルが必要とされる作業には適切に取り組めるが，それと大きく違う場合にはうまくいかないことが起こる。

　ずっと変化がなく安定している制御盤を注意深く監視したり，校正刷りの誤りを見つけたりするような，単調な作業を任された外向型の人は，すぐに飽きてしまい，注意を維持することが難しくなって，覚醒レベルが下がり，他のことを考え始めたり，居眠りを始めたりしてしまうかもしれない。しかし，消防士や救急治療室の職員といった仕事を考えてみると，あちこちで警報やサイレンが突然鳴りだしたり，警報灯が点滅したりして，状況は混沌としている。活性化している覚醒の総量という点からすると，この状況は特徴が正反対であり，容易に過覚醒になってしまう内向型には不向きで，簡単に緊張で圧倒されてしまい，効率よく作業に取り組めないようになる。対照的に，これは外向型には理想的な物理環境であり，絶好調で機能できるかもしれない。

　以上の議論はギーン（Geen, 1984）による，古典的な，よく統制された実験でなされたもので，結果はアイゼンク理論からの予測を支持するものであった。2単語間の連合を学習するという，ふつうあまりおもしろくはないがけっこう難しい作業に取り組むとき，その人が好む背景刺激としてノイズの強さを外向型と内向型の人に選ばせた。予想どおり，外向型は内向型よりも強い背景刺激を選んだ。これらの条件のもとでは，理論によると，自分が好む覚醒レベルで作業を行うなら，両グループとも同じように作業効率がよいはずであり，実際そういう結果が得られた。さらに，内向型が作業中に好む低い覚醒レベルが外向型に使われると，覚醒レベルが下がって飽きてしまい，作業効率は落ちるはずである。同様に，外向型が好む高い覚醒レベル状況に内向型がおかれると，過覚醒になって混乱してしまい，作業効率は低下してしまうであろう。これらの予想を検証するため，ギーンは実際，作業中での好ましい刺激状況を逆転させ，内向型には外向型によって選ばれたノイズレベルを呈示し，その逆も行った。結果はまたしても予測どおりで，外向型が内向型によって好まれた低い刺激状況下で作業した場合，作業効率は低下した。その逆もまた予測どおりであった。

■ 大脳の非対称性と個人差
［大脳の非対称性］

　大脳の右半球と左半球の活性化の程度における差は一貫して異なっており，この差は大脳の非対称性とよばれている。この差異を検討するために，脳における電気活動

6章 脳，進化，パーソナリティ

が脳波（EEG）によって測定される（この計測については，2章に少し述べられている）。大脳の非対称性における左右差を計算するため，研究者はEEGで測定した大脳の右半球での脳波活動レベルから，左半球での活動レベルを差し引く。非対称性得点が正であれば，右半球のほうの活性化レベルが高いことを意味している。負であれば，左半球の活性化が高いことになる（Sutton, 2002, p. 136）。このような研究では，大脳前頭葉の活性化における非対称性に，安定した個人差が繰り返し認められている（例：Sutton & Davidson, 2000）。

[行動抑制システム（BIS）と行動活性化システム（BAS）]

これらの個人差の一部は大脳における二つの神経システムである行動抑制システム（BIS）と行動活性化システム（BAS）によって生じている。BISは，望ましくない刺激や罰から個人を遠ざけ，行動を抑制する。これは，一時的に動きを止めて，次の行動を起こす前に別の道や手段を考えるような，離脱と回避のシステムとして考えることができる。シェイクスピアのハムレットはたぶん，このシステム特性における測定で高い得点を示したであろう。このシステムは脅威やリスク，罰に対する注意を高める点で適応的といえる。なぜならば生存のために，あるいは危険を回避するのに有益であるからである。対照的に，BASは個人を望ましい目標ややる気を起こさせるものに向かわせる接近行動を活発化させる。迅速な行動を起動して活性化させるような，原動力のシステムとして考えることができる。この接近的動機システムにおける活動は，報酬の手がかりに対する注意を高める。そして目標追求における肯定的な結果や可能な欲求充足物を探索する接近行動を促進させる。

[大脳の非対称性と情動的反応性]

この個人差がどのようなものか，またパーソナリティにとってどのような意味をもつかは，いくつかの実験から得られた結果からわかっている。ある実験で参加者は，おもしろおかしいテーマか，嫌悪的で恐怖的な，見る者を不快にするテーマのビデオのどちらかを見た。ビデオを見ている間，EEGが記録され，表情と行動上の反応が録画され，感情反応についての自己報告が得られた。休息時に左前頭葉の活動が高いレベルを示す人は，楽しい刺激に対してより肯定的な反応を示した（Wheeler, Davidson, & Tomarken, 1993）。彼らは自己報告式の質問紙におけるBAS感受性でも高いレベルを示した（Harmon-Jones & Allen, 1997; Sutton & Davidson, 1997）。対照的に，休息時に右前頭葉の活動が高いレベルを示す人は，嫌悪的な刺激への反応として，より否定的な感情を示した（Davidson et al., 1990）のと同時に，脅威への反応に関する自己報告式の尺度においてBIS感受性のレベルが高かった。

情動反応のスタイルにおける個人差が安定している証拠は，かなり幼い子どもたちの研究からも見いだされている。例えば生後10か月の乳児が，実験目的のため母親がプレイルームからいなくなり，短い時間であるが母親からの分離を体験した。何人

かの乳児はひどく取り乱してしまったが，他の乳児はおおむね冷静であった。泣いて機嫌が悪くなった乳児は，休んでいる状態で測定したときでも，大脳の左半球よりも右半球のほうが，活動が活性化しているという特徴をもつ傾向にあった。このような情動反応性のタイプにおける個人差は，幼児期にすでにみられる安定した性質であると思われる（Fox, Bell, & Jones, 1992）。大人においても同様に，大脳の非対称性は十分な安定性を示しているため，さまざまな種類の情動を誘発するような出来事や経験をどのように扱うかということに関連する持続的な傾向があることを示唆している（Davidson, 1993）。

[BIS，BASとパーソナリティ特性]

　これら二つのシステムにおける通常の活動程度は，例えばNEO-PI-Rや5因子（ビッグ5）モデルで測定されるような，広範な特性・性質レベルにおける個人差と結びついている。具体的には，BASが活発な場合に外向性の特徴，BISの活発さに内向性と不安性，それに幼児期の初期段階にみられる，これらそれぞれの特徴と関連した気質の測定との連合がみられるようである（Derryberry & Rothbart, 1997; Gray, 1991）。BASはまた，支配性／刺激欲求と衝動性，BISは勤勉性／行動抑制性に関連しているようである（MacDonald, 1998）。

　理論的には，BASにおける活動性が高いわけであるから，外向性や支配性／刺激欲求が強い人は，報酬，特にすぐに得られるタイプの報酬に注意を引かれ，それらを得ることができる状況を懸命に見つけようすることが考えられる。こんなタイプの人を想像すればよい。冒険が大好きで，何かにすぐ夢中になり，ちょっとした機会をみればそれを見逃さず，しばしば衝動的で，長期的なコストに無頓着である。対照的に，内向的で不安になりやすい人のBISにおける高い活動性は，脅威に関することやよくない結果の可能性に注意を向けやすいことを意味する。内向的で不安な人の，何かと消極的でものごとを回避しようとする傾向は，生理的な反応における過敏さと，悪い状況になったり問題を引き起こしたりしやすい可能性がある，すべてのものごとへの警戒心を反映しているだろう。こちらは，お腹をこわす，望まない妊娠をする，HIVに感染するなど，後から起こりうるようなひどい結果を恐れるため，味が濃く辛いピザや，危険の可能性が伴うスリルや冒険といった，強力な誘惑や快楽もがまんしてしまう人を想像するとよい。

　外向型にとってはBASがより活発なシステムであるため，報酬に焦点をあて，積極的に自分の願望を追求することを可能にする状況を探し求めることが示唆されている（Gray, 1991）。これは内向型のより受動的で回避的な行動と対照的であり，内向型は罰や脅威に生理的により敏感である（例：Bartussek, Diedrich, Naumann, & Collet, 1993）。グレイ（Gray, 1991）の理論や関連する研究では，BISはパーソナリティ次元としての不安性と結びついており，それに対しBASは衝動性や，即座の反応や強い

衝動を抑制したり制御したりすることがうまくできない個人差と関連していることを示している。

これら一連の研究が，全般的にパーソナリティに対してもつ意味は明らかである。大脳の左半球が優勢的に活発な人は，望ましい刺激に出会ったとき，より容易に楽しくなり，肯定的な情動を体験する。逆に，主に右半球が活性化しやすい人は，好ましくない，脅威となる出来事に直面したとき，より否定的な情動反応を引き起こしがちである。ある人々は，他の人々よりも簡単に幸福を感じ，実際に幸福になる傾向をもっている。他の人々は，周囲の人々よりも容易に苦しみを見つけ，実際に苦しむというふうに，否定的な感情を経験しがちであるということである。

これらをまとめると，パーソナリティに関連した厳密なメカニズムや結びつきについては，まだ理論家の間でかなりの異論（例：Cloninger, 1988; Davidson, 1995; Depue & Collins, 1999）があるものの，いくつかの暫定的な結論が浮かび上がってくる。BISにおいて極端に反応性が高い個人は，脅威，罰，危険の可能性に対して，特に敏感という傾向がある。だから，そのような人は，いくつかの行動選択肢の可能性を検討するとき，獲得できることや報酬などの可能性を考えるより，否定的な結果に終わる可能性に注目しやすい。例えば，ビジネスにおける判断において，そういう人はどのくらい儲けられるかということよりも，どれだけ損してしまう可能性があるかのほうを考えてしまう。不安になりやすく，極端な状況ではパニックを起こすし，よくない結果や罰について方向づけられていて，報酬や誘因，欲求充足の可能性に，あまり敏感に反応しない。反対に，というか大脳の反対側での活動傾向だが，BASにおいて高度に反応性が高い人たちがいて，まったく正反対のパターンを示す傾向がある。誘因やよい結果が起こる可能性に対し，すぐにでも反応し，熱意や希望，それに興奮といった肯定的感情状態をずっと容易に経験するのである（フォーカス6.2を参照）。

フォーカス6.2

BIS／BASと日常的な感情経験

大脳活動の測定（例：Gable, Reis, & Elliot, 2000）と相関が強い，自己報告式のBISとBASの感受性に関する測定法（Carver & White, 1994）が開発されている。表6.1にそのBIS／BAS自己報告尺度の項目を紹介しているが，大脳とパーソナリティの興味深い関係が，この尺度でわかってきた。

例えば，休息状態で大脳左前頭葉における活動レベルが高い（つまりBAS活動が活発な）人は，表6.1の尺度項目への自己報告式回答においてBAS感受性が高い。反対に，大脳右前頭葉における活動レベルが高い（つまりBIS活動が活発な）場合には，

表6.1 Carver & White (1994) による BIS／BAS 尺度の項目例

BIS
1. 何か不愉快なことが起こるのではないかと思うと，ふつう感情的になってしまう。
2. 何か失敗をしでかすのではないかと，しょっちゅう心配している。
3. 誰かに怒られていると，あるいはそう考えると，とても心配になり気分が悪くなる。
4. 何か悪いことが起こりそうなときでも，ほとんど恐れを感じないし，神経質にもならない。

BAS 報酬への反応性
1. 欲しいものが手に入ったときは，興奮するし元気が出てくる。
2. 何かをやっているときに好調なら，そのままずっと維持しようとする。
3. よいことが自分に起こるとき，その影響はとても強く表れる。
4. 何か好きなものを得る機会を見つけたら，たちまち興奮状態になる。

BAS 動因
1. 何かが欲しいときにはふつう，どうしてもそれを得ようと努力する。
2. 欲しいものを入手するためだったら，特別に努力するのも苦にならない。
3. 何か欲しいものを獲得する機会がみえたら，すぐに行動をとる。
4. 何かを追求しているとき，それを獲得するには，「何でもあり」方式を使う。

BAS 楽しさ追求
1. ただそれが楽しそうだからというだけの理由で，よくものごとをやってみる。
2. 興奮するようなことだとか，新しい感動とかを，いつも強く求めている。
3. それがおもしろそうだと思えば，経験していないことでも，どんどん始めてみる。
4. 気まぐれに，そのときの気分次第で，何かをやってみることがよくある。

注：回答は，強く同意・賛成＝1，強く否定・反対＝4
[出典：Carver & White (1994)]

自己報告でのBIS感受性が高いという関連性がみられる (Harmon‐Jones & Allen, 1997; Sutton & Davidson, 1997)。

　これらの自己報告式測定を用いて，ある研究者たちは，大学生の日常生活における感情経験への二つのシステムの影響を検討した。日常的経験における報酬や罰の手がかりに参加者が出会ったときの，傾向性の違いであるBISとBAS活動性の効果を合わせた影響を探ったのである。対象になった経験は大学生の感情経験であり，具体的にはよい感情（PA）と悪い感情（NA），そして大学における日常生活で出会う肯定的・

6章　脳，進化，パーソナリティ

否定的出来事である（Gable et al., 2000）。本文で議論しているように，BIS／BASの理論（例：Gray, 1991）によれば，BIS傾向が強い人は，その人の環境における否定的な手がかりや出来事を探しだすであろう。逆に，BAS傾向が強ければ，肯定的な出来事や欲求充足の可能性に注目し，追求するはずである。

　ケーブルと研究グループは，人々のBIS／BASに関係する性質が，経験や日常的情動状態に対し，実際に影響を与えるのかどうかを検証しようとした（Gable et al., 2000）。BASは肯定的な出来事への敏感さを増幅させるから，BASが高い個人のその種のものへの反応性が強くなると予測したのである。BISが高い人には，正反対のことが起こるはずである。つまり，これが高い個人は，時間がたつにつれ，否定的な出来事への反応性が強まっていくことが予測される。

　これらの仮説を検証するため，先ほど述べたBIS／BAS尺度（Carver & White, 1994）の得点によって，参加者たちはBIS群とBAS群に分けられた。そして一連の研究で，「幸福」「苦しみ」「神経質」「熱心」（Watson, 1988）といった単語で表される感情を「日常的にどのくらい感じるか」というような20項目の質問で，よい感情・悪い感情の毎日の自己報告を求めたのである。それに加えて，16の肯定的出来事（社会的なものと達成的なもの）と，19の否定的な出来事（同じく，社会的なものと達成的なもの）からなる質問紙において，肯定的・否定的な日常的出来事について報告してもらい，それがどのくらい頻繁に起きたかと，それぞれがどれくらい重要なことかを回答してもらった。

　その結果，パーソナリティの性質としてのBISとBASの重要な役割が明らかになった。性質としてのBASの感受性は，肯定的な出来事への反応性を増強し，BIS感受性は否定的な出来事への反応強度を強めていた。さらに日常生活において，平均的にいえばBASが高い人々は，肯定的な感情をより頻繁に，より強く経験していたのである。

　ケーブルらはまた，予測されたように，その日に起きたよい出来事の数は，平均すれば，参加者の肯定的な感情に強く関連していて，否定的な感情はよくない出来事の数と強く関連をもつということを見いだした。ただし，BIS／BAS理論とうまく一致する結果であるが，全体的にみれば，2種類の感情的反応，すなわちよい感情と悪い感情は，相互に機能的に独立していて，それはBISとBASのシステムそのものの独立性と同じであった。この結果は，肯定的・否定的情緒の独立性を示す，他のデータ（Cacioppo & Gardner, 1999; Watson, 1988）とも，よく適合するものであった。

[まとめとBAS／BISの意味]

　BAS，BISと大脳の非対称性についての知見をまとめると，脳内には特定のはっきりした誘因に関するシステムと脅威に関するシステムとがあり，これら二つのシステムは，それぞれ環境における報酬と脅威の信号に反応し，それぞれ肯定的な気分，または否定的な気分と関連している（例：Gable et al., 2000）。そのことは，パーソナリティにおける個人差を理解するのに重要である。なぜなら，二つの大脳システムでの反応レベルが，安定した形で人によって違うからである。この違いは，活動的で肯定的に接近する傾向と，恐怖による抑制と回避の傾向という行動傾向とに結びついてい

る。また，この違いは関連するパーソナリティ性質として測定されるものにも反映されている。BASにみられる外向性と衝動性に対し，BISにおいては，抑制，離脱，不安または神経症傾向である。大脳の非対称性に関する研究も同様に，異なる種類の刺激への肯定的・否定的な情動反応や行動反応にみられる個人差と直接的に相関して，異なる大脳部位での反応レベルにおける安定した個人差があることを示唆している。要するに，異なる種類の望ましい刺激，または望ましくない刺激に対する，その人固有の情動的反応や行動的反応と，その人固有の大脳活動との間に，はっきりとして意味のある，特有の対応がみられるのである。

同様に特筆すべきは，BISやBASのような脳内システムが，状況を重視するパーソナリティの考え方と結びついていることで，またしてもそのことは，パーソナリティの表現に対し，刺激状況の特徴との関係を考慮に入れることの必要性を反映しているということである。このことは，高いBIS反応性がより敏感で，罰を受ける可能性に注意を向け，報酬を得る可能性に背を向けることと関連しており，実質的に右脳と左脳の活動における差で診断できるという結果に表れている。BISの活動性が高い人にみられる，独特の性質パターンは次のような形をとる。もし脅威や罰に出会ったなら，抑制，高い不安と苦しみ，否定的情動が喚起される。それとは逆の「～なら～に」パターンが，BASが高い場合を特徴づけている。彼らにとって，もし報酬や誘因があるなら，接近，熱心さ，肯定的感情が喚起されることになる。外向性のような幅広い性質とこれら二つのタイプは結びついてはいるが，「～なら」という条件が合致したとき，行動上の表現が特にはっきりと表れるのである。ここでもまた，パーソナリティの表現が，全般的な行動傾向を表すのと同時に，人と状況の相互作用の形として表れてくることがわかる。

■ 神経症の生物学的基礎を探る

神経症傾向のような比較的幅広い特性カテゴリーの中のさまざまなタイプの個人差と，生物学的プロセスとの間に関係が存在するか，それとも存在しないかを探る研究から，パーソナリティにおける性質についての新しい理解が得られ始めている。例えば，ヘラーら（Heller et al., 2002）は，不安で情動的に覚醒している状態と，心配して気に病んでいる状態が，脳内にある二つの別々の神経ネットワークを反映していることを発見した。具体的には，これらには左脳にあるか右脳にあるか，そして，前頭葉にあるか後頭葉にあるかの違いがあって，皮質活動の指標であるEEGと脳血流の測定から特定されている。彼らの研究は，長い間「神経症傾向」という用語でくくられていた心理的状態は，実はそれぞれ別々に理解する必要のある，二つの異なるメカニズムから構成されていることを示唆している。この二つのシステムは異なる経験と人生・生活上の問題を生じさせ，それぞれに異なる処遇を必要とする別々のメカニズ

ムと考えられるのである。この種の研究は最新の脳活動の測定方法を利用した生物学・生理レベルでの分析による新しい発見によって，神経症傾向のような，幅の広い性質の分析が，さらに深いレベルでより精密に実現できることを示している。神経症傾向のような広範な意味をもつ用語によってひとまとめにされていた異なる現象を区別できることによって，それぞれに違った原因を検討することが可能となる。そして，これらの異なる障害をより効果的に取り扱うことを目標に，別々の治療法を開発することが可能となるわけである。

■ 刺激欲求特性には特定の生物学的基礎があるのか

一部の人が飛行機からダイビングしたり高速で車を運転するのを好む一方で，テレビを見ているほうがよかったり，スピード違反などめったにしない人がいるのはなぜだろうか。心理学者ザッカーマン（Marvin Zuckerman）によれば，その答えは刺激欲求という特性にあるという。興味深いことは，生物学・生理レベルにおいて脳内の化学物質と遺伝子決定因の両者の役割を指摘する知見と，この特性が明白なつながりをもっていることである。まず，この特徴における個人差の性質を考えてみよう。この個人差は四つの異なる側面を測る刺激欲求尺度（Sensation Seeking Scale; SSS）で測定される。危険なスポーツに参加したり高速で運転したりする「スリル冒険欲求」，新奇性を求める「体験欲求」，社会的な状況や活動ではめをはずして刺激を求める「脱抑制」，それに，繰り返し起こる出来事に対する耐性がない「飽きっぽさ」という四つの側面である。

この尺度は，刺激のない状況に人々がどのように対処するかを予測するのに役立つ。刺激欲求が強い人がそのような状況におかれると，落ち着きがなくなり，イライラしてくるのである。逆に，他の人と一緒に狭い場所に閉じこめられてしまうような経験についても，予測することが同じように可能である。その場合，刺激欲求が弱い人は，経験の自己報告と生理的な指標の両方において，より強いストレスを感じていた（例：Zuckerman et al., 1968）。表6.2に例をまとめたが，今日では刺激欲求が広範囲にわたる行動と関連していることが明らかになっている（Zuckerman, 1979, 1983, 1984, 1994）。

このパーソナリティ特徴は，どのように生物学・生理レベルと結びついているのだろうか。外向性の場合と同様に，刺激欲求の個人差は，大脳皮質の活動レベルにおける，新しい刺激と，慣れてよく知っている刺激への反応の違いというような，身体的覚醒における個人差から部分的に生じている（Zuckerman, 1990）。外向型と内向型の人についての議論と同様に，異なる種類の課題で最高レベルの作業遂行に必要な覚醒レベルが違うという，ヘッブ（Hebb, 1955）の最適覚醒レベル（OLA）の理論と，必要とされる覚醒レベルが異なる状況に対し，それぞれ反応の仕方が違うという個人差

表6.2　刺激欲求が高い人の特徴

高リスク行動
　より多様な性的経験
　違法ドラッグ使用の回数や種類が多い
　危険な運転をする習慣
　リスクの多いスポーツを好む，高リスクのプレーを好む

知的な選好
　複雑なものを好む
　曖昧さへの許容度が高い
　より独創的で創造的
　イメージや夢の内容が豊富

興味関心と態度
　リベラルで寛容，他者とは違ったことを好む態度や選択
　刺激の多い職業，例えば航空管制官，危険な警備員，戦場ジャーナリスト，緊急治療室の医師
　恋愛をゲームや遊びのように考え，相手との関係に忠誠度・貞節性が低い

の議論が，ここでまた関連してくる。ヘッブの理論からいえるように，個人が好む最適レベルの覚醒に違いがあるとすれば，そのレベルが低い人は，覚醒レベルを低く維持しようと努めるだろうし，ときどき環境における刺激レベルを下げる努力をするであろう。OLAが高く刺激欲求が強い人は，最適レベルの覚醒を獲得して維持するため，環境の刺激を増加させることに取り組むだろう。その結果，変化を探し求め，新奇で複雑な感覚と経験を追い求め続けることになる。

　ザッカーマンの刺激欲求尺度で得点が高い人や低い人は，理論からの予測と一致するように職業を選んだり生活パターンをみせたりする傾向にある。低刺激欲求者に比べて高刺激欲求者はスカイ・ダイバーになる可能性が高いし，警察官として暴動対策の勤務を喜んだり，ギャンブルで大金を賭けたり，多様な性経験やパートナーの多さを自己報告したりする傾向にある（例：Zuckerman, 1978, 1984, 1991）。言い換えれば，表6.2が示しているように，自分にとっての「最適」レベルを得るため，高い覚醒状態を求める欲求と合致したやり方で行動するのである。

　刺激欲求はまた，衝動性と結びつくかもしれない。衝動性は極端で社会化されていない形態になると，反社会的パーソナリティ，時には社会病質や精神病質と考えられる人に特徴的な性質である。しばしば犯罪や反社会的な行動を起こし，自分の衝動を制御できず，社会的やりとりや関係を維持するため社会や文化の中で一般に期待されるような良心をみせたり慣習を守ったりできない人である。ザッカーマン（Zuckerman, 1993）は，このような人は社会化されていない衝動的な刺激欲求者，すなわち社会に適応するために自分の衝動を抑制することが困難な人であると主張した。彼らは自分

6章 脳，進化，パーソナリティ

たちや社会の長期的な費用や損失が高くなるとしても，刺激を追求しようとする。驚くことではないが，そのような人は誠実性が低く，攻撃性が高い傾向にある。

刺激欲求における個人差の生物学的基礎を見つけるため，神経細胞を隔てているわずかな隙間すなわちシナプスを通じて，細胞から細胞へ神経信号を伝達する際に不可欠な，脳の神経細胞内にある化学物質の役割に，ザッカーマンは注目した。神経伝達物質は神経信号がシナプスを渡ることを可能にする化学物質である。そのレベルが適切であれば，次の細胞へと次々に伝達が続けられ，信号が目的地へ到着するようにできる。自然界にあるほとんどのプロセスと同様，そこにも活性化と抑制という，過剰を避け均衡を求めるしくみがある。神経伝達物質の適切なレベルはモノアミン酸化酵素（**MAO**）によって維持されている。通路を通り抜けた神経伝達物質を分解する酵素である。ここでの理論は，高刺激欲求者はMAOレベルが低いため，神経伝達物質の総量を減らすのに必要となる生化学的な阻害物質が不足してしまうというのである。

刺激欲求尺度で測られる刺激欲求のレベルと，血流中のMAOレベルの低さとの間に低～中程度の相関がみられる（Zuckerman, 1993）というように，この理論を支持する結果もいくらかある。証拠はまだ限定的ではあるが，このような研究成果は，パーソナリティの特徴と特定の神経伝達物質とを結びつけようとする，パーソナリティ心理学と生物学の接点において，研究の展開を活気づけるような刺激を提供することになる。研究のいくつかは，社会行動に関連している生理的現象を検討するため，薬理学的な方法や生理心理学的な手法を用いている。

以上で述べたような単純で直接的な結びつきを見つける可能性が魅力的であることは理解できる。しかし，ザッカーマン（Zuckerman, 1994）は，そういった見通しについては慎重な立場を崩さない。パーソナリティの行動的・心理的表現の基礎となるのは，神経伝達物質や酵素，ホルモンの間の非常に複雑な相互作用である可能性が高いことを指摘している（フォーカス6.3も参照）。しかしながら，単に刺激欲求の現象にとどまらず，例えば神経伝達物質であるセロトニンと神経ホルモンであるオキシトシンが，社会的支配性と攻撃性と同様に，社会的な絆づくりや親和傾向も媒介していることを示唆する，将来性のありそうな薬理学的研究も出ている（Carter, 1998; Taylor et al., 2000参照）。同様に，男性ホルモンであるテストステロンのレベルと反社会的パーソナリティとの関連を示唆する興味深い研究もある（フォーカス6.3参照）。

刺激欲求に関する最近の研究は，特定の遺伝子との結びつきの可能性が報告されるなど，研究分野自体が「特に刺激的な状況」を巻き起こしている。二つの研究で，特定の神経受容体に関連した遺伝子に対応するDNAマーカーと，広い意味での刺激欲求の一つである新奇性欲求の尺度得点との間に関連が見いだされたことが報告されている（Benjamin et al., 1996; Ebstein et al., 1996）。はっきりとした結論を出す前に，このような知見にはさらなる研究が必要ではあるが，行動の側面とその生物学的な根源

フォーカス6.3
テストステロンと反社会的パーソナリティ

　内分泌物質，特にテストステロンのレベルが，反社会的行動の生物学的要因である可能性を研究が示唆している。男性ホルモンであるテストステロンのレベルが高いことと，成長期と成人期を通して，他者に暴行を加えたり，兵役中に無許可離隊したり，薬物を乱用したり，複数の性パートナーがいたり，他の社会的な問題を引き起こしたりするといった行動との間には関連があり，おそらくそのような行動を促進している可能性がある（Dabbs & Morris, 1990）。ただし，この内分泌物質のレベルが高くなればなるほど，その人の最終的な教育水準が低くなり，結果として，最終的な社会経済的レベルも低くなる（Dabbs, 1992）。だから，ここにみられる因果の連鎖は非常に複雑で，テストステロンに直接影響を受けているというより，低い教育水準のようなさまざまな社会化要因の影響を受けているのかもしれない。

　ここでの論点は，反社会的衝動性の生物学的側面についての考察で，ザッカーマン（Zuckerman, 1994）が述べているのと同様である。パーソナリティの行動的・心理的表現の基礎となる，神経伝達物質や酵素，内分泌物質の間での相互作用は，これからの研究でたぶん，ますます多重的かつ複雑であることがわかるだろう。さらに，これらの生物学的要因は多数の社会的・心理的要因とも相互作用している可能性が高い。このように，社会行動の複雑なパターンを十分に理解するには，反社会的であろうが向社会的であろうが，単なる生物学的・生理的な説明にとどまらず，この本の中で議論されている，すべての分析レベルにおける決定因を考慮することが必要なのである。

との間に，これから発見されるかもしれない結びつきの可能性を示唆していて，刺激的である。このように，生物学・生理レベルの分析と心理パーソナリティ・レベルの分析とを結びつけようとするとき，刺激欲求は特に有望なパーソナリティ特性になっている。

6.2　生物学的査定と変化

　この前の章とこの章で学んだことから，私たちの情動や動機のような，パーソナリティの中心となる生物的プロセスと心理的プロセスとの間の相互関係が，ますます私たちにみえるようになってきたことがわかったであろう。脳，進化と，パーソナリティの間の結びつきを，生物学・生理レベルから系統的に調べることを可能とする測定法の発展によって，これらの間の関係を探求することが最近になって可能になった。近年，そのような測定の分野で，脳と行動の結びつきをみるための新しい道を開く革命が起こったのである。

6章 脳，進化，パーソナリティ

■ 脳への新しい窓

　脳の画像化に関する技術的進歩のおかげで，研究者は脳内の微細な神経活動をとらえる方法が使えるようになってきている。2章でみたように，機能的磁気共鳴画像化法（fMRI）の技術は，脳内の神経細胞が機能することでつくられる磁場を測定し，コンピュータの助けを借りてその活動を画像として描く。この画像によって研究者は，異なる種類の心的作業を遂行したり，異なる種類の知覚からイメージ，思考，恐怖，期待される欲求充足に及ぶさまざまな情動を経験したりするとき，最も活発に活動している大脳の部位を知ることが可能となった。

　脳の画像化によって，生物学・生理レベルでの活動と，さまざまな状況における行動や思考，感情などとの間にある関係を追跡することが可能となる。脳への新しい窓のおかげで，脳内の活動とこの章を通じて再検討している心理的レベルとのつながりについて，さらに正確で詳細な分析ができるのである。例えば，クーネンとナッツォン（Kuhnen & Knutson, 2005）は，リスク負担におけるさまざまな戦略を用いた財政的判断をしているときの実験参加者の大脳活動をfMRIを用いて測定した。リスクの高い，最適でない財政判断になる戦略は，大脳の特定部位（側坐核）における活動に，明確な関連があることがわかった。この結果は，他とは違った特定の神経回路の活動が，それぞれの種類の財政選択を促進し，これらの回路の過剰な活性化が，投資上の誤りを生じさせる可能性を示唆しているものと考えられる（Kuhnen & Knutson, 2005, p. 763）。私たちの脳は，本人が認識してわかるよりも前から，代償の高い間違いを犯しつつあるかを示しているか，あるいは悲劇的な結果を「見通して」いるのかもしれない。

　大脳と行動との関連を研究する二つめの技法は，2章で簡単に紹介したPETスキャン，すなわち陽電子放射断層撮影法である。この技法は，異なる大脳領域における代謝活動を測定することで画像をつくり，脳における機能の位置関係を探ることができる。PETによる測定では，毒性がない放射性物質で標識がつけられたブドウ糖を実験参加者に投与するが，ブドウ糖は脳活動のエネルギー源であるため，そのブドウ糖が代謝されるときに脳内で発生する放射線を記録することになる。これらの方法は認知神経科学者によって使われており，少しずつ社会 - パーソナリティ心理学から臨床心理学の領域を専門とする心理学者との共同研究が始められている（例：Kosslyn et al., 2002; Ochsner & Lieberman, 2001）。

　特に興味深いのは，これらの研究でパーソナリティにおける個人差は，関連するメカニズムを解明するために取り去る必要があるノイズではないと認識されていることである。まったく逆の発想で，パーソナリティや大脳測定に対する反応性における個人差に注目することで，ずっと深く，より完全な現象の理解が可能になる。例えば，脳の異なる部位において測定された血流量を用いた心的イメージの研究では，以下の

ようなことが明らかとなっている。

> 「……関連した部位における血流の個人差に注目すれば……行動予測に強力な力を提供し……特定の種類の表象が課題遂行の間に用いられることを確認するのに，個人差が使えるだけでなく……そのようなプロセスの基礎となる神経活動を見つけだすのも助けてくれる。」 （Kosslyn et al., 2002）

■ 扁桃体とパーソナリティ

　大脳の活動と心的・情動的反応への結びつきを検討するための新しい手法は，パーソナリティ心理学でたいへん重要な役割を果たすことになった。その例としてあげたいのが，パーソナリティの研究者にとって，特に重要な部位である扁桃体（英語amygdalaはラテン語でアーモンドを意味する）である。前脳にある，このアーモンドの形をした領域は，前頭前皮質の奥深くに位置する（図6.2を参照）。この器官は，恐怖の学習に決定的に重要な役割を果たす（LeDoux, 1996）。この大脳構造の中心核は，危険を警告する信号に対してただちに反応し，行動的，生理的（自律神経系），そして内分泌的反応を引き起こす。扁桃体は全身が行動に移れるように力を結集させ，闘争か逃走かの準備をさせる。この器官はまた，採食・食餌行動にも関与している。扁桃体の活動における個人差の研究は，次の研究が例示するように，心と大脳の関係について，新しい認識を提供している。

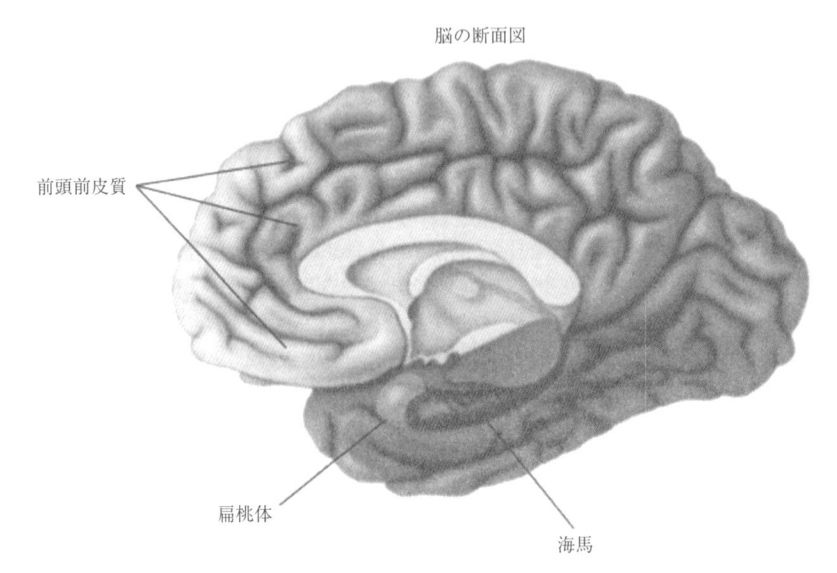

図6.2　扁桃体は恐れ反応や他の情動反応に重要な役割を果たしている

6章 脳，進化，パーソナリティ

[扁桃体の活動と抑制の結びつき]

　この前の章で述べた，抑制的で内気な子どもについてのケイガンの研究において，子どもの抑制がかかった行動がどのように生物学的プロセス，特に扁桃体周辺の活動に関連しているのかを，研究者たち（Schwartz, Wright, Shin, Kagan, & Rauch, 2003）が調べてみた。2歳のときに実験室で観察され，抑制的である程度を測定された幼児が，22歳になったとき，もう一度，検査を受けたのである。この追跡調査の一部に，以前のセッションで見たことのある見慣れた顔か，見たことのない顔のどちらかを見ているときに，fMRIを使って大脳の活動を測定することが含まれていた。22歳の研究参加者が顔課題を行っているとき，脅威や恐れに関連する刺激に対し急速に反応する部位である扁桃体の活動レベルを検討したのである。見慣れない顔を見たとき，抑制的な参加者はそうでない参加者に比べ，扁桃体の活動が高まっていることを研究者たちは確認した。それに比べ，見慣れた顔に対しては，抑制的な参加者もそうでない参加者も，扁桃体活動に有意な差はみられなかった。この結果は，抑制性や内気に関する気質的な個人差は，それまで見たことのない顔という新奇な刺激に接したとき，抑制的な人の扁桃体に過剰な反応が起こるのに関連していることを，明白に示している。

■ **生物学的治療法**

　これまでみてきたように，心理的な性質のいくつかは生物学的な基礎をもっている。もし重いうつ病のような問題が，生物学的な性質と生化学的問題とを部分的に反映しているとしたら，生物学的治療法が効果をもつのではないだろうか。研究者たちは積極的にこの問いを追究してきた。

　生物学的治療法は，身体的なプロセスに直接介入することによって，個人の気分や行動を変化させる試みである。薬物による治療はこれまでに，心理的問題にとって最も有望な生物学的治療法であることが明らかになった。特定の目的に使われる薬の種類は表6.3にまとめてある。

[抗うつ薬]

　抗うつ薬は精神賦活剤ともよばれるが，抑うつ者の気分を向上させるために使われる。大きく分けると2種類あって，環式（三環系／四環系）のものと，モノアミン酸化酵素阻害剤（MAOI）がある（Lader, 1980）。フルオキセチン（商品名プロザック。訳注：日本未承認。SSRIに分類されるほうが一般的）は，現在最も好まれ広く使われている環式抗うつ薬の一つで，化学的神経伝達物質であるセロトニンを増加させる（Kramer, 1993）。セロトニンのレベルが低すぎることは，慢性的悲観性，拒絶過敏症，強迫的心配性といった感情と関連しているようである。抗うつ薬にも効果が強いものと弱いものがあり，さまざまな副作用を引き起こすことがわかっている（例：Davis,

表6.3 薬物療法で使われる薬

薬の種類	用途	治療効果
抗うつ薬 （環式，モノアミン酸化酵素阻害剤）	抑うつ	一部の人に気分を改善させる効果
抗精神病薬 （フェノチアジン）	統合失調症	効果は確立されている。患者を病院から退院させ，病院内での拘束の必要性をほぼ解消。
マイナー・トランキライザー （ベンゾジアゼピン）	不安，緊張，穏やかな形の抑うつ	脳内の神経インパルスの伝達を遅らせるようである
リチウム	躁行動	気分の揺れを減らす
メタドン （合成鎮静剤）	ヘロイン中毒	ヘロインに対する渇望を除去。高揚感が起こらないようにする。

注：これらの薬物は，化学的成分でなく，行動に対する効果によって分類されている。化学的には異なる薬物でも，類似した効果をもつ可能性がある。

Klerman, & Schildkraut, 1967; Klein et al., 1980; Levine, 1991)。一例としてMAOI剤は，特定タイプの抑うつに非常に効果があるようだが，チラミンが多く含まれる食物，例えば赤ワインやチーズを食べると，副作用で血圧が危険なほど高くなってしまう (Howland, 1991; Kayser et al., 1988; Potter, Rudorfer, & Manji, 1991)。リチウムはアルカリ金属という，他に類似のものがない薬品だが，気分の揺れを安定させる効果があり，場合によっては深刻な抑うつを治療するのに使われる (Grilly, 1989)。

[抗精神病薬]

フェノチアジン剤は，クロルプロマジンが最もよく知られているが，統合失調症の患者に有用であることが明らかとなったため，抗精神病薬とよばれてきた。精神病院における使用はすでに1950年代から広まっており，多くの病院の特徴を変えてきた。鍵のかかった病棟や拘束衣が必要でなくなったのである。退院した患者も持続的に投薬を受け，薬量のレベルを適切に調節するために，ときどき通院しなければならない。

このメジャー・トランキライザーには重い副作用の可能性があり，運動障害，低血圧，黄疸が起こりうる。疲労，目のかすみ，口の渇きといった，不快な主観的症状もあるので，患者が勝手に服薬を中止してしまい，病院に戻され，さらに長期入院せざるをえなくなるケースも少なくない。

[精神安定剤]

バルビツール剤は，いわゆる「マイナー・トランキライザー」として，最初に広く用いられたものである。この薬は比較的軽度の不安を軽減させる。しかし，これらの

6章　脳，進化，パーソナリティ　　　　　　　　　　　　　　　　　　　　　　　　**179**

薬よりも効果が強く副作用が少ない（Lader, 1980）ことが明らかになったベンゾジアゼピン剤が，代わりに使われるようになった。その中でも，長年にわたって最も広く使われたものは，商品名バリウム（Valium）で知られる合成化学物質である。バリウムは米国で何年もの間，最も頻繁に処方された薬であり，米国人は毎年約5億ドルもの大金を，この薬品につぎこんだのである。

　それ以前に使われたバルビツール剤と同様に，バリウムは脳の辺縁系に作用し，不安やパニック障害，ある種のてんかんの治療に有用である（Gitlin, 1990）。しかし，バルビツール剤ほどひどくはないものの，バリウムにも副作用があることが明らかとなり，依存の可能性があることもわかった。妊婦が服用すると成長中の胎児に危険であるし，特に高齢者の場合に混乱と動揺という悪い作用がみられる。ザナックス，クロノピン，アティバンのような他のベンゾジアゼピン剤が，現在ではよく使われる代替薬であるが，これらにも重い副作用の可能性があるため，非常に注意深く経過観察する必要がある（訳注：いずれも国外で発売されている商品）。重度の不安やパニック発作の治療に抗うつ薬を使用することも効果的なようである（Gitlin, 1990）。

[その他の一般的な薬]

　その他に広く使われる薬には，リタリンのような精神刺激剤が含まれる。リタリンは衝動性の障害や重度の注意欠陥の治療に使われる（訳注：日本ではADHDに対して，コンサータとストラテラが適用になった）。メタドンはヘロインに対する渇望を除去し，ヘロインによる「高揚感」が起こらないようにしてしまうが，ヘロイン使用量を減らすときや，低い使用量に抑えておくときなど，ヘロイン依存症の治療に頻繁に使われている。しかし，メタドンそのものにも依存性があり，依存症治療のプロセスには長い時間がかかることが多い（Lawson & Cooperrider, 1988）。

　この短い概説で，いくつかの薬がいくつかの障害の治療プログラムに役立つことを説明した。しかし，心理的問題が投薬だけで十分に過不足なく治療できることは考えられない。患者の問題が生活上の困難さをある程度反映しているかぎり，次々と起こる人生や生活における難題に効果的に対処するための学習や訓練の代替物として，薬物療法が十分な役割を果たすと考えるのは，あまりに単純素朴な発想である。その上，ほとんどの薬に望ましくない副作用がある（Maricle, Kinzie, & Lewinsohn, 1988）事実を考えれば，医学的にきちんと管理された薬物療法を前提に，心理的問題に対しては可能なかぎり，いつでも心理的治療を求めることが重要になる。

　心理的問題を化学的に治療する努力に問題がないわけでもないとしても，そこには胸躍るような進歩がたくさんみられ，神経薬理学という新しい研究分野はたいへんに活発である（例：Cooper, Bloom, & Roth, 1996）。例えば，パニック障害の生理的反応がよりよく理解されるようになっており，そのことから次に，パニック状態に対する化学物質（例：乳酸化ナトリウム）の効果もわかってきた（例：Hollander et al., 1989）。

その結果，広範な不安と気分障害の治療に，生化学的プロセスと心理的プロセスの両方を考慮するようになっている（Barlow, 1988; Klein & Klein, 1989; Simons & Thase, 1992）。

6.3 進化論とパーソナリティ

　パーソナリティに対する脳と遺伝的プロセスの結びつきに関する研究の急速な成長に加えて，進化論もパーソナリティの差異に関する研究に多大な影響を与えつつある。進化的アプローチと遺伝的アプローチはどちらも，パーソナリティを生物学的基礎と結びつけようとする試みであるが，この二つには明確な違いがある。遺伝的アプローチは，パーソナリティと社会行動の基盤となる，特定の生物学的・生理的プロセスと脳のメカニズムを形づくる遺伝的な影響に関心がある。それに対し，進化的アプローチは種の発達の長い過程にわたり，遺伝子を形づくってきたプロセスに注目している。

■ 進化的アプローチ

　進化的アプローチは，すでに広く受け入れられた理論である，チャールズ・ダーウィン（C. Darwin）の進化論に基礎をおいている（例：Buss, 1991, 1997, 1999, 2001; Cosmides & Tooby, 1989）。この見方では，パーソナリティにおける人々の間の重要な差異は，生物進化の過程を通して，すべての生物の形態を変化させてきた，自然選択（淘汰）の過程を反映している。適応と選択の過程は，生物の進化を説明し，生物がなぜ現在のようになったのかを理解するのに役立つ。例えば，腎臓，のど，足，鋭い視力のような特徴がなぜ発達したのか，ということである。現在，私たちにはこれらの特徴が備わっているが，進化論的視点からすると，そのような特徴があったからこそ，私たちの先祖は生き残り，子孫を残すことが可能となったのである。

　ダーウィンの進化論と，それを支持する根拠が教科書の中で議論されるとき，生命の性質，まさに人間性そのものの理解に，この理論がもつ壮大な説明力や，個人的と同時に科学的に，どのような意味をもつのかといったことが，見失われてしまうことが少なくない。フォーカス6.4において，現代の作家の一人であるイアン・マクエワン（Ian McEwan）が，この見方をどのように考えるのかを説明している。

　遺伝的・生物的な競争に勝ち，子孫を残し，自分自身の遺伝子を次世代に伝えるという考え方に着目することは，社会生活とパーソナリティを考えていく上で，さまざまに重要な意味をもっている。例えば，支配性，誠実性，情緒安定性や社会性には，特に重要な役割があると思われる。なぜなら，生き残ることや子孫を残すことに役立つからである（例：Kenrick, Sadalla, Groth, & Trost, 1990）。また，進化の過程を通じ

6章　脳，進化，パーソナリティ　　　　　　　　　　　　　　　　　　　　**181**

> ### フォーカス6.4
> ### 「生命に対するこの観点には壮大さがある」
>
> 　ダーウィンは，進化に関する偉大なる著作『種の起源』(1859) を，ほとんど500ページにわたる冷静な科学的記述の後で，「生命に対するこの観点には壮大さがある」と静かに述べて終わりにした。
> 　その壮大さということについて，マクエワン (McEwan, 2005, p. 54) は小説"*Saturday*"の中で次のようにコメントしている。
> 　　「これより面白い創造神話はあるだろうか。想像を絶するような時間の流れ，生気のない物質から複雑な生命体を産み出す無限に小さい一歩と数え切れない世代，ランダムな変異によるなりふり構わぬ前進，自然選択，そして環境の変化，それに伴って生じる連続的に死滅する生物形態の悲劇，そしてずっと最近になって創発されることになった心，それによって生まれた道徳，愛，芸術，都市——そして，このストーリーがたまたま証明可能なほど真実であるという，これまで与えられることがなかった，期待せぬ贈り物。」

て，配偶者となる可能性がある異性の，健康やさまざまな種類の能力が見抜けるよう，人々は与えられたメカニズムを発達させてきたはずである。なぜなら，そのようなメカニズムは，生き残りと子孫づくりの成否に大きな影響を与えるからである (McCrae & Costa, 1989, 1997; Wiggins, 1979, 1997)。そのような進化的な理由から，これらのメカニズムは安定して頑健なしくみになっているはずである (Buss, 1997)。
　進化論的視点では，言語の発達に伴い，人類が適応しなければならなかった環境，すなわち社会的状況における最も重要な特徴に関するバリエーションを記述するため，たくさんのパーソナリティ特性用語が使われるようになったとしても，少しも不思議ではない (Buss, 1989)。社会的階層における位置，必要とする資源を提供してくれるか分けてくれることで役立つか否か，潜在的に自分にとって有害になるか助けになるかなど，他者についての質問に答えようとするとき，人々はこれらの用語を使っている。辞書にはこれらの特徴についての何千もの特性語が収められている。これらは，3章で述べた心理辞書的アプローチにおいて用いられ，ビッグ5のような分類によってまとめられている。進化論的視点から，こういった特性語の分類においてとらえられる次元が，非常に価値判断的であり同時に対人的なものであることが理解できるはずである。直感的にそのような次元は，自分の「適応すべき環境」の中に入ってくる他者を知ろうとするとき，人々が必要とする判断の種類を要約しているように思われる。そのような視点に立てば，これらの次元は潜在的に有用な資源がどこにあるか教えてくれる地図のようなものである。例えば，誰にアドバイスや助けを求めにい

ったらよいかということなら，高い知能をもった心の広い人であり，誰を避けるべきかなら，情緒不安定で誠実性に欠け敵意的な人である。あるいはまた，配偶者・パートナーとして誰を選ぶべきか教えてくれる。

　進化論が関心をもつのは，個人の生存ではなく，ある特定の住民人口内の複数の集団に分布する「遺伝子プール」がどのように変わっていくかである。メンバーが生き残り，数が増え，子孫を残す集団は，遺伝子を次の世代に受け渡すことになる。受け渡される特徴には，個人によって異なるさまざまな変異が含まれ，身長や体重から広範囲の能力や社会・個人的な特性までありうる。多くの世代を経て伝達された特徴にみられる変異は，方向性選択に影響されることになる。方向性選択を通して，生き残りと子孫づくりを強めるさまざまな特徴は，少しずつではあるがしだいに増加し，不利になるものは消えゆく傾向にある。そのような選択には指向性があり，ずっと後の世代において究極的に，より適応的な特徴になるように方向づけている。

　もし選択と進化がそれだけのことなら，最終的には個人差が消失し，生存するグループの全員が，生存のために理想的な性質をもつことになるだろう。ところが，ある状況や環境では非常に適応的な特徴が，他の環境では機能しなかったり，それどころか壊滅的だったりするという事実によって，話はややこしくなる。ありとあらゆる可能性で変化する環境や困難な状況に，種は立ち向かわなければならないのである。だから，遺伝的な多様性を維持することと，ある特徴において中間的な位置を保つことは，常に変化し続ける生活状況下において機能するためには適応的である。ある次元の両極から離れた中程度の特徴をもつことが適応的であるならば，遺伝的な多様性は安定化選択のメカニズムを通じて維持される（Plomin, 1981）。

■ パーソナリティにおける進化の意味

　進化論はパーソナリティにとって，潜在的に非常に重要な意味をもっている（例：MacDonald, 1998）。人間の異性間での求愛行動や，男性どうしの攻撃のような日常の現象について，進化論は刺激的だがしばしば単なる憶測といわれかねない洞察と再解釈を提案している。そこで一貫しているのは，競争相手の遺伝子を押しのけ，代わりに自分や自らのグループの遺伝子を次世代に向けて残すことが，生物として生きることの大部分であるという考え方で，研究が進められていることである。

［配偶者の選択］

　特に人類における配偶者の選択と配偶者をめぐる競争について，進化的アプローチは数多くの主張をしている。配偶者の選択において，どのような特徴の異性を望ましいとするかに関し，重要な性差があることが進化論から予測される。ある遺伝子によって男性が，多くの子どもを生むことができる配偶者を求めるようになればなるほど，その遺伝子は世代を越えて受け継がれるようになる。たくさんの子どもを生む女性を

6章 脳，進化，パーソナリティ

見つける手がかりが若さと美しさであるなら，男性がそのような特徴を探し求めるように進化するだろう。それとは逆に女性が，子どもの生命を保護し生活を支えるために，資源，地位，支配力，権力をもつ配偶者を求めるように遺伝子が仕向けるなら，そのような遺伝子は次世代へと受け継がれるであろう。

[性的嫉妬]

次に，男性における性的嫉妬の進化について考えてみよう。進化論的視点からすると，そのような感情や行動は，競争する他の男が自分の配偶者と性的接触をもつことを防ぐため，過去の進化過程において，男性における性的嫉妬が発達したことが考えられる。このようなメカニズムは，競争相手が子孫を残すのを防ぐことから（Buss, 1997），世代を越えて残ることになる。

同様に，配偶者を求め，子どもをつくることにおける競争はまた，若い男性に少なからずみられ，女性にはほとんどみられない，暴力行為や殺人の発生に寄与していることが考えられる。男性の攻撃行動は敬意，地位，支配についての争いによって引き起こされるが，殺人が最も多い年齢が，配偶者を求める傾向が最も強い年齢であることは偶然ではない（Wilson & Daly, 1996）。

[恋愛や性行動における後悔の男女差]

進化論（例：Buss & Schmitt, 1993）は，遺伝情報を次世代に残す機会を増加させることから，男性にとって恋愛・性的関係を常に求め続けることの，子孫づくりへの有益性を強調している。それに比べると女性については，妊娠できる回数が限られていて，子どもが生存できるようになるまで養育し続ける必要性から，子孫づくりの可能性を最大化することに必要な性的活動の量が少なくなる。その結果として，男性は女性を追いかけることにおいて，もっと活動的でありたいと思い，そういった機会を見逃したことについての後悔が強い可能性があるだろう。

この仮説に従ってローズら（Roese et al., 2006）は，後になって残念だと思うことには男女で差があるということを予測した。男性は，実際にもつことができた体験よりも，もてたかもしれないが実際にはもつことがなかった，恋愛‐性的活動と関係について，より後悔することが多い。つまり，してしまったことよりも，機会を逃した，性的不作為を後悔するだろう。女性にとっては，どちらについても，同じ程度の後悔をするだろうと，研究者は予測した。

これらの期待は，一連の研究によって支持された。だから，恋愛関係，特に性的活動について，男性はすればよかったのにしなかったこと，つまり不行為を，実際にしてしまったことよりも有意に強く後悔していた。女性については，したことについてもしなかったことについても，後悔の量については違いがなかった。後悔についての男女差におけるこのパターンは，恋愛‐性的領域，特に性的活動に限られていて，学業における選択や友人関係，家族関係における後悔にはみられないものである。

以上を考慮すれば，この結果は進化的仮説と，研究者の予測に合致したものといえる。その反面，この結果はその他の多くの競合する解釈とも矛盾しない。例えば，性的活動の結果として生じる妊娠や育児の責任などのような，制限なしに可能な性的・恋愛的機会をすべて追い求めることの心理学的，そして同時に社会的・経済的コストと行為結果とにおける男女の立場の違いに基づいて，同一パターンの知見を予測することに，合理性があることを認めざるをえないからである。

[説明と正当化は違う]

　理論レベルでの以上のような説明は，ありとあらゆる種類の行動を理解するのを助けるかもしれないが，それを正当化するわけではない。だから，人類進化の最初期における闘争によって生じた可能性を指摘することで，現代社会における虐待や暴力，犯罪，それに加えて有害な男性中心的態度や偏見が許されるわけではない，と進化的アプローチへの批判者はすぐさま指摘することになる。前史時代の先祖に役立った態度や行動も，現在の社会生活の多くの側面においては，不適切でうまく機能できないものになりうるであろう。幸運にも人間には，気の遠くなるような長い年月にわたって種が進化するのを待たなくても，自分たちの行動を適応的に修正できる自己制御の能力がある（Bandura, 2001）。

　以上のような論点を無視しないならば，進化的アプローチが現在の社会行動に対し，興味深い視点を提供することは認めてよいだろう。進化論的な立場から，繁華街の混雑した「独身者向け出会い系バー」での，週末の一夜における人間の求愛行動をみてみよう。男たちは，自分の可能性，実績，精力，所有物について，話したり見せびらかしたりして誇示し，よい印象を与えようとする。同じ場面で女たちは，自分たちの魅力を高めるためにまったく異なる方略を用いる。そして，求愛の踊りに両性を駆り立てる動機づけは，かなり異なるものであろう。男性は配偶者を見つけ，すぐに子どもづくりに励もうとするが，女性は長期にわたる子どもの保護と養育にとって十分な資源と機会が得られたと思えるまで，子どもづくりを遅らせるよう動機づけられているのである。

[利他的行動]

　進化と一見相反しているように思える人間の性質についても，進化論から説明することができる。その最たるものが利他的行動である。なぜ人間は利他的に行動するのか。なぜ，消防士や警察官は，毎日のように，死んでしまうかもしれないリスクを冒すのか。自分の遺伝子を次世代に伝える機会を増加させるのに何の役にも立たないという理由で，そのようなリスクを冒す行動や利他的行動は，進化の過程で消え去ることはなかったのか。その疑問への解答には再びまた個人の生存ということでなく，グループの生存という観点から考えなくてはならない。自分が所属するグループのメンバーに向けた利他的行動が，その人たちの生き残りと子孫づくりを助けることができ

れば，たとえ自分が個人として生き残れなくても，自分が所属する遺伝子プールの遺伝子は次世代以降に伝え続けられる。このような理論から予測されるように，最も利他的な行動は家族や親族に限定される。これは「慈善は家庭内から始まる」という格言にも反映されている。しかしこの理論はそれにとどまらず，部外者に対する利他的行動にも進化的基礎があり，それはずっと昔の祖先が発見した互恵的利他主義が長年にわたって維持され獲得された結果だと主張する。他者を助ければ，彼らも同じように自分たちを助けてくれ，その結果として，生き残りと子孫づくりの可能性を高めてくれるという考え方である（例：Trivers, 1971）。

■ 進化論と，学習における生得的な制約

進化の理論は学習とパーソナリティとの間の関連性について考える際に考慮すべき問題についても示唆を提供してくれる。長年にわたって，心理学者たちはすべての種のすべてのタイプの反応と刺激に適用できると仮定された一般的な学習の法則を探究してきた。この仮定に対し，何度も厳しい批判がなされ（Seligman, 1971），否定的な証拠が蓄積されてきている（Marks, 1987; Marks & Nesse, 1994; Pinker, 1997）。どのようなタイプの連合を容易に学習できるかという点における，さまざまな種における違いが，進化上の生き残りをかけた困難な闘いの中で学習する必要があったことにおける違いを反映している（Buss, 1996, 1997; Seligman, 1971; Seligman & Hager, 1972）と進化的アプローチが主張しても，本章のこれまでの議論を読めば，さほど驚くことはないだろう。

[生物的準備性]

進化的アプローチはまた，人々が生物的に，進化過程において人類の生存の脅威であったようなものを恐れる傾向にあると主張している（Buss, 1997; Seligman, 1971）。あまり多くはないが，多くの人に共通した恐怖症は，実質的に普遍的なものと考えられる。ヘビ，クモ，血，嵐，高所，暗闇，そして見知らぬ人に対する恐怖症はその典型的なもので，それらには同一のテーマがある。進化過程の祖先を危険にさらしたものであり，それらを怖がるよう，私たちはあらかじめプログラムされているようである。ピンカー（Pinker, 1997, p. 387）は次のように述べている。「子どもはラットを恐がり，ラットは明るい部屋を恐がる。これらの恐怖は何の条件づけも行われないうちから存在し，子どももラットも，危険とそれらを容易に連合させる」。このような知見は，進化の過程で形成され，脳内にあるとされる，あらかじめプログラムされている傾向として，近年になって議論されることが増えた広範なデータのほんの一例にすぎない。そして，これらの性質は，あるものに対してはそれほどでもないが他のものを強く恐れるというように，恐怖に関して人々を独特の形に準備しているだけでなく，言語の獲得から数学的な技能，音楽の鑑賞から空間知覚まで，すべての種類の高

次精神活動においても，ある事柄は容易であるけれど他のことはそれほどでもないというように，生物的準備性をもたらしている（Pinker, 1997）というのである。

■ 心理的メカニズムにおける固有性

　適応するために解決を必要とし，人類にとっての大きな生存問題として，過去の人々が直面した難題のいくつかは，自然環境への対応の困難さではなく，敵対的な他者から生じるものであった。この認識は，バス（Buss, 1997）も指摘しているが，集団間闘争から言語や高次精神機能の進化に及ぶ幅広い対象・トピックについての研究から出てきたものである（例：Pinker, 1997）。

　これを理解しやすくするため，生涯にわたる配偶者関係のような，二者間における協力関係の形成について考えてみよう。これらの関係は，子孫づくりと生き残りのために，うまく適応するように社会的解決策を見つけださなければならないという問題を提起する。これを可能にするには，適応と生き残りの可能性を高めるため，友情関係とつながりをつくりあげる努力を始めるとき，友または敵になりそうな相手の資源と特徴を正確に見定める必要がある。この機能と関連して，社会的交換から利益だけを得ようとし，公平・適切な交換を拒否する「嘘つき・裏切り者・詐欺師」を見抜くメカニズム，すなわち嘘つき検出器を人類が発達させてきたことが考えられる（Cosmides, 1989; Cosmides & Tooby, 1989）。

　嘘つき検出のメカニズムは，現時点における進化に関連した思考における，もう一つの重要な考え方，すなわち領域固有性の概念を理解する手助けになる。人間は多様な社会的問題に直面していて，そのそれぞれが少しずつ異なる方略や解決策を必要とするため，そこに出現してくるメカニズムは高度に領域固有的なはずである，と進化論に基づく理論は主張する。例えば配偶者の選択や配偶者関係の維持というように，特有の問題を解決することを目標にして，固有の心理的メカニズムが進化することになる（Buss, 1997）。すでに述べたように，配偶者選択においても，男と女では，その固有性は少しばかり違った形をとる。そのことから，配偶者選択における心理的問題解決のメカニズムは，他の社会的交換，例えば敵となりうる可能性がある相手と取引するといったことに必要になるメカニズムとは異なってくる。ほとんどの領域で見いだされてきた，非常に多岐にわたる行動の弁別性と柔軟性を獲得するのに，固有性は欠かせない必要条件のように思われる。事実，人間の動機の多様性から学習の固有性，恐怖の固有性（Buss, 1997），対人行動の多くのパターン（Cantor & Kihlstrom, 1987; Mischel, 1968, 1973; Mischel & Shoda, 1998）に及ぶ領域にみられるように，固有性は重要な規則になっているように思われる。

　領域固有性の問題に関し，デイビッド・バス（David Buss）は次のように述べている。「大工の柔軟性は，切る，挽く，ひねる，ねじる，よじる，平らにする，つりあ

わせる，槌で打つなど，その仕事全般向けの『万能用具』一つから可能になるのでなく，むしろ，特定の機能を実行できるよう，それぞれ考案された，多くの専門化された道具から可能になるのである」（Buss, 1997, p. 325）。

進化論に基づく理論は，適応に不可欠な行動の柔軟性を可能にするのは「心理的メカニズムが発達させた固有性，複雑性，そして多数性」であることを強調している（Buss, 1999, p. 41）。非常に融通が利く単一の道具ではなく，特定の用途をもつ多数の道具が利用できることは，大工が，そして人間が出会う多様な問題の解決に必要な柔軟性を与えるのである。

大工と高度に専門化された多数の道具一式という比喩をさらに応用すると，大工も人によって得意な，特に熟達した道具と，あまり熟達していない道具があり，持っている道具自体も，品質に違いがある。同様に，人々もそれぞれに，特に弱点となる領域と優れている領域が異なっている。それぞれが示すパターンはその人特有のもので，行動への表れ方も領域固有的である。このパターンは安定した「〜なら〜に」というパターンであり，4章で検討したパーソナリティにおける行動兆候である。

■ ストレス対処における弁別性の価値

領域固有性と，弁別行動およびそれが要求する柔軟性をよりよく理解するため，人々がストレスにどのように効果的に対処するのかをみてみよう。心理的そして身体的な原因から生じてくる日々のストレスに対処する個人の能力は，生き残りの基礎となるものである。心理学者は身体的なストレスと心理的なストレスのどちらにも対処する二つの方法を区別してきた。それは，問題焦点型と感情焦点型の対処である（Chan, 1994; Lazarus & Folkman, 1984; Parker & Endler, 1996）。最も効果的な方法は状況の性質によって違ってくる。その結果，理想的には使う方法に柔軟であり，特定の状況に最もよくあてはまる方法を適用するため，異なるタイプの状況を弁別することが適応行動に要求される。例えば適応的な対処は，状況が制御可能かどうかを考慮に入れなければならない（Aldwin, 1994; Miller, 1992）。もし状況が制御可能ならば問題焦点型のやり方で反応することがより適応的である。対照的に，状況が制御不可能であれば，問題焦点型の対処は効果がなく，感情焦点型の対処がより適応的である。

ストレスの多い状況にうまく対処するための個人の能力に影響を与える重要な要因の一つは弁別的能力である（Cheng, Hui, & Lam, 2000; Chiu, Hong, Mischel, & Shoda, 1995）。弁別的能力は，状況がどのようなものであるかを評価し，適切に反応する能力である。チェンと共同研究者たちは，高い弁別的能力をもっている人は，実験状況でより柔軟な対処法略を使い，不安のレベルも低いことを見いだした（Cheng et al., 2000; Cheng, Chiu, Hong, & Cheung, 2001, Study 1; Roussi, Miller, & Shoda, 2000）。要するに，よりうまく対処するため，最もよく合った問題焦点型アプローチを使うことが

できるよう，直面している状況のタイプを注意深く弁別し，突き止める必要がある。言い換えれば，大工のように，さまざまな課題に適切な道具を持っているだけでなく，課題に合わせて道具を選ぶ必要があるということである。

まとめると，適応における柔軟性の価値は，特定の状況が必要としているものを考慮し，その必要条件を探しだし，それに従って行動するため，状況を注意深く弁別する行動がとれることであると，進化的アプローチは強調している（例：MacDonald, 1998）。

☑ 要　約

脳とパーソナリティのつながり
- シェルドンは個人を三つの異なる体型と，それに対応した気質とに分類した米国の医者である。
- より最近では，アイゼンクは，内向型と外向型の違いの基礎となる生理的レベルにおける個人差をよりよく理解するため，脳波と循環器系の活動を測定した。
- 行動抑制システム（BIS）は，望ましくない刺激から自分を遠ざける神経システムである。
- 行動活性化システム（BAS）は，望ましい刺激や報酬に近づき追い求めさせる神経システムである。
- BASとBISは肯定的な出来事と否定的な出来事の経験とそれぞれ結びついており，感情と同様に，それらは互いに独立に働く。
- BASとBISの研究は，パーソナリティと重要な結びつきをもち，固有性があり明確に区別できる誘因と脅威のシステムが脳内にあることを示唆している。
- 刺激欲求行動は，いくつかの生物的要因と結びつけられるようになっている。
- パーソナリティの行動的・心理的表現の基礎をなす，神経伝達物質や酵素，ホルモンの間の相互作用は多様かつ複雑で，多数の社会的・心理的要因とも相互作用している。

生物学的査定と変化
- パーソナリティ心理学者はさまざまな心理的経験をしている間の脳の活動を検討するため，機能的磁気共鳴画像化法（fMRI）と陽電子放射断層撮影法（PET）を利用している。
- 扁桃体は逃走か闘争か反応に備えるための身体的反応を準備させる。
- 心理的障害に対する生物学的治療は薬物療法を重視しており，抗うつ薬や，抗精神病薬，マイナー・トランキライザーを含むさまざまな薬物を使用している。

進化論とパーソナリティ
- 進化論レベルの分析では，パーソナリティ特性と個人差は，自然選択・淘汰と適応の過程を反映している。
- 例えば，支配性，情緒安定性，社交性といった特性は，配偶者選択と維持において，

6章 脳，進化，パーソナリティ

特に意味のある役割を果たすため，特別に頑健な特徴であるとみられている。
- 進化論的視点は，配偶者選択と嫉妬から，利他性，攻撃性，そして恐怖の発達に至るまでの行動に新鮮な視点を提供している。
- 進化論に基づく理論は，特定の文脈における必要条件を自らの行動にあてはめられるようにする柔軟性の，適応における価値を強調している。これには状況を注意深く弁別することが必要になる。

☑ 重要な用語

安定化選択，嘘つき検出器，外胚葉型，覚醒レベル（LOA），抗うつ薬，行動活性化システム（BAS），行動抑制システム（BIS），互恵的利他主義，最適覚醒レベル（OLA），刺激欲求，刺激欲求尺度（SSS），上行性網様賦活系（ARAS），神経伝達物質，生物的準備性，大脳の非対称性，中胚葉型，内胚葉型，扁桃体，弁別的能力，方向性選択，モノアミン酸化酵素（MAO），領域固有性

☑ 考えてみよう

1) アイゼンクの考え方で，外向型と内向型の基礎にあるのは，どのような生物学的な個人差か。
2) 体格とパーソナリティの結びつきについて，シェルドンが提案したことはどのようなものか。そのことを議論しなさい。
3) アイゼンクは，自分の理論をどのように検証したのか。外向型の人と内向型の人は，生理学的にはどのような違いがあるのか。
4) BISとBASのシステムについて解説し，その働きについて述べなさい。
5) 左右の大脳半球の活動レベルにおける差が，情動のタイプにどのように関連しているのか。
6) BISとBASのシステムは，外向性と内向性に，どのように関連しているのか。
7) BISとBASのシステムが，人々が経験する肯定的・否定的な出来事と，どのように関連しているのか。
8) 生物的なシステムの働きは，状況的要因によって，どのように影響を受けるのか。
9) 行動的な面において，刺激欲求得点が高い人と低い人は，どのような違いがあるのか。
10) 刺激欲求における個人差を説明する生物学的基礎についての仮説はどのようなものか。
11) 反社会的パーソナリティの発達に，テストステロンが社会化の要因とどのように相互作用して影響を与えるのか。
12) 脳内プロセスを測定するためのfMRIとPET技法を解説しなさい。
13) ケイガンの研究において，抑制的な個人とそうでない個人において，扁桃体の活動の違いはどこにあるのか。
14) 治療目的で一般的に使われる薬物を解説しなさい。
15) 進化論的アプローチは，遺伝的アプローチとどのように違うのか。
16) 進化論における「方向性選択と適応」の役割とは何か。

17) 進化心理学者は，男性の性的嫉妬，配偶者選択，利他的行動を，どのように説明するのか。
18) 生物体の学習に関する能力に対し，生まれつきの要因は，どのように影響するのか。そのような準備性において，人間は他の動物とどのように違う可能性があるか。
19) 領域固有性とは何か。それは進化論から，どのように説明されるのか。
20) 対処における柔軟性と弁別的能力は，適応における良好な結果とどのように関連しているのか。

第II部のまとめ

生物学・生理レベルにおける分析

概観——焦点，概念，方法

　下の概観の表に要約されているように，過去数十年における生物学・生理レベルの研究は，多くの決定的に重要な形でパーソナリティ概念を変化させつつある。そのような研究は，特に情動性，活動，刺激欲求，外向性，そして一連の心理社会的特性と関連しているパーソナリティにおいて，遺伝が重要な役割を果たしていることを示した。このように，この分析レベルは，生物学の役割と，人間の能力だけでなくパーソナリティと社会行動における遺伝子の役割に対し，注目を集めてきた。そして脳内活動を研究し，生物学的なプロセスを，思考，感情，記憶を含む心理学的プロセスと結びつける方法への道を開いた。これらの結びつきを研究するために活用できる道具をめぐって，急速に展開している画期的な進歩は刺激的で，深さと正確さをさらに増し

表　生物学・生理レベルの概観——焦点，概念，方法

基本的単位	生物学的変数としての遺伝，脳と他の生物学的システム；脳と行動の結びつき；社会行動における生物学の役割
行動の原因	生物学的プロセスと進化的プロセス；生物学的変数と環境・社会的変数との相互作用
パーソナリティの行動的発現	社会行動，パーソナリティ特性，心-情動的状態
求められるデータ	生理的測定としてのPETスキャン，EEG，MRI；心理テストでの反応；特性評定，適応的／非適応的行動パターン；脳と行動の結びつき，遺伝要因と環境要因との相互作用
観察された反応の使用法	脳と行動の関係を結びつけるためのデータ；進化論の視点からの行動分析
研究の焦点	パーソナリティの遺伝性；脳と行動の関係の分析；パーソナリティにおける生物学的変数の影響
パーソナリティの変化に対するアプローチ	パーソナリティの変化は脳／化学的変化と結びつけられている；障害の生物学的治療（例：薬物）
状況の役割	社会行動における進化論的分析の重要性

ていき，身体の中と心の中で起こっていることの関係を追跡するための道を開くことが期待されている。

生物学・生理レベルで認められた貢献

　生物学・生理レベルの分析が，現在多くの分野において大きな関心を呼び起こしているのはもっともなことである。5章の一卵性双生児の研究でみたように，パーソナリティの多くの特徴，特に標準化された特性質問紙で評定した結果は，実質的に遺伝的・生物学的決定因の影響を受けている。人間は生物学的存在であり，長く受け継がれた遺伝子をはじめとする生物学的要因によって，パーソナリティは特に影響を受けている。遺伝子がパーソナリティに影響を与えているという知見は，十分に明確で強力になったので，重要かそうでないかの議論はもはや必要でなくなっている。遺伝子はとても重要である一方，環境も同様に重要なのである。いまでは研究は，遺伝子がパーソナリティに実質的な影響を与えていることを証明する段階を過ぎ，それらの影響の基礎にある，特定の生化学的プロセスや心理社会的プロセスと，これら二者間の相互作用を見いだそうとするところまできている。幸運にも，そのような研究は現在精力的に行われており，次々と正確さが増した答えが得られていく可能性が高い。

　脳内の活動を見るための新しい方法を見つけることで，生物学・生理レベルでの分析は，パーソナリティ研究のためにも新しい道を開いた。新しい方法のおかげで，思考や記憶，そして，例えば恐怖刺激によって引き起こされた経験というような強い感情といった個人の心理的活動と，特定の大脳部位や神経中枢の活動との関係を研究することができるようになった。BISやBASのような大脳内システムの研究と大脳の非対称性の研究は，パーソナリティの重要な側面と結びつく生物学的プロセスに関して，新しい洞察をすでに生みだしている。これらのパーソナリティの特徴は根本的なもので，それぞれの人を異なるよう特徴づける接近と回避の傾向に影響を与えている。一方で報酬と誘因への，他方で罰と脅威への典型的な反応に，そしてどのように世界を経験し，それとかかわるかに影響している肯定的あるいは否定的な情動と気分に影響を与えている。

　この流れの研究の先にある今後の課題は，この生物学的システムが，例えば人間の動機や計画，自己制御の研究のような他レベルにおける分析によって評定されるパーソナリティの側面と，どのように関係し相互作用しているのかを，より十分に検討することである。この新しい方向性はすでに追求され始めており，この本の最後の章三つのトピックになっている。

　このレベルでの研究における将来の課題として，学習と治療，教育の経験を，異なる大脳部位の活動レベルに影響を与えるため，建設的な方向に使う可能性が考えられ

る。そのような研究は，究極的には個人を，必ずしも犠牲者になる必要がない生物学的な重荷から解放するのを助けてくれるかもしれない。そのような研究から生みだされる長期的な成果は，これまでの生化学的解釈から想像することもできない，一連の人間の問題の診断と治療を助けることになるだろう。もしそうなら，このアプローチは人間がおかれた問題的状況への対処と改善にとって，大きな貢献をもたらすことになる。しかし，その可能性の多くは何年か先のことである。同時に，社会の進化についての研究が，新しいモデルや概念，方法を，社会行動のさまざまな側面，すなわち，配偶者選択や求婚から，攻撃性，利他性，そして人間の有能性の研究に至るまで，これまでになかった方法で提供している。将来は理論レベルにおいて，進化的プロセスとパーソナリティを，さらに正確にそれらが意味することをふまえて，実証的に検証できるやり方で結びつけようとすることが重要になるだろう。

第III部
精神力動的・動機づけレベル

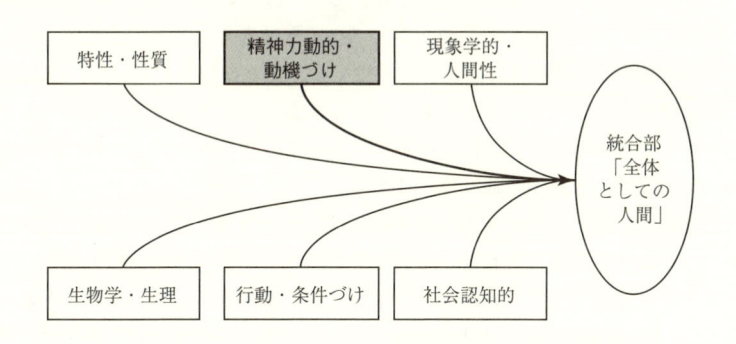

```
    特性・性質      精神力動的・      現象学的・
                    動機づけ          人間性
                                                    統合部
                                                    「全体
                                                    としての
                                                    人間」
    生物学・生理    行動・条件づけ    社会認知的
```

第III部への序章——精神力動的・動機づけレベル

「ほとんど何の問題もなく生活していたのに，突然，抑うつ・恐怖・不安など，日常生活を変えてしまう問題を生じる行動上の悲惨な変化を，しばしば予期できない形でみせる人がいることを，私たちはみな知っている。こういった変化を理解し説明することは困難である。なぜなら，その人の人生や生活のその他の側面をみても，理由になるものは何も見当たらないからである。そういった出来事はどう説明されるべきなのか。20世紀の始め，ジグムント・フロイトは，この謎に挑戦した。」

100年前のウィーンで，ある若い女性は突然，目が見えなくなり，主治医であるフロイトに治療を頼んだ。注意深く調べると，その視覚には身体的に何も異常がみられず，目が見えなくなってしまうような事故や原因になりうるような出来事も，その前に起きていなかった。別の患者は，診察を待つ間，その朝もうすでに何十回も洗っていたのに，まったく汚れのない手を繰り返し念入りに洗うことをやめられなかった。これらの新しい症状を除けば，その他の点において患者たちは正常であり，合理的であり，問題なく生活できていたのである。フロイトは，これらの問題や他の患者たちが治療を求めた問題をどうやって理解すればよいのか，考えなければならなかった。

これらの症状は患者本人にとって理解できないことであったし，その人たちのパーソナリティの他の側面とも葛藤を起こすようなものだったからである。この難問を解決しようとしたときの苦闘と，そこからゆっくり発展した目覚ましい理論とが，精神力動的・動機づけレベルでの研究の基礎になったのである。

フロイトは，以前に精神病患者を治療していたころに着想した仮説をもとに研究を進めた。患者たちの行動は，その人たちがしていることにみられる一貫性だけに注目していたのでは理解できそうにない。逆に，その行動にみられる一貫性の欠如を理解することによってこそ，解答が見つかるとフロイトは考えた。本人さえ気づかない内的な矛盾や動機を，一貫性の欠如が明らかにするしくみを理解するため，彼は長い間，難しい研究を続けることになった。もし原因が意識の外にあるなら，患者たちが自分で自分のことを説明する「表面的レベル」において言葉にされたことに，行動の本当の意味を見いだすことは不可能なはずである。

探求を進めれば進めるほど，人間行動はしばしば合理的でなく，社会でタブーとされ，そのため非難され避けられている動機や葛藤などの無意識的過程を反映していると，フロイトは確信するようになった。そのことを説明するため，フロイトと弟子たちが考えついた理論は，最初は世界中の人々をとても不快にさせた。革命的な考えというものがしばしばそうであるように。しかし，時間がたつにつれ，彼の研究はパーソナリティ心理学の中心位置を占めるようになり，大幅な改変が加えられた形にはなったが，今日でもまだ重要な関連性と意義をもっている。

フロイトの理論はとてつもなく広範囲にわたる。彼は，人間の精神とその表現について，すべての文化を越えてすべての人に普遍的にあてはまることを期して，文字どおりすべてを説明しようとしたのである。彼の研究は論議をよび，批判を招いた。科学的に検証することができないという理由により，また検証しようという多くの試みにおいて支持されなかったという理由により，批判の多くは根拠があるものだった。その結果，多くの研究重視の心理学者は，フロイトによる研究の長期的な価値に懐疑的になり，科学としての心理学における現在の理論体系へのフロイトの影響をほとんど認めなかった。しかし歴史的にみれば，彼の貢献は人々のもつ人間観を変えてしまったのである。自己防衛的かつしばしば自己破滅的な特徴の側面から，人間のパーソナリティを理解するための洞察を世界の人々に与え，同時に，それらを超越する可能性や，心や生活の中に調和と秩序を生みだすことについても議論を深めたのである。

フロイトの取り組みは，精神的に異常な問題の発現についてだけでなく，本質的に正常な人々が，幼いころに始まる葛藤や不安から自分を守るため，どのように対応するか，そしてどのようにそれを乗り越えるかということも含んでいた。そして，パーソナリティ構造，力動，発達，精神的な病気，それに健康に関し，これまで心理学の中で展開させられた理論の中でも，最も徹底的，統合的で，壮大な理論をつくりあげ

たのである。そしてそのことで，人間の性質についての考え方を根本からひっくり返すことになった。

7章で，フロイトの基礎的な概念を解説する。8章では，パーソナリティの査定と治療のための応用について検討し，これらの考え方の中心に位置する基本的なメカニズム（機制）と過程についての研究例を紹介する。そして9章では，長年にわたり彼が強い影響を与えた，この分析レベルでの研究の重要なものを紹介する。そこでは，フロイトが重視していたものを越えて大きく発展した，有能性や達成という動機などの研究もとりあげる。

自分に引きつけて，パーソナリティ心理学を考えてみよう

自分自身について考えてみたい，精神力動的・動機づけレベルに関する質問
- 自分ですることで，時に自分で理解できないことがあるだろうか？
- それはどのように起こり，なぜ起こるのだろうか？
- 自分の行動の背後にある，または行動を引き起こす，本当の動機とは何だろうか？
- 不合理な恐れや不安を，どのように説明できるだろうか？
- 傷つかないために，自分はどのようにして，自分を心理的に守ろうとしているのだろうか？
- 自分のすることのどのくらいが無意識で，あるいは知らないうちに，やっていることだろうか？
- 自分の行動に対する無意識の影響には，どんなものがあるのだろうか？
- 自分を不快にさせるような動機が，自分にはあるだろうか？
- もしあるなら，そのことについて，自分はどう対処しようとしているのだろうか？

7章

精神力動論
──フロイトの諸概念

　フロイト（Sigmund Freud: 1856‑1939）の医学者としての経歴は，コカインの研究に始まった。1884年，新薬コカインの特性はフロイトの好奇心をそそった。自分自身が経験した抑うつ症状の軽減にコカインが効果的だったことも，一つの理由であった。しかしフロイトはコカインの危険性に気づくと，個人的に使用することも研究対象とすることも，すぐにやめた。1885年，フランスのパリで，神経学者シャルコーのもとで6か月間研究を行い，「神経症」，特に「ヒステリー」という多様な非器質性の症状をみせる患者に，催眠を用いた治療を施すことに関心を抱くようになった。

　フロイトの飛躍的な理論的展開は，ウィーンに戻り，診察室で患者を臨床的に観察することから始まった。時は1905年，ウィーンの快適な住宅街にあるフロイトの診察室の情景を想像してほしい。フロイトは若い女性の診察をしている。その女性は，洗面するたびに洗面台を何度も繰り返しすすぐという行動に駆り立てられている。この女性の習性は非常に強い混乱をもたらし，その人の生活は，その習性を中心に回るようになっている。なぜか？　また，ある幼い少年は，馬から直接に危害を受けたことがないにもかかわらず，馬を恐れるようになった。なぜか？　このような難問が，後に精神分析を創始したウィーンの医師ジグムント・フロイトの好奇心をそそり，心理学の学問領域を再構成するとともに，後の社会科学や西洋の人間科学の構想全体の発展の多くに影響を及ぼすことになった。

　これらの難問から，フロイトは理論と治療方法を考案しつくりあげたが，これは私たちのパーソナリティ，健康，そして心そのものへの見方を変えてしまった。医師として，世紀末のウィーンの混乱した人々の治療にあたりながら，フロイトはそれまで重要なものと考えられてきた，人間についての多くの前提を覆し，後期ヴィクトリア時代の社会に衝撃を与えた。フロイトが現れるまで，人々の行動は意識と理性のコントロール下にあると考えられていた。フロイトはその考え方をひっくり返したのである。フロイトは，意識を心の中核とみなすのではなく，パーソナリティを氷山に見立てて考えた。氷山は，その姿を明確にとらえられるのは先端のみであり，残りの部分

7章　精神力動論──フロイトの諸概念　　　　　　　　　　　　　　　　　　　**199**

は水面下にある。フロイトは，人間を至高の理性的な存在ではなく，衝動に駆り立てられ，深く永続的な性的欲求・攻撃的欲求を貪欲に満たそうとする存在と考えた。人々が自己報告することを，正確な自己表象として信頼するよりも，むしろ人々が言ったこと・したことを，非常に間接的で，隠蔽された，無意識的な潜在的勢力の象徴的な表象として解釈した。

　40年以上にわたる執筆活動と臨床研究の中で，フロイトはパーソナリティ構造とパーソナリティ力動の理論，パーソナリティ発達の理論を考案するとともに，パーソナリティ障害の理論と新しい治療技法をつくりあげていった。フロイトは，障害を示す人々の広範な臨床観察と治療経験，そして自分自身や何人もの同僚を対象にした時間をかけた精神分析に基づき，理論の形成と精神分析的治療を行った。フロイトが患者において最初に注目したのは感覚麻痺である。これは，盲目，難聴，あるいは身体の一部分の麻痺，その他の運動麻痺といった，感覚能力・運動能力の喪失であり，いずれも神経学的要因が原因ではないと思われるものであった。フロイトは，感覚麻痺は，受け入れがたい無意識的願望に対する防御手段の表現であると主張した。例えば，戦闘に直面する恐怖を認められない兵士に，神経学的基盤をもたない運動麻痺が表れる。あるいは，夫への恐怖を認めることができない若い新妻は，身体に病気がないにもかかわらず，イスに座りこんだまま立つことができない。これらはいずれもヒステリーの実例である。フロイトによれば，ヒステリーの根本的な特徴は，非常に強い抑圧の存在，そしてその抑圧された欲求や願望を，間接的または象徴的に表現するような症状パターンの発達である。注意深い臨床観察に基づいて，フロイトは，パーソナリティの理論を漸次的に発展させるとともに改訂し，自身の臨床経験や洞察の蓄積と照らしあわせつつ，自分自身の構想に継続的な修正を加えていった。

7.1　基本的前提──無意識の心的決定論

　二つの鍵となる前提が，フロイトの構想における大きな根底となっている。
- 第一に，フロイトによる独特の革新は，行動は決して偶発的ではないということを提案することであった。行動は，心理的に動機づけられた原因によって，心理的に決定されるのである。これは，動機決定論の原理とよばれる。
- 第二に，これらの原因は，個人の完全な意識や自覚の外部に存在する。

■ 無意識

　科学者フロイトは，自分の患者たちの非合理的な行動について説明を試みたいと考えた。患者たちは何かを強制的にさせられているように思われ，またそういった自分自身の行動を説明することができず，時にはその行動についての記憶さえなかった。

フロイトが最も困惑したのは，患者たちの症状が，脳損傷や身体疾患といった器質的原因で説明できないことであった。その人たちは身体的にはまったく異常がなかったのである。患者たちは，自分たちの症状を意識的に制止しようと死に物狂いであったが，まったくコントロールすることができなかった。これについてのフロイトの洞察は，ある無意識的で非合理的な力が，症状の背後に心理的に存在すると想定することであった。フロイトの理論では，意識的な意志と無意識の間の戦いが，そのまま精神生活における戦いとなるとされた。

1900年ごろ，フロイトはまず，精神過程を意識，前意識，無意識の三つに分けて考えた（Freud, 1905/1953）。私たちは，自分自身の意識的な思考にただちに気づくことができる。ただちに利用可能な意識のレベルは，ある瞬間にその人が注意を向けている対象と関連する。したがって私たちは，そのときは前意識的思考に気づいていなくても，それを自発的に，非常に簡単に意識化することができる。対照的に，この潜在的に利用可能な領域外にあるのが，無意識である。この3番目の領域は，私たちが意図的に想起できるものではなく，フロイトの中核的な関心があったのはまさにこの領域であった。無意識の内容は自分自身に脅威をもたらすものであるため，無意識的な精神活動は，抑圧の機制の働きによって，自覚できないようになっている。抑圧は，無意識的な精神活動を私たちの自覚から遠ざけるよう活発に働いており，そのため，私たちはそれらを意識化することができないのである。

■ 無意識への道

フロイトは自分の構想を，観念的な主張や信念にとどまらず，それ以上のものにするような研究方法を切望していた。この心理学者の構想が豊かなものとなり，ついには計り知れない影響力をもつようになったのは，まさにこれらの方法によってであった。心理学的要因を理解するにあたって，無意識が非常に重要なものであるなら，難題はそれにどのように到達するかということであった。

［夢］

フロイトが無意識を最も深く探査したのは，自分自身の夢の探索を通してであった。1899年に出版されたフロイトの著書『夢判断（*The interpretation of dreams*）』は，いわば精神世界におけるコロンブスの探検であり，最も暗い領域への航海であった。夢は，人がより直接的に表出することができない願望を満たそうとする無意識的な努力であるとフロイトは主張した。分析者の仕事は，夢の表面的内容の下に隠された秘密を発見することであった。そこに埋めこまれた意味を明らかにするため，分析者は，その発見がどれほど驚くべきことであったとしても，あるいはどれほど醜悪であったとしても，その人が自分自身に正直に直面することに対して起こす抵抗に打ち勝たなければならない。

無意識への航海は，フロイトが自分自身のパーソナリティの深部にある動機と向きあうために夢を精査することで進められた。これにより，ありのままの，たくまざる自己表出がしばしばもたらされた。例えば，フロイトは盗作してしまう恐怖に悩まされていたが，自分が講義棟でコートを盗んだ泥棒として扱われた夢を見た（Roazen, 1974, p. 99）。自己分析を通して，フロイトは，人が自分の願望を自分自身から隠そうとするための，無意識および遠回りの自己欺瞞についての理論を構築した。

『夢判断』においてフロイトは，人が意識的に経験することを回避しようとしている願望が，夢の中でひそかに果たされることがわかる事例を提示した。興味深いことに，このような夢の願望充足的側面についての洞察によって，夢は睡眠を妨げるよりも，むしろ睡眠の「守護者」として実際に機能するという視点がもたらされた。それから50年以上のちの実験で，人々は夢を見ることが必要であり，もし夢が自然に発生する期間の睡眠が奪われれば，深刻な問題が引き起こされるという事実が発見されたのである（Roazen, 1974）。

夢についての先駆的研究の後，フロイトは，患者がみせる混乱した行動の意味や不安についての分析と，その治療の体系的な理論の展開へと移行した。フロイトによれば，不安の主な原因は，その人自身の無意識的な性的欲求と攻撃の衝動である。性的衝動・攻撃衝動はともに，人間の基本的な衝動あるいは本能であり，私たちが引き継いだ生物的遺産の一部なのである。フロイトは，性欲は思春期とともに始まるのではなく，小児期の早い段階からみられると考えた。小児期性欲は，幼い女児が父親に寄せる感情や，幼い男児が母親に寄せる幼児的願望という形で示される。さらに，情緒的態度は，この早期の関係の中で発現するのである。

ヴィクトリア時代の反発や見下した態度と真っ向から立ち向かい，フロイトは，自己受容の根源は，自分の本能的な性欲と攻撃性を偽りなく認識することであると主張した。自己欺瞞を避けることが解決の鍵なのである。無意識的な衝動を意識化することが，治癒への道なのである。受け入れがたい衝動に面と向かうと不安が呼び起こされる。そして症状は，その衝動が間接的，時に象徴的に表現されたものにすぎないとフロイトは考えた。

[自由連想]

フロイトの思考の多くは，夢分析を基に構築されているが，彼が好んだ方法はそれだけではなかった。フロイトがとった，無意識への第二の経路は，時に「王道」とよばれ，後には治療方法となった自由連想である。この方法では，患者はカウチ（長椅子）に横たわり，心に浮かんだことをすべて，それが何であろうと，それが非合理的であるように思われても，自分で検閲することなしに，単に口に出すよう促される。フォーカス7.1に，自由連想がどのように進められるかを解説してある。このようにして，無意識が意識化され始めるのである。このプロセスへの「抵抗」はしばしば生

ずるが，受け入れがたい願望に直面するまでの過程で，徐々に「徹底操作」されていく。そして最終的に患者は，ヒステリー性麻痺や他の神経症的表出といった症状を通して，それらの願望を間接的に表現する必要がなくなるのである。

フォーカス7.1

自由連想の進め方

　自由連想と夢分析は，パーソナリティ研究の方法であり，フロイトの研究に最も直接的に由来する。いずれの方法も，精神分析治療における患者‐治療者の面接の文脈で用いられる。

　自由連想においては，患者は自分の考えを完全に自由にし，白昼夢，感情，イメージなどを，たとえそれらが一貫性のない，非論理的で，無意味なものと思われても，報告するよう指示される。このテクニックでは，連想を進めるための刺激として，軽い励まし，あるいは簡潔な文章の最初の部分（「私の母は……」，「私はしばしば……」）の提供が行われる。

　フロイトは，夢は患者の自由連想と類似すると考えた。それは，心の最も原初的な働きが表出されたものであると考えていた。願望を遂行するものとして，あるいは望ましい目標のイメージをもたらすことによって緊張を放出するものとして解釈した。フロイトは，夢の解釈を通して無意識を洞察しているのだと感じたのである。

　以下の節は，精神分析的面接の自由連想の促進プロセス（過程）における，典型的な指示と反応の例である（Colby, 1951, p. 153）。患者はその時点で，自分は何も考えがないと不平をもらしていた。

治療者：始めはそう思うでしょうが，人には常に何らかの考えがあるものです。あなたの心臓が常に鼓動しているように，あなたの心には何かの考えがよぎっているのです。

患　者：先生のおっしゃった「心臓」という言葉から，先日，医者が母に，母の心臓が弱いと話したのを思いだしました。

　この面接の後のほうで，この女性は再び沈黙し，連想を続けることができなくなった。

治療者：思い浮かんだことを言ってください。

患　者：まあ，まったく重要でない，がらくたなんです。

治療者：とにかく言ってください。

患　者：どれだけ関係があるかわかりませんが。私は向こうにどんな本があるのかしらと思っていたんです。でもそれは私がここにいることとは関係ないですから。

治療者：それは決して断定できないし，事実，あなたも何が関係して何が関係しないのかを判断する立場にはないのです。私に決めさせてください。あなたは，それが重要だと思うか思わないかにかかわらず，心に浮かんだことをただ報告するのです。

7.2 心的構造論——心の解剖学的構造

　私たちが無意識的願望にどのように対処するかを理解するため，さらにフロイト（Freud, 1933）は心の「解剖学的構造」論を展開した。1920年代初期，フロイトはこの作業に従事していた。これによって，イド，自我，超自我の，三つの「機関」あるいは「心の部局」から構成されるとする，パーソナリティの構造的視点がもたらされた。これら三つの精神構造は発達早期の経験の中で形づくられ，6歳以降，最後に超自我が出現するとともに連続的に形成されていく。

　これら三つの部局あるいは構造は，意識の三つの層と密接に関連している。イドは無意識の層にあり，その特徴は個人が意識しない心的過程である。自我は，主に意識の層にある。そして超自我には意識過程と無意識過程とが混在している。これら三つの部分は相互に密接に関連するが，表7.1に示されるように，それぞれ独自の特性がある。以下，これらの特性について述べる。

■ イド——核心にある情熱

　イドは，遺伝的に受け継がれたものすべて，とりわけ本能を含む心的装置あるいは心的構造である。これはパーソナリティの基本で，システム全体のエネルギー源であり，自我と超自我が後に発達するための基盤となる。フロイトによれば，イドはパーソナリティの最も内側の核心部分であり，生物学的プロセスと密接に結びついている。

表7.1　フロイトの心的構造論

構造	意識	内容と機能
イド	無意識	基本的衝動（性的・攻撃的） 結果のいかんにかかわらず，即時の満足を得ようとする 理性や論理に無自覚 即時的，非合理的，衝動的
自我	主に意識	イドの衝動と超自我の制止とを調停する執行機関 現実検討 安全と生存を得ようとする 合理的，論理的で，時と場を考慮する
超自我	意識および無意識	理想と道徳 完全性への努力 両親の部分的統合（内在化） 観察，命令，批判，禁止 欲求の満足に制限を加える 個人の良心となる

［生の本能（エロス）］

イドにおける本能は，身体の興奮状態という生物学的な起源をもつとフロイトは考えた。イドにおける本能は衝動のように機能し，放出・解放への圧力をかける。フロイトによれば，本能は二つのタイプに分けられる（Freud, 1933）。一つは，生または性の本能，あるいはエロス（古代ギリシャ語のErosから）ともよばれるもので，生命力や，快楽を求める動機や欲求，生殖，生存といったものである。生の本能は，性欲や性本能にとどまらず，例えば空腹を満たす，苦痛を回避するといった，異なる形態での生存をも扱うとされる。

［リビドー］

生の本能はリビドーを生みだす。リビドーは，それぞれの人間の内に存在する有限のエネルギーであるとフロイトは考えた。発達過程の中で，リビドーは内的・外的環境の諸側面に結合あるいは固着するようになる。生体の可能なエネルギーは連続的に変化し，異なる「対象」（フロイトにとって「対象」という言葉は無生物のみではなく人をも含んでいたことに注意）に固着する。フロイトは，エネルギーが向けられる対象が置き換えられていくにもかかわらず，エネルギーの全体量は一定に保たれ，安定していると考えた。ゆえに，フロイトのエネルギー・システムは，19世紀物理学における水力学や熱力学モデルと一致している。

イドの本能は，興奮状態を下げる，つまり軽減を求めること自体を目的とするという意味で動機づけられる。したがって，過熱したボイラーのたまった蒸気を放出しないとシステムが爆発してしまうように，表出されなかった衝動が積もり積もって生じた緊張は，解放されなければならない。本能的衝動は生物学的で生来的なものである。しかし，衝動を軽減しようとする試みにかかわる対象は，個人における特定の早期の経験によって異なる。イドは発電機のようなものとみなされ，心あるいは精神全体は，均衡を維持するよう動機づけられた，閉じたシステムとして考えられた。蓄積された力はすべて，放出される必要があった。放出は間接的でも可能であった。本能的衝動は一つの対象から他の対象へと置き換えられ，例えば，両親から他の権威的人物へ，あるいはより間接的に，例えば性器から男根の象徴へと置き換えられうる。

［死の本能（タナトス）］

生あるいは性の本能は最も重要なものであるが，先に述べたように，それはフロイトが主張した二つのタイプの本能の片方にすぎない。二つめのタイプの本能は，死の本能で，ギリシャ語でタナトス（Thanatos）とよばれるものである（Freud, 1940）。心理学的にみると，死の本能は，無生命の状態への回帰を求める無意識的な人間の欲望を反映している。そしてこれは，自己への攻撃や自殺などを含む，破壊的・攻撃的な行動として表れる。死の本能はまた，すべての生体や細胞と同様に，人間もまたいずれ死ぬ運命にあるという事実についての，フロイトの思考を反映するものとみなせる

7章 精神力動論——フロイトの諸概念

だろう。広くいえば，それは生物学的な概念である「代謝」に対応するものである。代謝とは，原形質と生命物質の漸次的生産と蓄積（同化）および消耗と破壊（異化）に含まれる化学的プロセスとエネルギーを意味する生物学用語である。フロイトによれば，異化作用のプロセスを経験する細胞と類似して，人間は死の本能を経験し，いくぶんはそれに駆り立てられている。生の本能および死の本能が心理学的に表象されたものが願望であり，これらの願望は非合理的で無意識的なものであることが多い。

[快楽原則]

内的・外的刺激を受けてエネルギーが上昇すると，緊張と不快感が生じ，イドはこれに耐えることができない。イドは，その結果がどうなろうとかまわず，緊張の即時的な軽減を求める。このような即時的な緊張軽減への志向性を，フロイトは快楽原則とよんだ。イドはこれに従い，理由・論理・結果のいかんにかかわらず，本能的欲求・衝動の即時的な満足を得ようとする。

[一次過程思考]

緊張を放出するため，イドは願望の対象についての内的イメージや空想をつくりあげる。例えば，お腹が空いた幼児は，母親の乳房についての内的表象を思い描く。結果としてつくりあげられたイメージは願望充足とみなされ，これはフロイトが，通常の夢や，精神病患者の幻覚を特徴づけると考えていた，未遂の願望充足と類似したものである。一次過程思考は，欲求を満たそうとするための，このような直接的で非合理的な，現実を無視した試みをさした，フロイトの用語である。心的イメージは，それ自体では緊張を軽減することができないため，自我が発達するのである。

■ 自我——現実，道理，秩序の担い手

自我は，イドから直接的に派生する。フロイトはその起源について，次のように述べている。

「我々を取り巻く現実的外界の影響のもとで，イドの一部は特別な発達をみることになる。当初は表層であったものが，刺激を受容する機関が装備され，それらが刺激に対抗する防御として機能するよう配置され，特別な組織が発生する。これは後に，イドと外界の媒介として機能する。我々の心にあるこの領域に，自我という名を与えよう。」

(Freud, 1933, p. 2)

自我は外界と直に接触している。自我は安全を考慮しつつ機能し，その課題は生体を保護することである。自我は，外界およびイドの本能的欲求の双方に対抗し，生存のために戦う。この課題への取り組みにおいて自我は，願望充足のための心的表象と，現実の外界とを常に区別し続ける必要がある。例えば，空腹や性的欲求において，緊張軽減が実際に生ずるためには，個人を取り巻く環境内において，緊張軽減のための適切な対象を見つけなければならない。つまり，自我は一方では自身を保護すると同

時にイメージから対象へと移行し，イドの衝動の満足を得なければならないのである。

[現実原則]

自我機能は現実原則に支配される。現実原則においては，現実の検討およびおかれた環境内で，適切な対象が見つかるまでの緊張の解放の遅延が求められる。自我は，高次・認知的精神機能を用いた現実的，論理的思考と計画を含む「二次過程」によって機能する。そしてこれによって，理性的に考えることや，時間や場所，現実の様相に注意を払うことが可能になる。つまり，イドが願望充足的イメージや性的・攻撃衝動の直接的な充足といった一次過程によって即時的な緊張軽減を求めるのに対し，自我はイドと外界とを媒介し，現実検討およびとりうる多様な行為についての決断を下す，いわば執行部なのである。例えば，自我は，即時的な性的欲求の充足への衝動を，適切な環境状況になるまで遅延させる。

フロイトは，自我は外界へ向かうたった一つの希望であり，人間が，生物学的衝動により激しく，野性的に駆り立てられる，非合理的・原始的な存在から抜けだすことを可能にする，心の一部であると考えた。自我は理性・秩序・調和という人生への道となるのである。フロイトが「イドがあったところに，自我が存在することになる」と述べたように，精神分析は，衝動性に支配される人間から合理的で洞察に満ちた人間への変容への道程になろうと試みた。健全で柔軟さをもつ自我は，情熱的な奏者でいっぱいのオーケストラを，大混乱や騒音へと分解させるのではなく，全体に秩序をもたらす指揮者のように機能するのである。

■ 超自我──完全，理想，超越を追求する最高判断者

フロイトがあげた3番目の心的構造は，超自我である。フロイトは次のように述べている。

> 「小児期の長期間にわたって，人は両親に依存しながら成長し，両親による長期的な影響を受けた自我の特別な機関が後に沈殿物として形成され残されていく。これを超自我とよぶ。超自我は自我と区別され，あるいは自我と対立するために，第三の勢力を構成し，自我はこの勢力を考慮しなければならなくなる。」
> 　　　　　　　　　　　　　　　　　　　　　　　　　　　　(Freud, 1933, p. 2)

このように，超自我は，両親および両親の理想の影響が内在化された部局なのである。超自我は，個人のパーソナリティの発達過程で，個人の内的世界の一部となった道徳や社会的基準を象徴する。超自我は，内在化された両親の基準，つまり間接的には社会の基準に従い，正誤や善悪という道徳的判断を行う良心である。超自我は理想を象徴する。イドが快楽を求め，自我が現実を検討するのに対し，超自我は完全性を求める。フロイトにとって超自我は，両親によるコントロールが内在化され，自己コ

7章 精神力動論——フロイトの諸概念

ントロールという形となったものである。例えば，超自我が十分に発達した個人は，たとえ警察や他者といった形での外的制約がない場合でも，空腹時に食べ物を盗む，怒ったときに人を殺すといった「悪い」，「不善」な誘惑には屈しない。

フロイトは，超自我は5歳ごろ，小児が長期にわたる無力と養育者への完全な依存の状態から脱けだすころに発達すると考えた。小児はこの早期の愛情を失う可能性をひたすら恐れる。つまりこれは，両親からの保護と欲求充足がなくなることへの恐れである。最初，この恐れは，子ども自身の行為，例えば「悪い」ことをしたなどの理由で，愛情と欲求充足を失うという客観的な不安を発端とする。時間をかけて，子どもが両親のイメージと言いつけを自分自身の内部に心理的に組みこむとき，積極的な同一化が生ずる。両親の願望がこのプロセスを通して組みこまれるとき，良心は外的コントロールによるものでなく，むしろ内側から出てくる意見・考えとなる。

情欲に満ちたイドが快楽を希求し，しかもその欲求は不合理であるのに対し，超自我は完全と理想を追求する。超自我はイドと同様，無意識レベルにおいては過酷な要求を行い，それがある程度，実行に移される可能性もある。またイドの衝動と同様に，容赦なくその人を苦しめることにもなりうる。例えばこれは，自己嫌悪や自殺・自傷を引き起こす深刻な抑うつにみられる。よって，超自我による抑制（専制政治）が，イドの要求に加わることになる。しかし超自我の機能は，善悪の決定，何をすべきで何をすべきでないか，人を悪から引き離すといった，良心や道徳的判断だけではない。超自我はまた，少なくともある状況においては，自我の理想やより高い価値や目標を表象し，自己満足や動物的行動，実践性や生き残りへの自我の関心を超越し，理想やより高い目標に向かって努力するよう人を駆り立てるのである。そういった意味で，超自我は人を超越へと駆り立て，高尚な行動へと方向づけるのである。

システム内の調和と秩序に向けて現実の航路を探る一方で，これらの競合する衝動的な声と勢力を継続的に調整し統合することは，情熱的であるが潜在的に不調和なオーケストラの執行部であり指揮者である自我にとって，重荷であり挑戦でもある。

■ フロイトの心的構造論およびその生物学的基盤についての再検討

フロイトによるイド・自我・超自我の3層の心的構造と，その3層の相互作用についての理論は，精神分析的臨床活動において非常に有用であることが証明され，臨床実践のみならず，人間の様相やパーソナリティにも多大な影響を与えた。しかしそれは多くの点で，心的構造についての「エビデンス」に基づく科学的なモデルというよりもむしろ，有益なメタファー（比喩・たとえ話）であった。フロイトは常に，このたとえ話が強力な科学的価値をもつようになることを願っていた。フロイトとその後継者は，実証的な根拠を理論の基盤とすることに力を注いだが，彼らのエビデンスは臨床的観察と推論に基づくものであったため，進歩した科学において必要とされる厳

密な基準を満たすには遠く及ばなかった。その結果，このモデルはメタファーとしてさえも，多くの学究的な心理学者や研究者に受け入れられなかった。ちょうど行動主義の全盛期であった20世紀後半の中ごろにおいては，このモデルは不正確なつくりごと——フィクションであるとされ，大半の米国の大学において受け入れられず，疑わしいものとされた。

しかし科学の進歩の道のりは平坦ではなく，それまで認められていなかったものが，時にはおおいに価値をもっていたことがわかることもある。フロイトのメタファーを21世紀の現在から振り返ってみると，今日の生物学・脳・進化レベルの分析研究の知見との間に，少なくとも大雑把なレベルにおいて，類似点がいくつかあることがわかる。一部の心理学者の観点からは，イド・自我・超自我のメタファーが，一部の脳領域の機能およびその相互の関係に直接的に関連があるだろうということがわかっている。一例として，扁桃体を考えてみよう。扁桃体は，小さなアーモンド型の原始的な脳領域で，6章で紹介した前頭葉前部の皮質の下に奥深く収まっている。この領域は，恐れなどの強い情動的反応や，危険な状況における闘争や逃走といった反応，そして強い欲求行動への衝動や，強い性的誘惑や食物の誘惑により引き起こされる接近行動の基盤であると考えられる。進化論的な観点からは，これらの機能には迅速な生存のための価値があるとみなされる。この脳領域の心的機能についての近代理論は，「熱いシステム」とよばれるものの一部である（例：Carlson & Beck, 2009; Metcalfe & Mischel, 1999）。この熱いシステムは現在，衝動性と関連する，より特定された脳領域とそのメカニズムについての実証的知見と新たな知見によって定義されているが，フロイトのイドとの間にはいくらかの家族的類似があるようである（17章参照）。

フロイトのイドのように，熱いシステムもまた，問題解決を必要とするような挑戦に対し，長期的な解決策を与えるものではない。事実，その活動性が高くなったときには，推論や問題解決の過程を深刻に阻害する。これらの機能が必要とするのは，合理的な，あるいは「冷静な」脳システムであり，これはフロイトの自我とその機能についての見解と一致している。この「冷静なシステム」およびそのプロセスは，現在は「実行機能」とよばれており，認知神経科学および自己制御の分析の最前線において，集中的に検討されている研究対象である（詳細は17章）。

進化系統において低次元とされる動物とは異なり，人間はより高レベルの脳中枢（前頭葉前部皮質）によりコントロールを行う能力をもっている。この能力によって，扁桃体がすでに自動的・情動的に反応し始めている問題を解決しようと試みて，冷静で合理的な思考を始めることが可能になる。どのように考えるか，つまり問題を熱く考えるか冷静に考えるかによって，注意集中を統制する中枢が活性化され，それによって自己制御の努力が困難になったり容易になったりする（例：Derryberry, 2002; Mischel et al., 1989; Posner & Rothbart, 1998）。まとめると，人間には情動的な脳がある。

しかしそれだけではなく他の認知領域もあり，この領域は人間を人間たらしめる，より合理的で高レベルなプロセスに決定的に重要なものである。同時にこれは，フロイトが自我という構造および機能という表現で概念化したものでもある。したがって，脳のある部分は，熱く，情動的で，事実上，反射的であり，フロイトのいう本能に満ちたイドを思いださせるものである。一方，脳の思慮深く冷静な部分は，合理的で，問題を効果的に解決できる実行機能をもち，フロイトのいう自我の概念と一致する。さらに，心と脳との関係についての現在の理論では，これらの領域は連続的で力動的な相互作用をしており，これもまたフロイトのメタファーを連想させるものである。

最後に，超自我については，人類学者であり心理学者でもあるフィスク（Alan Fiske, 2002）が，進化論的な観点からの主張を行っている。人間の感情のある部分は，人間が社会生活を営み，人間社会一般において長期にわたる関係を維持する上で必要不可欠な，ある種の自己制御を可能にするためにそれが役立ったからこそ発達したのだというものである（17章参照）。共感，親愛，誠実さといった感情は，人間が社会生活を営む上で必要不可欠な情動であり，これはおそらく，生き延びるための適応的な価値があるゆえに発達したと思われる。同様に，罪悪感や恥といった道徳的感情にもまた，適応的な価値があると考えられる。これらの感情によって，さもなければ衝動的になる行動について，長期的な結果を考慮すること，立ち止まって本能的欲望を抑制すること，人間関係やコミュニティ（共同社会）を破壊するような無分別な行為を抑制することが可能になるのである。このタイプの進化論的アプローチは，フロイトの超自我について斬新な視点を与えるものである。（道徳性とその進化論的発達および社会生活の機能の一般性についての同様の解釈については，ハウザー（Marc D. Hauser, 2006）を参照のこと。）

7.3 葛藤，不安，そして精神力動

精神力動は，パーソナリティが機能するプロセスである。フロイトの観点では，精神力動は，①イドによる，受け入れがたい衝動の統制，②それらの受け入れがたい衝動を統制し支配する努力における内的葛藤によりもたらされる苦痛の回避，③パーソナリティの，相互に対立する多様な構成要素の調和的な統合の達成という，自我の三つの相互に連続的な課題と関連する。フロイトは，自身のエネルギーの大半を動機の変容の理解に費やした（Freud, 1917/1955b）。基本的衝動は，その放出に固執し圧力をかけるが，その衝動が志向する対象や，その衝動の表出においてとる方法は変容するのである。

必然的に生じるイドの衝動は持続するものであり，パーソナリティの過程においては，その表出形態が単に表面的に変容するだけであるという考えは，フロイトの理論

の根幹をなしている。しかしそれはまた，オルポート（Gordon Allport）が，特性理論の中で強く異議を唱えた，鍵となる論点でもある。この異議は20世紀初頭，ウィーンにおいてフロイトとオルポートが出会ったときに始まった。フォーカス7.2で述べるように，このときフロイトはすでに著名であり，一方のオルポートは，精神分析の創始者と会うことを望んでいた若者であった。この面会はオルポートにとって，個人的にはひどく不満足なものであった。事実，彼の自伝（Allport, 1967）の中で，成人の動機は人生早期に起源があるという考え方に反対し，それが自律的なものであるとした彼自身の考えは，この印象深い出会いから始まったのだと述べている。

フォーカス 7.2

フロイトとオルポートのトラウマティックな出会い

　　後に米国のパーソナリティ心理学の創始者となり，最も影響の大きい特性理論家（3章参照）となったオルポートは，当時22歳であった。家族でウィーンに旅行中で，大胆にもすでに著名になっていたジグムント・フロイト博士との面会について問い合わせた。フロイトは返事を書き，訪問するようにオルポートを招待した。オルポートは到着したとき，フロイトの奥の執務室に案内された。「彼は私に話しかけなかったが，沈黙したまま座っており，私が訪問の目的を述べるのを待っていた」——精神分析家にとってはごくふつうの始まりの挨拶であったが，オルポートにとってはなはだ居心地悪く感じられるものであった（Allport, 1967, p. 8）。沈黙を破るため「適当な話題の糸口を見つけよう」と懸命に努力し，オルポートはフロイトのところに来る途中，路面電車で遭遇したエピソードをフロイトに語った。これは，4歳ほどの男児が「不潔恐怖」を示しており，母親に対し，周囲にあるごみやホコリについて不満を述べ，「不潔な男性」の隣に座りたくないと訴えていたというものである。

　　フロイトは，オルポートの最も顕著な特徴の一つは，いつも非の打ちどころのない，きちんとした身づくろいをしており，糊づけした白いワイシャツを着ているといった，その完璧な外観であるという点に疑いなく注目した。不潔恐怖の男児のエピソードを話し終えたときのことを，オルポートは次のように回想している。「フロイトは，情け深く治療的な眼差しを私に注いで言った。『その小さな少年はあなただったのですか？』と。あまりにも面食らって，そして多少の罪悪感も感じながら，私はどうにかこうにか話題を変えた。私の動機についてのフロイトの誤解はおかしかったけれど，それはまた，深い思考過程を開始させるものでもあった。……この経験から私は，深層心理学にはいくつも利点があるけれど，あまりに深くなりやすい。それゆえ心理学者は，無意識を探る前に，十分な認識をもって，明示的な動機を理解しようとすべきだということを学んだ。」（Allport, 1967, p. 8）

　　オルポート自身は，「そう，私のたった一度のフロイトとの出会いは，トラウマティックなものであった」と実感した（Allport, 1967, p. 22）。この出会いは，動機の「機

能的自律性」と，原初の根源として何が考えられるかにかかわらず，その時点での動機そのものを考える必要がある，というオルポート自身の考えの起源となった（12章参照）。

　フロイトとオルポートの出会いは，本書の鍵となるテーマにも関連している。それは，パーソナリティ研究における多様なレベルの分析はいずれも，パーソナリティ全体についての私たちの理解に貢献するということである。フロイトもオルポートも，それぞれ異なるレベルに焦点をあてていたけれども，二人とも鋭い洞察力をもって，その「出会い」という出来事の観察と解釈を行っていたと思われる。フロイトは，オルポートがなぜ，会話を始める「きっかけ」として，不潔恐怖の小さな男の子のエピソードを選んだかを考え，そしておそらく，みごとに染み一つない，完璧な，汚れのまったくない外観にも注目し，それをオルポートの根底に存在する無意識的な幼児期の問題と葛藤を示唆するものと考えた。フロイトの理論では，これらは肛門期の問題であることから，フロイトはオルポートの現在の行動を，オルポートの幼児期の問題に対する関心にただちに結びつけたかったのであろう。

　一方でオルポートは，成人の動機と関心それ自体は独自に理解されるべきであり，事実，そう理解することが可能であると考えた。一例として，秩序ある状態を求める動機と，人間のパーソナリティの複雑さのように混沌とした現象を明快にしようとする努力について考えてみよう。オルポートの場合，そういった動機は人間のパーソナリティの様相・特性の数・構造についての彼自身の厳密な思考にみることができる。これは，オルポートの規則正しく，染み一つない生活，そして模範的な専門家および個人としての人生の中にも同様にみることができる。さらに何世代にもわたり，学生に影響を与える学問的な貢献を行っているのである。オルポートの理論では，成人の動機と価値は，その起源が無意識にある可能性があるとしても，機能的に自律的なものとして扱われ理解されるに値する（12章参照）。実際，オルポートによるパーソナリティのアプローチには多くの積極的で建設的な側面があるが，その一つは多くのレベルの分析を取り入れているという点である。動機は，その成熟した形態において真剣に取り扱われる必要があるとオルポートは考えたが，その動機の根源がはるか昔，発達初期の経験および動機にあるかもしれないという可能性を排除することはなかった。しかしオルポートは，動機の起源が発達早期にあるかもしれないという考えによって，動機の成熟した自律的な様相の重要性と価値を理解しようとする自分の考え方が阻害され破壊されることは望まなかった。フロイトもオルポートも，どちらも正しかったのであろう。

■ 葛　藤

　フロイト（Freud, 1915/1957a）によれば，心の三つの部分，イド，自我，超自我は，常に力動的な葛藤状態にある。力動という言葉は，解放を求めるイドの衝動と，それらに対抗する制止と抑制との間の，絶え間ない相互作用と衝突，つまり駆動する勢力と，それらを制止する勢力との相互作用のことである。これらの勢力と対抗勢力とによって，パーソナリティ過程が進められるのである。

衝動の即時的満足を求めるイドの動機は，人間のありさまを反映している。人々は苦痛を回避し，即時に緊張を軽減するよう動機づけられている。本能的欲求の即時の満足を求めるこの動機によって，個と環境との衝突がもたらされる。葛藤は大きくなり，環境そして他者という形をとった環境の表象，特に幼少期の両親，後の超自我が，即時の衝動の表出を罰する，あるいは妨害することになる。

　人はいずれ，自分を育てる人，主に両親の特性や道徳，価値や理想を内在化することによって，さまざまな価値を超自我に統合するようになる。フロイトの観点では，人間と環境の間には絶え間ない闘争と葛藤が存在する。社会的価値が人間の一部として内在化されるかぎり，この闘争は内部のイド，自我，超自我の間で行われ，この闘争により不安が生みだされる。

　不安は苦痛であり，したがって不安が生みだす緊張を無意識のうちに軽減しようとする。フロイトは防衛という言葉を精神分析用語として初めて用いたが（Freud, 1899/1955a），否認と抑圧を含む，ある一つのタイプの防衛機制にまず注目した。娘のアンナ・フロイトは，今日知られている他の中心的な防衛機制のいくつかを区別した（A. Freud, 1936）。これについては次章で論じる。

　精神力動の理論家は，脅威がことのほか深刻になると，強い抑制と防衛とがもたらされるであろうということを強調している。精神分析学的観点によれば，そういった防衛的抑制は死に物狂いであり，原始的である。それは，特定の危険に対する特定の反応より，むしろ全面的で一般化された抑制的な反応である。この否認という防衛機制は，人が脅威から逃げることもそれを攻撃することもできないときに生ずる。パニックが過剰になると，代わりにとりうる方法はそれを否認することだけである。完全な否認は幼い子どもにおいて可能である。というのも，幼い子どもは，現実的検討の要求に違反しても，動揺することがまだないからである。子どもが成熟し，防衛のために客観的事実を否定できなくなったとき，否認は妥当性の低い代替手段となり，抑圧がそれに取って代わる。

■ 防衛――否認と抑圧

　精神力動論においては，抑圧は通常，否認の特別なタイプをさしており，「……意識や恐ろしい記憶からの忘却あるいは追いだし，そして特に個人における好ましくない結果をもたらすであろう衝動の自覚を拒否すること」（White, 1964, p. 214）を意味している。

　抑圧はフロイト理論における最初の構想であり，その礎石の一部となった。フロイト（Freud, 1920/1924）は，否認と抑圧のメカニズムは最も基本的で原初的な防衛であり，他の防衛とも関連すると考えた。実際，他の防衛は衝動への強い抑制から生ずると考えた。

7章　精神力動論——フロイトの諸概念

　フロイトの抑圧や防衛についての考えは，19世紀末から20世紀初頭におけるヒステリーの女性患者についての臨床観察に基づいていた。フロイトが，これらの患者の何人かが神経学的に理解できない身体的症状をみせることに注目したことを思いだしてほしい。例えば，「手袋麻痺」とよばれたヒステリーにおいて，患者は手で感じることができないという症状を訴えた。これは，神経学的にはありえない症状である。ヒステリーの研究において，フロイトと同僚のブロイエルは何人かの患者に催眠を施したが，非常に驚いたことに，ヒステリー症状の起源や意味が催眠下で語られるとともに，症状が消失する傾向があることを発見した。この発見により，症状が器質的損傷や身体的欠陥によって生じるわけではないことが，疑いなく証明されたのである。
　ヒステリーを部分的に理解するために，フロイトは無意識的葛藤と防衛についての理論を展開した。ヒステリー性盲やヒステリー性感覚麻痺（感覚の喪失）といった症状を，明白な身体症状に専心して注意をそらすことにより，苦痛な思考や感情を回避する防衛的な試みとみなしたのである。フロイトは，この防御において鍵となるメカニズムは，無意識的に動機づけられた抑圧であると考えた。抑圧を通して，その人にとって受け入れがたい基本的衝動は無意識化され，よって，それほど脅威でなくなる。注意をそらすこのような措置は，不安を誘発する衝動に対処するには本来的には効果のない方法であるため，これらの衝動は消えずに残る。衝動は「症状」とよばれる，偽りのゆがんだ形となって，解放に向け，圧力をかけ続けるのである。

7.4　神経症

■ 防衛が失敗するとき——神経症的不安と葛藤

　基本的な動機を偽装してしまう防衛は，時に不十分であり，否認や抑圧がもはや機能しなくなるときがある。日常生活のふつうの状況下においてさえ，防衛はときおり破られ，その人の本心を表に出してしまう（Freud, 1901/1960）。このような潜在する動機の露見は，防衛が緩んだときに，例えば，夢や冗談，言い間違いにおいてみられる。防衛のプロセスには，歪曲と置き換えが含まれるが，これは対象や出来事が，それらとはまったく異なる物事を象徴するシンボルに変容し，私的な意味が発現するときに生ずる。これらの意味は，部分的には行動上の徴候または隠された願望や無意識的葛藤を象徴する症状を反映すると考えられた。例えば，ヘビ恐怖のような恐怖症は，基本的な性的葛藤を反映する。この場合，その人が恐れを抱く対象であるヘビ自体が，象徴的な意味をもっている。

［神経症的不安の発達］

　ここまでの説明から，神経症的不安や神経症的問題がどのように発現するかについてのフロイトの構想について，考えることが可能になる。まず，子どもにおける，直

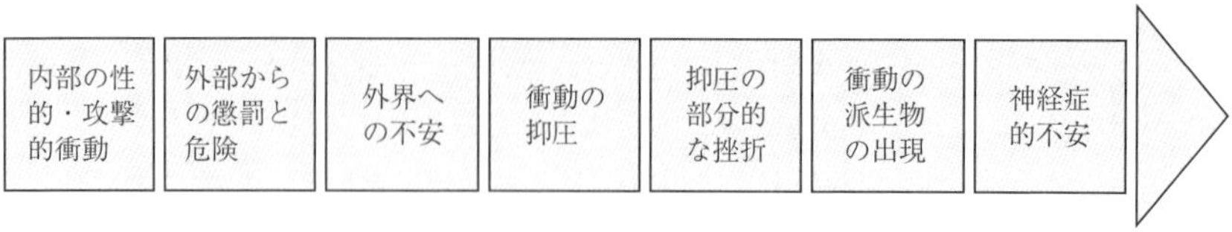

内部の性的・攻撃的衝動 → 外部からの懲罰と危険 → 外界への不安 → 衝動の抑圧 → 抑圧の部分的な挫折 → 衝動の派生物の出現 → 神経症的不安

図7.1 フロイトによる神経症的不安の発生機序

接的な解放を求める攻撃的・性的衝動から始まる（図7.1）。解放に向けてのこれらの試みは，強く罰され，危険や脅威，例えば愛情の喪失のような，両親による強い懲罰によって制止させられる。それらはしたがって，対象不安を導く。子どもはこれらの衝動によって両親の愛を失うのではないかと特に恐れるようになり，やがて自分自身の衝動そのものを恐れるようになる。この状態は苦痛であるため，子どもはこれらの衝動を抑圧しようとする。自我が弱い場合，抑圧は部分的にのみ成功し，本能的衝動は持続する。何らかの受け入れられる形で表現されないかぎり，これらの衝動はますます「閉じこめられ」，徐々に抑圧するのが困難になる程度にまで蓄積されていく。その結果，抑圧は部分的に崩壊し，一部の衝動が抑圧を突破することにより，何らかの神経症的不安が生ずる。不安はこの観点において，危険信号として機能し，抑圧された衝動がいまにも防衛を突破しそうであると警告を行う。しかしながら，受け入れがたい衝動は直接に出現するよりも，むしろ偽装された，象徴的な方法をとって間接的に出現する。

[神経症的行為の意味]

フロイトは，行動の象徴的な意味は神経症的行為の中で最も明らかであると感じていた。彼は洗面の後で洗面台を何度も強迫的に洗う少女の臨床例を引用した。フロイトは，この儀式の象徴は「きれいな水を手に入れるまで，汚い水も捨ててはいけない」ということわざに表現されていると考えた。フロイトは少女の行為を，その子が非常に仲よくしている姉に対する「よりよい男性と関係を確立するまで，不十分な夫と別れないように」という警告として解釈した（Freud, 1959a, vol. 2, p. 28）。

また別の患者は，特定のイスにしか座ることができず，そのイスから離れることは非常に困難だと訴えた。フロイトの分析では，イスはその女性が貞節を守り続けた夫を象徴していた。フロイトは，「いったん落ち着いてしまったら，どんなものでも，イスでも夫でも，それから離れるのは難しい」と述べた女性の言葉に，強迫の象徴的な意味をみた（Freud, 1959a, vol. 2, p. 29）。したがって，葛藤の重要な対象（夫）は，ささいなもの（イス）へと変容したのである。フロイトは，このほか多くの類似した臨床例も証拠として引用し，神経症的行動は，無意識の動機や考えを象徴的に表現しているという観点を打ち立てた。

7章 精神力動論——フロイトの諸概念

表7.2 フロイト理論による，行動サインの考えうる意味

行動サイン	潜在する意味の候補
ヘビ恐怖	性器に関する性的葛藤
不潔恐怖	衝動への反動
強迫的思考：「お母さんが溺れている」	母親に対する恐怖の不十分な抑圧
嫉妬妄想	同性愛の願望
金銭へのこだわり	トイレット・トレーニングの問題

　以上のように考えると，臨床家の課題は，患者の行動の無意識的な意味を解読し，一見，不合理な行動パターンに潜在する葛藤と精神力動を発見することになる（表7.2参照）。

■ 神経症の起源

　フロイトは，神経症や，それを特徴づける症状の根源といった深刻な問題は，小児期の早い段階に始まるとみている。

　　「症状はより遅い段階に発現するけれども，神経症そのものは，幼児期の早い段階（6歳まで）に出現するように思われる。幼児神経症は，短期間のみ顕在化するか，見過ごされるのであろう。いずれにしても，後の神経症は幼児期の前ぶれと関連している。

　　……私たちがすでに知っているように，神経症は自我の障害である。そして，自我が不十分で，未成熟で，抵抗する力がない間は，課題への対処に失敗するが，後にいとも簡単に対処できるようになるとしても，驚くべきことではない。これ

腕を骨折するという夢は，その人自身の結婚の誓いを破りたいという願望を意味するのだろうか？

らの状況においては，外界からの刺激と同様に，内部の本能的欲求は，特にそれらが何らかの生来的な性質と妥協する場合，『トラウマ』として機能する。」

(Freud, 1933, pp. 41-42)

　この引用に示されるように，神経症は幼児期の早期段階におけるトラウマに，生来的な性質が加わった結果とみなされた。しかし，精神的に混乱していない人の行動でさえも，潜在的な無意識的動機や葛藤の表出を反映すると考えられていた。そういった動機や葛藤の顕在化は，「日常生活における精神病理」とみなすことができる，意味深長だが一般によくみられる無意識的な表現上の出来事である。これについては次で述べる。

■ 日常生活における精神病理——本心を見せてしまう「過ち」

　フロイトの構想の中で最も魅惑的な，そして異論も多いものの一つに，言い間違い，書き間違い，冗談，夢といった，よくある出来事に潜在する，隠された可能性のある意味についての解説がある。フロイト（Freud, 1901/1960, 1920/1924）によれば，「過ち」は，個人が直接的あるいはあからさまに表出するのを恐れている衝動によって，無意識的に動機づけられている。その過ちが本当に潜在的願望によって動機づけられていることを示すために，フロイトは過ちを「正そうとする」試みさえも，隠された，受け入れがたい意味を示しているように思われる多くの事例を指摘した。例えばある事例においては，ある政治家が退役した将官を式典で「名誉の戦傷を恐れた英雄」と紹介してしまい，その言い間違いを「言い直そう」と，「名誉の酒傷を受けた英雄」と言ってしまった。その他の例を表7.3にまとめた。また，フロイトによる夢のシンボルの一部を表7.4にまとめた。

表7.3　無意識的願望により動機づけられた行動の例

関連する行動	無意識的願望	変　容
言い間違い：May I "insort" you?（エスコートしましょうか，と言おうとして）	insult（侮辱する）	圧縮（insult + escort = "insort"）
言い間違い：「みなさん，ここで定数となりましたので，これより議会の『閉会』を宣言致します」	会議を閉会すること	逆の連想（開会＝閉会）
あまりに早く手に入れた結果，劇場チケットの品質に失望するという夢	結婚するのが早すぎた：待てばもっとよい配偶者を得ることができたのに	象徴的意味（チケットを手に入れるのが早すぎる＝結婚が早すぎる）
腕を折る夢	結婚の誓いを破りたいという願望	視覚イメージへの転換（誓いを破る＝腕を折る）

［出典：Freud（1920）］

表7.4 フロイト派における夢の象徴と意味の例

夢の象徴	意味
王，女王	両親
小動物，害虫	きょうだい
旅行，小旅行	死
服，制服	裸
飛行	性行為
抜歯	去勢

［出典：Freud（1920）］

■ 動機決定論——無意識的要因

フロイトの動機決定論の原理によれば，あらゆる行動は動機づけられており，願望と行為とをつなげる因果的連鎖は複雑で間接的である。

例えば，ある男性が，金のことで妻とよくケンカし，個人的には自分の身なりを気にしていて，自分の傘をなくしてしまったときに非常に動揺するとする。これらの一見異なる行動の部分が，実際に共通した原因によって動機づけられているのである。多くの精神分析的アセスメント（査定）や精神分析的治療は，このような潜在する原因の追究である。行動についての精神力動的説明は，その行動を生みだすに至った動機の発見から成り立っている。焦点は行動そのものにあるのではなく，行動を起こさせる動機にある。そしてふつう，これらの動機は，人々の表現や無意識下に隠されており，その根源は早期の経験の中にある。

7.5 パーソナリティの発達

フロイトは，すべての人が通常，五つの性心理的発達段階を進むと考えた。最初の5年間に，快感は連続的に身体の三つの領域に集中し，口唇期，肛門期，男根期という段階が展開する。そして，穏やかな潜在期が5, 6歳ごろにやってくる。最終的に，各段階の進行に成功すれば，思春期の後，成熟あるいは性器期に到達する。しかし，いずれかの段階で特定の問題が生ずることによって，発達の遅れ，あるいは停止・固着がもたらされ，その人の生涯にわたる性格特徴に永続的な痕跡を残すこととなる。

■ 発達の各段階

［口 唇 期］

口唇期は生後1年間である。この時期，快感は口に集中しており，食物を摂取する過程での，吸うこと，食べること，かむことが中心である（しかし，フォーカス7.3を参照）。依存的で無力な人は，幼児が自身の欲求の満足を他者に全面的に依存して

フォーカス7.3

幼児はどれだけ口唇的か？

　食事をする状況は早期発達において決定的な時間であるが，これは成長する生体と外界との関係全体の一部に過ぎない。したがって，赤ちゃんは「口唇的」な生き物以上のものなのである。赤ちゃんは口，唇，舌への刺激に反応するが，他に，見，聞き，感じることによって，視覚的にも聴覚的にも，そして手で触れられることによっても刺激を得ている。

　1960年代にハーバード大学のホワイト（Burton L. White）教授は，赤ちゃんがベビーベッドに寝ているときに入念な観察を始めた。観察対象は，孤児院の身体的に正常な幼児であった。彼らは赤ちゃんの注意について研究するために，観察可能な運動の質的・量的側面について記録を行った。これらの観察に基づいて，彼らは図7.2のように，幼児が視覚的環境を探求する傾向性の発達をプロットした。この結果は研究者たちを驚かせるものであった。

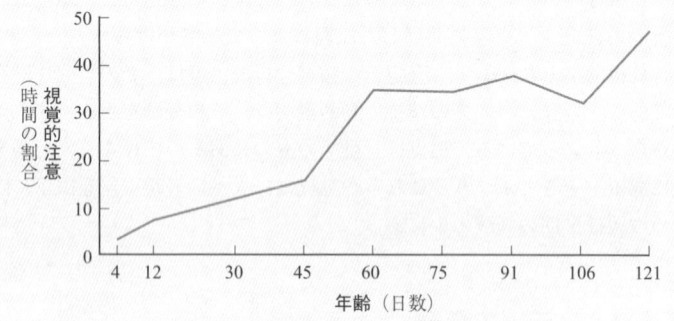

図7.2　周囲を探索する傾向の発達
［出典：White & Held（1966）］

　「毎週の観察から得られた結果のうち，私にとって一つ重要なのは，学問的に得られた私の予測と逆に，生後1か月間，乳幼児は実際には非常に口唇的でなかった。事実，2～6か月の間の乳幼児については，視覚による状況把握が中心の生き物であるというほうが，はるかに適切な記述であった。私たちは，乳幼児が最初に自分の握りこぶし，指，そして手と指の相互作用を見て何時間も過ごすのを次々に観察した。ほんの少しの間，乳幼児が明らかに動揺したり非常に空腹であるときを除き，親指しゃぶりや口に入れたりかんだりすることは，めったに見られなかった。」
　　　　　　　　　　　　　　　　　　　　　　　　　　　　（White, 1967, p. 207）

　以上の観察から，発達早期に何が起こるのかという問題についての結論に達する前に，私たちが乳幼児の知覚活動および認知活動について，どれほど多くの詳細を知る必要があるかが最も重要な点としてわかる。実際，この研究者の説明が示唆するように，「口唇期」の乳幼児は，以前の公式によって考えられていたよりも注意深く，認

知活動も活発であって，口唇的でなく消極的でもないことがわかる。より高い意識性や機敏さ，刺激へのより高い感受性，より方向性をもった注意力，そしてあまり「ぐずらない」といった特徴が，赤ちゃんに認められ始めるであろう（Sroufe, 1977）。赤ちゃんがより注意を払うようになるにつれ，さまざまな刺激は動揺するものでなくなり，逆に積極的に探しだすものになり，自分自身の動きにさえも注意を払うようになる。

　実際，この数十年間で，幼児を細かく観察し，独創的な実験を用いた発達早期の研究が爆発的に増加した。この中で生後2～3か月までに，理解・知覚スキル・認知といった幼児の能力が劇的に増加することが示されている。例えば，ハーバード大学のスペルク（Elizabeth Spelke）らの実験は，人間の認知能力の起源を突き止め続けている。この研究者たちは，非常に豊かで分化した「知識の中核」が存在することを見いだしている。これは生まれてまもない新生児においてさえも存在し，幼児におけるあらゆる種類の理解の手段をただちに与えるものである。このような知識の中核に含まれるのは，数や形式的な数学を理解する能力，象徴的な表象を構成し用いる能力，対象を分類する能力，他者や他者の心の状態を推測する能力である（例：Dehaene, Izard, Pica, & Spelke, 2006; Spelke, 2000）。以上の知見は，幼児の精神がすばらしく豊かなものであることを理解するにあたって革新的なものである。またこれらの知見は，新生児の精神を「空白の石板」とみなす従来の観点とは逆の立場に立ち（例：Talbot, 2006），新生児は生まれてすぐに，口唇的である以上の存在であることを明らかにしつつある。

いる，この段階に固着しているといわれる。

　フロイトによれば，口唇期はさらに二つの時期に分けられる。①乳を吸うこと，②かむことと咀嚼である。後に，性格特徴はこのような口唇的快感の様式から発達する。より具体的には，口唇的統合，つまり口唇期の第1段階で，吸ってミルクを摂取することは，知識の獲得や，所有によって得られる快感の原型となる。フロイトの観点では，だまされやすい人，簡単にだまされる人は，口唇期に固着しており，取りこみレベルのパーソナリティである。皮肉で，辛辣な議論が好きな人は，口唇期の第2段階に固着している。つまり，かむことと咀嚼とに結びついた，サディスティックなレベルである。

[肛門期]

　生後2年目は肛門期に該当し，身体の快感の肛門への移動，および便の保持と排出という特徴をもつ。フロイトによれば，トイレット・トレーニングにおいて，子どもは生まれて初めて，自分に統制を課されるという経験をする。トイレット・トレーニングにどのように対処するかが，後の個性や葛藤に影響する。例えば，あまりに厳しく抑圧的なしつけの場合，頑固で，ケチで，秩序と清潔に専心するという性格特性をもつ人が生みだされるという。

[男根期]

男根期は，子どもが男女の違いに気づき，フロイトのエディプス・コンプレックスを経験する時期である。エディプス・コンプレックスは，古代ギリシャ神話の父と息子の葛藤が象徴化されたもので，5歳ごろに生ずる。

フロイトは，男児も女児も，自分の基本的要求を満たす対象としての母親を愛し，母親の愛情をめぐるライバルとして父親を嫌うと考えた。加えて，男児は母親を性的に求めたことへの罰として，父親から去勢されることを恐れる。この去勢不安は非常に恐ろしいため，結果として男児は母親への性的願望と父親への敵意を抑圧する。父親から去勢されるかもしれないという不安を軽減するため，男児は父親のようになろうとしたり，あるいは自分と父親とを同一視したりする。この同一視において，男児は徐々に父親の規範や価値を自分自身のものとして内面化し，父親と戦うよりもむしろ，よりいっそう父親に似ようとする。

父親への同一視は次に，男児が母親への性的衝動に対し，何らかの間接的な満足を得るのに役立つ。このエディプス・コンプレックスの最終段階では，男性の超自我は最終的な発達に到達し，両親および社会の規範の内面化，そして近親相姦と攻撃性への対抗が，自身の価値体系の一部となる。

女性においては，男性器が欠けていることへの気づきからペニス羨望がもたらされ，これによって最初の愛の対象（母親）が新しい対象（父親）に取り替えられる。男児におけるエディプス・コンプレックスは恐れゆえに抑圧されるが，女児の場合は失うものが何もないため，父親への性的願望を保持し続ける。この願望は自然に，現実という障壁のために何らかの修正を受けることとなる。

[潜在期]

男根期の後，潜在期に進む。ここでは性との関連はあまり明白ではない。子どもは，自身の幼児期の性についての記憶や隠された性的活動を，無意識化することによって抑圧する。

[性器期]

性心理的発達の最終段階の成熟した段階である。ここで人は，他者を真に愛することができ，成人の性的満足に達することができる。もはや利己性（ナルシシズム）や混乱，早期の段階の痕跡である葛藤した感情に特徴づけられることはなく，成熟した異性愛の関係をもつことが可能になる。しかし，性器期に達する前に，過度のストレス，あるいは逆に過剰に満たされた状態におかれることによって，性心理的発達のより早期の段階への固着が引き起こされる。

■ 固着と退行

　固着と退行という概念は，フロイトの性心理的発達段階の構想と強く結びついている。固着は，性的衝動が早期段階にとどまることを意味する。退行は，対処が難しいストレスに直面したとき，より以前の段階へと逆戻りすることである。固着は，性心理的発達段階の特定の段階における葛藤が，あまりに強いときに生ずる。特定の段階における深刻な剥奪・不満や，過剰な充足・無節制，あるいは不足‐過剰の間の変化における一貫性の欠如が，固着をもたらす。

　要するに，パーソナリティは，性心理的発達の各段階の問題への対処における個人の様式と密接に関連している。その結果は，性格の形成，症状，そして他者との関係の性質に反映される。各発達段階における個人の問題解決が不十分である場合，後のストレスは以前のその段階への退行を引き起こす。その結果，より未成熟な時期に典型的な行動を見せるようになるのである。

■ フロイトの同一視の理論

　性心理的発達段階についてのフロイトの理論の一部は，修正され，近年では認められさえしなくなってきている。しかしながら，性心理的発達理論に密接に関連する同一視についての概念の一部は，大きな影響を及ぼし続けている。

　パーソナリティの早期発達は，家族という環境の中で発現する。この文脈において，フロイトが子どもの母親への愛着と，母親の注意を引くことをめぐっての息子と父親の競争を非常に強く強調したことがわかる。この三角関係はエディプス的状況といわれるが，両親の規範への同一視の基盤となっている。フロイトは，この同一視のプロセスを，性心理的発達において機能する二つのメカニズムから説明しようとした。

　依存性同一視は，子どもの母親への強度の依存に基づいており，これは幼児の早期発達のうちに始まる。幼児は無力であるため，養育者への依存は顕著である。女児にとって，同一視は主に，この早期の母親との愛情関係・依存関係に基づいている。依存性同一視において，子どもは第一に，養育者（通常，母親）との依存的な愛情関係を築かなければならない。後に，成長に伴って，母親が養育的注意を少しずつ弱めるようになると，子どもは母親の真似をしたり，行動や空想の中で母親を再現したりすることによって，母親を取り戻そうとする。

　男児には，母親への依存性同一視の後に引き続き，攻撃者への同一視が発現する。この「攻撃者」とは，エディプス期における父親である。攻撃者への同一視は，息子の空想と母親への性的願望に対する罰として，危害と，父親から去勢されるという恐れに動機づけられて生ずる。フロイトは，その状況を生き生きと記述している。

「2〜3歳の男児がリビドー的，つまり性心理的発達の男根期に入って，性的器官の気持ちよい感覚を感じるようになり，これらの快感を，手を用いた刺激によ

って意のままに得ることを学習すると，母親の恋人となる。男児は，性生活について観察と直観力から得ることができた方法で，母親を身体的に所有したいと望み，自分が誇りをもっている男性器を見せて母親を誘惑しようとする。要するに，子どもにおいて早期に呼び覚まされた男らしさが，母親にとっての父親の地位を占めようとするようになるのである。父親はそれまで，いずれにせよ，男児自身が認知した身体的強さと誇示する権威ゆえ，男児にとってはうらやましいモデルであった。父親はいまや，自分の行く道に立ちはだかるライバルであり，排除したい対象となるのである。」　　　　　　　　　　　　　　　　　　(Freud, 1933, p. 46)

　エディプス状況下で男児が経験する脅威の感情は，強い不安を引き起こす。男児は母親を求めるが，父親からの去勢を恐れる。不安を抑えるために，子どもはエディプス状況を解決し，父親に対する攻撃的願望を抑圧し，より父親のようになろうとする。それはあたかも，子どもが父親「である」なら，父親から傷つけられることはないと考えているかのようである。攻撃者への同一視のためには，男児が父親と強い，しかし両価的な関係をもつことが必要になる。父親が母親を所有し，自分の強い衝動を邪魔するために，男児の父親への愛情は，脅威が混合したものとなる。フロイトは，攻撃者への同一視を通して，男児はより厳格な超自我を発達させると考えた。

7.6　フロイト理論の影響

■ 人間のイメージ

　フロイトは，人間のあり方について劇的なイメージをつくりあげ，包括的で新しい理論体系を創案した。フロイトは人間を，自分自身や外界と苦闘し，不安や葛藤によって妨害を受け，自分自身の受け入れがたい願望や無意識の秘密によって苦しめられる存在とみなした。このイメージは，多くの臨床家のみならず，一般人をも魅了した。結果として，人間性についての心理学的思想のみならず，哲学的思想にも計り知れない影響がもたらされた。フロイトの観点では，人間はヴィクトリア朝社会で考えられていたほど冷静で，理性的な存在ではない。それよりも，人々は無意識の葛藤や願望に，一見，わけのわからない方法で突き動かされている。

　フロイトは，パーソナリティの力動にとって，環境は生来的な衝動ほど重要ではないと考えた。フロイトは，どのような出来事においても，外的な刺激によって引き起こされる要求は少なく，常に回避されうると考えた。対照的に，個人の衝動と欲求から逃れることはできない。その結果，フロイトは本能衝動を，パーソナリティの中核に位置づけたのである。行動を最も基本的に決定する要因として，フロイトが無意識的衝動を強調した点は，イドと自我の関係が馬と乗り手の関係になぞらえられる比喩においてみられる。

「馬は運動エネルギーを提供するが，乗り手は目標を決定し，それに向けて馬の強力な動きを導くという特権をもっている。しかし，自我とイドの関係において，自分の馬が行きたい方向へ馬を導くことを乗り手が余儀なくされるという，より理想的でない状況の構図をみることがあまりに多い。」（Freud, 1933, p. 108）

したがって，フロイトの心理学においては，イドは扱いにくく強力で，自我はイドを効果的にコントロールすることがまったくできないことがしばしばである。心理療法の機能は，乗り手，つまり自我に支配させることである。復元性のある健康的な自我は，イドの情熱，現実の制約や好機，超自我の主張と理想とを考慮して，調和と統合を生みだすことが可能である。イド・自我・超自我の間のこのような力動的な相互作用についてのフロイトのメタファーは，長年にわたって，心理療法に影響を与えてきたけれども，科学者の間ではだいたいにおいて，しばしば批判的に考察されてきた。しかし，心と脳の関係について精細に検討することによって，フロイトが抽象的に論じたいくつかのプロセスが，特に脳レベルにおいて最終的にどのように結論づけられるかを検討する研究が，今日では行われ始めている。これらの研究結果が，フロイトのメタファーへの新たな再生となるかもしれないと，フロイト理論の支持者が考えるのも理解できるであろう。

■ 健康なパーソナリティ

精神力動論はまた，精神的健康，適応や逸脱，パーソナリティ変化についての構想を形づくったが，おそらくこのような心理学的分野に，精神力動論ほど貢献したものはないだろう。

フロイトにとって，健康なパーソナリティとは，愛することと働くことの能力の中に現れるものであり，イドと自我，超自我の調和が求められるものであった。フロイトは心理療法の目的について解説する際，「イドがあったところに，自我が存在することになる」と述べている。健康なパーソナリティにとって，合理的な選択とコントロールが，非合理的な衝動によって突き動かされる，抑えがたい欲望に取って代わるということを意味していた。健康なパーソナリティにはまた，成熟した，性器期的な性心理的発達が求められる。

精神力動的観点によれば，十分な適応には，自分自身の無意識的な動機への洞察が必要とされる。十分に適応できる人とは，過剰に防衛的になることなく，自分自身の衝動や葛藤に直面できる人である。さまざまな症状は，不十分に抑圧された素材の回帰を表すのであり，再び現れて，人を偽装された形で苦しめる。精神的崩壊は，無意識的葛藤に対処するための防衛が，不十分であったことを反映する。症状と精神的問題は，外的現実と内部におけるイドと超自我の勢力との間の，相反する要請に対処するための強さが自我にないときに発現する。フロイトは次のように述べている。

「……自我が内部の葛藤によって衰弱するとき，それを援助しに行かなければならない。自我のおかれた位置は，外部の盟友の援助によってしか決着できない内戦のようである。分析医と，患者の衰弱した自我は，現実の外界に自身を基礎づけて，イドの本能的欲求と超自我の道徳的要求という敵に対抗して結束することになる。私たちはお互いに協定を結ぶ。患者の病んだ自我は，私たちに対し，最も正直な約束，つまり，その人の自己認識が提供する材料のすべてを，私たちに任せるということを約束する。他方で私たちは，最も厳格な献身を患者に保証し，無意識に影響を受けた素材を解釈する中での私たちの経験を患者のために活用する。私たちの知識は患者の無知を補償し，患者の自我にその精神生活において失われた部分での支配を，再び与えることになるだろう。この協定が，分析状況の構成要素である。」 (Freud, 1940, pp. 62-63)

フロイトが上の文章において言及した協定はまた，分析過程において展開される，治療者とクライエントとの親密な関係の基盤ともなる。この関係は転移とよばれる。この名前は，患者が治療者に対して，早期発達において両親について経験した多くの感情を転移するという視点を反映している。治療過程の中で，これらの感情は細かく検討され，それらが解決されるまで「徹底操作」される。

■ 症状としての行動

フロイトのアプローチにおいては，個人の問題行動を，行動それ自体に主に関心を抱くよりもむしろ徴候的なものとみなす。また，潜在するパーソナリティの力動についての推論によって，こういった症状の考えうる要因を探求する。例えば，ひどい吃音の人は，脅威を抑圧しているとみなされ，喘息の人は依存の葛藤に悩まされ，ヘビ恐怖の人は無意識的な性的問題を抱えているとみなされる。このように，徴候（サイン）としての行動の意味に焦点づけることによって，正常な行動と異常な行動の双方を理解する精神力動的方略が導かれる。したがって，精神力動的な志向の臨床家は，無意識的な葛藤，防衛の構造，性心理的発達の問題，そして象徴的な意味と行動の機能について推論しようと努めるのである。

☑ 要　約

基本的前提
- フロイトの業績は，神経症の患者の臨床的観察および自分自身の分析に基づいていた。これらによって，無意識をパーソナリティの重要な構成要素と位置づけた。
- フロイトは，無意識的願望と接触するために，夢と自由連想を用いた。

心的構造論
- パーソナリティの精神力動的構造は，イド，自我，超自我からなる。

7章　精神力動論——フロイトの諸概念

- イドは原始的で本能的な中核であり，「快楽原則」に従う。
- 自我はイドと超自我との間の相反する欲求を媒介し，現実の外界を吟味し，生存を確保するために「二次過程：論理的思考と合理的計画」を利用する。
- 超自我は，内在化された社会の道徳的規範，価値，理想を，両親から伝達されたものとして表象する。
- フロイトの心的構造論は，たびたび，古く非科学的なものであるとみなされることがいまだあるにもかかわらず，近年の実証研究および理論研究によって，それを支持する証拠が提示されてきている。

葛藤，不安，そして精神力動
- 成人の動機についてのオルポートのその後の観点の多くは，22歳のときのフロイトとのトラウマティックな出会いによって形づくられた。
- パーソナリティの力動は，イド，自我，超自我の間の絶え間ない葛藤を含む。
- 性的本能・攻撃本能の即時的な満足への願望により，人は環境，そして最後に超自我との間で葛藤状態におかれる。この苦闘によって，不安が生みだされる。
- 否認や抑圧といった防衛は，不安を効果的に処理できないとき，自我によって用いられる。人の受け入れがたい衝動と無意識的な動機は，「症状」へと変容する。
- 心（精神）全体は，平衡を維持するよう動機づけられる，閉じられたシステムとみなされる。蓄積された力はすべて，放出される必要がある。

神経症
- 防衛に失敗したとき，葛藤は神経症的不安となり，象徴的な行動を通して間接的に表される。
- 神経症は，幼児期早期のトラウマと生来的な性質とが結びついた結果である。
- ささいな過ちや言い間違いは，望ましくない衝動を表現したいという無意識的な欲求を表す。
- あらゆる行動は，たとえ重要でなく不合理に思われるものであっても，動機づけられたものであり，意味のあるものである。

パーソナリティの発達
- パーソナリティの発達には，口唇期，肛門期，男根期，そして性器期という，一連の性心理的発達段階が含まれる。
- 後のパーソナリティ特性は，これらの各段階の成熟における個人の経験によって発達する。
- 固着すると性的衝動は早期の段階にとどまる。
- 退行は，ストレスに直面したときに，以前の発達段階へと逆戻りすることである。
- 依存性同一視と攻撃者への同一視は，フロイトによる二つの同一視メカニズムである。

フロイト理論の影響
- 健全な人は，生々しいイドの衝動の代わりに合理的な選択と理性を用い，性心理的発達の最終段階に到達することによって，一種の休戦状態および秩序ある状態に達した人である。

● フロイトのアプローチにおいては，個人の問題行動を，徴候的なものとみなし，その徴候の無意識的要因を探る。

☑ 重要な用語

意識，依存性同一視，一次過程思考，イド，エディプス・コンプレックス，エロス，置き換え，快楽原則，感覚麻痺，去勢不安，現実原則，攻撃者への同一視，口唇期，肛門期，固着，自我，死の本能，自由連想，精神力動，性器期，性心理的発達段階，生／性の本能，前意識，潜在期，退行，タナトス，男根期，超自我，転移，動機決定論，動機の変容，ヒステリー，ヒステリー性感覚麻痺，否認，ペニス羨望，無意識，抑圧，リビドー，歪曲

☑ 考えてみよう

1) フロイトの見解は，当時の一般的な考えとどのように対立したか？
2) ヒステリー研究は，フロイトの見解にどのような影響を及ぼしたか？
3) フロイトの構想の根底にある二つの中心的な前提は何か？
4) フロイトのいう意識の三つの各レベルについて定義し，例をあげなさい。
5) 夢が精神分析論において重要な位置を占めている理由は何か？ また，夢と神経症の症状はどのように関連しているか？
6) イドおよびその活動を支配するプロセスについて記述しなさい。
7) リビドーとは何か？ またリビドーは心のどの部分と関連しているか？
8) 自我はイドからどのように派生するのか，また，その機能と活動原則は何か？
9) 超自我はどのように発達するのか，また，その機能は何か？
10) 精神力動的プロセスに関与している，自我の三つの活動とは何か？
11) パーソナリティの力動を特徴づける基本的な葛藤について記述しなさい。
12) ヒステリー障害を説明するため，フロイトは抑圧という概念をどのように用いたか？
13) 神経症的不安とは何か，また，それが神経症症状において果たす役割とは何か？
14) どの発達段階で神経症が発現するのか，また，神経症が発現する要因は何か？
15) 日常的な「過ち」は，無意識をどのように表すか？ いくつか例をあげなさい。
16) 動機決定論とは何か？
17) 性心理的発達の五つの段階について記述せよ，また，早期発達段階における未解決の葛藤は，どのようにしてパーソナリティ特性をつくりあげるかを記述しなさい。
18) フォーカス7.3の研究結果は，幼児を基本的に「口唇的」とするフロイトの考えを支持するものか？
19) エディプス・コンプレックスは，男性における性役割の発達をどのように促進するか？
20) 固着，退行，そして同一視は，どのようにしてパーソナリティ発達の一部となるか？
21) 人間についてのフロイトの構想について記述しなさい。また，それをあなた自身の考えと関連づけなさい。
22) 健康なパーソナリティの機能についてのフロイトの構想は何か？
23) フロイト流の理論においては，行動はどのように理解されているか？

8章

精神力動論の適用と過程

「シンシアの友人たちは，シンシアが何を考えているのか，理解できなかった。シンシアはジムとずっと何年もつきあっていたし，ジムがシンシアに夢中だったのも明らかだった。しかしシンシアがジムと結婚すると決めたというのを聞いて，みんなびっくりした。恋に落ちたと急に言い始め，話し続けてやめなかったので，本当に恋をしているのでなく，していると自分を説得したいのではないかとみんなは考えた。シンシアはジムと実際に結婚したが，3年後に離婚届けを出したとみんなに報告したとき，誰も驚かなかった。」

　こういう話はみんなよく知っている。心理学者ティモシー・ウィルソン（Wilson, 2002）の思慮深い本のタイトルのように，いかに「自分自身にも見知らぬ他人」がいるかを示している。それは，人が本当に感じていることや欲していることを知ること，あるいは認識することに失敗したときに，いかに多くの困難を抱えるかを示している。自己知識を探り求める旅はきわめて困難でありうる。その旅は精神力動的分析レベルの中核的な使命であり，本章のテーマでもある。ここでの思想と研究は，パーソナリティ心理学について重要なことを物語っている。結論の多くはもともとの仮説とは異なっているけれども，そのすべてはこの分野の後の発展を刺激するものであった。それらの思想は，心理学の専門家と素人の両者が，パーソナリティの本質や人間の精神，特に到達し理解するのが最も困難な部分について，どのように考えるかに影響を与え続けている。

　この章ではフロイトの主要な考えの適用についてみることから始める。フロイトの考えはこの枠組みで働く多くの臨床家が，パーソナリティを査定し，援助を求めるクライエントや患者の問題を理解しようとするときに適用されているのである。さらにこれらの査定は，その次に論じられる治療過程へと導かれる。前世紀にこれらの適用には大きな変化があった。もともとの仮定の多くは時の試練に耐えることはできなかったが，中核となる考えのいくつかは，しばしばその形は修正されているけれども，依然として影響を与え続けている。最後にこの分析レベルの仕事の基本である不安に

対する防衛パターンの個人差と精神力動的過程に関する研究を検討することで本章をまとめたい。

8.1　パーソナリティ査定への適用

　フロイト派の心理学が特に人々の期待を集めるのは，複雑な個人をそれにふさわしい深さまで理解して，治療を施す有力な方法を約束しているからである。フロイト派のアプローチでは，心理療法の目標は人が無意識の動機，葛藤，その他の力動を明らかにするのを助けることである。そこでは，偽装や防衛を取り除き，行為の象徴的意味を読みとり，その根底にある無意識の動機を明らかにすることが目的になる。このような方法で，その個人を特徴づける独特のパーソナリティ的性質を，臨床家は見つけようとしている。

■ 仮面の下にある核心

　精神力動的な理論家は，同じような状況でみられる表面化した人の行動に，しばしば一貫性がないことを知っていた。しかし彼らは，行動における非一貫性は単に表面的なものであると感じていた。なぜならそれらの下には，その人を何年にもわたって一貫して駆り立てる基本的な動機があるからである。その基本的な動機は多様な場面において持続して表現されるが，表面に表れるときには偽装されている。だから，防衛的なゆがみと偽装を取り除き，表れた行動の下にあるその人の基本的な動機や力動を発見することが課題である。仮面の下に隠された基本的な核心を見つけること，表面の下にある真実を見いだすことである。しかしどうすればよいのだろうか。

■ 臨床家への信頼

　精神力動的な解釈は，心理テストよりも直感に頼る。行動的な徴候を無意識の意味と関連づけるための規則は明快には示されておらず，臨床家は臨床経験やそのケースから受ける「勘」をもとに，自分自身の判断をつくりあげることが求められる。このような方法による査定がよいものになるかどうかは二つのことによって決まる。第一に，その心理学者が信頼している技法を支える科学的根拠である。第二に，臨床的判断それ自体の価値である。精神力動的理論はパーソナリティの核心はきわめて間接的な行動上の徴候によって明らかにされるという信念を基礎にしているので，間接的な徴候にどんな価値があるのかに関する科学的根拠は最も重要である。パーソナリティを理解するため，価値のある徴候を探究する中で研究されてきた主要な臨床的手法のいくつかを，これからみていくことにする。これらの手法の中で，たぶん最も重要なものは投影的な技法である。

8章　精神力動論の適用と過程

■ 投 影 法

投影法の重要な特徴は，その課題が多義的であるようにテスト状況が構造化されているという点にある。典型的には，テストの目的がわからないようにしようとする試みもあり（Bell, 1948; Exner, 1993），テストを受ける人は好きなように反応する自由が与えられている。投影法検査では，検査者は多義的な刺激を呈示し，多義的な質問をする。例えば，インクのしみを示しながら「これは何のようですか」とか「これは何を思いださせますか」と尋ねる。あるいは，絵を見せながら「できるだけ想像的なお話をつくってください。その人は何を考え，何を感じているのか，なぜこの状況になったのか，どのようにこの状況が明らかになったのか」答えるように教示する。または，単語を読んで聞かせ，「あなたの心に浮かんだ最初のことを言ってください」と指示する。

精神分析を志向する心理査定者は投影法を好む。なぜなら，「無意識の内的な生活」は少なくとも部分的に「投影され」，多義的な投影法検査状況での反応の中に表れてくると仮定しているからである。最も影響力をもち，よく知られている二つの投影技法は，次に解説されるロールシャッハ・テストと主題統覚法検査（TAT）である。ロールシャッハ・テストの信頼性と妥当性については，多くの批判がなされており，一般的にいえば，問題があるとされている。これまでの研究を広範囲に検討することによって，キルシュトロム（Kihlstrom, 2003）は，投影技法に何らかの妥当性があるとする数少ない研究事例においてさえ，無意識の精神状態を反映していることを立証できているものはないと結論づけている。

それにもかかわらず，さまざまな現場で働いている400名以上の心理臨床家から回答があった1995年の調査では，ロールシャッハ・テストとTATが現在においても，毎日の臨床実践で最もよく使われているパーソナリティ査定の手続きであることが示されている（Watkins, Campbell, Nieberding, & Hallmark, 1995）。

［ロールシャッハ・テスト］

1921年に精神科医のヘルマン・ロールシャッハによって開発されたロールシャッハ・テストは10枚のカード上につけられたインクブロット（インクのしみ）から構成されている（図8.1）。そのうちの何枚かは白黒で，何枚かには色がついている（図8.2）。テストを受ける人は1枚ずつ見て，それが何に似ているか，あるいは何に見えるかを，すべて口に出して言うように教示される。一般的にはその後，テストの実施者は各カードについてのその人の解釈の詳細を聞きだすために質疑を行う。

反応は，それがさしているカード上の場所である「領域」と，ブロットの形態，色彩，陰影のような物理的側面，あるいは，「そのコウモリは男に飛びついている」というような動きの表現というような「決定因」について得点化される。反応の独創性，内容や他の特徴も得点化され，同年齢の人たちの得点と比較される。さらに，スコア

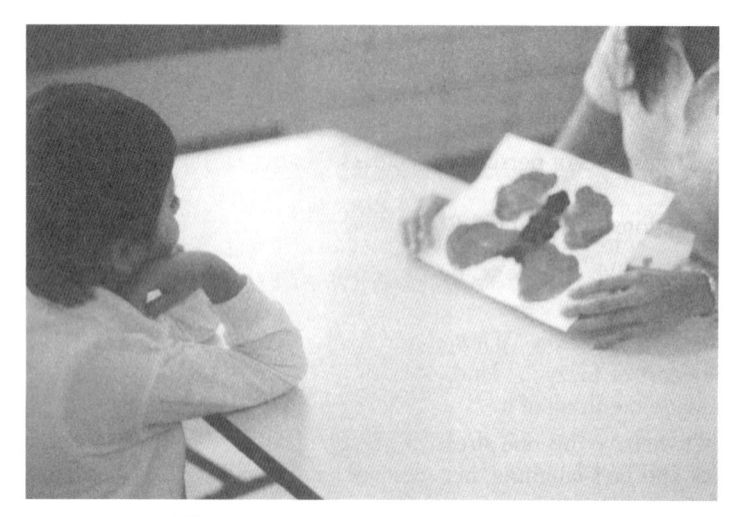

図8.1　ロールシャッハ・テストを受ける

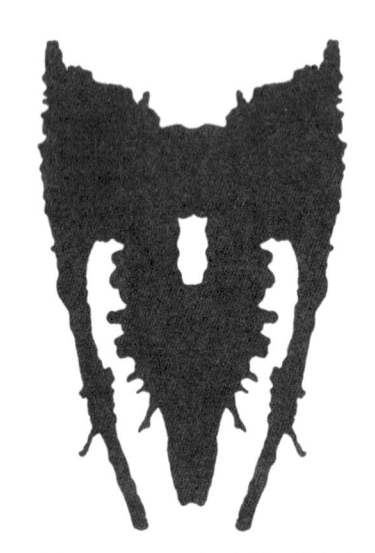

図8.2　ロールシャッハ・テストの図版に似たインクブロット

リングのルールを含む包括的なマニュアルが開発されている（Exner, 1993）。解釈者はこれらの得点を創造的能力，現実とのつながり，不安といったパーソナリティの諸側面と関連づけようとする。

次は，ロールシャッハ・テストの2枚カードに対するゲリーの反応である。

　　反応：これは2匹の犬に見えます。1匹の頭ともう1匹の足が向きあい（笑），互いになめあっている。そんな感じ，それで終わりです。

　　「インクブロットのどんなところが2匹の犬に思えたのでしょうか」という質疑段階の質問への回答：ちょっと毛皮の感じだから，……形はあまりはっきりしない。浅黒い肌で毛皮のような感じなので，そう思ったんだと思う。

　　反応：このカードはもう見たんじゃないかな。これは鬼が笑っているようだ。顔をそっくり返らせて笑っている。目と口を大きく開けて。ここにあるのは昆虫のようだ。ツエツエバエだな。ちっちゃな，ちっちゃな足と，小さくて繊細でかなり美しい羽がついている。それで終わり。それぐらい。

［主題統覚法検査（TAT）］

主題統覚法検査（TAT）はヘンリー・マレーがクリスティーナ・モーガンと共同で1930年代にハーバード心理クリニックの研究プログラムの中で開発したものである（Murray, Barrett, & Homburger, 1938）。これらの研究者は患者の直接的な自己報告を越える尺度がほしかった。患者が気づいていないかもしれない，あるいは認識するのが不快な基本的欲求をとらえる尺度である。そのため，何枚かの絵について語られた物語に表現されたその人の空想を検討する新しい投影法検査を開発したのである。

TATは一連の絵と1枚の白紙カードからなっている。TATに似せたカードは図8.3を参照のこと。例えば，母と娘，寝室にいる男と女，父と息子といった光景が示される。このテストを受けると，これはお話を聞かせるテストで，それぞれの絵についての物語をつくるようにと，言われるだろう。「どういうことで，その絵に見られる出来事が起きたのか，いま何が生じているのか，主人公は何を感じ考えているのか，そして結末はどうなるのかお話ししてください」。想像力に任せ，心に浮かんだことは何でも言うように励まされる。人はあるやり方で知覚するための個人の準備性に従って，呈示された曖昧な絵を解釈する，すなわち「統覚」するだろうと予測される。

これらの創造的産物である物語に繰り返し現れるテーマはその人の潜在的な葛藤や問題，そして基本的な欲求を反映すると考えられる。特別な採点方法がTATの使用のために考案されている（Bellack & Abrams, 1997; McClelland, Atkinson, Clark, & Lowell, 1953; Mussen & Naylor, 1954）。臨床場面では通常，つくられた物語を正式に得点化せず，臨床家は特定の理論的志向に従って直感的にそのテーマを解釈する（Rossini & Moretti, 1997）。しかし研究での適用においては正式な得点化がしばしば使われる。ゲリー・WのTATカードに対する二つの反応がフォーカス8.1にある。

図8.3　TATの図版に似た絵

フォーカス8.1

TATでゲリーがつくった物語

二人の男性を描いている図版　二人の男が狩りに出かけてキャンプしている。いまは夜明けで，若い男はまだすっかり眠っている。年輩の男は相手を見つめている。若者を見ていると自分が若かったときのことを思いだし，自分も何があっても眠れたと考えている。またそこで眠っている若者を見て，息子ももつことがなかったけれど，やはりほしかったなと思う。若者のおでこをなでようとして手を挙げている。だけど，あまりに恥ずかしくて，そうすることができないだろうと思う。その男は火をおこし，コーヒーを火にかけて，若者が目を覚ますのを待つだろう。

若い男性と年輩の女性を描いている図版　これは母と息子の関係を描いている。母親は力強く，しっかりした考え方をする人物である。息子は戸口のところでためらっている。あることについて母のアドバイスがほしいと思っているが，そうすることが正しいことかどうか自信がない。たぶん自分で決心すべきである。息子はただ入ってきて，母親とおしゃべりをするだろうと思う。アドバイスは求めないが，自分で問題をうまく解決するだろう。たぶん，それは仕事の選択か恋人のことだ。私はそれが何なのかは知らないが，それが何であっても，息子は自分で決断するだろう。自分自身の計画を立て，その結果が何であるかを見抜き，そこから問題を解決するだろう。

8章　精神力動論の適用と過程

■ 精神力動的な臨床的推論からみたゲリー・W——フロイト派の見方

　古典的フロイト派の枠組みがどのように伝統的な精神力動的査定に適用されるかの一例として，ゲリーの事例の一つの解釈をみてみよう。

　「ゲリー・Wの事例は，エディプス的テーマに富んでいる。ゲリーはそれらの解決へ向けておおいに成長したけれども，父親が『最も厳しい批判者』で，自分が母親のお気に入りであるという気持ちを感情的に描写する。ゲリーはもう，大人は何でも知っているとは思っていないと言う。また父親を円熟した，『時代遅れの』人と言う。ゲリーは母への温かさと愛情を報告するが，これらは複雑な気持ちを反映している。

　兄弟関係において，ゲリーは父親との競争心の多くを兄に置き換えたようである。明らかに傷つける意図をもってチャールズにぶちまけた怒りの爆発を記述する。チャールズと父親を比べて，二人は多くの点で似ていると言う。ゲリーはチャールズが交通事故で大怪我をして以来，仲がよい。これはある点では事業に失敗した父親に対する，競争的な敵意というよりは，むしろ敵意に満ちた見下しという現在の態度に類似している。

　エディプス的状況の再燃は，恋人がゲリーを捨て，ゲリーのルームメイトと仲よくなったときに生じた。その恋人は通常以上に，ゲリーにとって母親を象徴するものだった。元恋人は年上で，以前に結婚していたし，そのときの子どもがいた。ゲリーが愛を告白したとき，元恋人はゲリーのルームメイトともずっとつきあっていたと打ち明けた。ゲリーは自尊心を傷つけられ，『うぬぼれに傷ついた』。なぜならこれらの出来事は『自分の見えないところ』で進行していたからだ。ゲリーは子どものころ，母親に対する父親の役割を知ったときに感じた悔しさを思いださせられた。ゲリーは，その女性と結婚できる経済的地位にはないがルームメイトはできるということを認識することで，その怒りを解決しようとした。また，ルームメイトは結局，元恋人と結婚せず，別れたということでゲリーが明らかに満足したのは，この関係がエディプス的テーマに満ちていたという概念化に合致する。

　エディプス葛藤が未解決であることは，兄のバイク事故の後の抑うつ感の中での怪我や病気に対する恐怖の中に明らかに示されていた。それは去勢不安である。また，『よい子』であるべき恋人と『簡単に相手になる子』であるセックスの対象との間につける区別の中にも明らかに示されていた。この未解決の状況の原因であれ結果であれ，父親への同一視が不完全であることは明らかだった。ゲリーが強い男性像を求めていることは，全寮制の学校の先生や校長先生に対する反応の中に明らかにみられた。その二人の先生はそれぞれ，『明確な，断固とした人物』と『ちょっとやそっとで影響されるタイプでない』と記述される。ゲリーは

知的でないことを理由にしているのだが，かなりはっきりと父親の悪口を言っている。これはこの人の典型的なスタイルのようである。

　ゲリーによると，母親はセックスを何か悪いもの，不潔なものとみている。母親は父親の男性性を傷つけたというゲリーの暗黙の意見と同様に，これは母親が父親にあまり応じたくないという願いを表しているのかもしれない。ゲリー自身は性行為に対して相反する感情をもっている。その性経験は両親への反抗を多く含んでいるようである。またゲリーは性対象を愛情から切り離して考える。セックスについて話すときは，下品に『得点する』と言う。

　一般的な社会的状況におけるゲリーの不安，特に大勢の前で話すことへの恐怖はゲリーの基本的な不安や防衛のもろさを示している。何か足りないところを見つけられることを心配しているのである。その根本にある去勢不安はゲリーのコメントの中に象徴的に表現されている。大勢の前で話すために立ち上がるとき，ゲリーは『聴衆が自分の首を切り落とす準備ができている』ことを恐れる。また，論争の可能性のあるとき，『ズボンを下ろしたところを見られる』のを恐れる。

　ゲリーは同性愛についての心配を表現する。友情について話すとき，それに自発的にふれる。他の男性と近い距離で生活することは緊張と摩擦といらだちを含むと言う。この不安は現在のルームメイトとの不快な関係にも示されている。

　衝動と現実，そして意識との間で戦いが行われていることは，ゲリーの統制への関心と強迫的な特性の中に明らかに示されている。ゲリーは情熱と理性の間にあまり根拠のない区別をつけ，前者を拒否し，後者にしがみついている。ゲリーはこの区別を人間関係にも拡張し，『友だちづきあい』と『恋愛』との間に線を引いている。そして，他者に共感し，よい対象関係を形成することができないことを報告している。また，感情の抑圧の一例として，怒りの表出の困難さがある。この分野では，他者にもみられるように，ゲリーは不安を体系化し，統制するための一方法として知性化する傾向がある。怒りの表出におけるゲリーの問題は，スピーチでの困難，特に公的な社会的状況で言葉が使えることに表されているかもしれない。

　二次的過程によって得られた薄弱な統制を妨害する本能的な要素が起きている。ゲリーは達成すべきことがあるときに限って，自分がお酒を飲んでしまうことを嘆いている。自分自身をしっかりと律し，禁酒，禁煙し，夜更かしをしない人はすごいと言う。ゲリーは自分にとって悪いと知っていること，自分の遠大な目標を妨害することをしないようにしようとしていると言う。

　統制への欲求は，多くの心理的テストの結果や行動においてもまた明らかである。ゲリーのアプローチは想像的というよりは分析的で，動きの表現は堅く，抑制されている。細かいことへの注意，本当の感情の絶えざる知性化，昆虫研究の

趣味，しばしばつまらないことに長時間悩まされること，それらが重なって不安を減らすための抑制と抑圧の構図ができあがっている。この統制への欲求は肛門期の保持の側面がある。それは査定者とのやりとりの中にかなり明白に表れている。ゲリーは怒りっぽい感じで，『それはもう前に見せませんでしたか？　私からもっと絞りだそうとしているんですか？』と言う。さらに強迫的な特性は，しばしば数を数えること，かたくなに自己評価能力を構成要素に分解するやり方，また自分自身について論じることは何でも完璧な正確さと範囲を保つよう努力することにみられる。

統制欲求は，めぐりめぐって去勢不安に戻ってくるのかもしれない。その二つのテーマがゲリーの身体的負傷への恐怖と知性を失う恐れの中に一緒に表れている。これら二つの恐怖の頂点はゲリーのバイクが動かなくなったときに生じた。ゲリーはいまだにこの事故にこだわっている。ゲリーはこれらの恐怖をより直接的にエディプス葛藤に結びつけている。それは語句連合検査で兄への怒りと理性を失う恐怖を結びつけたときにみられた。」

このゲリーについての報告が，仮定された基本的な力動に特に注目していることに注意してほしい。この報告は性動機と攻撃動機，無意識の葛藤が多くの行動に幅広く影響を与えていることを暗黙のうちに仮定している。行動についての記述はどちらかというと全体的で，分化されていない。強調点は受け入れがたい衝動と生じてくる不安に対処するための防衛におかれている。また，現在の性的問題と攻撃性の問題を両親との関係や子ども時代のエディプス的問題と結びつけようとしている。

この報告はゲリーの広範な行動にみられる意味と統一性を知るための方法を提供する。例えば，兄や女性との関係はエディプス的問題への対処のための努力の一部となっている。実際，精神力動論の主要な魅力は，個人の系統的で統一した見方を提供することにある。その理論は人を統合された，力動的な生き物とみる。根本にある中核的パーソナリティが表れるときには，うわべは広範で，食い違いのある行動が，意味のあるものになり，すべてがその全体性の中に適合する。

しかし，科学的な志向性をもつ学生がもつべき主要な疑問は以下のとおりである。ゲリーについてなされたこの種の精神力動的報告は，正確で有効な洞察的理解を可能にするのか？　この疑問に対する答えは，人によってさまざまである。どの臨床家に質問するかによって違う。しかし明らかなことは，長い間しだいに多くの心理学者は，フロイトの考えや貢献によって大きな影響を受けた者でさえ，ゲリーについてなされたような報告の価値に，ますます懐疑的になっている。その代わり，多くの心理学者は臨床場面においてより幅広く折衷的になり，このテキストを通して論じられる多くの分析レベルの貢献を豊富に引きだし，それらを自分自身のやり方で，統合しようとしている。

8.2 マレー，ハーバード派人格学者たちと高次の動機

　精神力動的アプローチは，パーソナリティ理論や査定における多くの革新をもたらした。最も広範囲にわたる想像力に富んだ努力の一つは，1930年代の後半から20世紀の中ごろにかけてヘンリー・A・マレーとロバート・W・ホワイトを指導者とするハーバード心理クリニックのグループのもとで展開された。ハーバード派人格学者（personolgists）として知られるようになったこの集団は，個人の人生と生活の精神力動的研究に対して人格学とよばれる新しいモデルを提案し，徹底的な個人の記述に精力を注いだ。ハーバード派人格学者はフロイトやフロイト後の自我心理学者に強い影響を受けているが，フロイトの仕事をはるかに越えていた。この人たちはまた全体性や統合や人格の適応性を強調する「生物・社会的」な有機的観点の影響を受けている。そして，その後にさまざまな重要な動機を研究し続けた多くの学生を訓練し，影響を与えた。研究された動機は異なる人々がさまざまな熱意をもって探求し続ける目標を理解するのに役立つものであった。

■ 人生と生活を深く掘り下げた研究

　ハーバード大学グループは比較的少人数のサンプルを対象に，集中的で長期的な研究を実施することに関心をもった。「パーソナリティの探究」とよばれた古典的な研究プロジェクト（Murray et al., 1938）では，ハーバード大学の学部生を長期にわたって研究し，パーソナリティ発達に関するデータや，人生の多くの岐路における成熟に関するデータを集めた。多様な種類のテストを実施し，広範に自伝的な記述を収集したのである。そして，参加者の行動を直接に観察し，きわめて詳細な面接を行った。これらの方法で，人生や生活上の多くの話題や局面を徹底的に探った。それらは例えば，その人の個人的な経歴や発達，学校や大学，主要な人生経験，家族関係，子ども時代の記憶などで，性的発達に関しては最初期の記憶，さまざまな初体験，マスターベーションなどを含んでいた。また能力や興味も査定された。調査されたトピックの例は表8.1にまとめられている。その結果は，ホワイト（White, 1952）が著した『進行中の人生』のように，多くの年月にわたり，いくつかの人生を追跡したライフヒストリーについての豊かな語りによる解説を提供したのである。

■ 査定方略——診断会議

　ハーバード大学の臨床研究に参加した研究者は，データを臨床的に解釈する経験を積んだ心理学者であった。通常，数名の査定者からなるグループが一人ひとりの研究対象について研究した。査定者は多様な投影法検査や客観的テストの結果，自叙伝，その人の個人史，さらに面接での反応からその人の印象をつくりあげた。数名の査定

8章 精神力動論の適用と過程

表8.1 ハーバード派人格学者による人生の研究に含まれたトピックの例

個人的経歴（初期の発達，学校と大学，主要な経験）
家族関係と子ども時代の記憶（学校での関係や権威に対する反応を含む）
性的発達（最初期の記憶，さまざまな初体験，マスターベーション）
現在のジレンマ（現在の問題についての議論）
能力と関心（身体的，工学的，社会的，経済的，性的）
芸術的な好み（芸術に関する判断，態度，好み）
要求水準（目標設定，成功や失敗に対する反応）
道徳基準（成功するためのごまかし，誘惑に対する抵抗）
想像的な生産性（インクブロットに対する反応）
音楽的空想（蓄音機の音楽によって呼び起こされた想像の報告）
劇的な制作物（おもちゃを使った劇の場面の構成）

[出典：Murray, Barrett, & Homburger（1938）]

者が同一人物を研究し，その臨床的印象が集められた。仲間と洞察を共有するため，「診断会議」とよばれたスタッフ会議で，共同して全体的な印象をつくりあげていった。これらの会議は臨床的実践の一つのモデルとなった。そこではまた，個々の研究対象について深く掘り下げる，事例検討会が詳細に行われた。その会議での議論をもとに，各対象のパーソナリティについての推論が生みだされた。基本的な欲求，動機，葛藤，力動，すなわち態度や価値観，性格上の主要な強さや弱点について推定した。この全体的な査定モデルは図8.4に図式化されている。基本的なパーソナリティについて推測するためにテスト行動を利用する方法が示されている。将来の行動の予測は，その特定のパーソナリティの人がいかに行動するかの判断に基づいている。テスト行動自体は基本的なパーソナリティの一つの徴候として用いられる。この方法の一つの例である第二次世界大戦時の米国のスパイ選抜の事例はフォーカス8.2を参照のこと。

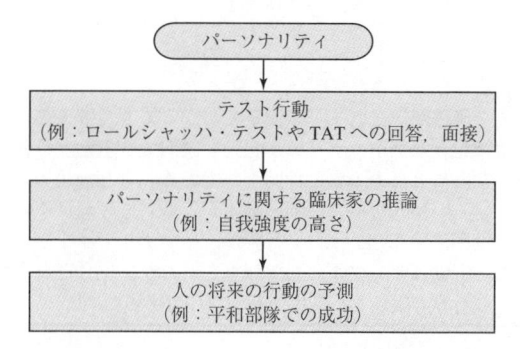

```
          パーソナリティ
              ↓
           テスト行動
  （例：ロールシャッハ・テストやTATへの回答，面接）
              ↓
    パーソナリティに関する臨床家の推論
       （例：自我強度の高さ）
              ↓
        人の将来の行動の予測
       （例：平和部隊での成功）
```

図8.4 総合的な精神力動学的査定。臨床家はテスト行動から参加者のパーソナリティを推測する。そしてそのパーソナリティの人が特定の将来の状況に対して，どのように反応するかを判断することで将来の行動を予測する。

フォーカス 8.2

スパイ要員の選抜——OSS査定プロジェクト

　ハーバード大学で用いられていたやり方には，パーソナリティ心理学者による重要な応用プロジェクトとなった，わかりやすい事例がある。第二次世界大戦中に，極秘であった戦略諜報局（OSS）の将校を選抜する仕事である。この当時のOSS要員は，非常に重要で困難な機密諜報の仕事をこなさなければならなかった。しばしば敵軍の支配地域に潜入し，任務は強いストレスを伴った。パーソナリティ心理学者は，ボストン近郊のケンブリッジで，戦争前の落ち着いた時代にハーバード大学の学部生を相手にしたときと同じくらいの時間を使って，OSS要員候補の研究をすることはできなかった。それにもかかわらず，この心理学者たちは総合的臨床査定という，同じ一般的な方法にこだわった。そのため，査定チームは通常2，3日あるいは週末を使って，国内のさまざまな場所におかれた「基地」であった特別な秘密静養所で，OSS要員候補の少人数グループを集中的に研究した。多くの異なる測定が，各候補者について行われたのである。

　最も興味深い革新の一つは状況テストである。この手続きでは，参加者はきわめて困難な模擬的状況下で，ストレスに満ち，真に迫った課題を実行するよう求められた。例えば「橋課題」では，危険な現場条件のもと，高いストレスと不安の中で，木の橋をつくることが要求された。しかし，このような状況テストは，橋をつくる技能があるかどうかを確認するためではない。臨床家は課題遂行中に観察された行動をもとに，各人の基本的なパーソナリティについて，深い推論を行ったのである。査定報告の一部となり，臨床的予測の基礎となったのは，例題として用いられた状況で実際に観察された行動よりも，観察されていない態度や性質についての推論であった。このような方法で，観察された行動のサンプルと状況テストでの反応は，ある性質や動機についての基礎的な推論に用いられた。

　例えば，OSSスタッフが書いた『人間の査定』（1948）の中で，橋課題の状況は，以下のような質問に答えるために用いられたとされている（p. 326）。最終的にそこで渡ることを提案し，作業のリーダーシップをとったのは誰か。その人はなぜそうしたのか。自分が優れていることを示すためだったのか。なぜ他の人たちは，提案にしりごみしたのか。失敗を恐れたのか。

　この状況の主要な価値が，それまでの測定でわかってきた個人のパーソナリティ傾向をもとに，そこで起きたパーソナリティ力動を説明できるかどうか，いろいろな質問によって検討できることにあることは明らかである。もし満足のいく合理的な説明ができないなら，新しい情報を探し，別の推論が行われなければならない。状況テストでは，ちょうど投影法検査のように，行動がパーソナリティを表す一つの手がかりとして解釈された。行動はサンプルとして観察されたが，主にそれを引き起こす動機を研究者が推論するための徴候として用いられたのである。

■ 高次の動機

　おそらくパーソナリティの理論や研究を進める上で最も重要だったことは，マレーが性や攻撃が決して唯一の基本的な動機ではないということに注意を促したことである。それは彼が開発を助けた方法による，空想の詳細な研究により明らかにされたことである。マレーはもともと医学と化学の訓練を受けていたが，フロイトとその後継者たちの仕事に強く関心をもつようになり，医学を捨てて，心理学を研究の専門として選んだ。マレーはハーバード大学で長年にわたり教鞭をとり，大きな影響力をもつパーソナリティ心理学者になった。パーソナリティの深い問題についての革新的な考えや慣習にとらわれない思考は，彼の教え子である多くの心理学者にすばらしい着想とモデルを与えた。大きな影響力をもつマレーの研究，*"Explorations in personality"* (1938) は彼の教え子や同僚たちのグループが長年にわたり行ったもので，多くのパーソナリティ心理学者の古典となり，人生や生活の詳細な研究のための一つのモデルとなった。

　人生や生活の詳細な研究は，多くの人間の欲求や動機を明らかにした。性や攻撃は，フロイトの後継者によって認められた人間の動機づけにおいて重要な位置を占めているが，マレーはパーソナリティの複雑さをとらえるためには，さらなる動機や欲求が仮説化される必要があると考えた。彼やハーバード派人格学者は，古典的なフロイト理論のイドの衝動を越える，幅広い範囲の人間の動機を確認することによって，現代のパーソナリティ力動に関する研究を発展させた。

　マレーのグループが見つけた動機は，高次の動機とよばれる。飢えや渇きや性のような基本的な生理学的欲求とは異なり，唾液の分泌や胃の収縮の増加などの特定の生理学的変化を含まないため，その名前を用いた。代わりに，高次の動機は，人が価値をおく特定の目標や結果に対する心理的欲望あるいは願望である。表8.2は，古典的リストにおけるマレーと共同研究者ら (Murray et al., 1938) が推察した多様な欲求の例を示している。これらの動機の多くは詳細に調査された (例：Emmons, 1997; Koestner & McClelland, 1990)。

　マレーの観点では，動機は文脈や状況とその圧力——マレーが環境的圧力とよぶもの，と関係なく働くものではない。この状況の圧力は，パーソナリティやその表出に影響を与えると理論化されたため，マレーや同僚はそれらを査定し，考慮に入れることを試みた集中的な観察技法を開発したのである。

　パーソナリティを研究するためのハーバード・モデルは，多くの研究プログラムを刺激した。それらはマレーのグループが確認した生理学的でない高次の欲求のタイプを明らかにし，特定化するのに役立った。そのよい例として，ロバート・ホワイトが最初に議論した有能性への動機づけ，すなわち自らが効果的でありたいという欲求がある。

表8.2 ヘンリー・マレーによって仮定された人間の非生理学的欲求

屈服：罰に従い，受け入れること	屈辱回避：屈辱を避ける
達成：目標に向けて，すばやく，うまく努力し，到達すること	愛育：無力な子どもを助け，あるいは守ること
親和：友情を形成すること	秩序：秩序と清潔さを達成すること
攻撃：他者を傷つけること	遊び：リラックスすること
自律：独立に向けて努力すること	拒否：嫌いな人を拒絶すること
反動：挫折に打ち克つこと	隔離：他者と離れたところにいること
防衛：防衛し，正当化すること	感覚：感覚的満足を得ること
服従：喜んで仕えること	性愛：性愛関係をつくること
支配：他者を支配し，影響を与えること	援助：栄養，愛情，援助を求めること
顕示：興奮させ，衝撃を与え，自己脚色すること	優越：障害物を乗り越えること
被害回避：苦痛と傷害を避ける	理解：疑問をもち，考えること

［出典：Murray, Barrett, & Homburger（1938）］

[有能性への動機づけ]

好奇心や刺激への欲求，遊びや冒険への欲望などのさまざまな高次の動機は，すべて基本的な動機，有能性への欲望の一部としてみなされる（White, 1959）。マレーとともに研究していたハーバード派人格学者ホワイトによると，日々の活動，例えば子どもの探索や遊び，会話，ハイハイや歩行でさえも，習熟や効果的に機能するための欲望を反映している。日々の活動はそれ自体で，内発的に満足し，効力感を生みだすのである。ホワイトはこれらの言葉で要点を論じている。

「動機について考えるとき，積極的対応という，この総合的な傾向を考慮しないなら，恐怖，動因，情熱に支配され何もできない無力な生物という見方をせざるをえなくなる。文明の創造者どころか，生き延びることさえできないほど無力な存在である。有能性を獲得するための奮闘努力が，生物が本来的に生きて活動しているということの最も明確な表象になっている。それは，自分自身の人生と生活を能動的主体として生きている感覚を経験するときの自発性とがんばりの力である。この経験は効力感とよぶことができる。」 （White, 1972, p. 209）

有能性への動機づけは，課題の習熟それ自体への欲望であり，ランニング，ピアノの演奏，手品，チェス，新しい外科手術の手続きの習熟のような多様な課題に適用される。ホワイトによると，習熟への欲望は飢えや性のような生物学的動因とは無関係に生じ，それらに由来するものではない。さらに，人々は，例えば賞賛や，注意，金のような外的報酬のためではなく，活動自体のための有能性への欲求を満足させる活動に従事する。有能性への動機づけの概念は，人間が追い求め，それ自体を楽しむ膨大な範囲の創造的活動を強調する点において価値があり，動機づけや適応的な問題解決の研究に主要な役割を果たす（例：Dweck, 1990）。しかし，それは人間の行動に影

8章　精神力動論の適用と過程　　　　　　　　　　　　　　　　　　　　　**241**

響を及ぼす多くの動機の一つにしかすぎない。

　その他にも生理学的でない多様な高次の動機や欲求が，パーソナリティの研究において確認されている。これらは，達成欲求（McClelland, 1985; McClelland et al., 1953），親和欲求（McAdams & Constantian, 1983），統制欲求（Glass, 1977），経験に意味を与えたい欲求，いわゆる認知欲求（Cacioppo & Petty, 1982）を含んでいる。加えて，研究者は，行動を動機づける目標，動機，個人の計画の個人差を検討している（例：Emmons, 1997）。

［達 成 欲 求］

　ハーバード大学で研究していたマクレランドら（McClelland et al., 1953）は，達成欲求（**n Ach**）を調べるためにTATを用いた。彼らは，この欲求を卓越基準に挑むこととして定義した。それを研究するため，彼らはTATの中で語られた物語における空想を分析した。物語における出来事の達成的な表現を系統的に得点化したのである。彼らは達成のテーマや関心に関するストーリーが述べられるほど達成欲求のレベルが高いと想定した。

　マクレランド（McClelland, 1961）は，さまざまな文化におけるTATの達成テーマと多くの達成志向性の経済的・社会的尺度との興味深い関係を見いだした。彼は，達成欲求を測定するために，仕事に関するテーマ（図8.5参照）を示す特別なTATカー

図8.5　「達成欲求」を測定するためにデイビッド・C・マックレランドによって
　　　　開発されたTATカード

ドを考案した。例えば，もし主人公が職業のために一生懸命勉強し，改善しようと努力し，卓越基準に挑み，昇進する物語をつくるのならば，つくられた物語は達成欲求の得点が高くなる。この技法は，単純な自己報告やその潜在的バイアスを避ける間接的で潜在的な方法であり，達成欲求を測定する重要な方法である。この方法は，1950年代から長年にわたって数多くの研究で用いられ（Atkinson, 1958），重要な関係の豊かなネットワークが生まれた（McClelland, 1985）。

例えば，失業している肉体労働者が表す達成動機のレベルは，失業状況をどのように扱うかや，再び職を探そうとしているかと関係している。測定された達成動機づけが高い者は，達成動機づけが低い者より職探しの方略を用いて，解雇された後すぐに職を探し始めるのである（Koestner & McClelland, 1990）。

別のほとんどの動機づけと同様，達成動機づけは社会化の経験，特に児童期の社会化の経験に影響されることが顕著である。子どもが挑む卓越基準を設定し，期待を明確にし，子どもに適切な目標や基準を提供し，目標達成のための仕事の道筋にそったサポートを提供する両親は，達成動機づけが高い子どもをもつ傾向にある。

[勢力欲求]

達成動機づけは，最も広範囲にわたって研究された動機であるが，注意を向けられ，興味深い結果を生んだ数多くの動機の一つにすぎない。マクレランドの研究と方法に影響を受けたデヴィッド・ウィンター（David Winter, 1973）は，人々に対して影響をもちたいという点から定義された勢力欲求に焦点をあてた。その個人差は，登場人物の地位や行為の強度や影響への関心が表現されるTATに対して人々が語る物語において表れる勢力のテーマを得点化することで測定される。危険覚悟の活動やリーダーシップ活動から目に見える地位の指標まで，個人の性質や好みの広大なネットワークは，この動機と関連している。勢力動機づけの高い人々は物語において，他者や地位，評判への影響により多くの関心を示す。勢力動機はどういうものか，何がそれを引き起こすのかイメージするには，豪壮な大住宅の玄関の前で光輝く贅沢な自動車を見せる高級雑誌の広告を想像すればよい。そのイメージが示唆するように，広告産業は勢力動機に気づき，広告に釣られそうな人々を効果的に引きつけるのである。

勢力動機の研究は，政党の党首の演説や文書のような政治的コミュニケーションにおける勢力の描写と，歴史のさまざまな点で起こる戦争との関連を見いだしている（Winter, 1993）。ウィンターは，第一次世界大戦時の英国とドイツのリーダー間のコミュニケーションにおける勢力イメージを検討した。これらのイメージは，1960年代のキューバ・ミサイル危機の米国とソ連のリーダー間のコミュニケーションにおいても分析されている。これらの分析は，軍隊の行為や脅威が噴出する前に勢力イメージが増加することを示している。対照的に，実際の脅威レベルの低下や戦争の前に勢力イメージは減少する傾向がある。これらのイメージの分析には，重要な政治的事象

を予測するための実用的な価値があるように思われる。

[親密さへの欲求]

親密さへの欲求はダン・マクアダムス（Dan McAdams, 1990）によって検討された人間の共通の欲望を表している。人々は日々の生活において他者と暖かく密接に関係し，ものごとを共有し，コミュニケーションをとるように動機づけられている。マクレランドの弟子であるマクアダムスもまたTATを用いて，この動機の高い個人はより多くアイコンタクトをし，より笑うことを見いだした（McAdams, Jackson & Kirshnit, 1984）。支配関係というよりは社会的あるいは集団での相互作用において，そういう人々は焦点や目標をコミュニケーションに向ける傾向がある（McAdams & Powers, 1981）。そして，親密にコミュニケーションできる数人の友人との密接な相互作用を好み，典型的に外向的なパーティでの人気者ではないのである。したがって，この種の人々は支配的というよりも世話好きで愛情深く，誠実とみなされるのである（McAdams, 1990）。

[潜在的な動機と顕在的な動機]

有能性への欲求や達成欲求から勢力欲求や親密さ欲求まで，ここで論じられている欲求は，個人差の研究において研究され続けているさまざまな欲求の集合を説明したにすぎない。共通のテーマがこれらすべてにある。すなわち，フロイトが最初に言及しているように，特に自分自身で見たくない動機によって突き動かされるとき，人々はしばしば動機にまったく気づかないのである。バーバラ・ヴォイク（Barbara Woike, 1995）はこのことに気づき，人には二つのレベルの動機があると指摘した。すなわち，顕在的な動機と潜在的な動機である。顕在的な動機は個人のより意識的に認識された目標からなり，潜在的な動機はより意識されず，情動的で，感情に関連した欲望や動因と結びついている。顕在的な動機は単に目標を尋ねることによる直接的な自己報告で査定されうるが，潜在的な動機を得るには単なる自己報告よりもTATのような間接的で投影的な方法が用いられる。時には潜在的方法とよばれるこれらの方法によって人間の動機をかいま見ることができる。それは人がより社会的に望ましく適切に答えようとするときに，その反応がゆがめられるという自己報告式尺度における問題を回避する。驚くべきことではないが，二つのタイプの尺度，すなわち潜在的な尺度と顕在的な尺度はあまり密接には関連していないので一方の反応は他方の反応を予測しない（例：Greenwald et al., 2002）。

顕在的な動機と潜在的な動機は自分の人生や生活について記憶していることや，いかにそれらが記憶されるかに異なったやり方で影響する。ヴォイク（Woike, 1995）は調査参加者に顕在的な動機と潜在的な動機の尺度を完成させるように，また60日間で最も記憶に残る経験を報告するように言った。彼女が予期し，また見いだしたことは，潜在的な動機は感情的，情動的な記憶経験と関連する一方で，顕在的な動機は

より感情的でない毎日の日常的な仕事や経験と結びついていた。例えば，強い潜在的な達成欲求をもつ人は，重要なテストでの成功についての喜びのような，達成経験のより情動的な側面を想起した。同様に，強い潜在的な親密動機をもつ人は親しい友人に自分のことを長く話した後の好ましい感情のような，親密な対人関係についてのより強い情動的記憶を想起した。対照的に，例えばより強い顕在的な達成欲求をもつ人は，ある期間の報告書を書くというような，より決まり切った仕事や感情的でない経験や出来事を想起した。また，顕在的な動機と潜在的な動機のパターン化も人によって異なっている。したがって，例えば顕在的な親密動機が高いと測定された人が，同時に達成のような他の目標の潜在動機が高いこともありうる。他方でその逆のパターンもありうる。

8.3 治療と変容

　心理的な治療に対する精神力動的アプローチは，米国の精神医学と臨床心理学にきわめて大きな影響を与えた。その主要な形式は精神分析あるいは精神分析的心理療法である。これはフロイトによって開発された心理療法の形態で，精神分析家によって実践されている。

　伝統的に精神分析では，治療者（精神分析家）と患者（クライエント）の間で，1回約1時間の面接が1週間に数回行われ，それがしばしば何年にもわたって続けられる。治療は，神経症的葛藤や不安が抑圧された無意識の衝動の結果であることを前提にしている。目指すのは，患者が無意識の衝動への自己洞察に到達するのを助けることによって，抑圧を解除し，葛藤を解決することである。

■ 最初期の手法──自由連想と夢解釈

　無意識の心的内容を明らかにする，あるいは抑圧を取り除くため，伝統的な精神分析では自由連想と夢解釈という技法が用いられる。フロイトの時代にはそれが優勢な手法であった。自由連想ではすでに述べたように，患者はたいていカウチ（長椅子）に横たわり，自分の考えを決してふるいにかけたり検閲したりすることなく，心に浮かんだことは何でも話すように言われる。以下に一つの例として，心理療法セッションでの自由連想の断片をあげる。

>　「母が元気でいるんだろうかと気になります。あの人と私がうまが合わないのはご存じですよね。私が12歳のころ，言い争いをしました。何についてだったか覚えていないんですけれど。それが最初の，言い争い入門編でしたね。ともかく電話が鳴って，母の仲のよい友だちがその日のバレーのマチネの切符を2枚どうですかと言ってきたんです。ほんとに嫌な日だ。私が行けないように，母は断

ったんです。そんなこと，それまでなかったのに。私は大人になって結婚するまで，一度もバレーを見に行けなかったんです。後でジョーが連れてってくれたんです。そのことについて考えるといまでも悲しくなります。泣きたい気分です。すべてが憂うつで。そのことでいつも，そんな気分になるのです。……」

　自由連想における何らかの困難あるいは障害は，容易に心に思い浮かべられた内容と同じように，重要だと考えられている。これらの困難は抵抗と解釈される。患者のもつ問題に対して中心的な心的内容が思考に上るのを妨害しようとする無意識の防衛によって引き起こされると考えられている。だから，自由連想を続けるように励まされるのである。

　精神分析学の理論によると，自我の防衛機制は眠っている間は緩められ，抑圧された心的内容が夢によって表現される。しかし防衛はまだ働いていて，夢の内容を歪曲するので，意味を解明するには解釈が必要である。治療においては，自由連想における抵抗や夢の解釈は，患者が防衛を緩め続けられるように注意深く行われる。治療の目標は患者が徐々に緊張を緩め，無意識の葛藤や動機に直面することへの抵抗に打ち勝って，無意識を意識化することである。自由連想と夢解釈は精神力動的分析レベルでの臨床実践において，最初の数十年は主要な役割を演じたが，現代では心理療法において葛藤や防衛を探る多くの異なった方法の中の一つにすぎない。

■ フロイトのトラウマ理論に関する現在の見解

　多くの議論をよんだフロイトの考えのいくつかはいまでも影響をもち続けているが，重要な修正もなされている。トラウマと神経症に関するフロイト理論はその例である。神経症の原因に関するフロイト理論は，幼児期のトラウマの重要性を強調した。トラウマとはその人が対処できず「精神を崩壊させるような影響を及ぼす」強い情動的経験である（Spiegel, Koopman, & Classen, 1994, p. 11）。フロイトはトラウマ体験が極度の不安だけでなく，例えば「手袋感覚マヒ」のような神経学的に理屈に合わない身体症状を示すヒステリー患者の，彼自身の臨床的観察において報告されたような，解離状態をも引き起こすと考えていた。

　これらの主張については論争が続き，現代の多くの心理学者によって否定されているが，トラウマ経験とよばれる急性のストレスに対するさまざまな反応に関し，現在の広い範囲の研究に刺激を与えている。トラウマ経験とは，その人の毎日の日常的活動を不意にそして大きく崩壊させるような経験であり，身体的な傷害や死の脅威に直面させるものである。戦争状態や地震のもとで，あるいは暴力的な犯罪やテロの犠牲者となったときに生じる。現在の研究では，これらのさまざまな経験を系統的に記録して検討することが可能になっている。新しい研究成果の一部は，フロイトの洞察の多くを否定あるいは大きく修正したが，いくつかは支持している。最も重要なことは，

それらは治療手続きの修正や改善に役立ち，犠牲者がトラウマに効果的に対処できるように援助することを可能にする部分もあるということである（例：Foa & Kozak, 1986; Kross et al., 2005; Roth & Newman, 1990; Spiegel & Cardena, 1990, 1991）。

現在の見解は，以下の点ではフロイトの考え方と一致している。犠牲者がもつ自分自身や世界についての中核的な信念をトラウマが深刻な危険にさらすなら，その脅威を意識の外においておくため，さまざまな解離的反応が生じ，意識の部分から切り離してしまうであろう。だから治療は，本人がその経験を統合し苦痛な情動を乗り越えられるように援助することを目的としている。フロイトは単に，その出来事や情動を繰り返し再体験させ，治療の人間関係の中で，それらを表現できるようになるまで，援助することだけを強調していた。

現在のアプローチは別の方法を取っている。認知的再構成とよばれるもので，本人がうまく取り扱えるようなやり方で，出来事の意味を再解釈することを考える。しばしば不適切な罪悪感を生みだしている出来事に関する統制感を，捨て去るよう援助することもある。

「ロケット攻撃の中で生き残った兵士は，死んだ戦友と引き換えに自分の安全を得たと感じるかもしれない。……心理療法はトラウマの記憶とともにやってくる情動的な苦痛を犠牲者が認識し，それに耐えることを助け，そのときに生じた統制感の喪失を深く悲しみ，それによる不快な無力感を受け入れることを目標としている。」

(Spiegel et al., 1994, p. 18)

つまり現在は，トラウマと解離についてのフロイトの考えを援用する際には，トラウマ自体について認識し，トラウマとなる出来事についての記憶を再解釈し，あまり自分を責めないですむ，意味ある視点につくり替えることを助けることに専念することが多い。対人関係を強めることによって，犠牲者を支援し励ます。これらの治療の特徴は，フロイトの業績から発展し，その上に構築された「自我心理学」に特徴的なものであり，現在の臨床実践において，なお重要な影響力をもち続けている。

■ 転移関係と徹底操作

伝統的な精神分析における治療者は，患者を受容し批判しないことによって安全な雰囲気をつくりだしているように思われる。治療者は意図的に自分自身を表に出さないのである。「転移関係」を促進させるため，しばしば患者の背後に，また患者の視界の外に座る影の人物であり続ける。転移関係は，治療者がまるで患者の父親や母親あるいはその他の幼児期における重要な人物であるかのように，患者が反応するときに生じるといわれている。幼児期にこれらの人物との関係の中で最初に経験された感情や問題は，治療者との関係に転移される。たいていの精神分析家は，転移を必然的で不可欠なことだと考えている。転移は最近の記憶研究の中で再び活力を与えられた

概念である。後で議論されるように，最近の記憶研究は，ある対象についての初期の感情が，似ていると知覚される人によって後の人生で再び活性化されうることを示している（Andersen & Chen, 2002）。転移関係の中で，治療者は幼児期における葛藤の起源を示し，患者が問題に徹底的に働きかけ，直面していくことを支援する。著名な精神分析家の言葉（Colby, 1951）は，転移がいかに用いられ解釈されるかの例を示している。

> 「患者の治療者に対する，ふるまい方や感じ方は，心理的情報の宝庫である。適切な反応と不適切なものを分ければ，対人関係における患者の精神力動を，治療者はその場で直接に観察できるようになる。……
>
> 南部の旧家出身のある女性は，青年後期に家族との結びつきと価値観から分離した。自由奔放な放浪の人となり，すべての権威に強く反発していた。その女性は無政府主義者の団体や他の急進的な運動で熱心に活動することによって，自分の感情を表現したのである。治療の中では，恐れずに警察官に抗議することや，成功したビジネスマンをあからさまに軽蔑することにしばしば言及していた。
>
> しかし治療者に対するその女性の行動は，明らかに対照的であった。きわめて礼儀正しく，非攻撃的で，おとなしく従順だった。すべての態度が青年期まで両親に対し子どもとして感じていたものだったことを，その人はかすかに覚えている。その患者は無意識のうちに治療者を，恐れ，愛し，決して敵対すべきでない親としてみていると，治療者は考えた。本当は，罰を与えるものとして，その女性は権威を恐れていたのである。」
> （Colby, 1951, p. 113）

精神分析において患者によって到達される自己洞察は，客観的で合理的な知的理解ではない。人は転移関係の中で，自分の問題に繰り返し徹底的に働きかけなければならない。徹底操作は，基本的な問題をより適切に扱うことを学習し，問題の情動的な根源を理解できるまで異なった文脈の中で繰り返し，何度も再検討することである。

■ ゲリー・Wについての新しい精神力動的解釈

同じ情報であっても，精神力動的な意味づけは，特定の心理学者が使う特定の理論やその偏向によって，かなり違ったものとして解釈されうる。その人の深いところにあって，知覚できない精神力動について，幅広く推論するような場合，特にそうである。例えば，アルフレッド・アドラーの弟子がゲリー・Wの心理査定を担当するなら，フロイト派が去勢不安やエディプス・コンプレックスを推測するのと同じ観察結果から，劣等感コンプレックスや兄弟間のライバル意識の証拠を見つけるかもしれない。同じように，同一の反応記録を見ても，他の査定者は，ゲリーのバラバラになった自己に着目し，自分の感情に共鳴し，同じ感情を表現して返すことを他者に求めていると解釈するかもしれない。

多くの心理学者はいまでは，このような新しい見方を歓迎すべき発展とみている。実際のところ，ある個人にとっての「事実」については，異なる見地による多様な解釈の可能性を認めるべきだという率直な認識を奨励していることになる。それぞれが，その人についての異なる角度からの少しずつ異なった見方として貢献しており，必然的にそれだけが正しいとか絶対であるという見方は一つもないのである。しかしながら，このアプローチへの批判は当然のことながら，これらのいくつかの解釈の中で，どれを選択すべきか明確な基準がないことに関係している。また，異なる目標にとって最も有効なものをどのように選択するか，決断の助けとなるような強力な証拠もないのである。幸運なことに，この本の後の章で扱う分析レベルでの研究が，これらの限界を克服するための助けとなる。

8.4 精神力動的過程——不安と無意識

この節では，精神力動的分析レベルの中心である精神力動的過程と無意識の性質に関する研究に戻って検討する。フロイトに始まる精神力動的な考えでは，受け入れがたい衝動が意識に上り始めたときに引き起こされる情動的な恐怖が不安であるとしていた。最近では他の理論家たちがその定義を広げており，不安は多くの異なった理由によって経験されうるものであると考えられている。人が経験する不安は多様であるにもかかわらず，しばしば以下の三つの要素が見いだされる (Maher, 1996)。

- 恐怖や危険という意識的な感情で，これらの感情を説明することのできる直接的で客観的な脅威を確認することができない。
- さまざまな身体的変化や体調不良の訴えを含む生理的覚醒や身体的苦痛のパターン (Cacioppo et al., 1996)。一般的には心臓血管系の症状である動悸，脱力感，血圧の上昇，脈拍の変化と，呼吸器系の不調の訴えである息切れや息が詰まる感じ，それに消化器系の症状である下痢，吐き気，嘔吐が含まれている。もし不安が持続するなら，それに対する身体的反応が長く続き，身体システムの各部分に慢性的な悪影響を及ぼす可能性がある。さらにその人の心理的動揺は，睡眠障害，頻尿，発汗，筋肉の緊張，疲労やその他の身体の不調や苦痛の徴候として表れるかもしれない。
- 効果的な問題解決能力や認知的あるいは精神的コントロールの崩壊あるいは解体で，明瞭に思考することや環境からの要請に効果的に対応できない状態。

精神力動論において強調されている人間の際立った特徴は，何らかの直接的で外的な危険が存在しないときでさえ，自分の心の中に大きな不安をつくりだすことができるということである。ある人はお気に入りのイスに心地よく座り，おいしい食べ物を適度に与えられ，豪華で安全な住まいにとどまり，外部の脅威から安全であるように

みえても，過去の出来事についての不安を呼び起こす記憶や，恐ろしい考え，あるいはくるかもしれない想像上の危険に対する予期で，自分自身を苦しめているかもしれない。また，外的な環境を変えることなく，単に苦痛に満ちた考えや記憶を避けたり変えたりするだけで，心の中で内的な手がかりによって生じる不安を取り除くこともできる。

このような不安の回避は，人の意識の範囲外でも無意識的に生じているのだろうか。自分自身のより深い感情を隠そうとしているのだろうか。この問いかけに対し，精神力動的視点における中心的な仮説は，明確に肯定的に答えている。しかしながら，何年にもわたる研究にもかかわらず，いまだに賛否両論で，確定的な答えは出ていない。

防衛機制は，内側から不安を喚起する手がかりに対し，精神的，つまりこの場合，認知的に対処しようとする試みである。また通常，フロイト派の理論によれば，これらの努力は少なくとも部分的に無意識である。すなわち，その人が意識しなくても作動することが仮定されている。この仮定はあまりにも基本的であるために，精神力動的アプローチにおける研究は，このプロセス（過程）を明らかにしようとしてきた。防衛の無意識のプロセスやメカニズム（機構・機制）についての研究が特に重要であり，それが本章での一つの焦点となっている。そして，その中でも特に抑圧が注目を集めてきた。それがフロイト理論の中でも，特に重要な概念だからである。

■ 無意識の抑圧という精神分析概念

たいていの人が，時には苦痛な記憶や考えを避ける，あるいは不快な考えを「心の外に押しだす」といったことに，自分が主体的に努力していることを知っている。一般的な例として，近く受けることになっている外科手術について考えないようにするとか，まだ知らされていない重要な試験の結果について考えないようにするということがあげられる。苦痛に満ちた考えを避けようとしてしばしば起こる，このような努力のことを，心理学者は「認知的回避」とよんでいる。

認知的回避は明らかに存在するし，誰もがそれをよく知っている。思考が抑制されうるということを疑う者はいない。しかし認知的回避を可能にするメカニズムについては意見が分かれてきた。議論が分かれるのは，認知的回避が「抑圧」という無意識の防衛機制を含むかどうかということである。すでに述べたが，抑圧とは，その人が意識することなく，受け入れがたい内容の思考を，無意識の心の領域に追いやることをさす。

［抑圧と抑制］

防衛機制としての抑圧という精神分析における概念は，無意識の心の領域というフロイトの考えと密接に結びついている。初期のフロイト派は無意識を高感度な心の領

域とみており，知覚的な機敏さや記憶力は，意識的なものよりも優れているととらえていた（Blum, 1955）。無意識の心の重要な機能は，記憶や感覚器官への入力情報を選別し監視することである。この選別機能は不安を喚起させる刺激が無意識から意識へ，あるいは外界から意識へと入ってくることを抑制する役割を果たす。意識的な心が抑制によって意図的あるいは意識的に出来事を抑制することができると信じられているように，無意識の心は抑圧によって無意識レベルで抑制あるいは認知的回避をすることができると考えられた。

抑制は人が自発的，意識的にある反応を差し控えたり，あるいは意図的にそこから注意をそらしたりするときに生じる。それに対して無意識の抑圧は，不安に対する自動的な保護者として，脅威となる内容の思考が意識に入りこむのを妨げる，安全のためのメカニズムとして機能するのかもしれない。何人かの精神分析家は，抑圧の存在の臨床的な証拠を，事例という形で提供した。言い間違い，冗談，夢，自由連想が，抑圧された無意識の衝動をちらりとみせ，短い時間だけ防衛を飛び越えて，その人の秘密を暴きだしているように思われた。

[抑圧の研究]

抑圧は，たいていの精神分析家の考え方の基礎であり続けている（Erdelyi, 1985; Grunbaum, 1984）。そしてそれは長年にわたる多くの研究のテーマでもあった。いくつかの報告された発見がフロイト概念の真実性を実証するものかどうかを評価するための初期の議論は，はっきりした結論が出せず，かえってさらなる論争を生みだすことになった。ずっと最近になって，認知的回避という話題に関して十分に計画された実験は，抑圧というフロイト派の理論との直接的な関連性にかかわりなく，認知的プロセスやパーソナリティに関する有用な情報を提供することができると認識されるようになってきた（Kihlstrom, 1999; Westen & Gabbard, 1999）。

抑圧に関する初期の実験は快い経験と不快な経験の，記憶における再生課題を研究した（Jersild, 1931; Meltzer, 1930）。これらの研究者は，肯定的な経験よりも否定的あるいは不快なものを選択的に忘却する傾向が生じるかどうかで抑圧を検証できると仮定していた。しかしフロイト派の抑圧理論は不快な感情を伴った経験が必ずしも抑圧されるということを意味していないという批判がまもなく出された（Rosenzweig & Mason, 1934; Sears, 1936）。フロイト派の抑圧にとって，単に不快であるかどうかでなく，例えば，自尊心への基本的な脅威のような「自我にとっての脅威」があるかどうかが重要なのである。

後の研究者たちはまた，抑圧を適切に研究するには，抑圧の原因である自我への脅威が取り除かれたとき，抑圧されていた内容の思考が意識に戻されることを示すべきだと考えた（Zeller, 1950）。この仮定は，抑圧の原因が心理療法による洞察によって発見されるとき，抑圧された内容の思考が，その患者の意識に急速に上るという精神

分析的信念と一致する。言い換えれば、もし脅威が取り除かれるなら、抑圧された内容の思考が意識に戻ったとしても安全のはずである。精神分析家による報告はしばしば、おそらく突然の洞察が長期にわたる健忘・記憶の喪失を解消した事例を報告している。

以上のような論点をふまえると、抑圧の効果を示すための実験は、結論に到達していない。例えば、大学生が受け入れがたい無意識の性的葛藤を測定すると説明されたテストを受けることによって脅威にさらされたとき、不安を喚起する単語をあまり想起しない傾向がみられた。その脅威が取り除かれたとき、つまり、そのテストは実際にはそのような葛藤の指標ではないということが明らかにされたとき、想起は改善した（D'Zurilla, 1965）。これは抑圧が生じたことを意味しているのだろうか？　多くの論争の後、その答えとして「必ずしもそうとはいえない」ということが明らかになった。なぜなら、少なくとも同じぐらい可能性が高い、他の解釈がありうるからである。

脅威を呼び起こすような情報の想起が減少することは、単にその人が動揺したことを反映しているのかもしれない。そのために、その人が心配するような不安によってつくりだされた他の思考が想起を妨げるかもしれない。後にその脅威が取り除かれたときに想起が改善するのは、それと競合していた不安な思考がもはや想起を妨害していないことを意味しているにすぎないのかもしれない。そういうことで、無意識の抑圧が生じたということ、あるいは脅威が取り除かれたときに意識が戻ったということを必ずしも意味していない（Holmes & Schallow, 1969; Kihlstrom, 2003; Tudor & Holmes, 1973）のである。

■ 知覚的防衛

もし無意識の抑圧が苦痛な内容の思考を意識の外においておくメカニズムであるなら、脅威となるような視覚や聴覚への入力情報もまた同じように選別され阻止されるはずである。実際、精神分析家による臨床的報告は、ヒステリーのいくつかの事例において、強力な抑圧が性的な状況あるいはシンボルのような脅威刺激を知覚する、あるいは意識に上らせることを妨げる可能性を示唆している。

このことのわかりやすい極端な例の一つはヒステリー性の盲目であろう。眼あるいは知覚システムの障害は発見されないにもかかわらず、視覚が失われる事例である。「心理的に見えない」ことが、トラウマ的な性的経験の結果として、不安を広げかねない刺激を抑圧しようとしていると説明できる可能性を事例報告は示唆している。臨床的な事例報告は、可能性を強く示唆する証拠をしばしば提供するけれども、確定的な結論は決して出せないものである。臨床から得られた印象に基づく論証を越えるため、研究者たちは不安を減少させる知覚的なゆがみを実験的に研究しようと試みた。

実験参加者に性的なトラウマを生じさせることはできないし，非倫理的であることが明らかなため，知覚的防衛を実験的に研究するための方法を見つけるにはかなりの工夫が必要とされたのである。

[知覚的防衛の長い歴史]

1940年代から50年代の研究者たちは，曖昧な刺激に対し，性的または攻撃的な反応を示さない人は，特に，たいていの一般的な人たちからそのような反応が引きだされている場合，この種の心像に対して防衛しているに違いないと推論した。もしある人が潜在的に脅威になりうる感覚器官への入力情報，例えば不安を喚起する性的な言葉を聞いたり，あやうい場面を見たりしても気づかないとしたら，知覚的な抑制あるいは防衛が起きていることを示すかもしれない。

このようなプロセスの可能性を探るため，研究者たちは曖昧さの程度を減少させながら，脅威になりうる知覚刺激を見せた。刺激は，実験参加者がその単語は何であるかを言うことができ，いろいろな形で理性的に解釈することができるようになった点で始まり，たった一つの明確な正しい解釈のみが可能な，確定的である程度になるまで続く。この目的のために有効な機器として，タキストスコープが使われた。この機器を使って，例えば「ペニス」や「娼婦」などの潜在的に脅威となる単語と，「家」や「花」などの中立的な単語が，さまざまなスピードで呈示された。これらの刺激語は最初スクリーン上にとても短い時間だけ見せられ，それから徐々に時間が長くなった。その刺激を正確に認識するまでにかかった時間の長さが「防衛」得点である。すなわち，脅威刺激を認識するまでにかかった時間が長ければ長いほど，防衛的な回避傾向が強いと仮定されたのである。

一つの古典的な研究では，大学生が非常に短時間，タキストスコープで呈示された単語を見たので，それらを意識的に知覚することはできなかった。単語は情動的なものかあるいは中立的な意味かどちらかであった（McGinnies, 1949）。学生は各単語が示された後に，どんな単語を見たか尋ねられた。もし答が間違っていたら，同じ単語が少し長くされた露出時間で再度呈示され，参加者はそれを認識しようと試みた。「ペニス」あるいは「レイプ」のような「タブー語」は不安を伴うので，「りんご」のような中立語よりも抑制されると予測された。結果はこの予測を支持するもので，タブー語は中立語に比べ，より大きな知覚的防衛を示した。つまり，より長い認識時間を必要とした。

しかしこれらの結果には，まったく違った解釈も可能である。ずっと以前に指摘されたように（Howes & Solomon, 1951），このような知覚課題は，実験参加者に人前で恥ずかしいと感じさせる，困惑の状況を引き起こす。典型的な手続きでは，一人の学部生が教授または実験助手によって，実験室に連れてこられ，それからタキストスコープで短時間，不明瞭な刺激を見せられる。課題は本質的に謎解きゲームで，実験参

加者は一瞬の断片から正しい単語を識別しようとする。例えばある単語の最初の試行では，「r」や「p」のような何かが見え，参加者は「rope」と推測するかもしれない。次の試行で参加者は「あれえ！『rape』みたいだ」と思うかもしれない。しかしこの思いつきをそのまま，科学の実験室という学問的雰囲気の中で，教授または実験助手に告げるよりは，その反応を意図的に抑制するかもしれない。「rape」と言う代わりにまた「rope」と答える。この知覚は絶対に正しいと参加者が確信をもてるまで，タブー語で答えることは差し控えられる。

　要するに，このような研究結果を解釈する際の大きな問題は，人がある刺激を報告するのがより遅いのは，それらを無意識に選別しているためなのかどうかを知るのがきわめて難しいということである。無意識のメカニズムがなかったとしても，単にその場での恥ずかしさを避けるため，強い確信をもてるまで，このような刺激を報告することをやめてしまうかもしれない。

[初期の実験室研究の問題点]

　精神分析学を肯定的にみる立場から論評した人たちは，これらの研究のほとんどは，この理論を検証するには役に立たないと，懐疑的な意見であった（Erdelyi, 1993; Erdelyi & Goldberg, 1979）。その人の全体的な心的機能ということを考えることなしに，抑圧のような単一の心理過程を個別に研究するのは，紛らわしく誤解を招く恐れがあると考えた。これらの実験研究は好意的に考えても示唆的な程度であって，臨床的には的外れなものである。幼児期のトラウマ的な出来事に対する無意識の反応のような長期の精神力動的なプロセスが，典型的な実験室実験の人工的な条件のもとで研究されうるとは，とても思えない（例：Erdelyi, 1993; Madison, 1960）というのである。また実験室における大学2年生を対象とした研究結果を，心理療法を求める人の母集団や心理臨床的問題に一般化することも危険である。実験的な脅威によって引き起こされた大学生の弱い不安は，幼児がエディプス的空想に対処しようとしたときに経験するトラウマ，あるいはクリニックを訪れる，ひどく混乱した患者を理解するためには，ほとんど関連がないかもしれない。他方で，無意識の力動を推測するための臨床家の判断や投影テストのような直観的な手段にも，同じように深刻な限界がある（Kihlstrom, 2003; Rorer, 1990）。無意識の抑圧や無意識の知覚に関する多くの研究がなされてきたが，それらから引きだされる結論はいまだに論争をよんでいる。

　フロイト派の無意識に関する研究は評価が分かれたままであるけれども，そこにはいくつかの明確な視点が生まれてきた（例：Kihlstrom, 1999）。知覚における抑圧と無意識を実証しようとしてきた古い実験の結果は解釈が難しかった（D'Zurilla, 1965; Erdelyi, 1985; Kihlstrom, 1999）。例えば，数十年にも及ぶ研究の末に，抑圧に関する実験研究に関し，影響力のある論文が書かれた。その著者は「抑圧理論によってつくりだされた予測を支持する証拠は何もない」と結論づけた（Holmes, 1974, p. 651）。

さらに20年たって書かれた論文でも同じ結論であった（Holmes, 1992）。しかし，証拠が見つからなかったのは，どの研究にも欠陥があったからと考えることもできる。

大量の研究の後の，フロイト派の無意識についての見解に関する研究成果に関して，対立する二つの主張がエーデリィ（Erdelyi, 1985）によって，うまくまとめられている。

「力動的な臨床心理学と対置することで，なぜ実験心理学が抑圧のような現象をとりあげ，このように異なった姿勢で研究しようとしてきたのか，理解できるかもしれない。単純化と統制を重視して，実験心理学は外から見える出来事，特定の記憶エピソード，あるいは知覚的防衛における刺激対象などを研究してきた。しかし，一般的な大学生が実験室において，記憶エピソードあるいは知覚経験を明白に喪失するほどに強烈な防衛を使うことは，ふつうにはありえない。だから，実験心理学者が実験室で抑圧を検証することはたいへんに困難であり，当然のことながらこの現象に対して懐疑的な態度をもつようになる。他方，臨床家はいつも潜在化した，つまり隠されている心的内容を扱っており，文脈を変えることで情報を選択的に遮断したり歪曲したりしてしまう場面を見るのは，まったくありふれたことである。だから臨床家は，まったく信じられないと頭を振りながら，実験心理学者の主張を批判する。どうしようもない方法を使っているから，抑圧のように明白でどこにでもある現象を発生させてみせることさえできないのである。実験心理学者は逆に，精神力動的臨床家があまりに容易にものごとを信じ，受け入れてしまうことに対し，信じられないと思う。実験室で証明されていないのに，物理的に存在しない潜在的内容を存在するものとして受け入れ，無意識過程が存在するものとして，疑うことなく議論しているのである。」

(Erdelyi, 1985, pp. 104-105)

要するに，たいていの臨床家はフロイト派の無意識過程の根拠はほとんどあらゆるところにあると確信している。それに対し，多くの実験研究者はどこにも見いだせないでいる。

8.5 無意識過程の現代の見解——適応的無意識

結論として，現代のパーソナリティ心理学では無意識の役割について何をいうことができるのだろうか。これに答えるために，その分野の専門家は無意識の性質について知られていることを再検討した（例：Bruner, 1992; Erdelyi, 1992; Greenwald, 1992; Wilson, 2002）。無意識過程をその正確な役割と重要性によっていかに特徴づけるかについて一貫した一致はみられなかったが，「研究と理論の両者において無意識のために刺激的な時代がこれから先にあるという絶対的な一致」はあった（Loftus &

Klinger, 1992, p. 764)。この楽観主義は正当なものであることがわかった。なぜならこの話題における研究の方法と概念は，より洗練されたものになっている（例：Lewicki, Hill, & Czyzewska, 1992）。さらにまた，その人の目標や欲求のような動機的要因がいかに記憶に影響するかについてより注意が向けられるようになっている（例：Kihlstrom, 1999, 2003; Kunda, 1990, 1999; Singer & Salovey, 1993）。ここでの結論は，無意識についての精神分析的視点はかなり疑われているが，無意識過程の重要性は時とともにより明確になったということである。例えば，社会的情報の自動的処理に関する社会心理学者による現代の研究は，心が幅広い範囲で，少なくとも部分的にまたしばしば完全に意識の範囲外で働くことを示している（例：Bargh, 1997; Bargh & Ferguson, 2000; Chartrand & Bargh, 1996）。例として，人種的ステレオタイプや性的ステレオタイプに関連する情報は，その情報を見たことに気づいていないときでさえ，判断や行為に影響を与えることができる（Bargh, Chen, & Burrows, 1996; Gladwell, 2005, Kunda, 1999）。意識の範囲外での情報処理プロセスに関する急速に増大しつつある包括的な証拠を概観した後で，クンダ（Kunda, 1999, pp. 287-288）は以下のように結論づけている。「判断，感情，行動は気がつかない要因，あるいはあるときは気づいていたがもう思いだすことのできない要因や，いまでも思いだすことができるがその影響には気づいていない要因によって，影響されうる」。

ウィルソン（Wilson, 2002）が記述しているように，無意識過程の重要性の指摘におけるフロイトの貢献はきわめて大きかった。しかし無意識の多くは防衛的というよりは，適応的である。無意識によって扱わなければならない膨大な情報の洪水を効果的なやり方で，意識の外で処理することができる。例えば，このことがわかるのは，子どもが母国語を努力せず自動的に学ぶときである。この適応的な無意識によって効果的に機能することができるし，その多くは隠された恐ろしい衝動に対する無意識の防衛とは，ほとんどあるいはまったく関連がない。それは無意識の感情，思考，動機の重要性を減じるものでは決してない。人が本当に感じていること，望んでいること，考えていることを理解するというような多くの目的のために，意識の外で何が生じているかについての自己洞察を進めることはきわめて重要である。不明確であるのは，また本書でもしばしばその点に戻るが，そういった洞察をいかにうまく達成するかということである。精神力動的アプローチはそれをするための一つの道筋を提供するが，それは本書を通してみればわかるとおり，決して唯一のやり方ではないし，通常最も手間のかかるものなのである。

■ 抑圧された記憶に関する論争——虐待の偽りの記憶？

「人間の心は目的をもって，しかし無意識的に，恐ろしいあるいは有害となる可能性がある記憶を隠す」というフロイト派の前提を受け入れ，多くの臨床家や研究者は，

抑圧が心理的不適応の主要な根源であるとみなしている。しかし懐疑派の人たちは，それを偏った理論的見地によってつくりだされたフィクションとみている。治療者はその偏った見方によって，知らないうちに患者やその家族を傷つけている（Loftus, 1993, 1994; Ofshe & Watters, 1993）。抑圧された記憶は心理学の学問的話題として，いまだに論争の的であるが，いまはメディアにも広まった公的な論議の一つにもなっている。

［抑圧された記憶の回復］

少し前に，数多くの人が，自分は子ども時代に虐待にあったと主張するようになり，公的な論議が始まった。通常は心理療法の過程の中で，トラウマとなった出来事の抑圧された記憶が戻るまで，これらの虐待に気づかなかったと主張した。そしてそれらの人たちはしばしばこれらの虐待の加害者とされる人を告発しようとした。そこで，これらの回復した記憶は正しいのか，または偽りの記憶なのか，という問題が注目されるようになった。

回復した虐待の記憶は，個人的に多大な苦しみを引き起こし，それゆえに虐待者が告発され，訴訟と刑罰が行われる根拠にもなった。しかし，被告側の弁護士がすぐに指摘したように，抑圧の存在は確実な事実とはいえない。一つには，60年以上の研究を総括した結果，ホームズ（Holmes, 1992）は，「現時点では，抑圧概念を支持する統制された実験による証拠はない」と結論づけた（p. 95）。さらに，両親のどちらかの殺人を目撃した5歳から10歳の子どもたちを対象にした研究でマルムキスト（Malmquist, 1986）は，記憶を抑圧していた子どもはいなかったし，それどころか，しばしばそのことを考えていると報告したのである。

それにもかかわらず，きちんと問題を把握する能力があり，長期の経験をもつ臨床家のほとんどは，否定することができないほど確実に，事例研究が抑圧の存在を立証していると確信している（Erdelyi, 1993）。その考え方を支持するように，人生初期のトラウマとなった出来事の記憶は，忘れ去られた後であっても，成人になってからストレスの高い状況下で，再び現れることがあると主張する研究者もいる（Jacobs & Nadel, 1985; Schooler, 1994, 1997; Schooler, Bendiksen, & Ambadar, 1997）。

［実際に起きたのか？］

しかし抑圧という防衛メカニズムが働いていて，ある場合には性的虐待のような，トラウマとなる出来事に対処する方法として活性化されると仮定しても，トラウマとされた出来事についての記憶が正確なものなのか，あるいはそうではなく，でっちあげられたり，大きく歪曲されたりしたものなのかを確実に判断するには大きな問題がある。現代の記憶研究は，棚に並べられたビデオテープのように記憶が保存され，後に再生されるようなものではないことを明らかにしている。むしろ，記憶は過去の再構成であり，外界からの暗示や手がかり，そして自分自身の空想や推測など，心の中

でつくられたものからの影響を受けやすい（例：Loftus, 1993, 1994; Ofshe, 1992）。つまり，暗示や自己暗示によって，あるいは現実に基づいているという自信さえ与えることができる手法で，何かが起こったと示唆することにより記憶をつくりあげるのは，よくありうることなのである。例えば虐待された可能性を探る質問をされるとき，子どもたちの回答はその質問がどのようになされるかに容易に影響される。もし質問が適切でなく，暗示的で，困惑を引き起こすものなら，幼い子どもに起きてもいない性的に不適切な出来事について話させることは容易である。そしてそれは多くの性的虐待の裁判の法廷で明らかになった。

[暗示の力]

「偽りの記憶」は治療者によって知らないうちに強められるかもしれないということが心配される。特に，フロイトがそうであったように，患者が子どものときに受けた虐待によって，さまざまな心理的な問題が生じる可能性を，治療者が信じこんでいる場合にはなおさらである。その信念によって，無意識を探究し，ありもしない抑圧された記憶を探すように患者を励ますのは，容易に起こりうることである。この探索において，時には催眠，暗示的質問，視覚化の指導，夢の解釈のような，「想起作業」とよばれる手法が使われる（Loftus, 1994）。このような探索法は，想像や空想をしたかもしれないが，実際には起こらなかったトラウマとなりうる出来事の記憶を「思いださせる」危険性がある。そのようなことが起これば，犠牲者の失われた人生の断片を取り戻すのを助ける代わりに無実の人を傷つけ，苦しみを減らす代わりにつくりだしてしまうかもしれないのである。

■ 自己開示することの価値

抑圧された記憶についての論争は重要な問題を提起したが，同時にそれは，思いだされるようになった記憶についてのすべての報告を疑ってしまうような，行き過ぎた懐疑主義をつくりだす問題もある。この論争でそれぞれがあまりに強く自説を主張したため，幼児期やその後の人生での虐待やトラウマの多くの犠牲者が，真実を見つけ表現しようとする努力を無視されたり，ないがしろにされたりする危険が生じた。このことに関連して，人はトラウマの経験をしたとき，その記憶を隠したり抑えこんだりするより，ざっくばらんにそのことを話すほうが大きな助けになりうるという知見がある。トラウマとなる経験について話したり書いたりすることは，昔から俗に言われるように，「胸につかえていたものを吐きだす」ことによって気分がよくなるのを助けるだけではなく，人の健康をおおいに改善することができる。例えば，4日間トラウマ経験について書くだけで，もともと健康な大学生はその研究の後，健康が増進し，健康センターに行く回数が減り，血圧や免疫システムの機能が向上した（Pennebaker, 1993; Pennebaker, Kiecolt-Glaser, & Glaser, 1988）。だから，トラウマの犠

牲者が経験を隠すのではなく，適切に公表する機会を利用することができないとしたら，残念なことである。

8.6 防衛のパターン──認知的回避における個人差

不安を喚起する情報に対する認知的回避は基本的な心理過程であるだけではなく，パーソナリティ次元の一つでもある。興味深いことに，実際に人はその傾向の強さが異なっている。ある人は不安を喚起する刺激を認知的に避けようとするが，そうしない人もいる。「防衛のパターン」における個人差はずっと以前から見つかっていた (Bruner & Postman, 1947; Lazarus, 1976; Miller, 1987; Paulhus, Fridhandler, & Hayes, 1997)。

■ 抑圧性 - 鋭敏性

認知的回避における個人差を説明する次元は，一方で，不安を喚起する刺激を避ける行動傾向と，進んで近づき，絶えず注意を払う，あるいは過剰に敏感であるという，正反対の傾向で考えることができる。この次元において，不安刺激を避ける傾向は，精神分析家が否認とか抑圧とかよんだ防衛機制を多用する傾向と重なる。逆に，不安を喚起する手がかりに対して注意を向け敏感である傾向は，強迫的な心配性の傾向と考えられる。この次元はいまでは抑圧性 - 鋭敏性の次元として知られるようになった。抑圧性 - 鋭敏性は，力動学的過程として，あるいは個人が一貫した行動パターンを示す可能性があるパーソナリティ次元として，多くの研究が重点的に取り扱うテーマになった。

一般に人は，脅威語のような不安を喚起する手がかりの認知的回避において，ある程度の一貫性を示す (Eriksen, 1952; Eriksen & Kuethe, 1956)。ある研究では，性的内容と攻撃的内容のよく聞きとれない文章を聴覚的に認識する際の反応時間と回避の他の測度が使われた。このような文章を認識するのに時間のかかる人は文章完成法においても性的内容や攻撃的内容を避ける傾向がみられた (Lazarus, Eriksen, & Fonda, 1951)。苦痛を与えるショックと結びついた刺激を容易に想起した人は，失敗もまた想起する傾向にあり，ショックを忘れた人は失敗も忘れやすかった (Lazarus & Longo, 1953)。認知的回避における一貫性は，少なくともきわめて高いグループと低いグループを選んで対比させたときに存在する (Eriksen, 1996)。実験課題における認知的回避と抑圧性 - 鋭敏性のさまざまな他の測度が相関を示すことは，これらの反応パターンにおいて，ある程度の一貫性があることを示している (Byrne, 1964; McFarland & Buehler, 1997; Weinberger, 2002)。

簡単にいえば，抑圧の概念や役割について意見は一致していないが，脅威をもたらす，あるいは否定的な思考や情動を意識することから精神的に距離をおくというメカ

ニズムを人が使うという事実においては，最近では異論が少なくなっている。現代の研究において，抑圧という用語は一般に，しばしばそういうことを意味するようになっている。

■ 選択的注意

抑圧性－鋭敏性における個人差はしばしば自己報告式質問紙（Byrne, 1964）によって測定されてきた。この尺度において，抑圧者とは自分には問題や困難がほとんどないと記述する人のことである。その人たちは日常的なストレスや不安に対してあまり敏感ではないと報告するが，一方，正反対のパターンの人は鋭敏者とよばれている。この尺度が測定する個人差は，重要な個人情報に対する選択的注意を予測することができる。ある研究では，以前受けたパーソナリティ・テストの結果とされる個人情報を，本人が閲覧できる状況におかれた（Mischel, Ebbesen, & Zeiss, 1973）。大学生たちはその結果を見ることが許されたのである。一人ずつ参加した実験セッションの後で，学生は自分一人の状況で，別々のコンピュータ・ファイルに入れられた自分の個人的な長所と短所のそれぞれの記述を見ることができた。例えば，個人的な長所は「すぐに他者と仲よくなれて，対人関係において，たいへんに協力的で互恵的である……」というようなフィードバックが入っていた。それに対し，個人的な短所の情報は「根気がなく，優柔不断で，注意散漫である。……結果として失敗すると，ますます無気力がひどくなる……」であった。実際には，すべての学生に同じフィードバックが与えられたが，本当のことを知らされた実験後のデブリーフィングでは，全員がそのテスト結果は実際に自分自身のことを記述していると信じていたことが明らかになった。実際，その情報がその人たちのパーソナリティをうまくとらえていると，参加者は信じたのである。

問題とされたのは，以下のようなことだった。自己報告式質問紙で測定された抑圧者と鋭敏者は，肯定的な自己高揚情報と否定的な自己脅威情報に対し，異なった関心と注目のパターンを示すだろうか。結果は，そこに明確な個人差があることを示していた。

その実験の結果は図8.6にまとめられている。鋭敏者は自分の短所についての情報により強く注目しており，長所をみることにはあまり時間をかけていない。きわめて対照的に，抑圧者が短所をみたのは，長所とほぼ同じ長さの時間であった。後の研究が示唆しているのは，抑圧者は批判と脅威に特に敏感で，この傷つきやすさから身を守るために防衛を使っているのかもしれない（Baumeister & Cairns, 1992）ということである。

要するに，抑圧者と鋭敏者は，自我に関連した肯定的情報と否定的情報をいかに扱うかに関して，大きく異なっていた。しかしこれらの違いは，どんな情報に注目する

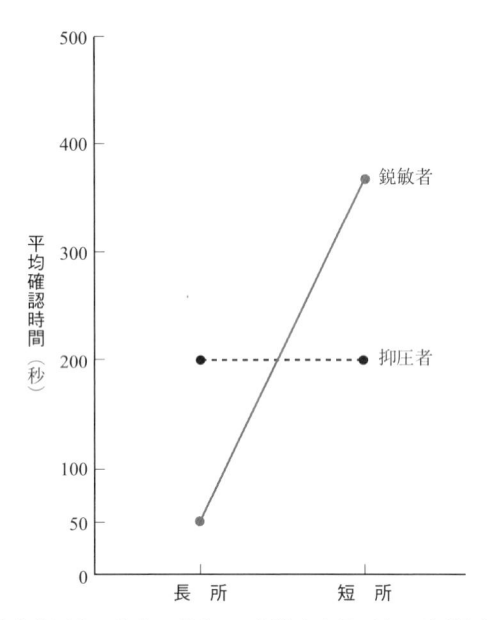

図 8.6 鋭敏者と抑圧者の注意の配分——鋭敏者と抑圧者が長所と短所を確認するのにかける時間（秒）
［出典：Mischel, Ebbesen, & Zeiss（1973）］

かに関連しているのであって，記憶における無意識の歪曲と関連しているのではないようである。というのも，どちらのグループも，情報に同じだけの注目をさせられるなら，同じ程度の正確さで，自分についての脅威情報を想起することができるのである（Mischel, Ebbesen, & Zeiss, 1976）。しかし一般的に，鋭敏者は否定的な自己関連情報に注意を向ける傾向があるが，抑圧者はそれを避け，より楽しいことだけを考えることを好む傾向がある。そして，脅威を単に無視することが許されない状況になると，抑圧者はそれに注意を向け始め，そのことをひどく心配する（Baumeister & Cairns, 1992）ようである。

抑圧者と鋭敏者は，自己記述においても異なっていた。すなわち，抑圧者は肯定的で社会的に望ましい用語で，自分自身のより好ましい点を一貫して表現するように記述するのに対し，鋭敏者はより批判的で否定的な自己像を描いた（Alicke, 1985; Joy, 1963）。しかし最も興味深いことは，その後の良好な精神的，身体的な健康を予測できる，楽観的なパーソナリティ像とより適合しているのは，鋭敏者でなく抑圧者であるということである。

これは精神力動論にとって驚くべきことである。正確な自覚と，自己の限界・不安・欠点への気づき，すなわち鋭敏であることは，健康なパーソナリティの重要な構

成要素であると仮定してきたからである。対照的に，否定的な情報や脅威の抑圧と認知的回避は，脆弱で傷つきやすいパーソナリティの顕著な特徴であった。もちろん，フロイト派が考えてきた強力な情動的抑圧は，この尺度で見いだされた抑圧者を特徴づけるような自己高揚的な肯定バイアスとはまったく異なっているであろう。同様に，精神力動論が考えてきた自覚の強化や個人的不安への気づきはまた，この尺度における「敏感性」とはまったく異なっているであろう。しかし次の節でも述べるように（Miller, 1987），また他の多くの研究が示すように（Bonanno, 2001; Seligman, 1990; Taylor & Brown, 1988），多くの状況下で脅威となる情報を意図的に避ける情動的鈍感さという態度は，洞察に欠けている脆弱なパーソナリティというより，きわめて適応的で精神的に健康なパーソナリティなのである。

■ 鈍麻型・監視型

　関連する傾向として，危険な徴候に対し，それを無視して自分の注意をそらすか，または監視して注意を向けるかという性質において，人にはかなり違いがあることが示されている（Miller, 1996）。一つの有望な尺度は，情報回避者と情報探索者を対照的な対処型として区別しようとする。それがミラー行動スタイル尺度（MBSS）で，統制不能として想定されたストレス喚起場面四つによって構成されている（Miller, 1981, 1987; Miller & Mangan, 1983）。この尺度では，以下のような場面を鮮明に思い描くように言われる。例えば，「あなたは歯医者を恐がっている。でも歯の治療をしてもらわなければならない」「あなたは公共の建物の中で，武装したテロリストの人質になっている」「あなたは飛行機に乗っている。目的地まで30分のところで，飛行機が予期せず急降下し，突然水平飛行に戻る。少したってからパイロットが『問題はありませんが残りの飛行は少し揺れるかもしれません』とアナウンスする。しかしあなたには，すべてが順調だとは思えない」。

　各場面の後に，その状況に対する監視型あるいは鈍麻型の対処法を表す文章が続く。各場面の文章の半分は多様な監視型である。例えば人質の場面では，「もしラジオがあるなら，その近くにとどまり，警察の救助活動についての速報を聞こうとする」。飛行機の場面では，「エンジンがふつうでない音を出しているかどうかを注意深く聞き，客室乗務員の行動が平常でないかどうかじっと見る」。残りの文章は鈍麻型である。例えば歯医者の場面では，「頭の中でパズルを解いている」。飛行機の場面では，「上映中の映画を以前に見たとしても，最後まで見ようとする」。各人は自分にあてはまると思う文章に単純に印をつける。

　検証のための実験では大学生が，低い確率で電気ショックが与えられると脅かされ，情報を監視したいか，あるいは音楽を聴いて情報を避けたいかを選んだ（Miller, 1981）。理論的に期待できるように，個人のMBSS得点が，音楽でなく情報に費やす

表8.3 回避が可能なときあるいは不可能なとき，情報（警告信号）を探索する参加者数と，気晴らし（音楽を聞く）をする参加者数

	情報探索	気晴らし
回避可能	24	10
回避不可能	11	23

［出典：Miller（1979）］

時間をかなりうまく予測した。その尺度で鈍麻型項目があてはまると回答すればするほど，その人が情報に費やした時間は少なく，音楽を聴く時間が多くなったのである。つまり，実験で電気ショックを受ける可能性のような不快な事態に直面したとき，状況や情報を監視するかあるいは無視して避けるかを選ぶ程度に個人差がある。対処行動におけるこれらの差異は質問紙尺度の得点と関連しており，MBSSの妥当性を支持している。

■ 統制の役割——「知らぬが仏」がよいのはいつ？

嫌な刺激を認知したり知覚したりするのを「防衛的に」避けるように反応するかどうかは，問題解決行動によって何らかの対処ができると信じているかどうかによって決まるのかもしれない。適応的な行動が不可能と思われるなら，認知的回避の試みは増えるだろう。しかしもし，苦痛をもたらす刺激がその人の行為によって統制されうるなら，手がかりに対する注意や警戒が強まることが考えられる。この点は，すでに述べた鈍麻型と監視型を対比させる研究で検討されている。その研究では，ストレス関連情報か気晴らしかのどちらかを選択させた（Miller, 1979）。情報というのは電気ショックがくるときの警告信号であり，気晴らしは音楽であった。実験参加者の半分はそのショックが回避可能であると信じ，残りの半分は不可能だと信じこまされた。表8.3が示すように，回避が可能だと信じた参加者は情報のほうを選び，不可能だと考えた参加者は気晴らしのほうを好んだ。他の研究でも，他の多くの状況において，脅威情報の選択的回避によって，問題への対処が改善されうることを示している（Janis, 1971; Lazarus, 1976, 1990; Lazarus & Folkman, 1984）。

■ 医療情報を患者のスタイルに適合させる

現実生活における医療現場への適用のため，ミラーとマンガン（Miller & Mangan, 1983）は，子宮に異常な細胞があるかどうかを調べるため，診断的な処置である膣鏡診を受けようとしている婦人科の患者を対象に，MBSSに回答してもらった。尺度得点で，患者は最初に監視型か鈍麻型に分けられた。次に各グループの半分の女性には今度の処置についての広範な情報を与えられ，残りの半分の女性には，通常の最小限

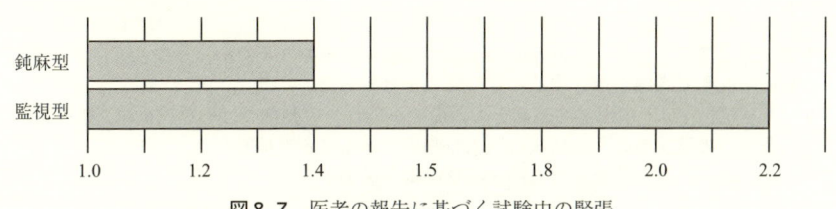

8章　精神力動論の適用と過程　　　**263**

図8.7　医者の報告に基づく試験中の緊張
［出典：Miller & Mangan（1983）］

の情報しか与えられなかった。心拍などの心理生理的反応，主観的報告，覚醒と不快についての観察者評定が，処置前，処置中，処置終了後にとられた。その結果は再び理論から予測できたように，監視型が鈍麻型よりも，全体的に高い覚醒を示した。例えば，診察中の患者の緊張についての担当医の評定データが，図8.7に示されている。

最も興味深いことには，事前情報の水準が患者の対処と一致していると，生理的覚醒は減少したのである。すなわち，最小限の情報を受けた鈍麻型の人と，広範囲な情報を受けた監視型の人の生理的覚醒が減少した。全体的な結果は，人が脅威に直面したときの対処プロセスにおける情報の選択には，大きな個人差があることを示している。最も重要な結論は，差し迫ったストレスについての情報を監視型の人は多く伝えられ，鈍麻型の人は少なく伝えられたときに，最もよく対処できるらしいということである。すなわち，情報を対処に適合させることで経験されるストレスを減少させ，対処のための資源を高めることができるのである。

☑ 要　約

パーソナリティの査定への適用
- 精神力動的な心理的査定は，その人の基本的な動機や精神力動を見つけようとし，パーソナリティ・テストよりも臨床家の直観に依存している。
- TAT（主題統覚法検査）やロールシャッハ・テストのような投影法がしばしば用いられている。
- ロールシャッハ・テストにおいては，一連のインクブロットを見せられ，それが何に似ているかを言うように言われる。
- TATは一連の多義的な絵からなっている。テストを受ける人は一つの物語をつくるように言われる。
- ヘンリー・マレーによって指導されたハーバード派の人格学者は，個人についての徹底的な臨床的研究の一つのモデルを提供した。
- 古典的なフロイト派の枠組みが，ゲリー・Wの事例の精神力動的査定に適用された。

マレー，ハーバード派人格学者たちと高次の動機
- ヘンリー・マレーとハーバード派人格学者は，個人の人生の精神力動的研究に徹底的

に焦点をあてた。
- OSS査定プロジェクトは各人のパーソナリティを推測するため，きわめてストレスの高い状況下で課題を遂行するときの個人を分析した。
- マレーは，特定の生理学的基盤をもたない有能性への動機づけや達成欲求，勢力欲求，親密さへの欲求のような高次の欲求や動機があることを提案した。
- 現代の研究は顕在的な動機と潜在的な動機を区別する。

治療と変容
- 精神分析的治療は自由連想や夢解釈といった技法を用いて，患者が無意識の動機についての洞察を達成するように援助し，無意識の防衛や葛藤を減少させることを目標にしている。
- 生涯のどの時点におけるトラウマ体験も認知的再構成によって，より意味のある，苦痛の少ないやり方で，その人の人生の中で再解釈され，統合される。
- 患者は治療者との転移関係の中で自分の問題に徹底的に働きかける。

精神力動的過程──不安と無意識
- 意識的・無意識的な防衛機制は，不安を喚起する刺激に対処するために用いられる。
- 無意識の抑圧の性質やメカニズムについては，いまだに論争の的になっている。
- それにもかかわらず，無意識の過程や出来事が強い影響を及ぼすという強力な証拠がある。
- 多くの精神分析家は大学生を使った実験結果を，臨床治療の対象者や臨床的問題へと一般化することに対し警鐘を鳴らしている。

無意識過程の現代の見解──適応的無意識
- 近年の研究は社会的情報の多くは意識の外で対処されることを示唆している。
- トラウマとなりうる出来事についての特定の記憶が正しいのか，つくり話なのか，大きくゆがめられているのかを判断することは難しい。

防衛のパターン──認知的回避における個人差
- 個人はストレスに対し，回避か過敏かの二つのどちらかで反応する傾向がある。これが抑圧性‐鋭敏性のパーソナリティ次元である。
- この次元に対応する二つのタイプは，脅威的な情報の想起においては違いがない。
- 抑圧タイプの人は肯定的なフィードバックに注意をより多く向け，より好意的に自分自身を見て，精神的にも身体的にも健康である。一方，鋭敏タイプの人は否定的なフィードバックにとらわれ，しばしば自己批判的である。
- ストレスの多い状況では，自己から注意をそらす鈍麻型と注意を向ける監視型という個人差がある。
- 脅威に直面したとき，適応的な行為が不可能であるなら，認知的回避あるいは鈍麻型が適切である。苦痛となる可能性のある出来事がその人の行為によって統制されうるなら，そういった出来事に対し，注意と警戒の増強がみられるだろう。
- その人が受けとる情報量を監視型か鈍麻型かのスタイルに適合させることにより，患者のストレスを減少させることができる。

8章　精神力動論の適用と過程　　　　　　　　　　　　　　　　　　　　　　**265**

☑ 重要な用語

偽りの記憶，鋭敏者，環境的圧力，監視型，顕在的な動機，高次の動機，自動的処理，自由連想，主題統覚法検査（TAT），状況テスト，人格学，親密さへの欲求，精神分析，勢力欲求，潜在的な動機，潜在的方法，タキストスコープ，達成欲求（n Ach），抵抗，徹底操作，転移，投影法，トラウマ経験，鈍麻型，認知的再構成，ハーバード派人格学者，不安，ミラー行動スタイル尺度（MBSS），有能性への動機づけ，夢解釈，抑圧，抑圧者，抑圧性 - 鋭敏性，抑制，ロールシャッハ・テスト

☑ 考えてみよう

1) 精神力動的臨床家は個人内の行動的差異をどのように説明するか。
2) 投影法検査の主要な特徴は何か。その使用の基礎にある理論的根拠は何か。なぜそれらは精神力動的な臨床家によって好まれるのか。
3) ロールシャッハ・テストやTATに対する反応は，精神力動を推測するために，どのように分析され，用いられるのか。
4) ゲリー・Wの事例で主要なフロイト派のテーマは何か。
5) 長期にわたり深く掘り下げられた個人の研究において，ハーバード派人格学者によって用いられた診断会議はどのようなものであったか。
6) マレーの高次の欲求は生理学的動因とどのように異なるのか。欲求と圧力は，人と状況の観点にどのように適合するのか。
7) OSS査定プロジェクトにおける診断会議のために用いられた状況テストはどのようなものであったか。
8) 有能性への動機づけの起源は何か。それは行動にどのように影響するか。
9) TATは達成欲求を理解するためにどのように用いられてきたか。
10) 研究に基づくと，勢力欲求はどのように行動と関連するか。
11) 精神力動的治療の基本的な目標は何か。建設的な結果を達成するために用いられる方法は何か。
12) トラウマに関する現代の研究はどのような形でフロイトの見解を支持し，治療のより効果的な方法を示唆しているか？
13) 精神分析治療においては転移関係がなぜそんなに重要なのか。徹底操作のプロセスには何が含まれているか。
14) 不安反応において典型的に生じる三つの要素は何か。内的なプロセスはそれらをどのようにつくりだし，またそれらに対してどのように防衛することができるのか？
15) 不安をつくりだす思考における抑制と抑圧を区別しなさい。
16) 抑圧を実験的に研究する，また得られた結果を抑圧に帰属させて解釈するにあたり，特に困難な問題をまとめなさい。
17) 知覚的防衛の研究ではどのような方法が使われたか，どんな結果が得られたか，どんな代わりの説明がなされたか。
18) 精神分析家は無意識の過程についての実験研究に批判的だった。そこでの主要な批判は何か？
19) 自動的処理はフロイト派の無意識過程の見解とどのように異なるのか。

20) 長期間忘れられていて突然再び現れた虐待の記憶は「偽りの記憶」である場合があるということについて，どんな証拠があるのか。すべてが偽りであると結論づけることの危険性は何か？
21) 抑圧性と鋭敏性とは何か。これが他の行動と関連する有意義なパーソナリティ次元であることを示す，どんな実証的な根拠があるか。
22) 脅威を感じさせる事象に対する監視型反応と鈍麻型反応を区別しなさい。MBSS得点は不安を喚起する状況下での情報探索とどのように関連するか。
23) 嫌悪刺激の統制可能性は，接近傾向と回避傾向をもつ人の適応にどのように影響しているか。

9章

フロイト後の精神力動論

「精神分析はよく守られた要塞であり，ほとんどの心理学者はその外壁を登り征服することに関心をもっていなかった。……（対照的に）現代の精神分析は『多元性』によって特徴づけられている。」　　　　　　　　(Westen, 1990, p. 21)

精神力動的レベルでの分析は，フロイト独自の概念が最初に発表されて以来，社会を特徴づける変化と，現代の西洋の世界の人々にとって最も重要な問題と人生・生活の課題に対し，ますます言及する機会を増やし，長年にわたって拡張され，多様化してきた。この章では，フロイトの影響を受け，フロイトの精神力動的志向性の大部分を保持しながらも，焦点と形態を変革させた理論家の主要な観点のいくつかを紹介する。これら「新フロイト学派」「後期フロイト学派」「自我心理学者」たちは，広範囲にわたる刷新を提案しており，多くの異なるラベルが与えられている。これらの理論的刷新は，20世紀初頭に娘であるアンナ・フロイトを含めたフロイトの弟子たちから始まり，フロイトの構想からの革新的な離脱へと移行したのである。これらの研究者たちの統合的なテーマは，精神力動的・動機づけレベルでの分析への焦点化を保持したままのものであった。しかし，人間の動機の多様性とそれまで軽視されてきたパーソナリティ発達における児童期初期以降の心的，情動的過程への注意を促したのである。

9.1　自我心理学と自己へ

新フロイト学派の研究者たちは，独自の貢献をしているが，特に近年，ある共通のテーマが出てきている。これらのテーマは，表9.1に要約されているように，焦点の漸進的な変化を示唆している。イドの基本的な性的，攻撃的本能についてのフロイトの発想には注意が向けられず，イド自体に主要な役割は与えられていない。自我や「自己」の概念や機能に，より注意が向けられるようになり，この新しい理論的な風潮は自我心理学と名づけられ，その実践者はしばしば自我心理学者とよばれている。

表9.1 後期フロイト学派の発展——新フロイト学派の特徴

注意が払われないもの	注意が払われるもの
イドと本能	自我と自己；自我防衛，高次機能
純粋に内的な原因や葛藤	社会的，対人的原因；関係の問題
児童期初期	人間の生涯を通じた後期の発達；成人の機能
性心理的発達段階	社会的力と肯定的な努力；文化と社会の役割

　自我心理学者は，自我は隠された無意識の動機づけから比較的独立した重要な機能をもつと認識している。後の章で論じるが，ヘンリー・マレーとその弟子たちの研究で明らかにされているように，自我はしばしば，いくつかの例をあげれば，有能性，達成，権力への努力などの「高次」のより認知的な動機と目標を処理し，人間行動を推し進める多くの動機の源泉になる。自我心理学者は，人々が自分たちの人生と生活の目標を形成し，追求するこれらの動機を自我の機能の一部とみなすのである。要するに，自我の役割の成長と人間の動機の範囲の拡張とともに，人をより有能で，潜在的に創造的な問題解決を行い，解放への圧力をかける本能の管理を行うものとみなすのである。

　表9.1に示されているように，新フロイト学派はまた，人間の発達を生涯を通して拡張される，より連続的な過程としてみなすようになった。そこでは，パーソナリティは人生初期の性心理的な経験の産物ではなく，生涯を通して発達するものとしてみなされるようになったのである。パーソナリティは，社会的関係や対人関係に根源があり，また文化や社会の文脈に依存しているのである。パーソナリティは，個人の心の内部や人生初期の数年の家族との直接的関係のドラマのような孤立したものではないのである。

　それでは，パーソナリティについての構想の範囲と性質を説明するために，この分析レベルにおける主要で関連のある数人の理論家について考えていこう。

■ アンナ・フロイトと自我防衛機制

　前章で言及したように，フロイトは否認と抑圧の機制を同一視して，注目した。しかし，精神分析学者で，フロイトの娘であるアンナ・フロイト（Anna Freud）は，自我が用いる防衛機制のさまざまな形態の重要な分析を行った。アンナ・フロイトの貢献は，パーソナリティや人間の性質についての私たちの考え方に息の長い影響を与えていることである。そして，フォーカス9.1で論じているように，個人的発達と自分自身の独自の業績で高く評価される主要な精神分析家・理論家へと成長するための奮闘努力は，アンナ自身の人生や精神だけでなく，父や精神分析についても，雄弁に物語っている。

9章　フロイト後の精神力動論

フォーカス 9.1

「アンナちゃん」とジグムント——フロイトによるフロイト的過ち

　精神分析の専門家でなくても，ジグムントとアンナの父娘関係が，この二人が考えていたよりも，それぞれの実像を明らかにしてくれることが理解できるに違いない。この関係は精神分析についても多くのことを私たちに教えてくれる。フロイトの著名な伝記作家であるピーター・ゲイによれば，ジグムントは無意識に，しかし系統的に，後に彼が「ファザコン」とよんだ娘を育てあげた（Gay, 1988, p. 439）。アンナが小さく虚弱体質であったころ，彼女はよく保養地に送られたが，背中が痛いなどの彼女の問題のほとんどについて，心因性であるとジグムントは解釈した。二人の関係は，お互いにとって常に密接であり，特別であった。フロイトは「アンナちゃん」が成長するように支援する一方で，ゲイによれば，「アンナ自身が望むように成長していいかどうかは別の問題」と考えていた（p. 432）。フロイトは，彼女自身が分析家となることを含むアンナの職業的な野心と計画を支持した。彼は彼女の成功と知的発達を誇りに思っていた。しかし，一貫して男性とのどんな恋愛関係も拒絶し妨害した。アンナが男性との恋愛関係に興味をもつようになるといつでも，女性の友人との愛着や交友を図り，邪魔をした。フロイトは「家族間の駆け引きに関する最高権威の専門家であったが，娘が結婚したがらないことに，どれだけ自分が貢献したのかを理解していなかった」（p. 439）。

　ゲイが指摘する（p. 439），おそらく「最も異例なこと」は，1918 年に始まり 3 年以上の間，また 1924 年から再び 1 年間，娘に精神分析を行うことを決めたことである。自分の娘をカウチに横たわらせ分析したのは，フロイト自身が強く主張し綿密につくりあげ他者に対し厳しく禁じたルールを，自分から意図的に無視することであった。

　この「フロイト的過ち」は，古典的フロイト学派の精神分析の歴史と性質について重要なことを教えてくれる。このアプローチへの批判者にとっては，方法の科学的厳密さと客観性の欠如の例である。しかし，これはまたジグムントとアンナの発見と洞察が，彼ら自身の生活でどのように芽生えたかを示す例でもある。これらは甚大な情緒的負担とともに芽生えたのであるが，心理学において多大な進歩をもたらしたものでもある。そして，これはフロイト自身の主要な論点，つまり自分自身に比べ他者のほうが，動機づけや行動に関する洞察をもつことが容易だということの例証である。

　フロイトの父娘関係（フォーカス 9.1 を参照）は，自分自身のものを含む防衛機制を理解することの重要性を強調する。興味深いことに，アンナ・フロイトは，表 9.2 に要約したように，これらを見つけ整理することを率先して行っているのである。

　多くの精神分析学者は，いまや防衛機制を精神力動の中核としてみなしている。防衛機制は，自我が平穏を保つように働く過程である。心の中の生涯にわたる闘争において，自我が衝動を従属させようとし，現実をチェックし，超自我の要請を調整しようとする機制である。防衛の過程は，解放を求める衝動と願望を，自我にとって受け

表 9.2 自我防衛機制の定義と例

機　制	定　義	例
抑　圧	脅威となる衝動や出来事を，意識の外に追いだし，無意識にすることで，強く抑制すること	罪悪感を生む性的願望を「忘れる」
投　影	自身の受け入れがたい側面を別の誰かに帰属させること	自分の受け入れがたい性的衝動を上司に帰属させる
反動形成	不安を生みだす衝動を，意識の中で，その逆のものに置き換えること	受け入れがたい憎しみの感情を愛情に変える
合理化	より受け入れられる原因に帰属させることで，あることを受け入れられるようにすること	攻撃的な行為を怒りの感情ではなく，働きすぎのせいにする
昇　華	社会的に受け入れられる方法で社会的に受け入れられない衝動を表現すること	他人を傷つけたくて兵士になる；肛門願望を満足させるために配管工になる

入れられる形へ変換するように計画する防衛との連続した葛藤を含んでいる。こうした変換の道程において，心的エネルギーは防衛機制に媒介されて，交換され，別の対象へ向けられるのである。

[動機の変換]

例えば，サディスティックな攻撃衝動が抑圧しきれず，自己受容への脅威となっているならば，外科医学への興味のような，より社会的に認められる形態に変換されるかもしれない（図9.1参照）。同様に，ルネッサンス期の画家についてフロイト学派の学者が考えるように，母親への性的願望は聖母の絵を描く職業に置き換えられるかもしれない。フロイト（Freud, 1909/1957）自身，レオナルド・ダヴィンチに関して，こうした力動を示唆している。フォーカス9.1を読んだ後で，自分のカウチを使い，長年にわたってアンナを分析するというフロイトの決定に，どんな無意識の動機があったのか関心をもち，最も親しい人々を精神分析してはならないというルールを他の分析者が破ったなら，フロイトはどんな厳しい解釈をしただろうかとあなたは自問するだろう。

フロイトは自分の著作において，抑圧の機制の極端な事例に関心を示していた。しかし，後で説明するように，抑圧の機制の働きは多くの穏やかな形態においてもみられるのである。13歳のジムは，数回「デート」したガールフレンドがいるのだが，その子は約束したにもかかわらず映画館に現れなかった。ジムは怒りの感情もないし，当惑してもいない，ただ「どうでもいい」とだけ言った。けれども，後で家族との夕食の席で感情を爆発させ，妹と口喧嘩になった。ジムは抑圧を用いていたのだろうか？　もしジムがいらだちや混乱を隠そうとしようとしていたことを自覚していたならば，抑圧はジムのしたことに対する適切な説明ではない。他方，怒りを自分自身が

9章 フロイト後の精神力動論

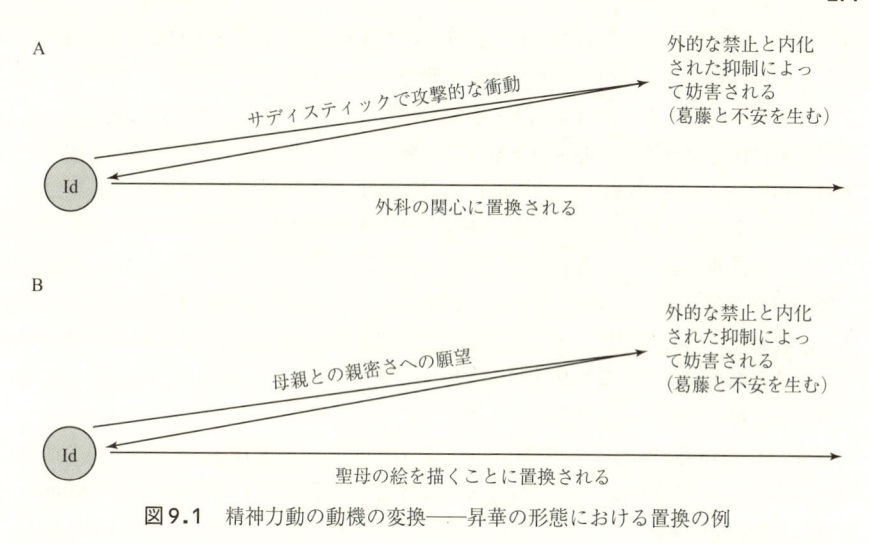

A

[Id] ←―― サディスティックで攻撃的な衝動 ――→ 外的な禁止と内化された抑制によって妨害される（葛藤と不安を生む）

[Id] ←―――――――― 外科の関心に置換される ――――――――→

B

[Id] ←―― 母親との親密さへの願望 ――→ 外的な禁止と内化された抑制によって妨害される（葛藤と不安を生む）

[Id] ←―――――― 聖母の絵を描くことに置換される ――――――→

図9.1 精神力動の動機の変換——昇華の形態における置換の例

明らかにわかっていても，隠そうとしていたことを自覚していなかったら，抑圧は防衛として働いているのである。例えば，もしジムが，デートがうまくいかなかったことで当惑していることを母親に指摘されることに抵抗を示すのなら，この仮説は強化される。本物の抑圧では，無意識に避けている感情に直面させようとしても，解釈を拒否し，情動を避けようとする防衛が増すだけである。そのことは，防衛をより精緻化し，より不合理にさせる傾向がある。この種類の事例において，個人がもはや小さな子どもではなく，脅威が比較的穏やかであるとき，抑圧はあまり深いものにならないだろう。防衛の深さや必死さは，幼児期や児童期初期に，そして脅威がひどく，個人がとても脆弱になっているときに，より大きなものとなるのである。

［投　影］

投影において，個人の受け入れがたい衝動は抑制され，不安の源泉は別の個人に押しつけられる。例えば，自身の怒りの感情はそれとは関係のない友人に帰せられる。あるいは兄の妻に引かれている男は，兄嫁が家族の集まりで自分を誘惑しようとしていると心から信じこむ。投影は不安を減らし，もっともらしい救いを与えるのである。

［反動形成］

反動形成とよばれる別の防衛は，不安を生みだす衝動を，個人が逆のものへ変換するときに起こる。例えば，自身のふつうでない性的体験への衝動や欲望を恐れている人は，積極的に「ポルノ追放」運動に参加するかもしれない。自分たちがわいせつと考える本や映画を検閲することに精力を傾け，その一方でひそかに無意識的にそれらに引かれているのである。投影や反動形成を通して，衝動は表現される。しかし，自

我に受け入れられるように変換され，欲望は軽蔑され，憎まれるようになるのである。ときどき，このことはふつうでないねじれ現象を生む。

米国の子どもの失踪，虐待に関する会議の議長を務めた，ある連邦下院議員は，児童ポルノに反対し，子どものヌード写真を掲載しているウェブサイトを違法とする法案の積極的な支持者であった。2006年にこの議員は，連邦議会で連絡係として働いていた若い少年に，性的なメッセージを送って訴えられるという有名なスキャンダルによって，辞職に追いこまれたのである。

別の顕著な事例では，「新生活教会」を設立し，国内の福音派の連合のリーダーであった牧師は，聖書を引用して，同性愛と同性の結婚に熱烈に反対していた。ところが，自分自身の同性愛と薬物使用に関して永い間，疑惑をもたれ続け，最終的にはさまざまな地位から辞任することになった。

1950年代に精神分析学者の先頭に立っていた母親は，反動形成を子どもの初期の発達における，自分自身の子どもによって示された機制として記述した（Monro, 1955）。精神分析学者として，母親は肛門期に直面する問題や活性化された衝動に対して特に敏感である。それゆえその母親は，子どもが子どもじみた肛門への興味を示すことや，いつでもどこでも排便することについて，禁止することなく自由にさせた。しかし，こうした初期の自由な段階を経験した後で，子どもは自発的に逆の様式を発達させるようである。その後で子どもたちは気難しさといってもよいほどの「極端な潔癖さ」を表し始めたのである。例えば，子どもたちは食器を洗った後の水を嫌悪し，住んでいた地域が水不足であっても，流しをきれいな水で繰り返し満たすよう主張したのである。同様に，子犬の「粗相」を掃除することを拒み，洞察力のあるその母親が言ったように，「気難しい嫌悪という反応は，当人にとっては純粋な気持ちだが，最近になって放棄した楽しい快感とはっきりと関係している。多少のむらはあるが極端な整理整頓好きを生じた反動生成が，子どもたちがだんだん成長するにつれて弱まったことで，家事はずっと円滑に行われるようになった」（Monro, 1955, p. 252）。

反動形成は，臨床的・事例的なものだけでなく，フォーカス9.2に示した例のように，ずっと広範囲に支持が得られやすい防衛機制の一つである。

［合理化］

合理化は，受け入れられない無意識の衝動に対して合理的な言い訳をつくることによって自身をだまそうとする防衛である。例えば，無意識に妻への深い敵意の衝動をもつ男は，自分の本当の感情を認めることなく，関係を崩壊させるのに役立つうまい言い訳をつくりだすのである。例えば，家から離れているための理由として，「会社でのプレッシャー」「忙しいスケジュール」「インフレや政治への心配」のような説明を引きあいに出すかもしれない。そうすることで，妻を無視し，避け，失望させることに，あまり罪悪感を抱かないのである。

9章　フロイト後の精神力動論　　　　　　　　　　　　　　　　　　　　　　　　　　**273**

> ### フォーカス 9.2
> ### 実験室での反動形成の検証
>
> 　反動形成の防衛機制によると，人々は自身の受容できないものに関して，最も他者を憎むのである。防衛機制を検証する実験の例で，実験室研究から得られた結果は，防衛機制としての反動形成の使用に対し，間接的な支持を与えている（Adams, Wright, & Lohr, 1996）。この研究で一方の参加者グループは，同性愛嫌悪の強い人たちで，実験室で質問されたとき，同性愛についてまったく話せず，居心地悪く感じていた。他方は同性愛嫌悪が弱く，同姓愛についてたやすく話すことができた人たちで，これら二つのグループはどちらも異性愛の男性たちであった。それから，両グループとも，異性愛，女性の同性愛，男性の同性愛の 3 種類の映画を視聴した。映画を見る前に，実験者は性的興奮の測度として，ペニスの円周の増加を測定することを許可した人たちに電極を取りつけた。同性愛嫌悪の強いグループも弱いグループも，異性愛と女性の同性愛の映画を見ると同様に興奮を示す結果となった。しかし，男性の同性愛の映画を見たとき，同性愛嫌悪の強いグループのみが性的興奮を示した。したがって，強い同性愛嫌悪の男性は，受け入れることのできない同性愛の傾向をもっているがために，このような結果となったことを示唆している。

［昇　　華］

　昇華は文化の発達に特に重要な自我防衛である。昇華は性的で攻撃的な対象から社会的な対象あるいは目標へと衝動を向け直すことから構成されている。例えば，エディプス・コンプレックスと格闘している間の父親殺しの欲望などの攻撃的な衝動が，若い少年にとって脅威になっていると仮定してみる。その子どもは，こうした衝動を発達の道程において，職業として外科医を選択することで，社会的に受け入れられる形態へと昇華，あるいは転換するだろう。

■ カール・ユング

　アンナ・フロイトは，父親によって提案された考えに対し，基本的には忠誠を保ったままであったが，カール・ユング（Carl Jung）は精神力動的アプローチの異なる形態を主張し始めた。ユングは 1875 年に生まれ，スイスのバーゼルで育ち，「スイス改革派教会」の牧師の息子であった。バーゼル大学で医学の学位を得て，チューリヒの精神医学研究所で心理学の研究を開始した。ユングは始めのうちはフロイトの崇拝者，弟子であったが，後に異議を唱え，自身の精神分析の理論と心理療法を展開した。ユングのアプローチは分析心理学として知られている。フロイトの無意識と類似の過程を想定しているが，集合的無意識という，世代を越えて継承されたパーソナリティの

基礎を主張している。ユングは，個人的な無意識だけでなく，生得的な集合的無意識も含まれる人間の心を信じていたのである。集合的無意識は人類の歴史を反映した無意識のイメージとパターンを含んでいる。集合的無意識の内容は，元型や「原始的イメージ」である。内容がいったん意識されると忘却され，抑圧される個人の無意識とは異なり，集合的無意識の内容は，決して意識されないものである。元型の例としては，神，若く精力的な英雄，老賢者，大地の母，妖精，敵対的な同胞などがあげられる。これらは，あらゆる民族の神話や芸術，夢においてみることができるという。

　ユングは，しばしば生活における複合的で矛盾した力について「すべてのことに，対立した力が働いているのがみえる」（Jung, 1963, p. 235）と力説した。ユングの観点では，心は意識の側だけでなく，隠された無意識の影の部分を含む。個人の成長は，この影の部分を展開することと，パーソナリティの残りの部分を意味のある一貫した生活パターンに徐々に統合することを必要とする。すべての女性の無意識は，男性的で自己主張の強い要素アニムスを含んでいる。すべての男性の無意識は，女性的で受動的な要素アニマを含んでいる。建設的に男性的か女性的になるには，それぞれの性自身の中にある異性の性質を認め，統合しなければならないのである（表9.3参照）。

　ユングは表9.4に要約したように感覚，直観，感情，思考という四つの世界を経験する方法を記述している。ユングによると，人々はそれぞれの経験の方法を強調する程度が一貫して異なるのである。例えば，ある人は数学者よりも精神分析学者になることを選択するように，典型的に抽象的思考よりも直観を好むだろう。別の人は，直観や推論をあまり用いずに感覚を通して世界を知るだろう。

表 9.3　ユングの概念の例

集合的無意識	すべての人にみられ，生得的に継承された記憶や祖先の行動パターンを含む
元　型	集合的無意識を形成する基本的要素や原始的イメージで，夢や神話に表れる（例：大地の母，老賢者）
アニマ	すべての女性の無意識にある男性的で自己主張的な要素
アニムス	すべての男性の無意識にある女性的で受動的な要素
マンダラ	ふつうは円形であり，自己を象徴し，四つに分割されたデザインを含んでいる

表 9.4　世界を経験するユングの四つの方法

経験の仕方	特　徴
感　覚	感覚システムを通して知る
直　観	感覚的な入力の背後にあるものについてすばやく推測する
感　情	美醜や快不快の情動的側面に焦点をあてる
思　考	抽象思考や推論を用いる

加えて，ユングは外向 - 内向に関心をもっていた。四つの経験の方法と同様に，ユングにとって外向 - 内向も分割されている。一方は意識生活において優勢であり，他方はパーソナリティの無意識の側に影響を与える。

ユングは，心的エネルギーの概念を拡張した。フロイト理論の性的本能を排除するのではなく，性的本能を多くの本能のうちの一つにすぎないと考えたのである。私たちが人を過去だけでなく，目的や目標の努力の観点から理解するように，ユングにとって行動の意味は，その目的の産物や最終的な効果によって，完全に理解できるようになるのである。

フロイト同様，ユングも象徴的意味を強調した。例えば，「異常行動」は無意識の表れであると信じていた。ユングはまた，異常行動は無意識の内容が表に表れる一つの方法であると考えた。さらに，それらは夢にも表れると考えていた。しかし，ユングはフロイトと異なり，彼自身が非常に興味をもった無意識の表現としての夢にますます魅了されていった。このことは，心から生じる言葉を何でも言うこと，すなわち，「自由連想」の使用において対照的である（7章を参照）。「私はフロイトが最初に採用した自由連想に，ますます同意できなくなってきた。私は夢自体に対して，できるだけ近づき，関連のない想念やそれが呼び起こす連想を除外したい」とユングは述べている（Jung, 1964, p. 28）。

同様の方向性において，ユングは無意識それ自体に興味をもっていた。彼は無意識を単なる本能の源泉として考えていなかった。彼にとって無意識は，すべての人の生活のきわめて重要で豊かな部分であり，意識される世界よりも重要で，夢を通して伝達される象徴に満ちているのである。ユングの心理学の焦点は，個人的無意識と集合的無意識の双方の関係の研究になった。ユングの方法は，個人に自身の夢を受容できるようになることや，無意識が人生や生活の方法のための道しるべとして役立つようにさせることを教えることであった。

ユングのパーソナリティ概念は複雑であり，一貫した理論というよりも興味深い観察の集合であった。ユングは単一体や統一体へと積極的に努力する「自己」を概念化した最初の一人でもある。ユングは自己を全体性への努力と考え，多くの方法において表現された元型とみなしている。全体性への努力の表現は，マンダラ（図9.2に示されている魔法円の元型）や，さまざまな宗教的で超自然的な経験を含んでいる。ユングは原始社会や錬金術，神話，夢，象徴におけるこれらの経験の研究に人生の大半を費やした。

統一性や全体性を達成するため，個人は個人無意識や集合的無意識において役立てられる英知に気づき，調和して生きていくことを学ばなければならないのである。彼の発想は，多くの心理学者を魅了し続け，「フェミニスト意識」（Lyons, 1997）から，癒しにおける魂の役割まで，さまざまなトピックで応用されるようになっている

図9.2　マンダラの例

(Molina, 1996)。そして彼の理論は，多くの心理学者が好む方法で研究することは困難であったが，ユング学派の枠組みで訓練された精神分析家やユングの観念を学ぶことから恩恵を受けたと感じる個人のみならず，何人もの芸術家が主要な影響を受けたとして，ユングを引用している。

■ アルフレッド・アドラー

　アルフレッド・アドラー（Alfred Adler）は，フロイトと同じオーストリアに，フロイトの14年後の1870年に生まれた。彼は1895年に医師の資格を取得し，短い間，眼科医として従事した後，精神医学を学び，19世紀から20世紀の変わり目に，ウィーンのフロイトの研究サークルに参加していた。独立的で反抗的であったアドラーは，10年後にフロイトと決別し，自身の精神分析的な運動を始め，最終的には「個人心理学会」（the Society for Individual Psychology）の創設者の一人となった。

　アドラーの貢献は皮肉な運命をたどった。彼が述べたことの多くは広く受け入れられ，まことしやかであったため，日常的な思想や言葉，すなわち私たちが心理学につ

いて直感的にもつふつうの知恵になってしまったのである。彼の概念のいくつかは，とてもありふれたものであったので，陳腐な決まり文句になってしまう危険さえあった。アドラーの理論はあまりに人気があったため，彼独自のものとみなされることが少なかったのだが，パーソナリティについての現代の思考においても重要な影響を残しているのである。

　あらゆるパーソナリティ理論は，それをつくった理論家のパーソナリティをとらえているということがしばしばいわれる。アドラー自身の児童期は，持病と5人のきょうだいとの敵意的な関係によって特徴づけられる。興味深いことに，これらのテーマ，つまり身体的ひ弱さあるいは器質性劣等感ときょうだい間の対抗意識は，彼の理論の中心的概念となっている。アドラーの理論は，幼児期の深い「無力感」，すなわち幼児の生物学的な器官劣等や虚弱というような脆弱な状態の認識から出発するのである。この生物学的脆弱性は，アドラーの理論において大人になっても持続する，中心的な重要性をもつ心理状態である劣等感の根源になるのである。

　この劣等感を克服するための奮闘努力は，生涯にわたる補償的努力の基礎となる動機づけを与える。人は人生行路を通して，完全や優越へ向けた努力によって，知覚された短所を補おうとする。人が劣等感の避けられない状態に対して採用する態度，すなわち知覚された短所を長所にする勇気ある態度が，欠点自体よりも，アドラーにとって最も重要なのである。私たちはみな生物学的な欠点を克服する個人の勝利の劇的な例を知っている。デモステネスは，偉大な雄弁家として名声を得た古代ギリシャ人であるが，幼児吃音を克服した。同様に，身体の欠点や病気への心配を補う長い努力の後，オリンピックに到達した運動選手は少なくない。この代償的動機づけは，フロイト理論における動因として特徴づけられた生得的な性的で攻撃的なイドの衝動と対照的である。補償的動機づけは，動機づけの社会心理学的観点に立っている。補償的動機づけは，生物学的な欠点についての人の感情に起因しているが，その起源を越えていくものである。補償のための努力は，勇気をもって追い求めるときに建設的で健康的な結果をもたらすのである。しかし，もし補償の努力が失敗したならば，劣等コンプレックスを発達させる。認知された劣等感について，極端に不適切な感情を人がもち続け，それを越えていくような成長を失敗させるのである。

　アドラーはまた，文化の影響や社会的，対人的状況に敏感な彼の理論の別の部分において，より社会的志向性を示している。彼は家族内のきょうだい間の競争を，発達の重要な側面としてみなしている。このように，フロイトにとって中心的な母-父-子のエディプス・トライアングルでとらえられた以上に，重要な関係や葛藤のための文脈として，家族をみなしているのである。事実，アドラーの理論は，パーソナリティ発達の決定因として，環境の力と社会的世界に焦点をあてているので，乳幼児の衝動や遺伝的原因への関心からの重大な決別として注目すべきである。個人は一貫性や

統合性をもって機能するが，生活の様式から形成されるそのパターンは修正される。それは，人が努力を向ける目標を変えるときに起こるのである。

　完全への努力は，アドラーにとって大きな役割を果たすが，それは個人の社会的感情や社会的興味へのアドラーの関心と対応するものである。このパーソナリティ発達のポジティブで適応的な側面への焦点は，アドラー学派の二つの別の概念，勇気と常識にみられる。社会的感情，勇気，常識はうまく機能し，健康的な人を表す性格の集合を構成するのである。

　こうした健康的な人々は，避けられない無力感や劣等感を含む人生と生活の現実に対し，信頼と建設的な努力によって，過度の恐怖をもたず，非現実的な空想ももたずに対処する。対照的に，不健康なパーソナリティは，適切な努力を捨て，壮大な空想に引きこもることによって現実の困難に直面することを避けるのである。こうした空想は，現実とのギャップを広げ，失敗に対して非現実的な回避を引き起こすなら，不適応的である。

　社会感情，勇気，常識のポジティブな性質は，発達の道程において妨害され，挫折しなければ，すべての人は自発的にこれらをもつことが可能であるように，自然な状態である。例えば，過度に甘やかされた子どもは，極端に要求ばかりすることによって特徴づけられる生活の様式を発達させるかもしれない。一方，ひどく拒否された子どもは，世界を危険で敵意的なものとみなして生活するかもしれないのである。

　この種の悪影響を克服する援助として，アドラー学派の心理療法家のアプローチは，患者がより現実的で効果的に生活に直面できるように激励し，共感的理解を行うのである。この支持的雰囲気の中で，患者は，常識，勇気，社会的感情をもって生活に直面し始めるため，空想的な優越感への「誤った」努力を捨て，現実から逃避することをやめることができるのである。

■ エリック・フロム

　エリック・フロム（Erich Fromm, 1941, 1947）は，パーソナリティの発達と表出における社会の重要な役割を説明するために，フロイト学派の概念の拡張をさらに推し進めた。人は社会システムや他者と関係しているのか，あるいは関係していないのかをどのように理解するのかにフロイトの考え方を関連づけたということで，その時点で，これは大きな一歩であった。

　フロムにとって，人々は第一に他者との関係によって理解されるべき社会的存在である。フロムによれば，個人心理学は基本的に社会心理学なのである。人々は可能性を成長させ，発達させ，実現させる傾向のような心理的性質をもっている。これらの基本的傾向は，人々を自由や正義のために努力するように導くのである。このように，人間の性質の中に，社会的過程に影響を与える力があるのである。

フロムの性格特性の説明は，フロイトの生物学的志向性とフロムの社会的志向性の差異を例証している。フロムは，性心理的発達のそれぞれの段階での快感への固着が，後の性格特性の原因となるというフロイトの理論を批判している。フロムによれば，パーソナリティや性格は社会的，対人的過程に重要な影響を受けるのであり，性格特性は他者との経験から発達する。性心理的な問題は，社会的に条件づけられた世界への態度の身体的表現なのである。フロイトによれば，文化は本能的動因を抑圧するための社会的努力の結果である。一方，フロムにとっての文化は，所与の社会の構造や価値，実質によって形成されたものである。フロイトと異なる別の主要な点は，真実や正義，自由のような理想は，単に生物学的動機の合理化でなく，本物の努力であるというフロムの信念にある。フロイトの心理学は，緊張の減少によって快楽を定義する本能的動因の心理学である。それに対しフロムの心理学は，フロイトの影響を受けてはいるが，フロイトが考えた人間状況の観点に，より肯定的な面を加え，人間の性質の基本的側面として，愛する傾向や能力，自由への欲望のような望ましい属性に焦点をあてている。

9.2　エリック・エリクソンのパーソナリティ発達の心理社会的理論

　エリック・ハンブルガー・エリクソン（Erik Homburger Erikson）は，1902年にドイツのフランクフルトで生まれ，20世紀で最も影響力のある自我心理学者になった。彼の業績は，パーソナリティ発達の概念を変え，「私はどんな人間なのか」「私はどんな人間になりたいのか」「私はどんな人間になることができるのか」「私の本当のアイデンティティは何なのか」というような質問に答えることに奮闘しているすべての個人の関心に対し，雄弁に答えたことである。彼は人生の初期に，答えるのが困難だけれども人を引きつけるこれらの問題を見つけた。伝記作家（Friedman, 1999）によると，エリクソンはドイツで育ったが，実の両親はデンマーク人であった。父親は彼が生まれる前に家族を捨て，母親はユダヤ人の小児科医と再婚したのである。エリックは背の高い，青い目をしたスカンジナビア人であったが，ドイツでユダヤ人として育ったため，ユダヤ人の仲間やユダヤ人でない仲間のどちらにも受容されていないと感じるジレンマに直面した。このような状況で彼は，自身を「部外者」とみなした。そのことでアイデンティティ＝自我同一性の問題に関心をもち続けたことから，研究の種がまかれ，アイデンティティは最終的に彼の研究の焦点となったのである。

　20代前半，エリクソンは短い間，ヨーロッパで美術を学んでいたが，強い不安と働くことを困難にさせるパニック発作を経験した。1927年にウィーンに移り，そこの小さな学校で教師をし，アンナ・フロイトを含むウィーンの多くの精神分析家たちと出会った。アンナ・フロイトはエリクソンの個人的な分析家となり，やがて彼は精

神分析を学ぶようになった。1933年にヒトラーがナチス・ドイツにおいて権力を掌握したため，エリクソンは米国へ移住した。米国では，子どもたちへの独自の斬新な精神分析を長期間実践し，パーソナリティ発達とその道程におけるアイデンティティの探索に関する有名な思考だけでなく，臨床的な実践と理論両方に重要な影響を及ぼす一連の著書と論文を執筆した。エリクソンの貢献は，フロイトの研究と理論に深く根ざしているが，注目に値するのは，それを拡張し，現代風にし，「自我と社会の関係」(Erikson, 1963, p. 16) の精神分析的検討を行ったことである。

■ 心理社会的発達段階

フロイト同様，エリクソン (Erikson, 1950, 1963) も発達段階に関心をもち，特に人間の生涯全体に広げた八つの心理社会的発達段階を提案した。フロイトの段階は性心理的発達に対応しており，思春期直後に発達は終わってしまうが，エリクソンにとっては，新フロイト学派が本能的動因だけではなく，広く対人的，社会的，文化的影響を強調していることと一致して，発達は対人的な適応における一生の過程なのである。このようにエリクソンにとっての発達は，性心理的，生物学的レベルだけでなく，自我の発達や家族や社会との対人関係のレベルも役割を果たす過程なのである。

[信頼 対 不信]

各発達段階には特有の心理社会的危機があり，個人が取り組まなければならない中心的問題をいずれにしても暗黙のうちに引き起こすのである（表9.5参照）。例えば，人生の最初の段階，誕生後1年間の「口唇‐感覚期」では，危機は信頼対不信にかかわる。この段階において，子どもと母親との関係から「受けとる」「与える」ことについての基本的な態度を形成する。ここでの基本的問題は，非言語的だが経験的なものであり，子どもは「私は愛されているのか」「私はよいのか」「他の人は好意的なのか」という問題に直面するのである。もしその危機が適切に解決されるならば，この段階での経験は，後の信頼，やる気，希望の基盤となる。解決されないと自分が悪いという感覚，悲観主義，自己不信を含む不信感を発達させるのである。

[自律性 対 恥と疑惑]

フロイトの肛門期に類似した児童期初期にある2番目の段階では，自律性対恥と疑惑に直面する。そこでの暗黙の問題は，「私は自分の世界を統制する力をもっているのか」「私は能力があるのか」などである。2～3歳で直面するこの課題は，習熟や自律性や自由を得るために努力し，その一方で恥や屈辱を避けることであり，小さな子どもにとって，大きな世界でこの両方を満足させることは容易ではない。エリクソンの理論では，例えばトイレット・トレーニングにおける奮闘努力は，リビドーの表出の修正ではなく，屈辱を受けずに習熟や独立を獲得することである。子どもがトイレに関する自己の統制を獲得したとき，統制と習熟の感覚が増すことになる。そして，

表 9.5 エリクソンの心理社会的発達段階

段階と年齢	心理社会的危機	最適な結果
Ⅰ 口唇 - 感覚期 （生後1年）	信頼 対 不信	基本的信頼と楽観主義
Ⅱ 筋肉 - 肛門期 （生後2年）	自律 対 恥	自身や環境を統制する感覚
Ⅲ 移動 - 性器期 （生後3年から5年）	自主性 対 罪悪感	目標指向性と目的
Ⅳ 潜在期 （生後6年から思春期の開始まで）	勤勉性 対 劣等感	有能性
Ⅴ 思春期と青年期	同一性 対 役割の拡散	過去と現在と未来の目標の再統合，忠誠
Ⅵ 成人期初期	親密 対 孤立	コミットメント，共有，親密，愛
Ⅶ 成人期	世代性 対 自己没頭	生産性と世界と次世代への関心
Ⅷ 老年期	統合 対 絶望	展望，過去の生活への満足，英知

［出典：Erikson（1963）］

その努力はトイレを越えて，環境の対象だけではなく，大人や仲間との社会的相互作用にまで拡張される。この相互作用が効果的ならば，有能性や自律性の感覚が増し，願望と効力感のための土台が形づくられるのである。対照的に，子どもの初期の努力が嘲笑や厳しい叱責を受けたとき，恥の自己意識や厳格な防衛だけではなく，不安や自信喪失が増す。世話をする人にとっても子どもにとっても，この課題は規律と自由の分別あるバランスを達成し，自律性の感覚を高める一方，責任に対して敏感になり，自己を制約するものや状況的な限界を知ることが必要になるものでもある。

[自主性 対 罪悪感]

さまざまな段階が互いに融合していき，4歳児は主導権をとろうとし，世界によってつくられるのではなく，自分の世界をつくろうと試みるようになり，関心は自律性から力へと移るのである。ここでの最適な結果は，行為をとる際の目標指向性と目的の感覚を得ることであり，子どもが暗黙のうちに「どのように自分は力強くなることができるのか」と尋ねるように，危機は自主性対罪悪感になる。就学前の年齢では，この問題が支配的になる。自主性と罪悪感の間の葛藤において両方を満足させようとすることは困難である。他の子どものおもちゃを壊すことやレストランで隣のテーブルを台なしにすることの主導権をとる4歳児は，力の探求を適切な社会的制約で抑える必要があるかもしれない。うまくいったなら，この段階における最適な結果は，罰の恐怖や罪悪感によって過度に抑制されず，勇気をもって子どもが大事な目標を追求することを許容するような目的と目標指向性の感覚を発達させることになる。

[勤勉性 対 劣等感]

4番目の段階において（表9.5を参照），子どもが小学校に行き始めると，心理社会的危機は勤勉性対劣等感の葛藤になる。勤勉性－劣等感の「勤勉性」という用語は，習得しなければならない成人の手段や対象の内容の広い範囲をカバーしており，子どもの課題における成績は，いまや教師，両親，仲間，自己によって判断，評価されるのである。大人の世界での生産に参加するのに必要な学業や技術的なことから道徳的，倫理的なことの範囲まで，ある文化で必要とされる基本的なスキルだけでなく，新しい社会的ルールを学ぶことも子どもに期待されるため，この段階の課題は多くの水準において行動に表れる。この段階では，子どもの暗黙の問題は「自分は有効か」「自分は有能か」である。適応的にこの段階を乗り越えるためには，子どもは有効であると感じ，他者が評価する基準にあうようなやり方で課題を習得することができる感覚を発達させ，また一方，課題遂行を損なう劣等感を避ける感覚を発達させることが必要となる。この段階での葛藤を効果的に処理することは，この段階での不適応を特徴づける自分が不十分で無能であるという感覚と対照的に，エリクソンが有能性とよぶ個人的性質の発達を促すのである。

[思春期と同一性 対 役割拡散の葛藤]

思春期の生物学的変化とともに，この年齢の若者たちは大人の世界で獲得される同一性（アイデンティティ）と役割の大きな問題に直面する。この時点で，自分がどんな人間なのか，何になりたいのかを理解する必要がある。エリクソンのモデルでは，この重要な段階での課題や危機は同一性対役割拡散の葛藤である。その葛藤の中心において，「自分がどんな人間なのか」という問いに言語だけでなく，感情や社会的役割，行動のレベルで答える必要がある。このときの若者のジレンマはしばしば，利用可能な役割がないことを経験する同一性の感覚の混乱や変化と一致している。

エリクソンによれば，この困難で混乱した段階を適応的に進んでいくには，私的な自己についての個人の自己概念と，時には自分と敵対しているとさえ思える家族を含む社会的世界の期待と概念を統合する必要がある。この同一性の感覚は，人生と生活の中で，重要な他者が期待するその人の自己について，そして自己の意識について，どのように本人がみるようになったのかを統合することに関係している。エリクソンは，すべての若者は自ら，統合と目的の重要な感覚を自分に与える中心的な観点を生みださなければならないと信じていた。この観点は，児童期から残ったものと成人期の期待と希望を統合するものである（Erikison, 1968）。自己概念と社会概念を首尾一貫して統合させる自我同一性を達成するには，社会から疎外されるのではなく社会と結合した同一性が，エリクソンの理論では，すべての人が直面する主要な人生・生活課題である。対照的に，適切な同一性を形成することでの失敗は，役割の不快さや不自然さの感覚，確固たる基準のなさという結果を招く。

自我あるいは自己同一性のために求められる統合についてエリクソンは次のように述べている。

「自我同一性の統合は，児童期における同化の総和以上のものである。それは，すべての同化とリビドーの変化や，資質から発達する適性や社会的役割において提供される機会とを統合する自我の能力から生じてくる経験である。」
（Erikson, 1963, p. 261）

エリクソンの発達の視点における仮説については以下のように述べられている。

「①人間のパーソナリティは原則として，拡大する社会的範囲へ駆動され，意識し，相互作用する，成長するその本人の準備性で前もって方向づけられた段階に従って発達する。そして，②原則として，社会は相互作用の可能性が連続して起こるように誘導し対応して，それが展開する適切な速さや正しい順序を守り，支援するように構成される傾向がある。」
（Erikson, 1963, p. 270）

[親密 対 孤立]

成人期初期の段階での葛藤は親密対孤立である。個人は発達する関係の親密さや経験する孤立において異なる。この段階での適応は，仕事上の相互関係やつながりだけでなく，家族，友人，重要な他者との感情や思考の共有も促進する。また，ゆっくりと時間をかけて強化される連続性の感覚や，人生や生活がもたらす成功と失望の両方を受容することを向上させる。そして，エリクソンの観点では，この段階の心理社会的危機を乗り越えることの極端な失敗は他者からの孤立，生活経験をつまらない日常として体験すること，過去の失望と将来の空虚さ，死への焦点化に特徴づけられる。

[世代性 対 自己没頭と停滞]

やがて成人期初期は成人期になり，次第に成人期後期になっていく。成熟した大人は世代性対自己没頭と停滞の危機に直面する。その肯定的な解決は，依然として仕事や関係に没頭し，生産的で元気なままであることによって特徴づけられ，だんだん世界や未来の世代と関係してくるのである。この建設的な適応のパターンは，仕事や他者への関心の欠如と広い世界と人間の未来との切断と，明暗を分けるのである。

[統合 対 絶望]

人生の後半でキーとなる葛藤は統合対絶望である。その課題は，人生の意味と秩序を見つけ，構築すること，人生を満足したものとする視点や英知を得ることである。その肯定的な結果は，苦痛で満たされ，死の恐怖におびえ，絶望と意味のない感情に屈服するのではなく，人生の全体と満足を感じることである。

エリクソンによるパーソナリティ発達についての考えは，それが形成された何十年後でも広く人を魅了し続けているという事実において，私たちの文化の大部分で多くの人々にとって，重要なままの問題であることを示唆している。例えば，思春期の「同一性の危機」に関する彼の思考は，依然として広く議論されている。たしかに，

同一性の危機という用語は，実証的研究の継続したトピック（例：Berzonsky & Neimeyer, 1994; Marcia, 1966, 1980）だけでなく，日常的な会話の一部になったのである。

■ エリクソンの貢献

　発達段階についてのエリクソンの考えは，人生の局面とそこで生みだされる葛藤や課題の一般的な記述や，こうした葛藤がどのように管理され対応されるかにおける個人差の描写にとどまらない貢献をした。彼の業績は，①人間の発達の本能的で生物学的な性心理的性質ではなく，心理社会的性質に注意を促す一方で，②発達的変化とパーソナリティの変化は人間の生涯の全体にわたって展開され，③発達は，個人の過去だけでなく未来を予期し，表象する方法に反映されることを明らかにした。これらのテーマは，エリクソンが提案した何十年後でも繰り返され，拡張されている。そして，人間の生涯を通した発達の道程での変化を検証する実証的研究が行われることにより，さらに深まりをみせている（例：Baltes, Staudinger, & Lindenberger, 1999; Kagan, 2006）。

　おそらく最も重要なことは，エリクソンが，いくつかの重要な点において，人間の性質についてのフロイト学派の観点に影響を与え，現代風にした精神分析家であったことである。エリクソンは，無意識と人間の性質の影の部分の重要性を十分理解していたが，人間がおかれた状況についての彼の観点はより楽観的であったのである。人生初期の経験やイドの無意識の衝動に追いこまれるという，個人に対するフロイトの悲劇的な観点と異なり，エリクソンの発達や決定論に対する観点は，個人を人生初期の出来事の不可避の犠牲者とみなさない。フロイトにとって，初期の決定因は個人を人生へと駆り立て続ける。それに比べ，エリクソンにとって，過去の再統合は現在において可能であり，未来についてどのように考えるかによって，先に進むことが可能になるのである。エリクソンは，児童期初期が成人期に影響するのではなく，私たちが成人として何をし，何を考えるか，すなわち成人のパーソナリティの構造はどのように児童期を解釈し，経験するかによって変化すると信じている。この場合，私たちは児童期初期の経験を心的に再考でき，部分的に改定することが可能であり，どのように未来を予期するかによって，積極的に未来に影響を及ぼすことも可能である。こうした考えは，精神力動的レベルで発達したものであるが，この後の章でみられるように，現象学的・人間性レベルでの研究に反響を引き起こし，そこで拡大されていったのである。そしてまた，次に論じられるように，対象関係論と自己への焦点化の発達への橋渡しを形成することになった。

9.3 対象関係論と自己

　エリクソンの貢献が例証したように，何十年にわたって，精神力動論とその実践は，特に重要な転換を経験してきた。本質的には精神分析の枠組みのままであった心理学者も多くいたが，フロイトに関係する弟子の多くは枠組みを乗り越えて進んでいき，この変化は特に学問的な心理学の研究者に多かったのである。これらの革新論者は，パーソナリティや精神的健康の起源に問題のある人々を救う方法についての考え方をさらに変化させていった。

　このアプローチの基本的な志向性は，この分野の統合的な展望論文によって，明らかにされている（Cashdan, 1988; Greenberg & Mitchell, 1983）。ここでの変化には，さまざまなバリエーションが存在する。そのリーダーには英国における初期の革新論者であったメラニー・クライン（Melanie Klein），より最近では，米国のオットー・カーンバーグ（Otto Kernberg, 1976, 1984）やハインツ・コフート（Heinz Kohut, 1971, 1977）などの精神分析学者が含まれる。この節では，この運動を特徴づけるような共通したテーマの変化を強調したい。

　このアプローチは対象関係論あるいは対象関係療法とよばれるが（Cashdan, 1988），まず注意すべき点は，この理論の用語となっている「対象」は，別の人間を意味しているということである。「対象」という用語は，古典的な精神分析からの過去の遺物であり，実質的に「重要な他者」という用語を代わりに用いることができる。古典的精神分析から対象関係論への重要な変化は，古典的精神分析が本能的動因に焦点をあてていたのに対し，対象関係論は重要な他者との関係，つまり対象関係に注目しているという点である。

　成長しつつある子どもにとって最も重要な対象は，驚くことではないが一般に母親である。小さな子どもと母親の関係において，関係的自己すなわち重要な他者との関係に密接に結びついた自己が生じ，表れ始める。自己は始めから関係的，あるいは対人関係的な用語で定義されていることに注目すべきである。

■「善悪の分割」

　精神力動論の範囲内で，母子関係に深く注目した最初の一人はメラニー・クラインである。彼女はフロイトと同時代の英国の精神分析学者であった。クラインの研究から主張されるテーマは，幼い子どもは世界を善悪に分割する傾向があるという彼女の臨床的な観察である。クラインは，人生を通して中核となる葛藤を，肯定的な愛の感情と否定的な憎しみの感情との争いとみなした。葛藤において，人は世界を好意のある要素と悪意のある要素に「分割」する傾向があるという彼女の洞察は，パーソナリティ構造や発達について，現在の関係論に統合されていった。

クラインは，よい母・悪い母という，葛藤を起こしている母親についての子どもの表象において，栄養を与えるよい乳房と乳の出ない悪い乳房について述べている。この考えは，「善」と「悪」の自己表象や，自己と他者の内的表象についてのさまざまな現代の精神力動的思想に残っている。それは，幼児期からずっと，善-悪，満足-不充足の用語で経験や対象すなわち人を「分割」ないしは別々にして（Cashdan, 1988），まとまりのある全体への統合より，むしろバラバラにしてしまう傾向があるという信念の一部である。これらの分割が深刻になったとき，心理療法は，再統合できるように支援しなければならない。

■ 自己の発達

　簡潔にいうと発達は，新生児が善の感情すなわち満足と，悪の感情すなわち緊張を分割して経験する世界に出発する過程とみなされる。この初期の世界では，母親を含む他者は子どもにとって未分化である。善-悪，肯定的-否定的の用語で経験と人々つまり対象は情動的に分類され，これは後の人生においても継続する。

　最も重要な対象である母親は，子どもによってすぐにイメージとして内的に表象され始める。認知発達と言語能力の成長につれて，子どもは母親のイメージだけでなく，内的対話の形態で母親との会話も内化することができるようになる。こうした初期の会話には，聞きとれるものもある。子どもが自らの遂行をほめたり，叱ったりするように，「よい子」や「ダメ，ダメ」というのを声に出し，自分と会話しているのを聞いたことがあるだろう。この内的対話は，特に自己制御の発達におけるトイレット・トレーニングや別の初期の練習の間に明白である。

　そのうち，母親のイメージや会話の内化は，自己の発達の基礎となる。例えば，子どもの会話における「私」の使用の増加において，この発達をみることができる。子どもの発話は「ジェーンはアイスクリームがほしい」から「私」はそれがほしい，「私」はそれを食べたい，「私」が悪いという代名詞へと変化するのである。

　このような概念化において，情動的な分類は自己の発達の側面として継続する。「初期における母親の分割が母親の存在の分割を生みだすように，内的な母親の存在の分割が，自己の分割を生みだすのである」（Cashdan, 1988, p. 48）。そのうちに，個人は自分自身を，初期の善-悪の分類の情動的経験によって，よいものか悪いものか決めるようになる。最終的に表れる自己評価の感覚は，人が自分自身をどのように感じているかを特徴づける。それは初期経験の結果であり，人間の生涯において後に経験されることの決定因でもある。

　分割の過程は継続し，多くの同一性の分割が起こる。そこでは性的な同一性，職業人としての同一性，親としての同一性などのような重要なカテゴリーが生みだされる。それぞれ情動的によい-悪いという言葉で特徴づけられるのである。善-悪に関する

関心が続くことによって表される情動的分割は決して終わらない。それが不均衡に傾いたとき、関係をだめにし続け、適応的ではなくなる。そして、治療の過程は不均衡をもとどおりにし、内的葛藤を認識して克服し、自己のイメージをより統合し、肯定的に発達させるための方法としてみなされるのである。

9.4 愛着——対象関係の根本

　フロイトと同様、対象関係論の理論家たちは、人生初期の重要性に焦点をあてている。しかし、生後数年の間に本能的動因がどのように表現され、管理されるのかというフロイトの強調点とは異なり、対象関係論の理論家たちは、養育者、たいていは母親との間で発達する関係の種類を強調する。この初期の関係は、後の関係の知覚や経験のための基本的枠組みとなるのである。この発達の過程の詳細は、児童心理学者による研究の関心の増大に対応している。母親と子どもの初期のアタッチメント＝愛着関係の質や種類を研究しており（Ainsworth, Blehar, Waters, & Wall, 1978）、こうした初期の関係が後の発達とどのように結びつくのかを調べている（Sroufe & Fleeson, 1986）。こうした研究の多くは、英国の心理学者ジョン・ボウルビイ（John Bowlby）によって提案された愛着理論に影響を受けている。

■ 愛着理論

　ボウルビイは、3歳児に心理療法を行っていた。それは半世紀前のことであり、精神分析学者のメラニー・クラインによる臨床指導を受けていたが、クラインはボウルビイがその子どもの母親と会うことを許可しなかった。非科学的な精神分析の理論の性質だけでなく、この経験によってボウルビイは失望し、いまや有名な愛着理論＝アタッチメントの理論を展開したのである（Holmes, 1993）。この理論は、対象関係論と同様に、小さな子どもと中心的養育者つまり母親、あるいは子どもにとっての人生初期の主たる養育者が誰であっても、その関係に中心的な段階を考えている（Bowlby, 1982）。ボウルビイにとって主要な養育者の心理的特徴は非常に重要であり、子どもと主要な養育者との関係の経験を強調したのである。

　ボウルビイによると、この関係における経験に基づいて、子どもは内的ワーキング・モデルを発達させる。内的ワーキング・モデルは、他者、自己あるいは後の経験や行動に影響を与える関係性の心的表象である。自身の環境における重要な他者との肯定的で満足のいく経験をもつ子どもは、他者を応答的で与えてくれるものとして、自己を有能で愛情に値するものとして、他者の内的ワーキング・モデルを発達させるだろう。苦痛で満足のいかない経験をもつ子どもは、問題のある関係を反映した内的ワーキング・モデルをつくりあげてしまうのである。愛着理論における基本的なメッ

セージは，子どもや子どもの要求に応答的な養育者は，子どもの生活の中で見捨てられる恐怖がなく，信頼をもって世界を探索し始めることができるように，子どもが信頼できる安らぎを与えてくれる安全な場所すなわち安全な基地を与えるというものである。この理論では，主要な養育者のような愛着の対象は，「安全な場所」として機能する。

ボウルビイは，一つには主要な養育者や愛着の対象から分離されたとき，子どもが経験する強い苦痛の反応を理解したいという理由で理論を展開した。分離された子どもが，目に見えて苦しみ，例えば泣いてしがみつくなど，分離を回避するために人を探し，近接を回復しようとすることに注目した。愛着行動は，目に見える苦痛，近接の維持のための抗議などで，幼児が生き残り，いずれ子孫を残す可能性を増すことから，進化的観点から適応的な方略であると，ボウルビイは推論している。こうした愛着行動は，人間だけではなく，幼いころに長い依存の時期をもつ哺乳類においても明らかであるとボウルビイは認識していた。そのため，愛着行動システムは愛着の対象との近接を維持するために進化し，そして生存と子孫づくりの成功を促進したのだと愛着理論は提案している。

■ 初期の愛着関係──安定／不安定型の愛着パターン

メアリー・エインズワース（Mary Ainsworth, 1989）は，小さな子どもの幼児－親の愛着パターンを検討するために「ストレンジ・シチュエーション法」という研究方法を開発した（例：Ainsworth et al., 1978; Stayton & Ainsworth, 1973）。ストレンジ・シチュエーション法は，小さな子どもと主要な養育者との関係における個人差を測定する。

この状況において，子ども（約18か月）は，主要な養育者であることが想定される母親と，知らない他人とともに，初めてのプレイルームへ連れていかれる。そして，子どもは，母親がいて子どもとかかわっている状態から，母親がいて夢中になっている状態や，母親がいなくなる状態など，さまざまなレベルの母親の接近可能性を体験する。子どもはストレンジ・シチュエーションの間に母親から二度分離される。一度は知らない他人と一緒に残され，もう一度は一人きりにされ，ストレスが高い状況がつくりだされる。そして，短い分離の後，母親が戻ってくるのである。

三つの主要な行動のパターンがこの状況において見いだされる。再会時だけでなく，実験の間中，母親を避ける子どもは不安定‐回避型，A型の子どもとみなされる。再会時に母親を肯定的に出迎えることができ，その後，楽しんでいた遊びに戻り，手続きの間中，母親と望ましい相互作用を行う子どももいる。こうした子どもは安定型，B型の子どもといわれる。再会時に接触を求めるが怒りも表し，再会後になかなか機嫌がよくならない子どもは不安定‐両価型，C型の子どもに分類される。

注目すべきは，安定型の子どもも不安定型-両価型の子どももどちらも，母親が出ていったときに泣くのである。しかし，このモデルによると異なった理由で泣いている。安定型の子どもが泣くのは抗議反応の一部であり，母親が戻ってくるのに有益な行動であるために泣くのである。両価型の子どもは，母親が出ていったため，怒りや絶望から泣くのである。大きな違いは安定型の子どもは，母親が戻るとすぐに快感情を示し，母親のいる前ですぐに環境の探索に戻ることである。両価型の子どもは，母親の存在によって快感情を示すことはなく，母親にしがみつき，泣き続ける。母親への接近可能性に自信がもてないため，遊びや探索に戻れないのである。異なるタイプの子どもでは母親の反応の異なるパターンを経験していることが，家を訪ねてみると明らかになる。例えば，安定型と評定された子どもの母親は，子どもに対して最も応答的である。抵抗的な子どもの母親は応答性において一貫していない。回避型の子どもの母親の応答性は文脈によって変化する。接触や快感情を得ようとすることに対して応答的ではないが，子どもの遊びに対し統制的で，邪魔するのである。

安定型の子どもは，幼稚園児には手に負えない課題に直面したときも，自信があり，柔軟に体系づける可能性が高い（Arend et al., 1979）。また，安定型の6歳児は母親が一時的にいない状態に対して対処する適応的な方略を生みだすことが可能である（Main, Kaplan, & Cassidy, 1985）。加えて，母親と安定した関係をもつ5歳児は仲間との否定的な相互作用を行わない可能性が高い（Youngblade & Belsky, 1992）。同様に，生後18か月でストレンジ・シチュエーションにおいて母親との分離に効果的に対処できる子ども，例えば，その環境において苦痛を減らすために気を紛らし，おもちゃを探索する子どもは，後の児童期において価値はあってもすぐには得ることができない報酬のために，欲求充足を延ばそうとするときの，フラストレーションに効果的に対処できる可能性が高いのである（Sethi, Mischel, Aber, Shoda, & Rodriguez, 2000）。

■ 成人の関係における愛着

小さな子どもの愛着行動の検討に加えて，愛着理論は，フォーカス9.3で論じられているように，成人の愛着関係の研究に応用されてきた。

成人の愛着様式つまりアタッチメントのスタイルの研究は，一般に調査協力者を自己評定に基づき，安定型，回避型，両価型の三つのカテゴリーのどれか一つに分類する。調査協力者はまた，家族における児童期の経験や過去や現在の恋愛関係の歴史や満足度について尋ねられる。研究では，自己報告の愛着様式と関係についての調査協力者の報告を結びつけようとするのである。表9.6は得られた関係の種類の例をあげている。

表が示しているように，関係について自身を安定しているとみている成人は幸せで，子どものときの家族や過去や現在の恋愛の相手との関係を含む，肯定的な関係の歴史

フォーカス 9.3

親密な成人の関係における安定型－不安定型愛着と知覚されたソーシャル・サポート

　仕事から家に帰り，ジェーンは夫に，職場で不愉快なことがあったと話す。夫は「心配しなくていい。その状況ではきっとベストだったと思うよ」と言う。ジェーンはこの言葉を支持的であると思うだろうか。あるいは，冷淡な夫の証拠だと思うだろうか。利用可能なサポートの知覚，つまり自分が愛され価値があるという個人の知覚は，その人の健康や幸福と強く関連している。この知覚は何に左右されるのだろうか。愛着理論によると，その人のワーキング・モデルが特に重要な決定因である。この理論によれば，ワーキング・モデルは，ストレスが高い出来事によって自動的に作動する。ワーキング・モデルは，重要な他者との相互作用を個人がどのように評価し，経験するかのフィルターあるいは「ふるい・選抜器」である（例：Collins & Feeney, 2000; Pierce, Baldwin, & Lydon, 1997）。

　二つの実験研究によって，愛着のワーキング・モデルが，成人の親密な関係におけるソーシャル・サポートの知覚と関連するかどうかが探索的に研究された。これらの研究では，研究者は実験室で高いストレスを与える課題をつくりだした。実験協力者が恋人から受けとるソーシャル・サポートを操作し（研究1），観察した（研究2）のである。この研究の目的は，どのように個人の愛着の安定－不安定の水準が，恋人から受けとるサポートの知覚に影響するかを検討するものであった（Collins & Feeney, 2004）。

　安定型に比べると，不安定型の成人は恋人のメッセージを役立たなく，悪い意図に基づいていると知覚する傾向があった。しかし，注目すべきはサポートのメッセージが曖昧で，受けとる人の主観的解釈が決まっていないときに，これが起きたということである。このような曖昧な条件では，不安定な愛着の個人の脆弱性が活発になり，状況の解釈に影響を及ぼしたのである。研究者が注目しているように，現実の生活では不運なことに，サポートの提供者は不安定型の個人が必要とする効果的で明らかなサポートを提供するスキル（技能）と動機づけにしばしば欠けている（Collins & Feeney, 2000; Feeney & Collins, 2002, 2003）。全体的にみて，これらの研究は個人の愛着のワーキング・モデルとソーシャル・サポートの主観的な知覚の結びつきを指摘しているのである。

があることを報告している。驚くべきことではないが，これらの差異は関係において安定型の成人と回避型の成人を比較したときに特に強くみられる。52歳の成人の研究では，より客観的な方法，つまり結婚と離婚の統計を用いて検討した。その結果，自己記述で安定型の成人はほとんど（95％）結婚している一方，回避型の成人は72％しか結婚しておらず，その半分は以前に離婚していた（Klohnen & Bera, 1998）。表でも示しているように，恋愛関係について，安定型はよいものと感じていて，回避型は恋愛関係について「斜に構えて」いて，両価型は恋愛はたやすいが続かないと考えており，三つのグループは恋愛についての信念で異なっていた。

表9.6 成人の関係のスタイル

関係のスタイル	関連
安定	支持的な家族だったと報告／信頼し，温かく，幸せな両親／高い不安なしでパートナーとの分離を耐えることができる／関係に満足しているパートナーがいる／パートナーが必要とするときに情緒的な支持を与えることができる／概して肯定的な恋愛関係を構築する／恋愛における愛情は本物で長く続くものと信じている
回避	冷淡で情緒的に距離をとる両親であったと報告／温かく，親密で信頼の感情が家族にはない／親密な関係を恐れる傾向があり，情緒的コミットメントが困難だと思う／パートナーに情緒的な支持を与えられない／恋愛における愛情にシニカルで，それが続くかどうかを疑う
両価	たくさんの恋愛を経験したが，どれも長続きしなかったと報告／パートナーを失うのではないかと不安になり恐れる／パートナーと喜ばせるために，すぐに自分を変えようとする／パートナーと離れるとストレスを感じる／恋に落ちるのは容易だが，長持ちさせるのは難しいと思う

［出典：Hazan & Shaver（1987, 1994）］

　これらの多様な結果から出せる結論は何だろうか？　人々は現在と過去の両方において，親密な関係に安定を感じているのか，その関係をどのように感じているのかにおいて，明らかに異なる。これらの感情は，関係において見いだされることを期待するものや関係の中で経験されるものやパートナーが関係についてどのように感じているのかに関連しているのである。フォーカス9.3でみられたように，自己報告による成人の愛着様式と自己報告による現在の関係の満足度の関連は多く存在している。例えば，一般に自己報告で回避型の愛着様式の人々（例：「恋人に対し心を開くのに抵抗がある」と答える）は，自己報告の満足，交際への情熱，愛情の現在の関係の質について，あまり肯定的ではない傾向がある（Noftle & Shaver, 2006）。
　さらに，ザヤスとショウダ（Zayas & Shoda, 2005）の研究は，安定型の成人は，不安定型の成人と比較して，恋愛相手についての思考が，強い自動的で肯定的な情動反応を引きだす結果を得ている。興味深いことにザヤスとショウダの研究は，恋愛の相手に対して安定型の愛着様式をもつ個人は，母親についての思考が，自分の母親はいつも支持してくれるというというような，自動的で強い肯定的反応を引きだす結果も得ている。これらの結果は，ボウルビイ（Bowlby, 1969）の愛着理論と一貫している。恋愛相手だけでなく，母親への反応はIAT（例：Greenwald et al., 2002を参照）を用いて測定されているため，これらの結果は注目に値する。プライミング（2章）と同様に，IATのような測度は人が何を言うか，例えば自己報告するかに依存しないのである。そういった反応の代わりに，これらの測度は，主としてコンピュータによって実施される，ある種のカテゴリー化課題を使っている。これらの課題は，人の心でど

のように概念が連想されるのかを引きだすのである。例えば，ザヤスとショウダの研究では，母親に対する思考が自動的に肯定的な反応，例えば「愛情に満ちた」「面倒見のよい」「助けになる」とどれだけ強く関連するかをIATで測定している。

　成人の愛着の研究は，個人は関係において人生を通して特定の愛着様式を保持することを示唆している（例：Fraley & Shaver, 1997; Hazen & Shaver, 1987; Klohnen & Bera, 1998; Kobak & Sceery, 1988）。しかし，成人の愛着パターンが，乳幼児において観察される愛着パターンと直接結びついている程度は明らかになってはいない。対象関係論は，一般に成人のパターンは初期の人生・生活の直接的な結果であり，ずっと継続していると仮定するが，そのデータは別の解釈ができ，問題がある（例：Lewis, 1999, 2002）。

　例えば，ルイス（Lewis, 1999, p. 341）は，このトピックにおける大量の研究の広く詳細な再検討を行い，愛着パターンは発達の道程において長期間の継続性（例：1歳から18歳まで）を示していないと結論づけている。上記のように，ある時期においては，そのときの愛着パターンと重要な心理機能の指標は結びついているのである。しかし，幼児期の愛着様式は，後のすべてのモデルになるかどうか，なるとして，それはどのような形かは依然として明らかになっていない。古典的な対象関係論者には不満かもしれないが，児童期初期において安定型ではなかった多くの人々にとって，継続するという仮説が支持されないのは，よい知らせなのかもしれない。

■ コフートの理論

> 「……人は，酸素を含まない大気の中で肉体的に生きることができないのと同様に，自分に対して共感的に反応してくれない心理的環境では，心理的に生存できないのである。」
> (Kohut, 1977, p. 85)

　対象関係論の理論家は，この前の節で示したように，いくつかのテーマを共有している。この運動のリーダーの一人がハインツ・コフートであり，彼の研究は特に健康的なパーソナリティや混乱したパーソナリティの観点の変化に影響を及ぼしたことから，ここでは彼に注意を向けてみたい。ウィーン大学で医学の教育と訓練を受けた精神医学者であるコフートは，精神分析の教育と訓練をすることになったシカゴで，1970年代に理論家および臨床家として有名になった。

　コフートの観点では，20世紀には家族や文化に深遠な変化が起こったのだから，精神分析や精神力動論は，その変化に対応しなければならない。彼の信じる重要な変化の一つは，フロイトの患者が典型的に，生活が家庭や家族単位に集中している西洋文明の出身であるということに関連している。当時の家族は子どもに情緒的過剰親密 (Kohut, 1977, p. 269) を課す傾向があり，こうした激しい情動的関係が，エディプス・コンプレックスのような内的葛藤を含む神経症的問題をしばしば生みだした。成

9章 フロイト後の精神力動論　　　　　　　　　　　　　　　　　　　　　　**293**

長する子どもは過剰な親密さ，刺激，考えかた・ふるまい方を押しつけられる環境におかれていたのである。

　対照的に，今日の子どもは両親に会うのはせいぜい余暇の時間くらいであり，明確な役割の定義やモデルを発達させにくい。「かつて脅迫的に親密さを経験させていた環境は，いまや疎遠さを経験させる」(Kohut, 1977, p. 271) という。個人の問題は，かつて両親によって情動的に刺激されることによって生じていたが (Freud, 1963)，いまや子どもはあまり刺激されない傾向にあり，生活の情動的な空虚さを満たし，孤独や抑うつから逃れようとして，性的刺激や別の激しい経験を求めるのである。

　コフートの思考は，新しい精神分析的関心それ自体や自己の障害のような問題への治療のための方法を提案することになった。無意識の葛藤や衝動によって駆り立てられるというよりも，コフートは今日の患者を，共感的学習や同化のための理想的「対象」つまり重要な他者が奪われたとみなしている。両親は，情動的に壁の向こう側に行ってしまい，両親自身の自己愛的欲求を求めすぎているため，子どもの自己の健康的な発達や成人期の意味ある応答的な関係の形成のために必要なモデルがいないのである。

　人生や生活における重要な他者，つまり「自己にとっての対象」から共感的な反応が感じられないとき，人々は自己の破壊を恐れる。コフートは，この状態を心理的酸素が奪われた状態にたとえている。自己にとっての対象からの共感的反応の有効性は，酸素の存在が肉体の生存に対するのと同じくらい，自己の生存にとって不可欠である。人間の自己の破壊を導くのは，冷淡さにさらされる，無関心な，共感的反応のない世界である (Kohut, 1984, p. 18)。

　最も恐れられるものは，身体的な死ではなく，永遠に人間性が終わってしまうことである (Kohut, 1980, 1984)。コフートは，フロイトの去勢不安を究極的な人間の不安とみなさなかった。「少年が，女性器を見て明らかな恐怖を示すのは，この経験が最も奥の深層に横たわっているからではない。……その体験の背後に隠され，さらに深くにあって，そしてさらに恐ろしい経験があるからで，それは，顔のない母親の経験，すなわち子どもの顔を見て，喜びを示さない母親の経験である」(Kohut, 1984, p. 21)。

　まったく世話をしてくれず，応答的でない世界にいることについてのこうした不安の種類は，コフートの患者の一人が見た夢において示されている (Kohut, 1984, p. 19)。U氏は，「ステンレス鋼の世界」の夢で，大きな光る氷が壁から地面と天井へ伸びている氷のトンネルにいた。それは患者がよく知る美術館で見た，まるで巨大な人間の心臓のモデルで，そのまわりを歩き回るのに十分な大きさであった。この氷の心臓の中を歩いていると，U氏は助けを求めても応答しない影のような存在を除いて，ただ一人で，自分に向かって，近づいてくる名のない危険と対決する不安を感じた。その瞬間，あっという間に，壁の裂け目を通って目がくらむほど明るい都市風景に引っ張

表 9.7 コフートの自己の特徴と精神的健康

弱点のある自己	健康的なパーソナリティ
バラバラになった愛の経験 （性的空想）	適切な性的機能における健康的な快の感情を感じる
バラバラになった自己主張の経験 （敵意の空想）	目標追求において自信をもって自己主張できる

りだされた。そこは完全に非現実的で，にぎやかだがまったく近づくことのできない人々があちこちにいた。患者自身の言葉によれば，それは「ステンレス鋼の世界」で，冷たい心をもった世界であり，そこから逃れられず，コミュニケーションできず，永遠に閉じこめられた状態という，SF映画の1シーンであった。

　コフートの理論は，「エディプス期」のようなフロイト学派の構成概念の再解釈へと進んだ。彼の観点では，この時期に男の子は愛情のある，受容してくれる母親よりも，むしろ共感的でなく，性的に魅力的な母親との対面を恐れるのである。男の子はまた，自分に機嫌よく接し誇りに思ってくれる父親よりも，むしろ競争的で敵意をもつ父親との対決を恐れるのである。同様に，この時期に女の子は愛情のある，受容してくれる父親よりもむしろ共感的でなく，性的に魅力的な父親と出会うことを恐れるのである。同時に女の子はまた，子どもを誇りに思い，喜んでいる母親よりも，むしろ競争的で敵意をもつ母親をみることを恐れるのである。

　コフートの理論では，両親がこの発達の段階で，子どもに対して共感的で健康的に反応することに失敗したならば，その子どもの自己に弱点をつくりあげる。結果として，子どもは愛情よりも，不完全な愛情や性的空想を経験する傾向を発達させるのである。同様に，弱点のある自己をもつ子どもは，適切な自己主張でなく，不完全な自己主張や敵意ある空想を経験する傾向がある。これらの経験に対する個人の典型的な内的反応は大きな不安となる。弱点のある自己の特徴は表9.7に示したように，不安や不完全な経験の代わりに，適切な性的機能や自己主張の喜びを感じる健康的で正常なパーソナリティの特徴と対照的である。

■ 関係性療法と自己の回復

　コフートのような理論家を旗頭に，関係性療法（対象関係療法ともよばれる）は，パーソナリティの問題を扱うための一貫したアプローチとして表れた。それは出発点が初期の精神力動論であるという意味で，精神力動的なアプローチである。そしてその焦点となるのは同様に，個人の無意識，長年にわたる葛藤，防衛である。しかし，三つの点において特徴的である。関係療法は初期の関係，特に母親との関係性の問題の経歴に注目する。関係療法は，現在の関係における表現に着目する。関係療法は心

理療法の文脈における対人関係に焦点をあてることによって，これらを扱う。

このアプローチでは，心理療法家は積極的に親身になって，患者と密接な治療上の関係を築くようにする。基本的な関係の問題への対決と解釈は，支持的な文脈で行われる。注目すべきは，慎重に育まれた関係への焦点化は，伝統的なフロイト学派の分析者の何も投影されていない「空白のスクリーン」のイメージと対照的なことである。古典的なフロイト学派では，カウチに横たわり自由に連想する患者の後ろに，分析者が座る。関係療法では，治療者が共感的支持を与え，少しずつ対決ができるように，二人は互いに向きあい，積極的に相互作用するのである。

☑ 要　約

自我心理学と自己へ
- フロイトの精神分析の後の信奉者は，本能や性心理的段階の役割にあまり重点をおかないようになった。
- 彼らは社会的環境や自我により関心がある。
- アンナ・フロイトは，不安や人生・生活の課題に対処する際に自我に仕える防衛機制を記述した。これらの機制には，抑圧，投影，反動形成，合理化，昇華がある。
- ユングは，集合的無意識とその象徴的，神話的表現を強調した。彼は，夢に焦点をあて，集合的無意識と個人の無意識の統合を達成する欲求に焦点をあてた。
- アドラーは個人を，誕生時から完璧になるよう努力することにより，深い無力感と劣等感を克服するために奮闘するものとみなした。
- アドラーによれば，人々は性的な本能よりも文化的影響や個人的関係によって影響される社会的な存在である。
- フロムも同様に，人々を主に他者との関係において最もよく理解される社会的存在とみなした。文化は，本能的動因を抑制するために存在するのではなく，社会における人々の産物である。

エリック・エリクソンのパーソナリティ発達の心理社会的理論
- エリクソンは，無意識の性的衝動ではなく社会的適応を，生涯にわたって起こる発達の基礎として，鍵となる力とみなしている。
- エリクソンの各発達段階は，信頼対不信，自律性対恥，自主性対罪悪感，勤勉性対劣等感，同一性対役割拡散，親密性対孤立，世代性対自己没頭，統合対絶望という心理社会的危機によって特徴づけられる。
- この発達に最も重要なのは「自我同一性」の進化展開である。

対象関係論と自己
- 対象関係論において，自己の発達は他の「対象」や人間との関係において定義される。
- クラインは，幼い子どもが世界を善と悪の部分に分割するという考え方を示した。
- カーンバーグとコフートは，主要な養育者との初期の関係において発達する自己や他者の心的表象を強調した。

愛着——対象関係の根本

- 愛着理論において，個人とその養育者との初期の関係は，後の関係の知覚や経験のための基本的枠組みとなる。
- エインズワースの「ストレンジ・シチュエーション」の研究は，母親が姿を見せるのが異なるレベルの見知らぬ環境に幼児がおかれることによって，愛着関係（不安定 - 回避，安定，不安定 - 両価）における個人差を査定する。
- コフートはフロイトの時代において，家族は子どもに情緒的過剰親密を課す傾向があり，一方，21世紀の子どもは両親が姿を見せることや情緒的支援が少ないようであり，したがって21世紀の子どもに「共感的学習」が欠けていることを理論化した。
- この枠組みでの心理療法は，関係療法とよばれ，葛藤や防衛に少しずつ直面するために，治療者とクライエントの親密で共感的な関係を活用する。この観点では問題は主要な養育者，主に母親との初期の関係における困難から発展する。

☑ 重要な用語

アニマ，アニムス，安全な基地，安全な場所，安定型，影の部分，関係性療法，関係的自己，器質性劣等感，共感的学習，きょうだい間の対抗意識，勤勉性対劣等感，元型，合理化，自我心理学，自我心理学者，自我同一性，自主性対罪悪感，集合的無意識，昇華，情緒的過剰親密，自律性対恥と疑惑，親密対孤立，信頼対不信，心理社会的危機，心理社会的発達段階，心理的酸素，ストレンジ・シチュエーション法，世代性対自己没頭と停滞，対象関係論，代償的動機づけ，中心的養育者，同一性の危機，同一性対役割拡散，投影，統合対絶望，同性愛嫌悪，内的ワーキング・モデル，反動形成，不安定 - 回避型，不安定 - 両価型，分析心理学，マンダラ，有能性，劣等コンプレックス

☑ 考えてみよう

1) 新フロイト学派の理論家たちの間で起きた，古典的な精神分析からの強調点における四つの変化を述べなさい。
2) 精神力動的な過程において起こる，心的エネルギーの交換に，防衛機制がどのように関与しているのかを説明しなさい。
3) 抑圧が起きていることを示す主要な兆候には，どのようなものがあるか。
4) 投影，反動形成，合理化，そして昇華によって，受け入れがたい衝動はどのように覆い隠されているか。
5) ユングによる無意識的な心についての考え方は，フロイトの理論とどのように違うか。
6) 世界を経験するための，ユングの四つの方法を説明しなさい。
7) 夢についての考え方や利用について，ユングはフロイトとどのように違ったか。
8) アドラー自身の人生上の経験は，彼の理論にどのように反映されているか。
9) アドラーの理論のうちの，どの考え方が，人間の性質についての肯定的な見方を反映しているか。
10) 性格的な特性と肯定的な理想について，フロイトの考え方と対照させて，フロムの考え方を説明しなさい。

9章　フロイト後の精神力動論

11) エリクソンの心理社会的発達段階を説明して，それぞれの段階に出現する心理社会的危機を解説しなさい。
12) エリクソンの人間性についての見方は，どの点において，フロイトの見方よりも決定論的でないか。
13) 対象関係の理論家の間で，どんなことが中心的に強調されたか。
14) 自己概念の発達と，個人の自尊心のレベルに，分割の考え方は，どのように関連しているか。
15) ボウルビィの理論において，ワーキング・モデルはどんな役割を果たしているか。それはどのように発達するか。
16) ストレンジ・シチュエーション法を説明して，それによって，子どもの愛着パターンについて，どんなことがわかったのか述べなさい。これらのパターンは，子ども時代の行動にどのように関連しているか。
17) 自己報告研究で見つかった，大人における三つの愛着パターンを説明しなさい。それらのパターンは，適応の測度とどのように関連しているか。
18) ルイスの研究では，子どもから大人期を通して，愛着様式にどのくらいの時間的安定性がみられたか。そのことは，どんなことを意味するか。
19) コフートによれば，フロイトの時代に比べ，家族生活において，どのような変化が起きているか。そして，そのことは心理学的な問題に，どのような影響を与えていると考えられるか。
20) 関係性療法は，伝統的なフロイト学派の心理療法とどのような違いがあるのか。

第III部のまとめ

精神力動的・動機づけレベルにおける分析

概観——焦点，概念，方法

　精神力動的なレベルにおける研究の本質的なところのいくつかが，以下の全体像の表に要約されている。表をあらためて見ると，個人の中の無意識の動機や精神力動が，感情，葛藤，問題などを含む，その人の行動の原因であるとみなされていることに気づかされるであろう。この分析レベルで実務を行っている臨床家は，人々の行動の中に，外から見える症状のような表現を見つけて検討することで，そういった行動の原因を推測したり，解釈したりする。夢や自由連想に加え，ロールシャッハのインクのしみなど，投影法の刺激のように構造化されていない状況における反応は，特に好まれる情報源である。個人からの反応は，臨床家が意味や意義を解釈しなくてはならない間接的な兆候として扱われる。状況の役割は意図的に最小限まで軽視される。状況が曖昧であればあるほど，基礎的で，深層で働く個人の精神力動が，どのようにその

表　精神力動的・動機づけレベルの概観——焦点，概念，方法

基本的単位	推測された動機と精神力動
行動の原因	深層にある安定した動機と，それが無意識のうちに転換したり，葛藤を起こしているもの
パーソナリティの行動的発現	症状や非理性的な行動パターンで，夢や過ち，空想などを含む
求められるデータ	専門的な判断者すなわち臨床家による解釈
観察された反応の使用法	間接的な兆候として使われる
研究の焦点	パーソナリティにおける力動と精神病理，無意識の過程，防衛機制，バラバラになった自己
パーソナリティの変化に対するアプローチ	無意識であることを意識的にすることによって，行動の原因である，深層にある動機や葛藤について洞察をえることによって
状況の役割	意図的に最小限にまで無視されるか，曖昧なものとされる

人が解釈し，反応するかということに投影されている可能性が高いという信念に基づいているからである。

フロイトの古典的な業績における研究の焦点は，この分析レベルにおけるパーソナリティ査定や心理療法の注目点と同じように，個人の無意識な精神力動と防衛にあった。個人が効果的に機能するためには，まず深層における動機や葛藤を明らかにして対決する必要があるが，防衛はこれらを偽装してわからなくしてしまう。パーソナリティの変容は，行動的な症状の根本にある無意識の動機や力動がそのように偽装されたもの，つまり本人にとって受け入れがたいものであるから，洞察を必要とするのである。その洞察によって，無意識的なものが意識的になり，受け入れられるようになり，より理性的に取り扱えるようになるのである。そのようなことが起こるとき，症状は消え去る。しかしながら，最近の研究においては，自己，自己知覚，それに重要な他者との対人関係における問題などの概念に，より多くの関心が払われるようになってきている。後期フロイト学派による過去1世紀にわたる研究の中で，性心理的な発達や人生・生活上の危機だけでなく，心理社会的な発達に対してより大きな関心がもたれるようになっており，人生の最初の数年だけでなく，人生の生涯全体にまで拡大されるように焦点が移動した。自我心理学者や対象関係論の理論家たちと臨床家は，適応的な行動にとって不可欠な認知的・自我的過程や，人生の最初の数年に基礎がある愛着経験の重要性とその後の人生における意義，そして積極的な主体能動体としての自己の成長についても，もっと注意を向けるべきだと主張してきた。フロイトの貢献を見直し発展させることによって，人間の性質についての見方をずっと楽観的なものにしたし，将来の出来事を考慮に入れ，過去の出来事を再解釈する個人能力を強調することで，個人が人生の初期のころの経歴の犠牲者になる必要がないというのである。

精神力動的・動機づけレベルで認められた貢献

この分析レベルで研究を続けた，フロイトとその後の精神力動分野での理論家と臨床家は，社会と哲学，文学，芸術だけでなく，社会科学にも深遠な影響を与えた。フロイトの壮大なる貢献は，社会で広範に認められている。幼児期における性行動の問題を研究の対象とし，人間の心についての考え方を革命的に変化させ，人間の心と特徴についての衝撃的に強力なメタファー（たとえ）を提唱し，心理学的な問題の治療におけるアプローチをつくりあげることで，20世紀の精神医学を先導する役割を果たしたのである。しかしながら，科学的な心理学のシステムとしてのフロイトの理論に関する実証的な根拠については，絶え間なく疑問が出されてきた（例：Grunbaum, 1984）。

フロイトがつくろうとしたのは一般的な心理学だったけれど，研究の対象となったのは，個人的な危機の中で苦しむ，葛藤にまみれた人であった。フロイトは，そういったひどく苦しめられている人々を，とても不自然な状況で観察した。意図的にできるだけ非社会的につくられた診察室の中で，1時間という区切られた時間の間，カウチに横たわった状況である。観察の基礎となるものを，このように徹底的に制限したことが，もともとは不安と内的葛藤の理論でしかない理論をつくりあげたことに大きく影響したことが考えられる。だから，その人がおかれた社会的環境や，行動の対人的な文脈には，まったくといってよいほど，注意が払われなかったのである。すでにみたように，フロイトの追従者たちの多くが，そういった初期の重点的な考え方を大幅に変更するようになったし，自我を中心とし，社会的，対人的なアプローチを工夫することになった。その傾向は今日でも続いている。

　新しく現れた「自我心理学」と，より「認知的な臨床心理学」は，幼児期の初期のみならず，生涯を通して起こる発達に強い関心をもつことが特徴になっている。このアプローチは，対人関係と社会の役割について，また自我や自己といった考えの機能と性質や，（イドやその衝動でなく）人がどのようなことを考えるかについて，より多くの注意を払っている。フロイトが考案したものは，このように，継続的な改革を受け続け，自身が書いたものを越え，多くの追従者たちが長い年月をかけて導入し拡張したものへと変化したのである。例えばコフートやカーンバーグといった分析学者による対象関係論は，特に重要な革新であって，精神力動的な理論を実質的に変えつつあるように思われる。これらの理論は，本能やその表現に対する無意識の防衛でなく，自己を強調しているが，その点で，本書の後半で紹介する自己理論といくらかの共通性がある。

　フロイト理論への重要な批判の一つは，検証することの難しさである。同じ程度に厳しくはないが，フロイト後の精神力動的な理論家の多くについても，残念ながら，同じ批判が向けられている。その理由は部分的に，精神力動的な概念はメタファー的な豊潤性とともに曖昧さも合わせもち，直感的にはとても納得できるが数値化することが困難だからであろう。臨床的な経験や臨床的な用語に基づいていることから，使われる言葉は厳密でなくメタファー的であって，違った文脈で違った意味に理解されてしまう。精神力動的な理論は，使われる概念のもとになった枠組みや言葉を理解するために，多くの経験と訓練を積んだ臨床的な経歴をもつことを，使用する人に対して要求するのである。

　このような批判があるけれど，このアプローチで鍵となる概念の多くはいまも，心理学，精神医学，臨床的実践における多くの異なる領域において，中心的な役割を果たしており，その中のいくつかは，改変され広範囲に研究されることにより，多くの新しい洞察や発見を生みだしている（例：Andersen, Chen, & Miranda, 2002; Bargh,

1997; Kihlstrom, 1999; Miller et al., 1996; Wilson, 2002)。防衛機制と葛藤に関しては，特に厳密な努力がなされ，実験的な研究が実施されている（例：Blum, 1953; Erdelyi, 1985; Holmes, 1974; Sears, 1943, 1944; Silverman, 1976; Westen & Gabbard, 1999)。同様に，人間におけるアタッチメント（愛着）の性質や発達についても，最近になって多くの研究が行われており，その中で主導的な立場にある人の意見では，「精神力動的な心理学を生き返らせた」(Shaver & Mikulincer, 2005, p. 22)。読者はもうすでにいくつかの精神分析的な考え方に基づく研究を学んだし，本書の残りの部分でも，さらに多くの事例をみることになる。

　最近特に刺激的なのは，無意識などの精神力動的な概念への関心がよみがえっていることである。それには認知心理学での研究の影響が強いが，例えば注意や思考，記憶のような心的な過程における，新しい発見が強く関連している。そこには多くの興味深い類似点があり，人々が自分の心に中で起きていることのすべてに気づいていないのは確実である。最近の認知心理学が，無意識な過程の性質と，それに関連した人間の機能の多様な側面がもつ適応的な価値に，共感をもって再検討を始めたのは，十分に理解可能なことである（例：Kihlstrom, 1999; Wilson, 2002)。

　私たちに対し，無意識の過程と出来事が，強力に影響を与えていることについては，たくさんの証拠がある。例えば，健忘症の患者は思いだすことができないにもかかわらず，過去の経験によって影響され続けている（Kihlstrom, Barnhardt, & Tataryn, 1992)。異なる個人が，自分の社会的環境を符号化し，解釈し，評価するやり方に影響を与える，あらゆる種類の情報は無意識的に獲得されている（例：Lewicki et al., 1992)。そして，私たちが感じ，信じ，行うことのほとんどは，意識的な統制や気づきというものなしに，自動的に引きだされ，始められているのかもしれない（例：Bargh, 1997)。このように，無意識の過程が現実に重要であることは，すでに確実なこととして受け入れられるようになっている。そして，そのような過程の特徴については，すでに再概念化が行われていて，意識の外で機能する過程の多くは，かつて考えられていたように防衛的で不適応なものでなく，適応的で効果的なものと考えられるようになっている（例：Wilson, 2002)。

　以上をまとめて，精神力動レベルでの貢献を大局的にみれば，目覚ましい成果を上げたという評価になるだろう。特に注目すべきなのは，本人には十分に認識できない，意識の外側で働いている動機や葛藤の重要性をずっと指摘し続けてきたことである。同様に，このレベルでの研究は，人間の心が自己防衛的であるという点に注目するようによびかけ，不安を低減し，自分自身について好意的に感じられるように，人々が多様な防衛的作業を行っていることを示してきた。不幸なことに，そういった防衛は，短期的には不安を低減する効果をもつけれど，長期的には自己や他者に相当なコストを生じさせ，よくない結果をもたらしてしまうのである。ここで並べたことは，一人

の天才とその仲間や追従者たちが，100年以上も前から延々と続けてきて，いまなお精力的に続けている，最近の思想，理論，研究，そして臨床的な応用における，たいへんな貢献について，ほんのちょっとの例をあげたものでしかないことを指摘しておきたい。

第IV部
行動・条件づけレベル

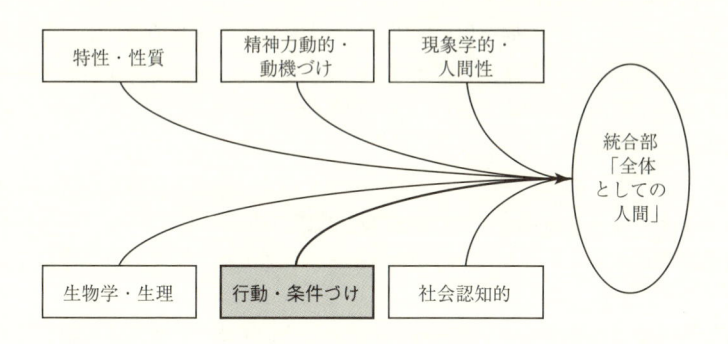

```
  特性・性質    精神力動的・   現象学的・
               動機づけ      人間性
                                       統合部
                                       「全体
                                       としての
                                       人間」
  生物学・生理  行動・条件づけ  社会認知的
```

第IV部への序章──行動・条件づけレベル

　「Z氏は1950年代に，米国中西部の州立精神病院に精神病患者として入院させられていた。壊れた椅子が並び，精神的に錯乱した人たちの叫び声が響く中，談話室をうろうろと歩き回る姿は，苦悩に満ち，孤独なものであった。この大きな飾り気のない部屋の真ん中には，ガラスの壁で仕切られたナース・ステーションがあり，そこでは看護職員と，ときどき回ってくる医師が，患者たちから切り離されて，仕事をしていた。そこは閉鎖病棟で窓には鉄格子があったし，どこの扉も鍵がかけられていた。精神病の発作と激情的な攻撃行動の対処に有効な薬物療法もまだ開発され始めたばかりであった。このような大混乱の中，何人かの心理学者は一つの仮説を考えた。看護職員が自分たちの仕事場から出てきて患者と接触するのは問題行動がみられたときだけというのが，患者たちの乱暴な行動が起こる原因の一部ではないかと推論したのである。精神的に錯乱した行動が表れることと，他者による何らかの注目を受けるための条件の間に，関係があるのではないか。精神病的問題行動は，患者が生活させられている病院内の状況と，注目を受けるための随伴性によって，実際には無意図的に強化されてしまっているのかもしれない。その後の長期間にわたる系統的な研究により，人間関係における，

もっと極端でない状況においてさえも，人々は自分たちが抑制しようと考えている，まさにその行動をお互いに強化し，強めあっていることがわかってきたのである。」

　20世紀前半のヨーロッパでは，パーソナリティに関する問題の治療のため，精神分析的アプローチをとったことにより，フロイトの弟子たちが臨床分野で注目を集めていた。その同じころ，米国の心理学者たちは，十分に統制された実験室状況の中での行動を科学的・実験的に研究することに打ちこんでいた。例えば恐怖反応がどのように学習されるかなど，人間を用いて実施できないような実験的操作が可能であることから，研究対象はしばしば動物であった。そして，パーソナリティの科学を築き上げるため，直接的かつ客観的に観察できる現象のみを研究したいと思っていたのである。だから，実験的に検証できないと思うような質問を考えることは，意図的に避けていた。そういう理由で，人間とはどのようなものか（特性・性質レベル）とか，人間の動機はどのようなものか（精神力動的・動機づけレベル）とか，「本当の」自己は，内的経験はどのようなものか（現象学的・人間性レベル）というような命題を扱おうとしなかったのである。

　そういうことでなく，ラットであれハトであれ人間であれ，生体が実際に何をするのか，その行動とそれをするときの条件を結びつける研究をすることにこだわった。そういう研究が人間相手にできないときには，動物で実施したのである。しかしながら同時に，これらの科学者たちの何人かはフロイトの臨床的研究に個人的に関心をもち，問題に悩む人々を助けるために役立つのではないかと考えた。イェール大学の二人の先駆的な研究者，ミラー（N. Miller）とダラード（J. Dollard）は，フロイトの考えを実験で検証しようと努力した。その第一歩として，彼らは葛藤と不安という中核的概念を学習理論と条件づけの用語に置き換えた。そうすることで，動物による実験で検証できるようにしたのである。フロイトの考えを，ラットを使った厳密な実験的手法によって研究しようとした彼らの試みは，第IV部の最初の章において紹介される。

　パーソナリティ研究に学習の原理を適用しようとして，研究者たちは，実験心理学のさらに初期の研究を参考にした。その研究はロシアにおいてパブロフによって始められたのであるが，それまでは中立であった刺激に対し，単純に条件づけの原理に従うことで，肯定的な感情反応も否定的な感情反応もいずれも起こるようにできることであった。フロイトと弟子たちによって見つけられた複雑な現象のいくつかが，学習理論に基づく分析により，より科学的な形で理解できそうだということを知り，研究者たちは勇気づけられた。

　もちろん，学習はいろいろな形で起こる。そして，次の飛躍的進展は行動主義者スキナー（B. F. Skinner）と彼の数多くの弟子たちの研究によって起こった。フロイト

もそうであったが，スキナーもしばしば批判を受けたし，批判される理由もあった。しかしながら，彼はパーソナリティについての，たいへん独特な考え方を提供し，何よりも，人間のおかれた状況をよりよいものにするため，学習の原理を応用することに熱心であった。そのことは，本書の第IV部で詳しく述べられている。

このレベルでの研究では，行動だけに集中的に注目するため，こんな質問をしたくなるかもしれない。行動の分析レベルだから行動についてはよいとしても，パーソナリティについてはどうなのか？　このレベルの研究者たちは，感情や認知，パーソナリティというような「内側」にある何かを変えるための経路は，まず行動を理解することであり，行動を統制している条件を見つけることであり，その知識を使ってより適応的で機能的に行動できるように個人を助けることである（例：O'Donohue, Henderson, Hayes, Fisher, & Hayes, 2001）と考える。もし，吃音やチック，ひどい恐怖症，あるいは衝動的ないしは過剰抑制の不適応行動などがうまく変えられたなら，個人の内的な状態と安定的な性質とが，実質的に後から追いついて，変わっていくだろうと考えたのである。例えば，以前は人前で話せなかった人が話せるようになれば，自分も内気だと感じなくなり，実際に内気でなくなる可能性が高い。

行動・条件づけレベルでの研究は，実験心理学から始まったので，パーソナリティ研究の主流から長いこと遠ざけられていた。さまざまなレベルでの分析を統合しようする最近の動きによって，他の分析レベルでの展開と，このレベルでの学問的貢献が結びつけられるようになってきた。本書のこれからの部分で，そのことが扱われるが，特に次の社会認知的レベルの部分にいくと，そこでの研究がここで述べた貢献の上に直接的に積み上げられていることに気づくはずである。

自分に引きつけて，パーソナリティ心理学を考えてみよう

自分自身について考えてみたい，行動・条件づけレベルに関する質問
- どのようにして，感情や恐怖などを含む，重要な行動のパターンが学習されるのだろうか？
- どのようにして，自分がすることや感じることが，以前の経験によって起こるようになるのだろうか？
- 新しい学習経験によって，自分の行動や感情が，どのように変えられていくのだろうか？
- 自分のパーソナリティの側面は，自分がおかれた文脈によって変わるのだろうか？
- 学校で親友と一緒のときと，休みで家にいて家族と一緒のときで，自分はどのように違うのだろうか。そして，それはなぜだろうか？

10 章

行動主義の考え方

　それぞれの人がどのような人になるのかが決まるのに，遺伝子と生物学的な性質によって与えられた範囲とともに，学習が重要な役割を演じている。ある人にとってとても好きなものが他の人にとって耐えられないものであるように，ある人にとって魅力的なものなのに，別の人にとって受け入れがたいものになるのは学習を通してである。人間の学習についてはすでに多くの研究がなされ，学習は人間をよい方向にも悪い方向にも導く可能性をもっていることがわかっている。

　この章と次の章では，条件づけによる学習に焦点をあて，この条件づけによる学習からパーソナリティにアプローチするいくつかの考え方を紹介する。これらのアプローチの理論は，行動理論あるいは学習 - 条件づけ理論とよばれるものであり，さまざまなものが提唱されている。この章では，これらのアプローチの基本的なアイデアのいくつかについて考える。次に続く章では，理論の近年の展開やこの理論の応用について検討することにしたい。

　学習という視点からパーソナリティへアプローチした研究は，学習過程の性質についての研究に強く影響を受けた研究者たち，つまり厳密な科学的心理学の研究者によって行われてきた。20世紀の初頭に始められたこの研究に，科学的心理学の研究者たちは実験的な方法論の開発に精力を注いできた。この研究者たちの目標は，実験的手法を用いて，複雑な社会的行動と個人差を理解するのに役立つ研究を行うことであった。他の自然科学の分野において用いられる方法論に影響を受け，研究者たちは高度に統制された実験室状況において，低次の動物の学習と遂行の研究に取りかかった。研究者の一部はフロイトらの理論家が同時期に提案した，心についての大胆な仮説に魅了されたが，多くの研究者はフロイトが用いた厳密さに欠ける臨床的手法の使用について懐疑的であった。懐疑的であった研究者たちは，神経症の患者の夢や自由連想を探ったり，人間の性質や社会についての大きな理論を考えたりはせず，実験室研究において好まれるような，客観的に検証することが可能な説明のシステムを探し求めたのである。

10章　行動主義の考え方

このような研究にかかわる心理学者たちは、「刺激」とよばれる特定の事象が「反応」とよばれる特定の行動に結びつくようになる、学習過程のメカニズムを研究していた。すべての科学的な理論家と同様に、この研究者たちは現象の原因、つまりこの場合、学習、すなわち刺激が反応と結びつく方法を理解しようとした。学習理論の基本となる前提は、一見、精神力動論の基本となる前提と、非常に異なったもののように思われる。しかしこの人たちは、精神力動論と補いあうような、パーソナリティのいくつかの基本的な現象について説明できる行動理論をつくろうと努力したのである。精神力動論と学習理論という二つの考え方の関係についてより理解するため、フロイトのアイデアを学習の概念と用語へ最も体系的に反映させようとした研究の紹介から、この章を始めよう。

10.1　精神力動論への行動主義的アプローチ——ダラードとミラー

この節では、1940年代後半に、心についてのフロイトの大胆な仮説に魅了された二人の研究者、イェール大学のジョン・ダラード（John Dollard）とニール・ミラー（Neal Miller）が発展させた理論に焦点をあてる。彼らは、フロイトの理論に魅了されると同時に、フロイトの臨床的研究方法の適切性に対して懐疑的であり、フロイトのアイデアを検証しようと考えた。フロイトの精神力動論の基本となるアイデアを、行動と学習の実験室実験的な研究の概念、用語、方法と結びつけようとしたことから、彼らのアプローチは、精神力動的行動理論とよぶことができる。彼らの仕事は、フロイトの核心となる概念を学習理論の用語とアイデアに置き換えることから始まったのだが、それは単なる概念の翻訳にとどまらず、人間の行動の基本となるプロセス（過程）についての実験研究に対して道を開くものとなった。

■ 神経症的葛藤——核心

フロイトは、正常・異常の両方のパーソナリティの理解の基礎となる概念として、葛藤と不安という二つの概念を提案した。フロイトによれば、神経症的葛藤には、表出を求めるイドの衝動と、文化的なタブーに従ってその表出をチェックして制限しようとする内面化した抑制との間の衝突という背景があると考えられている。ダラードとミラーは、学習理論の用語を用いて、これとよく似た基本的なアイデアについて論じている。

ダラードとミラーの考えでは、神経症についての強い恐怖あるいは不安は、学習性動因であり、これは、フロイトが基本的な衝動とよぶ性や攻撃といった他の強い動因の「目標反応」と葛藤を引き起こす。特に神経症の人や幼い子どもが、性や攻撃のような動因を低減する目標に向けて接近し始めたときに、その人は強い恐怖を感じる。

このような恐怖は，実際に行動として接近した場合だけではなく，動因の目標に関連した思考をするだけでも引き起される。例えば，親に対する性的欲望や敵意は，恐怖を感じさせるものである。そのため，欲望と欲望の表出によって引き起こされる不安との間で葛藤が生じる。このように行動を抑制する恐怖反応は，動因が低減することを防ぎ，性や攻撃のような閉じ込められた動因は，より高次なものへと「つくりあげられて」いく。その結果，頓挫し行き場のない動因と，その動因の解放に関連する接近反応に結びついた恐怖との間に耐えられない神経症的な葛藤が生じ，人はそれにとらわれてしまうことになる。

このジレンマに陥った神経症の人は，低減することができない動因と，それによって喚起される恐怖とに同時に刺激され続けるだろう。このような葛藤と結びついた高い動因の状態は「精神的苦痛」をつくりだし，明快な思考，識別，効果的な問題解決を妨害する。この「症状」は，動因や動因の解放を抑制する恐怖の高まりとともに現れる。

10.2 葛藤を学習研究の用語によって位置づける

接近‐回避傾向とそれがつくりだすジレンマの研究は，フロイトが葛藤を彼の理論の中核において以来，パーソナリティ心理学の中心トピックとなった。フロイトによれば，これらの葛藤はさまざまな問題や症状を引き起こす可能性がある不安をつくりだすので，個人はその不安を治めようとして無意識的に多大な努力をする。20世紀初頭の科学者にとって問題だったのは，このような葛藤を実験的に研究することが非常に難しいことであった。接近‐回避葛藤の実験的研究を可能にするために，ダラードとミラー（Dollard & Miller, 1950）は，行動レベルの分析に数年従事した後，精神力動的な葛藤を学習の用語で再考することを試みた。これらは目標追求の学習における二つのレベルの統合の先駆的な試みであった。この立場では，パーソナリティの主要な側面として，接近と回避システムに非常に関心をもっており，先駆者たちの古典的な研究は，新たなものとして生まれ変わった。

これらの研究者は，接近と回避という二つの傾向を前提としてとりあげ，動物を用いた注意深い研究によって分析した。このような葛藤の研究において，生物は少なくとも一時的に二つの相反する望ましい目標の間におかれる。葛藤はパーソナリティの力動に関するフロイトの概念の中で中心的なものであるため，ダラードとミラーの理論の中でも中心的なものとなった。ただしフロイトが，神経症の患者のイド‐自我‐超自我の衝突についての推論から葛藤についてのアイデアを展開したのに対して，ダラードとミラーは，ラットを用いて統制された実験によってそれらのアイデアを検証した。彼らの知見は，より具体的な用語でフロイトの患者のいくつかの問題を理解す

10章　行動主義の考え方

ることができるものであった。

　葛藤についての彼ら独自の理論は，多くの動物実験に基づいている（例：Brown, 1942, 1948; Miller, 1959）。例えば，ある研究において，彼らは，空腹のラットが迷路の中の特定の位置に置かれている餌をとるための通路走行の学習を検討した。食餌に対する両価性（接近－回避傾向）を般化するために，ラットは食餌中に短い電気ショックを受けた。餌への接近と電気ショックの回避との間の葛藤を検証するために，ラットは再度迷路のスタート地点に置かれた。空腹のラットは，餌に向けて走り始めるが到着する前に止まり，そして躊躇する。

　ダラードとミラーは，この葛藤の分析に目標勾配の概念を応用した。目標勾配とは，目標となる対象からの距離の関数として反応の強さが変化することである。接近と回避の強度が，目標からの距離によって異なることを評価するために，正の強化子（餌）に向けて近づいたり，負の強化子あるいは罰（電気ショック）から逃げたりするのを測定する牽引装置が設置された。牽引装置によって実験者は，通路の途中でラットの動きを一時的に拘束し，その動物がそれぞれの地点で引く力の強さをグラム単位で測定することもできた（Brown, 1948）。この種の状況では，接近の動機づけ（餌）と回避の動機づけ（電気ショック）を連合させるために，ラットは同じ反応を引き起こす異なった経験が与えられる。例えば最初，飢えたラットは，ゴール地点で待っている餌を取るために迷路を走ることを学習し，接近傾向を強める。その後，ラットは，迷路走行反応が罰と結びつけられるように，ゴール地点で電気ショックを与えられる。これは，社会的に受容されない欲望が罰への恐怖と結びついたフロイトの患者の比喩である。

　電気ショックを受けた後，迷路の中にいて空腹になったとき，ラットは接近－回避葛藤に直面する。図10.1は，この種の葛藤を，ラットではなく人間の場合を例にまとめた。目標に向かって走ることは空腹の減少と連合し，接近傾向を誘発する。しかしそれは，電気ショックを受けることとも連合し，恐怖を低減するために逆の方向に走る傾向も形成する。結果として，ラットは行ったり来たり，最初は餌に向かい，そして餌から離れる。興味深いことに研究者は，目標から距離が離れているときは，接近傾向が回避傾向に比べて強く，接近行動を引き起こしていることを発見した。逆に，目標に近づくほど，回避傾向の強さが増加し，反対の方向への走行を引き起こした。実験の中で，ラットは接近と回避が均衡する場所で両方向に等しく引かれるために停止する。それは，比喩的にいえば，強い接近－回避葛藤（例：性的満足への欲求とそれに対する恐怖）に悩まされている神経症のジレンマを抱えた人と同様であり，心理的に身動きがとれなくなる状態である。

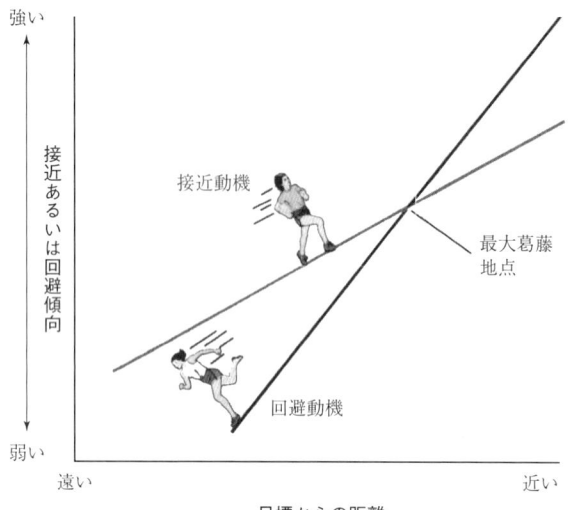

図中ラベル: 強い／弱い／接近あるいは回避傾向／遠い／近い／目標からの距離／接近動機／回避動機／最大葛藤地点

図10.1 ニール・ミラーの接近‐回避葛藤の分析によれば，接近への傾向と回避への傾向は，両方とも目標に近づくほど強まる。しかし，目標に近づくに従って，回避の傾向のほうが，より早く増加する。最大の葛藤は，相反する二つの動機が同じ強さになるため，二つの勾配が交差するときに経験される。
[出典：Smith (1993)]

■ 基本的欲求と学習

　このような学習による再解釈では，新生児は食べ物や水，酸素，暖かさなどに対して生得的な，すなわち一次的／生物学的欲求をもっていると考えられている。この生物学的欲求を最低限満足させることは，生物の生存にとって不可欠である。これらの欲求自体は生得的ではあるが，これらを満足させるために必要となる行動には，いつも学習が伴っている。

　異文化を観察してみたことがある人であれば，飢えや乾きのような基本的欲求でさえ，それを満たす方法にはさまざまなものがあることがわかるであろう。これらの欲求を満たす方法は学習を通していろいろな形に発展するのである。例えば，食に対する好みを例にあげると，ある文化においては美食とされるものが，他の文化においては吐き気をもよおすものとされるかもしれない。このほかにも，学習された多様性は，二つの文化を比較したときに，家のつくりや服飾の美意識の基準や価値においてもみることができる。

　生得的な欲求にかかわる目標と誘因に対して人間がとる行動の多くは，その欲求からかけ離れている。これまでの章で述べてきたように，人々は，お金や地位，権力，

愛，慈悲，有能さ，達成感，創造性，自己実現などといった，生得的なものからかけ離れた目的に向けて努力しているようにみえる。このような努力は，人間的動機として分類される。ミラーとダラードは，一次的欲求がこのような動機へと発展する学習過程を探求したのである。

行動が学習されたものであるという基本的な前提から始めたダラードとミラー（Dollard & Miller, 1950）は，正常なパーソナリティから，神経症，心理療法に至るまで幅広い領域について説明する学習理論を構築した。彼らは，学習過程における重要な要素として，動因（動機づけ），手がかり（刺激），反応（行為あるいは思考），そして強化（報酬）の四つを考えた。最も単純化すれば，彼らのアイデアは次のように言い表すことができる。「学習が起こるためには，何かを求め，何かに気づき，何かを行い，何かを手に入れなければならない」（Miller & Dollard, 1941, p. 2）。

これらの四つの「何か」は，それぞれ動因（動機づけ），手がかり（刺激），反応（行為あるいは思考），そして強化（報酬）に対応する。学習とは，特定の反応と手がかり刺激とが結びつけられる過程であると彼らは考えた。

心理学の実験室にいる一匹の動物を例に考えてみよう。空腹の動因によって動機づけられて，その動物はさまざまな活動を行う。あるとき，動物はレバー（手がかり）を見つけ，最初は偶然にレバーを押し，この行為によって餌がカップの中に落ちてくる。動物は餌を食べて，これによって空腹動因の緊張は低減する（報酬あるいは強化）。これによって，将来，この動物が腹をすかしたときには，レバーをもう一度押す可能性が高くなるだろう。そして，手がかり刺激と反応との結びつきは，強くなっていく。一連の試行を繰り返した結果，空腹な動物はすぐにレバーを押すようになる。以下では，この四つの要素について順に検討してみよう。

[動　　　因]

ダラードとミラー（Dollard & Miller, 1950）によれば，内的であるか外的であるかを問わず，あらゆる強い刺激が，動因として活動を引き起こす可能性をもつ。刺激が強ければ強いほど，その動因または動機づけは強くなる。遠くから聞こえてくるかすかな警笛の音のような弱い刺激は，耳のそばで鳴り響いた警笛の強い刺激ほど，行動を動機づけない。強い刺激の例は，飢えの苦しみや苦痛を引き起こす騒音であり，強く行動を動機づける。ほとんどの刺激は動因になるくらい強くなる可能性があるが，飢え，渇き，疲労，苦痛，性といった，特定の種類の刺激はほとんどの動機づけの一次的基礎となる。これらの刺激は一次的，または生得的な動因である。この一次的な動因の強度は，その剥奪の条件によって変化する。動因を満たす機会が奪われた期間が長いほど，動因は強くなる。フロイトと同様に，ダラードとミラーの動因理論は，「水力」モデル，または熱力学モデルをもとにしている。ボイラーの中の水蒸気のように，動因はしだいに強まっていき，それを発散する方向へ向かって圧力がしだいに

高まる。もしその発散が起れば，動因は低減される。動因低減は，満足化あるいは「強化」である（「強化」の概念については後述する）。

たいていの場合，一次的な動因がどのように働くのかを直接的に観察することは困難である。社会的抑制（例：性に関すること）は，公共の場所における一次的欲求の直接的あるいは全体的な表出を防ぐ。結果的に，私たちが目にする行動の多くは，すでに変容させられた二次的あるいは学習性動因によって動機づけられたものになっている。現代社会に最も頻繁にみられ，文明人の行動にとって重要なのは，学習により変容させられた動機なのである。

ダラードとミラーによれば，これらの学習性動因は，（学習されたものではない，生得的な）一次的動因をもとに獲得され，またそれらを精緻化したものである。これまで，恐怖がどのように動因として学習されるかについては，注意深く研究がなされてきた（特殊なメカニズムが伴う，このような学習のいくつかは次章で詳しく論じることにする）。例えば白い部屋のような，もともと中性的な手がかりだったものと同時に恐怖を感じさせられると，恐怖が学習される。学習された恐怖は，行動を動機づける一つの動因となり，恐怖の低減は行動を強化する強化子となる。

ある研究においてラットは，白い部屋の中にいるときには電気ショックを受けたが，電気ショックのない黒い部屋に逃げることも許された（Miller, 1948）。その結果，このラットは，電気ショックがないときでも，白い部屋に対して恐怖反応を示すようになった。電気ショックが与えられていないときでさえ，実際は無害な白い部屋から逃げだすため，ラットはレバー押しや車輪回しなどの新しい反応を学習したのである。常識的にいって，その行動は，客観的には害のない刺激を恐れているかのようにみえる。ミラーとダラードによると，この新しい学習への動機づけは，白い部屋に対する学習された恐怖によって起こされている。このように，恐怖は学習された反応，学習性動因の両方として概念化され，その低減は強化子と考えられている。

ダラードとミラーの動因，すなわち一次的動因と二次的動因は，行動を引き起こす力としてのフロイトの動因と衝動に似ている。しかし，フロイトの概念は，本能的な衝動を強調したのに対し，ダラードとミラーの概念には，一次的動因をもとにした学習性の動機が入りこむ余地が与えられている。

[手がかり]

「動因は，人に反応を起こさせる。手がかりは，人がいつ，どこで，どの反応をするかを決定する」（Dollard & Miller, 1950, p. 32）。例えば，昼食のチャイムは，お腹をすかせた児童たちにとって，本をしまい，お弁当を食べる手がかりとして機能する。手がかりは，聴覚，視覚，嗅覚など，さまざまな形式で与えられる。手がかりにはさまざまな強度があり，刺激のさまざまな組合せが手がかりとして機能する可能性もある。刺激の変化や差異，そして差異の大きさや方向は，単一の刺激よりもより弁別的

10章　行動主義の考え方

な手がかりになるかもしれない。例えば，ある人が，目盛りのない線分の絶対的な長さを知らない場合であっても，二つの線分のうちどちらが長いかを言うことはできるだろう。

[反　　応]

手がかりに反応することで報酬が与えられて両者の関係が学習される前に，当然その反応は生じていなければならない。ダラードとミラーは，生物体の反応をそれが生起する確率によって順序づけることを提案した。この順序を「初期階層性」とよび，学習はこの階層性における反応の序列を変化させると考えた。最初には弱かった反応も，適切な報酬が与えられれば，この階層の中で高いレベルに位置するようになる。このように，学習によってつくられた新しい階層性は，「結果的階層性」と名づけられるものである。学習と発達に伴い，この反応の階層性は，言語と結びつくようになり，社会的な学習が起こる中で文化の影響を強く受けるようになっていく。

[強　　化]

強化とは，反応が再び起こる傾向を強くする特定の事象である。ミラーとダラードによれば，強化とは，動因低減あるいは緊張低減を伴うものである。前述のように，彼らは，動因の「水力」モデルまたは熱力学モデルの比喩を用いて，発散されない動因をボイラーの中の水蒸気にたとえ，動因は徐々に膨らんで，緊張をつくり，発散への圧力を強めると考えた。生物の目標は緊張や動因の低減であり，動因の低減が起こったとき，それが強化子つまり報酬となる。

動因の低減は，直前に起こった反応を強化する。苦しい刺激や痛み，罰と結びつけられて学習された恐怖や不安の低減や回避は，強化子として機能する（Miller, 1948）。もし，X社の薬がひどい頭痛（嫌悪刺激）をすぐに和らげてくれるなら，痛みの低減はX社の薬を飲む行動を強化する。強化は，習慣の獲得において重要であると同時に，保持においても重要である。消去は，反応の段階的な消減であり，反応に強化が伴わないことが繰り返されたときに起こる。例えば，X社の薬を飲んでも痛みの低減が伴わないことが繰り返されるような場合に起こる。習慣の消去に必要な時間は，その習慣の最初の強度や，消去状況によって決められる。ダラードとミラーによると，消去は単に古い習慣を抑制しているだけであり，完全になくしているわけではない。もし，消去が行われている間に新しい反応が起こり，そのときに報酬が与えられたら，その新しい反応は古い習慣に取って代わり，強化されるだろう。例えば，もし，ある子どもが自立して一人で遊んでいるときにほめられて報酬が与えられ（強化），すぐに誰かの助けを求めるような依存的なときには一貫して報酬が与えられなかったら（消去），自立した行動パターンは，依存的な行動パターンよりも，優位なものになるであろう。

[葛　藤]

同時に達成できない二つ以上の目標を追求するとき，人は葛藤を経験する。例えば，午後に友だちと一緒に遊びたいが，翌日に予定された定期試験の準備もしなければならないときや，両親に対して怒りたいが，両親の気持ちを傷つけたくないときなどである。このように，ある個人が両立不可能な選択肢のどちらかを選ばなければならないとき，その人は葛藤の状態にあるといえる。

ミラー（Miller, 1959）の葛藤の概念は，レヴィン（Lewin, 1935）の影響を受け，接近傾向と回避傾向を仮定したものである。例えば，接近-接近葛藤にある人は，少なくともそのときは，二つの好ましい目標の間で迷っている。逆に，二つの好ましくない選択肢のどちらかを選ばなければならない回避-回避葛藤に直面することがある。例えば，自分の関心のない教科のためにつらい勉強をするか，定期試験で不合格になるかを選ばなければならない状況があげられる。その個人は両方の嫌なことを避けたいと思うが，机から離れるたびに，試験に落ちたらどんなに惨めか想像することになるだろう。

最も困難な葛藤は，望ましいものと望ましくないものの両方が，同じ目標あるいは誘因に関連しているものである。目標あるいは誘因に対して，入り混じった感情や両価的な態度をもっている場合がこれにあてはまる。例えば，おいしい料理は食べたいけれどもカロリーはとりたくない場合，飲んで騒ぎたいけれどもお金は使いたくない場合，あるいは，ある面では親のことをとても好きなのだけれども別の面ではそうでない場合などが例としてあげられる。

接近-回避葛藤が，イドによる衝動とそれを抑制しようとする不安の衝突に関するフロイトの仮説において，重要な位置を占めていたことを思い起こしてほしい。葛藤は，フロイトのパーソナリティ力動の概念にとって中心的なものであるのと同様に，ダラードとミラーの理論においても核となるものである。しかしフロイトが，葛藤についてのアイデアを神経症患者におけるイド・自我・超自我の衝突についての推論から得たのに対し，ダラードとミラーは，ラットを用いて統制された実験によってこれを検証した（例：Brown, 1942, 1948; Miller, 1959）。

要するに，このモデルでは，動因のような力（接近傾向）と，抑制力（回避傾向）という二つの力が存在することが提案されている。接近-回避葛藤場面における行動の予測は，接近傾向と回避圧力の強さを推察し，最終的な行動はその実際的な差によって決まると仮定する。この動因葛藤理論の一般的な枠組みの中で，フロイトの理論において重要な役割を果たすイドの衝動と自我の防衛の葛藤とよく似たものが，系統立って説明されることになった。

[不安と抑圧]

フロイトと同様に，そして多くの行動主義者とは違い，ダラードとミラーは，行動の重要な決定因として無意識の要素を取り入れ，不安または学習された恐怖を力動の中心においた。彼らの考えでは，抑圧には，ある事象を無思料（考えないようにする）という学習性反応が伴っており，恐怖という二次的な動因によって動機づけられているとされている。つまり，過去の経験によって，ある思考が苦痛あるいは罰と連合した結果，恐怖が喚起されるようになるかもしれない。それを考えないようにすることで，恐怖刺激は低減され，「無思量」反応は強化される。考えないようにする（抑制する，やめる，抑圧する）ことは，個人が苦痛を感じる可能性が起こる以前に特定の思考を避けるという意味で，しだいに予防的になる。この体系的な記述は，受け入れがたい内容が無意識から意識に侵入してきたときに起こる不安の結果を抑圧と定義するフロイトのアイデアと類似している。

このように，ダラードとミラーの説明は，不安，抑圧，防衛といった精神力動論的な定義を，強化学習理論の言葉を用いて明快に翻訳した。防衛や症状，例えば恐怖症やヒステリー性機能盲は，恐怖動因の直接的な低減によって強化される。この症状は，短期的な動因低減とつかの間の解放としては効果がある。しかし，長期的にみると，本人をしだいに消耗させてしまう。例えば，恐怖症は人が効果的に働くことを妨げ，結果的に新しい葛藤や，恐怖，罪悪感など問題の多い他の動因による葛藤を生じさせるのである。

■ 精神力動的行動理論に対する反応

フロイトは，学習の概念を使わずに発達の理論を構築しようとした。彼は多くの言葉を用い，新しい用語をつくりだしたので，彼の理論を実験心理学に結びつけることは容易ではなかった。しかしダラードとミラーは，実験心理学とフロイト理論の間を結びつけることが可能であることを実証した。動物を用いた実験室研究における学習の概念に基づいて，フロイトの理論と非常に近く，多くの点でその翻訳といえるパーソナリティ理論を考案したのである。動機や無意識的過程，抑圧のような内的な葛藤や防衛についての精神力動主義の主張は，大部分が変化しなかった。心理学者の多くは，フロイトの基本的なアイデアが学習や実験心理学の用語に置き換えられたとき，親しみやすく，受け入れるのが容易になることを知った。その結果，フロイトの概念は多くの研究に刺激を与えることになったのである。

他の心理学者たちは，ミラーとその共同研究者たちの研究が，主に動物実験によるものであったことを問題にした。実際，この事実はそれからの長期にわたる議論において，最も多くの批判の対象となった。注意深くなされた研究であっても，人間の問題とかけ離れたラットのような低次の種において得られた知見を人間にまで適用する

のは難しいかもしれない。多くの批判は，人間の社会的な行動は，実験室における動物の行動とは根本的に異なっており，それゆえ異なった方法論が必要だと論じた。ある人々は，ラットと人間を同じものとして考えたことに反発し，臨床場面から実験室実験への移行において，人間に対するフロイトの考え方の最も魅力的な部分が失われてしまったと考えた。しかし，理論的立場に関する本当の評価は，支持者や批判者がどれだけそれが好きか嫌いかでなく，それがどれだけ新しい研究と理論的進展を可能にしたかによるべきであろう。

ここで私たちは，ダラードとミラーによる理論のもとになった基礎的研究を振り返ることにしよう。それはいまでも，パーソナリティのある種の重要な側面がどのように発達し，維持され，時に劇的に変わりうるかを理解するための基礎となるものである。また，フロイトが見つけた合理的ではない恐怖やその他の現象を，不可思議なこととしてではなく，科学的検証に耐えうるものに変換する方法を提供するものでもある。

10.3　古典的条件づけ――学習性情動連合

強い恐怖のような望ましくない情動や，魅惑，愛，愛国心のような望ましい感情を含む，一見非合理的な人間の強い情動は，古典的条件づけの単純な過程を通して獲得されたものである。それゆえ，私たちが経験する複雑な情動の多くの謎を解明するためには，条件づけの基本的なルールを理解することが重要である。私たちはときどき，理由もわからず，どう変えたらよいかもわからない強い不快な情動を経験する。例えば，高所恐怖症で，高層階に上れないために希望している仕事に就くことができない場合などがこれにあてはまる。条件づけの基本的なルールを知ることは，この現象を理解する上でも役立つだろう。

古典的条件づけ（条件反応学習）は，ロシアの心理学者パブロフ（Ivan Pavlov）によって最初に明らかにされた学習の形態であり，もともと自然に反応を引き起こす力をもった無条件刺激が，ベルの音のような中性刺激と結びつけられることによって条件づけられるようになることをさす。

■ 古典的条件づけはどのように起こるか

犬は，食べ物が口の中にあるときには自動的に唾液を出す。唾液を出すこの反応は反射，あるいは無条件反応（UCR）である。これは自然なもので，学習されたものではない。人間や動物においてみられる多くの反射と同様に，唾液の分泌は生物にとって適応的であり，唾液は食べ物を消化するのを助けるものである。無条件反応を引き起こす刺激は，無条件刺激（UCS）とよばれる。食べ物などの無条件刺激は事前の

学習なしに行動を引き起こすことができる。

犬を飼っている人は，腹をすかした犬は口に食べ物を入れていなくても食べ物を見ただけで唾液を出すことを知っている。犬は，空っぽであっても，ふだん食べ物が入っている皿を見ただけで唾液を出し始めることもある。このように食べ物と結びついた空っぽの皿に唾液を出すのは，学習された反応，あるいは条件反応（**CR**）の例である。条件反応を引き起こすこの刺激は，学習されたものであることから条件刺激（**CS**）とよばれ，この条件刺激が行動に影響を与えるのは，自動的ではなく，学習によって生じたものである。

パブロフは，光やメトロノームの音のような中性刺激が，唾液を出すなどの反応を引き起こすことができる条件刺激へと変化する方法をいくつか発見した。犬に関する彼の先駆的な実験は，犬に餌を与える際にいつも特定の音を鳴らしたことに始まった。しばらくして，彼は，食べ物なしで音が鳴っただけでも犬たちが唾液を出すという条件づけが起こっていることを発見した。この種の学習は現在，古典的条件づけとよばれている。

まとめると，古典的条件づけの実験では，ある無条件反応を喚起する無条件刺激と同時に，ある中性刺激の呈示を繰り返し行う。この結びつきが十分に強ければ，中性刺激の呈示は，無条件刺激によって引き起こされた反応とよく似た反応を引き起こすようになる（定義と例については表 10.1 と表 10.2 を参照のこと）。

表 10.1　古典的条件づけの用語

関係のスタイル	関　連
無条件刺激（UCS）	学習される必要なく，自動的かつ自然に反応が引き起こされる刺激
無条件反応（UCR）	無条件刺激に対して，自然に引き起こされる学習によらない反応。反応は肯定的な場合も否定的な場合もある。例えば，口の中に食べ物が入ったときに唾液が出る場合や，熱いストーブから手をぱっと離す場合など
条件刺激（CS）	無条件刺激とともにおかれ，あるいは連合された後で，反応が引き起こされるようになる，それまでは中立的であった刺激
条件反応（CR）	条件刺激に対して学習された反応。この反応は，以前は無条件刺激に対してのみ起きていたのであるが，これらの二つの刺激が同時に起こることの結果として，条件刺激に対して起こるようになっている

表10.2　古典的条件づけの結果の可能性の例

条件づけ前	条件づけ後
犬が飛びかかって，子どもが倒れる（UCS） 子どもが泣く（UCR）	犬が近づく（CS） 子どもが泣く（CR）
母親が赤ん坊に乳を与え，抱き上げる（UCS） 赤ん坊が落ち着く（UCR）	赤ん坊が母親の香水をかぐ（CS） 赤ん坊が落ち着く（CR）
自動車事故で女性が怪我をする（UCS） 女性は怖いと感じる（UCR）	車に乗ることを女性が考える（CS） 女性は怖いと感じる（CR）
横揺れする橋を車で渡る（UCS） 男性は怖いと感じる（UCR）	別の橋に近づく（CS） 男性は怖いと感じ，橋を避ける（CR）
母親が娘の自慰行為を見つけ，しかって，手をたたく（UCS） 娘は傷つき，恐れる（UCR）	娘は自分の裸を見る（CS） 娘は不安になり，自分の身体，特に性器に，否定的な感情をもつようになる（CR）

■ 高次条件づけ

　光やベル音のような中性刺激が食べ物や苦痛といった無条件刺激と結びつけられて条件刺激となると，この条件刺激がそれと新たに結びつけられた他の中性刺激に対する反応も変容させることがある。この過程は高次条件づけとよばれる。パブロフはメトロノームの音が食物と結びつけられて条件刺激になった後に，それと中性刺激とを一緒に呈示すると，両者間で連合が起こり，新しい中性刺激は，唾液の分泌という無条件反応を起こすようになったことを報告した。このことにより高次条件づけが起こることが明らかにされた。人間においては，高次条件づけによって，言葉や他の複雑な表象が，情動的な反応を喚起することのできる強力な条件刺激となる。

　活動や個人，集団や出来事などの多様な刺激は，それと同時に起こる望ましい結果や望ましくない結果によって価値づけされる。例えば，中性的なものが「汚い」「醜い」といった言葉と一緒にされると，望ましくない価値づけがなされるようになるが，「美しい」「楽しい」といった言葉と一緒にされると，望ましいものとしての価値づけがなされるようになる（Staats & Staats, 1957）。同様に，国や政党の名前と，国旗あるいは国歌は，これまでの連合に基づいて，肯定的な，あるいは否定的な強い感情を喚起するようになる。

　古典的条件づけについての多くの実験は，実験室で行われたものであるが，それらの実験から生みだされた知識は，趣向や魅力の発達のように，実験室の外で起こる多くのことを理解する助けとなる（Byrne, 1969; Lott & Lott, 1968）。例えば，特定の人や物への好みは，どれくらい望ましいこと，または快の経験と結びついてきたかによって決まる（Griffitt & Guay, 1969）。もしそうなら，ある人を好きかどうかは，過去

の楽しい経験がその人と連合した程度に直接的に比例したものかもしれない。

　ここで，恐怖症の発生について考えてみよう。本来中性的であった刺激が，どのように恐怖を引き起こすものへと変わるのであろうか？　例えば，ある人が光を見るのと同時に電気ショックを受けるということを何度も繰り返したとしよう。そのうちに光は，電気ショックと同様の情動的な反射を引き起こすようになるだろう。苦痛な刺激と結びつけられた中性刺激は，その後，恐怖や回避反応を引き起こす条件刺激になる。つまり，一部の人が示す一見すると不合理な恐怖反応は，本来は中性的であった刺激が苦痛を引き起こす出来事に条件づけられた連合の結果かもしれない。

　古典的条件づけは，一生を通して発達に影響を与える。例えば，もし性的な好奇心が厳しい罰のような恐怖に満ちた経験と子ども時代に密接に結びついたら，罰を受ける危険がなくなった後でも，その人の性行動のさまざまな面において恐怖を生じさせるであろう。そして，条件づけは，持続すると同様にその範囲を広げることもある。性器に触ることが悪いことだと感じるようになった子どもは，他の性的な表出についても不安になり，より広く性的なことに恐怖を感じるようになるかもしれない。倫理的な問題のために現在では許容されない方法ではあるが，ワトソンとレイナー（Watson & Rayner, 1920）の古典的な研究では，ラットを見ても怖がらなかったアルバートとよばれる幼児に，ラットに対する強い恐怖を植えつけた。これは古典的条件づけ，つまりアルバートがラットに向けて手を伸ばすと，実験者はその子が驚くような大きな音を出すという方法で行われた。その結果，アルバートは，ラットと不快な大音響の結びつきを何度も経験して，ラットに対して強い恐怖を感じるようになったのである。

　のちに，猫，綿，毛皮のコート，人間の髪の毛，羊毛といった毛状の刺激が示されたときにも，アルバートが同様の明らかな恐怖反応を示したことから，恐怖は，般化したことがわかった。これは，白い部屋に入れられているときに電気ショックを受けたラットが，たとえ電気ショックがなくても，白い部屋に対して恐怖を示すようになったときに発見された学習の人間における例であるといえる。アルバート坊やの例は，古典的条件づけを人間の問題の分析と治療に適用する最初の基礎の一つとなった。

　フォーカス10.1に示したように，神経症についての行動主義の考えは，精神力動主義の考えと同じく，不安や回避という概念を用いているが，これらを内的な葛藤というよりも，外的な環境のほうに結びつけている（Redd, 1995; Redd, Porterfield, & Anderson, 1978）。直接的あるいは代理的な経験を通して，人は，特定の対象や人，あるいは刺激に対する反応として不安を発展させる。現実世界において具体的にその出来事に出会った場合だけでなく，その出来事について考えるだけでも，人は混乱を覚えることがある。そして情動的な反応は般化し，さまざまな形で現れる。一見中性的な刺激に対して，筋肉の緊張や疲労，そして強い恐怖反応が起こることがよく知られた例である。

フォーカス 10.1

神経症の精神力動論に対する行動主義の挑戦

　理論的アプローチの違いは，それが同様の事例に適用されたときに最も明白になると思われる。行動理論は，フロイトが提起した事例を学習の用語で再分析することで，フロイトの神経症理論に挑戦した。子どもがもっている，直接的な解放を求める攻撃性と性的衝動によって神経症がどのように展開するかについてのフロイトの理論を思い起こそう。これらの衝動を表出すれば厳格に罰せられるので，子どもは衝動を表出することについて不安をもつようになり，それらの表出を抑圧しようと努力する。しかし衝動は，解放を求め続け，圧力が増えていく。時にそれらは抑圧できなくなり，その衝動が漏れ始め，より大きな不安をつくりだす。これらの不安を減らすため，人はさまざまな防衛機制を試みる。神経症では，時にこれらの防衛機制が機能しなくなり始め，社会的に受容されない衝動は，恐怖症や強迫的神経症的な思考や行為のような，さまざまな問題となる象徴的な形式で，非直接的に表出され始める。神経症の起源は，フロイトの見方では，子ども時代にある。

> 「その症状が姿を現すのはもっと後になってからであるが，神経症は非常に幼いころ（せいぜい6歳くらいまで）に獲得される。子ども時代の神経症は，短い時間だけ顕在化するが，見落とされる。すべての事例で，のちの神経症の病気は，子ども時代のその前ぶれと結びついている。」　　　　（Freud, 1933, pp. 41-42）

　フロイト理論の具体例は，ハンス坊やの例として発表された（Freud, 1963）。ハンスは，馬恐怖症になった5歳の少年である。ハンスは，馬車の馬が家の前の道端で倒れて以来，馬にかまれることを恐れて外に出るのが怖くなった。この恐怖症に対してフロイトは，子どもの精神力動的な葛藤の表出であると解釈した。これらの葛藤は，自分の母親を誘惑して，父親を追いだそうとするハンスの欲望が背景にあり，そのために，自分自身が父親に去勢されるのではないかという恐怖を抱かせたので，馬は，その恐ろしい父親を象徴するようになったと考えた。

　しかし，この事例の行動主義的分析は，ハンスの恐怖症を内的葛藤や象徴性をもちだすことなく説明する（Wolpe, 1997; Wolpe & Rachman, 1960）。すなわち，馬が倒れ，道で血を流していたのを目撃したことは，幼い少年に恐怖を引き起こすのに十分な出来事であった。恐怖は馬全体に般化し，結果的にハンスの回避行動を引き起こした。このように，単純な条件づけ過程が恐怖症を説明する場合がある。馬は強い恐怖体験の一部であり，それは不安の条件刺激となり，不安は他の馬にも般化する。この過程は，本文で紹介した，条件づけによって恐怖を植えつけられたアルバート坊やの事例と同様である。

神経症の人は苦痛に満ちた感情から抜けだし，この感情を避けるために，あらゆる努力をしているという点で，精神力動主義者と行動主義者の意見は一致している。神経症患者の回避努力は，苦痛を終わらせるために行われているので，頑固に保持される。例えば，何時間も手を洗い続けるといった強迫神経症的な儀式行動に現れる入念な回避防衛は，その行為がその人の不安を低減しているために保持されていると思われる（Wolpe, 1963）。それに加えて，病気であることに対して親族や友人が注目や共感を示し，それに伴って圧力や義務から解放されることは，この反応の強化子として作用し，不安を感じている人の回避パターンを助長してしまっている可能性がある。

■ トラウマから不安へ

不安反応の最も明快な例は，個人が危険に脅かされたり，トラウマを経験したりした後に起こるものである。生命にかかわる自動車事故，悲惨な戦争体験，飛行機事故といった強いストレスのかかる出来事は，その後に不安を伴うことが多い。実際の危険が過ぎた後も，これらの危険を思い起こさせる刺激や，新たな危険を予期させるような徴候は，不安を活性化させ，知覚をゆがめることがある（例：Rachman & Cuk, 1992）。

深刻なトラウマの後で，犠牲者は他のストレス刺激に対しても不安の反応を示しやすくなる（Archibald & Tuddenham, 1965; Milgram, 1993）。例えばナチスの強制収容所で生き残った犠牲者は，恐怖刺激に対して敏感になり，ストレスに対して不安や睡眠障害の反応を示しやすくなった（Chodoff, 1963）。この観察結果は，不安は消去するのが難しい学習性恐怖反応であり，もともとのトラウマ的な出来事と類似した出来事によって不安が引き起こされるという仮説を支持する。つまり，トラウマ的な刺激によって引き起こされた恐怖は再活性化され，トラウマ的な出来事と連合した刺激に般化されると考えられる。例えば，子どもが犬に襲われてかまれた後には，その子どもの恐怖反応は，その犬だけではなく，他の犬や動物，毛皮，かまれた場所によく似た場所などに般化するだろう（図10.2）。さらに，もし般化した刺激がもともとのトラウマ的な刺激からかけ離れていたなら，その人はその二つの間のつながりに気づくことはないが，それにもかかわらず，不合理な不安が生起されることになる。例えば，ある子どもが犬にかまれた部屋やそれによく似た部屋を恐れているとしよう。もしその子が部屋に恐怖を感じることと犬にかまれたこととの関係を理解していないなら，部屋への恐怖は奇妙にみえるだろう。

学習の観点からいえば，他の学習性の恐怖と同様に，トラウマ後の不安は，単純な連合あるいは条件づけの原理を通して獲得されたものであるといえる。もし中性的な刺激が不快な出来事や結果と結びついていたら，その中性的な刺激は，それ自身が不安を引き起こすものになるだろう。このような条件づけられた嫌悪の情動反応は新し

第1段階　　　　トラウマの出来事

S_1　　（例：犬にかまれる） ⟶ トラウマ反応
S_2　　犬の攻撃に　　　　　　　　　　（痛み，恐れなど）
S_3　　強く結びついた
S_4　　刺激

第2段階　　　　トラウマと結びついた（あるいは類似の）刺激によって引き起こされる不安

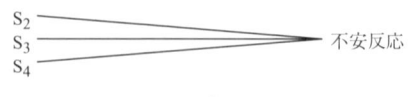

S_2
S_3　　　　　　　　　　　　　不安反応
S_4

図10.2 トラウマから不安へ

い刺激に対して広範囲に般化する（図10.2）。嫌悪覚醒と回避の臨床的な例として，物や人，社会的・対人的状況を含む多くの恐怖症や不安反応をあげることができる。このほかに，外的な事象だけではなく，言語や思考，幻想といった表象も，苦痛な情動を生みだすことがある。例えば，犬にかまれた経験がトラウマになった子どもは，その出来事だけではなく，その出来事が起こった部屋，およびそれに類似した部屋について考えるだけでも恐怖を感じるだろう。

　情動的な覚醒に結びついたこれらの刺激には，より近接するほど，またより関連した刺激ほど，より強い反応を引き起こす傾向がある。ある研究では，初めてスポーツ・パラシュートに挑戦する人と統制群の人が，それぞれ特別につくられた言語連想テストを受けた（Epstein & Fenz, 1962; Fenz, 1964）。このテストの中の言葉は四つの段階でパラシュートと関連するようにつくられていた。これらの刺激語に対する参加者の情動的な覚醒を測定するために，言語連想テストの実施に合わせて，参加者の生理的反応として発汗による皮膚の電気的な活動の変化を反映する皮膚電気反応（GSR）が記録された。このテストは，パラシュートで降下する2週間前，その前日，当日の三度行われた。その結果，パラシュートで降下する人は，そうでない人に比べて，パラシュートに関連する言葉に対してより強い活性を示し，覚醒の度合いはパラシュート降下に時間的に近いテストほど高かった。

10.4　オペラント条件づけ（道具的学習）——B. F. スキナーの貢献

　古典的条件づけを探求したパブロフと他の多くの研究者たちは，無条件刺激と中性刺激が結びつけられる過程を通して，中性刺激に対する肯定的／否定的な情動反応が，どのように獲得されるかを示した。しかし学習は，この形式によってだけで起こるわ

けではない。もう一つの学習は，道具的条件づけまたは「オペラント条件づけ」とよばれ，パーソナリティの発達における経験や学習の役割を理解するための重要な基盤を提供する学習である。B. F. スキナーは，20世紀に最も影響力のあった行動主義者であり，彼のアプローチの中心としてオペラント条件づけをおいた。数十年にわたる多くの研究において，彼とその学生や仲間は，行動を時に劇的に変化させる，条件づけの潜在的な影響力を描きだした。

■ オペラント条件づけはどのように起こるか——反応の結果から学ぶ

　行動は，その結果によって変容させられる。生物が何らかの反応（あるいは環境に対して「働きかける」(operate) のでオペラントとよばれる反応パターン）をした際にその結果として起こることは，類似した反応を将来にも行うことがどれくらい好ましいかを決定する。もしその反応が好ましい，すなわち強化になる結果をもたらしたなら，その生物は類似した状況下で再びその行動をしやすくなる。一般に広まった誤解とは逆に，「強化子」あるいは好ましい結果は，食べ物や性的満足のような原始的な強化子とは限らない。情報のような認知的な喜び（Jones, 1966）や有能感や達成のようなものを含むたいていの事象は，強化子として機能する。このように反応によって引き起こされた結果をもとにした学習は，心理学の初期のころには試行錯誤学習あるいは道具的学習とよばれたが，いまはオペラント条件づけとよばれている。

　ある反応パターンが引き起こす結果が変わったとき，その反応パターンが再び起こる確率も，類似した反応パターンが起こる確率も変化する（Nemeroff & Karoly, 1991）。もし小さな少年が，哀れっぽい声を出してしがみついたとき，母親がすべてのものを後回しにして，その子どもをなだめようとしたら，その子が将来，同じようにふるまう可能性が高くなる。しかし，もし母親が一貫してこの行動を無視して，相手にしなかったら，その子が同じようにふるまい続ける可能性は下がるであろう。

■ スキナーの基本的なアプローチ

　ミラーとダラードの動機づけ的な動因理論は，動機づけを中心に人間のパーソナリティを説明するものであった。そして，フロイトが精神分析理論の中で提唱した動機づけの概念の多くを学習の枠組みの中で再解釈するものでもあった。しかし，彼らの動機づけという視点は，多くの臨床心理学者の関心に応えた一方で，心理学という学問にたいへんに強い影響力をもった米国の行動主義者スキナーの学習理論の中では否定された。スキナーと彼の支持者たちは，心的過程についての推論を必要としない，行動の完全に客観的な分析を行うことを追究していたからである。

　スキナーは，行動，つまり本人が言うことや行うことを検討する方法以外に，人間について科学的に知る方法はないと考えた。この点に関して，すべての心理学的アプ

ローチは，行動の研究に基礎をおいているが，それをどのように扱うのかに違いがあるといえる。例えば，特性レベルの分析において，観察可能なものである行動は，特性や属性を推論するための徴候として扱われる。ところが，スキナーと弟子の多くが提唱する行動主義アプローチでは，観察された行動こそが基本となる単位であり，彼らの関心は，それを「統制する」条件や刺激，あるいは状況を特定することに向けられている。このように刺激が反応を統制するという考え方は，刺激統制とよばれる。

　この学派の行動主義者たちは，個人の行動を直接的に抽出するが，その行動を人の動機またはその他の属性の徴候としてみることはしない。例えば，この立場に立つ者がスピーチ前のゲリー・Wを観察したなら，そのときの不安や危機感あるいは他の個人的な諸要素についての推論によってゲリーを描写するのではなく，本人がスピーチの前に何をしたかを調べようとするであろう。この理論家たちは対象を行動だけに限定したため，彼らの定義でパーソナリティは，個人の行動全体と等しいものとなった。つまり，その人を位置づけるのはその人が「行ったこと」なのである。

■ 状況の重要さ——刺激の役割

　スキナーと支持者たちは，刺激と状況が行動の制御に与える影響を重視した。この分析で用いられる方法は実験的なものであるため，ここでいう刺激とは，実験操作され，学習経験を通して特定の性質と結びつくようになった単純な緑や赤の光，あるいは音をさす。しかし，人が他の人をどのように知覚するかを決定する要因や，社会的な行動における状況の重要さを示す証拠は，より自然な社会心理学的実験から得られたものである。

　このアプローチの影響を受けた心理学者たちは，関連する状況についての情報だけから行動をしばしば予測できると指摘している。例えば，精神疾患で入院していた元患者の退院後の社会適応の研究について考えてみよう。退院後の適応を正確に予測するには，その人の心理的な変数の測定や病院内での行動よりも，例えば就職できるかどうか，家族からサポートが得られるかといった，その元患者が暮らすことになるコミュニティ環境についての知識が必要である（例：Fairweather, 1967; Fairweather et al., 1969; Holahan & Moos, 1990）。

　同様に，子どもの成績を予測するには，その子どもの環境が子どもの知的な発達をどの程度サポートするのか，例えばお手本になる人の存在や与えられる強化子の影響を考慮に入れることが役立つ（Wolf, 1966）。そして，人がストレスを受けたとき，病気になってしまうか否かを予測するには，その人の環境で結婚相手や家族などからの社会的サポートをどの程度得ることができるのかを知ることが役立つ（Holahan & Moos, 1990; Nilson et al., 1981）。また，強力な治療法がいくつか開発されたとき，どの治療法が割り当てられたのかを知れば，結果の予測が可能になるだろう（例：

Bandura, 1986; Bandura, Blanchard, & Ritter, 1969)。

　日々の生活において，人はそれぞれ安定したさまざまな状況におかれている。大学生の生活状況は，彼らが行うことに影響を与えるだけではなく，その状況との相互作用を通して，卒業後になろうとするものにも大きな影響を与える（Cantor, Kemmelmeier, Basten, & Prentice, 2002）。ニューヨーク市のタクシー運転手，あるいは宗教者，大学教授，会社の取締役，美容師の一日について考えてみよう。この人たちが日々出会う状況はかなり異なるだろう。このような違いは，職業や社会的な役割に限ったことではない。ほかの人に対していらだって防衛的に接する人は，愛想よいスタイルの人とは，相手から返される反応が違うことが多いだろう。

　状況と社会的役割の影響力の劇的な描写は，発表時に多数の人にショックを与えた自然実験においてみることができる（Rosenhan, 1973）。その実験では，スタンフォード大学の医者・心理学者・大学院生といった正常な個人が，さまざまな精神病の症状を演じて，地域の精神病院に入院した。その人たちは，収容された後は，ふだんと同じく合理的にふるまった。ところが，外ではどんな人物なのかを知らない精神病院の専門職員によって，入院後，ずっと精神障害がある人として扱われ続け，精神病とラベルづけされていた。病院の職員は，その人たちの合理的かつ正常な行動を無視して，精神病院に入っている人は精神病に違いないと考えているようだった。職員の目にとって，そこにいることだけで，正常な人が精神病患者のようにみえるのに十分だったのである。

■ 推論された動機の否定

　行動を説明するために，初期の理論家の多くは，さまざまな人間の動機を仮定した。動機づけに関する理論は，人間が追求する目標の多様性と複雑さを明らかにする助けとなり，人がなぜその行動をするのかという行動の原因についての研究を発展させることに寄与してきた。動機を研究する研究者たちは，動物の生物学的な動因に関しての実験的研究のモデルによって影響を受けている。動機づけについての動物研究では，空腹動因や性的動因など動物にあると仮定された欲求は，実験室で操作された観察可能な条件と明確な関連をもっていた。例えば，空腹動因の強さは，動物が食べ物を与えられなかった時間から推論される。犬が2日間餌を与えられなかったら，強い空腹動因をもっていると考えてよいだろう。このような場合，動因や動機への言及は単純で容易である。同様に，人間にあると仮定された高次の動機についての注意深い研究は，どのような客観的な状況が動機を決定するのかを明確に特定してきた（例：Emmons, 1997; McClelland, 1992; McClelland et al., 1953）。

　しかし，厳密さに欠ける動機づけ理論のパーソナリティへの応用では，願望や欲望といった動機の概念は大ざっぱな使われ方をされてきたが，行動の説明として動因と

いう考え方を用いることの価値については疑問が残されている。スキナーはこの問題を長年にわたり指摘してきた。彼の見方によれば，なぜ人があるふるまいをするのかについての説明として，動機という考え方を用いる傾向があることは理解できる。なぜなら，それは私たちが行動を常識の言葉によって「説明」するやり方だからである。ある子どもが自分自身をきれいにするためにたいへんな時間をかけて洗面・洗浄したり身づくろいしたりする理由を説明するために，安直に「あの子は，きれい好きだからだ」とか「強迫的な整理欲求があるからだ」などと言ってしまいがちである。

動機についてのこのような仮定は，説明しているように聞こえるかもしれないが，その動機が客観的に定義されて動機そのものの原因が十分に確立されないかぎり，ほとんど何の説明にもなっていないのである。「なぜ」その子がきれい好きなのか？「何が」その子の強迫的な整理欲求を決定しているのか？ このような疑問は，ハーバード大学において長年研究に励んだスキナーによって投げかけられた批判であった。

行動主義アプローチの第一人者の一人であるスキナーは，人間の欲求に関連した多くの概念を，人間の活動につけられた動機づけのラベルにすぎないと批判した。たしかに，行儀のよい行動には行儀よさへの動機，従属的行動には従属的欲求，探索行動には探索欲求などが使われがちである。このような循環論法を避け，名づけることと説明することを明確に区別するため，スキナーのような行動主義心理学者は，行動に影響すると考えられる観察可能な事象や，行動を変化させる条件を分析することを好む。だから，行動それぞれに固有の動機づけを考えることを避け，ある行動のその後の生起を強化し，そのまま保持し，または変化させる外的な事象を発見しようと努力するのである。このアプローチでは，上記の頻繁に洗面をする子どもの例については，次のように問うことになる。いつ子どもの洗面・洗浄行動が増加するのか？ どのような観察可能な環境の変化に伴って，それが減少するのか？ 例えば，両親の反応はその行動にどのような影響を与えるのか？

スキナーによれば，心理学は行動の科学であり，観察不可能な内的状態や動機についての推論は，理論的説明として適切ではないし，そのような推論は行動を統制する条件について科学的な説明と理解に少しも寄与しない。「動機づけ」は，単にある一定の期間の水あるいは食べ物といったものの剥奪あるいは飽和の結果である。このように，「動因」は欠乏または飽和の観察可能な効果に言及するための便利な方法にすぎない。同様に，内的な「葛藤」についての推論も避け，その状況において特定の行動を統制していると思われる刺激条件を，実験的に分析することをスキナーは好んだ。彼は次のように述べている。

「人は，芸術，音楽，文学において自分自身を表現するのは自由である。自分のやり方で自然を探求し，宗教に救いを求める自由もある。自分で活動を始め，

自発的に，時に気まぐれに，進む道を変更するかもしれない。私たちはかつてそう信じていた。……しかし科学では，その個人に働きかける力によってのみ活動が始められるのであり，気まぐれとは，まだ見つかっていない原因によって引き起こされた行動を，そう表現しているにすぎないと考えざるをえない。」

(Skinner, 1955, pp. 52-53)

スキナーの行動主義的な考え方の中心にあるのは，私たちの行動は，動機や性質あるいは人の中にある「私たち自身」によって形成されるものではなく，外的な環境によって形成されるものであるという信念である。

■ 般化した条件性強化子

中性刺激は，強化子の特徴をもった他の刺激と組み合わせられたときに価値を獲得し，条件性強化子になる。条件性強化子は，一つ以上の一次的強化子と組み合わせられたときに般化する。般化した条件性強化子の例としては，非常にさまざまな一次的満足（食べ物，家，快適さ，医療的援助，苦痛の除去）を与える機能をもつお金があげられる。「般化した条件性強化子」は徐々に，もとにしていた一次的強化子が伴わなくても価値をもつようになる。例えば，お金そのものを愛し，一次的報酬に交換せず，ただの紙のまま蓄積するために働くという例があげられる。

お金のような般化した条件性強化子はわかりやすいが，目立たないのでわかりにくく，複雑な社会的関係とかかわることもある。両親や好きな人，教師など，好ましい人からの注目と社会的な賞賛は，特に強力な般化した条件性強化子の一つである。

■ 日常生活における弁別と般化

弁別刺激は，オペラント反応が好ましい結果を起こすときと起こさないときの区別を教えるものである。このような信号なしには，これから行う行動が好ましい結果を引き起こすのか，それとも好ましくない結果を引き起こすのかを前もって知ることはできない。人は弁別刺激に助けられて，列車が近づいてきている踏切では車を止めることを学ぶし，ある食べ物のときにはフォークとスプーンを使い，別のある食べ物のときには指を使うことを学ぶ。また，サッカーの試合では叫んで応援するが，期末試験の最中にはそうしない。また，気温が下がり始めたときには上着を羽織るし，暖かくなり始めたら上着を脱ぐ。赤信号では止まり，青信号では進む。

特定の反応や反応のパターンが，ある刺激が呈示されたときに強化され，他の刺激のときには強化されなかった場合に「弁別」は起こる。自分の部屋で一人きりか，親しい友だちだけといるときならば，多少ゲップをしても大丈夫かもしれないが，指導教員の研究室で相談しているときにはそうはいかず，もしそうすれば居合わせた人もすぐに何らかのフィードバックを返すであろう。弁別は，特定の状況下で行動が強化

されたりそのまま許されたりし，他の状況においてそういうことが起こらないと生じる。人は，ある行動に対して強化がなされない状況下においてよりも，その行動に対して強化される状況下でその行動をするようになる。

もしある反応パターンが，条件や状況が異なっても同様に報酬を受けるなら，般化が起こる。例えば子どもは，学校でも家でも両親や教師に対して接するときも，きょうだいや友だちと接するときと同じように粗暴にふるまうことが奨励され許されたなら，粗暴な行動パターンは般化しやすいだろう。般化は，刺激状況の類似性に依存し，物理的に似た刺激や，類似したメッセージをもつ刺激は，非常に強い般化を引き起こす。

行動主義の観点からみれば，子どもの社会化は，「弁別訓練」に基づいたものである。例えば子どもは，排便や排尿を特定の場所で行い，他の場所では行わないために，自分の便意をコントロールすることを学ばなければならない。おもちゃ箱や砂場で積極的に探索することは許されて奨励されるが，薬箱や母親の宝石箱にいたずらすることは許されない。このような弁別訓練の結果として，子どもの行動は，その行動が行われる特定の状況に依存し始める。

ある行動が状況に依存せずに同様の結果を引き起こすとき，ある状況から他の状況への般化が期待される。例えば家や学校で問題が起こったときに両親やきょうだいや教師から援助を得やすければ，その子はいろんな状況で依存的になるであろう。逆に，好奇心のような行動が，ある状況下では罰せられて，他の状況下ではそうでないのならば，異なった状況において一貫した行動をとることは期待されないであろう。子どもは，友だち，学生，恋人など，さまざまな役割に応じて自分の行動を弁別するようになり，さらにより多くのことを学習する。これらの役割があることは，それぞれの状況において，特定の適切な行動が存在することを示している。

■ 漸次的接近法による行動形成

反応が強化される前に，まず反応が起こらなければならない。外国語で新しい言葉を言う場合のような極端に難しい反応は，学習者による自発的な反応だけでは起こりにくい。もし「初めまして」をギリシャ語でなんというのかを知らなければ，相当な数の発音を試みないかぎり，正しい表現は自発的に出てこないだろう。この問題を克服し，生物が新しい反応を起こすことができるようにするために，スキナー学派は，「行動形成」とよばれる手続きを用いる。

行動形成とは，徐々に目標となる行動に近い行動をつくりだしていくテクニックである。このテクニックは，生物が自発的に遂行する行動を注意深く観察し，少しでも望ましい行動に近いものであれば即座に報酬を与えるものである。この方法では，最初に，おおまかな反応が形成され，徐々に細かな反応の形成に移り，最終的な目標と

なる行動に接近するたびに強化が与えられる。例えば鳩に，床に描かれた大きな同心円の中心に立つことを教える場合には，鳩がその中心に近づくたびに報酬が与えられる。

■ 結果のパターン化──強化のスケジュール

強化のパターン化やスケジュール化，すなわち生物の行動に対して強化が起こったり起こらなかったりすることは，将来の行動の生起と強化された行動の強度に影響を与える（Ferster & Skinner, 1957）。強化のスケジュールは時に，強化子の性質よりも重要な場合がある（Morse & Kelleher, 1966）。強化のスケジュールが異なると，それはオペラント反応に異なった影響を与える。オペラント強度は，反応の比率によって測定される。単位時間におけるその反応の起きる頻度が高いほど，その比率は大きく，よって強度が強いといえる。

連続強化（**CRF**）とは，反応が起きるたびに強化されるスケジュールのことである。一般的に，反応は連続強化によって最も早く学習される。例えば子どものトイレのしつけの場合には，子どもが上手にトイレを使うたびに，ほめられ，ごほうびを与えられたなら，トイレのしつけは早く学習されるであろう。連続強化を実験室でつくりあげることは容易であるが，一般的な生活の中では経験することはあまりなく，反応に対してときどきしか強化が与えられない部分強化スケジュールまたは間欠強化スケジュールのほうが頻繁に見受けられる。例えば，注目されたい子どもにときどきしか両親が注意を向けてくれないときや，商品がときどきしか売れないとき，たくさんの負けを経験することなしにギャンブルに勝てないときなどに，間欠強化スケジュールがみられる。

部分強化や間欠強化を受けた行動は，強化が行われなくなっても消去が起こりにくい。泣いたり，水を欲しがったり，もう一つだけお話を読むようにせがんだり，親の注目を求める子どもに対し，間欠的あるいは不規則的にかまってきた母親は，子どもの行動が非常に頑固に保持され，その行動を無視してもやめさせることができないのに気づくであろう。顔面チック，攻撃性，未成熟な依存性など，多くの潜在的に不適応な行動は，間欠的に強化を受けてきたために，消去が困難になっている。例えば，子どもの癇癪行動に対しその場しのぎの対応をして間欠的に報酬を与えると，その癇癪行動を生涯にわたって続く行動にしてしまう可能性がある。身体的攻撃や未成熟な依存といった多くの潜在的に不適応な行動は，間欠的に報酬が与えられると，やめさせるのを困難にしてしまうかもしれない（Plaud & Gaither, 1996）。

目の中に小さなごみが入ったとき，それに気づいた父親から，まばたきするように教えられた子どもが，うまくいって目の痛みが引いた後でも，しばしばまばたきをするようになることがある。それが困ったこととしてもとらえられていても，「そんな

ことやめなさい」と言われたいためであっても，女の子のまばたきが両親から注目されることによって強化されれば，消去が困難な顔面チックに変化してしまうかもしれない。同様に，一度うまく大勝ちすることができたギャンブラーは，儲けと損失の差がマイナスになっても，ギャンブルを続けるだろう。部分強化後の行動の持続の頑健さは，反応に対して非一貫的，不規則的，予測不可能的に強化を受けた場合には，強化子が完全になくなった後でも，長期にわたって報酬に対して期待が続くことを示している。

■ 迷信行動──不合理な反応につながる強化の獲得

　オペラント反応の発生とそれに続く強化の関係はしばしば因果的である。例えば，ドアノブを回すとドアが開く。これは，ノブを回すという行動に強化を与える。結果的にその後，部屋を出たり入ったりするときにはドアノブを回すという行動が増えるが，ドアの前でのその行動は合理的である。しかししばしば，実に偶然に，奇妙で，迷信としか思えない行動と間違った信念が，反応と強化との関係によって形成されることがある（Matute, 1994）。例えば，原始的な風習では，干ばつを終わらせるために神に対していけにえをささげることがあった。これは，いけにえがささげられた後に雨が降ることがあったからであると考えられる。

　スキナーが行った迷信行動の発生の研究では，ハトが何をしていようと関係なく，例えば15秒ごとに定期的に餌を与えることによって，迷信行動を植えつけることが可能であることを実証した。スキナーは，この方法で条件づけられた奇妙な習性を下記のように記述している。

> 「最初に餌が与えられたときのハトのふるまいは，ハトによって異なるだろう。強化が与えられた結果，それぞれのハトがそのときにしていた行動に対して条件づけが起こる。そのためハトは，次に餌が与えられたときにも同じ行動をしている可能性が高まる。もし実際にしていたら，この（本物でない）『オペラント』は，より強くなるだろう。もししていなければ，別の行動が強化されるだろう。つまり，いずれかの行動が偶然に十分なレベルまで強化される。だからハトの行動に関係なく，時間によって餌が与えられていたとしても，ハトの行動レパートリーの永続的な変化が起こる。ある方向にすばやく向く，片足でジャンプしてもう片足へ後退する，お辞儀する，喧嘩する，ぐるぐる回る，気取って歩く，頭を上げるなど特異な行動がいくらでも考えられる。反応の形態におけるわずかな変容が餌の受けとりと同期するので，さらなる強化に流されるままに行動の変容が継続する。」
> 　　　　　　　　　　　　　　　　　　　　　　　　（Skinner, 1953, p. 85）

■ 罰

スキナーは強化子・報酬の役割だけに注目したが，罰もまた，行動に強く影響する。罰は二つの形式をとる。一つは「正」の罰であり，電気ショックや，顔への平手打ちなどの嫌悪刺激の形で与えられる。二つめは「負」の罰であり，パーティに行かせない，子どもの好きなおもちゃを取り上げるなど，何か好ましいものを取り去ることで行われる。

当然のことではあるが，社会化過程の中のパーソナリティの発達において，罰の影響は，重要であり，複雑であり，多くの変数に依存する（Aronfreed, 1968, 1994）。例えば，「嫌悪刺激」やしつけは，ふだんは愛情やその他望ましい強化を与えてくれる養育者から，粗暴な力ではなく，表情や言葉によって与えられる。さらに，罰せられるのは特定の反応というより複数の反応に対してであり，外から見える反応だけでなく，見えない反応も含めて一連の長い連鎖になっていることもある（Aronfreed, 1994）。

どの行動が不適切だと考えられて罰せられるかは，その場の状況だけではなく，その子どもの年齢や性別のような要因とも関係する。幼い子どもの間は問題とされない無力感や受動性は，年長になると不適応であるとされ，少女においてほめられる特性は，少年においてはよくないとされることも多い。母親は意図的に自分の息子が依存的であることをほめて，息子の攻撃性を罰するかもしれないが，その子が学校に行けば，学校の仲間はその逆に，おとなしい子をばかにして，攻撃的になって自己主張することをお手本として示し，そうすることに対して報酬を与えるかもしれない。

子どもの行動に対する罰の効果については，注意深いレビューがあるので，その結論の一部を抜粋する。

> 「社会化を進めようとしている者が，望ましくない行動の代わりになる向社会的な行動を教え，そのような向社会的行動に対してきちんと強化を与えていた場合に限り，適切なタイミングで，一貫して，十分な強さで与えられた嫌悪刺激は，子どもの社会化過程を促進し早める条件をつくるであろう。」
>
> （Walters & Parke, 1967, p. 218）

ここで覚えておくべき重要な点は，罰は迅速に，かつ対象を特定して与えられたときには好ましくない行動を抑制するのに役立つかもしれないが，子どもにその代わりとなる好ましい行動を教えることはできないということである。それゆえ親は，抑制しなければならない反応の代わりとなる適切な反応を子どもに示して強化するという技術を用いるべきである（Walters & Parke, 1967）。この方法を使えば，学習者は罰せられずにすむ，新しい反応を学習することができる。このような望ましい選択肢を与えないと，子どもにはまったく何もしないことが回避する唯一可能な方法にみえ，ジレンマに直面してしまう。次の罰を防ぐ方法はなく，それに対処できないと子どもが

信じたとき，罰は非常に不幸な状況を生みだす（Linscheid & Meinhold, 1990）。子どもが，現状をうまく切り抜けられる方法はなく，うまくいくことは何もないと感じてしまえば，抑うつや無力感を感じるだろうし，ものごとを否定的に考えてしまうことになる（Nolen‑Hoeksema, 1997; Seligman, 1975）。

■ スキナー自身の行動

スキナーが行動を研究するために採用した方法は，極端なものである。もともと文学と芸術に強い関心があったにもかかわらず，彼は科学者として大成し，それが彼の人生の使命となり，その知見を研究対象とした動物だけではなく，彼自身にも応用した（フォーカス10.2を参照のこと）。

フォーカス 10.2

スキナーが分析するスキナー

彼が執筆した自伝の中で，スキナーは，彼自身の行動を，自分がラットであるかのようにみて，そして分析していたことを強調している。「私は，同様の考え方を適用してきた。同様の因果関係をみて，同様の方法で行動を操作した……」（Skinner, 1967, p. 407）。

彼自身の行動を形成する自分のまわりの環境について，彼は下記のように書いている。

「私は，神や，警察など人々が恐れるべきだと考えるものを恐れるように教わってきた。結果として，私は常に大きな問題に陥ることなく，するべきことをしてきた。私は，一日であっても無駄に過ごさないようにいつも努力してきた。私は勉強したくないときにも勉強し，教えたくないときにも教えてきた。動物に命ずるのと同様に，動物の世話をし，走行実験を行ってきた（私の『実験室』記録の中には，12月25日から1月1日のスタンプがあるものもある）。」

(Skinner, 1967, p. 407)

直接的で厳密な観察と行動の操作からわかる以上のことを主張するのを彼が拒絶したこと，そして，あらゆる推察や理論化を避けようと努力していたことについて，彼は次のように述べている。

「私は，自分自身をだまさないようにしてきた。問題をごまかすことで効果的になるメタファーを避け，価値のない考えをもっともらしくする美辞麗句を使わなかった。数学を使うことで不当に権威を得ようと思わなかった。そうしようと思えばデータから生理学的な目覚ましい理論をでっちあげることも容易だったが，そうはしなかった。」 (Skinner, 1967, p. 407)

そして最終的に，彼自身は「行動の統制」ということに専心した。「人はその人自身の未来について計画しなければならず，また必ず生じてくる問題を解決するために，科学的に判明したことを最大限に活用しなければならないと，私は信じている」（Skinner, 1967, p. 411）。

表10.3 2種類の学習のまとめ

種類	形態	効果	例	解釈
古典的条件づけ	例えば、ベルの音のような、中立的な刺激が、例えば食物のような強力な無条件刺激の直前に、繰り返し呈示される	もともと中立的であった刺激が条件刺激になる。つまり、その強力な無条件刺激の影響力のいくらかを獲得する	食物と一緒でないときでさえも、ベルの音が唾液を出す反応を引きだす	生物体が、条件刺激（ベルの音）が、無条件刺激（食物）が起こることを合図する、あるいは予測することを学習する
オペラント（道具的）条件づけ	自由に行われた反応（オペラント）の後に、繰り返し、好ましい結果（強化子）が起こる	そのオペラント行動の頻度が増加する	もし泣くことで世話をしてもらえることが続いたなら、泣く行動の頻度が増える	生物体が、その反応が特定の結果を生みだすことを学習する

■ 学習の二つのタイプのまとめ

本章のまとめとして、表10.3に、これまで論じてきた古典的条件づけとオペラント条件づけという2種類の学習についてまとめた。この2種類の学習には共通する部分も多いが、それぞれ異なる特徴ももっており、現在盛んになっている社会的学習理論においても、それぞれの地位を占めている。両タイプの学習は、多くの応用の基礎を提供し、次章で論じる治療対象となる行動の変容の方法論的基礎となっている。

☑ 要　約

精神力動論への行動主義的アプローチ——ダラードとミラー
- ダラードとミラーは、精神力動的概念に対し、動物学習の実験室研究という、より客観的な方法と用語を結びつけた。
- ダラードとミラーは、接近傾向と回避傾向を目標物からの距離の関数として位置づけるのに、目標勾配の概念を応用した。
- ダラードとミラーの理論では、動因、手がかり、反応、強化を学習の基本要素として強調した。動因を低減する事象が強化として扱われた。
- 葛藤は二つ以上の目標が相互に排他的であるときに存在する。この葛藤は不安と抑圧をつくりだす。

古典的条件づけ——学習性情動連合
- 古典的条件づけにおいて、無条件刺激（UCS）は、条件刺激（CS）と結びつけられ、もとの無条件反応は、条件刺激だけが現れたときにも引き起こされるようになり、条件反応となる。

- 古典的条件づけの原理は，ある種の複雑な社会的現象や，不合理な恐怖などの神経症的行動，異常行動などを説明するために拡張されてきた。
- トラウマ的な恐怖は般化し，客観的には危険が去っていても，もともとのトラウマ的な経験と密接に関連した事象や認知が，不安を引き起こすことがある。

オペラント条件づけ（道具的学習）――B. F. スキナーの貢献

- B. F. スキナーの業績は，オペラント行動に焦点をあてている。オペラント条件づけにおいて，行動パターンはその行動の結果，つまり強化子を変えることによって変容する。食べ物や性的な満足と同様に，情報や注目は強化子として機能しうる。
- スキナーの理論の中では，内的な動因や背景にある動機についての推論の代わりに，行動を統制する刺激条件の分析が中心的な位置を占めている。
- スキナーの見方によれば，学習における弁別は，社会化過程において基本的となることである。ある行動に対してさまざまな条件で類似した結果が得られるとき，行動の般化が起こり，異なった状況下でも類似した行動パターンを示すようになる。
- 行動は，望ましい行動への漸次的接近を強化することによって形成される。
- 行動への連続的な報酬あるいは強化は迅速な学習を引き起こすが，不規則的な間欠強化は強化子がなくなったときでさえ消去されにくい安定した行動を形成する。多くの潜在的な不適応行動は，不規則的に報酬を受けるため変容するのが困難なのである。
- 非合理的な行動は，偶発的かつ非因果的に行動と結果が組み合わさって形成される。
- 罰の影響は複雑であり，タイミングなどの多くの条件に依存する。

☑ 重要な用語

一次的／生物学的欲求，オペラント，オペラント条件づけ（道具的学習），回避-回避葛藤，回避傾向，学習性動因，葛藤，間欠強化，強化，嫌悪刺激，高次条件づけ，行動形成，古典的条件づけ（条件反応学習），刺激統制，消去，条件刺激（CS），条件性強化子，条件づけ，条件反応（CR），神経症的葛藤，精神力動的行動理論，接近傾向，接近-接近葛藤，手がかり，動因，動因低減，剥奪の条件，罰，般化，般化した強化子，反射，反応，部分強化，弁別訓練，弁別刺激，無条件刺激（UCS），無条件反応（UCR），無思料，目標勾配，両価性（接近-回避傾向），連続強化（CRF）

☑ 考えてみよう

1) パーソナリティに影響する要因として，行動・条件づけという視点での分析では何が注目されているか？
2) ダラードとミラーは，どのように，フロイトの神経症的葛藤の概念を学習理論の用語に翻訳したか？
3) ダラードとミラーが指摘する学習過程の四大要素を説明しなさい。
4) 一次的な動因と二次的動因の違いを述べなさい。また，恐怖が，強化において引き起こされた学習された反応と学習された動因の両方であるとはどういう意味か？
5) ダラードとミラーによれば，強化と消去はどのように起こるか？
6) 葛藤の基礎にあるのは何か？　また，葛藤の主要な形式をあげなさい。

10章 行動主義の考え方

7) 不安と抑圧は，学習理論の用語でどのように置き換えられたか？ このアプローチはどのように抑圧を説明したか？
8) 精神力動学的行動理論の主要な寄与と批判を要約しなさい。
9) UCSとUCR, CS, CRをそれぞれ定義しなさい。条件反応はどのように学習されるか？
10) 高次条件づけは，私たちの好き嫌いにどのようにかかわっているか？
11) ハンス少年についてのフロイトの分析と，この事例の行動主義による再解釈を比較しなさい。
12) なぜトラウマを受けた人は，その後ストレスに反応しやすくなるのか説明しなさい。
13) オペラント条件づけと古典的条件づけはどう違うか？
14) 行動の刺激統制とは何か？
15) なぜスキナーは，行動の原因として動機や内的葛藤の概念を用いることを否定したのか？
16) 条件性般化強化子はどのようにつくられるか？
17) 般化と弁別を定義しなさい。自分の生活の中で弁別刺激の例をあげなさい。
18) 行動形成はどのように行われるか？
19) 強化のスケジュールが，行動の学習と消去に与える効果について記述しなさい。
20) 迷信的行動はどのようにつくられるか？ なぜそれをやめさせるのが難しいのか？
21) 嫌悪刺激による罰の利点や考えられる問題点を記述しなさい。望ましくない行動を消去するための好ましいアプローチにはどのようなものか？

11章

行動の分析と変容

　多くの心理学者たちは，前章で論議された古典的条件づけと道具的条件づけの原理は，少なくとも特定の恐怖のような人間の行動上の問題の治療に有効であろうと認識していた。しかしながら，ほとんどの心理学者は，行動主義に基づいた初期の業績は，多くが人工的な実験室場面での動物研究に基づいていることを気にかけていた。ネズミの迷路での走行やハトが餌を手に入れるためにレバーをつつく行動のような洗練された実験が行われていた。しかし，どのようにして，これらの結果をパーソナリティや人々の複雑な人生や生活に，有意義に関連づけることができるのであろうか。

　同じころ（1970年以前），ほとんどの臨床家たちは，行動主義に基づいた概念は，パーソナリティの複雑性を理解するためにはあまりにも表面的であり，パーソナリティの問題をもつ人々を援助するには不適切であるとみなしていた。行動主義的な研究者たちの中にはこれらの指摘に異議を唱え，自分たちの考えや方法を，人やパーソナリティとパーソナリティの変容に関連した諸問題に応用する者もあった。何十年かの間には，その人たちは，他の治療で効果の得られなかった最も困難な行動上の問題やパーソナリティ上の問題のいくつかを治療し始めた（例：O'Donohue et al., 2001）。一例として，非常に重篤であるので実験的な新しい方法を試みても失うものがほとんどない，他の方法ではうまくいかなかった入院患者を治療することが許されたのである。この章では，いまでも種々の形式で有効とされている査定と変容のための，このアプローチでの主要な方略を解説することを目的にする。これらの手続きのいくつかを学習することで，このレベルでの研究の指針となっている考え方の基礎にある哲学がよくわかるだろう。

11.1　行動査定の特徴

　行動主義的なアプローチは，広範囲におよぶ特性や動機を解明するよりは，むしろ人間の行動を支配している特定の条件やプロセスに焦点をあてている。

忘れてはならないのは，すべての科学的心理学のアプローチは，行動観察に基づいているということである。つまり，パーソナリティ質問紙に答える，あるいはインクのシミがどのように見えているかと答えるのは，泣いている，走っている，あるいは戦っているのと同じように，まさに行動なのである。しかしながら，ほとんどのパーソナリティ・テストで観察された行動は，それらの背景にある特性や動機の間接的な兆候を示しているものと考えられる。それに対し，行動査定において観察された行動は，標本（サンプル）として扱われ，そこでの関心は，いかに条件の変化によって，特定のサンプル行動が影響を受けるかに焦点があてられる（Mischel, 1968）。例えば，幼稚園で仲間たちと接しているときに生じる子どもの身体的，言語的攻撃に関心があるなら，教師あるいは両親の報告やパーソナリティ・テストの得点によって接近するよりもむしろ，まさに行動のタイプと状況こそを直接的に観察し，査定すべきなのである（O'Donohue et al., 2001）。

■ 事例——ゲリーの不安を「支配している」条件

　行動査定の一般的な方法を説明するため，もう一度ゲリー・Wのケースを考えてみよう。このレベルでのゲリーの査定は明らかに，刺激条件に関連した行動に焦点をあてることになるであろう。しかし，どんな行動が，どの条件と関連しているのだろうか。ゲリーの「一般的な」パーソナリティや行動を描写したり，その行動の「平均」や支配的な帰属のタイプを評定するよりむしろ，焦点はより特定的な行動レベルの分析にあてられる。研究のために選ばれる行動パターンは，研究が必要とされている特定の問題に依存している。臨床場面では，クライエントが優先すべきものを示している。研究の文脈では優先すべきものは研究者によって選択される。

　大学院の最初の学期の間に，ゲリーは自分が，学校のカウンセリング・センターで援助を求めるのに十分な問題を抱えていることに気づいた。その後の行動査定の一部として，ゲリーは自分を最も悩ませており，もし可能ならばそれを変えたいと思っている三つの問題をあげ，それらを重大なものから順番に並べるように求められた。ゲリーは，最も重大な問題として「不安を感じて，それを抑えられない」と記入した。そんなときに感じた「不安」がどのような行動で示されているのかを査定するため，ゲリーが不安を感じて，それを抑えられないときと抑えられるときにどのような違いが生じているのか，詳細に記述するよう求められた。

　ゲリーは，不安になると心拍数が変化しているのを感じ，緊張し，発汗し，そして，最も困難になるのは首尾一貫した会話を続けることであることを明らかにした。次に，この状態の増減と刺激条件の変化との間の共変動を検討するために，ゲリーは2週間，昼間の目覚めている間のほとんどの時間で，1時間ごとに行動を取りだし，それぞれの1時間の間に起こった活動のタイプを日記に記録するすよう求められた。この記録

表11.1 ゲリーが自己報告した人前で話すことに関連して生じる不安

不安の発生から	不安を感じた時間（10）	不安なしの時間（80）
1時間以内に人前で話した	9（90%）	0（0%）
1時間以内に人前で話していない	1（10%）	80（100%）

をもとにゲリーと話しあうと，不安は主に人前で話す場面，特に集団の前で話すように求められる教室で話す場面と関連して生起している傾向が示された。表11.1の要約で示されているように，人前で話す時間が迫っていないのにゲリーが高い不安を感じたのはたった1回にすぎなかった。それは自分の部屋で，教室の人前で話すことに失敗することをくよくよと考えている場合だと判明した。

　教室の社会的な評価を受ける状況で，人前で話すことと不安の発生との間に共変動が認められ，特に例えば重要な有力者が多数集まったときが問題で，少数の友人たちの前では大丈夫というように，不安が強まったり弱まったりすることに，人前で話す事態という要因が特定されたことになる。ここでの目的は，弱いものから極度に深刻な不安を喚起する刺激の階層をつくることであった。そして，この不安の階層は，これらの恐怖刺激に対するゲリーの過敏性を徐々に減少させるよう計画された治療で用いられた。

　ゲリーについてのこの行動査定は，非常に特定的なものであることに注意してほしい。パーソナリティ全体の特徴を述べようとしたものでもなく，「その人が，どんな人であるか」を描写するための試みでもないし，その人の動機やその力動を記述するための努力でもない。その代わり，その査定はいくつかのはっきりと記述できる問題に限定され，観察された関連性の範囲を越えない客観的な用語での分析が試みられる。さらに分析は，ゲリーの行動を生起させる刺激条件，そしてそれらの条件とゲリーの問題の間の共変動に焦点があてられる。行動査定は通常，変化させることができたり，変化が求められる行動側面に集中しながら，査定に焦点をあてる傾向がある。実際，この章でしばしばみられるように，行動の査定と変化（治療）は，密接に結びついている。

　ゲリーの不安の査定は，刺激と反応の共変動を研究するためのかなりおおまかな方法の一例である。もちろん，このほかにも，これらの共変動を抽出できる多くの方法がある。本章では，このレベルの分析で人間行動の直接測定のために発展させてきた主要な方法のいくつかを紹介する。

11.2 直接的な行動の測定

　パーソナリティ研究の多くの目的のために，注意深く構造化された，日常の自然な状況での行動を抽出して観察することは重要である。臨床的な応用においては，直接観察によって，クライエントと査定者の両者に生活の問題を評価したり，治療の対象を選択するための機会が得られる。行動の直接観察のサンプルはまた，さまざまな治療手続きの相対的効果を評価するのに利用できるだろう。最後に，行動観察はまた同時にパーソナリティの実験的研究の重要な一部である。

　行動的なアプローチで収集された種類のデータは，情緒的反応の生理学的な測度ばかりでなく，非言語的ないしは言語的な状況的サンプルを含む。さらに，包括的な査定は，多くの場合，人間生活での効果的な報酬や強化刺激の分析を含む。これらの測定のすべての例については，次の節において示すことにする。

■ 状況的な行動サンプリング

　2章で行動サンプリングの例はすでにみた。そのような行動サンプリングは，このレベルの大部分の研究にとって，基本的なものである。恐怖と回避行動には重要な役割があるので，臨床場面で応用できる多様な回避行動の強度を詳しく査定することに多くの注目が向けられている。これは，恐怖をもつ個人を現実のあるいは象徴的な恐怖を生じさせる一連の刺激に直面させることによって行われる。例えば高所恐怖は，恐怖症の人が金属製の避難ハシゴを登った距離を測定することで評定される（Lazarus, 1961）。同じ人々が，恐怖を低減する治療を受けた後に再び査定される。治療の段階では，患者らは8階の屋上庭園へエレベーターで連れていかれ，下を通る自動車を2分間数えた。閉所恐怖，すなわち閉じられた空間の恐怖は，個人をバルコニーの上に開く大きなフレンチ窓がある小部屋に座らせることで測定された。査定者は窓を閉じ，次の段階でその人に向かって大きなつい立をゆっくり近づけることで，しだいに空間を狭めていった。もちろん，可能なかぎり耐えるように教示を受けていたけれど，治療を受けている人は窓を開くのは自由で，望むときはいつでも自由に窓を開けて手続きを終わらせることができた。閉所恐怖症の測度は，つい立に耐えることができた最も短い距離であった。他の例として，表11.2は人前で話す前に感じる「遂行不安」を特定するためのチェックリストを示している。

　直接行動サンプリングは，精神病における行動の分析でも広範に利用されている。例えば，タイム・サンプリング法を用いた研究がある。30分間隔で精神科看護師が入院患者を見て，直接やりとりをせずに1分から3分の間，観察した（Ayllon & Haughton, 1964）。各サンプルで観察された行動は，実験者が定義した三つの行動（例：精神病的な話し方の生起）に基づいて分類され，時間ごとにチェックされた

表11.2 遂行不安のための時間的行動チェックリスト

観察された行動	タイム・チェック時 1 2 3 4 5 6 7 8
1. じっとできず,歩き回る	
2. 身体を動かす,貧乏ゆすり	
3. 足を組みかえる	
4. ひざの震え	
5. 無関係な腕や手の動き（振り回す,掻く,もてあそぶ,など）	
6. 硬直した腕	
7. 手を（ポケットに入れる,後ろ手にする,握ることで）抑える	
8. 手の震え	
9. 視線を合わさない	
10. 顔の筋肉の緊張（引きつる,チック,しかめ面）	
11. 無表情	
12. 青白い顔	
13. 赤らめた顔（赤面）	
14. 唇をなめる	
15.（つばを）飲みこむ	
16. 咳払いする	
17. 荒い呼吸	
18. 発汗（顔,手,脇の下）	
19. 震え声	
20. 話に詰まる,あるいは吃音	

[出典：Paul（1966, 1994）]

（タイム・チェック）記録は,さまざまな行動の相対的頻度を計算するために用いられた。この方法を補うものとして,患者と看護師との間のすべての相互作用,例えば,患者が看護師詰め所に入ったとしたら,その各時刻が記録された。結果のデータは治療プログラムの計画と評価のための根拠として使用された。同様の,家族の間の相互作用のサンプリングと記録方法は,他の研究者が発展させてきた（Patterson, 1976; Ramsey, Patterson, & Walker, 1990）。これらの研究者は,例えば夕食のときなど,日々の家庭生活での子どもたちの高い攻撃傾向について研究した。その試みはどのような条件で攻撃が増加あるいは減少したか,正確な条件を分析するためであった。

ゲリーの人前で話すときの不安の査定のところで説明したように,日常の記録は,問題を生じさせる刺激を見極めるためのもう一つの有効な最初のステップになりうる。多くの行動主義的な臨床家たちは,クライエントに日常的にどのような条件で不安や問題が増加したり減少するのかについての正確な条件を記した特別な記録を続けるよう求める（Wolpe & Lazarus, 1966）。クライエントは,不快,苦悩,あるいはその他の苦痛に満ちた情動反応を引き起こす刺激条件や出来事について,すべてのリストを自分自身で作成するよう求められるのである。

11章 行動の分析と変容

■ 効果的な報酬を探す

これまで，さまざまな反応の直接的測定を考えてきた。しかしながら，行動査定は人々がすること，つまり言ったり感じたりすることだけを分析するのではなく，そうすることを統制する，ないしは決定する条件を分析することが必要である。そのためには，人の行動に影響を与えるような報酬や強化子を見つけださなければならない。もし発見されたら，その強化子もまた，より肯定的なあるいは本人にとって有利な方向への行動の変容を促進する治療プログラムの中で，誘因として役立てることができる。人間の行動において強化の役割を強調する心理学者たちは，効果的な強化子の発見と測定により多くの注意を払ってきた。日常の自然な状況で人々の実際の選択を検討すると，言葉で表現された選好や評定も含めて，それらに影響を与える潜在的な強化子のいくつかが明らかになる。特定の刺激の強化価もまた，個人の遂行に与える効果を観察することによって直接的に査定することが可能である (Daniels, 1994; Weir, 1965)。

食べ物のような一次的強化子，そして賞賛，社会的承認，お金のような般化した条件性強化子は，ほとんどの人々にとって効果的である。例えば，ある事例研究で，研究者と教師たちは盲目の学習障害男児の授業を妨害する行動を減少させようとした (Heitzman & Alimena, 1991)。その行動が問題であったのは，授業を邪魔するだけでなく，その少年本人の最適な学業的達成を妨げていたからである。不適切な行動を強化せず，適切な行動を強化することで，不適切な行動の量を社会的に受容可能なレベルまで減少させるために差異的強化が用いられた。この手続きで，ある一日に妨害をする行動あるいは不適切な行動が，一定量を越えると，その少年は報酬を得られなかったのである。報酬の例は，好みの音楽テープを聞いたり，友人と話す自由時間，そして教師の車に乗ることであった。座席に使われたベロアの感触が好きだったのである。26日後，標的行動に88％の減少が起こった。

しかしながら時には，操作可能な潜在的強化子を見つけることは困難である。例えば，入院中の統合失調症患者のように，精神障害のある集団では，通常の強化子の多くは，特に精神病院の病棟で長年生活してきた人々にとって，効果的でないことが判明した。しかしエイロンとアズリン (Ayllon & Azrin, 1965) は，たとえ表面的には動機づけられていないようにみえる精神病患者であっても，効果的な強化子を見つけだす方法を開発した。これらの強化子で，患者がより適応的な行動を行うよう動機づけることができる。

最初に，患者が自分のしたい行動を自由に行うことが許されている状況で，最も頻繁に行う行動を見つけるため，病棟で直接に観察された。一日中，観察者は職員の圧力がないところで患者のしたこと，しようとしたことを注意深く記録した。これらの活動の頻度は，強化子としての潜在的な価値の指標となった。

表11.3 利用可能なさまざまな強化子に対して交換された平均トークン数

強化子	平均支払いトークン数	トークンを使った患者の数
プライバシー	1352.25	8
売店の品物	969.62	8
病棟からの外出	616.37	8
職員との社会的相互作用	3.75	3
リクリエーションの機会	2.37	5
宗教的活動	.62	3

[出典：Ayllon & Azrin（1965）]

　強化子として，六つのカテゴリーが広範な観察に基づいて決定された。これらのカテゴリーは，プライバシー，病棟からの外出，職員との社会的相互作用，信仰の機会，気晴らしの機会，病院売店の品物であった。例えば「プライバシー」には，寝室あるいは食事のグループ選択，個人的な飾り棚や部屋を仕切るつい立を使えること，自律性を保護するその他の手段などの自由が含まれていた。「気晴らしの機会」には，ラジオやテレビの独占的な使用，映画やダンス・パーティへの参加や同様の楽しみが含まれていた。

　患者は，自己管理や職業訓練のような，社会復帰活動に参加することで得られる特定数のトークン（代用貨幣）を，それぞれの強化子として得ることができた。利用可能な活動の主観的な強化価値の合理的指標は，患者たちが後でほとんどのトークンを交換のために選んだものを検討することで得られた。42日間で利用可能な強化子のため，8人の患者が交換に使った平均トークン数は，表11.3に示している。職員との社会的な相互作用，リクリエーションの機会，宗教的活動には，ほとんど人気がなかったことが注目される。これらの結果は，長期的な入院患者にとって，主として社会的動機にたよる治療計画はうまくいかないことを示唆している。その代わりプライバシー，自律性，自由のような強化子が最も効果的な誘因であった。

11.3 行動を統制する条件を査定する

　行動療法家は，行動を十分に査定するためには，行動を統制する条件を見極める必要があると考える。しかし，反応パターンが実際に特定の条件によって統制されているか，あるいは引き起こされているかどうかをどのようにして知ることができるだろうか。行動主義的な心理学者は，条件を変化させ，それによって行動において期待された変容が生じたか否かを観察することで，その条件の効果を検討する。刺激条件を治療法の候補と考え，それを系統的に変化させ，統制していると推測される特定の反応パターンが実際に変わるかどうかみるのである。ある子どもの読書の問題が，視力

11章　行動の分析と変容

の悪さによって引き起こされると仮定したら，矯正メガネや矯正手術のような適切な治療をすれば，例えば読書行動の向上など，行動上の変化がもたらされるはずである。心理的原因に関しても，同じであるのは間違いない。例えば，もし子どもの読書の困難さが，読書するようにという母親からの圧力についての不安で引き起こされていると信じるなら，母親が圧力を減少させたとき，読書行動に期待された改善が生じるかどうか，試してみるべきである。つまり，行動を完全に理解するには，それを引き起こす条件を知る必要がある。条件の変化が反応パターンの予測された変化を生じさせることを示すことができたとき，それら条件の意味を理解できたと，確信をもっていうことができる。

　行動査定と，例えば行動の変化などの治療との間の明確な区別は，このように考えると，意味はないし可能でもない。実際，行動査定における最も重要な革新のいくつかは，問題行動を変容させる治療的努力から派生している。これらの査定方法の主要な特徴は，それらが行動変容と密接に結びついており，実際に行動変容とは分離することはできないということである。

　行動査定と行動変容の間の密接な関係は機能分析，つまり刺激条件の変化と選択された行動パターンの変化の間の精密な共変動の分析において最も明らかである。そのような機能分析は，行動査定の基本であり，そのことは行動を系統的に変化させようとする研究において最もはっきりと示されている。その手続きの基本ステップは，この章の後半で述べる保育園女児を支援するために計画された研究に示されている。

■ 機能分析——基礎的手法

　スキナーの研究は，人間行動に関する真の科学が存在しうるというだけでなく，それが望ましいものであるという前提に基づいている。科学というものは個体の行動を実験的に測定し，予測を試みるべきであるという考え方であった（Skinner, 1974）。

　スキナーは，生物を行動システムとみなし，機能分析を行うことを提唱した。そのような分析は，生物の行動とそれを統制する，もしくは決定する正確な条件とを結びつけようとするものである。それゆえスキナーのアプローチは，独立変数（刺激事象）と従属変数（反応パターン）との間の観察可能な共変関係に主な焦点をあてていた。スキナーによれば，機能分析における変数は，外的なもので観察可能であり，また物理的，量的に記述ができるものでなければならない。ある子どもが「父親の非難を恐れる」ときに清潔さに関心をもつと主張するのではだめで，例えば，ほめるなど父親の特定の行動における変容が，子どものとる特定の行動，例えば1時間ごとにどれくらい手を洗うかにおける変容と関連することを正確に明示しなければならない。

　スキナーは，実験的操作のもとで変数を統制することができる実験室は，行動の科学的分析を行う最良の機会を提供すると強く主張している。さらに，行動についての

実験的研究は，複雑さという点で人間よりも下のレベルにある動物の行動を扱うことで，多くの利益を得ることができる。スキナーが指摘するように，科学とは単純なものから複雑なものへと進歩し，常にある段階において発見されたプロセスや法則が，次の段階でも適切であるかどうかに関心を払うものである。

スキナーは古典的条件づけに関する多くの研究成果を自分の理論的立場に組みこむこともしたが，オペラント条件づけとその現実世界への力強い応用の可能性を実証することに深く専念していた。スキナー（Skinner, 1953）は人間の社会的行動の多くが自由に表出される反応パターン，つまりオペラントから成り立っていると主張した。幼い赤ん坊でさえ，多くの自発的な行動を示す。寝ている上に吊るされたモビールに手を伸ばす，頭を回す，物体を見る，泣いたり喉をならす，腕や足を動かすなど。そのようなオペラントを通して，生物はその環境を操作し，変えようとし，またその逆に，環境によって自発的行動に変化がもたらされる。

オペラント条件づけの研究において，典型的な実験は動物や人間に自由にオペラント反応を行わせるというものである。実験者は強化するためのある特定の反応の種類をあらかじめ選択しておく。例えば，小さな子どもがうまくトイレット・トレーニング用のおまるを使うことや，大人が面接中に使う人称代名詞である。選択されたオペラント反応が用いられたとき，例えば子どもがおまるでおしっこする，あるいは大人が「私」「あなた」「彼女」などと発言すると，強化がもたらされる。例えば，子どもは小さなおもちゃを手に入れ，大人には面接者がうなづいたり，「いいね」とつぶやいたりする。図11.1はオペラント条件づけにおいて生じることを示している。

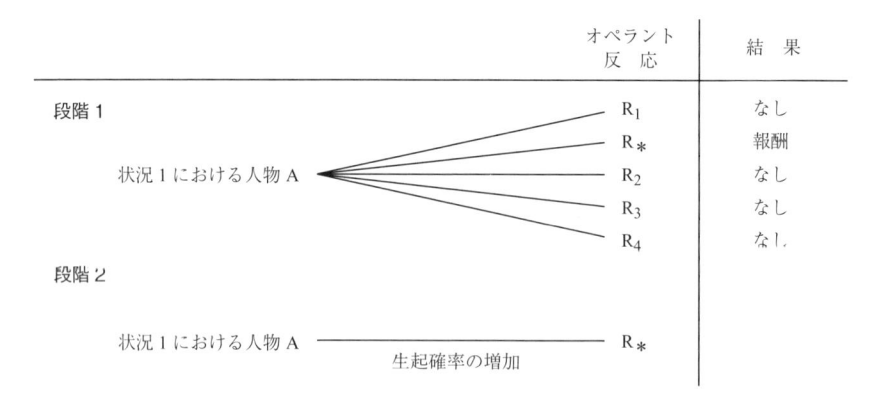

	オペラント反応	結果
段階1	R_1	なし
状況1における人物A	R_*	報酬
	R_2	なし
	R_3	なし
	R_4	なし
段階2		
状況1における人物A　　生起確率の増加	R_*	

図11.1 オペラント条件づけ——スキナーの説明。ある人物は与えられた状況において多様なオペラント反応を示す。その状況において，一つのオペラントだけが好ましい結果（報酬）をもたらしたとき，同様の状況では再びそのオペラントが遂行されやすくなる。

特定の行動によって人が得られる結果は，その人の将来の行動に影響を及ぼす。ある子どもが食事を拒否し，それがふだん忙しくてあまり子どもをかまえない父親の注意を引いたとする。その注意によってその子どもの行動が強化されるため，その子は再び食事を拒否するようになるかもしれない。もし，その子に何かを食べさせようと特別なごちそうが用意されたなら，たちまち食べ物にうるさい，偏食の人間になってしまうかもしれない。反応の結果を変容させることによって，かつては強化されていなかった行動や，他の行動のために強化が中断されていた行動が強化され，深く習慣化された行動でさえも変化させることができるかもしれない。

スキナーに影響され，不適応な行動による結果を変えることによって，その行動を修正させようと多くの心理学者たちが試みた。深刻な行動的問題をもつ人に対し，本人にとって不利になる行動の強化を排除し，より適応的な行動に注意を向けたりほめたりすることで，それが生じる条件の強化を試みた。こういったタイプの学習プログラムは，次のようなステップにそっている。まず最初に問題行動を注意深く明らかにし，自然な文脈で，その行動の生起頻度が測定される。次に，その行動を維持していると思われる強化の結果を観察し記録する。この分析に基づき，再学習プログラムが計画され実施される。最後に，その結果として生じる変化について一定期間にわたって査定される。

例えばある事例では，3歳の子どもが退行的行動をとるようになり，立って歩くのをやめ，ハイハイに戻ってしまったことに悩む両親が助けを求めてきた。この退行は子どもと家族にとって深刻な問題を生じさせていた。その子の行動分析は，退行的な赤ちゃんのような行動はその子に向けられる注意によって維持され促進されていることを示していた。それゆえ，行動‐反応パターンの修正のための試みとして，ハイハイや幼稚な行為によって心配した周囲の大人たちの注意による報酬がなされないようにした。その代わり，飛び上がったり，走ったり歩いたりといった適応的で年齢に合った行動に対し，注意や他の報酬が与えられ，その結果，これら望ましい行動が増加し，幼稚な行為は減少した（Harris, Johnston, Kelley, & Wolf, 1964）。

■ 機能分析——事例

アンは中流階級の上に属する家庭で生まれた聡明な4歳児だったが，保育園で他の子どもたちからしだいに孤立するようになっていた（Allen, Hart, Buell, Harris, & Wolf, 1964）。同時に，まわりの大人たちから継続的に関心を得るため，さまざまな巧妙な手段を発達させていた。アンにとても魅力的な心理的・身体的スキルがあることに気づいた教師から，うまく注目を得るようにしていたのである。しかしながら，いつも大人の注目を維持しようと努力していたので，しだいに他の子どもたちから極度に孤立するようになった。

すぐにアンは，ほとんどの時間，他の子どもから離れているようになった。大人たちがアンに向けていた注目のほとんどは，アンが他の子どもたちとかかわっていないときの行動にまったく偶然に随伴していたので，それが起きたように思われる。アンを仲間たちと一緒に遊ぶことから遠ざけた行動は，正確には教師たちが次々と浴びせる注目によって知らず知らずのうちに強化されていたのである。アンの行動が悩みの種となり問題になればなるほど，それはますます関心を喚起し，強く心配した教師からの注目はますます多くなった。

アンは，断ち切らなければならない悪循環に落ちこんでいた。治療計画は，アンが仲間に入らず一人でいても，そして大人との一対一の相互作用をとろうとしても，それ以上，大人からの注目は受けないようにすることであった。同時に，大人たちは，アンが他の子どもと遊んだときだけ注目するようにした。つまり，大人からの注目は，仲間たちとの遊びに随伴するようにしたのである。

査定の一部として，二人の観察者が，10秒の定間隔で，アンが保育園で行った大人への接近と相互作用，そして子どもへの接近と相互作用を連続的にサンプリングして記録した。治療計画は，5日間の基礎的データが記録された後に始められた。そのとき，アンが他の子どもと相互作用を始めたら，いつでも大人が一人すぐにアンに注目し，集団遊び活動の参加に報酬を与えた。他の子のそばで立っていたり，そばで遊んでいるような社会的遊びへの接近でも，即座に教師からの注目が向けられた。この注目は，他の子どもとのアンの相互作用をさらに助長するように計画された。例えば，「あなたたち3人には居心地のよい（ままごとの）家があるのね。ここにもっとコップがあるわよ。アン，みんなとお茶のパーティにしたらどう」。アンが集団から離れ始めたり，大人と一人で接触をしようとしたときはいつも，教師は注目をやめた。

図11.2は，アンの仲間からの孤立行動が引き起こす結果が変化したことの効果を要約したものである。特筆すべきは，新しい反応-強化随伴性が設定される前のベースライン期間で，保育園にいる間の他の子どもたちとの相互作用は約10％にすぎないが，大人とは40％であったことである。保育園にいる時間の約半分の間，アンはまったくひとりぼっちであった。強化の随伴性が変化させられ，アンが子どもたちの近くにいたときだけ大人が注目するようになるや否や，アンの行動は新しい随伴性に伴って速やかに変化した。大人との相互作用がもう注目されなくなると，すぐに20％以下に減少した。この新しい手続きの初日（第6日目），アンはほぼ60％の時間，仲間と一緒に過ごしたのである。

強化の効果をより正確に査定するために，手続きは12日目から16日目の間に逆転された。大人たちは再びアンに対し，大人との相互作用に対して注目による報酬を与え，子どもたちとの相互作用は無視した。このような条件（図11.2の「逆転」期間）のもとで，アンの以前の行動はただちに再現された。最後の変更は17日目に開始さ

11章　行動の分析と変容

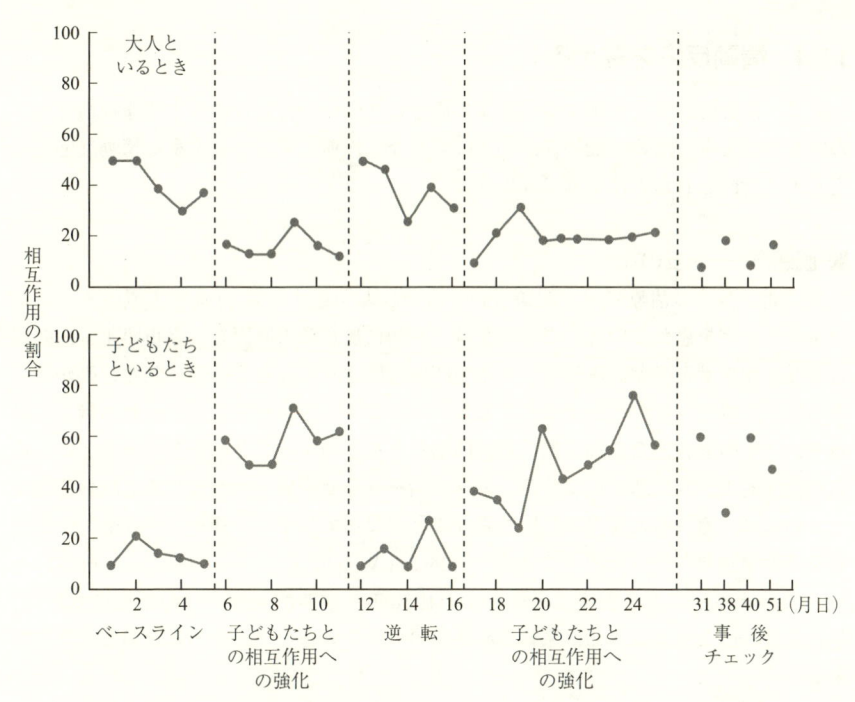

図11.2 午前中の約2時間のセッションでのアンの社会的相互作用の割合
［出典：Allen, Hart, Buell, Harris, & Wolf（1964）］

れ，大人からの注目はアンの他の子どもとの相互作用に随伴するようになり，仲間と接触する時間は約60％まで増加した。特別な強化手続きの終了（25日目）の後，断続的な事後チェックによって，アンの増加した仲間との遊びは，ほぼ安定した状態にとどまる傾向があることが示された。

　より完全な分析では，強化の一側面を取りだして，それのみに焦点をあてるよりむしろ，刺激条件間のすべての関係を考慮しなければならない。例えば，これらの査定で，この子どもは孤立している間，特定の時と状況を高度に弁別していたことを示していた。実験者がセッション全体でまったく注目を与えないときのような，全面的注目中止は，アンの自己破滅的行動に影響を与えなかった。反対に，以前強化されていた反応に対してのみに向けられた微笑みと注目をやめることに対し，アンの行動は大きく変化した（Smith, Iwata, Vollmer, & Pace, 1992も参照）。このアプローチでは，査定と行動の変容は混じりあってしまうことに注意すべきである。つまり，査定によって治療プログラムが方向づけられるが，治療プログラムの効力は次々と連続的に査定されているということである（例：Frank & Hudson, 1990）。

11.4 情動反応を変える

次に，古典的な学習‐条件づけ理論の概念に基づいた行動療法の主要な技術と知見のいくつかを考えたい。最初に，不安のような，以前に学習した不利な情動反応を変えるよう計画された方法をみてみよう。

■ 脱感作──不安の克服

長い間，多くの治療者は，問題行動を除去しようと試みて，「症状の置き換え」が発生することを恐れていた。この懸念は，最初に無意識の原因を突き止めずに，問題行動を変化させようと試みると，もとの問題行動よりもっと悪い別の問題行動が生じるというフロイト学派の仮定から生じていた。この信念は観察された行動（例：足の痛み）とその潜在的な原因（例：悪性腫瘍）とを区別することが重要であるという病気の医学的モデルに基づいている。ガンを治そうとせず痛み止めによる症状の治療をしていれば，もちろんすぐにたいへんなことになってしまう。精神分析理論に懐疑的になった精神科医ジョセフ・ウオルピ（Joseph Wolpe）は，多くの患者の行動変容を試みて，そのリスクを冒すことにした。1958年，古典的条件づけの原理に基づく，拮抗条件づけともよばれる，系統的脱感作の方法を記述した一冊の本を出版したのである。

ウオルピはパブロフのような初期の学習理論家の研究に影響を受け，神経症には不適応な学習された習慣，特に不安（恐怖）が含まれていると考えた。神経症の行動において，不安は，他の人々には不安を引き起こさない刺激に対する条件反応になっているという仮説を立てたのである。そして，不安を喚起する刺激への反応と競合する，つまり相反する反応をつくるという拮抗条件づけによって不安を抑制する治療で神経

表 11.4 不安の脱感作のおける三つの基礎的段階

段　階	例
1. 不安刺激階層の確定（ほとんどないから最も強いまでの不安喚起状況の順位づけ）	低い不安：自分の部屋で一人でスピーチについての本を読んでいる 中間の不安：スピーチをするために朝に服を着ている 高い不安：聴衆の前でスピーチをしている
2. 相反する反応の学習	さまざまな筋肉群（頭，肩，腕）を緊張させたり弛緩したりさせることで筋肉の深い弛緩，深呼吸のテクニック，および類似の方法を学習する
3. 拮抗条件づけ：階層の項目に対して相反する反応をするための学習	階層の最も低い項目への弛緩反応の訓練，そして徐々に高い項目へ移る

注：これらの項目はもっと長い階層表からの例である

症の人は救われるだろうと考えた。「不安を喚起する刺激の存在するところで，不安と相反する反応を生起させることによって，不安反応の完全なあるいは部分的な抑制を行うことができれば，これらの刺激と不安反応の間の結合は弱められたことになる」と述べている（Wolpe, 1958, p. 71）。ウオルピは，（表11.4に要約されている）3段階を含む不安を喚起する刺激に対する個人の脱感作を試みた。

① **不安刺激階層の確定**　まず，治療者は通常の面接の中でクライエントに，悩まされている情動的覚醒と回避を喚起する状況を見極めるよう援助する。人は時として失敗の恐怖，自己への懐疑，デートへの不安，性についての罪責感など多くのことに関する不安の領域をもっている。どれだけ多くの領域あるいは「主題」があろうとも，それぞれは別々のものとして扱われる。

それぞれの主題に関して，個人は構成している刺激を最も強く不安を喚起する出来事（表11.5参照）からほとんど喚起しない出来事まで不安強度の階層に従って等級をつけたり順位をつける。例えば，人前で話すことにおびえている人は，「自室で一人でスピーチを読んでいる」を中程度の不安を喚起する刺激と考えるが，「聴衆の前をスピーチを披露するために歩み出る」は，重大な不安を引き起こすだろう（Paul, 1966）。ゲリーの事例で，「公式スピーチの始まる直前」に最も強い不安喚起があり，一方「スピーチを練習する友人を見ている」や「図書館でスピーチのために調べたことを書きとっている」は単に中程度の不安にすぎなかった。もう一つの例として，性的機能障害の治療を求めている女性は，「頬やおでこにキスをされている」は中程度の不安にすぎないが，「裸で夫の膝に座りながら性行為をしている」ような項目について考えると最

表 11.5　四つの不安階層の異なる強さの項目

深刻さ （不安の程度）	1 対人的な拒絶	2 仕事上の罪悪感	3 テスト不安	4 怒りの表出
低い	今夜マリー（新しい女性の友だち）に電話することを考える	「私はまだ全部のメールに返信していない」ことを考える	授業のための参考文献のリストを手に入れる	街中で見知らぬ人どうしの喧嘩を見る
中程度	電話でデートを申しこむ	昼食に1時間もかける	期末試験前夜に机に向かい勉強する	兄が親友に向かって怒鳴っている
高い	ファーストキスを試みる	仕事をさぼって映画に行く	試験室で座り，配布されるテストを待つ	「いやだ。したくない」と母に言う

注：これらの項目はもっと長い階層表からの例である

も強い不安が生じるであろう（Lazarus, 1963）。
② **相反する反応（リラクセーション）の練習**　不安を喚起する刺激の見極めと順位づけがすむと，後で不安を抑制するために用いられる反応を学習することが求められる。ウオルピは，リラクセーション（弛緩）反応を利用することを好んだ。というのは，それは簡単に学ぶことができ，常に元来，不安とは同時に存立しえない，つまり誰もリラックス状態と不安を同時に経験できないからである。治療者は，最初は身体の各部（腕，肩，首，頭）を緊張させた後に弛緩させる方法，そして徐々に身体の全体的な安静と筋肉の深い弛緩した，ほぼ催眠状態をつくりだせるようになるまで習得させるために念入りにつくられた教示を用いて，患者がリラクセーションを学習できるように支援する。ほとんどの人は，2, 3回の治療セッションでリラックスの仕方を学習することができる。重要な問題は，不安を喚起する刺激に対してリラックスする方法を学ぶことであり，その課題は次の段階で試みられる。
③ **不安刺激と相反する反応を結びつける**　肝心の拮抗条件づけの段階で，患者は深くリラックスするように援助され，そして事前に作成され階層の最も低い不安喚起刺激を呈示される。通常，刺激事象は，患者が深くリラックスし安静にしているときに，言語で表現されたり，絵によって象徴的に呈示される。治療者は，項目の内容を言葉で述べる。例えば，「火事から避難するため，6階から降りる」と言われ，高所恐怖症の患者は，自分の想像できる最も鮮やかなイメージを生成する。患者が安静した状態で，この項目に集中できるとすぐに，階層から次のもう少し厳しい項目が呈示され，順番にすべての階層，例えば「超高層ビルの屋上から下を見る」への恐怖反応が抑制されるまで呈示される。

　手続きのどの時点であっても，不安刺激が呈示されている間に，もし患者が不安になり始めたら，治療者に合図を出す。患者はすぐに，安静になるまで，刺激のイメージを中断するよう教示される。それから階層の少し弱い項目が呈示されるので，患者は不安を感じずにその項目に集中できる。その後，患者に不安階層の次の項目へ進む準備ができたなら，再び徐々に階層を上げることが始められる。

　要約すれば，脱感作（拮抗条件づけ）手続きは，穏やかな不安を喚起する刺激が存在するところで，不安と相反する，リラクセーションのような反応を行う試みである。すると，相反する反応は，少なくとも部分的には不安反応を生じさせなくするだろう。そのような方法によって，嫌悪刺激と不安の間の関係は弱まり，他方，リラクセーション反応と刺激の結びつきは強まる（Guthrie, 1935; Wolpe, 1958）。

　例えば，マクラナハン（McClanahan, 1995）は，深刻な習慣的ツメかみで悩んでいる女性を治療した。マクラナハンは，ツメかみは，圧倒される感じ，心配，神経質な気持ち，心配の感情を含む不安によってほとんどいつも促進されていると指摘した。

用いられた脱感作技法は深い筋肉リラクセーションと超越瞑想法であった。系統的脱感作は，有意に不安を低下させ，ツメかみの頻度と持続時間を減少させた。成功した臨床的報告だけでも脱感作は有望と思われるが，決定的な証拠は統制された実験から得られており，多くの研究が脱感作は恐怖症の変容や不安の低減のため，価値のある方法であることを示している（Kazdin & Wilson, 1978; Wilson & O'Leary, 1980）。

■ 条件性嫌悪――刺激を嫌うようにする

ある状況に対し，否定的に反応することを学習してしまい，苦しんでいる人たちがいる一方で，その文化の中でほとんどの人々が，中性的あるいは嫌悪とさえ感じる刺激によって，あるいはその刺激に病的に依存することで，心地よく覚醒させられることで悩まされる人もいる。この問題の例として，フェティシズム行動があるが，人が下着のような物によって性的に興奮することである。これらのケースで，ほとんどの人々にとって中性的あるいはたとえ嫌悪させる物であっても，心地よい情動的覚醒を生みだす力を獲得してしまうのである。もう一つの例として薬物依存症があり，薬物依存には覚醒が重要かつ必要な生理学的要素になっている。ある種の薬物への反応は，何らかの苦痛に苦しむ人に即時的な軽減をもたらすことができるが，長期的にそれらは，しばしば重篤な否定的で破壊的な影響をもたらしてしまう（Baker et al., 2003）。

肯定的価値をもつ刺激も，極端に不快な反応を喚起する刺激と一緒に呈示されれば，拮抗条件づけによって中性化することが考えられる。このような二つの刺激を一緒に繰り返して呈示するとしだいに，従来は肯定的であった刺激が，連合づけられた有害な事象によって喚起される嫌悪的な情動的特性を獲得するようになる。

■ コカイン依存の治療例

毎年，何十万人もの米国人が薬物乱用や依存に関する治療を受けており，その多くを助けることが困難であることがわかっている。20世紀の大半の治療における支配的な考え方は，精神分析学的理論に影響を受けていた。それは，まず最初に薬物乱用者は拒絶の防衛メカニズムや，潜在的に悲劇的な結果を生じうる問題をもっていることを認めようとしない拒否を克服しなければならないという前提であった（Ksir, Hart, & Ray, 2005の展望論文を参照）。その結果，乱用者が助けを得たいと動機づけられるため，最悪の状態になって自身の問題の実態がその身にしみこむまで，本当に助けることはできないと信じられていた。サーラ（Ksir et al., 2005）が指摘したように，不幸なことに乱用者が落ちるところまで落ちて洞察を得る前に，しばしば最悪な結果（例：死）がもたらされたのである。

行動・条件づけレベルにおける研究者は，より効果的な治療を見いだすための研究を最初に試みた人たちだった。ある研究例では，2週間の研究に自発的に参加したコ

カイン依存症患者の治療に化学的嫌悪療法が用いられた（Frawley & Smith, 1990）。コカインの代わりに用いられた刺激は，売人から買ったコカインのような味と匂いのする化学的合成物である。治療室にはコカインを鼻から吸引する道具と，コカイン使用のための道具類の写真があった。患者はふだんのやり方で「コカイン」を「鼻から吸引する」ように教示された。それから，吐き気を引き起こす薬が注射され，「コカイン」を鼻から吸引し続けるように指示された。その後，患者は吐き気を経験している間中，がんばって吸引道具とコカインの写真を注視するように教示され，コカインの使用と否定的な結果を一緒に体験させられたのである。

治療後6か月の時点で，半数以上のコカイン依存症患者は治療後，コカインをすっかりやめていた。予想されたように，コカインと吐き気を一緒に与えることによって，依存症を克服しようとした患者の習慣をやめさせるための条件性嫌悪を生じさせた。系統的な拮抗条件づけは，アルコール依存のような他の依存症にも試みられている（Bandura, 1969, 1986）。

それでも心理学者は，問題を抱える人に嫌悪経験をさらに負荷するという理由で，嫌悪療法を使用したがらない。使われる場合でも，嫌悪療法は通常，面接による治療のような，他の形態の援助が失敗に終わった後にだけ試みられている。いくつかの症例で嫌悪療法は，長期間の監禁や不可逆的な脳外科処置のような，より問題のある治療の代わりの最後の手段とされてきた（Rachman & Hodgeson, 1980; Raymond, 1956）。そして通常，嫌悪療法は患者が望まないかぎり行われることはない。嫌悪療法は患者の自由意志で行われ，患者は十分な知識と同意によってのみ，それを受けるのである。

実際に，患者の協力に強く依存しなければならないことが，この治療法の限界になっている。最初の拮抗条件づけが行われた後，患者はしばしば，次の治療を自発的に受けず，問題行動に戻ってしまう。継続的に患者を入院させたり，問題刺激と接触しないようにすることは治療者にとって実際的でないから，必要なときはいつでも患者自身が自分への嫌悪刺激の管理の仕方を学ばなければならない。例えば，患者が問題の衝動を経験したときにはいつでも，服の下に隠されている小さな携帯用の電池式の装置で自分自身への電気ショックを与えたり，不快な考えあるいは想像を引き起こすように教えられるかもしれない。このように，拮抗条件づけの手続きは結局，本人に自己制御の仕方を教えようとするものである。いずれにせよ，患者がこの自己制御の練習を続けたり自分のものにしようと継続するどうかは，本人次第である。そして，患者が自己制御を練習するかどうかによって，新しい行動が効果的に維持されるかどうかが決まってくる（Mischel, Cantor, & Feldman, 1996）。

11.5 行動を変える

　多くの心理学者たちは，不適応行動が引きだす結果を変化させることによって，それらの行動を変容させようとしてきた。かなりの部分は学習についてのスキナーの考えによるが，心理学者たちは望ましくない行動の強化を取り除き，よりふさわしい，有益な行動の生起に随伴した注目や是認をする，あるいはその他の強化を与えようと試みてきた（例：Haring & Breen, 1992）。それらの基本的手続きは，ホーキンスと共同研究者たち（Hawkins et al., 1966）の研究の中でうまく説明されている。

■ 症例——多動

　ホーキンスが扱った症例は知能の低いピーターという名前の少年であった。この少年は，「多動」と「手に負えない」という理由で，母親によってクリニックに連れてこられた。それらの問題はピーターと母親との関係に伴うものであると思われたので，査定と治療は二人の自宅で直接行われた。母親は，専門的な治療者の指導のもとで，治療者を務めたのである。
　最初の課題は，問題行動を特定することであり，家庭でのピーターの直接観察によって，次のような最もよくある混乱を引き起こす問題が明らかになった。
　① 自分のシャツや腕をかむ
　② 舌を突きだす
　③ 自分自身，他の人々あるいは物を殴ったり蹴ったりする
　④ 悪い言葉でののしる
　⑤ 衣類を脱いだり，脱ぐと脅したりする
　これらの行動そして類似の行動の頻度が，家庭での1時間の観察セッション中，10秒間隔で注意深く記録された。最初の査定が行われた後，研究者は母親にピーターの九つの最も不快な行動の生起を認識するようにさせた。家庭で次の1時間のセッションの間にこれらが起こったときはいつでも，母親がはっきりとした処置でそれらに対応するように教えられた。これらの処置には，ピーターの行動が手に負えなくなって，言葉で注意してもうまくいかないときは，ピーターを短時間，別室のおもちゃやその他の楽しいものがない「タイムアウト」部屋に鍵をかけて隔離すると合図することが含まれていた。ピーターが癇癪をやめたりより理性的な行動をしたり，手に負えない行動が減ることによって，部屋から解放されること，そして再び遊んでよい，見守って世話をしてあげるという声明が随伴して与えられた。この取り決めは，ピーターがしだいに乱暴になるにつれて，ますます関心を示し，ますます注目し，実際には苦しめられるという，母親が過去に偶然無意識に用いていたものと正反対であった。その後の査定によって，新しい治療法はピーターの突発的な行動を最小限にする効果が

あることを示していた。ピーターの発達にとって明らかに有効であったが、癲癇を減少することは、ピーターが必要とする、より広範な援助へのまさに一段階にすぎないのかもしれない。

モデリングと強化手続きの組合せを用いることによって、ロバースと共同研究者たち（Lovaas et al., 1966, 1991）は、話すことのできない重篤な障害（つまり自閉症）をもつ子どもの会話と社会的行動の欠如を変容させた。最初、治療者が音をつくり、特定の時間内にモデルとされた音を発声したときだけ、その子どもに報酬を与えた。子どもが熟達すると、治療者はますます複雑な言葉の単位を発音するように進めていった。しだいに、訓練は音から単語へそして語句へと進んだ。訓練が継続するにつれて、治療者からの報酬は、子どもが苦心してつくりあげた言語化がさらに巧みに、例えば速くて正確に、模倣できたときに随伴するようになった。モデリングと強化手続きの組合せによって、子どもはしだいにより複雑な意味や込み入った話を学習できるようになっていった。このような研究は、強化をうまく用いたときの価値を示しているが、報酬はまた、フォーカス11.1で論議されるように、危険であることもある。

フォーカス11.1

報酬は裏目に出るかもしれない

報酬は効果的な行動にとって重要であるが、あまり賢明でない方法で使われることがある。効果的な治療、そして社会化の主要な目的は、個人を外的な統制や報酬から引き離すことにある。それは、その人の行動がますます内発的な満足、つまり活動それ自身と密接に結びついている満足によって方向づけられ、支えられるようになることである。したがって、報酬あるいは誘因は向社会的な、つまり適応的で望ましい行動を起こし、持続することが必要であるときにのみ使用することが基本である。

外的な誘因は、人にとってまだ魅力的なものとなっていない活動をさせるためには重要かもしれない。うまく成し遂げたことに対して、あるいは活動に対する個人の能力についての注意を喚起するために報酬が用いられたときは、報酬は実際に行動への関心を高めるだろう。報酬は、優良な課題遂行のフィードバックをもたらし、卓越していることの確実な根拠を提供してくれる（Harackiewicz, Manderlink, & Sansone, 1984）。例えば、バイオリンを弾くことに挑戦して、両親から認められたりほめられたりしてもらうことによって、子どもの音楽への初期の興味をかき立てる第一歩となるかもしれない。しかし、子どもが活動によって生じた満足の経験をもち始めたとき、過度の外的報酬を避けることは重要となる。過剰な報酬は、子どもに間違った理由で演奏させるようにしたり、外的報酬が減少するか、あるいは完全に停止してしまったときに容易に興味を失わせてしまう傾向を生じさせる（Lepper, Greene, & Nisbett, 1973）。同様に子どもたちは、他の人々の要求に対する公平感、共感、責任感を発達させるよう励まされる必要がある。社会的存在になるためには、行動の即時的な利得に対してで

はなく，人の行動の長期にわたる結果に注目することが求められる。そのような感受性は最初，外的報酬によって促進されるかもしれないが，究極的にそれらは活動それ自体からの満足によって持続されることが必要である。

　要するに，過度の外的報酬による活動の過正当化は，活動それ自体によって生じさせる別の満足（つまり内発的な関心）を妨げることになる。過度の外的報酬は，逆効果となる可能性さえあり，それを受けとった人が報酬を受けた活動の価値を下げ，その活動に従事することに抵抗するよう仕向けるかもしれない。宿題をすることでお金をもらうようになると，子どもたちは，学業は習熟や自己発達への道筋というよりむしろがまんしながらやる仕事であるという感情をもつようになるかもしれない。

　人々がしばしば不適応と判断される主な理由は，その人たちが出会う社会的・職業的要求に効果的に対処するために必要な行動様式をどのように実行するかを学ばなかったということであろう。つまり，うまく役割を果たすために要求されている技術が欠如しているので，適切にふるまえない。例えば，社会的，経済的に恵まれない人は，職業や対人関係場面で成功するために必要な行動様式や能力を獲得していないので苦しんでいるのかもしれない。同様に，私たちの文化において高校中退は実際に，恒久的な不利益をもたらす。そのような行動的欠陥は，もし広範囲に及ぶものなら，重篤な情動的苦痛そして失敗と無能の不幸な結末から逃げるための回避様式を含む多くの他の問題を生じさせるかもしれない。多くの特別学習プログラムは，人々にさまざまな問題解決戦略や認知的スキル（Bijou, 1965）を教えるように，また人々が多くの他の肯定的な行動の変化を成し遂げるのを援助するよう計画されている（例：Kamps et al., 1992; Karoly, 1980）。

■ 随伴性管理──薬物乱用を統制する契約

　薬物乱用を治療するための有望な行動アプローチに随伴性管理がある。随伴性管理が研究者の関心を集め続けるのは，このアプローチがさまざまな薬物乱用患者における薬物使用行動を一貫して減少させたという知見によるものである（Higgins, Heil, & Lussier, 2004）。例えば一つの方式では，薬物が検出されなかった尿のサンプルには，すぐさま報酬が与えられる。薬物が検出されない尿が続くことによって，報酬は徐々に高められる。しかしながら，もし患者の尿サンプルから違法薬物が検出されたときには，報酬は与えられない。このアプローチの一つの問題点は，大半の公的治療プログラムにとって，報酬がすぐに多大なコストになってしまうことである（Ksir et al., 2005）。

　本人を可能なかぎり積極的に自分の行動変化プログラムに関与させる動きは，随伴性契約（Rimm & Masters, 1974; Thoresen & Mahoney, 1974）の使用に反映されている。

この手続きにおいては，クライアントは制御不可能な行動を統制するために計画された自分自身の契約を治療者と結ぶことになる。一つの事例は，ボウディン（Boudin, 1972）によって記述された「X嬢」の薬物乱用のための治療である。覚せい剤の大量乱用者であったX嬢は，治療者と随伴性契約を結んだ。X嬢は治療者に自分のもっている全額の500ドルを，サインした50ドル小切手10枚として預け，薬物使用を抑制するため，お互いに同意した特定の行為の連続の段階で契約に違反したときはいつでも，X嬢の最も嫌う団体であるKKKに小切手を送付するように治療者に委任した。3か月間の契約が行われた後の2年間の追跡で，X嬢が覚せい剤の使用に戻っていないことが確認された。随伴性契約の原理は，広範囲の委託に拡大させることができる。そこでは，クライエントが治療者に，あらかじめ公式に同意した方法で，より有益な行動を促進するために報酬を使う権限を明示的に与えるのである。

フォーカス 11.2

強化が不十分だから抑うつに

ある有力な行動理論によれば，抑うつはその人自身の行動への永続的な満足あるいは正の結果（つまり強化）の欠如の結果として理解できるかもしれない（Lewinsohn, 1975; Lewinsohn, Clarke, Hops, & Andrews, 1990）。すなわち抑うつの人は，一貫しておかれている環境が反応せず，その人たちが行っていることに対して十分な正の結果を与えないので，不興に感じ，通常の生活から離脱してしまう。その状況は，消去スケジュールに類似している。そこでは，徐々に行動自体が生じなくなるまで，行動に対する強化は取り除かれる。抑うつの人の場合，継続している唯一の強化は，まさにその不適応である行動，例えば，泣く，愚痴をこぼす，自殺について話すなどへの，親族や友人からの注目や共感の形式の中にありがちである。抑うつ行動は，非常に不快なので自分たちを取り巻く環境の中にいるほとんどの人々をやがて遠ざけ，惨めさを増加させ，ますます引きこもらせてしまう悪循環の中で，さらなる孤立，強化の欠如，そして不幸せを生みだすことになる。

抑うつについての行動主義的見解 この理論によれば，抑うつの人たちは，三つの基本的問題で苦しんでいる。第一に，この人たちはどちらかといえば，自分を満足させる出来事や活動をあまり見つけられない傾向にある。第二に，自分たちの適応的行動に対し，使用できる強化が準備されていない環境の中で生活する傾向にある。例えば，この人たちは，老人が独りで住んでいてしばしば生じるような，あるいは若者が大規模大学の中で誰とも親密な関係がもてなくなってしばしば生じるような，非常に孤立した生活をしている。第三に，他の人々から肯定的な反応やフィードバックを得るために必要な技能や行動が欠如している。例えば，他の人々と満足のいく関係をつくることが非常に困難であれば，内気になったり社交性がなくなるだろう。次に，「私は誰にも好かれない」あるいは「私には魅力がない」のような感情が続く。理論の本質は，図11.3に図式的に示されている。

11章　行動の分析と変容

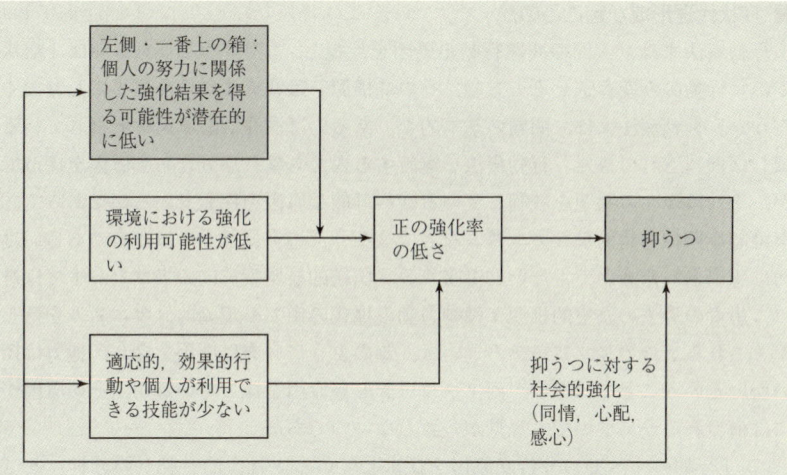

図11.3　抑うつに関するレヴィンソンの理論の図式的説明
［出典：Lewinsohn（1975）］

　この理論はしっかりと確証されているわけではないが，多くの証拠はそれと一致している。例えば，抑うつの人々は，他の人たちから少しの行動しか引きださない。そしてそれによって，たぶん他の人たちから社会的強化をほとんど受けないように思われる。抑うつの人々はまた，楽しい活動にほとんど参加しない傾向があり，抑うつでない人よりそのような出来事を楽しまない傾向がある（Lewinsohn, 1975）。
　この抑うつの概念は，ただちに一つの治療戦略（Lewinsohn et al., 1990）を示唆する。すなわち，抑うつの人々の適応的努力に対しての正の強化の比率を増加するということである。そのような計画では，その人たち自身の行動に随伴して，抑うつの人が受ける正の結果の割合を増加させることが必要であり，それは，個人がどのような行動をしたかとはかかわりなく，単に多くの報酬を与えることを意味しないということに注意してほしい。

　実験室場面における実験研究は，薬物摂取行動を変化させるにあたり，オペラント条件づけの原則が重要であることを証明してきた。例えば，コカイン乱用者によるコカインの煙による吸引は，代替の強化子として現金を得ると，大幅に減少する。ここで留意すべきは，具体的で即時的なもの，つまり現金でなければならないということである。もし現金の代わりに商品券が用いられたなら，コカインの自己投与に及ぼす効果はほとんどなくなる（Hart, Haney, Foltin, & Fischman, 2000）。関連する研究では，覚せい剤乱用者は代替として現金がもらえるときだけ，メタンフェタミンの自己投与の機会を与えられても，半分しか選択しなかったことが示されている（Hart, Ward, Haney, Foltin, & Fischman, 2001）。

■ 症状代理形成が起こるのか

　行動療法家は，人間の問題行動の原因を無視し，「表面的な」あるいは「症状としての」行動のみ変容させる一方で，その「根源」は変えずにそのままにしておくのだろうか。行動療法家は，問題の基本的な，あるいは潜在的な原因を無視しているとしばしば批判されてきた。行動療法を擁護する人たちは，自分たちも原因を探っているが，それは現在の問題を統制している観察可能な原因を探しているのであって，観察不可能な精神力動的なメカニズムなどではなく，過去にさかのぼるものあるいは仮説的に想定されたものでもないと主張する。伝統的な洞察志向のアプローチでは対比的に，患者の過去の歴史的根源と精神力動の様式の中での理論的メカニズムを探してきた。これら二つのアプローチの違いは，このように一方は原因を探し，他方は探していないということではない。両アプローチとも原因を探っているが，その原因が実際には何であるかについて，意見が一致しないのである。

>　「行動のすべての分析が原因を探求している。社会的行動（の分析）と（精神力動的なものへの）分析の間の差異は，現在統制している原因によって引き起こされているか，あるいは歴史的に遠くに先行するものによって引き起こされているかである。行動分析では，当該の行動を統制している現在の変数や条件を探す。伝統的（精神力動的）理論は，代わりに歴史的な根源を探す。……」
>
> 　　　　　　　　　　　　　　　　　　　　　　　（Mischel, 1968, p. 264）

　伝統的なアプローチでは，患者について「なぜ，この女性はこのような人になったのか」を問う。行動主義的アプローチでは，「いま，この女性をそのように行動させているものは何か。この人の行動を変化させるためには何を変容しなければならないのか」と問う。

　伝統的治療によって仮定されている精神力動的治療を怠ると症状代理形成が生じるのだろうか。初期には症状代理形成を生じさせる可能性についての不安が多くあったけれども，いまでは前節で論議されたような行動変化プログラムは，現在利用できる最も効果的な方法と考えられている。研究者たちは，変化した行動は，他の問題のある行動に自動的に置き換えられないことを発見した（Bandura, 1986; Kazdin & Wilson, 1978; Lang & Lazovik, 1963; Paul, 1966; Rachman, 1967; Rachman & Wilson, 1980）。それどころか，その人を弱らせる情動的反応や防衛的な回避パターンから解放されると，一般的に他の領域でも同様に，より効果的に機能できるようになる傾向がみられる。何年も前に次のように述べられていた。「不幸なことに心理療法家は，症状を治療しないことの有害さという，まさに現実の危険性を無視する一方で，症状のみ治療することの実証されていない危険性を強調してきたようである」（Grossberg, 1964, p. 83）。

　その一方で，行動変容療法の熱狂的な支持者たちの中には，クライエントの問題の複雑さを見逃している者もいるようだ。クライエントが実際には他の多くの困難さを

抱えているとき，一つか二つの個別的な恐怖症に過度に単純化してしまうかもしれない。そのような場合，最初の問題が取り除かれた後でさえ，個人がまだ自信喪失や無価値の感覚などのような，他の心理的問題に悩まされていることを知っても，別に驚くべきことでもないだろう。そのような状況はもちろん，症状代理形成が生じたというよりむしろ，その人への治療が不完全であったということを意味している。例えば，ゲリーの人前で話す不安が減少することによって，この人の人生から他のすべての問題が取り除かれると考えるのはあまりにも単純すぎる。本人がもっている他の困難さがどのようなものであったとしても，そのもの自体に注意を向ける必要がある。

要するに，不利な行動の出現を回避するには，広範囲にわたるプログラムによって，人生と生活をうまく処理するためのより適応的な方法を提供してもらわなければならない。つまり，そのようなプログラムは，単に最もはっきりとしている問題を減少させるだけでなく，それ以上の効果がなければならない。行動変容は，人が抱えているすべての問題を取り除くという一般化された肯定的な結果を自動的に生みだすものではないのである。

■ 人ではなく，行動の結果を評価する

行動主義的アプローチは，その人あるいはパーソナリティ全体の健康，適応適性，異常性を評価することを避けている。その代わりに，判断がなされるときは，個人の特定の行動の評価に焦点があてられる。行動は，行動を起こす人に関して，そしてその人の周囲にいる人たちに関して，行動が生起させた結果の種類に基づいて評価される。行動の正ないしは負の結果に対する評価は，評価がなされる共同体の価値や基準に依存する社会的・倫理的判断である。有益な行動は，他者に対していかなる嫌悪的な影響も与えず，望ましい個人的そして対人的な結果であり，例えば人々を「いい気分」にさせ，建設的で創造的な結果を増加させる結果をもつと判断されるものである。人生や生活を脅かす破壊的結果を生じさせる，あるいは人々が潜在能力を発揮するのを妨げるといった負の行動，例えば人を弱らせてしまう恐怖や殺人の企ては，不適応的だと考えるべきだろう。

行動主義的アプローチはまた，機会と選択を最大限にするような個人の総合的能力や技能の発達を高く評価することを意味する。同様に，満足を最大限にし，不快で不利な結果を最小限にするため，人はその人の人生と生活の中にある重要な強化の随伴性と規則を見分けることができるに違いないと想定する。不利な環境や生活条件を克服するため，自己制御のための効果的な戦略を発達させることが特に重要なのである。

■ 行動の変容はパーソナリティを変えるか

　行動変容の深さと持久性に関しては，多くの論争がある。基本的な疑問は，行動変容は本物で永続性を伴っているかどうか，それとも，行動変容は比較的小さく，人生と生活における重大な問題へあまり応用できない特殊な行動に限定されるのかどうかということである。

　治療から現実の生活への転移を促進するため，この分析レベルでの研究者は，新しい行動が使われるであろう生活事態にできるだけ類似している治療刺激条件を導入している。例えば，もし患者がエレベーターに乗るのを怖がっているのであれば，その治療は治療者のオフィスではなく，エレベーターの中で実施されるだろう。

　恐怖や他の情動的な問題が軽減され，そして，より適応的で機能的な社会的行動様式を通して社会的能力が改善されたとき，パーソナリティは変化するのかという疑問はまだ残っている。その答えはパーソナリティの定義によるだろう。重篤な吃音や制御できない顔面チックのような不利な行動を変化させることでも，苦痛で恐怖を発生させる情動的な反応を除去することでも，人々の自分自身や自己概念についての感じ方が改善するというかなりの証拠がある（例：Bandura, 1997; Meichenbaum, 1995）。自己概念と自尊心は，少なくとも一部は個人の実際の能力や行動が他者によってどのようにみられているかを反映する傾向がある（例：Leary & Downs, 1995）。私たちの自己知覚は，私たちが自分の行動の適応適性について得る情報を含んでいる。そしてもしこれらの自己知覚がパーソナリティの一部であるなら，行動がより適応的で，満足できるものになったとき，パーソナリティは変化する。より有能に仕事ができることを学習した人は，より多くの満足感を得て，自己に対するより肯定的な態度を発達させる可能性が高い。恐怖や不安を克服できた結果，人はさらに自信ももつようになるに違いない。ゲリーが人前で話す恐怖を低減させることは万能薬にはならないが，確かに自分自身についてより肯定的に感じられるようにし，それがなければ閉ざされていた別の機会，例えば他の職業に就くことが可能になる。究極的には，もし十分に不安行動が制御できるなら，内気さが克服され，そのことで自信の回復や肯定的な期待が可能になって行動改善の循環を生みだし，さらなるパーソナリティの変化へとつながるかもしれない。少なくとも，それがこの分析レベルで多くの研究が行われている理由である。

　しかし，それはしばしば真実かもしれないが，いつでも必ず起こるわけではない。実際，行動療法を批判する人たちは，患者たちの行動が不適切だからではなく，それを不当に評価するから，苦しんでいるのであろうと指摘している。つまり，遂行ではなく歪曲された自己概念の問題をもっている人たちがいる。しばしば人は，自分のまわりやもっと遠くの社会にいる人たちよりも自分自身がたいへんに変わってるというラベルを張り，自分の行動に対したいへんに変わったものであるかのように反応する。

11章　行動の分析と変容　　　　　　　　　　　　　　　　　　　　　　　　　　**361**

人々のもつ基準は自分の成績に対する反応に影響を与える。人によっては，A−を
とることは大失敗のように感じるかもしれない

　例えば，尊敬されている金融の専門家は，多額の報酬と社会の賞賛を受けるかもしれ
ないが，一方で個人的には自殺するほど不幸なこともありうる。あるいは，卒業ダン
スパーティの華とされる人気者の女子学生は，自分自身の性的適性や女性性に関し，
人に知られていない疑念をもっていて，それらの恐怖でさいなまれているかもしれな
い。
　多くの個人的な問題には，不適切な自己評価と自己反応が関連している。いまあげ
たような事例では，その困難さはしばしば，その人の実際の資質や能力の高さという
よりも，課題遂行や自己属性に対する本人の評価が原因かもしれない。例えば，ある
学生は学業成績が客観的にみて高いときでさえ，自分の学業成績に対して自虐的に反
応するかもしれない。Aでない成績がたまにあることで自分自身にひどく腹を立てる
学生には，学業成績よりも自己査定に関する援助が必要であろう。幸いなことに，本
書で次に議論される現象学的・人間性レベルの研究が，これらの問題を扱っている。

☑ 要　　約

行動査定の特徴
- パーソナリティへの行動主義的アプローチでは，特定の刺激条件に関連している行動
をすべて注意深く測定する。そこでは，観察された行動をサンプル（標本）として扱
い，その特定のサンプルが刺激条件の変化によってどのように影響を受けているかに
焦点をあてる。

直接的な行動の測定
- 行動は言語的と実際の遂行の両面でサンプルを収集することによって，また生理的，
情動的反応を測定することによって，直接的に測定することができる。

- 刺激の強化価値は，日常生活をしているのに近い状況での個人の選択，評定，あるいは実際の行動に対する種々の刺激の観察された効果から査定される。
- 臨床的な研究では，個人の治療的改善を促進するために効果のある報酬を見いだすことが特に重要である。

行動を統制する条件を査定する
- 行動査定の基礎である機能分析では，自然に生じた行動を，その行動を統制または決定している条件を特定するため，注意深く観察することが求められる。
- 行動への介入では，問題行動がもはや生起しなくなり，より満足する行動が取って代わるようになるまで，統制している条件に組織的な変化を起こさせる。
- 機能分析の例は，教師が社会的な孤立を防ぐため，仲間の子どもとの相互作用を強化しようとした4歳のアンについての事例から検討した。

情動反応を変える
- 系統的脱感作は，人々が恐怖や不安を克服するのを支援できる。個人は，徐々に強くなる嫌悪刺激あるいは恐怖を喚起する刺激の実例に，例えば想像することで，認知的に接触する。同時に，筋弛緩のような不安と相いれない反応をするように支援される。嫌悪刺激によって喚起されていた不安は徐々に低減し，その刺激は中性化される。
- 条件性嫌悪では，例えばコカイン依存症の人にとってのコカインのような覚醒刺激は，化学的に引き起こされた吐き気のような，非常に不快な刺激と繰り返し一緒に与えられることによって中性化させられる。

行動を変える
- 多動のような不適応行動は，それらが引き起こす結果を変化させることによって修正される。注目，承認，その他の望ましい結果は，不適応行動に対して取り除かれ，逆にそういった報酬はより有益な行動の生起に随伴するようにさせる。
- 外的な報酬の使いすぎは，逆効果になるかもしれない。
- 随伴性契約では，契約内容に基づき，増加した肯定的な行動に対して報酬，あるいは否定的な行動を行ったことに対する罰を自分に与えるよう，治療者など別の人と契約を結ぶ。
- 抑うつの治療に有望な理論は，抑うつの人々が自分自身の努力に対する強化の欠如から，他の人々からより大きく距離をおき，その結果として抑うつが増大するという悪循環に巻きこまれていることと示唆する。
- 治療から現実の日常生活への転移を促進するため，関連する状況を選び，改善が望まれているのと同じ生活場面で治療が行われる。

☑ 重要な用語

一次的強化子，般化した条件性強化子，過正当化，拮抗条件づけ（反対条件づけ），機能分析，強化の随伴性，系統的脱感作，嫌悪療法，行動サンプリング，行動的欠陥，随伴性管理，随伴性契約，消去スケジュール，症状代理形成，トークン，不安強度の階層，リラクゼーション反応

☑ 考えてみよう

1) 行動査定はパーソナリティ特性の測定とどのように異なるか説明しなさい。
2) 行動査定が，不安と精神疾患行動の査定でどのように用いられてきたか説明しなさい。
3) 行動を制御する強化子を見つけるため，どのように直接の観察を用いることができるか説明しなさい。行動を変化させるため，また強化子を確認するため，トークンはどのように用いられたか述べなさい。
4) 行動の機能分析は，どんなことが関係しているか説明しなさい。
5) 行動の変容にオペラント条件づけはどのように用いられるか説明しなさい。
6) アンの問題行動の機能分析で，操作を逆転させる技法の有用性は何か説明しなさい。
7) 系統的脱感作法の基礎にはどのような行動変化の原理があるか説明しなさい。また治療における3段階の手続きを記述しなさい。
8) 嫌悪療法ではどのような条件づけの手続きが用いられるか説明しなさい。またこのアプローチの限界にはどのようなものがあるか述べなさい。
9) オペラント条件づけの手続きは自閉症児の治療にどのように用いられてきたか説明しなさい。
10) 正の強化子を用いた行動変容の試みにおいて，過正当化の悪影響をいかに回避できるか説明しなさい。
11) 自己統制プログラムにおける随伴性契約の使用と有効性を記述しなさい。
12) 抑うつの行動理論と，それが治療にどんなことを意味するのかを記述しなさい。
13) 症状代理形成の概念に対して生じた論争とはどのようなものか説明しなさい。また症状代理形成に関して，どのような実証的な証拠があるのか述べなさい。
14) どのような条件下で，特定の行動を変化させることがパーソナリティの変化を促進するのか説明しなさい

第 IV 部のまとめ

行動・条件づけレベルにおける分析

概観——焦点，概念，方法

　下記の表は，行動・条件づけ分析レベルにおける研究の主要な特徴をまとめたものである。表に示されているように，このアプローチでは個人の行動を，状況という文脈の中で焦点をあてている。状況における先行学習や手がかりは，行動の重要な決定因としてみなされる。データとして求められるのは，変化する状況に従って変化する行動の直接的な観察である。反応は，想定された内的状態，動機，あるいは特性の間接的な指標ではなく，行動のサンプル（標本）として用いられる。このアプローチに基づく研究では，例えば自分の環境を再構成することによって，自分自身の行動を効果的にしたり統制したりできるような条件も含め，当該行動に影響を与えたり統制したりする条件を分析することが求められている。個人の行動を変えるための療法は，行動が生みだした結果，あるいはそれに関連した影響を見つけだし，修正することに向けられる。状況は行動の不可欠な側面として取り扱われている。それは行動の維持

表　行動・条件づけレベルの概観——焦点，概念，方法

基本的単位	状況の中の行動
行動の原因	（他者の行動を含んでいる）状況での先行学習と手がかり；強化の随伴性
パーソナリティの行動的発現	安定した行動がパーソナリティと同等のものとみなされる
求められるデータ	目標とされる状況における行動の直接観察；変化する状況や刺激条件に従って起こる行動の変化
観察された反応の使用法	行動サンプルとして
研究の焦点	行動の変容；行動を制御している条件の分析
パーソナリティの変化に対するアプローチ	条件を変化させること；行動を変容する経験を学習すること
状況の役割	非常に重要：ほとんどの行動を調整し，情動反応や行動パターンを引きだすもの

や修正に強い影響を与える手がかりや結果が何かを教えてくれる。このように，状況は行動の査定あるいは行動変容の試みから取り除くことはできないのである。

行動・条件づけレベルで認められた貢献

　応用的な目的のための行動主義的アプローチの貢献は，日常生活での雑多な問題について考えたり改善したりするため，まだ完全でないにしても，数多くの効果的な方法を見つけだしたことで広く賞賛されている（O'Donohue et al., 2001）。ダラードとミラーは，実験的研究法を用いることを促進するような形で，多くの重要な精神力動的概念を学習用語に翻訳した。行動的分析レベルの研究は，初期の心理学研究者たちを長い間悩ませていた多くの「異常な」現象から謎を取り除くことを可能にした。特に，強い不安や奇矯な行動パターンのような表面上は不可解で不合理な行動が，人生と生活の環境，そして学習や強化のような方法によって形成されることを明確に示した。長い間に，この研究の大部分は，パーソナリティの変化や健康な個人の対処過程での問題を直接に扱う現在の「認知行動療法」の基礎となった（Meichenbaum, 1993）。これらの療法は徐々に，行動的分析レベルから得られた知見と，この後の章で論じられる，社会的認知や心的過程における，より最近の研究から得られたものを統合してきたのである。

　同様に，実験室条件での動物の反応における行動的分析レベルでの研究からの知見は，後の社会的認知レベルでの複雑な社会学習やパーソナリティ研究の基礎となった。情動反応や他の基礎的種類の学習，記憶と関係する脳の中枢を明らかにしようとする分野での近年における目覚ましい進歩もまた，行動的分析レベルでの研究に新しい生命を与えた。脳の過程と，それが行動とどのように連結するかは，いまでは実験的に，特に動物を使った実験室研究において研究できるところまできた。結果として，従来は「フィクション」とされ科学的心理学の範囲の外とされていた，脳という「ブラックボックス」や，その中で起こる過程は，いまでは科学の先端として，広範にわたる研究競争の場となっている（例：LeDoux, 1996, 2001）。

　過去にこの分析レベルでの研究は，「刺激」あるいは「状況」そして報酬の役割を強調しすぎ，人間の自由や自己統制の潜在的能力を含む，人間のパーソナリティの基本の多くを見逃していると批判されてきた。つまり，人は状況の単なる犠牲者ではなく，実験室では無理にしても，現実の生活では確かに，能動的に状況を創造し変えることもできるのである。批判する人たちは行動的分析レベルでの研究を，性格そして特性や動機のような内的な決定因の重要性を軽視するあまり，状況の重要性に焦点をあてたことを反映しているとみている（Bowers, 1973; Carlson, 1971）。しかし最近の多くの研究は再び，自動的にあらゆる種類の認知的，情動的，そして行動的反応を引

き起こす刺激の力を実証しており，先駆的な研究者は人の意識あるいは内的思考過程の重要性に疑問を抱くようになっている（例：Bargh, 1996, 2001）。人が実際に「主体能動性」をどの程度まで発揮できるのか，刺激が人に与える強い影響を変えるため，本人がどの程度まで介入できるのかについては，広範囲の科学者や哲学者によって活発に追求されている未解決の問題の一つとなっている。これらの大きな命題については，本書の最後の部分で再び扱うことにする。

　歴史的には，行動主義的アプローチにずっと突きつけられてきた疑問は，それがパーソナリティ心理学者が関心をもっている現象の理解に寄与するかどうかである。行動主義的アプローチについての初期の懸念は，パーソナリティを理解し，その複雑性を正当に評価するための基礎となる，情動や内的状態のような複雑で特徴的な人間の特質を研究しようとさえしていないのではないかということであった。実際，行動主義的心理学者たちは利用できる方法で研究が容易なものだけを研究していると批判する人もいた。その人たちは，行動主義的心理学者たちは光があたっている場所にあるものだけを探していると非難したのである。重要なこの関心事をとりあげるため，この後の章で論議される社会認知的レベルの研究者たちは，いくつかの重要な欠落部分を扱うようになっている。

第V部
現象学的・人間性レベル

```
特性・性質    精神力動的・    現象学的・
              動機づけ        人間性
                                            統合部
                                            「全体
                                            としての
                                            人間」
生物学・生理  行動・条件づけ  社会認知的
```

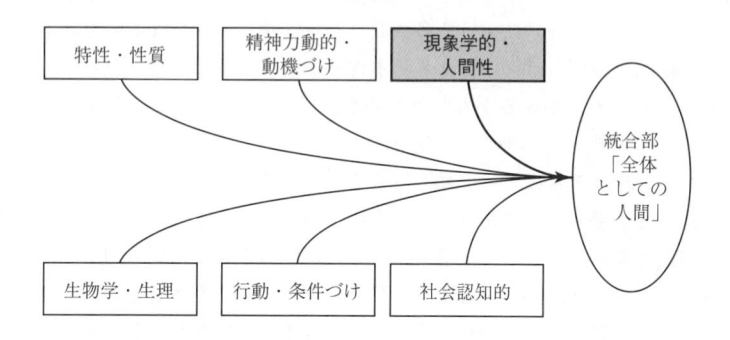

第V部への序章——現象学的・人間性レベル

　現象学的・人間性レベルは，個人の内側における心理的・主観的経験を，その本人によって知覚され理解されるがままに理解することを目標としている。ここでの研究命題は，私たちがいかに自分たち，他の人たち，そして社会を見て経験するかであり，その知覚がどういう意義をもつのか，その結果，何が起こるのかである。「本当の自分」，つまり他の人が望むのとは別の，自分自身がなりたい自分の本当のあり方を，私たちがどのように見つけ，つくりあげるのか。そして，自分の潜在能力を最高の形で実現あるいは現実化し，自己価値をどのように体験できるのかということを探究する。

　このレベルでの研究は主に，1940年代後半から1950年代にかけ，特に第二次世界大戦の混乱の後で悩み苦しむ人々を治療しようとした臨床心理学者を中心に，パーソナリティを重視する心理学者たちの熱心な批判運動として始められたものである。その批判はほとんど「異議申し立て」の叫びとよべるものであったが，そのとき心理学の世界で支配的であった二つの勢力に対するものであった。一つはその当時，臨床心理学と精神医学において影響力が強かったフロイトの支持者たちによる精神分析的な陣営である。その批判は，フロイト学派のアプローチは，あまりにもパーソナリティ

の病的・障害的な側面だけをとりあげ，人間の潜在的な能力を無視しているというものであった。それに加え，すでに精神分析の治療効果や実践的な有用性，さらには基本的考え方の科学的妥当性に対する疑問が膨らみつつあったことを反映している。批判運動は，もう一つの陣営として行動主義や「ラット心理学」にも向けられていた。当時の米国の学問的な心理学科における支配的なアプローチである。

　フロイト学派の始まりと違い，この批判運動のリーダーは一人だけではなかった。対比的に，パーソナリティや心理療法を重視する，何人もの違った心理学者たちがそれぞれ，この時代の心理学における多数派によって受け入れられていた基本的な前提を批判する疑問を投げかけたのである。本書をここまで学んできた読者の中にも，たぶんそう考えている人がいるかもしれないが，「パーソナリティ心理学は，これだけなのか？」と，批判的な心理学者は考えたのである。例えば，ケリー（G. Kelly）であるが，パーソナリティにとって最も重要なのは，まさにこれまで扱われてこなかったことであると主張した。つまり大切なのは，個人が自分を取り巻く世界を，それぞれ独特の方法で見る，あるいは「構成する」ことである。この個人的な「構成」あるいは評価が，何を考え，感じ，どんな行動をとり，どんな人になるのかなどということについての基本になる。その構成次第で，フロイトの患者たちがみせたような，不適応で自己破滅的そして自己破壊的な問題行動をとるように仕向けてしまうかもしれない。もっと重要なのは，自分たちやこの世界を構成し評価するやり方は，自分で自由に変えることができるとケリーが考えたことである。だから，より自由に生きることができるよう，建設的なやり方で構成し直せるのである。言い換えれば，私たちは自分の遺伝子，過去，そして自分がおかれた状況の犠牲者である必要はないということである。

　ケリーがこの研究を展開しつつあったちょうどそのとき，そしてまさに同じ場所，すなわちオハイオ州立大学の心理学科で，牧師から大学教授に転じたロジャーズ（C. Rogers）が，個人的な成長と純粋さへの潜在力，そして自己というものの性質に注目したパーソナリティ理論を進展させていた。集合的にみると，この分析レベルの研究者たちは，自己，心的過程，精神的健康，そしてパーソナリティと個人的な成長にとっての対人関係の重要性についての理解を深める研究を続けている。このレベルにおける研究は，現在この分野で明らかになりつつある，パーソナリティの統合された観点へ大きく貢献することになった。

自分に引きつけて，パーソナリティ心理学を考えてみよう

自分自身について考えてみたい，現象学的・人間性レベルに関する質問
- いま自分は何を本当に感じているのだろうか？ 自分自身をどうみているのだろうか？ 両親のことを，どうみているのだろうか？
- 両親の期待に応えられなかったとき，自分自身についてどう感じるのだろうか？
- 自分が理想的にそうありたいと思う自己と，現実のいまの自己とは，どう違うのだろうか？
- 自分の理想自己はどんなものだろうか？
- いま自分は幸せか？ 充実しているか？ 自分はどこに行こうとしているのか？ 自己のアイデンティティはどんなものか？ どんな人間になりたいのか？

12章

現象学的・人間性レベルの諸概念

　人はそれぞれが自分自身のやり方で主観的に世界をみている。この私的に経験されるパーソナリティの側面を理解するには，主観的経験の性質について検討しなければならない。つまり，人々がいかに自分の世界を知覚しているかという問題である。その人がどのような経験をしているかを知らなければ，例えばパーソナリティの一側面としての不安を，十分に理解することはできない。ここでは，個人的な経験の例から始めることにしよう。以下は，学生生活で最後の期末試験をもうすぐ受けようとしている大学生による記述である。
　「試験のことを考えると，気持ちが悪くなる。……あまりに多くのことがその結果いかんにかかっているからだ。十分に準備しなかったことは自分でもわかっている。少なくともっと勉強すべきだった。しかし，ある意味，なんとかごまかせるのではという希望ももっている。先生は，論述問題を三つから二つ選んで回答することになると言っていた。問題についての説明も聞いている。授業でやったことの全体から出題するというけれど，それだけじゃあ，あまり役に立たない。重要な名前とか場所とかは，いくつか書けると思う。2時間の試験時間で，そんなにたくさん書かせようなんて，考えてほしくない。……先生が授業で話したことをいくつか思いだそうとしても，気が散って集中できない。あー，家族のみんな。もし試験に不合格になり卒業できなかったら，家族はどう考えるだろうか？　狂ってしまうかも。おー，顔が浮かぶ。もっと悪いことに，声さえも。『で，あなたの教育に費やした大金は！』　お母さんは傷つくだろう。がっかりした，ってはっきり言うだろう。犠牲者になるだろう。『ねえ，ロジャー，おかげで，私たちがどんなふうにみられるか，わかる？　一生懸命働いて，お金を節約して，あなたの教育のためにがんばったってこと，知らなかった？　……たぶん，他のことで忙しすぎたのよね。おばさんやおじさんに，何て言えばいい？　卒業式に来るって言ってたのよ。』　あー，もうイヤだ。でも人より自分のことさ。卒業できなかったら，どうすればいいんだ。計画も立てたのに。就職も内定してい

る。実際，あの会社は，どうしても入社してほしいようだったから，未来は洋々としていたんだ。それに，車のことがある。ちゃんと計画を立ててたんだ。就職したら払えるし，他の遊びに使うお金も残っているはずだった。……合格しなくては。まったくなんてことだ。恋人のアニーはどうだろう。卒業を心待ちにしているんだ。私たち二人には，将来の計画があった。あの娘はどう思うだろう。脳みそがないのがばれてしまう。しかし……もうお先まっくらだ。でも，名前を覚える方法をなんとか思いついたら。内容はよくわかってるけど，全部書く時間がなかっただけと先生に思わせたら。ただ単に，……できたら。たら，たら，たら。たらばっかりだ。お父さんがかわいそうだ。本当に傷つくだろうな。いろいろと計画したのに。いろいろと……うまくやれるはずだった。なんて言った？『みんなが尊敬してくれるよ。大学を出れば，尊敬してもらえるんだ。店員なんかより，ずっとよい仕事ができるんだよ。』本当にどうしよう。ああ，何も考えられない。でも，まぐれが起こるかもしれない。何度かそんなことがあったし。ちょうどよい問題を出してくれればいいんだ。でも，どんな質問だろう。う～ん，吐き気がしてきた。他のみんなも，こんなに怖がっているのだろうか。たぶん，みんなわかっているんだろうな。でなければ，こんなことはどうでもいいのさ，と言うだろう。学位があろうとなかろうと，なんとかしてくれる親がいるに違いない。あー，でも自分はそうはいかない。合格点をとらなければ。どうしてでも。くそ，この名前は何だ。どんな問題を出そうというのだ。もう頭が回らない。考えることができない。ビールでも飲めば，ちょっとリラックスできるかな。近くに，誰かビールを飲みにいく奴はいないか。一人じゃ嫌だ。ショーをやっている店に行こうというのはいないかな。……いったい何を考えているんだ。勉強しなくては……でもできない。自分に何が起ころうとしているんだ。この世の終わりがやってくるようだ。」 (Fischer, 1970, pp. 121-122)

12.1 現象学的・人間性的視点の源流

■ 人間性心理学，現象学，実存主義の定義

この学生によって報告されたような感情や思考は，自己や自我，主観的で内的な経験，それと個人が何をどのように考えるかについての理論をつくるための生の素材である。ここにあげたものがこの章で検討する理論や概念である。それらの多くは20世紀中ごろの哲学と文学の中にあった二つの密接に関連した運動，すなわち現象学と実存主義から大きな影響を受けた。まず，それらの用語を簡潔に定義してみたい。

人間性心理学は1950年代の米国で始まったパーソナリティ心理学の中での動きと関連している。その動きとはこの分野で当時支配的であった勢力に対して異議を申し

立てるものであった。カール・ロジャーズとアブラハム・マズローを含む一群の心理学者たちが出会い、一連の計画会議を開き、10年の努力の末、1961年に「人間性心理学研究（Journal of Humanistic Psychology）」を創刊させた。「全人的心理学」を進めようとしていたのである。そこでは、学習や知覚のような下位過程ではなく、主観的な経験と自己に焦点をあてて、一人の全体的な人間としての個人が研究された。この動きはフォーカス12.1に事例を示したように、反対の立場の「とりで」でもあった、いくつかの同じ大学の敷地内で、しばしば生まれていたのである。その結果、いくつかの興味深い人間関係が教授陣の中でもまた学生の中でも生じた。

　現象学は意識の研究と、個人がものごとや出来事を認識し経験するとき、それらが本人にどのようにみえるかに注意を向ける。現象学に密接に関連するのが実存主義である。実存主義は哲学者のキルケゴールに始まり、サルトル、メルロ-ポンティ、ハイデッガー、その他の多くの哲学者により、半世紀以上前に、特にヨーロッパで広がった観点である。パーソナリティ心理学者にとって、実存主義の中心的な論点は、人間が自分自身の行動に関して完全に自由で責任があるということであった。実存主義はこの責任が人間を特徴づける深い恐怖と不安の根源であるということに、特に関心をもっていた。しかし、人間性心理学は責任がまた初期のパーソナリティ理論で認識されてきた以上に、自己変革のための個人のより大きな自由度や潜在力を与えるということに、同様に関心をもち、それを強調した。

　この章で提示するパーソナリティへの方向性には、多くのバリエーションがある。しかし、これらの違いにもかかわらず、いくつかの基本的なテーマが存在する。この分析レベルにおける理論は、それらが拒絶する概念とそれらが強調する概念の両者において特徴的である。それらの理論は精神分析的レベルの力動的概念と動機づけ概念の多くを拒絶し、また特性レベルと行動的レベルの仮定のほとんどを拒絶する傾向にある。人は無意識の精神力動的葛藤や特性、あるいは強化の歴史の犠牲者としてではなく、「いま、ここで」経験している存在として理解される。また、この章で論じられるアプローチのほとんどは、人々の肯定的な努力や成長と自己実現へ向かう傾向を強調している。

　ここで示される理論のほとんどは、人がいかに世界を知り、考え、解釈し、経験するかに焦点をあててきた。すなわち、その人のものの見方——その人の現象学あるいは主観的経験を把握しようとしたのである。理想的には、それらは「参加者」の目を通して世界を見て、その人の立場に立ち、その人であれば経験するであろうことを少しでも経験しようとする。このような現象学的な観点が、この章の中心である。次にその主要な説のいくつかについて考えてみたい。まずはゴードン・オルポートから始めよう。

フォーカス 12.1

同じ職場で生まれた異なる分析レベルの創始者たち

　20世紀の中ごろでの，パーソナリティの異なる，あるいは競合する分析レベルの概念や研究の主要な創始者としては，ゴードン・オルポート，ヘンリー・マレー，B. F. スキナーがあげられる。彼らはみな20年以上の間，ハーバード大学の教授として働いており，お互いに石を投げれば届くような範囲にいた。少なからぬ頻度で，少なくとも「言語的な石」が飛び交っていたのである。さらに激論と騒ぎも加わり，しばしば学生たちにストレスを与えたり，楽しませたりしていたが，最終的にはこの分野を活気づけ，豊かにしたのである。振り返ると，これらの心理学者たちはまた現象学的・人間性レベルそのものの歴史の中でも重要な役割を演じた。オルポートとマレーは，内的ないしはマレーの用語で「経験的」視点の主要な擁護者となった。スキナーは行動主義のリーダーであり，多くの現象学的・人間性レベルの視点からの異議申し立ての矛先が向けられたのである。

　B. F. スキナーは，10章と11章で論じられたように，人間の意識や内的経験は科学的心理学の縄張りの外にあると主張した。ハーバード大学の同僚で，医学と化学そして精神分析の訓練を受けたヘンリー・マレーは，自叙伝の中でスキナーによるこれらの反応にふれている。ハーバード大学の教授としての彼自身について，以下のように記述した。「他者の意識の進行中の流れ，夢，空想，記憶，感情，思考についての報告を聞くという実り多い時間に一身をささげている新進の心理学者が，意識や目的は存在しないことを信じこませるという目的をもつ人たちの教義を熱心に採用することはないだろう……」（Murray, 1967, p. 293）。マレーにとって，パーソナリティ心理学が進むべき道は，米国の最初の偉大な心理学者の一人であるウィリアム・ジェームズによって，1903年に最もよく予告されていた。「個性は感情の中に見いだされる。そして感情の奥にある性格のより暗い，見通しの利かない層は，生じつつある本当のことをとらえ，またいかに事象が生じるのか，いかに精神的仕事がなされるのかを直接認識する，この世界で唯一の場所である」（James, 1903, p. 501）。

　ハーバード大学でのスキナーは，できうるかぎり急進的な行動主義者としての研究を推し進めながら，自分の見解と方法を洗練させ，適用し続けていた。同時に同じ大学で，マレーは人間の動機，想像，空想を研究するためのTATを開発し，8章で論じたように，人生や経験についての徹底的な研究に乗りだしていた。そのキャンパスのあまり離れていない別の建物の中では，オルポートが彼の特性論と，個人のその人らしさに焦点をあてた研究を発展させていた。それは，単なるその人の外的行為ではなく，それらの基礎にある内的動機や価値，自己を査定するための道であった。結局，彼らが全体としてお互いに完全に相反していたというより，それぞれすべての貢献が重要であったことを，いずれ歴史が証明するであろうことは誰も予測できなかった。彼らはそれぞれ，パーソナリティの全体的な複雑さと多くの異なるレベルでのその表現の理解のため，パズルの「ピース」をそれぞれ，そこに加えるという重要な貢献をしたのである。

■ オルポートの機能的自律性

　ゴードン・オルポート（Gordon Allport, 1937）は個人の独自性や，人それぞれを特徴づける統合されたパターンを強調した最初の一人だった。彼はまた，個人の生涯を通して一貫した動機はないと主張し，おそらく，7章でふれたウィーンでのフロイトとのトラウマ的な出会いによる影響を受け，性的動機と攻撃的動機の永続的な役割を強調するフロイト派を批判した。

　オルポートによれば，行動も最初は本能によって動機づけられるが，後に何の生物学的充足を与えなくなっても，永続的にそれ自体を持続するようになる。たいていの正常な大人の動機は，なぜそれがあるのかというもともとの原因・理由と，機能的な関連性をもたなくなっているのである。「動機というのは，そのときのものである。……どんな動因も，いま・ここのものでしかない。……動機の性質は幼いときから成熟するまでに，あまりにも根本的に大きく変化するので，子どものときの動機の代わりに，大人の動機が登場すると考えてよい」（Allport, 1940, p. 545）。この考えは機能的自律性とよばれてきた。例えば，ある音楽家が毎日決まった時間にバイオリンを練習する習慣は，幼児期における何らかの初期の動機と結びつけられる必要はないのである。オルポートの考え方では，動機が自律的である程度は，その人の成熟のレベルを表す尺度になる。

　このように，オルポートは動機の同期性（Allport, 1961）を強調した。つまり，動機は過去の起源に関係なく，現在の役割によって理解されるべきである。過去は現在において活性化していると示されないかぎり，重要ではないという見解である。ある人の過去についての歴史的事実は，その人の全生涯を表す一助になるが，現在の行為を適切に説明できないと信じた。彼の言葉でいえば，「過去における動機は，現在の動機でないなら，何も説明していない」（Allport, 1961, p. 220）のである。要するにオルポートは，後の動機は初期のものに必ずしも依存していないことを強調した。ある植物の生命は種子によって受け継がれるかもしれないが，種子が栄養を補給することで，成熟した植物の生命を保っているわけではない。あるピアニストは劣等感に打ち克つために，ピアノの腕をあげたいと思ったかもしれないが，後になってそのピアニストが音楽に対してもつ愛情は，そのような起源とは機能的に独立している，つまり自律しているのである。オルポートは，その人が現在知覚している経験，本人の現象学的な自己，そして適応における独特のパターンに注目した。彼はまた，個人を特性や動機の単なる寄せ集めとしてではなく，一つの統合された生物学的・社会的な存在として，全体的にみるべきであると主張した。表12.1は個性についてのオルポートの主要な考えをまとめている。

12章 現象学的・人間性レベルの諸概念

表12.1 オルポート（Allport, 1961）が考えた個性の際立った特徴

1. 動機はその起源から独立するようになる（機能的自律性）。
2. 個性（自己）は以下のものに特徴づけられて発達する。 　　身体感覚 　　自尊心 　　自己同一性 　　合理的思考 　　自己像
3. 独自の統合された適応のパターンは，その人を一つの全体として特徴づける。

■ レヴィンの生活空間

　フロイト後のもう一つの重要な影響は，場の理論（Lewin, 1936）によってもたらされた。社会心理学の文脈の中で発展したこれらの理論は，その人の心理的な生活空間によって行動が決定されると考えた。すなわち，行動は過去の出来事や，永続的で状況の影響を受けない個人の性質によって決定されるのではなく，そのときの全体的な心理的状況の中にある事象によって決定される。この立場の最も洗練された公式化は，クルト・レヴィン（Kurt Lewin）の場の理論であった。彼の場の理論では，ある対象の知覚は，その周囲の全体的な文脈あるいは構成によって決定される。それは個々の構成要素の固定化された特徴ではなく，知覚された場の構成要素間の「関係」によって，決まってくるのである。

　レヴィンはある人のある瞬間における行動（B）を決定する事実の全体を，生活空間と定義した。生活空間は図12.1に示されているように，人（P）と心理的環境（E）を含む。行動は以下の公式に示されるように，人とその環境との関数である。

$$B = f(P, E)$$

　古典物理学での因果関係の概念に基づけば，通常の行動の原因は，過去の何かが現在の出来事の原因であると仮定している。「目的論」における諸理論は，将来の出来

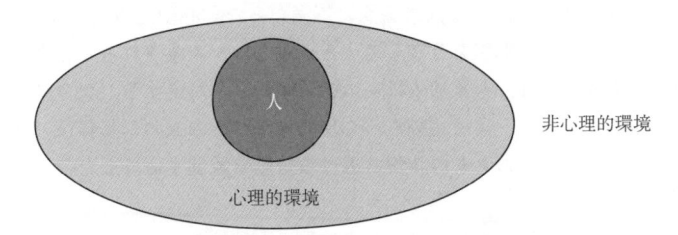

図12.1 レヴィンの生活空間。生活空間は，その人の心理的環境と，その人自身からできあがっている。心理的環境は非心理的環境との楕円の境界線によって，輪郭が描かれている。

事が現在の出来事に影響を与えると仮定している。レヴィンの命題は，定義が示すように，過去や将来はそのときには存在しないので，どちらも現在に影響を及ぼすことはないとする。過去の事象は，現在の状況をつくりだす歴史的な因果の鎖の中で一定の位置を占めているが，現在の状況において機能している事象だけが考慮されればよい。定義上，これらの事象は，現在のあるいはいまの瞬間のものである。言い換えれば現在の事実だけが，現在の行動の原因になりうるのである。

　生活空間を表象するのに，レヴィンは同時期のものだけを考慮に入れた。彼はこれを同期性の原理と名づけた（Lewin, 1936）。これは場の理論家が歴史的問題や以前の経験の影響に関心がないということではない。レヴィン（Lewin, 1951）が指摘したように，場の理論家は心理学実験の規模を拡大し，数時間あるいは数週間にわたる実験状況を系統的につくりだし，その意味で一つの歴史を含んだ状況をつくりあげることさえする。例えばある実験では，大学生が数セッションにわたり，一連の達成課題で繰り返し失敗経験をさせられるかもしれない。そうした経験が，その後の成功に対する要求水準や結果期待に，どのような影響を与えるかが研究されるのである。

　人と心理的環境との境界や，生活空間と物理的世界との境界は，通過性の高い境界である。すなわちそれらは容易に越境されうる。そのことはそこでの予測を困難にしている。なぜなら，いつどんな事実が境界を通り抜け，もう一つの領域の事実に影響を与えるかを事前に確定することはできないからである。ゆえにレヴィンは，心理学者は将来を予測しようとするのではなく，場の理論によって，心理的状況を記述し説明することに集中すべきだと主張する。

　レヴィン（Lewin, 1935）は，変化しない特性のような，一貫した実体的特徴をもつパーソナリティという概念を認めなかった。そこで働くたくさんの力の力動的な結果として，心理的現実は常に変化する。個人の環境は，その人の性質の中で，ある傾向だけを永続的に促進させるわけではない（Lewin, 1936）。また，習慣は凍結してしまった連合ではない。生物体とその生活空間のそれぞれで働くたくさんの力が合成された結果なのである。

　レヴィンは同様に，常識的な欲求概念に不満だった。心理的事実を記述するには，そのときの状況において影響を及ぼしている欲求だけが表象されるべき唯一のものだと考えた。彼の理論では，ある欲求は一つの緊張体系と対応する。レヴィンはまた報酬と罰にも関心をもった。彼は報酬を，心理的環境とその人の緊張体系に変化を引き起こすことによって，そのときの状況における行動を統制することができる装置と考えた。

　レヴィンにとって，行動と発達は同じ構造的，力動的要因の二つによって決まってくる。これら二つの要因は，人とその心理的環境によって決定されている。一般に，成熟するに従って人と心理的環境の分化はより増大し，影響を与えつつも相互に独立

したものになってくるのである。

　レヴィンの場の理論は実験社会心理学に大きな影響を与えた。レヴィンの弟子たちは，彼の考えを発展させ，自己や他者それに社会的事象についての知覚を変えることによって，実験参加者の生活空間を操作するように，巧妙に計画された実験によって研究を進めた。そして実験操作の影響が，態度や願望やその他の指標にどのように影響を与えるかが注意深く検討されたのである。パーソナリティ心理学に対するレヴィンの影響は，いままであまり大きくなかった。しかし最近，心理的な状況の重要性は，特性や動機づけの研究においても再認識されるようになっている（例：Magnusson, 1999; Mischel & Shoda, 1999）。

■ 現象学と実存主義——いま・ここで

　これまで論じてきたようにオルポートとレヴィンの考えは価値のある始まりであったが，現象学的・人間性レベルの分析を最も強力に推し進めた二人の心理学者はカール・ロジャーズ（Carl Rogers）とアブラハム・マズロー（Abraham Maslow）であった。カール・ロジャーズは，私的経験，主観的知覚，自己というものが重要な役割をもつというパーソナリティの見解をさらに発展させた。アブラハム・マズローは，人間の成長動機を強調した。マズローの見解によれば，成長動機によって人は階層的に順序づけられた段階を通って究極の自己実現へと向かう。「すべての人は，部分的にはその人自身の計画したものであり，その人自身をつくる」（Maslow, 1965, p. 308）。行動は，生物学的な一次欲求によって動機づけられるだけでなく，目標に方向づけられ，努力奮闘し，目的をもち，より高次の実現欲求すなわち可能なかぎりの自己実現を目指し，動機づけられている。これらの考えは，この章の最初で記述されたサルトルのようなヨーロッパの思想家や著述家，それにスイスの精神科医のビンスワンガー（Ludwig Binswanger）やボス（Medard Boss）によって発展した実存主義的な哲学的立場と密接に関連している。彼らの志向性の主要な特徴は，米国実存主義心理学の推進者ロロ・メイ（Rollo May）によってわかりやすく表現されている。心理療法を施している患者について考えるとき，その人についてのあらゆる情報，例えばロールシャッハ・テストからの仮説や神経学者からの診断について，すべてを知り尽くしているはず，とメイは考える。そして以下のようにコメントする。

　　「しかし私がここに座って，その問題がなぜどのように生じてきたかだけを考えるなら，すべての中で最も重要な，実存するその人のことを理解できないだろう。実際，唯一の現実のデータの源，すなわちこの経験しつつある人，実存主義心理学者が表現するなら，この部屋で共に直接的に，いま・ここに立ち現れ，自分になり，『世界を創造している』，その人を理解することはできないだろう。」

（May, 1961, p. 26）

メイの見解は，その人の人生早期の幼児期にある歴史的な原因よりも，現象学的な経験，「いま・ここで」の経験に実存主義者が注目することを指摘している。さらに，実存主義的方向性は，人間を無意識の力の被害者あるいは過去の習慣の犠牲者というよりも，その瞬間に選択し責任をもつことができる存在とみている。

スイスの実存主義的精神科医ビンスワンガーは，フロイト理論が人間を完全な意味での人としてではなく，人生に打ちのめされている生き物として描いているとコメントした。ビンスワンガーは，人にとって十分に自分自身になりきる，すなわち人として本当に成長し，自己実現するためには，「運命と直面」しなければならないと考えていた。彼の見解では，人間の人生と生活が力と状況によって決定されるという事実は，真実の一つの側面にすぎない。他の側面は私たち自身が「これらの力を我々の運命として決定する」（May, 1961, p. 252から引用）のである。ゆえに，現象学的，実存主義的な志向性では，人間は生物学的な欲求，性的本能，攻撃的本能の充足よりも，自己実現を求める存在とみられている。

実存主義者は，私たちは必然的に自分自身の人生と生活の創造者であると主張する。また，特に各人は，以下のような特徴があるとしている。
① 人生において選択を避けることができない，選択する主体的能動体である。
② 人生の目標を自由に設定することができる，自由な主体的能動体である。
③ 人生における選択に個人的に責任を負うことができる，責任ある主体的能動体である。

人生と生活において私たちの存在が前提となるが，私たちの本質は人生で何を行うか，人生と生活をいかに意味深く，責任のあるものとして構築するかにある。これはしばしば骨の折れる，孤立した，苦痛に満ちた仕事である。満足のいく価値を見つけること，それに従って自分の人生を貫くこと，人生と生活に意味を与えること，これらの目標は実存的探求のすべての役割である。それらは「存在する勇気」，つまり，集団に盲目的に同調し従うことをやめ，より大きな自己定義と信頼性を求めることによって自己実現を得ようとする勇気を必要としている。

存在することの意味を最終的に理解することはまた，存在しないこと，疎外感，空虚さ，そして究極的にはすべての人の避けられない運命である死の不可避性について，絶えず認識することを必要とする。この必然的な運命とその意味することを認識することは，実存的不安を生む。このような不安に対する良薬は，人生に直面して生きることである。持続的な選択と成長のため，自分の潜在的な能力を認識し，勇気と責任をもって，意味があるように生きることである。

現象学的・人間性アプローチは20世紀の中ごろのこれらすべての歴史的，哲学的，科学的発展による活動に影響を受け，また動機づけられた。それらの主要な特徴をより詳しく理解するため，最も雄弁な提唱者の見解を次の節で検討しよう。

12.2 カール・ロジャーズの自己理論

　カール・ロジャーズは，自己理論と自己の成長と自己実現を促す条件に関する理論を発展させた。それはパーソナリティ心理学に影響を与え続け，また人間の性質についての現代的視点にさえ，大きな影響を与えている。

■ 独自の経験——主観的世界

　ロジャーズのパーソナリティ理論は，その人に独特な主観的経験を強調する。自分の人生や生活における出来事を見たり解釈したりするやり方が，いかにそれらに反応するかを決定すると考えたのである。私たちはそれぞれ主観的な世界に住んでいて，科学者のいわゆる客観的な世界でさえ，主観的な知覚，目的，選択の産物である。どんなに一生懸命にがんばっても，他者の「内的な参照枠」を完全に想定することはできないから，その人にとっての現実が何かを知りうる可能性が最も高いのは本人である。別のいい方をするなら，それぞれが潜在的に自分の世界についての最高の専門家であり，自分についての最良の情報をもっている。

　ロジャーズは，「行動は典型的に，知覚された場において経験された欲求を充足させようとする生体が行う目標志向的な試み」(Rogers, 1951, p. 491) であるとみた。当の本人の知覚が行動の決定因であることを強調する。どう反応するかは，ものごとをどのようにとらえ解釈するかで決まってくる。

■ 自己実現

　現象学派の心理学者の多くと同じように，ロジャーズは特定的な動機概念を捨てたいと考え，人という生物を生体的な全体として機能するものととらえようとした。「生体としての人間には，エネルギーの中心的源が一つある。どこか特定の部分ということではなく，生体としての全体における働きであり，自己充足や自己実現，あるいは自分自身を維持し，高めようとする傾向と考えるのが，おそらく最も適切である」(Rogers, 1963, p. 6) と主張したのである。このように，生体には自己を実現しようとするような，生まれながらにしてもっている傾向があるといえる。したがって「動機」は，ありのままに生きていることの全体的な特徴を意味することになり，特別の概念ではなくなる。

　ロジャーズは人間の性質について，本質的に明るくよいものと考える立場をとり，情動は適応にとって有益なものであるとする。すなわち「情動は目標志向的な行動に伴うもので，一般にそのような行動を促進する。……情動の強さは，生体としての自分を維持し強化するための行動が，どのくらい重要なものであると知覚されるかによって決まってくる」(Rogers, 1951, p. 493)。

自己実現の過程で，生体は価値づけの過程を通ることになる。生物としての自己を強化すると知覚された経験は，望ましく価値づけられ接近されるが，強化と維持を失わせると知覚された経験はよくないものとして価値づけられて避けられる。「生体には，基礎的な傾向がある。経験しつつある生体としての自己を実現し，維持し，高めるのを目指すことである」(Rogers, 1951, p. 487)。自己実現の考えと意味は，フォーカス12.2に，より詳細に論じられている。

フォーカス 12.2

マズロー理論における欲求としての自己実現

アブラハム・マズロー (Maslow, 1968, 1971) は，自分の本当の感情に「ふれる」（感情を避けることなく，ゆがめることなく，そのままに体験する）ことの重要性について発言し続けて，最も影響力のある心理学者だった。それを精神的幸福と自己実現の中核的な構成要素と考えたのである。マズローはまた，成長と自己実現のために人間がもつ大きな潜在能力を強調し，その能力の実現に向けての努力が，人間の基礎的な性質であると信じた。

「さらにより十分な存在，さらにより完全な人間の実現に向け働きかける力を，人は自分の性質の中に実証してみせるだろう。そう表現することにはちょうど，どんぐりがカシの木に成長しよう『と，がんばっている』，虎が虎らしく，馬が馬らしくなろう『と，努力している』……などと主張するのとまったく同様に自然で，科学的な意味がある。」
(Maslow, 1968, p. 160)

マズローが打ちこんだのは，最良の人間について研究し，自分のすべての可能性を実現することに最も近づいていると思われた人たちに共通する特徴を見つけることであった。彼の理論では人は，より原始的な欲求，すなわち生理学的欲求，安全欲求，所属と自尊の欲求（図12.2参照）が満足されると，高次の成長欲求すなわち自己実現への欲求を充足しようとするようになる。マズローは，自己実現し十分に機能している人と，そうでない人の違いを示す感情や経験の質に注目し，明らかにしたいと思った。そういう理由で，ベートーベン，アインシュタイン，ジェファーソン，リンカーン，ウォルト・ウィットマンや，他にも自分が個人的に知っていてすばらしいと思った人たちを特徴づけると思われる属性について調べた。そこで得られた望ましい特徴は，「健康なパーソナリティ」を考える上で，人間主義的心理学にとって不可欠なものになった。

マズローは，人が自己実現の瞬間に経験する特別な状態を至高体験とよんだ。自己中心性を捨て去り，無理をしない幸せをさまざまな強さで感じ，その瞬間を完璧なものとしてとらえることができる，自己実現と喜びの一時的な体験である。この状態を記述する言葉には，「生き生きとした」「美しく」「恍惚とする」「肩の力が抜けた」「独自な」「丸のまま」がある。このような至高体験は，自然や美・芸術の審美的鑑賞，宗教における礼拝・儀式，他者との親密な関係，創造的活動など，さまざまな文脈の中で報告されてきた。

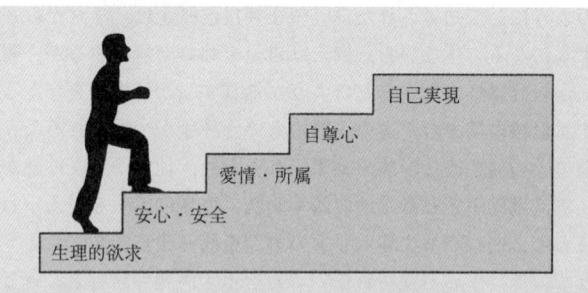

図 12.2 マズローの欲求の階層。マズローは，飢えや渇きといった基本的な生理的欲求から，安心や愛情の欲求，それに例えば有能であると感じる自尊心への欲求を順に並べた。その上に，創造に関連するような，人間としての可能性を十分に実現する，自己実現の欲求を最終段階として考えた。低次の欲求は，最初はより強力であり，充足されることを強く求める。高次の欲求は行動への影響は強くないが，際立って人間的である。一般的にいって，より低次の欲求が部分的であっても満たされないうちは，高次の欲求に注意が向けられることはない。

さまざまな考えがこれまでにもたくさん出されてきたが，それらをまとめると，現象学的・人間主義的志向性は「健康な人」を以下のようにとらえる傾向がある。
① 自分自身，自分の感情，自分の限界に気づきをもつ。自分自身，自分の人生や生活，自分の人生や生活をつくることに対する自分の責任を受け入れる。「存在する勇気」がある。
② 「いま・ここで」を経験する。過ぎてしまった過去にとらわれない。不安な予期やゆがんだ防衛を通して将来を生きることにこだわらない。
③ 自分の潜在的可能性を実現する。自律性を保ち，自身の自己概念や他者や社会の期待によってとらわれない。

これらの理想達成を助けるため，建設的なパーソナリティ変化を求める，いくつかの道筋が，次に議論されるように，現象学的アプローチの支持者たちに好まれてきたのである。

■ 自　己

　自己はたいていの現象学的理論にとって中心的な概念である。フロイト以後の精神力動的レベルでの理論の多くと同様に，ロジャーズにとってもそれは基本である。実際，彼の理論はしばしばパーソナリティの自己理論といわれてきた。自己と自己概念は，ロジャーズにはどちらも同じだが，有機的で一貫性をもった全体である。どちらも自己についての知覚と，他者や人生と生活の広範な側面との関係についての知覚からなり，すべてに価値が伴っている（Rogers, 1959, p. 200）。環境との相互作用の結果，このようなさまざまな知覚が細分化され，部分的に取り入れられて自己に組みこまれ

ていく。このようにして知覚された自己つまり自己概念は，それから知覚と行動に影響を与えるようになる。すなわち，例えば自己を強いと解釈するか，弱いと解釈するかは，その人が自分以外の世界をどのように知覚するかに影響を与えるのである。

　自己に関する経験にはまた，よい・悪いという評価がつけられるようになる。この価値評価は環境との間の直接経験の結果であったり，他者から受け継がれたものであったりする。例えば幼い子どもは，直腸や膀胱に生理的緊張を覚えると，即座にそれを放出することで，いつでも生体としての喜びを感じる。しかし，そうしてしまう行動は悪いことで，そうすると愛されないことを示す両親の言動をときどき経験することになるだろう。葛藤が発生し，生体としての経験の歪曲や否認という結果を生みだすかもしれない。この例では，排泄することによる満足は，本当はしばしば生体的な快感として経験されるが，同時に悪いこととして経験され始めるかもしれない。ロジャーズはさらに進めて，排泄の訓練で，もし親が純粋に子どもの感情を受け入れることができ，同時に自分自身の感情も受け入れられるなら，経験の否認や歪曲は避けることができるだろうと述べている。

■ 一致と肯定的配慮

　ロジャーズは自己概念（自己）と生体それ自体の実際の経験を別々のシステムとして考えていた。これらのシステムは対立しているかもしれないし，調和しているかもしれない。対立しているか不一致なときには不適応となる。その場合は自己に柔軟性がなくなり，生体としての実際の経験との接点を失い，全体に緊張が高まってくる。知覚は選択的であって，私たちは自己概念と一致したやり方で経験を知覚しようとするのである。このように，自己概念は生体の実際の経験を評価し監視するための参照枠となる。自己と不一致な経験は脅威として知覚される。脅威があればあるほど，自己構造はそれ自身を維持するために融通が利かなくなり，防衛的になる。同時に自己概念は生体的現実と一致しないことになり，生体の実際の経験との接点を失う。

　ロジャーズ（Rogers, 1959）は，人に普遍的な肯定的配慮への欲求を仮定した。この欲求は自己への気づきが生じ，自分の人生や生活において重要な人からの受容と愛情を求めるようになると，生じてくる。特定の行動をとるなら受容するというように，受容は時に条件つきかもしれないし，その人をあるがままに受容し，無条件に尊重してくれるかもしれない。人は他者からだけでなく，自分自身からの肯定的配慮をも必要とする。自尊への欲求は，肯定的配慮の欲求の充足や不満と結びついた自己体験から生じてくる。もし無条件の肯定的配慮だけを経験するなら，その人の自尊もまた無条件なものとなるであろう。そういう場合には，肯定的配慮や自尊を求める欲求と，人としての生体的評価にズレが生じることはありえない。このような理想的な状態においては，本物の心理的適応が起こり，十分に機能することが可能になるだろう。

たいていの人はこのような理想的な適応を達成できない。しばしば自己についての体験は、自尊にとって価値がないために避けられたり、価値があるために求められたりする。例えば、ある子どもは母親に対して怒りを経験するが、「よい子」でいたいため、その感情を受け入れようとしない。そのようなことが起こるとき、その人が価値の条件を身につけたとロジャーズはいう。愛されるため、価値があると認めてもらうため必要とされ、他の人、通常は親が、暗黙のうちに設定する条件のことである。例えばある親は、価値があると認めるには、学校ですばらしい成績をとらなければならないと子どもに感じさせるかもしれないし、家族のみんなから、生まれつきあまり向いていないのに、元気な運動選手になることが期待されていると感じさせられるかもしれない。その人の価値の条件に一致する経験は正確に知覚される傾向があるが、価値の条件に合わない経験は否認されて気づかれないようになり、大きくゆがめられてしまうだろう。その人の自己概念と、経験されたことの評価との間に、重大な不一致が生じるとき、防衛はうまく働かなくなる。例えば、ある若い女性が、自分の学業成績について苦痛なほどに不満足であり「不幸である」といつも感じているのに、一人前であるには「大学の優等生」であることが必要と考えているなら、自己についての考え方を防衛しようと努力して、たいへんな困難を経験することになるかもしれない。

フロイト理論と同じで、ロジャーズの理論も、自己の経験に関する正確な気づきは自己への脅威になると仮定する。ロジャーズの理論における不安は、ある経験の認識が自己にとって破滅的と感じるとき、本人に十分に自覚されることなしに、自己を構成する要素間の緊張として起こると解釈できる (Rogers, 1951)。例えば、ある人の自己概念が「男らしさ」を中心につくられているとしたら、典型的に女性的とされる傾向をいくつかもっていることを示す経験は、その人の自己を深刻に脅かすだろう。自己への基本的な脅威から不安が生じ、それを避けるために防衛が組み立てられる。ロジャーズの理論を支持するものとして、自尊心が深刻な脅威にさらされると、それを守るために人々がさまざまな戦略を使うことを多くの研究が示している。例えば、重要な失敗は自分自身ではなく、偶然などの要素に容易に帰属させるが、成功は自分自身の能力のためと考える (Snyder & Uranowitz, 1978; Weiner, 1995)。

■ 自己決定

ロジャーズの考えはきわめて大きな影響力をもち、新しい多くの方向の研究を刺激し続けている。継続的な仕事の一つの主要な流れは、他者からの外的報酬や加えられる圧力に依存しない、自律的で生得的な生体的満足を求める欲求に関するロジャーズの理論に基づく。例えばデシとライアンによる自己決定の理論では、ある行為は、価値の条件を満足させるために、例えばうまくやるようにという親からの圧力のような、外的報酬によってコントロールされる。あるいはやるのが楽しくない仕事を報酬のた

めにやる場合のように外的報酬を得るためになされる。しかしその他の行為はその人にとって本来的な価値をもっており，自己決定される（例：Deci, 1975; Deci & Ryan, 2000; Ryan & Deci, 2001）。行動が外的にコントロールされているのではなく，自己決定的であるという知覚は，その人がそれについていかに感じるかや，その後の動機づけに大きな違いをもたらす。人がすることや達成することについての自己決定の感覚は，動機づけを持続させるとともに満足感を高める一方で，自分で与えるものを含めて外的な報酬や圧力は，しばしば逆の効果をもちうることを示す証拠がたくさんある（例：Grolnick & Ryan, 1989; Ryan, 1982）。

■ クライエント中心療法

　ロジャーズの考えは，その当時にも新鮮と考えられたが，いまでも強い影響力をもつ，パーソナリティ変化のとらえ方と望ましい方向への変化を促進させる治療実践を生みだした。クライエント中心療法やパーソンセンタード・セラピー，ロジャーズ派セラピーなどとさまざまによばれているが，この治療法は自己と生体のシステムが調和的に相互作用を行えるように仕向ける。カウンセラーの温かく無条件に受容する態度によって，クライエント（患者，来談者）は現在の自己構造とは一致しない経験を知覚したり，検討したりすることができるようになる。それによってクライエントはこの自己構造を修正し，不一致な経験と整合性がとれるようになる。ロジャーズによれば，クライエントは徐々に生体としての現実経験と一致するように自己概念を再構成する。「その人は，生体としてそうであるように，より統合されたやり方で，自分になるだろう。それが治療の本質と思われる」（Rogers, 1955, p. 269）。

　自身の治療実践においてロジャーズは，精神力動や心理性的発達の性質に関するフロイトの考え方のほとんどを排除した。ロジャーズはまた，どのような診断用語も使わず，クライエントにラベルをつけることを拒んだ。しかし面接形式による心理療法は，そのまま採用している。ただし正統派の精神分析のソファーは使用しないで，クライエントと向かいあって座る。ロジャーズと弟子たちは，クライエントと臨床家の関係を重視した。彼らの治療は通常，精神分析よりもずっと少ない回数しか必要としない。またクライエントの人生における歴史的関心事よりも，現在をより多く扱ったのである。

　ロジャーズ（Rogers, 1959）にとって，治療者の主要な仕事は，クライエントが自身の生体的経験を受け入れやすい雰囲気を提供することである。成長を促進する環境をつくりだすためには，臨床家はクライエントには本来のよさがあり，自己発達できるとみなさなければならない。臨床家の役割は，非評価的にふるまい，クライエントに無条件の受容と尊重の感覚を伝えることである（Brazier, 1993）。クライエントに効果的にかかわるために，臨床家は「純粋」で「一致」していなければならない。外見

をつくろわず，開かれていて，信頼に足り，温かさのある人であることを必要とする（Lietaer, 1993）。ロジャーズによれば，一致した治療者は何にもとらわれず自由に自分自身であり，治療的な出会いの中でクライエントをただちに受け入れることができ，自分が開かれていることをクライエントに伝える。純粋に受容的な無条件の関係が形成されると，クライエントは自分の感情や経験に直面し，受け入れることを恐れなくなるだろう。自己の経験に関し，あるがままの自分と接するようになると，自己構造を認識できるようになる。そのとき，自己概念にそっていなかったため，以前は否認したり歪曲したりした経験を受け入れられるようになり，より大きな内的一致と自己実現を達成することが期待できるようになる。

このようにロジャーズは，共感的な面接をもとにした関係性重視の治療を追求した。フロイト派のように，精神力動や転移を重視することは徹底して放棄した。その代わりに，クライエントに無条件の受容的な関係と，「成長」すなわち自己実現を促進する環境を提供しようとした。この関係は，解釈よりも，共感的理解と感情の受容を中心に組み立てられていたが，解釈そのものは必ずしも排除されていない。この学派の臨床家は相対的に「非指示的」である。クライエントが面接のあり方を決めることが目標であり，臨床家はそこに生じる感情を正確に反映し明確化しようとする。

現在ではパーソンセンタード・セラピーともよばれているクライエント中心療法では，治療者の側の寛大さと無条件の受容が，個人的な誠実さの雰囲気を醸成する。心理学者は「客観的」測定への志向と，テストを用いることをやめるよう要請される。その代わりに，クライエントがどのように考え，理解し，感じているかを，クライエントから学ぼうとする。「行動を理解するために最も有効な視点は，その人自身の内的参照枠からのものである」（Rogers, 1951, p. 494）。中心的関心は共感性にあるが，この章の最初に記述された面接研究ということを考えると，ロジャーズ派は対人関係についての客観的な研究を軽視することは決してなかった。その結果，ロジャーズ派はクライエント中心療法の場で生じるプロセスのいくつかを明らかにし，その効果性についても，重要な証拠を提供している（例：Truax & Mitchell, 1971）。

ロジャーズのクライエント中心療法は，多くの点でフロイト派の心理療法と異なる。実際，ロジャーズが最初に技法を提案したとき，それは画期的なものと考えられた。時にはロジャーズの心理療法へのアプローチはフロイトのそれと対極的なものとして説明されることもある。心理療法へのフロイト派とロジャーズ派のアプローチの間には重要な違いがある一方で，より詳細に検討するならば，いくつかの基本的な類似性もまた存在する。どちらのアプローチも，心理療法の言語的な面接形式を継承している。クライエントと臨床家の関係を重視し，感情に主要な関心をもち，防衛や抑圧といった無意識のプロセス（過程）の重要性を強調する。どちらも，無意識的な感情の気づきと受容が増大することを，心理療法の主な目標と考えているのである。

確かに二つのアプローチは，何が重要と考えるかに違いがある。例えば，抑圧されているとされる特定の内容は，イドの衝動に対して生体的経験，最も重要と考える動機は，性と攻撃に対して自己実現，また心理療法で達成されるべき特定の洞察は，無意識が意識化され，葛藤が解消することに対して生体的経験を受け入れ，自己がそれと一致するようになること，という違いがある。しかしこれらの差異は，どちらのアプローチも，仮定された無意識の感情への気づきやその感情を受け入れるクライエントの欲求を強調する関係治療の方法であるという事実を見失わせるようなものではない。

■ ロジャーズが振り返った自分の研究

心理学へのほぼ50年にわたる貢献を振り返り，ロジャーズ (Rogers, 1974) は自分のアプローチの本質を正確に示そうとした。最も基本的な考えは以下のようなものであると彼は考えている。

> 「人は自分の中に自己理解のための大きな資源をもっている。それにより自己概念，態度，自発的な行動を変えることができ，促進的な心理的態度と定義される雰囲気さえ提供されれば，その資源をうまく活用することが可能である。」
> (Rogers, 1974, p. 116)

成長を促進する環境は，感情が十分かつ自由にとりあげられ，表現され，受け入れられるような雰囲気を必要とする。彼の自伝の中で，ロジャーズは彼自身の成長と他者との関係について率直に論じ，以下のように記述する。

> 「もし私が自分の防衛をいくらか取り去り，傷つきやすい一人の人間として自分を出し，最も個人的で，私的で，あやふやで，不確かに感じる態度を表現することができるなら，そのときの他者からの反応は深く，受容的で，温かいものであるということがわかった。」
> (Rogers, 1967, p. 381)

人間性的志向性の大きな特徴である，人間の潜在的な自由の強調は，ずっと変わらないまま，維持されている。ロジャーズは以下のように述べている。

> 「治療やグループでの経験から，本人だけが選択できるという現実やその重要性を否定することは，私にはできない。ある程度は人が自分自身の設計者であることは幻想ではない。……私にとって，人間性的アプローチは唯一可能なアプローチである。しかし，それが行動主義的であっても人間主義的であっても，自分の性質に最も合っていると考える道を，それぞれが歩むべきであろう。」
> (Rogers, 1974, p. 119)

人間性的な立場から，彼はまた，現代の科学技術のあり方を残念に思い，自律と自己探索を求めるようよびかけたのである。

> 「自然の征服と人間による支配をますます重要な基礎と考える我々の文化は衰退していくだろう。その破滅を通り抜ければ，高度に気づきがあり，向かう方向

を自分で決められ，おそらく外界よりも内界の探索者であり，制度の画一性や権威の教条性を軽蔑するような，新しい人間が生まれてくる。他者に行動形成されることも，他者の行動を形成することも考えない。技術的でなく明確に人間的でなければならない。私の判断では，そういった人が生き延びる確率が高い。」

(Rogers, 1974, p. 119)

まとめると，ロジャーズの理論と彼が開発した治療法は，パーソナリティへの現象学的で人間学的なアプローチがもつ主要な点の多くを強調している。その人によって知覚された現実，主観的経験，自己実現のための生体的努力，成長と自由と自己決定のための潜在能力などの強調である（Rowan, 1992; Ryan & Deci, 2001）。特定の生物的動因は拒絶するか強調しない。歴史的な原因あるいは安定した特性構造というよりは，経験される自己に注目する。これらの共通点に加え，ロジャーズの立場の独自性は，自尊のための必要条件として，無条件の受容を強調したことにある。

12.3 ジョージ・ケリーのパーソナル・コンストラクトの心理学

「人間主義者にとって，すべての人はその性質上また当然のこととして，一人の科学者である。一人ひとりの実験参加者がこれから実験者になりうるのであり，すべての人が日々の必要性から心理学者の仲間なのである。」

(Maher, 1979, p. 205 が引用する G. A. Kelly, 1966)

■ その人のコンストラクトとパーソナリティ

精神力動的アプローチでは，動機が主要な単位で，無意識の葛藤は最も興味深い心理過程であり，臨床的判断が探究の道具として好まれている。それに対してケリー（Kelly, 1955）のパーソナル・コンストラクト理論は，心理学者がもつ仮説よりも，その人自身のコンストラクトを追究しようとする。私たちが自分の経験を表象する，つまりそれをみるときの，個人的な様式であるパーソナル・コンストラクトが，研究の基礎的な単位となっている。衝動と防衛による犠牲者として人をみるのでなく，能動的な存在で，常に変化しながら仮説を創造する者としてみるのである。

ケリーによれば，特性的な心理学は理論家が考えるパーソナリティ次元上で，特定の人の位置を見つけようとする。それに対しパーソナル・コンストラクト理論では，その人が自分自身の考える次元上で，事象をどのようにみて並べるかをみようとする（Fransella, 1995）。ケリーが目指したのは，心理学者の理論による次元上に個人を位置づけることではなく，その人がもつパーソナル・コンストラクトにおける次元の性質を見いだすことである。来週のテストがその人にとって重要であるなら，ケリーはテスト不安尺度上のその人の得点が何点であるかでなく，その人がそのテストをどのよ

うにみているか，そのテストはその人にとってどんな意味があるかを知ろうとする。

　ある人が誰かに悪口を言われても黙っているのを見たとしよう。その人を「気が弱い」と結論づけるかもしれない。しかし同じ行動は他の観察者によって，繊細，用心深い，知的，如才ない，礼儀正しいと解釈されるかもしれない。このように，ケリーは異なる人が同様の事象を異なるように解釈するし，すべての事象は他のやり方で解釈しうることを強調した。パーソナル・コンストラクトはケリー理論の中心的な単位である。

■ パーソナル・コンストラクトの特徴

　具体的に説明すると，ケリーはコンストラクトが双極であると仮定した。各コンストラクトは一組の特徴を含んでいる。それはその人にとって心理学的に対極なもので，必ずしも論理的な対極ではない。ある性格描写に適用されるコンストラクトの側面は明示的側面とよばれる。例えば，もしある人が「父は攻撃的だ」と言うなら，それが明示的側面である。注意することはその人が意味する「攻撃的」は他の人にとってその言葉が意味するものとはかなり異なるかもしれないということである。だからケリーとその後継者にとって重要なことは，そのコンストラクトの特別な意味，この場合は「攻撃的」がその人にとってもつ意味をよく考えることである。同じく重要なのはそのコンストラクトの反対の極である。適用されなかったその側面は暗示的側面とよばれる。「攻撃的」の心理学的対極が示すものについてよく考えることはまた重要である。ケリーはもし個人的，主観的な意味が直接的に探究されないなら，ある人のコンストラクトやその対極が意味するものを知っていると仮定するのは間違いであると主張した。彼は学生たちに，クライエントとの臨床的な仕事の中で，このことを劇的に例証した。ある事例でその人は実際に父を攻撃的と描写した。それをよく検討することで，その暗示的側面は論理的な対極である非攻撃的ではなく，弱いであることがわかった。大事なのは，その本人が見つけないなら，他者が意味するものを知ることはできないということである。そのコンストラクトの使用者だけが知っていることを研究者が知っていると仮定してはならない。

　コンストラクトはまた他の特徴に関して変化する。最も重要なことの一つはコンストラクトの拡張性である。拡張性のないものに比べて拡張性の高いコンストラクトは幅広い情報を詰めこむことができる。例えば，「よい」と対極にある「非道徳的」というコンストラクトを例にあげる。もしそのコンストラクトの拡張性がなく，その人あるいは行動が相対的に狭い範囲の特徴に合致しないなら，例えばその人自身の信念と一致していなければそれは「よい」ではありえないことを示している。もしそのコンストラクトの拡張性が高いなら，そのコンストラクトは幅広い可能性を扱うことができ，含むことができる。例えばある人は彼の信念，あるいは信念の欠如，性的嗜好，

家族的背景，社会経済的レベル，地位などにかかわりなく，「よい」である可能性がある。

ケリーによれば，コンストラクトは世界に意味をつくりだすため，出来事を予測しようとするため，そして本質的に世界に関する自分自身の地図をつくり，その中でいかに機能するかを組み立てるために使われる。自分自身のコンストラクト・システムによって人生の出来事や人々を適切に予測し，解釈することができないとき，不確かさや無力な感じが高まり，不安が経験される。特に予期できない人生上の危機やトラウマのように，最も重要なあるいは中心的なコンストラクトが機能することに失敗すると，脅威が経験され，行動的問題が準備される。

■ パーソナル・コンストラクトの探究

コンストラクトを測定するためのケリーの研究法は，役割構成レパートリーテストあるいは**Rep**テストとよばれる。Repテストでは，まず重要な人や物（例：自己，母，きょうだい）を列挙するように指示される。これらの項目を本人あるいは査定者がリストすると，そこから三つを選び，その三つをグループとして考えるように指示される。そして，各グループの中で，二つの項目が互いにどのように似ているか，それ以外の項目とはどのように異なっているかを示さなければならない。このようにして，事象間の類似性の主観的な次元と，それらの次元で主観的に反対に位置されたものが系統的に引きだされる。それに加え，コンストラクト・システムの特徴，例えばある人のコンストラクトのレパートリーの中で，異なるコンストラクトの数，あるいはコンストラクトの特徴そのものを検討することも可能である。

Repテストは，多くの異なる目的のために使用できる柔軟な道具である。このテストは，パーソナル・コンストラクトによる探究を始めるための便利で簡便な方法を提供している。ゲリー・Wに面接することで得られたいくつかの例が表12.2に示され

表12.2　パーソナル・コンストラクトの精緻化——ゲリー・Wの例

1. あなたの人生で最も重要な人を三人あげなさい。
    - 私，兄，父

    そのうちのどれか二人は，どのように似ているか，もう一人とどのように異なっているか。
    - 兄と私はともに，何にも負けず，何があっても成功するということを知っている。私の父は意気地がなく，打ちのめされ，人生に破れてしまっている。

2. あなた自身の現在，5年前，5年後を考えなさい。そのうちの二つは，どのように似ていて，他の一つとどのように異なっているか。
    - 5年前の私はいまよりもより温かく，他者に開かれ，きちんと対応していた。いまの私は，ずるいことばかりを考えている。5年後，私はまた5年前の気持ちをいくらかでも取り戻し，あのときのようになりたいと思う。

ている。同じ表に，パーソナル・コンストラクトを精緻化するために用いられる一般的な手続きが書かれている。

ケリーのRepテストから得られるパーソナル・コンストラクトの時間的安定性に関する研究は長期にわたり，かなりの一貫性がみられることを示している（Bonarius, 1965）。例えば，2週間の間隔で測定されたコンストラクトの再テスト相関は.79と高く（Landfield, Stern, & Fjeld, 1961），Repテスト結果の因子分析では，主要な因子が安定している（Pederson, 1958）ので，主要なコンストラクトは，相当に長く維持されるものと考えられる。

ケリーによれば，その人のパーソナル・コンストラクトは，Repテストに回答することや，面接や他のテストで行動することを通じて，徐々に精緻化されていく。パーソナル・コンストラクトの査定についての特徴をいくつか示すため，ゲリー・Wが世界をみるときに用いるコンストラクトを，どのように自発的に精緻化し，対照化したかについての事例分析を行った。以下はある査定者が，ゲリー・Wが考えている主要なコンストラクトをまとめたものから，抜粋したものである。

■ パーソナル・コンストラクトからみたゲリー・W
[理性‐情動性]

ゲリーにとって，相当に重要だと思われるコンストラクト次元である。自分の人間関係を語るとき，最も明瞭にこのコンストラクトの意味を説明している。またゲリーは，女性との性的関係を「霊的な」「本能的な」「崇高な」「理性を越えた」といった言葉で記述する。強い感情が起こることや，情動が優先されることによって特徴づけられ，身体的に引きつけられることが基本にある。それに対し，本当の友情は理性的な素地，例えばお互いに共有する興味や考え方に基づいているようである。

理性と感情の区別は，ゲリーが「理性的」なものと「即時的で脅威になりうる」ものを対比させて自分自身の悩みを記述するとき，再び表れてくる。怒りについて語りながら，自分は感情を覆い隠すことを学んだが，時にはそれが「表に出てしまう」と言っている。子どものときにしたように暴力的に怒ることはもうないが，「抑制され」「冷酷で」「ずるい」やり方をとりうる。理性に最も肯定的な評価を与え，理性的であることと「価値がない」こととを対比させている。

時系列に置き換えるなら，ゲリーの理性と感情の区別は，大人であることと子どもであることの対比でもある。12歳以降は，父親より「精神的優位」になったので，父親はもはや「敵」でなく「友好的で理性的なアドバイザー」になった。ゲリーはまた，母親や兄との関係で起こった変化についても記述している。その二人に対する感情を爆発的でない形で表現するようになったことが明らかである。

［力と統制 - 依存と弱さ］

面接の中で，親が子どもに要求することは典型的に，その子どもが欲していることの反対であると，子ども時代の経験から述べている。ゲリーは子どもとしての人生や生活を「拒否的，無力，何も誰も味方になってくれない」と記述する。それは，「出来事を制御すること」ができずに，自分が「操られ」「恥をかかされ」たときでもあった。また，先見性つまり自分で計画し統制できる出来事と，偶然で，恐怖に満ちた，予測できない出来事を対比させている。

［安心 - 自由］

これがゲリーのもう一つの中心的な次元になっている。仕事，知人，ライフスタイルを記述するとき，「平凡な9時から5時の仕事に加え，妻と子どもと住宅ローンがある」に対し，「自由で気ままな人生」を語る。「盲目的に従う」ことは「問題を自分自身で判断する」ことと対比される。ゲリーは自分を「不確か」であると記述し，「自由奔放である」ことと「コツコツ働く」ことを比べている。自分を現在「受け入れ」られず「成功」していないとみていて，「ものごとから切り離されている」とも感じている。「ずるずると先延ばしする傾向」は自分の「意欲」を損ねているが，「野心が勝利を収め」安心と自由の両者がもたらされることを望んでいる。

ゲリーはかつて父親を「偉人」として「敵」としてみていたが，いまは「骨抜きにされ」「打ち負かされ」ていると感じる。父親は，概念次元で「力と統制」位置から，力不足でもはや競争相手とみなされないところにまで移動したようである。父親が象徴していると感じる中流階級の価値と受動性をゲリーは嫌っている。母親に比べて見劣りがする点で，父親のことを嫌っているということもある。父親と同じ特徴がたくさんあるので，嫌っていた兄に対するゲリーの気持ちは，兄が事故で車を大破させたときに転換点がやってきた。いまでは兄をちょっと風変わりな，しかしユーモアがあって，自己のことをくよくよと考える人とみている。

ゲリーは母親と，一般的に理想的な女性を，愛を「惜しみなく奪う」対象というより，「独立した」対等な相手としてみている。家族を中心とするのでなく，家の外の仕事において成功し，そのことで評価されるのがよい。男性に依存して足手まといになるのでなく，スポーツであってもよいが，何でも「できる女」であることが，男性に刺激を与えて元気にしてくれる。ゲリーは，自分が母親に似ているとみており，自分の次に母親が好きだと思う。望ましくない側面をみれば，母親は冷淡で愛情表現が下手だと感じる。とはいえ，情動性についてのゲリー自身の評価法を考えれば，これはそれほどひどい批判ではない。多くの点で母親を，父親の人生での敗北原因であったとみるが，そういう結果を意図していたわけではなく，それについて悔やんでいるし，それは，母親の望ましい性質の副産物だと，言い訳がましく，付け加えるのである。

母親との関係は，怒りと愛情の両方の表現を抑えることで特徴づけられている。子ども時代の母親を，いつもどこかで自分をみていて，すべてを支配しているようだったと考えているように，母親の支配的な傾向を危険だとみている。TAT課題でつくったストーリーにも示されているように，この恐怖は，祖母や他の女性にも一般化されているようである。

女性との関係においては，セックスの対象としてみる女性と，伴侶としてみる女性を，全般的に区別しているようである。友だちになれる可能性はないと感じた性的関係を記述するとき，「もしセックスがなかったら，また会うことはなかっただろう」と言う。権力関係であっても感情的関係であっても，どんな形であれ，女性に支配されることを強く恐れるけれど，一般的にいって，刺激的で積極的にものごとに取り組む女性がいいと思う。

家族以外の男性との関係において，ゲリーは距離をおいて敬意を示すやり方がいいと感じ，親密すぎると，いまのルームメイトとの間にあるような摩擦を生じさせると思う。大学では尊敬できる年上の男性二人に会うことができた。一人はゲリーに対して「優柔不断」なところをみせなかったので感謝している教員で，もう一人は「本当の男」だという人である。

■ パーソナル・コンストラクトの参照行動例

ゲリーの主要なパーソナル・コンストラクトのいくつかは，自己記述と言語的な説明を行うことから出現してきた。人が自分のコンストラクトを表現し始めるときには通常，かなり冗漫で，単純化しすぎた，一般的な用語から始める。例えば，ゲリーは自分を「抜け目のない」「恥ずかしがり屋」で「辛らつ」と特徴づけた。また「現実を強く実感できる」こと，「もっとうまく適応できる」こと，「より幸せである」ことを求めていると語ったのである。

コンストラクトの査定者は，これらの言語的説明を，どのように理解することができるだろうか。始めのほうの章でみたように，精神力動的な志向の臨床家は主に，言語行動の象徴的で力動的な意味についての直感的な推論に頼っている。パーソナル・コンストラクトの査定者は，私的経験や感情についての報告は，曖昧になる傾向があることを知っている。例えば，「どうしたらよいか，私は途方に暮れている」というような，臨床的文脈においてよく聞かれる発言は一般に不明瞭である。その人はなぜ「途方に暮れている」と感じるのかを質問する代わりに，パーソナル・コンストラクトの査定は，その発言が意味する行動の参照例を発見しようとする。表現されたパーソナル・コンストラクトの十分な査定は，それらが何を意味するかの分析が必要になる。その目的を考えると，査定者の最初の課題は，私たちが外国語を理解しようとするときに直面するものと似ている。パーソナル・コンストラクトの言語分析は，伝え

12章　現象学的・人間性レベルの諸概念

られていることの内容を解読し，その人にとっての意味を発見しようとする。言語的説明を，根本にある動機，無意識の過程，パーソナリティ次元の徴候に翻訳することではない。しばしばパーソナル・コンストラクトのための言葉を探すことは困難である。外向性，アイデンティティ，不安のような概念を好む心理学者は，それらが意味することを明確に述べるために行動の参照例を見つけなければならないように，クライエントは自分の私的概念，困難，願望の参照例を見つけなければならない。

　まとめると，行動の参照例をたくさん得ることによって，ケリーは特定的で洗練されたパーソナル・コンストラクトの探究を促した。また自分の感情的反応がどのように表れ変化するのかを説明するため，その人特有の考え方がつくりだされることに影響を与えるさまざまな条件を検討するための技法を，ケリー（Kelly, 1955）は詳細に記述している。パーソナリティ表現において一見わけのわからない行動パターンや一貫性の欠如の根本にある，その人にとっての意味を探究しようとする現在の研究に，彼の考え方はいまだに影響を与えている。

■ わけのわからない行動パターンの根本にある意味

　ケリーに刺激され，わけのわからない行動パターンの根本にある，その人にとっての個人的な意味を理解しようとする研究が現在も行われている。国際企業法律事務所に長く勤める弁護士メアリーを例にとって考えてみよう。メアリーは，新しく雇われた弁護士ジョンの仕事ぶりについて心配している。企業法の弁護士になる前，かなり以前のことだが，メアリーはオハイオ州立大学の大学院で心理学の勉強をしたことがある。そこの教授であったジョージ・ケリーに影響を受けた。

　ジョンの仕事ぶりにムラがあるのは不思議だと思い，ジョンの幸福感と生産性を向上させるため，何かよい方法はないかとメアリーは考えた。いつも気が散っているのか，あるいはそれは状況によるのか。ジョンが気を散らさず集中できるのはどんな状況か。つまりメアリーはそれらが何を意味し，何を示唆しているのかを理解できるよう，ジョンの「行動徴候」を構成する「〜なら〜に」パターンを査定しようとしたのである（4章参照）。ジョンは特に本部での会議で気が散る傾向があるが，支部ではそうではないことを知って，メアリーは考え始める。本部と支部の会議で，重要な違いは何か。つまり，ジョンにとっての，その状況の個人的な意味をメアリーは知りたいのである。これはまた，パーソナリティ科学の中心的な疑問の一つでもある。特に，状況の個人的な意味は，系統的かつ客観的な方法で査定しうるのかという問題が，研究者の意欲をかき立てる課題となっている。

　ケリーはこの問題が重要になると考え，パーソナル・コンストラクト理論の中で，解決に向けた一般的な戦略を提案した。その戦略は，もともと個人の治療的状況において考案されたものであるが，ある個人にとっての状況の意味を系統的，客観的に査

定するための方法へと拡張されている（例：Mischel & Shoda, 1995; Shoda, LeeTiernan, & Mischel 2002）。ジョンの例では，本部での会議には法律事務所の所長がいるという特徴がある。所長は，その意見が弁護士の昇進や給料の決定に直接的に影響を与えるような権威である。本部のもう一つの特徴は，個人的な昇進に異常な関心をもち，他人を蹴落としてでも出世しようとするライバルが，何人かいることかもしれない。

　状況の主観的な意味は，特定タイプの状況特徴に選択的に注意を向ける傾向によってわかるかもしれない。昇進に強い関心をもっている同僚が本部にいることについて，まったく気にしない人がいる一方で，ジョンのように，きわめて敏感な人もいる。人はまた，これらの状況に注意を向けることがもつ心理的影響力においても，確実に異なっている。この例でジョンは，同僚が利己的なほどに昇進にこだわっていることを知り，最初に自分が弁護士になりたいと思ったときの目的意識を見失いそうに感じる。これらの状況に対し注意を向けたり反応したりするとき，ジョンが独特のやり方，例えば動揺したり，仕事のやる気を失ったりする安定した傾向があるとしたらどうだろう。もしそうなら，ジョンにとっての意味を理解するためには，ジョンに影響を与える状況的特徴を発見し，彼が考え，感じ，行動することにそれがどのように影響を与えるのかを知ることが重要である。

■ 科学者としての人間

　パーソナル・コンストラクトの心理学は，たとえてみれば，人が自分の人生や生活の心理学的領域を把握し統制しようとする際につくりだす地図を理解しようと試みる。人間を研究する科学者と同じように，実験参加者もまた行動を解釈することをケリーは強調している。すなわち，自ら自分自身や世界を分類し，説明し，ラベルづけして，判断する。その意味で，すべての人は科学者である。

　心理学者により査定される人は，自分の行動を評価し解釈する査定者でもある。自分を査定しようとしているパーソナリティ心理学者さえも査定する。行動についての解釈や仮説は，科学者としての正式な学位や資格認定と無関係に，すべての人がつくりあげている。ケリーによれば，パーソナリティへの適切なアプローチで研究されるべきことは，外から見える単なる身体的反応でなく，その解釈である。精神病患者が治療の中で自分の個人的な考えを述べるとき，また科学者が専門家の会議でお気に入りの解釈や理論を披露するとき，どちらも明らかに行動を分類している。どちらも環境を内的に表象し，心理学的に構成された自分たちの表象や私的経験を表現する。明確な次元上の客観的な行動記述でなく，個人的創成と解釈が，パーソナリティ心理学者と対決しているのである。

　ケリーによれば，たいていの心理学者は認知的な明晰さを求め，自身の人生を含め

た現象を理解することに自分自身が動機づけられているとみているはずである。しかし，彼らの理論の「研究対象」は，自分たち理論家とは違って，理解することも統制することもできない心理的な力や特性の犠牲者になっているとみている。理論家と研究対象との間にあるこの溝をなくそうとケリーは考え，すべての人を科学者として扱おうとする。

科学者と同様に，研究対象は人生における事象を予期し統制しようとし，コンストラクトや仮説を生成する。ゆえに，研究対象を理解するには，その人のコンストラクト，つまり私的なパーソナリティ理論を理解しなければならない。ある人のコンストラクトを研究するためには，その人の行動例つまり「参照例」を見つけなければならない。その人が，行動例を提示してくれなければ，「私は自尊心が高すぎる」とか「親しみやすい人間ではない」とか「恋に落ちたかもしれない」と言うとき，それが何を意味しているかを理解することはできない。ある患者が自分を「一人の女性として」解釈するときのように，コンストラクトが私的であろうと，心理学者が「内向性」あるいは「自我防衛」について話すときのように理論的であろうと，参照行動例が必要になってくる。コンストラクトは，行動を通してのみ知られるのである。

■ コンストラクトには多くの見方が可能

人々を理解するため，ケリーのアプローチを採用するなら，以下のようになる。

「その人たちがしたことを我々の意味づけで理解するのではなく，その人たち自身が理解するように理解することを試みるだろう。その人たちの生活や人生における出来事を最も科学的に簡潔な方法でまとめる代わりに，その人たちのスキーマが理論的に簡潔であるか否かにかかわらず，その人たちがどのように出来事をまとめるかを私たちは尋ねるだろう。」

(Maher, 1979, p. 203 に引用された Kelly, 1962)

同じ事象は他のやり方でも分類されうる。人は常に事象を変化させることはできないかもしれないが，異なるように解釈することはいつでも可能である (Fransella, 1995)。ケリーはこれを，コンストラクトの代替性とよんでいる。一つの例として，以下のような出来事について考えてみよう。ある少年が母親のお気に入りの花瓶を落としてしまう。これは何を意味しているか。単純には，花瓶が割れたということである。しかしその子ども担当の精神分析家に聞けば，少年の無意識の敵意を指摘するかもしれない。母親に尋ねれば，少年がどんなに「意地が悪い」か話し，父親は「甘やかされている」と言い，その子どもの先生は「怠け者」で，ずっと「不器用」であったことの証明として，その出来事をみるかもしれないし，祖母はそれを単に「うっかり」起こしたと弁護し，本人はその出来事を自分の「愚かさ」を示す出来事と解釈するかもしれない。花瓶は壊れていて，その出来事は取り消すことはできない。しかし

そのことには，無数の解釈が可能である。そして解釈が異なれば，その後の行動も違ったものになってくる。

ケリーの理論は以下のような基本的な仮定から始まっている。「人の心理過程は，その人が出来事をどのように予期するかによって，方向づけられている」(Kelly, 1955, p. 46)。これは人の活動は，出来事を予期するのに用いるコンストラクトによって方向づけられることを意味している。他の現象学的理論と同様に，この考え方でも，その人の主観的な見方を強調するが，特にその人がどのように出来事を予測し予期するかに注目している。理論の詳細をここで十分に解説することはできないが，主要な点について，いくつか言及しておきたい。

ケリーはコンストラクトの絶対的な真実性よりも，コンストラクトの利便性に関心があった。ある特定のコンストラクトが真実であるかどうかを査定しようとするのでなく，解釈者にとっての利便性や有用性に注意を向ける。例えば，あるクライエントが「本当に抑うつ的になっているか」あるいは「本当に気が狂ってしまうか」を査定するよりは，自分をそのように解釈することが，クライエントの人生や生活にとって，どんな意味があるのかを見いだそうとする。もしその解釈が便利でないなら，他のよりよい解釈，つまりよい予想ができ，よい結果が得られる考え方を見つけることが本人の課題になる。時に心理学者が不適切な理論から抜けだせないのと同様に，患者もまた自分自身の解釈でがんじがらめになり，ジレンマに陥るかもしれない。「私には価値がない」とか「まだまだ成功しているとはいえない」というような判断を，行動についての解釈や仮説というよりも，議論の余地のない真実であるかのように信じ，自分を苦しめるかもしれない。心理療法の役割は，パーソナル・コンストラクトが細かい点まで確認・検討され，それが何を意味しているのか検証できる状況を提供することである。そしてもし，特定のコンストラクトがその人にとって有効でないとわかったら，うまく機能しないとわかった理論や考えを科学者が変更できるように，修正することができる。科学者と同様，すべての人は新しい経験に照らして，パーソナル・コンストラクトを徐々に修正しながら，検証し，正当であると確認したり，取り消したりする機会を必要としている。

■ たくさんの役割

ケリーは，相対的に安定し広範囲に一般化された特性が人にあるという考え方をとらず，多くの異なる役割を演じることができ，継続的にそれを取り替えていくことが可能だと考えた。役割というのは，他者を他者の眼鏡を通して見る試みである。つまり，その人のコンストラクトを通して見ること，その見方で人の行為を構造化することである。ある役割を演じるには，他者の見方を知覚し，それによって行動が方向づけられることを必要とする。例えば自分の母親の「役割を演じる」には，母親がそう

するように，その目を通して，自分自身も含めた周囲を見ようとし，その知覚に基づいて行動しなければならない。それには，まるで本当に自分の母親になりきったようにふるまおうとするだろう。人が新しい視点を得たり，より有効な生き方をつくりだしたりするのを支援するため，ケリーは治療的手続きを工夫し，広範囲にわたって，役割演技の技法を用いた。

■「人は自分が理解したもの」という自己決定

現象学派の他の心理学者と同様に，ケリーは特定の行動に特定の動機という考えを否定した。人間の本質に関しては，人がいかに自分を解釈するか，そのコンストラクトに従って何をするかということを中心に考えている（Fransella, 1995）。ロジャーズと同じように，人がなぜ動機づけられ，活動するかを理解するために，特別な概念は必要ないとケリーは信じていた。すべての人は，「ただ生きているだけで」動機づけられている（Kelly, 1958, p. 49）のである。ケリーは，人がいかに自分や世界を見るか，そしてまた自己決定や自由に焦点をあてる。それはまた心理学的強さを高めるための現代の努力にも貢献する。この結びつきは次章で論じられる「ポジティブ心理学」とよばれる動きの中に特にみられるものである。

最後に，多くの実存主義的心理学者と同様に，人とはその人が行うことであり，その人がすることを見ることによって，その人の性質を知ることができるとケリーは考えた。長年にわたって教えたカンザス州フォートヘイズでの，不適応に陥った大学生との臨床的経験が出発点である。その経験から，サルトルのようなヨーロッパ実存主義哲学者と大幅に重なりあう見解に，自分一人で到達したのである。サルトル（Sartre, 1956）の実存主義では，「存在は本質に先立つ」。すなわち，人間に決まった性質はない。ただ存在するだけである。人はまさに，自分が理解した自分以外の何ものでもない。

12.4　共通のテーマと問題

本章でみてきた考え方は，簡潔なまとめが示唆する以上に広範囲にわたり，また複雑である。その多様性にもかかわらず，それらは一つの共通の論点を共有している。

■ 知覚された世界

現象学的・人間性レベルの分析における研究は，経験された自己やその人が知覚した出会いの状況に焦点をあてる。1970年代まで支配的だった行動主義に対し強い反発を示し，自分自身をも含めたパーソナル・コンストラクトや感情を心理学にもちこんだ。次章で論じられるように，多くの研究者が，いかに人が自分自身をより詳細に

また誠実にみることができるかを探索する方法を開発した。それは自己概念や情動を含むその人の心の内面に進行するものの科学をつくりあげる道を開いたのである。おそらく最も重要なことは，幸福と人間の性質についての視野を広げたことである。すなわち，人間の成長と自己実現にとって最も重要な側面は自己覚知と自己受容であることを認識したのである（Spinelli, 1989）。

■ 成長と変化と自由の可能性

この分析レベルの理論家はまた，成長と変化のための人間の潜在力や人生と生活の課題を解釈し扱うために，他にも方法が存在することを理解することにも関心をもった。彼らはジョージ・ケリーが述べたように，人は自分の歴史の犠牲者である必要はないと提案する。自由と選択の可能性を強調するけれども，また人間がおかれた条件による制約や限界にも敏感である。

しかしながら，これらの信念の魅力を正しく評価する一方で，科学的な決定論に傾倒する心理学者はまた，以下のようなことを尋ねなければならない。人が自分自身を理解し，そうであると認識するところを規定している要因は何なのか。そして人はどのような方法で，自分を理解し，認識するのか。サルトルがそうであるように，哲学者は行為と認識の原動力を意志であるとして片づけようとするが，科学的に志向した心理学者はその意志のもとにある心理学的メカニズムを理解しようとする（Mischel et al., 1989）。多くの心理学者は，人はその人が理解したものであるという考えを受け入れる。しかし科学者としては，それをさらに進め，理解することを可能にする条件やプロセスを探そうとする。例えば，その人の自己概念や選択する能力を決定する影響力を特定したいと考える。これらの課題も，次章でみるように，現象学的レベルの研究によって扱われ始めたし，また本書の他の部分における，すべてのレベルでの検討議題にのぼっている。

人は自分自身を統制し責任をもつ可能性をもっていて，自分が理解したものであるとする実存主義的考えは，パーソナリティ研究にとって意味深い関連性をもつ。行動主義との予期せぬ類似性についてはフォーカス12.3を参照してほしい。査定者の課題は，自分の次元にそって，その人がどこに位置しているかを求めるのではなく，その人が自分をどう理解しているかを明確にし，人生と生活の中で立ち現れるその人の「プロジェクト」，目標，計画（Cantor, 1990）を明らかにすることである（Emmons, 1997; Mischel et al., 1996; Seligman, 2002）。次章では現象学的・人間性レベルで，この方向に向かった主要な段階のいくつかを明らかにしていくことにする。

この分析レベルの初期の貢献は広範囲にわたり，重要で，いまだに形態の修正に敏感であり続ける。例えば，現代の多くの研究は「自己」とパーソナリティにおけるその役割の理解に向けられている（例：Leary & Tangney, 2003; McAdams, 2005b, 2006;

フォーカス 12.3

行動主義理論と実存主義の意外な類似性

　現象学的レベルの研究は，その主導者が行動主義的‐学習的‐条件づけアプローチに反対したかったために生じたともいえる。皮肉にもその戦いの熱が冷めた後に，人はそこに驚くべき共通テーマを見始めている。人の態度や動機ではなく，することに焦点をあてる行動的見方は，有名な実存主義の思想家で，現象学的・人間性心理学の動きに創造的刺激を与えた一人であるサルトル（J.-P. Sartre）のそれと一致している。彼は「実存は本質に先立つ」と述べた。この表現は以下のことを意味している。

　「……人はまず，最初に存在し，自分自身に出会い，世界の中に立ち現れる。そしてその後，自分自身を定義する。もし人が実存主義者の考え方で定義できないなら，それはそもそも，その人が存在しないからである。その人は後になるまで何者でもないだろう。……だから，人間の本質はないのである。……人はただ存在するのである。」（Sartre, 1965, p. 28）

　動機や特性についての前提の拒否は，またジョージ・ケリーのパーソナル・コンストラクト理論にもあてはまった。それは，「私とは私がすることである」と彼が言うときに意味したものである。彼は，ある人がどんな人かを知るためには，その人がすることをみなければならないと主張した。主要な行動主義者であるスキナーは少なくともこの点に関しては彼に賛成した。実際，これらの二つのアプローチと分析レベルは以下の点において類似している。すなわち，両者は「いま・ここに」焦点をおき，その人がすることを強調する。両者は時間の隔たった歴史的再構成を避け，その人の新しい行動の可能性に関心をもった。

　これらの共通性は両アプローチについての多くの共通したステレオタイプに反するものである。それらは各アプローチが他方の研究を建設的に考慮に入れることにより豊かになることを示唆している。部分的ではあるけれどもその類似性が印象的なのは，哲学的にその二つの立場の一致を想像することが困難だからである。それらは表面的には一致点はなく，対立しているのである。

　二つの立場には一つの重大な不一致がある。実存主義者は，個人は責任をもち，行動の究極的な原因はその人の選択にあるという哲学的立場をとる。サルトルの言葉に，人は「そうあろうとするものである」（Sartre, 1956, p. 291）がある。行動主義の理論家は，すべての人は無意識の精神的力によって操られるのではなく，「自分自身を所有しているのだ」というサルトルの願いを共有している。しかし，因果関係の行動的な分析は，彼がすることの根本的な原因をその人の意志にあるとは考えないし，行動の最終的な説明を彼のコンストラクトにおくこともしない。

　これら二つの立場は注目の焦点が異なる。現象学者はその人の経験を知り，理解したいと思う。行動主義の心理学者は行動をコントロールする条件を明らかにしたいと思う。本書の最後の部分で，全体を通して論じてきた各分析レベルの貢献を引きだす包括的なシステムの中に，この二つのアプローチを調和させ，統合させたい。現象学的・人間性レベルの分析はまた，現在生じつつあるパーソナリティの統合的視点に大きな貢献をしている。

Mischel & Morf, 2003)。同様に，次章で論じられるように，「ポジティブ心理学」（例：Duckworth et al., 2005）と健康，達成，幸福の特質や測定に関する研究が盛んである（例：Diener & Lucas, 2000b; Lewis & Haviland-Jones, 2000）。まとめると，この分析レベルの心理学者は自己，精神的健康，パーソナリティと個人的成長のための人間関係の重要性に関する理解を加え続けているのである。

☑ 要　　約

現象学的・人間性的視点の源流
- 現象学的理論は，直接的に知覚された経験や個人が考えること，それに成長と自己実現に向けた努力に注目する。
- オルポートは動機の機能的自律性を強調した。現時点における動機の多くは，その歴史的な根源からは独立しているように思われる。
- レヴィンの場の理論は，生活空間の概念と心理学的環境の重要性を取り入れた。彼は，人と心理学的環境との直接的な関係を研究すべきであることを強調した。
- 実存主義者は「いま・ここで」ということを重視する。私たちが自分自身の人生をつくりあげること，それぞれが選択し，自由で，自分に対し責任をもつ能動体であることを強調する。

カール・ロジャーズの自己理論
- ロジャーズの理論は，現実についてのその人独自の主観的な経験を強調する。生体の生まれつきの傾向性は，自分自身を実現することだと主張する。
- マズローは自己実現を，人間の基本的な欲求と考えた。
- ロジャーズの理論では，自己と自己概念は，環境との直接的経験の結果として，また他者の知覚を取り入れた結果として発達する。そのように経験された自己は，次に知覚と行動に影響を与える。
- 不適応は自己概念と生体的経験が一致しないときに生じる。
- クライエント中心療法は，治療者の側の無条件の受容を通して，自己と生体との間の調和した相互作用が起こることを目指している。
- ロジャーズは自己尊重の必要条件として，無条件の受容を強調する。

ジョージ・ケリーのパーソナル・コンストラクトの心理学
- ジョージ・ケリーは，コンストラクトは双極で，心理学的に反対の意味をもち明示的側面と暗示的側面からなると考えた。
- ケリーはその人が自身の経験をどのように見るかに注目する。彼の役割構成レパートリー（Rep）テストは，パーソナル・コンストラクトを研究するために用いられている。
- ケリーのパーソナル・コンストラクト理論はまた，わけのわからない行動パターンの意味を明らかにしようとする多くの研究に示唆を与えた。
- ケリーはすべての人が，彼らを研究する科学者と同じように考えていることを強調する。

12章　現象学的・人間性レベルの諸概念

- 「コンストラクトの代替性」は，同じ事象を異なったやり方で解釈することができることであるが，結果として，いくつかの異なった一連の行動を起こさせることになる。
- 役割演技法は，人が世界を解釈するとき，より満足できる方法を選択するのを助けるだろう。

☑ 重要な用語

暗示的側面，一致した治療者，拡張性，価値の条件，機能的自律性，クライエント中心療法（パーソンセンタード・セラピー，ロジャーズ派セラピー），現象学，高次の成長欲求，肯定的配慮への欲求，コンストラクトの代替性，コンストラクトの利便性，至高体験，自己概念（自己），自己決定，自己実現，実存主義，実存的不安，生活空間，生体的経験，生体的な全体，生体的評価，双極，通過性の高い境界，同期性の原理，動機の同期性，人間性心理学，パーソナル・コンストラクト，パーソナル・コンストラクト理論，場の理論，明示的側面，役割，役割構成レパートリー（Rep）テスト

☑ 考えてみよう

1) 現象学的レベルの分析が注目するのは何か。
2) オルポートの機能的自律性は何を意味していたか。この概念は，行動への現象学的アプローチとどのように関連しているか。
3) レヴィンの生活空間の主要な構成要素は何か。行動の原因に関する，彼の古典的な公式を説明しなさい。
4) 実存主義的理論の中で，直接経験の役割は何か。行動の本当の原因はどこにあるか。
5) 実存的不安とは何か。
6) ロジャーズによると，行動はどのように決定されるか。
7) 自己実現とはどういう意味か。それは人間の本質について何を示しているか。そしてこの概念は，フロイトの考え方とどのように異なるか。
8) マズローはどのように，最高レベルで機能している人間の研究を行ったか。高度に機能している人の最も注目すべき特徴は何であったか。
9) 自己とは何か。それはどのように成長し，価値を与えられ，行動に影響を与えるのか。
10) 肯定的尊重への欲求は，どのように自己概念と経験との間で不一致を引き起こすのか。
11) 価値の条件は，不安や知覚においてどのような役割を演じているか。
12) クライエント中心療法（パーソンセンタード・セラピー）の目標は何か。どのような治療者の特質が，望ましい結果に寄与するか。
13) パーソンセンタード・セラピーと精神分析療法を比較し対照しなさい。
14) パーソナル・コンストラクトとは何か。ケリーの理論志向性と測定アプローチは，特性アプローチとどのように異なるか。
15) ケリーがパーソナル・コンストラクトは双極であるというとき何を意味するか説明しなさい。コンストラクトはどのような方法で拡張するのか。

16) ケリーのアプローチはゲリー・Wについて何を明らかにしたか。
17) パーソナル・コンストラクトを明確化するために，参照行動例はどのように用いられるか。それは精神力動的アプローチとどのように異なるか。
18) 状況における心理学的に意味のある特徴への選択的注意は，その人のコンストラクトについて，どのような情報を提供するか。
19) それぞれの個人が「パーソナリティの科学者」であるとはどういう意味か。パーソナル・コンストラクトの「操作的定義」は何か。
20) 「コンストラクトの代替性」を定義しなさない。予期によって，どのように行動が決定されるか。
21) コンストラクトはなぜ，真実か偽りかによって評価されないのか。ケリーは治療の目標を何と考えたか。
22) ケリーによって定義された役割とは何か。役割取得は治療的にどのように用いられたか。
23) パーソナリティへのさまざまな現象学的アプローチを特徴づける主要な前提と共通性は何か。

13章

内面へのまなざし

　12章で議論された現象学的理論は，パーソナリティの理論，査定，変化に深い影響を与えた。現象学的理論を役立てるためには，知覚された内的経験を知る方法が必要になる。ケリー自身の言葉を借りるなら，もし個人の私的な領域を無視すれば，「人間のことを，外的な力によって公的領域に漂う不活性体，あるいは，他との連続性をもたない単一のデータとして説明しなければならない」(Kelly, 1955, p. 39)。一方，人間が科学的法則の枠組みの中で理解されるべきなら，こうした私的経験に直接ふれ，それを目に見える形にする方法を見いださなければならない。本章では，他者の内的な視点を検討するために用いられるいくつかの方法について考察していく。

13.1　内的経験を探る

　ロジャーズやケリーのような現象学者は，内省の範囲を越え，自分たちの理論を科学的な方法で支えたいと考えた。例えばロジャーズによれば，心理療法家は内省によってではなく観察や推論によって，クライエントが知覚する内的世界に入りこもうとする (Rogers, 1947)。主観的経験の客観的測度に対する同じような関心は，ジョージ・ケリーの査定に対するアプローチをも特徴づけている。本章では，このレベルにおいて経験を客観的に研究するため，心理学者たちによってなされてきたいくつかの主要な研究努力について検討する。この人たちは，方法を発見するだけでなく，個人の成長と気づきに関しても新しい方略を発展させてきた。この種の研究の多くは50年以上前に始まったが，現在でも重要な研究であり続けている（例：Deci & Ryan, 1980; Higgins, 1996a; Lamiell, 1997; Leary & Tangney, 2003; Ryan & Deci, 2001)。

■ なぜ自己が大事なのか——自己不一致の結果

　12章で示された理論は，主観的経験の重要性や，パーソナリティにおける自己の重要性を説くために欠かせないものである。理論からデータに目を移すと，現代の研

表 13.1 自己に関する概念のタイプ

自己概念	定　義	例
現実自己	自分自身による自分の表象。自分が実際にもっている属性に関する信念。	私は，思いやりがあり，温かく，スポーツが得意で，魅力的な人間だ。
理想自己	こうありたいと希望し願う自分自身の表象。理想としてもちたい属性に関する信念。	私がぜひなりたいのは，気前がよく，寛容で，やり手で，人気があり，才気にあふれた，愛される人間だ。
あるべき自己	あるべき自分，あるべきだと感じる自分の表象。自分がもつべき属性に関する信念。つまり，もつべき義務があるもの。	私はもっと，野心的で，強く，よく働き，自分に厳しい人間であるべきだ。

注：各概念の表象には自分自身の観点だけでなく，重要他者の視点からの表象も含まれる。例えば，あなたの父親が考える「あるべきあなた」についての，あなたの知覚（例：やさしいよりも強くあれ）は，自己の「あるべき／他者」表象である。
[出典：Higgins（1987）に基づいて作成]

究は，個人の自己概念，自己知覚，自己感情に対して，非常に大きな役割を果たしている（例：Hoyle, Kernis, Leary, & Baldwin, 1999; Leary & Tangney, 2003）。これらの研究結果からは，前章の理論家たちが注目した内的経験が，人々の未来を方向づけ，人々が抱える問題のタイプやその対処方略に影響を与えることが示されている。

最も注目すべき知見の一つは，異なる自己の側面どうしの間には異なるタイプのズレが生じるということ，また，これらのズレから，後に続く情動や行動への影響を予測できるということである（表13.1参照）。ズレが人生の初期に生じ，自己に関するさまざまな心的表象との間に立ち現れることを最初に示したのはカール・ロジャーズであった。例えば，現実自己＝現実のその人自身についての表象（例：すぐれたバスケットボール選手）は，理想自己＝その人がかくありたいと思う表象（例：偉大なバスケットボール選手）とはズレがあるかもしれない。同じように，現実自己はあるべき自己＝その人がかくあるべきだと信じる表象（例：医師）とは異なっているかもしれない。

E. トリー・ヒギンズ（Higgins, 1987）によれば，こうしたズレは，自分自身の視点からだけでなく，親や年長のきょうだいなど，重要他者の視点からも経験される（表13.2参照）。例えば，現実自己とあるべき自己のズレは，あなたの考える現実のあなたと，あなたの知覚する父親の期待との不一致をさすこともあるだろう。これは，例えば次のような思考として表れる。「父さんの期待ほどには試験勉強をがんばらなかった。怒られるんじゃないかな」。これは，恐れ，心配などの動揺感情につながる可能性がある。逆に，現実自己と理想自己の間に知覚されたズレは，人に失望や不満の

13章　内面へのまなざし　　　　　　　　　　　　　　　　　　　　　　405

表13.2　自己不一致の例

自己不一致	誘発される感情	例
現実／自身： 理想／自身	落胆および不満	私は，自分がなりたいほどには魅力的でないので，がっかりしてしまう。
現実／自身： 理想／他者	恥および当惑	私は，両親が「こうあってほしい」と願うほど親切な人間ではないので，恥ずかしい。
現実／自身： あるべき／自身	罪悪感および自己卑下	私は自分が嫌いだ。もっと強い意志をもたなければならないのに。
現実／自身： あるべき／他者	恐れおよび危機感	私は，父が期待するほどには試験でがんばらなかった。父が怒るのではないかと心配だ。

注：「自身」はその人自身の視点を，「他者」は重要他者（例：父親）の視点をさす。
[出典：Higgins（1987）に基づいて作成]

　ような落胆感情を経験させやすくなる。要するに，ヒギンズは表13.2に示されたようなさまざまなズレが情動的結果を予測できると主張し，それを証明したのである。
　さらに，これらの異なる情動は，知覚された自己不一致に対して異なる対処パターンを引きだす（Higgins, 1987）。例えば，ゲリー・Wが現実自己とあるべき自己の間にズレを経験し，つらい否定的情動を感じたとしよう。否定的な感情と関連した不快感が大きくなりすぎると，さまざまな方法で，それを減らしたり，なくしたりしようとするかもしれない。例えば，知覚された現実自己と自分自身の理想自己との間のズレを処理するため，人は否定的に解釈していた過去のつらい出来事を再評価することがある。学級委員長に選ばれなかったため，他者から拒否されたと感じている高校生

現実自己と理想自己のズレは苦痛を生じさせる

は（「誰も私のことを好きじゃないんだ」），現実自己とあるべき自己の自己不一致経験によって生じた否定的感情を減らすため，実際は親友がたくさんいることを思い起こすかもしれない。

あるいは，ズレをなくすため，人は現実の行動を重要な基準に合わせるよう変化させることもある。ある大学生が中間試験の勉強をほとんどせず，試験で低い評価を受けたとしよう。その人は期末試験に向けて一生懸命勉強するかもしれない。そうすることで，自分自身が知覚する義務，すなわち「大学で熱心に勉強し，ちゃんとした評価を得る」という義務を果たしていない罪悪感を和らげるのである。このアプローチでは，変化への動機づけは，実際に生じる変化の形にかかわらず，各個人が自己のさまざまな表象の間に感じる葛藤から生じてくる。ヒギンズによれば，これらのズレは特有のタイプの情動的不快感を引き起こし，個人はその不快感をできるだけ減らそうと動機づけられる。

ここで肝心なのは，自己不一致研究が，自己の重要性を明らかにした点である。自己が重要なのは，人がこうしたズレを知覚するときの内的経験が，その人の経験する情動や，ズレを処理しようとして用いる対処パターンにとって必然的なものだからである。ヒギンズらの研究は，科学的方法を用いて内的経験を厳密に研究する方法を与えてくれる。自分に経験された自己や内的視点に関心をもっている科学者にとって，ヒギンズらの研究はその意味でも興味深い。この研究は，フォーカス13.1で議論された摂食障害など深刻なパーソナリティの問題を理解するため，実践的にも適用されている。

フォーカス 13.1

自己不一致の影響——拒食症

研究者や臨床心理学者たちは，特に思春期の若者や若い成人女性の中で摂食障害が増え続けていることに危機感を募らせ，この自己破壊的で命にかかわる行動を理解しようと努めてきた。摂食障害に対してこれまで出されてきた説明は，家族成員との不適応的な相互作用から，被害者が実際に自分自身の体を知覚するときのゆがみまで，多岐にわたっている。摂食障害はまた，人がもつ自己概念どうしのズレを反映してもいる。ズレはその人の自己評価に影響を与え，自己制御を妨げる可能性がある（Strauman, Vookles, Berenstein, Chaiken, & Higgins, 1991）。この説明は自己不一致理論（Higgins, 1987）に由来しており，この理論では，異なる種類の否定的感情は，主に特定の種類の自己不一致の知覚と関連する。本文で議論されているように，この理論によると，現実自己と理想自己のズレは人に落胆感情を経験させやすい。反対に，現実自己とあるべき自己のズレは，人に動揺感情を経験させることになる。ヒギンズの理論では，

その人の自己評価基準（自己指針）は理想自己とあるべき自己によって表象される。現実自己がこれらの自己指針に到達しなければ，人は否定的な情動や動機づけ状態を経験しやすい。そしてその否定的な感情が，今度は苦痛や不適応行動を生みだすかもしれない（Strauman et al., 1991）。摂食障害には，いくつかの否定的効果がありうるのである。

このように，拒食行動（食物拒否による飢餓状態）は現実自己とあるべき自己の不一致と結びつけられてきた（Strauman et al., 1991）。研究者たちによると，拒食行動がより典型的にみられるのは，自分自身の現実の自己概念と，重要他者が自分の義務についてどう思っているかに関する表象との間にズレがある人である。拒食行動は，こうした人たちが重要他者の要求や期待だと考える基準を満たすための，自罰的で自己批判的な努力パターンの一部だと思われる。その一方，過食系の摂食障害，例えば一気食いなどは，その人の現実の自己概念と，その人自身の理想の自己概念とのズレに，より関連する傾向がある。情動的には，過食に苦しむ人々は，自分の知覚する自分の体型と，理想の自分の体型とのズレの反映として，落胆および関連する感情を経験する。興味深いことに，これはその人の実際の体重とは無関連だと思われる。

自己不一致理論は，摂食障害にもう一つ別の洞察をもたらしてくれる。摂食障害が，思春期の少年より少女の間ではるかに多くみられるという事実は，女性がより一般的に，外見から自尊感情を引きだすよう社会化されるという考察につながる。近代社会ではたいていの場合，やせた女性を美しいとみなす。そのため，多くの女性は常に自分の体重を測定しなければという気持ちに駆られ，摂食障害になりやすいのである。

しかし，別の説明によれば，少女は典型的に，少年よりも制限・統制されている。結果として，思春期を前に，少女たちはより厳格な自己指針をつくりあげる。つまり，よりはっきり定義された理想自己およびあるべき自己をつくりあげるのである。自己指針が強いほど，個人は自己不一致や否定的感情を経験しやすくなる（Strauman et al., 1991, p. 947）。そのため，この理論によると，女性は男性よりも異常な食習慣を発達させやすいということになる。

■ 本人の目を通した見方

現象学的研究は，当の本人の視点をスタート地点とする。本人の視点に近づくため，本人の自己記述に表れている自己呈示から手をつけてみてもよいだろう。現象学における生データの例は，2章のフォーカス2.1で，ゲリー・Wが自分の性格を描写するよう求められて行った自己記述の記録にみることができる。これを振り返ってみると，ゲリーが自分自身の見方や言葉を通して，自分や世界を見つめ，自身の知覚，思考，信念，感情の一部を表しつつある第一歩が読みとれるのではないだろうか。

ゲリーの自画像は，まずどのように解釈できるだろうか？ まずは，特定の理論を用いて，ゲリーの記述が自身の特性や力動性の表れであるとか，社会的学習歴を暗示するものであるとか，あるいは，ゲリーを形づくった社会的影響力への手がかりであると解釈してみてもよいだろう。だが，ゲリーのコメントを，彼の私的な視点を理解

したり，彼自身のパーソナリティ理論をかいま見たり，彼の自己像を確認したりするための道具として使うことはできるだろうか？

　私たち一人ひとりにとって，ゲリー自身が意識し，知覚した現実はとてもなじみ深いものである。そのため，他者の主観的世界にふれてそれを眺めることは，一見簡単に思えるかもしれない。しかし当然だが，実際に私たちが「他者の肌にもぐりこみ，他者の目を通して世界を見つめること」はできない。だが私たちは，「他の人々が過去にどうしてきたかをみてではなく，主にその人自身の行動観察に基づいた推論から研究をスタートする」(Kelly, 1955, p. 42) ことができる。つまり，ステレオタイプや理論的構成概念よりも，当事者に注意を向けるべきなのである。

　他者の経験を調べる最も直接的な方法は，まさにゲリーがしたように，自分自身を描写してもらうことである。パーソナリティに対するほとんどすべてのアプローチでは，対象者に自己報告を求めてきた。たいていの場合，これらの報告は主に，個人に内在するパーソナリティ構造や力動性を推測するための手がかりとして用いられてきた。おそらく，人が広範囲にわたって無意識の歪曲を行っているという仮定のためか，患者自身の報告はこれまで，患者の自分自身についての見方を伝える手段としてより，概して，臨床家または臨床家が使う検査で，患者についての推論や予測を行うための基礎として用いられてきた。

■ 自己査定の利用

　人は自分自身の「専門家」になれるのだろうか？　自己報告は，信頼のおける有効な行動指標として役立つだろうか？　例えばゲリーは，自分が担当候補としてあげられている仕事で，成功できると予測した。この自己査定は正確なのだろうか，あるいは，自分を守るための希望的観測なのだろうか？

　これらの質問に答える一つの方法は，自己査定がその人自身の将来の行動を予測できるかどうかを検討することである。自分自身に関する直接的報告の有用性を証明するためには，直接的報告を，他の情報源から得られる予測と比較する必要がある。例えば自己報告を，精巧な心理検査から得られた報告や，性格の推論に面接や投影法などの技法を用いる十分な訓練を受けた臨床家の判断と比べたりしてもよいだろう。

　単純な自己報告が，内在するパーソナリティを明らかにするためにつくられた精緻で複雑な間接的検査と同じくらい，あるいはそれ以上に有効な予測因子かもしれないという発見は，多くの心理学者にとって驚きだった。先駆的な研究に，統合失調症患者のその後の適応を予測しようとしたものがある (Marks, Stauffacher, & Lyle, 1963)。その結果，態度尺度を用いた単純な自己報告は，心理測定的にみて，より精緻な尺度よりも優れた予測を生みだしていた。こうした態度報告は，平和部隊の成功の最もよい予測因子の一つでもあった。態度報告は，はるかにコストのかかるパーソナリティ

13章　内面へのまなざし

の推論よりも正確だったのである。面接や，専門家たちによる統合的な全体評定は，自己報告の正確さに遠く及ばなかった（Mischel, 1965）。つまり，人に関する有益な情報は，単純に本人に尋ねることによって最も直接的に得られる可能性がある（例：Cantor & Kihlstrom, 1987; Emmons, 1997）。こうした結論は，学業成績，職業上の成功，心理療法における治療の結果，精神病患者の再入院，非行少年の宣誓釈放違反など，さまざまな分野についてあてはまるように思われる（例：Emmons, 1997; Mischel, 1981b; Rorer, 1990）。

　要するに，ある条件下において，人は自分の行動を，少なくとも専門家と同じくらい正確に報告できる可能性がある。もちろん，人は常に自分の行動を正確に予測するわけではない。自分自身の行動を予告するための情報や動機づけに欠けることもあるだろうし，わかってはいても，それを口外しないよう動機づけられていることもあるだろう。犯罪者が再び盗みを計画していても，裁判の途中で検察官の尋問に対してそれを言うとは考えられない。さらに，未来の行動の多くは，例えば他の人々や事故など，人の統制が及ばない変数によって決まる可能性がある。とはいえ，得られた結果は，自己推定や自己予測が有益な評価ツールであることを強く示唆するものといえるだろう。

■ Qソート法

　しかし，自己記述の一つの問題は，同じ経験を描写するのに，人によって異なる言葉や表現を用いる可能性があり，そのために，ある人の自己記述を他者の自己記述と比較するのが難しくなるということである。人々を比較するためには，自己記述に同じ標準語を用いる必要がある。この目的のために特に役に立つ技法は，Qソート法またはQ技法である。これは，特性・性質レベルを含む，他の分析レベルの研究でも用いられてきたで技法である（Block, 1961, 1971）。この技法は，多数のカードによって構成され，各カードには「私は従順な人間である」「私は感じのよい人間である」「私は衝動的な人間である」などの記述が印刷してある。あるいは，「思慮深い人間である」「不安になりやすい」「能率よく仕事を片づける」などの項目が印刷してあることもある。

　Qソート法は，自己記述やなりたい自分についての記述＝理想自己，あるいは関係性の記述にも用いることができる。自己を分類する場合，クライエントは，現在の自分を表すようにカードを分類するよう指示される。具体的には，自分に最もあてはまらない属性から，最もあてはまる属性まで，あてはまりの度合いによって，カードを別々の山に分けていく。例えば，ゲリー・Wが自分を最もよく表すとして選んだ語句は「気位が高い」「断固とした」「意欲的な」「批判的な」「論理的な」「気分屋の」「自信がない」であった。あるいは，自分が最もなりたい人物，つまり理想の人物を

表すようにカードを分類するよう指示されることもある。関係性を表すには，その関係に最も特徴的なものからまったく特徴的でないものまで，カードを山に分類する。このように，Qソート法では，描写するものについて最も特徴的（説明的）でない項目から，最も特徴的な項目までの連続体上に，カードを分配してもらう。

　Qソート法は，ある課題における優れた遂行について，その特徴を記述するために用いられることもある。例えば，ある特定の状況で成功する人に「最も特徴的な」資質のプロフィールが見いだせるかもしれない。その結果，そのタイプの状況において誰がうまくやれるか，あるいはやれないかを予測しようとするときに，そのプロフィールに最も適合する人を探すことができる（Bem & Funder, 1978）。同様に，Qソート法はしばしば発達変化を特徴づけるために用いられる。例えば，異なる段階におけるプロフィールを比べることで，このような特徴づけが行われる（Mischel, Shoda, & Peake, 1988）。

　このレベルの分析においては，多くの心理学者にとって，Qソート法による自己記述はそれ自体が興味の対象となるかもしれない。現象学者は，単純に自己記述そのものへの興味のために自己記述を見たがる。「個人間の」差を見いだすために，与えられた次元にそって個人を互いに比べあう他の測度とは異なり，Qソート法の目的は，「個人内の」さまざまな特徴のパターンを見いだすことにある。

　Qソート法では，カードをあらかじめ決まった山に配分させるため（例：「最も特徴的でない」山に5枚，「最も特徴的な」山に5枚，「どちらともいえない」山に20枚），すべての特徴を平均すると，全員が同じ得点になってしまう。これは，別々の画家に赤，青，緑，黄色の水彩絵の具のチューブを渡し，与えられたすべての絵の具を使って絵を描いてもらうようなものである。それぞれのキャンバスですべての色を「平均して」しまえば，絵はすべて同じになってしまう。異なっているのは，キャンバス上の色の空間配置である。同様に，Qソート法の個人描写で異なるのは，一連の特徴の「配置」である。この個人内配置を重視することで，Qソート法は，現実の自分＝現実自己をみるときと，なりたい自分＝理想自己をみるときで，自己記述がどの程度まで似ているかを判断するために用いられてきた。例えば，100枚カードのQソート法を用いて，人は現実自己を「描く」ことができる。同じ100枚を用いて理想自己も描く。ここで，2枚の自画像の類似性の指標は，両者の相関となる。これは，現実自己と理想自己がどちらも同じ100の記述によって描写されているためである。後にわかるように，この二つの記述の類似の程度はしばしば役に立つ。

■ 面　接

　現代の現象学者の多くは，自己報告が行動について重要な点すべてを明らかにするわけではなく，パーソナリティの全体像を提供するわけでもないことを認識するよう

になってきた。人は自分の行動の理由に気づいているかもしれないが、例えば、自分自身の感情、知覚、行動について抵抗感があったり、恥ずかしいと思っていたりすると、それを報告できなかったり、しなかったりするかもしれない。あるいは、自分の経験すべてを意識していないかもしれず、その場合には、どんなにがんばっても経験に近づくことは不可能である。ロジャーズのような現象学者は、これを限界ととらえるのではなく、むしろその人を理解するための重要な視点として、その人の参照枠組みを重視している。この点を説明するために、客観的にみて優れた歌手二人を思い浮かべてみよう。一人は自分が優れた歌手だと思っているが、もう一人は自分がしょっちゅう音を外すと考えており、自分をうまいと言ってくれる人は、お世辞を言っているだけだと信じている。彼らの主観的な考え方の違いは、たとえ二人が同じように優れた歌手であっても、二人を異なった人物にしていることは明らかである。

　ロジャーズの考え方によると、心理学者の仕事は、治療的な文脈において、成長を促進し、感情や自己の自由な探求を促すような条件を提供することである。というのも、人々が自分の発言によって自分が不利になるのではないか、または、自分の将来について否定的な判断がなされるのではないかと心配しているときに、正直さは期待できないからである。私的な感情をより意識し、はっきり話すようになるためには、不安や抑制を減らし、自己開示を促すような、威圧的でない雰囲気が必要である（Jourard, 1967; Lietaer, 1993）。そのため、現象学志向の心理学者は、個人がもっと安心して自由に自己探求ができるような、受容的で、温かく、共感的な条件をつくりだすよう努力している（Vanaerschot, 1993）。このような受容的条件は、本章の後のほうで論じられている「クライエント中心療法（ロジャーズ派セラピー）」において、鮮やかに描きだされている。

　ロジャーズ学派は、個人的成長を促進する条件をつくりだそうとしてきただけでなく、面接などの方法を通じ、こうした条件について研究してきた（例：Rogers, 1942; Rogers & Dymond, 1954）。つまり、個人が提供するデータの価値にかかわらず、人が自分や経験をどう解釈するのかを観察するために面接を使用する。こうした観察は、自己啓示や、正直な自己報告が積極的に奨励されるような、真の自己開示につながる雰囲気の中でなされるものである（例：Cantor, 1990; Fodor, 1987; Jourard, 1974）。

■ **SD法**

　SD法は、異なる刺激や出来事、またはその他の経験が、ある個人にとってどのような意味をもつのか、つまり、個人的意味を研究するために使用される。SD法では、さまざまな単語、語句、概念の意味を、たくさんの尺度で評定するように求められる（Osgood, Suci, & Tannenbaum, 1957）。「父」や「私」あるいは「私の父」「理想の私」などの刺激語を呈示され、各刺激を両極の7点尺度で評定するよう求められる。「粗

表 13.3 SD法における概念と尺度評定の例

評定される概念
　　現実の私
　　理想の私
　　男らしさ
　　外国人
　　母

各概念の意味を評定する尺度

強　　い	___:___:___:___:___:___:___	弱　　い
愉快な	___:___:___:___:___:___:___	不愉快な
固　　い	___:___:___:___:___:___:___	柔らかい
安全な	___:___:___:___:___:___:___	危険な
公平な	___:___:___:___:___:___:___	不公平な
能動的な	___:___:___:___:___:___:___	受動的な

注：練習のため，自分で各概念を評定してみよう。
［出典：Osgood, Suci, & Tannenbaum（1957）に基づいて作成］

い-滑らか」「公正な-不公正な」などの両極形容詞が各尺度の両方の端にあり，自分にとって刺激概念の意味を最もよく示す点に印をつけることになる。例えば，表13.3にあるような尺度で，「理想の私」を評定するよう求められることもあるだろう。SD法がどんなものかを理解するためには，例にあげられている概念や，自分の関心のある他の概念の両方について，自分についての評定をしてみるとよいだろう。この技法は，客観的でもあり，柔軟でもある。SD法では，人が自分や他者をどのように表すか，また特定の経験，例えば心理療法がその人にどのように影響するかを調べることができる。

　多くの研究において，分析の結果，三つの主要な次元が表れる傾向のあることが，繰り返し示唆されてきた。第一の評価性（よい-悪い）の次元は，最も重要だと思われる（Kim & Rosenberg, 1980）。言い換えれば，「よい-悪い」のような評価は，人がどのように自分や経験，他者を特徴づけるかにおいて，最も頻繁に影響してくるのである（Ross & Nisbett, 1991）。他の二つの次元は，固い-柔らかい，男性的-女性的，強い-弱いなどの尺度項目で表される力量性，それに積極的-消極的，興奮した-穏やかな，熱い-冷たいなどの尺度で表される活動性である（Mulaik, 1964; Vernon, 1964）。

■ 非言語コミュニケーション

　SD法やRepテストのような技法では，人の発言すなわち言語行動を対象にする。しかし，人々の間の重要なコミュニケーションは，表情，動作，ジェスチャーなど，しばしば非言語的なものである。非言語表現は，人の知覚や内的状態に関心をもつ，

理論的志向性のさまざまな心理学者たちの興味をそそってきた。研究者たちは，アイ・コンタクトや凝視など，非言語表現がもちうる意味や効果を探求している。

例えば，面接者が参加者を肯定的に評価しているとき，参加者へのアイ・コンタクトは増加する。一方，参加者を否定的に評価していると，参加者へのアイ・コンタクトは減少する（Exline & Winters, 1965）。アイ・コンタクトの効果は，関係の中で伝達される言語内容と相互作用しているように思われる。ある研究では，面接者が参加者を頻繁に見るか，ほとんど見ないかという点と，会話が肯定的か，否定的なものかという点を変化させた（Ellsworth & Carlsmith, 1968）。言語内容が肯定的だと，面接者が頻繁にアイ・コンタクトを行うほど，面接者の評価は肯定的になった。反対に，言語内容が否定的だと，頻繁にアイ・コンタクトを行うほど，評価は否定的になった。

非言語コミュニケーションについては，まだわずかなことしかわかっていないため，多くの結果に期待がもたれてきた。例えば，次のようなことも明らかにされてきた。「人が他者の顔を見るとき，その顔には喜び，驚き，恐れ，怒り，嫌悪／軽蔑，興味，悲しみについての情報が含まれている可能性がある。顔を見る人は，このような情報を特別な訓練なしに解釈することができる……」（Ekman, Friesen, & Ellsworth, 1972, pp. 176-177）。要するに，現象学的な「内的」経験は，非言語行動という形で目に見える場合もある。

■ 人生を内側から研究する──心理的伝記法

現象学的アプローチは，ロジャーズやケリーのような理論家の心理療法に最も深く根ざしているが，その他にもルーツがある。とりわけ目を引くのは，このアプローチが，人生を深く，長期にわたって研究するための他の方法に適合し，統合されてきた点である（Runyan, 1997）。個々の人生についての集中的研究，いわゆる心理的伝記法は，それ自体で一つの専門分野となっている。この分野の研究は，しばしば，アドルフ・ヒトラーやガンジーのような著名人を選び，個人について包括的な心理学的理解を提供しようとする。心理的伝記法の唱道者によれば，パーソナリティ心理学は多くの側面をもっており，個人間・集団間の量的比較に限られる必要はない（Lamiell, 1997; Runyan, 1997）。その代わり，人生の研究では，一度につき一人に焦点をあて，その生涯にわたる複雑さを含め，人生全体を扱おうとする。心理的伝記法の方法は，心理学や現象学的アプローチからだけでなく，伝記，歴史，その他の社会科学からも借用されている。このアプローチの熱狂的な推進者は，心理的伝記法を「心理学における柔らかい人間科学の極み」であるとし，学生に「自分を含め，人間や人生についてできるかぎりのことを学びなさい」とアドバイスしている（Runyan, 1997, p. 61）。

■ ナラティブによる同一性——人生と生活に意味を与える語り

　非常に関連した方向性で，それ自身の哲学や方法論をもつものとして，ダン・マクアダムス（McAdams, 1999）は，人を理解し，その人が自分の人生をつくりあげていく方法を理解するためのアプローチを発展させてきた。彼のアプローチは，エリック・エリクソンの同一性概念（9章）に基づいている。マクアダムスが注目したのは，自分自身の人生や経験を意味づけようとするときに，人が自分自身について語る物語，つまり個人的なナラティブである。彼はこう提言する。「『I』はナラティブによって経験を理解し，進行中の一連の場面において，一つ以上の性質を『Me』に割り当てる」（McAdams, 1999, p. 488）。本質的に「I」は語り手であり，自分や他者に向けられたそれぞれの語りは，時と場合により異なってくる。大学受験の願書における語り，就職面接での語り，気になる異性と関係を築くための語り，私的な日記における語りは異なっているだろう。中身や構造も変わるだろうし，暮らしの中で，生活についての語りは少しずつ編集され，改訂され，書き換えられ，再構成される。このメッセージの核となるのは，外的な基準による妥当性と関係なく，人々の自分に関する語りは聞く価値があり，素人だけでなく，パーソナリティ心理学者もまた，これを注意深く聞くことで恩恵を受けることができることである。

　エリクソンと同様，マクアダムスによると（McAdams, 2006），西洋の近代文化における思春期の若者は，「疾風怒濤」の混乱した生活に，一貫性や方向性，意味深さを与えてくれる自己や同一性を構築するという課題に直面している。こうした同一性の自己構築は，自分が誰なのか，なぜ生きるのか，どうやって大人の世界における既存の秩序に適応したり，その秩序を変えたりすべきなのかといった，基本的な質問に答えようとするときに役立つものである。ナラティブによる同一性という概念は，多様で葛藤することも多い自己の側面や自己の行動に意味をもたらすため，長い間にわたって進展する内的な語りをさすものである。こうした語りは，ともすれば混沌に陥りやすい人生に，一貫性を与えることに役立つ。人生に対する，荒削りで原始的でバラバラな語り，幻想的ですらある語りは，幼児期に形成され始めることもある。しかし，ハバーマスとブラック（Habermas & Bluck, 2000）によると，人生の軌跡を整理して方向づけ，思春期までの長期にわたり，意味のある一貫したライフストーリーを構成するために語りを用いるのは難しい。人が認知的・人間的に成長し，成熟するにつれ，ライフストーリーはどんどん一貫性をもち，組織化されてくる。思春期中期までには，人生における複数の出来事が因果的につながり始め，説明として機能するようになる。例えば，語りはこのように進展する。ある一つの大切な友情はどのように発展したのか，どのように強まりどのように終わったのか，どんな関心や目的が表れてきたか，どんな未来が想像されるか，自分はどんな人間か，また，どんな人間になりたいのか。自叙伝はほとんど意識されなくても構築されるものであり，互いに関連

しあう主題でつながった過去・現在・未来とともに進展していくのである。構築された説明の内容は，その個人だけではなく，文化やその意味システムにも依存する (McAdams, 2006; Shweder & Much, 1987)。やがて，発展するナラティブによる同一性は，それ自体がこれから発現する自己と一致するように自己概念をどう発展させるか，自分の行動をどう制御するかに影響を与えることもあるだろう（例：Mischel & Morf, 2003; Morf & Rhodewalt, 2001b）。

13.2　自覚を強める——自分の体験に接近する

　主観的経験が，その人の情動，行動，精神的安寧に大きな影響をもたらすことを考えれば，自己を主観的にどうとらえるかが，個人の精神的安寧に大きな影響をもたらすかもしれないということは驚くにあたらない。おそらく，大々的に自己の主観的経験を改善する試みの中で，最も劇的で物議をかもしたのは，幻覚作用のあるドラッグである。そしてある意味，ドラッグは多くの欧米諸国で，少なくとも短期的な文化革命を生みだした。まず，サイロシビンやLSDのようなドラッグは，1961～1962年にハーバード大学で教員であったティモシー・レアリー（Timothy Leary）やリチャード・アルパート（Richard Alpert）に最も強く推奨された。1960年代には，ドラッグによる「トリップ」や精神的な「旅」を通じた「意識拡大」運動は，欧米諸国を通じて多くの熱心な参加者を得た。LSDのようなドラッグが，感情の増強 (Leary, Litwin, & Metzner, 1963) などの主観的な経験において大きな変革を生んだことは疑いない。しかし，ドラッグに対する熱狂は，ドラッグが深刻な危険を伴うという認識により，すぐに抑制された。代わりに表れた風潮は，ドラッグの助けを借りず，心理的経験や自己や生き方の変化を通じて意識をどう拡大していくかという探索であった。

　歴史的にみて，ドラッグではなく心理的経験によって意識を増大させることのルーツには，瞑想 (Ornstein, 1972) やエンカウンター・グループ，カリフォルニアのビッグ・サルにあるエサレン研究所（Esalen Institute: Schutz, 1967）で最初に開発されたタイプの「マラソン」（長時間のグループ活動）などがあげられる。瞑想の技法は，主に東洋の宗教にその起源をもつが (Ornstein & Naranjo, 1971)，エンカウンターや「感受性トレーニング」などは，さまざまなロール・プレイやサイコドラマの技法，実存主義哲学，そしてフロイトの精神力動的理論を援用したものである。

　これらは結果的に，フリッツ・パールズ（Fritz Perls, 1969）のゲシュタルト療法，人間の意識を拡大し，「歓喜」と真のコミュニケーションに到達しようとする試み (Schutz, 1967)，「至高体験」や「自己実現」の追求 (Maslow, 1971) などの思想として統合されることになった。ゲシュタルト療法の初期には，自己報告された経験を，時に表面的で防衛的だと解釈してすぐに厳密に調べる対決や「エンカウンター」が用

いられることもあった。「リーダー」はしばしば，自己開示の根底にあるかもしれないより深い感情を，すばやく，そして直接的に刺激し，探求しようとした（Polster & Polster, 1993）。近年では，自分自身の言葉で語られる内的経験を探索するのに，急速で劇的な対決は減少し，もっと緩やかで共感的な試みが用いられるようになった。その目的は，何が十分に，本当に感じられているのかに焦点をあてることである。自覚と対人的意識の両方を増大させる過程は治療的関係の中心となり，患者が自分の経験したこととより密接にふれあい，対人的な試みをより自由に行うことを促すものに変わってきている（Fodor, 1987; Wheeler, 1991）。

■ 集団経験

意識の成長や拡大を模索する中で，1960～1970年代にはさまざまな集団経験が人気となった。エンカウンター・グループには人間関係訓練グループ（Tグループ）や感受性訓練グループなど，多くの別名がある。しかしここでは，その共通する性質に注目する。シュッツ（Schutz, 1967）は，著書 "Joy" において，エンカウンター・グループの方法には，ただ話すだけでなく，何かをすることが必要だと指摘した。この探求において，彼は身体運動，無言ミーティング，グループ・ファンタジー，身体的「ゲーム」など，多くの技法を提唱した。実験社会心理学の草分けであり，心理科学への偉大な貢献者であるエリオット・アロンソン（Elliot Aronson）は，集団経験で学ぶことについて，次のように説明している。「……心理学の授業では，人々がどう行動するかを学ぶ。Tグループでは，自分がどう行動するかを学ぶが，それだけではない。他者が自分をどうみているのか，自分の行動が他者にどう影響しているのか，そして，自分が他者からどう影響されているのかを学ぶのだ」（Aronson, 1972, p. 238）。このような学びが生じる過程に言及しつつ，アロンソンは実践による学びを強調する。「人は言語的・非言語的に，試してみること，さまざまな自己の感情にふれること，その感情を他者に表現することによって学ぶ」（Aronson, 1972, p. 239）。メンバーが，自分がどう行動すると「思われて」いるかではなく，自分が本当はどう感じているのか，他者が自分をどうみているのかを学ぶためには，この過程が信頼できる雰囲気のもとで生じることが必要である。

理論的なレベルでは，エンカウンター・グループ運動は，非言語経験と自己発見に焦点をあてつつ，フロイト学派，ロジャーズ学派の両方の概念を複雑に統合することによって生じてきた。精神分析学的な動機づけの枠組みはおおむね保持され，多くの解釈において用いられているが，その実施には，集団において行動を通じて感情を表現するための直接的「行動化」手続き，身体感情の意識を増加させるように意図された身体的ふれあい，感情や攻撃を表出するように促すゲームが用いられている。このように，フロイトやロジャーズの多くの考え方は診察室から集団によるエンカウンタ

ーへと移行し，言語表現から身体意識，身体表現へと移行した。実際，カール・ロジャーズ（Rogers, 1970）は，その理論的概念の多くをエンカウンター経験に発展，拡大し，エンカウンター・グループの主唱者の一人となった。エンカウンター・グループへの参加者は，衝動や感情，空想について語るより，集団の中でこれを行動化するように促される。例えば，父親に対する抑圧された怒りの感情を語るより，「親父なんて大嫌いだ，大嫌いだ」と叫びながら枕をたたきのめすことで自分の感情を行動化するのである。多くの人々が，集団経験の結果として肯定的な変化を報告してきた。例えば，ロジャーズから引用された次の証言について考察してみよう。

「私はまだ，ワークショップでの体験が信じられません。私は，自分自身をまったく新しい観点からみるようになりました。以前の私は，『二枚目』だったけれど，人間関係において冷たい人間でした。人は私に近づきたがりましたが，自分の身が危うくなるのではと，人を近づけるのが怖くて，私は自分をあまり出すことができませんでした。この講習会以後は，人間であることを恐れなくなりました。自分を十分に表現するし，感じのいい人間でもあるし，人を愛することもできます。いまではつきあっている異性もいて，こうした情動を自分の一部として生かしています。」 (Rogers, 1970, p. 129)

こうした報告はおおいに希望がもてるものだったが，確固たる証拠ではなく，否定的経験の報告によっていくぶん相殺されている（Lieberman et al., 1973）。いくつかの行動変化は明らかだと思われるが，多くの方法論的な問題のため，その行動変化の解釈は難しい（Campbell & Dunnette, 1968）。注意深く統制群が用いられた場合，エンカウンター経験から得られたものが，集団参加者の熱狂的な期待以上のものであるかどうかは疑わしい。例えば，週末のエンカウンター・グループの参加者は，自宅待機の統制群よりも向上を報告したが，その向上の度合いは，同じ場所でレクリエーション活動を行っただけなのに，エンカウンター・グループに参加していると信じさせられた施設内統制群と違いがなかった（McCardel & Murray, 1974）。

しかしながら，多くの実験研究が，あるタイプの集団において生じる可能性のある特有の変化を示唆している。こうした変化には，人種偏見の低減（Rubin, 1967; Saley & Holdstock, 1993），共感の増大（Dunnette, 1969），催眠への感受性（Tart, 1970），自分が自分の行動を統制しているという信念の増大（Diamond & Shapiro, 1973）などが含まれる。この証拠は，治療集団の信奉者の意識増大に伴って生じているが，すべての集団がすべての人に向いているわけではないこと，よい経験と同様，悪い経験が生じる可能性があること（Bates & Goodman, 1986），集団への強制的参加は本当に危険であり，避けなければならないことがあげられる（Aronson, 1972）。

特に重要なのは，自己開示や，ストレスに満ちたトラウマ体験の共有を，集団または他の形（例：日記）で行うことが，幸福や健康に対して格別によい効果をもつとい

う研究結果である（Pennebaker, 1993, 1997）。トラウマ体験の共有が重要であることの例は，進行性乳ガンに苦しむ患者との研究によってもたらされた（Spiegel et al. 1989）。患者は2群に分けられ，この両群とも，ガンに対する通常の医療的ケアを受けていた。しかし，介入群の患者は1年にわたり週1度の支持的な集団療法を受け，自らの経験を率直に他者と共有した。この経験をした患者は，経験をしなかった患者のほぼ2倍長く（37か月）生き延びることができた。

■ 瞑　想

　東洋の文化では長く知られたことであり，西洋の文化では近年学んだばかりのことであるが，瞑想は主観的経験に強力な効果をもたらす。「瞑想」という言葉は，別のタイプの心理学，つまり，知的な認識ではなく個人的な認識を目指す心理学の産物である一連の技法をさす。その限りにおいて，そういった実践は意識の転換を生じさせるよう意図されている。それは，活動的・対外指向的モードから，受容的・静止モードへの転換である。たいていの場合，それは外的焦点から内的焦点への転換である（Ornstein, 1972, p. 107）。

　超越瞑想法（**TM**）とよばれる瞑想法の一つを熱狂的に支持している人は，米国だけでも60万人以上いて，その中には学生，ビジネスマン，スポーツ選手，宗教家，政治家，官僚などが含まれている。1959年，ヒンドゥー教の僧であるマハリシ・マヘッシュ・ヨギ（Maharishi Mahesh Yogi）によって紹介されると，TMは長い年月をかけ，人々の心の中で，反体制的な流行から世論における主流の地位へと変わっていった。定義によればTMは安らかな覚醒状態であり，人はその状態からエネルギーを与えられ，増大された心身の調和とともに日常生活に戻るのだという。修行は毎日2回20分ずつ行われる。瞑想者は目を閉じて楽に座り，心の中でマントラとよばれるサンスクリット語を繰り返す。

　マハリシやその団体，および近年におけるこの技法の信奉者によれば，TMの技法は，高いお金を払って，特別に訓練されたTM教師から学ぶしかないのだという。しかし，TM効果の草分け的研究者の一人で，ハーバード大学の心臓学者でもあるハーバート・ベンソン（Herbert Benson）はそれを否定する（Benson, 1975）。同種の瞑想は1ページの説明で独習することが可能で，同じような結果を得ることができるのだという（表13.4参照）。

　科学的研究によると，瞑想には，直接対応する身体反応があることが示唆されている（Alexander, Robinson, Orme-Johnson, Schneider, & Walton, 1994）。こうした身体的変化として，新陳代謝の減少（消費酸素の減少），アルファ波（ゆっくりした脳波パターン）の増加などがあげられる。瞑想は当初，意識を拡大する技法として導入されたが，現在では，ストレスの低減，血圧の低下，依存症の緩和（O'Connell & Alexander,

表 13.4　瞑想の仕方

1. 静かな環境で落ち着ける場所に座り，目を閉じる。
2. すべての筋肉をすっかりリラックスさせる。
3. 鼻で息を吸ったり吐いたりすることに集中する。息を吐くときには，「いち」のような一つの音節，音，言葉を，自分に対して声に出さずに繰り返す。
4. 他の思考を無視し，受動的な態度で，すべての出来事を「強制」して起こそうとしないようにする。
5. 食後2時間以上たってから，1日2回20分間練習する。（消化作用は，期待できる変化を引きだすのに邪魔になるようである。）

［出典：Benson（1975）］

1994），集中力の増大に注目が集まっている。

　TM運動が宣伝している研究は批判されることが多い。TM研究者自身の多くが熱心な瞑想者であるという事実は，その結果や解釈が無意識に偏ってしまっている可能性を生じさせてしまう。おそらく最も重要なのは，TM運動家が，瞑想によって「覚醒的夢想」が生じた証拠だと主張する特徴的な脳波パターンが，瞑想に固有だとは思われない点である（Pagano, Rose, Stivers, & Warrenburg, 1976）。例えば，それは深いリラクセーションが示唆されるような催眠状態においても起こりうる。また，ベンソン（Benson, 1975）のリラクセーション技法は，お金もかけず，瞑想訓練の複雑な手続きもなしに，超越瞑想法で生じるのと同じように消費酸素や呼吸数を減少させる。これに対し，運動にのめりこんでいる人たちは，TMが人生の質を驚くほど向上させ，リラクセーションよりも根本的な変化を広く生じさせてくれると主張する。おそらく，瞑想によって生じた主観的経験は瞑想者にとって独特なものだと感じられるため，それに反する生理学的結果にもかかわらず，彼らはしばしば瞑想が意識にとって特別なものだと主張し続けているのだろう。

■ 経験と無意識

　長年の間，多くの心理学者は主観的経験そのものを興味深い現象としてとらえてはこなかった。その代わり，人の行動の奥底にはどんな気質や動機があるのか推論しようとしてきた。個人の視点を歴史的に無視してきたことには多くの理由があると思われる。その一つが，人の自己評価が無意識の歪曲や防衛のために偏っており，不正確であるとする信念である。そのため，一部の心理学者は，人の知覚，概念，意図に関するデータが真に科学的なものではないと感じ，こうした研究をあまり行おうとしなかった。しかし，個人が報告した主観的知覚に注意を払うこと，つまり，その人が自分の行動を説明するのに用いるルールや理由に注意を払うことは，哲学的にも論理的にも，しごくもっともなことである（Lamiell, 1997; T. Mischel, 1964）。しかし，こう

したルールや理由を，現実場面で人がどう行動するか予測するのに使えると想定するのはあまり適切ではない。人が報告した感情や信念と，その人の他の行動とのつながりは，実証的に確かめられるべきである。

現象学では個人の視点に注目しやすいが，その中には，当人の無意識の特徴や葛藤を推論しようとするアプローチもある。例えば，カール・ロジャーズは，系統的論述のいくつかにおいて（Rogers, 1963），人々の「生体内過程」の統合・統一や，生体内過程との調和を強調した。ロジャーズは，生体内過程がしばしば無意識のうちに進行すると考えた。私たちの文化で社会化された結果，現代人はしばしば人格の解離を起こしてしまい，「意識的に行動するときには，変化していない構成概念や抽象概念に従い，無意識的に行動するときには，ことを現実化しようとする傾向に従う」のである（Rogers, 1963, p. 20）。

心理学者が，無意識の過程がパーソナリティの重要な決定因であるという考え方を受け入れるかぎり，また，無意識の過程を推論するための臨床判断を信頼するかぎり，精神力動的理論の文脈においてこれまで検討されたすべての難問に直面することになる。しかし，方法論的問題があるからといって，心理学者が「研究対象」に対して，より念入りに耳を傾けるのをやめてはならない。注意が必要なのは解釈の過程であって，傾聴や共感ではないのである。こうした見解に大きく影響されているのが家族療法である。家族療法では，家族成員が互いの視点に目を向けたり，家族システム内における日常的なやりとりの中でこの視点に注意を払ったりすることに対し，感受性を高めようとしている。

■ つらい情動に接近する――催眠による探求

別の方面では，個人がトラウマ体験のために思いだしにくくなっている，つらい感情や記憶に近づく助けとして，催眠が用いられている（Spiegel et al., 1994）。こうした心的回避は，生命に危険を生じさせるような出来事や，災害，暴力犯罪，戦争の被害者が経験するたぐいの喪失に続いて起こる可能性がある。しかし，フロイトがその理論において強調したように，心的回避は，日常生活において，特に幼児期に，トラウマ的で処理の難しい経験や感情をもったときに生じることもある。人格の解離そのものは，自分の感情が把握できないことに特徴づけられるが，健忘や抑うつ，感覚の弱まり，孤立，離脱を伴うこともある。

この種の問題に対する心理療法では，夢遊状態を誘導するため，非常に支持的で構造化された環境の中で催眠が使用されることもある。人がこの状態にあるとき，つらい経験の記憶は，安全な治療的環境の中で再体験されうる。トラウマ体験の想起は，治療者による注意深い指導と暗示によって刺激される。こうした手続きは，記憶への接近可能性を高める鮮明なイメージを導きだすよう計画されている（Spiegel, 1981,

1991)。こうすることで，人はトラウマ体験を自分の中に位置づけようとし，これを情動的に受け入れることができるようになるかもしれない。この過程においては，つらい感情を「切り離し」てそこから逃げ続けるのではなく，失われたものを嘆くように促される。このアプローチに従えば，「……喪失を悲しまないと，人生を生きられなくなる。……感覚が弱まり，離脱と抑うつが生じてしまう」(Spiegel, 1981, p. 35)。

このアプローチは大きな注目を集めてきたが，最近になって，限界や危険性も明らかになってきている。催眠は真実に向かう魔法の道ではない。再体験され，報告されることは，治療者による暗示や，治療によって明かされるものへの期待など，あらゆるものに左右される。その結果生じた報告に疑問がないとはとてもいえそうもない (Loftus, 1993, 1994)。

■ 意識の中をのぞきこむ──主観的経験の脳画像

興味深いことに，催眠が無意識への糸口となると最初に考えたのはフロイトだった。しかし，フロイトはすぐにこの考えを捨て，他の技法を好むようになった。いまになると，これは間違いではなかったかとフロイト批判者はいうかもしれない。特におもしろいのは，働いている状態の脳画像を撮影するための新しい技法により，催眠に集中しているときに活性化され，異なる心的状態や心的出来事のもとになっている脳の部位が特定できるようになってきた点である (Schachter, 1995; Spiegel, 1991 を参照)。例えば，この技法は，瞑想が自律神経系の注意や統制に含まれる特有の脳構造を活性化させることを明らかにしている (Lazar et al., 2000 を参照)。

■ 主観的経験を自己開示することの重要性

ジェイミー・ペネベイカー (Jamie Pennebaker) たちは，長年の間，ストレスに満ちたトラウマ体験について書き記すことが心身の健康に及ぼす影響について研究してきた (Pennebaker & Graybeal, 2001)。ペネベイカーの典型的な方法では，大学の学部生などの自発的な実験参加者が実験室に連れてこられ，連続する3～4日の間，過去に経験したトラウマ体験か，統制群として深い意味のないトピックについて，1日15分書き記すよう求められる。

精神力動的過程の議論のところで指摘したように，参加者が自分のストレスに満ちたトラウマ体験について書き記したところ，精神的安寧と健康が劇的に増進した。深い意味のないトピックについて書くように言われた人に比べ，自分の情動経験について書いた人は，その後，少なくとも短期的な追跡調査において，医師のもとを訪れることが少なかった (Pennebaker, Colder, & Sharp, 1990; Pennebaker, Kiecolt-Glaser, & Glaser, 1998; Smyth, 1998)。また，ホルモン活動，免疫機能の改善も認められた (Petrie et al., 1995)。さらに，自分について書くことで主観的体験を自己開示した人

は，いくつかの行動的改善を示した。自己開示した大学生は成績を伸ばし（Pennebaker et al., 1990），失業者はより早く新しい職を見つけた（Pennebaker, 1997）のである。

古典的な精神分析理論に反して，ペネベイカーは筆記の影響がカタルシス，つまりうっ積した感情の解放によって生じたとは考えなかった。それどころか，彼の研究グループは，情動経験の筆記が人の健康や行動に影響するのは，自分の情動や自分自身についての考え方が変わるからだという証拠を見いだした。筆記により，人は自分の体験を頭の中で語る，つまりストーリーを再構築できるようになるのである。情動経験の筆記がこうした肯定的結果につながる特定の心理的過程を解明するには，さらなる研究が必要であり，現在多くの研究が進行中である。最後に，否定的感情を書き記すことが役立つ一方で，その感情を抱えこみ，考えこむことは，フォーカス13.2で議論されているように，正反対の影響を与える可能性があることに注意してほしい。

フォーカス 13.2

注意――「考えこみ」は抑うつを増大させることがある

苦痛に満ちた情動も含めて，自分が本当に考えたり感じたりしていることを見つけたり，表現したりすることには，無視できない価値があるかもしれない。しかし，否定的なことについて考えすぎると，それはそれで危険である。多くの人々は，内面に関心を向け，細かな感情に注意を払うべきだと思っているが，否定的な事柄について考えこむことは，抑うつ感情を悪化させるパターンをつくりあげてしまう可能性がある。

よく知られたこの一般の知恵に反して，ノレン-ホークセマらの研究グループは，考えこみが怒りや抑うつといった気分を改善するより，増進させる傾向があることを見いだした。考えこみを行う人は，そうでない人に比べて，より否定的な記憶をつくりだし，未来についてより悲観的な予想をし，現状をより否定的にとらえやすい（Lyubomirsky & Nolen-Hoeksema, 1993, 1995）。否定的気分にひたり続けることで，その人の苦痛や抑うつのおおもとにある問題に集中的に取り組んだり，解決したりすることがより難しくなる。愛する人を不治の病で亡くした人々の研究では，喪失のときにより多くの考えこみを行った人は，そうでない人に比べて，18か月後により抑うつ的であった（Nolen-Hoeksema, Parker, & Larson, 1994）。

ごく正常の範囲内であれば，考えこみの傾向は，男性より女性の間によくみられる比較的ありふれた安定的な対処スタイルである（Butler & Nolen-Hoeksema, 1994; Nolen-Hoeksema et al., 1994）。しかし，慢性的な考えこみ，つまりストレスへの反応として反射的に考えこみを行ってしまう人々は，苦痛を感じていても考えこみを行わない人々に比べ，より苦痛に満ちた思考や感情を経験する（Rusting & Nolen-Hoeksema, 1998）。実際のところ，考えこみ傾向はその後の抑うつや不安の診断を予測する指標といえるかもしれない。

13.3 変化と精神的安寧

■ 有意義な人生・生活と，健康なパーソナリティ

現象学的な方向性からは，「人間主義的な」適応や個人的健康，そして「逸脱」に対する見方が暗示されている。これらには多くの表現や変化形があるものの，一般に，その人らしくあること，自分の感情に正直になること，自己を意識すること，自己を受容することは肯定的なことだと評価されている。この考え方において究極の達成目的となる自己実現には，人間としての完全な意識と成長のため，自分を知り，その潜在的可能性を実現するための絶え間ない探求が伴う。非人間化に向かう社会や他者の価値観への「適応」を非難する一方で，自分を深く知り，ごまかしや自己欺瞞を混ぜないで自分の感情に素直であることを追求する。人間の問題は，社会の期待にそうために，自分の知覚や経験をゆがめることに根ざしていると思われる。これには，自分の自己概念に対して，自分自身がもつ期待も含まれている（12章）。

マズロー（Maslow, 1968）は，人間主義的観点から健康なパーソナリティについて記している。自己実現者の性質についての見解は，表13.5 にまとめられている。

表13.5 マズローの「自己実現型」人間がもつ性質についての抜粋

1. 現実を正確に，効果的に知覚することができる。
2. 自己，他者，世界を受け入れている。
3. 特に，思考や情動において自発的・柔軟的で自然体である。
4. 問題中心的：自分と関係のない問題でも心にかけ，幅広い視野を保つことができる。
5. 孤独やプライバシーを欲する。自分自身の潜在能力や手腕を信頼できる。
6. 自律性：比較的，外発的な満足に左右されない。例えば，他者からの受容や人気に動かされない。
7. たとえ非常に単純でありふれた経験に対してでも，常に新鮮な認識を保つことができる（例：夕暮れ，花，他者に対して）。
8. 神秘的または茫漠とした感覚を体験する。そこでは，現実の時と場所を離れ，自然と一体化した感覚をもつ。
9. 人類全体に対する帰属意識をもつ。
10. 比較的少数の他者と非常に深い結びつきをつくりあげる。
11. 真に民主主義的である。すべての人に対して偏見をもたず，敬意をもつ。
12. 倫理的であり，手段と結果を分けて考えることができる。
13. 考え深く賢明で，敵意的でないユーモアのセンスをもつ；人間のおかれた状況を笑うが，特定の個人を笑いものにしない。
14. 創造的で独創的であり，必ずしも偉大な才能をもたないが，素朴に，常に新鮮さをもってものごとに接することができる。
15. 変化や改善の必要を認め，自分の住む文化からある程度の距離をおくことができる。

［出典：Maslow（1968）］

■ ポジティブ心理学——人間の強さを見いだす

　マズローのような心理学者の研究に基づき，1990年代，これを新たな方向に拡張するものとして，マーティン・セリグマン（Martin Seligman）が率いる米国の心理学者集団は，ポジティブ心理学とよばれる運動を起こした。セリグマン（Seligman, 2002）は，第二次世界大戦後の厳しい時代，心理学は主に深く苦しむ人間の癒しを目的とした科学になったと指摘した。いみじくも，心理学における考えの多くが，人間機能の疾病モデルや，精神疾患や病理学に注意を向けたパーソナリティ理論によって導かれていると主張したのである。ポジティブ心理学の目的は，その反対に「人生における最悪のものばかりに夢中になるのではなく，人生における最良の性質を築けるものへと，心理学を」（Seligman, 2002, p. 3）変えることである。セリグマンによると，表13.6に要約されているように，ポジティブ心理学の領域はそれぞれ異なる焦点づけと目標をもつ複数のレベルに向けられる。

　ポジティブ心理学はそれ自体が一つの運動として発展した。しかしその研究は，肯定的で明るい面を中心にしてではあるが，主観的経験に焦点をあてているため，現象学の分析レベルでとらえることもできる。ポジティブ心理学における独特の使命は，研究を通じて人間の強さを理解することであり，それを向上させるような治療的・教育的介入を打ち立てることである。こうした強さには，勇気，対人的スキル，合理性，洞察，楽観性，より客観的に問題をみること，正直さ，忍耐，現実主義，喜ぶ能力，未来志向性，目的を見つけることなどが含まれる。

　セリグマンが予測したように，創設以来，ポジティブ心理学は心理学の他の分野とうまく結びつき，活気ある領域へと発展してきた。熱狂的な支持者もおり（例：Aspinwall & Staudinger, 2002），これを支持する研究文献が急速に集まってきている。ダックワースら（Duckworth, Steen, & Seligman, 2005）は，この展開を記録し，ポジティブ心理学のための概念的枠組みをさらに発展させた。これらの研究者は，幸福には3側面があること，すなわち，快楽，関与，意味であることを指摘したのである。

表13.6　ポジティブ心理学のレベルと焦点

レベル1：主観的経験
焦点：過去に対する精神的安寧と満足；精神的高揚状態，喜び，感覚的快楽，および現在における幸福；将来に対する建設的な認知‐楽観主義，希望，自信
レベル2：個人
焦点：肯定的なパーソナリティ特性，例えば，愛する能力，職業，勇気，対人的スキル，美的感覚，持続力，寛容，独創性，未来志向，才能，賢明さ
レベル3：集団
焦点：公民道徳や，人をよりよい公民へと動かす制度；責任，愛育，愛他主義，礼節，控えめさ，辛抱，労働倫理。

［出典：Seligman（2002）］

13章 内面へのまなざし

　これらの側面について，有効な査定法が開発されてきた。こうした測度の多くは，主観的経験を査定するために自己報告の形をとっている。その多くは主観的・情動的な幸福感と密接に関連しており，研究者が「よい人生・生活と幸福」（Diener & Lucas, 2000b, p. 334）を理解するために役立っている。マクアダムス（McAdams, 1995, 2006）やチクゼントミハリ（Csikszentmihalyi, 1993）によるナラティブによる同一性研究と同じく，セリグマン（Seligman, 2002）は「語り」が，本章ですでに述べた物語をさしているが，ポジティブ心理学の目標に向かって人々を助けるのに，特に役立つ方略である可能性を示唆している。セリグマンは，人々が人生に振り回される被害者ではなく，人生を動かすことのできる主役としての感覚をもつために語りが役立つこと，だからこそ，心理療法に対する肯定志向の人間主義的アプローチにおいて，強力な道具になりうることを指摘している。

　ダックワースらは，さまざまな肯定的介入が，幸福の3側面をそれぞれ洗練させるのに役立つという証拠を発見した。しかしながら，ポジティブ心理学に対する絶え間ない挑戦は，人間の強さを向上させるための，より効果的な方法を発展させることである。その探索において，ジョージ・ケリー（Kelly, 1955）の貢献は特に重要な役割を果たすようである。ケリーが1955年に提案したように，人間の強さや可能性の重要な源は，自分自身の精神的安寧を増すように，出来事を柔軟に構築し，変換し，解釈する能力にある。ケリーの表現によれば，誰であれ「自分を窮地に追いこむ必要はない」し，「自分の伝記の被害者」になる必要もない。たとえ人が自分で自分を不当に罰してしまっても，ケリーの主張によれば，人は自分の人生を再構築することにより，再び自由を獲得することができる。ポジティブ心理学における最も建設的な貢献は，人が自分の自由や主体性に対する可能性を向上させられるように自分自身を見つめる手助けをしようとしている点かもしれない。

　しかし，ケリーや実存主義者たちも認識しているように，生活での出来事はしばしば否定的でつらく，時に悲惨な形で表れる。人間の強さの心理学が人間の存在における暗い側面や悲劇を忘れないなら，ポジティブ心理学は人々がその問題を乗り越えるための潜在的な力を発展させるため，より役立つであろう。

　表13.7にまとめたように，近年，精神的安寧を増進する多くの重要な心理学的要素が明らかにされるようになってきた（例：Aspinwall & Staudinger, 2002）。結果はおお

表13.7　精神的安寧のための主要素

- 人生に意味を見いだす
- 楽観性（対 無力感／絶望感）
- 自己効力感／主体能動性（ものごとを効果的に行うことができるという信念）
- 社会的サポート（関係性：思いやりをもって経験を分かちあう集団または友人）

むね，現象学的アプローチからの期待と一致するものだった。つまり，深刻なストレッサーに対処するための心理的復元性や強さは，身体的な精神的安寧や健康を含め，人が人生の意味を見つけられたとき，そして，その意味ある人生を生きる経験によって増進される。この事実は，生涯の伴侶の喪失，命にかかわる病気の進行など，経験が悲劇的な場合にも，あるいは，悲劇的であればこそあてはまる（O'Leary, 1997）。映画の『スーパーマン』で主役を演じたクリストファー・リーヴは，事故で突然，下半身不随になったが，そのとき彼が行った対処にその劇的な例をみることができる。彼はこの経験を，自己をあわれむ機会ではなく，脊髄損傷の研究を増やすため，ひたむきな代弁者となって貢献する機会だと，考え直すことができたのである。

　こうしたよく知られた個々の事例にとどまらず，多くの証拠が，表13.7に要約されている精神的安寧の構成要素が病気への生物学的反応を著しく向上させることを示している（Ickovics, 1997）。例えば，シェリー・テイラー（Shelly Taylor）は，HIV（エイズ・ウイルス）に感染した同性愛の男性が生涯の伴侶を失った際に，その経験が自分の人生に新たな意味をもたらしてくれるととらえたとき，同じ経験に意味を見いださなかった人に比べ，より長く免疫機能のレベルを維持していたことを見いだした（O'Leary, 1997; Taylor, 1995）。

　心理的復元性の第二の要素は，悲観，絶望，無力への志向性とは逆に，楽観主義傾向および自分自身や人間について肯定的な焦点づけをすることである（例：Aspinwall & Staudinger, 2002）。シャイアーらは，たくさんの研究が蓄積されたストレスに対する対処スタイル尺度を使い，楽観主義者と悲観主義者を比較した（Scheier & Carver, 1992）。この楽観‐悲観の特定は自己報告によってなされた。楽観主義者の特徴的な傾向として，活動的な対処や計画を用いやすい，情動的サポートを求めやすい，宗教に向かいやすい，嫌な経験に対して前向きに成長しようととらえやすいなどがあげられる。また，楽観主義者は悲観主義者よりも否定的な種類の対処方略を使わなかった。例えば，肺ガンへの対処として，楽観主義者は自分がガンであることを否定せず，逃避せず，病気に対して一般に肯定的な対処を用いる傾向にあった。さらに，こうした活動的対処スタイルと病気の現実的受容は，長く生存することを予測するものであった。表に見られるように，自分がものごとをうまくやれるという信念，すなわち自己効力感（例：Bandura, 1986）と，社会的サポートや親密さをもたらす人間関係をもつこともまた，効果的な対処や精神的安寧にとって重要な要素である。

13章 内面へのまなざし

☑ 要　約

内的経験を探る
- 自己に関するさまざまな心的表象は互いにズレを生じ，そのズレは情動的な結果をもたらす。人はこのズレを低減させるため，さまざまな方略を用いる。
- 拒食症は，現実自己とあるべき自己の間のズレの例である。拒食症の人は，自分がかくあるべきだと思うあり方と，現実の自分自身に大きなズレがあると信じている。
- 研究から，自己査定が，洗練されたパーソナリティ・テストと同じくらい正確な予測を生じさせることもあることが示唆されている。
- Qソート法において参加者は，例えば，自己，理想自己，関係性などを記述する際に，最もあてはまる属性から最もあてはまらない属性まで，属性カードを並べるように指示される。
- 現象学者は，人の感情や自己概念を探るために，また，世界をその人自身の枠組みや視点からとらえるために，面接を使用する。
- SD法は，評定者が特定の言葉や概念に付与する意味を，客観的に査定するための評定技法である。
- 個人的なナラティブや心理的伝記法は，この分析レベルにおいて個人を探るための，その他の有益な方法である。
- 人々は，自分たちの生活における出来事に一貫性をもたせるため，ナラティブ同一性をつくりだす。

自覚を強める――自分の体験に接近する
- 自覚や対人的意識を高揚させる方法には，ゲシュタルト療法，瞑想，およびエンカウンター・グループなどがあり，通常，経験や実存における感情的側面を強調している。
- 研究者たちは，さまざまな肯定的・否定的結果についての自己開示，例えば，トラウマ体験について筆記するような自己開示や，考えこみの効果についても検討してきた。

変化と精神的安寧
- この領域における見解では，健康なパーソナリティを特徴づけるのは，自己知覚をゆがめない，個人的な誠実さ，自分自身の感情に対して正直であること，自己意識，自己受容，自己実現である。
- ポジティブ心理学は，人が自分の生活における快楽，意味，関与を増進させるのを支援するという目的から，人が自分の生活を動かすことのできる主人公であると考えられるよう手助けするため，ナラティブによる再構築を用いる。

☑ 重要な用語

Qソート法（Q技法），SD法，あるべき自己，家族療法，活動性，考えこみ，感受性訓練グループ，拒食行動，ゲシュタルト療法，健康なパーソナリティ，現実自己，現実自己とあるべき自己のズレ，現実自己と理想自己のズレ，個人的なナラティブ，自己開示，自己

構築，自己効力感，自己実現，自己実現者，自己評価基準（自己指針），人生の意味，心理的伝記法，超越瞑想法（TM），同一性，ナラティブによる同一性，人間関係訓練グループ（Tグループ），評価性（よい‐悪い），ポジティブ心理学，マントラ，楽観主義傾向，力量性，理想自己

☑ 考えてみよう

1) 自己不一致の3種類と，ヒギンズによれば，それらによってどのような情動が引き起こされるのかを説明しなさい。
2) いろいろな自己不一致に対処するのに，どのような方法が用いられるのか解説しなさい。
3) 拒食症を理解するのに，自己不一致理論はどのように役立ったのか説明しなさい。
4) 他の人の内的な経験を知るのに，最もよい方法は何だろうか。
5) 単純な自己報告が，それよりもずっと複雑な手法と同じくらいの，あるいはより高い予測的妥当性があるということについて，どのような証拠が存在するのか。
6) Qソート法と，それによって査定できる自己の多様な側面について，解説しなさい。
7) パーソナリティの特徴を査定するのに，面接はどのように使われるのか。
8) SD法を説明しなさい。その評定に一貫して表れる，三つの基本次元とは何か。
9) 内的経験を査定するのに，非言語行動はどのような意義があるのだろうか。
10) 心理的伝記法や個人的ナラティブの手法は，人々の人生を研究するのに，どのように使われてきたか。
11) 個人は自分のナラティブ同一性をどのように使うのだろうか。
12) ゲシュタルト療法やTグループは，内的経験を探索したり変容したりするのに，どのように使われるかを解説しなさい。その効果については，どのような逸話的な根拠と，科学的な証拠とがあるのか。
13) 授業での経験や個人的経験に比べ，グループでの経験にはどんな利点があるのだろうか。
14) 瞑想によって，どのような生理的・心理的効果が起こるのだろうか。
15) 心理学者によっては，主観的な自己報告の臨床的・科学的価値を過小評価してきたのはなぜだろうか。
16) 解離体験にふれやすくするため，催眠はどのように使われるか。そのような催眠探索に見つかった限界はどのようなものか。
17) 苦痛を感じる出来事について自己開示することと，その効果に関するペネベイカーの研究を簡単にまとめなさい。よい効果があることについて，ペネベイカーはどのように説明しているのか。
18) 考えこみというのは，ペネベイカーのやり方と比べ，どの点が行きすぎになっているのだろうか。どのような悪い影響がみられるのだろうか。
19) マズローは，自己実現した人たちに，どのような特徴を見つけたのか。
20) ポジティブ心理学の理論によれば，幸福の三つの要素とは何か。
21) 身体的・心理的安寧に貢献する心理学的要因はどのようなものがあるのか。関連する研究成果を引用しなさい。

第 V 部のまとめ

現象学的・人間性レベルにおける分析

概観——焦点，概念，方法

　第 V 部を締めくくるにあたり，この分析レベルの研究を整理し，全体像をまとめてみよう。心理学者の多くは，この分析レベルが，経験に対する人の認知，感情，個人的解釈を重視することを歓迎している。人がどのように出来事をとらえ，自分や世界について理解するのかということへの関心は，強い影響力をもって多くの研究を生みだしている。その結果，得られた貢献は広く認められている。現象学的アプローチの主要な特徴について，それらが共通してもついくつかの特徴は，次の表に要約されている。

　表に示されているように，パーソナリティの基本単位は，経験された自己，自己概念，および個人の感情である。これらの感情と概念，および，それに関連して経験される葛藤は，行動の基本的原因と考えられるが，人は自分の行動について選択でき，

表　現象学的・人間性レベルの概観——焦点，概念，方法

基本的単位	経験された自己／パーソナル・コンストラクトと自己概念／主観的な感情と知覚／自己不一致
行動の原因	自己概念，個人的解釈（評価），感情と葛藤，自由選択
パーソナリティの行動的発現	私的な内的経験，知覚，解釈，自己実現
求められるデータ	自己開示とパーソナル・コンストラクト（自己と他者について）／自己報告
観察された反応の使用法	（その人の内的状態，知覚，または情動の）徴候として使用
研究の焦点	パーソナル・コンストラクト／自己概念，自己への気づき，自己表現／人の潜在的能力と自己実現／情動
パーソナリティの変化に対するアプローチ	自己への気づきを強めること，個人的正直さ，内的一貫性，自己受容を通じて／コンストラクトの修正を通じて／その他の解釈（評価）を通じて
状況の役割	経験や選択のための文脈として／知覚された状況への

責任も負っている。求められるデータは，個人的な感情やパーソナル・コンストラクトに関する自己報告や自己開示である。これらにより，人々の内的状態，知覚，情動をかいま見たり，その人の目を通じて世界をみるというのはどういうことか，共感的感覚を得たりすることができるのである。研究の目的は，その個人の私的な感情や概念を探索し，その示唆を検討することである。自己への気づきを強めたり，人が真に経験している感情にふれたりすることで，人は一貫性の知覚を強めたり，自己の成長や自己実現への可能性を自覚したりすると考えられている。状況の効果は多大だが，その効果は常に，人が状況をどう主観的に解釈するかに依存している。

現象学的・人間性レベルで認められた貢献

人が自分自身やその経験をどうとらえ，どう評価するのかに焦点をあてたこの分析レベルにおける研究は，20世紀半ばに開拓者たちによって始められ，今日もなお新しさを失ってはいない。第VI部や，レベルの統合について述べた最終章で議論されるように，パーソナル・コンストラクト，解釈，自己，自我の性質について，研究的関心は刷新されている（例：Hoyle et al., 1999; Leary & Tangney, 2003; Mischel & Morf, 2003）。

現象学的レベルの研究は，その個人の過去，初期のトラウマや葛藤，特性を越えて，人間の状態へのもっと肯定的で楽観的な見方や，個人的成長や建設的変化への見通しを提供しようとした。こうした関心は，人間の潜在的能力を高めることを目指した，ポジティブ心理学に向かう運動を後押ししてきた（Aspinwall & Staudinger, 2002）。その主張によれば，人々は永遠に自分の過去の犠牲になる必要はなく，自らのパーソナリティのあまり建設的でない側面を越えて，自己実現のためにより肯定的な方向に進むことができるという。

このレベルの研究から実用化された貢献の一つは，家族療法，またはシステム療法として実を結んだ（例：Minuchin, Lee, & Simon, 1996）。これらの療法は，例えば，青年の問題がいかに対人的であり，その青年が生活する家族システムの中での葛藤や問題を反映したものであるかを理解しようとするものである。そのため，治療では，その青年の心の中だけでなく，家族全体に何が起きているのかを考慮する必要がある。例えば，「問題をもっている人物」について確立された役割を，より大きなシステムにおける文脈の中で検討したり（例：「アンを信頼してはだめ」），その役割が，現在経験している葛藤にどう絡んでくるのかを検討したりする。これらの療法の目的は，家族成員がお互いをもっと前向きに理解できるよう，手助けをすることである。そして願わくは，古いステレオタイプを乗り越え，家族やその成員のすべてが成長し，互いに向きあおうとするときの環境や文脈の中でよりうまく働き，その変化に適合す

第V部のまとめ

るような，本質的に新たな語りをつくりだせるよう，「問題」を再解釈することである。虐待されている女性のケースでも同じことがいえる。治療では，虐待された人のパーソナリティだけでなく，虐待的関係の理解，および，その関係がどう維持されるかについての理解に焦点をあてることになる。

　要するに，このアプローチの適用範囲は，子どもの虐待や暴行，近親相姦の心理学的結果を克服する手助けから，エイズ・ウイルス感染やエイズのトラウマ（例：Walker, 1991; White & Epston, 1990），現代の家族療法（例：Minuchin, Lee, & Simon, 1996），暴力的男性との虐待関係にある女性の援助（Goldner, Penn, Sheinberg, & Walker, 1990）に至るまで，幅広いものであった。このような実用化を通じ，主要な現象学的概念が，現代の暮らしにおける最も難しい問題のうちいくつかを理解し，処理するために役立つことが明らかとなった。さらにそれは，半世紀前に明確に述べられたジョージ・ケリーやカール・ロジャーズの着想が，時間をかけて証明されてきたことを示すものでもある。

　新しいパーソナリティ心理学の必要性を訴え，そのいくつかの要素や輪郭を描きだしたロジャーズやケリーのような理論家は，当初はほんの少数派であった。このレベルの初期の理論家が支持してきた多くのトピックが，数十年後，例えば精力的なポジティブ心理学運動のように，力強く刷新された関心を支えていることは（Duckworth et al., 2005），初期の理論家たちへの賛辞といえるだろう。後の章にあるように，パーソナリティに対する認知的アプローチが急激に関心を集めるようになったことに刺激され，パーソナリティ心理学では，自己，自己知覚，および自己認知に対して，かつてない注意が向けられるようになった。事実，これらは社会的認知レベル（第VI部）における最近の研究にとっての目玉となったのである。

第Ⅵ部
社会認知的レベル

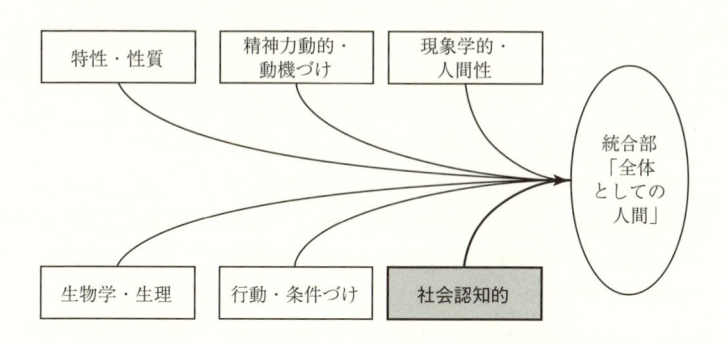

```
特性・性質    精神力動的・    現象学的・
              動機づけ        人間性
                                        統合部
                                        「全体
                                        としての
                                        人間」
生物学・生理  行動・条件づけ  社会認知的
```

第Ⅵ部への序章——社会認知的レベル

　1960～70年代に，アルバート・バンデュラ（Albert Bandura）とウォルター・ミシェル（Walter Mischel）はともにスタンフォード大学の若き心理学者であり，お互いの研究室は向かいあいに位置していた。二人はパーソナリティ発達の基礎として学習や条件づけを考えるアプローチをとる研究者として訓練されてきた。バンデュラはアイオワ州立大学，ミシェルはオハイオ州立大学で，行動主義が最も盛んであった20世紀半ばに心理学を学んだ。また彼らは二人とも人生や生活における問題に対処しようとする人々を助けたいと願う臨床心理学者としての訓練も積んでいた。科学を改善していく研究者としても，現実の場面で働く臨床家としても，彼らは実験室においてハトやラットを用いた実験をもとにした単純な行動条件づけには限界を感じていた。そこで，彼らは認知や人間の驚くべき心的能力を扱った研究からもたらされ始めてきた新たな洞察を行動主義的アプローチによる知見と結びつけようと試みた。時がたち，彼らの研究や他の研究（例：Kelly, 1959; Rotter, 1954）は，より直接的にパーソナリティと臨床的問題や治療法などにつながるような，それまでと根本的に異なる社会認知的アプローチを急速に発展させることになった。そのアプローチは，可能なかぎり効果的で幸せな

形で，自らが選択する人生と生活上の目標を追求するため，本人の自己制御能力を高めることを可能にする社会学習的な原理や認知的な原理といった特定のメカニズムについても注意を向けていた。

現在，社会認知的レベルにおける研究者たちは，人間の心における機能，つまり思考ないしは認知，感情，目標，動機，そして社会的行動との間の結びつきに関心をもっている。そして人々が考えたり，感じたり，したいと思うことと，実際の行動との関連を理解しようと試みている。社会認知的レベルにおけるより広い目標として，行動主義的レベルや現象学的・人間性レベルからの知見と，社会的認知研究から得られた知見とを，人間のより完全な視点を形づくるために統合しようと試みている。

このように，このレベルの研究として特徴的な点は，明らかに統合的な性質をもっていることであり，独自の単一理論やアプローチをそこに構築しようというのでなく，分野の境界は曖昧なものになっている。社会認知的レベルにおける研究者たちは，分析のレベルに関係なく，妥当性や信頼性の高い，有益な知見を引きだし統合しようと試みている。中心的な目標は，パーソナリティ心理学を最もよい結果や概念を構築する真の蓄積的な科学とすることである。それゆえ，本書のこの部分においては，社会認知的レベルの研究者が拡張し，質を高めた他の分析レベルにおける研究においても重要な多くの概念について紹介する。

これらの試みは「社会的学習理論」アプローチ（例：Bandura, 1969; Mischel, 1968; Rotter, 1954）において始められ，研究者は単なる自己報告ではなく，実際に人々が「すること」に焦点をあてる行動主義的レベルに基づいていた。中にはケリー（George Kelly）のように，現象学的・人間性の立場に基づく研究者もおり，この人たちは人々が自分自身や自らの経験をどのようにとらえるかに焦点をあてていた（Mischel, 1973）。また，人々のもつ期待や目標，価値といったものが，情報の解釈や処理にどのような役割を果たしているのかに，より多くの注意が向けられていた。そして，1970年代における認知革命の始まりによって，さらなる発展が急速にもたらされることとなった。近年では，社会認知的神経科学のような関連領域における脳機能の理解による進展ももたらされてきている（例：Mischel, 2004）。

まず14章では，社会認知的アプローチの出現と発展について述べ，主な理論や概念，パーソナリティ測定や臨床場面における応用などについてふれる。そして15章では，研究をもとに社会的認知プロセスや，それがパーソナリティ理解にとってどのようなことを意味するかについて解説する。

第VI部への序章

自分に引きつけて，パーソナリティ心理学を考えてみよう

自分自身について考えてみたい，社会認知的レベルに関する質問
- 人々が知り，考え，感じることがパーソナリティにおいて果たす役割は何か？
- 自らが自分自身や社会に対して知り，考え，感じたことが，自分がどんな行動をとり，どんな人間になるかにどのような影響を与えるのだろうか？
- 自分が考えたり感じたりするやり方に変化をもたらすためにできることは何か？
- そうすることで，パーソナリティや行動は変化するのだろうか？
- どんな人間であるか，何をするかということは，どの程度まで「自動的」なのか？
- 「意志力」や自己制御はどの程度まで可能なのか？
- どのように意志力や自己制御は機能しているのか？
- 自分の人生や生活に対しての統制をどのようにして強めることができるのか？

14章

社会認知的アプローチ

14.1 社会認知的視点の展開

■ 歴史的起源

　パーソナリティに関する社会認知的アプローチは1960年代後半に始まった。それは従来の理論がもつ限界に失望し、それらに対して批判的であった多くの心理学者によって考えだされた。当時、パーソナリティ心理学は三つの理論的な学派に分かれていた。一つめは、フロイトが創始した理論へのいかなる批判や修正に対しても反論する、熱狂的なフロイト学派であった。二つめは、全人格的なパーソナリティ特性次元を探索する個人差研究者たちであった。そして三つめは、条件づけや刺激と反応の間の関係に関心をもつが、両者を媒介する内的な過程には興味をもたない急進的な行動主義者たちであった。彼らは直接的に観察あるいは測定できない心や心的活動といった、いかなる構成概念にも反対した。ときおりあった互いの研究への激しい批判を除いては、これらの学派の間に交流はほとんどなかった。いかなる新しい理論的視点に対しても反応しない環境にあったのである。そして、それぞれのレベルの研究者たちにとって、お互いの考えがどれくらい共通しているのか、自分たちの研究知見が他の学派の研究や全体的なパーソナリティの概念にどれくらい寄与できるのかを考えるにはあまりにも時代が早すぎたのである。

　その人によって知覚され理解されたような、個人についての理論や構成概念に注目する、ロジャーズやケリーなどのような現象学的・人間性レベルにおける理論家たちによって構築された発想から、こういった現状に対する反対運動の一つがもたらされたことは、すでに述べたとおりである。これは特に現象学的・人間性レベルと社会認知的レベルとの間の橋渡し的研究を行い、両者に利益をもたらした、ケリーの貢献（フォーカス14.1を参照）においてみることができる。

14章　社会認知的アプローチ

フォーカス 14.1

ジョージ・ケリー——社会認知的レベルへの架け橋

　ジョージ・ケリー（George Kelly）は1950年代半ばにオハイオ州立大学で心理学の教鞭をとっていたが，彼の心理学に与えた影響はいまなお続いている。本書の執筆者の一人であるミシェルを含め，彼は多くの学生に心理学の可能性について刺激を与えた。当時の心理学は行動主義の全盛期であった。彼は行動主義者について，自分たちのことは仮説検証型で知識探索型の科学者であるとみなす一方で，「被験者」や「被験体」は外的な環境によって，容赦なく「形成される」，強化史の犠牲者としてとらえていると指摘して批判した。

　ケリーが非常に深い洞察力があり，独自的で，新鮮な発言者であったという事実は，彼を知るすべての人が認めるところであった。驚くべきは，彼が単に優れていたというだけでなく，心理学がその後に長い間たどってきた方向をあまりにも正確に予期していたことである。ケリーが1950年代に理論化したもののほとんどが，その後の半世紀における心理学を予言しており，そして今後の方向性についても予言していると考えてよいように思われる。

　「認知心理学」が登場するずっと前に，ケリーは人々がどのように考え，解釈を行うかを中心とする，パーソナリティに関する認知的な理論をつくりあげていた（Kelly, 1955）。その理論の基本的なところについては12章ですでに述べたが，現象学的・人間性レベルに関する発展の基礎となっている。しかし，ケリーの貢献はより広範なものである。彼はパーソナリティ理論に認知がかかわりをもつようになることを予期していた。おそらく最も重要なことは，ケリーが，それまでの心理学者が考えていたよりもずっと自由な「科学者」として研究対象を想定することを理論の中心に据えていたことである。12章で述べたように，人間の自由は仮説を検証する能力や，出来事を別のやり方で再解釈したり再分類したりできる能力を前提にしている。自分自身をより都合のよい形で再構成することによって，人間は，自らの経歴の犠牲者である必要はなく，自身の人生に影響を与え変化させることのできる意志をもった主体的能動的な存在であるとケリーは主張した。

　ケリーの心理学の中心となった部分は，刺激そのものではなく，パーソナル・コンストラクトが基礎的な単位であるという信念である。1965年にあった，ある活発な議論において，ケリーは第二次世界大戦中の海軍における自らの経験から，同じ士官に対するつきあい方が，時間や場所，相手のとらえ方などによって異なることをいきいきと語った。彼は，艦長が上着を脱いでしゃべっている非公式な役割のときと，士官の制服を着ているときでは，異なって見えたと言った。「いいかね，それは刺激＝艦長ではなく，私の彼に対するとらえ方が，私の彼への反応を方向づけたのだ」とケリーは述べた。

　ミシェルはケリーのあげた例にかみつき，スキナーのような行動主義者はこの話を「刺激統制」のよい例として考えるかもしれない。つまり艦長の制服の袖の4本の線を見たときとそうでないときとで，彼に対するとらえ方が異なったのではないかと反論した。それに対しケリーは，行動主義的な視点でコンストラクトの変化を理解する

には，袖の4本の線がどのように行動を統制するのかや，刺激と行動が共変する厳密な条件や関連する行動などについて理解する必要があると主張した。この議論におけるケリーの穏やかで，やさしく，落ち着いた反応は，相手側の論点も十分に理解できるが，それにはほとんど関心がないことを，いつものようにわかりやすく示したのである。人のコンストラクトがどのように発達するかに関心はなかったのである。コンストラクトはすでに存在していて，心理的プロセスを方向づけている。単純に，それがどのように生じてきたのかや，「条件」や特定の行為とどのように結びついてきたかは，彼の関心の範囲ではなかった。「関数関係」や「統制条件」を見いだすためのいかなる研究法も実験研究も徹底して避けたことでもわかるように，その方面に理論を広げることは，まったく考えていなかった。それは彼の心理学ではなく，またそのようなものに加担しようと思ってもいなかったのである。

　その結果，彼の理論はいまだに刺激的であり挑発的であるが，不完全でもあり続けている。ケリーの思考の最も大きな不完全さは，解釈に関する強力な理論を生みだしたが，過去や未来の課題遂行と，人々の解釈との結びつきに関する理論化をほとんど扱わなかったことである。ケリーの理論がそれに見合った影響力をもつには，たいへんに興味深いがしばしば特定することが難しかったコンストラクトをうまくとらえることができる方法論の発展や拡張について考える必要がある。ケリーの理論は私たちがどのようなカテゴリー化を行い，そのカテゴリー化が何を生じさせるかに関する理論である。どのようにしてカテゴリー化が生じるのか，どのような条件の変化が私たちのコンストラクトに変化をもたらすのかなどについて扱う理論ではない。しかし，純粋にこれまでに何が起きたのかに無関心で，行動の遂行やその時期や内容といったものについて，比較的に何も語らないパーソナリティ心理学は不完全であろう。そうでなければならない必然性はないし，社会認知的レベルの研究の多くはケリーのアイデアから始まったのだが，ある状況をどのようにとらえるかが，その状況に対するその人の対処を方向づけるという発想をもとに積み上げられてきた。このように，ケリーの貢献の多くは現象学的・人間性レベルの基礎となったが，本章でこれからみるように，社会認知的レベルの研究や理論の発達に関する基礎ともなったのである。

■ 認知と社会的行動との結びつき

　先に述べたように，1960年代，何人かのパーソナリティ心理学者たちは，科学的厳密さを重要と考え，行動主義的視点に魅力を感じていた（Bandura, 1969; Mischel, 1968; Rotter, 1954）。彼らは理論化において，オペラント条件づけや古典的条件づけ研究（10章と11章参照）といった，動物を用いた実験研究において確立された学習の法則に強い関心をもった。彼らは既存の行動主義的概念を応用しようと努力したにもかかわらず，これから解説するように，行動主義を越えた視点への変化をやむなくさせるような，新しい知見にますます出会うことになったのである。

　伝統的な行動主義的アプローチとは，刺激が行動を統制するというものであった。しかし実際は，刺激に対する知覚者の心的表象や認知的転換がその刺激の影響力を決

14章　社会認知的アプローチ

定し，時にはそれを無効にさえしうる。そのような転換の存在を，説得力をもって示したのは，幼稚園児が欲しがっているもの（例：おいしそうなプレッツェルやマシュマロ）を椅子に座って一人でどれくらい長く手を出さずに待てるかに影響する要因を検討した研究（Mischel et al., 1972）であった。この研究におけるテーマは「どれくらい長く子どもは自発的に行動を遅らせることができるか，また何がそれを容易もしくは困難にするか？」であった。実験の結果明らかになったのは，どのように子どもたちがその報酬を心的に表象しているかが重要であるということであった（Mischel, 1974; Mischel et al., 1989, 1996）。

例えば，ある子どもが欲しがっている対象（プレッツェルなど）を目の前にして待たされている場合，数分以上待ち続けるのはきわめて困難である。しかしその対象に対して認知的転換を行うことによって，長い時間待つことが可能となる。例えば，プレッツェルを小さな丸太であると考えるようにしたり，マシュマロを雲や綿でできたボールとして考えたりすることによって，しばしば求められた時間を待つことができる。つまり，物理的に子どもたちの前に存在しているものではなく，その頭の中にあるものが，その子どもの待つ能力を決定しているのだといえる（Mischel, 1974）。待つように言われている間に頭の中に想像するものが，物理的に呈示されている誘惑物の効果を発揮させたり，させなかったりする。幼い子どもを用いたこの研究の知見は，外的な刺激ではなく頭の中にあるものが行動に影響を与えるということを明確に示していた。それゆえ，人々の行動やその行動の理由を理解するために，その人らが世界をどのように考え，表象しているかを考慮に入れるべきなのである。その点でケリーやロジャーズは正しかったといえる。

■ 認知革命

　上で述べた，例えば報酬の予期のような，ある刺激に対して子どもが何を考えるのかを明らかにしたり，刺激の誘引力への心的影響を扱ったりといった研究は，1950年代初頭に生じた心理学の歴史上の重要な進展の一部であった。それは認知革命とよばれ，当時主流であった行動主義に対する批判から出発したものであったが，それはやがて心理学や他の行動科学そのものへと変貌していった。以前に述べたように行動主義は，科学的心理学は観察可能な刺激や反応のみに焦点をあてるべきであって，観察できない心的状態やプロセス（過程）に関する議論は非科学的であると主張していた。認知革命はその考え方を拒否し，認知心理学とよばれる心理学の分野を誕生させた。その起源はしばしばナイサー（Ulric Neisser）が"*Cognitive psychology*"を出版した1967年とされる。

　認知心理学は1970年から80年代にかけて急速に発展し，どのように人が世界に関する知識を表象し，またそのような表象を発達させ，情報を処理するのかなどを扱う，

活気にあふれた新しい研究分野を形づくっていった。その始めからずっと，思考や知識，記憶といった心的プロセスを用いて，心的活動や行動との結びつきなどといった人間の心に関する多くの謎を解明するような研究が行われてきた（例：Lemm, Shoda, & Mischel, 1995）。

認知革命の影響はいまや目覚ましいものとなり，パーソナリティ心理学と社会心理学の双方に多大な影響を及ぼしている。パーソナリティ心理学においては，社会認知的とよばれ，時として認知社会的ともよばれる研究や理論をもたらした。この章ではまず始めに，これらの理論や主な概念について述べる。相互に重要な違いもあるが，社会的であり認知的でもあるパーソナリティへのより包括的なアプローチをつくりあげようとする点において，これらの理論には共通する目標がある。そして，行動科学の多様な分野や，パーソナリティ心理学の中での多数の分析レベルからの知見を援用している。これらの理論と，その主要な概念を解説した後，社会認知的レベルにおける研究者によるパーソナリティ査定や，パーソナリティに影響を及ぼす心理療法などの進展について考えることにする。

14.2 アルバート・バンデュラと社会的学習理論

パーソナリティ心理学における社会認知的理論の初期の起源の一つに，1960年代後半におけるアルバート・バンデュラ（Bandura, 1969）たちの学習研究があげられる。彼らは古典的条件づけや強化による条件づけのいずれとも異なる，新たな学習プロセスを明らかにした。もちろんバンデュラは報酬や強化があらゆる状況における行動に対し，強い影響を及ぼすことは認識していた。しかし彼は，人が単に自ら経験した報酬のみならず，他者への観察によってもまた認知的に学習が生じることを示した。学習者に対する直接的な強化なしに観察を通して多くの社会的学習が行われる。古典的条件づけやオペラント条件づけは学習の重要な種類であるが，人間の最も重要な学習のいくつかは観察や他の認知的プロセスによって生じることもまた明白である。

■ 観察を通した学習とモデル学習

観察学習はモデル学習とよばれることもあるが，学習者が直接的に外的強化を受けることなく行われる学習である。このような学習は，たとえ学習された反応を，実際にはまったく行ったことがなかったとしても生じる。例えば，私たちは人を殺すための多くの方法について，単にテレビを見ているだけで学ぶことができる。

観察学習は人々が他者を見たり，自分の周囲や物理的出来事，言語や絵などのような象徴的記号へと注意を向けたりすることなどを通して行われる。バンデュラ（Bandura, 1969, 1986）はここ40年以上にわたって，観察学習と，そのパーソナリテ

14章 社会認知的アプローチ

ィへの関連性について分析を行ってきた。テーブルマナーや協力行動や攻撃行動を含む，個人的関係から職場や学校における人間による学習の多くは，ある特定の行動に関する直接的強化ではなく，この種の観察によって起きているのである。観察学習はしばしば間接的であり，ある出来事の直接的な観察に依存しない。例えば私たちは他者が観察したものを語ってもらうことで，多くを学ぶことができる。同様に，経験や観察を伝達するきわめて効果的な手法であるマスメディアは，他者の行動や環境について，私たちが学ぶ多くの部分に関して多大な貢献をしている。例えば，プラスチック製の大型人形を殴ったり投げたりする攻撃行動をするモデルの映像を見せると，子どもたちは同様の状況におかれた際に，モデルが行った攻撃行動を自発的にまねていた（Bandura, 1965: 図14.1を参照）。同様に，暴力的なテレビアニメを見た後は，同じ時間，非暴力的なアニメを見た子どもたちに比べ，両親に対して攻撃的な態度をとっていた（Steuer, Applefield, & Smith, 1971）。

完全に新しい反応パターンは，他者がそれを行っているところを観察することによって，簡単に学ぶことができる。観察は言語学習において特に重要である。バンデューラ（Bandura, 1977）は直接発声させる直接的強化と比較して，観察がより有効であると主張した。言語を話しているモデルを観察することによって，比較的速い言語獲得が可能になると指摘している。もしポーランド語を知らなければ，その言語で「あり

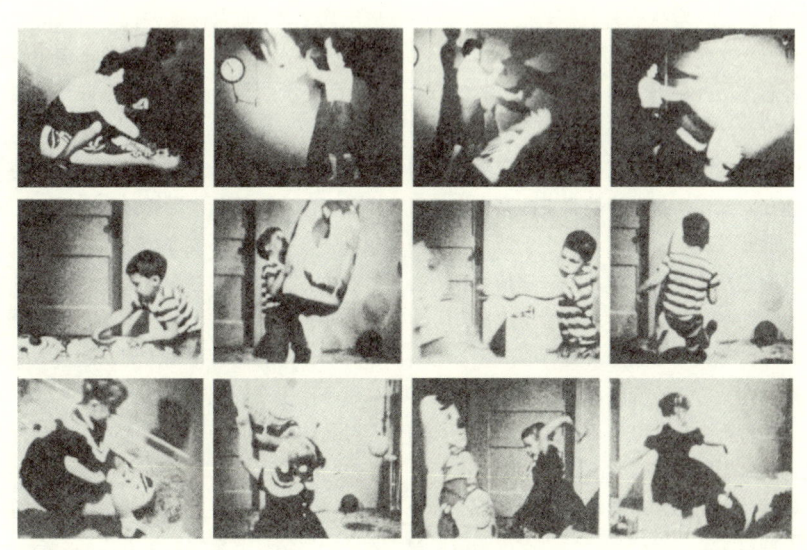

図14.1 それ以前に見たモデルの攻撃行動を自発的にまねているところを撮影した写真
［出典：Bandura（1965）］

がとう」と言うためには試行錯誤，あるいはスキナーのいう行動形成を繰り返し，長い時間をかけて学習する必要がある。しかしながら，ポーランド人が言っているのを聞けば，より早く学ぶことができるのは明らかである。これは今日では当然のように思われるが，行動主義全盛期の心理学においては，そうではなかったのである。

■ 他者の成果の観察──その人たちに起きたことはあなたにも起こるかもしれない

　簡単に述べれば，認知革命によってもたらされた知見と一貫して，類似の行動に従事している他者に起こったことの観察から，人々は多様な行動から生じうる結果について学習する。ある特定の行動の結果についての期待は，過去に自分が経験したことのみならず，他者を観察したことにもよるのである。

　ある反応をしたことによってよい結果を得た他者（モデル）を観察したら，私たちは同じ行動をとってしまうようである。例えば，協力行動をほめられた他の子どもを見ることは，同様の状況におかれたときに，協力的な行動をよりとりやすくさせる。逆に協力的な行動が罰せられたところを見ることは，同様の行動をとるのをためらわせる（Bandura, 1965）。

　実験室研究では予期した結果の重要性を明確に示しているが，実生活での例はさらに劇的である。例としては航空機ハイジャックにおけるモデル学習の役割があげられる（Bandura, 1973）。飛行機の乗っ取りは1961年まで米国では知られていなかった。その年に数人のハイジャック犯がキューバの航空機を乗っ取り，その後，断続的にハイジャックが行われ，1969年には87件と最も多くなった。そして悲劇的な変化の結果として，2001年9月11日に米国において，テロ攻撃による大惨事がみられることになった。

　つまり，学習するために自分自身で特定の行動を実際に行う必要はなく，直接的な経験と同様に，行動の結果を観察することによって，次の行動に影響を与えるのである。罰せられるということを学習するために銀行強盗をする必要はないし，ハイジャックをした結果を学ぶために逮捕される必要はない。また燃えさかる炎から子どもを救出したり，落ちていたお金を返したりすることがよい行動と思われるかどうかを学ぶため，それらを実際に実行してみる必要はない。ある行動の結果，何が起きるかの予期を変えるような情報は，その行動を実際に行う確率を変化させる。モデルはある特定の行動の起こりうる結果についての情報を与え，私たちが実際にその行動を行う見込みに影響を及ぼす。

　観察は私たちが経験する感情にも影響を与える。ある刺激に対する他者の感情的反応を観察することによって，その刺激に対する強い感情反応を学習することがありうる。電線でつながれた機械の赤い光が点灯するたびに電気ショックを与えられ，顔をしかめる人を見ているところを想像してみよう。おそらく見ている人はすぐに，赤い

14章 社会認知的アプローチ

光が点灯したときに顔をしかめるようになってしまうだろう。このように，他者によって示される，刺激（赤い光）と反応（苦痛の合図）との間の密接な関係を繰り返し見せられることによって，「身代わり条件づけ」ともよべる状態が生じるかもしれない。これは不快な刺激を自分自身で直接経験することなく起こりうる。

電気ショックの開始を告げるブザー音に対する他者の恐れ反応を観察させる実験によって，この議論は検証されている（実際には，この人物は実験協力者であり，恐れと痛みのふりをしているだけであったが）。ブザー音とそれに対する反応を繰り返し見せられることによって，しだいに観察者はブザー音だけに対しても，測定可能な生理的恐れ反応をみせるようになったのである（Berger, 1962）。

■ 法則性と象徴的プロセスの重要性

多くの研究が，人間には「行動形成」のための練習は必ずしも必要ではなく，むしろその大半が，バラバラでわずかな情報を，ものごとの学習や想起へと結びつけるためのルールや，独習によって行われていることを示している（Anderson & Bower, 1973）。同様に，子どもを扱った研究においては，適切な行動に報酬を与えることだけではなく，習得すると想定されている基準が容易に学習できるようなルールや原則を教示することも有効であることがうかがえる（Aronfreed, 1966）。ある特定の行動パターンがよいものであり，他のものが不十分であるということを子どもが理解した場合，ルールが明確でないときよりも容易に適切な基準を身につけることができる（Liebert & Allen, 1967）。人生の始まりにおいて，幼い子どもたちは外的報酬による受動的な学習者ではなく，世界に関する理論をつくりあげる積極的な知覚者であり思考者なのである（Bruner, 1957; Flavell & Ross, 1981）。

古典的条件づけにおいてさえ，認知は重要な役割を果たしている。例えば，実験において繰り返し電気ショックを与えられることによって，光に対する恐怖を条件づけられたとしよう。このとき実験者が光（条件刺激）は次から電気ショックとは無関係であると告げると，ただちに光に対する感情的反応は消滅してしまう（Bandura, 1969, 1986）。後の試行において，生理的覚醒なしに光を見ることができるようになったのである。このような知見により，研究者や行動療法家たちを個人内の心的プロセスにより注目させることになった。行動変容に関する治療法の開発において，治療の目的に関連した個人の社会的知識や思考プロセスをより直接的に扱い始めたのである（Davison & Neale, 1990; Davison, Neale, & Kring, 2004）。

以上の知見は，個人が自らの経験をどのように心的に，感情的に扱っているかを説明するために，パーソナリティの認知的なアプローチがもっと必要であるということを示している。人の個性的な行動による表出や葛藤の背景にある認知的‐感情的‐動機的プロセスに関する理論の探索が，すでに始まっている。これまでの章で概観した

ように，多くの理論家たちによって100年以上進められてきた，フロイトやマレー，それにケリーによって開拓された伝統を継承し，さらに発展させるものである。

1980年代にバンデュラ（Bandura, 1986）は，社会的なモデル学習や観察学習における彼の初期の研究に基づき，より広範な社会認知的理論を提唱した。彼の著作は，どのように人々が認知的，社会的，感情的，行動的能力を獲得し，それらを相互作用させ，そして社会的世界をつくりだしているのかについて述べている。また，どのように人々が自らの行動を動機づけ，制御しているのか，また自らの生活を構築し組織する社会的システムを生成しているのかについて，詳細な議論を行っている。彼の理論は，人間に適応的な社会的行動や変化をもたらしている認知的プロセスの重要性に，多大な注意を払っているのである。

■ 主体能動的，主動的人間像

バンデュラは，行動を生じさせる自己制御や自省の実行といった，主体能動的な人間の能力を強調した。この視点においては，人間の活動は，個人的，行動的，環境的影響などの相互作用を反映したものであり，バンデュラはこの複雑な相互作用の背後にあるメカニズム（機構，機制）を，数多くの研究から詳細に展開した。彼の理論では，出来事や経験を象徴化する人間の能力や，結果を予期する能力，計画を立て目標や活動を追求する能力などに特に焦点をあてている。行動の自己制御や自己動機づけは，自己の基準の設定プロセスと関連しており，その行動の結果の善し悪しによって，後続の行動が自己制御される。バンデュラは近代社会における情報や技術の急速な変化によって，柔軟な自己制御能力の重要性がさらに高まってきているとしている。バンデュラの広範な理論化において，最も重要で中心的な構成概念は自己効力感である。

■ 自己効力感

自己効力感は，ある特定の状況において必要な行動を，自分がうまく実行できるという信念である。効力感の知覚は行動を引きだし，方向づけする重要な役割をもっている。高い自己効力感と効果的な課題遂行との間の緊密な結びつきは，特定の恐れを軽減させるさまざまな介入の効果を検討した実験によって示されている。知覚された自己効力と，介入による改善の程度（例：無害なヘビに触れるようにする）との間には，一貫して強い連合がみられた（Bandura, 1977）。バンデュラによれば，知覚された自己効力を測定（例：ある与えられた行動がうまくできる能力を予測させるなど）できたなら，それを実行できるかどうかを予測することができる（Bandura & Adams, 1977）。この種の結果は，私たちの自分自身の能力に対する自己知覚と，実際に実行する際の能力との間に何らかの明確なつながりがあることを示唆するものである。

知覚された自己効力は，人が自分自身に設定する目標や引き受けようと考えるリスクに影響を及ぼす。自己効力感が高まるほど，目標レベルが高まり，目標追求のコミットメントが強くなる（Bandura, 1997, 2001）。逆に，課題に対処するための効力感が欠けている場合，不安による悪影響の可能性が高まり，不安を低減させるための回避的な反応パターンが構築されやすい。また自己効力が欠けていると認識している人は抑うつ状態に陥りやすい。自分が統制できないと感じたストレスに対処する際の，免疫システムの機能的障害も研究によって示されている（Wiedenfeld et al., 1990）。

■ パーソナリティや行動の変化における自己効力感の役割

多くの異なる心理療法やその他の技法が行動における変容を生じさせるとして，それらは同じ基礎的メカニズムからもたらされているのだろうか？　バンデュラ（Bandura, 1978, 1982）はそのような共通のメカニズムとして自己効力期待を提唱している。バンデュラによれば，行動療法やその他の介入法は自己効力期待を高め，困難な状況にも対処できるという信念を与えるものだとしている。この視点においては，ある個人が成功できそうだと期待する程度に応じて，例えば，ある特定の恐怖症を克服する見込みが高まる。それゆえ，個人の自己効力期待を高めるいかなる方法であっても，それに関連した行動の実行を助けると考えられる。そういった意味においては，最も自己効力期待を高めるやり方，つまり特定の行動の成功を直接的に経験させる方法が最も効果的であると考えられる。例えば，高所恐怖症には，単に考えさせるだけよりも，実際に非常階段を昇らせて成功経験をさせるほうが，より効果的である。

つまり，バンデュラの視点においては，異なる行動療法の形式はどれも，主に個人の自己効力感を高めることで，肯定的な効果をもたらしていると考えられる。このように，彼は変化をもたらす主な行動方略のそれぞれを，一つの重要な構成要素からとらえたのである。意図した行動に関した自己効力感をもっている人は，よりその行動を実行しやすくなる。たとえ困難な状況におかれていたとしても，高い自己効力期待は目標追求の持続に役立つと考えられる。

14.3　パーソナリティの社会認知的理論──ウォルター・ミシェル

20世紀前半において，多くのパーソナリティ心理学者は意図的に，より大きな心理学の分野から自分たちを切り離して考えていた。当時の米国の大学で，動物の条件づけや学習に焦点をあてた行動主義が支配的であったことを考えれば，それはよい判断であった。実際，パーソナリティの複雑性や人間の心の働きについての関心は，大半の心理学研究室においてタブーの話題であった。しかし，1960年代後半の認知革命による心理学の変化に伴って，パーソナリティの異なる視点が登場した。それは，

ミシェルが1968年に行った性格特性に対する批判（4章で述べた）によって始まり，パーソナリティ心理学がおかれた状況を解決できるかもしれない視点であった。

そういった目標を掲げ，ミシェル（Mischel, 1973）はパーソナリティの社会認知的な再概念化を提唱した。人々が異なる状況を通して強く一貫して行動するという古典的な特性理論（例：A場面で誠実であった人は，X場面やY場面，Z場面においても同様にふるまう）について批判した1968年の本（*Personality and assessment*, これは3, 4章で解説した）によって，パーソナリティ心理学の危機はいっそう高まったかのようにみえた。この本は，客観的な証拠によって，そういった仮定が矛盾することを指摘しており，パーソナリティ心理学の分野に強い動揺をもたらした。パーソナリティは一貫しているという直観的な信念と，行動における通状況的一貫性の低さという証拠との間の矛盾をどのように解消すべきか，という緊急の課題が生じたのである。

おそらく一貫性の仮定が間違っており，人々の行動は主に状況的な影響によって決められている。たぶんこの仮定は正しく，証拠が弱いのは研究法や構成概念の不十分さを反映している。これらの回答は，それぞれの立場を擁護するものであった。多くの社会心理学者はミシェルの結論を，個人差をノイズとして扱い，状況の力を強調するためのお墨つきととらえた。多くのパーソナリティ心理学者は，これをパーソナリティの表出における状況の効果を取り除くための手法や，データ分析法を探索し始めるきっかけにすべきと考えた。

■ パーソナリティの一貫性の理解——意味をつくりだす存在としての人間

ミシェル（Mischel, 1973）は別の回答を考えた。伝統的なパーソナリティ心理学は間違った観点から一貫性を見いだそうとしてきたと主張したのである。伝統的なパラダイムでは，人の行動から状況の効果を取り去ることによって一貫性を探索してきた。つまり，状況を無視して行動を平均化することである。そうではなく，状況的文脈における行動の分析によって一貫性を見いだすことができると理論的に想定した。文脈化されたパーソナリティ徴候，つまり人々がもつ一貫した状況‐行動パターン（「〜なら〜に」）を分析することによって予測を行ったのである。

彼は，通状況的な一貫性が意味をなさないという観察からこの視点にたどりついた。心を動的で構成的にとらえることによって，人々は自分がおかれた状況に意味を与え，それをそれぞれの行動に適用すると主張した。そのような適応は生き残るためには不可欠なものであり，状況や人によって課題や解決策が異なるのに，一貫して行動することは考えられない。例えばもし，ある子どもが幼稚園で先生に「触る，抱きつく，そばにいる（依存の指標）」といった行動に対して定期的に報酬を与えられていたが，家庭では父親にそのような行動をとると叱られていたとすると，その二つの状況間で「依存的」な行動の高い相関がみられると期待するのはおかしい。

14章 社会認知的アプローチ

しかしそれでは，一貫性が現れることはないのだろうか？ ミシェルは人が自らの個人的な生態や歴史を反映した意味をもつ状況においては，一貫した行動をとると主張している。このように，パーソナリティにおける個人差は，人々が特定の状況を理解し処理する独自の手法において生じると考えられる。この視点は，パーソナリティの基礎的な単位を，人々が状況を心的に表象する際や，適応的に行動しようとする際に用いている認知的，感情的プロセスにおくものであるといえる。

■ 社会認知的個人変数

これら心理的表象における個人差を考えるため，ミシェル（Mischel, 1973）は心理学的な社会認知的個人変数の基本的な集合を提唱した。表14.1に示されるように，これらの個人変数は，社会や自分自身を解釈する際の個性的な枠組みにおいて，個人間の違いをとらえようとするものである。自分自身の解釈に対して，認知的・感情的にどのように反応するか，また行動パターンにおいてどのような反応がみられるかを含んでいる。

表が示すように，コンピテンス（有能性）や自己制御方略などと同様，個人差変数は符号化や解釈，期待，信念，感情（気持ちや情動），主観的価値観や目標などを含むものである。これらの変数は相互に影響する関係にあるが，それぞれが個人に関する異なる情報をもたらし，特定の状況において生じる行動に影響を与える。これらの「人」と「状況」との相互作用が，行動における文脈化された「〜なら〜に」パターンを生みだし，4章のパーソナリティ性質の表出において述べた，行動のタイプIIの一貫性を形づくる。その章においてすでに議論したように，パーソナリティの一貫性は個人の全体としての平均的行動傾向においてのみならず，これらのより文脈依存的なパーソナリティの行動徴候からもみてとることができる。ゲリー・Wは，自分が

表14.1 社会認知的個人変数の種類

- 符号化（解釈，評価）
  自己や出来事，状況（外的，内的）に関するカテゴリー（コンストラクト）
- 予期と信念
  社会に関するもの，特定の状況における行動についての結果に関するもの，自己効力や自己に関するもの
- 感情
  気持ち，情動や感情的反応（生理的反応を含む）
- 目標や価値
  望ましい感情状態や結果，不快な感情状態や結果，目標，価値，人生の計画
- 能力や自己制御計画
  潜在的な行動や行いうるスクリプト，行動を組織化する方略や計画，結果や自らの行動や内的状態に影響を及ぼす方略や計画

［出典：Mischel & Shoda（1995）］

重要だと思っている恋人からの受容が得られると考えたなら，恋人に過度に親切にしたり，好ましい印象を与えたり，好みに合うように自らの欲求や願望を抑えたりしようとするかもしれない。しかし，もしゲリーが自分は拒絶されているとみなしたなら，見捨てられることについて考え，パニックを感じ，怒りを爆発させ，同じ恋人を攻撃したり侮辱したりするかもしれない。このパターンは自滅的である。なぜなら拒絶に対する恐れから生じる敵意的反応は，本当に拒絶を引き起こすことになるからである。たとえ最初に拒絶がまったくなかったとしても，その人が最も恐れていた事態を現実化させてしまう（Downey et al., 1998）。ミシェル（Mischel, 1973）の論文はそのようなパターンを示し，パーソナリティ概念を脅かそうとしたのではなく，人のパーソナリティの適応的な柔軟性や深遠さなどについて考察し，それが人間の効果的な生き方に不可欠であると議論したのである。

■ 符号化（解釈）——あなたがそれをどのようにみるか？

　社会認知的個人変数のそれぞれについて考えていこう。これらの変数は特定の状況や心理的出来事（実際に経験したものだけでなく，想像や思考といった内的に構築されたものも含む）に応じて活性化することを覚えてほしい。それぞれの変数は別個に記述されるが，それらは相互に連結した形でともに機能するものである。バンデュラ（Bandura, 1986）もまた強調したように，これらの人と状況の相互作用は，状況に対する単なる受動的な反応だけで起こるわけではない。それらは主体能動的で積極的なものであり，人が経験する状況，究極的には「生活空間」であるが，それに影響を与えたり，変化をもたらしたりもする。

　ミシェルのオハイオ州立大学の大学院における指導教員だったケリーが強調したように，自分自身や他者，出来事や経験を，人々がどのように符号化（表象，解釈，評価，説明）するかは大きく異なる。同じ暑い気候であっても，ある人にとって気分を悪くさせるものかもしれないが，別の人は海に行くチャンスと考え，喜ぶかもしれない。エレベーターの中で会った知らない人を，ある人は危険な人だと恐れるかもしれないが，他の人は興味を引かれるかもしれない。個人が人々や出来事をどのように符号化しカテゴリー化するかは安定して異なっており，これらの解釈はそれらに対する反応に影響を与える。

　ジャックという少年を考えてみよう。仲間のことをいつも敵意に満ちた脅威という観点から符号化（解釈，知覚）し，自分を操作したり統制したり，挑戦したりという試みに対してきわめて敏感になっている。もしジャックが世界をそのような観点から表象しているのなら，脅威に対して用心深くなり自分を守ろうとするだろう。それゆえジャックは混雑した階段で誰かに押されるといった，なんでもない出来事を意図的な侮辱や暴行としてとらえてしまうかもしれない（Cantor & Mischel, 1979; Dodge,

1986)。

　異なる人はそれぞれ，同じ出来事や行動を違ったやり方で分類・符号化をし（Argyle & Little, 1972），異なる種類の情報に選択的に注意を向けたり追求したりする（Bower, 1981; Miller, 1987）。例えば，ある種の人々は曖昧に否定的な出来事を個人的な拒絶の例として符号化し（例：Downey & Feldman, 1996），自分が拒絶されていると感じ続け，その結果，抑うつや引っこみ思案になってしまう。しかし，また別の人々は，ぶつぶつと聞きとれない挨拶を聞いたときでさえ，見下されたと感じ，怒ったり攻撃的になったりする（例：Dodge, 1993）。

　どのように人々が出来事を符号化して評価し，また自らが観察したものについて選択的に注意を向けるかは，その人たちが学習するものに多大な影響を与える。例えば，社会的スキルに欠ける人々は，自己意識と自信といった側面から状況を符号化しようとする傾向がある。対照的に，より社会的スキルのある人々は同じ状況を，自分にとって，どれくらい関心があるか，どれくらい楽しいかといったような他の観点から符号化する（Forgas, 1983）。

■ 予期と信念──結果として，何が起こりそうか？

　このパーソナリティ分析は，人々が出来事について知っていることやどのように符号化するかの記述で終わるものではない。特定の状況における正確な行動の理解や予測をも求めるのである。学習に関する研究は，人々がとる行動がその人がもつ結果の期待によって決まることを明確に示した（Bandura, 1986; Rotter, 1954）。ある特定の状況での行動を予測するためには，その状況における異なる行動の可能性についての期待について考えなければならない（Mischel, 1973）。

　期待の重要なタイプの一つに自己効力期待があげられる。これはある特定の行動（ヘビに触ることや試験に合格すること）を自分が遂行できるかどうかに関する信念である。これらの期待を測定できれば，行動を遂行する実際の能力を少なからず正確に予測することができる。自己効力期待は，その状況において構成可能な行動の中から，その人がどれを選択するか誘導してくれるものである（Bandura, 1986）。

　もう一つの期待のタイプは行動−結果関連性に関するものである。この「行動−結果期待」（仮説あるいは随伴性のルール）は，ある特定の状況における行動の選択肢と予想される結果との間に期待される「〜なら〜に」関係を表している。いかなる状況においても，私たちはその状況において，最も主観的に価値のある結果になるであろうと期待する反応パターンをつくりだす（Bandura, 1986; Mischel, 1973; Rotter, 1954）。ある状況において，行動−結果期待に関する新たな情報が得られないなら，行動は同様の状況における以前の行動−結果期待に依存することになるだろう（Mischel & Staub, 1965）。つまり，新しい状況（例：初めての就職活動）において期

待されることが正確にはわからないとき，過去の同様の状況における経験に基づいた，以前の期待によって影響されることになる。

　例えば，その状況における客観的な環境に即していないときでさえ，私たちは自らの期待にそった行動を生みだす。もし攻撃されると予期すれば，後で恐れが根拠のないものであることが明らかになったとしても，用心深くふるまうだろう。もし成功すると予期したときは，失敗するだろうと説得されたときとはまったく異なるように行動する。実際，私たちは，時として自らの期待を直接確証するのを助けるように行動し，予言を自己成就させる（Buss, 1987）。すぐに疑ったり，怒ったり，攻撃的になる人は，他者からの返報的攻撃や防衛行動を引きだしやすいが，それは言い換えれば，自分の信念を確証してしまっているのである。

■ 感情——気持ちと熱い反応

　私たちが感じるもの（感情や情動）は，行動の他の側面に大きな影響を与えている（例：Contrada, Cather, & O'Leary, 1999; Smith & Lazarus, 1990; Zajonc, 1980）。それらはまた，自己制御や目標の追求などについての努力にも影響する（例：Mischel et al., 1996）。自己や他者の個人的な未来に関する信念のような認知は熱い認知，つまり強い感情を活性化させる思考として昔から知られている（Ayduk & Mischel, 2002; Metcalfe & Mischel, 1999; Ochsner & Gross, 2004, 2005）。スミスとラザルス（Smith & Lazarus, 1990）によれば，個人にとって重要な結果は，有害でも有益でも，感情的反応を生じさせる。悪いもしくは悲しい気分，いわゆる否定的な感情状態を人が感じたとき，例えばがっかりするようなテストの成績のようなよくないフィードバックによって，すぐにやる気がなくなり，またフィードバックを過大に受けとめてしまい，結果として抑うつ状態になりやすくなる（Wright & Mischel, 1982）。

　顔の表情のような状況的要素への感情反応は迅速かつ自動的に生じ（例：Murphy & Zajonc, 1993; Niedenthal, 1990），また無意識に行われる（Gollwitzer & Bargh, 1996）。こういった感情反応は密接なつながりのある認知や行動を引き起こす（Chaiken & Bargh, 1993）。どのような感情状態や気分が経験されるかは，例えば単純な例をあげれば，道端で硬貨を拾うといったような出来事であっても，状況的な要因に影響を受けやすい（例：Isen, Niedenthal, & Cantor, 1992; Schwarz, 1990）。しかしながら，それには気質や生物学的特性（Rothbart et al., 1994）といった安定した個人差もまた反映されている。

■ 目標と価値——何を求めているのか？　どんな価値があるのか？

　目標や価値は人々が追求する長期にわたる計画，状況や結果，それらに対する反応などを促進し誘導する（例：Linville & Carlston, 1994; Martin & Tesser, 1989）。それら

はそのときに追求している人生や生活上のプロジェクトや課題に関する方向性や構造などをもたらし，個人の努力の動機づけや体系化に役立つ（Grant & Dweck, 1999）。達成や権力，親密さやその他ハーバード派人格学者たちによって扱われた動機もまた，目標に関する個人変数によってパーソナリティ・システムに表象されている。

　目標は価値づけに影響を与え，価値は行動に影響を与える。仮に二人の人間が同じ期待をもっていたとしても，結果の価値づけ（Rotter, 1954, 1972）や目標が異なる場合（例：Cantor, 1994）は，違った行動をとることになるかもしれない。もしある集団の全員が，教師からの承認を得るためには教師が望んでいることを口にすることだと予期していても，教師からの承認を得ることにどれだけの価値をおくかによって，それを口にする回数は異なるだろう。よい成績を得ることに熱心な学生にとって，教師にほめられることは重要かもしれないが，学校を嫌う反抗的な若者にはそうでないかもしれない。ある人が喜ぶことは，別の人にとって嫌なことかもしれない。つまり，それぞれの好みなどのような個人の目標や主観的価値について考慮する必要がある。多くの人間の行動が内発的動機づけ，つまり活動や課題それ自体から得ることのできる満足感によってもたらされることから，こういった価値や目標は特に重要である（Cantor, 1990; Deci & Ryan, 1987）。17章において詳しく述べるように，このような動機づけは個人が追求する人生と生活の目標に反映される。

■ あなたに何ができるか？──自己制御による刺激統制の克服

　人々は自分自身に課した目標や自分で生みだした結果によって行動を制御している。外部の制約や監視がないときでさえ，私たちは自分自身のために課題遂行の目標を設定する。自分自身の期待や基準にどれだけ適合するかに応じて，行動に対して自己批判や自己満足といった反応をとる（Bandura, 1986; Higgins, 1990）。短距離走の奨励選手は過去の自らの記録を下回ったことで自分自身をひどく責めるかもしれない。しかし，同じ記録をこれまでに出したことのない選手にとって，それは喜ばしいことかもしれない。例えば，人と押しあいになったジャックという少年の反応を予測するためには，その少年がいつ，どのようなときに攻撃的に反応するかの基準を知ることが助けになる。ジャックを押しのけたのが，幼い子どもであっても攻撃的に反応するだろうか？　同様に，ジャックは戦略的に自分の反応を制御できるだろうか，もしくは爆発的かつ自動的に反応してしまうのだろうか？

　外的な状況圧力がないとき，時には仮にあったとしても，行動を導く計画の種類は人によって異なる。そのような行動計画はある特定の状況に適切な種類の行動を指定し，行動が達成しなければならない遂行のレベル（基準や目標）や，達成あるいは基準を満たすことに失敗したときの結果を明確化する（Mischel et al., 1996）。計画はまた行動パターンの体制化や順序についても決定する（Gollwitzer & Moskowitz, 1996;

Schank & Abelson, 1977)。個人は自己制御におけるそれぞれの構成要素という点で異なっているといえるのかもしれない（例：Baumeister & Heatherton, 1996）。

　自己制御は私たちの対人的・社会的環境に影響を与えることのできる道筋を提供する。私たちは自分自身のおかれる状況の多くを積極的に選択することができるため，ある意味では自分自身で環境をつくりだしているともいえる（Buss, 1987; Ross & Nisbett, 1991）。そのような自動的な応答というより積極的な選択は，思考や計画性，自分自身の目標にふさわしくするための環境の再編成などによって促進されるかもしれない（例：Gollwitzer & Moskowitz, 1996）。たとえ環境が物理的には変更不可能な場合，つまり，例えば状況を整理し直したり，立ち去って他に行くことができない場合であったとしても，心理的な変換によって可能となるかもしれない（詳しくは17章を参照）。

■ 社会認知的個人変数研究への貢献者たち――長い歴史の簡単なまとめ

　社会認知的個人変数がどのように発展してきたのかを理解するため，その長い歴史について簡単に振り返ってみよう。これらの変数は当初は相容れないものとして考えられていた二つの異なる理論的枠組みからの知見を統合させようとする試みを反映したものであった。一つはケリーによるパーソナル・コンストラクト理論（12章で述べた）であり，もう一つはロッター（Rotter, 1954）によって構築された社会的学習理論である。ロッターとケリーはともに1950年代初頭にオハイオ州立大学の臨床心理学の大学院課程で教授をしており，二人ともミシェルのよき指導者であった。1950年代の初め，ミシェルはロッターの指導のもとで博士論文を書いたが，臨床心理学の教育訓練はもっぱらケリーの指導によって行われた。大学院における二人の重要な指導教員とともに研究した経験に関するミシェルの個人的視点についてはフォーカス14.2を参照してほしい。

フォーカス 14.2

ミシェルのみたよき指導者たち――ジュリアン・ロッターとジョージ・ケリー

　以下はミシェル（Mischel, 2007）からの引用であり，1953年から1956年にオハイオ州立大学の臨床心理学の博士課程において，ジュリアン・ロッターとジョージ・ケリーのもとで学んでいたときの記録である。そこでミシェルは，自らの研究のルーツが二人の指導者たちにあることを明らかにしている。心理学におけるミシェルの研究は，彼が最も重要だと考えていた，これらの指導者たちによる新たな方向性における貢献を基礎として，そこから積み上げることに専念し，進められてきたのである。

14章　社会認知的アプローチ　　　　　　　　　　　　　　　　　　　　　　　　453

　「ロッターによって体系化された社会的学習理論と，ケリーによってもたらされたパーソナル・コンストラクト理論との間の知的な緊張は，それぞれが新しいアイデアに満ちており，パーソナリティ心理学や臨床心理学において新生と期待の雰囲気をつくりだした。そこに生じた興奮は，何が最もうまくいき，それはなぜなのかの理由を理解するための実証的根拠を探すことであり，複雑な人間行動を理解するための新しい理論を構築しようすることであった。その分野において広く受け入れられていた知識に疑問を投げかける行為は歓迎され，提案されたアイデアは研究室や臨床クリニックでの実証的検討の対象にされたり見直されたりする機会が大きく開かれていた。ロッターが学生たちと過ごした毎週夜のセミナーは，漠然とした考えをどのようにして実験になるような適切なアイデアに変えていくかのお手本であり，心理学の研究室が，いかに生産的で刺激的になりうるかを私に教えてくれた最初の例であった。……
　大半の学生たちは自分の考えをケリーかロッターのどちらか一方に合わせようとしたし，この二人の著名な教授たちはお互いの研究室を可能なかぎり離れさせ，まったく接触しないようにみえ，口頭でも論文においてもお互いにふれることはしなかった。私はといえば，この両者のアイデアに感銘を受け，どちらにも強く引かれていた。社会的学習理論は魅力的で，新鮮なくらい合理的で，研究を計画するためのデータ主義アプローチで，また潜在的に多くの効果的な治療や査定の方略を示唆するものであった。行動の分析や個人差の予測において期待や価値を強調したロッターの理論は，実験心理学と臨床心理学の間に存在した溝を埋めようとする大きな進歩であり，彼の学生が興味深い実験を考えつくことを容易にするものだった。
　同じ時期に，ケリーがクライエントと学生とのやりとりから理論化し，特に巧妙な臨床的アプローチとして描きだしたパーソナル・コンストラクト理論は，驚くほど豊かで独自の枠組みであるように思われた。心理学の『被験者』が，彼らを研究する心理学者と同様の科学者でありうるというケリーの確信は，私たちの多くも納得させられたのだが，彼のアプローチのすべてを方向づけ，特徴づけるものであった。行動主義が全盛であったころの勢いをまだ保持していた当時の心理学において驚くべきことであるが，個人を尊重するやり方で，人間の特徴や対人関係の問題を解釈することを可能にしたのである。その考え方は，ケリーの表現を使えば，自分の経歴の犠牲者であったり，心理学者が考えた特性次元上で，固定され動けなくなった『点』なんかではなく，思考する存在として人間を考えることを可能にするものだった。私の生活や研究が壁にぶちあたったとき，私はしばしば，敵意に関する彼の定義を考えるようにした。それは，プロクラステスのベッドの寓話を用いたもので，誰かや自分について，あるいは自分の研究結果について，そんなことをしても無理で無駄なのに，データを自分の仮説やコンストラクトに無理やりあてはめようとし続けることが敵意なのであり，本当は自らのコンストラクトに疑問をもったり，よりよい適切なものを構築しようとしたりすべきだというのである。」

ケリー教授とロッター教授の研究室は廊下を隔ててお互い向かいあったところにあったが，二人はそれぞれがもつ理論と同じように，異なった人物であった。当時，二人ともオハイオ州立大学の学生に多大な影響を与えていたものの，彼ら自身は直接的にあまり接触することはなく，お互いに影響しあうこともなかった。彼らのアイデアはロッターの"*Social learning and clinical psychology*"（1954）とケリーの"*The personal constructs*"（1955）という二つのきわめて重要な著作において発表された。この先駆者たちはともに近年のパーソナリティ心理学と臨床心理学に多大な貢献をしたのである。

　「符号化方略」に関する個人差変数は明白にケリーの理論の核となる議論，つまり，どのように個人が自分自身や自分の経験を解釈するのかということの重要性を反映している。この解釈や評価は，入力した社会的情報を人々がどのように理解し，その個人的意味合いをどう解釈するかを特徴づけている。しかしながら，社会認知的観点からのパーソナリティの概念化は，人々がどのように知覚し解釈するかだけではなく，実際に選択し実行するものをも含んだパーソナリティ理論を求めている（Mischel, 1973）。その目的のために，ロッターによる期待 - 価値の概念（Rotter, 1954）が用いられた。ロッターの初期の社会的学習理論においては，ある特定の行動パターンが生起する確率は，個人の結果に対する期待と主観的価値の関数によって決定されるとした。

　1940年代後半および1950年代初め，ロッターは期待という概念をパーソナリティ心理学に導入し，彼の社会的学習理論の最も重要な概念であるとした。臨床的問題の査定や治療に直接に適用しようとしていた社会的学習理論における基本概念として，期待と価値の重要性を説得力をもって主張し続けたのである。同僚のケリーのパーソナル・コンストラクト理論と同様に，彼の理論はきわめて洗練されたものであったが，明らかに時代よりも早すぎた。ロッターやケリーが最初に自らのアイデアを発展させたときでなく，その数十年後になって，間接的な形で二人の理論家たちの影響が表れ始めたのである。

14.4　パーソナリティ査定

　社会認知的レベルの分析はパーソナリティ変容を目的としたパーソナリティ査定や心理療法に，実質的な影響をもたらした。

　一つめに，このレベルにおける査定は特定的なものであり，状況を考慮しない広範な特性というよりも，ある種の状況に対応した特定の認知や感情，行動などに焦点をあてるものである。例えば，自己効力感は，昇給，特定の学力課題，危険な対象への接近などのような，ある特定の状況や課題において必要とされることを自分は実行できるという信念であり，一般論としての全体的な効用期待と異なることを思いだして

14章 社会認知的アプローチ

ほしい。このような焦点化は，パーソナリティ・システムや個人の目標，動機などの表出は，「〜なら〜に」というパーソナリティ徴候においてみられるものであって，単にさまざまなタイプの行動を，全体的レベルからみたものではない視点に基づくものである。

　二つめに，可能であれば査定は，建設的なパーソナリティ変容や介入などにおける意味を見いだそうと試みるものである。それらは修正されるであろう心理学的個人変数を特定することを目的としている。例えば，自己効用を増強する経験をさせられることによる効用期待の増加のようなものである。このように，常に変容や治療のプログラムと密接に関連した査定は，拒食症患者における体重のコントロールといったものから，重篤な心臓発作後の性的機能の回復などといった多岐にわたる分野において効果的に実施されている。

　このアプローチにおけるパーソナリティ査定者は，個人の安定した行動パターンを説明する個人変数やプロセスを見つけだそうと努力する。彼らは全人格的なものでなく，比較的に個別特定的な表現を用いて，これらの変数を概念化する傾向がある。

　研究者や査定者はそれゆえ，自己報告や評定，その他のデータをとることによって，直接的に，またできるかぎりその文脈において特定的であるような個人変数を推測しようとする。また，自然に生じる行動を抽出し観察しようと試みることもある。例えば，特定の状況内で実際に行ったことや経験したことを日誌で報告させるものなどである（例：Ayduk, May, Downey, & Higgins, 2003; Bolger & Schilling, 1991; Cantor et al., 1991）。多くの応用例が存在するが，自己効力期待の測定を例に使って，次に説明しよう。

■ 自己効力期待の測定

　社会認知的理論における重要性ということから，自己効力概念はこのレベルでのパーソナリティ測定において最も広範囲に用いられる個人変数であるといえる（Bandura, 1978, 1986; Cervone, Shadel, & Jencius, 2001; Merluzzi, Glass, & Genest, 1981）。自己効力感は特定の課題を行うことができる自信の度合いを尋ねることによって測定される。例えば，バンデュラら（Bandura et al., 1985）は，心臓発作を起こした患者の回復を査定しようと試みた。患者に対する多くの課題の記述が用意された。これらは，自宅近くを何区画かぐるっと回って運転する，高速道路を運転する，細い山道を運転する，などといった潜在的なストレス場面を含むものであった。表14.2にあげられているように，他の種類の情動的負担を引きだすような状況も含まれていた。それぞれの項目に対して，回答者はその課題を実行できる自信の程度を答えた。

　自己効力感の測定は，高いレベルの正確性において，関連する行動を予測する傾向があるため特に有効的である。例えば，恐怖症に対する治療を受けた後のその対象に

表 14.2　自己効力期待の測定

不安やいらだち，怒りといったものを感じる状況が以下にあげられています。それぞれの状況において，あなたがそれをどのように感じるか，心臓がドキドキする，筋肉が緊張するなどを想像してください。それぞれの状況によって生じる感情的負担をがまんできるかどうかを回答してください。

あなたがいま現在できると考える課題や活動について，「できる」と書いてある欄にチェック（✓）を入れてください。チェックを入れた課題について，その課題を行うことにどれくらい自信があるかを「自信」の欄に記入してください。自信の程度は以下にある 10 ～ 100 の目盛りで回答してください。

```
   10    20    30    40    50    60    70    80    90    100
 とても自信がない          やや自信がある              自信がある
```

	できる	自信
● 知りあいがまったくいない集まりに出席する	___	___
● 集まりにおいて，見知らぬ人たちの集団に近づき，自己紹介をして会話に参加する	___	___
● 集まりにおいて，意見の分かれる話題（政治，宗教，人生哲学など）で自分と異なる立場の人たちと議論する	___	___
● いらだっていることがふるまいからわかる販売員や受付係，ウェイターにサービスするように頼む	___	___
● よくわかっていない販売員や修理人の下手なサービスに不満を言う	___	___
● 不満を告げるとき，満足しない場合には支配人をよぶよう主張する	___	___
● 公共の場で，あなたをいらだたせる行動（列に割りこむ，映画館で会話，禁煙エリアで喫煙）をする知らない人にやめるように言う	___	___
● 夜間に騒音を出したり，子どもやペットを抑えられないなどといったことを改めるように隣人に言う	___	___
● 仕事場で，非協力的な部下を叱責する	___	___

［出典：Bandura, Taylor, Ewart, Miller, & Debusk（1985）］

対する接近行動と自己効力感の評定値との間には一貫した強い関連がみられている（Bandura, Adams, & Beyer, 1977）。自己効力感の測定を特に特徴づけるのは，常に特定の分野，例えば恐れている対象へ接近する能力，体重のコントロール，あるいは自分の大学の専門科目に対する効力感などを対象としていることであると指摘しておきたい。この特定性は一般的測定，例えば「あなたの全体的な自尊心のレベル」の評定を求められるときのような場合と対比される。文脈や状況や随伴性（つまり，～なら～に）への注目は，もちろん個人の性質が直接的に状況や文脈に結びついているレベルにおける査定の主要な特徴である。それはまた次に述べる研究においても，うまく説明される。

14章 社会認知的アプローチ

■「〜なら〜に」徴候における個人差

きちんと状況を考慮に入れた個人差の測定においても進展がみられている。ヴァン・メッヘレンと共同研究者ら（Van Mechelen & Kiers, 1999; Vansteelandt & Van Mechelen, 1998）は4章において議論したストレス場面のような，ある特定の状況に対する反応について，「〜なら〜に」徴候の概念を用いることによって，人々を異なるタイプへと分類した。その結果は，理論に基づく個人のタイプ分類体系を構築し，特定的にそれぞれ違った文脈における行動を予測しようとする者にとって，勇気づけられるものであった。このような類型学の究極の目的は，ある特定の状況に直面したときの，ある種の個人が表出する，ある種の行動が生起する見込みを予測することにあるということを思いだしてほしい。「協調的でない」とか「社会性がない」といった広範な特性語による特徴づけに基づく類型では不可能なレベルの正確性をもたらすことが望まれている。近年の研究において研究者は，用いる類型と社会認知的個人変数とを結びつける，次の段階へと踏みだしている。参加者の符号化や期待，怒り続けるかそれとも許すかどうかを尋ねる質問紙を用い，そのような個人変数と，「〜なら〜に」行動徴候との間における意味ある結びつきを実証し始めている。

■ 潜在連合テスト（IAT）

行動測定は客観的であるという利点をもっており，大半の人々はある子どもが別の子どもをなぐるかどうかは，自分たちの目の前で起こることとして観察するのに賛成するであろう。しかし，思考や感情の測定に関しては，特にそれが意識的気づきを伴わないものであった場合，どうだろうか？　もちろん，人々に心に浮かんでいる事柄について尋ねることはできる。それで本人が考えていると言っていることが，その人の思考や感情であるということを認識することになる。しかしもし，それらが「本当の」思考や感情でなかったらどうなるだろうか？　そしてそもそも，何が正確な意味での「本当の」思考や感情であるといえるのだろうか？　これらは精神力動的・動機づけレベルの分析を行う研究者たちにとって中心的な問題であり，社会認知的レベルの分析にとっても重要な問題である。近年では，このような無意識的なパーソナリティの側面を測定する方法について，重要な進展がみられている。以下のシナリオについて考えてみよう。

「ある少年が父親と魚釣りに出かけたが，岩場で足を滑らせて転倒し，頭部に重傷を負ってしまった。救急車がその子を病院へと搬送し，すぐさま緊急治療室に運びこんだ。少年を見るなり担当医師の顔は青ざめ，『あぁ，信じられない！私の息子だ！』と叫んだ。」

いったい何が起こったのであろうか？　このシナリオを読んで奇妙に感じなかっただろうか？　これについて，どのように説明すべきだろうか？　事故が起きたときに

少年の父親は一緒にいなかったのだろうか？　実際には，この話におかしなところは何もなく，最も可能性があり，またありふれた解釈としては，緊急治療室の担当医が少年の母親であったというものである。もしこの可能性にすぐに気がつかなかったとしたら，おそらくその人の心の中では，緊急治療室の担当医として，女性よりも男性のほうがより強く連合している。つまりそこにジェンダー・ステレオタイプが働いている可能性が考えられる。

　上記のシナリオのような社会的情報を処理する際に無意識に影響している，このような連合は潜在的なものである。これは心的習慣のようなものであり，動機的なバイアスは必ずしも必要ではなく，自動的に無意識的に適用される。潜在的な連合を測定する手段としてはいくつかの方法が開発されている（Greenwald et al., 2002）。その例として，ここではその中の一つである，グリーンワルドとファーンハム（Greenwald & Farnham, 2000）によって開発された潜在連合テスト（**IAT**）を用いた潜在的自尊心の測定を紹介する。

　IATは回答者に対し，短時間の間に一語ずつ連続的に呈示される単語について，一連の判断を求める課題である。具体的には，呈示される単語は四つの識別可能なカテゴリーからなり，回答者は呈示される単語がどのカテゴリーに属するものであるかを，できるだけすばやく，対応するキーを押すことによって反応することが求められる。

　例えばあるカテゴリーとして「I」「me」「mine」といった単語からなる，自己に関するものがあったとする。これらの単語が呈示されたとき，回答者はできるかぎり速く特定のキー（例えば，キーボード左端の「A」のキー）を押す。また別のカテゴリーとして「they」「theirs」「it」といった単語からなる非自己に関するものがあり，これに関する単語が呈示されたときは別のキー（例えば，キーボード右端の「5」のキー）を押す。さらに異なる二つのカテゴリーとして「よい」と「悪い」があり，「health」「joy」「kindness」などの「よい」単語が呈示されたらあるキーを押し，「ugly」「failure」「awful」などの「悪い」単語が呈示されたら別のキーを押す。

　もし仮に，これら四つのカテゴリーに対し，それぞれ異なるキーが割り当てられたなら，課題は比較的簡単なものとなるだろう。しかしIATの重要なポイントは，これらに対し二つのキーのみを割り当てることにある。つまり二つの概念が一つのキーを共有することになる。これは2通りあるうちの一方で実施される。自己＝悪い条件では，回答者は「自己」あるいは「悪い」に関連する単語が呈示されたときは同じキー（例えば，「A」）を押し，「非自己」や「よい」に関連する単語が呈示されたときは別のキー（例えば，「5」）を押して反応する。大半の回答者にとって，このキーの組合せを習得するのは難しく，ミスを防ぐため反応時間は遅くなる。対照的に，自己＝よい条件では，先ほどと異なる概念どうしの組合せになり，こちらは逆に比較的容易に課題を行うことができる。すなわち，「自己」あるいは「よい」の単語に対し同じキ

ーによって反応し，「非自己」あるいは「悪い」の単語に対して別のキーによって反応するときは，よりすばやく課題を終えることができるのである。

この2種類の概念どうしの組合せにおける課題の困難さの違いは，課題を終えるのに必要とされる時間の違いによって反映され，「自己」と「よい」，「非自己」と「悪い」の間の連合の強度を示していると考えられる。自尊心概念の中心的な要素は，自分自身を肯定的あるいは否定的にとらえる程度であるから，これは自尊心を測定しているものであるといえる。また，これによって測定される連合は回答者の意識的気づきや自己報告によるものでなく，意識的にコントロールすることが困難な自動的反応に基づいていることから，潜在的な測定であるといえる。実際，自尊心の自己報告尺度を用いた顕在指標と，IATなどの潜在指標には，だいたいにおいて関連がみられていない。グリーンワルドとファーンハム (Greenwald & Farnham, 2000) の研究では，IATによる潜在的自尊心高群の人たちは低群の人たちよりも，自分自身のよい‐悪い評定において，肯定的に評定するという傾向はみられなかった。

回答者の自己報告に基づく測定が，この分野において，これまで一般的に用いられてきたものであるから，潜在的測定に問題があるのではないかと結論づけたくなるかもしれない。しかしながら，潜在的自尊心の測定は自尊心に関連するものとして一般的な現象を予測することが可能であることが示されている (Brown & Dutton, 1995; Dodgson & Wood, 1998; Greenberg et al., 1992)。具体的には，潜在的測定における自尊心高群は失敗経験にさらされても比較的影響を受けなかったのに対して，自尊心低群は感情的影響を受けていた (Greenwald & Farnham, 2000, Study 3)。

1998年に初めて紹介されて以来，IATは潜在的自尊心のみならず潜在的な態度や信念，価値観といったさまざまな分野において広く用いられるようになった。興味深い知見の例として，IATによる黒人への偏見が白人参加者の黒人に対する行動，例えば身体的開放性，アイコンタクト，友愛的笑みなどを予測したというものがある (McConnell & Leibold, 2001)。

■ 心理的状況をパーソナリティ査定に組み入れる

4章において議論した，行動のタイプⅡの一貫性（「～なら～に」の状況‐行動徴候）は，パーソナリティ査定に重要な示唆をもたらす。異なる状況において人が何を経験し，どのようにふるまうかを予測するための査定においては，特徴的な行動パターンを表出するかどうかを知るため，単なる行動だけではなく状況をも考慮した「～なら」の要素をはっきりさせる必要がある。さらに，現象学的・人間性レベルや社会認知的レベルの研究からの知見は，個人が主観的に状況をどのようにとらえ符号化するかによって，状況の影響が出ることを示してきた。それゆえ，査定はその人がどのように解釈したかという「心理的状況」を組み入れる必要がある。これは簡単なこと

ではなく，パーソナリティ査定においてより強い予測力を求めるための重要な課題であるといえる。フォーカス14.3は，研究者たちがそのような心理的状況をどのように扱おうと試みてきたのか，安定した行動徴候が最初に見いだされたサマー・キャンプ研究からの結果を引用することで，一例をあげている。

フォーカス 14.3

心理的状況を探求する

　異なる心理的状況を越えた行動の一貫性を研究するための最初の課題は，まずうまく研究できる状況を見つけることであった。過去において，状況を越えた行動の研究は，たいてい観察される状況として，行動が起こる場所や環境を中心にしていた。例えば名義的状況であるが，学校では，化学実験室，図書室，校庭，あるいは教師に出会う場所である。サマー・キャンプの名義的状況として，食堂，美術や工作の時間，宿泊部屋での時間，海岸などがあげられるかもしれない（例：Newcomb, 1929）。しかし現象学的／社会認知的レベルからの貢献は，そのような名義的状況の影響は人々が見いだす意味に依存し，与えられた状況に対して人がもつ意味は異なることを示している（Mischel, 1973; Shoda et al., 1994）。個人によって解釈され符号化された状況は，その人に独特な反応を活性化させる心理的状況である。そこで，心理的状況をどのように決めるのかという疑問が生じる。

　4章で述べた社会的行動の一貫性を検討したサマー・キャンプ研究において，人々が自分がよく知る人の性格について言及するとき，特徴化が行きすぎないように条件つき表現を用いることを研究者たちは見いだした（Wright & Mischel, 1988）。「ジョーはいつも攻撃的だ」のような記述はしばしば，その後のやりとりの中で，「仲間が眼鏡をからかうとき」のような条件つき表現で，文脈が明らかにされた。これらの知見は研究される環境に関する重要な心理的状況の種類について，手がかりを与えるものであった。例えば，キャンプにおける心理的状況として，「仲間にからかわれたり挑発される」，「大人にほめられる」場合などが見つかった。心理的状況は多くの物理的環境を越えて生じるため（例：キャンプの小屋，美術や工作の時間，食堂），それぞれのタイプ内で個人の行動が安定していれば，そこで見つかったことはもっと広範囲での行動についても，一般化が可能になる。サマー・キャンプで見つかった心理的状況は，研究の次の段階で，そこでの行動が系統的に観察されるものになった。その結果は，すでに4章で述べたように，パーソナリティの状況‐行動兆候を形づくる安定した「～なら～に」パターンによって個人が特徴づけられることを示している（Shoda et al., 1993b, 1994）。人の識別可能な行動に関する「～なら」（例：カッとなるなど）にあたる心理的状況が見つかったとき，行動が生じるか否かについてより正確な予測を可能にするのである（例：Shoda et al., 1994; Wright & Mischel, 1987）。

14章 社会認知的アプローチ

14.5 パーソナリティの変容と心理療法

　パーソナリティへの社会認知的アプローチは，多くの分野において，教育的，治療的変容を建設的に行うための現代的アプローチに影響を及ぼしてきた。それは，あらゆる種類の恐れの治療から，心理療法の実施手順の検討，さらには，タバコや薬物使用の軽減，ダイエット，リスクの高い性行動の改善，健康増進行動についての大規模教育プログラムの開発など，広範にわたっている。これらのプログラムはしばしば，望ましい行動をみせるモデル人物を呈示するといった手法を，その他の多様な戦略的手法とともに用いて，効果的な変容をもたらそうとしている（例：Bandura, 1986; Cervone et al., 2001）。

■ アプローチの概観

　このアプローチをとる治療者（心理療法家）は，クライエントが自分自身や他者，自らが抱える問題について考える上で間違った思考法をとっていることに気づくよう，手助けしようと試みる。治療場面での安全な状況において，治療者とクライエントはその試みについて相互作用を行い，うまくいっていない思考や自動的感情反応の再構築や修正を行う方法について探索する。基本的なねらいは，望ましい方向への変化に向け，クライエントの実際の自由と知覚された自由を増加することにある。
　一つのやり方としては，効力期待を高めるような経験を与えることである。クライエントが以前は恐れていた状況に，より穏やかに立ち向かったり，より効果的に対処できるという期待をもったりするようになれば，変化は容易に生じる。治療には，不安や抑うつ，ストレスなどを低減させたり，あるいはより快適で効果的な対人関係を築くための望ましい目標や達成などについての効果的な計画や方略を発達させたりするために計画された，広い範囲にわたる実際の経験や，想像による経験が含まれることになる。
　例えば，モデル学習は内気・恥ずかしがりの克服や，自分がそうすべきと感じたとき効果的な自己主張ができるように手助けをするために用いられる。自己主張スキルは，ルームメイト，上司，配偶者，両親などの他者に対し，よりよく印象的でありたいと望む場合に必要と考えられる。自己主張のできない人，自らの権利を守ることができない人は，他者から利用されたり自由を奪われたりするだけでなく，自らを無能と感じたり低い自尊心をもつかもしれない。このように，自己主張訓練は人々の生活にとって多くの肯定的な効果をもつものであろう。この訓練の手法には，効果的に自己主張ができているモデルの観察が含まれる。この手法では段階を追って，治療者相手のロールプレイや，より効果的な自己主張の反復へと続き，最初は安全な状況において行われ，最終的には自己主張的反応が求められる現実場面で行われる。

自己主張的行動における改善は，自己主張を見せるモデルの観察で達成されるかもしれない。モデルのいないモデル学習においては，観察は想像によって行われ，自己主張がうまくできない人は，適切な場面でモデルが効果的に自己主張を行っているシーンを心に思い浮べる。典型的なシーンは以下のようなものである。

> 「ある人物（モデル）が，友人とレストランに夕食に行った。その人はステーキを注文し，ウエイターに焼き加減はレアでと指示した。ステーキが届き，切り分けると，明らかに焼き方は間違っていた。その人はウエイターに合図を送り，ウエイターはテーブルへとやってきた。その人は『このステーキはミディアムです。私はレアにしてと頼みました。これを下げ，レアに焼いたのを持ってきてください』と言った。」
>
> （Kazdin, 1974, p. 242 を改変）

■ 行動療法から認知行動療法へ

臨床心理学や心理療法における行動主義アプローチが，あまりにも多くの認知的な要素を取り入れたため，学術的により正確な認知行動療法（**CBT**）という名前でよばれるようになった。長いラベルがわずらわしくなければ「社会認知的行動療法」とよぶほうが，実際はもっと正確かもしれない。CBTにおけるリーダーであるマイシェンバウム（Donald Meichenbaum）は，認知行動療法家が最初のころ，どのようにして行動主義者たちに挑戦していったのかを以下のように記述している。

> 「認知行動療法家は，古典的学習理論や精神分析学的説明による見解に疑問を抱き，どうしたらクライエントの思考や感情を最もうまく概念化できるかという問題を提起した。さらに，クライエントの思考や感情が，自らの思考や感情，行動，それらによって生じる結果や生理学的プロセスなどによって，影響をどのように受けるのかという問題についても提起した。個人が環境に反応するだけでなく，環境自体の構築者でもあることを強調したのである。」
>
> （Meichenbaum, 1995, p. 141）

過去40年の間に，認知行動モデルは心理学における有力な勢力へと発展してきた（Dobson & Craig, 1996）。CBTは，現在では抑うつ，不安，恐怖症，摂食障害，攻撃性，心気症などといった問題状態の治療に用いられている（Dunford, 2000; Kendall & Panichelli-Mindel, 1995; Rachman, 1996）。表14.3が示すように，その成長は多くの変

表 14.3　認知行動療法の発展に関するいくつかの理由

- 特定の行動以上の問題への認識（例：就職の葛藤，抑うつ）
- 人々が自らの経験を前向きに解釈することに役立つ
- 行動と同様に感情（気持ちや気分）を扱っている
- 思考や感情，行動などの間の相互作用を扱っている
- 有用であることが確かめられている多様な手法や概念を用いたり組み合わせている

化や理由を反映したものである。それはまたクライエントの個人的感情や経験，バランスがとれた，内的に調和した生活などへの関心の増加ももたらした。その意味において，現象学的・人間性アプローチで最初に強調した，ロジャーズやマズローの業績に代表される，多くの療法上の価値観や実践との類似性を示している。

　概念的にも歴史的にも，CBTは行動的アプローチに深く根ざしている。しかし，その成長は他分野に影響を受けたものであり，現在では他のあらゆるレベルにおける洞察や手法を用いる，行動的レベルと社会認知的レベルとを統合したものになっている。理論的なレベルにおいては，特に，抑うつの治療に関して，ケリーのパーソナル・コンストラクトに少なからず類似したものである。

■ ベックの認知療法

　療法上の実践における社会的-認知的な傾向は，例えばベック（Aaron T. Beck）の認知的再構成のようなラベルにも反映されている。フィラデルフィアで精神科医として働いていたベックは，認知療法において最も影響力のある見解のうちの一つを生みだした。彼のアプローチは，どのように人々が自分自身や経験を符号化し，解釈するかにおける変容を直接的に扱い，それを抑うつ治療へと体系的に適用していった（Young, Weinberger, & Beck, 2001）。彼は認知療法を以下のように定義している。

　　「認知療法は，例えば，抑うつ，不安，恐怖，痛みなど，さまざまな精神医学的障害に対する治療として用いられる積極的で直接的，時間制限的に構造化されたアプローチである。それは，個人の感情や行動が，大部分，世界をどのように構造化するかによって決定されているという理論的根拠に基づいている。その人の認知（意識の流れにおける言語的あるいは画像的な「出来事」）は，態度あるいは前提（スキーマ）に基づき，先行経験によって生みだされる。例えば，もしある人物が自分の経験をすべて有能さや十分な能力といった観点から解釈するなら，その人の思考は『すべてを完全にできないかぎり，私は失敗者だ』というスキーマによって決定されるかもしれない。その結果，個人的に有能であるかどうかに関係がない場合でさえ，その人は能力という観点から，状況に反応することになる。」　　　　　　　　（Beck, Rush, Shaw, & Emery, 1979, p. 3）

以下はベックの認知療法における五つの段階である。クライエントは，以下のような手順に従う。

① まず始めに否定的な自動的思考を認識し，それをモニタリングすることを学ぶ。これらの思考は「機能不全」つまり効果がなく，深刻なジレンマ状態へと，その人を引っ張りこむものである。

② 自らの否定的思考（認知）や感情と，自らの行動との間の結びつきを認識することを教えられる（思考と感情の間の結びつきを例示した図14.2を参照）。

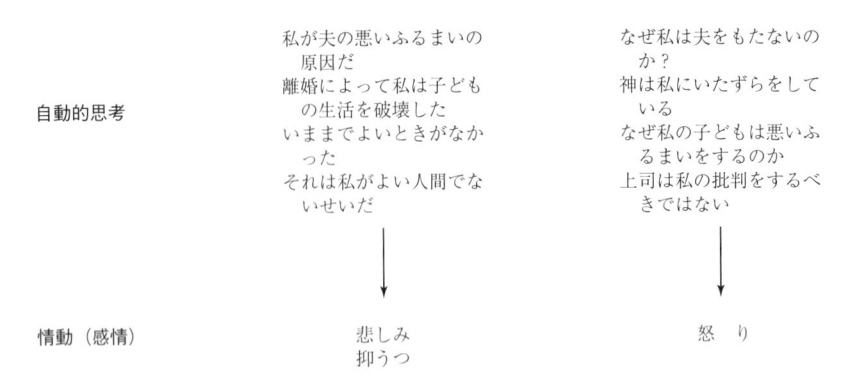

自動的思考	私が夫の悪いふるまいの原因だ 離婚によって私は子どもの生活を破壊した いままでよいときがなかった それは私がよい人間でないせいだ	なぜ私は夫をもたないのか？ 神は私にいたずらをしている なぜ私の子どもは悪いふるまいをするのか 上司は私の批判をするべきではない
	↓	↓
情動（感情）	悲しみ 抑うつ	怒り

図 14.2 ネガティブな自動的思考と情動との間のつながりの例
［出典：Beck, Rush, Shaw, & Emery（1979）］

③ 自らのゆがんだ自動的思考の証拠や，それに対抗する術について検討することを学ぶ。
④ これらのゆがんだ否定的思考をより現実的な解釈へと置き換えていく。
⑤ 自らの経験をゆがめるおそれのある不適切な想定に気づき，変容させることを教えられる。このような想定の例は図14.3に示されている。

これら5段階を順に進むことを促進し，効果的に行動や思考，感情を修正するためにさまざまな巧妙な技法が開発されてきた。この種の認知療法は，抑うつや関連する感情的・行動的問題に対する治療にとって，明るい将来を約束するものであるように思われる。その価値は，軽微な問題のある人から深刻な抑うつ患者に至るまで，広い範囲を対象とした数多くの研究によって探索されてきている。その結果は一貫して有望なものであるように思われる（Beck et al., 1979; Wright & Beck, 1996）。

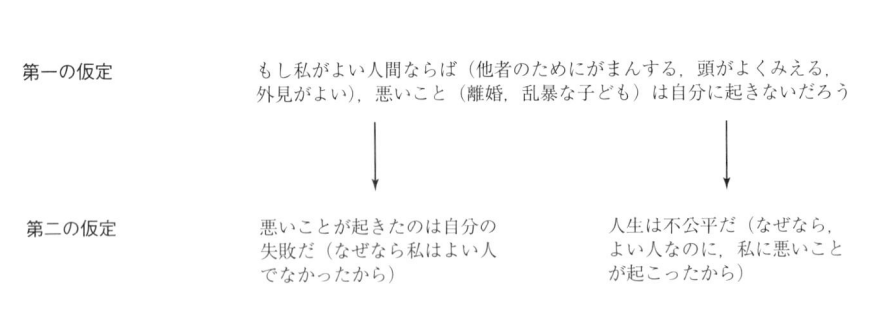

第一の仮定	もし私がよい人間ならば（他者のためにがまんする，頭がよくみえる，外見がよい），悪いこと（離婚，乱暴な子ども）は自分に起きないだろう	
	↓	↓
第二の仮定	悪いことが起きたのは自分の失敗だ（なぜなら私はよい人でなかったから）	人生は不公平だ（なぜなら，よい人なのに，私に悪いことが起こったから）

図 14.3 抑うつを助長する仮定の例
［出典：Beck, Rush, Shaw, & Emery（1979）］

14.6 共通のテーマ

　この分析のレベルにおいて記述した視点は，数多くの異なるテーマや形態を含んでいる。いまもなお発展し続けているアプローチにおける，いくつかの主な特徴について以下にまとめておきたい。

　この分析レベルにおける研究は，社会行動のパターンや人生や生活上の対人的側面を関心事とする点において社会的といえる。異なる人々が，入力される情報をどのように処理するかについての理解や心的プロセスに重点をおいているという点で認知的である (Higgins & Kruglanski, 1996)。どのように人々が自分自身や世界に関する情報について処理したり使用したりしているのかを説明し，また人生や生活における重要な挑戦のために発達させる認知的方略を研究するものでもある。研究は，状況の異なる特徴の符号化を，それぞれの個人がどのように違うやり方で行っているのかを明らかにしようとしている。異なる行動のパターンを生みだすため，パーソナリティ・システムにおいて，どのようにして符号化されたものが，他の認知や感情を活性化し相互作用するかについてもまた検討している。

　パーソナリティ・システムが，連続的に状況と相互作用していることから，この分析レベルにおける研究において，状況は重要であり，生みだされる行動は特定の相互作用に関与する状況に依存している。しかし，状況の効果もまたパーソナリティ・システムの特徴に依存しているという点で，これは双方向の関係である。パーソナリティ・システムは解釈や思考，行動などを通して，ある程度，状況それ自身をつくりだしている (Bandura, 2001; Mischel & Shoda, 1998)。この双方向の相互作用プロセスは，連続する因果関係を強調するため，双方向の相互作用主義とよばれることもある (Bandura, 1977)。この因果連鎖においては，認知社会的個人変数を含む，その人の性質，その人物によって引き起こされる行動，そして環境と，すべてが互いに相互作用し双方向に影響しあう。

　この分析レベルでの多くの研究者たちが，彼らのアイデアや研究が人々の選択肢の向上や脆弱性の減少を助けるものであればよいと願っている。単純にいえば，人の主観的幸福や自由，選択を最適化するのに，研究が役立てばよいと考えているのである。このように，彼らはまた人間の潜在能力に重点をおき，適切な条件下で発展的かつ広範囲に人が変わりうることを想定している。その目標を考慮に入れ，しばしば彼らは不安や抑うつや健康を害するような心的状態を克服するため，現実の人生や生活の問題を研究している (Aspinwall & Taylor, 1997; Cantor & Kihlstrom, 1987; Taylor & Armor, 1996)。これらの研究の多くは，人がもっている潜在能力をよりよく引きだすことができるよう，人々がもっている支配感や有能性を改善するよう試みている。より発展的で新しい対処の方法に関する潜在能力を高めることに専心しており，ケリー

```
刺激1（教師からの批判）──── 反応A（言い訳や否認）
刺激2（母親からの批判）──── 反応B（怒り）
刺激3（恋人からの拒絶）──── 反応C（後悔）          人物1
刺激4（仲間からの敵意）──── 反応D（攻撃）
刺激5（父親からの説教）──── 反応E（謝罪）
```

図14.4 同じ人物のさまざまな心理的状況の反応における同じ人物の本人に特定的で安定した行動

のようなかつての理論家の現象学的な見方と一貫するものである。

　初期の行動主義的アプローチで刺激条件を重視していたことは，しばしば外的刺激に対して自動的に反応する以外に何もできない生物であるかのような，人間の受動的な側面を強調することになった。対照的に，社会認知的アプローチにおいては，積極的に世界や社会的環境を自ら形成するような，人々の積極的で主体能動的な側面を重視している。その結果，このレベルにおける研究は自己制御や自己統制を扱い，どのように人々が自分の人生や生活の主導権を握るため，自らの行動を効果的に制御するのかをみるために組み立てられている（例：Bandura, 2001; Mischel et al., 1996）。

　特性理論が，同じ状況への反応，あるいは状況を無視したときの反応における個人差を重視していたことを思いだしてほしい。社会認知的理論もこれらの違いについて扱ってはいる。しかしながら，図14.4に示すように，わずかな状況変化にさえ対応して，個人が行動を変化させる固有のやり方を理解しようと試み始めている。このアプローチは，個人間の差の重要性と同じように，持続的な個人内の差（安定した個人内）にも注目している。個人の人生や生活における特定の出来事や状況についての影響や意味を理解するには，状況におけるこれらの変化が，その人の思考や期待や感情をどのように変えるかを観察する必要がある。

　このレベルにおける研究は，個人はいつどのような理由でどんな行動を起こすのかという範囲において，行動的レベルでの分析の成果についても活用している。社会的認知，感情，動機の研究を行うのは，人間の行動に関心があるからである（例：Gollwitzer & Bargh, 1996）。ただし，このアプローチは行動に対する関心も含んではいるが，特定の関心ある行動の背後に存在する心理的プロセスを明らかにすることこそが主要な目標なのである。

☑ 要　　約

社会認知的視点の展開
- ケリーの，科学者としてのふつうの個人という考え方は，パーソナリティの行動的説明と社会認知的理論との間の理論的な溝を埋めるものである。

14章 社会認知的アプローチ

- 社会認知的レベルとは，個人を特徴づける認知的，感情的，社会的プロセスを理解することを模索するものである。刺激に対する知覚者の表象や認知的転換が，その個人における影響を決定するという事実によって研究が促された。
- 認知革命は観察可能な刺激や反応のみに焦点をあてた行動主義を批判し，思考や知識や記憶といった心的プロセスの研究を採用した。

アルバート・バンデュラと社会的学習理論
- バンデュラは，パーソナリティ発達や変化における観察学習の重要性に注目するようよびかけた。
- 観察学習は恐れや他の強い感情的反応の発生や除去を促進する。
- 行動に関する結果に影響を与えるルールや原則への気づきによって，人間による課題遂行は劇的に改善する。
- バンデュラの理論は，人々が自分たちの将来に対し，事前の見通しと象徴的プロセスによって影響を与えるという点で，主体能動的で主動的であると考える。
- この理論における自己効力感は，建設的な変化や自己制御を可能にする基本的なメカニズム（機構）である。

パーソナリティの社会認知的理論――ウォルター・ミシェル
- ミシェル（Mischel, 1973）によるパーソナリティの再概念化は，その人の状況の理解と，状況がもつようになった心理的な意味とが，その人が出会い，あるいは自分でつくりだす状況との相互作用をどのように方向づけるかということに注目した。これらの相互作用の表現が，個人が異なったタイプの状況に対して予測どおりに対処することを特徴づける，安定した「～なら～に」の行動徴候の形で展開される。
- 同じ再概念化は，個人差を特徴づけるため，いくつかの社会認知的個人変数を提唱した。それらの変数は，それぞれの個人が異なった状況をどのように符号化・解釈し，それら状況との相互作用の中で活性化される，期待と信念，感情，目標や価値，それに自己制御的方略や有能性について扱っている。
- ミシェルの社会認知的個人変数に関する理論は，ジョージ・ケリーのパーソナル・コンストラクト理論と，ジュリアン・ロッターの社会的学習理論の両方に影響を受け，これら二つを統合しようとする試みでもある。
- これらの個人変数の査定と働きについては，ゲリー・Wの社会的世界との相互作用の例によって，例示されている。

パーソナリティの査定
- 社会認知的分析レベルにおける査定は，自己効力期待の測定における例のように，たいへんに特定的で，治療的な試みと関連づけられる傾向にある。
- 潜在連合テスト（IAT）は，単語連合課題を用いて，研究参加者の潜在的な自尊心やその他の多様な態度などを評価するために使われる。

パーソナリティの変容と心理療法
- この分析レベルにおける心理療法は，その人の思考法における不利な様式を指摘し，より適応的な思考，感情，そして問題解決の方法を促進しようと働きかける。

- ベックの認知行動療法（CBT）は，個人の悩みや抑うつを，より建設的なやり方で考え，行動できるように，その個人が自分と自分の経験をどのように符号化するかを変えることで治療しようとする。

共通のテーマ
- 社会認知的アプローチは個人がどのように自己や自分を取り巻く世界に関する情報を選択し，注目し，処理するか，またそれに反応するのかに焦点をあてている。
- 双方向の相互作用主義は人々の属性や行動が社会的世界と連続的に相互作用し，互いに影響しあっていることを示唆するものである。

☑ 重要な用語

熱い認知，観察学習，行動‐結果関連性，自己効力期待，自己主張訓練，社会認知的個人変数，主体能動的，条件つき表現，心理的状況，潜在的自尊心，潜在連合テスト（IAT），双方向の相互作用主義，内発的動機づけ，認知革命，認知行動療法（CBT），認知的再構成，認知的転換，パーソナリティの社会認知的な再概念化，符号化，名義的状況，モデルのいないモデル学習，モデル学習

☑ 考えてみよう

1) ジョージ・ケリーの貢献は，どのような形で社会認知的レベルにおける理論的発展の基礎となったのか。
2) 報酬遅延の研究は，認知的転換の役割の重要さをどのように例証しているか。
3) 観察学習が起こるには，どんなことが必要なのだろうか。
4) 観察された行動結果は，モデル学習によって獲得される行動の発生に，どのような影響を与えるのだろうか。
5) 情動的な反応が観察のみによって獲得される可能性については，どのような証拠が存在するのか。
6) 人間の学習にはどのような象徴的プロセスが介在しているのか。
7) 自分のもつ恐怖を克服するため，自己効力感が果たす役割について解説しなさい。
8) 広範なパーソナリティ特性に対するミシェルの1968年の批判から，どんな主要な論争が始まったのか。その問題を解決するためにパーソナリティ心理学者たちが用いた方法にはどのようなものがあったか。
9) パーソナリティの社会認知的理論における，五つの基本的な個人変数を解説しなさい。
10) 符号化とは何を意味するのか。符号化は，思考，感情，行動にどのような影響を与えるのか。
11) 自己効力感と行動‐結果の期待とは，どのように違うのか。これらの二つは，どのように，目標，行動，それに行動変容に影響を与えるのか。
12) 「熱い認知」は，なぜ，そう名づけられたのか。
13) 目標や価値が長期的な行動を組織化させる働きについて説明しなさい。内発的動機づけとは何か。

14章　社会認知的アプローチ　　**469**

14) 自己制御プロセスは，どのようにして，外的刺激による行動の統制に対抗することができるのか。
15) 五つの個人変数のうち，ロッターやケリーの理論に最も強く影響を受けたのはどれか。
16) 社会認知的パーソナリティ査定における三つの特徴を説明しなさい。どのような種類の測定が典型的に用いられるのか。そしてそれは，特性の測定とどこが違うのか。
17) 自己効力感はどのように測定されるのか。その測定はどのくらいうまく行動を予測するのか。
18) どのような種類の認知的過程を，潜在的な測定手法は査定しようとしているのか。
19) 「心理的状況」ということは，何を意味しているか。その考え方は，社会認知的レベルにおける「〜なら〜に」行動徴候とどのような関係があるのか。
20) 心理療法的な行動変容における社会認知的アプローチの到達目標は何か。
21) モデル学習と役割演技法は，社会的スキル訓練にどのように用いられているのか。
22) ベックの認知療法における目標と手続きは，どのようなものか。
23) 双方向の相互作用主義の考え方は，どのようなことを意味しているのか。

15章

社会認知的プロセス

15.1 パーソナリティ研究に応用された社会的認知の法則

　14章において，主なパーソナリティの社会認知的理論について述べた。このレベルにおける研究はそれらの理論によって影響を受けたが，それらの理論もまた，パーソナリティ心理学と社会心理学の間で過去数十年行われてきた研究に影響を受けている。この二つの分野の間には緊密な結びつきがあり，その境界は曖昧で，The Society of Personality and Social Psychologyという学会もある。この分野の研究者たちはしばしば，自らをパーソナリティ‐社会心理学者，あるいは社会的パーソナリティ心理学者と考える。社会認知的レベルにおける研究を眺めるとき，ある分野がどこから始まり，どこで終わるのか知ることは難しい。これらの研究者を結びつける基礎的な特徴の一つは，認知革命が始まってから見いだされた社会認知に関するすべての法則や概念を積極的に活用していることである。

■ 社会的認知とパーソナリティ

　認知心理学が成熟した1980年代半ばにおいて，多くの社会心理学者は認知心理学で見いだされた構成概念や方法論を援用し，それが有益なものであることを示した。しかし認知心理学者は例えば「鳥」や「家具」といった心的概念（Smith & Medin, 1981）を研究したが，社会心理学者は自己や他者といった社会的世界に関する情報を人々がどのように処理するのかについて研究を行った。社会的認知という専門用語は社会心理学におけるこの大きな流れをさしており，ますます活発化し影響力をもつようになって，パーソナリティ心理学と社会心理学の境界を，制限されることなく越えている。この相互の知的交流は本章において述べる社会認知的プロセスとパーソナリティ研究における豊富な知見やアイデアを生みだしている。社会心理学における社会的認知隆盛の中で発展した概念や研究法がどのようにしてパーソナリティ心理学にお

ける研究や理論と統合されるのかについてみていくことにしよう。

　これらの概念の中で最も重要なものの一つに、「スキーマ」がある。それは私たちが自らの日常における経験をどのように解釈するかに関連し、私たちの個人的世界の成り立ちに関する理論といえる。それがパーソナリティの理解にとって重要であることを示すにあたって、まずスキーマについて少し詳しく理解することから始めよう。その後、社会的認知における研究が、自己の理解、対処プロセス、社会的行動について、どのようにして解明してきたのかについて述べていこう。

■ スキーマ

　「ジャナが一緒に住んでいるロディに、『今夜は明日までに終わらせる仕事の準備をしなくちゃ』と言ったとき、ロディはショックを受け、自分に対するジャナの思いやりがしだいになくなっていく兆候とみなした。拒絶されていると感じ、すぐさまイライラして腹を立て、文句を言い始めたのである。ジャナの行動を拒絶とみなしたロディの解釈は、それを符号化する一つの方法でしかない。拒絶に対する感受性が低いマイクと比較してみよう。マイクは自分のパートナーから同様のことを言われたとき、文字どおりに受けとめ、パートナーが仕事に集中できるよう、映画に出かけたのである。」

　ロディとマイクのように、同様の行動に対する多様な反応の個人差を説明するため、社会認知的レベルのパーソナリティ研究者は、異なる個人がどのように意味や意義をつくりあげ、解釈するのかに着目することから始める。感情的、行動的反応は心的表象あるいはスキーマによって影響を受ける。それらは人々がものや社会的世界、自分自身や自らの心的状態を、また他者についても同様に、解釈する際に用いられる。社会認知的理論におけるスキーマが心的機能を理解するために重要なのは、それが情報を体制化する際の基礎的な単位だからである。それは何に気づいたり、思いだしたりするかを方向づけている。

　スキーマは、互いに「家族的類似」がある特徴や属性の集まりからつくりあげられた知識構造である。人々は情報を知識や経験からカテゴリー化またはグループ化するが、それは類似性や概念の近さから体制化したり単純化したりすることで、大量の情報から効率よくすばやい推論や意思決定を行うためである。これらの知識構造はしばしば明確な見本や最もよい事例、つまりプロトタイプとよばれるものをもつ。例えば、スズメはダチョウよりもよい、つまりプロトタイプ的な、鳥の例である。スキーマは、すでに自己の中に存在している知識構造にどれくらい似ているかを認識することによって、新しい出来事の意味を形づくるのに役立つ。例えば、何かの物体が空を飛んでいるのを見たとき、それがいままでに見たことのない種類のものであるにもかかわらず、それが飛行機や石や風船などではなく、鳥であるに違いないと苦もなく判断する

ことができる。この章の冒頭でロディがジャナは自分を拒絶していると判断したときにも，同じことが起きていたのである。

　スキーマという概念についてもう少し深く考えてみよう。なんといっても，社会認知的レベルでの研究の基礎なのである。スキーマは人に対するプロトタイプ，例えば芸術の愛好家，道化役，あるいは社会的カテゴリーである黒人の若者などを含んでいる（Cantor & Mischel, 1979）。多くのスキーマはステレオタイプとしてとらえることもできるが，それらの認知的表象がしばしば不正確だからである。スキーマはそれらと連合した他の思考が活性化すると一緒に活性化される。例えば，ある人が自分を絵画の愛好家だと考えるなら，その自己概念は，ジョルジュ・スーラの「ポーズする女たち（Les Poseuses）」（1888年）とパブロ・ピカソの「四人の水浴する女（Quatre Baigneuses）」（1921年）の類似が，単なる表面的な似通りだけかどうか議論しているときには，より活性化されるであろう。スキーマが活性化されると，次に，人がものごとをどのようにとらえるかに影響を及ぼす。例えば，誰かが道化師みたいだという話を聞いた後では，別の誰かが靴ひもを結ぶのを忘れたという曖昧な行動情報は，特定の社会的状況で与えられた情報を越えた推論を生じさせるかもしれない。例えば，「笑いをとろう」とした行動だと解釈される可能性である。

■ スキーマの効果
［注意の方向づけと記憶への影響］

　下の写真を一瞬眺めて，本書を次に進む前に，そこに何が見えたのかについて，書きだしてみよう。

ぱっと見て，この写真の中にあなたは何を見るだろうか

この写真を見た大半の人は掃除機や本があったことを報告しないだろう。なぜなら，たいていの場合は写真を見たとき，最初に目がいくのは煙草を吸いながらビールの缶を持っている若い女性だからで，「ばか騒ぎ」したパーティのひとコマと考えるかもしれない。本や掃除機は盛り上がったパーティのスキーマとは一致しない。言い換えれば，活性化したスキーマは注意を方向づけ，出来事の記憶に影響を及ぼす。スキーマは情報の洪水に圧倒されることなく情報の体制化を可能にする一方で，不運な効果をもたらすこともある。

例えば，社会的認知研究において，個人の肌の色によってプライミングされると，つまり心的に活性化させられると，人種ステレオタイプというスキーマを活性化させてしまい，実際にそこにはないものを「見てしまい」，悲劇的な結果を生じてしまうこともありうることが示されている。それは黒人の持った財布を銃と見間違えて誤射してしまったニューヨーク市の警察官によるディアロ事件で起きていたようである（Greenwald, Oakes, & Hoffman, 2003; Payne, 2001）。

[推論する]

このように，スキーマはどのように推論し，印象を形成するかに影響を与えるが，その影響はしばしば間接的で気づきにくい形で起こる場合がある。例えば，最近，本書の執筆者の一人が教室での実演で，ある有名な心理学者の写真を特性語の表現とともに見せた。このとき，教室の右側の学生たちが見たのは，「頭がよい」「独創的」「努力家」「温かい」「意思が強い」「知的」そして「実践的」であった。左側の学生たちには「頭がよい」「独創的」「努力家」「冷たい」「意思が強い」「知的」そして「実践的」という特性語を見せた。その後に「この心理学者は寛大かどうか」と尋ねたところ，教室の右側の学生は寛大だとする割合が多かった。最初に行われた実験（Asch, 1946）では「温かい」スキーマを活性化した人の91％が，「冷たい」スキーマを活性化した9％が人物を寛大だと回答していた。寛大さに関連する記述はまったくなかったにもかかわらず，スキーマはその隙間を埋めて，推論することができたのである。

[自己成就予言]

スキーマはまた，自己成就予言をつくりあげる場合がある。これは他者に関してつくりあげた期待が，その人物との相互作用の仕方を形づくり，その結果，最初に期待したような行動を相手から引きだしてしまうものである。この点についての古典的な研究が，ローゼンソールとジェイコブソン（Rosenthal & Jacobson, 1968）によって行われた。学期の始めに教師は，何人かの生徒たちは知的能力がまさに「開花する」ときにあると告げられた。実際は生徒の中から無作為に選んだだけなので，必ずしもそうとはいえなかった。8か月後に知能検査を実施したところ，この無作為に選ばれた生徒たちは他の生徒よりも実際に成績が向上していた。この生徒たちの知的能力開花に関する教師の期待が，その生徒たちの成績を向上させるような行動をとるように仕

向けていたのである。たぶん教師は，この生徒たちにより多く発言を求めたり，生徒と接する時間を長くしたり，より強く励ますなどしていたのであろう。いずれにせよ，教師の行動は自己成就予言をつくりあげ，生徒たちが成績を向上させるという期待により，実際に学業成績の上昇をもたらしたのである。

［スキーマの活性化］

スキーマの活性化は，利用可能性，接近可能性，適用可能性，そして顕現性によって決定される（Higgins, 1996）。これらはクレヨンのたとえで説明できる（Mendoza-Denton & Mischel, 2007）。利用可能性はスキーマをもっているかどうかに関連する。スキーマが存在しなければ，それを用いることはできない。もし緑色のクレヨンをもっていなければ，それは使うことができないのである。接近可能性はどの程度，そのスキーマを容易に入手できるかに関連する。もし緑色のクレヨンが箱の奥のほうに入っているなら，そこに手を伸ばすのは難しく，なかなか使うことはできない。もし箱の手前に入っているなら，手に入れることは簡単で，頻繁に使うことができるだろう。適用可能性はスキーマがその状況に適しているかどうかに関連する。芝生の色には緑色を用いるが，一般的に雪やチョコレートの色には用いないだろう。顕現性（目立ちやすさ）は，ある状況において，特定の社会的な事象が他と比較して，目につきやすいかどうかに関連する。例えば，もし箱の中に19本の緑色のクレヨンと，1本だけの黒色のクレヨンがある場合，黒色のクレヨンは非常に目立ちやすい。社会的知覚における顕現性の例としては，70歳代の男性の集団の中にいる20歳代の女性を見た場合，老人よりも若い女性に気がつきやすいだろう。その場合，若者に関するスキーマや女性に関するスキーマが活性化されやすいということになる。

プライミングは一時的に接近可能性を増加させるプロセスをさす。例えば，暗い地下鉄の車両で，警官が黒い肌の色をした人物（プライム刺激）を見たとき，その人物が手に財布ではなく銃を持っていると見間違える場合などである。あるスキーマを活性化させるプライミングは，そのスキーマと関連した他のスキーマも活性化させる。そのため，「ガラスの天井」（女性の昇進における差別）に関する話をラジオで聞いたとすると，「女性」に関するスキーマが，例えば「若者」に関するスキーマよりも活性化しやすくなる。したがって，そんなときにある人々の集団を見たなら，ジェンダーの視点から考え，「女性が一人，男性ばかりの集団の中にいる」と内心では思うかもしれない。極端な場合，その女性がその集団の中で唯一の若者であることにさえ，気がつかないかもしれない。

もちろん，顕現性やプライミングといったものは，単に心理学者が実験室における研究の中で操作した場合にのみ生じる現象というわけではない。それらは日常的に私たちの頭の中でいつでも生じているものであり，実際に経験した社会的世界や，考えたり，思いだしたり，考えこんだり，計画したり，空想したりといった頭の中の

出来事のいずれにおいても，活性化を引き起こす。

スキーマや知識の活性化について現在わかっている法則は，パーソナリティの重要なプロセスの解明に役に立つ。この章の残りの部分で，そのことについて例証していく。

15.2 自　　己

　おそらく最も重要なスキーマは，人が自己に対してもっているスキーマであり，社会認知的研究や理論において多くの注目を集めることとなった。心理学における自己の重要性は，時には大きくもち上げられ，時には落とされて，劇的に発展してきた。行動主義全盛の時代における長い年月の間，自己の地位はおおむね全体として低いものであった。しかしながら，この本ですでに述べたように，いくつかの注目に値する例外も存在していた。現象学的研究者，臨床に携わる新フロイト学派や対象関係論療法家たちにとって，自己は重要な概念であった。しかし数十年間にわたって，こういった少数の声は，自己を非科学的なフィクションであると考えていた多数派の行動主義者たちによってかき消されていた。現在は，自己への興味関心は再び非常に高まってきている（例：Leary & Tangney, 2003）。長い間の休眠の後，新たな研究手法によって社会的認知が自己を系統的に研究する道を開き，自己は多くの理論家や研究者たちの強い注目を集めている。いまでは自己は社会認知的レベルの分析を用いたパーソナリティ心理学の中心的トピックとなっている。この章では，自己や自己に関連するプロセスを，社会認知的レベルの分析からの研究や概念に絞って考察する。

　一般常識的なレベルにおいては，自己とは何であるかは，みんな知っている。私たちは自分自身に関する感覚をもっており，自分自身を参照したり，自分自身について語ったり，評価したり，時には非難したり，ほめたりするし，成功の度合いに応じて自己を統制することもできる。「自己実現」や「自己評価」，「自己制御」や「自己統制」などの概念に表れるように，パーソナリティ心理学が生まれたころから，「自己」はずっと中心的な概念であった。多くの研究者たちにとって，「自己」はパーソナリティ・システムにおける重要なプロセスや機能の一つひとつに，実質的に欠かせない「接頭辞」になっている。

　直観的に，主体としての「自分」や客体としての「私」あるいは「自己」は経験に関する基礎的な参照点であり，個人的な同一性の感覚それ自体が，これらを中心に体制化されているように思われる。社会認知的レベルの分析において，自己は「もの」ではなく，経験を評価し処理する際の重要な枠組みである認知的カテゴリーやスキーマとしてとらえられている（例：Baumeister, 1997; Markus, 1977; Markus & Cross, 1990; Markus, Kitayama, & Heiman, 1996）。

■ 自己スキーマ

　個人における自己スキーマは，その人の成長過程における広範囲の経験をもとにしてできあがった，さまざまな種類の，お互いに関連をもった知識の集合である。時間がたつにつれ，子どもは能動的な主体としての彼または彼女自身について，概念を獲得してしだいに豊かにしていき，自分を他の人やものと区別されたものとしてみるようになる。主体だけでなく「客体としての自分」の感覚もまた発達することで，多面的な自己概念に必要とされる特徴や性質を備えたものになる。

　自己スキーマ（Markus, 1977）とは「私は自立的な人間である」とか「私は他人に寄りかかりがちである」といった自己に関する一般化された知識を含んでいる。こういった概念は過去の経験から生じ，一度形成されると，自己に関連する新たな情報の扱い方に影響を与える。例えば，極端に依存的で受動的で周囲に流されやすいという自己スキーマをもっていたとすると，それをもたない人と比べ，そのスキーマに関連する情報をすばやく効率的に処理することができる（Markus, 1977）。自分自身にあてはまると考えている特性に関する情報はそうでないものより，後で再生されやすい（Rogers, 1977; Rogers, Kuiper, & Kirker, 1977）。このように，私たちは自分に関連する情報について，より注意を向けるといった特別な認知的配慮を行っている。

　自己スキーマは人が情報を符号化するのに用いることのできる，非常に接近しやすい，つまり入手しやすい個人的な知識の構造である。人々はそれぞれ異なる安定した自己スキーマをもっている（Higgins, 1996b; Higgins, King, & Mavin, 1982）。また，これらの自己概念は動機的な意味合いももっている。例えば，多くの人々は自分に対する肯定的なイメージを維持することを望み，そういった自己知識を追求するよう動機づけられ，自分自身を高め，向上させたいと思っている（Baumeister, 1996）。

　人は自分自身に関する自己理論を発達させる。この理論は自己に関する概念の集合からなっている。それは子どものころの経験によって形成されるが，できあがると今度は未来の経験に影響を与える（Epstein, 1973, 1983; Harter, 1983, 1999; Wiley, 1979）。個人がもつ自己概念は純粋に現実を反映した鏡の像のようなものとは異なる。自己概念は，他者や世界に対する印象と同じように，統合され組織化された膨大な量の情報を含んでいる。自己概念は現実の鏡像ではなく，過去に経験し未来において予測される結果や反応との関連である（Leary & Tangney, 2003; Wiley, 1979）。自己概念は長期的には変化するけれども，その基礎は幼いときに形づくられ，その後に起こることに影響を及ぼす（Markus & Cross, 1990; Markus et al., 1996）。

■ 関係的自己と転移

　近年，社会的認知における最新の理論や知見，特に記憶に関する研究などをふまえて，自己は新たな概念化がなされ始めている。

15章　社会認知的プロセス

[関係的自己]

　自己知識は自分自身に関するすべての思考（認知）や気持ち（感情）を含んでおり，認知‐感情（心的・情動的）表象として，記憶の中で体制化され貯蔵された情報からなっている。この知識表象は記憶システム内において，その人にとって重要な他者についての知識表象と緊密に結びついており（例：Andersen & Chen, 2002; Linville & Carlston, 1994），これら二つのタイプの情報は直接的に関連している。その結果，ある特定の重要他者についての表象が活性化したとき，例えば，あなたが自分の母親について考えたとき，あなた自身の自己表象の側面もまた心的に活性化する。これら記憶内の緊密なつながりは自己を関係的・対人的なものにする。つまりある意味，自己にとって親密な重要他者は，その人の個人的な同一性の一部となっているともいえる。このように，自己は重要な対人関係から生じ，また結びついている。この意味においては，自己とは元来，重要他者と密接に絡みあったものであるといえる。

　特定の他者との関係において自己が発達するにつれ，未来の相互作用に関する予期も発達する。例えば，ある思春期の若者が喫煙しているところを母親に見つかったことを想像すれば，容易に予想されうる行動（例：より口論しやすくなる，より罪悪感を抱く，より回避的になる）をとるだろう。これらのスクリプト（対応の仕方や決まり）は，重要他者との未来の相互作用や，その人を思い起こさせる別の人との相互作用において，再び活性化することになる（Andersen, Reznik, & Chen, 1997）。

[転移の再解釈]

　関係的自己の概念，つまり自己知識と重要他者に関する表象が記憶内で結びついているという考え方は，精神力動的概念である転移についての新たな見方をもたらす。先の章で扱ったように，転移は，フロイトによって始められた精神力動的理論や療法，それにコフートの対象関係論における考え方で，重要な役割を果たしている。転移の概念は現在では社会的認知の観点から見直されているが，これは単に名前を変えただけというわけではない。記憶研究の知見をふまえ，そのプロセスについて扱おうとするものである。アンダーセンら（Andersen et al., 2002）による社会認知的再解釈では，新しい人との関係をつくりあげようとするとき，転移はいつも即座に生じているというのである。これは新たに出会った人によって記憶内の重要他者に関する表象が活性化する程度に応じて起こる。

　新しく出会った人に対してもつ好ましい感情，あるいは不快な感情，またはその相手の性質に関する推測は，結果的に正確であろうとなかろうと，その新たな人によって引き起こされ，適用される重要他者の表象という観点から理解することができる（Andersen et al., 1997; Chen & Andersen, 1999）。もし精神分析家のふるまいが父親のことを思いださせたとするなら，父親に関する認知的‐感情的表象と，父親に関連する患者の自己表象とが容易に活性化され，心に思い浮かべられることになる。

ここで留意すべきなのは，この転移に関する考え方は，個人の重要他者，特に幼児期の初期における両親に関する心的表象が，新しい人との関係（それは治療過程における精神分析家も含む）に深く影響を及ぼすというフロイト（Freud, 1912/1958）の主張と矛盾しないということである。しかしながら，精神力動学的理論においてよく用いられる性心理学的動因や葛藤の反映というよりも，社会認知的な情報処理におけるプロセスという観点から，この現象を扱うという点において異なるといえる。

■ 自己の知覚された安定性と，変化の潜在的可能性

おそらく，自己の最も興味深い性質は知覚された連続性である。自己の主観的連続性すなわち自己の統一性や持続性の経験は，パーソナリティの根幹部分をなすものと考えられる。実際，統合失調症の患者が二つの異なる自己や，それらの一つが肉体から離れるといった経験を報告することにみられるように，パーソナリティ混乱の主要な特徴として，自己の一貫性や同一性の欠如感があげられる（Laing, 1965）。

一般的に，人はそれぞれ自分が行っている多種多様な行動を，全体として自己一貫的であるととらえられるように折りあいをつけようと試みる。例えばある場所で盗みを働き，別の所では人に嘘をつき，他の場面では気前よく寄付を行い，また別の場面では人をだましたりしているような人は，それでも自分自身を「基本的には正直で道徳的である」とみなしているかもしれない。人々は，しばしば自分自身が相互に矛盾する行動をとっても，自己の構造化された連続性へと変換することができるように思われる。この統合はどのようにして行われるのだろうか？

そこには多くの複雑な要因が関連している（Harter, 1983; Markus & Cross, 1990）。この問題に関する一つの答えとして，人々は情報を単純化し統合することによって，認知的非一貫性を減少させようとする傾向をもつ（Ross & Nisbett, 1991; Tversky & Kahneman, 1974）ことがあげられる。実際の行動において観察されるような永続的な変化に直面したときでさえ，自己の知覚された連続性を形成し維持するような，きわめて効果的な減圧弁のような働きを，人間の心はしているのかもしれない（Festinger, 1957; Mischel, 1973）。現象学者たちが強調したように（Rogers, 1951），自己の一貫性に対する懸命な努力は，関連するトピックを扱う他の研究者たちの研究において支持されてきた（Aronson & Mettee, 1968; Cooper & Fazio, 1984）。

知覚された一貫性に関するもう一つの基盤は，人々はしばしば自らの状況 - 行動パターン（～なら～に）の特徴に関し，かなり多くのことを知っているということである（例：English & Chen, 2007）。それらのパターンの個人内での安定性と一貫性については，自己知覚との間に強い関連が存在する。この知見については4章で扱った。自らの誠実性に関して高く一貫していると知覚している大学生はそうでない大学生と比べ，実際に誠実性に関連した行動における状況 - 行動パターンがより安定していた

(Mischel & Shoda, 1995)。例えば，いつもまじめにテスト勉強に取り組んでいるが，約束した時間を守ることにはあまり誠実でない学生は，自分自身を一貫しているとみなすだろう。ここで留意すべきなのは，一貫性はその安定したパターンにおけるものであって，ある状況（テストの準備）から別の状況（時間を守る）におけるものではないということである。

一般的に，人々がもっている自己概念やパーソナル・コンストラクトは，かなりの安定性を示しているように思われる（Byrne, 1966; Gough, 1957; Mischel, 1968）。態度や価値観と同じように（E. L. Kelly, 1955），私たちの自分自身や世界に関する「理論」は，このようにどちらかというと比較的安定しており，変化に対して抵抗力があるといえる（Nisbett & Ross, 1980）。しかしながらこの知覚された安定性は，人が一生涯において「こうありたいと思う未来の自分」を認識したりつくり直したり（Cantor, 1990, p. 735），あるいはさまざまな人生や生活における課題に自分を戦略的に合わせたり（Mischel & Morf, 2003）するように，自身の自己概念を変えたり変換したりするといった，これまた同様に動かしがたい事実と，十分に共存しうるものである。

■ 多元的自己概念──可能自己

自己は伝統的に比較的安定した単一のものととらえられてきた（Allport, 1955; Snygg & Combs, 1949）。最近では，自己は多面的なものであり，多元的自己で構成される概念の力動的な集合として特徴づける考え方が広がりつつある。知覚された異なる自己は，個人の全体的なパーソナリティの異なる側面をそれぞれ反映したものといえる。

あるときは攻撃的できわめて自立的だが，別の場面では消極的で依存的な女性について考えてみよう。本当の彼女はどんな人なのだろうか？　これら二つのパターンのうち，どちらが本当の彼女を反映しているのだろうか？　消極的な見かけをした，本当は攻撃的な人間なのか，それとも表面的な攻撃性の防衛を伴った消極的で依存的な人間なのだろうか？　理論上，社会認知的レベルにおいて，彼女はこれらの性質のすべてをもっていることがありうる（Mischel, 1969）。実際，これらの側面のそれぞれが異なる可能自己，もしくは潜在的なあり方を構成しているのかもしれない（Markus & Cross, 1990）。もちろん，これらの自己のうち，ある特定の瞬間における彼女がどれであるのかはランダムなものではない。それを決定するのは，彼女が誰といるのか，いつなのか，なぜなのか，そして最も重要なのは，彼女がその状況をどのようにとらえ解釈しているか，つまり彼女にとっての意味である。しかし彼女の自己の側面のそれぞれが，彼女の全体的な存在の正真正銘の側面であり，彼女自身独自の，しかし安定した個人変数のパターンの一部なのである（Mischel & Morf, 2003）。

ある人の異なる側面を符号化する自己概念は，特定の文脈，自己が評価する行動の種類，それに文化などに応じて変化する。文化や集団の信念や価値観は，個人が自分

自身や未来の可能性をどのように考えるかに深く影響を与え（例：Markus et al., 1996; Stigler, Shweder, & Herdt, 1990），「自己」の定義や概念でさえ，文化によって大きく変わりうる。このように，日本人のような自分と他者との関係に価値をおく社会よりも，米国人のような自己高揚に価値をおき自己を実体としてとらえる社会にとって，自己はより中心的な概念であるといえる（例：Markus et al., 1996; Markus & Kitayama, 1991）。

人が容易に接近することのできる自己の概念は作動自己概念（Markus & Nurius, 1986）とよばれ，それは思考や記憶内に存在するさまざまな自己概念からもたらされる。マーカスらによると，この作動自己概念は「過去の自己」や「現在の自己」，そして私たちがそうありたい，もしくは避けたいと望む「可能自己」などの，絶え間なく変化する組合せを含むものである。これら可能自己は行動を誘導する案内役として機能し，人の感情的・動機的状態に重要な影響をもたらす。この作動自己概念のいくつかの構成要素を図示したものが図15.1である。

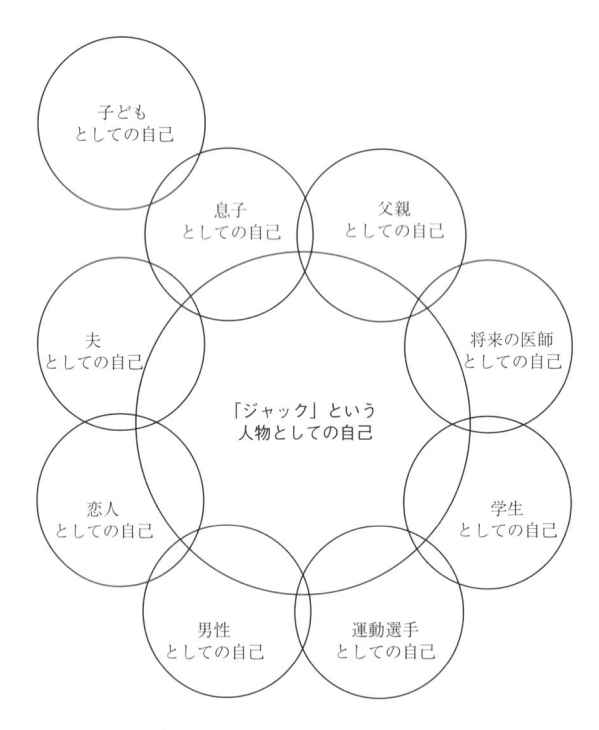

図 15.1 作動自己概念のイメージ図。作動自己概念は多様な自己の側面に関する表象からなっており，そこには過去から現在の自己，そして将来の可能自己も含まれる。

■ 自尊心と自己評価

　自己概念の最も重要な側面の一つに自尊心がある（Harter, 1983）。自尊心は自分自身の価値に対する個人的判断であるとされる（Coopersmith, 1967; Epstein, 1973, 1990）。自尊心は自己概念の重要な側面であり、この二つの用語は同じものとしてしばしば日常的に用いられる。自尊心は単一のものとして議論されることが多いが、人は自分の生活の異なる領域において区別し、それぞれの評価を行っているかもしれない（Crocker, 2002）。

　自尊心や自己評価は絶え間なく周囲からもたらされるフィードバックによって影響を受け、それは発達の初期の段階から始まっている（Leary, 2002; Leary & Downs, 1995）。自己の評価の見積もりは、過去の経験の記憶や解釈、自己概念や自己の基準、自己知覚などの枠組みなどによってもたらされる。人々は他者の成績と自分の成績を比べるのと同じように、自分自身の基準と自分の行いとを比較する（Bandura, 1986; Higgins, 1996; Norem & Cantor, 1986）。例えば、成功に大きな価値を感じ、何かを成し遂げることに動機づけられている人はそうでない人と比べ、失敗経験に対して異なる反応を示す（Heckhausen, 1969; Koestner & McClelland, 1990）。しかしながら、ある人にとって、失敗は落胆させる経験ではあるが、同じ結果は別の人にとって、再挑戦する意欲を起こさせるかもしれない。

　人々は自尊心に影響を及ぼすフィードバックに対処するためにさまざまな方略を用いる。例えば、成功経験や失敗経験による影響力は、人がその結果を自己の全体を反映したものであるとみなすか、あるいは特定の状況のものとして限定するかによって異なる（Mendoza-Denton et al., 2001）。もしある失敗を状況的なものとしてではなく、自己全体の枠組みとしてとらえた場合（例：私は失敗者だ）、あくまで状況限定的にとらえた場合（例：このトピックに関するこの種のテストを受けた場合はうまくいかない）と比べ、感情的な悪化を招き、結果を一般化することとなる。

　自己評価のプロセスは人が自分自身をどのようにとらえ、自らの経験に反応するかを理解する基礎となる。自己評価は自分の成績を正確に査定したいという欲求と、好ましい自己イメージを維持したいという欲求との間のせめぎあいを反映したものであるといえる。パーソナリティ心理学の専門家は、私たちがこの自己評価のプロセスにおいて一般的に、現実主義と防衛的駆け引きとをなんとか結合させようとしていることを長い間認識してきた（Cantor & Kihlstrom, 1987, p. 152）。

[自尊心を追求するコスト]

　自尊心のレベルが高い人は低い人と比べて、一般的に自らの生活の多くの側面をうまくいっていると考え、多くの分野で自分自身を肯定的にとらえる傾向がある（Hoyle et al., 1999）。真に高い自尊心をもつことは多くの利益をもたらす一方で、それを積極的に追求するにはコストがかかる（例：Crocker, 2002）。高い自尊心を追求

することのリスクには，自分自身に過度に注意を向けすぎるあまり，他者の気持ちや望みに対して不注意になる点があげられる。また，協同よりも競争状態を促進しやすい（例：Carver & Scheier, 1998）。「自分はどうなのか」に夢中になり，自分自身の自尊心を高めることに忙しく，他者に対して無頓着になる。自分は価値のある人間だと感じるために高自尊心が不可欠と考える人にとって，自尊心を追求することのコストはより高くなる。そういった人々にとって，自尊心への脅威は不安を引き起こし，それを解消しようとするための防衛的反応が引きだされる。これら防衛的反応は敵対行為や攻撃行動などといったものから，対人関係からの離脱もしくは他者との重要な関係を損ねる感情的距離をつくりだすことにまで及ぶ（例：Baumeister, 1998）。

■ 自己の本質的機能と特徴

過去20〜30年間における自己研究の爆発的増加により，その本質的特徴についてある程度の合意が得られてきた（Hoyle et al., 1999; Mischel & Morf, 2003）。自己に関する現在の考え方において，自己は以下のようなものとしてとらえられている。

- 自己は本質的に社会的で対人関係的なものであり，それは重要他者との社会的経験からもたらされ，その対人関係において表出されるものである（例：Andersen & Chen, 2002）。

この自己の社会的視点は，初期の形態としてはロジャーズ（Carl Rogers）によるかつての議論や，ヒギンズ（Tory Higgins）の研究などにおいてみられる。例えば，現在の研究における関係的自己や，転移の社会認知的再解釈などに関して明瞭である。

- 自己は適応やコーピング（対処）のプロセス，つまりパーソナリティの実行的機能（例：自己制御や自己防衛）を理解するために重要である。これらの機能の働きは，力動的な動機システムである（例：Baumeister, 2002; Derryberry, 2002; Leary, 2002）。

これらの機能や性質の多くは，かつて自我心理学者たちによって強調されてきたものであり，そもそもは精神力動学的なフロイト学派の考え方において生じたものである。例えば，アンナ・フロイトの自我防衛，アドラーやユングにおける臨床的治療などにおいてみられる（6章参照）。

- 上記の視点に関連した見方として，自己は評価的機能をもっていて，自己の同一性の概念に関する基礎と考えるものがある（例：Crocker, 2002; Eisenberg, Spinrad, & Morris, 2002）。人は，自尊心を守ることを動機づけられている（Leary, 2002）。これらの性質はすでに6章においてとりあげたエリクソンやコフート（Kohut, 1971），カーンバーグ（Kernberg, 1976, 1984）などの理論において重要なものである。この本の後の部分（16, 17章）で扱う自己制御や目標追求の研究においても，新しい命を与えられている。

15.3 知覚された効力感，無力感，支配感

自らの能力や自己効力についての知覚は，自己高揚的結果と自己破滅的結果のどちらかをもたらすこととなる。この節においては，これら肯定的なパターンと否定的なパターンがどのように発達し，また結果に表れるのかについて扱うことにする。

■ 自己効力期待

自分に，必要な行為が十分に統制でき，うまく実行できると期待し信じることは，効果的にものごとを行い，目標を追求するために，必要不可欠な条件である。その期待と信念が，その人の努力を支え，価値ある目標を追求するかどうか，追求するなら，どこで，いつ，どのように行動するかといった判断を助けてくれる（Mischel et al., 1996）。自分から始めた目標追求でさえ，自主性を発揮しようと努力するには，自分自身が自分の行為を起こしている行動主体であると表象することが必要である（Kuhl, 1984, p. 127）。自己効力感，すなわち自分にできるという信念は，困難な目標を追求することに成功するため，あるいは自分のおかれた状況や自分を変え，改善するために必要な基礎的条件である。この概念の心理的対極にあるのが，知覚された無力感で，それはあきらめ，無気力，そして抑うつへの確実な道である（Bandura, 1986）。

■ 学習性無力と無気力

否定的なあるいは痛みを伴うような結果を，自ら統制する術がないと人が感じたとき，自分は無力であるという感覚が生じ（Seligman, 1975），自分自身を無力に関連する用語によって符号化する。不快な結果が統制不可能であり，自分にできることは何もないと思う。このような状態は学習性無力とよばれ，このとき人は意気消沈し無気力になり，またそれは一般化され持続する。

学習性無力の概念は，もともと極度のストレス状態におかれた動物を用いたいくつかの実験から見いだされたものである。例えば，電流の流れる床から足に受ける電気ショックを止めたり，そこから逃れたりする術がない状況におかれた犬について考えてみよう。その後，その犬はたとえ囲いから飛びだせば脱出することができるようになったとしても，じっと座って無抵抗に電気ショックをがまんし続けることになる（Seligman, 1975, 1978）。これら動物を用いた学習性無力における知見は，人間における同様の状況と，必ずしも厳密にではないが，ある程度は一致する。例えば，心理的離脱や無関心，感情的に無反応な状態は，しばしば戦争における捕虜や強制収容所の囚人などにおいてみられる。これらの犠牲者はすっかりあきらめてしまっているようにみえ，おそらく絶望的な状況を変化させることのできない無力さに打ちのめされて

しまっているものと考えられる。

　学習性無力の劇的な例としては，コールズ（Coles, 1970）によって記述されたきわめて苦しい状況にある米国への移民家族の子どもたちをあげることができる。中流階級の子どもたちとは異なり，移民の子どもたちは泣いたり叫んだりしても苦悩やフラストレーションから逃れることはできないと，すぐに気づくとコールズは指摘している。以下に自らの子どもの苦悩に対して無力感を感じている移民の母親の記述をとりあげる。

　　「子どもたちが苦しんでいることは知っています。あの子らは痛がっていて，私にはそれを止めることができません。とにかく生き延びてくれることを，ただただ祈るほかないのです。あの子らが腹痛を訴えてもどうしてよいかわかりません。子どものうちの一人はきちんと呼吸することができず，胸に障害をもっています。その子が呼吸をするとき，変な音がするのが聞こえます。聞かれたので言いますが，最も困っているのは虫に刺されることです。それは子どもたちを惨めに，本当に惨めにします。かゆみのあまり，血が流れでるまで引っかくのです。あぁ，本当にひどい。あの子らは皮膚がなくなってしまうくらい引っかきたいに違いありません。でもそんなことはできないでしょう。もし皮膚がすべてなくなってしまったら，蚊やアリやネズミなどがあちこちにいて，内側に入りこもうとするでしょう。もうそうなったら，そのときです。しかしこれが人生というものであり，生きるとはそういうもので，起こったことを受け入れる以外，何もできないと自分自身に言い聞かせています。受け入れること以外の選択肢があるのでしょうか？　私が聞きたいのはそのことです。かつて幼いころ，おじに何かできることがないのかどうか尋ねました。しかし，おじは何も言わず口をつぐんでしまったことを思いだします。だから，私もそうしました。いまでは私が子どもたちに同じことを言わなければなりません。つまり不平を言って歩き回ったりするな，とにかく，するな，と。」　　　　　　　　　　　　　　　　　（Coles, 1970, pp. 9-10）

　現在ではかなり多くの研究が，出来事や結果を自分が統制できないと感じた場合，徐々に無力感を発達させ（Seligman, 1990; Wortman & Brehm, 1975），深刻な抑うつ状態にさえ陥ることを示唆している。極端な場合，自らの生活のフラストレーションに耐えられないと感じると，すべての活動に対する興味が失われ，ほとんどの行動をやめてしまい，しばしば多くの時間をベッドの中で過ごすことになる。強い悲しみと，自分は無価値であると感じる傾向があり，しばしばさまざまな身体的な苦痛に悩まされることもある。

　一般的に認められている抑うつ的行動の特徴を表15.1にあげた。個々の抑うつ患者はこれらの行動のいくつかの組合せを示し，またしばしば深い不幸感，感情麻痺，興味の減退，日常の活動からの逃避，自分自身や人生に対する深い否定的な感情なども

表 15.1　いくつかの抑うつの指標

気　分
　大半の時間，悲しみを感じたり，めいった気分である
　かつて楽しかったことがいまは楽しめない
　一般的な感情の喪失
　疲れ，無気力，倦怠感
　食事や性その他の活動に対する関心の喪失

身体的症状
　頭痛
　睡眠困難
　胃腸の症状（消化不良，便秘）
　体重の減少 - 食欲低下
　不定愁訴

行　動
　人づきあいを嫌う，しばしばひとりでいる
　仕事が困難，性的活動の減退
　不平や心配を訴える，泣く
　外見にかまわなくなる
　発話の減少（話し方がゆっくりになる，一本調子になる，ぼそぼそと話す）

観念作用
　自尊心の低下（「自分はだめだ」）
　悲観主義（「ものごとはたいてい，私にとって悪い方向に働く」）
　罪悪感，失敗感，自己非難，自己批判
　孤独感，無能感，無力感
　自殺願望（「死ねたらいいのに」「自分を殺したい」）

［出典：Lewinsohn（1975）］

感じる。対照的に，自分自身の周囲に影響を与えることができ，出来事を統制したり影響を及ぼしたりできると信じている人は，機敏で幸福感を感じ，また寿命も長い傾向がある（Seligman, 1990）。

■ 情動や結果に対する原因帰属の影響

　この私がそれをやったのか？　それは私のミスなのか？　私に本当にその価値があるのか？　それは単なる幸運だったのか？　あの男性はわざと私にミルクをこぼしたのか？　あの女性は意地悪なのかそれとも今日はイライラしているだけなのか？　これらものごとの因果関係に関する質問に対する個人の答え方にはさまざまなやり方が存在し，そこにはたいへんに興味深い個人差がかかわっている。原因帰属とは出来事の原因についての説明であり，自分自身や他者についてどのように感じているかを予測できる暗黙の意味合いをもっている（Weiner, 1990）。例えば，試験でAの成績をとるような，特定の出来事に対し，私たちは内的理由（高い能力や猛勉強など）あるいは外的理由（課題が簡単だった，運がよかったなど）を用いて，解釈を行うことがで

きる。その成績について，どのように感じるかは内的理由と外的理由のどちらを用いるかによって異なる（Phares, 1976; Rotter, 1966）。

［誇りと恥］

一般的に誇りや恥は，達成の結果つまり失敗や成功が内的に帰属されるときに最大化され，外的に帰属されるときに最小化される（Weiner, 1974, p. 11）。言い換えると，成功が自らの能力や努力の結果である（内的理由）と知覚されると，単に課題がやさしかったとか運がよかった（外的理由）と知覚されるよりも肯定的な感情がもたらされる。逆に，失敗が自らの低い能力や努力を怠ったせいである（内的理由）と知覚されると，課題が難しかったとか運が悪かった（外的理由）と知覚されるときより，私たちは悪い気分になる（例：恥を感じる）。能力が足りないせいで解雇されたときと，会社が倒産してしまったために職を追われるのとでは感情に与える影響が異なる（フォーカス 15.1 の議論を参照）。

フォーカス 15.1

統制と意味の知覚

仮にそれが偶然のものであったとしても，出来事や行動について，意味があり，秩序正しく，統制可能であるようにとらえたいという強いバイアスが私たちに存在する。例えばカジノでの行動を観察すれば，この帰属バイアスをよくみることができるだろう。近くで観察すると，ギャンブラーがしばしば，サイコロを「まさに正しく」振るしぐさ，少し待ってルーレット台に近づくタイミング，スロット・マシーンのレバーを引っ張るちょっとした儀式などによって，あたかも偶然を統制しているかのようにふるまっていることに気づく。偶然の出来事を統制できると信じているのは，ギャンブラーだけに限られるわけではない。

ポーカーでカードを引くような，出来事の結果が偶然であることが明確なときでさえ，人々は単に偶然でなく，潜在的に統制可能であると感じている。人間には，世界は予測可能で公平なものとしてみたいという根源的な傾向が存在しているようである。私たちは「公正世界」（Heider, 1958）を期待し，そこで生じる事柄は，たとえ宝くじがあたるか，ガンになるか，レイプや殺人に巻きこまれるかどうかといったことでさえ，その本人にふさわしいことであり，その人が引き起こしたと信じている。多くの研究（Langer, 1977 の展望論文を参照）が，人々は客観的に統制可能な出来事とそうでない出来事を区別していないことを示している。その代わり，まったくの偶然による出来事を，あたかも統制できているかのようにふるまう「統制の錯覚」をもっているように思われる。

多くの人の場合，これは自己高揚的バイアスの一部である。私たちは自らのある行為の結果がよかったとき，その行為は自分自身が引き起こしたものであるとみなす傾向がある。何かをうまくこなせたときや何かに勝ったとき，それは自分の功績によ

るもので，うまくいかなかったときや負けたときは自分のせいではないと考える（例：Fitch, 1970; Urban & Witt, 1990）。悲劇的な事件のように，結果がよくないものであったときはなおさら，その出来事を「もっとも」なことで，意味があり，秩序正しいとみなすことができないかぎり，対処するのは難しいと感じるかもしれない（例：Taylor & Armor, 1996; Taylor & Brown, 1988）。これらの知見は，最初は知覚者による単純な自己高揚的バイアスを示す証拠としてみられていたが，近年ではパーソナリティにとって，重要でかつ潜在的に有益で，治療的効果をもたらすことがわかってきた（例：Seligman, 1990; Seligman, Reivich, Jaycox, & Gilham, 1995; Taylor & Armor, 1996）。

フォーカス15.1において述べているように，大半の人々にとって因果関係の知覚は自己高揚的にゆがめられている（Greenwald, 1980; Harter, 1983; Leary, 2002）。このバイアスは有益な影響をもたらすものではあるが，行き過ぎると自己欺瞞になってしまう。しかし逆に自己高揚的，自己防衛的バイアスが欠如していると，抑うつ的な傾向を発達させる可能性がある（Lewinsohn, Mischel, Chaplin, & Barton, 1980）。

［知覚された統制と予測可能性］
とても痛い歯医者の治療のように，ある課題が嫌悪的であり，それをがまんしなければならないし，統制することもできない場合でさえ，その出来事やストレスを予測したり統制したりすることが可能だと信じることは，適応的な行動にとって重要な要素となる。例えば古典的な研究において，女子大生が課題遂行中に不快なノイズを浴びせられた。そのノイズは，条件によって予測可能なタイミングか，不可能なタイミングで起きた（Glass, Singer, & Friedman, 1969）。このフラストレーション状況にがまんできるかどうかと課題遂行の質は，予測不可能なノイズ条件でのみ悪化したのである。この結果と同じように興味深いのは，ストレスがかかった状況のとき，そのストレスが終わる時期を決めることができると実験参加者が信じた場合には，課題遂行の悪化がかなり防げたという結果である。一般的にいえば，ストレスが生じる出来事や苦痛な出来事を，自分で予測でき統制できると信じると，そう信じることがたとえ現実と合わない幻想のような場合でさえ（Taylor & Brown, 1988），ほとんどの人で否定的な感情が弱まる傾向がある（Staub, Tursky, & Schwartz, 1971）。

■ 無力感や抑うつの再解釈——悲観的説明スタイル

何か悪いことが起きたとき，自分自身の内的な性質によって起きていると考えてしまう人は，一時的で外的，状況的な要因のせいであると考える人に比べ，より無力感を感じやすい傾向がある（Abramson, Seligman, & Teasdale, 1978）。例えば，そういった人々はテストの成績が悪かったことを，インフルエンザにかかり試験勉強中に文章を読むのが困難だったと考えるのではなく，「自分の能力が足りなかったせいだ」と

考えることで説明しようとする。このような一貫した傾向をもつ人々は，独特で基本的な悲観的説明スタイルをもっている。

悲観主義は三つの要素をもつ説明スタイルとして定義され，それぞれ悪い出来事に対して，「永続的」で「広範囲に関係し」，「自分自身のせいで起きた」ととらえることから成り立っている。幼い年齢の子どもにおいて，この説明スタイルは，その後の病気に対する脆弱性を予測する（Peterson, Seligman, & Vaillant, 1988）。ある研究では，25歳の健康な大学卒業生のグループに，生活における困難さに関する個人的経験を尋ねる質問紙に回答を求めた。研究者たちは説明スタイルが悲観的であるかどうかを判断するため，悪い出来事が起きたときの説明の仕方について分析を行った。評定者は次の三つの基準を用いて質問紙における説明スタイルを評定した。安定性（生じた出来事がずっと続くと感じている：例えば，自分にとってそれはいつまでも終わらない），全体性（その出来事を人生や生活の多くの側面に一般化する），それに内在性（自分自身が原因である，もしくは単なる状況的・外的要因よりも自分が主要な要因であることを受け入れる）である。より一貫して安定的，全体的で，内的な説明を行っている人ほど悲観的説明スタイル得点が高い。

35年以上にわたって，上記の研究対象となった人たちは健康状態や病気の有無などについての追跡調査を受けた。大学を出てから20年間は，健康に関して有意な差は特にみられなかった。しかしながら，45歳から60歳までになると，25歳の時点で測定された質問紙において悲観的に回答していた人は病気にかかりやすい傾向がみられたのである。

楽観的‐悲観的説明スタイルの研究者たちは「野球殿堂」入りした選手を対象とし，20世紀前半に発行された新聞のインタビューを用いて研究を行った。選手たちが試合の勝敗の要因など，よい出来事と悪い出来事について説明を行っているようなインタビューをとりあげたのである。負け試合については自分の個人的な安定した性質に帰属し，勝ち試合についてはあくまで一時的で外的な要因に帰属していた選手は，そうでない，楽観的な説明スタイルの選手に比べ，短命である傾向がみられた（Peterson & Seligman, 1987）。

■ 学習性楽観

学習性無力とは逆のパターンは学習性楽観（Seligman, 1990）とよばれる。このスタイルを発達させるには，日常における困難や挫折を自己高揚的な説明で符号化するように仕向ける。否定的な出来事を一時的で，特殊なものであり，自分の失敗のせいではないとみなすのである。この楽天的で肯定的な解釈の仕方は，自己報告による幸福感や職場における成功などといったさまざまな範囲にわたる肯定的な結果と結びついている（フォーカス15.2参照）。

15章 社会認知的プロセス 489

フォーカス 15.2

錯誤的だが温かく心地よい楽観主義

　伝統的に，心理学者は正確な自己知覚が精神的健康にとって不可欠なものであると考えてきた (Jahoda, 1958)。しかしながら，精神的に健康な人々の多くはいくらか非現実的に肯定的なゆがんだ自己像をもっており，一方で自身をより正確にとらえている人のほうが精神的に健康でないことを研究者たちは見いだした (Armor & Taylor, 2002; Taylor & Brown, 1988)。例えば，現実に即した自己知覚を行っている人は低い自尊心や抑うつ傾向がみられやすく，一方で精神的に安定した人は，肯定的な性格特性がよりうまく自分自身を記述すると考える傾向がみられる (Alicke, 1985; Brown, 1986)。
　大半の人々がもっている過度に肯定的な自己知覚は，抑うつ患者と健常者とを比較した研究において明らかになった (Lewinsohn et al., 1980)。小集団状況で相互作用を行った患者たちは，自分自身と相互作用相手の性格の特徴を評定するように求められた。健常者の自己評定は他者からの評定よりも好ましく自分をとらえていた。抑うつ患者の自己評定は他者からの評定と一致していたことから，健常者は実際よりも肯定的な自己像をもっていて，バラ色の眼鏡を通して自分を眺めていることを示している。
　自己高揚幻想のようなバイアスをもつ人は，実際にはその結果にまったく影響を与えることができない純粋に偶然の状況であっても，まるで自らが統制しているかのような感覚をもつ傾向があることも知られている (Langer, 1975)。例えば，サイコロ投げを扱った研究では，健常者は自分がサイコロを投げたときのほうが，他の人が投げたときよりも，サイコロの目を統制できると感じていた (Fleming & Darley, 1986)。抑うつ患者はそれとは異なり，サイコロの目を統制できる見込みはないといったように，まったくの偶然状況における統制について，現実に即した知覚を行っていた。同様に，抑うつ状態にある人は未来の予測においても妥当で正確な見積もりを行うが，健常者の予測は非現実的な楽観主義的傾向に基づいていた (Alloy & Ahrens, 1987)。これらの結果は明確に一貫しており，興味深いものであるが，もちろん現実に対するひどい認知のゆがみが，健常者の特徴であるということを示していると読み違えてはならない。

　ライフイベント（人生・生活上の出来事）に対する解釈や自己報告式の楽観性の傾向を用いたさまざまな測定によっても，これと同様の結果がみられている。例えば，人生や生活に対する楽観的傾向の度合いは，冠状動脈バイパス形成手術からの回復を予測したり，大学生におけるいくつかの病気に対する身体症状を予測したりできる (Scheier & Carver, 1987)。人生について楽観的な傾向をもつ人々は，強いストレスがかかる状況に対し，できるかぎり効果的に前向きに対処し，困難であってもベストを尽くそうと考えることで立ち向かおうとする。対照的に悲観的な傾向の人は，結果的に問題解決や建設的な再解釈などを妨害することになる逃避を行おうとする (Scheier, Weintraub, & Carver, 1986)。

■ 無力感と支配感志向の子どもの対比

　課題に失敗した後，人によっては動揺してしまい，さらに成績が悪くなってしまうことがある。しかし逆にかえって成績がよくなる人も存在する。失敗に対するこれらの反応の違いは何に起因するのであろうか？　この質問について答えるためには，そういった経験に対する見方や解釈を，人がどのように行っているのかについて調べてみる必要がある。学習性無力の研究と同様，失敗を自分の能力が足りないからだと信じている子どもは，努力が足りないからだと信じている子どもよりも失敗経験をした後の成績が低下しやすい。前者を「無力感の子ども」，後者を「支配感志向の子ども」とよぼう。実際に，支配感志向の子どもは失敗の後に成績がしばしばかえってよくなると報告されている（Dweck, 1975）。

　失敗に直面したとき，無力感の子どもはさらなる失敗を保証するような自己挫折的思考をもつようにみえる。これは無力感の子どもたちと支配感志向の子どもたちの二つの小学校5年生グループを対象として，問題解決課題の最中に「思い浮かんだ言葉を口に出すよう」指示した研究で明らかになった。二つのグループの子どもたちは失敗経験をした際，異なる言葉をそれぞれ自分自身に向かって口にしていた。無力感の子どもたちは，「混乱している」とか「やはり自分は記憶力がよくない」といったような自分の能力の不足や欠如に関する発言をしていた（Diener & Dweck, 1978, p. 458）。支配感志向の子どもたちには誰にもそのような発言はみられなかった。その代わり，これらの子どもたちには，失敗の原因というよりはむしろ改善する方法を模索する傾向がみられた。自分自身に対し，「もっとゆっくりやって解決法を見つけるべきだ」とか「難しければ難しいほど挑戦したくなる」といった課題遂行が改善するような指示を行っていたのである。

　無力感の子どもたちは問題解決とは関連がなく，問題解決に効果的とはいえない発言を多くしていた（表15.2を参照）。例えば，無力感グループのある男の子は実験者

表15.2　無力感と支配感志向の子どもたちの対処方略

無力感の子ども	支配感志向の子ども
失敗に対する自己への原因帰属 「混乱している」 「自分は頭が悪い」	課題遂行の改善について自分へ指示 「難しければ難しいほど挑戦したくなる」
解決に役に立たない発言 「今週末にタレント・ショーがあり，私はシャーリー・テンプルの役だ」	自己モニタリング的発言 「私はいま，本当に集中している」
否定的な感情についての発言 「これって，もう楽しくない」	肯定的な感情についての発言 「私は挑戦が大好きだ」

［出典：Diener & Dweck（1978）］

から「違うよ」とのフィードバックを受けているにもかかわらず，「チョコレートケーキ」と言っては何度も同じ茶色の形を繰り返し選択していた。最終的に，課題に対する二つのグループの態度は大きく異なっていた。何回かの失敗の後でさえ，支配感志向の子どもたちは成功の見込みに対して肯定的であったが，無力感の子どもたちは逆に，例えば「まいった」といった発言のように，否定的な感情やあきらめの態度を表出していた。

[間違った思考に注意を向ける——不安]

効果的な目標追求は，不安を伴う自己没入的な思考，例えば「これは得意ではない」「それがうまくできることは決してないだろう」といったものによって，大きく妨害される。不安を伴ったこれらの思考は，課題に関連した思考，例えば「さぁ今度は，解答をもう一度チェックしなくちゃ」と競合し干渉する。その結果，課題遂行が妨害され，本人も困ることになる（Sarason, 1979）。自己没入的思考は，課題が複雑で多くの競合的反応を必要とするような場合に最も干渉する。自らの否定的側面への思考や不安でいっぱいになることによって，難しい期末試験のような困難な課題に効果的に集中することができなくなる。同様に，うまくやらなければという動機が強まるほど，つまり課題の成功がとても重要な場合であるほど，高不安者は特に自滅的になってしまうかもしれない。そのような動機づけの強い状況のもとで，テスト不安者はささいなことを大惨事であるかのように騒ぎ，起こりうるあらゆる悲惨な可能性について考えてしまう。そのようなとき，この人たちは否定的に自己没入的になり，いかに自分がそれをうまくできないかを力説しさえする。対照的に不安を低くすることができれば，課題に集中して注意を振り向けることができ，いかにして効果的に課題をこなすかに集中することができる。

[失敗が予期されるときに自己効力感を高揚させる]

自らの失敗を予測した人は，自分の予言を現実化させようとする傾向がある。しかし，仮に自分はよりうまくできると考えさせたなら，課題遂行は実際に改善されるのだろうか？　大学において落第するかどうかの瀬戸際の学生たちを対象とした研究（Meichenbaum & Smart, 1971）で，この問題は検討され，自分がうまくやることを期待させられた学生は，実際に学業成績がよくなっていた。

「肯定的思考」の効用は，「メンタル訓練」によって劇的に示されている。ある実験で参加者はターゲットに向かってダーツ（投げ矢）を投げる場面を想像するように教示された（Powell, 1973）。半数の参加者はターゲットの真ん中付近にダーツが命中することを思い浮かべるように言われ，もう半数はダーツがターゲットの真ん中をはずれた部分に刺さることを思い浮かべるように言われた。成功場面を想像させた参加者は，失敗場面を想像させた参加者と比べ，その後で実際にダーツを投げさせたときの成績がよくなっていた。自己効力感の増強を扱った数多くの研究が，同様の効果を示

している（Bandura, 1986）。教訓は誰の目にも明らかである。「成功について考えなさい！」　それは教訓であり，実践的アプローチで，ポジティブ心理学の理念や重要な使命と完全に一致している（Duckworth et al., 2005）。

■ 成長論者と固定論者——本人のパーソナリティ理論が影響する

　心理学者に限らず，幼い子どもたちを含めたすべての人々が，すでに何らかの理論をもっている。しばしば，一般の人々がもつ理論は，パーソナリティの潜在的理論のように，明示的に述べられることはないが，私たちの生活に多大な影響を及ぼしている。ドウェック（Carol Dweck）らは，私たちはパーソナリティの変容性あるいは不変性に関する潜在的な理論や信念をもっており，それらが課題遂行や感情，他者に対する反応などを予測することを示した。一連の研究は，ドウェックら（Dweck & Leggett, 1988）が，無力感のパターンを示す子どもたちが自らの知的能力を固定的な特性で静的な実体であると考え，変化させたり統制したりすることはできないと感じていることを見いだしたことから始まった。そのような「固定」的解釈とは対照的に，支配感志向の子どもたちは，自らの知的能力は柔軟なものであり，増加させたり発展させたりすることができるとみなす傾向がみられた。

　知能に関する異なる理論や見方は，それぞれ異なる目標をもつことを意味する。固定論者は望ましくない判断を避け，自らの能力に対する承認を得たいといった願望によって動機づけられた目標を選択する傾向がみられる。成長論者は，新しいものごとを学習する機会を求めたり熟達度を高めたりといった，自らの能力を高めたい願望によって動機づけられた目標を選択する傾向がみられる。

　知能に関して子どもたちがもつ理論の違いは，その子どもたちの発達について重要な予測を可能にする。高校へと進むことになる6年生から7年生を対象とした追跡調査を行った（Henderson & Dweck, 1990）が，この時期に最も目覚ましく成績が上昇したのは成長論者の子どもたちであった。対照的に，自らの知能が固定的であるとみなしている子どもたちは，もともと成績の低かった者はそのまま成績が変わらず，またかわいそうなことに，「6年生のうちは成績のよかった者も，7年生では最も成績の悪いグループになってしまっていた」（Dweck, 1990, p. 211）。明らかに，重要な性質に関して私たちがもつ理論や自己概念は，その後の発達に影響を与えるのである。

　さらに別の研究（Erdley & Dweck, 1993）では，より上の学年の子どもたちを対象に固定論者と成長論者とに分類し，「ある転校生の男子」のよくない行動をスライドで呈示した。スライドは例えば家族に関する情報についてウソをついた，クラスメイトのレポートを写した，クラスメイトの美術作品用の材料を盗んだなどの行動からなっていた。子どもたちはまた，その子が年度の途中で新しい学校に転校したという状況的要因や，その子はよい印象をつくれるかどうか神経質になっていたというような

15章 社会認知的プロセス

心理学的媒介要因などに関する情報が与えられた。

予測されたとおり，固定論者の子どもたちは，この少年の広範囲の道徳性に関する特性，例えば，「悪い」「不親切」「意地悪」などについて，成長論者よりも有意に高く評定していた。さらに，固定論者は後に肯定的な情報が与えられても，少年に対する特性判断を修正しなかったが，成長論者は，新しい一致しない情報に対して反応した。固定論者は，その少年に対する第一印象は，時間がたってもずっと妥当であると考えていたのに対し，成長論者は，その少年が将来は異なった行動をとるかもしれないと予測していた。一度，よくない道徳的判断を行うと，固定論者は罪を犯した人に対して刑罰を与えることを推奨する傾向がみられたが，成長論者は犯罪者であっても，パーソナリティの変容は起こりうるという信念に基づいて，教育や矯正を推奨する傾向がみられた (Chiu, Dweck, Tong, & Fu, 1997; Erdley & Dweck, 1993)。

他者の態度や行動に対する，この二つのタイプの理論がもつ影響については，異なる文化間においても検討されている。例えば，香港の大学生は米国の大学生よりも一般的に集団主義的であるが，どちらの文化においても固定論者は成長論者よりも，性質的推論を行う傾向があり，たとえたった一つの例でさえ，ある人が行った行動はその人の安定した特性を反映しているという信念をもっていた (Chiu, Hong, & Dweck, 1997)。また，固定論者は成長論者に比べて，自己概念における柔軟性の低さや，他文化への志向性の低さを示していた (Hong et al., 2003)。同様に，大学生を対象とした別の研究において，固定論者は特定の人種（アフリカ系，アジア系，ラテン系米国人）や職業（弁護士，政治家）などに対して肯定的，否定的の両方のステレオタイプを，成長論者よりも強く支持していた (Levy, Stroessner, & Dweck, 1998)。要するに，私たちがもつパーソナリティの潜在的理論は，さまざまな形で表れ，人についての判断や行動についての解釈に影響を与えているといえる。

固定論者と成長論者はどちらがよいのであろうか？　これまでのところは固定論者のほうがより多くの不適応的な結果と結びついてはいるけれども，どちらの見方も必ずしも真実を反映したものではない。そしてそれぞれの理論が，こちらのほうが優れていると確信した支持者をもっているのである。

☑ 要　約

パーソナリティ研究に応用された社会的認知の法則
- 社会認知的レベルにおけるパーソナリティ心理学と社会心理学の分野での研究は，非常に密接に結びついており，しばしば認知革命以降に探索されてきた社会的認知に関する概念や法則に重点をおいている。
- スキーマとは個人が世界における対象や社会的状況を解釈するのに用いる心的表象である。

- スキーマの活性化は利用可能性，接近可能性，適用可能性，顕現性によって決定される。

自　己
- 自己概念あるいは自己スキーマは，個人の知覚された経験から生じる知識構造である。それらは自己に関連する新たな情報がどのように処理されるかに影響を及ぼす。
- 関係的自己は，個人の生活における重要他者の表象と結びついた自己の表象である。新たな対人関係において，重要他者の表象が新たに出会った人によって活性化することがある。
- パーソナリティの根本的な特徴は，主観的連続性の経験，もしくは自己における同一性や持続性の感覚である。
- 作動自己概念は，自己の最も顕著な概念から構成される。
- 自尊心とは，自分自身の価値に対する個人的な判断のことを意味する。
- 自己評価は過去の経験や個人的な自己の基準，課題遂行の結果などを反映したものである。

知覚された効力感，無力感，支配感
- 自己効力感は，困難な目標追求が成功するための基盤である。
- 学習性無力に陥った人は，自らの生活におけるよくない結果を統制する術はないという信念を抱き，無気力で抑うつ的になるかもしれない。
- 原因帰属は情動や行動的反応に影響を及ぼす。内的理由に帰属された出来事は，外的理由に帰属された出来事よりも，誇りや恥を生じさせやすい。
- 悲観主義とは，人生や生活におけるよくない出来事を，自らの内的な属性へと帰属する説明スタイルである。学習性楽観はその逆で，しばしば肯定的な効果をもたらす自己高揚的説明スタイルである。
- 無力感の子どもは，自らの知能を変化しないものと知覚しており，失敗経験の後は課題遂行がうまくいかない傾向がある。逆に支配感志向の子どもは，自らの知能は改善することができると感じており，失敗経験に対してうまく対処する。
- 固定論者はよくない結果を避けるために安全な目標を選択し，成長論者は自らの能力を高めるような目標を選択する。

☑ 重要な用語

学習性無力，学習性楽観，カテゴリー化，可能自己，顕現性（目立ちやすさ），固定論者，作動自己概念，自己高揚的バイアス，自己成就予言，自己スキーマ，自己理論，自尊心，支配感志向，社会的認知，主観的連続性，スキーマ，成長論者，接近可能性，適用可能性，悲観主義，プライミング，プロトタイプ，利用可能性

15章 社会認知的プロセス

☑ 考えてみよう

1) 認知心理学者と社会心理学者の研究は，社会的認知の分野において，どのようにしてお互いに補完しあい，しばしば相互に結びついているのだろうか？
2) スキーマとは何だろうか？ どのようにそれらは発達するのだろうか？
3) 他者に関するスキーマが，自分自身の行動にどのように影響を及ぼすのだろうか？
4) スキーマの活性化を決定する四つの主な要因は何だろうか？
5) 私たちの「自己」という言葉の2通りの用い方はそれぞれ何と何だろうか？
6) 自己スキーマの意味と働きについて述べなさい。
7) どのような意味で自己が本質的に関係的なものだといえるのだろうか？ 社会的認知研究者が用いる転移とはどのような意味か。またフロイトのいう転移と，どのように比較できるのだろうか？
8) 自己スキーマにおける一貫性や連続性の維持を可能とする心理的メカニズムは何か？
9) 多元的自己概念が意味するものは何か？ 可能自己の概念とはどのように関連しているのか？
10) 自尊心はどのように発達し，またどのように行動に影響を及ぼすのか？
11) 高い自尊心の追求はどのようなときに不適応を生じさせるのか？
12) 自己の三つの重要な機能について述べなさい。
13) 学習性無力はどのようなことからもたらされ，どのように行動に影響を及ぼすのか？
14) 人々が行う原因帰属の二つの種類はそれぞれ何か？
15) 抑うつを特徴づける四つの症状の分類は何か？
16) 自己高揚的バイアスの定義を述べなさい。またそれが私たちの「公正世界」への一般的な期待とどのように関連しているのか？
17) 悲観的説明スタイルの三つの帰属の要素を述べなさい。またどのように悲観主義は身体的健康と関連しているのか？
18) 学習性楽観と学習性無力とを対比しなさい。楽観主義や自己高揚幻想はどのように心理的適応と関連しているのか？
19) 無力感の子どもと支配感志向の子どもにおける帰属のパターンと，それによる課題遂行への影響を比較しなさい。
20) 不安は目標への努力にどのように影響するのか？
21) 固定論者と成長論者を比較しなさい。それらの考え方は，その人が選択する目標や達成の結果にどのように影響を与えるのか？

第VI部のまとめ

社会認知的レベルにおける分析

概観——焦点,概念,方法

　第VI部である社会認知的レベルにおける分析の主な特徴や,これまでの貢献は,次の表のようにまとめられる。

　下表のように,社会認知的レベルは,個人の認知や感情,行動における個人差のもとになっている心理的変数に焦点をあてている。そのため,心理学者は第VI部の本文で述べたようなさまざまな個人変数の研究を行っている。研究者たちはこうした変数をパーソナリティの基礎的な単位としてみなしており,個人の特徴や持続性を表す

表　社会認知的レベルの概観——焦点,概念,方法

基本的単位	内在する個人変数やプロセス:符号化(自己概念や説明スタイルなどを含む解釈の仕方),期待や信念,感情,価値や目標,自己制御有能性
行動の原因	個人と状況の返報的相互作用で,パーソナリティ・システム内で相互作用する個人変数によって媒介される
パーソナリティの行動的発現	人と状況の安定した相互作用パターン,特徴的な「〜なら〜に」関係によって示される(彼女はAのときXをするが,BのときはYをする)
求められるデータ	個人変数に関連した自己報告や日誌,評定や行動サンプリングなど;特定の状況における行動の結果(介入の後の症状や学業成績など),実験の結果
観察された反応の使用法	個人変数や社会認知的,感情的,動機的プロセスなどの推測に用いる;行動や結果の評価や予測に用いる(病気へのかかりやすさや,精神的安寧など)
研究の焦点	基礎となる社会認知的プロセスや臨床への示唆(健康のため,脆弱な個人のリスク予防のため,心理療法のため,自己効力感を高めるため)などに関する理論の洗練と精緻化
パーソナリティの変化に対するアプローチ	個人変数や媒介プロセス(精神力動)の変容,期待の修正,効果的な自己制御方略や目標達成のための計画などの発達
状況の役割	重要である;心理的手がかりを提供し,個人変数と相互作用を生じる

第VI部のまとめ

行動パターンの重要な決定因の一つととらえている。そして，①そのような変数が働き効果をもたらすプロセス，②これらの変数の働きによって人が示す行動におけるその人独自のパターンを理解しようと努めている。こういった行動に表出されるパーソナリティは，安定した「〜なら〜に」人と状況の相互作用パターンにみられる。

社会認知的レベルで認められた貢献

　社会認知的レベルにおけるパーソナリティ研究は1970年代初頭から始まり，それは初期の行動志向の理論，特に社会的学習理論（例：Bandura, 1969; Rotter, 1954）や，行動や社会的知覚を方向づけるケリーのパーソナル・コンストラクト理論などによって提供された理論的な基礎の上に構築されてきた。動物を用いた単純な学習実験によって発達した「刺激-反応」概念を越えて，より複雑な社会的学習が研究され，パーソナリティの社会認知的理論は認知的変数と社会的変数の双方を取り入れ拡張された（例：Bandura, 1969, 1986; Mischel, 1973, 1990; Rotter, 1954）。このレベルの研究は外的刺激や報酬・強化子などに焦点をあてる立場から距離をおくようになり，状況が行動の唯一の決定因であるとする考え方を，あるいは主要なものであるとする考え方でさえ，明確に拒絶するようになった。個人と状況との間の相互作用を強調し，人々が単に受動的に状況によって「行動形成」されるのではなく，能動的に状況を選択したり，つくりだしたり，変容させたりするものであると考えた（Bandura, 1977, 1986; Mischel, 1973, 1984）。

　過去数十年間において，社会認知的理論はずっと社会的学習をパーソナリティや社会的行動の多くの側面を理解する際の中心的な原理としてきた。しかし，現在では社会的認知や感情，動機に対し，より多くの役割を与えており，より広い範囲のパーソナリティや社会的現象に取り組んでいる。一つの方向性において，この分析レベルの研究は，現象学的アプローチや自己理論家たちの貢献をさらに発展させようとしており，30年以上も前に自己理論家たちが切り開いた多くのトピックを再び研究対象にしている。この取り組みはすでに実り多き知見を提供している。数十年前に現象学的アプローチは，人の主観に大幅に依存することから，バイアスなどの影響によって，情報源としては潜在的に不正確なものであると批判された。近年の社会認知的研究者は，このような，いわゆる「問題」を興味深い研究トピックへと変えている。バイアスの可能性のため，個人の知覚を放棄するのではなく，それがどのように社会的判断や意思決定に影響を及ぼすのかを調べることによって，バイアスそのものを社会認知的研究の主要な研究対象としているのである。

　人々がどのように自らの経験や自分自身をとらえるかが行動に重要な影響を及ぼすという認識は，以前は現象学的アプローチがもつ顕著な特徴であったが，社会認知的

アプローチの中心的な前提ともなっている。現在の研究者たちはより洗練された測定手法を用いて，以前は客観的な研究を拒んでいた難しいトピックへの道を開いている。例えば，パーソナリティ心理学における「自己」は，理論家たちが思索していた抽象的な概念から，多くのことが判明している積極的な研究トピックへとなっていった。同様のことが感情にもあてはまり，いまではその性質について，多くのことが明らかになってきている。このように，社会認知的レベルの研究者たちは，社会的認知や社会的知覚をパーソナリティや社会的行動の他の側面へと結びつけようと探求を行っている。例えば，個人的な統制の知覚に関するいくつかの決定因やそれらの知覚の変化が，健康的あるいは不健康な行動へ及ぼす影響などである。そこから得られた知見は究極的に，人々が知覚し考えることと，人々が感じ行動することの間の関連を明らかにすることを助けるであろう。

個人的成長や人間の潜在能力を高めようとする古典的な人間性的こだわりは，長い間，現象学的アプローチの重要な特徴であった。いまでは，認知行動療法などのようないくつかの形態に取りこまれているように思われる。この枠組みにおけるパーソナリティ心理学者は，精神的・身体的健康や心理的安寧に関する研究における心理療法的な示唆に多くの注意を向けるようになっている（例：Contrada, Leventhal, & O'Leary, 1990; Taylor, Lerner, Sage, Lehman, & Seeman, 2004）。

伝統的に，パーソナリティに対する大半のアプローチは，パーソナリティの原因や性質に関する基礎的な仮定を提唱してきた。例えば，無意識的な精神力動や動機などである。そういった提案者は，自分の仮定の重要性や真実性を主張するため，それ自身に注意を向け，他のアプローチによる知見を無視することが多かった。しかしながら，科学が発展すると，新たな知見による概念の修正や消去，取り入れなどを行うようになるなど，より蓄積的な方略が発達する傾向があり，それは提案した研究者の理論的志向とは関係なく行われる。そして研究分野は一つのものへと成熟し，個々の研究者の貢献は，絶え間なく変化し進化する大きな歴史における一つの瞬間となる。やがて，最も有益で妥当なものが保持され，そうでないものは捨て去られていく。

社会認知的分析レベルは，パーソナリティ心理学と社会心理学をつなぐものであり，認知心理学の発展に大きな影響を受けている。このレベルの研究は，個人に関する蓄積的な科学の土台を提供するのに役立つだろう。なぜなら，それは完全に新しいアプローチとして出発しようとするものではなく，有望であると判明した過去の重要な研究を慎重に利用しようとするものだからである。社会認知的レベルにおける多くの研究を展望すれば，研究分野の進展における基礎的な指標とみられる，新たな「理論的概念と実験的知見の補完や収束」を示し始めている（Cervone, 1991, p. 371）。さまざまな分析のレベルがどの程度，実際に互いが補い，追加しあっているかについては，すべてのレベル間の統合に焦点をあてた本書の最後の部分において明らかにしたい。

第VII部
各分析レベルの統合
――全人としての人間――

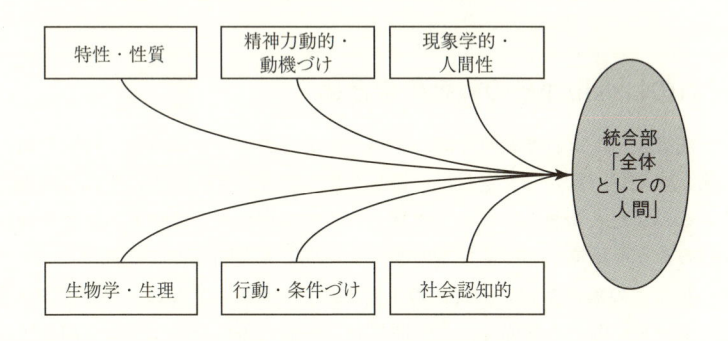

第VII部への序章――行動・条件づけレベル

　歴史的にみれば，それぞれの分析レベルにおける研究は，それまでの理論や方法論における限界を乗り越えようとし，それまでの着想や研究で無視され，あるいは十分に扱われなかったパーソナリティの側面に注目して行われてきた。だから，人間の性質は本質的に不合理で，本人の意識の外にあるというフロイトの革命的な観点は，それまでの考え方に慣れた人たちを驚かせ動転させるものだった。行動主義はといえば，フロイトの研究に対し，非常に対照的な立場を展開したし，現象学的なアプローチはこれら二つに対する，情熱的な批判運動として隆盛した。各レベルにおける推進者たちは，しばしば深刻な競争を起こしたし，異なる立場間での論争は熱を帯び，きついものであった。しかし，パーソナリティの1世紀を振り返れば，いろいろなやり方ですべての分析レベルが，結果的に一緒になり結びつくことになる。すべてのレベルにおいて論争に耐え真価を認められた貢献をまとめ，その上につくられた，人間の統合された「全体像」がしだいにみえるようになってきた。この出現しつつある全体像について，本書のこの最後の部分で検証することにしよう。

まずそれぞれのレベルにおける，最も基礎的な学問的貢献を始めにおさらいすることにしよう。以下にまとめられた，これらの貢献の短い要約をみるだけでも，それぞれのレベルが十分に独自の貢献を，他の分析レベルに付け加えていることがわかるだろう。このように，相互排除的に他のレベルと競いあい，そのレベルの正しさのみを主張するのでなく，六つのレベルのそれぞれが，一人の人間の全体に対し，違った側面からの洞察を提供している。本書を活用する鍵となる考え方をもう一度繰り返せば，すべての分析レベルが一緒に検討され統合されたとき，バラバラな見方になるのではなく，全人格的な豊かな人間像をつくりあげるのである。

それぞれのレベルからの貢献のまとめ

　特性・性質レベルにおける研究は，①パーソナリティの中にある，時間を越え，多くの状況を越えて，重要で安定し，一貫した個人差を，どのようにすれば最もうまく記述できるのかと，②個人のパーソナリティの中に存在する意味ある変動を捕捉するため，どのような単位が必要になるのか，ということを問うている。
　最初の質問への解答として，特性の主要5因子モデル，すなわちビッグ5が登場した。このモデルに関する研究は，広範囲における個人差の有用な見取り図を提供している。その研究はタイプIの一貫性，すなわち行動上の性質におけるレベルの違いに注目し，人々の個人差を全体的な平均値として考えるものである。二つめの質問への解答として，タイプIIの一貫性の発見があげられる。それは，人々の安定した「～なら～に」という状況-行動パターン，つまり行動徴候にみられる違いと考えることができる。この分析レベルでの知見は，個人の行動における変動性の安定したパターンがどのように発達するのかと，それらの基礎にあるプロセス（過程）についてを研究する道を開くものである。
　生物学・生理レベルの研究は，個人の生物学的な継承素因の重要性を明らかにするとともに，進化の役割と個人の遺伝子の発現などを含む，生物学的プロセスとパーソナリティとの緊密な関係を指摘した。この研究は心と大脳と行動の間の結びつきを探求し，個人差の起源において，これら三者が演じる交互作用を分析する道を開いた。過去の数十年間，生物学・生理レベルと認知科学における研究は，科学的心理学を活発化させ変換させてきたが，パーソナリティ・システムとそれに関連する複雑な心的プロセスのための，生物学に基礎をおく情報処理モデルに新たな洞察を提供している。ニューヨーク市で2002年に開かれた，先進的な脳の研究者と心理学者による大きな学術会議において，自己と意識がテーマになるということを予想できた者は，20世紀が終わるころまでほとんどいなかったであろう。この分野の研究はすでに，人々が考え，感じ，行動することが，彼らの遺伝，大脳，神経ネットワーク，そして

生化学に実際に依存することを，詳細に例証している。それと同時に，人間が考え，感じ，そして行動することが，遺伝，大脳，神経ネットワーク，そして生化学に対して影響を与え，変化させることが明らかになってきている。

　精神力動的・動機づけレベルは，私たちが感じ，考え，することの大部分が意識の外側にあり，その動機づけは自己防衛的であることを示すことで，人間の性質についての見方を革命的に変えてしまった。私たちが感じ，考え，することの大部分はまた，パーソナリティ・システムの中で，例えば対立する動機や目標などの間で起こる，葛藤を反映しているのかもしれない。そのような葛藤は，いろいろなレベルで表面化してくるが，特に外見的に矛盾する行動における，間接的で複雑なパターンの中で展開されうる。それは，例えば人々が思いがけない行動をとるときにみることができる。自分の言動で驚かされ，時にはショックを受けるといったケースである。パーソナリティについてのモデルを包括的にしようとするなら，このような理解しがたく，あたり前とはいえないパーソナリティの特徴も盛りこまなければならない。フロイトの理論は，パーソナリティ・システムに関する，現代における最初にして最も意欲的なモデルであり，1世紀を経たいまも，科学的心理学の総体に基づく統合的な枠組みをつくろうとする努力に対し，影響を与え続けている。このモデルの信奉者である自我心理学者たちは理論を発展させ，例えば有能性の動機づけ，自己制御能力などの高次の自我機能と認知プロセスの重要性を示して，ライフ・サイクルを通してどのように対処行動が可能になっているかを検討した。さらに，この分析レベルの自己理論と対象関係論の研究者たちは，人間心理における対人関係の中心的な役割を認め，精神的健康と適応的な心理機能にとって，安定的愛着が重要であることを指摘し，これらのプロセスを分析するための先駆的な研究を行った。

　行動・条件づけレベルでの研究は，観察者によって客観的に定義できる外的な刺激や状況に注目し，学習過程を通して人間行動のほとんどに影響を与え，形づくっている外的な状況と賞・報酬がどのように作用するのかを検討する。この分析レベルは，社会行動が特定の状況によって，容易に影響を受けることを示した。人間の行動は，それによって生じる結果あるいは強化子によって影響されるため，そのような行動結果を変化させることで，行動を予測可能な形で変えることができる。同様に，肯定的であれ否定的であれ，広い範囲の情動反応が，条件づけのプロセスによって獲得されている。それはまた，同じ条件づけの原理を治療の試みに応用することで，行動や情動が変容可能であることも意味している。例えば，生活に支障をきたすほどの恐怖や，自己制御における困難，抑うつなどの問題行動を変容させる治療的試みに，学習の原理を適用することが有用であることが証明されている。特に，他の分析レベルにおける方法や洞察が組み合わされて使われたときに効果的であることは，例えば認知行動療法の例でみることができる。

現象学的・人間性レベルでの研究者は，状況の影響は，その個人が主観的にどのような形で状況を知覚し，解釈し，符号化するかによって異なることを発見した。したがって，その人によって解釈された状況の心理的な側面を重視し，それを特定し査定する方法を開発した。このレベルでの貢献は，パーソナリティ・システムの包括的なモデルは，パーソナリティの個人差における発現と構造において，状況の心理的側面の役割をはっきりさせる必要があることを明確に示している。現象学的・人間性レベルでの研究はまた，パーソナリティはその人の外的な行動だけでは説明しきれないことを証明している。そしてパーソナリティというのは，バラバラなものではなく，組織化されたシステムであることも，説得力をもって主張してきた。その研究は，自己と自己概念の重要性に注意を向けさせ，外的な刺激や賞・報酬に対し，人間は受動的・反射的に反応しているのではないことを示した。パーソナリティ・システムは，先見的な，つまり未来志向的な形で機能するのである。パーソナリティ・システムは，「自己志向的」であり，実際にほとんどの行動は，自己決定的である。

社会認知的レベルにおける研究は，現象学的・人間性レベルの考え方をさらにもう一歩進めて，自分自身，他の人々，自身の経験に関しての，人々の心的表象の重要性を示している。観察学習とモデル学習の重要性を強調し，社会的学習と行動変容における自己効力期待と認知過程の決定的役割に注目すべきだと主張した。さらに，その人のスキーマ，期待，信念，目標，有能性，その他の認知や感情状態というような認知社会的な変数を特定し，これらの変数で個人差が説明できることを示した。これらが状況との相互作用において，その人が行う社会的行動にどのように結びつくかを理論化したのである。

要約すれば，これらすべての分析レベルを背景として心にとどめることにより，本書の最後の部分はパーソナリティについてのこれまでよりも統合された観点を提示しようとしている。その観点は，すべての分析レベルにおいて有用であることが証明された理論，知見，方法論に基づいたものである。

16章は，人間についての統合された観点に対し，それぞれの異なった分析レベルでの研究成果がどのように貢献するのかをみる。これらの貢献に基づいて，この章では，社会的な世界でうまく機能している個人についての，まとまりある「全体像」を提供するため，そしてパーソナリティの多様な表出を理解するため，どのような統合的パーソナリティ・システムが必要とされているのかを解説したい。この観点は，現時点におけるパーソナリティ科学の基本と，この分野の豊潤な歴史の中から生まれてきた，論争に耐え真価を認められた貢献の上に成り立っている。

17章では，この統合された観点を応用して，異なるパーソナリティ構造と組織をもった人々が，自分たちに特徴的なやり方で，どのように自己制御しながら，重要な人生と生活の目標を追求し，個人的な発達を遂げていくのかを理解しようとする。

18章は，社会・対人的な文脈と文化的文脈の中の人間を考察する。この章では，パーソナリティの多様な側面と，生物学的なものから文化的なものまで，多くの影響因子を検討する。それらは人と人の間の関係や，個人的アイデンティティやジェンダー・アイデンティティ，そして自己と社会や文化との連関に影響を与えるものである。

現在のパーソナリティ研究と理論から得られた洞察や知見は，人々をより自己志向的，効果的，創造的，充実的にすることができ，幸せにするだろうか。万能的な効用は非現実的であるし，期待すべきでないかもしれない。しかし，パーソナリティ・システムがどのように機能するかということについて，これまでに知られていることを学べば，人間のパーソナリティの性質と複雑性，そしてそこから表れる行動的表現の驚くべき多様性について，理解することを助けるのは確実である。そして，その知識は，個人が自分自身の人生と生活において主導権を握り，自分の未来を自分の選ぶ方向に向けるように影響するための自由を増やすのに役立つかもしれない。

16章

パーソナリティ・システム
――それぞれのレベルを統合する

　本書はここまで，パーソナリティ特性や，そのさまざまな表れ方に関する理解を向上させるような知見，洞察，概念がどのように生みだされてきたのかを分析レベルごとに示してきた。しかし，その結果を足し合わせてみると，いったいどうなるだろう？　パーソナリティについて研究したり考えたりするのに，たくさんの――たくさんすぎるほどの――異なる方法があることに圧倒され，個々の考え方の中に取り残され，全体的で一貫した概念や，本当に大事なことは何も残っていなかったりはしないだろうか？

　この章では，各レベル間の表面的な違いではなく，むしろ各貢献における本質的な要素に注目することによって，さまざまなレベルがどのように統合されるのかを検証する。1世紀にわたる盛んなパーソナリティ科学研究の後，パーソナリティを概念化するためのより一貫したモデル，または枠組みに向かう全体像がどのようにみえてきたのかを論じていきたい。この見方では，パーソナリティ・システムや人間全体に対する統合的な「ワーキング・モデル」を打ち立てるため，認知，社会，脳科学における最前線の進歩を参照しながら，実証された過去の貢献を選択的に統合しようと試みる。まずは，個人差の表れとして，これまでにどんな一貫したタイプが見いだされてきたのかを要約しよう。このタイプこそ，パーソナリティ・システムの包括的モデルが説明すべきことである。次に，各レベルの研究が，このシステムの必須条件をどのように特定し，システムに組みこまれるべき，揺るぎない貢献を行ったのかをみていくことにしよう。この新しい統合モデルについての重要な仮定や特長のあらましを述べ，このモデルがどのように機能し，すべてのレベルで立証された重要な知見をどのように統合し，説明しようとするのかについて論じることにする。このタイプのパーソナリティ・システムがどう生かされるのかは，研究例や実生活にあてはめた例を用いて解説する。

16章 パーソナリティ・システム──それぞれのレベルを統合する

16.1 何を統合すべきなのか？──各レベルからの貢献

　各レベルは，パーソナリティの統合モデルで考慮すべき，信頼できる重要な知見を生みだしてきた。その結果は，表16.1に要約されている。各分析レベルにより明らかになった発見や洞察を，もっと詳しくみてみよう。

■ 特性・性質レベル──一貫性の二つのタイプ

　最初の基本的要素として，包括的で統合的なパーソナリティ・システムは，行動に表れる個人差に一貫性があることを説明できなければならない。特性・性質レベルにおける研究が，この一貫性が2タイプに分かれることを明らかにしたのを思いだしてほしい。要約すると次のようになる。

[行動の類型における全体的・平均的な違い（広範な特性）]

　3章と4章では，特性・性質レベルの研究者たちが，人々が「全体として」どう異なるのか（つまり，タイプIの一貫性），意味のある分け方を探求し，発見してきたことを学んだ。それによると，観察者が広義のパーソナリティ特性語を使うとき，例えば，ある人が他の人よりも明らかに社交的だとか，他の人より誠実だとか，外向的であるということに同意することが示された。これは，他のさまざまな異なる特徴に

表16.1 統合されたパーソナリティ・システムに対する各レベルの貢献

分析レベル	重要な貢献	システムにおける役割／機能
特性・性質レベル	広義の特性／行動傾向；「〜なら〜に」行動徴候	システムは広く安定した行動について個人差および「〜なら〜に」行動兆候をつくりだす
生物学・生理レベル	パーソナリティにおける大脳過程と遺伝の役割；気質；進化の役割	すべてのパーソナリティ過程との相互作用
	大脳構造における神経ネットワークモデル	パーソナリティがどう組織化されているかのたとえ・モデル
精神力動的・動機づけレベル	無意識的過程 防衛過程	この過程はしばしば意識されない システムは自己防衛的，選択的で偏っている
行動・条件づけ的レベル	状況に結びづけられた行動 情動の符号化 反応の結果	システムは状況と密接に結びついた行動を生みだす システムの情動反応に影響する 期待や行動スクリプトに影響する
現象学的・人間性レベル	主観的知覚；認知的評価 自己実現；自己構築	システムの組織化や機能の基本 システムは自己組織的・主体的
社会認知的レベル	社会的学習；社会的認知の個人差変数	システムの組織化や機能の基本，認知感情的ユニット；社会的認知の個人変数

ついても同じである。研究者たちはまた，人がパーソナリティの特徴評定において，また，さまざまな行動を全体的にみた場合に，確実に，安定して異なっていることを見いだした。このレベルにおける人々の差は，最上位特性とよばれる多くの次元や要因に基づき，組織的に説明され，分類されてきた。これは例えば，主要5因子の貢献や，さまざまな重要な人間の動機についての研究にみることができる。安定した個人差を特徴づけることは，多くの目標にとって役に立つ。それは，このレベルで記述された人の個人特性について，観察者間の一致がかなり高いためである。そのため，パーソナリティ特性や動機における，比較的長期にわたって安定した——しばしば，何十年にもわたって安定的な個人差の，定量化やカテゴリー化が進められるようになった。

しかし，4章や他のレベルの研究から示されているように，状況は行動に大きく影響を与える。よくみれば，ある人が何をし，何を考え，何を感じるかには，状況によって大きな個人内変動がある。この変動性がまず，1920年代から特定の状況で生じる行動に焦点をあててきた研究者たちによって見いだされたことを思いだしてほしい（例：Hartshorne & May, 1928; Newcomb, 1929）。これらの研究者たちが，社会性や誠実さのような広義の特性に対応する行動について研究し，同じ個人が異なる状況において何をするか観察したとき（例：違う授業で，学校の諸活動で，学校と家とで），例えば，仕事では誰よりもまじめだった人が，家では誰よりもふまじめな場合があることを見いだした。このように，研究者たちが探し求めていた一貫性はその期待にはるかに及ばず，その研究者たちが想定していた基本的な仮定に反してしまった。この驚きは消え失せなかった。何年にもわたり，類似した結果が報告され続けたのである（例：Mischel, 1968; Mischel & Peake, 1982; Pervin, 1994; Peterson, 1968; Shoda, 1990; Vernon, 1964）。

[パーソナリティにおける「〜なら〜に」状況‐行動徴候]

異なる状況を越えた一貫性のタイプが，一般に期待より低いとわかると，この研究領域は非常に混乱した。この発見が衝撃的だと思われたのは，少なくとも時と場合により，人がそれなりに一貫していて，予測可能だという仮定が，パーソナリティ概念の核心となるものだったためである。その結果，一部の研究者たちは，常に変わりゆく行動の流れの中で，予測可能な法則がないか探し始めた（4章で詳細が論じられている）。しかし，その法則を見つけるには，長期間，複数の状況にわたって，組織的に観察された多くの個人行動に関する膨大な研究が必要であった。社会的行動は自然な文脈の中で明らかになるため，広範囲にわたり繰り返し観察を行うことが必要となる。しかしこうした観察は，ビデオカメラや，必要な条件を満たすコンピュータが使えるようになるまで実現できなかった。それが可能となったのは，つい最近で，これらの道具が広く使われるようになった1980年代の初めのことである（例：Mischel &

Peak, 1982; Mischel & Shoda, 1995; Shoda, Mischel, & Wright, 1993a, 1994; Wright, Lindgren, & Zakriski, 2001)。ついにその実施が可能になると，このような「～なら～に」の安定的で異なったパターンが実際に存在し，パーソナリティの性質やその表出にとって役立つ情報を与えてくれることが明らかになった（例：Borkenau et al., 2006; Mischel & Shoda, 1995; Shoda et al., 1993a, 1994; Wright et al., 2001)。これらの知見から，こうした変動性のパターンが安定的であり，タイプIIの一貫性に対応することが証明されたのである（Mischel, 2004)。

■ 生物学・生理レベル

この分析レベルにおける研究は，パーソナリティがその生理学的基礎や人間の進化の歴史と結びついていることを示した。遺伝子，脳，行動の間に考えられるつながりを明らかにし，個人差の発生におけるこれら三者間の相互作用に注目した。また，配偶者選択から，脅威やストレスに対処するための利他的行為に至るまで，幅広い社会現象を理解するために，人間の進化や適応に関する研究の概念・方法を用いることの意義を示した。このレベルからの洞察，知見，方法は，生理学的過程を他のすべてのレベルにおける研究に結びつけ，心‐脳‐行動の関連を徹底的に研究する道を開いた。例えば，感情，思考，そして現象学者の興味の対象であるパーソナル・コンストラクトは，いまやfMRIを使って研究することができるため，私たちが考えたり理解したりすることが，脳の活動や行動とどう関連しているのかをたどってみることができる。心的現象はもはや科学的研究の縄張りの外にあるとみなされることはなく，いまや脳研究の中心的主題であることは，この領域がどんなに変わったかということの表れである。統合的な観点は，パーソナリティの生理学的基礎や，人の生物学的継承物が身体的・心理的環境における経験と相互作用する過程を，十分に説明するものでなければならない。

■ 精神力動的・動機づけレベル

この分析レベルは，自分や，自分が頼っている，例えば両親のような他者にとって脅威となる，つまり不安を生じさせるような，動機や気持ちを人がもっていることを発見した。この動機や気持ちがつくりだす不安や葛藤を和らげるため，自分を守るためのメカニズム（機構，機制）や防衛が生じることがある。その結果，性的衝動や攻撃的衝動のような社会的に受け入れられない動機や気持ちは間接的に表れるようになり，少なくとも部分的には意識されなくなる。このレベルからの貢献は，パーソナリティの包括的な観点を打ち立てるのに役立った。この観点では，パーソナリティの無意識的で自己防衛的な面や，それらの側面がどんな力動によって機能するかが述べられている。フロイトの考え方や発見は，他の臨床心理学者や治療専門家に奥深い影響

を与えた。そして，意識外過程の大切さについて注意するよう促し，さまざまなパーソナリティの問題やパーソナリティ障害を取り扱う方法や測定方法をもたらした。さらに，ほとんどの欧米諸国において，人間性やパーソナリティについての考え方を一変させた。フロイトは人間性について，主にその暗くて悲劇的な側面に焦点をあてている。彼の革命的な観点によると，人は生まれて2, 3年のうちに経験した葛藤や性心理的経験の産物である。無意識的な希望や葛藤による苦しみが，人の適応的で合理的な行動を損なっているという。この観点でとらえようとした基本的な人の性質は，それまでに考えられたことがないものであった。

　フロイトの考え方に直接の基礎をおきながら，これを広く拡張した彼の信奉者，すなわち自我心理学者たちは，人のパーソナリティについて，もっと楽観的な考え方をつくりあげた。それによると，人は自分自身の未来に積極的に働きかけ，それを設計していく。エリック・エリクソンのような後期フロイト学派は，人間発達における本能的，生理学的，性心理的な性質だけでなく，その心理社会的な性質についても注意するよう促した。彼らは，発達における課題，危機，変化が，一生を通じて起こることを認識していた。後期フロイト学派は無意識の重要性をよく理解していたが，さらに自我発達，認知過程，愛着と対人関係，自己構築といった視点を，近代の精神力動的な考え方や臨床的実践に取り入れたのである。このように，20世紀後半における精神力動レベルの多くの発展は，同じころに現象学的・人間性レベルで起きたことと並行しており，その知見を充実させてきた。これは，現象学や人間性アプローチが，ある意味フロイトの考え方に対する抵抗として始まったことを考えると皮肉なことである。

■ 行動・条件づけレベル

　行動の流れにおける法則性の探索は，この分析レベルで始まった。このレベルでは，人の行動をそれが生じる特定の状況に関連させ，少しずつ時間を追って分析しようとする。研究者たちによると，私たちがすることはいつも状況の詳細と結びついているため，行動の規則性を調査するときには具体的な行動を組みこむ必要がある。

　このレベルの貢献は，20世紀初期の発見から始まった。学習や条件づけの単純な過程が，一見すると不合理な恐怖や衝動的な情動反応のような現象に科学的意味を与えるのに役立つことがわかったのである。この貢献は，条件の変化と社会的行動の変化の関係を実験的に検証するための方法をつくりだし，学習の基本過程を研究する方法を切り開いた。また，非常に複雑な行動パターンの発達や変化においてさえも，環境が重要であることを証明した。この貢献が強く示唆しているのは，パーソナリティ研究に，人の「行動」が含まれなければならないということである。パーソナリティ研究は，自分はどんなことをするとか，自分はどんな人間であると人が言ったことだ

けではなく，特定の文脈や相互作用の中で表れる実際の社会的行動を検証すべきである。このように，このレベルは行動について，また，行動と，行動の前後に生じる状況との関連をつぶさに観察する方法をもたらした。それは，ある人が出会ったり，つくりだしたりする状況と関連づけた場合，その人が実際には何をしているのかを理解するための方法として，自己報告や自己評定を越えた，より厳密なアプローチに対して道を開いた。20世紀の中ごろ，行動主義の全盛期には，このレベルの研究者は長年にわたり，人のなかにある内的な心理・情動的過程について考えることすら敬遠した。これは，そうした過程を客観的に調べる方法がなかったためであった。その後，脳やホルモンの過程や情動反応を研究する方法の進歩はその方法をもたらし，このレベルの研究に新しい活力を呼び起こしている。

■ 現象学的・人間性レベル

このレベルの研究は，状況の効果が，知覚者による状況のとらえ方，すなわち，経験された心理的状況に左右されるということを示し続けてきた。このレベルの研究が明らかにしたのは，パーソナリティ心理学には，心理‐情動的経験レベルで，人の中で何が起きているのかに関する研究が含まれるべきだということ，それらがこのレベルの方法によって研究できるということである。このレベルは，人が自分や状況をどう受けとめるかが，人生や生活における課題や，ストレスに対する感情や対処法にどんな影響を与えるのかについて注意するよう促した。研究者たちによると，人は自分の生物としての性質や成育歴に苦しめられる必要はない。自分の人生や生活，自分の内的状態や経験の両方を変えるために，解釈の仕方を変えることで多くのことができるという。また，この見方では「自分自身を知る」客体としての自己と，人生や生活に影響を与えるために行動することのできる積極的な行動主体としての自己（あるいは自我）の両方が，経験することに注目する。これらすべての方法において，このレベルの先駆者たちは領域の数年先をいっていた。彼らの貢献は，累積される科学としてのパーソナリティ心理学の進化における，いくつかの最も興味深い発達の基礎となったのである。

■ 社会認知的レベル

社会認知的レベルの研究は，いくつかの他のレベルの研究を結合させることから始まった。第一に，パーソナリティに最も関連する学習過程において，認知や観察がきわめて重要であることにふれつつ，パーソナリティ発達における社会的学習の役割について理解を進展させた。それによると，人は自分が見たり，観察したり，聞いたり，読んだりするものを通じて学習するが，その反応が外に表れなかったり，外的な報酬なしに学習が行われることも多い。これらの洞察は，自己，パーソナル・コンストラ

クト，期待，価値，目標などの他のレベルからの知見と統合され始めた。社会的認知における個人差変数が大切であることが示され，人が自分の長期的目標や価値に照らし，自分の行動に及ぼす状況の影響力をどのように自己制御し，修正できるのかが研究されるようになった。社会認知的レベルの貢献はまた，より統合された科学を打ち立てるため，複数レベルの貢献を組み合わせ始めるためのモデルを提供してくれた。このモデルは，心‐脳‐行動の関連を研究する，社会心理学や他の関連する科学分野と密接に結びついている。

　パーソナリティの包括的で累積的なモデルにおいては，いままできたすべての分析レベルからの重要な貢献を，統合的なパーソナリティ・システムの特徴に組み入れなければならない。しかし，このシステムの概要について話を進める前に，人の心が世界や自己についての社会的情報をどう処理しているのかという基本的原則と，この原則が社会的行動やパーソナリティ過程をより理解するためにどう用いられるのかについて思いだしてほしい。15章で論じられたように，これらの原則は認知革命から生じたものである。1970年代に始まったこの革命は，社会心理学とパーソナリティ心理学の両方にまたがる社会的認知研究の発展につながった。パーソナリティに最も関係する発見のいくつかは，人の認知構造やスキーマについてのものだった。この貢献は，私たちが状況や他者，自分自身を理解する方法や，私たちの行う推論や意思決定，私たちが記憶していること，私たちが社会の中で演じる社会的行動に対して，スキーマがどう影響しているのかを明らかにした。

16.2　統合に向けて——パーソナリティ・システムの特徴

　こうした人の心を背景に，次に，本書を通じて論じられた，すべての分析レベルの発見や原則を統合するために必要な枠組みについて検討する。

■ パーソナリティ・システムに認知・神経ネットワークモデル／ネットワーク情報処理モデルをあてはめる

　包括的で統合的なパーソナリティ・モデルを確立するための大きな一歩は，社会的情報処理の認知理論を，パーソナリティに適用しようとする努力から始まった。1970年代の初め，その理論は，当時使用されていた初期のコンピュータの情報処理をモデルとするものに限られていた（例：Carver & Scheier, 1981）。情報処理システムとしての近年のパーソナリティ・モデルは，代わりに，現代の認知神経科学における認知・神経ネットワークモデルに深く基づいている（例：Anderson & Lebiere, 1998; Thompson‐Schill, Braver, & Jonides, 2005; Vallacher, Read, & Nowak, 2002; Wager et al., 2005）。このネットワークのたとえは，デジタルコンピュータではなく，生物学的シ

ステム——特に，ニューロン（神経細胞）が相互に結合して情報を処理する，人間の脳の中の結合システムに基づいている。この新しいモデルは，研究者たちが，人間の脳の複雑な情報処理を行う能力が，デジタルコンピュータの中央処理装置（CPU）を特徴づける論理的思考からくるものではないと気づいたときに生みだされた。その能力は，人間の脳における多くの単純な一単位（つまりニューロン）の相互連結パターンや，そのパターンどうしの数限りない相互連結から生じている。例えば，視覚神経科学による発見は，こうしたネットワークが，どのようにして網膜に投影された像からきわめて複雑な特徴を抽出することができるのかを明らかにした。このタイプの認知・神経ネットワークモデルは，初期のコンピュータ・モデルをはるかに越え，パーソナリティを理解するために必要な豊かさや複雑さをもたらすことを約束している。

パーソナリティ心理学にあてはめた場合，ネットワーク情報処理モデルは，人が特定の性質（例：自己効力の期待）をどの程度もつかに注目するだけではない。むしろこのモデルは，人の内的な心的表象やスキーマが，組織化されたネットワーク構造として機能するシステムを形成するため，どのように相互に関連し，連結しあっているのかを重視する。現代の認知心理学やコネクショニスト理論の用語でいえば，ネットワークにおけるノードは，概念的に生物学・生理学的理論におけるニューロンにも似ていて，モデルの構成要素であり，ノード間の関連や連結は，これらを結ぶリンクによって表される。

パーソナリティ心理学にとって，こうしたネットワーク構造における回路や経路といった専門的な詳細は重要ではないが，基本となる全体的な考えが大切になってくる。ネットワークには興奮系（活性）リンクと，抑制系（非活性）リンクが存在する。ある概念が心の中で活性化する頻度が高いほど，興奮系リンクは強められる。ある構成要素やノードが活性化すると，それと結びついているすべての構成要素が活性化する。水着と海岸は興奮系リンクによって密接に関連している。水着について考えると，海岸についても考えることになる。二つの概念が一緒に活性化することが少なくなると，抑制系（非活性）リンクが強められる。水着とスキーは関連しているが，日常生活において両者がともに現れることはほとんどないため，その関連はむしろ抑制的なものである。つまり，一方について考えると，もう一方についてはあまり考えなくなるのである。情報の想起は，相互に連結されたノードの間に広がる活性化によって媒介される。あるノードは互いに弱く連結しているか，関連していない状態にある。

■ 認知的・感情的パーソナリティ・システム（CAPS）

認知的・感情的パーソナリティ・システム（**CAPS**）は，社会的認知や心の認知・神経ネットワークモデルにおける多くの考え方を，包括的なパーソナリティ・システムの枠組みへと統合するという目標に基づいて構築された（Mischel, 2004; Mischel &

Shoda, 1995)。14章で述べられているように，CAPSの由来の一部はパーソナリティの社会認知的モデルから始まっているが（例：Mischel, 1973），CAPSはすべての分析レベルから得られた，揺るぎない貢献を説明できるように意図されている。したがって，ほとんどのパーソナリティ理論とは異なり，CAPSはパーソナリティ心理学における特定の理論や，ある一つの分析レベルに「属する」モデルではない。パーソナリティを統合的，包括的に一望するための，進化する一般的な枠組みである。新しい発見がなされ，科学が発展し続ける中で，変化に対して開かれ続けるメタ理論，つまり幅広い枠組みなのである。

認知的・感情的パーソナリティ・システムというよび名は面倒に聞こえるかもしれないが，情報量に富んでいる。「認知」という言葉が示すように，これは知識表象を扱うパーソナリティ・システムの枠組みである。情報処理システムではあるが，認知的で非情動的または「冷静な」ものを扱うだけではない。異なる人々が「熱い」，情動的な出来事や気持ちをどう処理するかを扱う，感情システムでもある（例：Kahneman & Snell, 1990; Metcalfe & Mischel, 1999; Smith & Lazarus, 1990）。CAPSの説明は，図16.1に示されている。

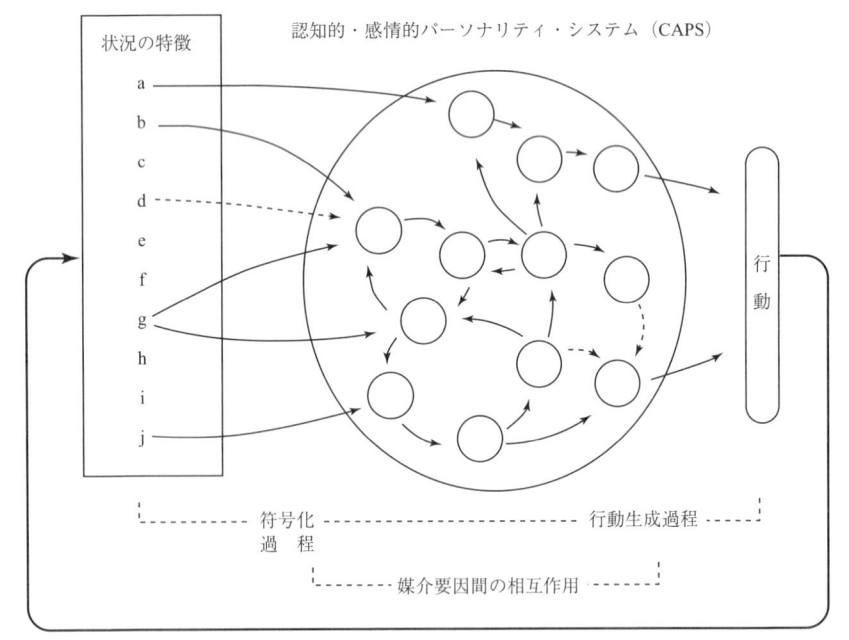

図16.1 認知的・感情的パーソナリティ・システム（CAPS）のスキーマによる説明図
［出典：Mischel & Shoda（1995）のp.254の図4より］

16章　パーソナリティ・システム——それぞれのレベルを統合する　　**513**

　このタイプのパーソナリティ・システムには，認知的・感情的ユニット（CAU）とよばれる幅広い心的表象が含まれる。CAUの例としては，心理学における認知革命の初期に特定された社会認知的個人変数の心的表象やスキーマがあげられる（Mischel, 1973）。14章で論じたように，これには人々の記憶や過去の出来事，幅広い有能性，技能，能力が含まれており，これらは目標を追求するにあたって自己制御を行うための計画や方略に関連している。さらに，自己，人々，状況，長期的な目標，期待や信念，感情状態に関する人の解釈（符号化）や表象などもこれに含まれる。15章で論じたように，CAUはスキーマと同様，知識の活性化に関する基本的な原則，「接近可能性」などに従って活性化する。

■ 二つの基本仮定——常習的接近可能性と関係の安定した機構

　パーソナリティにおける個人差を概念化するため，こうした情報処理システムは，ただ二つの基本過程に基礎をおいている（Mischel & Shoda, 1995）。

①　人は，どのくらい容易に，また頻繁に，異なるタイプのCAUに接近したり活性化させたりするかにより異なっている（例：Cervone & Shoda, 1999; Higgins, 1996a）。このような常習的接近可能性の違いは，例えば，曖昧な対人的状況において，ある人は否定的な出来事を個人的拒否として符号化しやすく（例：Downey & Feldman, 1996），またある人は不明瞭な挨拶を聞いただけで腹を立てやすい（例：Dodge, 1993），という事実にみることができる。人は，自分独特のやり方で符号化できるような，多くの曖昧な対人状況を経験する。そのため，異なる行動タイプの全体的な平均レベルにおいて，大きな個人差が生じることになるのである。これは，4章で論じられたタイプIの一貫性にあたる。

②　人は，パーソナリティ・システムの中の認知や感情（CAU）の間に存在する特有の関係（経路）の安定した機構において異なっている（Mischel & Shoda, 1995）。したがって，個人のシステム内の期待，目標，情動，有能性，行動傾向は，比較的安定したネットワーク構造の中で互いに連結され，組織化されている。CAPSではこれがパーソナリティ構造であり，パーソナリティにおける個人差はこうした構造における違いを反映していると考えられる。

■ パーソナリティ構造の表出
——CAPSにおける「〜なら〜に」パーソナリティ徴候

　人のパーソナリティ構造が行動として現れるのは，4章で述べたように，とりわけその人特有の「〜なら〜に」パーソナリティ徴候においてである。例えば，ジャックは難しい数学の試験を受けるとき，終了時間前に回答を終わらせて教室を出ていくことが多い。これはジャックのパーソナリティ構造において，このタイプの状況がこの

人の不安を活性化させるためである。この構造の中では，ジャックの不安はパニックや回避，撤退を助長するような，失敗感情と強く結びついていると考えられる。反対に，同じ試験に対するマリアの強い不安は，いったん自分をリラックスさせてくれるような「冷静化」方略をすぐに活性化させ，心機一転，問題解決に向かう力を与えてくれる。つまり，ジャックとマリアが経験する不安は，全体として同じくらいかもしれない。しかしこの二人は，その不安反応が他のCAUによる回路全体とどう連結し，それらを活性化させるのかにおいて，予測できるパターンで異なっているのである。ジャックでは回避反応が生じるかもしれないが，マリアでは冷静化期間と新たな努力が生じるかもしれない。そしてその両者において，システム内で活性化した特有の相互連結は，特徴的な「〜なら〜に」パーソナリティ徴候として表れるのである。

　人が異なる心理的特徴を伴った状況を経験すると，システム内で相互に連結した異なるCAUが，独特のパターンで活性化されることになる。そのため，CAUの活性化は状況ごとに変化する。この変化は，個人内で心理的に生じるだけでなく，行動としても表れる。例えば，休暇で家族のもとを訪れたときに母親との関係の中で活性化した「自己」（専門用語では自己スキーマ）は，車で帰宅するときにパートナーとの関係の中で経験された自己とは違うだろう（例：Andersen & Chen, 2002; Zayas, Shoda, & Ayduk, 2002）。このように，「〜なら」が異なるため（つまり，母親vs.パートナー），「〜に」，つまり，それぞれの相手に対して何をするのかも異なってくる。人が異なるタイプの心理的状況に対処するとき，「〜なら〜に」関係の特有のパターンが表れる。例えば，実家では母親に対して依存的で従順になりがちでも，車の中ではパートナーに対してもっと強引であるかもしれない。結果として，状況の変化と関連づけると，人の行動は予測可能な形で変化する。これはタイプIIの一貫性にあたるものである（4章）。

　個人内で活性化されるCAUが，パーソナリティ構造，すなわち組織化されたネットワークそのものが変わらなくても，状況が変われば変化することに注意してほしい（Mischel & Shoda, 1995; Shoda & Mischel, 1998）。各個人のパーソナリティ構造は，生物学的な基礎（例：気質，遺伝的素質）と心理社会的な発育歴の両方により，比較的安定して，さまざまな傾向をもつのである（例：Cervone, 2004; Mischel, 2004; Mischel & Shoda, 1995）。

■ パーソナリティ性質（処理力動）

　CAPSにおいて処理力動ともよばれるパーソナリティ性質は，思考，感情，行動傾向など，人のもつ特徴的なCAUのパターンである。これらは特有の心理的状況において，「〜なら〜に」パーソナリティ徴候にみられる形で活性化される。そのよい例が，拒否感受性（RS）である。ジェラルディン・ダウニー（Geraldine Downey）らに

よると，拒否感受性は「潜在的な拒否手がかりを予想し，それに対して不安になりやすく，過剰反応してしまう傾向」として定義される（Downey & Feldman, 1996）。このタイプの人は，自分がきっと拒否されるだろうと予想しやすい。つまり，そういったスキーマをもっている。その予想は，拒否という文脈にあてはまる状況で，例えば恋人と衝突したときとか，相手から拒絶される可能性があるときに活性化される。こうした予想は，曖昧な対人的経験を意図的な拒否として符号化しやすいことと関連しており，それが熱い感情，特に不安や，攻撃的な過剰反応や撤退／回避のように不適応的な行動スクリプト（脚本）を活性化させてしまう。パーソナリティの性質やその力動について，抽象的な定義や概念をわかりやすく具体的に説明するため，よく研究されてきた二つの異なる処理における性質について，諸研究が何を明らかにしてきたのかみてみよう。

■ 拒否感受性（RS）徴候——「〜なら〜に」要素と特性要素の両方を見いだす
［拒否感受性と攻撃］

図16.2は，社会的行動において，拒否感受性の高い人と攻撃傾向とがどう関連するかについて，実験結果をまとめたものである。見てのとおり，拒否感受性の高い人は拒否感受性の低い人に比べて，平均レベルで攻撃傾向が強いわけではない。その代わり，この人たちは特異な「〜なら〜に」徴候をみせる。拒否感受性の高い人の攻撃傾向は，特に拒否を知覚した状況で引き起こされる（Ayduk et al., 1999）。しかし，拒否が知覚されなければ，拒否感受性の高い人は，低い人と比べて攻撃的だということはない。実際のところ，この人たちは攻撃傾向が弱い傾向をみせることさえある。例え

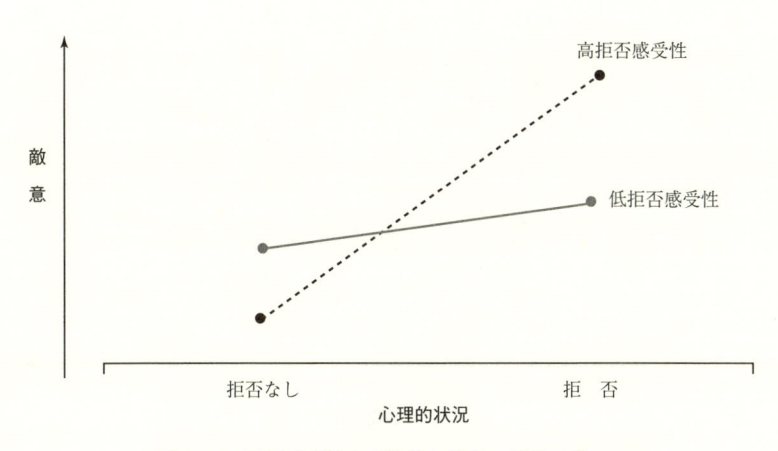

図16.2　拒否感受性と攻撃性の状況 - 行動パターン

ば，拒否感受性の高い女性は，関係性の中で相手のことを先に考えるなど，とりわけ気づかいを示す傾向がある（例：Purdie & Downey, 2000）。これは，拒否感受性の高い人が，拒否されずに受容してもらえるよう注意を払っており，関係が比較的良好なときには，過度に人あたりのよい，あるいは他者に迎合するようなふるまいをするためかもしれない。

まとめると，攻撃傾向についてみた場合，拒否感受性の高い人の行動徴候は，その人たちが拒否されたと感じるときには攻撃的だが，拒否を伝えない状況においては攻撃的でないというものである。そして全体的にみると，拒否感受性の高い人たちは特定の親密な状況において，他者と比べて怒りや排撃，高圧的な行動を示しやすいというわけではない。

［拒否感受性と抑うつ］

図16.3は，拒否感受性の高い人の抑うつに関する知見をまとめたものである。攻撃傾向とは逆に，拒否感受性の高い人と低い人の間には，抑うつの平均値に違いがある。前者は後者に比べ，状況を通じて抑うつ感情や抑うつ行動が高い水準にある。これはRSが，広義の特性レベルとして現れた例である。

そのことに加え，攻撃傾向の場合と同様に，抑うつの場合においても，拒否感受性の高い人たちが類似の行動徴候を示すことがみてとれる。拒否感受性の高い人たちは，全般的なレベルにおいて，低い人たちに比べ，抑うつの傾向が強いのであるが，この違いは，拒否状況において特に強められてしまう。例えばアイダックら（Ayduk, Downey, & Kim, 2001）は，学期を通して，女子学生たちの人間関係の変化を追跡調査した。その期間内に別離を経験した場合，それがパートナーによって起こったのか，

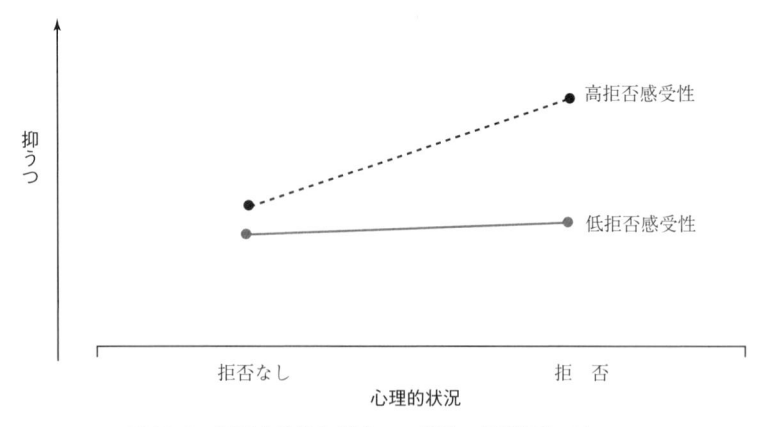

図16.3 拒否感受性と抑うつの状況 - 行動行動パターン

それとも本人なのか、あるいは両者の合意によったものなのかを調べた。その結果、拒否感受性の高い女性の場合、パートナーによって別れることになった場合、自分から別れた場合や合意に基づく場合に比べ、学期の始めに比較して終わりに、抑うつ気分が有意に増加していた。パートナーによって分かれたのは、相手から拒否が伝達されたことになるから、拒否感受性の高い女性たちが示した「〜なら〜に」行動徴候は、拒否されたときに特に抑うつがひどくなるという形になっている。それに比較すると、拒否感受性の低い女性たちは、拒否を経験しようがしまいが、同じように低いレベルの抑うつを示したのである。

■ 自己愛的徴候

　自己愛は、CAPSのような枠組みで概念化されたパーソナリティ性質のもう一つのよく研究されてきた例である。たいていの人は自己愛者に会ったことがあり、一度会えば忘れることはほとんどない。知りあいになっても、そういった人たちがきわめて扱いづらいことがわかり、会わなければよかったと思うことも多い。うぬぼれが強く、映画スターになりたいタイプについて考えてみよう。この人たちは自分自身を深く愛しており、自分がどんなにすばらしいか常に証明したがっている。必死といっていいくらいに、自分が本当にすごいんだということを、自分自身だけでなく世界中に納得させようとしているのである。

　自己愛者の行動徴候には（Morf, 2006; Morf & Rhodewalt, 2001a, 2001b）、目立って重要な特徴がある。自己愛者は、自分の偉ぶった自己概念を肯定し、強められる機会をいつもねらっている（Morf, Ansara, & Shia, 2001; Morf, Weir, & Davidov, 2000; Rhodewalt & Eddings, 2002）。この人たちを特徴づけるのは、「もし自己を売りだす機会があるなら、他の誰より自分が優れているということを証明するのに相当な努力をする」というパターンである。自己愛者は他者を皮肉な目で見ており、他者の気持ちに鈍感で、思いやりに欠けている。研究によると、例えば、他者のほうが自分より出来がよい場合など、ふつう謙遜が求められる場面でも、この人たちはすぐに競争相手をおとしめたり、その成果をけなしたりする。驚くことに、自分がつくりあげようとしている関係性にとって、その行為が長期的には自滅的・破壊的な結果をもたらすとわかっても、同じようにする傾向がある（Morf, 2006）。この人たちはまた、自分が受けとったどんな肯定的評価も誇張する一方、どんな否定的評価も無視、軽視するなど、自分の経験を再解釈することによって自分自身を守っている（Morf & Rhodewalt, 2001a, 2001b）。まとめると、自己愛者は自分の頭の中でも、社会との関係性においても、みんなが本当に自分を愛しているのだと自分や世界に納得させようとすることに動かされているように思われる。ただし、自己愛者は自分が実際に愛すべき人間だということを、自分自身が確信しようとして苦しんでいるのかもしれない。

自己愛者と高い拒否感受性タイプの行動徴候や処理力動にはいくつかの共通点があるが、この人たちがもつ目標や動機づけなど、他の面では明らかに異なっている（Morf, 2006）。自己愛者にとっての対人状況は、人よりもうまくやったり、脚光を浴びようとしたりすることで、自分がどんなに優れているかをしきりに見せびらかすためのやりがいある課題である。反対に、拒否感受性の高い人は、同じ状況において不安げに拒否される可能性を探る。傷つくことを避けようとし、批判の気配さえも誇張してとらえ、その可能性にすばやく過剰反応する。

モーフら（Morf, 2006; Morf & Rhodewalt, 2001）による自己愛のモデルは、自己や同一性の研究とともに、CAPSのアプローチをパーソナリティ力動に結びつけた。この研究者たちは、自己愛的パーソナリティ・タイプの基本となる動機づけが、他のタイプと同様、自分自身の行動を望ましい自己、すなわち自分自身が築き上げ、維持しようとする自己に一致させようとする試みでもあると主張した。この力動的な自己構築過程は、内的に生じるだけでなく、他者との人間関係の中にも表れる。このモデルによると、自己愛者が社会という舞台で絶え間なく外的な自己肯定を求めるのは、偉ぶりながらも傷つきやすい自己概念が、その人を駆り立てるためだという。しかし、自己愛者は他者の気持ちに鈍感で、批判的、対決的であることが多いため、この人たちの自己構築の努力は、長い目で見ると危険にさらされてしまう。自己愛者の行動は短期的には自尊心を維持するのに役立つのだが、長期的には対人関係を損なう。さらにそれは、この人たちが必死すぎるくらいに打ち立てようと苦労した自己や自尊心を、自ら破壊し、損ない、決して手に入れられなくしてしまうかもしれない。モーフ（Morf, 2006）のモデルや研究計画は、特性のような個人差を特定するとともに、それを生みだす心理過程を分析することで、パーソナリティ心理学の基本的な目的に取り組むものといえる。

■ パーソナリティの発達と変化

CAPSの基本となる仮定は、各パーソナリティ・システムが、CAUどうしの相互連結における特有で相対的に安定した機構に特徴づけられる、というものだった。すでに論じたように、パーソナリティ構造を形づくるのはこの機構である。では、それはどこからくるのだろうか？　また、発達の過程でどのように変化するのだろうか？　何が安定し続けるのだろうか？　何が変わるのだろうか？　安定や変化を導く条件とは何だろうか？　こうした質問は、CAPSの枠組みにおいて、パーソナリティ発達の研究を促した。その答えのいくつかは、前章までにみてきた、すべての分析レベルにおける研究成果から導きだされている。

パーソナリティの発達と変化には、生化学的な影響と社会認知的な影響の両方がかかわっており、この二つが連続的に相互に作用している。例えば、活動性、興奮性、

16章 パーソナリティ・システム——それぞれのレベルを統合する

緊張, 苦痛, 情緒不安定性といった性質や反応性の個人差は, 生後まもなく表れてくる (Bates & Wachs, 1994)。これらは, 他の多くの心理学的, 生化学的要因と相互作用し, 認知的・感情的な構造や機構に影響して, 生後2, 3年で急速に進化展開する (例：Rothbart et al., 1994)。パーソナリティ・システムは, 生物学的な基質の変容, 発達的変化, 人生や生活における重要な出来事の結果として変化することがある。その変化は, パーソナリティ構造, 状況－行動徴候と力動が, 異なる状況, 異なる発達時点に応じて活性化されるという形で生じるかもしれない。

■ 各レベルから統合された特長と知見

それでは, CAPSのようなモデルが, どうやってさまざまな分析レベルからの重要な貢献を組みこみ, 説明するのかをみていこう。

もう一度要約すると, 特性・性質レベルは, パーソナリティ表出において2種類の行動における一貫性があることを見いだした。CAPSがパーソナリティ・システムの妥当なモデルとなるためには, この両方の種類について説明できなければならない。CAPSは, 人の行動におけるタイプI, タイプIIの両方の一貫性を予測し, つくりだせることを示してきた (Shoda & Mischel, 1998)。コンピュータ・シミュレーションや実験研究は, このタイプのパーソナリティ・システムが, 安定的な「～なら～に」行動徴候 (Mischel & Shoda, 1995; Shoda et al., 1993b, 1994) を反映した, 独特で安定した変動パターンをつくりだすことを証明している (Shoda, 2007)。異なる心理的状況は, 異なる処理力動を引き起こし (つまり, 活性化された特定のCAU), それが行動徴候となる。そのため, 「～なら」が変われば, 人の行動も変わるのである。しかしそのパターンは, 基本となるパーソナリティ構造, つまりCAUどうしの相互連結ネットワークが安定しているため, 予測することができる。さらにCAPSは, 広義の特性レベルの違いで示される, パターンの平均レベルの差もつくりだす。この差は, 異なるCAUタイプの常習的接近可能性における安定した個人差を反映したものである (Shoda & Mischel, 1998, 2000; Shoda et al., 2002)。

CAPSにとって, 生物学・生理レベルからの貢献は基本である。気質, 生物学的な経歴, 遺伝的素質は, 心理的・学習的な経歴と同様, CAPSにおけるパーソナリティ構造の発達や機構化の基礎である。このあらかじめ決まった生物学的な配線は, パーソナリティ構造がどのように異なるタイプの情報を処理するかを制約し, 方向づけていく。生物学・生理レベルはまた, これらの生物学的構造が, 環境とともに, 受胎から始まり人生を終えるまでの間, 連続するお互いに影響を与えあう返報的相互作用に基づいてどのように表現され, 進化展開していくのかを明らかにした。さらに, CAPSに影響された近年の研究は, 人が状況についてどう考え, 評価するのかを脳の活動と関連づけようとしている自己統制の研究と同様, 心と脳の関連 (最終的には遺

伝的素質につながる）に注目している（例：Lieberman, 2007; Ochsner & Lieberman, 2001）。

　精神活動のほとんどとはいかないまでも，その多くが意識外で自動的に機能しているという精神力動的・動機づけレベルによる発見と同じように，CAPSは，しばしば意識外において複数のレベルですばやく機能する認知・神経ネットワークモデルである（Kihlstrom, 1999, 2003）。こうした機能は自動的処理において生じる。この自動的処理は，その人がもともともっているスキーマに依存しており，無意識に進行することが多く，活性化すべき動機づけも必要としないものである。CAPSには，このような自動的で統制されていない処理が数多く存在する。しかし，自我心理学者が理解していたように，パーソナリティや適応的機能において重要となるものの多くは，認知や思考を必要とする。これは，計画，問題解決，未来志向の意思決定，自己統制においてみられるような統制的処理や意識的思考において生じるものである。この統制的処理は動機づけ，努力，自己制御能力を必要としており，不幸な将来の結末へとつながりかねないような衝動的な反応を乗り越えるために重要となる。例えば，初めて運転しようとするときには統制的処理だが，数年後にそれは，ほとんどの時間およびひとりでに車を走らせることができるような自動的処理となる。摂食や薬物乱用の問題を乗り越えようとするときのような，自己統制のパターンについても，これと同じことがいえる。最初は努力のいる統制が必要であるが，最終的にはそれはほとんど自動的になるだろう。

　さらにまた精神力動的・動機づけレベルの発見と同じく，CAPSは「冷静な」内省的な認知システムであると同時に，「熱い」情動に動かされる，反射的で感情的なパーソナリティ・システムである。CAPSにおける熱いシステムと冷静なシステムの相互作用は，少なくともフロイトのイドと自我のシステムとの間に強い類似性を示している。これらの下位システムが相互に作用する様子は，このタイプのモデルにおいて，自己制御過程を扱った次章において検討される。

　状況と行動，つまりその人がどのようなところで何をするのかの両方に注目するのは，行動・条件づけレベルからの中心的な貢献であり，CAPSにとって欠かせない部分である。どんなときであれ，パーソナリティ・システムにおいて，どの結合が活性化されるかは，その個人がかかわる特定の状況に左右される。このように，CAPSのパーソナリティ構造は，経験される状況と連続的に相互作用する。そして情報の処理は行動レベルに表れ，先に論じた2種類の一貫性として表現される。同じように，CAUには，その個人の社会的学習歴や，異なるタイプの行動が過去に似たような状況で生みだした結果を反映する，期待やスキーマが含まれる。発達過程における経験が，異なるCAUの活性水準やCAUどうしの連結さえも変えていくかぎり，パーソナリティ構造そのものも進化し続けるのである。

CAPSに対する現象学的・人間性レベルの貢献は，客観的刺激だけでなく，個人により知覚，評価，解釈された状況——すなわち，心理的状況を重視することにある。こうした心理的状況は外的に生じるものだけではない。計画，思考，想起，白昼夢や，長期的な目標追求のため，努力のいる統制を行うといった過程で経験されたり，自分自身の気分や感情状態からつくりあげられたりする，自己生成的で内的なものである場合もある。CAPSにおけるこうした過程は，自己に関する現象的な関心と，人が将来に影響を及ぼそうとするときに主体的かつ能動的たりえる個人の能力を統括するものである。

同様に，社会認知的レベルにおける重要な発見は，個人の目標，期待，価値，自己制御の能力などの社会認知的個人変数を組み入れることによってCAPSに統合される。これらのスキーマはすべて，パーソナリティ・システムにおいて相互に連結するCAUによって表象されている。スキーマは，異なる心理的状況で活性化されたパーソナリティ徴候の中に表れ，それが特性・性質レベルで特定された二つの一貫性タイプを説明するのである。

完全にはほど遠いものの，これらの例はCAPSによる枠組みが，すべての分析レベルから得られた重要な発見に対応しており，それらを説明していることを示している。最も重要なのは，こうした対応性が過去の研究だけに限られるのではなく，将来必ず訪れる新たな洞察や発見をふまえ，連続的な変化や，必要なら反証に対しても開かれているという点である。

まとめると，CAPSは統合的な認知・神経ネットワーク情報処理モデルとして考えだされ，すべての分析レベルからの揺るぎない貢献を説明するようつくられた。CAPSは，社会-認知-感情に関する力動的な情報システムであり，状況と相互作用して，個人を特徴づける特有の安定的思考，感情，行動パターンを生みだすパーソナリティ・システムなのである。この枠組みにおいて，人は，社会的・生物学的な経歴から受けとった特性・遺伝的素因を単純に行動化する，受け身の犠牲者ではない。むしろ，特定の課題や制約に働きかける，積極的で社会的な能動的主体となることができる。CAPSは状況を考慮するが，能動的主体としての人を認めないわけではない。人は状況を選び，ある意味それを構築していくだけでなく，状況の意味やその影響力をも変えていく。その意味で，このモデルにおけるパーソナリティ・システムや人は，未来志向の能動的主体としてとらえることができる。

16.3　活動するパーソナリティ・システム

CAPSの枠組みでは，外的な状況が人に及ぼす影響や「力」は，少なくとも部分的に，人が状況をどうとらえ，符号化するのか，すなわち心理的状況に左右されると考

える。内的な状況は，その状況が個人にもたらした個人的意味からなっている。そしてそこで生じた意味は，根本にある一貫し組織化されたパーソナリティ構造を反映した思考，感情，期待，目標，スクリプトの流れを活性化させる。このタイプのシステムは，力動的，自己生成的であり，「頭の中」だけに限られるものではない。システムは社会の中で文脈化され，人と，その人が出会いつくりあげる状況とのやりとりの中で，行動となって表れてくる。こうした相互作用におけるパーソナリティ・システムの働きを具体的に説明するため，ゲリー・Wの生活についての例をあげてみよう。

　図16.4からは，このタイプの認知的・感情的パーソナリティ・システム（CAPS）において機能する複数の過程や相互作用をかいま見ることができる。この図には，すべての分析レベルにおける研究者によって特定され，研究されてきた多くの性質，内的な特徴，個人変数に対応する表象が含まれている。これらの表象は本書を通じて示され，多くの章で具体的なゲリーの事例にあてはめられてきた。生物学的性質（例：BIS／BAS），心理的特性，評価，期待，自己概念，目標，自己の防衛，自己制御過程などがそれにあたる。

■ 活性化の外的・内的な原因

　パーソナリティ・システムは連続的に活性化した状態にあり，その活性化には二つの原因がある。一つめは，ある時点で出会った状況から生じる外的活性化である。例えば，ゲリーが友だちとしている会話について考えてみよう。友だちは，だんだんイライラしてきている。この場面においてパーソナリティ・システムに活性化をもたらす有効成分は，対人的文脈における潜在的拒否手がかりなど，ゲリーが特に自分を適合させようとしている状況の特徴である。この場合，それは友だちのイライラを示す兆候である。これらはゲリーが注意深く調べる特徴，つまり心理的状況であり，パーソナリティ力動からいえば，ゲリーのパーソナリティ・システムはその特徴に対し，安定的なパターンで独特の反応をみせる。状況とゲリーのパーソナリティ・システムを結ぶ双方向の矢印は，両者が互いに影響を及ぼしあう双方向の相互作用の関係にあることを示唆している。ゲリーのパーソナリティ・システムは，経験された状況におけるこれらの有効成分を選んで焦点をあて，同時にその有効成分から影響を受ける。例えばこの場合，友だちに対して怒りを爆発させるかもしれない。

　もう一つの原因は，内的活性化である。ゲリー自身の思考，感情，計画でいうと，例えばそれは，ゲリーが自分自身や自分の関係性について考えこんだり，明日は何をしようと考えたりするときに生じてくる。研究では，人が状況について考えたり考えこんだりすることで，どのように自分の力動を活性化させるのかが検討された（例：Nolen‒Hoeksema et al., 1994）。また，選択的な想起や過去の出来事や感情を再経験した場合や，自分の強みや資源，傷つきやすさ，葛藤，迷い，予期される未来などの自

16章 パーソナリティ・システム——それぞれのレベルを統合する

行動，知覚，反応の結果

計画的／期待された／想像された状況

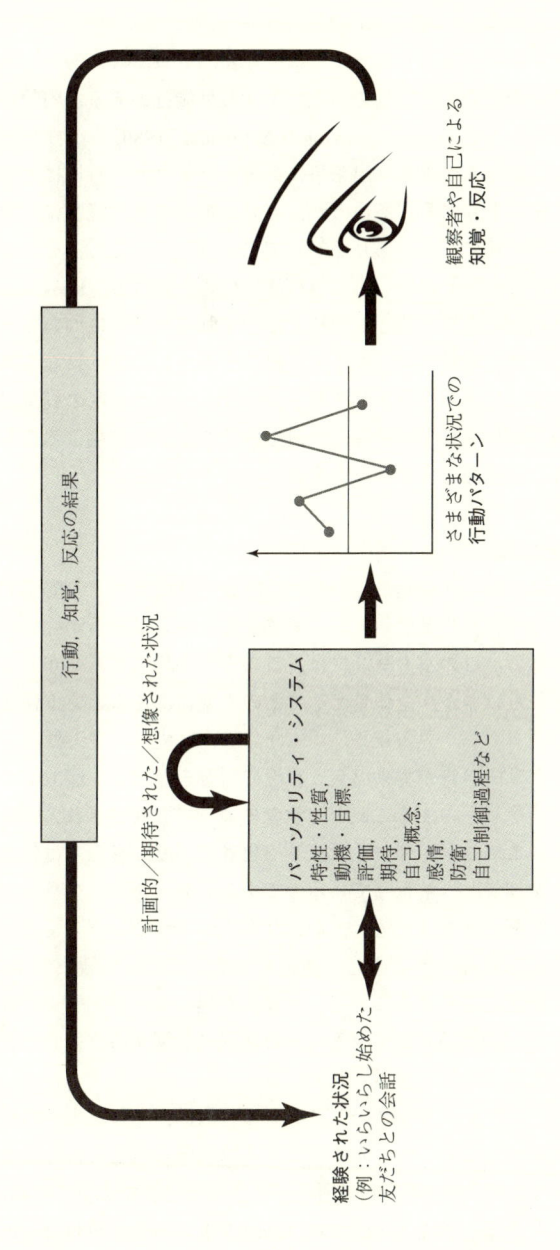

パーソナリティ・システム
特性：性質，
動機，目標，
評価，
期待
自己概念，
感情，
防衛，
自己制御過程など

さまざまな状況での
行動パターン

観察者や自己による
知覚・反応

経験された状況
（例：いらいらし始めた
友だちとの会話）

図16.4 パーソナリティ・システムとその文脈

己の諸側面に対する選択的注意を通じた活性化についても検討された（例：Bandura, 1986; Kross, Ayduk, & Mischel, 2005; Mischel, Ebbesen, & Zeiss, 1973, 1976; Norem & Cantor, 1986）。計画されたり想像されたりする白昼夢，空想，対人的想定場面においてさえ，私たちは自分の特徴的な力動を活性化させる可能性のある，内的な誘発刺激をつくりだしてしまうのである（例：Taylor & Schneider, 1989）。こうした内的な経験や予期は，その後，私たちが出会う出来事に影響を与えたり，時には出来事そのものをつくりだしてしまったりする。ある人が，自分が拒否された経験についてあれこれ考えこみ，心の中で頻繁に，ありありと怒って思い返していたら，それを乗り越えるのはどんどん難しくなり，その思い出は再び活性化され続ける（Kross et al., 2005）。例えば，拒否感受性の高い人が，親しい間柄で拒否される可能性について不安や怒りを強めるほど，予言が自己成就する，つまり実際に拒否されるようになる可能性が高まるのである。このように，パーソナリティ・システムは単に外部の刺激に反応するものではない。その人が何をし，何を考え，何を感じるかが次に起こることを決めるという意味で，それは積極的で未来を志向するものだといえる。

■ システムの表出と結果

　行動レベルにおいて，ゲリーの起こした行動は特有の状況で生じ，安定的に時間をかけて表れる「～なら～に」行動徴候として表される。例えば拒否が知覚されると怒りが爆発するなどである。このパターンには，この人が平均してみせがちな特徴的行動，例えば敵意，怒りっぽさが，全体量としてどの水準にあるかという情報も含まれる。

　ゲリーの行動は，ゲリー自身が将来出会う状況に影響を及ぼす。図16.4でゲリーの行動を見ている目は，ゲリーのすることが知覚者によっても観察され，経験されていることを示している。この知覚者の一人はゲリー自身である。私たちは行動を生みだすだけでなく，それを知覚し，解釈しているのである。もちろん，ゲリーが自分の癇癪についてどう考え解釈するかは，他者，例えば恋人がそれをどう考え反応するかによって違ってくるかもしれない。こうした知覚を通じ，ゲリーを観察している人が，ゲリーの行動に対する反応を変えることで，次に何が起こるかが影響を受けるのである。このことは，ゲリーが経験しそうなその後の状況に影響する，知覚と行動結果を示す大きな曲がった矢印によって図示されている。

　時間の経過により，パーソナリティ・システムの特徴は，その個人が経験しやすい安定した心理的状況を変えていく。このように，人は状況に対して自分自身の意味をあてはめるだけでなく，自分自身の行動を通して，自分が経験する多くの状況を選び，つくりあげているのである（例：Buss, 1996; Kenrick & Funder, 1988; Swann, 1983）。ゲリーの事例は，人がどのように自分自身の状況を形づくっていくかという過程を明

らかにしてくれる。ゲリーは社会的に評価される状況を非常に怖がるため、できるかぎりそのような状況を避け、孤立することを好むようになる。これはさらにこの人の引っこみ思案や一匹狼的傾向を強め、もっと孤立させることになる。その副作用は、ゲリーが最も恐れている社会的な出会いに立ち向かい、より効果的に対処する方法を決して学べなくすることである。これは、人前で話すことが簡単には避けられない状況において痛いほどはっきりする。ゲリーはこのような状況で、特に仕事絡みで尊敬する男性同僚に評価されていると感じるときに、すぐパニックに陥ってしまう。ゲリーのパニック反応はさらに同僚の軽蔑や「にやにや笑い」を誘い、それが恐怖や回避パターンを強めるという悪循環を引き起こすことになる。

ゲリーの孤立や引っこみ思案に対する志向性は、いまや揺るぎないパターンになってしまった。ゲリーは知りあいに、他の人と会うより仲間といるほうが好きだとさえ宣言し、人はそれをゲリーからの拒否、またはよそよそしさの表れだと受けとめる。その結果、人はゲリーを避けるようになるが、それがゲリーをなおさら孤立させ、孤立感や不信をあおることになる。このように、パーソナリティ変数は状況タイプの選択に影響を与え、その状況タイプは個人の性質を表すことになる（例：Bolger & Schilling, 1991; Buss, 1987）。例えば、協力的な人は配偶者からお返しの協力を引きだしやすく、協力的な人がさらに競争方略より協力方略を選択しやすくなることにつながる（Kelley & Stahelski, 1970）。

複雑な社会的相互作用の分析からは、各個人がさまざまな条件によって影響されるのと同様、どうやって連続的に条件を選び、変化させ、つくりあげていくのかが示されている（例：Patterson, 1976, 1990）。古典的な研究では、夫婦が初めての結婚記念日を祝うのにお互いが違う計画を立てているといった対立を処理するときの、夫妻の相互作用が観察されている（Raush, Barry, Hertel, & Swain, 1974）。例えば、ボブはレストランでのディナーを準備し、あらかじめ支払いを済ませておいたのに対し、スーは自宅での特別なディナーのため、準備に半日をかけた。二人がその問題に気づいて解決しようとするとき、夫婦の相互作用からは、先行する行動の一つ一つが（スーがボブに言ったこと）、その結果となる行動（ボブがどう反応するか）を制約していく様子が次々と明らかになる。

こうした相互作用における対人方略は、個人のタイプと状況のタイプの両方によって左右される。例えば、友だちと仲よくやっていこうとするとき、依存的な人は自虐的な方略を使いがちである。一方、偉い人を喜ばせようとする状況では、依存的な人は自己宣伝的な方略を用いやすい（Bornstein et al., 1996）。ではもう一度、人‐状況における相互作用の効果についてみていこう。

■ 自分自身の未来の状況をつくりあげる──デートの相手を選ぶ

　人がある部分，自分の出会いやすい対人状況をつくりだしているという事実には，常識で説明できない多くの示唆がある。今日の社会では，ある人々がデート相手の選択を通して，過去の関係性を再生産している可能性が広く信じられている。この再生産は，たとえその経験が否定的で有害であったとしても生じてしまう。ザヤスとショウダ（Zayas & Shoda, 2007）による一連の研究は，例えば相互作用の相手に誰を選ぶかによって，また，自分が引きつけてしまう相手によって，人が積極的にも消極的にも親密な対人環境をつくりあげていくことについて検討した。人々が相互作用しようとする相手を見極めるため，研究者たちは偽の「出会い系サイト」をつくった。参加者は，主要なパーソナリティ特徴において体系的に異なるさまざまな相手について説明を読んだ。その説明は，人々によって実際に書かれたものである。全員の広告文を読んだ後，参加者はもっとよく知りあいたいと思う個人を選びだした。この研究者たちは，最近の恋愛関係でより多くの心理的虐待を経験したと報告した女性，例えば相手からののしられた，怒鳴りつけられた，相手が支配的で嫉妬深いと報告した人が，別のグループの女性に虐待の可能性があると判断された広告文を，3倍も選びやすいことを見いだした。

　研究者たちはさらに，依存性や不安定性に特徴づけられる愛着スタイルなど，特定のパーソナリティ特徴をもつ女性が，虐待的な男性に好まれる可能性を指摘した。その考えと一致するように，過去の恋愛関係でより多くの心理的虐待を加えたと報告した男性は，そう報告しなかった男性に比べ，高い不安定性や依存性に特徴づけられる女性を2倍も好みやすかった。これらの研究は，人が相互作用の相手として選ぶ相手だけでなく，自分が引きつけてしまう相手を通じて，自分の環境を形づくっていく様子を浮き彫りにしている。この発見はまた，デート相手になる可能性がある人の特徴が，相手の好みに影響を及ぼす状況的な「心理的成分」となることを示唆している。例えば，デート相手になる可能性がある男性の攻撃性や嫉妬深さは，過去に心理的虐待を経験した女性を引きつける「心理的成分」になるかもしれず，デート相手になる可能性がある女性の不安型愛着スタイルは，過去に虐待的だった男性の好みに影響する，目立った心理的成分になるかもしれない。このように，人は過去に有害であることがわかった問題を，将来においても，おそらくは無意識のうちに，自分自身でさらにつくり続けてしまうのかもしれない。

　フォーカス16.1で論じられているように，関係性の性質にかかわらず，恋人どうしの親密な関係はそれ自体，CAPSのような特有のパーソナリティとして発展していくことがある。

フォーカス 16.1

「状況」が他者であるとき——親密な対人関係におけるパーソナリティ

　CAPS は，状況が他の人々から構成されるとき，人だけでなく状況のモデルにもなる。親密な関係において，ある人の行動出力は相手の状況入力に，ある人の状況入力は相手の行動出力になり，その両方が対人システムを形成する。各自のパーソナリティが安定的な「〜なら〜に」行動徴候によって特徴づけられるなら，その人たちの相互作用は，二人が形成した対人システムの「パーソナリティ」を予測するよう，モデル化することができる。ザヤスら（Zayas, Shoda, & Ayduk, 2002）の理論論文で論じられているように，このシステムはそれ自体，特有の関係性徴候をもっている。

　直観的には，長期にわたる対人関係には，それ自体のパーソナリティがあるといわれることがある。このパーソナリティは，単なるパーソナリティごとの平均を越えた性質をもつようになる。ありえそうもない二人の組合せが，不思議に「相性」がよかったために，最高にうまくいく場合がその例である。CAPS による分析は，対人システムの進展につれて浮かび上がるこの関係の性質や，その性質と各自のパーソナリティとのつながりをモデル化することができる。CAPS の実証研究では，各個人は安定的で特有の「〜なら〜に」パターン，または「行動徴候」によってモデル化される。ここで，「〜なら」は状況において現れる心理的特徴であり，「〜に」はその心理的特徴によって活性化される認知や感情をさす（Shoda et al., 2002; Zayas et al., 2002）。個人をこのように概念化することで，関係の「パーソナリティ」が個人間の相互作用から生じてくる過程を，コンピュータ・シミュレーションで明確に表現できるようになった。こうした対人関係の性質についての研究は，最終的に，相手に関する情報から，ある関係性における個人の認知，感情，行動について特定の予測を可能にするかもしれない。おおまかにたとえれば，その可能性はいわゆる化学反応で生じること，例えば物質 B への反応としての物質 A の「行動」は，両物質の分子構造を知ることで予測される，ということと似ていなくもない。個人ごとの認知的・感情的パーソナリティ・システム（CAPS）を理解し，実験的に測定しようとすることは，人生と生活の重要な状況での相互作用において，個人のパーソナリティ・システムだけでなく，対人関係システムにおける「相性」を予測できるようになる第一歩といえるかもしれない。状況について多くのことがわかってくると，ハロルド・ケリー（Harold Kelley）ら（Kelley et al., 2003）が「対人状況図解」（Atlas of Interpersonal Situations）で具体的に示したように，状況の分類法を構築できるようになった。

　この分類法では，社会心理学研究でその重要性が明らかになった 20 を越える状況が特定されており，それらの状況がもたらす一種の心理的課題によって分類されている（例：報酬の遅延，利害の衝突を生みだす難しい状況でのパートナーとの協力）。

■ CAPSを実生活の問題にあてはめる——乳房自己診断

　CAPSモデルは，実生活におけるさまざまで重要な問題を処理するときに表れる個人差を理解するために用いられている。研究者，臨床家，その他，この種のモデルを実生活の状況に適用しようとするすべての人にとっての最初の課題は，取り組むべき特定の問題と，はっきりした目標を決めることである。例えば，よいルームメイトになりそうな人，よい生涯の伴侶になりそうな人，大切な個人的目標にもっとうまく取り組むのに役立ちそうな方略を特定することなど，何が目標かによって，何をすべきかは大きく異なってくる。

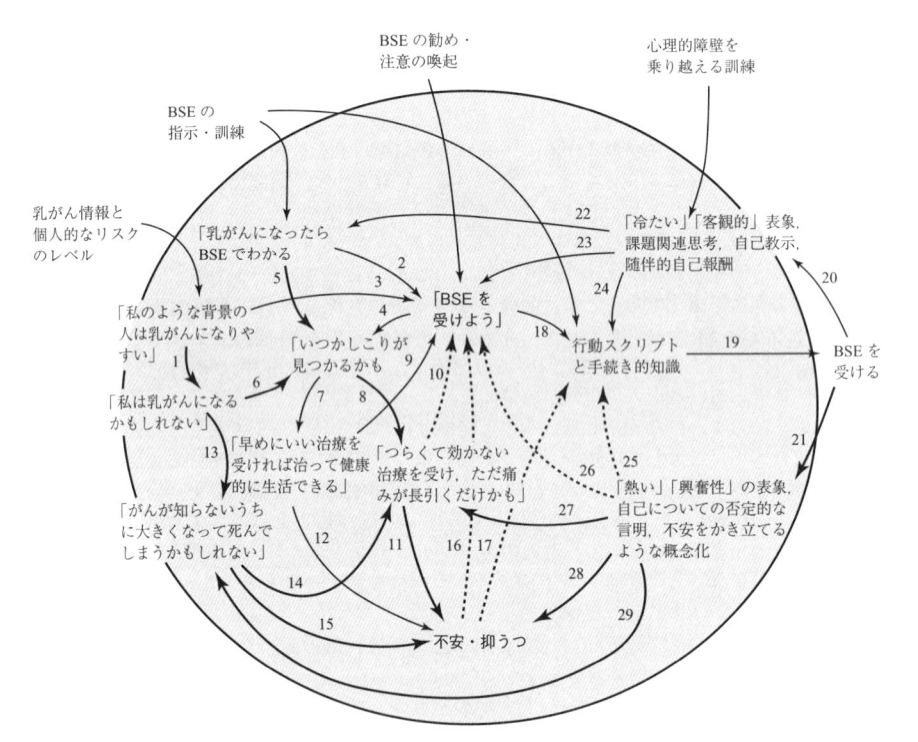

図16.5　BSEの意図と遂行の基本をなすCAPSネットワークの実例。状況の特徴が媒介ユニットにおける特定の下位集合を活性化させ，それが他の媒介ユニットを活性化させる。連結ネットワークは安定的で，個人を特徴づけていると考えられる。矢印は，一つのユニットが活性化されると，そこから実線を受けたユニットが各矢印の重みづけに比例して活性化するという，活性化の関係を示している。重みづけは，正（実線）または負（点線）で表されている。
[出典：Miller, Shoda, & Hurley（1996）のp. 83の図5に基づいて改変]

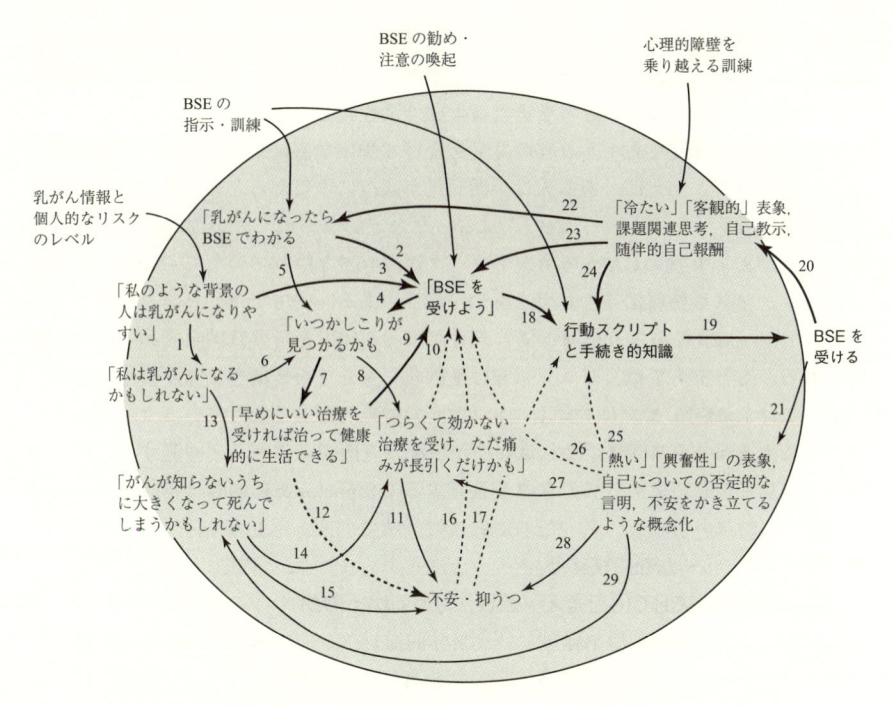

16章　パーソナリティ・システム——それぞれのレベルを統合する

図16.6 BSEの意図と遂行を促すCAPSネットワークの実例
［出典：Miller, Shoda, & Hurley（1996）のp. 84の図6に基づいて改変］

　こうした研究の一つが目標としたのは，乳ガンのリスクのある女性のうち，ある人々はその初期に乳ガンを見つけるため，乳房自己診断（BSE）の勧めに従うのに，他の人々は，客観的な医学的状況やリスクが同じでも，なかなかその勧めに従おうとしないのはなぜかを理解することであった。図16.5と図16.6はそれぞれ，乳房自己診断（BSE）の決定や実際の遂行に関連する個人のタイプや，その人たちの認知や感情のネットワークを描いたものである（Miller et al., 1996）。BSEに関連した選択，決定，意図の形成は楕円の左半分に図示されており，その行動の実施は楕円の右半分に図示されている。一つの認知的・感情的ユニット（CAU）をもう一つのCAUに結びつける実線の矢印は，最初のユニットの活性化が，次のユニットの活性化を増加させることを意味している。つまり，興奮系リンクである。点線の矢印は，最初のユニットの活性化が，次のユニットの活性化を低減させたり，抑制したりすることを意味していて，抑制系リンクである。思考はそれが活性化される強さにおいて，人により異なっている。こうした個人差は，矢印の太さの違いにより示されている。例えば，図16.5の矢印1は，図16.6の矢印1よりも太く，図16.5のようなネットワークをもつ女性に

とって，客観的なリスクに関する情報は「乳ガンになるかもしれない」という思考を強く活性化する。一方，図16.6のようなネットワークをもつ女性にとって，客観的なリスクに関する情報はこの思考をそれほど強く活性化しない。

　研究からは，女性たちがしこりの発見を受けて想像する結果のタイプにも差があることが示された。例えば，ある人は早期発見が回復につながるという筋書きを想像するかもしれないが（矢印7），他の人はもっと否定的な結果を思い浮かべるかもしれない（矢印8）。女性のCAPSのネットワークが図16.5と図16.6のどちらに似ているかによって，リスク情報は逆の効果をもつ可能性がある。一方では，リスク情報は矢印3を通り──矢印1, 6, 7, 9を通っても同じだが──BSEを行う意図を強めることが期待される。もう一方では，リスク情報は活性化を通して否定的感情や不安喚起を増加させ（矢印1, 13, 15，または矢印1, 6, 8, 11など），それが強くなりすぎると回避を活性化させてしまう（矢印16）。これは女性が状況に直面することさえ回避することにつながっていく（例：乳ガンのリスクを否定する；Rippetoe & Rogers, 1987）。

■ エンジン・ルームを点検する
──人はその状況で何を考え，感じ，行っているのか

　CAPSは，日常的な生活や経験という具体的なレベルで，個人間の心理的な違いを検討するために用いることもできる。これを具体的に説明するため，この節では二人の若い友人であるヴェロニカとマーサに注目し，二人が直面するストレスに満ちた状況で何を考え，感じ，行っているのかをみていくことにする。この具体例は，人がそれぞれ自分特有のやり方で直面する生活のジレンマを理解するために，CAPSがさまざまな分析レベルからの貢献をどうやって統合するのかを示すために用いられる。

　「数年前，ヴェロニカとマーサは親友だったが，この二人はこの上なく違った性格のもち主でもあった。ヴェロニカは『金メダルを目指して』努力する。そして毎日，さまざまな新しい課題や楽しみを見つけようとする。これは，ヴェロニカが得意なスポーツの世界でも，学問的な挑戦をするときでも，週末に新しい冒険をするときでも変わらない。ヴェロニカのルームメイト，マーサの場合はその正反対だ。こちらはいつも『安全志向』である。ヴェロニカが『ピザをとろうよ』と言えば，マーサは『でもピザはカロリーが高いじゃない！』と言う。しかしマーサは意志が固い。いったんこうと決めれば熱心に取り組み，たいていの場合は目標を達成してしまう。大学時代，マーサはよく履修登録の前にいくつかの授業を試してみて，無理そうに思える科目はやめてしまった。マーサはいろんなことが難しすぎるとよく思っていたが，たいていの場合，なんとかすることができた。実際のところ自分自身も驚くことに，マーサは難しい科目においても優れた学生であり，その成績は平均するとヴェロニカよりもよかったのである。

16章　パーソナリティ・システム——それぞれのレベルを統合する

　その4年後のいま，ヴェロニカとマーサは，長い間夢見てきた目標である医学校3年生になった。そして二人とも生化学の厳しい学習課題を無事に終え，今日，解剖学の授業の初日に死体の解剖を行っている。ピカピカの真新しい解剖道具，解剖マニュアル，手術着をそろえ，二人は初めて本当の人間の身体を解剖し始める。二人のクラスメイトは，解剖が始まって15分後に実験室を出る。見るからに青ざめ，疲れきっている。今学期，翼口蓋窩や鼻腔にある構造物に関するあらゆることを学ぶため，二人は長い時間を死体のそばで過ごすことになる。その夜，ヴェロニカは思う。『うわぁ，ついに，本物の医学教育だわ。いまはちょっと心配だけど，みんなも言っているように，きっと慣れてくるはず。それに案外，これが得意になるかもしれないし。専門に外科を選ぶかもしれないな』。一方でマーサはこう考えている。『さあ，これが現実よ。これができなければ，生化学でどんなにたくさんAをとっても医者としてやっていけないわ。でも，本当のところ，今日はほとんど気絶するところだった。毎週この授業があるのに，今学期をどうやって乗り切ればいいんだろう？』」

　この例では，状況は頭の中にあり，二人の女性が自分の将来や医者としての生活について考えているときに生じてくる。二人とも医学生にふさわしく学問的に高い資質をもっており，医者になることを人生の目的としてきたが，二人は自分たちの状況をまったく違うようにとらえている。これらの違いは異なる信念や期待につながり，この人たちは異なる目標や価値を活性化させるようになる。そしてそれが，きわめて安定的で予測可能なパターンをとり，異なる思考や感情へとつながっていくのである。これらの一連の流れが，各自に特有の処理力動においてどう表れるのか，各分析レベルの観点から説明していこう。その目的は，二人の女性の「エンジン・ルームの中」で，つまり，こころやパーソナリティ・システムで，起きていることについての全体像に対し，各レベルがどう貢献しているのかを理解することである。

　現象学的・人間性レベルでは，ヴェロニカは自分の医者としての未来について熱心で肯定的な見方をする。そして医学校を，あらゆる種類の新しい報酬や経験をもたらす課題や機会だととらえている。これはヴェロニカの自己感覚や，なりたい自分とも一致している。医学校や，自分の職業的未来について想像するように求める質問紙に答え，ヴェロニカはこう書いている。「……最後の授業が終わるまで待っていられそうにありません。しかし，とうとうついに，本当の臨床が始まります。解剖学の授業ではなく，緊急病棟で一晩中，汗びっしょりで奮闘して，生きるか死ぬかの命を救うために戦うんです。どう感じるだろうって？　誇りです！　誇らしくて幸せ……。そして，そうした状況を貪欲に求めているでしょう。」

　対極的に，マーサは恐ろしいことばかりが起こりそうだと考える。マーサは自分の「想像される医者としての未来」のすべてが，新たな失敗や苦痛に満ちているととら

えている。ヴェロニカと同じで，マーサは医者になるために全力を注いでおり，子どものころから医者になることを望んできた。お医者さんの「かばん」は，マーサの大好きな遊び道具だった。しかし同時に，マーサは自分の前の長く困難な道に待ち受ける多くの恐ろしい障害や危険を目にする。同じ質問紙に答えて，自分が失敗し，父親や自分自身をがっかりさせることになり，ついには患者を傷つけて医療ミスで訴えられると想像する。しかし同時に，マーサの危険に対する予期は，どうすれば否定的な可能性を最小化し，回避する計画を立てられるかについての筋書きを活性化させる。「危険性が高いような緊急の作業手順を練習するのに余分に時間をとればいいわ。挿管とか……，あれはテレビドラマでは悪夢みたいに見えるけど。私の見た回では患者さんが死んじゃったし。でも，死ぬ必要はなかったはず……。もしあのとき……」。マーサの別の答えは，最終的に自分が「道を踏みはずさずにちゃんとやれる」と感じるのに必要なだけの技術を習得するための動機と能力の両方を自分自身がもっていると気づいたときに，ついに安心して再び目標に打ちこむようになったことを示唆している。

　社会認知的レベルでは，ヴェロニカの評価や思考は，強い促進焦点を反映したものである。ヴェロニカの注意は危険や喪失の可能性よりも達成や報酬の可能性に向けられている（Higgins, 1997, 1998）。ヴェロニカは状況における報酬や機会に注目するだけではない。自分の職業がもたらしてくれる多くの利益や興奮をありありと思い描くのである。ヴェロニカは新しい治療法を発見することさえ夢見て，自分がその画期的な成功によって多くの賞を集めることを想像する。そして早くも，それがどんなにすばらしく感じられるだろうかと顔を輝かせる。その促進焦点にたがわず，ヴェロニカは自分の過去の成功や肯定的な見通しが，大きな機会や課題に対して大きな賭けに出ようとする自分の勇気と意欲の賜物だと信じている（Higgins, 1998）。

　マーサの符号化は，その反対に，強い予防焦点に特有なものである（Higgins, 1998）。マーサは手に入れられる報酬の可能性にではなく，医者としての未来が自分にもたらす脅威，損失，否定的な結果，災難の可能性にさえ注意を向ける。マーサの非常に活発な予防焦点にたがわず，マーサはうまくいきそうもないすべてのことを想像し，予期する。マーサにとって，評価された状況は，自分が何度も成功してきたのは，自分が規則にきちんと注意を払い，目標を脅かすかもしれないものを避けてきたためだという信念を活性化させる。マーサの力動では否定的な結果も予期されるが，その結果はまた，もしそれを避けるために用心深く努力すれば成功できるだろうという予期も活性化させるのである。

　社会認知的レベルの研究が，自己効力期待，つまり自分がうまく目標を追求するために重要となる統制力を発揮でき，首尾よく必要な行動を実行できるだろうという信念（例：Bandura, 1986; Kuhl, 1984; Mischel et al., 1996）の重要性を示唆していたこと

16章 パーソナリティ・システム——それぞれのレベルを統合する

を思いだしてほしい。ヴェロニカとマーサは二人とも同じくらい，医学校の入試に合格することができるという高い自己効力期待をもっていたかもしれない。実際のところ，マーサの自己効力期待はヴェロニカの自己効力期待よりも高かったかもしれない。自分が医者になることについて考えるときに，二人の思考や感情が非常に異なっているにもかかわらず（図16.7と図16.8），これらの期待は，二人が実際に入試でどのくらいうまくやるかを，また，医学校に入ってからの遂行さえも予測してくれる。しかし，この人たち特有の処理力動について重要なのは，二人の高い自己効力期待が，それぞれのシステム機構の中で異なる役割を果たしているという点である。ヴェロニカの場合，自己効力期待はヴェロニカの危険をいとわない方略を支えている。マーサの場合，同じ自己効力期待はマーサの用心深い脅威低減・回避方略へのこだわりにつながっている。

　生物学・生理レベルでは，ヴェロニカの行動は行動活性化システム（BAS），すなわち6章で論じられている生物学的に活力を与えるシステムの高い活動性を示唆している。これはヴェロニカの脳における食餌欲求的で積極的かつ接近的な動機づけシステムであり，報酬手がかりへの注意を高めるとともに，目標を追求するときに接近行動を促す。そしてこれは，ヒギンズ（Higgins）が社会認知的なレベルで提案した促進焦点システムの生物学的基礎であるといえる。BASシステムの活動性が高いことの欠点は，それが接近行動を誘発するものの，その接近行動がもたらすかもしれない長期的な危険や否定的結果に対しては感受性を高めてくれない点である。一方，マーサはBISが活動的である。つまり，マーサについては行動を抑制するシステムが高い活動性を示している。BISは危険や脅威に対して注意を高める。マーサの高いBISレベルは，社会認知的レベルでみられたように，心理的予防焦点に反映されている。進化的な見方からすると，このシステムは危険を警戒することで人が生き残れるように進化したシステムである。たいていの自然のシステムと同じく，このシステムにも，利点と欠点が存在する。

　BIS／BAS理論によると（例：Gray, 1991），ヴェロニカが高いBAS気質をもっている場合，自分の医者としての将来からもたらされる報酬の可能性により注意を向けるだけではない。ヴェロニカが自分の職業について考えるときにも，こうした期待をもつ傾向が出てくるのである。ヴェロニカは深夜のピザの楽しさを期待はしても，カロリーについて心配することはない。ヴェロニカはまた，緊急病棟での夜勤や，生きるか死ぬかの状況に取り組むことのスリルを，やりがいや報酬ととらえやすい。これは，ヴェロニカの現象学や自己報告にみられるものとたがわない予測である。マーサの場合，ピザはカロリーや一晩中の胃の不調に対する期待ばかり活性化させるが，自分が緊急病棟で働くことについて考えると，現象学的レベルでマーサ自身が示したように，心配や気がかりが引き起こされることになる。

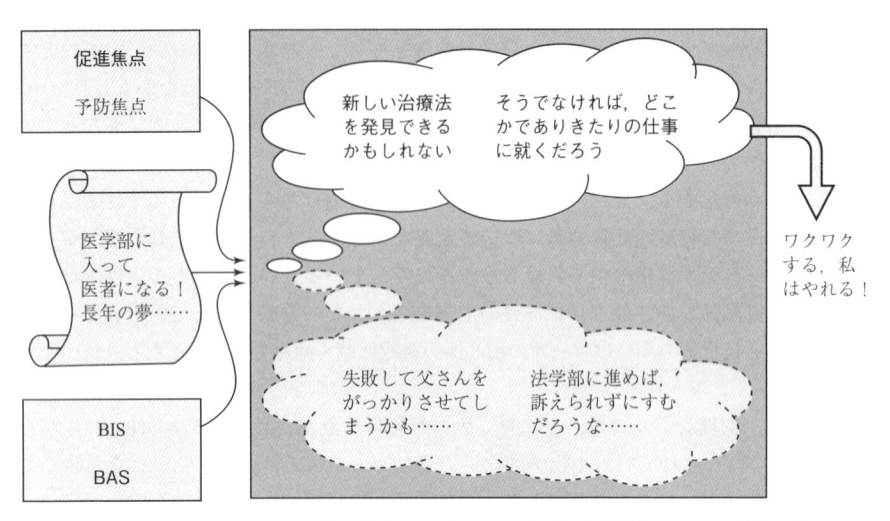

534　第VII部　各分析レベルの統合──全人としての人間

図16.7　ヴェロニカが目標を追求するときの処理力動。医学校について考えると促進焦点とBASが活性化する。

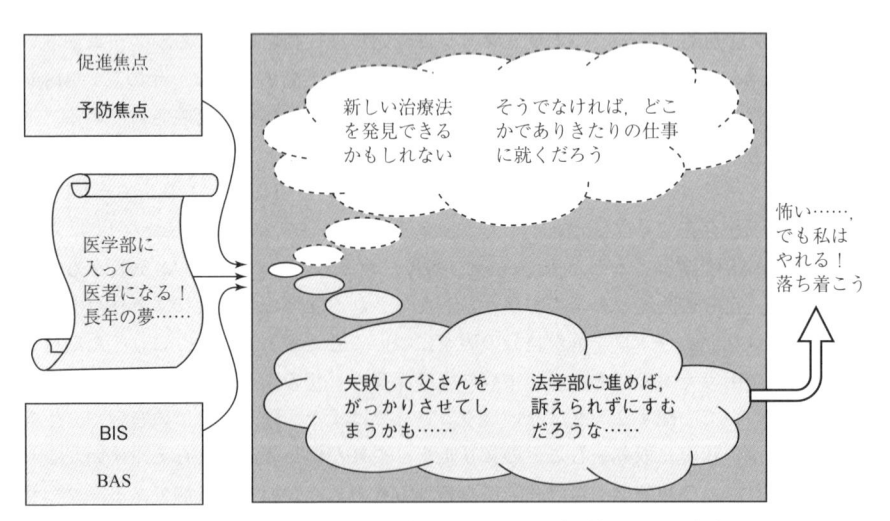

図16.8　マーサが目標を追求するときの処理力動。医学校について考えると予防焦点とBISが活性化する。

16章 パーソナリティ・システム——それぞれのレベルを統合する **535**

　特性・性質レベルでは、ヴェロニカの高いBAS活動性から、NEO-PI-Rや5因子モデルで測定される外向性で高得点をとることが示唆される。BASの活動性が高いことは外向性の高い人に特徴的であり、さらに人生の初期に始まる気質の測度とも関連している（Derryberry & Rothbart, 1997; Gray, 1991）。ヴェロニカの高いBAS活動性は、支配性の高さや刺激欲求の強さ、衝動性の傾向とも関連している可能性がある（MacDonald, 1998）。外向的な人や支配性や刺激欲求の高い人は、そのBAS活動性の高さのために報酬、特に即時的な報酬にいっそうの注意を向け、それが得られる状況を熱心に求める。そのためこの人たちは、促進焦点においても高得点を示しやすい。

　まとめると、広義の特性レベルにおいて、ヴェロニカは機会をつかみ、危険を避けるよりも報酬を得ることに注目し、冒険を好みやすく、おそらくはたやすく、熱烈に、あらゆる種類の可能性に夢中になってしまう人として描かれるかもしれない。一方、マーサの描写は心理的に逆のものになる。BISの高さのため、マーサの内向性は高く、リスクを嫌う傾向があるかもしれない。しかし、ヴェロニカとマーサの間にあるこうした全体的な差異は、よくみれば、この人たちが人×状況の相互作用を反映したパーソナリティの「〜なら〜に」行動徴候をもっているという事実と共存することを覚えておいてほしい。例えば、ヴェロニカは仕事に対してはBAS活動性が高いかもしれないが、恋愛関係ではBISが高く、相手から拒否されたと感じやすいかもしれない。用心深い予防焦点に切り替わり、どんな感情的なもつれにも、自分の仕事における野望を邪魔されたくないと思うかもしれない。そしてマーサは、恋愛や愛情のことになると、BASや促進焦点を強め、逆にBIS、引っこみ思案、抑制を弱めるなど反対のパターンをみせ、私たちを驚かせるかもしれない。こちらは自分の愛する人、特に自分の恋人に対しては、驚くほどの外向的特徴をみせることさえあるかもしれない。そんなときマーサは、恋人が自分の違う面、つまり自信に満ち、心配とはほぼ無縁でのびのびしているところを引きだしてくれると感じているかもしれない。パーソナリティを広く一般化できる形で説明することは、魅惑的だし、どの分析レベル単体からも簡単にできることである。しかし実際のところ、人のパーソナリティはそれよりもずっと複雑なものなのである。

　精神力動的・動機づけレベルは、まさにその複雑さに対して、また、しばしばとらえにくく、矛盾しており、ゆがんでいて、間接的で、さまざまな形をとるパーソナリティ表出に対して注意するよう促した。このレベルは、例えば評価／符号化過程が自己報告や内省によってふれることのできる意識レベルでだけ機能するのではないことに気づかせてくれた。状況は自動的にも、また意識されなくとも評価され、符号化され、処理される（Metcalfe & Mischel, 1999）。実際のところ、行動・条件づけレベルの研究が長年強調し、社会認知的レベルの研究が近年示したように、人が考えたり、感じたり、行ったり、あるいは意識的に経験したりすることの多くは、もしかしたら

ほとんどが，自動的，反射的に誘発されている（Bargh, 1996）。そのため，その測定にはより間接的な，あるいは「潜在的」な方法を用いることが大切になる。その意味で，精神力動的・動機づけレベルの研究は，社会的認知，脳，それ以外のレベルによる近年の発見を可能にしたのである。

最後に，行動・条件づけレベルにおいて，ヴェロニカとマーサが行う多くの自己評価の違いは，二人の学習や情動条件づけを反映したものであり，そうした経験の産物であるといえる。このレベルにおける焦点は，この人たちの評価や，その評価と関連する行動の両方が，異なる強化の随伴性や状況の多様性との関係の中でどう変わっていくかを詳しく調べることにある。その目標は，異なる評価を活性化させる刺激を特定すること，特に，その条件づけられた肯定的，否定的情動反応を特定することである。

要約すると，ヴェロニカとマーサはBIS／BASに対する反応性において異なっており，さらに5因子の得点やパターン，特に，外向性，衝動性，神経症傾向，不安においても異なっている。現象学的レベルと社会認知的レベルの両方においても，二人は劇的に異なる方法で世の中を経験する。この人たちはよく経験する典型的な気分や感情状態において，また医者としての将来を想像するとき，心的・情動的にどうやって自分の経験や未来を表象するのかにおいて対照的である。この二人は目標を追求するときに正反対の方略を使う。一人は自分に気合いを入れ，わくわくする可能性について想像する。もう一人は，悪いことが起こりそうだとか，行く手にふさがるストレス要因に対してびくびくし，防衛的悲観主義とよばれる方略を使うようになる（Norem & Cantor, 1986; Showers & Cantor, 1984）。

■ 全部をまとめる——各レベルを統合する

パーソナリティ心理学の研究や理論は，1世紀以上にわたり，異なる分析レベルにおける心理学者の研究によって生みだされてきた。しかし，個人のレベルでみると，パーソナリティ・システムは一つの統合的で特有の性質をもつ全体として機能する。ゴードン・オルポート（Gordon Allport, 1937）がこの領域を創設して以来，パーソナリティ科学の目的は，このようなシステムがどのようにして，各個人の人生・生活レベルで，バラバラのかけらを一緒にして機能させることができるかを理解することだった。そのため，CAPSのような統合的パーソナリティ・モデルの一番の目的は，少なくとも，このようなシステムを個人レベルで説明することだった。マーサとヴェロニカは，パーソナリティ構造がそれぞれ別個にまとめられ，その結果，異なる形で表現されるという意味において，異なるCAPSを例証するものとなっている。二人のパーソナリティ・システムはCAUの常習的接近可能性において異なっている。例えばヴェロニカは，報酬をもたらす機会として状況を符号化しやすい。マーサは長期的な

危険の可能性に注目する。しかし，これと同じくらい重要なのは，二人はパーソナリティ構造においてCAUがどう相互作用しているかにおいて，ひいては異なる状況によって引き起こされる，頭の中や行動における活性化のパターンにおいて異なっているということである。こうした処理力動の違いは，すでにこれまでに述べたように，異なる分析レベルにおいてみることができる。まとめると，諸研究はこの2パターンの人物について，各自を一個の全体として，また，機能し，考え，感じる人間として，より完全に語れるようになってきた。

マーサは失敗の可能性について注目するが，これを用心深く，効果的に処理することもできる。マーサの目標追求は，高い自己効力期待によって，目標への強いこだわりによって，また，自己統制の技能や有能性によって促される。このように，二人はどちらも目標をうまく追求できるかもしれないが，この二人のとる方法には，非常に異なるパーソナリティ・システムが反映されている。マーサは，辛抱強さや注意深さなど，自分が高い自己効力期待をもっている効果的な対処行動を活性化させることで，注意深く失敗を避けて目標をうまく追求する。ヴェロニカは成功を期待し，恐れるべき危険よりも，得られるはずの報酬に注意を向けることによってうまくやる。どちらのパターンも成功に向かう道筋の一例だが，それらははっきり異なる方略に対する志向性であり，それぞれの安定したパーソナリティ構造を反映したものなのである。二人は似たようなストレス源に直面するとき，それぞれ非常に異なる経験をし，非常に異なる思考や感情のパターンを活性化させ，統制的・意識的にも，また自動的にも，それぞれ特有の対処パターンをもつ行動をとるのである（Cantor & Kihlstrom, 1987; Higgins, 1998）。

■ 意図的な変化に向けた自己制御

複雑なシステムの構造的な解説図が，そのシステムがどう機能するのか理解するのを助けるように，自分のパーソナリティ構造や処理力動について，少しでも理解している人は，自分の「～なら～に」のパターンを活性化させるような出来事や条件を予測することが可能になるだろう。そのような理解は，自分自身を変えようと思っている場合，自分を評価するための第一歩として特に重要である。心理療法は，苦痛に満ちた思考，感情，行動を引き起こす重要な内的・外的刺激のいくつかを認識させようとするアプローチである。このような知識をもつことによって，個人は自分自身のパーソナリティ状態や行動に，よりよく影響を与え，制御することができるようになる（例：Mischel & Mischel, 1983; Rodriguez, Mischel, & Shoda, 1989）。そのためには，状況の有効成分を特定し，それらが活性化させる認知的・感情的処理の力動を探索することが必要となる。心理療法が効果をもつには，機能不全的あるいは不利な結果を生じる行動パターンを引き起こしてしまう「問題生成的状況」を，違った形で符号化し，

認知的，感情的，行動的に違った形で対処できるようにするための代替案の開発が必要である。個人のもつ意味を系統的に変化させるように，その人を援助することが目標になる。そのような心理療法と自己変革の努力に関連するプロセスの多くは，次の17章で扱うことにしよう。

☑ 要　約

何を統合すべきなのか？――各レベルからの貢献
- パーソナリティの統合されたモデル（理論）は，六つの分析レベルすべての貢献からつくりあげられる。
- 特性・性質の分析レベルは，2種類の一貫性を発見した。すなわち，状況を越えた一貫性（タイプI）と，「～なら～に」という状況と行動の組み合わせの一貫性（タイプII）である。
- 生物学・生理の分析レベルでは，パーソナリティ・システムにおける個人の遺伝的かつ生物的特徴，ならびに種としてのヒトの進化的歴史の重要性を研究してきた。
- 精神力動的・動機づけのレベルは，私たちの思考や行動の背後に，無意識の自己防衛的な動機づけがあることを明らかにした。
- 行動・条件づけのレベルは，行動をそれが起こる状況との関係において分析することに集中してきた。このレベルはまた，恐怖やその他の強力な情動の発達において，条件づけが強力な影響を与えていることを明らかにした。
- 現象学的・人間性レベルにおける研究者は，状況が行動や感情に与える影響は，個人がそれらをどのように主観的に知覚し解釈するかによって異なってくることを確認した。
- 社会認知的レベルは，パーソナリティにおける個人差を説明するために，以上の分析レベルからの成果を結びつけ，同時に社会的学習の役割を検証してきた。

統合に向けて――パーソナリティ・システムの特徴
- 神経ネットワーク情報処理モデルは，パーソナリティの研究に適用され，その人の内的な心的表象，つまり特定的な認知や感情が活性化されたものが，相互にどのように関連づけられ，全体的に機構化されたネットワーク構造がつくりあげられるのかに関心を向けている。
- 個人は，認知的・感情的パーソナリティ・システム（CAPS）において，異なるタイプの認知や感情，すなわち認知的・感情的ユニット（CAU）にどれだけ容易に接近可能かということと，システムの中で，それらのユニットがどのように関連づけられ，独特の構造をつくりあげているかによって特徴づけられている。
- 認知的・感情的ユニット（CAU）は，その人の自己表象，他者の表象，状況の解釈，長期永続的な目標，期待に関する信念，そして感覚的状態などによって，構成されている。構成要素である個々のCAUの接近可能性はその時々に変動するが，構成要素どうしの関係性は安定していて変化しない。
- その安定しているパーソナリティ・システムの構造が，状況と行動との独特な「～なら～に」の関係パターンに表され，その個人を他の人とは違った特徴をもつものにし

16章　パーソナリティ・システム——それぞれのレベルを統合する　　539

ている。
- 拒否感受性（RS）は処理過程における特徴的性質であり，拒否されるという期待と，曖昧な状況を拒否や熱い感情，不適応な行動対応法によって符号化しやすい傾向性との連合によってつくりあげられている。
- 拒否感受性が高いからといって一般的に攻撃的ではないのだが，この特徴をもつ人たちは，拒否された状況において攻撃傾向と抑うつ傾向が強まる，独特の「～なら～に」反応パターンをもっている。
- 自己愛的パーソナリティ徴候は，自己を売りだすことのできる状況を追求する行動パターンと，そういった状況を利用して自己が優れていることを証明しようとする傾向により，特徴づけられている。
- パーソナリティの発達と変化は，生化学的な影響と，社会認知的な影響とが，相互に連続的に影響しあうことが，基礎になっている。
- 認知的・感情的パーソナリティ・システム（CAPS）が，これらのすべての分析レベルからの貢献を統合する。

活動するパーソナリティ・システム
- このパーソナリティ・システムは，思考や感情などの内的な手がかりと，状況という外的な手がかりによって活性化することができる。
- 人々の行動は，その人たちのパーソナリティ・システムの一部になる。なぜなら，その人たちの行動は，どのように他者によって知覚され，自分自身によって知覚され，さらに自分自身が経験する状況の種類に影響を与えるかを決めるからである。
- 人々の環境は，やりとりの相手として誰を選ぶかにより，またどんな人に好かれ選ばれるかにより，その本人が決定していると考えられる。
- それぞれの人が，対人関係にその人自身の安定したパーソナリティ・システムをもちこむことから，CAPSは親密な対人関係における力動的なプロセスを理解するのに役立つ。ある意味，そのような対人関係が，逆にパーソナリティの発達に影響を与えることになる。
- ある個人のパーソナリティ・システムを理解することが，関連する状況における行動を予測するのに役立つ。それは，女性の乳房自己診断に関する事例にみることができる。
- 人々は，予防焦点に注目して，注意深く行動し失敗を避けることで，目標追求において成功するかもしれないし，促進焦点に従って，熱心に自分の欲望を追求することで，成功するかもしれない。それぞれの焦点に，有利な側面と不利な側面が考えられる。
- BISとBASの生物的システムは，個人が状況をどのように評価し，その状況に対応するかに影響を与える。
- CAPSにおいて，個人は未来志向的になれる。それは単に状況を選べるということだけでなく，状況を解釈し，変換し，構築するという意味ももっている。この枠組みにおける心理療法は，苦しみの原因になる思考，感情，行動を引き起こす内的，そして外的な刺激を認識できるよう，人々を支援しようとする。

☑ 重要な用語

関係の安定した機構，拒否感受性（RS），興奮系（活性）リンク，コネクショニスト理論，自己愛者の行動徴候，自動的処理，常習的接近可能性，処理力動，双方向の相互作用，促進焦点，統制的処理，認知的・感情的パーソナリティ・システム（CAPS），認知的・感情的ユニット（CAU），ネットワーク情報処理モデル，ノード，パーソナリティ構造，パーソナリティ性質，防衛的悲観主義，有効成分，抑制系（非活性）リンク，予防焦点，リンク

☑ 考えてみよう

1) 六つの分析レベルのそれぞれにおける重要な貢献は何かを述べなさい。
2) パーソナリティにおける2種類の一貫性とは何か。
3) それぞれの分析レベルにおける貢献を考慮に入れるため，どのようなモデルが提案されたのか。
4) どのような構成ユニットが，CAPSをつくりあげているのか。
5) このネットワーク情報処理システムのモデルを前提にすると，個人はどのような二つの側面において，違いがあることになるのか。
6) CAPSはどのようにして，行動における個人差を説明しているのか。
7) 特性が，処理上の性質と違うのはなぜか。
8) 拒否感受性と攻撃の間の関係を説明しなさい。
9) 自己愛者の「～なら～に」徴候はどのようなものか。
10) CAPSのモデル（理論）は，六つの分析レベルのすべてを，どのように取り入れているのか。
11) CAPSモデルにおいて，どのような点で個人が未来志向的であるといえるのだろうか。
12) パーソナリティ・システムにおいて，双方向の相互作用はどのようなことを意味しているのか，解説しなさい。
13) ゲリーの行動は，本人が体験する状況に，どのように影響し，これを変えているのか。
14) リスク情報が，ある女性たちには乳房の自己診断をするように仕向けるのに対し，他の女性たちにはそれを避けるようにしてしまうことを説明するのに，ネットワーク情報処理システムのモデルは，どのように役立つのか。
15) 親密な対人関係における「相性」を，CAPSはどうやって説明するのか。
16) ある分野において，違った人が違った形で成功するのを，予防焦点と促進焦点がどのように支援するのか，解説しなさい。
17) ヴェロニカのパーソナリティを，社会認知的レベル，生物学的レベル，特性・性質レベルから，記述しなさい。
18) ヴェロニカとマーサについて私たちが知っていることから，この二人が映画館に行ったとき，友人たちとどのようなやりとりをするか，予測できるだろうか。

17章

自己制御
──目標追求から目標達成へ

「2006年5月7日のニューヨーク・タイムズ紙にデイビッド・ブルックスによるコラム『マシュマロと公共政策』が大きく掲載され,1970年ころにスタンフォード大学で行われた実験が紹介された。研究者たちは呼び鈴とマシュマロを4歳の子どもの前に置いて,部屋に一人で残したのである。マシュマロは,一方のお皿には一つだけ,もう一方のお皿には二つがのっていた。もし子どもが呼び鈴を鳴らしたなら,研究者はすぐに部屋に戻り,子どもたちはマシュマロを一つだけ食べることができた。しかし呼び鈴を鳴らさず,一人で研究者が戻るまで待っていられたなら,マシュマロを二つ食べることができた。その場面を記録したビデオを見ると,子どもたちはそわそわしたり,身体をよじったり,手で目を隠したり,足を蹴ったりしながら,待ち続けるために自分を統制しようとがんばっていた。その子どもたちの行動には大きな個人差がみられた。ある者は待ち続けることができず,すぐに呼び鈴を鳴らしたが,15分間ずっとがんばり通した子もいた。それから12年くらいたったころ調べてみると,4歳のときに長く待つことができた子どものほうが,平均すればSAT(大学進学適性試験)の得点が高い傾向にあり,大人になろうとしている時期に,人生・生活上において社会的・認知的に,より良好な状態にあった。呼び鈴を早く鳴らしてしまった子どもは,平均的にみると,思春期における親や教師からの評価が低く,32歳のころになると,薬物や対人関係における問題を抱える傾向があった。これはどうしてだろうか。その違いをどのように理解すればよいのだろうか。その違いからパーソナリティについて何がいえるのだろうか。」

この前の章では,すべての分析レベルからの貢献がお互いに補い助けあい,全体として,パーソナリティ・システムと機能する個人についての統合的な見方をつくりあげる助けになることを示した。人が異なる種類の状況に対応して,思考,感情,そして対処行動を,その人に特徴的なそれぞれのやり方で,どのように,そしてどうして変化させるのかを理解するのに,それぞれのレベルが役立つことがわかった。この章

では，多くのレベルにおける研究を統合することにより，ある特定の個人やパーソナリティ類型の理解を促進するだけでなく，適応的で効果的に機能することや目標達成のために不可欠な，広範かつ数多くの重要な自己制御行動の理解にも役立つことを学んでいく。そのような行動の例が，この章の最初で解説した「マシュマロ実験」にみられるようなものなのである。

　この章では，パーソナリティ心理学にとって基本的かつ長年の研究課題であった問題や，人間性の科学的理解のため，統合的アプローチがどのように役立つのか，例をあげて解説する。ここでの問題は，非常に強力な圧力，障害，誘惑，制限が個人内や状況に存在するとき，人々はどうやって「主体能動性」や「意志力」というものを使って自己制御し，短絡的な欲求充足を避け，その人の長期的目標を達成するのか，また自己制御の個人差が，長い生涯にわたるパーソナリティの発達や重要な成果・業績の獲得にどのように影響を与え，予測を可能にするのかということである。端的にいえば，「意志の力」とは何だろうか，それは何によって可能になるのだろうか，ということである。そして，その人の潜在的な能力をよりよく自己実現させるため，これらのプロセスがうまく支援できるように，活用することができるのだろうか。これらの質問に回答を得るため，それぞれの分析レベルにおける研究を検討していく。そして，その人の長期的な人生・生活上の目標，理想，精神的安寧のため，自分自身の性格上の弱点を自分で補い，外的な圧力や誘惑に対抗して自分を守るため，それらの研究からの貢献が，どのように問題を明確化できるのかをみていこう。

17.1　それぞれの分析レベルからの自己制御研究への貢献の概観

　表17.1は，自己制御と目標追求における個人差を記述し理解するため，それぞれの分析レベルにおけるキーポイントとなる貢献から，いくつか選んでまとめたものである。

　表にあるように，特性・性質レベルでは，自己制御的な行動において，人々に大きな個人差があることが示された。日常的な観察からもすぐわかることだが，人によっては，とても難しいダイエットをきちんと続けること，依存症になるほど何年もタバコを吸った後で禁煙すること，投げだしてしまいたい誘惑がすごく強いにもかかわらず，遠大な目標を達成するため，努力し，機会を待ち，働き続けるなどの事例が克明に示された。その逆に，当初はまったく同じよい意図で始めたのに，失敗してしまう人たちもみられる。古代ギリシャ人は意志力が欠如する，あるいは弱い場合，それは性格的な特性であると考えて意志薄弱，つまり意志力の欠乏とよんだ。この特性・性質アプローチの現代版は，例えば5因子モデル（ビッグ5）における「誠実性」という概念によって，これらの広範な個人差を，より客観的に記述し測定しようとしている。

17章　自己制御——目標追求から目標達成へ

表17.1　自己制御を統合的にみるための各レベルの貢献

分析レベル	キーポイント
特性・性質レベル	誠実性や，自己制御における広範囲な個人差を見いだして測定している。また，自己制御における「〜なら〜に」の行動徴候についても研究している。自我統制と自我復元性における構成概念と次元を検討した。統制不足や過剰統制の問題を見いだして，それが個人の生涯におけるパーソナリティ発達にどのような意味をもつのかを研究した。
生物学・生理レベル	努力統制と報酬遅延に関して「熱い」「冷たい」という二つの相互作用的システムと，それに関連する大脳中枢や神経経路などを発見している。効果的自己制御と集中的問題解決における注意の配分の役割を明確にした。特性と気質の間の関連性を明らかにした。
精神力動・動機づけレベル	自己制御における諸問題は，基本的な生物的衝動であるイドと，それを抑制しようと働く自我と超自我の間で起こる，意識されないことが多い内的な葛藤を反映している。報酬遅延に関する能力の重要性を認識し，そのメカニズムを分析していた。防衛的，反理性的，自己破滅的な自動的処理に打ち克つために働く，洞察や理性的な自我・認知的な統制を検討した。
行動・条件づけ的レベル	状況と刺激統制の重要性および影響力を明らかにしている。意識外で起こる，すなわち意識的に統制されたものではない，自動的な行動の基礎にあるプロセスと決定因を発見した。情動的な条件づけおよび反応の結果が，反理性的なものも含めて，行動を形成することや，それらがいかに自己統制と自己制御を難しくしているかについて分析した。
現象学的・人間性レベル	知覚は主観的なものである。状況についての，その人の認知的評価や構成がその場の行動への影響力を左右する。そのことから，自己決定がおおいに可能性であることを指摘した。自己方向づけを強化し，刺激統制に打ち克つための方法を，自己実現や自己構成といった高次のパーソナリティ過程が提供している。解釈し思考する過程における代替的構成の方法が，人々が自分の社会的あるいは生物的歴史の犠牲者とならないですむよう，支援することができる。
社会認知的レベル	解釈と行動の間のギャップを埋めることを助けた。目標志向的努力型の行動に影響を与えることにおいて，状況をどのようにみるかということと，期待・信念・目標といった他の心的表象とが相互に影響しつつ，どのように働いているのかを示した。報酬遅延および目標志向的自己統制を可能にする心的メカニズムと戦略を分析した。幼いころから観察可能な，これら能力における個人差が，長期的な人生・生活上の主要な成果や業績に与える影響を実証した。多くの自己制御が意識外の自動的な反応として起きていることを示す，新しい証拠を見つけた。

この分析レベルにおいては，全般的な自己制御の点での個人差だけでなく，どのような状況や条件において，自己制御や自己統制が効果的に行えたり行えなかったりするのかという点での個人差についても研究が行われている。自己制御における個人差には，安定した「～なら～に」という行動徴候における個人差も含まれる。学業において一心不乱に勉強して努力するため，睡眠時間も友人たちと過ごす時間も一貫して削るほど一生懸命な学生が，難しいダイエットを続けようと強く決意したときは，ジャンクフードの誘惑には勝てないかもしれない。裁判長席では倫理観と誠実性の権化のような裁判官も，性的あるいは金銭的に不適切かつ違法な私的行動で告発されることもありうる。そのようなことが起こることが知られ，「なぜ，どのように，そんなことが起こるのか」という質問が投げかけられ，精神力動的なレベルにおける研究の多くを動機づけている。

　精神力動的・動機づけレベルにおいては，約1世紀前にフロイトが，多種多様な精神的問題と身体的症状を含んだ，自己制御における理解困難な問題は，その背後に潜む，その人の中での葛藤を反映したものであるという仮説を提唱し，その過程を系統的かつ力動的に見る考え方を提供した。実際に，彼と弟子たちは葛藤と自己制御の精神力動を，彼らの理論におけるパーソナリティ・システムの中核においた。人間における自己制御の問題のほとんどが，生物的な衝動と，それと対立する抑圧的勢力との間の無意識の闘争であるとフロイトが主張したことを思いだしてほしい。生物的な衝動とは，その場で即座の欲求充足を目指して圧力を強める，主に性的および攻撃的な衝動であり，それと対決するのは理性的な自我と，判断のために内化された規範，つまり良心を体現する超自我（7章を参照）なのである。フロイトの貢献は，幼児期における報酬遅延を可能にするメカニズムを分析したことを含むが，衝動的な行動から，合理的な問題解決志向で未来志向の理性的行動へと移行していくことを可能にするメカニズムについても，興味深い洞察を提供している。彼の研究はまた，自分の行動に関する無意識の防衛や自己破滅的な歪曲や反理性的な傾向に打ち克つのに必要な，成熟して理性的な自己統制的メカニズムを獲得するため，洞察力が重要であることを示している。

　フロイトの研究から100年近くたったいま，生物学・生理レベルの研究者たちは，自己制御の基礎となるいくつかの大脳神経学的な根拠を発見している。現在の現場における最新の知見は，少なくとも比喩のレベルで精神力動的モデルにおいて最初に提唱された中心的な考えのいくつかに対応している。最新の脳画像法を使った研究は，強い食餌衝動，恐れや攻撃的反応における「熱い衝動性」「自動的反応」などの中枢となる特定の部位を明らかにしつつある。これらの熱いシステムは，前頭葉前部の奥深くに埋めこまれていて，情動反応の基底となっている。この情動中枢は，高次の大脳中枢のいくつかと相互作用しつつ，少なくともある条件下である程度は，闘争や逃

走，つい手を伸ばすなどのすばやい反射的な自動反応を抑制し，より未来志向的で認知的・思考的な問題解決と自己制御が可能になるように働いている。

表17.1が指摘するように，行動・条件づけレベルは，刺激統制の影響力の強さを明らかにするとともに，古典的条件づけのように人々の情動を統制する条件や，社会的・対人的行動を操作する数多くの条件を見つけだしている。これらの条件は，本人がほとんど，あるいはまったく意識することなく，個人行動の多くを統制し形成している。行動レベルと精神力動レベルで研究を行う心理学者たちは，人々の意識の外で起こる自動的な形で，行動に重大な影響を与える過程を重視するという点で共通している。そして，これらの無意識的過程についての理解を助けるということで，どちらのレベルも重要な貢献をしている。

現象学的・人間性レベルにおける研究は，本人がどのように状況を解釈して考えるかによって，状況からの影響に違いが生じ，状況にどのように対処できるかが決まることが示された。このレベルでの研究は，人の知覚が主観的なものであることを明白にした。どのように状況を解釈し評価するかによって，状況の影響は異なってくる。構成的選択肢の再構築や模索を通して，個人は状況の統制に打ち勝ち，新しい行動や自己実現の可能性を高めている。この考え方から，人間には自己決定がおおいに可能であることが，説得力をもって議論されることになる。高次の心的過程と，例えば自己実現のような動機づけは，自らの方向づけを強化し，純粋な自己構築を可能にするための実行できる方法を提供する。ケリーが強く主張したように，人間はその人の社会的・生物的歴史の犠牲者になる必要はないのである。

社会認知的レベルにおける研究では，解釈と行動の間のギャップを埋めることが試みられた。その人の状況の解釈は，期待や信念，目標といった，その他の心的表象と相互作用を起こしつつ，目標志向的で努力型の行動に影響を及ぼしている（例：Bandura, 1986; Mischel, 1973, 1984）。言い換えれば，状況をどのようにとらえるかというところから，社会的世界と相互作用しつつ，対処行動と自己制御へと展開していくまでに起こる心的過程を，心理学的に理解しつくりあげるのに役立っている。また，部分的にフロイトの考えに刺激され，報酬遅延や目標志向性の自己統制を可能にするための心的メカニズム（機構，機制）を詳細に分析している。同時に，幼児期から観察することが可能な，これらの能力の違いによる影響が，個人のずっと後の発達段階において，人生や生活における主要な成果や業績などに現れてくることも示している（例：Mischel & Ayduk, 2004; Mischel et al., 1989）。同じように，このレベルにおける研究者たちは，自己制御において人々が行い，経験することのすべてでないにしてもほとんどが，意識の外において自動的に働いていることを見いだしている（例：Bargh & Barndollar, 1996; Bargh, Gollwitzer, Lee‐Chai, Barndollar, & Trätschel, 2001; Bargh & Williams, 2006）。

以上のようにつくりあげられた自己制御に関する統合的アプローチは，これらのレベルすべてからの貢献によって構成されている。統合的アプローチの考え方が直面する課題は，人生と生活における重大な目標を追求するにあたり必要になる，精神，大脳，自己制御行動のレベルにおいて，私たちが「考えること」と「すること」の間のつながりを明らかにしていくことである。これからこの章において議論されるように，すでに大きな進歩がみられているし，わくわくするような可能性も数多く予期されている。

17.2　目標追求における自己制御過程

■ 個人的目標とプロジェクト

　人生や生活，そしてそこにおける人間の自己制御のほとんどは，目標の追求に費やされる。ある個人が追求する目標どうしは構造化されており，まとまりをもっていて，パーソナリティ・システムの機能において中心的な重要性をもっている。どのような目標に価値を見いだすかは，個人によって違いがあり，個人の中でも，生涯を通した発達段階に応じて，特定の目標から他のものへと移行していく。大学生の目標は，おかれた状況，求められる課題，直面する脅威などにおいて，幼児期に経験されるものや，中年期やさらにその後に如実に表れてくるものと，明らかに違ったものである。この節では，個人がそれぞれの重要な人生・生活上の目標を追求するにあたり，どのようにパーソナリティ・システムが展開し働くのか，またどのように認知的・感情的過程が作動させられるのか（例：Cantor, 1990; Cantor & Kihlstrom, 1987; Zirkel, 1992）に焦点を絞ってみていくことにしよう。

［人生・生活課題］

　「現時点での人生・生活課題」は，高校から大学へ進学する移行期のような，人生の特定の時期において，個人が集中的に努力を払う対象である「プロジェクト」と定義される（Cantor & Kihlstrom, 1987, p. 168）。このような，自分自身で決めてつくった課題は，その個人の人生や生活に対して意味をもたせ，それらを支援するために必要な，より特定的な活動や目標追求を組織化し方向づけするのを助ける。

　人々が共通してもつ人生・生活課題には，「大学に入学する」「昇進する」「よい人を見つけて結婚する」「もっと自分を健康的にする」「2年ほど休学・休職して，助けを必要としている人たちのため役立つことをする」などがある。このように，人生・生活課題は，人生のある特定の時点において，その個人にとって意味のある，重要で長期的な目標のことである。そういったものは，典型的にその個人には緊急のものとして経験されるが，しばしば明確になっていないし，大雑把に計画されていて，あまり明確に意識されないこともある。

人生の同じ時期に，ほとんどの人がある種の人生・生活課題を共通して経験する。例えば，ミシガン大学の学部・進学者コースの新入生は共通して，次のような人生・生活課題をもっていた。「自立する」「友だちをたくさんつくる」「自己の同一性を確立する」「よい成績をとる」「将来の方向性を定める」などである（Cantor & Kihlstrom, 1987, p. 172）。自分の計画，気持ち，特定の方略について，もっと細かく説明するよう学生たちに求めると，学業達成，親密な関係，自己統制をさらに強めることについての関心が共通するテーマとして広範にみられた。しかしながら，個々の学生は自分自身の課題を個性的につくりあげていて，同じテーマであっても，それぞれ違った側面に注目していた。例えば同じ「自立する」であっても，ある学生にとっては，個人的な失敗をしたとき，親から励ましてもらわなくても立ち直れるようになることであり，他の学生にとっては，お金の使い方をきちんと管理できることを意味していた。これらの研究は，日常の現実的な課題について対処するのに用いる，その人自身のパーソナル・コンストラクト，計画，そして問題解決方略を，その人自身が使う理解・表現能力を用いて言語化してもらうという巧妙な研究法を利用していた（例：Cantor et al., 2002; Harlow & Cantor, 1996; Snyder & Cantor, 1998）。

[目標の階層]

目標はパーソナリティ・システムの中で階層的に整理されていて，そのうちのいくつかは最上位目標であり，その他の下位目標よりも重要である（Carver & Scheier, 1998; Vallacher & Wegner, 1987）。「安全で安心できる」ようにしたいという目標は，「信用できるパートナーを見つける」ことや「あてにできる収入がある仕事をもつ」ことよりも，階層上で高いレベルにある。逆に，後者二つは最初の最上位目標よりも低いレベルであるが，例えば住んでいるアパートをもっと安全にしたいという目標よりは，ずっと高いレベルにあると考えられる。その「アパートをもっと安全に」という目標は，さらに下のレベルの「ホームセンターに防犯金具を買いにいく」とか「燃えやすいものを片づける」といった目標を追求することで，実行に移される。同じように，「価値ある立派な人間になる」という目標は，「他の人に親切で面倒見がよい」という目標などよりも，パーソナリティ・システムの構造中では高いことになる。親切で面倒見がよいということは，例えば身体の不自由な人が道路を横断するのを手助けするという，さらに低いレベルの目標につながるかもしれない。

例えば就職など，ある特定レベルにおける目標達成が邪魔され，うまくいってないようなとき，人は「安全で安心できる」というような，より上位の目標に向かって努力を続けるかもしれない。そうすることで下位目標に対し，その人の活動が方向づけされることになる。例えば，仕事探しを後回しにして，いまは配偶者とよりよい関係を築くことにもっと集中するかもしれない。そうすることにより，一方で達成できない上位の目標が，他の形で達成されるからである（Martin, Tesser, & McIntosh, 1993）。

人々の目標は，その人が追求する個人的な人生・生活目標を理解するのに重要であるが，どのように目標を追求するかの力動的処理過程は，個人の基準や，目標に向けての前進を，本人がどのように自己評価するかによっても違ってくる。

[基準と自己評価]

目標の追求において，人生の初期の段階から，人々は自分の行動とその結果である前進・進歩を評価し，それに合わせて自分自身に報酬を与えたり罰を与えたりする。そうすることにより，さらに前進できるようにするが，場合によっては自分への働きかけがうまく行えないこともある（例：Bandura, 1989; Carver & Scheier, 1990）。自分でみてよいと思えたなら自分自身をほめるなど，自分の達成について肯定的あるいは否定的に感じるかもしれないし，自信がもてない場合もあるだろう。人は，自分に心理的，社会的，そして物的な報酬や罰を，自分で与えることができる。つまり，自分のために自分で開発した基準を用い，自分自身を査定し，自分自身についての内的な判断者，報酬‐罰の管理者になるのである（Bandura, 1986, 2001; Higgins, 1990, 1997）。自己賞賛や自己非難，自分で与えるごほうびやお仕置き，自己を甘やかしたり傷つけたりすること，自分をほめたり逆に非難したりするなどは，人がよく行っていることである。

これらの現象は，よい成績をとったときや入学許可書を受けとったときにお祝いすることや，落胆する結果が起き失敗したと本人が感じるときに自分を責めることなどにみることができる。このような自己評価の過程は，自分のもつ基準に対し，現在の遂行状態を比較することによって始まる。もしズレがみえるなら，そのズレを減少させるように動機づけられるか，あるいは基準自体をもっと低いレベルに設定し直すという傾向がある（例：Carver & Scheier, 1981, 1990）。バンデュラが表現したように「ある種の成功を条件として，人が自己満足するか，物的な欲求充足をするとき，必要とされる成績レベルの遂行に到達するのに必要な努力をするよう，自分で動機づけているのである」（Bandura, 1986, p. 350）。自分の行為に対して自分自身で強化子などの結末をつけることにより，人々は上位の目標に向かって自分を動かすことができるのである。

■ なぜ自己制御が必要なのか？

[自動性]

目標追求の大半は自動的である。自動的な行動は，授業に出席する，仕事に行く，友人や家族と話をする，ストレスに対処する，誘惑やフラストレーションに対処するなど，日常的な活動の中でもよくみられる。多くの場合，そのプロセスはまるで航空機の自動操縦装置のように，実質的にそれ自身がそれを動かしているようにみえる（例：Bargh, 1997, 2001）。

17章　自己制御——目標追求から目標達成へ　　**549**

　目標追求において活性化される自動的な心的‐情動的プロセスは，生命維持のほとんどの機能にとって適応的である。しかし場合によっては，自動性に流され，本人が絶対に避けたいと思っている横道にはずれてしまうかもしれない。例えば，ダイエットしているときにデザートの誘惑に負けることや，今夜はずっと仕事をしようと決めたすぐ後に，映画館に入ってしまうことなどはそうである。

　通常の自動的な反応傾向に打ち克つことの難しさの例は，日常生活の中でいくらでも見つけることができる。ダイエットしている人は誰でも，ウェイターにデザート皿にのせたチョコレート・ケーキを見せられると，意志があっという間に消えてなくなる経験をもっているだろう。強い動機づけも，誘惑が強力で，しかも目の前にあるときには，十分に機能しない。

［自動性を越えて意志の力で］

　状況の圧倒的な力または「刺激統制」の影響は，行動レベルや最近の社会的認知の研究において示されてきた（例：Bargh, 1997, 2001）。バージ（John Bargh）らは，人々は多くの場合，意識の介入なしに自動的に行動していることを示した。そのような行動は，特定状況における一定の刺激条件のもとで，意識しないうちに引き起こされているという。しかし，そのような知見も，私たちに統制の能力があり，意志力を発揮することもあるという直感的信念と共存しうる（例：Ayduk & Mischel, 2002; Derryberry, 2002）。人々は，価値ある長期目標の追求途中での障害や誘惑に打ち克ち，強い状況的圧力になんとか抵抗する。彼らはどういう方法をとっているのだろうか。

［自己制御には動機づけと有能感が必要］

　目標追求において，自己制御された行動と自己統制が効果的かどうかは，その人の動機づけと有能感によって決まる。ダブルチョコレート・ファッジケーキをがまんするための動機づけを考えてみよう。動機づけの強さは，例えばその人がケーキのことを「健康によくないし，太ってしまう」と思っているか「すてきなごちそう」と思っているかによって違うだろう。さらに，その人が健康的な食生活と太らないでいることによってもたらされる長期的で上位の目標に，どのくらい価値をおいているかにもよる。このように自己制御された行動が，例えば自分に誇りをもてる，立派な人間になるなどのように自己の中心に位置する高い目標のためになるなら，動機づけの重要性は高くなり，そのような行動選択肢は，思考に上りやすくなるだろう。

　制御したいという動機づけと，制御できるという有能感を区別して考えることは重要である。人はその一方をもっているが，もう一つをもっていないことが多い。少し前の米国大統領がよい例である。政治的・外交的問題における高度の指導力は，彼がそういった技能を十分にもっていることを示すが，同じ能力を個人的な事柄に応用することができないか，そうする動機づけが十分でなかったようである。その結果，面目を失い，もう少しで大統領の職を失うところであった。動機づけが高いときでさえ，

誘惑とフラストレーションに直面したときの自己統制は，強固な意志以上のものを必要とする。ジェームズ（William James）が100年以上前に書いているように，「欲求や要求」と「意志」の間の大きな距離を埋めるには，「ある種の前提条件」が満たされる必要がある（James, 1890）。制御しようという動機づけが十分に高いとしても，効果的な「自己制御有能性」が，そこにあること（利用可能性）と使えること（接近可能性）が，目標達成にとって決定的に重要である。自己制御有能性とは，目標志向的行動の実行を助ける認知と注意のメカニズム（機構，機制）のことである。この章の残りでは，再びそれぞれの分析レベルが全体像にどのように寄与しているのかを述べつつ，この能力の基礎となっている心理的過程について検討する。

■ 生物学・生理レベル──努力統制

まず，制御能力の性質と，生物学・生理学・大脳レベルにおけるメカニズムについて考えてみよう。過去の数十年で，自己制御における「実行機能」を可能にする基礎になっている神経系メカニズムについて，多くのことがわかってきた。約1世紀前，フロイトと弟子たちは同じ「実行機能」という用語を，報酬の遅延や衝動の統制を自我が可能にする方法を意味するものとして使用した。現在の認知神経科学の研究成果は，生物学・生理レベルにおいて，多くの機能が前頭葉の実行システムに関連していることを示唆している。

［努力統制における大脳メカニズム］

研究者たちは，前部注意系が，大脳皮質全体における実行機能に関連した経路を制御していると述べている（Derryberry, 2002; Eslinger, 1996; Miyake, Friedman, Emerson, Witzki, & Howerter, 2000; Posner & Rothbart, 1991, 1998; Stuss & Knight, 2002; Zelazo & Müller, 2002）。実行機能は新奇な問題，特に自動性や習慣的な思考，反応などの抑制を行うための目標志向行動にとって必要なものである（Casey et al., 2002）。

これら脳の実行機能システムが，目標追求における努力統制，つまり日常語での意志力を可能にしている。注意を制御することで，それを可能にしているのである。この注意の制御過程には，知覚における注意の集中や，課題間の注意の切り替え，思考の柔軟な統制などが含まれている。脳画像法の新たな手法によって，脳における実行機能メカニズムの経路や詳細に関する膨大な数の研究が行われてきている（例：Carlson & Beck, 2009; Casey et al., 1997, 2000; Derryberry & Reed, 2002; Durston et al., 2002; Eigsti et al., 2006; Nee, Wager, & Jonides, 2007; Smith & Jonides, 1999; Wager, Sylvester et al., 2005）。これは自己制御に関する統合的なアプローチにとって，よい知らせといえる。なぜならそれは，パーソナリティ・システムにおける心理的プロセス間の結びつきについて，大脳（生物学・生理）レベルから明らかにする道を開くものだからである。

17章　自己制御——目標追求から目標達成へ　　551

表17.2　注意統制尺度項目

　以下の文章を読み，そういうことをどのくらい頻繁に経験しているか，次の反応尺度を使って回答してください．

　　　　1：ほとんどない　2：ときどき　3：しばしば　4：いつでも

____　1. まわりがうるさいと，ややこしい仕事に集中することは本当に難しい
____　2. 集中して問題を解かなければならないときに，うまく注意が向けられない
____　3. 一生懸命に何かをやっているときでさえ，まわりで起きていることに気をとられてしまう
____　4. 自分の部屋に音楽がうるさく流れていても，仕事に集中するのに，問題はない
____　5. 集中すれば，部屋の中のすぐそばで起きていることもわからなくなるほど，ものごとに注目できる
____　6. 本を読んだり勉強したりしているとき，部屋の中で話し声がすると，気が散って仕方がない
____　7. 何かに神経を集中しようとしているときでも，頭の中に関係ないことが次々と浮かんでくる
____　8. 何か興奮するようなことが起こると，自分のやらなければならないことに集中するのが難しい
____　9. 集中してしまうと，空腹ものどの渇きも，気にならない
____　10. 一つの仕事が終われば，気持ちを切り替え，次の仕事にとりかかるのは簡単だ

[出典：Derryberry & Reed（2002）]

■ 特性・性質レベル

　特性・性質レベルにおいては，努力統制の基礎となっている実行的注意統制メカニズムにおける個人差を明らかにする自己報告式による測定が開発されていて（項目例は表17.2を参照），この尺度と大脳活動の生理的測定との間に相関がみられる．注意統制尺度得点は外向性と正の相関が，不安性や衝動性と負の相関があり（Derryberry, 2002; Derryberry & Reed, 2002; Eisenberg, Fabes, Guthrie, & Reiser, 2002），6章で述べたBAS／BISの研究と類似する知見であるといえる．

[自我統制と自我復元性]

　自我統制とは，攻撃傾向を抑制することや計画的にものごとを実行する能力のような，衝動を統制できる程度を意味している．関連するものに自我復元性（**ER**）があり，自我統制の習慣的なレベルを適切に修正することにより，環境の要請に対し適応することである．自我復元性は「柔軟性」と「透過性」があることでうまく機能する（Block, 2001, p. 123）．現代的な精神力動的研究に影響を受けた有力な特性・性質アプローチでは，これらの概念が適応機能の中核的性質を表すと考えられている（例：Block, 2001; Eisenberg et al., 2002）．

　ブロック（Jack Block）がうまく表現したように，「復元性がある人は，例えば大きな岩を小さなハンマーで打ち続けるように，結局無駄になってしまう何かをやめるべ

きときと，小さな石を大きなハンマーで打ち砕くように，最終的にうまくいく何かを続けるべきときとを，賢明に区別して予見することができる。このような適応力によって，復元性は進化に役立つ」(Block, 2001, pp. 123-124)。この説明は，弁別する能力と，そのことが可能にする柔軟性の重要性をまたしても強調しているが，その強調はいまや進化的アプローチや，社会認知的アプローチ，さらには生物学・生理レベルでの分析における研究成果（例：Grigorenko, 2002）にもみられるものである。

自我統制と自我復元性という構成概念を測定するため，多くの課題が使われている。例えばある古典的な研究で，研究者は自我の統制力を推測する方法として，子どもが衝動を抑制する傾向を評定し，さらに実験状況で彼らの遅延行動を観察した（Block & Martin, 1955）。欲しいおもちゃとの間に障害物があるような，フラストレーション状況に子どもをおいたのである。衝動を抑制できないと評定された統制不足の子どもは，衝動を抑制できる過剰統制の子どもよりも，障害物に対し，より暴力的に反応した。統制不足の子どもはまた，遊びの中でもあまり建設的でなかった。

自我統制得点が高い人は低い人よりも，自分の身体の動きを統制したり抑制したりすることが，いくらか上手な傾向にある。例えば，より長くじっと座っていられるであろうし，鉛筆を紙から離すことなく，よりゆっくりと線を描けるであろう。これらは，自我復元性と自我統制という構成概念を裏づける一連の相関関係の中の，ほんのいくつかの例にすぎない（Block, 1971; Block & Block, 1980, 2006; Letzring, Block & Funder, 2005; Mischel, 1984; Shoda, Mischel, & Peake, 1990）。

自我復元性という構成概念の研究では，歩き始めたばかりの幼児たちが問題解決課題に直面したとき，自信があって有能とみえる程度についての評定が行われた。自信があって有能とみられた幼児は，4, 5歳になったときに自我復元性の得点が高かった（Gove, Arend, & Sroufe, 1979; Matas, Arend, & Sroufe, 1978）。他の例では，3歳のときに自我復元性が高いとみられた幼児は，後に成長してから人気があり，おもしろくて魅力的だとみられていた（Block & Block, 1980）。復元性という概念はさらに，下で述べるように，より価値があるが後になってから得られる結果のために，その場における欲求充足を遅らせることにも関連があった（Shoda, Mischel, & Peake, 1990）。

つまり，自我統制と自我復元性の両方の概念は，自己制御と自己統制に関する重要な個人差について，役に立つ特徴づけを提供している（Eisenberg et al., 2002）。これらの個人差は，発達段階を通して，長年にわたって安定したまま持続される（例：Caspi, 1987; Caspi & Bem, 1990; Mishel, Shoda, & Rodriguez, 1989）。要約すると，生物学・生理レベルにおける研究は自己制御や実行機能にとって中心的な脳の部位を明らかにしつつある。自我復元性のような性質レベルにおける研究は，自己制御能力をもつ人がどのような特徴があるのかに関する有益な記述をもたらしてくれる。それでは，社会認知的レベルと現象学的・人間性レベルではどうだろうか？

17章　自己制御——目標追求から目標達成へ

■ 社会認知的レベルと現象学的・人間性レベル

　これらの分析レベルにおける研究では現在，思考や方略など，自己制御の有能性を可能にするような心理的メカニズムの解明が試みられている。強い情動を引き起こすジレンマ状況において，何を考えるかとか，注意をどこに向けるかということが，どのように自己制御の能力を強めたり弱めたりするのであろうか。これをダイエットしている人に応用してみると，「今夜はダブルチョコレートケーキを食べないぞ」と決心したなら，何を考え，どこに注意を向ければ，その目標からぶれないことが可能になるのだろうか。この疑問に答えるため，社会認知的レベルの研究者は，強い接近－回避葛藤があるとき，目標を追求している間の認知や注意のような心的活動が，困難だが長期的には重要な目標への到達や継続する能力にどのような影響を与えるかを検討した（例：Gross, 1998; Lazarus, 2006; Lazarus & Folkman, 1984; Mischel, 1974; Mischel & Ayduk, 2002, 2004）。次の節では，これらの心的活動が，出来事がどのように心的に表象されているかによって，自己統制や努力的行動にどのような影響を与えるのかについて述べる。

17.3　接近（食餌）ジレンマにおける自己制御

　この節では，ダイエットをしている人がデザートの誘惑に抵抗しようとするような食餌接近におけるジレンマの中で，特定の心的過程がどのように自己制御や目標追求を強めたり弱めたりするかについて検証する。次の17.4節では，回避や嫌悪ジレンマについても同じように検討したい。どちらのタイプのジレンマでも，意志力あるいはむしろ意志力を発揮するための心理的過程がその人に必要になる。専門用語でいう努力統制，つまり「意志力」の最も明確な必要性の例が，重要だが後からもたらされる結果のために，目の前の報酬による欲求充足を先延ばししようとするときにみられる。

■ 報酬遅延の能力

　自分で決めて「ごほうびの先延ばし」をする，つまり自発的に目の前の報酬を遅延させる能力は，意志力，自我強度，自我復元性などの概念の中心となるものである。そのような遅延を自らに課すことのない文明は想像することが難しいが，自我発達に必要なものとして，とても重要な能力であると1世紀前に述べたのは，ほかならぬフロイトである。望んでいる結果を待つことや，将来に起こりうる結果を考慮してふるまうことを学ぶのは，長い時間がかかり，ずっと遠くにある目標達成に成功するために不可欠なことである。

　トイレット・クリーニングに始まって，衝動と欲求を抑え，特定の時間と場所においてのみ，それらを表現することを誰もが学ばなければならない。社会的な関係でもま

た，文化は先延ばしを要求する。例えば性的関係，結婚，子どもをもつことは，「適齢になり責任がとれる」ようになるまで，先延ばしが期待されるだろう。報酬の遅延を必要とする，さまざまな自我統制の重要性は広く認識されてきた。とても魅力的なことが目の前にあるのに，次の日のことを考え，がまんして学校の勉強を続けた経験をもつ，すべての学生にとって，これはなじみのあることであろう。待つことを選択し，あるいは後にもたらされる大きな目標のために努力するとしたら，その遅延の期間をどのように過ごし，目の前の誘惑に負けてしまう衝動にどのように抵抗すべきか。自己制御研究の大きな課題は，このような疑問に答えることである。

[目標を志向するがゆえの遅延状況──マシュマロ検査]

このような「熱い」食餌‐接近状況における意志力を研究するための単純な手法として考えだされたのが，幼稚園児の報酬遅延パラダイムであるが（図17.1），いまではマシュマロ検査というよび名でよく知られており，本章の冒頭でも紹介したものである（Mischel, 1974; Mischel et al., 1989; Mischel & Ayduk, 2002）。この方法では，小さな子どものジレンマを実験者が意図的につくりだす。

より詳しく説明すると，4歳の子どもが，例えば，マシュマロや小さなプレッツェル，クッキーなどのおいしそうなお菓子を見せられたところを想像してみよう。そこで子どもは葛藤に直面する。実験者が戻ってくるのを待ち，二つのお菓子を手に入れるか，呼び鈴を鳴らしてすぐに実験者を呼び戻すか。でも，そうするとお菓子は一つしかもらえないのである。大きな結果のために待つことを選択すると，先延ばしはすぐにとても困難になり，フラストレーションはあっという間に膨らむ。この状況は，目の前の小さな誘惑と，後で実験者が戻ってからもらえる大きなごほうびのような，高次のしかし後になってもたらされる大きな目標との間の葛藤を研究する手法の原型になった。このような状況で，スタンフォード大学地域の500人以上の幼児が，観察や実験で，系統的に研究された（例：Ayduk & Mischel, 2002; Mischel, 1984; Mischel et al., 1989, Mischel, Ebbesen, & Zeiss, 1972, 1973）。

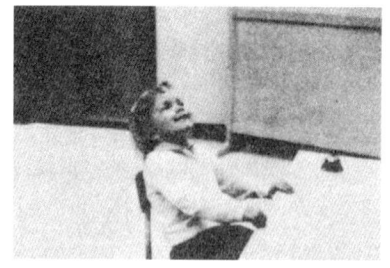

図17.1　報酬遅延のために待つ子ども
［出典：Mischel, Ebbesen, & Zeiss（1972）］

報酬遅延研究は，すべての分析レベルにおける研究成果を使い時間をかけて，パーソナリティ研究がどのようにつくりあげられるのか，究極的には実証研究によって妥当性を検証された構成部分に基づいて，統合された理論を生みだすようになるのかのよい実例を提供している。何年も前に研究が始まったとき，望んでいる欲求充足を本人が視覚的に想像すると，待つことが容易になるのではないかと研究者たち（Mischel et al., 1972）は予測していた。その仮説は，フロイトの古典的な報酬遅延の考え方（Freud, 1911/1959b）に基づいていたが，それによると，幼い子どもが欲求対象を心的すなわち「幻覚的」イメージとしてとらえることができると，待つことが可能になるとされている。精神力動的理論によれば，その対象の心的表象が心的な「時間結合」を起こし，遅延や衝動抑制を可能にするのである（Rapaport, 1967）。異なる用語を使っているが，同じような考え方が行動・条件づけレベルにおける実験からも出された。先延ばし能力は，報酬や目標の期待的表象（関連する研究のまとめは，Mischel, 1974を参照），または対象をより目立ち強力に感じられるようにする自己教示（Bandura, 1986）を必要とすることを，それらの実験は示唆した。4歳児を対象にした初期の遅延実験は，これらの考え方を検証するために行われ，子どもが待たされる間，結果の報酬に注意を向けることができるようにしておいたほうが，待てる時間が長くなると予測していた。

■ 冷静化の戦略──考え方こそ重要
[戦略的な注意そらし]

待っている間に子どもたちがどのくらい報酬に注意を向けるかの程度を操作した実験の結果を図17.2に示した（Mischel et al., 1972）。一つの条件で子どもたちは，あまり欲しくないがすぐに得られる報酬と，とっても欲しいが後になってもらえる報酬の両方を目の前にして実験室で待っていたため，両方に注意を向けることになった。もう一つの群では，両方とも見えないところに置かれ，どちらにも注意を向けることができない状況であった。残りの2群では，子どもたちが待っている間，すぐに得られる報酬か，後になってもらえる報酬か，どちらかに注意が向けるようになっていた。従属変数は，子どもが自発的に待つことをやめるまでの時間の長さであった。図に示したように，報酬が注意を引かないとき，子どもたちはより長く待つことができ，これは最初の予測と逆の結果であった。しかしながら，この研究は子どもの遅延能力を促進する，あるいは促進しない心的表象の種類を明らかにするための長期的な研究プログラムの始まりとなった。

これらの研究の初期において，一連の実験で，報酬から注意をそらしたり，欲しいけれどそれが手に入らない不快な状況から他に注意を向けたりすることにより，報酬遅延が容易になることが示された。例えば子どもたちは，認知的に目標物から注意を

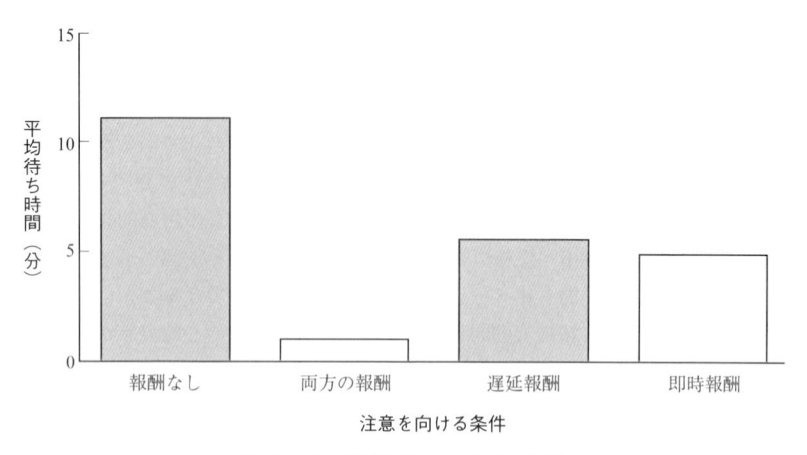

556　第VII部　各分析レベルの統合——全人としての人間

図17.2　報酬遅延への注目の効果
[出典：Mischel & Ebbsen（1970）]

そらし，楽しいことを考えるなどしていたほうが，直接に注意を向けているときよりも，より好ましい報酬を長く待つことができたが（Mischel et al., 1972; Mischel et al., 1989），これは古いことわざの「悪魔よ，去れ」と合致するものである。

　これらの知見は，子どもの自発的にとる行動を研究者たちが実験中に観察したものと一致していた。何人かの子どもによって使われた先延ばし方略は，単純なものであったが同時に効果的でもあった。子どもたちは，待たなければならない嫌な状況をもっと楽しく，待っているだけでないように変えてしまうことで，とても長い時間，好ましいほうの報酬を待てるようにしたのである。ただ待つのでなく，ほとんど何でもいいのであるが，心理的に何かをすることで時間を過ごし，気を紛らわせるという複雑なテクニックを使っているようであった。待っている対象にずっと注意を向けるのでなく，見ることを避けていた。ある子どもは目を手で隠したり，テーブルの上においた両腕の上に顔を伏せたり，他にも報酬から目をそらす，同じような他の方法を見つけだした。他の子どもは，報酬遅延のフラストレーションを減らすため，独自の気晴らし方法を編みだしたようだった。ひとり言を言ったり，歌を歌ったり，手や足を使った遊びをつくったりしたのである。すべての気晴らしが出尽くしたときには，寝てしまおうとさえし，実際，ある少女はうまく寝てしまった。

　次の実験は，「強い意志による行為」として，そこに注意を集中することで，報酬の先延ばしという不快な活動と闘い続けようとするのではなく，それでも最終的に報酬が得られるようにしてくれる活動を維持しつつ，難しいことを容易に，嫌なことを楽しく，退屈なことをおもしろくと，心理的に転換してしまうことで，効果的な自己統制が可能になることを示した。意思によって自分に英雄的な勇気をもたせるより，

認知的に別のことに専念しながら，必要とされる「困難な」反応を実現してしまうのである（Mischel et al., 1996; Peake, Hebl, & Mischel, 2002）。次で述べるように，そのコツは心的な変換を行うことによって，困難な（しばしば不可能な）ことを容易なものへと変えてしまうことである。

[熱い解釈と冷静な解釈]

この種の状況における結果や報酬は，「熱い」欲求充足的側面と，「冷静な」情報的側面のどちらかでとらえることができる（例：Berlyne, 1960; Mischel, 1974）。本人が求めていて楽しめるものとしての報酬の熱い表象は，それを体験したり，それにより欲求充足したりする行動を活性化させる。幼児が報酬の実物を見たときやそれについて考えたとき，熱く，その気にさせる性質に自然と注意が向くだろう。注意が向けば，フラストレーションや誘惑が強まり，待ち続けることが困難になる（例：Mischel & Ebbesen, 1970; Mischel et al., 1972; Toner, 1981）。対照的に，報酬に心理的距離をおく冷静な解釈は，逆の効果を自己制御にもたらし，目標志向的になって待つことを促進する（図17.3）。例えば，実物でなく実物大のスライドで報酬の写真を見せることや，プレッツェルを細い褐色の丸太とみなすように教えることは，待つことを促進する。まとめると，この随伴性状況において報酬をどうとらえるか，すなわち熱く考えるか，冷静にみるかによって，どのくらい長く待てるかや，獲得にどのくらい努力できるかに決定的な影響を与えることが，その後の一連の研究（Carlson, Davis, & Leach, 2005; Metcalfe & Mischel, 1999; Mischel & Baker, 1975; Mischel & Moore, 1973; Mischel et al., 1989; Peake et al., 2002）で判明した。

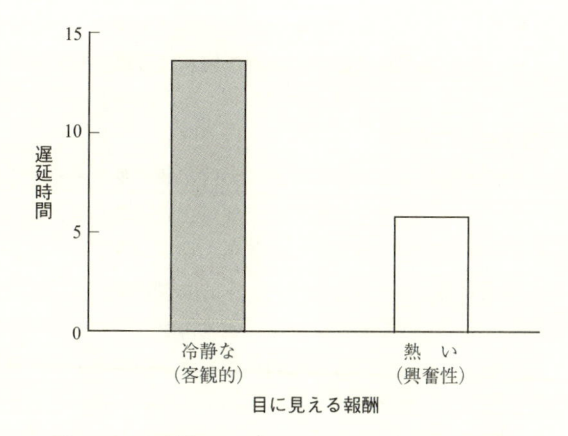

図17.3 遅延時間への熱い思考と冷静な思考の効果
[出典：Mischel, Shoda, & Rodriguez（1989）]

[柔軟な注意]

　適応的な自己制御には，冷静化方略を応用する以上のことが必要になってくる。先延ばしと目標追求の成功には，冷静化方略を無条件に使うよりも，注意を柔軟に変えることがしばしば必要になる。最も長い間，先延ばしすることができた子どもは，動機づけを維持するため，ちょっとだけ熱い特徴に焦点をあてるが，過剰な興奮やフラストレーションを避けるため，すぐに冷静な側面のほうに切り替え，自分で注意をそらしていることがわかった（Peake et al., 2002）。

　効果的な自己制御には，その状況における機会，制約条件，要求に敏感であることが必要とされる。そのような弁別的能力，すなわち状況それぞれの特徴を考慮し，それに合わせて反応できる能力は，一般的に問題への対処や自己制御，社会情動的有能性の中心的役割になるのかもしれない（Cheng, 2003; Chiu, Hong, Mischel, & Shoda, 1995）。そして，注意をそらすことや冷静になることは，目標に達成するために耐えなくてはならない不快な状況やフラストレーション状況に対処するには適応的である可能性が高いが，その他の多くの状況において，適応的ではないかもしれない。適応に重要なのは，いつ冷静になり，いつ熱くなるかを見抜くこと，そして必要なときにそうできることである。ここで解説したメカニズムは，性質レベルと精神力動レベルでの研究を行っていたブロック（Block, 2001）が復元性のある人の本質的な特徴とした，柔軟で弁別力のある行動の基盤となっている。

[まとめ]

　この節では，後になって得られる望ましい結果や目標のため，待ったり努力したりする過程において衝動を統制しようとするとき，報酬を自ら先延ばしすることに注目して議論した。これらの知見の重要な点は，人が努力統制を試みようとしている間に，どのように状況を解釈し，注意を配分するかが，統制能力に明らかな影響を及ぼしていることである。熱い解釈は邪魔になり，冷静な解釈は役に立つといえる。

■ 自己制御有能性の生涯的意味

　ここまで，自己制御を可能にし，その能力における個人差の基礎となる過程について検証してきた。しかし，この能力は本当に重要で，発達の初期における個人差が長期的な何かを予測できるのだろうか？

[自己制御有能性の安定性]

　幼児期の報酬遅延パラダイムで測定される自己制御有能性は，多くのパーソナリティの側面にとって基本的で安定的な有能性の信頼できる指標ということが判明している。例えば，幼稚園のとき，実験パラダイム場面でより長く待つことができた子どもは，10代になったとき，両親からより社会的で認知的に能力があると報告された。青年期には多様なフラストレーション状況においてストレスに対処でき，効果的な自

己統制ができると受け止められていた（Mischel et al., 1989）。また，長く待てた子どもは，待てなかった子どもに比べ，実際に高いSAT得点をとっていた（Shoda et al., 1990）。30代になったときに行われた追跡調査において，幼稚園のときの先延ばし行動と，大人になってからの社会認知的有能性や目標設定や計画，自己制御能力にはまだ有意な相関が残っていた（Ayduk et al., 2000）。

［長期の保護的効果］

　これらの予測よりももっとおもしろいのは，ある種の自己制御有能性が，重要な長期の保護的効果をもっているという結果である。自己制御有能性は，性質的な傷つきやすさと関連する多くの否定的行動結果から，本人を保護してくれる。例えば，対人関係における拒否感受性（RS）が高い傾向を考えてみよう。しばしば，高いRS傾向をもつ人は，自尊心が低く，より攻撃的になるか，より抑うつ的になりやすく，人生や生活の質を下げてしまう（Downey & Feldman, 1996）。しかしそれが宿命的というわけではない。

　20年前に報酬遅延の研究に参加した子どもの大人になってからの追跡調査では，幼稚園のときの遅延能力は大人になってからのRSの破壊的効果に抵抗する復元力と関連を示していた（Ayduk et al., 2000, 研究1）。特に高RS傾向をもち，子どものときにより長く報酬を伸ばすことができた人は，大人になってから低い自尊心や低い自己価値感の悪影響から守られ，ストレスによりよく対処でき，より強い自我の復元性をもっていた。RSが高く，子どものときに報酬を遅らせることができなかった人は，RSが低い人よりも，学業的に達成が低く，コカインなどの薬物乱用が多かった。図17.4に示すように，高RS傾向の人で子どものときに報酬の遅延能力のあった人は，よくない行動結果の悪影響から守られていた。

　平行して，人口統計的に不適応のリスクの高い，低収入で都会に住むマイノリティの中学生たちに行われた研究では，対象者に適した測度で同じような結果が得られた（Ayduk et al., 2000, 研究2）。この研究でも，高RS傾向の子どもたちにおいては，報酬を遅延できる能力が友だちへの低い攻撃傾向，より高い相互の受容，高い自己価値感と関連していた。報酬遅延能力が低くRS傾向が高い子どもは，RSによって力動的に生じるよくない行動を表に出していた。全体的な研究結果は，究極的にはパーソナリティ・システムによってつくりだされる行動への高RS傾向の悪影響は，自己制御有能性によって抑えられるという考え方を支持するものである。

　注意統制の個人差は，よちよち歩きの幼児期からすでにみられ，何年も後の発達過程において自己制御の有能性を予測できる。ある研究では，母親とよちよち歩きの幼児の相互作用が，生後19か月のときに観察された（Sethi et al., 2000）。ある幼児は，遊戯室実験で短い間母親から分離されたが，不快感を落ち着かせるために自分で気晴らしをするような，注意を効果的に行使する方略を使った。そして，3年半後の幼稚

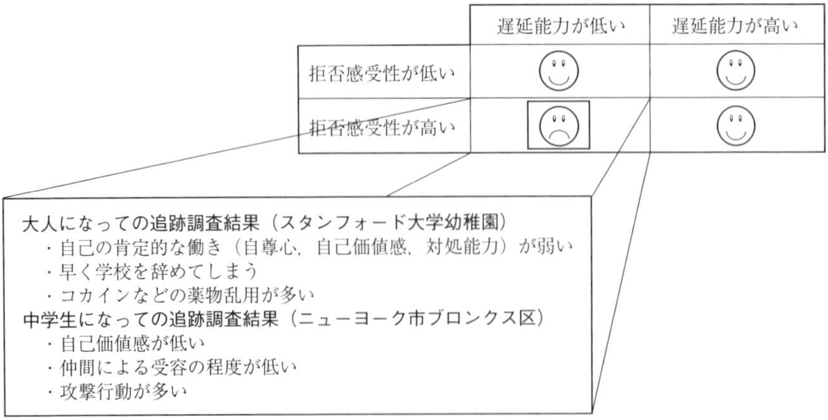

	遅延能力が低い	遅延能力が高い
拒否感受性が低い	☺	☺
拒否感受性が高い	☹	☺

大人になっての追跡調査結果（スタンフォード大学幼稚園）
・自己の肯定的な働き（自尊心，自己価値感，対処能力）が弱い
・早く学校を辞めてしまう
・コカインなどの薬物乱用が多い

中学生になっての追跡調査結果（ニューヨーク市ブロンクス区）
・自己価値感が低い
・仲間による受容の程度が低い
・攻撃行動が多い

図17.4 拒否感受性が高い慢性的な脆弱性は，報酬遅延の能力が低い場合に，よくない結果を生じる。注：笑顔はよい結果を，渋面は悪い結果を表す。報酬遅延の能力が高い場合には，拒否感受性が高い場合であっても，拒否感受性が高い上に報酬遅延の能力が低い場合と違って，悪い結果にならないよう保護される。つまり，高いRSと低い報酬遅延能力の組合せだけに，統計的有意に，人生・生活上の望ましくない事態が生じる。
［出典：Ayduk, Mendoza-Denton, Mischel, Downey, Peake, & Rodriguez (2000)］

園での報酬遅延検査で，長く待つことを助けるための，より効果的な注意方略を用いる傾向があった。よちよち歩きの幼児期に，母親の不在から注意をそらす活動を選び，部屋を探検したり，おもちゃで遊んだりして，自分で気を紛らわしていたのである。対照的に，他の幼児たちは，生後19か月のときにそのような落ち着くための方略を活性化することができなかった。代わりに，例えばドアにすがり続けるなど，母親の不在に注意を向け続け，不快な気分になっていた。子どものときにこのような傾向を示すような子は，幼稚園における遅延検査で効果的に気を紛らわせる可能性を減らし，欲しいと考える，より大きなごほうびを得るために待つことができなくなっていた。

　要約すると，ストレスを軽減したり，自己制御をしやすくしたりするための効果的な注意方略の使用における個人差は，幼児期からみられ，ずっと続くように思われる。視線をそらしたり，柔軟に注意を移動したり焦点化したりするような，注意の過程における安定的な個人差はまた，乳児期からすでにみられる。さらに，効果的な注意の統制は，子どものときと大人になってからの両方でみられるように，後の衝動性の低さと否定的感情の少なさと関連があった（Derryberry, 2002; Derryberry & Rothbart, 1997）。このように，注意の統制は一般化された自己制御有能性の一部であり，それ

17章　自己制御——目標追求から目標達成へ　　**561**

は，効果的な覚醒の沈静化と衝動的な行動の自己制御を可能にする。この技能は適応的な長期的利点をもち，性質的な傷つきやすさから本人を保護してくれるのである。

■ 自己制御における複数の相互作用の影響

表17.3は，初期のパーソナリティ発達の過程において，自己制御有能性の指標と，多様な社会的ストレスやその他の決定因・影響源とが起こす相互作用の例をあげている。全体的にいえば，異なる分析レベルで実施されて表17.3にあげられた研究は，そこにまとめられているようなさまざまな不利な状況，社会的条件，そして経験となる，例えば母親に子どもの指導ができないとか，子どもに敵対的であるとか，その他の思いやりに欠ける養育法が引き起こすよくない影響に対し，自己制御有能性がその本人を保護してくれる可能性を示唆している。国際的に養子に出された子どもを生後6か月から7歳の時点まで追跡調査したスタムスら（Stams et al., 2002）の研究に注意して

表17.3　自己制御とパーソナリティ発達——相互作用的影響の例

研　究	知　見
Rubin, Cheah, & Fox (2001)	幼稚園児が無口で内気な行動傾向を示すかどうかは，その子の情動的制御と，母親から適切な指導がないことの相互作用で予測できる。情動的な統制能力に問題がある子どもが，高ストレス授業状況の間に査定された指標で，母親が子どもの様子に何の反応もせず，必要な助言も与えないと判断された場合にのみ，内気で無口になる可能性が高い。
Morris et al.（2002）	母親が子どもに対して敵意的なのは，よくない養育法の特徴だが，そのことが，教師たちが報告するように，小学校1，2年生における，攻撃行動や問題を外面化するなどの「行為化」問題行動と関連している。ただし，このことは努力統制がうまくできない子どもだけにあてはまる。その事実はまたしても，適切でない養育法が子どもの社会適応に及ぼす影響が，その子の制御統制能力によって変化する可能性を示唆している。そして逆に，子どもの自己制御に問題があることから，より大きな行動上の問題になるのは，親が用いる養育法がよくない場合だけである。
Stams, Juffer, & van Ijzendoorn（2002）	生後6か月から7歳の時点まで追跡調査された，国際的に養子に出された子どもたちにおいて，養母への愛着における不安定傾向と，子どもの気難しい気質が，自己統制と認知的発達の到達レベルを低くすることを予測できた。
Gunnar, Larson, Hertsgaard, Harris, & Brodersen (1992) ［レビューは Gunnar & Donzella（2002）を参照］	例えば「癇癪」などのような，子どもの気質的で，よくない感情の反応は，ストレスが感じられるときに，制御異常の指標であるコルチゾールが増加することを予測した。しかし，それが起こるのは，親の養育法がよくなく，子どもに対し適切に反応しないときのみであった。

ほしい。この研究では，自己制御有能性の指標として広く認められている自我統制と認知的発達が，子どもの幼児期初期における気質的な気難しさと，養母への愛着が不安定なものである程度の両方によって決定されていた。

　ここで注意事項を指摘しておくべきだろう。因果関係の方向や経路について，パーソナリティ発達研究では，一般的にはっきりしたことはいえない。なぜなら結果は，多数の影響源や決定因との間の連合という形の相関係数に基づいているからである。このような研究では，どの影響源がどの結果へと因果的な効果をもったのか，探りだすことが困難である。これらの結果は全体的に，検討されている変数とその結果の多くが，緊密につながっていることを示しているが，そのつながりの性質の厳密なところは，あまり明確でない。しかしながら自信をもって到達できる結論は，パーソナリティ発達において，自己制御有能性に影響を与える相互作用的要因の数は多いということである。そして，自己制御有能性は次に原因として，その人の人生や生活上の多くの側面において，多数の重要な影響を与えている。このような，多数の決定因と要因は，多くの分析レベルで見つかっていて，発達過程を通して，パーソナリティ・システムの社会的世界との連続的かつ多数の相互作用の中に，出てくるのである。

17.4　回避（嫌悪）ジレンマにおける自己制御

■ ストレスに関する認知的評価──否定的情動にどのように対処するか

　状況をどのように符号化し評価するかということは，その状況に抵抗しがたい誘惑があるときだけでなく，嫌悪を感じ逃げだしたいような，ひどい状況の場合にも，自己制御に影響を与える。報酬遅延の状況で食餌衝動を統制するのを助ける認知的評価の方略は，嫌悪的な情動や，恐怖，それにストレスを発生させるような状況に対応するときにも適用可能である。そのようなストレッサーの例が，解剖実習室で初めて人間の死体を解剖しようとするとき，医学生たちが直面する，たいへんに不安が高い状況である（フォーカス17.1を参照）。

　ものごとに距離をおく態度は，流血の惨事や死体という，むごたらしい場面を見せられたり（Koriat, Melkman, Averill, & Lazarus, 1972），電気ショックを予告されたり（Holmes & Houston, 1974）したとき，冷静に反応できるように助けることが実験研究で確認されている。この結果は，例えば兵士たちは敵の兵士を「グック（東洋人の蔑称）」と呼んだり，人間以下とみなしたりすることで，心理的な距離をとり，感情的な免疫を得ようとしていたという報道とも合致している。感情的にならないという点でたいへんに効果的である反面，距離をおくことで感情性を低減させる方略は，問題を生じやすいものともいえる。戦争だけでなく，医学の訓練や広範な社会生活において，他者に対する薄情で無神経な態度や，冷酷な行動を生みだしやすい。その一方で，

フォーカス 17.1

医学教育で死体を解剖するストレスを，どのように乗り越えるか

　この種の自己制御ジレンマを直接的に扱おうとした研究で，研究者たちは医学解剖を初めて体験する医学生たちを面接した（Lief & Fox, 1963）。そこでわかったことは，感情的に距離をおくことを医学生たちに容易にすることでストレスに対処するのを助けるため，制度化された儀式になるよう，解剖手続きの多くの部分がつくられていることである。解剖実習室はそれ自身，殺菌された病院の非人間的な雰囲気をつくりだすようにできている。解剖される死体の顔や陰部は，そこが検査されるのでないかぎり，ずっと布で隠されたままである。しかしながら，そのような外見的・物質的な「つくり」以上に，全体的な手続きを抽象化して非人間的に維持し，感情の高まりを減らすのを助けるのは，心理的に遠ざけ，感情的に距離をおく，科学的な姿勢が役に立っている。とはいえ，他のことでもいつも同じなのだが，そのような姿勢をとるのが容易な人と，そうでない人がいる。

　人生と生活における多くの場面において，感情を静めるため認知的な再評価によって心理的に距離をおくやり方は，効果的な感情制御のための基本的な方法を提供している。

■ 認知的評価とネガティブ感情の隠蔽

　人に知られたくない思考を隠そうとするとき，あるいはひどく不快な出来事を目撃した痛みや恐怖を減らそうとするとき，どのような過程によって望ましくない感情が制御できるようになるのだろうか。スタンフォード大学の心理学者グロス（James Gross）らは，特定の感情制御方略の二つに注目した。一つは認知的再評価，もう一つは抑制である。

　典型的な研究で，グロスは研究参加者を実験室に連れてきて，これから映像を見てもらうと説明した。その映像は，ひどい火傷を負った患者か，または腕を切断する手術を，間近から詳細に記録したものということであった。その後，参加者は3グループに分けられ，映像を見る前に異なった教示を受けた。認知的再評価条件では，冷静化の方略を使うように指示された。特に，この映像を感情から切り離して，客観的に考えるように，また例えば医学校の教師になったつもりで，この出来事の技術的な詳細に焦点をあて，個人的な感情をもたないようにと言われた。抑制条件の参加者は，他の人に見られても，どんな感情を感じているのかわからないよう，映像に対する感情的反応を隠すように指示された。統制条件では，参加者は単に映像を見るようにとだけ言われた。

この研究でも他の同様の研究でも，望ましくない感情を制御するのに適応的な方法として，認知的再評価が圧倒的にすぐれていることがわかった。この方法は，経験した感情を隠そうとする抑制よりもずっと優れていた。二つの方略による違いは，主観的に経験する感情の強度だけでなく，自律神経系における生理的な覚醒と苦痛の程度にもみられた。具体的には，感情を冷静化することが可能になるように映像のことを考えるよう言われた認知的再評価群の人たちは，顔の表情から誰が見ても本当の感情がわからないよう，感情反応を隠したり抑制したりするよう求められた人たちよりも，嫌悪感が少なくなり，血管の収縮が少ないことでわかるように，生理的な覚醒の程度が低くなった（Gross, 1998）。

　認知的再評価と抑制は，認知レベルの分析においても違いがみられた。上記の研究を部分的に変え，参加者は静止画のスライドを次々に見せられ，どのくらい情報を思いだせるか後で尋ねられた。実験の間，抑制していた人は，認知的再評価をした人よりも記憶課題の成績がわるかった（Richards & Gross, 2000）。さらに，常習的に抑制傾向のある人は，ない人に比べて，記憶課題の出来がよくなかった（Gross & John, 2003）。つまり，感情制御質問紙で抑制得点が高かった人は，低かった人よりも記憶課題の成績が悪かったのである。最後に，感情抑制に関するこれらの研究結果は，感情を否認することが効果的であるかどうかについての精神力動的レベルにおける主張とも合致したものであることに留意してほしい。感情を隠そうとするのはあまりよい防衛機制でない（8, 9章を参照）のである。

　ぞっとするような画像や，身の毛もよだつような場面を見せられることは，たしかに強力なストレッサーになるし，嫌悪的な状況に対応するため，認知的評価が効果的であることを示す研究の有力な方法を提供してきた（例：Lazarus, 2006）。しかしながら，人間のストレスの多くは，写真や動画を見ているときでなく，親密な人間関係の中で必然的に起きてくる，苦しみを伴うやりとりや，気分が悪くなるような口論や喧嘩などの中で生じる。最近の研究動向として研究者たちは，フォーカス17.2のように，そのような情動的ストレッサーを乗り越え，解決することを可能にするような心的メカニズムを解明しようとしている。

フォーカス 17.2

親密な人間関係において，感情的な争いを徹底操作で克服する

　親密な人間関係で口論が起こる。そんな口論が過ぎても，そのまま次に進めずに，出来事の流れに関する思いが心の中でグルグル回り，自分の意図に反して，しだいに怒りが込み上げてくる。常識的な知恵と心理学研究の両方が，そのような強度の否定

的感情経験を克服するには，徹底操作して自分の気持ちを理解する必要があると指摘している。しかし，そうしようとする試みはしばしば逆効果で，「考えこみ」を起こし，かえって苦痛を増大させてしまう。だったらどうすればいいのだろうか。この課題に，問題に圧倒されてしまう方向に向かわず，それを克服することを可能にするため，否定的感情と経験に適応的に直面し分析することを可能にする心理的過程を明らかにしようとする研究が始められている。

クロスと共同研究者たち（Kross et al., 2005）によれば，そのような適応的熟慮を強化するには，二つの条件が必要である。まず，強力な否定的感情経験を考えるとき，落ち着いていて冷静にならなければならない。著者たちは研究参加者に，強力な怒りを引き起こすような経験を思いだすように合図した直後に，例えば「一歩下がって，自分に起きている争いを，距離をおいてみるように」というような，心理的距離をおいた見方を採用するよう教示することで，「感情的な冷静化」を促進した。第二に，感情の徹底操作を試みるとき，「そのときに何を感じたか」「その次に何が起きたか」というような，特定の出来事や感情経験の流れに注目するのではなく，「いったいなぜ，そんなふうに自分は感じたのか」というような，自分の気持ちの原因となる理由について，より具体的に注目するほうがよい。これらの二つの心的な操作の組合せ，つまり，自分に距離をおいた視点から，理由について注目することが，うまくいくために重要なのである。なぜなら，そうすることで嫌悪感に圧倒されることなしに，自分の経験とそれが引き起こした感情について，相対的に冷静に認知的な観点から心的な再表象を可能にし，その意味を理解できるようになるからである。

クロスと共同研究者たち（Kross et al., 2005）は，距離をおいた視点を採用し，自分の気持ちの原因となった理由に具体的に注目するよう，両方の教示を受けた参加者が，最もうまく，否定的な感情を増大させることなく，自分の経験を考察できることを示した。反対に，これら二つの心的操作を同時に用いなかった参加者群は，より高い水準の苦痛を経験することになった。これらの全体的知見から，どのようなときに自分の否定的な気持ちを理解しようとする試みが適応的である可能性が高く，逆にどんなときに考えこみに落ちてしまうのか，うまく説明することが可能になる。

■ 認知的転換によるストレス対処

数多くの関連した研究が，自分の注意をそらすことが可能であれば，病院での不快な精密検査（Miller, 1987; Miller & Green, 1985）や，人生や生活上の深刻な危機（Taylor & Brown, 1988）への対処など，避けることができないストレスをやり過ごすための優れた方法になりうると結論づけたことは，驚くべきことではない。例えば，旅行の写真を見たり，楽しかったことを思いだしたりすることで自分の注意をそらすと，実験で使われた身体的痛みを，より強いレベルまでがまんできた（例：Berntzen, 1987; Chaves & Barber, 1974）。同じように，音楽を聞くような，気晴らしになりリラックスさせる活動は，自分で統制できない電気ショックに直面したときの不安を低減し（Miller, 1979, 1996），リュウマチ関節炎の日常的な痛み（Affleck, Urrows, Tennen,

& Higgins, 1992）や，人生や生活上の深刻な危機（例：Taylor & Brown, 1988）に対処することも助けた。「冷静化」の方略は一般に，ストレスの多い状況を，それほど嫌悪的でないように変換するのを助けることができる。例えば，外科の患者が入院を日常のストレスから開放される休暇だというように再解釈するのを奨励されたら，術後の経過が改善され（Langer, Janis, & Wolfer, 1975），自分の病気をより肯定的な視点から見直した慢性病患者も，よりよい適応を示した（Carver et al., 1993）。要約すれば，ストレスや痛みが避けられないとき，不幸の中にみえる明るい希望を探すよう勧める格言や，望ましい側面を強調することは，賢明な考え方といえる。

どの認知的方略がストレスに対処するのをうまく助けるかは，人によって違う（Miller, 1987）。例えば，防衛機制としての抑圧についての8章の議論の中で紹介した，過敏になりやすい監視型と，気晴らし上手の鈍麻型という個人差について思いだしてほしい。特に重要なのは，ストレスに対処しようとするとき，どのような種類の情報を好んで探すかが，その人がストレスにうまく対処できるかどうかに影響を与えていたことである。ある方略は特定の人を助けるかもしれないが，他の人にはまったく逆の方略が役立つのである。だから，方略と人を正しく適合させることが必要になる。

17.5 自己制御における熱いシステムと冷静なシステムの相互作用

生物学・生理的な大脳のシステムと，ある状況において活性化するパーソナリティ・システムは，連続的で動的な双方向の相互作用過程におかれている。医学生が解剖実習に対処しようとするときに考えることや注意を向けるものは，大脳でどこが活性化されるかを決め，その次にその人が感じたり考えたりすることなども決定する。例えば，解剖で切られて傷つけられた，死体の顔のゾッとするような表情に注目するか，それともそこに張り巡らされた毛細血管の複雑な模様に関心をもつか，というような違いである。繰り返すことになるが，心理的システムと生物的システムは相互に関連している。それを理解するには，それらがどのように一緒に働くのかに注目する必要がある。

具体的には，接近と回避のジレンマのどちらに関しても，その人の思考，認知的評価，注意が向けられた先は，対応する大脳のシステムにおいて起こることに関連し，影響を与える。大脳におけるそのプロセスは次に，継続する相互作用の中で感情的，認知的に経験されることに影響を与える。社会認知的レベルで，冷静になることは，長期目標を活性化させることや，その状況における直接的かつ感情的な衝動を弱めるのを容易にする。その結果として，大脳と神経系のレベルにおいて活性化されたものもまた修正される。このことをより深く理解するため，その相互作用そのものについて検討しなければならない。

17章　自己制御──目標追求から目標達成へ

■ 感情的で熱い脳と合理的で冷静な脳

これまで述べてきたことを繰り返すと，人が最も衝動を統制したいと思い，実際にその必要がある状況はしばしば，そうすることが最も難しい状況である。それは，激しい恐れや不安や強い欲求や渇望のような「熱い」情動的反応が引きだされる状況である。その縮小版は，一生懸命に大きなごほうびを待とうとするが，「いますぐほしい」という誘惑が大きくなりすぎ待っていられなくなるという，幼児における研究にみられる。この種の熱い状況は，デザートを食べる，違法薬物を使う，道に落ちている100ドル札をネコババしてしまうといった熱い反応の自動的な引き金となりうる。そのような状況は関連した恐れや欲望という感情を急速に生みだし，衝動的に反応させる切迫感をつくりだす。自己制御のための統制力や自己基準が最も必要となるちょうどそのとき，それらを無力化するようにしてしまうのである。どうしてそんなにも簡単に，そういうことが起こるのだろうか。

[身体的変化──ストレスと情動]

ある出来事が自動的に恐れの反応を引き起こしたり，ストレスと感じられたりするとき，身体の生理的反応が生物学・生理レベルで起きている。「心臓がドキドキする」「怒りで息が詰まる」「吐きそう」といった感情は，身体的変化を伴った情動状態の中で心理的に経験される。生理的変化の多くをつくりだすのは，自律神経の交感神経系による活動であり，知覚されたストレスへの反応として経験するのである。筋肉や大脳への血液量を増やす，胃や腸の活動を減らす，心拍数や血圧を増加させる，瞳孔を拡張させるといった一連の連続した出来事が起こる。同時に，代謝率や呼吸数が増加し，血糖値が上がり，皮膚の電気抵抗が弱まり，出血した場合に血液凝固が速くなる。皮膚の毛を立たせることによる「鳥肌」が立つこともある。

[闘争か逃走か反応]

これらの変化は，自動的な闘争か逃走か反応の一部とされている。恐怖や危険に対する身体の緊急反応システムであると考えられるからである。進化的には，この自動的な反応パターンは，人類の歴史上で環境に存在した危機に対処する準備として発達してきた適応システムを反映している。この生物的反応は，雑多な環境的危険にすばやく効果的に対処できるようにし，攻撃に直面したときに逃げ延びるために必要な機敏さとエネルギーをつくりだす側面をもつ。このメカニズムは，身体的危険がどこにでも潜んでいるような，人類の歴史の初期において生き延びるために重要なものであった。

このシステムが活性化することで，例えば暗い道で襲われたときや突然の火事に見舞われたときなど，本当の緊急事態に直面したときに，命を救うことになる。しかしながら現代生活の中では，客観的に生存の危機がない状況においても，しばしばこの反応が引き起こされる。フランス語の試験を受けるとき，解剖学の実習で死体を解剖

しなければならないとき，昇給を求めて上司と談判するとき，リスクが高いと感じるかもしれないが，そのような課題に対処する適応行動は，闘争か逃走かというよりも，思考と計画のようなよりきめ細かい反応を必要とする。そのような状況では，特に激しい恐れのような熱い情動的反応は，適応的というより妨害的になる（例：LeDoux, 1996, 2001）。そして，人がこのようなことを長い間，継続的に経験するとき，身体的健康と精神的安寧は危機にさらされる。性格の類型学を説明するために3章でとりあげたタイプAが一例である。

　要約すると，熱く反射的な反応は，突然の危機に対し身体のもつ資源を動員させる緊急反応として，火災警報のように，すばやく適応的行動を開始することを可能にする全体的な覚醒の一部と考えられる。人類の進化過程において，ヒトが生き残るため，このようなしくみには適応上の重要な価値があったに違いない。しかしながら，この警報システムは，熟慮と自己制御をとても難しくしてしまう（Metcalfe & Mischel, 1999）のである。

［熱い扁桃体］

　小さく，脳の構造の原始的な部分である扁桃体は，恐れなどのような情動反応において決定的に重要な役割を果たしており（LeDoux, 1996），危険を警告する信号にほとんど即座に反応し，行動のために身体を活性化し，闘争か逃走か反応の準備をする。前述したように，おそらくこの反射的な緊急の反応は適応に有効であった。進化という視点からみれば，草の中のヘビに対していちいち考えるまでもなく逃げることや，逃げることができないときに自分を襲おうとしている敵と戦うことで，自動的な反応ができることは生き残るために役立つ。扁桃体はまた，ダイエットでお腹の空いた人が焼きたてのピザを見るとがまんできなくなったり，報酬遅延の実験で幼稚園児が目の前にあるお菓子の誘惑に抵抗できなくなったりといった，衝動的な接近行動を引き起こす強い食餌欲求行動においても，重要な役割を果たしているようである。

［合理的で冷静な脳］

　しかし，この自動的な反応は単なる「応急措置」でしかなく，実際には現代生活の中で人間が直面するほとんどの状況でうまく働かない（LeDoux, 1996, p. 176）。進化的にみて下等な動物と違い，人類には高いレベルの大脳中枢すなわち前頭葉皮質による統制の能力がある。そのことにより，扁桃体が自動的に情動的な反応を始めたとしても，問題解決のために冷静で合理的に考えることが可能になっている。そのときにどう考えるか，つまり熱く考えるか冷静にみるかは，注意の統制中枢のどれが活性化するかを決定し，そのことで自己制御がうまくいったりいかなかったりする（Derryberry, 2002; Posner & Rothbart, 1998）。端的にいって，ヒトの大脳は情動的なものである。しかしヒトとしての特徴をつくりだす，より合理的な高次のプロセスを可能にする重要な大脳領域もある。大脳の一部が情動的である一方で，合理的な思考を

中心とした部分もあり，効果的な問題解決を行うために使われる。大脳の二つの領域は，情動をかき立てるジレンマに対処するため相互作用を行っている。次節で考える自己制御における熱いシステムと冷静なシステムの相互作用モデルは，この相互作用を理解するために考案されたものである。

■ 自己制御における熱いシステムと冷静なシステムの相互作用

個人の思考や気持ちが自己統制を可能にしたり阻害したりする相互作用がどのようになっているかを理解するため，意思の力に関する二つのシステムを考える社会生物学的モデルがつくられた。このモデルにおいて，自己制御は二つの処理システム間のバランスによって決まる。すなわち情動的な熱いシステムと認知的に冷静なシステムである（Metcalfe & Mischel, 1999）。この理論は，情動的な熱いシステムは自動的に，接近-回避あるいは闘争か逃走反応を生みだすとする。生物学・生理的には，これは扁桃体によって起きている。一方で，認知的に冷静なシステムが基礎とするのは海馬と前頭葉で，認知的な思考プロセスが起こる部位であり，よく考えられた反応と計画を生みだすものである。比較的低いレベルのストレスでは二つのシステムは一緒に働くが，ストレスの水準やフラストレーションのような嫌悪的覚醒が増加すると，熱いシステムは冷静なシステムを支配し始める。つまり，効果的な自己制御は，悪影響のある興奮を減少させたり，熱いシステムの活性化を抑えたりするため，必要なときに冷静になるメカニズムへのアクセスができるかどうかにかかっている（Carlson & Beck, 2009; Metcalfe & Mischel, 1999）。

「冷静な認知的システム」は，複雑な精神的・空間的表象と思考に特化している。それは，認知的で，情動的に中立で，黙想的で，柔軟で，統合されていて，一貫していて，ゆっくりで，戦略的である。つまり，自己制御と自己統制の中心である。熱いシステムは，拒否への感受性の高い人から，拒否の兆候が加虐行動を引きだすように，「ホット」な引き金の刺激への，すばやい情動的プロセスや自動的な反応に特化している。それはすばやく自動的で，情動性のもとになるものである。それは熱情と同じように，恐れを活性化し，衝動的であり，反射的である。このシステムは情動の古典的条件づけの基礎であるが，活性化すると自己統制やよく考えること，きちんと計画することへの努力を低下させる。

熱いシステムと冷静なシステムのバランスは，ストレスと個人の発達レベルの両方に影響を受ける。慢性的ストレスと，状況的ストレスの両方は，熱いシステムを促進し，冷静なシステムの活動を低下させる。4歳くらいから成熟が始まり，冷静なシステムはより発達して活発になり，熱いシステムはより制御しやすくなる（成熟によってふつうに起こる大脳メカニズムについての議論はフォーカス17.3を参照）。

フォーカス 17.3

衝動的暴力の神経的メカニズム

　最近の脳画像法技術の進歩によって，衝動的で熱い行動傾向，例えば爆発な暴力や攻撃衝動などがどのように起こるのかが，神経プロセスを基盤とした大脳レベルにおける分析で理解されるようになってきた。この領域で研究を行っている多くの研究者の中で特に，ウィスコンシン大学の心理学者ダヴィッドソン（Richard Davidson）と共同研究者たちが，衝動的行動の自己制御の基盤となる，特定の大脳部位の活動パターンを指摘している（Davidson et al., 2000）。

　動物と人間の脳の研究の両方から，ダヴィッドソンら（Davidson et al., 2000）は，感情は通常，ヒトの脳では，いくつかの相互に連結した領域を含む脳の構造の複雑な回路によって，制御されていることを発見した。脳画像法を用いた研究は，出来事の典型的な流れにおいて，目をむく，叫ぶなどの脅威を与える行動の情報は扁桃体へと送られ，次に，行動を開始するために必要な高次の大脳領域へと送られる。

　しかし通常の人では，この出来事のパターン（脅威刺激→扁桃体の活性化→身体反応）は，いつでも衝動的感情反応を引き起こすわけではない。大脳前頭葉のいくつかの領域は扁桃体につながり，一緒に相互作用することで，感情的行動の衝動的表出を抑制している。このつながりによって，人は情動反応を自己制御することができる。前頭葉の領域は，感情制御プロセスの基盤となっている中心的な構造を構成しているようであり，生物学・生理レベルにおいて，感情抑制を達成するために必須であるように思われる。その結果として，いくつかの領域，あるいはその領域間の機能的・構造的な異常は，衝動的傾向を増加させると考えられる。実際に，ダヴィッドソンと共同研究者たちの研究では，攻撃と暴力を行いやすい個人の多くに，前頭葉回路に異常があることを示唆している。

［注意のコントロール］

　この章でずっと議論してきたようなジレンマに対処するとき，効果的に目標を追求したり誘惑に抵抗したりするために人がしなければならないことに，以上のような知見はどのようなことを意味するのだろうか。報酬遅延の研究や自己制御の他の研究（Derryberry, 2002; Mischel et al., 1996）を延長すると，人が報酬について，熱い方法ですぐに手に入れることを考えるとき，その人はがまんができなくなる。しかし，心理的変換や方略的に自分で気をそらすことによって，人は目の前の報酬への引き金を止めることにより，効果的に待ち続けることができる（Mischel et al., 1989）。同様の方略が初めての解剖実習場面における医学生に生じる嫌悪の感情をなんとか静め，部屋から自動的に逃げだしそうになるのを統制するのに役立つかもしれない。この目標のため，その人は嫌な気分から注意をそらし，解剖を台なしにしないように，代わりに脳の構造の複雑な専門的な詳細に注意を集中しなければならない。

解剖手続きの専門的詳細に注意を向けさせた冷静な認知によって，感情を適応的に制御でき，嫌悪と亡くなった人への共感の気持ちを，やらなければいけない医学的課題へと切り替えることができる。しかし，もし突然その顔が自分の父親に少し似ているなど思ってしまえば，それは一瞬にして変化しうる。

注意の統制によって，衝動的な熱い反応を落ち着かせようとするとき，人は進化的な利点として与えられている大量の認知的資源を使うことができる（Metcalfe & Jacobs, 1998; Metcalfe & Mischel, 1999）。言い換えると，コツは，衝動が熱く動いているときには冷静に考え，熱い観念作用を抑制することで，自動的に熱い反応を起こさせないことである。強力な瞬間的誘惑に直面したときでさえ，問題はより合理的に対処され，長期の目標も効果的に追求することができるだろう。この方法で注意の統制を効果的に使う能力は，大脳における活性化のメカニズムと近い関係がある。本書の最初の章では，テキサス大学のキャンパスで，突然に人々を大量に射殺した，テキサス・タワー殺人事件のチャールズ・ウイットマンの事例について述べた。フォーカス17.3で議論されているように，長い年月がたって，このようなケースにおいて生物学・生理レベルで，何が問題だったのかが理解されるようになっている。

■ 意志力を自動的なものにする——意図から「～なら～に」実行へ

本当に必要なときに適応的な熱いシステム・冷静なシステムの交互作用をより接近可能なものにするためには，意図が善良なものであるとか，高く評価された長期的な目標があるというだけでは，十分ではない。善良な意図から効果的な行為統制と目標達成へと進行することを可能にする心理的過程については，ゴルヴィッツアーと共同研究者たちによる，自己制御における計画の役割に関する研究で解明されてきた（Gollwitzer, 1999; Patterson & Mischel, 1975を参照）。彼らの研究は，刺激統制に屈服することを避けるには，十分に計画して，特定的な「～なら～に」という実行意図あるいは随伴計画のリハーサルを行うことが助けになるということを示した。これらの計画は，途中で出会う可能性がある障害やフラストレーション，それに誘惑などから，その個人を保護するのに必要な手順を，はっきりさせるために使われる。そのときに，いま追求している目標に到達するために必要な条件を，いつも心にとめ，意識し続けるようにするのである（Gollwitzer, 1999）。

計画されリハーサルされた，「～なら～に」の実行意図は自己統制を支援することになる。なぜなら，目標志向的な行為は，関連するきっかけが状況的に鮮明になると，比較的に自動で開始されるからである。例えば「感謝祭が終わったら，論文を書こう」というような行為の開始から，「デザートのメニューが来ても，チョコレート・ケーキだけはやめておこう」というような望ましくない習慣的反応の抑制，さらには「気が散るような状況になっても，無視するぞ」というような誘惑への抵抗まで，実行意

図は広範な制御課題において役に立つ。このような自己統制を自動的なものにするには，初期の段階において，行為計画を，「～なら」という特定の状況的きっかけに結びつけるための，努力を要する意図的な過程が少しばかり必要になることを，この研究は示している。この結びつきが確立し，リハーサルが十分に行われれば，効果的な自己制御が可能になる。ストレスがたいへんに高い場合でも，意識的な努力を必要としないで，この過程に必須の冷静なシステム方略がずっと容易に活性化することになるからである。特定の状況的手がかりが働き，それに出会ったなら，計画された行動は自動的に流れ始める（Gollwitzer, 1990, 1999）。その意味において，この種の実行意図は，努力的自己統制から努力の部分を不要にすることになるわけである。

■ 自己制御を可能にする社会的感情――進化に関連して

これまでの議論は，合理的で問題に焦点をあてた思考が効果的にできるように，自己制御はいつも人の感情を落ち着かせる必要がある，という印象を与えてきた。実際，どのような感情が関与しているかによって，結果は決まってくる。集団やパートナーへの忠誠心のような感覚を活性化させる社会的感情はたくさんある。そのような感情は，例えばわがままや忠実でないなどの行動が引き起こす長期的な結果に注意を向けることにより，自己制御を支援する。世界の多様な文化における人生と生活を観察することにより，人類学者や他の社会科学者は同じような結論を得ている（例：Fiske, 2002; Nesse, 2001）。彼らの分析は進化論の考え方に基づいている。

例えば，人類学者で心理学者であるアラン・フィスク（Alan Fiske）は進化論的視点から，ある種の感情は，自己制御にとって有効であり，人間社会のどこにおいても社会生活と長期的関係を可能にするから，発達し普遍的に経験される（Fiske, 2002）と主張している。しかしながら，経験される感情は，地域的な必要性や特定の文化構造によっても形づくられる。フィスクは，共感や愛情や忠誠心といった気持ちに反映されるように，重要な関係性を表現するため，ヒトは感情を必要としていると述べている。

さらに，ヒトはもともと衝動的で，目の前の報酬に向かうよう自分を仕向ける生き物であり，行動の長期にわたる結果を考慮することができるように，罪や恥のような本質的に社会的・倫理的な感情を経験させる必要があった。そのような感情は，欲望を抑制し，衝動的に関係を壊したり共同体を壊したりするようなやり方で行動させないようにする。また感情は，協力のためや誘惑に抵抗するため，義務の遂行などのために必要な自己制御を即座に活性化するのを助ける，すばやい内的な信号として経験される。つまり，この進化論的で文化人類学的視点は，新しい見解としてフロイトが超自我とよんだものにスポットライトをあてている。その考え方では，社会-倫理的感情が適応的進化的過程を反映しているとみる。基本的な論点は，「彼らの生存と子

孫づくりと安寧のため，決定的に重要な対人関係を重視するがゆえに，非社会的な欲望を抑制する」ようヒトを動機づけるため，強力な社会的倫理的感情が存在するのである（Fiske, 2002, pp. 173-174）。この理論をはっきりと結論づけるには，もっと多くの研究が必要である。しかしながらそれは，広範な相互作用の影響によって形成された基本的な人間的過程を反映する自己制御について明確にし，パーソナリティの性質を理解するために役立つはずである。

■ 自己制御の否定的側面

冷静化の操作と注意の努力統制を行うことは，人生や生活上の目標の適応的な追求と，長期的にみて効果的に機能することにとって重要な価値がある。他方，これらの有能性にはコストが伴っており，高度に報酬遅延能力がある人たちは，慎重になりすぎたり引きこもったりするなど，他の種類の問題をもちやすいかもしれない（Eisenberg et al., 2002）。同様に，報酬の先延ばしをすべきかどうか，あるいは特定の選択において，意志力を発揮すべきかどうかは，いつも自明であるとは限らない。人間性についての専門家で，心理学についても造詣の深いトリリング（Lionel Trilling）は，過度の自己統制の危険性について，短い言葉で警告している。情熱というものが必要であることに言及した後で，「意志がすべてではない」と述べ，「意志がその過剰に疲れたとき，パニックと空虚感が始まる」と述べている（Trilling, 1943, p. 139）。意志の過剰は，意志のなさと同じくらい確実に，自己破滅的である。報酬の先延ばしも時には賢明ではなく，本人の力を奪い，喜びのない選択になりうる。しかし，人がそう望み必要であるとき，遅延を維持し意志力を発揮し続けるための有能性を発達できないなら，そちらの選択肢自身が存在しないことになる。

■ 結　論

全体を総合すると，「意志力」は自己制御における有能性と動機づけの組合せを必要としている。目標と動機づけというような欲求と，例えば柔軟な注意行使の方略のような制御有能性の両方が必要なのである。誘惑があり，うまく行かない可能性が高い状況で，善良だがもち続けるのが困難な意図を実行に移すには，その両方が必要になる。制御有能性がある場合でも，制御への動機づけがない場合には，それは活性化しないだろう。人生や生活の多くの領域で驚くほど自己制御を発揮したのに，他の領域では結果が破滅的だとわかっているにもかかわらず自己制御しなかった，少し前の米国大統領も含め，事例や劇的な話はたくさんある。おそらく，コントロール能力はあるが，十分な動機づけがなかったのである。反対に，制御の動機づけは，制御の有能性があり，すんなりとアクセスできるのでなければ，難しい長期的目標追求を可能にできないようである。

意志力の成分と,特に制御の有能性を可能にする力学的過程は,長い間の謎であった。しかし,その本質はしだいに明らかになってきたように思われる。自己制御能力の個人差は,人生の早い段階で現れ,それを可能にする基本的な注意の統制メカニズムはすでによく知られている。これらのメカニズムは,意志力の神秘のベールをはぎ,いくつかの鍵となる構成部分も明らかにしている。注意の統制は,恐怖への対処と,食餌・接近行動の制御の両方にとって重要である。自己にとって,この制御能力が何を意味しているのかは,とてもわかりやすいものである。この能力は,自己概念や自尊心,例えば攻撃のような対人方略,それにストレスへの対処に影響を与える。またこの能力は,拒否感受性のような慢性的な個人の弱さによる不適応的な行動結果に対し,悪影響から緩衝したり保護してくれたりする。

　自己制御研究の中心は,報酬遅延を可能にするものとして最初に精神力動的レベルで提案され,続いて行動・条件づけレベルでも提案された心理的メカニズムについての仮説を,社会認知的レベルの研究者たちがずっと前に始めた研究である。どちらのレベルも,報酬や目標への注目と,それらに注意を向け続けることが,待つことや課題遂行を持続することを可能にすると提案していた。科学の進展においてしばしばみられることであるが,その予測は部分的に正しく,部分的に間違っており,重要な意味において不完全であることを,長い間の研究が明らかにした。フロイトが考えたように,遅延の能力と自己制御の多くは,欲望の対象物の心的表象次第である。しかし決定的に重要なのは,その心的表象が熱いものか冷静なものかという点なのである。

　振り返れば,精神力動的レベルと行動・条件づけレベルの両方からの洞察に刺激された研究は,現象学的レベルと社会認知的レベルの枠組みから実施され,これらのすべてのレベルにおける異なった形の貢献をもとにし,その結果がゆっくりとではあるが,より統合され完全に近い形での遅延能力に関する理論になりつつある。このことは,パーソナリティ研究の歴史のひとコマとしてだけでなく,本書の主要な命題にそった事実を明らかにしている点で,とても重要である。その命題とは,長い目でみれば,異なる分析レベルで発展してきたパーソナリティの研究と理論は,パーソナリティに関する対立した見解として,バラバラのままであり続けることはないということである。それらは足しあわされ,パーソナリティ科学の成長として,しだいに蓄積されて統合された全体像を提供するようになる。それが人間のパーソナリティの複雑性のいくつかから,神秘のベールを取り去り始めたのである。

[自分で始める変化の可能性]

　自己制御に関する重要な疑問が残されている。それは,自己に力を与え復元性を高めるように,自己制御を教えることができるのだろうかというものである。実験場面において,注意のコントロール方略を短期的に修正できることはわかっている (Ayduk, Mischel, & Downey, 2002; Mischel et al., 1989)。さらに,効果的な統制方略が

17章　自己制御――目標追求から目標達成へ　　575

モデル学習されるなら，実験室の外でも，少なくとも数か月間は自己制御行動を取り入れ一般化するように仕向けることは容易に可能と思われる（Bandura & Mischel, 1965）。いまだにわかっていないのは，目標を追求している間のストレスとフラストレーションを軽減する効果的な注意の統制は，社会化や教育，心理療法を用いることで，長期的に向上できるのかということである。

☑ 要　　約

それぞれの分析レベルからの自己制御研究への貢献の概観
- それぞれの分析レベルが，自己制御過程の理解に向けて貢献している。
- 特性・性質レベルにおいては，自己制御行動は次元的な構成概念の根拠としてみられている。
- 自己制御は，精神力動的・動機づけレベルにおいては，イドと自我，超自我の間での内的な葛藤を反映していると考えられ，生物学・生理レベルでは，自己制御に関した生理指標との相関に着目する。
- 行動・条件づけレベルの理論家は，状況や刺激がどのように自己制御能力に影響を与えるかに注目し，現象学的・人間性レベルの理論家は，人や状況についての個人の解釈の仕方によって，どのようにその人の自己制御能力が決定されるかを研究する。
- 社会認知的レベルでは，個人の解釈が状況やその他の心的表象との相互作用において，どのように目標志向的行動に影響を与えるかを検討する。

目標追求における自己制御過程
- 目標の階層において，低いレベルの目標，例えば就職することなどに障害があり，うまくいかないとき，より高いレベルの目標，例えば安全で安心できることなどに向けて，人々は努力を続けることが多い。
- 目標の追求において，人々は自分自身に賞を与えたり罰を与えたりして，その進捗に影響を与えようとする。
- ほとんどの目標追求は自動的である。
- 目標追求における効果的な自己制御行動と自己統制は，動機づけと制御の有能性の両方を必要とする。この有能性には，目標志向的行動を支援する認知的統制と注意統制のメカニズムが必要になる。
- 生物学・生理レベルにおいて，大脳皮質の全体における実行機能を制御するのは，前脳の注意システムである。
- 自我統制とは，衝動を抑制するなどの機能における衝動統制の程度における個人差をさしている。
- 自我復元性は，自分の修案的な自我統制のレベルを適切に変えることにより，環境的要請に柔軟に適応する，安定した個人の能力のことである。
- 社会認知的レベルにおいて，研究者たちは認知や注意がどのように目標追求に影響を与えるかを研究してきた。

接近（食餌）ジレンマにおける自己制御
- すぐにその場で欲求充足をしないで，自発的にそれを遅らせる能力は，意志力と自我復元性に関するほとんどの概念の中核である。
- 目標追求のための報酬遅延がうまくいくためには，フラストレーションを感じさせ，情動的にしてしまう，困難な状況の側面に注目してしまうことを防ぎ，注意を方略的に他のものに移す能力が必要である。
- 「冷静な」情報的性質によって報酬をとらえ，「熱い」摂食的な性質によって考えないことができれば，人々はよりうまく報酬を遅延することができる。
- 報酬遅延能力の基本となる注意統制メカニズムは，慢性的な個人的弱点から生じる否定的行動結果が起こらないよう，その人を防御することができる。

回避（嫌悪）ジレンマにおける自己制御
- 嫌悪的な状況に対処する際，認知的冷静化方略を使うなど，認知的再評価が使える人は，自分の気持ちを抑えようとする人よりも，否定的な感情を経験することが少なく，生理的な覚醒も低い。
- 心理的に距離をおくことに，自分の気持ちのもとになった理由に注目することを組み合わせると，苦痛が生じる状況を考えることが容易になる。
- ストレスが多い状況をより肯定的な見方ができるように転換したり再定義したりすると，人々はよりうまく対処できるようである。

自己制御における熱いシステムと冷静なシステムの相互作用
- 情動的で熱いシステムは，扁桃体に中心があり，自動的な接近・回避，あるいは闘争か逃走か反応の基礎になっている。
- 認知的で冷静な処理システムは，より高次な大脳中枢，特に前頭葉皮質を中心にして，思索的で慎重な思考と計画を可能にする。
- 熱いシステムと冷静なシステムのバランスは，その場のストレスと個人の発達レベルの両者によって影響を受けている。効果的に自己制御を行うためには，自動的で熱く情動的で衝動的な反応を防いだり延期したりし，報酬の熱い特徴や葛藤におけるフラストレーションを生じさせる特徴から注意や認識を他に移す冷静化方略を活性化するようにしなければならない。
- 刺激統制を回避するには，特定的な「〜なら〜に」実行意図を繰り返して練習することができる。
- 「熱い」自動的な反応は，ある種の状況では必要なものである。例えば，強い社会的情動は，誘惑に抵抗し，責任逃れを避けるように人々に仕向けることができる。
- いつでも欲求充足を先延ばしにすることにも問題がある。しかし，そう望み，そうするのが必要なとき，報酬遅延ができるように有能性を発達させないかぎり，選択肢そのものが存在しないことになる。

☑ 重要な用語

意志薄弱，海馬，下位目標，過剰統制，自我統制，自我復元性（ER），自己制御有能性，実行意図，実行機能，最上位目標，情動的な熱いシステム，人生・生活課題，前部注意系，統制不足，闘争か逃走か反応，努力統制，認知的再評価，認知的に冷静なシステム，弁別的能力，マシュマロ検査，抑制

☑ 考えてみよう

1) それぞれの分析レベルは，自己制御理解のために，どのように貢献するのか。
2) 目標の階層と，どの目標が追求されるのかについて影響を与える要因について説明しなさい。
3) 個人の自己評価基準は，努力と情動的反応にどのように影響を与えるのだろうか。
4) 自己制御は自動性の考え方と，どのように関連があるのか。
5) 意志力を発揮するのに必要なのは，制御の動機づけのほかに，何か。
6) 実行機能を定義しなさい。大脳のどの部位が関連しているのか。
7) これまで，子どもの自我統制と自我復元性は，どのように測定されてきたか。それらは，適応的な行動にどのように関係しているのか。
8) 自己制御に関して，社会認知的レベルの分析では，どのような命題が検討されているのか。
9) 報酬遅延はなぜ自己制御に不可欠なのか。子どもにおけるこの能力をどのように研究するのか，その方法を記述しなさい。
10) 報酬遅延を可能にするために，どのような手法を子どもたちが使ったのか。そのような方略は，どのようにして実験的に検討され，その結果はどうなったのか。
11) 報酬に関する熱い解釈と冷静な解釈は，どのように違うのか。それらをどのように使うことで，即座の欲求充足に抵抗することができるのか。
12) 自己制御の有能性が，適応を支援する安定的なパーソナリティ要因であるという主張に，どんな根拠があるのか。
13) 嫌悪的な状況において，認知的分離の方略を使うことの有利な点と望ましくない結果とについて，それぞれいくつかあげて説明しなさい。
14) グロスはどのようにして，感情抑制と認知的再評価のどちらがより効果的かという研究を実施したのか。そして，その結果はどうなったのか。
15) どのような認知的転換が，感情的で苦痛な状況を「徹底操作」することを助けるのだろうか。
16) 衝動統制が最も難しいのは，どのような状況だろうか。
17) ストレス反応に進化的な価値があるのに，現在の社会で非適応的なのは，どうしてだろうか。
18) 行動の制御における熱いシステムと冷静なシステムのもとになっているのは，大脳のどこの部位だろうか。それらは，お互いのどのように相互作用しているのだろうか。
19) 意図的な注意統制は，どのようにして，熱いシステムと冷静なシステムが適応的に働くように，誘導しているのだろうか。
20) 「～なら～に」実行意図は，目標追求において，どのように役立つのか。
21) 社会的情動は，人生と生活上において，なぜ重要な進化的なメカニズムと考えられるのか。それはフロイトの超自我とどのように関連するのか。
22) どういう意味で，過剰な自己統制は非適応的なのか。
23) 意志力というのは内的な力であり，もっている人ともっていない人がいるという考え方と，社会認知的な考え方は，どのように違うのか。

18章

社会的文脈および文化とパーソナリティ

すべての分析レベルを活用する統合的な見地において，パーソナリティには文化的，社会的，心理的，生物的といった多くの様相がある。この最終章では，特定の文化と社会的な状況の中で，人間，パーソナリティ，性役割，男女差の発達に関する，これらの側面と影響とを概観する。ここではこれらの多数の影響要因がパーソナリティ・システムの発達においてどのように相互作用するか，そして社会全体の中で人間がどのように行動するかについて，焦点をあてることにする。

18.1 文化とパーソナリティ

人間は文化の中で育てられる。そしてその文化が，パーソナリティに影響を与える社会・環境が混合したものの重要な部分である。パーソナリティへの文化・心理的アプローチに関する長い間の課題は，パーソナリティと文化の関連を理解することであった。

■ ビッグ5からみた文化差

歴史的に，パーソナリティ研究とちょうど同じぐらいたくさんの異文化間の研究が，特定の状況に関してだけでなく文化の役割全体について，パーソナリティや個人の性質を，社会的文脈との関連において明らかにしようと試みてきた（Kitayama & Markus, 1999; Pervin, 1999; Poortinga & Hemert, 2001; Shweder, 1991）。人間行動の因果関係に関しては，「皮膚」を特別な境界線と解釈する伝統的な見方がある。その外側には，人間の内側に向かって働きかける，外的あるいは状況的な力がある。そして内側には，外側へ向かって圧力を及ぼす，内的あるいは個人的な力がある（Gilbert & Malone, 1995, p. 21）とみなしている。

この伝統において，文化とパーソナリティの関連性を探究する試みには長い歴史がある。文化とパーソナリティの関係を系統的に吟味した最初の研究者の一人は，文化

18章　社会的文脈および文化とパーソナリティ　　**579**

人類学者ルース・ベネディクト（Ruth Benebict）である。ベネディクトは1934年の本，『文化の型（*Patterns of Culture*）』で，メキシコの南西地方にあったプエブロ集落を二つのパーソナリティ類型を使って特徴づけた。二つの類型とはアポロ的とディオニソス的である。これは哲学者ニーチェが，ギリシャ悲劇の研究で用いた分類であった。ベネディクトは，ディオニソス的なプエブロには，何事にも過剰なことを好む一般的な傾向があると特徴づけた。そして，アポロ的なプエブロは地味であって，行き過ぎたことについて懐疑的であるとした。ベネディクトによれば，これらの性質は広い範囲にわたって，それぞれの社会で明白であった。ベネディクトに続いて行われた，文化とパーソナリティに関する多くの研究は，文化集団の国民性における全体的な行動傾向，「国民的性格」あるいは「優勢なパーソナリティ」を見つけだすことに焦点をあてていた（例：Kardiner, 1945; Linton, 1945）。

今日，文化とパーソナリティの研究において，特性・性質的なアプローチをとる多くの研究者は，文化を越えたパーソナリティ特性構造，特に「5因子モデル」，すなわち開放性，誠実性，外向性，協調性，神経症傾向の普遍性を示そうとしている（例：McCrae & Allik, 2002）。この研究者たちの目標はこれらの五つの次元を用いて世界を「解読する」ことである（Allik & McCrae, 2004; McCrae, 2004）。例えばフランス人が米国人より協調性が低い（McCrae, 2004）ことを単に示したいと考えるのではない。そうではなく，むしろ，同じビッグ5因子に基づいてフランス人と米国人の両方が記述できることを示したいのである。このアプローチを用いる研究者は，遺伝率の研究（Bouchard & Loehlin, 2001; Loehlin, McCrae, Costa, & John, 1998）と同様に動物研究（例：Gosling & John, 1999; Gosling, Kwan, & John, 2003）から得られた結果を，特性構造の生物学的根拠の証拠として引用する（Triandis & Suh, 2002参照）。すでにみてきたように，多くの研究者は生物学的・遺伝的基盤がビッグ5における差異の基礎となると信じている。このような生物学的差異が文化差を起こすと論ずる者さえいる（McCrae, 2004）。

■ 異文化間の差異と同一文化内の差異

文化集団間で，評定尺度上の特性の全体的な水準に差異がみられることを研究者が説得的に示すかぎりにおいて，このアプローチは支持される（Triandis & Suh, 2002）。しかし，パーソナリティ研究と同様に，文化とパーソナリティの研究者もまた，行動の多くの種類について，文化内の変動性は文化間の変動性よりも大きいことを見いだしている（Barnouw, 1985; Bock, 2000; Inkeles, 1996; Kaplan, 1954; Triandis, 1997; Wallace, 1961; Whiting & Child, 1953; Whiting & Whiting, 1975）。ゴードン・オルポート（Allport, 1961, p. 167）は半世紀前に次のように指摘している。「最もありがちな，あるいは平均的な文化パターンの鏡像である個人は存在しない。私たちは，実際の文化

によって形づくられている。人類学者たちが抽出した文化的イメージによってではない。このイメージを直接人々に適用することは、どのような文化の中においても見いだされるパーソナリティの多様性を隠してしまうことになる」。こうして、文化とパーソナリティの研究は、直観的な魅力があるにもかかわらず、長い間、深刻で手ごわい課題に直面していた。最も難しい問題は、文化集団の構成員が、あるときは文化で優勢なパーソナリティに従ってふるまい、そして別のときにはそうしないという膨大な証拠を説明する方法である。

［個人主義対集団主義］

　個人主義と集団主義を対比する、よく研究された類型論を考えてみよう。個人主義は、自律した自己をもち、個人的な目標追求に専念し、比較的独立していて、自己注目した「自己感覚」を意味している。それと対照的に、集団主義は、集団や家族へのより密接な連携によって定義づけられる。類型のこちらの極に属する人々は、自分が関係する家族や集団の目標に敏感で、責任と義務を果たすことに専念している。成人になっても、社会的関係、価値、目標追求において、相互に依存したままである。さらに、個人主義的な文化と比較すると集団主義の文化における個人は、自己や自己高揚に関心を示さず、人間関係、社会的な義務と役割に焦点を合わせる（例：English & Chen, 2007; Markus & Kitayama, 1998）。

　問題は、個人主義対集団主義のように広範な特性用語で文化が記述されるとき、あてはまりが不完全な傾向があるということである。この種の用語は、ある文化に属する人の大多数の平均的な傾向および特徴について、何らかのものを写しだすにすぎないので、そういうことが起こる。例えば、おおまかに見積もると、これらの記述はある文化で約60％の人々に適合するかもしれないとされる（Triandis & Suh, 2002）。これはつまり、個人主義の文化において40％の人々が個人主義的な特徴を示さず、集団主義の文化において40％の人々が集団主義的であると特徴づけられないことを意味している。

　要するに、本書でこれまでみてきたように、同一人物内あるいは類型内の変動性はしばしば、個人間および類型間の差異と同じぐらい重要なのである。同様に、文化内の変動性はしばしば異文化間の差異と同じぐらい重要である。しかし、以前の章でみたように、広範で包括的な平均的な差異へ注目することも有用でありうる。それは少なくとも、所定の文化で何を期待すべきかのおおまかな案内図、あるいはその文化の意味体系の概要を多少なりとも提供してくれる。ニューヨーク市で適切であろうやり方がアジアの多くの状況できまりが悪いものであろうこと、そしてその逆もまた十分に考えられることを理解することは確かに有用である。何を期待すべきか、そしていつどこでそれを期待すべきかについて、観光客が旅行のガイドブックによって防御を固めるのには十分な理由がある。同様に、文化差にもかかわらず、特性記述の非常に

18章　社会的文脈および文化とパーソナリティ　　**581**

広いレベルにおいて，人々がお互いを描写する方法に重要な共通性があることを理解することも有用である。例外はあるけれど，ビッグ5因子構造のうち三つもしくは四つの因子が，大部分の文化で観測されるという調査結果にこのことはみられる。しかしながら，ここで心にとめておくべき重要な条件は，多様な文化において同じ因子が表れたとしても，個々の意味と用法は非常に異なっているかもしれないということである（Triandis & Suh, 2002）。

■ 共有された意味体系としての文化

　1990年代に始まった新しいアプローチは，認知革命と社会認知的レベルの研究によって影響を受けた。そして，広範な平均的文化差の記述の枠を越えて，文化の力がどのように個々人の行動を形づくるか理解しようとしている（Hong & Mallorie, 2004; Kashima, 2001; Markus & Kitayama, 1998; Shweder, 1990）。このアプローチは文化を共有された意味体系だとみなす。人間の文化的な意味体系は，世界がどのようなものであるか，異なった状況と行動が何を意味し指示するかについての独特な見解を含む（例：Markus & Kitayama, 1998）。認知的・感情的パーソナリティ・システム（CAPS）とほぼ同様に，それは自己と理想的自己の本質，自己と他者の関係に関する概念と感情を含んでいる。基本的な目標価値，感情，規範，自己抑制の規則があって，適切または不適当な対人行動と，目標追求における統制戦略を説明する。パーソナリティ・システムの認知的・感情的ユニット（CAU）のように（16章），これらの文化的ユニットは，特定の共同体の意味体系の中で共有される（Betancourt & Lopez, 1993; Triandis, 1997）。異なった文化圏への訪問者はみな，すぐにこれらの差異がどのように表現されるか見いだす。そしてある人がその意味を習得しないならば，人生や生活は大混乱となりうる（フォーカス18.1参照）。

　文化的集団は，心理的に利用可能で習慣的に接近可能な目標，価値，信念において異なる。例えば，ある文化では，その成員に「憑依」についての信念を教えるかもしれないが，この「憑依」概念は別の集団の成員間では，他者の行動を説明するものに含まれていないかもしれない。同様に，他者の幸福を重んずることについての強い文化的規範は，その文化に属する個人に，そのような配慮を習慣的により接近可能にし，したがって容易に活性化させるかもしれない（例：Markus & Kitayama, 1991）。ある文化においてスティグマ（汚名）を着せられた成員はまた，スティグマを着せられない集団成員と比較して，いっそうしばしば容易に差別についての懸念を活性化する経験を共有している（Mendoza-Denton et al., 1997; Mendoza-Denton & Mischel, 2007）。

　最後に，ある人があるときに潜在的に経験しうる，多様な信念，目標，価値，符号化，感情は，与えられた状況に適切か，あるいは「利用可能」であるものだけが活性

フォーカス 18.1

感情的な意味における文化差——状況の評価

　状況を評価するためには，その状況のもつ感情的な意味を解釈しなければならない。父は本当に腹を立てているのか，あるいは自分をからかっているだけか？　ルームメイトは友好的なのか，あるいはただ礼儀正しくふるまっているだけか？　通常これらの解釈は，先行する経験と期待によって自動的になされる。しかしながら，自動的な評価は，時に不正確でありうる。

　感情表出の文化的差異に関する人類学の研究報告が，この点を明らかにしている。自らの過去の経験に基づいて感情的な表現の意味を判断しようとするなら，不慣れな文化への訪問者は，多くの過ちを犯すであろう。マサイ族の戦士は顔につばを吐くことで有望と思われる若者をたたえる。アンダマン諸島の民は，訪問者のひざの上に座り，涙ぐんですすり泣きながら挨拶することによって歓迎する。叱られた中国人の男子生徒は，敬意の印として，ほがらかににっこり笑いながら懲戒を受ける。そして怒りを示すため，ナバホ族とアパッチ族のインディアンは，声を上げる代わりに声を落とす（Opler, 1967）。それぞれの文化内では，感情的な手がかりの意味することについて，意見が一致する。しかし，ある特定の表情はまた，普遍的な意味をもっているかもしれない。顔写真として呈示した，怒り，喜び，嫌悪，悲しみ，恐れと驚きの感情は，種々のきわめて異なった文化においても，正確に識別される傾向があった（Ekman, 1982）。

　きわめて異なった文化への訪問にあたり，人々は通常，自分が観察する感情的シグナルを誤解しないように気をつかい，そして不適切に反応することを避けようとする。同じような用心をすることは，ある人自身の私生活において，人々からもたらされる感情的シグナルに注意深く処理を行う上で有用かもしれない。自動的な反応をするよりも，焦点を向けて注意を払うことは，他の文化や他者の両方，さらには自分自身に何が起こっているかを明確に理解できるようにするであろう。

化され，後の行動に影響を与える（Hong, Benet-Martinez, Chiu, & Morris, 2003）。例えば，先行研究で見いだされた文化的差異は，日本とは逆に米国では自己高揚へ向かう傾向があるということである（Heine, Lehman, Markus, & Kitayama, 1999）。しかし，この文化的な差異は文化的に限定された特定の状況と文脈においてのみ表現されるものである。もう一つの例は，ヨーロッパ系米国人は高度に自己高揚的である。これはとりわけヨーロッパ系米国人が自分の自尊心に関連があると自然発生的に認定する状況についていえる（Kitayama, Markus, Matsumoto, & Norasakkunkit, 1997）。それとは対照的に，日本人はより自己批判的であったが，同じように，特に自分の集団内で自尊心に関連があると識別された状況において顕著であった。したがって，文化はパーソナリティに多大な影響を与えることになる。目標と重要な信念の点からだけではな

く，状況がどのように表象されているかや，状況の特定的な心理的特徴も重要なのである。同時に，これらの文化的ユニットは特定の状況と関係があるときだけ活性化され，行動を方向づける（Mischel & Shoda, 1995）。したがって，文化とその意味ユニットを共有する人々は，ある状況における自分たちの経験と行動が一つに収束するかもしれないのに対し，文化的に共有された認識を作動させない状況ではこのような収束は生じないだろう（Mendoza-Denton, Shoda, Ayduk, & Mischel, 1999; Mendoza-Denton & Mischel, 2007）。

■ パーソナリティ構造の文化的な差異？──「〜なら〜に」文化的徴候

キタヤマ（Kitayama, 2002）は，文化は，例えば協調性のような性質がどの程度みられるかという点だけでなく，それらの意味体系がどのように構造化され，表現されるかについても異なるということを指摘している。年長者の教えや他の人たちと共有された経験，社会によって規定された価値観など，集団の成員によって共有された人生経験は，その人がどっぷり浸かり，周囲の文化に反映されている精神的体系と心理的意味のネットワークを生成する。もし状況の特徴がこの文化的に共有された「サブネットワーク」を活性化するのであれば，個人はその状況に対して類似の反応を起こすかもしれない。他方，文化的に共有された心理的特性を活性化しないような状況では，集団成員の反応は似ていないかもしれず，それどころか，他の集団の反応に類似するかもしれない。

言い換えると，パーソナリティの差異と同様に文化的差異は，ある状況下では活性化され，他の状況下では活性化されない，安定した「〜なら〜に」文化的徴候を示すことになる。例えば，ある大規模な研究において，研究者は日本，インド，米国でサンプルをとり，種々の状況下における気分の個人内変化を綿密に吟味した（Oishi et al., 2004）。具体的には，単独あるいは見知らぬ人と一緒にいるときといった状況と，文化的レベルと同様に個人レベルでの気分の関連を調査したのである。その際，各参加者は，ランダムなタイミングで合図されたときに，種々の状況のもとで経験した気分を記録した。こうして，研究者たちは安定した状況と気分の関係でみられる，各個人の「〜なら〜に」パターンを調べることができたのである。ミシェルとショウダ（Mischel & Shoda, 1995）と同様に，二つの異なる文化圏からきた二人の人は，平均的に同程度のポジティブな気分であったとしても，どんなときにポジティブな気分を経験するか，あるいは，しないかは特有な，高度に個人化されたパターンを示すことを明らかにしたのであった。

イングリッシュとチェン（English & Chen, 2007）はアジア系米国人とヨーロッパ系米国人に，異なった状況下と関係性のもとで，自分自身をどのようにとらえるかについてと，自己概念を測定する尺度に回答を求めた。尺度の内容は例えば，「私は誰と

一緒にいるかに応じて，自分のありようをよく変える」「私は家族に囲まれているときと友人に囲まれているときは同じである」などである。そして，一連の研究において，自己のとらえ方の変動を詳細に検討した。アジア系米国人はヨーロッパ系米国人よりもずっと頻繁に，一緒にいる人や特定の状況に応じたやり方で，安定した「関係特定的自己」を記述するだけでなく維持することを研究者は明らかにした。例えばアジア系米国人は，親友と一緒にいるときと母親と一緒にいるときとでは，自分はまったく別人のようであると自らをみなした。それと対照的に，ヨーロッパ系米国人はより包括的に一貫したものだととらえ，誰と一緒にいるかには関係なく，本質的に同一の自己であるとみなした。こうして，ヨーロッパ系米国人の自己像は，文脈にかかわらず自己概念により包括的な傾向がみられたのに対して，アジア系米国人はより文脈を考慮に入れるが，「～なら～に」関係徴候内で一時的に安定的であると特徴づけられた。

　意味体系と「～なら～に」徴候の多様な差異は，より広い同一文化の中で生活する，地位的特徴によって定義されうる，人種，民族性，性別を含むがそれに限定されない，下位集団間で観察されることもある。米国における文化的徴候および意味体系の差異のわかりやすい例は，アフリカ系米国人の元フットボール選手で有名人のO. J. シンプソンに対する殺人事件裁判における有名な1995年の無罪評決への反応にみられた。OJが有罪か否かに関する意見は，人種の境界にそってくっきりと分かれた。しかしながら，評決に対する反応の分析は，この分裂が現象のほんの一部に過ぎなかったことを示した（Mendoza-Denton et al., 1997）。もっと深い分析は，アフリカ系米国人の間で，この事例のある特定の鍵となる特徴，例えば，有罪判決を確実にしようと現場に「証拠」を置いたロサンゼルス警察の刑事が，アフリカ系米国人に対する歴史的に不公平な警察の扱いについて広く共有された認識を，この人たちに活性化させたことを示した。その結果，これらの認識は「被告人に不利な多くの証拠がある」という考えを抑制した。対照的に，ヨーロッパ系米国人にとって，人種に基づいた差別の現実性に関する認識はそれほど利用可能でなく，強くない。その代わりに，OJは有罪であり犯罪について有罪と宜告されるべきであったという自分たちの信念を支持する証拠により注目した。無罪評決に対する反応における人種効果を説明もしくは左右したのは，人種グループ間のこれらの差異である。さらに，注目を集めたその他の裁判の評決に対する反応は，必ずしも人種的な境界にそって分かれなかったという事実は，文化的集団の成員が，精神的なシステムおよびパーソナリティ構造において，ある特定の心理的・認知的ネットワークの一部を共有する一方で，これらがある状況下で活性化されるが他の状況下では活性化されないことを示している。

■ 文化と人の力動に関する統合的システム論

　文化をシステムとしてとらえる考え方は，集団の差異を「説明する」原因となる実体として，文化を扱うことを回避する（例：Betancourt & Lopez, 1993）。この考え方は，文化的価値感および信念体系が文化的集団の制度および日常の慣習を形成すると考える。そして，そのことはさらに，特有の文化的アフォーダンス（Kitayama, 2002; Kitayama & Markus, 1999），つまり，これらの文化的価値感を実行，表現，強化する機会を提供することになる。例えば，プロテスタントの職業倫理（Levy, West, Ramirez, & Karafantis, 2006）のような，中核となる文化的な信念体系が，その表現を強化し，人々が日常生活を切り盛りする文脈や状況に影響を与えるやり方を促進するかもしれない（Vandello & Cohen, 2004）。同様に，環境あるいは自然に対する個人的な支配・統制に関する信念は，そのような支配・統制と自律が，ジムおよびスポーツセンターの高い評価と建設へと向かわせるかもしれない。そこでは，身体の支配・統制や自律が慣習的なものとなり，ある意味で「身体的な文化」（Triandis et al., 1980）を創造するようになるかもしれない。これらの広範囲の影響は，例えば，老化の克服についての信念のような，ある特定の概念の心理的な有効性や，社会制度を通じたこれらの信念体系の価値，重要さ，利用可能性に差異をもたらす。

　文化およびパーソナリティへの共有された意味体系アプローチは，「名誉の文化」についての研究がその一例となる。歴史的な力が，文化的なアフォーダンスである文化的な慣習と規範をどのように形成するか，そして今度はそれらが特定の状況下での個人のふるまいにどのように影響を与えるかを分析した（Cohen, 1998, 2007; Nisbett & Cohen, 1996）。コーエンと共同研究者は，南部の米国人は長い間，北部の米国人より暴力的であると考えられており，そして実際，口論に関連した殺人率は，南部および西部では北部よりも高いことを指摘した（Nisbett & Cohen, 1996）。しかしそれと同時に，例えば「あの古きよき南部の魅力」と表現されるように，南部出身者は人あたりがよく，礼儀正しいという評判もある。「名誉の文化」仮説は暴力的な南部という見方と，魅力的で上品な南部という見方とを折りあいがつくようにしようとした。この仮説は，無礼に対する強い警戒，および財産や名声を守るためすぐに暴力を用いることが，時間をかけて社会的慣習や規範に影響を与えてきたことを示唆する。これは，名誉への侮辱に対する暴力への法的な寛大さと同じように，例えば，「チキン」ゲーム，あるいは「侮辱合戦」といった「男らしさ」テストの両方に象徴される（Cohen & Nisbett, 1994, 1997）。したがって，ある特徴的な 「～なら～に」パターンが，名誉の文化を共有している人々の行動を特徴づけているように思われる（Cohen, Vandello, Puente, & Rantilla, 1999）。名誉の文化仮説を支持する実験室実験について，フォーカス18.2で説明した。

フォーカス 18.2

名誉の文化を研究した「チキン」ゲーム

　実験室ベースの実験によって，名誉の文化の「～なら～に」プロフィールについて，いくらかの根拠が示されている。北部および南部の白人男性が，パーソナリティについての研究であると説明された実験室研究に参加した (Cohen et al., 1996)。研究室で，実験参加者はアンケートに記入し，次に長くて狭い廊下の端にそれを置いてくるように求められた。それから南部の参加者の半分と北部の参加者の半分が侮辱を受けることになった。参加者が廊下を歩いていったとき，何かを戸棚から取りだしていたアシスタント（研究者の共謀者）を強く押して通過しなければならなかった。共謀者はいらだったふりをし，戸棚をバタンと閉め，小声で参加者を侮辱し，そして立ち去ろうとしたとき，参加者に故意にぶつかったのである。実験参加者はさらに廊下を先に進まなければならなかった。この時点で，もう一人の共謀者が参加者に向かって狭い廊下を歩き始めた。誰が先に進路を通るか譲るかを調べるための非明示的な「チキン」ゲームの段階として設定されたのである。

　研究者が予測したように，北部の男性と比較して，共謀者に侮辱され，ぶつかられた南部の男性は，南部の男性に特徴づけられた，名誉を回復するための，より攻撃的な反応を示し，2番目の共謀者になかなか道を譲らなかった。また観察者によって，より攻撃的で支配的だと評定され，北部の実験参加者と比べてより力強い握手をした。しかし，共謀者にぶつかられなかった参加者の中で，南部の男たちは北部の男たちより「礼儀正しく」て，より攻撃的ではないと評価された。要するに，南部の男性は北部の男性より礼儀正しく，そしてより攻撃的であるという両方の信念と調査結果は矛盾しないということである。南部の男たちは，名誉の文化を反映した明確な「～なら～に」パターンを表示した。そこでは，両方のタイプの行動が予測されるが，しかしそれぞれが異なった状況下で期待され，そして，ある人がそれらの根本的な意味および原動力を理解するとき，それぞれが意味をなすのである。

■ 要約――文化的および個人的な意味体系の間の関連

　簡単にいえば，人間は文化の中で社会化されるが，この文化というものはパーソナリティがどのように発達し，表現されるかについて多大な影響を与える。この前の節でみたように，文化的な意味体系は，世界がどのようであるか，異なった状況が何を意味するか，そして何を喚起するかについての特有な見方を含む（例：Markus & Kitayama, 1998）。パーソナリティ・システムとほぼ同様に，そこには自己や理想的自己の本質，および自己および他者との関係に関する概念および感情がある。そして，基本的な目標・価値，感情，規範，自己制御のルール，および適切または不適切な対人行動や目標追求における制御方略についての行動計画を含んでいる。ちょうど，言語における語彙や文法を伝えるのと同じように，子どもの人生にとって重要な人々は，

自分たちの文化における意味体系を形成し伝達する。結局，各個人は共有された文化的意味体系に由来するいくらかの構成要素と，その人独自の生活経験を反映したその他の構成要素を含んだ，その人なりの個人的な意味体系を身につけることになる。

[文化的に特有なパーソナリティ性質]

現在進行中の研究において，文化的集団の成員に特有の社会化および学習経験の相違から，文化的に特有なパーソナリティ傾向がどのようにして生ずるのかが明らかにされつつある。例えばメンドーサ-デントンら（Mendoza-Denton et al., 2002）によると，米国において，アフリカ系米国人は人種に基づいて社会的に排斥され，軽んじられ，不当に扱われてきたために，このグループの成員は特に人種ベースの拒否感受性を発達させたという。その処理力動は対人関係における拒否感受性と似ている（Downey & Feldman, 1996）。しかし，その先行条件（人種差別の経験），状況的手がかりの特徴（人種差別が可能な状況），結果（白人の制度に対する歴史的な不信）によって，この処理力動はヨーロッパ系米国人よりもアフリカ系米国人のほうにより生起しやすくなる。

重要なことに，この処理力動は時を越えて安定している一方で，人種差別が適用できる場面にのみ実際的な意味をもち，活性化する。そして他の文脈における個人の反応や行動を必ずしも特徴づけるものではない。このように，このアプローチによって，ある状況におかれた際，共有された経験がどのように文化的集団の成員を同じ行動へと導いていくのかについて分析することが可能となる。同時に，他の多くの状況における集団成員の行動の多様性も分析することができる。このアプローチは文化的集団における成員間の個人差だけではなく，共通性も考慮にいれている。またこのアプローチは，パーソナリティに対する文化の影響力を理解しようとした初期の努力に問題を生じた「包括的な文化的ステレオタイプ」に頼ることを避けている。フォーカス18.3において，人種関連の拒否感受性の研究を用いて，このアプローチが説明されている。

[要約——文化とパーソナリティの結びつきにおける相互作用的影響]

要するに，文化は人々が経験しがちな状況，その状況を解釈する方法，そして状況に対してどのように反応するかに影響を与える可能性がある。これはパーソナリティ・システム内，つまり内的にある人の心理や情動的経験の中で起こることで，次に生成される特徴的な行動パターンの特徴に反映される。文化は，これらの行動に対し，その人自身や他者が反応する方法に影響を与え，その結果，その人が遭遇する可能性が高い後続の状況を変化させることによって，パーソナリティに影響を与えている。このように，文化とパーソナリティの時間的な相互作用は，内面と外界，個人と社会的世界間の絶え間ない力動的相互作用を含むのである。

フォーカス 18.3

人種関連の拒否感受性の研究

　少数派の人たちの心理を理解するためには，集団における人生経験および歴史背景を考慮しなければならないことを研究者たちは強調してきた。その経験の重要な部分はスティグマ（汚名）の歴史と差別の連続である（Sellers, Caldwell, Schmeelk‐Cone, & Zimmerman, 2003; Shelton, 2000）。個人のこれまでの人生経験と同様に，スティグマの歴史は，その人の差別に対する反応と同様，個人の自己感覚に非常に大きな影響を与える可能性が考えられる（Humphreys & Kashima, 2002; Kashima et al., 2004; Mischel & Morf, 2003）。人種関連の拒否感受性（人種 RS: Mendoza‐Denton et al., 2002; Mendoza‐Denton, Page‐Gould, & Pietrzak, 2005）の研究は，その重要なメカニズムを部分的に説明することに役立つと思われる。

　人種関連の拒否感受性という概念は，前の章で論じられた個人的な拒否感受性の研究から生まれてきた（Downey & Feldman, 1996; Levy, Ayduk, & Downey, 2001）。この概念の本質は，人が親，仲間，あるいは他の重要な人から虐待あるいは無視の形式で拒否を経験すると，拒否に対する不安な予期，すなわち類似の状況に拒否が待ちかまえているという，「熱い」情動的な重苦しい予期をもちやすくなることである。これらの不安な予期は，拒否を認知する閾値を下げる。そして拒否が知覚されたとたん，知覚された拒否への激しく，「熱い」反応を活性化する。メンドーサ-デントンと共同研究者たち（Mendoza‐Denton et al., 2002, 2005）はこの概念および力動的関係を差別の領域に応用し，拒否感受性は，ジェンダー，性的嗜好，人種のような，偏見の対象となった集団への所属に基づいて発達するだろうという着想による研究を実施した。

　文化的な影響は，いくつかのレベルで関係してくる。始めに，広く認識されていたように，スティグマは文脈依存的である。つまり，一つの領域で評価が下げられている属性あるいは個人的な特徴は，もう一つの文脈で高く評価され，あるいは中立的とされるかもしれない（Crocker, Major, & Steele, 1998）。結果として，人間が活動する文脈は対人関係の経験の型，およびそれを発達させる安定した力動を規定するだろう。第二に，二つの集団が否定的にスティグマを着せられるかもしれないときでさえ，スティグマの本質は，所定のスティグマはある人の集団に付帯するという想定の仕方次第である。例えば，米国ではアフリカ系米国人であることは，学問的能力に疑念がもたれるが運動競技の能力については疑われない（Steele, 1997）。アジア系米国人についてはその逆である（Chan & Mendoza‐Denton, 2004）。そして，当然のことながら，二人の人が自分たちの状況に関して同じ程度に不安であったとしても，二人の拒否の懸念が活性化される状況は異なるであろう。最後に，拒否に対する反応に使われる対処機構は異なっているかもしれない。ここでも，ある人が属する文化的な集団は，拒否に対する反応について，文化独特の適切な戦略を提供する。

　メンドーサ-デントンら（Mendoza‐Denton et al., 2002）はアフリカ系米国人の間で，人種に関連した拒否懸念を活性化する状況を見いだすために，フォーカス・グループの手法を利用し，それらの状況に関する質問紙を開発した。質問紙が使う状況としては，運転中に（一斉検問以外で）停車させられ職務質問されること，あるいは授業中

に難しい問題に回答する機会を飛ばされることのようなシナリオを含めた。これらは、該当する少数派の間で容易に差別の感覚を作動させる「有効成分」を含んだ状況である。この質問紙に、アフリカ系、ヨーロッパ系、アジア系米国人の学部生が回答した。研究者が予想したとおり、アフリカ系米国人は尺度の得点が最も高かったのに対し、ヨーロッパ系およびアジア系米国人の参加者の得点は低く、相互に差がみられなかった。尺度での個人差は、アフリカ系米国人はこれらの状況で、人種が理由という自然発生的な原因帰属をする傾向を示していた。しかし、ヨーロッパ系およびアジア系米国人の間ではそうならなかった（Mendoza-Denton et al., 2002）。

アフリカ系米国人に注目すると、人種関連の拒否に対する不安な予期における個人差は、3週間以上にわたって拒否の報告、より強い疎外感、拒否に続く拒否の報告を予測することができた。最も強力な情報は、アフリカ系米国人の間で人種 RS における個人差が、次の5学期の間の学生の GPA すなわち成績を予測したことである。この研究結果は、文化が「頭の中にある」だけでなく、実際に「外にもある」ことを如実に示している。人々は差別に対し、自己防衛的メカニズムで反応する。しかし、社会的なシステムのレベルにおいて、差別はより広範囲の文化および社会的構造によって維持されている。文化および社会的世界が何をなすか、および個人が何を経験し、これらの社会的影響に対してどのように反応するかは、それぞれが相手に影響を与える連続的かつ2方向の相互作用であるが、しばしば不幸な結果を引き起こす（Mendoza-Denton et al., 2002; Mendoza-Denton & Mischel, 2007）ことになる。

18.2　ジェンダーと男女差

生物学的な性別は出生時に決まるとすぐに、その人の多くの心理的、社会的発達を方向づけ始める。目標、役割および価値と同様に、自己概念およびアイデンティティにも影響を与える。そして人生を通じて圧倒的な影響力をもち続ける。

ジェンダーとは、男性あるいは女性であることについての社会的意味をさす概念である。かなり広く一般的に、ジェンダーは人が自分自身をどのようにみなすか、そして他の人々がどのようにその人を扱うかについての、最も強力な決定要素の一つである。おそらく、ジェンダーは人間が行う最も重要な心理学的分類で、そのことはますます論争の的になっている。その論争は、特定の文化あるいは社会の中において男性または女性であることが何を意味するかについての、慣習的かつ厳格なジェンダー・ステレオタイプに対してなされるようになった多くの異議申し立てから始まっている（例：Deaux & Major, 1987）。

■ 概観と問題

［新生児における男女差］

　社会化の慣習が大きな影響を与える前の，可能なかぎり生まれつきの男女差を研究するため，一部の研究者は新生児，特に生後まもない新生児の男女差に着目した。人間の新生児の行動は，活動水準やさまざまな刺激に対する反応性において，いくつかの男女差を示す。例えば，生後1年間の顔刺激に対する幼児の反応に男女差がみられる（Lewis, 1969, 1990）。女児は顔刺激に対して声を出し，より多く微笑み，より分化した表情を見せるが，男児はただ顔刺激を長く見つめる。生後2, 3か月時において，女児は男児よりも肌の露出に対して敏感である（Wolff, 1966）。新生女児は掛けてある毛布を取り除くことに対して，より多く反応し，腹部へ空気を吹きつける刺激に対する閾値が低いようである（Bell & Costello, 1964）。新生男児は女児よりも頭を高く持ち上げ（Bell & Darling, 1965），乳児の遊び行動にも男女差が存在する（Goldberg & Lewis, 1969）。このような刺激への反応における初期の男女差から，それらは生まれつきのものだという解釈が引きだされることがある。しかし，パーソナリティの他の領域と同様に，氏と育ち，すなわち遺伝と環境というのは深く，そしてしばしば密接に絡みあう傾向にある。

［ジェンダー思考］

　二つの性を比べ，ある行動様式が一方の性により適切であるとする信念，すなわちジェンダー思考は，ある特定の文化内で，またある程度，文化を越えて広く共有されている（D'Andrade, 1966）。個人は社会的に押しつけられた性役割規範を受容するか拒絶するかの程度において異なる。現代の西洋文化，もしくはその下位文化のうちいくつかで，個人が追求し，他者が許容する傾向にある範囲内において，この思考はより柔軟な方向へと移行してきたが，世界全体の他の文化では反対方向の傾向も見られる。性役割アイデンティティの概念は，「個人が自らを男性的もしくは女性的とみなす程度」（Kagan, 1964, p. 144）のことである。ある文化の性役割規範と，個人が行う自分自身の属性についての査定の間の一致，不一致の程度は，各人が身につけるパーソナリティや，各人が役割を果たす社会的な世界に広範囲の意味をもつであろう。

［ジェンダー関連行動の表出］

　ドーとメイジャー（Deaux & Major, 1987）が指摘するように，性別およびジェンダーは，社会的関係に深く影響を及ぼす社会的構成概念である。男性や女性は自動的なレベルにおいて，ジェンダーと結びついた行動を表出し，それをほとんど反射的な決まりごととして演じきる。両性とも，男性または女性としての自分自身に関する概念が活性化されるような方法で，社会的相互作用におけるジェンダー関連の手がかりに反応する。このジェンダー関連の概念は，その文脈に対して適切だと考えられる行動を引き起こす，多くの期待や価値観を含んでいる（フォーカス18.4参照）。

フォーカス 18.4

成人の男女差とその意味

　半世紀の間，パーソナリティにおける男女差の本質および程度は，広範囲の研究および激しい討論の題材であった（例：Gilligan, 1982; Maccoby & Jacklin, 1974; Mischel & Mischel, 1973）。成人のいろいろな男女差が，長い間に報告されている。例えば，ストレスおよび脅威に対する身体的な闘争反応は，ヒト，霊長類およびラットで，女性より男性のほうがより高いレベルを示す（例：Archer, 1990; Eagly & Steffen, 1986）。明確な男女差は，顔の表情や身体表現といった非言語行動でも報告され（Eagly, 1987 によってレビューされた），少年は少女よりも，より荒っぽい遊びをし，身体的な攻撃的傾向がみられる（Collaer & Hines, 1995）。認知機能のある側面でも男女差は観測された。しかし，全体として最も大きな差異は，予想どおり，身体能力の面でみられた（例：Eagly & Crowley, 1986; Eagly & Steffen, 1986）。

　性別間には，少数の小さな相違が「全領域のあちこちに散在する」けれど，知的能力，社会的能力，行動での差異は，かなり小さなものである（Ashmore, 1990, p. 500）。例外は，身体的な攻撃かもしれない。これは多様な測度が使われた場合でも，かなり大きな差異が安定して見いだされる傾向がある。しかしながら，他の大部分の領域で，研究における性的偏向を回避することにもっと注意が払われれば，本当に見いだされるジェンダー間の差異は，それだけ少なくなると主張する人もいる（例：Riger, 1992）。

　男女差の解釈については広範囲に議論されているが（Eagly, 1995），多くのささいでない男女差の証拠が存在する。例えば，特性評定に使われるビッグ5因子モデルの尺度で，男女差が報告されている（Hoyenga & Hoyenga, 1993 を参照）。例をあげれば，男性のほうが中程度に自己主張性が高く評定され，女性のほうは，信頼，気の弱さ，不安で高く評定された。これらのデータは，広く共有された社会的認識およびジェンダー・ステレオタイプを反映しているかもしれない。だから，直接の観測によって研究されたとき，実際の社会的行動上で性別の差異があるかもしれないし，ないかもしれない。

　このことに関するすべての研究結果をまとめて検討するとき，ある人が合理的に引きだしうる結論は何であろうか？　一部の論者にとって，心理上の特徴における男女差についての最も驚くべき発見は，男女差は一般に考えられているよりずっと少なく，かつ想定されていたよりもずっと小さいということである。その人たちは，これらの尺度上での各性別内の変動性は，性別間の平均値にみられる差異より，しばしばより大きいことを念頭におくことが重要であると主張する。しかし他の人たちは，見いだされた差異は真剣に受けとめる必要があるほど十分に大きく，それらを軽視するのは大部分が政治的な理由であろうと考えている。その視点からは，男女差はかなりなものであるが，「政治的平等に至る道筋としてのジェンダー同等性へのフェミニズムの肩入れ」のため，ささいなものとされている（Eagly, 1995, p. 155）のである。どちらの解釈も妥当であろう。各性別内の差異と比較して，多くの変数における性別間の差異は，実質的な目的のためには，おそらく十分に大きくはない。にもかかわらず，出生時に存在する生物的な差異がどのように文化と相互作用し，その結果，成人で観

察される男女差をもたらすかについて，手がかりを提供しうるという点で，十分信頼できるかもしれない。データがどのように解釈されるかは，男女差の大きさを推定するために使われる方法および報告される統計的差異の意味と同様，その人の哲学および政治的見解次第なのである。

社会的情報の自動処理におけるジェンダー役割の影響の一例として，サダラら (Sadalla, Kenrick, & Vershure, 1987) が行った研究について考えてみよう。大学生が，支配性が高い男性もしくは低い男性という条件の映画を見るように求められた。低支配性条件を設定するために，一人の男性が繰り返しうなづき，しばしばうつむき，ほとんどしゃべらないといった様子で，別の男性との会話を行った。その反対の条件を設定するために，同じ人物がよりリラックスした雰囲気で，うなづかず，より自己主張的な身振りをした。どちらの性別の学生も，高支配性条件で，その人をより魅力的であると評価した。しかし類似の条件で女性が演じる映画を見たとき，同じような関連はみられなかった。このように，自己主張や支配性が魅力的と知覚されるかどうかは，その人の性によって左右される。つまり，男性をより魅力的にみせるような行動は，この状況では，女性の知覚された魅力を増加させない。このような結果に基づき，多くの研究者が，ジェンダーは「我々が演じるもの，……人間関係，特に女性と男性の力関係を構造化する社会的な決まりごとのパターンである」(Riger, 1992, p. 737) という結論に到達した。

[男女差における「〜なら〜に」パターン]

男女差は，単に異なった種類の行動における平均的な全体的差異として表現されるだけではなく，特有な行動に関してジェンダー特徴を構成する，特有な「〜なら〜に」パターンとしても表現されうる。これらは，男女が特定の文脈あるいは状況をどのように異なった方法で取り扱うかについての，重要な交互作用効果において明らかにされている。そのような交互作用効果は，夏を通して，サマー・キャンプでの少年少女を多くの状況下で観察した，きめの細かい研究において示された (Zakriski, Wright, & Underwood, 2005)。

例えば，少女たちは少年たちよりも，仲間から挑発されたときに攻撃的な反応をする可能性が低かった。そして，少女たちは仲間から挑発されたとき，引き下がる可能性がより高かった。しかし，もっと注意深くみると，大人が直接的にコントロールしようとすることへの反応では，少女たちは少年たちよりも攻撃的である可能性が高いことも明らかになった。長期居住型のキャンプ環境下で成人のカウンセラーが，少女らの不適当な行動に対して警告するか，罰したとき，少年たちよりも多くの言語的な攻撃で応じたのである。

その研究者たちが指摘したように，もし男女差について単に全体的な平均のレベルを調べただけであったなら，対人場面で，各性別の人が他の性別の人よりも，より攻撃的であったり，なかったりするという，これらの男女差は決して発見されなかったであろう。ここでの教訓は，あらゆる種類の行動におけるパーソナリティ表現に，多くのジェンダー差異がある可能性が考えられるということである。しかしそれらは文脈・状況に依存するのだから，文脈を考慮しなければ発見されることはありえないのである。

　この研究はまた，この若者たちが夏の間に経験した対人場面のタイプには男女差があることも示した。例えば，年長の少女たちは年長の少年たちと比較して，仲間にからかわれたり，いじめられたりする可能性が低く，大人によって警告される頻度も低かった。そのことが，その人自身の攻撃行動のレベルに影響を与えたかもしれない。このように，男女差を調べるときに異なったタイプの行動の発生の頻度や，行動が生起した状況や文脈だけに着目するのではなく，異なったタイプの対人関係上の出会いや状況を経験する割合における性別の違いを調べておくことは重要である。

■ 脅威に対する反応における生物学，性別，および文化の相互作用

　パーソナリティにおける生物学的な影響や社会・文化的な影響について考察するとき，「二者択一」的な疑問の投げかけに陥ったり，「肝心な点はどこで，どの要因がより重要か」を知りたがったりしがちである。その問題点に関しては，氏と育ち，すなわち遺伝的特徴と社会的経験がパーソナリティに与える影響についての議論で，すでに明確に指摘してきた（5章）。同じ問題および同じ答えは遺伝的特徴，遺伝形質および社会的・文化的な影響に関するこの節での議論にもあてはまる。社会的行動およびパーソナリティにおける，男女差に関することの全体を理解するためには，ここまで論じてきたように，社会的要因と生物学・進化の要因の両方の重要性を考慮に入れなければならないのである。とりわけ，何が生じるかはお互いに決定的に依存するので，二つの影響要因がどのように相互作用するのかを考察しなければならない。この点で，カリフォルニア大学ロサンゼルス校の心理学者シェリー・E・テイラーと共同研究者（Taylor et al., 2000）によって展開された理論は，説得力をもってなされている。人間とりわけ女性が，脅威やストレスに対して，どのように反応するかについて，それまで行われてきた多くの研究に異議を申し立てるような過激な結論に達したのである。

　長い間，人はストレスに対して，闘争か逃走かパターンで反応すると仮定されていた。そして，そのことは，人や動物が例えば捕食者や自然災害によって厳しく脅かされたときの反応として，普遍的であると仮定されていた。人間は高いストレスや脅威に対して，自動的な闘争か逃走か反応によって対応するという広く受け入れられた信

念はキャノン（Cannon, 1932）に始まるが，それは数多くの研究に基づいたものでもあった。しかし，それらの研究の大部分はオス，とりわけオスのラットに関して行われたものであることを，テイラーと共同研究者は問題にしたのである。人間の女性に関しては，脅威に対する生物行動学的な反応は男性とは大きく異なる可能性があり，その可能性にはいくつもの理由が考えられる。

[男性は闘争か逃走，女性は世話と親交]

テイラーと共同研究者が提案した理論は，最近発見された人間の男女間にみられる生物学的差異，とりわけ脅威に対する神経内分泌系の反応の差異に基づいて構築されている。生物学的レベルにおいて，女性はアンドロゲン（男性ホルモン）が不足しているため，ストレスに対して身体的な闘争反応をする可能性が低い。アンドロゲンとは多くの種において「オスの脳を攻撃向きに発達させるように働き，……縄張りの確立や防衛反応のような特定の脅威の文脈において，攻撃行動を活性化する」ように働くホルモンである（Taylor et al., 2000, p. 413）。男性ホルモンであるテストステロンの攻撃における役割については異論も多いが，人間においては，このホルモンのレベルは急性のストレスとともに増加し，敵意と関連している。対照的に，テイラーによれば，人間の女性では，攻撃反応はテストステロンあるいは男性ホルモンを中心に系統化されていない。だから，ストレスへの反応として男性と同じような自動的反応パターンを示さないというのである。

テイラーはこれらの知見と，分析の進化論的なレベルからの考察を統合した。彼女の理論によると，進化論的な見地からは，脅威やストレスへの攻撃反応は，例えば原野で狩りをするときといった危険に対処する際の男性にとって適応的であったかもしれないが，子の母親として女性が直面する難しい課題にとっては適応的でなかったかもしれない。ほとんどの種のメスは，人も含めて比較的最近まで，生殖可能な間は妊娠し，授乳し，幼い子の世話をしてきた。これらの機能のために，ストレスに対する女性の闘争か逃走か反応は，生存にとって著しく非適応的なものとなり，それゆえ抑制されるようになった。その代わりに，女性はストレスに対する世話反応を発達させたと，彼女の理論は提唱する。この反応は面倒をみることに関連し，人間のアタッチメント・システムから生じてきた。乳児に触れて胸の近くに抱き上げるといった養育行動は，高いストレス条件下において，母子双方に有益であることを示す多くの研究によって，この主張は支持されている（Taylor et al., 2000）。生物学と進化論の両者を基盤とした類似の議論は，親交（友だち・仲間づくり）は，例えば集団生活や集団活動を通して，女性がストレスに対処する適応的な方法としてたいへんに価値があるといったことにもなされている。

パーソナリティを学ぶ学生のために，テイラーと共同研究者が行った分析に由来する明快なメッセージは次のようなものである。

> 「人間行動の説明として，社会的役割かそれとも生物学かと考えるよりも，より生産的，理論的かつ実証的な方略は，生物学や社会的役割が人間行動の驚くべき柔軟性を説明することにおいて，どのくらい不可分に混ざりあっているかを認識することであろう。」
> （Taylor et al., 2000, p. 423）

■ 性役割の起源における相互作用

人類学者が行った性役割の比較文化的研究は，さまざまな文化にわたって多様な性役割が存在することを示している（Gilmore, 1990）。性役割に関する多様性は，「顕著なステレオタイプ的な男性と女性のパターンから，極端にぼかされ，ジェンダーの違いを見いだすことが困難なもの」まで幅が広い（Nisbett, 1990, p. 258）。例えば，男性の性的有能さの自慢，身体的危険に直面したときの勇気，経済的優位性によって特徴づけられる「マッチョ」なステレオタイプのパターンは，きわめて世界全体に共通してみられる。しかし，このパターンでさえ顕著な例外が存在する。ギルモアや他の人類学者が行ったマッチョ・パターンの分析によれば，このステレオタイプ的パターンは，極端な危険への適応プロセスを反映したものであるという。この適応は一般に男性の経済的役割，すなわち，例えば自然の中の狩人として，あるいは無防備な動物の群れの保護者としての役割に関連しているように思われる。

南太平洋の典型的な「天国」の島，トラックとタヒチについてギルモア（Gilmore, 1990）が行った比較は説得力がある。トラック島の男性はマッチョ的性質を体現した荒々しい戦士になる。競争的で，肉体的な有能さを示したがり，人生の早い時期から性体験を積み重ねる。他方，この文化において女性は，従順そのものであることが期待される。それとは対照的に，タヒチ島の男性は，お互いに物質的な所有物を競わず，おとなしいことが期待される。そして女性の性的活動が自由で開放的であることを許容していて，タヒチ女性は，例えば到着したばかりの西洋人とでさえ，性的関係が許されている。なぜなのだろうか？ ニスベットは，この研究のレビューの中で次のように述べている。

> 「タヒチ島人は危険のない礁湖の中で漁を行い，食べ物は非常に豊富である。トラック島人は外洋で漁をしなければならない。トラック島の男が漁のため出発するとき，本当に戻ってこない可能性がある。したがって大胆不敵な，攻撃的なマッチョ・スタイルは危険に対する適応なのである。男性は死よりも臆病であることを恐れるよう教えられる。なぜなら，それが大きな危険が存在するとき，男性に外に出て働いて生産するように促す唯一の方法なのである。……ジェンダーの違いを曖昧にしたり，強力な男性らしさを必要条件として押しつけたりするのをやめられるのは，大きな危険にさらされずに食卓に食べ物を並べることができる社会の特権なのである。」
> （Nisbett, 1999, p. 260）

少なくともいくつかの社会において，男性はタヒチ人のように全体に穏やかで，あるいはマレーシアのセマイ人のように臆病でさえあるという事実は，性役割と文化の双方を理解するのに重要な意味をもつ。ギルモア（Gilmore, 1990, p. 230）によれば，男らしく攻撃的なマッチョについての規範の，このような例外は，「男らしさは象徴的な聖典で，文化的な構成概念であり，絶え間なく変化し，必ずしも必然性はない」ことを示している。進化の過程において，危険な仕事をしなければならないとき，男性は解剖学的・肉体的な強靭さのゆえ，それを行う傾向にあった。しかし，現代においては，危険も大きいが得られる名声も大きい仕事の多くは肉体的強靭さに依存しないので，ギルモア（Gilmore, 1990, p. 231）の鋭い質問と同じ疑問を，私たちはよく考えてみるべきかもしれない。「なぜ男性だけが，『真の男』になることを許され，リスクをおかして成功することで，栄誉を得るのだろう？」

18.3　パーソナリティの発達における相互作用的影響

パーソナリティの起源はどこにあるのだろうか？　何がパーソナリティの多様な様相を形づくるのだろうか？　何がさまざまな思考や感情の接近可能性や，それらの間の関係のネットワークに影響するのだろうか。

各個人のパーソナリティ・システムは，生化学的なものと心理社会的なものの双方を基盤として発達する。発達は社会的学習や文化の影響も反映するのと同様に，環境との相互作用の中で遺伝子によっても起こされる。図18.1に示されているように，これらのプロセスは，パーソナリティ・システムや個人が経験する社会という世界に影響を与えながら，発達の過程において相互作用する。それらは，例えば，その個人がどのように知覚されるかと同様に，その人が遭遇した状況をどのように解釈しまとめるかを決定する個人変数に多大な影響を与える（Mischel & Shoda, 1998; Saudino & Plomin, 1996）。

例えば，ここに遺伝的，気質的に，攻撃的になりやすい個人がいたとしよう。その人はすぐに他者の真意を攻撃的であると解釈し，他者から攻撃されることを予期するようになるだろう（Dodge, 1986）。また，攻撃的な行動をすることによって，その予期や信念を確証するかもしれず，それによって，さらに攻撃的な反応が生起する。そして，攻撃的傾向が確立されたパターンになると，その傾向はその人の価値，自己規範，目標の中に組み入れられるだろう。攻撃的パターンが活性化するたびに，そのパターンは主要な反応傾向として，パーソナリティ・システムの中で接近可能性が高くなり，ささいなフラストレーションやストレスによってさえ，引き起こされるようになる。いよいよさらにその個人は，自尊心と仲間の承認の両方を得ようとして，その種の行動をもっと支持し，強化してくれそうな仲間やグループを探し求めるようにな

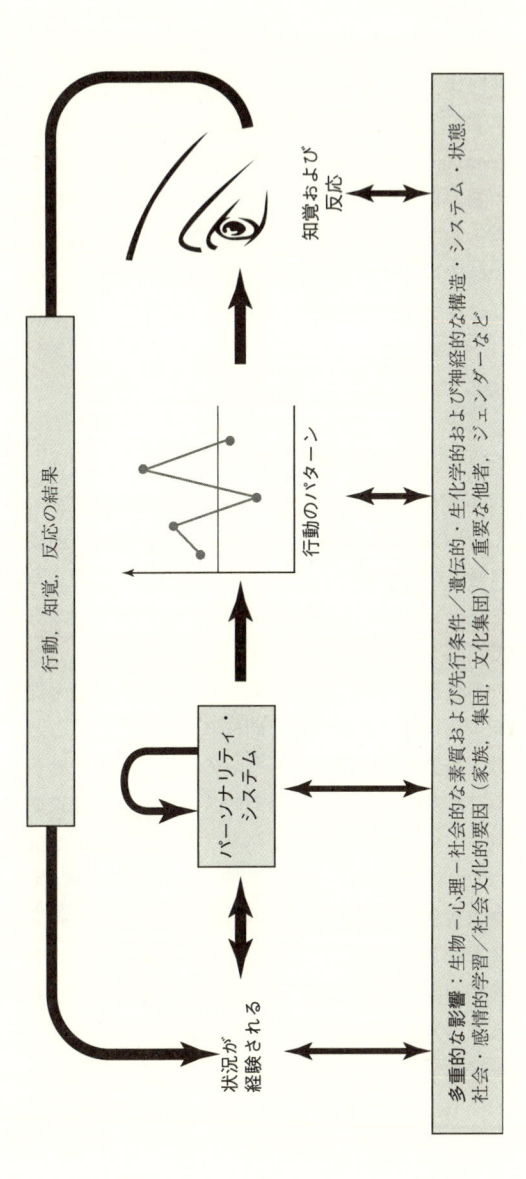

18章　社会的文脈および文化とパーソナリティ　　597

図 18.1　パーソナリティ・システムへの影響

行動，知覚，反応の結果

知覚および反応

行動のパターン

パーソナリティ・システム

状況が経験される

多重的な影響：生物－心理－社会的な素質および先行条件／遺伝的・生化学的および神経的な構造・システム・状態／社会・感情的学習／社会文化的要因（家族，集団，文化集団／重要な他者，ジェンダーなど

るだろう。ありふれた例としては，攻撃的傾向のある若年が，自分の傾向を共同的かつ相互に支持してくれるような攻撃的集団や非行少年グループの中で，同じ考え方をもつ仲間に引きつけられることがあげられる（例：Bandura & Walters, 1959）。

　要するに，この例が示唆するように，個人における早期の行動傾向や，気質的特徴とパーソナリティ特徴は，パーソナリティが発達し相対的に安定した形式で表現されるようになるまでの間に，心理的環境と相互作用している（例：Caspi, 1998, 2000; Caspi et al., 2005; Contrada et al., 1990）。上記の例は，攻撃のような気質的傾向が，どのようにして人生の初期において，社会的環境によって強化され，しっかりと確立されたものとなるかを示している。しかし，気質的傾向は必ずしも人生と生活における人間の運命を決定づけるものではない。例えば，次に紹介する研究は，社会化の経験によって，気質的には内気な乳児が内気でない人になりうることを示している。社会的経験は気質を修正することができるのだから，生物学は宿命である必要はない（Schmidt & Fox, 2002）。

■ 生物学，特性，そして社会化の相互作用──内気さ

　内気であることは多くの人を悩ませる問題である。研究者たちは，子どもや10代の青年に特性としての内気さがどのように表れるか，気質的に内気な幼児の発達に最終的に起こる事柄に対して，生物学，社会的要因がともにどのように作用するのかについて検討してきた（Schmidt & Fox, 1999, 2002）。その問いは，気質的に内気な乳幼児は，発達の過程で内気な人に必ずなるのか，というものであった。

　研究者たちの第一の目標は，幼年期の内気さの生物学的基礎を理解することと，幼年期の内気さを予測するような特徴を乳児期において見つけることであった。以前の章で，引っこみ思案の子どもに関するケイガンの研究について論じたが，初期の研究において，乳児に新奇な刺激が呈示された際の苦痛反応は，幼児期，児童期において現れるであろう内気さの徴候であることが示された（Kagan & Snidman, 1991）。この関連性がなぜ，どのように存在するのかを理解するために，研究者は，脳波計（EEG）によって新奇な刺激に接触している間の脳の活動を観察した。新奇な刺激が呈示されている間に高いストレスを示した乳児は，刺激に接触している間でも，休止している状態でも，右前頭葉がより活動的であった。新奇な刺激が呈示されているときに苦痛を示さなかった乳児は，左前頭葉が活動的であることが示された（Davidson & Fox, 1989; Fox et al., 1992）。同じような脳の活動パターンは，内気なあるいは内気でない就学前の幼児においても，それぞれみられた（Fox et al., 1996）。

　追跡調査において，始めの研究で苦痛を示し，そのために気質的に内気な傾向があるとされた乳児のうち何人かが，成長したときに内気でなくなったのはなぜかについて理解しようと試みがなされた。その答えは部分的に，その人たちのある特定の社会

化の経験にあった。5章でも指摘したように，幼年期に内気さを発達させなかった子どもの多くは，母親がそれほど過保護でないか，あるいは，託児所のような社会的状況におかれることが多かった（Fox et al., 2001）。幼年期において内気さとなるような初期の気質的傾向は，親のしつけや社会的経験によって修正され克服されると研究者たちは結論づけたのである。

神経症的傾向のような多くの広範な性質と同様に，内気さはさまざまな形態や型で生じる。子どもを対象としたときと同様に，大学生を対象とした調査でも，内気さと社交性は同一の次元ではないことが示されている（Schmidt & Fox, 2002）。休息時と社会的ストレスを経験しているときの両方で測定された心拍測定やEEGのような指標でも，脳の皮質における電気的活動の測定でも，これら二つは識別可能であった。そして，内気でかつ社交性も高い者は，同じくらい内気で社交性が低い者とは大きく異なるように，生物学的そして心理的・行動上の特徴がみられる。やはり，パーソナリティの発達において，気質と生物学の果たす役割を決定づけるのは，多くの変数とプロセスの相互作用である。

18.4　何が発達するのか？──進化する自己

　本章では，「パーソナリティの起源は何か？」という質問に答えることの一助となる，パーソナリティの多くの側面や大きな影響を与える要因を，文化から生物学まで考察してきた。しかし，これらすべての影響を与える要因から生じるのは何なのだろうか？　カールソン（Carlson, 1971）は何年も前に次のように問うている。「パーソナリティ研究において，人間はどこにいるのだろうか？」。当然のことだが，この壮大な質問への回答は一つではない。

　パーソナリティ・システムは，引き続いて経験される状況を変化させるような方法で，社会的世界において知覚され反応される行動のパターンを生成する。外側からみると，人は多くの分析レベルで研究され，理解されうる。そして分析レベルが統合されたとき，考察は豊かなものとなる。このことは本書の結論部の主要なメッセージである。

　しかし，「人はどこに存在するのか」「何が表れるのか」という質問への異なる回答もまた存在する。すなわち，生涯を通じて発展・構成し続けるのは，自己もしくは自己システムである（例：Hoyle et al., 1999; Leary & Tangney, 2003; Mischel & Morf, 2003; Morf, 2006）。それでは，多くの異なる主張がなされてきた，この「自己」とは何であろうか。これまでのところ本書では，自己というものを，各分析レベルにおいて，多くの異なる意味をもつ概念として議論してきた。しかしそこに繰り返し現れる共通のテーマが存在する。今日的な要約の一つは次のようなものである。

「自己とは力動的な心理学的システムであり，私たちを定義し，管理し，破壊しさえする，思考，感情，動機が複雑に織りこまれたものである。自己がなければ，人間には見た目以上のものは，ほとんど何もないことになる。本能や状況に支配される虚弱で比較的毛がないだけの生きものになってしまうだろう。」

(Hoyle et al., 1999, p. 1)

最近の研究において自己の本質を表現するために使われる用語は自己性（selfhood）である。この用語は，1978年の米国心理学会の会長演説で，ブルースター・スミス（Brewster Smith）によって初めて導入され，人間であることの意味について語るために使用された。科学的には，「客体および行為主体としての自己への気づきから生じる思考，感情，行動」を意味する用語として使用される（Hoyle et al., 1999, p. 2）。

ここで重要なのは，各個人は自己認識，すなわち他者とは別個の全人格としての個人，首尾一貫した実存としての自分自身への気づきを経験するということである。これが「客体」としての自己の感覚である。さらに各個人は，人間相互間の世界の中で自己や人生を築き続けるために，自己構築プロセスにおいて能動的に自己を探求しようとする（Tesser, 2002）。これが「行為主体」としての自己の感覚である。

■ 責任を引き受ける——人間の主体能動性

［自己構築の過程］

本書では，パーソナリティおよびその文脈におけるパーソナリティ・システムの科学的説明を試みてきた。そのような説明でパーソナリティは，それまでパーソナリティを形成してきて，いまは周囲から押したり引いたりしながら影響を与えようとする要因に対し，ほとんど反射的に単純に反応する機械のようなシステムだといっているかのように聞こえるかもしれない。しかしそのような解釈は，パーソナリティと自己性の最も本質的な特徴の一つを見落としてしまっている。すなわち，人は状況に対して受動的に反応するのではなく，むしろ将来を見据えて積極的にふるまい，能動的に人生や生活の状況を変える能力をもっている。要するに，自己性は自己構築のプロセスを内包している（例：Hoyle et al., 1999; Mischel & Morf, 2003; Morf, 2006; Morf & Rhodewalt, 2001）のである。それは個人が，自分の人生や生活を築こうとするとき，自己にとって主要な人生と生活の目標を積極的に探求するプロセスである。繰り返しになるが，このことは個人がどのように人生の目標を追求するのかに関する議論で具体的にみてきた。最も重要なのは，17章でみたように，自己制御プロセスによって，人は自らの人生行路に影響を与え，少なくとも自分が経験する状況のいくらかを変換し，変化させ，能動的に人生や生活の軌道を修正できるということである。

同じ章において，幼児期からすでに注意力を調整する能力に個人差がみられ，その差異によって欲求充足の遅延をどのぐらいうまくがまんできるかが予測でき，そして

今度は成人としての人生や生活における多くの結果を予測できることについて述べた。その影響する結果の範囲は，SATの得点から教育的到達度，長期の目標設定，自己尊重の感覚および生活ストレスへの対処能力にまで及んだ。では，幼児の未来はオムツをしている段階までに多かれ少なかれ決まってしまうのであろうか。答えは断固として「ノー」である。

■ 能動的行為主体としての自己
[自己方向づけと主体能動性]

まず，ある研究成果が結果を「予測する」というときの予測とは，相関に基づいたものであることを忘れないように注意を払うことが重要である。本書で議論してきた大部分の研究においてそうであったように，相関が統計的に有意であるときにも，常に結果の中に説明されないままの分散がたくさん残っている。一つの変数が分散の25％以上を説明することはきわめてまれである。多数の変数を合わせて考慮するときでさえ，ほとんどの分野の研究は，行動における「分散」の少なくとも50％は説明されず，未解決で，予測されないままにされている。

そこで各個人にとって鍵となる質問が出てくる。これらの結果や自分自身に対して，自分の人生・生活や自分自身を発達させたいと望む方法で影響を与えるためには何ができるだろうか？　心理学用語では，これは人間の主体性に関する問いであり（例：Bandura, 2001），潜在的に活性化している行為主体としての自己の役割である。人が主体性をもつ程度によって，そして自分自身が主体性をもっていると認識する程度によって，自身の個人的経験，世界のとらえ方，人生行路に先を見越した形で影響を与えることが可能になる（例：Mischel & Morf, 2003）。

主体能動的自己——人は自分が誰で，どんな人になるかについて影響を与えることができる。

[関係的自己]

　主体性や自己方向づけに関する議論は，他者に無関心な独立した主体として立身し成功することを追求している自己中心的な人物を支持しているかのように聞こえる危険性がある。しかし，細かく検討すれば，すでにみてきたように，自己は本質的に関係的である（15章）。人は自己充足的な主体ではない。お互いを必要とし，成長するために自己方向づけや主体性と同じくらい，人との結びつきを求めている。この認識はとりわけ集団主義の特徴をもつ文化においてみられるが，個人主義の文化において欠落しているわけではない。

　例えば，長期にわたるストレスへ効果的に対処できるかどうかは，一般的に頭の中ですることだけでなく，心理的サポートの環境次第でもある。人は，配偶者や親族，親しい友人，所属するグループのような社会的結びつきやサポートがあるとき，よりうまくストレスに対応し，病気になってしまうような反応をしない傾向がある（Antonovsky, 1979; Holahan & Moos, 1990）。ストレスの多い経験も，他者と共有できるとき，対処がうまくいく（Nilson et al., 1981）。人がグループの一員として「所属する」とき，情緒的サポートや問題解決の手助けを得られ，自尊心を高めることさえできる（Cantor et al., 2002; Cobb, 1976; Cohen & McKay, 1984）。相談できると思える配偶者がいれば人は心的隆盛を経験できる。しかし，話しあうことができないと感じる配偶者がいる場合には抑うつの危険性がより大きくなる（Coyne & Downey, 1991）。自己とは関係的なものであり，社会的サポートや人とのつながりによって成長するのであり，孤独においてではない（Leary & Tangney, 2003）。

■ 心的隆盛に何が必要か？——いろいろなレベルの視点から

　もし人は，自分はどんな人になるかや，自らの人生の行方に責任がもてるのなら，その人が送りたいと願う人生の心理的な生活の質についても問わなければならない。もちろん，人が人生や生活において追い求める具体的な目標は異なっている。しかし，精神的に健康になり，個人的に成長したいのなら，一般的にいって，心的に隆盛しようと努力するだろうと想定するのは妥当なことであろう。しかし，心的隆盛とはどういうことだろうか。いくつかのレベルにおける研究は，人間としての個人的成長，精神的健康，そして心的隆盛の本質について，それぞれの意見を述べている。それらを合わせて考慮したときに表れる精神的安寧についての視点を理解するため，主な例をいくつか概観してみよう。表18.1は，見いだされたいくつかの鍵となる構成要素を要約したものである。

　特性・性質レベルでは，例えば，情緒不安定あるいは神経症傾向，過度の衝動性や不安，気難しさ・敵意，誠実性の欠如など，望ましくない特性を見いだすことは簡単である。同様に，望ましい特性はこれらの側面のそれぞれ対極にあるので，明快であ

18章　社会的文脈および文化とパーソナリティ

表18.1　心的隆盛，精神的安寧，および精神的健康の条件の概観

分析レベル	鍵となる要素
特性・性質レベル	望ましい特性（情緒的安定性，誠実性，協調性）
精神力動・動機づけレベル（フロイト）	無意識への洞察；愛すること（非両価的関係）と働くことが可能であること
現象学的・人間性レベル（実存主義）	自己受容；自己および選択に関して責任がもてること：主体能動的
社会認知的レベル	有能性／自己効力感，関係性（対人関係の結びつき）；自己制御が可能であること：主体能動的

る。肯定的あるいは否定的な性質を記述することは有益である。しかし，このレベルでは現在のそして理想的な機能を記述することに焦点をあてており，心理学的基準において，実際には変化の可能性を取り扱っているとはいえない。

　他の分析レベルでは，建設的な変化の可能性を直接扱うということであるから，喜ばしい話である。精神力動的・動機づけレベルで，この問題に対するフロイトの答えは，成功した心理療法の成果についての彼の期待の中で簡単に述べられるだけである。「イドがあったところに，自我が存在することになる」とは，彼が使った表現である。哲学的には，フロイトにとってそれは，人の無意識や，獣のような生物としての衝動を認めて受容しなければならないこと，しかしその衝動などを実行せずに人生や生活を送らなければならないことを意味している。彼の見解では，精神分析によって人は無意識の願望や葛藤に対する深い情緒的洞察を獲得し，究極的には実行することも否定することもなしに，それらを受容することができるのである。フロイトにとって健康な人間とは，両価的でない親密な関係を構築する能力にみられるような，愛することや，働くことができる人である。フロイト派の研究者たちにおいては，この問いへの答えは，健康な自我や自己への欲求へと移行した。コフートの言葉（9章）によれば，人はとりわけ，重要な他者から共感的で人間的な反応を感じることができる自己を必要とする。健全な自己は，目標の追求における自信に満ちた自己主張に加えて，適切で成熟した性的機能を果たすことに，充実した幸福を感じる。

　現象学的・人間性レベルにおいて，人は，自分たちが動物であることを認識し受容することではなく，自分たちが人間であり特有の性質をもつものであるということに焦点があてられている。最も顕著なのは，人は生物学的なものを乗り越えようとする高次の欲求や，それ自身の独特な特徴をもつ自己というものをもっているという観点である。カール・ロジャーズにとって，心的隆盛に不可欠なことは，自分自身に偽りなく，本来のあるべき自分へと成長することを認めることである。その見解において，不安を軽減したり他者を喜ばせたりするために自己を歪曲せず，総合的・生体的な真の自己に耳を傾け，受け入れることが必要なのである。現象学的レベルで研究をして

いる実存主義者や人間性主義者たちにとっての関心は，人生における選択の自由と責任の組合せにある（例：May, 1961）。現在，これらの構成要素として一般に使用される用語は，自律性や主体能動性である。すなわち，人は少なくとも部分的には自分自身の行動を引き起こしており，そのため，自分自身に責任を負っている，つまり主体能動的なのである。

近年，この概念は「人生の最悪なものを修復する」ことに当初の焦点をあてていた心理学を，それと同様に「人生で最もよい状態をつくる」，別の方向に向けることに専念している「ポジティブ心理学」運動の中で再生され拡張されていった（Seligman, 2002, p. 3）。ポジティブ心理学の分野は，現在では心的隆盛を可能にする条件に，人々の注意を引きつけようとしている。過去に関して精神的安寧と満足，現状に対する幸福感，未来に向けて楽観と自信の感覚といった個人的経験を重視する（13章）のである。個人の精神的安寧と社会的世界の情況とが相互に結びつけられているという事実を認識し，ポジティブ心理学は個人を越えて，責任ある，利他的で，勤労の倫理と寛容を尊ぶ社会の涵養も目指している。

これらの考えと密接に関連するのは，幸福の本質について記述するために社会認知的レベルにおいて使用されるものである。ここでは，自己知覚した有能性，バンデュラの自己効力感の概念に反映されるような主体能動性，習熟と支配に対するドウェックの関心，そして人は変化し進歩しうるという信念に焦点があてられる。自己，自己性，自己決定について研究している研究者（Deci & Ryan, 1995, 2000）もまた，有能性は成長することに不可欠であるとみなすが，関係性という重要な付加的構成要素を含んでいる。自己とは本質的に関係的もしくは対人関係的であるので，人は，サポートや親密さを感じることができ，お互いに援助しあえるような他者との結びつきを求めている。本書の最初のほうで述べたように，人には主体能動性の感覚，有能感，効力感だけではなく，人間関係もまた必要なのである。最終的に，ほとんどのレベルに共通する要因は，適切な自己制御の重要性である。というのも，前章で詳細に議論したとおり，適切な自己制御とは，その人が追求している目標の達成において不可欠な構成要素であり，これによって人は主体能動的になれるからである。

それぞれのレベルの全体を合わせて考えると，1世紀にわたる研究を通して非常に異なるレベルにおいて見いだされた幸福の構成要素には明確な意見の一致がみられる。心理的にうまく機能するために人は以下のことを必要とする。

- 自分自身を理解し，受容すること
- 有能性の感覚をもつこと
- 肯定的，主体能動的で，行動や選択に対して責任がとれること
- 他者や社会と結びつくこと
- 適切に自己制御できること

18章　社会的文脈および文化とパーソナリティ

■ 変化の可能性

　これまでにパーソナリティについて知られていることを前提として考えるとき，変化や自己方向づけへの個人の可能性はどれほど大きいのだろうか？

［遺伝の役割］

　一方で，行動遺伝学者の研究結果は，DNAの役割や個人の遺伝的要素を強調する（Wright, 1998）。例えば，別々に育てられた一卵性双生児が，何をするかどんな人になるかにおいて，驚くべき類似性をしばしば示したことを思いだしてみよう。しかし反対の事例として，例えば配偶者の選択は，種の進化の歴史の影響を大きく受けているけれど，遺伝の影響を免れているように思われるし（5章），確かに配偶者選択は自己の重要な表現である。ある作家は次のように指摘している。「私たちは，他者とつくりあげる関係によって，深遠な意味において定義されていないだろうか？」（Angier, 1998, p. 9）。そして再び，遺伝率研究における最も強い相関関係でさえ，通常は分散のうち半分以上は説明されないまま残していることを思いださなければならない。説明されない分散の大部分は，環境に起因する。そして最も重要なことに，その環境分散には，人がその人生行路の環境の範囲内で何をなすかが含まれている。

［脳の役割］

　さて，脳の役割についても，同様の問いがしばしば提起される。私たちがほとんど遺伝的に受け継いでいる脳は，展開する筋書きの残りを決めてしまわないだろうか？生物学は宿命ではないのだろうか？　下等動物ウミウシの一種である「アメフラシ」の，構造のよく知られた神経系を研究して，最近ノーベル賞を受賞した科学者エリック・カンデル（Eric Kandel）の研究に明解な答えがある。

　カンデル博士はその鮮やかな研究において，生物体は学習することによって新しいタンパク質を生産し，神経系におけるニューロンをつくり替えることを示した。長期記憶を引き起こすように統制された学習条件におかれたアメフラシは，訓練されていない統制群のアメフラシの2倍，ニューロンどうしの結合を発達させた。そのことが人類に対し何を意味するかは明らかである。学習とは脳の構造や機能を変化させることである。そしてもし，アメフラシにできるような簡単な学習が神経系を変化させるのであるなら，学習における人間の能力から考えれば，脳内で起こることが劇的な変化をもたらす可能性を私たちはもっている。

　本書では，個人がどのように自らを構成，再解釈し，力を与えるのに役立つようなやり方で事象を説明し，自分たちの人生や生活をよりよく，より建設的なものとするかについての多くの証拠をみてきた。安定性や一貫性を提供するだけでなく，変化や情緒的成長を可能にするパーソナリティ・システムについて学ぶことはまた，自己方向づけに対し，潜在的に強力な道筋を提供することでもある。そのことにより，たぶん，人はより主体能動性をもつことや，その未来に対して思慮深く分別に富むことが

可能になる。ジョージ・ケリーが論じたように（14章），すべての人間は科学者であり，その意味で，すべての人間は何が可能であるかについての仮説を構築し吟味するために，これまでにわかったことを利用できる。

個人が所有する自由や成長へのわくわくするような可能性には限りがない。人は可能自己について建設的に再考し，再評価し，効力感をかなりの程度高めることができる。しかし，DNAはそのときの手段・道具に影響を与える。生物学に加えて，役割における文化や社会的な力も，人が統制できる事象および自らの可能性に関する認識の両方に影響を与え，制限を加える（例：Kunda, 1999; Nisbett, Peng, Choi, & Norenzayan, 2001; Stigler et al., 1990）。これらの境界の内側で，人は，将来を具体化しながら，自らの人生についての実質的な統制を得る可能性をもっているし，その限界にまだ到達していない。

数百年前のフランスの哲学者デカルトは，よく知られた名言「我思う，ゆえに我あり」を残し，現代心理学への道を開いた。パーソナリティについて知られるようになったことを用いて，私たちは彼の主張を次のように修正することができるだろう。「私は考える。それゆえ私を変えられる」と。なぜなら，考え方を変えることによって，何を感じるか，何をなすか，そしてどんな人間になるかを変えることができるからである。

☑ 要　　約

文化とパーソナリティ
- 文化は，個人主義対集団主義というような類型によって異なるかもしれない。しかしこの類型は，文化内の多くの人にはあてはまらないかもしれない平均的な文化傾向を示したものである。
- 文化的意味体系は，基本的目標・価値，情緒，基準，自己制御ルール，対人スクリプト，制御方略を含み，それらはある特定の状況においてのみ活性化する。
- 文化は，人が経験しがちな状況や，その経験の解釈の仕方や反応の仕方に影響を与える。
- 各個人は共有された文化的意味体系に由来するいくらかの構成要素と，独自の生活経験を反映したその他の構成要素を含んだ，個人的な意味体系を発達させる。
- 研究者たちは，人種関連の拒否感受性（RS）は拒否の経験と関連しており，アフリカ系米国人の学生における学業成績と関連していることを見いだした。
- ある個人の行動に，その人自身と他の人々の反応の仕方に影響を与えることによって，文化はパーソナリティに影響を与える。

ジェンダーと男女差
- ジェンダーは他者がある人をどのように扱うかと同様に，ある人が自分自身についてどう考えるかにも影響を与える。
- 両性の間にも同じ性別内にも，行動において重要な心理学的差異がみられる。

18章 社会的文脈および文化とパーソナリティ

- ジェンダー差異は，行動レベルでの全体的な男女差だけでなく，パーソナリティが表現される「～なら～に」パターンにも見いだされる。
- 女性はストレスに対し，闘争か逃走でなく，世話と親交によって反応するように思われる。
- ジェンダー役割の解釈の仕方には明確な文化的差異が存在する。

パーソナリティの発達における相互作用的影響
- パーソナリティ・システムにおける多くの影響要因は，生物学的決定因，学習，社会・文化的影響の相互作用の効果を含む。

何が発達するのか？──進化する自己
- 自己構築において，個人は人生と生活を築くにつれ，自己にとって主要となる人生や生活の目標を積極的に追求する。
- 自己とは関係的なものである。孤独でなく，ソーシャル・サポートや結びつきによって成長する。
- 人は学習することができ，それにより自身の脳の構造や機能を変える可能性をもつ。
- 十分に機能するパーソナリティの理想的性質は，自己理解，自己受容，有能感，責任感，主体能動性，他者とのつながり，適切に自己制御する能力を含む。

☑ 重要な用語

「～なら～に」文化的徴候，アンドロゲン（男性ホルモン），関係性，「客体」としての自己，「行為主体」としての自己，個人主義，個人的な意味体系，ジェンダー，ジェンダー思考，ジェンダー・ステレオタイプ，自己性，集団主義，親交（友だち・仲間づくり），ストレスに対する世話反応，性役割アイデンティティ，人間の主体性，文化的アフォーダンス，文化的な意味体系，文化的ユニット，マッチョ・パターン

☑ 考えてみよう

1) パーソナリティ理論家の一部は，異なった文化を理解するために5因子モデルをどのように使っているか？
2) 個人主義と集団主義の文化を区別して説明しなさい。
3) 文化的な，そして個人的な意味体系はどのように関連しているか？
4) 状況はどのように，「～なら～に」文化的徴候をつくりだす文化的な意味体系と，相互作用しうるのか，その例を示しなさい。
5) 文化のシステム的考察はどのように行動の文化差を説明するか？
6) 人種関連の拒否への感受性，およびそれを引き起こす状況の研究について記述しなさい。
7) 生物学的性別と文化・社会的性別（ジェンダー）の違いを説明しなさい。
8) どのような行動上の男女間の差異が幼児に存在するか？
9) 成人の男女差はどの分野に存在するか？ なぜそれらの原因を解釈することは難しいのか？

10) ストレスに対する反応において，どのような男女差をテイラーは提案しているか？ この差異の根底にはどのような生物学的差異が存在している可能性があるだろうか？
11) ギルモアが男性の「マッチョ」行動について見いだした文化差は，どのようなものであったか？ 彼はどのように結論づけたか？
12) 内気さ研究がどのようにパーソナリティ発達における生物学と環境の相互作用を解明したか？
13) 「自己性」という言葉は何を意味するか？
14) 人間の主体性は自己中心的である必要があるだろうか？
15) さまざまな分析のレベルからは，心理的健康のために何が必要とされるのかを要約しなさい。そこには，どのような五つの「最低ライン」の必要条件が見いだされるか？
16) 生物学的要因はどの程度まで自己変革の能力を規定するだろうか？

第VII部のまとめ

各分析レベルの統合
―― 全人としての人間

　パーソナリティ心理学は，すべての分野およびすべての分析のレベルから得られた，将来有望な着眼，知見，方法に基づき，ますます知の蓄積を続ける科学へと進展している。本書の最後の3章では，パーソナリティの統合的なアプローチを説明した。それは，歴史的には相容れないと考えられていたが，実際にはお互いをより豊かなものにしうる分析の多様なレベルに基づいて，概念や知見を構築している。

パーソナリティ心理学の未来

　もちろん，統合の結果が，包含や除外についての明確な基準が存在しないような概念や知見の寄せ集めとなるのであれば，統合のためだけの統合であり，役に立たない。理論や研究における純粋な意見の相違は，しばしば科学的発展にとって必要な段階である。すべての人が勝ち残ることはできないし，すべての考えが生き残れるわけではない。追求すべき努力目標は，見境のない包含をするのではなく，アイデアの厳密な検討を行い，知識状態の変化に応じて，生き残った考え方を微調整することによって，幅の広さやよりよい展望を得ることである。有用な概念を包含し，すべての領域や分析のレベルから有益ではないとされた概念を放棄することによって，しっかりとした統合が出現し始めるのである。

人格学再考

　50年以上前，ヘンリー・マレーと共同研究者たちは，ハーバード大学の社会関係学科において，個人のための人間の科学を創設したいと望んでいた。意欲的な研究を言葉で表現するために，彼らは個人や人生を深く探求することを表す用語「人格学」をつくった（8章）。この用語はもはや広くは使われていないが，開拓者が追求した目標はそのまま残っている。そして，以前のどの時期よりもいまこそがまさにその目標を追求すべきときである。マレーと共同研究者は真に革新的であったけれども，自

分たちの希望どおりに効果的に研究を推進する方法をもたなかった。幸運にも半世紀後，例えば，パーソナリティへの生物学的アプローチや精神的，情動的プロセスの研究の進展といった科学の発展によって，マレーと共同研究者が望んでいたように，パーソナリティについてますます深く研究することが可能となっている。

　例えば本書でも指摘したとおり，今日では，思考と感情を調べるのと同時に個人の脳内で何が起こっているかを調べることが可能である。これらの分析レベルと，どのように人の行動パターンと，長期間にわたる直接記録あるいは日記を通じて集められたさまざまな状況のサンプルとが相互作用するかについての集中的な直接観察を関連づけることが可能である。妥当性や信頼性があり役に立つ検査や方法がそれぞれの分析レベルで利用可能になっている。それらすべては，このたいへん難しい課題に必要とされる深さと緻密さで，パーソナリティ研究をまとめられるようにし，そしてこのことがパーソナリティを現在そして将来にわたってわくわくするようなおもしろい分野にしている。

　パーソナリティ心理学には常に二つの目標がある。それは個人差を記述することと，その個人差の基礎となるプロセスを分析することである。それらの両方を合わせて研究することによって，パーソナリティや人間性についてますます蓄積的な，厳密な科学を築いていくことができるのである。二つの目標を同時に追求することによって，単に神経症傾向や自己制御能力といったパーソナリティの構成概念だけではなく，それらの用語や弁別的な特徴によって記述された人間に関しても豊かで明確な見解を得ることができる。人間についての見事な記述が総合され始めるとき，まとまりをもった全体像としての個人が出現するのである。

訳者あとがき

　本書は，Walter Mischel, Yuichi Shoda, & Ozlem Aydukによる"*Introduction to Personality: Toward an Integrative Science of the Person*, 8th edition"（John Wiley & Sons, Inc., 2007）の全訳である。

　第一著者のウォルター・ミシェルはコロンビア大学心理学部の教授であり，アメリカにおけるパーソナリティ心理学の第一人者として，日本でもよく知られている。本書の中でも紹介されているように，1968年に公刊された"*Personality Assessment*"という著書において，伝統的なパーソナリティ研究の手法に疑問を投げかけ，長きにわたるいわゆる「人間－状況論争」を巻き起こすこととなった。その後も観察データなどに基づく膨大な研究知見によって，安定性と変動性を合わせもつ複雑な人間のパーソナリティの側面について明らかにしていった。そのパーソナリティ心理学における長年の貢献に対して，2005年に米国パーソナリティ・社会心理学会（Society for Personality and Social Psychology）より，ジャック・ブロック賞を受賞している。現在も，共著者であるワシントン大学のユウイチ・ショウダ教授やカリフォルニア大学バークレー校のオズレム・アイダック准教授らとともに，精力的な研究活動を行っている。

　本書は，過去100年以上にわたるパーソナリティ心理学における知見がわかりやすく系統的にまとめられており，先人たちによるこの分野の多様かつ豊かな成果についてふれることが可能となっている。また単にそれらの知見が個別に紹介されるにとどまらず，それぞれが人間のパーソナリティのどのような側面を扱い，そして最終的にパーソナリティの全体的な理解という大きな目標に向けてどのように統合しうるかについても試みており，非常に意欲的かつ特徴的なテキストであるといえる。また，そこには学問的な関心を満たすものだけではなく，私たちの日常におけるさまざまな問題に対処するためのヒントもちりばめられている。

　そういった点において，パーソナリティ心理学をこれから学ぼうとする人々にとって，本書は総合的な入門書として十分に適した内容や構成となっている。それぞれの興味や用途に応じて，さまざまに活用いただければ幸いである。また，すでにパーソナリティ心理学やその隣接領域などにおいて専門的に研究している人々においても，

本書を通じて，自らの研究がパーソナリティ心理学においてどのような位置づけを占めているのかをあらためて考える機会になるのではないだろうか．また，これまではともすると批判の対象であったり，あるいは関心をもつことがなかった他の研究分野やアプローチなどが，実は自分自身の研究と多くの点で関連していたり，そもそも共通の目的に基づいたものであったことに気づくこともあるかもしれない．

　いずれにしても，本書を手にとってくださったすべての人にとって，それぞれの知識や立場などに応じて，人間のパーソナリティへの理解，つまるところ自分や身のまわりの他者を含む人間そのものの理解に対する関心を深める一つのきっかけになったとすれば，翻訳に携わった者としてこれ以上の喜びはない．

　本書の出版にあたっては，翻訳作業を進めていた途中で原書の新しい版が公刊され，その際にいくつかの章では訳者が交代するなどのこともあり，当初の企画からここに至るまでに非常に多くの月日を要することとなってしまった．本書にかかわってくださった多くの方々にこの場を借りて感謝申し上げたい．また，編集を担当してくださり，長きにわたりさまざまな面で献身的なサポートをしていただいた，培風館の小林弘昌氏に重ねて感謝申し上げる．

　2010年2月

訳者を代表して
監訳者　黒沢　香・原島　雅之

用語解説

CAPS［CAPS］　個人を独特なものとする特徴をつくりだす心理的な処理システム。認知的・感情的パーソナリティ・システムを参照。

NEO-PI-R［NEO-PI-R］　ビッグ5の特性次元にそって、個人を測定するためのパーソナリティ目録の一つ。

Qソート法［Q-sort］　Q技法（Q-technique）ともいう。特性評定を得るための一つの手法で、それぞれに特性についての記述が書かれているたくさんのカードを用いる。評定者は評定対象の特性について、最も特徴的なものから、最も特徴的でないものまで、いくつかの山に分けることで評定を行う。

SD法［semantic differential］　セマンティック・ディファレンシャルともいう。たくさんの双極尺度項目で評定してもらうことにより、さまざまな用語、表現、概念の意味を、人々がどのように知覚しているかを研究するための手法。

「～なら～に」行動徴候［if... then... behavioral signatures］　「～なら～に」のパターン（if... then... pattern）ともいう。ある個人を特徴づける状況と行動の相互作用における特徴的なパターンのこと。たとえば、Aという状況なら、B行動にするなど。

「～なら～に」文化的徴候［if... then... cultural signatures］　パーソナリティの違いと同様に、文化差も状況と行動との間の安定した関係性によって表現されうる。たとえば、親族には親切に、他人には攻撃的にのように。

熱い認知［hot cognitions］　強い情動を活性化させる思考。

アニマ［anima］　ユングの理論で、すべての男性の無意識にみられる、女性的・受動的な要素。

アニムス［animus］　ユングの理論で、すべての女性の無意識にみられる、男性的・主張的な要素。

あるべき自己［ought self］　そうでなくてはならないと自分で考える自己の表象。

暗示的側面［implicit pole］　G. ケリーの理論において、あるコンストラクトの心理的に反対の極にある特性など。

安全な基地［secure base］　小さな子どもの生活において、頼りがいのある安らぎを与えてくれる安全な場所・そういった人であって、安心してそこから世界を探検できるところ。

安全な場所［safe haven］　アタッチメント理論で、脅威や要求があるとき、小さな子どもが助けや安らぎを求める対象・人。

安定化選択［stabilizing selection］　ある特定の次元において、その両端の極端な位置におかれた特徴が失われるように働く進化的メカニズム（機制）。

安定型［securely attached］　アタッチメント理論で個人が分類された型で、ストレンジ・シチュエーション法で再会したとき、母親に機嫌よく接し、それから遊びに戻るような、小さな子どもの特徴。

安定した個人内パターン［stable intraindividual patterning］　時間に注目した行動における個人内変動パターンには意味があり、かつ安定しているという主張。

安定性［stability］　時間がたっても変化しにくいパーソナリティの側面。

アンドロゲン［androgens］　男性ホルモンともいう。多くの種の動物のオスに見られるホルモンで、攻撃に関連しているとされる。

閾下、閾下で［subliminally, subliminal］　人の意識や気づきの外で起こっている。

意識［conscious］　気づいている状態もしくは気づきの内容。

意志薄弱［akrasia］　意志力の欠如で特徴づけられる特性を表す古代ギリシャ語。

意志力［willpower］　望ましいけれど難しい目標を達成するため、意図的に自己統制を行う能力のことで、例えば、高いところまで到達するが、ずっと時間がかかる、遠い目標の達成を期待して、報酬の遅延ができることなど。

依存性同一視［anaclitic identification］　乳幼児の母親に対する強度の依存に基づいた初期形態の同化で、フロイトが理論化したもの。

一次過程思考［primary process thinking］　非理性的であっても要求を満たそうとする、イドの直接的で現実を無視した試みにつけられた、フロイトの用語。

一次的強化子 [primary reinforcers]　食物のように，条件づけられる必要がない，自動的な反応を起こすことが可能な，生得的に決められている強化子。

一次的／生物学的要求 [primary biological needs]　生物学的要求ともいう。食物，水，酸素，暖かさのように，生体の生存に必要とされる要求の生得的な集合。

一卵性双生児 [monozygotic twins]　一つの受精卵から発達して二つの生体に分かれた双生児で，まったく同じ遺伝子をもっている。

一致した治療者 [congruent therapist]　調和した治療者ともいう。自分自身であることに迷いがなく，心理療法での出会いにおいて，自己とクライエントを完全に，そして即座に受容できると感じることができる心理療法家。

偽りの記憶 [false memories]　実際に起きていない出来事が起きたと錯覚した「記憶」。

遺伝子 [gene]　生体の特定の特徴に影響を与えるDNAの小さな部分で，遺伝の構成単位。

遺伝的変異型 [alleles]　ある形質・特徴に対応した，いくつかの選択肢からなる遺伝子の集合。

イド [id]　フロイトの理論において，個人のパーソナリティの出発点となり，精神の基本的要素となるが，無意識の本能と生まれつきの生物的な動因とによってできており，快楽原則に従って働くとされる。

因子分析 [factor analysis]　たくさんのテスト項目や反応をいくつかのかたまり，もしくは因子にまとめるための数学的な手法で，例えば，基本的なパーソナリティ特性を発見するためのテストの開発に使われている。かたまりの中で，項目は相互相関が高くなり，他のかたまり・因子と相関がなくなるようにする。

氏か育ちか [nature-nurture]　パーソナリティにおける個人差の重要な決定因として，遺伝かそれとも環境かということについての，心理学における昔からある論争。そのどちらも重要だが，両者の相互作用のほうがさらに重要であることが考えられる。

嘘つき検出器 [cheater detector]　適切に返報することなしに，社会的交換から利益のみを得ようとする個人を見つけるため，人間に発達したとされるメカニズム。

鋭敏者 [sensitizers]　日常的なストレスや不安に特に敏感な個人。

鋭敏性 [sensitization]　「抑圧性−鋭敏性」を参照。

エディプス・コンプレックス [Oedipus complex]　フロイトの考え方で，性心理的発達の男根期において，異性の親に対する愛情のことで，特に息子の母親への愛情と，父親への敵意。

エロス [Eros]　初期の精神分析学派の考え方で，パーソナリティの二つの側面のうち，性と愛によって代表されるもの。タナトスも参照。

置き換え [displacement]　「歪曲・置き換え」を参照。

オペラント [operants]　環境に働きかける，生体が自由に示す反応のパターンのことで，発現強度は直後に生じる結果で変化する。

オペラント条件づけ [operant conditioning]　道具的学習 [instrumental learning] ともいう。望ましい結果すなわち強化子が後から起こることで，オペラント反応の頻度が増加すること。

外向性 [Extraversion; E]　外向型（extraverts）ともいう。ユングの類型論で，常識的で社交的，そして積極的な個人。ストレスがかかると，多くの人々の間に入って，目立たず，個性がなくなるようにして対処しようとする。

外向−内向 [extraversion - introversion]　アイゼンクの理論で，すべての人がその上の位置で表される，最も基本的なパーソナリティの次元。

外的な統制 [external control]　望ましい，あるいは望ましくない出来事が，自分自身の統制可能な範囲にない原因によって起きていると信じること。

海馬 [hippocampus]　大脳の側頭葉に位置する馬蹄形の領域で，情動反応と複雑な心的・空間的思考を制御している。

外胚葉型 [ectomorph]　シェルドンの理論で，背が高く，やせていて，なで肩の体型の人で，芸術家タイプで，控えめで，内向的な気質をもつとされる。

回避 [avoidance]　接触する前に，人や状況から逃げようとする衝動。

回避−回避葛藤 [avoidance - avoidance conflict]　いくつかの望ましくない選択肢の中から，どうしても一つを選ばなくてはならないときに生じる葛藤。

回避傾向 [avoidance tendencies]　不快な刺激を回避しようとする個人の傾向。

下位目標 [subordinate goals]　ある個人の目標の階層において，下のほうに位置する目標のこと。例えば，安全のため，金物屋に行くことなど。目標追求の大きな枠組みの中で，小さな段階として働く。

快楽原則 [pleasure principle]　フロイトの理論において，イドの働きの基礎になるもので，本能的な衝動が即時的な充足を求めること。

科学における構成主義的視点 [constructivist view of science]　一つの絶対的な「真実」が研究者によって発見されるのを待っていると考えるのでなく，現象をとらえ概念化するたくさんの違った方法が可能で，それらが特定の目標や文脈において，相対的に有効であったり妥当であったりするだけと考える，科学についての立場。

学習性動因 [learned drive]　社会的学習によって，一次的な動因が変換された結果の動機づけ。

学習性無力 [learned helplessness]　回避不可能

用語解説

で苦痛な体験を繰り返させられることによって生じる動物や人間における状態で，その後に回避が可能な状況になっても，何もせずに受身で耐えることが継続してしまう。そのことから，絶望感や抑うつという結果が生じる。

学習性楽観 [learned optimism]　望ましい結果が生じるようにすることが自分にはでき，望ましくない結果に自分の責任はないと信じられること。

覚醒レベル [level of arousal; **LOA**]　大脳内の刺激と活性のレベル。

拡張性 [permeability]　G. ケリーの理論で，広範囲の情報を詰めこむことができるコンストラクトが，特に拡張性が高い。逆に拡張性が低いコンストラクトもある。

影の部分 [shadow aspect]　ユングによれば，完全な情緒的成長を成し遂げるため，パーソナリティの中に吸収されなければならない心の無意識の部分。

過剰統制 [overcontrolling]　行動の衝動を広範囲に，過度に抑制してしまう傾向。

過正当化 [overjustification]　ある反応に対する過剰な外的報酬のことで，内発的な動機づけの発達を妨げてしまう可能性がある。

家族療法 [family therapies]　家族の中に問題の根本があるのだから，家族内の力学や関係を改善することで治療すべきという前提に基づいて行われる家族を対象とした臨床アプローチ。

価値観 [value]　ある特定の個人にとっての，結果または出来事の主観的な重要性。

価値の条件 [condition of worth]　ある人が愛され価値があると認められるため，ふつう両親など，他の人たちが暗黙のうちに求める条件。

葛藤 [conflict]　二つ以上の相互に両立できない目標を追求しようとするときに起こること。

活動性 [activity]　SD法における次元の一つで，速い－遅いなどで表される活動の次元。

活発さ [activity]　気質の文脈で，反応の元気さ，ないしは強度に影響を与える気質的な特性で，過動性から不活発という次元上の個人差。

カテゴリー化 [categorize]　考えや経験についての情報を，似ているとか「一緒だ」とかの理由でグループ分けすることで，それにより大量の情報を効率的に組織化・簡略化することができ，推論や判断をすばやく行うことに利用できるようになる。

可能自己 [possible self]　ある個人の潜在的に可能な自己のあり方。

考えこみ [rumination]　通常，否定的な特定の種類の認知や情緒にこだわり続けること。例えば，抑うつに考えこみで対応すると，その人は，自分が落ちこんでいる事実や，経験している疲れや無関心などの症状，そのことのよくない結果の可能性（クビになってしまうかも）に注目する。

感覚麻痺 [sensory anesthesia]　視覚や聴覚，あ

615

るいは身体の一部における感覚などの，感覚能力が失われること。

環境形成特性 [environmental-mold traits]　キャテルの考えで，環境的条件を反映するような根源特性のこと。

環境的圧力 [environmental presses]　マレーの理論で，パーソナリティとその発現に影響を与えている文脈的あるいは状況的な圧力。

関係性 [relatedness]　他者による支持とつながり。

関係性療法 [relational therapy]　パーソナリティ問題の発達と解消において，初期，現在，それに分析者-患者の人間関係の役割を重視する心理療法。

関係的自己 [relational self]　コフートの対象関係論では，自己は一つの存在としてでなく，他の対象と関係をもつ対象としてみられると考える。

関係の安定した機構 [stable organization of relationships]　CAPS 理論の中でのパーソナリティ・システムにある，多数の認知と感情（つまり CAU）の間に存在する安定した影響経路と関係性。

間欠強化 [intermittent reinforcement]　部分強化（partial reinforcement）ともいう。毎回，強化があるのではなく，何回かに一度の割合で強化が起こる強化スケジュール。

観察学習 [observational learning]　直接的あるいは象徴的なモデルを観察することにより学習し，直接に強化される必要がない学習過程。

監視型 [monitoring]　不安を引き起こす刺激に対し，それを統制しようと試み，その刺激に注目するような情報処理を行う認知的対処メカニズムないしはスタイルを使うこと。

記憶課題 [memory tasks]　人々の心的過程がどのように組織化されているかを理解するために用いられる課題で，記憶しようとするときに犯しやすい過ちの種類を検討するためのもの。

気質 [temperaments]　情動の表現に関連した特徴的な個人差で，人生の初期からみられることが多い。

器質性劣等感 [organ inferiority]　A. アドラーの用語で，乳幼児期の無力と結びついた，身体的な弱さから生じるとされる。

気質特性 [temperament traits]　R. B. キャテルの用語で，情緒的な反応性を決定づける特性。

基準関連妥当性 [criterion validity]　基準妥当性ともいう。ある心理テストの得点と，参照ないしは基準として使われる他の測定における得点との相関。

期待 [expectancies]　行動の結果と，刺激の結果に関する期待を含む，社会認知的個人変数で，個人の選択に影響を与える。

拮抗条件づけ [counterconditioning]　反対条件づけ，あるいは系統的脱感作（systematic desensitization）ともいう。行動療法において，

ある刺激に対する反応を，別の対抗する反応によって置き換えること。

機能的磁気共鳴画像化法［functional magnetic resonance imaging; **fMRI**］　大脳における神経細胞の活動によって生じる微細な磁場の変化を測定することによって，大脳における活動を画像につくりあげ把握する技法。

機能的自律性［functional autonomy］　成人になって生じる動機が，幼少時の動機を置き換えていくとする考え方。

機能分析［functional analysis］　生体の行動とそれを統制する条件との正確な結びつきを研究するため，スキナーが提唱した系統的分析法。

「客体」としての自己［self as "object"］　客体的自己ともいう。まとまりのある実体として意識された自己。

強化［reinforcement］　ある反応が繰り返される，あるいは強化される可能性を強めるような，その反応の結果。

強化の随伴性［contingencies of reinforcement］　ある反応が強化されるために存在することが必要とされる条件。

共感的学習［emphatic mirroring］　他者をお手本として，感情や行動を学習すること。

きょうだい間の対抗意識［sibling rivalry］　家族におけるきょうだいの間での競争のことで，アドラーによれば，子どもの成長に重要な役割を演じる。

協調性［Agreeableness; **A**］　温厚で，親切で，人を信じ，寛容であることで，敵対的であることの反対。

共通特性［common traits］　オルポートの用語で，多くの人に多かれ少なかれ共有されている特性。

共有環境［shared environment］　家庭環境（family environment）ともいう。同一の家族の中で養育された人たちによって共有されるもの。

拒食行動［anorexic behavior］　自発的な飢餓状態で，現実自己とあるべき自己のずれが関連しているという理論がある。

去勢不安［castration anxiety］　ペニスを失うのではないかという男子の不安のことで，フロイトはエディプス・コンプレックスの解決と，父親への同化のために，この不安が中心的役割を果たすと考えた。

拒否感受性［rejection sensitivity; **RS**］　他者に拒否される可能性を，あいまいな場合であっても，不安で期待し，容易に知覚してしまう傾向。

勤勉性対劣等感［industry versus inferiority］　学齢期の子どもがおかれた，エリクソンの心理社会的発達段階で，「自分にできる」という感覚と，直面する課題を効果的にマスターできるという感覚を発達させる必要がある。

クライエント中心療法［client-centered therapy］　パーソンセンタード・セラピー（person-centered therapy）あるいはロジャーズ派セラピー（Rogerian therapy）ともいう。ロジャーズによって開発された心理療法アプローチで，非評価的な受容の雰囲気をつくり，自分に正直になるように，また現在の関係や気持ちに集中できるようにする。

経験への開放性［Openness to experience; **O**］　新しいものを試すことや，独創的で他者に依存しないことを望む傾向で，心の狭いことの反対。

継時的信頼性［temporal reliability］　安定性ともいう。同じ人や集団に，複数の機会に与えられた同一のテストにおける点数の間での「再検査」相関係数で，数値が高いと信頼性・安定性が高い。

系統的脱感作［systematic desensitization］　拮抗（反対）条件づけ（counterconditioning）ともいう。適応に問題を生じる強い不安反応を低減させるため，行動療法で用いられる治療の手続きで，不安を生じる状況と，不安とあいいれない反応（通常，リラックスする）とを連合させ，しだいに強い不安を生じさせる状況へと進み，最終的に，強い不安を生じさせる状況を想像しても，あるいは実際にそういう状況に入っても，その人が大丈夫になるまで，手続きが続けられる。

ゲシュタルト療法［Gestalt therapy］　フリッツ・パールズによって開発された心理療法アプローチで，自己への気づきを拡張し，自分自身の気持ちと創造的潜在力とに正直になれることを目標としている。しばしば集団で実施され，身体的な運動と感情をはきだすことが行われる。

ゲシュタルト理論［Gestalt theory］　フリッツ・パールズの完全性ないしは充足性の理論で，環境との力動的な相互作用のなかでの自分自身の経験への気づきを重視する。

結果期待［outcome expectancies］　特定の行動をとることで，期待される結果を生じさせるという信念。例えば，約束されたデザートをおとなしく待っていれば，実際に出してもらえると信じるなど。

血流量計［plethysmograph］　血流量における変化を測定するための器具。

原因帰属［causal attribution］　行動の原因についての知覚ないしは判断で，内的な原因か外的なものかを決める。

嫌悪刺激［aversive stimulation］　できるかぎり回避したい刺激で，反応に対し罰として用いることがある。

嫌悪療法［aversion therapy］　例えばアルコールに対して吐き気を催す薬剤を組み合わせるなど，魅力的で刺激的な，しかし問題を生じさせる刺激に，極端に否定的な反応を引き起こす別の刺激を連合させる手続きで，肯定的な反応を

用 語 解 説

起こす刺激が,否定的なあるいは嫌悪的な反応を引き起こすようになるか,少なくとも中立的になることが期待される。

元型[archetypes] アーキタイプともいう。ユングの用語で,集合的無意識に存在する,組織化された経験にみられる継承されたパターンを表現するイメージや象徴のことで,例えば「母親の元型」などがある。

健康なパーソナリティ[healthy personality] マズローによれば,自己実現を成し遂げた人のパーソナリティ。

顕在的な動機[explict motives] 本人が意識し認識する傾向が強い動機。

現実原則[reality principle] フロイトの理論で,自我が機能するための基礎で,環境的な条件が適切に整うまで,欲求の充足を遅らせるようにする。

現実自己[actual self] あるがままに表象された自己。

現実自己とあるべき自己のズレ[actual/ought discrepancies] 自分が知覚する現実の自己と,そうあらねばならないと考える自己との違い。

現実自己と理想自己のズレ[actual/ideal discrepancies] 自分が知覚する現実の自己と,自分がありたいと願う自己との違い。

現実的不安[reality anxiety] フロイトの理論で,外界における現実的な危険についての不安。倫理的不安と神経症的不安も参照。

現時点での人生・生活課題[current life tasks] 指定された期間において,人生や生活に関し個人が自分自身に課す長期的な課題ないしはプロジェクト。

現象学[phenomenology] 個人が知覚し体験するがままの経験の研究で,自己と,他者や環境と自己との相互作用などを重視する。

現象学的・人間性レベル[phenomenological-humanistic level] 主観的な知覚や体験を重視するパーソナリティへの理論的アプローチ。

行為傾向[act trends] 一般的な行動傾向のことで,バスとクレイクは,特性を行動のもとになる内的な原因とは考えず,行為傾向における個人差を表すと考えている。

「行為主体」としての自己[self as "agent"] 主体的自己ともいう。対人的な世界の中で,自己構成を行い,自分と人生をつくりあげるために目的をもって目標を追求するような能動的な過程。

抗うつ薬[antidepressants] 抑うつ状態にある人の気分を改善するために使われる薬剤。

攻撃[aggression] そのような扱いを避けようと動機づけられている他者を,傷つけ,あるいは危害を加えようとする行動。

攻撃者への同一視[identification with the aggressor] フロイトのエディプス発達段階での父親あるいは攻撃者に対する同化で,父親に危害を与えられ,去勢される恐れに動機づけ

られているとされる。

高次条件づけ[higher-order conditioning] 条件づけられた刺激に,別の中立刺激が連合さられせることによって起こる条件づけの過程。

高次の成長欲求[higher growth needs] 自己実現を成就したいという欲求。

高次の動機[higher-order motives] 飢えや渇きと違い,特定的な生理的変化を伴わない,仮説的な動機。

口唇期[oral stage] フロイトの性心理的発達の最初の段階で,生まれてからの1年で,快感は口や唇,そして吸うことや食べることの満足に集中しているとされる。

構成概念[construct] 行動,思考,感情,状況の,一つひとつの集合に対応する概念。

構成概念妥当性[construct validity] ある特定の心理テストについて,何が行動を説明するかについての理論が妥当であることを確立する手続きで,テスト自身と,その裏づけとなる理論の両方の妥当性を確認することが必要になる。

抗精神病薬[antipsychotic drugs] 主要精神病,特に統合失調症の治療に用いられる薬剤。

肯定的配慮への欲求[need for positive regard] 人生・生活において,重要な他者から受け入れられたい・愛されたいと望む普遍的な欲求として,C.ロジャーズが主張したもの。

行動遺伝学[behavior genetics] 社会行動やパーソナリティにおいて,遺伝子が果たす役割についての研究。

行動活性化システム[behavioral activation system; BAS] 大脳の中にあって,接近行動を活性化させる神経学的なシステム。

行動形成[shaping] 行動における望ましい方向に起こった小さな変化を強化し,望んだ行動にしだいに近づいていく反応だけを強化することで,徐々により近接した行動をつくりあげていく技法。

行動-結果関連性[behavior-outcome relations] ある与えられた状況における可能な行動パターンと期待される結果との間の関連性で,社会認知的分析レベルでの個人変数の一つである「期待」の一側面。

行動サンプリング[behavior sampling] 個人の日常生活から,代表性のある行動を選びだすための手法で,自己報告,日記研究,行動観察などが用いられる。

行動・条件づけレベル[behavioral-conditioning level] 観察可能で測定できる行動と,環境に存在する特定的な出来事や刺激と行動との関係を研究すべきだと主張する心理学におけるアプローチ。

行動的欠陥[behavioral deficits] うまく機能するために必要な行動スキルを欠くこと。

行動変容[behavior modification] 学習原理から派生した,行動療法に用いられる手法で,治療目標に向け,行動を予測どおりに変化させる

ことが意図されたもの。

行動抑制システム [behavioral inhibition system; BIS] 大脳の中にあって，特定の刺激から離脱し行動を抑制する方向へ向かわせる神経学的なシステム。

興奮系リンク [excitatory links] 活性（activating）リンクともいう。ネットワーク型情報処理モデルで，二つ以上のスキーマの間で活性化が伝達される関係。

肛門期 [anal stage] フロイトの性心理的発達の第2段階。生後2年目で，快感は肛門に集中し，大便の保持と排出に喜びを感じるとされる。

合理化 [rationalization] より受け入れやすい理由や原因を指摘することで，受け入れにくいものを受け入れやすくする，防衛機制の方法。

交流分析 [transactional analysis] システム療法，家族療法を参照。

互恵的利他主義 [reciprocal altruism] 他者を助ければ，次に他者が同じように返報することで，自分が助けられるという認識に基づく行動。

誤差分散 [error variance] 統計分析において，「ノイズ」または説明されていないとして扱われる分散の部分。

個人主義対集団主義 [individualism versus collectivism] 二つの対照的な文化的な意味体系で，一方は個人の重要性に注目し，他方は集団あるいは共同体の重要性を強調する。

個人的な意味体系 [personal meaning system] その人が自己や世界をどのように解釈するかを拘束し決定する，個人がもつ概念や感覚に関しての体系。

個人的なナラティブ [personal narratives] 自分の人生・生活や経験を意味あるものにしようと，人々が自分を納得させるためにつくる物語。

固着 [fixation] 性心理的発達の初期の段階にとどまり続ける，あるいは成長しても初期の段階に逆戻りしてしまう過程をさす精神分析の用語。

固定論者 [entity theorists] 能力や特性は，固定されていて変わらない特徴であるという見方をする人たちで，自分の目標を選ぶとき，好意的に判断され高い評価を得ることが確実なように選ぶ傾向がある。

古典的条件づけ [classical conditioning] 条件反応学習（conditioned-response learning）ともいう。学習の一種で，パブロフにより研究され，例えば食べ物のような「無条件刺激」に対する反応が，例えばベルの音のような中立的な刺激と連合させられ，あるいは対にさせられて，条件づけが起こる。

コネクショニスト理論 [connectionist theories] 心的表象あるいはスキーマが相互に関連して結びつき，その結合した形態で組織化されたネットワーク構造として機能することをモデル化する一連の理論。

固有域 [proprium] 態度，目標，価値観を特徴づける一貫性の根本が納められているパーソナリティの領域。オルポートの用語で，この領域は生まれつきでなく，時間をかけて発達する。

根源的特性 [source traits] R. B. キャテルの理論において，パーソナリティ構造の基礎をなす特性で，表面的特性と行動を決定する。

コンストラクトの代替性 [constructive alternativism] 問題解決を促進するために，個人や出来事のカテゴリー化をやり直すこと，G. ケリーの理論における考え方。

コンストラクトの利便性 [convenience of constructs] G. ケリーによる用語で，特定の個人にとって，あるコンストラクトが有用であるか，または便利であるかの程度。

根本的な帰属の誤り [fundamental attribution error] 個人の性質が行動の原因であるとする説明に注目しやすい傾向。

最上位特性 [super traits] たくさんの特性をいくつかにまとめる研究から見いだされた大きな記述的カテゴリーまたは次元のこと。ビッグ5構造を参照。

最上位目標 [super ordinate goals] 目標の階層において，上位に位置する，あるいは最も重要な目標のこと。例えば，個人的な，あるいは家の安全など。

最適覚醒レベル [optimal level of arousal; OLA] ある特定の課題を効果的に遂行するために最も適している覚醒のレベル。

作動自己概念 [working self-concept] ある時点で，個人の思考や記憶で，前面に表れている，自己に関する顕著な概念で，容易に接近可能になっているもの。

三重類型論 [triple typology] 三つのカテゴリー分類を意味ある形でまとめあげるシステムで，パーソナリティ心理学の場合，人の類型，行動の類型，状況の類型を関連づけようとする。

ジェンダー [gender] 男あるいは女であることの社会的な意味。

ジェンダー思考 [gender concepts] 一方の性において，より適切と考えられる行動のタイプに関する信念。

ジェンダー・ステレオタイプ [gender stereotypes] 特定の文化や社会において，男あるいは女であることが何を意味するかについての硬直した信念。

自我 [ego] フロイト理論で，イドの要求と現実世界の間をとりもつパーソナリティの意識的な部分のことで，現実原則に従って機能する。

自我心理学 [ego psychology] 精神分析アプローチをとるが，自我の機能を強調し，本能的動因の役割をそれほど重視しない理論的立場。

用語解説

自我同一性 [ego identity] 発達的な適性や社会的な機会と、リビドーにおける変化を統合することにおける自我の能力。

自我統制 [ego control] 衝動を統制できることで、報酬遅延、高い計画性、攻撃行動の抑制などに重要な役割を果たす。自我復元性も参照。

自我復元性 [ego resilience; ER] 自我統制の習慣的なレベルを適切に変更することにより、環境の要求に適応することができる個人の能力のことで、これにより、柔軟性をもって機能することが可能になる。

刺激－結果の関連性 [stimulus-outcome relations] 刺激とその他の出来事の間の安定した結びつきで、生じてくる結果を刺激から予測することを可能にする。

刺激統制 [stimulus control] 特定の予測可能な状況においてのみ、安定して表現される行動は刺激統制されている。

刺激と反応の共変性 [stimulus-response covariation] 刺激と行動の間の安定した結びつきで、刺激に基づいて行動を予測することを可能にする。

刺激欲求 [sensation seeking] 新しいことを経験することや、リスクのあることを好むかどうかについての欲求のレベルにおける個人差を表す特性。

刺激欲求尺度 [Sensation Seeking Scale; SSS] スリル冒険欲求、経験欲求、脱抑制、そして飽きっぽさのように、異なる刺激欲求行動の側面を合わせて測定しようとする尺度。

自己愛者の行動徴候 [behavioral signature of narcissists] 自分を売りこめる機会になったら、他の誰よりも自分が優れていることを証明することに向け、たいへん努力するというパターンに特徴づけられた行動徴候。

至高体験 [peak experience] 充足と喜びの一時的な体験で、マズローによれば、自己中心性が失われ、努力なしの幸福感が感じられる。

自己開示 [self-disclosure] 他者に対して、あるいは日記のような方法で、自分自身のストレスとなった、あるいはトラウマとなった経験を公表すること。

自己概念 [self-concept] 自己 (self) ともいう。その人の実際の経験を評価し、監視するための参照枠として働くシステム。

自己決定 [self-determination] そうすることに内発的な価値を見いだしているような行為を選択すること。

自己構築 [self-constructions] ある人の乱れて混乱した人生と生活に、いくらかのまとまり、方向性、意味の感覚を与えるような、本人がつくりあげる自己と同一性。

自己高揚的錯覚 [self-enhancing illusions] 自分自身と、純粋に偶然で結果が決まる状況を統制する自分の能力について、非現実的に高く評価する考え方。

自己高揚的バイアス [self-enhancing bias] 望ましくない結果のときよりも、望ましい結果が得られたときの行為について、自分が原因と考える傾向を強めること。

自己効力感 [self-efficacy] 自分に特定のこと、あるいはものごとが、効果的に行えるという信念。

自己効力期待 [self-efficacy expectations] ヘビを触ることができるとか、多数の前で話すことができるなどの、特定の行動を自分はできるという、その人の自信のこと。

自己指示法 [self-instruction] 自己の行動を統制するため、それを声に出していうこと。統制のための訓練に用いられる、ある種の方法の一部。

自己実現 [self-realization] 一人の人間として、自分を知り、完全なる意識と成長のための潜在力を実現するための、継続的な追求のこと。

自己実現者 [self-actualizing person] マズローの理論では、表12.2にまとめられた個人的な性質をもつ人。

自己実現する [self-actualize] 人間としての潜在力を十分に実現する。

自己主張訓練 [assertiveness training] 効果的な自己主張スキルを伸ばし使えるようにするために用いられる、通常はモデル学習と練習を用いた訓練で、行動療法の一種。

自己成就予言 [self-fulfilling prophecy] 自己現実化する予言ともいう。そう期待することで行動が変わり、その結果として現実となった期待。例えば、うまくいくと信じて実行することが、成功につながる場合など。

自己スキーマ [self-schemas] 過去の経験から生じてくる自分自身についての認知であって、新しい情報が処理される際の指針となる。

自己性 [selfhood] 自己を「主体的能動体」や「対象としての客体」として意識すること、またはその意識。

自己制御 [self-regulation] 自分自身の行動を監視し評価することで、行動を変容させ、環境に影響を与えること。

自己制御システム [self-regulatory systems] 課題遂行や複雑な行動の組織化に関連した、個人のルールや計画、自己反応などが含まれる社会認知的個人変数。

自己制御有能性 [self-regulatory competencies] 目的志向的行動を実行することを助ける、認知的で注意的なメカニズム（機制）を活用できること。

自己に関連した [self-relevant] 自分にとって意味がある。

自己評価基準 [self-evaluative standards] 自己指針 (self-guides) ともいう。自分自身を評価するときの基準。

自己報告法 [self-reports] 自分自身について、

その人が行う声明・発言・説明。
自己理論［self-theory］　その後の経験に影響を与える，自己についての構成あるいは概念の集合。
自主性対罪悪感［initiative versus guilt］　学齢期の子どもがおかれた，エリクソンの心理社会的発達段階で，罰や恐れ，罪悪感によって過剰に抑制されるのではなく，行為を始めるとき，目標志向性と目的意識をもてるようになるように努力する必要がある。
システム療法［systems therapy］　心理療法の一種で，家族やシステムの文脈の中で個人を理解し治療しようとする。
システム理論［systems theory］　家族のような構成単位を，関係性のシステムとして分析するアプローチ。
自尊心［self-esteem］　自分自身の価値についての，その人の個人的な評価や判断のこと。
実験［experiment］　関心をもった変数を操作し，同時にその他のすべての条件を統制することで影響がないようにして，操作された変数の効果を測定するように計画された研究法。
実験群［experimental group］　実験における群で，独立変数をつくるため，実験操作が加えられるもの。独立変数の効果を知るためには，この群の結果が統制群の結果と比べられなければならない。
実行意図［implementation intentions］　思うところを実行に移すための意図的な働き。
実行機能［executive function］　計画化，自己統制，それに意志力のような，自己制御過程のこと。
実存主義［existentialism］　哲学者キルケゴールによって始められた考え方で，人間は自分の行動を選ぶことにおいてまったく自由であり，責任をとらなくてはならないとし，この責任が人間を特徴づける深刻な恐怖と不安の根源であるとする。
実存不安［existential anxiety］　実存主義的な思想において，存在に必ず伴う「無」や「死」を意識することで生じ，自分の人生や生活をどのように選択して生きるかということに強く集中することによってのみ解消できるとされる不安。
自動性［automaticity］　統制や思考，意識などがほとんど，あるいはまったく起こらずに，反応が自動的に行われること。
自動的処理［automatic processing］　意識の外で起こる，心的な操作あるいは働き。
死の本能［death instincts］　タナトス（Thanatos）を参照。
支配感志向［mastery-oriented］　うまくいかないのは，能力がないからではなく，努力が足りないからだと考える傾向。
社会的認知［social cognition］　社会心理学とパーソナリティ心理学における現象に，認知心理学の概念や方法論を適用して研究しようとする理論や研究のアプローチ。
社会認知的レベル［social cognitive level］　パーソナリティ心理学における分析アプローチの一つで，個人にとっての出来事や状況の社会的・認知的意味を重視し，そういった意味から社会行動へとつながっていくプロセスに注目して研究を進める。
社会認知的個人変数［social cognitive person variables］　例えば，期待，目標，価値観，有能性などの，個人差を示す，比較的安定した社会的，認知的，感情的変数のことで，認知社会的個人変数ともよばれる。
社交性［sociability］　対人的な相互作用をどのくらい求めるかについての気質的個人差。
集合的無意識［collective unconscious］　無意識のうち，継承された部分として，ユングが提唱したもので，各個人の無意識の一部だが祖先の記憶や元型からできあがっているとされる。
従属変数［dependent variable］　実験研究において，人の行動の側面として，独立変数が操作された後で測定されるもの。
集団主義［collectivism］　自己概念の中で集団や家族への緊密な結びつきを特徴とする文化類型で，特にアジアの文化を特徴づけるものとして考えられている。
自由連想［free association］　自由連想法ともいう。精神分析療法において用いられる手法で，どのように非理性的に思えるとしても，何であっても，心にのぼったことを報告するように患者は指示される。
主題統覚法検査［Thematic Apperception Test; TAT］　一連の曖昧な図版を用いる投影法のテストで，検査対象はその図版を見て興味深い物語をつくりあげるように指示される。
主観的な価値と目標［subjective values and goals］　ある個人が最も重要と考える特定の結果と目標のことで，社会認知的個人変数の一つ。
主観的連続性［subjective continuity］　自己が基本的に単一で，あまり変化しないという感覚のことで，一貫性や同一性の感覚。
主体能動的［agentic］　自分自身と行動に対し，最低でも部分的に，責任をもち管理すること。
主要特性［cardinal traits］　高度に一般化された性質あるいは特徴を意味するオルポートの用語で，人生や生活を通じて個人の行動のほとんどに影響を及ぼすもの。
昇華［sublimation］　社会的に許容されない衝動が，社会的に認められた形で表現される過程，防衛機能の一つ。
消去［extinction］　強化子なしに反応が繰り返されたことによって，反応の頻度が減少すること，あるいは古典的条件づけの場合，無条件刺激が起こらないのに，条件刺激だけが繰り返し呈示され，条件反応が減少すること。
状況テスト［situational test］　現実的・日常生

用語解説

活的な状況の中での課題遂行を観察することで実施される研究手続き。ハーバード人格学者たちは，OSS訓練生たちを査定するため，たいへん困難な状況下で，ストレスが高く，現実的な課題を行わせ，その成績や結果から，各人の基本的なパーソナリティについての臨床的な推論を行った。

状況論[situationism] 人間の性質から行動上の一貫性が生じるというのは神話であり，実際に個人行動は，その人のおかれた状況の特徴だけによって決定されているとする理論的立場。

状況を越えた一貫性[cross-situational consistency] 異なったタイプの状況，例えば家，学校，仕事場などを越えて表れるとされる，個人の対応における一貫性。

消去スケジュール[extinction schedule] 反応・行動がしだいに消去するように，強化子が取り除かれること。

条件刺激[conditioned stimulus; **CS**] 無条件刺激と対呈示されることにより，無条件刺激に対応する反応が出るようになった，以前は中立であった刺激。

条件性強化子[conditioned reinforcers] すでに強化子としての力をもつ他の刺激と連合されることにより，同じような力をもつようになった中立的な刺激。

条件つき表現[conditional hedges] 他の人を特徴づけるとき，限定したり文脈を限ったりすることで，例えば，ある人が攻撃的になるのは，他の人たちが，その人がかけているメガネについて，からかったりするとき，というような場合。

条件づけ[conditioning] 学習の基礎的な形態で，古典的条件づけとオペラント条件づけがある。

条件反応[conditioned response; **CR**] 条件刺激に対応して学習された反応で，それ以前は無条件刺激によって引き起こされていたが，刺激どうしの対呈示の結果として，条件刺激によっても引き起こされるようになる。

上行性網様賦活系[ascending reticular activation system; **ARAS**] 大脳内のシステムで，大脳皮質における全体的な覚醒レベルを制御していると考えられている。

常習的接近可能性[chronic accessibility] 特定の認知的・感情的ユニットあるいは内的な心的表象が活性化する，ないしは「心にのぼる」ことの日常的な容易さの程度。

症状代理形成[symptom substitution] そのもとになる無意識の情動的な原因が取り除かれないかぎり，例えば行動療法などによって，問題行動が直接的に治療され除去されても，その代わりに新たな症状が自動的に生じてくるという精神分析の信念で，否定的な意見・立場も少なくない。

状態不安[state anxiety] 一次的な，あるいは状況的に生じた不安のことで，時と状況に応じて，強度が変化することが想定されている。

情緒[affect] 気持ち，気分や情動，感情などを含む概念。

情緒性[emotionality] 生理的に容易に覚醒されやすい傾向であり，怒りや恐れ，苦痛などの否定的な情動を頻繁，かつ強力に体験する。

情緒的安定性[emotional stability] 神経症傾向の反対で，アイゼンクによれば，情緒安定性と神経症傾向を両極とする重要な特性次元がある。

情緒的過剰親密[emotional overcloseness] コフートの理論で，家族が子どもに，過剰に親密性や刺激，押しつけを体験させる状態。

情緒反応性[emotional reactivity] 情動的・感情的になりやすい程度における気質的個人差。

情動的な熱いシステム[emotional hot system] 自動的な接近-回避反応あるいは，闘争か逃走か反応を発生させる大脳内の処理システムで，扁桃体の活動に基づいている。

処理力動[processing dynamics] 情報処理力動ともいう。特定の種類の状況において，思考，感情，行動が活性化されるときの処理の働き。

自律性対恥と疑惑[autonomy versus shame and doubt] エリクソンの心理社会発達段階で，2～3歳のときにみられ，熟達・支配，自律，自由を獲得し，恥や屈辱を避けようとする際の努力を課題とする。

人格学[personology] ハーバード派人格学者たちによって推進されたアプローチで，統合的で組織的な構成単位としての個人の人生や生活を，高度に精神力動的な観点から研究しようとした。

人格学者[personologists] パーソナリティ心理学者のことだが，特にハーバード大学での研究様式に従って研究した人たち。

神経症傾向[Neuroticism; **N**] 情緒安定性の反対で，アイゼンクによれば，情緒安定性と神経症傾向を両極とする重要な特性次元がある。

神経症的葛藤[neurotic conflict] その場ですぐに発現を求めるイドの衝動と，内化された抑制との間の衝突・闘争。

神経症的不安[neurotic anxiety] フロイトの理論で，自分の衝動が抑えきれなくなり，その結果，罰を受けるのではないかという恐れから生じる不安。倫理的不安と現実的不安も参照。

神経伝達物質[neurotransmitters] シナプスに放出され，次の神経細胞の受容体に結びつくことで，神経信号を伝達する役割を演じる科学物質。

神経伝達物質系[neurotransmitter systems] 科学物質と，それに関連した受容体で，信号を検出して反応を次に伝える機能を実行することでコミュニケーションを行う生理的経路のシステム。

神経ネットワーク[neural network] ニューラ

ル・ネットワークともいう。情報処理と心的活動が起こるとき，大脳の中で活性化する神経細胞の相互的連結の構造。

神経薬理学 [neuropharmacology]　神経系における心理学的な症状や障害を生じさせる問題を治療するための薬物使用の研究。

親交 [befriending]　友だちづくり，仲間づくりともいう。友だちをつくったり，他者への支援を提供したりなどして，ストレスがかかる状況に対処しようとするやり方。

人生・生活課題 [life tasks]　人生・生活上の課題ともいう。「現時点での人生・生活課題」を参照。

人生の意味 [meaning in life]　個人のもつ，自分の人生や生活における目的意識。

心電図 [electrocardiogram; **EKG**]　ポリグラフを使って測定される，心臓の筋肉の収縮で発生する電気活動のパターンの記録。

新フロイト学派 [neo-Freudians]　フロイト理論を改良し，自我と自己への注目を強め，他方でイドをあまり強調せず，原理論を拡張する心理学を発展させた人たち。

親密さへの欲求 [need for intimacy]　日常生活において，他の人々と温かく親密に結びつき，体験を共有し，コミュニケーションをもちたいと望むことに関する動機づけ。

親密対孤立 [intimacy versus isolation]　エリクソンの心理社会的発達段階での青年期における危機で，重要な他者と気持ちや考え方を共有するか，そのことで生じる可能性がある否定的な結果や失望を恐れ，自分を孤立させてしまうかの葛藤。

信頼対不信 [trust versus mistrust]　エリクソンの発達段階で，例えば「自分は愛されているか」「自分に価値があるか」「他者は善良か」など，信頼について子どもが疑問をもつときの心理社会的危機における課題で，これをどのくらいうまく解決できるかによって，子どもの将来の信頼，やる気，希望が決定されるとされる。

心理学的主要素 [psychological features]　例えば，社会的状況でよく仲間から拒絶されてしまうなど，その人の特徴的な反応パターンを引きだすように働く状況の側面あるいは構成要素。

心理辞書的アプローチ [psycholexical approach]　人々を異なる特性によって特徴づけようとする研究の方略で，個人間での違いを見いだすため，自然言語での用語，すなわち形容詞を使って評定を求め，それを因子分析する。

心理社会的危機 [psychosocial crisis]　エリクソンの理論では，それぞれの心理社会的発達の段階にある，本人の努力により解決が求められる課題。

心理社会的発達段階 [psychosocial stages]　エリクソンは心理社会的発達に8段階を想定し，それぞれの段階は課題となる危機あるいは問題の集合を中心に構成され，個人はそれを解決し

ようと試みると考えた。

心理測定的特性アプローチ [psychometric trait approach]　しばしば筆記式テストを用いて，標準的な状況において得られた，たくさんの集団の人々の反応を比べることにより，心理学的な性質を数量的に測定し検討することを重視するアプローチ。

心理的酸素 [psychological oxygen]　コフートによれば，重要な他者からの共感的な人間的反応が得られないのは，酸素が欠乏するのと相似の問題である。

心理的状況 [psychological situation]　いつもの状況で，実際に行動に影響を与える要素である情況や出来事。

心理的伝記法 [psychobiography]　ナラティブの手法を使って，集中的に行われる個人の人生や生活に関する研究。

心理テスト [test]　行動や個人的な性質について標準化された測定法を使い，個人についての情報をえるための手段。

推定遺伝率 [heritability estimates]　行動遺伝学の研究で用いられる測度で，特性あるいは属性が，どのくらい遺伝によって決定されているかを査定するために用いられる。

随伴性管理 [contingency management]　ある人の行動を指導するための，強化子や随伴性契約の使用。

随伴性契約 [contingency contracting]　直接的な外的圧力なしに，ある人の行動が起こるよう，その人自身が設定した制御ルール。

スキーマ [schemas, schemata]　相互に「家族的類似」をもつ属性や特徴の集合からなっている知識の構造。

ストレスに対する世話反応 [tending response to stress]　ストレスが高い状況で，闘争か逃走か反応ではなく，養育したり世話したりする行動で対処すること。

ストレンジ・シチュエーション法 [Strange Situation]　アタッチメントにおける，特に母親との対人関係での個人差を査定するための実験的手法の手続きで，幼い子どもを慣れない状況におく。

生活空間 [life space]　ある瞬間の個人の行動を決定するとして，レヴィンが定義したもので，その個人と，個人を取り巻く心理的な環境とを含んでいる。

性器期 [genital stage]　フロイトの性心理的発達の最終段階で，異性を愛せるようになり，大人の性的満足を得ることができるようになる。

誠実性 [Conscientiousness; **C**]　注意深く，自立的，目標志向的で，几帳面な特徴で，方向性がなく統制がとれてないことの逆。

精神分析 [psychoanalysis]　フロイトによって開発された心理療法の一形式で，神経症的な葛藤や不安を和らげるため，患者と分析者が定期的に会って治療を続ける間に，抑圧され，無意

用語解説

識になっている衝動を発散させることを目的にしている。

精神力動［psychodynamics］　精神分析の理論で，パーソナリティが制御されるプロセスのことで，抑圧された無意識の衝動の概念と，幼児期の体験の重要性が前提になっている。

精神力動的行動理論［psychodynamic behavior theory］　J. ダラードとN. ミラーによって1940年代に開発された理論で，精神分析理論の基本的な考え方のいくつかを，実験心理学的な行動と学習の研究における概念や手法と統合しようとした。

精神力動的・動機づけレベル［psychodyanmic-motivational level］　フロイトの研究によって始まった研究アプローチで，動機づけ，葛藤，それに防衛を細かく検討することで，パーソナリティにおける複雑な形態の一貫性やその欠如を説明しようとする。

性心理的発達段階［psychosexual stages］　フロイトの理論では，すべての人が通過する発達段階として，一連の性心理的な段階を想定している。口唇期，肛門期，男根期，性器期という段階のそれぞれで，快感は身体の特定の部分に集中するとされる。

成績に関する測度［performance measures］　成績指標ともいう。ある課題を遂行する個人の能力を直接的に試してみる測度。

生体的経験［organismic experience］　ロジャーズの理論で，全人的な，欠けるところのない生体としての経験。

生体的な全体［organized whole］　ロジャーズが望ましいと考えた人間の状態で，個人が統合された構成単位として機能していること。

生体的評価［organismic evaluation］　ロジャーズの理論で，生体としての経験についての自己評価。

成長論者［incremental theorists］　能力や特性は変化する可能性があると考える人たちで，自分の目標を選ぶとき，必ずしもうまくいく保証はないかもしれないが，自分自身の有能性を高めるように選ぶ傾向がある。

生/性の本能［life/sexual instincts］　エロス（Eros）を参照。

生物学・生理レベル［biological level］　発生，遺伝，そして進化の影響を中心的に扱うパーソナリティへのアプローチ。

生物的準備性［biological preparedness］　ある種の連合を他よりも容易に学習することを可能にする，生物学的に生まれついた素質。

性役割アイデンティティ［sex-role identity］　自分自身をどのくらい男性的あるいは女性的とみなすかについての程度のこと。

生理指標［physiological measures］　心拍数の変化や覚醒の程度など，異なる出来事に対し，ある人が生理的にどのように反応するかについての測度。

勢力欲求［need for power］　他者に対して影響を与えたいという，個人の欲求。

世代性対自己没頭と停滞［generativity versus self-absorption and stagnation］　エリクソンの心理社会的発達理論において，成熟した成人が直面する危機で，その個人は仕事と対人関係に集中し，生産的で，活気ある生活を選ぶか，それとも仕事や他者への関心を失い，より広い世界や人間の将来といったことへのつながりを失って生きるかの選択を迫られる。

接近［approach］　目標に到達したり，公的な賞を獲得したりするためにとられる積極的な行動で，通常は行動活性化システム（BAS）と関連している。

接近‐回避葛藤［approach-avoidance conflict］　対象のものや状況が，望ましい要素と望ましくない要素の両面をもち，両方と直面しなければならないときに生じる葛藤。

接近傾向［approach tendencies］　望ましい刺激に対して接近しようとする個人の傾向。

接近ジレンマ［approach dilemma］　食餌反応的ジレンマ（appetitive dilemma）ともいう。より重要で高次の目標の達成を不可能にしてしまうおそれがある接近的行動の誘惑に個人が直面したときに生じるジレンマ。

接近‐接近葛藤［approach-approach conflict］　いくつかの望ましい選択肢の中から，一つだけを選ばなくてはならないときに生じる葛藤。

説明のスタイル［explanatory styles］　異なる出来事や結果についての原因を理解し解釈するときに示される，その人に特有のやり方。

セロトニン［serotonin］　神経伝達物質の一種で，体内量が過剰になると抑うつの原因になるとされる。

前意識［preconscious］　その時点において，本人の直接的な注意の範囲にないが，すぐにでも意識の中に呼びだすことが可能な思考，経験，記憶。

潜在期［latency period］　フロイトの性心理的な発達段階で，男根期と成熟した性器期の間の時期で，このとき幼児期の性に関する記憶を抑圧するとされる。

潜在的自尊心［implicit self-esteem］　本人が意識的に気づかないうちに，間接的に測定される，自分自身をどのくらい肯定的に，あるいは否定的にみているかの程度。

潜在的な動機［implicit motives］　あまり意識されない，より情動的で，情緒的な欲求や動因に関連した個人の動機。

潜在的方法［implicit methods］　パーソナリティを測定するための間接的な投影法を用いた技法。

潜在連合テスト［Implicit Association Test; IAT］　潜在的な自尊心を測定するために使われる連合課題で，潜在的な態度や信念，価値観などの測定にも使用できる。

623

全人性［globality］　一つの出来事を自分の人生・生活の多くの側面と関連しているとおおげさに一般化すること。

前部注意系［anterior attentional system］　前頭葉にある領域で，実行機能に関連した神経経路を制御している。

相関［correlation］　2変数あるいは測定の集合の間にみられる関係性で，正か負かのどちらかであるが，その関係性は相関係数によって表現される。

相関係数［correlation coefficient］　相関を数値的に表したもので，マイナス1.0からプラス1.0までの範囲になり，無相関なら0.0である。

双極［bipolar］　ケリーの理論によれば，パーソナル・コンストラクトは双極であって，個人による自分自身の知覚と，その人にとって重要な他者についての知覚は組み合わされ，そこに両者間でのやりとりの結果として情動が生じてくるが，それらの情動は，その後の関係を知覚する際に，その人にとって定型となる。

相互作用論［interactionism］　個人の経験や行為は，パーソナリティと状況のそれぞれの側面の力動的な相互作用によって生みだされるとする考え方。

相互作用論の原理［principle of interactionism］　パーソナリティ心理学の考え方で，重要な個人差が，個人の行動が状況によって影響され，異なる状況との間での相互作用の示す際にみられるというもの。

操作化［operationalization］　観察可能で測定可能なものにするため，概念を具体化すること。

双生児法［twin method］　特性の測定を用いて，一卵性と二卵性の双生児の得点の類似性の程度を比べることによって，特性への遺伝的な影響を査定する方法。

双方向の相互作用［reciprocal interaction］　人と状況の間の相互作用であるが，それぞれが相互に影響を与える形のもの。

促進焦点［promotion focus］　成果や報酬などの望ましい結果や収穫を獲得することを重視すること。

大学進学適性試験［SAT］　言語的能力と数量的能力を測定するための標準化されたテストで，大学に進学する前の高校3年生が定期的に受験できるもの

退行［regression］　精神力動理論において，発達の以前の段階に後戻りしてしまうことで，リビドーが発達の前の段階での付着対象に戻るとされる。

体質的特性［constitutional traits］　体質的な要因を反映している根源的特性。

対象関係論［object relations theory］　精神分析的アプローチの一つで，特に子ども時代における，個人間の相互作用の研究を重視する。

代償的動機づけ［compensatory motivation］幼少期の虚弱や病気といった問題をもつ個人に，それを代償するように仕向ける動機づけ。

対人行動の領域［domain of interpersonal behavior］因子分析により見いだされたパーソナリティ次元についての包括的な用語分類で，ウィギンズが提唱した。

体内反応［visceral responses］　体内における身体的な反応で，外的な刺激によって生じ，起こそうとして起こるものではなく，考えなくても生じる。例えば，心拍の上昇や内分泌における変化など。

大脳の非対称性［brain asymmetry］　大脳の左右の半球において生じる活性化の違いの程度。

代理条件づけ［vicarious conditioning］　観察することで起こる，刺激に対する反応の条件づけ。

ダウン症候群［Down syndrome］　染色体の21番目の対に，第三の染色体があることで生じる遺伝的な異常で，その結果として，深刻な精神遅滞と独特の外見をもつようになる。

タキストスコープ［tachistoscope］　例えば，知覚的防衛の研究に用いられる，異なる速さで単語やその他の刺激をスクリーン上に呈示する装置。

ターゲット［target］　実験において，参加者の反応を測定するため，ターゲット（ターゲット刺激，ターゲット項目）が呈示される。

多重行動基準［multiple-act criterion］　相互に相関することから期待される多くの行為・行動を集積することによってつくられ，基準とされる変数で，集積することによって，測定の信頼性が高まる。

脱感作［desensitization］　拮抗条件づけを参照。

達成欲求［need for achievement; n Ach］　達成動機づけの理論と研究における中心的な，達成状況において高い遂行レベルを追求する欲求。

タナトス［Thanatos］　初期の精神分析学派の考え方で，パーソナリティの二つの側面のうち，破壊と攻撃によって代表されるもので，人間の性質の暗い側面を表している。エロスも参照。

男根期［phallic stage］　およそ5歳のころに表れる，フロイトの性心理発達における第3段階で，快感が性器に集中し，男児も女児もエディプス・コンプレックスを体験する。

知覚された自己効力［perceived self-efficacy］関連する課題を遂行できる，または目標に到達できること，自分自身を信じることで，例えば，「あのプールに飛びこめば，反対側まで泳ぎきれる」。

知覚的防衛［perceptual defense］　無意識的な抑圧のメカニズムで，視覚や聴覚への脅威的な入力を取り入れず残したり遮断したりする。

知能指数［intelligence quotient; IQ］　ビネーによって公式化された概念，個人の精神的なレベルをテストの成績からまとめたもので，IQは「精神年齢」を歴年齢で割って100をかけたものとして定義され，各歴年齢におけるIQの

用語解説

平均値は100になるように計算される。

中心的養育者 [primary caregiver] 子どもの初期における主要なる養育者のことで、ほとんどが母親。

中心特性 [central traits] オルポートが使った用語で、主要特性ほど重要でなく広範囲に影響しないが、それでも個人行動の大部分に影響を与える特性。

中胚葉型 [mesomorph] スポーツマン・タイプの体型をしていて、たいへん活動的で、自己主張的、そして勇敢な気質をもつ、シェルドンの類型の一つ。

超越瞑想法 [transcendental meditation; **TM**] 深いレベルの瞑想法の一つで、実践者はゆったりと座り、眼を閉じ、特別のサンスクリット語のマントラ（呪文）を繰り返し唱える。

超自我 [superego] フロイト理論における良心のことで、両親の価値観を内化したものからつくられる。自己統制と完全に向けて努力し、意識的な側面と無意識的な側面がある。

通過性の高い境界 [permeable boundaries] 人と心理学的環境の間の境界が通過しやすいとき、通過性が高い。

抵抗 [resistance] 治療の途中で不安を生じさせる材料が出てくるため、それに対する無意識的な防衛が起こり、心理療法が進展しにくくなること。

手がかり [cue] 行動を方向づける刺激で、いつ、どこで、どのように反応し行動が起こるかを決定する。

適用可能性 [applicability] 社会認知の用語で、スキーマや心的表象が利用可能であるとして、その状況でそれが適用できるかどうか。

徹底操作 [working through] 精神分析の治療で転移現象が起きている文脈において、患者が自分の基本的な問題を検討し、それらの情緒的な根源が理解され、より適切に扱えるようになるまで続けられる過程。

転移 [transference] 精神分析において、患者が治療者に対し、あたかも親か、子ども時代の他の重要な人物であるかのように反応することで、精神分析治療の進行に不可欠とされる。

同一性 [identity] 気持ち、社会的役割、行動といったレベルにおける自己感覚のこと。

同一性対役割拡散 [identity versus role confusion] エリクソンの理論で、思春期において個人が「自分は誰か」という問いに答えようと苦闘する心理社会的発達段階での課題で、単に口先だけでなく、気持ち、新しい社会的役割、行動のレベルにおける問題である。

同一性の危機 [identity crisis] エリクソンの理論で、思春期あるいは青年期において自我の同一性を確定すべき心理社会的発達段階での課題。

動因 [drive] 行動をとるように強力に働きかける、外的あるいは内的な強い刺激。

動因低減 [drive reduction] 動因が満たされることによって生じる緊張の低下。

投影 [projection] 受け入れることができない自分自身の側面や衝動を、他の誰かのものであると押しつけてしまう防衛機制。

投影法 [projective methods] ロールシャッハやTATのようなテストのことで、多様な解釈の可能性がある材料を見せ、回答者のパーソナリティの重要な側面が回答の中にみられることを期待する。精神力動的な測定で中心的な技法である。

動機決定論 [motivational determinism] 人が行うことのすべてが、広範囲のことに関連するが意識されない、その人の動機によって決定されているというフロイトの考え。

同期性の原理 [principle of contemporaneity] レヴィンが提唱した原理で、ある特定の時点に起きて経験されることのみを、行動に影響を与える心理的な生活空間の要素として考慮に入れればよいというもの。

動機の同期性 [contemporaneity of motives] 動機について考えるとき、過去における、もともとの起源を問題にするのではなく、現時点でそれがどのような役割を演じているかによって理解しようとする考え方。

動機の変容 [transformation of motives] 防衛機制の一つで、基本的な衝動が消えないまま残り、それらが向けられる対象と、それらが表現される形が変換される。

統計的有意性 [statistical significance] 統計的有意ともいう。ある特定の関連が、偶然に生じると想定されるものより、どのくらい離れているかを示すように計算された統計学的な数値。

統合対絶望 [integrity versus despair] エリクソンの心理社会的発達段階での成人期の後半における危機で、満足できる展望や知恵を獲得することと、絶望や人生・生活に対する無意味感や恨みの感覚に圧倒されるかの葛藤を経験する。

同性愛嫌悪 [homophobia] 同性愛や同性愛者を嫌うことや不快に感じること。

統制群 [control group] 実験参加者の群で、実験操作は受けないが、その他の点においては実験群と同等に扱われるもので、この群による反応が実験群の反応と比べられることによって、両群の間の違いを測定することができる。

統制的処理 [controlled processing] 意識的な思考で、例えば計画すること、問題を解決すること、未来志向的な判断や自己統制などで、自動的処理の反対語。

統制不足 [undercontrolling] 統制不足の子どもは、衝動的な行動を十分に統制することができない。

闘争か逃走か反応 [fight or flight reaction] 知覚された脅威や危険への自動的な身体的・情動的反応で、攻撃するか逃げるかのどちらかを引き起こされ、身体的反応として、心拍数、代

謝率，血圧の上昇と，腹部および消化器活動の低下を伴う。

独自特性［unique traits］　オルポートの理論で，ある特定の個人だけに存在し，まったく同じ形で他の人には存在しない特性。

特性［trait］　個人差における変わりにくい，あるいは永続的な特徴または次元で，オルポートは一般化された神経・心理的なシステムを想定し，各個人に固有で，多くの異なった刺激をそれぞれにまとめることで，まとまった刺激に対し一貫した行動を生じさせるようにすると定義した。

特性アプローチ［trait approach］　いくつかの，あるいは多くの特性によって，個人差を理解し，個人を特徴づけようとするパーソナリティのアプローチ。

特性構造［trait structure］　ある特定の個人の中に存在する，ある特定の特性がもつ特有な構造。

特性・性質レベル［trait-dispositional level］　特性や性質などに注目して個人を特徴づけようとするパーソナリティへのアプローチ。

特性不安［trait anxiety］　個人の安定した，特徴的な全体的不安のレベル。

特性論者［trait theorists］　個人を特徴づけるさまざまな特性次元によってパーソナリティを研究しようとする心理学者。

独立変数［independent variable］　刺激あるいは条件で，実験において研究者が操作して系統的に変化させるもの。

トークン［tokens］　報酬と交換することができるもので，オペラント条件づけで般化強化子として用いられ，異なる報酬の効果を比較するためにも使われる。

トラウマ経験［traumatic experience］　個人の人生や生活を突然，ひどい形で崩壊させてしまう体験。

努力統制［effortful control］　「意志力」または目標追求や自己制御において，能動的，戦略的に行われる努力のこと。

鈍麻型［blunting］　不安を引き起こす刺激に対処する手段として，それを無視するやり方のことで，ストレスに対応するための情報処理の一様式。

内向型［introverts］　自分自身に引きこもってしまう傾向で，特にストレスが高く，情動的な葛藤が存在するときに，その傾向が強い。ユングによれば，内向型の人は，内気で引っ込み思案，一人でいることを好む。外向型の反対。

内在性［internality］　外的な状況でなく，自分自身が問題を引き起こしていると考える傾向。

内的一貫性［internal consistency］　一つの尺度による測定における，各部分の間での相関関係。

内的‐外的統制尺度［I-E Scale］　統制の中心を，内的と知覚するか，外的と知覚するかの個人的傾向を反映する特性の次元。

内的ワーキング・モデル［internal working models］　アタッチメント理論において，その後の経験や行動を方向づける，他者や自己，その関係性についての心的表象のこと。

内胚葉型［endomorph］　シェルドンの理論で，肥満の人をさし，体型に対応して，落ち着いていて，社交的で，食べることが好きとされる。

内発的動機づけ［intrinsic motivation］　好奇心，達成，親和，同一性，刺激，社会的承認などの動機づけで，飢えや性などの一次的動因の低減とは無関係で，特定の生理的関連要因が考えられないもの。

内容的妥当性［content validity］　ある心理テストの項目が，対象として定義された行動の範囲をどれだけ包括的に代表しているかの程度。

ナラティブによる同一性［narrative identity］　自己の側面や，経験，行動が多様で相互に矛盾するとき，時間をかけ理解できるものにするため，人々がつくりあげる，その人の内的な物語。

二次的性質［secondary dispositions］　個人の行動に影響を与える，最も特定的ではっきりとした特性あるいは態度。

二重盲検法［double-blind experiment］　実験参加者も実験者も，どの参加者が実験群または統制群に属するかを知らないようにした実験手続き。

二卵性双生児［dizygotic twins］　別々の受精卵が同時に子宮の中で成長することによって生まれる双生児で，一卵性と違い，遺伝子は同一ではない。

人間関係訓練グループ［human-relations training group］　Tグループ（T-group）あるいは感受性訓練グループ（sensitivity training group）ともいう。非言語的な経験や自己啓発に注目したエンカウンターないしは集団療法。

人間性心理学［humanistic psychology］　パーソナリティ心理学で，全人としての個人を研究しようとする「全人心理学」を推進することに取り組んだ運動で，学習や知覚といった部分的な心理過程ではなく，主観的な経験と自己を重視する。

人間の主体性［human agency］　その人の個人的な経験に対して，未来志向で影響を与える個人の能力。

認知［cognition］　思考，心的活動。

認知学習［cognitive learning］　モデル学習や観察学習のこと。

認知革命［cognitive revolution］　行動主義を否定し，逆に心的・認知的過程に注目する考え方が隆盛し，そこから認知心理学が発展した。

認知行動療法［cognitive behavior therapy；**CBT**］　自分の問題や自分自身を，例えば考え方の前提を変えるなどして，より建設的に考え，非理性的に考えないようにすることで，問題行動を変

用語解説

えようとする心理療法。
認知社会的有能性 [cognitive social competence, social and cognitive competences] 認知的な処理や，社会情報の活用に関する個人の能力を意味する個人変数。
認知社会的理論 [cognitive social theories] 個人的な違いのもとにある，認知過程や構造に焦点をあてるパーソナリティへのアプローチ。
認知的 [cognitive] 思考に関係した，心的な。
認知的・感情的パーソナリティ・システム [cognitive-affective personality system; **CAPS**] 社会認知的な枠組みで概念化されたパーソナリティ・システム（Mischel & Shoda, 1995を参照）。
認知的・感情的ユニット [cognitive-affective units; **CAU**] その人に利用可能になっている，心的・感情的表象，すなわち認知と，情緒または気持ち。
認知的再構成 [cognitive restructuring] 直面する問題をより建設的に，そして非理性的でなく考えることを学習することを目標にした心理療法の技法で，アルバート・エリスの「理性感情療法」は認知的再構成の一つの方式を用いる。
認知的再評価 [cognitive reappraisal] 自己制御を維持するため，経験について，どう考えるかを変更すること。
認知的に冷静なシステム [cognitive cool system] 認知的な思考過程と，よく考えられた，熟慮的反応と計画を起こす処理システムで，海馬と前頭葉の機能による。
認知的転換 [cognitive transformations] ある刺激の心的表象を，特定の側面に注目することや，違ったやり方で想像することによって，認知的に変えてしまうこと。
ネットワーク情報処理モデル [network information-processing model] パーソナリティ構造についての理論で，個人内の心的表象ないしはスキーマが相互にどのように関連をもち連結して，組織化されたネットワーク構造として機能するシステムを形成するかに注目する。
脳波計 [electroencephalogram; **EEG**] 脳波図ともいう。大脳皮質における電気活動の強弱のパターンを記録するもの。
能力特性 [ability traits] キャテルの用語で，目標への到達に役立つ能力に関連した特性。
ノード [nodes] ネットワーク状に組織化された概念やスキーマのことで，リンクによって結びつけられている。
剥奪の条件 [conditions of deprivation] 例えば飢え，渇き，性などの内的動因の一つを，ある生体が満たす機会を奪われた期間の長さ。
パーソナリティ構造 [personality structure] パーソナリティの内的な組織構造のことで，CAPS理論では，個人のパーソナリティ・システムにおける，期待，目標，情動，有能性，そして行動傾向の間における比較的安定した，相互的な

つながりと組織化のことである。
パーソナリティ性質 [personality dispositions] 個人やある種の個人を，信頼できる方法を使って，他の人や人々と違う形に特徴づける，行動の傾向ないしはパターン。
パーソナリティ徴候 [signature of personality] 特定の種類の状況に対し，個人内での行動の変動を示す，安定したパターンあるいは特徴。
パーソナリティの社会認知的な再概念化 [social cognitive reconceptualization of personality] 個人差と，社会的行動における一貫性と安定性についての性質を理解するため，多様な社会認知的個人変数を用いるミシェルの理論のことで，行動をそれが起こる文脈で分析しようとし，人々が安定した「〜なら〜に」状況-行動パターンを示すことを明らかにした。
パーソナリティの処理力学 [personality processing dynamics] 「〜なら〜に」徴候で，特定の種類の状況において活性化される，思考，感情，行動における，安定した独特の発生機序。
パーソナリティのパラドックス [personality paradox] 個人の行動は一貫しているという直感と，そのような一貫性はないという実証研究の結果との間における対立。
パーソナル・コンストラクト [personal construct] 個人が世界や自己を体験するときに用いる主観的な次元のことで，G.ケリーの理論の中心的な概念。
パーソナル・コンストラクト理論 [personal construct theory] 人が自分の主観的な次元を使って出来事を理解し整理するやり方を理解しようとする，G.ケリーのパーソナリティ理論。
場の理論 [field theory] 行動は，過去の出来事でも，状況と無関係のその人の変化しない性質でもなく，その時点における，その人の総合的な心理的状況である「生活空間」によって決定されると考える理論。
ハーバード派人格学者 [Harvard personologists] フロイトの研究や，統合された全人的なパーソナリティという側面を重視した生物社会的生体理論に強く影響を受けたパーソナリティ研究者たちで，1940〜50年代に全盛であった。
般化 [generalization] 一匹の犬にかまれたのに，すべての犬を恐れるようになるように，類似の刺激に対し，同じように反応するようになること。
般化した強化子 [generalized recinforcers] 般化条件づけされた結果，強化子として機能するもの。
般化し条件性強化子 [generalized conditioned reinforcers] 複数の一次的強化子と連合された結果，般化条件づけされた強化子。
反射 [reflex] 無条件反応（unconditioned response; **UCR**）ともいう。特定の刺激への，生まれつきで，学習を必要としない反応。無条件反応も参照。

反動形成 [reaction formation] 不安を生じさせるような無意識の衝動が，意識の中でまったく逆のものに置き換えられるようにする防衛機制．

反応 [response] どんなものであっても，観察可能で，特定可能な生体の活動のこと．

反応時間 [reaction time] 反応潜時ともいう．ある個人が，特定の課題ないしは反応を始めるまでに必要とする時間．

悲観主義 [pessimism] 望ましくない出来事がたくさんあって，そのほとんどが自分自身の行動結果であると考え，望ましい出来事については，自分がそれに貢献したと考えることができない，個人的な説明様式．

非共有環境 [nonshared environment] 固有環境 (unique environment) ともいう．例えば，出生順や病歴，友人の影響など，同じ家族の他のメンバーと共有していない，個人の環境におけるすべての側面．

ヒステリー [hysteria] 神経症の症状で二つのカテゴリーがある．一つは，転換反応とよばれ，器質的問題がないのに運動麻痺や感覚喪失が表れるもので，もう一つは解離反応とよばれ，記憶喪失や遁走，多重人格などを含む，自己の一貫した統一性についての感覚に混乱が起こるものである．

ヒステリー性感覚麻痺 [hysterical anesthesia] 生理的な問題がないのに生じる身体の一部における感覚の喪失で，フロイトによれば，苦痛を与える思考や気持ちを避けるための防衛的な努力を反映している．

ビッグ5構造 [Big Five Structure] 双極的な特性評定や質問紙の因子分析の結果をもとに，五つの主要特性という考え方で個人を特徴づける，近年，人気がある用語分類法．

人か状況か論争 [person versus situation debate] 人と状況のどちらが重要かという論争で，一方が重要なら他方が重要でないという信念がもとにある．

ヒトゲノム [human genome] 23対の染色体に納められた，おおよそ3～4万の個別の遺伝子からなる人間の遺伝子情報．

人と状況の相互作用 [person × situation interaction] 行動における個人差は，特定の状況にそれぞれの個人がどのように反応するかを反映しており，特定の状況が行動にどのような影響を与えるかは，その個人によって異なるという考え方．

人と状況の相互作用パターン [person × situation interaction patterns] 個人の行動が，その人がおかれた文脈に関係づけられて測定されるときに表れる安定したパターン．

否認 [denial] フロイトの理論における原初的な防衛機制で，現実的に確認できても，脅威的な衝動や出来事を否認することで対応しようとするもので，これが発展して抑圧になる．

皮膚電気反応 [galvanic skin response; GSR] 汗腺の活動によって生じる皮膚における電気抵抗の変化で，検流計によって測定され，情動反応の指標として，例えばポリグラフ検査などに用いられる．

評価性 [evaluation] SD法における次元の一つで，よい‐悪い (good-bad) で表される評価の次元．

評定者間一致度 [interscorer agreement] 異なる採点者や判断者が，同一のテスト・データから，同一の結果を得られるかどうかの程度．

表面的特性 [surface traits] 表に現れている，あるいは顕現的な特性の要素 (反応) で，同時に起こるもののまとまりを表すR. B. キャテルの用語．根源的特性が表に現れたもの．

不安 [anxiety] 恐怖として体験される拡散された情動的覚醒の状態で，フロイトの理論では衝動と抑制の間の闘争の結果とされる．

不安強度の階層 [hierarchy of severity of anxiety] 不安を引き起こす程度が最も強いものから弱いまでの範囲の出来事を，程度によって階層化したもの．

不安定‐回避型 [insecure-avoidant] ストレンジ・シチュエーション法で，実験中に母親を避け続け，再会時でさえもそのようにふるまう乳幼児の態度．

不安定‐両価型 [insecure-ambivalent] ストレンジ・シチュエーション法で，接触を求めることと怒りを表すことの両方が再会時の行動にみられる乳幼児の態度．

フェニルケトン尿症 [phenylketonuria; PKU] 遺伝的な異常の一つで，不可欠な酵素をつくるのに必要な遺伝子がないため，有毒物質が蓄積し，生後すぐに治療が行われないと，深刻な精神遅滞が生じる．

フェノチアジン [phenothiazines] 統合失調症を抑えるために用いられるメジャー・トランキライザー．抗精神病薬も参照．

符号化 [encoding] 人，出来事，経験をカテゴリー化するための個人的なコンストラクトや構成単位などを含んだ社会認知的な個人変数．

不確かさへの志向 [uncertainty orientation] 不確定性を扱うことに安心していられ，それをなくすように努力する人たちと，不確定性に不安になり，不確定な感覚を悪化させるような状況を避けようとする人たちを双極とするようなパーソナリティの次元．

部分強化 [partial reinforcement] 間欠強化 (intermittent reinforcement) ともいう．毎回，強化があるのではなく，ときどき強化があったりなかったりする強化スケジュール．

プライミング [priming] ある特定の概念や認知の心理的な接近可能性を，一時的に高めるような手続き．

プラシーボ [placebo] 薬効があると信じている対象に投与される薬効成分の入っていない物

用語解説

質。

プロトタイプ［prototypes］　ある概念やスキーマの，最もよい実例またはお手本。

プロトタイプ性［prototypicality］　典型性ともいう。あるカテゴリーの構成物が，そのカテゴリーの代表として，あるいはお手本として，どのくらい適切かという程度。

文化的な意味体系［cultural meaning system］　この世界がどのようなものかについての，その文化的に特有な見方で，自己と，自他との関係についての観点や感覚などが含まれる。

文化的ユニット［units of culture］　ある特定の共同体または文化の中で伝達され共有される，信念，価値観，目標，それに世界をどう見るかなどの考え方。

分析心理学［analytical psychology］　ユングによるパーソナリティ理論では，人間は目的をもち，自己実現に向かって努力すると考え，無意識には集合的なものと個人的なものがあり，どちらも健康的な力と考えた。

分析レベル［levels of analysis］　分析レベルともいう。パーソナリティ研究への主要な理論的アプローチのいくつかで，これまでの理論と研究を方向づけてきたもの。

併存的妥当性［concurrent validity］　ある測定と，ほぼ同時期に記録された別の行動もしくは測定との間の相関の程度。

ペニス羨望［penis envy］　男性器を持つことへの羨望で，フロイトはすべての女性にあり，去勢不安に対応，女性心理に中心的な役割を果たすと考えた。

変数［variable］　二つ以上の値をとりうる属性や性質，または特徴のことで，研究において，測定されたり，系統的に変化させられたりする。

ベンゾジアゼピン系薬［benzodiazepines］　不安の薬物療法で，バルビツール酸系薬剤の代わりに，広く使われるようになったマイナー・トランキライザー薬剤。

扁桃体［amygdala］　前脳にあるアーモンド形をした小さな器官で，感情反応とくに恐怖反応に決定的に重要な役割を果たす。

弁別訓練［discrimination training］　ある刺激が存在することに強化が起こり，他の刺激のときには起こらないようにして，条件づけすること。

弁別刺激［discriminative stimuli］　ある反応による望ましい結果が，どんなときに生じるか生じないかを知らせる刺激。

弁別的能力［discriminative facility］　ある状況が出現するのに合わせ，それを評価し適切に反応していく能力。

防衛機制［defense mechanism］　自分にとって受け入れがたいイドの衝動，気持ち，それに出来事など，不安を生じさせるものに対処するため，自我が無意識的に行うことで，フロイトは抑圧，投影，反動形成，昇華，それに合理化などをあげた。

防衛的悲観主義［defensive pessimism］　防衛的な対応法として，目標追求において，否定的なことやストレッサーなどの可能性について心配し悩むやり方をとること。

方向性選択［directional selection］　進化において，生存と子孫づくりが有利になる種類の特徴がしだいに頻度を増し，その障害となる種類が消失していく選択のプロセス。

ポジティブ心理学［positive psychology］　セリグマンによって始められた心理学における運動で，研究によって人間の長所を理解し，心理療法・教育的な介入によって，それを強化しようとする。

ポリグラフ［polygraph］　自律神経系のいくつかの活動を，同時並行的に測定し記録するための機器。

マシュマロ検査［marshmallow test］　子どもにおける報酬遅延を研究するため，未就学児の遅延能力を測定するテストで，子どもは実験者が帰ってくるまで待てれば，大きな報酬（例えば，マシュマロ 2 個）がもらえるが，待てないときには小さいほうの報酬（マシュマロ 1 個）しかもらえない。

マッチョ・パターン［macho patterns, machismo］　身体的な能力や性的能力を誇り，自慢する態度や行動のパターン。

マンダラ［mandala］　ユングの元型の一つで，円が個人の全体性の追求を表し，通常それが四つの部分に分けられたデザインになっている。

マントラ［mantra］　超越瞑想法に使われるサンスクリット語の言葉。

ミラー行動スタイル尺度［Miller Behavioral Style Scale; **MBSS**］　監視型対鈍麻型の傾向性における個人差を測定する尺度。

無意識［unconscious］　精神分析理論の場合，自我が気づいていないが，行為・行動に大きな影響を与えるパーソナリティの部分。

無作為化［randomization］　研究の参加者をそれぞれの実験条件に，ランダムに振り分けて配置する手続きのことで，十分に多数の参加者がいれば，実験そのものによってつくりだされた効果以外の違いは相殺されるはずである。

無条件刺激［unconditioned stimulus; **UCS**］　例えば，食べ物や電気ショックのように，学習しなくても自動的に，自然に反応できるような刺激。

無条件反応［unconditioned response; **UCR**］　例えば，熱いものに触れ，手を引っこめるように，無条件刺激に対して自然に起こる，学習によらない反応。

無思料［not-thinking］　ダラードとミラーの理論において，恐怖に対し学習された反応で，精神分析的理論における抑圧の現象を生みだすとされる。

無力感［sense of helplessness］　自分の努力や行為が何の効果ももたないという感覚。

名義的状況［nominal situations］　ある与えられた環境に存在する，日常的な活動や場所のこと。

明示的側面［emergent pole］　ケリーのアプローチで，特定のコンストラクトによって注目される個人の特徴。

メタドン［methadone］　ヘロイン依存の治療薬で，使用の欲求を抑えることができ，使用しても「快感」が得られなくなるようにする。

面接技法［interview］　例えばパーソナリティを研究するときや，信念を調査するときのように，研究対象が面接者と直接一対一でやりとりして，個人のデータを言語的に収集する研究法。

盲検法［single-blind method］　単なる盲検法ともいう。実験参加者が，自分が実験群なのか統制群なのか知らないで行われる形式の実験手続き。

目標勾配［goal gradients］　目標・目標物からの距離の関数として変化する反応強度。

目標の階層［goal hierarchies］　その個人にとっての重要度の順位によって，組織化された目標の構造。

モデル学習［modeling］　行動療法に用いられる技法の一つで，クライエントが望ましい行動をうまく遂行するモデルを直接あるいは象徴的に見ることで学習を起こそうとする。複雑で新奇な反応を短い時間内に教えることや，恐怖感を乗り越えられるようにすることに効果を発揮する。観察学習も参照。

モデルのいないモデル学習［covert modeling］　行動療法の一種で，適切な状況で望ましい行動をとっているモデルを想像することによって行われる。

モノアミン酸化酵素［monoamine oxidase; **MAO**］　神経伝達物質がシナプス前細胞から放出されシナプス後細胞に影響を与えた後，適切なレベルに維持するために分解する酵素。

薬物療法［pharmacotherapy］　心理的な障害や症状に対し，薬物を用いて行う治療法。

役割［role］　他者をその人自身のコンストラクトによって理解しようとする試みに用いられるもの。

役割構成レパートリーテスト［Role Construct Repertory (Rep) Test］　Repテストともいう。ケリーによって開発された，パーソナル・コンストラクトを測定するための技法。

有効成分［active ingredients］　パーソナリティの文脈では，状況の特徴のことで知覚者の特定の心理的過程を活性化させるもの。

有能性［competence］　所定の課題や，特定の種類の課題を遂行する能力で，自己効力に関連している。

有能性への動機づけ［competence motivation］　ある課題の遂行を楽しめるようになるまで熟達しようとする欲求。

夢解釈［dream interpretation］　患者の夢を分析することを通して，その患者の無意識の恐れや願望をよりよく理解しようとする精神分析の手法。

陽電子放射断層撮影法［positron emission tomography (PET) scan］　PETあるいはペット・スキャンともいう。大脳のさまざまな部位で使われるブドウ糖の量を陽電子を用いて測定することによって，ある特定の機能を大脳が遂行するとき，どこで活動が起きているかを画像で示す技法。

抑圧［repression］　精神分析理論で，受け入れがたい自我への脅威となる材料を意識から追いだすために用いられる無意識的な防衛機制であるが，動機，観念，葛藤，記憶などは抑圧されても，行動に影響を与えるとされる。

抑圧者［repressors］　自分自身にほとんど問題や困難がないと述べ，日常的なストレスや不安についても，特に敏感になっていると報告しない人たち。

抑圧性‐鋭敏性［repression-sensitization］　不安を引き起こす刺激をまったく回避してしまうことから，そんな刺激に対しても容易に接近し，用心深く機敏に対応するまでの，防衛的知覚のパターンにおける個人差の次元。

抑制［suppression］　意図的あるいは意識的に，ある反応を抑えるか，あるものから注意をそむけること。抑圧を参照。

抑制系リンク［inhibitory links］　非活性リンク（deactivating links）ともいう。ネットワーク情報処理モデルにおいて，二つ以上のスキーマの間で抑制が伝達される関係。

抑制性［inhibition］　内気な子どもの例のように，新奇で慣れないものや状況に対し，乳幼児や幼い子どもが警戒的である程度。

予測的妥当性［predictive validity］　現時点での測定と，将来の行動や測定との間にみられる相関関係。

予防焦点［preventive focus］　罰や失敗など，望ましくない行動結果の可能性や予兆に，用心深く注意を払うこと。

楽観主義傾向［optimistic orientation］　自分自身や人間の性質について，肯定的な側面に注目する傾向。

力動特性［dynamic traits］　ある目標に向け「活動を起こす」よう，個人を仕向けることに関連する特性をさすキャテルの用語。

力量性［potency］　強さともいう。SD法における次元で，強い‐弱いというような尺度項目で代表される。

理想自己［ideal self］　どんな自分になりたいかということの表象。

リビドー［libido］　フロイトの理論で，異なる対象，例えば，性心理的発達の口唇段階での口

用 語 解 説

や唇などに向けられた心的エネルギーのこと。

領域固有性［domain specificity］　進化の方向における，子孫づくり，適応，そして生存の助けとなるような，問題解決における特定的な心理的戦略。

領域固有の知識と専門性［domain specific knowledge and expertise］　日常的な問題解決や対処行動に不可欠とされる有能性の集合。

両価性［ambivalence］　接近 - 回避傾向（approach-avoidance tendencies）ともいう。ある人，もの，状況などへ，魅力と嫌悪を同時に感じること。

利用可能性［availability］　社会認知の用語で，スキーマや心的表象が，その人の中に存在するかどうかである。

利用可能性ヒューリスティック［availability heuristic］　認知的ルールないしは原理で，あるものを考えることが容易であればあるほど，そのものが現実に存在すると考えやすいこと。

リラクセーション反応［relaxation responses］　不安に対して拮抗条件づけを行うときに使われる手法として，ウォルプが好むもので，意識的に自分をリラックスさせるには，どうすべきかを教えるための詳細な教示が用いられる。

リンク［links］　ノードにあたる概念やスキーマなどを結びつけ，情報を伝達する関係。

倫理的不安［moral anxiety］　自分の気持ち，思考，行為などが，自分にとって受け入れがたいときの罪悪感による不安で，フロイトの用語。神経症的不安や現実的不安も参照。

劣等コンプレックス［inferiority complex］　アドラーによれば，乳幼児期の無力や器官劣等性の経験から派生する個人の劣等の感覚で，人生・生活課題に習熟することで初期の弱さを補償できないことから起こる。

連続強化［continuous reinforcement; **CRF**］　強化スケジュールの一つで，反応が起こるたびに毎回，強化されること。

連続プライミング音読課題［sequential priming-pronunciation task］　連続的に呈示された単語を読み上げる課題で，例えば個人的拒否への敏感性の程度を測定するため，実験の中で使われる。

ロールシャッハ・テスト［Rorschach test］　左右対称のインクしみの図版 10 枚を使う投影法のテストで，検査対象はそのしみの一つひとつが，何のように見えるか，何のようかを回答することで，自分の反応を述べる。

歪曲・置き換え［distortion/displacement］　ものや出来事が象徴に変わるとき，個人的な意味ができあがり，もともとのものとは相当に違ったものを表象するようになること。

引用文献

Abramson, L. Y., Seligman, M. E. P., & Teasdale, J. D. (1978). Learned helplessness in humans: Critique and reformation. *Journal of Abnormal Psychology, 87,* 49-74.

Adams, H. E., Wright, L. W., & Lohr, B. A. (1996). Is homophobia associated with homosexual arousal? *Journal of Abnormal Psychology, 105,* 440-445.

Affleck, G., Urrows, S., Tennen, H., & Higgins, P. (1992). Daily coping with pain from rheumatoid arthritis: Patterns and correlates. *Pain, 51,* 221-229.

Ainsworth, M. D. S. (1989). Attachments beyond infancy. *American Psychologist, 44,* 709-716.

Ainsworth, M. S., Blehar, M. C., Waters, E. C., & Wall, S. (1978). *Patterns of attachment.* Hillsdale, NJ: Erlbaum.

Ajzen, I., & Fishbein, M. (1977). Attitude-behavior relations: A theoretical analysis and review of empirical research. *Psychological Bulletin, 84,* 888-918.

Aldwin, C. (1994). *Stress, coping, and development.* New York: Guilford Press.

Alexander, C. N., Robinson, P., Orme-Johnson, D. W., Schneider, R., & Walton, K. (1994). Effects of transcendental meditation compared to relaxation in promoting health and reducing mortality in the elderly. *Homeostasis, 35,* 4-5.

Alicke, M. D. (1985). Global self-evaluation as determined by the desirability and controllability of trait adjectives. *Journal of Personality and Social Psychology, 49,* 1621-1630.

Allen, E. K., Hart, B. M., Buell, J. S., Harris, F. R., & Wolf, M. M. (1964). Effects of social reinforcement on isolated behavior of a nursery school child. *Child Development, 35,* 511-518.

Allik, J., & McCrae, R. R., (2004). Toward a geography of personality traits: Patterns of profiles across 36 cultures. *Journal of Cross-Cultural Psychology, 35,* 13-28.

Alloy, L. B., & Ahrens, A. H. (1987). Depression and pessimism for the future: Biased use of statistically relevant information in predictions for self versus others. *Journal of Personality and Social Psychology, 52,* 366-378.

Allport, G. W. (1937). *Personality: A psychological interpretation.* New York: Holt, Rinehart and Winston. [青木孝悦・近藤由希子・堀 正(訳) (1982). パーソナリティ：心理学的解釈 新曜社]

Allport, G. W. (1940). Motivation in personality: Reply to Mr. Bertocci. *Psychological Review, 47,* 533-554.

Allport, G. W. (1955). *Becoming.* New Haven, CT: Yale University Press. [豊沢 登(訳) (1959). 人間の形成：人格心理学のための基礎的考察 理想社]

Allport, G. W. (1961). *Pattern and growth in personality.* New York: Holt, Rinehart and Winston. [今田 恵(監訳) (1968). 人格心理学 上・下 誠信書房]

Allport, G. W. (1967). Gordon W. Allport. In E. G. Boring & G. Lindzey (Eds.), *A history of psychology in autobiography* (Vol. 5, pp. 1-25). New York: Appleton-Century-Crofts.

American Psychological Association. (1966). *Standards for educational and psychological tests and manuals.* Washington, DC: Author.

Andersen, S. M., & Chen, S. (2002). The relational self: An interpersonal social-cognitive theory. *Psychological Review, 109,* 619-645.

Andersen, S. M., Chen, S., & Miranda, R. (2002). Significant others and the self. *Self and Identity, 1,* 159-168.

Andersen, S. M., Reznik, I., & Chen, S. (1997). The self in relation to others: Cognitive and motivational underpinnings. In J. G. Snodgrass & R. L. Thompson (Eds.), *The self across psychology: Self-recognition, self-awareness, and the self-concept* (pp. 233-275). New York: New York Academy of Science.

Anderson, J. R., & Bower, G. H. (1973). *Human associative memory.* New York: Wiley.

Anderson, J. R., & Lebiere, C. (1998). *The atomic components of thought.* Mahwah, NJ: Erlbaum.

Angier, N. (1998, February 8). Separated by birth? *New York Times Book Review,* p. 9.

Antonovsky, A. (1979). *Health, stress and coping*. San Francisco: Jossey-Bass.
Archer, J. (1990). The influence of testosterone on human aggression. *British Journal of Psychology, 82*, 1-28.
Archibald, H. C., & Tuddenham, R. D. (1965). Persistent stress reaction after combat. *Archives of General Psychiatry, 12*, 475-481.
Arend, R., Gove, F. L., & Sroufe, L. A. (1979). Continuity of individual adaptation from infancy to kindergarten: A predictive study of ego-resiliency and curiosity in preschoolers. *Child Development, 50*, 950-959.
Argyle, M., & Little, B. R. (1972). Do personality traits apply to social behavior? *Journal of Theory of Social Behavior (Great Britain), 2*, 1-35.
Armor, D. A., & Taylor, S. E. (2002). When predictions fail: The dilemma of unrealistic optimism. In T. Gilovich, D. Griffin, & D. Kahneman (Eds.), *Heuristics and biases: The psychology of intuitive judgment* (pp. 334-347). New York: Cambridge University Press.
Aronfreed, J. (1966, August). The internalization of social control through punishment: Experimental studies of the role of conditioning and the second signal system in the development of conscience. *Proceedings of the XVIIIth International Congress of Psychology, 35*, 219-230.
Aronfreed, J. (1968). *Conduct and conscience: The socialization of internalized control over behavior*. New York: Academic Press.
Aronfreed, J. (1994). Moral development from the standpoint of a general psychological theory. In B. Puka (Ed.), *Defining perspectives in moral development. Moral development: A compendium* (Vol. 1, pp. 170-185). New York: Garland
Aronson, E. (1972). *The social animal*. San Francisco: Freeman.［原書第6版の翻訳＝古畑和孝（監訳）（1994）．ザ・ソーシャル・アニマル：人間行動の社会心理学的研究　サイエンス社］
Aronson, E., & Mettee, D. (1968). Dishonest behavior as a function of differential levels of induced self-esteem. *Journal of Personality and Social Psychology, 9*, 121-127.
Asch, S. E. (1946). Forming impressions of personality. *Journal of Abnormal and Social Psychology, 41*, 258-290.
Ashmore, R. D. (1990). Sex, gender, and the individual. In L. A. Pervin (Ed.), *Handbook of personality: Theory and research* (pp. 486-526). New York: Guilford Press.
Aspinwall, L. G., & Staudinger, U. M. (2002). *A psychology of human strengths: Fundamental questions and future directions for a positive psychology*. Washington, DC: American Psychological Association.

Aspinwall, L. G., & Taylor, S. E. (1997). A stitch in time: Self-regulation and proactive coping. *Psychological Bulletin, 121*, 417-436.
Atkinson, J. W. (Ed.). (1958). *Motives in fantasy, action and society*. Princeton, NJ: Van Nostrand.
Ayduk, O., Downey, G., & Kim, M. (2001). Rejection sensitivity and depressive symptoms in women. *Personality and Social Psychology Bulletin, 27*, 868-877.
Ayduk, O., Downey, G., Testa, A., Yen, Y., & Shoda, Y. (1999). Does rejection elicit hostility in rejection sensitive women? *Social Cognition, 17*, 245-271.
Ayduk, O., May, D., Downey, G., & Higgins, T. (2003). Tactical differences in coping with rejection sensitivity: The role of prevention pride. *Personality and Social Psychology Bulletin, 29*, 435-448.
Ayduk, O., Mendoza-Denton, R., Mischel, W., Downey, G., Peake, P. K., & Rodriguez, M. (2000). Regulating the interpersonal self: Strategic self-regulation for coping with rejection sensitivity. *Journal of Personality and Social Psychology, 79*, 776-792.
Ayduk, O., & Mischel, W. (2002). When smart people behave stupidly: Inconsistencies in social and emotional intelligence. In R. J. Sternberg (Ed.), *Why smart people can be so stupid* (pp. 86-105). New Haven, CT: Yale University Press.
Ayduk, O., Mischel, W., & Downey, G. (2002). Attentional mechanisms linking rejection to hostile reactivity: The role of "hot" vs. "cool" focus. *Psychological Science, 13*, 443-448.
Ayllon, T., & Azrin, N. H. (1965). The measurement and reinforcement of behavior of psychotics. *Journal of the Experimental Analysis of Behavior, 8*, 357-383.
Ayllon, T., & Haughton, E. (1964). Modification of symptomatic verbal behaviour of mental patients. *Behaviour Research and Therapy, 2*, 87-97.
Baker, T. B., Piper, M. E., McCarthy, D. E., Majeskie, M. R., & Fiore, M. C. (2003). Addiction motivation reformulated: An affective processing model of negative reinforcement. *Psychological Review, 111*, 33-51.
Ball, D., Hill, L., Freeman, B., Eley, T. C., Strelau, J., Riemann, R. et al. (1997). The serotonin transporter gene and peer-rated neuroticism. *NeuroReport, 8*, 1301-1304.
Baltes, P. B., Staudinger, U. M., & Lindenberger, U. (1999). Life span psychology: Theory and application to intellectual functioning. *Annual Review of Psychology, 50*, 471-507.
Bandura, A. (1965). Vicarious processes: A case of no-trial learning. In L. Berkowitz (Ed.), *Advances in experimental social psychology* (Vol. 2, pp. 1-

引用文献

55). New York: Academic Press.
Bandura, A. (1969). *Principles of behavior modification*. New York: Holt, Rinehart and Winston.
Bandura, A. (1973). *Aggression: A social learning analysis*. Englewood Cliffs, NJ: Prentice-Hall.
Bandura, A. (1977). *Social learning theory*. Englewood Cliffs, NJ: Prentice-Hall. [原野広太郎(監訳) (1979). 社会的学習理論：人間理解と教育の基礎　金子書房]
Bandura, A. (1978). Reflections on self-efficacy. In S. Rachman (Ed.), *Advances in behavior research and therapy* (Vol. 1, pp. 237-269). Elmsford, NJ: Pergaman.
Bandura, A. (1982). Self-efficacy mechanisms in human agency. *American Psychologist, 37*, 122-147.
Bandura, A. (1986). *Social foundations of thought and action: A social cognitive theory*. Englewood Cliffs, NJ: Prentice-Hall.
Bandura, A. (1989). Human agency in social cognitive theory. *American Psychologist, 44*, 1175-1184.
Bandura, A. (1997). *Self-efficacy: The exercise of control*. New York: Freeman.
Bandura, A. (2001). Social cognitive theory: An agentic perspective. *Annual Review, 52*, 1-26.
Bandura, A., & Adams, N. E. (1977). Analysis of self-efficacy theory of behavioral change. *Cognitive Therapy and Research, 1*, 287-310.
Bandura, A., Adams, N. E., & Beyer, J. (1977). Cognitive processes mediating behavioral change. *Journal of Personality and Social Psychology, 35*, 125-139.
Bandura, A., Blanchard, E. B., & Ritter, B. (1969). Relative efficacy of desensitization and modeling approaches for inducing behavioral, affective, and attitudinal changes. *Journal of Personality and Social Psychology, 13*, 173-199.
Bandura, A., & Mischel, W. (1965). Modification of self-imposed delay of reward through exposure to live and symbolic models. *Journal of Personality and Social Psychology, 2*, 698-705.
Bandura, A., Taylor, C. B., Ewart, C. K., Miller, N. M., & Debusk, R. F. (1985). Exercise testing to enhance wives' confidence in their husbands' cardiac capability soon after clinically uncomplicated acute myocardial infarction. *American Journal of Cardiology, 55*, 635-638.
Bandura, A., & Walters, R. H. (1959). *Adolescent aggression*. New York: Ronald Press.
Bargh, J. A. (1996). Automaticity in social psychology. In E. T. Higgins & A. W. Kruglanski (Eds.), *Social psychology: Handbook of basic principles* (pp. 169-183). New York: Guilford Press.
Bargh, J. A. (1997). The automaticity of everyday life. In R. S. Wyer, Jr. (Ed.), *The automaticity of everyday life: Advances in social cognition* (Vol. 10, pp. 1-61). Mahwah, NJ: Erlbaum.
Bargh, J. A. (2001). Caution: Automatic social cognition may not be habit forming. *Polish Psychological Bulletin, 32*, 1-8.
Bargh, J. A., & Barndollar, K. (1996). Automaticity in action: The unconscious as a repository of chronic goals and motives. In P. M. Gollwitzer & J. A. Bargh (Eds.), *The psychology of action: Linking cognition and motivation to behavior* (pp. 457-481). New York: Guilford Press.
Bargh, J. A., Chen, M., & Burrows, L. (1996). Automaticity of social behavior: Direct effects of trait construct and stereotype activation on action. *Journal of Personality and Social Psychology, 71*, 230-244.
Bargh, J. A., & Ferguson, M. J. (2000). Beyond behaviorism: On the automaticity of higher mental processes. *Psychological Bulletin, 126*, 925-945.
Bargh, J. A., Gollwitzer, P. M., Lee-Chai, A., Barndollar, K., & Träschel, R. (2001). The automated will: Nonconscious activation and pursuit of behavioral goals. *Journal of Personality and Social Psychology, 31*, 101-114.
Bargh, J. A., Raymond, P., Pryor, J. B., & Strack, F. (1995). Attractiveness of the underling: An automatic power → sex association and its consequences for sexual harassment and aggression. *Journal of Personality and Social Psychology, 68*, 768-781.
Bargh, J. A., & Williams, E. L. (2006). The automaticity of social life. *Current Directions in Psychological Science, 15*, 1-4.
Barlow, D. H. (1988). *Anxiety and its disorders: The nature and treatment of anxiety and panic*. New York: Guilford Press.
Barnouw, V. (1973). *Culture and personality*. Homewood, IL: Dorsey Press.
Baron, R. A., & Richardson, D. R. (1994). *Human aggression* (2nd ed.). New York: Plenum Press. [原書第1版の翻訳＝度会好一(訳) (1980). 人間と攻撃　日本ブリタニカ]
Barrett, L. F., & Barrett, D. J. (2001). Computerized experience-sampling: How technology facilitates the study of conscious experience. *Social Science Computer Review, 19*, 175-185.
Barrick, M. R., & Mount, M. K. (1991). The Big Five personality dimensions and job performance: A meta-analysis. *Personnel Psychology, 44*, 1-26.
Bartussek, D., Diedrich, O., Naumann, E., & Collet, W. (1993). Introversion-extraversion and event-related potential (ERP): A test of J. A. Gray's theory. *Personality and Individual Differences, 14*, 565-574.
Bates, B., & Goodman, A. (1986). The effectiveness

of encounter groups: Implications of research for counseling practice. *British Journal of Guidance and Counseling, 14*, 240-251.

Bates, J. E., & Wachs, T. D. (Eds.). (1994). *Temperament: Individual differences at the interface of biology and behavior*. Washington, DC: American Psychological Association.

Baumeister, R. F. (1996). Self-regulation and ego threat: Motivated cognition, self deception, and destructive goal setting. In P. M. Gollwitzer & J. A. Bargh (Eds.), *The psychology of action: Linking cognition and motivation to behavior* (pp. 27-47). New York: Guilford Press.

Baumeister, R. F. (1997). Identity, self-concept, and self-esteem: The self lost and found. In R. Hogan, J. Johnson, & S. Briggs (Eds.), *Handbook of personality psychology* (pp. 681-710). San Diego, CA: Academic Press.

Baumeister, R. F. (1998). The self. In D. T. Gilbert, S. T. Fiske, & G. Lindzey (Eds.), *Handbook of social psychology* (Vol. 1, 4th ed., pp. 680-740). New York: Oxford University Press.

Baumeister, R. F. (2002). Ego depletion and self-control failure: An energy model of the self's executive function. *Self and Identity, 1*, 129-136.

Baumeister, R. F., & Cairns, K. H. (1992). Repression and self-presentation: When audiences interfere with self-deceptive strategies. *Journal of Personality and Social Psychology, 62*, 851-862.

Baumeister, R. F., & Heatherton, T. F. (1996). Self-regulation failure: An overview. *Psychological Inquiry, 7*, 1-15.

Baumeister, R. F., & Tice, D. M. (1996). Rethinking and reclaiming the interdisciplinary role of personality psychology: The science of human nature should be the center of the social sciences and humanities. *Journal of Research in Personality, 30*, 363-373.

Beck, A. T., Rush, A. J., Shaw, B. F., & Emery, G. (1979). *Cognitive therapy of depression*. New York: Guilford Press. [神村栄一・清水里美・前田基成(訳)(2007). うつ病の認知療法 岩崎学術出版社]

Bell, J. E. (1948). *Projective techniques*. New York: Longmans, Green.

Bell, R. Q., & Costello, N. (1964). Three tests for sex differences in tactile sensitivity in the newborn. *Biologia Neonatorum, 7*, 335-347.

Bell, R. Q., & Darling, J. (1965). The prone head reaction in the human newborn: Relationship with sex and tactile sensitivity. *Child Development, 36*, 943-949.

Bell, R. Q., Weller, G., & Waldrop, M. (1971). Newborn and preschooler: Organization of behavior and relations between periods. *Monographs of the Society for Research in Child Development, 36* (Nos. 1 & 2).

Bellak, L., & Abrams, D. M. (1997). *The Thematic Apperception Test, the Children's Apperception Test, and the Senior Apperception Technique in clinical use* (6th ed.). Boston: Allyn & Bacon.

Bem, D. J. (1983). Constructing a theory of the triple typology: Some (second) thoughts on nomothetic and idiographic approaches to personality. *Journal of Personality, 51*, 566-577.

Bem, D. J., & Allen, A. (1974). On predicting some of the people some of the time: The search for cross-situational consistencies in behavior. *Psychological Review, 81*, 506-520.

Bem, D. J., & Funder, D. C. (1978). Predicting more of the people more of the time: Assessing the personality of situations. *Psychological Review, 85*, 485-501.

Ben-Shahar, Y., Robichon, A., Sokolowski, M. B., & Robinson, G. E. (2002). Influence of gene action across different time scales on behavior. *Science, 296*, 741-744.

Benedict, R. (1934). *Patterns of culture*. New York: Mentor. [米山利直(訳)(1973). 文化の型 社会思想社]

Benjamin, J., Li, L., Patterson, C., Greenberg, B. D., Murphy, D. L., & Hamer, D. H. (1996). Population and familial association between the D4 dopamine receptor gene and measures of novelty seeking. *Nature Genetics, 12*, 81-84.

Benson, H. (1975). *The relaxation response*. New York: Morrow. [原書改定拡大版の翻訳＝中尾睦宏・熊野宏昭・久保木富房(訳)(2001). リラクセーション反応 星和書店]

Berger, S. M. (1962). Conditioning through vicarious instigation. *Psychological Review, 69*, 450-466.

Berlyne, D. (1960). *Conflict, arousal, and curiosity*. New York: McGraw-Hill.

Berntzen, D. (1987). Effects of multiple cognitive coping strategies on laboratory pain. *Cognitive Therapy and Research, 11*, 613-623.

Berzonsky, M. D., & Neimeyer, G. J. (1994). Ego identity status and identity processing orientation: The mediating role of commitment. *Journal of Research in Personality, 28*, 425-435.

Betancourt, H., & Lopez, S. R. (1993). The study of culture, ethnicity, and race in American psychology. *American Psychologist, 48*, 629-637.

Bijou, S. W. (1965). Experimental studies of child behavior, normal and deviant. In L. Krasner & L. P. Ullmann (Eds.), *Research in behavior modification* (pp. 56-81). New York: Holt, Rinehart and Winston.

Birbaumer, N., & Ohman, A. (1993). *The structure of emotion: Psychophysiological, cognitive, and clinical aspects*. Seattle, WA: Hogrefe & Huber.

Block, J. (1961). *The Q-sort method in personality*

assessment and psychiatric research. Springfield, IL: Charles C. Thomas.

Block, J. (1971). *Lives through time*. Berkeley, CA: Bancroft.

Block, J. (1977). Advancing the psychology of personality: Paradigmatic shift or improving the quality of research. In D. Magnusson & N. S. Endler (Eds.), *Personality at the crossroads: Current issues in interactional psychology* (pp. 37-64). Hillsdale, NJ: Erlbaum.

Block, J. (1995). A contrarian view of the five-factor approach to personality description. *Psychological Bulletin, 117*, 187-215.

Block, J. (2001). Millennial contrarianism: The five-factor approach to personality description 5 years later. *Journal of Research in Personality, 35*, 98-107.

Block, J., & Block, J. H. (1980). The role of ego-control and ego resiliency in the organization of behavior. In W. A. Collins (Ed.), *The Minnesota Symposium on Child Psychology* (Vol. 13, pp. 39-101). Hillsdale, NJ: Erlbaum.

Block, J., & Block, J. H. (2006). Nursery school personality and political orientation. *Journal of Research in Personality, 40*, 734-749.

Block, J., Weiss, D. S., & Thorne, A. (1979). How relevant is a semantic similarity interpretation of personality ratings? *Journal of Personality and Social Psychology, 37*, 1055-1074.

Block, J. H., & Martin, B. (1955). Predicting the behavior of children under frustration. *Journal of Abnormal and Social Psychology, 51*, 281-285.

Blum, G. S. (1953). *Psychoanalytic theories of personality*. New York: McGraw-Hill.

Blum, G. S. (1955). Perceptual defense revisited. *Journal of Abnormal and Social Psychology, 51*, 24-29.

Bock, P. K. (2000). Culture and personality revisited. *American Behavioral Scientist, 44*, 32-40.

Bolger, N., & Romero-Canyas, R. (2007). Integrating personality traits and processes: Framework, method, analysis, results. In Y. Shoda, D. Cervone, & G. Downey (Eds.), *Persons in context: Building a science of the individual* (pp. 201-210). New York: Guilford Press.

Bolger, N., & Schilling, E. A. (1991). Personality and the problems of everyday life: The role of neuroticism in exposure and reactivity to daily stressors. *Journal of Personality, 59*, 355-386.

Bonanno, G. A. (2001). Grief and emotion: A social-functional perspective. In M. S. Stroebe & R. O. Hansson (Eds.), *Handbook of bereavement research: Consequences, coping, and care* (pp. 493-515). Washington, DC: American Psychological Association.

Bonarius, J. C. J. (1965). Research in the personal construct theory of George A. Kelly: Role construct repertory test and basic theory. In B. A. Maher (Ed.), *Progress in experimental personality research* (pp. 1-46). New York: Academic Press.

Borkenau, P., Riemann, R., Spinath, F. M., & Angleitner, A. (2006). Genetic and environmental influences on person × situation profiles. *Journal of Personality, 74*, 1451-1479.

Bornstein, R. F., Riggs, J. M., Hill, E. L., & Calabrese, C. (1996). Activity, passivity, self-denigration, and self-promotion: Toward an interactionist model of interpersonal dependency. *Journal of Personality, 64*, 637-673.

Borsboom, D., Mellenbergh, G. J., & Van Heerden, J. (2004). The concept of validity. *Psychological Review, 111*, 1061-1071.

Bouchard, T. J., & Loehlin, J. C. (2001). Genes, evolution, and personality. *Behavior Genetics, 31*, 243-273.

Bouchard, T. J., Lykken, D. T., McGue, M., Segal, N. L., & Tellegen, A. (1990). Sources of human psychological differences: The Minnesota study of twins reared apart. *Science, 250*, 223-228.

Boudin, H. M. (1972). Contingency contracting as a therapeutic tool in the deceleration of amphetamine use. *Behavior Therapy, 3*, 604-608.

Bower, G. H. (1981). Mood and memory. *American Psychologist, 36*, 129-148.

Bowers, K. (1973). Situationism in psychology: An analysis and a critique. *Psychological Review, 80*, 307-336.

Bowlby, J. (1969). *Attachment and loss* (Vol. 1). London: Hogarth Press. [黒田実郎・大羽 蓁, 岡田洋子・黒田聖一 (訳) (1991). 愛着行動 新版 岩崎学術出版社]

Bowlby, J. (1982). Attachment and loss: Retrospect and prospect. *American Journal of Orthopsychiatry, 52*, 664-678.

Braungart, J. M., Fulker, D. W., & Plomin, R. (1992). Genetic influence of the home environment during infancy: A sibling adoption study of the HOME. *Developmental Psychology, 28*, 1048-1055.

Brazier, D. (1993). The necessary condition is love: Going beyond self in the person-centered approach. In D. Brazier (Ed.), *Beyond Carl Rogers* (pp. 72-91). London: Constable.

Brooks, D. (2006, May 7). Marshmallows and public policy. *New York Times*, pp. 4-13.

Brown, G. W. (1998). Genetic and population perspectives on life events and depression. *Social Psychiatry and Psychiatric Epidemiology, 33*, 363-372.

Brown, J. D. (1986). Evaluations of self and others: Self-enhancement biases in social judgment. *Social Cognition, 4*, 353-376.

Brown, J. D., & Dutton, K. A. (1995). The thrill of

victory, the complexity of defeat: Self-esteem and people's emotional reactions to success and failure. *Journal of Personality and Social Psychology, 68*, 712-722.

Brown, J. S. (1942). The generalization of approach responses as a function of stimulus intensity and strength of motivation. *Journal of Comparative Psychology, 33*, 209-226.

Brown, J. S. (1948). Gradients of approach and avoidance responses and their relation to level of motivation. *Journal of Comparative and Physiological Psychology, 41*, 450-465.

Brown, K. W., & Moskowitz, D. S. (1998). Dynamic stability of behavior: The rhythms of our interpersonal lives. *Journal of Personality, 66*, 105-134.

Bruner, J. (1992). Another look at New Look 1. *American Psychologist, 47*, 780-783.

Bruner, J. S. (1957). Going beyond the information given. In H. Gruber, G. Terrell, & M. Wertheimer (Eds.), *Contemporary approaches to cognition* (pp. 258-290). Cambridge, MA: Harvard University Press.

Bruner, J. S., & Postman, L. (1947). Emotional selectivity in perception and reaction. *Journal of Personality, 16*, 69-77.

Buss, A. H. (1961). *The psychology of aggression*. New York: Wiley.

Buss, A. H. (1989). Personality as traits. *American Psychologist, 44*, 1378-1388.

Buss, A. H., & Plomin, R. (1984). *Temperament: Early developing personality traits*. Hillsdale, NJ: Erlbaum.

Buss, A. H., Plomin, R., & Willerman, L. (1973). The inheritance of temperaments. *Journal of Personality, 41*, 513-524.

Buss, D. M. (1987). Selection, evocation, and manipulation. *Journal of Personality and Social Psychology, 53*, 1214-1221.

Buss, D. M. (1991). Evolutionary personality psychology. *Annual Review of Psychology, 42*, 459-491.

Buss, D. M. (1996). The evolutionary psychology of human social strategies. In E. T. Higgins & A. W. Kruglanski (Eds.), *Social psychology: Handbook of basic principles* (pp. 3-38). New York: Guilford Press.

Buss, D. M. (1997). Evolutionary foundations of personality. In R. Hogan, J. A. Johnson, & S. R. Briggs (Eds.), *Handbook of personality psychology* (pp. 317-344). San Diego, CA: Academic Press.

Buss, D. M. (1999). Human nature and individual differences: The evolution of human personality. In L. A. Pervin & O. P. John (Eds.), *Handbook of personality: Theory and research* (2nd ed., pp. 31-56). New York: Guilford Press.

Buss, D. M. (2001). Human nature and culture: An evolutionary psychological perspective. *Journal of Personality, 69*, 955-978.

Buss, D. M., & Craik, K. H. (1983). The act of frequency approach to personality. *Psychological Review, 90*, 105-126.

Buss, D. M., & Schmitt, D. P. (1993). Sexual strategies theory: An evolutionary perspective on human mating. *Psychological Review, 100*, 204-232.

Butler, L. D., & Nolen-Hoeksema, S. (1994). Gender differences in response to depressed mood in college sample. *Sex Roles, 30*, 330-346.

Byrne, D. (1964). Repression-sensitization as a dimension of personality. In B. A. Maher (Ed.), *Progress in experimental personality research* (Vol. 1, pp. 169-220). New York: Academic Press.

Byrne, D. (1966). *An introduction to personality*. Englewood Cliffs, NJ: Prentice-Hall.

Byrne, D. (1969). Attitudes and attraction. In L. Berkowitz (Ed.), *Advances in experimental social psychology* (Vol. 4, pp. 35-90). New York: Academic Press.

Cacioppo, J. T., Berntson, G. G., & Crites, S. L., Jr. (1996). Social neuroscience: Principles of psychophysiological arousal and response. In E. T. Higgins & A. W. Kruglanski (Eds.), *Social psychology: Handbook of basic principles* (pp. 72-101). New York: Guilford Press.

Cacioppo, J. T., & Gardner, W. L. (1999). Emotion. *Annual Review of Psychology, 50*, 191-214.

Cacioppo, J. T., & Petty, R. E. (1982). The need for cognition. *Journal of Personality and Social Psychology, 42*, 116-131.

Caldwell, B. M., & Bradley, R. H. (1978). *Home observation for measurement of the environment*. Little Rock: University of Arkansas Press.

Campbell, J., & Dunnette, M. (1968). Effectiveness of T-group experiences in managerial training and development. *Psychological Bulletin, 70*, 73-104.

Cannon, W. B. (1932). *The wisdom of the body*. New York: Norton.［舘 鄰・舘 澄江(訳) (1981).からだの知恵：この不思議なはたらき 講談社学術文庫 講談社］

Cantor, N. (1990). From thought to behavior: "Having" and "doing" in the study of personality and cognition. *American Psychologist, 45*, 735-750.

Cantor, N. (1994). Life task problem-solving: Situational affordances and personal needs. *Personality and Social Psychology Bulletin, 20*, 235-243.

Cantor, N., Kemmelmeier, M., Basten, J., & Prentice, D. A. (2002). Life task pursuit in social groups: Balancing self-exploration and social integration. *Self and Identity, 1*, 177-184.

Cantor, N., & Kihlstrom, J. F. (1987). *Personality*

引用文献

and social intelligence. Englewood Cliffs, NJ: Erlbaum.
Cantor, N., & Mischel, W. (1977). Traits as prototypes: Effects on recognition memory. *Journal of Personality and Social Psychology, 35*, 38-48.
Cantor, N., & Mischel, W. (1979). Prototypes in person perception. In L. Berkowitz (Ed.), *Advances in experimental social psychology* (Vol. 12, pp. 3-52). New York: Academic Press.
Cantor, N., Mischel, W., & Schwartz, J. (1982). A prototype analysis of psychological situations. *Cognitive Psychology, 14*, 45-77.
Cantor, N., Norem, J., Langston, C., Zirkel, S., Fleeson, W., & Cook-Flannagan, C. (1991). Life tasks and daily life experience. *Journal of Personality, 59*, 425-451.
Capecchi, M. R. (1994). Targeted gene replacement. *Scientific American, 270*, 52-59.
Carlson, R. (1971). Where is the personality research? *Psychological Bulletin, 75*, 203-219.
Carlson, S. M., & Beck, D. M. (2009). Symbols as tools in the development of executive function. In A. Winsler, C. Fernyhough, & I. Montero (Eds.), *Private speech, executive functioning, and the development of verbal self-regulation* (pp. 163-175). New York: Cambridge University Press.
Carlson, S. M., Davis, A. C., & Leach, J. G. (2005). Less is more: Executive function and symbolic representation in preschool children. *Psychological Science, 16*, 609-616.
Carter, C. S. (1998). Neuroendocrine perspectives on social attachment and love. *Psychoneuroendocrinology, 23*, 779-818.
Cartwright, D. S. (1978). *Introduction to personality*. Chicago: Rand McNally.
Carver, C. S. (1996). Emergent integration in contemporary personality psychology. *Journal of Research in Personality, 30*, 319-334.
Carver, C. S., Coleman, A. E., & Glass, D. C. (1976). The coronary-prone behavior pattern and the suppression of fatigue on a treadmill test. *Journal of Personality and Social Psychology, 33*, 460-466.
Carver, C. S., Pozo, C., Harris, S. D., Noriega, V., Scheier, M. F., Robinson, D. S., et al. (1993). How coping mediates the effects of optimism on stress: A study of women with early stage breast cancer. *Journal of Personality and Social Psychology, 65*, 375-391.
Carver, C. S., & Scheier, M. F. (1981). *Attention and self-regulation: A control theory approach to human behavior*. New York: Springer-Verlag.
Carver, C. S., & Scheier, M. F. (1990). Principles of self-regulation: Action and emotion. In E. T. Higgins & R. M. Sorrentino (Eds.), *Handbook of motivation and cognition* (Vol. 2, pp. 3-52). New York: Guilford Press.

Carver, C. S., & Scheier, M. F. (1998). *On the self-regulation of behavior*. New York: Cambridge University Press.
Carver, C. S., & White, T. L. (1994). Behavioral inhibition, behavioral activation, and affective responses to impending reward and punishment: The BIS/BAS scales. *Journal of Personality and Social Psychology, 67*, 319-333.
Casey, B. J., Thomas, K. M., Welsh, T. F., Badgaiyan, R., Eccard, C. H., Jennings, J. R., et al. (2000). Dissociation of response conflict, attentional control, and expectancy with functional magnetic resonance imaging (fMRI). *Proceedings of the National Academy of Sciences, 97*, 8728-8733.
Casey, B. J., Tottenham, N., & Fossella, J. (2002). Clinical, imaging, lesion, and genetic approaches toward a model of cognitive control. *Developmental Psychobiology, 40*, 237-254.
Casey, B. J., Trainor, R. J., Orendi, J. L., Schubert, A. B., Nystrom, L. E., Giedd, J. N., et al. (1997). A developmental functional MRI study of prefrontal activation during performance of a go-no-go task. *Journal of Cognitive Neuroscience, 9*, 835-847.
Cashdan, S. (1988). *Object relations theory: Using the relationship*. New York: Norton.
Caspi, A. (1987). Personality in the life course. *Journal of Personality and Social Psychology, 53*, 1203-1213.
Caspi, A. (1998). Personality development across the life course. In W. Damon (Series Ed.) & N. Eisenberg (Vol. Ed.), *Handbook of child psychology: Vol. 3. Social, emotional, and personality development* (3rd ed., pp. 311-388). New York: Wiley.
Caspi, A. (2000). The child is father of the man: Personality continuities from childhood to adulthood. *Journal of Personality and Social Psychology, 78*, 158-172.
Caspi, A., & Bem, D. J. (1990). Personality continuity and change across the life course. In L. A. Pervin (Ed.), *Handbook of personality: Theory and research* (pp. 549-575). New York: Guilford Press.
Caspi, A., McClay, J., Moffitt, T. E., Mill, J., Martin, J., Craig, I. W., et al. (2002). Role of genotype in the cycle of violence in maltreated children. *Science, 297*, 851-854.
Caspi, A., Roberts, B. W., & Shiner, R. L. (2005). Personality development: Stability and change. *Annual Review of Psychology, 56*, 453-484.
Caspi, A., Sugden, K., Moffitt, T. E., Taylor, A., Craig, I. W., Harrington, H., et al. (2003). Influence of life stress on depression: Moderation by a polymorphism in the 5-HTT gene. *Science, 301*, 386-389.
Cattell, R. B. (1950). *Personality: A systematic*

theoretical and factual study. New York: McGraw-Hill.

Cattell, R. B. (1965). *The scientific analysis of personality.* Baltimore: Penguin Books. [斎藤耕二・安塚俊行・米田弘枝(訳) (1975). パーソナリティの心理学: パーソナリティの理論と科学的研究　金子書房]

Cervone, D. (1991). The two disciplines of personality psychology [Review of *Handbook of personality: Theory and research*]. *Psychological Science, 2,* 371-376.

Cervone, D. (2004). The architecture of personality. *Psychological Review, 111,* 183-204.

Cervone, D. (2005). Personality architecture: Within-person structures and processes. *Annual Review of Psychology, 56,* 423-452.

Cervone, D., & Mischel, W. (2002). Personality science. In D. Cervone & W. Mischel (Eds.), *Advances in personality science* (pp. 1-26). New York: Guilford.

Cervone, D., Shadel, W. G., & Jencius, S. (2001). Social-cognitive theory of personality assessment. *Personality and Social Psychology Review, 5,* 33-51.

Cervone, D., & Shoda, Y. (1999). Social cognitive theories and the coherence of personality. In D. Cervone & Y. Shoda (Eds.), *The coherence of personality: Social-cognitive bases of consistency, variability, and organization?* (pp. 3-33). New York: Guilford Press.

Chaiken, S., & Bargh, J. A. (1993). Occurrence versus moderation of the automatic attitude activation effect: Reply to Fazio. *Journal of Personality and Social Psychology, 64,* 759-765.

Chamorro-Premuzic, T., & Furnham, A. (2003). Personality predicts academic performance: Evidence from two longitudinal university samples. *Journal of Research in Personality, 37,* 319-338.

Chan, D. W. (1994). The Chinese Ways of Coping Questionnaire: Assessing coping in secondary school teachers and students in Hong Kong. *Psychological Assessment, 6,* 108-116.

Chan, W., & Mendoza-Denton, R. (2004, April). *Sensitivity to race-based rejection among Asian Americans.* Paper presented at the annual meeting of the Western Psychological Association, Phoenix, AZ.

Chaplin, W. F., John, O. P., & Goldberg, L. R. (1988). Conceptions of states and traits: Dimensional attributes with ideals as prototypes. *Journal of Personality and Social Psychology, 54,* 541-557.

Chartrand, T. L., & Bargh, J. A. (1996). Automatic activation of impression formation and memorization goals: Nonconscious goal priming reproduces effects of explicit task instructions. *Journal of Personality and Social Psychology, 71,* 464-478.

Chaves, J. F., & Barber, T. X. (1974). Acupuncture analgesia: A six-factor theory. *Psychoenergetic Systems, 1,* 11-20.

Chen, S., & Andersen, S. M. (1999). Relationships from the past in the present: Significant-other representations and transference in interpersonal life. In M. P. Zanna (Ed.), *Advances in Experimental Social Psychology* (Vol. 31, pp. 123-190). San Diego, CA: Academic Press.

Chen-Idson, L., & Mischel, W. (2001). The personality of familiar and significant people: The lay perceiver as a social cognitive theorist. *Journal of Personality and Social Psychology, 80,* 585-596.

Cheng, C. (2003). Cognitive and motivational processes underlying coping flexibility: A dual-process model. *Journal of Personality and Social Psychology, 84,* 425-438.

Cheng, C., Chiu, C., Hong, Y., & Cheung, J. S. (2001). Discriminative facility and its role in the quality of interactional experiences. *Journal of Personality, 69,* 765-786.

Cheng, C., Hui, W., & Lam, S. (2000). Perceptual style and behavioral pattern of individuals with functional gastrointestinal disorders. *Health Psychology, 19,* 146-154.

Cherney, S. S., Fulker, D. W., Emde, R. N., Robinson, J., Corley, R. P., Reznick, J. S., et al. (1994). Continuity and change in infant shyness from 14 to 20 months. *Behavior Genetics, 24,* 365-379.

Chiu, C., Dweck, C. S., Tong, J. Y., & Fu, J. H. (1997). Implicit theories and conceptions of morality. *Journal of Personality and Social Psychology, 73,* 923-940.

Chiu, C., Hong, Y., & Dweck, C. S. (1997). Lay dispositionalism and implicit theories of personality. *Journal of Personality and Social Psychology, 73,* 19-30.

Chiu, C., Hong, Y., Mischel, W., & Shoda, Y. (1995). Discriminative facility in social competence: Conditional versus dispositional encoding and monitoring-blunting of information. *Social Cognition, 13,* 49-70.

Chodoff, P. (1963). Late effects of concentration camp syndrome. *Archives of General Psychiatry, 8,* 323-333.

Claes, L., Van Mechelen, I., & Vertommen, H. (2004). Assessment of situation-behavior profiles and their guiding cognitive and affective processes: A case study from the domain of aggressive behaviors. *European Journal of Social Assessment, 20,* 216-226.

Clark, L. A., & Watson, D. (1999). Temperament: A new paradigm for trait psychology. In L. A. Pervin & O. P. John (Eds.), *Handbook of personality: Theory and research* (2nd ed., pp. 399-423). New York: Guilford Press.

引用文献

Cloninger, C. R. (1988). A unified biosocial theory of personality and its role in the development of anxiety states: A reply to commentaries. *Psychiatric Developments*, 2, 83-120.

Cobb, S. (1976). Social support as moderator of life stress. *Psychosomatic Medicine*, 38, 300-314.

Cohen, D. (1998). Culture, social organization, and patterns of violence. *Journal of Personality and Social Psychology*, 75, 408-419.

Cohen, D. (2007). Methods in cultural psychology. In S. Kitayama & D. Cohen (Eds.), *Handbook of cultural psychology*. New York: Guilford Press.

Cohen, D., & Nisbett, R. E. (1994). Self-protection and the culture of honor: Explaining southern violence. *Personality and Social Psychology Bulletin*, 20, 551-567.

Cohen, D., & Nisbett, R. E. (1997). Field experiments examining the culture of honor: The role of institutions in perpetuating norms about violence. *Personality and Social Psychology Bulletin*, 23, 1188-1199.

Cohen, D., Nisbett, R. E., Bowdle, B. F., & Schwarz, N. (1996). Insult, aggression, and the southern culture of honor: An "experimental ethnography." *Journal of Personality and Social Psychology*, 70, 945-960.

Cohen, D., Vandello, J., Puente, S., & Rantilla, A. (1999). "When you call me that, smile!": How norms for politeness, interaction styles, and aggression work together in southern culture. *Social Psychology Quarterly*, 62, 257-275.

Cohen, S., & McKay, G. (1984). Social support, stress, and the buffering hypothesis: A theoretical analysis. In A. Baum, J. E. Singer, & S. E. Taylor (Eds.), *Handbook of psychology and health, Vol. 4. Social psychological aspects of health* (pp. 253-267). Hillsdale, NJ: Erlbaum.

Colby, K. M. (1951). *A primer for psychotherapists*. New York: Ronald Press.

Coles, R. (1970). *Uprooted children*. New York: Harper & Row.

Collaer, M. L., & Hines, M. (1995). Human behavioral sex differences: A role for gonadal hormones during early development? *Psychological Bulletin*, 118, 55-107.

Collins, N. L., & Feeney, B. C. (2000). A safe haven: An attachment theory perspective on support seeking and caregiving in intimate relationships. *Journal of Personality and Social Psychology*, 78, 1053-1073.

Collins, N. L., & Feeney, B. C. (2004). Working models of attachment shape perceptions of social support: Evidence from experimental and observational studies. *Journal of Personality and Social Psychology*, 87, 363-383.

Conner, T., Barrett, L. F., Bliss-Moreau, E., Lebo, K., & Kashub, C. (2003). A practical guide to experience-sampling procedures. *Journal of Happiness Studies*, 4, 53-78.

Contrada, R. J., Cather, C., & O'Leary, A. (1999). Personality and health: Dispositions and processes in disease susceptibility and adaptation to illness. In L. A. Pervin & O. P. John (Eds.), *Handbook of personality: Theory and research* (2nd ed., pp. 576-604). New York: Guilford Press.

Contrada, R. J., Leventhal, H., & O'Leary, A. (1990). Personality and health. In L. A. Pervin (Ed.), *Handbook of personality: Theory and research* (pp. 638-669). New York: Guilford Press.

Cooper, J., & Fazio, R. H. (1984). A new look at dissonance theory. In L. Berkowitz (Ed.), *Advances in experimental social psychology, Vol. 17. Theorizing in social psychology: Special topics* (pp. 229-262). New York: Academic Press.

Cooper, J. R., Bloom, F. E., & Roth, R. H. (1996). *The biochemical basis of neuropharmacology* (7th ed.). New York: Oxford University Press. [原書第8版の翻訳＝樋口宗史(監訳) (2005). 神経薬理学：生化学からのアプローチ　メディカル・サイエンス・インターナショナル]

Coopersmith, S. (1967). *The antecedents of self-esteem*. San Francisco: Freeman.

Cosmides, L. (1989). The logic of social exchange: Has natural selection shaped how humans reason? Studies with the Wason selection task. *Cognition*, 31, 187-276.

Cosmides, L., & Tooby, J. (1989). Evolutionary psychology and the generation of culture: II. Case study: A computational theory of social exchange. *Ethology and Sociobiology*, 10, 51-97.

Costa, P. T., Jr., & McCrae, R. R. (1988). Personality in adulthood: A six-year longitudinal study of self-reports and spouse ratings on the NEO personality inventory. *Journal of Personality and Social Psychology*, 54, 853-863.

Costa, P. T., Jr., & McCrae, R. R. (1992a). Normal personality assessment in clinical practice: The NEO personality inventory. *Psychological Assessment*, 4, 5-13.

Costa, P. T., Jr., & McCrae, R. R. (1992b). *Revised NEO Personality Inventory (NEO-PI-R) and NEO Five Facotor (NEO-FFI): Professional manual*. Odessa, FL: Psychological Assessment Resources.

Costa, P. T., Jr., & McCrae, R. R. (1997). Longitudinal stability of adult personality. In R. Hogan, J. Johnson, & S. Briggs (Eds.), *Handbook of personality psychology* (pp. 269-291). San Diego, CA: Academic Press.

Costa, P. T., Jr., McCrae, R. R., & Dye, D. A. (1991). Facet scales for agreeableness and conscientiousness: A revision of the NEO-personality inventory. *Personality and Individual Differences*, 12, 887-

898.

Cote, S., & Moskowitz, D. S. (1998). On the dynamic covariation between interpersonal behavior and affect: Prediction from neuroticism, extraversion, and agreeableness. *Journal of Personality and Social Psychology, 75*, 1032-1046.

Coyne, J. C., & Downey, G. (1991). Social factors and psychopathology: Stress, social support, and coping process. *Annual Review of Psychology, 42*, 401-425.

Crocker, J. (2002). Contingencies of self-worth: Implications for self-regulation and psychological vulnerability. *Self and Identity, 1*, 143-149.

Crocker, J., Major, B., & Steele, C. (1998). Social stigma. In D. T. Gilbert & S. T. Fiske (Eds.), *The handbook of social psychology* (4th ed., pp. 504-553). New York: McGraw-Hill.

Csikszentmihalyi, M. (1990). The domain of creativity. In M. Runco & R. S. Albert (Eds.), *Theories of creativity* (Vol. 115, pp. 190-212). Thousand Oaks, CA: Sage.

Csikszentmihalyi, M. (1993). *The evolving self.* New York: HarperCollins.

Dabbs, J. M., Jr. (1992). Testosterone and occupational achievement. *Social Forces, 70*, 813-824.

Dabbs, J. M., Jr., & Morris, R. (1990). Testosterone, social class, and antisocial behavior in a sample of 4,462 men. *Psychological Science, 1*, 209-211.

D'Andrade, R. G. (1966). Sex differences and cultural institutions. In E. E. Maccoby (Ed.), *The development of sex differences* (pp. 174-204). Stanford, CA: Stanford University Press. [青木やよひ・池上千寿子・河野貴代美・深尾凱子・山口良枝ほか(訳) (1979). 性差：その起源と役割　家政教育社]

Daniels, A. C. (1994). *Bringing out the best in people: How to apply the astonishing power of reinforcement.* New York: McGraw-Hill.

Daniels, D., Dunn, J. F., Furstenberg, F. F., Jr., & Plomin, R. (1985). Environmental differences within the family and adjustment differences within pairs of adolescent siblings. *Child Development, 56*, 764-774.

David, J. P., Green, P. J., Martin, R., & Suls, J. (1997). Differential roles of neuroticism, extraversion, and event desirability in daily life: An integrative model of top-down and bottom-up influences. *Journal of Personality and Social Psychology, 73*, 149-159.

Davidson, R. J. (1993). The neuropsychology of emotion and affective style. In M. Lewis & J. M. Haviland (Eds.), *Handbook of emotions* (pp. 143-154). New York: Guilford Press.

Davidson, R. J. (1995). Cerebral asymmetry, emotion, and affective style. In R. J. Davidson & K. Hugdahl (Eds.), *Brain asymmetry* (pp. 361-387). Cambridge, MA: MIT Press.

Davidson, R. J., Ekman, P., Saron, C. D., Senulis, J. A., & Friesen, W. V. (1990). Approach-withdrawal and cerebral asymmetry: Emotional expression and brain physiology I. *Journal of Personality and Social Psychology, 58*, 330-341.

Davidson, R. J., & Fox, N. A. (1989). The relation between tonic EEG asymmetry and ten-month-olds' emotional response to separation. *Journal of Abnormal Psychology, 98*, 127-131.

Davidson, R. J., Putnam, K. M., & Larson, C. L. (2000). Dysfunction in the neural circuitry of emotion regulation — A possible prelude to violence. *Science, 289*, 591-594.

Davidson, R. J., & Sutton, S. K. (1995). Affective neuroscience: The emergence of a discipline. *Current Opinion in Neurobiology, 5*, 217-224.

Davis, J. M., Klerman, G., & Schildkraut, J. (1967). Drugs used in the treatment of depression. In L. Efron, J. O. Cole, D. Levine, & J. R. Wittenborn (Eds.), *Psychopharmacology: A review of progress* (pp. 719-747). Washington, DC: U.S. Clearing-House of Mental Health Information.

Davison, G. C., & Neale, J. M. (1990). *Abnormal psychology: An experimental clinical approach* (5th ed.). New York: Wiley. [原書第6版の翻訳＝村瀬孝雄(監訳) (1998). 異常心理学　誠信書房]

Davison, G. C., Neale, J. M., & Kring, A. M. (2004). *Abnormal psychology* (9th ed.). Hoboken, NJ: Wiley.

Deaux, K., & Major, B. (1987). Putting gender into context: An interactive model of gender-related behavior. *Psychological Review, 94*, 369-389.

Deci, E. L. (1975). *Intrinsic motivation.* New York: Plenum Press. [安藤延男・石田梅男(訳) (1980). 内発的動機づけ：実験社会心理学的アプローチ　誠信書房]

Deci, E. L., & Ryan, R. M. (1980). The empirical exploration of intrinsic motivational processes. In L. Berkowitz (Ed.), *Advances in experimental social psychology* (Vol. 13, pp. 39-80). New York: Academic Press.

Deci, E. L., & Ryan, R. M. (1987). The support of autonomy and the control of behavior. *Journal of Personality and Social Psychology, 53*, 1024-1037.

Deci, E. L., & Ryan, R. M. (1995). Human autonomy: The basis for true self-esteem. In M. Kernis (Ed.), *Efficacy, agency, and self-esteem* (pp. 31-49). New York: Plenum Press.

Deci, E. L., & Ryan, R. M. (2000). The support of autonomy and the control of behavior. In E. T. Higgins & A. W. Kruglanski (Eds.), *Motivational science: Social and personality perspectives* (pp. 128-145). New York: Psychology Press.

Dehaene, S., Izard, V., Pica, P., & Spelke, E. (2006).

引用文献

Core knowledge of geometry in an Amazonian indigene group. *Science Magazine, 9,* 381-384.
Depue, R. A., & Collins, P. F. (1999). Neurobiology of the structure of personality: Dopamine, facilitation of incentive motivation, and extraversion. *Behavioral and Brain Sciences, 22,* 491-569.
DeRaad, B., Perugini, M., Hrebickova, M., & Szarota, P. (1998). Lingua franca of personality: Taxonomies and structures based on the psycholexical approach. *Journal of Cross Cultural Psychology, 29,* 212-232.
Derryberry, D. (2002). Attention and voluntary self-control. *Self and Identity, 1,* 105-111.
Derryberry, D., & Reed, M. A. (2002). Anxiety-related attentional biases and their regulation by attention control. *Journal of Abnormal Psychology, 111,* 225-236.
Derryberry, D., & Rothbart, M. K. (1997). Reactive and effortful processes in the organization of temperament. *Development and Psychopathology, 9,* 633-652.
Diamond, M. J., & Shapiro, J. L. (1973). Changes in locus of control as a function of encounter group experiences: A study and replication. *Journal of Abnormal Psychology, 82,* 514-518.
Dickens, W. T., & Flynn, J. R. (2001). Heritability estimates versus large environmental effects: The IQ paradox resolved. *Psychological Review, 108,* 346-369.
Diener, C. I., & Dweck, C. S. (1978). An analysis of learned helplessness: Continuous changes in performance, strategy, and achievement cognitions following failure. *Journal of Personality and Social Psychology, 36,* 451-462.
Diener, E., & Lucas, R. E. (2000a). Explaining differences in societal levels of happiness: Relative standards, need fulfillment, culture and evaluation theory. *Journal of Happiness Studies, 1,* 41-78.
Diener, E., & Lucas, R. E. (2000b). Subjective emotional well-being. In M. Lewis & J. M. Haviland-Jones (Eds.), *Handbook of emotions* (pp. 325-337). New York: Guilford Press.
Dobson, K. S., & Craig, K. D. (1996). *Advances in cognitive-behavioral therapy.* Thousand Oaks, CA: Sage.
Dodge, K. A. (1986). A social information processing model of social competence in children: Cognitive perspectives on children's social behavioral development. *Minnesota Symposium on Child Psychology, 18,* 77-125.
Dodge, K. A. (1993). New wrinkles in the person-versus situation debate. *Psychological Inquiry, 4,* 284-286.
Dodgson, P., & Wood, J. V. (1998). Self-esteem and the cognitive accessibility of strengths and weaknesses after failure. *Journal of Personality and Social Psychology, 75,* 178-197.
Dollard, J., & Miller, N. E. (1950). *Personality and psychotherapy: An analysis in terms of learning, thinking, and culture.* New York: McGraw-Hill. ［河合伊六・稲田準子（訳）（1972）．人格と心理療法：学習・思考・文化の視点　誠信書房］
Downey, G., & Feldman, S. I. (1996). Implications of rejection sensitivity for intimate relationships. *Journal of Personality and Social Psychology, 70,* 1327-1343.
Duckworth, A. L., Steen, T. A., & Seligman, M. E. P. (2005). Positive psychology in clinical practice. *Annual Review of Clinical Psychology, 1,* 629-651.
Dunford, F. W. (2000). The San Diego Navy experiment: An assessment of interventions for men who assault their wives. *Journal of Consulting and Clinical Psychology, 68,* 468-476.
Dunn, J., & Plomin, R. (1990). *Separate lives: Why siblings are so different.* New York: Basic Books.
Dunnette, M. D. (1969). People feeling: Joy, more joy, and the "slough of despond." *Journal of Applied Behavioral Science, 5,* 25-44.
Durham, W. H. (1991). *Coevolution.* Stanford, CA: Stanford University Press.
Durston, S., Thomas, K. M., Yang, Y., Ulug, A. M., Zimmerman, R. D., & Casey, B. J. (2002). A neural basis for the development of inhibitory control. *Developmental Science, 5,* 9-16.
Dweck, C. S. (1975). The role of expectations and attributions in the alleviation of learned helplessness. *Journal of Personality and Social Psychology, 31,* 674-685.
Dweck, C. S. (1990). Self-theories and goals: Their role in motivation, personality, and development. In R. A. Dienstbier (Ed.), *Nebraska Symposium on Motivation* (Vol. 38, pp. 199-235). Lincoln: University of Nebraska Press.
Dweck, C. S., & Leggett, E. L. (1988). A social-cognitive approach to personality and motivation. *Psychological Review, 95,* 256-273.
Dworkin, R. H. (1979). Genetic and environmental influences on person-situation interactions. *Journal of Research in Personality, 13,* 279-293.
D'Zurilla, T. (1965). Recall efficiency and mediating cognitive events in "experimental repression." *Journal of Personality and Social Psychology, 1,* 253-257.
Eagly, A. H. (1987). *Sex differences in social behavior: A social-role interpretation.* Hillsdale, NJ: Erlbaum.
Eagly, A. H. (1995). The science and politics of comparing women and men. *American Psychologist, 50,* 145-158.
Eagly, A. H., & Crowley, M. (1986). Gender and helping behavior: A meta-analytic review of the social psychological literature. *Psychological*

Bulletin, 100, 283–308.
Eagly, A. H., & Steffen, V. J. (1986). Gender and aggressive behavior: A meta-analytic review of the social psychological literature. *Psychological Bulletin, 100,* 309–330.
Eaves, L. J., Eysenck, H. J., & Martin, N. G. (1989). *Genes, culture, and personality: An empirical approach.* London: Academic Press.
Ebstein, R. P., Gritsenko, I., Nemanov, L., Frisch, A., Osher, Y., & Belmaker, R. H. (1997). No association between the serotonin transporter gene regulatory region polymorphism and the Tridimensional Personality Questionnaire (TPQ) temperament of harm avoidance. *Molecular Psychiatry, 2,* 224–226.
Ebstein, R. P., Novick, O., Umansky, R., Priel, B., Osher, Y., Blaine, D., et al. (1996). Dopamine D4 receptor (D4DR) exon III polymorphism associated with human personality trait of novelty seeking. *Nature Genetics, 12,* 78–80.
Edelman, G. M. (1992). *Bright air, brilliant fire: On the matter of the mind.* New York: Basic Books.
Ehrlich, P. R. (2000). *Human natures: Genes, cultures, and the human prospect.* Washington, DC: Island Press.
Eigsti, I., Zayas, V., Mischel, W., Shoda, Y., Ayduk, O., Dadlani, M. B., et al. (2006). Predicting cognitive control from preschool to late adolescence and young adulthood. *Psychological Science, 17,* 478–484.
Eisenberg, N., Fabes, R. A., Guthrie, I. K., & Reiser, M. (2002). The role of emotionality and regulation in children's social competence and adjustment. In A. Caspi (Ed.), *Paths to successful development: Personality in the life course* (pp. 46–70). New York: Cambridge University Press.
Eisenberg, N., Spinrad, T. L., & Morris, A. S. (2002). Regulation, resiliency, and quality of social functioning. *Self and Identity, 1,* 121–128.
Eizenman, D. R., Nesselroade, J. R., Featherman, D. L., & Rowe, J. W. (1997). Intraindividual variability in perceived control in an older sample: The MacArthur successful aging studies. *Psychology and Aging, 12,* 489–502.
Ekman, P. (Ed.). (1982). *Emotion in the human face* (2nd ed.). New York: Cambridge University Press.
Ekamn, P., Friesen, W. V., & Ellsworth, P. (1972). *Emotion in the human face.* Elmsford, NY: Pergamon Press.
Ellsworth, P. C., & Carlsmith, J. M. (1968). Effects of eye contact and verbal content on affective response to a dyadic interaction. *Journal of Personality and Social Psychology, 10,* 15–20.
Emmons, R. A. (1991). Personal strivings, daily life events, and psychological and physical well-being. *Journal of Personality, 59,* 453–472.
Emmons, R. A. (1997). Motives and goals. In R. Hogan, J. A. Johnson, & S. R. Briggs (Eds.), *Handbook of personality psychology* (pp. 485–512). San Diego, CA: Academic Press.
Endler, N. S., & Hunt, J. M. (1968). S-R inventories of hostility and comparisons of the proportions of variance from persons, responses, and situations for hostility and anxiousness. *Journal of Personality and Social Psychology, 9,* 309–315.
English, T., & Chen, S. (2007). Culture and self-concept stability: Consistency across and within contexts among Asian- and European-Americans. *Journal of Personality and Social Psychology, 93,* 478–490.
Epstein, S. (1973). The self-concept revisited or a theory of a theory. *American Psychologist, 28,* 405–416.
Epstein, S. (1979). The stability of behavior: I. On predicting most of the people much of the time. *Journal of Personality and Social Psychology, 37,* 1097–1126.
Epstein, S. (1983). Aggregation and beyond: Some basic issues on the prediction of behavior. *Journal of Personality, 51,* 360–392.
Epstein, S. (1990). Cognitive-experimental self-theory. In L. A. Pervin (Ed.), *Handbook of personality: Theory and research* (pp. 165–192). New York: Guilford Press.
Epstein, S. (1994). Trait theory as personality theory: Can a part be as great as the whole? *Psychological Inquiry, 5,* 120–122.
Epstein, S., & Fenz, W. D. (1962). Theory and experiment on the measurement of approach-avoidance conflict. *Journal of Abnormal and Social Psychology, 64,* 97–112.
Erdelyi, M. H. (1985). *Psychoanalysis: Freud's cognitive psychology.* New York: Freeman.
Erdelyi, M. H. (1992). Psychodynamics and the unconscious. *American Psychologist, 47,* 784–787.
Erdelyi, M. H. (1993). Repression: The mechanism and the defense. In D. M. Wegner & J. W. Pennebaker (Eds.), *Handbook of mental control* (pp. 126–148). Englewood Cliffs, NJ: Prentice-Hall.
Erdelyi, M. H., & Goldberg, B. (1979). Let's not sweep repression under the rug: Towards a cognitive psychology of repression. In J. F. Kihlstrom & F. J. Evans (Eds.), *Functional disorders of memory* (pp. 355–402). Hillsdale, NJ: Erlbaum.
Erdley, C. A., & Dweck, C. S. (1993). Children's implicit personality theories as predictors of their social judgments. *Child Development, 64,* 863–878.
Eriksen, C. W. (1952). Individual differences in defensive forgetting. *Journal of Experimental Psychology, 44,* 442–446.
Eriksen, C. W. (1966). Cognitive responses to

引用文献

internally cued anxiety. In C. D. Spielberger (Ed.), *Anxiety and behavior* (pp. 327-360). New York: Academic Press.

Eriksen, C. W., & Kuethe, J. L. (1956). Avoidance conditioning of verbal behavior without awareness: A paradigm of repression. *Journal of Abnormal and Social Psychology, 53*, 203-209.

Erikson, E. H. (1950). *Childhood and society*. New York: Norton.

Erikson, E. H. (1963). *Childhood and society* (2nd ed.). New York: Norton.［仁科弥生（訳）（1977-1980）．幼児期と社会　全2巻　みすず書房］

Erikson, E. H. (1968). *Identity: Youth and crisis*. New York: Norton.［岩瀬庸理（訳）（1982）．アイデンティティ：青年と危機　金沢文庫］

Eslinger, P. J. (1996). Conceptualizing, describing, and measuring components of executive function: A summary. In G. R. Lyon & N. A. Krasnegor (Eds.), *Attention, memory, and executive function* (pp. 367-395). Baltimore: Brookes.

Exline, R., & Winters, L. C. (1965). Affective relations and mutual glances in dyads. In S. Tomkins & C. Izard (Eds.), *Affect, cognition, and personality* (pp. 319-350). New York: Springer.

Exner, J. E. (1993). *The Rorschach: A comprehensive system, Vol. 1: Basic foundations* (3rd ed.). New York: Wiley.［原書第4版の翻訳＝中村紀子・野田昌道（監訳）（2009）．ロールシャッハ・テスト：包括システムの基礎と解釈の原理　金剛出版］

Eysenck, H. J. (1961). The effects of psychotherapy. In H. J. Eysenck (Ed.), *Handbook of abnormal psychology: An experimental approach* (pp. 697-725). New York: Basic Books.

Eysenck, H. J. (1967). *The biological basis of personality*. Springfield, IL: Charles C. Thomas.［梅津耕作ほか（訳）（1973）．人格の構造：その生物学的基礎　岩崎学術出版社］

Eysenck, H. J. (1973). Personality and the law of effect. In D. E. Berlyne & K. B. Madsen (Eds.), *Pleasure, reward, preference* (pp. 133-168). New York: Academic Press.

Eysenck, H. J. (1983). Cicero and the state-trait theory of anxiety: Another case of delayed recognition. *American Psychologist, 38*, 114-115.

Eysenck, H. J. (1990). Biological dimensions of personality. In L. A. Pervin (Ed.), *Handbook of personality: Theory and research* (pp. 244-276). New York: Guilford Press.

Eysenck, H. J. (1991). Personality, stress, and disease: An interactionist perspective. *Psychological Inquiry, 2*, 221-232.

Eysenck, H. J., & Eysenck, M. W. (1985). *Personality and individual differences: A natural science approach*. New York: Plenum Press.

Eysenck, H. J., & Eysenck, M. W. (1995). *Mindwatching: Why we behave the way we do*. London: Prion Books.［田村　浩（訳）（1986）．マインドウオッチング：人間行動学　新潮選書　新潮社］

Eysenck, H. J., & Rachman, S. (1965). *The causes and cures of neurosis: An introduction to modern behavior therapy based on learning theory and the principles of conditioning*. San Diego, CA: Knapp.［黒田実郎（訳）（1967）．神経症：その原因と治療　岩崎学術出版社］

Fairweather, G. W. (1967). *Methods in experimental social innovation*. New York: Wiley.

Fairweather, G. W., Sanders, D. H., Cressler, D. L., & Maynard, H. (1969). *Community life for the mentally ill: An alternative to institutional care*. Chicago: Aldine.

Feeney, B. C., & Collins, N. L. (2001). Predictors of caregiving in adult intimate relationships: An attachment theoretical perspective. *Journal of Personality and Social Psychology, 80*, 972-994.

Feeney, B. C., & Collins, N. L. (2003). Motivations for caregiving in adult intimate relationships: Influences on caregiving behavior and relationship functioning. *Personality and Social Psychology Bulletin, 29*, 950-968.

Fenz, W. D. (1964). Conflict and stress as related to physiological activation and sensory, perceptual and cognitive functioning. *Psychological Monographs, 78*, No. 8 (Whole No. 585).

Ferster, C. B., & Skinner, B. F. (1957). *Schedules of reinforcement*. New York: Appleton.

Festinger, L. (1957). *A theory of cognitive dissonance*. Stanford, CA: Stanford University Press.［末永俊郎（監訳）（1965）．認知的不協和の理論：社会心理学序説　誠信書房］

Fischer, W. F. (1970). *Theories of anxiety*. New York: Harper.［長谷川　浩・井下　理（訳）（1979）．不安の心理学：その理論と体験　建帛社］

Fiske, A. P. (2002). Using individualism and collectivism to compare cultures ― A critique of the validity and measurement of the constructs comment on Oyserman et al. (2002). *Psychological Bulletin, 128*, 78-88.

Fiske, D. W. (1994). Two cheers for the Big Five. *Psychological Inquiry, 5*, 123-124.

Fitch, G. (1970). Effects of self-esteem, perceived performance, and choice on causal attribution. *Journal of Personality and Social Psychology, 16*, 311-315.

Flavell, J. H., & Ross, L. (Eds.). (1981). *Social cognitive development: Frontiers and possible futures*. New York: Cambridge University Press.

Fleeson, W. (2001). Toward a structure- and process-integrated view of personality: Traits as density distributions of states. *Journal of Personality and Social Psychology, 80*, 1011-1027.

Fleming, J., & Darley, J. M. (1986). *Perceiving intention in constrained behavior: The role of purposeful and constrained action cues in correspondence bias effects.* Unpublished manuscript, Princeton University, Princeton, NJ.

Flint, J., Corley, R., DeFries, J. C., Fulker, D. W., Gray, J. A., Miller, S., et al. (1995). A simple genetic basis for a complex psychological trait in laboratory mice. *Science, 269*, 1432–1435.

Flynn, F. J. (2005). Having an open mind: The impact of openness to experience on interracial attitudes and impression formation. *Journal of Personality and Social Psychology, 88*, 816–826.

Foa, E. B., & Kozak, M. J. (1986). Emotional processing of fear: Exposure to corrective information. *Psychological Bulletin, 99*, 20–35.

Fodor, I. (1987). Moving beyond cognitive-behavior therapy: Integrating Gestalt therapy to facilitate personal and interpersonal awareness. In N. S. Jacobson (Ed.), *Psychotherapists in clinical practice: Cognitive and behavioral perspectives* (pp. 190–231). New York: Guilford Press.

Forgas, J. P. (1983). Episode cognition and personality: A multidimensional analysis. *Journal of Personality, 51*, 34–48.

Fournier, M. A., Moskowitz, D. S., & Zuroff, D. C. (2008). Integrating dispositions, signatures, and the interpersonal domain. *Journal of Personality and Social Psychology, 94*, 531–545.

Fox, N. A., Bell, M. A., & Jones, N. A. (1992). Individual differences in response to stress and cerebral asymmetry. *Developmental Neuropsychology, 8*, 161–184.

Fox, N. A., Henderson, H. A., Rubin, K. H., Calkins, S. D., & Schmidt, L. A. (2001). Continuity and discontinuity of behavioral inhibition and exuberance: Psychophysiological and behavioral influences across the first four years of life. *Child Development, 72*, 1–21.

Fox, N. A., Schmidt, L. A., Calkins, S. D., Rubin, K. H., & Copan, R. J. (1996). The role of frontal activation in the regulation and dysregulation of social behavior during the preschool years. *Development and Psychopathology, 8*, 89–102.

Fraley, R. C., & Shaver, P. R. (1997). Adult attachment and the suppression of unwanted thoughts. *Journal of Personality and Social Psychology, 73*, 1080–1091.

Francis, D. D., Szegda, K., Campbell, G., Martin, W. D., & Insel, T. R. (2003). Epigenetic sources of behavioral differences in mice. *Nature Neuroscience, 6*, 445–446.

Frank, K. G., & Hudson, S. M. (1990). Behavior management of infant sleep disturbance. *Journal of Applied Behavior Analysis, 23*, 91–98.

Fransella, F. (1995). *George Kelly*. London: Sage.

Frawley, P. J., & Smith, J. W. (1990). Chemical aversion therapy in the treatment of cocaine dependence as part of a multimodal treatment program: Treatment outcome. *Journal of Substance Abuse Treatment, 7*, 21–29.

Freud, A. (1936). *The ego and the mechanisms of defense.* New York: International Universities Press.［外林大作（訳）（1958）．自我と防衛　誠信書房］

Freud, S. (1924). *A general introduction to psychoanalysis.* New York: Boni and Liveright. (Original work published 1920)

Freud, S. (1933). *New introductory lectures on psychoanalysis*（W. J. H. Sproutt, Trans.）. New York: Norton.［懸田克躬・高橋義孝（訳）（1971）．精神分析入門（続）　フロイト著作集1　人文書院　pp. 387–536.］

Freud, S. (1940). An outline of psychoanalysis. *International Journal of Psychoanalysis, 21*, 27–84.［小此木啓吾（訳）（1983）．精神分析学概説　フロイト著作集9　人文書院　pp. 156–209.／津田均（訳）（2007）．精神分析概説　フロイト全集22　岩波書店　pp. 175–250.］

Freud, S. (1953). *Fragments of an analysis of a case of hysteria.* Standard edition, Vol. 7. London: Hogarth Press. (Original work published 1905)［細木照敏・飯田真（訳）（1968）．あるヒステリー患者の分析の断片　フロイト著作集5　人文書院　pp. 276–366./渡邊俊之・草野シュワルツ美穂子（訳）（2009）．あるヒステリー分析の断片　フロイト全集6　岩波書店　pp. 1–161.］

Freud, S. (1955a). *The interpretation of dreams* (Vol. 4). London: Hogarth Press. (Original work published 1899)［高橋義孝（訳）（1968）．夢判断　フロイト著作集2　人文書院／高橋義孝（訳）（1969）．夢判断　上・下　新潮社／高橋義孝（訳）（1994）．夢判断　上・下　日本教文社］

Freud, S. (1955b). *On transformations of instinct as exemplified in anal eroticism.* Standard edition, Vol. 18. London: Hogarth Press. (Original work published 1917)［田中麻知子（訳）（1969）．欲動転換，とくに肛門愛の欲動転換について　フロイト著作集5　人文書院　pp. 385–390.］

Freud, S. (1957a). *Instincts and their vicissitudes.* Standard edition, Vol. 14. London: Hogarth Press. (Original work published 1915)［小此木啓吾（訳）（1970）．本能とその運命　フロイト著作集6　人文書院　pp. 59–77.］

Freud, S. (1957b). *Leonardo da Vinci: A study in psychosexuality.* Standard edition, Vol. 2. London: Hogarth Press. (Original work published 1909)［高橋義孝（訳）（1969）．レオナルド・ダ・ヴィンチの幼年期のある思い出　フロイト著作集3　人文書院　pp. 90–147.］

Freud, S. (1958). A note on the unconscious in

引用文献

psychoanalysis. In J. Strachey (Ed. & Trans.), *The standard edition of the complete psychological works of Sigmund Freud* (Vol. 12, pp. 255-266). London: Hogarth Press. (Original work published 1912) ［小此木啓吾(訳) (1969). 精神分析における無意識の概念に関する二, 三の覚書　フロイト著作集 6　人文書院　pp. 42-48.／須藤訓任(訳) (2009). 精神分析における無意識概念についての若干の見解　フロイト全集 12　岩波書店　pp. 431-439.］

Freud, S. (1959a). *Collected papers, Vols. I-V.* New York: Basic Books.

Freud, S. (1959b). *Formulations regarding the two principles of mental functioning.* Collected papers, Vol. IV. New York: Basic Books. (Original work published 1911) ［井村恒郎(訳) (1969). 精神現象の二原則に関する定式　フロイト著作集 6　人文書院　pp. 36-41.］

Freud, S. (1960). *Psychopathology of everyday life.* Vol. 6. London: Hogarth Press. (Original work published 1901) ［池見酉次郎・高橋義孝(訳) (1970). 日常生活の精神病理学　フロイト著作集 4　人文書院　pp. 5-236.／高田珠樹(訳) (2007). 日常生活の精神病理学にむけて　フロイト全集 7　岩波書店］

Freud, S. (1963). *The sexual enlightenment of children.* New York: Macmillan. ［山本由子(訳) (1969). 児童の性教育について　フロイト著作集 5　人文書院　pp. 371-376.］

Friedman, L. (1999). *Identity's architect: A biography of Erik H. Erikson.* New York: Pantheon. ［やまだようこ・西平 直(監訳) (2003). エリクソンの人生：アイデンティティの探求者　上・下　新曜社］

Friedman, M., & Roseman, R. H. (1974). *Type A behavior and your heart.* New York: Knopf. ［新里里春(訳) (1993). タイプA性格と心臓病　創元社］

Friedman, H. S., Tucker, J. S., Schwartz, J. E., Tomlinson-Keasey, C., Martin, L. R., Wingard, D. L., et al. (1995). Psychosocial and behavioral predictors of longevity: The aging and death of the "Termites." *American Psychologist, 50,* 69-78.

Fromm, E. (1941). *Escape from freedom.* New York: Holt, Rinehart and Winston. ［日高六郎(訳) (1965). 自由からの逃走　新版　東京創元社］

Fromm, E. (1947). *Man for himself.* New York: Holt, Rinehart and Winston. ［谷口隆之助・早坂泰次郎(訳) (1972). 人間における自由　東京創元社］

Funder, D. C. (1991). Global traits: A neo-Allportian approach to personality. *Psychological Science, 2,* 31-39.

Funder, D. C. (2001). Personality. *Annual Review of Psychology, 52,* 197-221.

Funder, D. C., & Colvin, C. R. (1997). Congruence of others' and self-judgments of personality. In R. Hogan, J. Johnson, & S. Briggs (Eds.), *Handbook of personality psychology* (pp. 617-647). San Diego, CA: Academic Press.

Gable, S. L., Reis, H. T., & Elliot, A. J. (2000). Behavioral activation and inhibition in everyday life. *Journal of Personality and Social Psychology, 78,* 1135-1149.

Gay, P. (1988). *Freud: A life for our time.* New York: Norton. ［鈴木 晶(訳) (1997-2004). フロイト　全2巻　みすず書房］

Gazzaniga, M. S., & Heatherton, T. F. (2006). *Psychological science: Mind, brain, and behavior* (2nd ed.). New York: Norton.

Geen, R. G. (1984). Preferred stimulation levels in introverts and extraverts: Effects on arousal and performance. *Journal of Personality and Social Psychology, 46,* 1303-1312.

Geen, R. G. (1997). Psychophysiological approaches to personality. In R. Hogan, J. A. Johnson, & S. R. Briggs (Eds.), *Handbook of personality psychology* (pp. 387-416). San Diego, CA: Academic Press.

Giese, H., & Schmidt, S. (1968). *Studenten sexualitat.* Hamburg: Rowohlt.

Gilbert, D. T., & Malone, P. S. (1995). The correspondence bias. *Psychological Bulletin, 117,* 21-38.

Gilligan, C. (1982). *In a different voice: Psychological theory and women's development.* Cambridge, MA: Harvard University Press. ［岩男寿美子(監訳) (1986). もうひとつの声：男女の道徳観のちがいと女性のアイデンティティ　川島書店］

Gilmore, D. D. (1990). *Manhood in the making.* New Haven, CT: Yale University Press. ［前田俊子(訳) (1994).「男らしさ」の人類学　春秋社］

Gitlin, M. J. (1990). *The psychotherapist's guide to psychopharmacology.* New York: Free Press.

Gladwell, M. (2005). *Blink, the power of thinking without thinking.* New York: Little, Brown. ［沢田博・阿部尚美(訳) (2006). 第1感：「最初の2秒」の「なんとなく」が正しい　光文社］

Glass, D. C. (1977). *Behavior patterns, stress, and coronary disease.* Hillsdale, NJ: Erlbaum.

Glass, D. C., Singer, J. E., & Friedman, L. N. (1969). Psychic costs of adaptation to an environmental stressor. *Journal of Personality and Social Psychology, 12,* 200-210.

Goldberg, L. R. (1973). *The exploitation of the English language for the development of a descriptive personality taxonomy.* Paper presented at the 81st Annual Convention of the American Psychological Association, Montreal, Canada.

Goldberg, L. R. (1990). An alternative "description of personality": The Big-Five factor structure. *Journal of Personality and Social Psychology, 59,* 1216-1229.

Goldberg, L. R. (1992). The development of markers for the Big-Five factor structure. *Psychological Assessment, 4*, 26-42.

Goldberg, L. R., Grenier, J. R., Guion, R. M., Sechrest, L. B., & Wing, H. (1991). *Questionnaires used in the prediction of trustworthiness in pre-employment selection decisions.* Washington, DC: American Psychological Association.

Goldberg, L. R., & Lewis, M. (1969). Play behavior in the year old infant: Early sex differences. *Child Development, 40*, 21-31.

Goldner, V., Penn, P., Sheinberg, M., & Walker, G. (1990). Love and violence: Gender paradoxes in volatile attachments. *Family Process, 29*, 343-364.

Goldsmith, H. H. (1991). A zygosity questionnaire for young twins: A research note. *Behavior Genetics, 21*, 257-269.

Goldsmith, H. H., & Campos, J. J. (1986). Fundamental issues in the study of early temperament: The Denver twin temperament study. In M. E. Lamb, A. L. Brown, & B. Rogoff (Eds.), *Advances in developmental psychology* (pp. 231-283). Hillsdale, NJ: Erlbaum.

Gollwitzer, P. M. (1990). Action phases and mind-sets. In E. T. Higgins & R. M. Sorrentino (Eds.), *Handbook of motivation and cognition: Foundations of social behavior* (Vol. 2, pp. 53-92). New York: Guilford Press.

Gollwitzer, P. M. (1999). Implementation intentions: Strong effects of simple plans. *American Psychologist, 54*, 493-503.

Gollwitzer, P. M., & Bargh, J. A. (Eds.). (1996). *The psychology of action: Linking cognition and motivation to behavior.* New York: Guilford Press.

Gollwitzer, P. M., & Moskowitz, G. B. (1996). Goal effects on action and cognition. In E. T. Higgins & A. W. Kruglanski (Eds.), *Social psychology: Handbook of basic principles* (pp. 361-399). New York: Guilford Press.

Gormly, J., & Edelberg, W. (1974). Validation in personality trait attribution. *American Psychologist, 29*, 189-193.

Gosling, S. D., & John, O. P. (1999). Personality dimensions in non-human animals: A cross-species review. *Current Directions in Psychological Science, 8*, 69-73.

Gosling, S. D., Kwan, V. S. Y., & John, O. P. (2003). A dog's got personality: A cross-species comparative approach to personality judgments in dogs and humans. *Journal of Personality and Social Psychology, 85*, 1161-1169.

Gough, H. G. (1957). *Manual, California psychological inventory.* Palo Alto, CA: Consulting Psychologists Press.

Gove, F. L., Arend, R. A., & Sroufe, L. A. (1979). Competence in preschool and kindergarten predicted from infancy. Paper presented at the annual meeting of the Society for Research in Child Development, San Francisco.

Grant, H., & Dweck, C. S. (1999). A goal analysis of personality and personality coherence. In D. Cervone & Y. Shoda (Eds.), *Social-cognitive approaches to personality coherence* (pp. 345-371). New York: Guilford Press.

Gray, J. A. (1991). The neuropsychology of temperament. In J. Strelau & A. Angleitner (Eds.), *Explorations in temperament: International perspective on theory and measurement* (pp. 105-128). New York: Plenum Press.

Greenberg, J. R., & Mitchell, S. (1983). *Object relations in psychoanalytic theory.* Cambridge, MA: Harvard University Press.［大阪精神分析研究会（訳）（2001）．精神分析理論の展開：「欲動」から「関係」へ　ミネルヴァ書房］

Greenberg, J., Solomon, S., Pyszczynski, T., & Rosenblatt, A. (1992). Why do people need self-esteem? Converging evidence that self-esteem serves an anxiety-buffering function. *Journal of Personality and Social Psychology, 63*, 913-922.

Greenwald, A. G. (1980). The totalitarian ego: Fabrication and revision of personal history. *American Psychologist, 35*, 603-618.

Greenwald, A. G. (1992). New look 3: Unconscious cognition reclaimed. *American Psychologist, 47*, 766-779.

Greenwald, A. G., Banaji, M. R., Rudman, L. A., Farnham, S. D., Nosek, B. A., & Mellott, D. S. (2002). A unified theory of implicit attitudes, stereotypes, self-esteem, and self-concept. *Psychological Review, 109*, 3-25.

Greenwald, A. G., & Farnham, S. D. (2000). Using the Implicit Association Test to measure self-esteem and self-concept. *Journal of Personality and Social Psychology, 79*, 1022-1038.

Greenwald, A. G., Oakes, M. A., & Hoffman, H. G. (2003). Targets of discrimination: Effects of race on responses to weapons holders. *Journal of Experimental Social Psychology, 39*, 399-405.

Griffitt, W., & Guay, P. (1969). "Object" evaluation and conditioned affect. *Journal of Experimental Research in Personality, 4*, 1-8.

Grigorenko, E. L. (2002). In search of the genetic engram of personality. In D. Cervone & W. Mischel (Eds.), *Advances in personality science* (pp. 29-82). New York: Guilford Press.

Grilly, D. M. (1989). *Drugs and human behavior.* Boston: Allyn & Bacon.

Grolnick, W. S., & Ryan, R. M. (1989). Parent styles associated with children's self-regulation and competence in school. *Journal of Educational Psychology, 81*, 143-154.

Gross, J. J. (1998). Antecedent- and responsefocused emotion regulation: Divergent consequences for experience, expression, and physiology. *Journal of Personality and Social Psychology, 74*, 224-237.

Gross, J. J., & John, O. P. (2003). Individual differences in two emotion regulation processes: Implications for affect, relationships, and well-being. *Journal of Personality and Social Psychology, 85*, 348-362.

Grossberg, J. M. (1964). Behavior therapy: A review. *Psychological Bulletin, 62*, 73-88.

Grunbaum, A. (1984). *The foundations of psychoanalysis.* Berkeley: University of California Press. [村田純一・伊藤笏康・貫 成人・松本展明(訳) (1996). 精神分析の基礎：科学哲学からの批判　産業図書]

Guilford, J. P. (1959). *Personality.* New York: McGraw-Hill.

Gunnar, M. R., & Donzella, B. (2002). Social regulation of the cortisol levels in early human development. *Psychoneuroendocrinology, 27*, 199-220.

Gunnar, M. R., Larson, M. C., Hertsgaard, L., Harris, M. L., & Brodersen, L. (1992). The stressfulness of separation among nine-month-old infants: Effects of social context variables and infant temperament. *Child Development, 63*, 290-303.

Guthrie, E. R. (1935). *The psychology of learning.* New York: Harper & Brothers. [原書第2版の翻訳＝富田達彦(訳) (1980). 学習の心理学　清水弘文堂]

Habermas, T., & Bluck, S. (2000). Getting a life: The emergence of the life story in adolescence. *Psychological Bulletin, 126*, 748-769.

Hair, E. C., & Graziano, W. G. (2003). Self-esteem, personality and achievement in high school: A prospective longitudinal study in Texas. *Journal of Personality, 71*, 971-994.

Halverson, C. (1971a). Longitudinal relations between newborn tactile threshold, preschool barrier behaviors, and early school-age imagination and verbal development. Newborn and preschooler: Organization of behavior and relations between period. *SRCD Monograph, 36*.

Halverson, C. (1971b, September). *Relation of preschool verbal communication to later verbal intelligence, social maturity, and distribution of play bouts.* Paper presented at the annual meeting of the American Psychological Association, Washington, D.C.

Hamer, D., & Copeland, P. (1998). *Living with our genes: Why they matter more than you think.* New York: Doubleday. [吉田利子(訳) (2002). 遺伝子があなたをそうさせる：喫煙からダイエットまで　草思社]

Hampson, S. E., & Goldberg, L. R. (2006). A first large cohort study of personality trait stability over the 40 years between elementary school and midlife. *Journal of Personality and Social Psychology, 91*, 763-779.

Harackiewicz, J. M., Manderlink, G., & Sansone, C. (1984). Rewarding pinball wizardry: Effects of evaluation and cue on intrinsic motivation. *Journal of Personality and Social Psychology, 47*, 287-300.

Haring, T. G., & Breen, C. J. (1992). A peer-mediated social network intervention to enhance the social integration of persons with moderate and severe disabilities. *Journal of Applied Behavior Analysis, 25*, 319-333.

Harlow, R. E., & Cantor, N. (1996). Still participating after all these years: A study of life task participation in later life. *Journal of Personality and Social Psychology, 71*, 1235-1249.

Harmon-Jones, E., & Allen, J. J. (1997). Behavioral activation sensitivity and resting frontal EEG asymmetry: Covariation of putative indicators related to risk for mood disorders. *Journal of Abnormal Psychology, 106*, 159-163.

Harris, F. R., Johnston, M. K., Kelley, S. C., & Wolf, M. M. (1964). Effects of positive social reinforcement on regressed crawling of a nursery school child. *Journal of Educational Psychology, 55*, 35-41.

Hart, C. L., Haney, M., Foltin, R. W., & Fischman, M. W. (2000). Alternative reinforcers differentially modify cocaine self-administration by humans. *Behavioral Pharmacology, 11*, 87-91.

Hart, C. L., Ward, A. S., Haney, M., Foltin, R. W., & Fischman, M. W. (2001). Methamphetamine self-administration by humans. *Psychopharmacology, 157*, 75-81.

Harter, S. (1983). Developmental perspectives on the self-system. In E. M. Hetherington (Ed.), P. H. Mussen (Series Ed.), *Handbook of child psychology* (Vol. 4, pp. 275-385). New York: Wiley.

Harter, S. (1999). *The construction of the self: A developmental perspective.* New York: Guilford Press.

Hartshorne, H., & May, A. (1928). *Studies in the nature of character: Vol. 1. Studies in deceit.* New York: Macmillan.

Hauser, M. D. (2006). *Moral minds: How nature designed our universal sense of right and wrong.* New York: Ecco.

Hawkins, R. P., Peterson, R. F., Schweid, E., & Bijou, S. W. (1966). Behavior therapy in the home: Amelioration of problem parent-child relations with the parent in a therapeutic role. *Journal of Experimental Child Psychology, 4*, 99-107.

Hazan, C., & Shaver, P. (1987). Romantic love conceptualized as an attachment process. *Journal of Personality and Social Psychology, 52*, 511-524.

Hazan, C., & Shaver, P. R. (1994). Attachment as an organizational framework for research on close

relationships. *Psychological Inquiry*, 5, 1-22.
Hebb, D. O. (1955). Drives and the CNS (conceptual nervous system). *Psychological Review*, 62, 243-259.
Heckhausen, H. (1969). Achievement motive research: Current problems and some contributions towards a general theory of motivation. In W. J. Arnold (Ed.), *Nebraska Symposium on Motivation* (pp. 103-174). Lincoln: Nebraska University Press.
Heider, F. (1958). *The psychology of interpersonal relations*. New York: Wiley. [大橋正夫(訳)(1978). 対人関係の心理学　誠信書房]
Heine, S. J., Lehman, D. R., Markus, H. R., & Kitayama, S. (1999). Is there a universal need for positive self-regard? *Psychological Review*, 106, 766-794.
Heitzman, A. J., & Alimena, M. J. (1991). Differential reinforcement to reduce disruptive behaviors in a blind boy with a learning disability. *Journal of Visual Impairment and Blindness*, 85, 176-177.
Heller, W., Schmidtke, J. I., Nitschke, J. B., Koven, N. S., & Miller, G. A. (2002). States, traits, and symptoms: Investigating the neural correlates of emotion, personality, and psychopathology. In D. Cervone & W. Mischel (Eds.), *Advances in personality science* (pp. 106-126). New York: Guilford Press.
Henderson, V., & Dweck, C. S. (1990). Adolescence and achievement. In S. Feldman & G. Elliot (Eds.), *At the threshold: Adolescent development* (pp. 308-329). Cambridge, MA: Harvard University Press.
Herman, C. P. (1992). Review of W. H. Sheldon "Varieties of Temperament." *Contemporary Psychology*, 37, 525-528.
Hershberger, S. L., Lichtenstein, P., & Knox, S. S. (1994). Genetic and environmental influences on perceptions or organizational climate. *Journal of Applied Psychology*, 79, 24-33.
Hetherington, E. M., & Clingempeel, W. G. (1992). Coping with marital transitions: A family systems perspective. *Monographs of the Society for Research in Child Development*, Nos. 2-3, Serial No. 277.
Higgins, E. T. (1987). Self-discrepancy: A theory relating self and affect. *Psychological Review*, 94, 319-340.
Higgins, E. T. (1990). Personality, social psychology, and person-situation relations: Standards and knowledge activation as a common language. In L. A. Pervin (Ed.), *Handbook of personality: Theory and research* (pp. 301-338). New York: Guilford Press.
Higgins, E. T. (1996a). Ideals, oughts, and regulatory focus: Affect and motivation from distinct pains and pleasures. In P. M. Gollwitzer & J. A. Bargh (Eds.), *The psychology of action: Linking cognition and motivation to behavior* (pp. 91-114). New York: Guilford Press.
Higgins, E. T. (1996b). Knowledge activation: Accessibility, applicability, and salience. In E. T. Higgins & A. W. Kruglanski (Eds.), *Social psychology: Handbook of basic principles* (pp. 133-168). New York: Guilford Press.
Higgins, E. T. (1997). Beyond pleasure and pain. *American Psychologist*, 52, 1280-1300.
Higgins, E. T. (1998). Promotion and prevention: Regulatory focus as a motivation principle. In M. P. Zanna (Ed.), *Advances in experimental social psychology* (Vol. 30, pp. 1-46). New York: Academic Press.
Higgins, E. T., King, G. A., & Mavin, G. H. (1982). Individual construct accessibility and subjective impressions and recall. *Journal of Personality and Social Psychology*, 43, 35-47.
Higgins, E. T., & Kruglanski, A. W. (Eds.). (1996). *Social psychology: Handbook of basic principles*. New York: Guilford Press.
Higgins, S. T., Heil, S. H., & Lussier, J. P. (2004). Clinical implications of reinforcement as a determinant of substance use disorders. *Annual Review of Psychology*, 55, 431-461.
Hogan, R. T. (1991). Personality and personality measurement. In M. D. Dunnette & L. M. Hough (Eds.), *Handbook of industrial and organizational psychology* (2nd ed., Vol. 2, pp. 873-919). Palo Alto, CA: Consulting Psychologists Press.
Holahan, C. J., & Moos, R. N. (1990). Life stressors, resistance factors, and improved psychological functioning: An extension of the stress resistance paradigm. *Journal of Personality and Social Psychology*, 58, 909-917.
Hollander, E., Liebowitz, M. R., Gorman, J. M., Cohen, B., Fyer, A., & Klein, D. F. (1989). Cortisol and sodium lactate-induced panic. *Archives of General Psychiatry*, 46, 135-140.
Holmes, D. S. (1974). Investigations of repression: Differential recall of material experimentally or naturally associated with ego threat. *Psychological Bulletin*, 81, 632-653.
Holmes, D. S. (1992). The evidence for repression: An examination of sixty years of research. In J. L. Singer (Ed.), *Repression and dissociation* (pp. 85-102). Chicago: University of Chicago Press.
Holmes, D. S., & Houston, K. B. (1974). Effectiveness of situation redefinition and affective isolation in coping with stress. *Journal of Personality and Social Psychology*, 29, 212-218.
Holmes, D. S., & Schallow, J. R. (1969). Reduced recall after ego threat: Repression or response competition? *Journal of Personality and Social Psychology*, 13, 145-152.
Holmes, J. (1993). *John Bowlby and attachment

引用文献

theory. New York: Routledge. ［黒田実郎・黒田聖一（訳）（1996）．ボウルビィとアタッチメント理論　岩崎学術出版社］

Hong, Y., Benet-Martinez, V., Chiu, C., & Morris, M. W. (2003). Boundaries of cultural influence: Construct activation as a mechanism for cultural differences in social perception. *Journal of Cross-Cultural Psychology, 34*, 453-464.

Hong, Y., Chan, G., Chiu, C., Wong, R. Y. M., Hansen, I. G., Lee, S., Tong, Y., & Fu, H. (2003). How are social identities linked to self-conception and intergroup orientation? The moderating effect of implicit theories. *Journal of Personality and Social Psychology, 85*, 1147-1160.

Hong, Y., & Mallorie, L. M. (2004). A dynamic constructivist approach to culture: Lessons learned from personality psychology. *Journal of Research in Personality, 38*, 59-67.

Horowitz, L. M., Rosenberg, S. E., Ureno, G., Kalehzan, B. M., & O'Halloran, P. (1989). Psychodynamic formulation, consensual response method, and interpersonal problems. *Journal of Consulting and Clinical Psychology, 57*, 599-606.

Howes, D. H., & Solomon, R. L. (1951). Visual duration threshold as a function of word-probability. *Journal of Experimental Psychology, 41*, 401-410.

Howland, R. H. (1991). Pharmacotherapy of dysthymia: A review. *Journal of Clinical Psychopharmacology, 11*, 83-92.

Hoyenga, K. B., & Hoyenga, K. T. (1993). *Gender-related differences: Origins and outcomes*. Boston: Allyn & Bacon.

Hoyle, R. H., Kernis, M. H., Leary, M. R., & Baldwin, M. (1999). *Selfhood: Identity, esteem, regulation*. Boulder, CO: Academic Press.

Huber, G. L., Sorrentino, R. M., Davidson, M. A., & Epplier, R. (1992). Uncertainty orientation and cooperative learning: Individual differences within and across cultures. *Learning and Individual Differences, 4*, 1-24.

Humphreys, M. S., & Kashima, Y. (2002). Connectionism and self: Distributed representational systems and their implications for self and identity. In Y. Kashima & M. Foddy (Eds.), *Self and identity: Personal, social, and symbolic* (pp. 27-54). Mahwah, NJ: Erlbaum.

Ickovics, J. (1997, August). *Smithsonian seminar on health and well-being*, sponsored by the Society for the Psychological Study of Social Issues and the American Psychological Society conducted at the Ninth Annual Conference of the American Psychological Society, Washington, DC.

Inkeles, A. (1996). *National character: A psycho-social study*. New Brunswick, NJ: Transaction. ［吉野諒三（訳）（2003）．国民性論：精神社会の展望　出光書店］

Isen, A. M., Niedenthal, P. M., & Cantor, N. (1992). An influence of positive affect on social categorization. *Motivation and Emotion, 16*, 65-78.

Jaccard, J. J. (1974). Predicting social behavior from personality traits. *Journal of Research in Personality, 7*, 358-367.

Jackson, D. N., & Paunonen, S. V. (1980). Personality structure and assessment. In M. R. Rosenzweig & L. W. Porter (Eds.), *Annual review of psychology* (Vol. 31, pp. 503-551). Palo Alto, CA: Annual Reviews.

Jacobs, W. J., & Nadel, L. (1985). Stress-induced recovery of fears and phobias. *Psychological Review, 92*, 512-531.

Jahoda, M. (1958). *Current concepts of positive mental health*. New York: Basic Books.

James, W. (1890). *The principles of psychology* (Vols. 1 & 2). New York: Holt. ［今田 寛（訳）（1992-1993）．心理学　上・下　岩波文庫　岩波書店］

James, W. (1903). *The varieties of religious experience*. New York: Longmans. ［枡田啓三郎（訳）（1969-1970）．宗教的経験の諸相　上・下　岩波文庫　岩波書店］

Jang, K. L. (1993). *A behavioral genetic analysis of personality, personality disorder, the environment, and the search for sources of nonshared environmental influences*. Unpublished doctoral dissertation, University of Western Ontario, London, Ontario.

Janis, I. L. (1971). *Stress and frustration*. New York: Harcourt. ［秋山俊夫ほか（訳）（1984）．ストレスと欲求不満：こころの健康のために　北大路書房］

Jasper, H. (1941). Electroencephalography. In W. Penfield & T. Erickson (Eds.), *Epilepsy and cerebral localization* (pp. 380-454). Springfield, IL: Charles C. Thomas.

Jersild, A. (1931). Memory for the pleasant as compared with the unpleasant. *Journal of Experimental Psychology, 14*, 284-288.

John, O. P. (1990). The Big-Five factor taxonomy: Dimensions of personality in the natural language and questionnaires. In L. A. Pervin (Ed.), *Handbook of personality: Theory and research* (pp. 66-100). New York: Guilford Press.

John, O. P. (2001, February). *What is so big about the Big Five, anyway?* Invited address presented at the 2nd annual meeting of the Society of Personality and Social Psychology, San Antonio, TX.

John, O. P., Caspi, A., Robins, R. W., Moffitt, T. E., & Southamer-Loeber, M. (1994). The "Little Five": Exploring the nomological network of the five-factor model of personality in adolescent boys. *Child Development, 65*, 160-178.

John, O. P., Hampson, S. E., & Goldberg, L. R. (1991). The basic level in personality-trait hierarchies: Studies of traits use and accessibility in different contexts. *Journal of Personality and Social Psychology, 60*, 348-361.

Johnson, W., McGue, M., Krueger, R. F., & Bouchard, T. J., Jr. (2004). Marriage and personality: A genetic analysis. *Journal of Personality and Social Psychology, 86*, 285-294.

Jones, A. (1966). Information deprivation in humans. In B. A. Maher (Ed.), *Progress in experimental personality research* (Vol. 3, pp. 241-307). New York: Academic Press.

Jourard, S. M. (1967). Experimenter-subject dialogue: A paradigm for a humanistic science of psychology. In J. Bugental (Ed.), *Challenges of humanistic psychology* (pp. 109-116). New York: McGraw-Hill.

Jourard, S. M. (1974). *Healthy personality: An approach from the viewpoint of humanistic psychology*. New York: Macmillan. ［岡堂哲雄（訳）（1976）．精神健康の条件：自己実現の道をひらく　産業能率短期大学出版部］

Joy, V. L. (1963, August). *Repression-sensitization and interpersonal behavior*. Paper presented at the annual meeting of the American Psychological Association, Philadelphia.

Jung, C. G. (1963). *Memories, dreams, reflections*. New York: Pantheon. ［河合隼雄・藤縄　昭・出井淑子（訳）（1972-1973）．ユング自伝：思い出，夢，思想　みすず書房］

Jung, C. G. (1964). *Man and his symbols*. Garden City, NY: Doubleday. ［河合隼雄（監訳）（1972）．人間と象徴：無意識の世界　河出書房新社］

Kagan, J. (1964). The acquisition and significance of sex typing and sex role identity. In M. Hoffman & L. Hoffman (Eds.), *Review of child development research* (Vol. 1, pp. 137-167). New York: Russell Sage.

Kagan, J. (2003). Biology, context, and developmental inquiry. *Annual Review of Psychology, 54*, 1-23.

Kagan, J. (2006). *An argument for mind*. New Haven, CT: Yale University Press.

Kagan, J., Reznick, J. S., & Snidman, N. (1988). Biological bases of childhood shyness. *Science, 240*, 167-171.

Kagan, J., & Snidman, N. (1991). Infant predictors of inhibited and uninhibited profiles. *Psychological Science, 2*, 40-44.

Kahneman, D., & Snell, J. (1990). Predicting utility. In R. M. Hogarth (Ed.), *Handbook of personality: Theory and research* (pp. 66-100). New York: Guilford Press.

Kammrath, L. K., Mendoza-Denton, R., & Mischel, W. (2005). Incorporating *if ... then ...* personality signatures in person perception: Beyond the person-situation dichotomy. *Journal of Personality and Social Psychology, 88*, 605-618.

Kamps, D. M., Leonard, B. R., Vernon, S., Dugan, E. P., Delquadri, C., Gershon, B., et al. (1992). Teaching social skills to students with autism to increase peer interactions in an integrated first-grade classroom. *Journal of Applied Behavior Analysis, 25*, 281-288.

Kaplan, B. (1954). *A study of Rorschach responses in four cultures*. Cambridge, MA: Harvard University Press.

Kardiner, A. (1945). *Psychological frontiers of society*. New York: Columbia University Press.

Karoly, P. (1980). Operant methods. In F. H. Kanfer & A. P. Goldstein (Eds.), *Helping people change: A textbook of methods* (2nd ed.). Elmsford, NY: Pergamon Press.

Kashima, Y. (2001). Culture and social cognition: Toward a social psychology of cultural dynamics. In D. Matsumoto (Ed.), *The handbook of culture and psychology* (pp. 325-360). New York: Oxford University Press.

Kashima, Y., Kashima, E., Farsides, T., Kim, U., Strack, F., & Werth, L. et al. (2004). Culture and context-sensitive self: The amount and meaning of context-sensitivity of phenomenal self differ across cultures. *Self and Identity, 3*, 125-141.

Kayser, A., Robinson, D. S., Yingling, K., Howard, D. B., Corcella, J., & Laux, D. (1988). The influence of panic attacks on response to phenelzine and amitriptyline in depressed outpatients. *Journal of Clinical Psychopharmacology, 8*, 246-253.

Kazdin, A. E. (1974). Effects of covert modeling and model reinforcement on assertive behavior. *Journal of Abnormal Psychology, 83*, 240-252.

Kazdin, A. E., & Wilson, G. T. (1978). *Evaluation of behavior therapy: Issues, evidence and research strategies*. Cambridge, MA: Ballinger.

Kelley, H. H. (1973). The processes of causal attribution. *American Psychologist, 28*, 107-128.

Kelley, H. H., Holmes, J. W., Kerr, N. L., Reis, H. T., Rusbult, C. E., & Van Lange, P. A. M. (2003). *An atlas of interpersonal situations*. New York: Cambridge University Press.

Kelley, H. H., & Stahelski, A. J. (1970). The social interaction basis of cooperators' and competitors' beliefs about others. *Journal of Personality and Social Psychology, 16*, 66-91.

Kelly, E. L. (1955). Consistency of the adult personality. *American Psychologist, 10*, 659-681.

Kelly, G. A. (1955). *The psychology of personal constructs* (Vols. 1 & 2). New York: Norton.

Kelly, G. A. (1958). Man's construction of his alternatives. In G. Lindzey (Ed.), *Assessment of human motives* (pp. 33-64). New York: Holt, Rinehart and Winston.

Kelly, G. A. (1962). Quoted in B. A. Maher (Ed.), (1979), *Clinical psychology and personality: The selected papers of George Kelly*. Huntington, NY: Kreiger.

Kelly, G. A. (1966). Quoted in B. A. Maher (Ed.), (1979), *Clinical psychology and personality: The selected papers of George Kelly*. Huntington, NY: Kreiger.

Kendall, P. C., & Panichelli-Mindel, S. M. (1995). Cognitive-behavioral treatments. *Journal of Abnormal Child Psychology, 26*, 107-124.

Kendler, K. S., Karkowski, L. M., & Prescott, C. A. (1999). Causal relationship between stressful life events and the onset of major depression. *American Journal of Psychiatry, 156*, 837-841.

Kenrick, D. T., & Funder, D. C. (1988). Profiting from controversy: Lessons from the person-situation debate. *American Psychologist, 43*, 23-34.

Kenrick, D. T., Sadalla, E. K., Groth, G., & Trost, M. R. (1990). Evolution, traits, and the stages of human courtship: Qualifying the parental investment model. *Journal of Personality, 58*, 97-116.

Kernberg, O. (1976). *Object relations theory and clinical psychoanalysis*. New York: Jason Aronson. ［前田重治（監訳）（1983）．対象関係論とその臨床　岩崎学術出版社］

Kernberg, O. (1984). *Severe personality disorders*. New Haven, CT: Yale University Press. ［西園昌久（監訳）（1996）．重症パーソナリティ障害：精神療法的方略　岩崎学術出版社］

Kessler, R. C. (1997). The effects of stressful life events on depression. *Annual Review of Psychology, 48*, 191-214.

Kihlstrom, J. F. (1999). The psychological unconscious. In L. A. Pervin & O. P. John (Eds.), *Handbook of personality: Theory and research* (2nd ed., pp. 424-442). New York: Guilford Press.

Kihlstrom, J. F. (2003). Implicit methods in social psychology. In C. Sansone, C. C. Morf, & A. Panter (Eds.), *Handbook of methods in social psychology* (pp. 195-212). Thousand Oaks, CA: Sage.

Kihlstrom, J. F., Barnhardt, T. M., & Tataryn, D. J. (1992). The psychological unconscious: Found, lost, and regained. *American Psychologist, 47*, 788-791.

Kim, M. P., & Rosenberg, S. (1980). Comparison of two-structured models of implicit personality theory. *Journal of Personality and Social Psychology, 38*, 375-389.

Kitayama, S. (2002). Culture and basic psychological processes — toward a system view of culture: Comment on Oyserman et al. (2002). *Psychological Bulletin, 128*, 89-96.

Kitayama, S., & Markus, H. R. (1999). Yin and yang of the Japanese self: The cultural psychology of personality coherence. In D. Cervone & Y. Shoda (Eds.), *The coherence of personality: Social-cognitive bases of consistency, variability, and organization* (pp. 242-302). New York: Guilford Press.

Kitayama, S., Markus, H. R., Matsumoto, H., & Norasakkunkit, V. (1997). Individual and collective processes in the construction of the self: Self-enhancement in the United States and self-criticism in Japan. *Journal of Personality and Social Psychology, 72*, 1245-1267.

Klein, D. F., Gittelman, R., Quitkin, F., & Rifkin, A. (1980). *Diagnosis and drug treatment of psychiatric disorders: Adults and children* (2nd ed.). Baltimore: Williams & Wilkins.

Klein, D. F., & Klein, H. M. (1989). The definition and psychopharmacology of spontaneous panic and phobia: A critical review I. In P. J. Tyrer (Ed.), *Psychopharmacology of anxiety* (pp. 135-162). New York: Oxford University Press.

Klohnen, E. C., & Bera, S. (1998). Behavioral and experiential patterns of avoidantly and securely attached women across adulthood: A 31-year longitudinal perspective. *Journal of Personality and Social Psychology, 74*, 211-223.

Knafo, A., & Plomin, R. (2006). Parental discipline and affection and children's prosocial behavior: Genetic and environmental links. *Journal of Personality and Social Psychology, 90*, 147-164.

Kobak, R. R., & Sceery, A. (1988). Attachment in late adolescence: Working models, affect regulation, and representations of self and others. *Child Development, 59*, 135-146.

Koestner, R., & McClelland, D. C. (1990). Perspectives on competence motivation. In L. A. Pervin (Ed.), *Handbook of personality: Theory and research* (pp. 549-575). New York: Guilford Press.

Kohut, H. (1971). *The analysis of the self*. New York: International Universities Press. ［水野信義・笠原嘉（監訳）（1994）．自己の分析　みすず書房］

Kohut, H. (1977). *The restoration of the self*. New York: International Universities Press. ［本城秀次・笠原　嘉（監訳）（1995）．自己の修復　みすず書房］

Kohut, H. (1980). *Advances in self psychology*. New York: International Universities Press.

Kohut, H. (1984). *How does analysis cure?* Chicago: University of Chicago Press. ［幸　順子ほか（訳）（1995）．自己の治癒　みすず書房］

Kolb, B., & Whishaw, I. Q. (1998). Brain plasticity and behavior. *Annual Review of Psychology, 49*, 43-64.

Komarraju, M., & Karau, S. J. (2005). The relationship between the Big Five personality traits and academic motivation. *Personality and Individual Differences, 39*, 557-567.

Koriat, A., Melkman, R., Averill, J. R., & Lazarus, R. S. (1972). The self-control of emotional reactions to a stressful film. *Journal of Personality, 40,* 601-619.

Kosslyn, S. M., Cacioppo, J. T., Davidson, R. J., Hugdahl, K., Lovallo, W. R., Spiegel, D., et al. (2002). Bridging psychology and biology: The analysis of individuals in groups. *American Psychologist, 57,* 341-351.

Krahe, B. (1990). *Situation cognition and coherence in personality: An individual-centered approach.* Cambridge, UK: Cambridge University Press.

Kramer, P. D. (1993). *Listening to Prozac.* New York: Viking.

Kross, E., Ayduk, O., & Mischel, W. (2005). When asking *"why"* doesn't hurt: Distinguishing rumination from reflective processing of negative emotions. *Psychological Science, 16,* 709-715.

Ksir, C., Hart, C. L., & Ray, O. (2005). *Drugs, society, and human behavior* (11th ed.). New York: McGraw-Hill.

Kuhl, J. (1984). Volitional aspects of achievement motivation and learned helplessness: Toward a comprehensive theory of action control. In B. A. Maher (Ed.), *Progress in experimental personality research* (Vol. 13, pp. 91-171). New York: Academic Press.

Kuhl, J. (1985). From cognition to behavior: Perspectives for future research on action control. In J. Kuhl (Ed.), *Action control from cognition to behavior* (pp. 267-275). New York: Springer-Verlag.

Kuhnen, C., & Knutson, B. (2005). The neural basis of financial risk taking. *Neuron, 47,* 763-770.

Kunda, Z. (1990). The case for motivated reasoning. *Psychological Bulletin, 108,* 480-498.

Kunda, Z. (1999). *Social cognition: Making sense of people.* Cambridge, MA: MIT Press.

Lader, M. (1980). *Introduction to psychopharmacology.* Kalamazoo, MI: Upjohn.

LaHoste, G. J., Swanson, J. M., Wigal, S. S., Glabe, C., Wigal, T., King, N., et al. (1996). Dopamine D4 receptor gene polymorphism is associated with attention deficit hyperactivity disorder. *Molecular Psychiatry, 1,* 128-131.

Laing, R. D. (1965). *The divided self: An existential study in sanity and madness.* New York: Penguin. [阪本健二ほか(訳) (1971). ひき裂かれた自己:分裂病と分裂病質の実存的研究　みすず書房]

Lamiell, J. T. (1997). Individuals and the differences between them. In R. Hogan, J. Johnson, & S. Briggs (Eds.), *Handbook of personality psychology* (pp. 117-141). San Diego, CA: Academic Press.

Landfield, A. W., Stern, M., & Fjeld, S. (1961). Social conceptual processes and change in students undergoing psychotherapy. *Psychological Reports, 8,* 63-68.

Lang, P. J., & Lazovik, A. D. (1963). Experimental desensitization of a phobia. *Journal of Abnormal and Social Psychology, 66,* 519-525.

Langer, E. J. (1975). The illusion of control. *Journal of Personality and Social Psychology, 32,* 311-328.

Langer, E. J. (1977). The psychology of chance. *Journal for the Theory of Social Behavior, 7,* 185-207.

Langer, E. J., Janis, I. L., & Wolfer, J. A. (1975). *Reduction of psychological stress in surgical patients.* Unpublished manuscript, Yale University.

Larsen, R. J., Diener, E., & Emmons, R. A. (1986). Affect intensity and reactions to daily life. *Journal of Personality and Social Psychology, 51,* 803-814.

Larsen, R. J., & Kasimatis, M. (1990). Individual differences in entrainment of mood to the weekly calendar. *Journal of Personality and Social Psychology, 58,* 164-171.

Larsen, R. J., & Kasimatis, M. (1991). Day-to-day physical symptoms: Individual differences in the occurrence, duration, and emotional concomitants of minor daily illnesses. *Journal of Personality, 59,* 387-424.

Lawson, G. W., & Cooperrider, C. A. (1988). *Clinical psychopharmacology: A practical reference for nonmedical psychotherapists.* Rockville, MD: Aspen.

Lazar, S., Bush, G., Gollub, R. L., Fricchione, G. L., Khalsa, G., & Benson, H. (2000). Functional brain mapping of the relaxation response and meditation. *NeuroReport, 11,* 1581-1585.

Lazarus, A. A. (1961). Group therapy of phobic disorders by systematic desensitization. *Journal of Abnormal and Social Psychology, 63,* 504-510.

Lazarus, A. A. (1963). The treatment of chronic frigidity by systematic desensitization. *Journal of Nervous and Mental Diseases, 136,* 272-278.

Lazarus, R. S. (1976). *Patterns of adjustment.* New York: McGraw-Hill.

Lazarus, R. S. (1990). Theory-based stress measurement. *Psychological Inquiry, 1,* 3-13.

Lazarus, R. S. (2006). Emotions and interpersonal relationships: Toward a person-centered conceptualization of emotions and coping. *Journal of Personality, 74,* 9-46.

Lazarus, R. S., Eriksen, C. W., & Fonda, C. P. (1951). Personality dynamics and auditory perceptual recognition. *Journal of Personality, 58,* 113-122.

Lazarus, R. S., & Folkman, S. (1984). *Stress, appraisal, and coping.* New York: Springer. [本明寛・春木豊・織田正美(監訳) (1991). ストレスの心理学:認知的評価と対処の研究　実務教育出版]

Lazarus, R. S., & Longo, N. (1953). The consistency of psychological defense against threat. *Journal of Abnormal and Social Psychology, 48*, 495-499.

Leary, M. R. (2002). The self as a source of relational difficulties. *Self and Identity, 1*, 137-142.

Leary, M. R., & Downs, D. L. (1995). Interpersonal functions of the self-esteem motive: The self-esteem system as a sociometer. In M. H. Kernis (Ed.), *Efficacy, agency, and self-esteem* (pp. 123-144). New York: Kluwer Academic/Plenum Press.

Leary, M. R., & Tangney, J. P. (Eds.). (2003). *Handbook of self and identity*. New York: Guilford Press.

Leary, T. (1957). *Interpersonal diagnosis of personality*. New York: Ronald Press.

Leary, T., Litwin, G. H., & Metzner, R. (1963). Reactions to psilocybin administered in a supportive environment. *Journal of Nervous and Mental Diseases, 137*, 561-573.

LeDoux, J. (1996). *The emotional brain*. New York: Simon & Schuster. ［松本 元ほか（訳）(2003). エモーショナル・ブレイン：情動の脳科学　東京大学出版会］

LeDoux, J. E. (2001). *Synaptic self*. New York: Viking. ［谷垣暁美(訳) (2004). シナプスが人格をつくる：脳細胞から自己の総体へ　みすず書房］

Lemm, K., Shoda, Y., & Mischel, W. (1995). Can teleological behaviorism account for the effects of instructions on self-control without invoking cognition? *Behavioral and Brain Sciences, 18*, 135.

Lepper, M. R., Greene, D., & Nisbett, R. E. (1973). Undermining children's intrinsic interest with extrinsic reward: A test of the "overjustification" hypothesis. *Journal of Personality and Social Psychology, 28*, 129-137.

Lesch, K., Bengel, D., Heils, A., & Sabol, S. Z. (1996). Association of anxiety-related traits with a polymorphism in the serotonin transporter gene regulatory region. *Science, 274*, 1527-1531.

Letzring, T. D., Block, J., & Funder, D. C. (2005). Ego-control and ego-resiliency: Generalization of self-report scales based on personality descriptions from acquaintances, clinicians, and the self. *Journal of Research in Personality, 39*, 395-422.

Levine, R. (1991). *New developments in pharmacology* (Vol. 8, pp. 1-3). New York: Gracie Square Hospitals Publication.

Levy, S. R., Ayduk, O., & Downey, G. (2001). Rejection sensitivity: Implications for interpersonal and inter-group processes. In M. Leary (Ed.), *Interpersonal rejection* (pp. 251-289). New York: Oxford University Press.

Levy, S. R., Stroessner, S. J., & Dweck, C. S. (1998). Stereotype formation and endorsement: The role of implicit theories. *Journal of Personality and Social Psychology, 74*, 1421-1436.

Levy, S. R., West, T., Ramirez, L., & Karafantis, D. M. (2006). The Protestant work ethic: A lay theory with dual intergroup implications. *Group Processes and Intergroup Relations, 9*, 95-115.

Lewicki, P., Hill, T., & Czyzewska, M. (1992). Nonconscious acquisition of information. *American Psychologist, 47*, 796-801.

Lewin, K. (1935). *A dynamic theory of personality*. New York: McGraw-Hill. ［相良守次・小川 隆(訳) (1957). パーソナリティの力学説　岩波書店］

Lewin, K. (1936). *Principles of topological psychology*. New York: McGraw-Hill.

Lewin, K. (1951). *Field theory in social science; selected theoretical papers* (D. Cartwright, Ed.). New York: Harper & Row. ［猪俣佐登留(訳) (1979). 社会科学における場の理論　増補版　誠信書房］

Lewinsohn, P. M. (1975). The behavioral study and treatment of depression. In M. Hersen (Ed.), *Progress in behavior modification* (pp. 19-63). New York: Academic Press.

Lewinsohn, P. M., Clarke, G. N., Hops, H., & Andrews, A. (1990). Cognitive-behavioral treatment for depressed adolescents. *Behavior Therapy, 21*, 385-401.

Lewinsohn, P. M., Mischel, W., Chaplin, W., & Barton, R. (1980). Social competence and depression: The role of illusory self-perceptions. *Journal of Abnormal Psychology, 89*, 203-212.

Lewis, M. (1969). Infants' responses to facial stimuli during the first year of life. *Developmental Psychology, 1*, 75-86.

Lewis, M. (1990). Self-knowledge and social development in early life. In L. A. Pervin (Ed.), *Handbook of personality: Theory and research* (pp. 486-526). New York: Guilford Press.

Lewis, M. (1999). On the development of personality. In L. A. Pervin & O. P. John (Eds.), *Handbook of personality: Theory and research* (2nd ed., pp. 327-346). New York: Guilford Press.

Lewis, M. (2002). Models of development. In D. Cervone & W. Mischel (Eds.), *Advances in personality science* (pp. 153-176). New York: Guilford Press.

Lewis, M., & Haviland-Jones, J. M. (Eds.). (2000). *Handbook of emotions* (2nd ed.). New York: Guilford Press.

Lewontin, R. (2000). *The triple helix: Gene, organism, and environment*. Cambridge, MA: Harvard University Press.

Lieberman, M. A., Yalom, I. D., & Miles, M. B. (1973). *Encounter groups: First facts*. New York: Basic Books.

Lieberman, M. D. (2007). Social cognitive

neuroscience: A review of core processes. *Annual Review of Psychology, 58,* 259-289.

Liebert, R. M., & Allen, K. M. (1967). *The effects of rule structure and reward magnitude on the acquisition and adoption of self-reward criteria.* Unpublished manuscript, Vanderbilt University, Nashville, TN.

Lief, H. I., & Fox, R. S. (1963). Training for "detached concern" in medical students. In H. I. Lief, V. F. Lief, & N. R. Lief (Eds.), *The psychological basis of medical practice* (pp. 12-35). New York: Harper.

Lietaer, G. (1993). Authenticity, congruence, and transparency. In D. Brazier (Ed.), *Beyond Carl Rogers* (pp. 17-46). London: Constable.

Lindzey, G., & Runyan, W. M. (2007). *A history of psychology in autobiography* (Vol. 9). Washington, DC: American Psychological Association.

Linscheid, T. R., & Meinhold, P. (1990). The controversy over aversives: Basic operant research and the side effects of punishment. In A. C. Repp & N. N. Singh (Eds.), *Perspectives on the use of nonaversive and aversive interventions for persons with developmental disabilities* (pp. 435-450). Sycamore, IL: Sycamore.

Linton, R. (1945). *The cultural background of personality.* New York: Appleton. [清水幾太郎・犬養康彦(訳) (1952). 文化人類學入門 東京 創元社]

Linville, P. W., & Carlston, D. E. (1994). Social cognition of the self. In P. G. Devine, D. C. Hamilton, & T. M. Ostrom (Eds.), *Social cognition: Impact on social psychology* (pp. 143-193). New York: Academic Press.

Loehlin, J. C. (1992). *Genes and environment in personality development.* Newbury Park, CA: Sage.

Loehlin, J. C., McCrae, R. R., Costa, P. T., Jr., & John, O. P. (1998). Heritabilities of common and measure-specific components of the big five personality factors. *Journal of Research in Personality, 32,* 431-453.

Loehlin, J. C., & Nichols, R. C. (1976). *Heredity, environment, and personality: A study of 850 sets of twins.* Austin: University of Texas Press.

Loftus, E. F. (1993). The reality of repressed memories. *American Psychologist, 48,* 518-537.

Loftus, E. F. (1994). The repressed memory controversy. *American Psychologist, 49,* 443-445.

Loftus, E. F., & Klinger, M. R. (1992). Is the unconscious smart or dumb? *American Psychologist, 47,* 761-765.

Lott, A. J., & Lott, B. E. (1968). A learning theory approach to interpersonal attitudes. In A. G. Greenwald, T. C. Brock, & T. M. Ostrom (Eds.), *Psychological foundations of attitudes* (pp. 67-88). New York: Academic Press.

Lovaas, O. I., Berberich, J. P., Perloff, B. F., & Schaeffer, B. (1966). Acquisition of imitative speech by schizophrenic children. *Science, 151,* 705-707.

Lovaas, O. I., Berberich, J. P., Perloff, B. F., & Schaeffer, B. (1991). Acquisition of imitative speech by schizophrenic children. *Focus on Autistic Behavior, 6,* 1-5.

Luciano, M., Wainwright, M. A., Wright, M. J., & Martin, N. G. (2006). The heritability of conscientiousness facets and their relationship to IQ and academic achievement. *Personality and Individual Differences, 40,* 1189-1199.

Lyons, D. (1997). The feminine in the foundations of organizational psychology. *Journal of Applied Behavioral Science, 33,* 7-26.

Lyons, M. J., Goldberg, J., Eisen, S. A., True, W., Tsuang, M. T., Meyer, J. M., et al. (1993). Do genes influence exposure to trauma: A twin study of combat. *American Journal of Medical Genetics (Neuropsychiatric Genetics), 48,* 22-27.

Lyubomirsky, S., & Nolen-Hoeksema, S. (1993). Self-perpetuating properties of dysphoric rumination. *Journal of Personality and Social Psychology, 65,* 339-349.

Lyubomirsky, S., & Nolen-Hoeksema, S. (1995). Effects of self-focused rumination on negative thinking and interpersonal problem solving. *Journal of Personality and Social Psychology, 69,* 176-190.

Maccoby, E. E., & Jacklin, C. N. (1974). *The psychology of sex differences.* Stanford, CA: Stanford University Press.

MacDonald, K. (1998). Evolution, culture, and the Five-Factor Model. *Journal of Cross-Cultural Psychology, 29,* 119-149.

Madison, P. (1960). *Freud's concept of repression and defense: Its theoretical and observational language.* Minneapolis: University of Minnesota Press.

Magnusson, D. (1990). Personality development from an interactional perspective. In L. A. Pervin (Ed.), *Handbook of personality: Theory and research* (pp. 193-224). New York: Guilford Press.

Magnusson, D. (1999). Holistic interactionism: A perspective for research on personality development. In L. A. Pervin & O. P. John (Eds.), *Handbook of personality: Theory and research* (2nd ed., pp. 219-247). New York: Guilford Press.

Magnusson, D., & Endler, N. S. (1977). Interactional psychology: Present status and future prospects. In D. Magnusson & N. S. Endler (Eds.), *Personality at the crossroads: Current issues in interactional psychology* (pp. 3-31). Hillsdale, NJ: Erlbaum.

Maher, B. A. (1966). *Principles of psychotherapy:*

引用文献

An experimental approach. New York: McGraw-Hill.
Maher, B. A. (1979). Clinical psychology and personality: The selected papers of George Kelly. Huntington, NY: Wiley.
Main, M., Kaplan, N., & Cassidy, J. (1985). Security in infancy, childhood, and adulthood: A move to the level of representation. In I. Bretherton & E. Waters (Eds.), Growing points in attachment theory and research. Monographs of the Society for Research in Child Development, 50 (209), 66-104.
Malmo, R. B. (1959). Activation: A neuropsychological dimension. Psychological Review, 66, 367-386.
Malmquist, C. P. (1986). Children who witness parental murder: Post traumatic aspects. Journal of the American Academy of Child Psychiatry, 25, 320-325.
Manke, B., McGuire, S., Reiss, D., Hetherington, E. M., & Plomin, R. (1995). Genetic contributions to children's extrafamilial social interactions: Teachers, friends, and peers. Social Development, 4, 238-256.
Marcia, J. E. (1966). Development and validation of ego identity status. Journal of Personality and Social Psychology, 3, 551-558.
Marcia, J. E. (1980). Identity in adolescence. In J. Adelson (Ed.), Handbook of adolescent psychology (pp. 159-187). New York: Wiley.
Marcus, G. (2004). The birth of the mind. New York: Basic Books.［大隅典子(訳) (2005). 心を生みだす遺伝子　岩波書店］
Maricle, R. A., Kinzie, J. D., & Lewinsohn, P. (1988). Medication-associated depression: A two and one-half year follow-up of a community sample. International Journal of Psychiatry in Medicine, 18, 283-292.
Marks, I. M. (1987). Fears, phobias, and rituals. New York: Oxford University Press.
Marks, I. M., & Nesse, R. M. (1994). Fear and fitness: An evolutionary analysis of anxiety disorders. Ethology and Sociobiology, 15, 247-261.
Marks, J., Stauffacher, J. C., & Lyle, C. (1963). Predicting outcome in schizophrenia. Journal of Abnormal and Social Psychology, 66, 117-127.
Markus, H. (1977). Self-schemata and processing information about the self. Journal of Personality and Social Psychology, 35, 63-78.
Markus, H., & Cross, S. (1990). The interpersonal self. In L. A. Pervin (Ed.), Handbook of personality: Theory and research (pp. 576-608). New York: Guilford Press.
Markus, H. R., & Kitayama, S. (1991). Culture and the self: Implications for cognition, emotion, and motivation. Psychological Review, 98, 224-253.
Markus, H. R., & Kitayama, S. (1998). The cultural psychology of personality. Journal of Cross-Cultural Psychology, 29, 63-87.
Markus, H. R., Kitayama, S., & Heiman, R. J. (1996). Culture and basic psychological principles. In E. T. Higgins & A. W. Kruglanski (Eds.), Social psychology: Handbook of basic principles (pp. 857-913). New York: Guilford Press.
Markus, H., & Nurius, P. (1986). Possible selves. American Psychologist, 41, 954-969.
Martin, L. L., & Tesser, A. (1989). Toward a motivational and structural theory of ruminative thought. In J. S. Uleman & J. A. Bargh (Eds.), Unintended thought (pp. 306-323). New York: Guilford Press.
Martin, L. L., Tesser, A., & McIntosh, W. D. (1993). Wanting but not having: The effects of unattained goals on thoughts and feelings. In D. M. Wegner & J. Pennebaker (Eds.), Handbook of mental control (pp. 552-572). Englewood Cliffs, NJ: Prentice-Hall.
Martin, L. R., Friedman, H. S., Tucker, J. S., Tomlinson-Keasey, C., Criqui, M. H., & Schwartz, J. E. (2002). A life course perspective on childhood cheerfulness and its relation to mortality risk. Personality and Social Psychology Bulletin, 28, 1155-1165.
Maslow, A. H. (1965). Some basic propositions of a growth and self-actualization psychology. In G. Lindzey & C. Hall (Eds.), Theories of personality: Primary sources and research (pp. 307-316). New York: Wiley.
Maslow, A. H. (1968). Toward a psychology of being (2nd ed.). New York: Van Nostrand.［上田吉一(訳) (1998). 完全なる人間：魂のめざすもの　第2版　誠信書房］
Maslow, A. H. (1971). The farther reaches of human nature. New York: Viking.［上田吉一(訳) (1973). 人間性の最高価値　誠信書房］
Matas, W. H., Arend, R. A., & Sroufe, L. A. (1978). Continuity of adaptation in the second year: The relationship between quality of attachment and later competence. Child Development, 49, 547-556.
Matthews, K. A. (1984). Assessment of type A, anger, and hostility in epidemiological studies of cardiovascular disease. In A. Ostfeld & E. Eaker (Eds.), Measuring psychosocial variables in epidemiological studies of cardiovascular disease. Bethesda, MD: National Institutes of Health.
Matute, H. (1994). Learned helplessness and superstitious behavior as opposite effects of uncontrollable reinforcement in humans. Learning and Motivation, 25, 216-232.
May, R. (1961). Existential psychology. In R. May (Ed.), Existential psychology (pp. 11-51). New York: Random House.［佐藤幸治(訳編) (1966). 実存心理入門　誠信書房に所収］
McAdams, D. P. (1990). Motives. In V. Derlega, B.

Winstead, & W. Jones (Eds.), *Contemporary research in personality* (pp. 175-204). Chicago: Nelson Hall.

McAdams, D. P. (1992). The five-factor model in personality: A critical appraisal. *Journal of Personality, 60*, 329-361.

McAdams, D. P. (1995). What do we know when we know a person? *Journal of Personality, 63*, 365-396.

McAdams, D. P. (1999). Personal narratives and the life story. In L. A. Pervin & O. P. John (Eds.), *Handbook of personality: Theory and research* (2nd ed., pp. 478-500). New York: Guilford Press.

McAdams, D. P. (2005a). *The redemptive self: The stories Americans live by*. New York: Oxford University Press.

McAdams, D. P. (2005b). Studying lives in time: A narrative approach. In R. Levy, P. Ghisletta, J.-M. LeGoff, D. Spini, & E. Widmer (Eds.), *Advances in life course research: Toward an interdisciplinary perspective on the life course* (Vol. 10, pp. 237-258). London: Elsevier.

McAdams, D. P. (2006). *The person: A new introduction to personality psychology* (4th ed.). Hoboken, NJ: Wiley.

McAdams, D. P., & Constantian, C. A. (1983). Intimacy and affiliation motives in daily living: An experience sampling analysis. *Journal of Personality and Social Psychology, 45*, 851-861.

McAdams, D. P., Jackson, R. J., & Kirshnit, C. (1984). Looking, laughing, and smiling in dyads as a function of intimacy, motivation, and reciprocity. *Journal of Personality, 52*, 261-273.

McAdams, D. P., & Powers, J. (1981). Themes of intimacy in behavior and thought. *Journal of Personality and Social Psychology, 40*, 573-587.

McCardel, J. B., & Murray, E. J. (1974). Nonspecific factors in weekend encounter groups. *Journal of Consulting and Clinical Psychology, 42*, 337-345.

McClanahan, T. M. (1995). Operant learning (R-S) principles applied to nail-biting. *Psychological Report, 77*, 507-514.

McClelland, D. C. (1961). *The achieving society*. New York: Van Nostrand. [林 保(監訳) (1971). 達成動機：企業と経済発展におよぼす影響 産業能率短期大学出版部]

McClelland, D. C. (1985). How motives, skills and values determine what people do. *American Psychologist, 40*, 812-825.

McClelland, D. C. (1992). Motivational configurations. In C. P. Smith, J. W. Atkinson, D. C. McClelland, & J. Veroff (Eds.), *Motivation and personality: Handbook of thematic content analysis* (pp. 87-99). New York: Cambridge University Press.

McClelland, D. C., Atkinson, J. W., Clark, R. A., & Lowell, E. L. (1953). *The achievement motive.* New York: Appleton.

McConnell, A. R., & Leibold, J. M. (2001). Relations among the Implicit Association Test, discriminatory behavior, and explicit measures of racial attitudes. *Journal of Experimental Social Psychology, 37*, 435-442.

McCrae, R. R. (2004). Human nature and culture: A trait perspective. *Journal of Research in Personality, 38*, 3-14.

McCrae, R. R., & Allik, J. (2002). *The five-factor model of personality across cultures*. New York: Kluwer Acaademic/Plenum Press.

McCrae, R. R., & Costa, P. T., Jr. (1985). Updating Norman's "adequacy taxonomy": Intelligence and personality in dimensions in natural language and in questionnaires. *Journal of Personality and Social Psychology, 49*, 710-721.

McCrae, R. R., & Costa, P. T., Jr. (1987). Validation of the Five-Factor model of personality across instruments and observers. *Journal of Personality and Social Psychology, 52*, 81-90.

McCrae, R. R., & Costa, P. T., Jr. (1989). The structure of personality traits: Wiggins' circumplex and the five-factor model. *Journal of Personality and Social Psychology, 56*, 586-595.

McCrae, R. R., & Costa, P. T., Jr. (1990). *Personality in adulthood*. New York: Guilford Press.

McCrae, R. R., & Costa, P. T., Jr. (1996). Toward a new generation of personality theories: Theoretical contexts for the five-factor model. In J. S. Wiggins (Ed.), *The five-factor model of personality: Theoretical perspectives* (pp. 51-87). New York: Guilford Press.

McCrae, R. R., & Costa, P. T., Jr. (1997). Conceptions and correlates of openness and to experience. In R. Hogan, J. Johnson, & S. Briggs (Eds.), *Handbook of personality psychology* (pp. 825-847). San Diego, CA: Academic Press.

McCrae, R. R., & Costa, P. T., Jr. (1999). A five-factor theory of personality. In L. A. Pervin & O. P. John (Eds.), *Handbook of personality: Theory and Research* (2nd ed., pp. 139-153). New York: Guilford Press.

McCrae, R. R., Costa, P. T., Jr., Del Pilar, G. H., Rolland, J., & Parker, W. D. (1998). Cross-cultural assessment of the five-factor model: The Revised NEO Personality Inventory. *Journal of Cross-Cultural Psychology, 29*, 171-188.

McEwan, I. (2005). *Saturday*. New York: Anchor. [小山太一(訳) (2007). 土曜日 新潮社]

McFarland, C., & Buehler, R. (1997). Negative affective states and the motivated retrieval of positive life events: The role of affect acknowledgment. *Journal of Personality and Social Psychology, 73*, 200-214.

McGinnies, E. (1949). Emotionality and perceptual defense. *Psychological Review, 56*, 244-251.

McGuire, S., Neiderheiser, J. M., Reiss, D., Hetherington, E. M., & Plomin, R. (1994). Genetic and environmental influences on perceptions of self-worth and competence in adolescence: A study of twins, full siblings, and step siblings. *Child Development*, 65, 785-799.

McHenry, J. J., Hough, L. M., Toquam, J. L., Hanson, M. A., & Ashworth, S. (1991). Project A validity results: The relationship between predictor and criterion domains. *Personnel Psychology*, 43, 335-354.

Meehl, P. E. (1990). Why summaries of research on psychological theories are often uninterpretable. *Psychological Reports*, 66, 195-244.

Meehl, P. E. (1997). Credentialed persons, credentialed knowledge. *Clinical Psychology-Science and Practice*, 4, 91-98.

Meichenbaum, D. (1993). Changing conceptions of cognitive behavior modification: Retrospect and prospect. *Journal of Consulting and Clinical Psychology*, 61, 202-204.

Meichenbaum, D. H. (1995). Cognitive-behavioral therapy in historical perspective. In B. Bongar & L. E. Beutler (Eds.), *Comprehensive textbook of psychotherapy* (pp. 140-158). New York: Oxford University Press.

Meichenbaum, D. H., & Smart, I. (1971). Use of direct expectancy to modify academic performance and attitudes of college students. *Journal of Counseling Psychology*, 18, 531-535.

Meltzer, H. (1930). The present status of experimental studies of the relation of feeling to memory. *Psychological Review*, 37, 124-139.

Mendoza-Denton, R. (1999). Lay contextualism in stereotyping: Situational qualifiers of stereotypes in intuitive theories of dispositions (Doctoral dissertation, Columbia University, 1999). *Dissertation Abstracts International: Section B: The Sciences and Engineering*, 60, 412.

Mendoza-Denton, R., Ayduk, O., Mischel, W., Shoda, Y., & Testa, A. (2001). Person × situation interactionism in self-encoding (I am ... when ...): Implications for affect regulation and social information processing. *Journal of Personality and Social Psychology*, 80, 533-544.

Mendoza-Denton, R., Ayduk, O., Shoda, Y., & Mischel, W. (1997). A cognitive-affective processing system analysis of reactions to the O. J. Simpson verdict. *Journal of Social Issues*, 53, 565-583.

Mendoza-Denton, R., Downey, G., Purdie, V. J., Davis, A., & Pietrzak, J. (2002). Sensitivity to status-based rejection: Implications for African-American students' college experience. *Journal of Personality and Social Psychology*, 83, 896-918.

Mendoza-Denton, R., & Mischel, W. (2007). Integrating system approaches to culture and personality: The Cultural Cognitive-Affective Processing System (C-CAPS). In S. Kitayama & D. Cohen (Eds.), *Handbook of cultural psychology* (pp. 175-195). New York: Guilford Press.

Mendoza-Denton, R., Page-Gould, E., & Pietrzak, J. (2005). Mechanisms for coping with status-based rejection expectations. In S. Levin & C. Van Laar (Eds.), *Stigma and group inequality: Social psychological perspectives* (pp. 151-170). Mahwah, NJ: Erlbaum.

Mendoza-Denton, R., Shoda, Y., Ayduk, O., & Mischel, W. (1999). Applying CAPS theory to cultural differences in social behavior. In W. J. Lonner, D. L. Dinnel, D. K. Forgays, & S. A. Hayes (Eds.), *Merging past, present, and future: Selected papers from the 14th International Congress of the International Association for Cross-Cultural Psychology* (pp. 205-217). Lisse, The Netherlands: Swets & Zeitlinger.

Merluzzi, T. V., Glass, C. R., & Genest, M. (Eds.). (1981). *Cognitive assessment*. New York: Guilford Press.

Metcalfe, J., & Jacobs, W. J. (1998). Emotional memory: The effects of stress on "cool" and "hot" memory systems. In D. L. Medin (Ed.), *The psychology of learning and motivation: Advances in research and theory* (Vol. 38, pp. 187-222). San Diego, CA: Academic Press.

Metcalfe, J., & Mischel, W. (1999). A hot/cool-system analysis of delay of gratification: Dynamics of willpower. *Psychological Review*, 106, 3-19.

Milgram, N. (1993). War-related trauma and victimization: Principles of traumatic stress prevention in Israel. In J. P. Wilson & B. Raphael (Eds.), *International handbook of traumatic stress syndromes* (pp. 811-820). New York: Plenum Press.

Milgram, S. (1974). *Obedience to authority*. New York: Harper & Row. ［山形浩生（訳）（2007）. 服従の心理　河出書房新社］

Miller, N. E. (1948). Theory and experiment relating psychoanalytic displacement to stimulus response generalization. *Journal of Abnormal and Social Psychology*, 43, 155-178.

Miller, N. E. (1959). Liberalization of basic S-R concepts: Extensions to conflict behavior, motivation, and social learning. In S. Koch (Ed.), *Psychology: A study of a science* (Vol. 2, pp. 196-292). New York: McGraw-Hill.

Miller, N. E. (1963). Some reflections on the law of effect produce a new alternative to drive reduction. In M. R. Jones (Ed.), *Nebraska Symposium on Motivation* (Vol. 11, pp. 65-112). Lincoln: University of Nebraska Press.

Miller, N. E., & Dollard, J. (1941). *Social learning*

and imitation. New Haven: Yale University Press. ［山内光哉・祐宗省三・細田和雅（訳）（1956）．社会的学習と模倣　理想社］

Miller, S. M. (1979). Coping with impending stress: Physiological and cognitive correlates of choice. *Psychophysiology*, *16*, 572-581.

Miller, S. M. (1981). Predictablity and human stress: Towards a clarification of evidence and theory. In L. Berkowitz (Ed.), *Advances in experimental social psychology* (Vol. 14, pp. 203-256). New York: Academic Press.

Miller, S. M. (1987). Monitoring and blunting: Validation of a questionnaire to assess styles of information seeking under threat. *Journal of Personality and Social Psychology*, *52*, 345-353.

Miller, S. M. (1992). Individual differences in the coping process: What to know and when to know it. In B. N. Carpenter (Ed.), *Personal coping: Theory, research, application* (pp. 77-91). Westport, CT: Praeger.

Miller, S. M. (1996). Monitoring and blunting of threatening information: Cognitive interference and facilitation in the coping process. In I. G. Sarason, G. R. Pierce, & B. R. Sarason (Eds.), *Cognitive interference: Theories, methods, and findings* (pp. 175-190). Mahwah, NJ: Erlbaum.

Miller, S. M., & Green, M. L. (1985). Coping with threat and frustration: Origins, nature, and development. In M. Lewis & C. Soarni (Eds.), *Socialization of emotions* (Vol. 5, pp. 263-314). New York: Plenum Press.

Miller, S. M., & Mangan, C. E. (1983). The interacting effects of information and coping style in adapting to gynecologic stress: Should the doctor tell all? *Journal of Personality and Social Psychology*, *45*, 223-236.

Miller, S. M., Shoda, Y., & Hurley, K. (1996). Applying cognitive-social theory to health-protective behavior: Breast self-examination in cancer screening. *Psychological Bulletin*, *119*, 70-94.

Miller, T. Q., Smith, T. W., Turner, C. W., Guijarro, M. L., & Hallett, A. J. (1996). A meta-analytic review of research on hostility and physical health. *Psychological Bulletin*, *119*, 322-348.

Minuchin, S., Lee, W., & Simon, G. M. (1996). *Mastering family therapy: Journeys of growth and transformation*. New York: Wiley.

Mischel, H. N., & Mischel, W. (1973). *Readings in personality*. New York: Holt, Rinehart & Winston.

Mischel, H. N., & Mischel, W. (1983). The development of children's knowledge of self-control strategies. *Child Development*, *54*, 603-619.

Mischel, T. (1964). Personal constructs, rules, and the logic of clinical activity. *Psychological Review*, *71*, 180-192.

Mischel, W. (1965). Predicting the success of Peace Corps volunteers in Nigeria. *Journal of Personality and Social Psychology*, *1*, 510-517.

Mischel, W. (1968). *Personality and assessment*. New York: Wiley. ［詫摩武俊（監訳）（1992）．パーソナリティの理論：状況主義的アプローチ　誠信書房］

Mischel, W. (1969). Continuity and change in personality. *American Psychologist*, *24*, 1012-1018.

Mischel, W. (1973). Toward a cognitive social learning reconceptualization of personality. *Psychological Review*, *80*, 252-283.

Mischel, W. (1974). Processes in delay of gratification. In L. Berkowitz (Ed.), *Advances in experimental social psychology* (Vol. 7, pp. 249-292). New York: Academic Press.

Mischel, W. (1981a). Metacognition and the rules of delay. In J. H. Flavell & L. Ross (Eds.), *Social cognitive development: Frontiers and possible futures* (pp. 240-271). New York: Cambridge University Press.

Mischel, W. (1981b). Personality and cognition: Something borrowed, something new? In N. Cantor & J. Kihlstrom (Eds.), *Personality, cognition, and social interaction* (pp. 3-19). Hillsdale, NJ: Erlbaum.

Mischel, W. (1984). Convergences and challenges in the search for consistency. *American Psychologist*, *39*, 351-364.

Mischel, W. (1990). Personality dispositions revisited and revised: A view after three decades. In L. A. Pervin (Ed.), *Handbook of personality: Theory and research* (pp. 111-134). New York: Guilford Press.

Mischel, W. (2004). Toward an integrative science of the person. *Annual Review of Psychology*, *55*, 1-22.

Mischel, W. (2007). Walter Mischel. In G. Lindzey & W. M. Runyan (Eds.), *A history of psychology in autobiography* (Vol. IX, pp. 229-267). Washington, DC: American Psychological Association.

Mischel, W., & Ayduk, O. (2002). Self-regulation in a cognitive-affective personality system: Attentional control in the service of the self. *Self and Identity*, *1*, 113-120.

Mischel, W., & Ayduk, O. (2004). Willpower in a cognitive-affective processing system: The dynamics of delay of gratification. In R. F. Baumeister & K. D. Vohs (Eds.), *Handbook of self-regulation: Research, theory, and applications* (pp. 99-129). New York: Guilford Press.

Mischel, W., & Baker, N. (1975). Cognitive appraisals and transformations in delay behavior. *Journal of Personality and Social Psychology*, *31*,

引用文献

254-261.

Mischel, W., Cantor, N., & Feldman, S. (1996). Principles of self-regulation: The nature of willpower and self-control. In E. T. Higgins & A. W. Kruglanski (Eds.), Social psychology: Handbook of basic principles (pp. 329-360). New York: Guilford Press.

Mischel, W., & Ebbesen, E. B. (1970). Attention in delay of gratification. Journal of Personality and Social Psychology, 16, 239-337.

Mischel, W., Ebbesen, E. B., & Zeiss, A. R. (1972). Cognitive and attentional mechanisms in delay of gratification. Journal of Personality and Social Psychology, 21, 204-218.

Mischel, W., Ebbesen, E. B., & Zeiss, A. R. (1973). Selective attention to the self: Situational and dispositional determinants. Journal of Personality and Social Psychology, 27, 129-142.

Mischel, W., Ebbesen, E. B., & Zeiss, A. R. (1976). Determinants of selective memory about the self. Journal of Consulting and Clinical Psychology, 44, 92-103.

Mischel, W., & Moore, B. (1973). Effects of attention to symbolically-presented rewards on self-control. Journal of Personality and Social Psychology, 28, 172-179.

Mischel, W., & Morf, C. C. (2003). The self as a psycho-social dynamic processing system: A meta-perspective on a century of the self in psychology. In M. R. Leary & J. P. Tangney (Eds.), Handbook of self and identity (pp. 15-43). New York: Guilford Press.

Mischel, W., & Peake, P. K. (1982). In search of consistency: Measure for measure. In M. P. Zanna, E. T. Higgins, & C. P. Herman (Eds.), Consistency in social behavior: The Ontario symposium (Vol. 2, pp. 187-207). Hillsdale, NJ: Erlbaum.

Mischel, W., & Shoda, Y. (1994). Personality psychology has two goals: Must it be two fields? Psychological Inquiry, 5, 156-159.

Mischel, W., & Shoda, Y. (1995). A cognitive-affective system theory of personality: Reconceptualizing situations, dispositions, dynamics, and invariance in personality structure. Psychological Review, 102, 246-268.

Mischel, W., & Shoda, Y. (1998). Reconciling processing dynamics and personality dispositions. Annual Review of Psychology, 49, 229-258.

Mischel, W., & Shoda, Y. (1999). Integrating dispositions and processing dynamics within a unified theory of personality: The cognitive affective personality system (CAPS). In L. Pervin & O. John (Eds.), Handbook of personality: Theory and research (2nd ed., pp. 197-218). New York: Guilford Press.

Mischel, W., Shoda, Y., & Peake, P. K. (1988). The nature of adolescent competencies predicted by preschool delay of gratification. Journal of Personality and Social Psychology, 54, 687-696.

Mischel, W., Shoda, Y., & Rodriguez, M. L. (1989). Delay of gratification in children. Science, 244, 933-938.

Mischel, W., & Staub, E. (1965). Effects of expectancy on working and waiting for larger rewards. Journal of Personality and Social Psychology, 2, 625-633.

Miyake, A., Friedman, N. P., Emerson, M. J., Witzki, A. H., & Howerter, A. (2000). The unity and diversity of executive functions and their contributions to complex "frontal lobe" tasks: A latent variable analysis. Cognitive Psychology, 41, 49-100.

Molina, M. A. N. (1996). Archetypes and spirits: A Jungian analysis of Puerto Rican Espiritismo. Journal of Analytical Psychology, 41, 227-244.

Monro, R. (1955). Schools of psychoanalytic thought. New York: Holt, Rinehart and Winston.

Morf, C. C. (2006). Personality reflected in a coherent idiosyncratic interplay of intra- and interpersonal self-regulatory processes. Journal of Personality, 74, 1527-1556.

Morf, C. C., Ansara, D., & Shia, T. (2001). The effects of audience characteristics on narcissistic self-presentation. Manuscript in preparation, University of Toronto.

Morf, C. C., & Rhodewalt, F. (2001a). Expanding the dynamic self-regulatory processing model of narcissism: Research directions for the future. Psychological Inquiry, 12, 243-251.

Morf, C. C., & Rhodewalt, F. (2001b). Unraveling the paradoxes of narcissism: A dynamic self-regulatory processing model. Psychological Inquiry, 12, 177-196.

Morf, C. C., Weir, C. R., & Davidov, M. (2000). Narcissism and intrinsic motivation: The role of goal congruence. Journal of Experimental Social Psychology, 36, 424-438.

Morris, A. S., Silk, J. S., Steinberg, L., Sessa, F. M., Avenevoli, S., & Essex, M. J. (2002). Temperamental vulnerability and negative parenting as interacting of child adjustment. Journal of Marriage and the Family, 64, 461-471.

Morse, W. H., & Kelleher, R. T. (1966). Schedules using noxious stimuli I. Multiple fixed-ratio and fixed-interval termination of schedule complexes. Journal of the Experimental Analysis of Behavior, 9, 267-290.

Moskowitz, D. S. (1982). Coherence and cross-situational generality in personality: A new analysis of old problems. Journal of Personality and Social Psychology, 43, 754-768.

Moskowitz, D. S. (1988). Cross-situational generality

in the laboratory: Dominance and friendliness. *Journal of Personality and Social Psychology, 54*, 829-839.

Moskowitz, D. S. (1994). Cross-situational generality and the interpersonal circumplex. *Journal of Personality and Social Psychology, 66*, 921-933.

Mulaik, S. A. (1964). Are personality factors raters' conceptual factors? *Journal of Consulting Psychology, 28*, 506-511.

Murphy, S. T., & Zajonc, R. B. (1993). Affect, cognition, and awareness: Affective priming with optimal and suboptimal stimulus exposures. *Journal of Personality and Social Psychology, 64*, 723-739.

Murray, H. (1967). An autobiography. In E. G. Boring & G. Lindzey (Eds.), *A history of psychology in autobiography* (Vol. 5, pp. 285-310). New York: Appleton-Century-Crofts.

Murray, H. A., Barrett, W. G., & Homburger, E. (1938). *Explorations in personality*. New York: Oxford University Press.［外林大作（監訳）(1961-1962).　パーソナリティ　1・2　誠信書房］

Mussen, P. H., & Naylor, H. K. (1954). The relationship between overt and fantasy aggression. *Journal of Abnormal and Social Psychology, 49*, 235-240.

Nee, D. E., Wager, T. D., & Jonides, J. (2007). A meta-analysis of neuroimaging activations from interference-resolution tasks. *Cognitive, Affective, Behavioral Neuroscience, 7*, 1-17.

Neisser, U. (1967). *Cognitive psychology*. New York: Appleton.［大羽蓁（訳）(1981).　認知心理学　サイエンス社］

Nelson, R. J., Demas, G. E., Huang, P. L., Fishman, M. C., Dawson, V. L., Dawson, T. M., et al. (1995). Behavioural abnormalities in male mice lacking neuronal nitric synthase. *Nature, 378*, 383-386.

Nemeroff, C. J., & Karoly, P. (1991). Operant methods. In F. H. Kanfer & A. P. Goldstein (Eds.), *Helping people change: A textbook of methods* (4th ed., Vol. 52). New York: Pergamon Press.

Nesse, R. M. (2001). *Evolution and the capacity for commitment*. New York: Russell Sage.

Newcomb, T. M. (1929). *Consistency of certain extrovert-introvert behavior patterns in 51 problem boys*. New York: Columbia University, Teachers College, Bureau of Publications.

Niedenthal, P. M. (1990). Implicit perception of affective information. *Journal of Experimental Social Psychology, 25*, 505-527.

Nilson, D. C., Nilson, L. B., Olson, R. S., & McAllister, B. H. (1981). *The planning environment report for the Southern California Earthquake Safety Advisory Board*. Redlands, CA: Social Research Advisory and Policy Research Center.

Nisbett, R. (1990). Evolutionary psychology, biology, and cultural evolution. *Motivation and Emotion, 14*, 255-263.

Nisbett, R. E. (1997, May). *Cultures of honor: Economics, history, and the tradition of violence*. Address given at the Ninth Annual Convention of the American Psychological Society, Washington, DC.

Nisbett, R. E., & Cohen, D. (1996). *Culture of honor: The psychology of violence in the south*. Boulder, CO: Westview Press.［石井敬子・結城雅樹（編訳）(2009).　名誉と暴力：アメリカ南部の文化と心理　北大路書房］

Nisbett, R. E., Peng, K., Choi, I., & Norenzayan, A. (2001). Culture and systems of thought: Holistic vs. analytic cognition. *Psychological Review, 108*, 291-310.

Nisbett, R. E., & Ross, L. D. (1980). *Human inference: Strategies and shortcomings of social judgment*. Englewood Cliffs, NJ: Prentice-Hall.

Noftle, E. E., & Shaver, P. R. (2006). Attachment dimensions and the big five personality traits: Associations and comparative ability to predict relationship quality. *Journal of Research in Personality, 40*, 179-208.

Nolen-Hoeksema, S. (1997, May). *Emotion regulation and depression*. Closing plenary session at the Ninth Annual American Psychological Society Convention, Washington, DC.

Nolen-Hoeksema, S. (2000). The role of rumination in depressive disorders and mixed anxiety/depressive symptoms. *Journal of Abnormal Psychology, 109*, 504-511.

Nolen-Hoeksema, S., Parker, L. E., & Larson, J. (1994). Ruminative coping with depressed mood following loss. *Journal of Personality and Social Psychology, 67*, 92-104.

Norem, J. K., & Cantor, N. (1986). Anticipatory and post-hoc cushioning strategies: Optimism and defensive pessimism in "risky" situations. *Cognitive Therapy and Research, 10*, 347-362.

Norman, W. T. (1961). Development of self-report tests to measure personality factors identified from peer nominations. USAF ASK Technical Note, No. 61-44.

Norman, W. T. (1963). Toward an adequate taxonomy of personality attributes: Replicated factor structure in peer nomination personality ratings. *Journal of Abnormal and Social Psychology, 66*, 574-583.

Ochsner, K. N., & Gross, J. J. (2004). Thinking makes it so: A social cognitive neuroscience approach to emotion regulation. In R. F. Baumeister & K. D. Vohs (Eds.), *The handbook of self-regulation: Research, theory, and applications* (pp. 229-255). New York: Guilford Press.

Ochsner, K. N., & Gross, J. J. (2005). The cognitive

引用文献

control of emotion. *Trends in Cognitive Sciences, 9*, 242-249.
Ochsner, K. N., & Lieberman, M. D. (2001). The emergence of social cognitive neuroscience. *American Psychologist, 56*, 717-734.
O'Connell, D. F., & Alexander, C. N. (1994). Recovery from addictions using transcendental meditation and Maharishi Ayur-Veda. In D. F. O'Connell & C. N. Alexander (Eds.), *Self-recovery: Treating addictions using transcendental meditation and Maharishi Ayur-Veda* (pp. 1-12). New York: Haworth Press.
O'Connor, T. G., Hetherington, E. M., Reiss, D., & Plomin, R. (1995). A twin-sibling study of observed parent-adolescent interactions. *Child Development, 66*, 812-829.
O'Donohue, W., Henderson, D., Hayes, S., Fisher, J., & Hayes, L. (Eds.). (2001). *The history of the behavioral therapies: Founders, personal histories*. Reno, NV: Context Press.
Office of Strategic Services Administration. (1948). *Assessment of men*. New York: Holt, Rinehart and Winston.
Ofshe, R. J. (1992). Inadvertent hypnosis during interrogation: False confession due to dissociative state, misidentified multiple personality and the satanic cult hypothesis. *International Journal of Clinical and Experimental Hypnosis, 40*, 125-156.
Ofshe, R. J., & Watters, E. (1993). Making monsters. *Society, 1*, 4-16.
Oishi, S. (2004). Personality in culture: A neo-Allportian view. *Journal of Research in Personality, 38*, 68-74.
Oishi, S., Diener, E., Napa Scollon, C., & Biswas-Diener, R. (2004). Cross-situational consistency of affective experiences across cultures. *Journal of Personality and Social Psychology, 86*, 460-472.
O'Leary, V. (1997, August). *Smithsonian seminar on health and well-being*, sponsored by Society for the Psychological Study of Social Issues and American Psychological Society conducted at the Ninth Annual Conference of the American Psychological Society, Washington, DC.
Opler, M. K. (1967). Cultural induction of stress. In M. H. Appley & R. Trumbull (Eds.), *Psychological stress* (pp. 209-241). New York: Appleton.
Ornstein, R. E. (1972). *The psychology of consciousness*. San Francisco: Freeman. [北村晴朗・加藤孝義(訳) (1976). 意識の心理：知性と直観の統合 産業能率短期大学出版部]
Ornstein, R. E., & Naranjo, C. (1971). *On the psychology of meditation*. New York: Viking.
Osgood, C. E., Suci, G. J., & Tannenbaum, P. H. (1957). *The measurement of meaning*. Urbana: University of Illinois Press.
Overall, J. (1964). Note on the scientific status of factors. *Psychological Bulletin, 61*, 270-276.
Pagano, R. R., Rose, R. M., Stivers, R. M., & Warrenburg, S. (1976). Sleep during transcendental meditation. *Science, 191*, 308-309.
Parker, J. D. A., & Endler, N. S. (1996). Coping and defense: A historical overview. In M. Zeidner & N. S. Endler (Eds.), *Handbook of coping: Theory, research, applications* (pp. 3-23). New York: Wiley.
Patterson, C. J., & Mischel, W. (1975). Plans to resist distraction. *Developmental Psychology, 11*, 369-378.
Patterson, G. R. (1976). The aggressive child: Victim and architect of a coercive system. In L. A. Hamerlynck, L. C. Handy, & E. J. Mash (Eds.), *Behavior modification and families: Vol. 1. Theory and research* (pp. 267-316). New York: Brunner/Mazel.
Patterson, G. R. (Ed.). (1990). *Depression and aggression in family interaction*. Hillsdale, NJ: Erlbaum.
Patterson, G. R., & Fisher, P. A. (2002). Recent developments in our understanding of parenting: Bidirectional effects, causal models, and the search for parsimony. In M. H. Bornstein (Ed.), *Handbook of parenting: Vol. 5. Practical issues in parenting* (2nd ed., pp. 59-88). Mahwah, NJ: Erlbaum.
Paul, G. L. (1966). *Insight vs. desensitization in psychotherapy*. Stanford, CA: Stanford University Press.
Paulhus, D. L., Fridhandler, B., & Hayes, S. (1997). Psychological defense: Contemporary theory and research. In R. Hogan, J. A. Johnson, & S. R. Briggs (Eds.), *Handbook of personality psychology* (pp. 543-579). San Diego, CA: Academic Press.
Payne, K. B. (2001). Prejudice and perception: The role of automatic and controlled processes in misperceiving a weapon. *Journal of Personality and Social Psychology, 81*, 181-192.
Peake, P., Hebl, M., & Mischel, W. (2002). Strategic attention deployment in waiting and working situations. *Developmental Psychology, 38*, 313-326.
Pedersen, N. L., Plomin, R., McClearn, G. E., & Friberg, L. (1988). Neuroticism, extraversion, and related traits in adult twins reared apart and reared together. *Journal of Personality and Social Psychology, 55*, 950-957.
Pederson, F. A. (1958). Consistency data on the role construct repertory test. Unpublished manuscript, Ohio State University, Columbus.
Pennebaker, J. W. (1993). Social mechanisms of constraint. In D. M. Wegener & J. W. Pennebaker (Eds.), *Handbook of mental control* (pp. 200-219). Englewood Cliffs, NJ: Prentice-Hall.

Pennebaker, J. W. (1997). Writing about emotional experiences as a therapeutic process. *Psychological Science*, 8, 162-166.

Pennebaker, J. W., Colder, M., & Sharp, L. K. (1990). Accelerating the coping process. *Journal of Personality and Social Psychology*, 58, 528-537.

Pennebaker, J. W., & Graybeal, A. (2001). Patterns of natural language use: Disclosure, personality, and social integration. *Current Directions in Psychological Science*, 10, 90-93.

Pennebaker, J. W., Kiecolt-Glaser, J. K., & Glaser, R. (1988). Disclosure of traumas and immune function: Health implications for psychotherapy. *Journal of Consulting and Clinical Psychology*, 56, 239-245.

Perls, F. S. (1969). *Gestalt therapy verbatim*. Lafayette, CA: Real People Press. ［倉戸ヨシヤ（監訳）（2009）．ゲシュタルト療法バーベイティム　ナカニシヤ出版］

Perry, J. C., & Cooper, S. H. (1989). An empirical study of defense mechanisms, I. Clinical interviews and life vignette ratings. *Archives of General Psychiatry*, 46, 444-452.

Pervin, L. A. (1994). A critical analysis of trait theory. *Psychological Inquiry*, 5, 103-113.

Pervin, L. A. (1996). *The science of personality*. New York: Wiley.

Pervin, L. A. (1999). The cross-cultural challenge to personality. In Y. Lee & C. R. McCauley (Eds.), *Personality and person perception across cultures* (pp. 23-41). Mahwah, NJ: Erlbaum.

Peterson, C., & Seligman, M. E. P. (1987). Explanatory style and illness. *Journal of Personality*, 55, 237-265.

Peterson, C., Seligman, M. E. P., & Vaillant, G. E. (1988). Pessimistic explanatory style is a risk factor of physical illness: A thirty-five-year longitudinal study. *Journal of Personality and Social Psychology*, 55, 23-27.

Peterson, D. R. (1968). *The clinical study of social behavior*. New York: Appleton.

Petrie, K. J., Booth, R. J., Pennebaker, J. W., Davison, K. P., & Thomas, M. G. (1995). Disclosure of trauma and immune response to a hepatitis vaccination program. *Journal of Consulting and Clinical Psychology*, 63, 787-792.

Phares, E. J. (1976). *Locus of control in personality*. Morristown, NJ: General Learning Press.

Phillips, K., & Mathews, A. P., Jr. (1995). Quantitative genetic analysis of injury liability in infants and toddlers. *American Journal of Medical Genetics (Neuropsychiatric Genetics)*, 60, 64-71.

Pierce, T., Baldwin, M. K., & Lydon, J. E. (1997). A relational schema approach to social support. In G. R. Pierce, B. Lakey, I. G. Sarason, & B. R. Sarason (Eds.), *Sourcebook of social support and personality* (pp. 19-47). New York: Plenum Press.

Pike, A., Reiss, D., Hetherington, E. M., & Plomin, R. (1996). Using MZ differences in the search for nonshared environmental effects. *Journal of Child Psychology and Psychiatry*, 37, 695-704.

Pine, D. S., Cohen, P., Johnson, J. G., & Brook, J. S. (2002). Adolescent life events as predictors of adult depression. *Journal of Affective Disorders*, 68, 49-57.

Pinker, S. (1997). *How the mind works*. New York: Norton. ［椋田直子・山下篤子（訳）（2003）．心の仕組み：人間関係にどう関わるか　上・中・下　日本放送出版協会］

Plaks, J. E., Shafer, J. L., & Shoda, Y. (2003). Perceiving individuals and groups as coherent: How do perceivers make sense of variable behavior? *Social Cognition*, 21, 26-60.

Plaud, J. J., & Gaither, G. A. (1996). Human behavioral momentum: Implications for applied behavior analysis and therapy. *Journal of Behavior Therapy and Experimental Psychiatry*, 27, 139-148.

Plaud, J. J., & Gaither, G. A. (1996). Behavioral momentum: Implications and development from reinforcement theories. *Behavior Modification*, 20, 183-201.

Plomin, R. (1981). Ethnological behavioral genetics and development. In K. Immelmann, G. W. Barlow, L. Petrinovich, & M. Main (Eds.), *Behavioral development: The Bielefeld interdisciplinary project*. Cambridge, UK: Cambridge University Press.

Plomin, R. (1990). The role of inheritance in behavior. *Science*, 248, 183-188.

Plomin, R. (1994). The Emanuel Miller Memorial Lecture 1993: Genetic research and identification of environmental influences. *Journal of Child Psychology and Psychiatry*, 35, 817-834.

Plomin, R., & Caspi, A. (1999). Behavioral genetics and personality. In L. A. Pervin & O. P. John (Eds.), *Handbook of personality theory and research* (2nd ed., pp. 251-276). New York: Guilford Press.

Plomin, R., Chipuer, H. M., & Loehlin, J. C. (1990). Behavioral genetics and personality. In L. A. Pervin (Ed.), *Handbook of personality: Theory and research* (pp. 225-243). New York: Guilford Press.

Plomin, R., Chipuer, H. M., & Neiderhiser, J. M. (1994). Behavioral genetic evidence for the importance of non-shared environment. In E. M. Hetherington, D. Reiss, & R. Plomin (Eds.), *Separate social worlds of siblings: Impact of nonshared environment on development* (pp. 1-31). Hillsdale, NJ: Erlbaum.

Plomin, R., DeFries, J. C., McClearn, G. E., & Rutter,

引用文献

M. (1997). *Behavioral genetics* (3rd ed.). New York: Freeman.
Plomin, R., Manke, B., & Pike, A. (1996). Siblings, behavioral genetics, and competence. In G. H. Brody (Ed.), *Sibling relationships: Their causes and consequences* (pp. 75-104). Norwood, NJ: Ablex.
Plomin, R., McClearn, G. E., Pedersen, N. L., Nesselroade, J. R., & Bergeman, C. S. (1988). Genetic influence on childhood family environment perceived retrospectively from the last half of the life span. *Developmental Psychology, 24*, 738-745.
Plomin, R., Owen, M. J., & McGuffin, P. (1994). The genetic basis of complex human behaviors. *Science, 264*, 1733-1739.
Plomin, R., & Rende, R. (1991). Human behavioral genetics. *Annual Review of Psychology, 42*, 161-190.
Plomin, R., & Saudino, K. J. (1994). Quantitative genetics and molecular genetics. In J. E. Bates & T. D. Watts (Eds.), *Temperament: Individual differences at the interface of biology and behavior* (pp. 143-171). Washington, DC: American Psychological Association.
Poortinga, Y. H., & Hemert, D. A. (2001). Personality and culture: Demarcating between the common and the unique. *Journal of Personality, 69*, 1033-1060.
Polster, E., & Polster, M. (1993). Frederick Perls: Legacy and invitation. *Gestalt Journal, 16*, 23-25.
Posner, M. I., & Rothbart, M. K. (1991). Attentional mechanisms and conscious experience. In M. Rugg & A. D. Milner (Eds.), *The neuropsychology of consciousness* (pp. 91-112). San Diego, CA: Academic Press.
Posner, M. I., & Rothbart, M. K. (1998). Attention, self-regulation, and consciousness. *Philosophical Transactions of the Royal Society of London B, 353*, 1915-1927.
Potter, W. Z., Rudorfer, M. V., & Manji, H. K. (1991). The pharmacologic treatment of depression. *New England Journal of Medicine, 325*, 633-642.
Powell, G. E. (1973). Negative and positive mental practice in motor skill acquisition. *Perceptual and Motor Skills, 37*, 312-313.
Purdie, V., & Downey, G. (2000). Rejection sensitivity and adolescent girls' vulnerability to relationship-centered difficulties. *Child Maltreatment, 5*, 338-349.
Rachman, S. (1967). Systematic desensitization. *Psychological Bulletin, 67*, 93-103.
Rachman, S. J. (1996). Trends in cognitive and behavioural therapies. In P. M. Salkovskis (Ed.), *Trends in cognitive and behavioural therapies* (pp. 1-23). New York: Wiley.
Rachman, S., & Cuk, M. (1992). Fearful distortions. *Behaviour Research and Therapy, 30*, 583-589.
Rachman, S., & Hodgeson, R. J. (1980). *Obsessions and compulsions*. Englewood Cliffs, NJ: Prentice-Hall.
Rachman, S., & Wilson, G. T. (1980). *The effects of psychological therapy*. Oxford, UK: Pergamon Press.
Ramsey, E., Patterson, G. R., & Walker, H. M. (1990). Generalization of the antisocial trait from home to school settings. *Journal of Applied Developmental Psychology, 11*, 209-223.
Rapaport, D. (1967). *The collected papers of David Rapaport*. New York: Basic Books.
Raush, H. L., Barry, W. A., Hertel, R. K., & Swain, M. A. (1974). *Communication conflict and marriage*. San Francisco: Jossey-Bass.
Raymond, M. S. (1956). Case of fetishism treated by aversion therapy. *British Medical Journal, 2*, 854-857.
Redd, W. H. (1995). Behavioral research in cancer as a model for health psychology. *Health Psychology, 14*, 99-100.
Redd, W. H., Porterfield, A. L., & Anderson, B. L. (1978). *Behavior modification: Behavioral approaches to human problems*. New York: Random House.
Reiss, D., Neiderhiser, J. M., Hetherington, E. M., & Promin, R. (2000). *The relationship code: Deciphering genetic and social influences on adolescent development*. Cambridge, MA: Harvard University Press.
Rhodewalt, F., & Eddings, S. K. (2002). Narcissus reflects: Memory distortion in response to ego-relevant feedback among high- and low-narcissistic men. *Journal of Research in Personality, 36*, 97-116.
Richards, J. M., & Gross, J. J. (2000). Emotion regulation and memory: The cognitive costs of keeping one's cool. *Journal of Personality and Social Psychology, 79*, 410-424.
Riemann, R., Angleitner, A., & Strelau, J. (1997). Genetic and environmental influences on personality: A study of twins reared together using the self- and peer report NEO-FFI scales. *Journal of Personality, 65*, 449-476.
Riger, S. (1992). Epistemological debates, feminist voices: Science, social values, and the study of women. *American Psychologist, 47*, 730-740.
Rimm, D. C., & Masters, J. C. (1974). *Behavior therapy: Techniques and empirical findings*. New York: Academic Press.
Rippetoe, P. A., & Rogers, R. W. (1987). Effects of components of protection-motivation theory on adaptive and maladaptive coping with a health threat. *Journal of Personality and Social Psychology, 52*, 596-604.
Roazen, P. (1974). *Freud and his followers*. New

York: Meridian. ［岸田 秀ほか（訳）（1987-1988）．フロイトとその後継者たち 上・下 誠信書房］

Roberts, B. W., Kuncel, N. R., Shiner, R., Caspi, A., & Goldberg, L. R.（2007）. The power of personality: The comparative validity of personality traits, socio-economic status, and cognitive ability for predicting important life outcomes. *Perspectives on Psychological Science, 2*, 313-345.

Robinson, J. L., Kagan, J., Reznick, J. S., & Corley, R.（1992）. The heritability of inhibited and uninhibited behavior: A twin study. *Developmental Psychology, 28*, 1030-1037.

Rodriguez, M. L., Mischel, W., & Shoda, Y.（1989）. Cognitive person variables in the delay of gratification of older children at-risk. *Journal of Personality and Social Psychology, 57*, 358-367.

Roese, N. J., Pennington, G. L., Coleman, J., Janicki, M., Li, N. P., & Kenrick, D. T.（2006）. Sex differences in regret: All for love or some for lust? *Personality and Social Psychology Bulletin, 32*, 770-780.

Rogers, C. R.（1942）. *Counseling and psychotherapy: Newer concepts in practice*. Boston: Houghton Mifflin.［末武康弘・保坂 亨・諸富祥彦（訳）（2005）．カウンセリングと心理療法；実践のための新しい概念 ロジャーズ主要著作集 岩崎学術出版社］

Rogers, C. R.（1947）. Some observations on the organization of personality. *American Psychologist, 2*, 358-368.

Rogers, C. R.（1951）. *Client-centered therapy: Its current practice, implications and theory*. Boston: Houghton Mifflin.［保坂 亨・諸富祥彦・末武康弘（訳）（2005）．クライアント中心療法 ロジャーズ主要著作集 岩崎学術出版社］

Rogers, C. R.（1955）. Persons or science? A philosophical question. *American Psychologist, 10*, 267-278.

Rogers, C. R.（1959）. A theory of therapy, personality and interpersonal relationships, as developed in the client-centered framework. In S. Koch（Ed.）, *Psychology: A study of a science*（Vol. 3, pp. 184-256）. New York: McGraw-Hill.

Rogers, C. R.（1963）. The actualizing tendency in relation to "motives" and to consciousness. In M. R. Jones（Ed.）, *Nebraska Symposium on Motivation*（pp. 1-24）. Lincoln: University of Nebraska Press.

Rogers, C. R.（1967）. Autobiography. In E. Boring & G. Lindzey（Eds.）, *A history of psychology in autobiography*（Vol. V, pp. 343-384）. New York: Appleton-Century-Crofts.

Rogers, C. R.（1970）. *Carl Rogers on encounter groups*. New York: Harper & Row.［畠瀬 実・畠瀬直子（訳）（2007）．エンカウンター・グループ：人間信頼の原点を求めて 新版 創元社］

Rogers, C. R.（1974）. In retrospect: Forty-six years. *American Psychologist, 29*, 115-123.

Rogers, C. R., & Dymond, R. F.（Eds.）.（1954）. *Psychotherapy and personality change, co-ordinated studies in the client-centered approach*. Chicago: University of Chicago Press.

Rogers, T. B.（1977）. Self-reference in memory: Recognition of personality items. *Journal of Research in Personality, 11*, 295-305.

Rogers, T. B., Kuiper, N. A., & Kirker, W. S.（1977）. Self-reference and the encoding of personal information. *Journal of Personality and Social Psychology, 35*, 677-688.

Romer, D., & Revelle, W.（1984）. Personality traits: Fact or fiction? A critique of the Shweder and D'Andrade systematic distortion hypothesis. *Journal of Personality and Social Psychology, 47*, 1028-1042.

Rorer, L. G.（1990）. Personality assessment: A conceptual survey. In L. A. Pervin（Ed.）, *Handbook of personality: Theory and research*（pp. 693-720）. New York: Guilford Press.

Rosch, E.（1975）. Cognitive reference points. *Cognitive Psychology, 1*, 532-547.

Rosch, E., Mervis, C., Gray, W., Johnson, D., & Boyce-Braem, P.（1976）. Basic objects in natural categories. *Cognitive Psychology, 8*, 382-439.

Rosenhan, D. L.（1973）. On being sane in insane places. *Science, 179*, 250-258.

Rosenthal, R., & Jacobson, L.（1968）. *Pygmalion in the classroom: Teacher expectation and pupils' intellectual development*. New York: Holt, Rinehart & Winston.

Rosenthal, R., & Rubin, D.（1978）. Interpersonal expectancy effects: The first 345 studies. *Behavioral and Brain Sciences, 3*, 377-415.

Rosenzweig, S., & Mason, G.（1934）. An experimental study of memory in relation to the theory of repression. *British Journal of Psychology, 24*, 247-265.

Ross, L. D.（1977）. The intuitive psychologist and his shortcomings: Distortions in the attribution process. In L. Berkowitz（Ed.）, *Advances in experimental social psychology*（Vol. 10, pp. 173-220）. New York: Academic Press.

Ross, L., & Nisbett, R. E.（1991）. *The person and the situation: Perspectives of social psychology*. New York: McGraw-Hill.

Rossini, E. D., & Moretti, R. J.（1997）. Thematic Apperception Test（TAT）interpretation: Practice recommendations from a survey of clinical psychology doctoral programs accredited by the American Psychological Association. *Professional Psychology Research and Practice, 28*, 393-398.

Roth, S., & Newman, E.（1990）. The process of coping with sexual trauma. *Journal of Traumatic*

Stress, 4, 279-297.
Rothbart, M. K., Derryberry, D., & Posner, M. I. (1994). A psychobiological approach to the development of temperament. In J. E. Bates & T. D. Wachs (Eds.), Temperament: Individual differences at the interface of biology and behavior (pp. 83-116). Washington, D.C.: American Psychological Association.
Rothbart, M. K., Posner, M. I., & Gerardi, G. M. (1997, April). Effortful control and the development of temperament. Symposium presented at the biennial meeting of the Society for Research in Child Development, Washington, DC.
Rotter, J. B. (1954). Social learning and clinical psychology. Englewood Cliffs, NJ: Prentice-Hall.
Rotter, J. B. (1966). Generalized expectancies for internal versus external control of reinforcement. Psychological Monographs, 80, 1-28.
Rotter, J. B. (1972). Beliefs, social attitudes, and behavior: A social learning analysis. In J. B. Rotter, J. E. Chance, & E. J. Phares (Eds.), Applications of a social learning theory of personality (pp. 335-350). New York: Holt, Rinehart and Winston.
Roussi, P., Miller, S. M., & Shoda, Y. (2000). Discriminative facility in the face of threat: Relationship to psychological distress. Psychology and Health, 15, 21-33.
Rowan, J. (1992). What is humanistic psychotherapy? British Journal of Psychotherapy, 9, 74-83.
Rowe, D. C. (1981). Environmental and genetic influences on dimensions of perceived parenting: A twin study. Developmental Psychology, 17, 203-208.
Rowe, D. C. (1983). A biometrical analysis of perceptions of family environment: A study of twin and singleton sibling kinships. Child Development, 54, 416-423.
Rowe, D. C. (1997). Genetics, temperament, and personality. In R. Hogan, J. Johnson, & S. Briggs (Eds.), Handbook of personality psychology (pp. 367-386). San Diego, CA: Academic Press.
Royce, J. E. (1973). Does person or self imply dualism? American Psychologist, 28, 833-866.
Rubin, I. J. (1967). The reduction of prejudice through laboratory training. Journal of Applied Behavioral Science, 3, 29-50.
Rubin, K. H., Cheah, C. S. L., & Fox, N. (2001). Emotion regulation, parenting, and display of social reticence in preschoolers. Early Education, and Development, 12, 97-115.
Runyan, W. M. (1997). Studying lives: Psychobiography and the conceptual structure of personality psychology. In R. Hogan, J. Johnson, & S. Briggs (Eds.), Handbook of personality psychology (pp. 41-69). San Diego, CA: Academic Press.
Runyan, W. M. (2005). Evolving conceptions of psychobiography and the study of lives: Encounters with psychoanalysis, personality psychology and historical science. In W. T. Schultz (Ed.), Handbook of psychobiography (pp. 19-41). New York: Oxford University Press.
Rushton, J. P., Fulker, D. W., Neale, M. C., Nias, D. K. B., & Eysenck, H. J. (1986). Altruism and aggression: The heritability of individual differences. Journal of Personality and Social Psychology, 50, 1192-1198.
Rusting, C. L., & Nolen-Hoeksema, S. (1998). Regulating responses to anger: Effects on rumination and distraction on angry mood. Journal of Personality and Social Psychology, 74, 790-803.
Rutter, M. (2006, May). Why the different forms of gene-environment interplay matter. Keynote address, Association for Psychological Science, 18th Annual Convention, New York, NY.
Rutter, M., Dunn, J., Plomin, R., Simonoff, E., Pickles, A., Maughan, B., et al. (1997). Integrating nature and nurture: Implications of person-environment correlations and interactions for developmental psychopathology. Development and Psychopathology, 9, 335-364.
Ryan, R. M. (1982). Control and information in the intrapersonal sphere: An extension of cognitive evaluation theory. Journal of Personality and Social Psychology, 43, 450-461.
Ryan, R. M., & Deci, E. L. (2001). On happiness and human potentials: A review of research on hedonic and eudaimonic well-being. Annual Review of Psychology, 52, 141-166.
Sadalla, E. K., Kenrick, D. T., & Vershure, B. (1987). Dominance and heterosexual attraction. Journal of Personality and Social Psychology, 52, 730-738.
Saley, E., & Holdstock, L. (1993). Encounter group experiences of black and white South Africans in exile. In D. Brazier (Ed.), Beyond Carl Rogers (pp. 201-216). London: Constable.
Sapolsky, R. M. (1996). Why stress is bad for your brain. Science, 273, 749-750.
Sarason, I. G. (1966). Personality: An objective approach. New York: Wiley.
Sarason, I. G. (1979). Life stress, self-preoccupation, and social supports. Presidential address, Western Psychological Association.
Sartre, J. P. (1956). Existentialism. In W. Kaufman (Ed.), Existentialism from Dostoyevsky to Sartre (pp. 222-311). New York: Meridian.
Sartre, J. P. (1965). Existentialism and humanism (P. Mairet, Trans.). London: Methuen.
Saucier, G., & Goldberg, L. R. (1996). Evidence for the Big Five in analyses of familiar English personality adjectives. European Journal of Personality, 10, 61-77.

Saudino, K. J., & Eaton, W. O. (1991). Infant temperament and genetics: An objective twin study of motor activity level. *Child Development, 62*, 1167-1174.

Saudino, K. J., & Plomin, R. (1996). Personality and behavioral genetics: Where have we been and where are we going? *Journal of Research in Personality, 30*, 335-347.

Saudou, F., Amara, D. A., Dierich, A., LeMur, M., Ramboz, S., Segu, L., et al. (1994). Enhanced aggressive behavior in mice lacking 5-HT1B receptor. *Science, 265*, 1875-1878.

Schachter, D. (1995). *Searching for memory*. New York: Basic Books.

Schank, R., & Abelson, R. P. (1977). *Scripts, plans, goals, and understanding*. Hillsdale, NJ: Erlbaum.

Scheier, M. F., & Carver, C. S. (1987). Dispositional optimism and physical well-being: The influence of generalized outcome expectancies on health. *Journal of Personality, 55*, 169-210.

Scheier, M. F., & Carver, C. S. (1992). Effects of optimism on psychological and physical well-being: Theoretical overview and empirical update. *Cognitive Therapy and Research, 16*, 201-228.

Scheier, M. F., Weintraub, J. K., & Carver, C. S. (1986). Coping with stress: Divergent strategies of optimists and pessimists. *Journal of Personality and Social Psychology, 51*, 1257-1264.

Schmidt, F. L., Ones, D. S., & Hunter, J. E. (1992). Personnel selection. *Annual Review of Psychology, 43*, 627-670.

Schmidt, L. A., & Fox, N. A. (1999). Conceptual, biological, and behavioral distinctions among different categories of shy children. In L. A. Schmidt & J. Schulkin (Eds.), *Extreme fear, shyness, and social phobia: Origins, biological mechanisms, and clinical outcomes* (pp. 47-66). New York: Oxford University Press.

Schmidt, L. A., & Fox, N. A. (2002). Individual differences in childhood shyness: Origins, malleability, and developmental course. In D. Cervone & W. Mischel (Eds.), *Advances in personality science* (pp. 83-105). New York: Guilford Press.

Schneider, D. J. (1973). Implicit personality theory: A review. *Psychological Bulletin, 73*, 294-309.

Schooler, J. W. (1994). Seeking the core: The issues and evidence surrounding recovered accounts of sexual trauma. *Consciousness and Cognition, 3*, 452-469.

Schooler, J. W. (1997). Reflections on a memory discovery. *Child Maltreatment, 2*, 126-133.

Schooler, J. W., Bendiksen, M., & Ambadar, Z. (1997). Taking the middle line: Can we accommodate both fabricated and recovered memories of sexual abuse? In M. Conway (Ed.), *False and recovered memories* (pp. 251-292). Oxford, UK: Oxford University Press.

Schutz, W. C. (1967). *Joy: Expanding human awareness*. New York: Grove.

Schwartz, C. E., Wright, C. I., Shin, L. M., Kagan, J., & Rauch, S. L. (2003). Inhibited and uninhibited infants "grown up": Adult amygdalar response to novelty. *Science, 300*, 1952-1953.

Schwarz, N. (1990). Feelings and information: Informational and motivational functions of affective states. In R. M. Sorrentino & E. T. Higgins (Eds.), *Handbook of motivation and cognition: Foundations of social behavior* (Vol. 2, pp. 527-561). New York: Guilford Press.

Sears, R. R. (1936). Functional abnormalities of memory with special reference to amnesia. *Psychological Bulletin, 33*, 229-274.

Sears, R. R. (1943). *Survey of objectives studies of psychoanalytic concepts* (Bulletin 51). New York: Social Sciences Research Council.

Sears, R. R. (1944). Experimental analysis of psychoanalytic phenomena. In J. McV. Hunt (Ed.), *Personality and the behavior disorders* (pp. 306-332). New York: Ronald Press.

Sedlins, M., & Shoda, Y. (2007, January). *Mental organization and memory: Gender affects confusion errors for celebrity names*. Poster session presented at the annual conference of the Society for Personality and Social Psychology, Memphis, TN.

Segal, N. L. (1999). *Entwined lives: Twins and what they tell us about human behavior*. New York: Plume.

Seligman, M. E. P. (1971). Phobias and preparedness. *Behavior Therapy, 2*, 307-320.

Seligman, M. E. P. (1975). *Helplessness: On depression, development, and death*. San Francisco: Freeman.［平井 久・木村 駿(監訳) (1985). うつ病の行動学：学習性絶望感とは何か　誠信書房］

Seligman, M. E. P. (1978). Comment and integration. *Journal of Abnormal Psychology, 87*, 165-179.

Seligman, M. E. P. (1990). *Learned optimism*. New York: A. A. Knopf.［山村宜子(訳) (1994). オプティミストはなぜ成功するか　講談社文庫　講談社］

Seligman, M. E. P. (2002). *Authentic happiness: Using the new positive psychology to realize your potential for lasting fulfillment*. New York: Free Press.［小林裕子(訳) (2004). 世界でひとつだけの幸せ：ポジティブ心理学が教えてくれる満ち足りた人生　アスペクト］

Seligman, M. E. P., & Hager, J. L. (1972). *Biological boundaries of learning*. New York: Appleton-Century-Crofts.

Seligman, M. E. P., Reivich, K., Jaycox, L., & Gillham, J. (1995). *The optimistic child*. Boston:

Houghton Mifflin. [枝廣淳子(訳) (2003). つよい子を育てるこころのワクチン：メゲない，キレない，ウツにならないABC思考法 ダイヤモンド社]

Sellers, R. M., Caldwell, C. H., Schmeelk-Cone, K. H., & Zimmerman, M. A. (2003). Racial identity, racial discrimination, perceived stress, and psychological distress among African American young adults. *Journal of Health and Social Behavior, 44*, 302-317.

Sethi, A., Mischel, W., Aber, L., Shoda, Y., & Rodriguez, M. (2000). The role of strategic attention deployment of self-regulation: Prediction of preschoolers' delay of gratification from mother-toddler interactions. *Developmental Psychology, 36*, 767-777.

Shaver, P. R., & Mikulincer, M. (2005). Attachment theory and research: Resurrection of the psychodynamic approach to personality. *Journal of Research in Personality, 39*, 22-45.

Shelton, J. N. (2000). A reconceptualization of how we study issues of racial prejudice. *Personality and Social Psychology Review, 4*, 374-390.

Shoda, Y. (1990). *Conditional analyses of personality coherence and dispositions.* Unpublished doctoral dissertation, Columbia University, New York.

Shoda, Y. (2007). Computational modeling of personality as a dynamical system. In R. W. Robins, R. C. Fraley, & R. F. Krueger (Eds.), *Handbook of research methods in personality psychology.* New York: Guilford Press.

Shoda, Y., LeeTiernan, S., & Mischel, W. (2002). Personality as a dynamical system: Emergence of stability and consistency from intra- and interpersonal interactions. *Personality and Social Psychology Review, 6*, 316-325.

Shoda, Y., & Mischel, W. (1993) Cognitive social approach to dispositional inferences: What if the perceiver is a cognitive-social theorist? *Personality and Social Psychology Bulletin* [Special issue on Dispositional Inferences], *19*, 574-585.

Shoda, Y., & Mischel, W. (1998). Reconciling processing dynamics and personality dispositions. *Annual Review of Psychology, 49*, 229-258.

Shoda, Y., & Mischel, W. (2000). Reconciling contextualism with the core assumptions of personality psychology. *European Journal of Personality, 14*, 407-428.

Shoda, Y., Mischel, W., & Peake, P. K. (1990). Predicting adolescent cognitive and self-regulatory competencies from preschool delay of gratification: Identifying diagnostic conditions. *Developmental Psychology, 26*, 978-986.

Shoda, Y., Mischel, W., & Wright, J. C. (1989). Intuitive interactionism in person perception: Effects of situation-behavior relations on dispositional judgments. *Journal of Personality and Social Psychology, 56*, 41-53.

Shoda, Y., Mischel, W., & Wright, J. C. (1993a). Links between personality judgments and contextualized behavior patterns: Situation-behavior profiles of personality prototypes. *Social Cognition, 4*, 399-429.

Shoda, Y., Mischel, W., & Wright, J. C. (1993b). The role of situational demands and cognitive competencies in behavior organization and personality coherence. *Journal of Personality and Social Psychology, 56*, 41-53.

Shoda, Y., Mischel, W., & Wright, J. C. (1994). Intra-individual stability in the organization and patterning of behavior: Incorporating psychological situations into the idiographic analysis of personality. *Journal of Personality and Social Psychology, 67*, 674-687.

Showers, C., & Cantor, N. (1984, April). *Defensive pessimism: A "hot" schema and protective strategy.* Paper presented at the annual meeting of the Eastern Psychological Association, Baltimore.

Shweder, R. A. (1975). How relevant is an individual difference theory of personality? *Journal of Personality, 43*, 455-485.

Shweder, R. A. (1990). Cultural psychology: what is it? In J. W. Stigler, R. A. Shweder, & G. Herdt (Eds.), *Cultural psychology: Essays on comparative human development* (pp. 1-43). Cambridge, UK: Cambridge University Press.

Shweder, R. A. (1991). *Thinking through cultures: Expeditions in cultural psychology.* Cambridge, MA: Harvard University Press.

Shweder, R. A., & Much, N. C. (1987). Determinants of meaning: Discourse and moral socialization. In W. M. Kurtines & J. L. Gewirtz (Eds.), *Moral development through social interaction* (pp. 197-244). New York: Wiley.

Silverman, L. H. (1976). Psychoanalytic theory: The reports of my death are greatly exaggerated. *American Psychologist, 31*, 621-637.

Simons, A. D., & Thase, M. E. (1992). Biological markers, treatment outcome, and 1-year follow-up in endogenous depression: Electroencephalographic sleep studies and response to cognitive therapy. *Journal of Consulting and Clinical Psychology, 60*, 392-401.

Singer, C. J. (1941). *A short history of science to the nineteenth century.* Oxford, UK: Clarendon Press.

Singer, J. A., & Salovey, P. (1993). *The remembered self: Emotion and memory in personality.* New York: Free Press.

Singer, J. L. (1988). Sampling ongoing consciousness and emotional experience: Implications for health. In M. J. Horowitz (Ed.), *Psychodynamics and cognition* (pp. 297-346). Chicago: University of

Chicago Press.
Skinner, B. F. (1953). *Science and human behavior.* New York: Macmillan. ［河合伊六ほか（訳）(2003). 科学と人間行動　二瓶社］
Skinner, B. F. (1955). Freedom and the control of men. *American Scholar*, 25, 47-65.
Skinner, B. F. (1967). An autobiography. In E. G. Boring & G. Lindzey (Eds.), *A history of psychology in autobiography* (Vol. 5, pp. 387-413). New York: Appleton-Century-Crofts.
Skinner, B. F. (1974). *About behaviorism.* New York: Knopf.［犬田 充（訳）(1975). 行動工学とはなにか：スキナー心理学入門　佑学社］
Smith, C. A., & Lazarus, R. S. (1990). Emotion and adaptation. In L. A. Pervin (Ed.), *Handbook of personality: Theory and research* (pp. 609-637). New York: Guilford Press.
Smith, E. E., & Jonides, J. (1999). Storage and executive processes in the frontal lobes. *Science*, 283, 1657-1661.
Smith, E. E., & Medin, L. (1981). *Categories and concepts.* Cambridge, MA: Harvard University Press.
Smith, R. G., Iwata, B. A., Vollmer, R., & Pace, G. M. (1992). On the relationship between self-injurious behavior and self-restraint. *Journal of Applied Behavior Analysis*, 25, 433-445.
Smyth, J. M. (1998). Written emotional expression: Effect sizes, outcome types, and moderating variables. *Journal of Consulting and Clinical Psychology*, 66, 174-184.
Snyder, M., & Cantor, N. (1998). Understanding personality and social behavior: A functionalist strategy. In D. T. Gilbert, S. T. Fiske, & G. Lindzey (Eds.), *The handbook of social psychology* (4th ed., Vol. 1, pp. 635-679). New York: McGraw-Hill.
Snyder, M., & Uranowitz, S. (1978). Reconstructing the past: Some cognitive consequences of person perception. *Journal of Personality and Social Psychology*, 36, 941-950.
Snygg, D., & Combs, A. W. (1949). *Individual behavior.* New York: Harper & Row.［手塚郁恵（訳）(1970). 人間の行動：行動への知覚的なアプローチ　上・下　岩崎学術出版社］
Sorrentino, R. M., & Roney, C. J. (1986). Uncertainty orientation, achievement-related motivation, and task diagnosticity as determinants of task performance. *Social Cognition*, 4, 420-436.
Sorrentino, R. M., & Roney, C. J. R. (2000). *The uncertain mind: Individual differences in facing the unknown.* Philadelphia: Psychology Press/Taylor & Francis.［安永 悟・大坪靖直・中原定房（訳）(2003). 未知なるものに揺れる心：不確定志向性理論からみた個人差　北大路書房］
Spelke, E. S. (2000). Core knowledge. *American Psychologist*, 55, 1233-1243.
Spiegel, D. (1981). Vietnam grief work using hypnosis. *American Journal of Clinical Hypnosis*, 24, 33-40.
Spiegel, D. (1991). Neurophysiological correlates of hypnosis and dissociation. *Journal of Neuropsychiatry*, 3, 440-445.
Spiegel, D., & Cardena, E. (1990). New uses of hypnosis in the treatment of posttraumatic stress disorder. *Journal of Clinical Psychiatry*, 51 (10 Suppl.), 39-43.
Spiegel, D., & Cardena, E. (1991). Disintegrated experience: The dissociative disorders revisited. *Journal of Abnormal Psychology*, 100, 366-378.
Spiegel, D., Koopman, C., & Classen, C. (1994). Acute distress disorder and dissociation. *Australian Journal of Clinical and Experimental Hypnosis*, 22, 11-23.
Spiegel, D., Kraemer, H. C., Bloom, J. R., & Gottheil, E. (1989). Effect of psychosocial treatment on survival of patients with metastatic breast cancer. *Lancet*, 2, 888-891.
Spinelli, E. (1989). *The interpreted world: An introduction to phenomenological psychology.* Thousand Oaks, CA: Sage.
Spitzer, R. L., Kroenke, K., & Williams, J. B. W. (1999). Validation and utility of a self-report version of PRIME-MD: The PHQ Primary Care Study. *Journal of the American Medical Association*, 282, 1737-1744.
Srivastava, S., John, O. P., Gosling, S. D., & Potter, J. (2003). Development of personality in early and middle adulthood: Set like plaster or persistent change? *Journal of Personality and Social Psychology*, 84, 1041-1053.
Sroufe, L. A. (1977). *Knowing and enjoying your baby.* Englewood Cliffs, NJ: Prentice-Hall.［武井 博（訳）(1984). スルーフ博士の育児書：よい性格を育てる心の育児　玉川大学出版部］
Sroufe, L. A., & Fleeson, J. (1986). Attachment and the construction of relationships. In W. Harte & Z. Rubin (Eds.), *Relationships and development* (pp. 51-72). Hillsdale, NJ: Erlbaum.
Staats, C. K., & Staats, A. W. (1957). Meaning established by classical conditioning. *Journal of Experimental Psychology*, 54, 74-80.
Stams, G. J. M., Juffer, F., & van IJzendoorn, M. H. (2002). Maternal sensitivity, infant attachment, and temperament in early childhood predict adjustment in middle childhood: The case of adopted children and their biologically unrelated parents. *Developmental Psychology*, 38, 806-821.
Staub, E., Tursky, B., & Schwartz, G. E. (1971). Self-control and predictability: Their effects on reactions to aversive stimulation. *Journal of Personality and Social Psychology*, 18, 157-162.

引用文献

Stayton, D. J., & Ainsworth, M. D. S. (1973). Individual differences in infant responses to brief, everyday separations as related to infant and maternal behaviors. *Developmental Psychology, 9*, 226-235.

Steele, C. M. (1997). A threat in the air: How stereotypes shape intellectual identity and performance. *American Psychologist, 52*, 613-629.

Steele, C. M. (1999). Thin ice: "Stereotype threat" and Black college students. *Atlantic Monthly, 284*, 44-54.

Steele, S. (2000, October 30). Engineering mediocrity. *The Daily Report*, the Hoover Institution Office of Public Affairs. Retrieved March 23, 2007, from: http://www.hoover.org/pubaffairs/dailyreport/archive/2867071.html

Stelmack, R. M. (1990). Biological bases of extraversion: Psychophysiological evidence. *Journal of Personality, 58*, 293-311.

Stelmack, R. M., & Michaud-Achorn, A. (1985). Extraversion, attention, and habituation of the auditory evoked response. *Journal of Research in Personality, 19*, 416-428.

Steuer, F. B., Applefield, J. M., & Smith, R. (1971). Televised aggression and the interpersonal aggression of preschool children. *Journal of Experimental Child Psychology, 11*, 442-447.

Stigler, J. W., Shweder, R. A., & Herdt, G. (1990). *Cultural psychology: Essays on comparative human development*. New York: Cambridge University Press.

Stone, A. A., Shiffman, S. S., & DeVries, M. (1999). Rethinking our self-report assessment methodologies. In D. Kahneman, E. Diener, & N. Schwartz (Eds.), *Well-being: The foundations of hedonic psychology* (pp. 26-39). New York: Russell Sage.

Strauman, T. J., Vookles, J., Berenstein, V., Chaiken, S., & Higgins, E. T. (1991). Self-discrepancies and vulnerability to body dissatisfaction and disordered eating. *Journal of Personality and Social Psychology, 61*, 946-956.

Strelau, J., & Zawadzki, B. (2005). The functional significance of temperament empirically tested. In A. Eliasz, S. E. Hampson, & B. de Raad (Eds.), *Advances in personality psychology* (2nd ed., pp. 19-46). New York: Psychology Press.

Stuss, D. T., & Knight, R. T. (Eds.). (2002). *Principles of frontal lobe function*. New York: Oxford University Press.

Sulloway, F. J. (1996). *Born to rebel: Birth order, family dynamics, and creative lives*. London: Little, Brown.

Sutton, S. K. (2002). Incentive and threat reactivity: Relations with anterior cortical activity. In D. Cervone & W. Mischel (Eds.), *Advances in personality science* (pp. 127-150). New York: Guilford Press.

Sutton, S. K., & Davidson, R. J. (1997). Prefrontal brain asymmetry: A biological substrate of the behavioral approach and inhibition systems. *Psychological Science, 8*, 204-210.

Sutton, S. K., & Davidson, R. J. (2000). Resting anterior brain activity predicts the evaluation of affective stimuli. *Neuropsychologia, 38*, 1723-1733.

Swann, W. B., Jr. (1983). Self-verification: Bringing social reality into harmony with the self. In J. Suls & A. G. Greenwald (Eds.), *Social psychology perspectives* (Vol. 2, pp. 33-66). Hillsdale, NJ: Erlbaum.

Talbot, M. (2006, September 4). The Baby Lab. *The New Yorker*, pp. 90-101.

Tart, C. (1970). Increases in hypnotizability resulting from a prolonged program for enhancing personal growth. *Journal of Abnormal Psychology, 75*, 260-266.

Taylor, S. E. (1995). *Health psychology* (3rd ed.). New York: McGraw-Hill.

Taylor, S. E., & Armor, D. A. (1996). Positive illusions and coping with adversity. *Journal of Personality, 64*, 873-898.

Taylor, S. E., & Brown, J. D. (1988). Illusion and well-being: A social psychological perspective on mental health. *Psychological Bulletin, 103*, 193-210.

Taylor, S. E., Klein, L. C., Lewis, B. P., Gruenewald, T. L., Gurung, R. A. R., & Updegraff, J. A. (2000). Biobehavioral responses to stress in females: Tend-and-befriend, not fight-or-flight. *Psychological Review, 107*, 411-429.

Taylor, S. E., Lerner, J. S., Sage, R. M., Lehman, B. J., & Seeman, T. E. (2004). Early environment, emotions, responses to stress, and health. *Journal of Personality* [Special issue on Personality and Health], *72*, 1365-1393.

Taylor, S. E., & Schneider, S. (1989). Coping and the stimulation of events. *Social Cognition, 7*, 174-194.

Tellegen, A., Lykken, D., Bouchard, T., Wilcox, K., Segal, N., & Rich, S. (1988). Personality similarity in twins reared apart. *Journal of Personality and Social Psychology, 54*, 1031-1039.

Tennen, H., Suls, J., & Affleck, G. (1991). Personality and daily experience: The promise and the challenge. *Journal of Personality, 59*, 313-338.

Tesser, A. (1993). The importance of heritability in psychological research: The case of attitudes. *Psychological Review, 100*, 129-142.

Tesser, A. (2002). Constructing a niche for the self: A biosocial, PDP approach to understanding lives. *Self and Identity, 1*, 185-190.

Tett, R. P., Jackson, D. N., & Rothstein, M. (1991).

Personality measures as predictors of job performance: A meta-analytic review. *Personnel Psychology, 44,* 703-742.

Thomas, A., & Chess, S. (1977). *Temperament and development.* New York: Brunner/Mazel.

Thompson-Schill, S. L., Braver, T. S., & Jonides, J. (2005). Editorial: Individual Differences. *Cognitive, Affective and Behavioral Neuroscience, 5,* 115-116.

Thoresen, C., & Mahoney, M. J. (1974). *Self-control.* New York: Holt, Rinehart and Winston. [上里一郎(監訳) (1978). セルフコントロール 福村出版]

Toner, I. J. (1981). Role involvement and delay maintenance behavior in preschool children. *Journal of Genetic Psychology, 138,* 245-251.

Triandis, H. C. (1997). Cross-cultural perspectives on personality. In R. Hogan, J. Johnson, & S. Briggs (Eds.), *Handbook of personality* (pp. 440-459). San Diego, CA: Academic Press.

Triandis, H. C., Lambert, W. W., Berry, J. W., Lonner, W., Heron, A., Brislin, R. W., et al. (1980). *Handbook of cross-cultural psychology.* Boston: Allyn & Bacon.

Triandis, H. C., & Suh, E. M. (2002). Cultural influences on personality. *Annual Review of Psychology, 53,* 133-160.

Trilling, L. (1943). *E. M. Forster.* Norfolk, CT: New Directions Books. [中野康司(訳) (1997). E. M. フォースター みすず書房]

Trivers, R. L. (1971). The evolution of reciprocal altruism. *Quarterly Review of Biology, 46,* 35-57.

Truax, C. B., & Mitchell, K. M. (1971). Research on certain therapist interpersonal skills in relation to process and outcome. In A. E. Bergin & S. I. Garfield (Eds.), *Handbook of psychotherapy and behavior change* (pp. 299-344). New York: Wiley.

Tsuang, M. T., Lyons, M. J., Eisen, S. A., True, W. T., Goldberg, J., & Henderson, W. (1992). A twin study of drug exposure and initiation of use. *Behavior Genetics, 22,* 756.

Tudor, T. G., & Holmes, D. S. (1973). Differential recall of successes and failures: Its relationship to defensiveness, achievement motivation, and anxiety. *Journal of Research in Personality, 7,* 208-224.

Tupes, E. C., & Christal, R. E. (1958). Stability of personality trait rating factors obtained under diverse conditions. USAF WADC Technical Note, No. 58-61.

Tupes, E. C., & Christal, R. E. (1961). Recurrent personality factors based on trait ratings. USAF ASD Technical Note, No. 61-67.

Tversky, A. (1977). Features of similarity. *Psychological Review, 84,* 327-352.

Tversky, A., & Kahneman, D. (1974). Judgment under uncertainty: Heuristics and biases. *Science, 185,* 1124-1131.

Tyler, L. E. (1956). *The psychology of human differences.* New York: Appleton.

Urban, M. S., & Witt, L. A. (1990). Self-serving bias in group member attributions of success and failure. *Journal of Social Psychology, 130,* 417-418.

Usher, R. (1996, October 14). A tall story for our time. *Time Magazine — European Edition*, pp. 10-14 (article can be retrieved at http://www.vwl.uni-muenchen.de/ls_komlos/covereu.html).

Vallacher, R. R., Read, S. J., & Nowak, A. (2002). The dynamical perspective in personality and social psychology. *Personality and Social Psychology Review, 6,* 264-273.

Vallacher, R. R., & Wegner, D. M. (1987). Action identification theory: The representation and control of behavior. *Psychological Review, 94,* 3-15.

Vanaerschot, G. (1993). Empathy as releasing several micro-processes in the client. In D. Brazier (Ed.), *Beyond Carl Rogers* (pp. 47-71). London: Constable.

Vandello, J. A., & Cohen, D. (2004). When believing is seeing: Sustaining norms of violence in cultures of honor. In M. Schaller & C. S. Crandall (Eds.), *The psychological foundations of culture* (pp. 281-304). Mahwah, NJ: Erlbaum.

Van Der Ploeg, H. M., Defares, P. B., & Spielberger, C. D. (1982). Zelf-Analyse Vragenlijst (ZAV) [State-trait anger scale (STAS)]. Lisse, The Netherlands: Swets & Zeitlinger.

Vandenberg, S. G. (1971). What do we know today about the inheritance of intelligence and how do we know it? In R. Cancro (Ed.), *Intelligence: Genetic and environmental influences* (pp. 182-218). New York: Grune & Stratton.

Van Mechelen, I., & Kiers, H. A. L. (1999). Individual differences in anxiety responses to stressful situations: A three-mode component analysis model. *European Journal of Personality, 13,* 409-428.

Vansteelandt, K., & Van Mechelen, I. (1998). Individual differences in situation-behavior profiles: A triple typology model. *Journal of Personality and Social Psychology, 75,* 751-765.

Vernon, P. E. (1964). *Personality assessment: A critical survey.* New York: Wiley.

Wager, T. D., Jonides, J., Smith, E. E., & Nichols, T. E. (2005). Toward a taxonomy of attention shifting: Individual differences in fMRI during multiple shift type. *Cognitive, Affective and Behavioral Neuroscience, 5,* 127-143.

Wager, T. D., Sylvester, C. Y., Lacey, S. C., Nee, D. E., Franklin, M., & Jonides, J. (2005). Common and unique components of response inhibition

引用文献

revealed by fMRI. *NeuroImage*, 27, 323-340.
Walker, A. M., & Sorrentino, R. M. (2000). Control motivation and uncertainty: Information processing or avoidance in moderate depressives and nondepressives. *Personality and Social Psychology Bulletin*, 26, 436-451.
Walker, G. (1991). *In the midst of winter: Systematic therapy with families, couples, and individuals with AIDS*. New York: Norton.
Wallace, A. F. C. (1961). *Culture and personality*. New York: Random House.
Waller, N. G., & Shaver, P. R. (1994). The importance of non-genetic influences on romantic love styles: A twin-family study. *Psychological Science*, 5, 268-274.
Walters, R. H., & Parke, R. D. (1967). The influence of punishment and related disciplinary techniques on the social behavior of children: Theory and empirical findings. In B. A. Maher (Ed.), *Progress in experimental personality research* (Vol. 4, pp. 179-228). New York: Academic Press.
Watkins, C. E., Campbell, V. L., Nieberding, R., & Hallmark, R. (1995). Contemporary practice of psychological assessment by clinical psychologists. *Professional Psychology, Research and Practice*, 26, 54-60.
Watson, D. (1988). The vicissitudes of mood measurements: Effects of varying descriptors, time frames, and response formats on measures of positive and negative affect. *Journal of Personality and Social Psychology*, 55, 128-141.
Watson, J. B., & Rayner, R. (1920). Conditioned emotional reaction. *Journal of Experimental Psychology*, 3, 1-14.
Watson, R. I. (1959). Historical review of objective personality testing: The search for objectivity. In B. M. Bass & I. A. Berg (Eds.), *Objective approaches to personality assessment* (pp. 1-23). Princeton, NJ: Van Nostrand.
Weidner, G., & Matthews, K. A. (1978). Reported physical symptoms elicited by unpredictable events and the type A coronary-prone behavior pattern. *Journal of Personality and Social Psychology*, 36, 1213-1220.
Weigel, R. H., & Newman, S. L. (1976). Increasing attitude-behavior correspondence by broadening the scope of the behavioral measure. *Journal of Personality and Social Psychology*, 33, 793-802.
Weinberger, J. (2002). *Unconscious processes*. New York: Guilford Press.
Weiner, B. (1974, February). *An attributional interpretation of expectancy value theory*. Paper presented at the AAAS Meetings, San Francisco.
Weiner, B. (1990). Attribution in personality psychology. In L. A. Pervin (Ed.), *Handbook of personality: Theory and research* (pp. 465-484).

New York: Guilford Press.
Weiner, B. (1995). *Judgments of responsibility: A foundation for a theory of social conduct*. New York: Guilford Press.
Weir, M. W. (1965). Children's behavior in a two-choice task as a function of patterned reinforcement following forced-choice trials. *Journal of Experimental Child Psychology*, 2, 85-91.
West, S. G., & Finch, J. F. (1997). Personality measurement: Reliability and validity issues. In R. Hogan, J. Johnson, & S. Briggs (Eds.), *Handbook of personality psychology* (pp. 143-165). San Diego, CA: Academic Press.
Westen, D. (1990). Psychoanalytic approaches to personality. In L. A. Pervin (Ed.), *Handbook of personality: Theory and research* (pp. 21-65). New York: Guilford Press.
Westen, D., & Gabbard, G. O. (1999). Psychoanalytic approaches to personality. In L. A. Pervin & O. P. John (Eds.), *Handbook of personality: Theory and research* (2nd ed., pp. 57-101). New York: Guilford Press.
Wheeler, G. (1991). *Gestalt reconsidered: A new approach to contact and resistance*. New York: Gardner Press.
Wheeler, R. E., Davidson, R. J., & Tomarken, A. J. (1993). Frontal brain asymmetry and emotional reactivity: A biological substrate of affective style. *Psychophysiology*, 30, 82-89.
White, B. L. (1967). An experimental approach to the effects of experience on early human behavior. In J. P. Hill (Ed.), *Minnesota Symposia on Child Psychology* (Vol. 1, pp. 201-226). Minneapolis: University of Minnesota Press.
White, M., & Epston, D. (1990). *Narrative means to therapeutic ends*. New York: Norton. [小森康守 (訳)(1992). 物語としての家族　金剛出版]
White, R. W. (1952). *Lives in progress*. New York: Holt, Rinehart & Winston.
White, R. W. (1959). Motivation reconsidered: The concept of competence. *Psychological Review*, 66, 297-333.
White, R. W. (1964). *The abnormal personality*. New York: Ronald Press.
White, R. W. (1972). *The enterprise of living*. New York: Holt.
Whiting, B. B., & Whiting, J. W. M. (1975). *Children of six cultures: A psycho-cultural analysis*. Cambridge, MA: Harvard University Press. [名和敏子(訳)(1978). 六つの文化の子供たち:心理-文化的分析　誠信書房]
Whiting, J. W. M., & Child, I. L. (1953). *Child training and personality: A cross-cultural study*. New Haven, CT: Yale University Press.
Wiedenfield, S. A., Bandura, A., Levine, S., O'Leary, A., Brown, S., & Raska, K. (1990). Impact of

perceived self-efficacy in coping with stressors on components of the immune system. *Journal of Personality and Social Psychology*, 59, 1082-1094.

Wiggins, J. S. (1979). A psychological taxonomy of trait-descriptive terms: The interpersonal domain. *Journal of Personality and Social Psychology*, 37, 395-412.

Wiggins, J. S. (1980). Circumplex models of interpersonal behavior in personality and social psychology. In L. Wheeler (Ed.), *Review of personality and social psychology* (pp. 265-294). Thousand Oaks, CA: Sage.

Wiggins, J. S. (1997). In defense of traits. In R. Hogan, J. Johnson, & S. Briggs (Eds.), *Handbook of personality psychology* (pp. 95-115). San Diego, CA: Academic Press.

Wiggins, J. S., Phillips, N., & Trapnell, P. (1989). Circular reasoning about interpersonal behavior: Evidence concerning some untested assumptions underlying diagnostic classification. *Journal of Personality and Social Psychology*, 56, 296-305.

Wiley, R. C. (1979). *The self concept: Vol. 2. Theory and research on selected topics*. Lincoln: University of Nebraska Press.

Wilson, G. T., & O'Leary, K. D. (1980). *Principles of behavior therapy*. Englewood Cliffs, NJ: Prentice-Hall.

Wilson, M. I., & Daly, M. (1996). Male sexual proprietariness and violence against wives. *Current Directions in Psychological Science*, 5, 2-7.

Wilson, T. D. (2002). *Strangers to ourselves: Discovering the adaptive unconscious*. Cambridge, MA: Harvard University Press. [村田光二(監訳)(2005). 自分を知り，自分を変える：適応的無意識の心理学 新曜社]

Winder, C. L., & Wiggins, J. S. (1964). Social reputation and social behavior: A further validation of the peer nomination inventory. *Journal of Abnormal and Social Psychology*, 68, 681-685.

Winter, D. G. (1973). *The power motive*. New York: Free Press.

Winter, D. G. (1993). Power, affiliation, and war: Three tests of a motivational model. *Journal of Personality and Social Psychology*, 65, 532-545.

Wittgenstein, L. (1953). *Philosophical investigations*. New York: Macmillan. [藤本隆志(訳)(1976). 哲学探究 大修館書店]

Wolf, R. (1966). The measurement of environments. In A. Anastasi (Ed.), *Testing problems in perspective* (pp. 491-503). Washington, DC: American Council on Education.

Wolff, P. H. (1966). The causes, controls, and organization of behavior in the neonate. *Psychological Issues*, 5, 1-105.

Wolpe, J. (1958). *Psychotherapy by reciprocal inhibition*. Stanford, CA: Stanford University Press.

[金久卓也(監訳)(1977). 逆制止による心理療法 誠信書房]

Wolpe, J. (1963). Behavior therapy in complex neurotic states. *British Journal of Psychiatry*, 110, 28-34.

Wolpe, J. (1997). From psychoanalytic to behavioral methods in anxiety disorders: A continuing evolution. In J. K. Zeig (Ed.), *The evolution of psychotherapy: The third conference* (pp. 107-116). New York: Brunner/Mazel.

Wolpe, J., & Lazarus, A. A. (1966). *Behavior therapy techniques: A guide to the treatment of neuroses*. Elmsford, NY: Pergamon Press.

Wolpe, J., & Rachman, S. (1960). Psychoanalytic evidence: A critique based on Freud's case of Little Hans. *Journal of Nervous and Mental Diseases*, 31, 134-147.

Woodall, K. L., & Matthews, K. A. (1989). Familial environments associated with Type A behaviors and psychophysiological responses to stress in children. *Health Psychology*, 8, 403-426.

Wortman, C. B., & Brehm, J. W. (1975). Responses to uncontrollable outcomes. In L. Berkowitz (Ed.), *Advances in experimental social psychology* (Vol. 8, pp. 278-336). New York: Academic Press.

Wright, J. C., Lindgren, K. P., & Zakriski, A. L. (2001). Syndromal versus contextualized assessment of childhood psychopathology: Differentiating environmental and dispositional determinants of behavior. *Journal of Personality and Social Psychology*, 81, 1176-1189.

Wright, J. C., & Mischel, W. (1982). The influence of affect on cognitive social learning person variables. *Journal of Personality and Social Psychology*, 43, 901-914.

Wright, J. C., & Mischel, W. (1987). A conditional approach to dispositional constructs: The local predictability of social behavior. *Journal of Personality and Social Psychology*, 53, 1159-1177.

Wright, J. C., & Mischel, W. (1988). Conditional hedges and the intuitive psychology of traits. *Journal of Personality and Social Psychology*, 55, 454-469.

Wright, J. H., & Beck, A. T. (1996). Cognitive therapy. In R. E. Hales & S. C. Yudofsky (Eds.), *The American Psychiatric Press synopsis of psychiatry* (pp. 1011-1038). Arlington, VA: American Psychiatric Press.

Wright, L. (1998). *Twins and what they tell us about who we are*. Hoboken, NJ: Wiley.

Young, J. E., Weinberger, A. D., & Beck, A. T. (2001). Cognitive therapy for depression. In D. H. Barlow (Ed.), *Clinical handbook of psychological disorders: A step-by-step treatment manual* (3rd ed., pp. 264-308). New York: Guilford Press.

Youngblade, L. M., & Belsky, J. (1992). Parent-child antecedents of 5-year-olds' close friendships: A longitudinal analysis. *Developmental Psychology, 28*, 700-713.

Zahn-Waxler, C., Robinson, J. L., & Emde, R. N. (1992). The development of empathy in twins. *Developmental Psychology, 28*, 1038-1047.

Zajonc, R. B. (1980). Feeling and thinking: Preferences need no inferences. *American Psychologist, 35*, 151-175.

Zakriski, A. L., Wright, J. C., & Underwood, M. K. (2005). Gender similarities and differences in children's social behavior: Finding personality in contextualized patterns of adaptation. *Journal of Personality and Social Psychology, 88*, 844-855.

Zayas, V., & Shoda, Y. (2005). Do automatic reactions elicited by thoughts of romantic partner, mother, and self relate to adult romantic attachment? *Personality and Social Psychology Bulletin, 31*, 1011-1025.

Zayas, V., & Shoda, Y. (2007). Predicting preferences for dating partners from past experiences of psychological abuse: Identifying the "psychological ingredients" of situations. *Personality and Social Psychology Bulletin, 33*, 123-138.

Zayas, V., Shoda, Y., & Ayduk, O. N. (2002). Personality in context: An interpersonal systems perspective. *Journal of Personality, 70*, 851-900.

Zelazo, P. D., & Müller, U. (2002). Executive function in typical and atypical development. In U. Goswami (Ed.), *Blackwell handbook of childhood cognitive development* (pp. 445-469). Malden, MA: Blackwell.

Zeller, A. (1950). An experimental analogue of repression, I. Historical summary. *Psychological Bulletin, 47*, 39-51.

Zirkel, S. (1992). Developing independence in a life transition: Investing the self in the concerns of the day. *Journal of Personality and Social Psychology, 62*, 506-521.

Zuckerman, M. (1978). Sensation seeking. In H. London & J. E. Exner (Eds.), *Dimensions of personality* (pp. 487-559). New York: Wiley Interscience.

Zuckerman, M. (1979). Attribution of success and failure revisited: Or the motivational bias is alive and well in attribution theory. *Journal of Personality, 47*, 245-287.

Zuckerman, M. (1983). A rejoinder to Notarius, *Journal of Personality and Social Psychology, 45*, 1165-1166.

Zuckerman, M. (1984). Sensation seeking: A comparative approach to a human trait. *Behavioral and Brain Sciences, 7*, 413-471.

Zuckerman, M. (1990). The psychophysiology of sensation seeking. *Journal of Personality, 58*, 313-345.

Zuckerman, M. (1991). *The psychobiology of personality*. Cambridge, NY: Cambridge University Press.

Zuckerman, M. (1993). P-impulsive sensation seeking and its behavioral, psychophysiological, and biochemical correlates. *Neuropsychology, 28*, 30-36.

Zuckerman, M. (1994). *Behavioral expressions and biosocial bases of sensation seeking*. New York: Cambridge University Press.

Zuckerman, M., Persky, H., Link, K. E., & Basu, G. K. (1968). Responses to confinement: An investigation of sensory deprivation, social isolation, restriction of movement and set factors. *Perceptual and Motor Skills, 27*, 319-334.

索引

人名索引

アイゼンク（Eysenck, H. J.） 69-71, 163
アイダック（Ayduk, O. N.） 37, 516
アズリン（Azrin, N. H.） 341
アドラー（Adler, A.） 276
アルリッヒ（Ehrlich, P. R.） 110
アレン（Allen, A.） 95, 111
アロンソン（Aronson, E.） 416
アンダーセン（Andersen, S. M.） 477
イングリッシュ（English, T.） 583
ヴァン・メッヘレン（Van Mechelen, I.） 108-109, 457
ウィギンズ（Wiggins, J. S.） 75
ウィルソン（Wilson, T. D.） 227, 255
ウィンター（Winter, D. G.） 242
ヴォイク（Woike, B.） 243
ウオルピ（Wolpe, J.） 348-350
ウッドワース（Woodworth, R. S.） 30
エイロン（Ayllon, T.） 341
エインズワース（Ainsworth, M. D. S.） 288
エーデリィ（Erdelyi, M. H.） 254
エプスタイン（Epstein, S.） 73, 87
エリクソン（Erikson, E. H.） 279-280, 282-284
オカナー（O'Connor, T. G.） 147
オルポート（Allport, G. W.） 65-66, 98, 210, 374, 536

カスピ（Caspi, A.） 82-83, 154
カールソン（Carlson, R.） 599
キタヤマ（Kitayama, S.） 583
ギャザニガ（Gazzaniga, M. S.） 129
キャテル（Cattell, R. B.） 67-68
キャンター（Cantor, N.） 38
キルシュトロム（Kihlstrom, J. F.） 229
ギルモア（Gilmore, D. D.） 595-596
ギーン（Geen, R. G.） 164
クーネン（Kuhnen, C.） 175
クライン（Klein, M.） 285
グリゴレンコ（Grigorenko, E. L.） 153
グリーンワルド（Greenwald, A. G.） 458-459
グレイ（Gray, J. A.） 166
クレーク（Craik, K. H.） 86

クレッチマー（Kretschmer, E.） 161
クロス（Kross, E.） 565
グロス（Gross, J. J.） 563
クンダ（Kunda, Z.） 255
ケイガン（Kagan, J.） 134
ケリー（Kelly, G. A.） 387, 394-397, 425, 437, 452-454
ケリー（Kelley, H. H.） 527
コーエン（Cohen, D.） 585
コフート（Kohut, H.） 292
ゴルヴィッツアー（Gollwitzer, P. M.） 571
コールズ（Coles, R.） 484

サー（Ksir, C.） 351
サダラ（Sadalla, E. K.） 591
ザッカーマン（Zuckerman, M.） 171-173
サポルスキー（Sapolsky, R. M.） 156
ザヤス（Zayas, V.） 291, 526-527
サルトル（Sartre, J.-P.） 397, 399
ザワツキー（Zawadzki, B.） 132
ジェイコブソン（Jacobson, L.） 473
ジェームズ（James, W.） 549
シェルドン（Sheldon, W. H.） 161
シャイアー（Scheier, M. F.） 426
シュッツ（Schutz, W. C.） 416
ショウダ（Shoda, Y.） 39, 87, 113, 291, 526
ジョン（John, O. P.） 118
ジョンソン（Johnson, W.） 136
スキナー（Skinner, B. F.） 323-326, 330, 332
ストレロー（Strelau, J.） 132
スミス（Smith, C. A.） 450
セドリンズ（Sedlins, M.） 39
セリグマン（Seligman, M. E. P.） 424-425

ダヴィッドソン（Davidson, R. J.） 570
ダーウィン（Darwin, C. R.） 180
ダウニー（Downey, G.） 514
ダックワース（Duckworth, A. L.） 424
ダラード（Dollard, J.） 307-308, 311-314
チェン（Chen, S.） 583
チェン（Cheng, C.） 187

チクゼントミハリ（Csikszentmihalyi, M.） 425
テイラー（Taylor, S. E.） 426, 593-594
デシ（Deci, E. L.） 383
テット（Tett, R. P.） 88
テレゲン（Tellegen, A.） 136
ドー（Deaux, K.） 590
ドウェック（Dweck, C. S.） 492
トリリング（Trilling, L.） 573

ナイサー（Neisser, U.） 439
ナッツォン（Knutson, B.） 175
ニスベット（Nisbett, R. E.） 595
ノーマン（Norman, W. T.） 77
ノレン-ホークセマ（Nolen-Hoeksema, S.） 422

パヴィン（Pervin, L. A.） 3, 87
ハウザー（Hauser, M. D.） 209
バージ（Bargh, J. A.） 549
バス（Buss, D. M.） 86, 186-187
パターソン（Patterson, G. R.） 33
ハバーマス（Habermas, T.） 414
パブロフ（Pavlov, I.） 316-317
バリック（Barrick, M. R.） 88
パールズ（Perls, F. S.） 415
バンデューラ（Bandura, A.） 440, 444-445, 455
ヒギンズ（Higgins, E. T.） 404, 533
ピンカー（Pinker, S.） 185
ビンスワンガー（Binswanger, L.） 377-378
ファンダー（Funder, D. C.） 4
ファーンハム（Farnham, A.） 458-459
フィスク（Fiske, A. P.） 572-573
ブラック（Bluck, S.） 414
フランシス（Francis, D. D.） 147
フロイト（Freud, S.） 5, 195-224, 478
フロイト（Freud, A.） 212, 268
ブロック（Block, J.） 87, 551
プローミン（Plomin, R.） 142
フロム（Fromm, E.） 278
ヘザートン（Heatherton, T. F.） 129
ベック（Beck, A. T.） 463
ヘッブ（Hebb, D. O.） 172
ベネディクト（Benedict, R.） 578
ペネベイカー（Pennebaker, J. W.） 421-422
ベム（Bem, D. J.） 82-83, 95, 108, 111
ヘラー（Heller, W.） 170

ベンソン（Benson, H.） 419
ボウディン（Boudin, H. M.） 356
ボウルビイ（Bowlby, J.） 287
ホーキンス（Hawkins, R. P.） 353
ボシャール（Bouchard, T. J.） 136, 142
ボス（Boss, M.） 377
ホームズ（Holmes, D. S.） 256
ボルケノウ（Borkenau, P.） 139
ホワイト（White, B. L.） 218
ホワイト（White, R. W.） 236, 240

マイシェンバウム（Meichenbaum, D. H.） 462
マウント（Mount, M. K.） 88
マーカス（Marcus, G.） 127
マーカス（Markus, H. R.） 480
マクアダムス（McAdams, D. P.） 243, 414, 425
マクラナハン（McClanahan, T. M.） 350
マクレランド（McClelland, D. C.） 241
マズロー（Maslow, A. H.） 377, 380, 423
マレー（Murray, H. A.） 230, 236, 239
マンガン（Mangan, C. E.） 262
ミシェル（Mischel, W.） 38, 87, 95, 446-447
ミュレイク（Mulaik, S. A.） 87
ミラー（Miller, S. M.） 262, 307-308, 311-314
メイ（May, R.） 377
メイジャー（Major, B.） 590
メンドーサ-デントン（Mendoza-Denton, R.） 587-588
モーガン（Morgan, C.） 230
モーフ（Morf, C. C.） 518

ユング（Jung, C. G.） 69, 273

ライアン（Ryan, R. M.） 383
ラザルス（Lazarus, R. S.） 450
リーワンティン（Lewontin, R.） 110
ルイス（Lewis, M.） 292
レヴィン（Lewin, K.） 375-376
レヴィンソン（Lewinson, P. M.） 357
ロジャーズ（Rogers, C. R.） 377, 379, 381-387, 417
ローズ（Roese, N. J.） 183
ローゼンソール（Rosenthal, R.） 473
ロッター（Rotter, J. B.） 452-454
ロバース（Lovaas, O. I.） 354

事項索引

■ 欧文
A 76
ARAS 163
BAS 165
BIS 165
C 76
CAPS 511
CAU 512
CBT 462
CR 317
CRF 329
CS 317
DNA 125
E 76
EEG 35
EKG 35
ER 551
fMRI 35
GSR 35
IAT 458
LOA 163

索引

MAO　173
MBSS　261
N　76
n Ach　241
NEO-PI-R　76
O　76
OLA　163
PET　35
PKU　150
Q技法　409
Qソート法　409
Repテスト　389
RS　514-515
SD法　411
TAT　230
TM　418
Tグループ　416
UCR　316
UCS　316

■記号
「〜なら〜に」状況-行動徴候　98, 506
「〜なら〜に」のパターン　100
「〜なら〜に」文化的徴候　583

■あ
愛着　287
熱い解釈　557
熱いシステム　566
熱い認知　450
後知恵的理解　25
アニマ　274
アニムス　274
あるべき自己　404
暗示的側面　388
安全な基地　288
安全な場所　288
安定化選択　182
安定型　288
安定性係数　45
アンドロゲン　594

■い
意識　200
意志薄弱　542
意志力　571
依存性同一視　221
一次過程思考　205
一次的強化子　341
一次的／生物学的欲求　310
一卵性双生児　130
一貫性　103-104, 505
一致　382

一致した治療者　385
偽りの記憶　256
遺伝　124
遺伝子　127
遺伝子と環境の相互作用　143
遺伝的変異型　154
イド　203
異文化間の差異　579
因子分析　76

■う
嘘つき検出器　186
内気　134, 598
鋭敏者　259

■え
エディプス・コンプレックス　220
エロス　204
エンカウンター・グループ　416
遠隔的行動サンプリング法　34

■お
置き換え　213
オペラント　323
オペラント条件づけ　323

■か
外向　69
外向型　61, 163
外向性　76
海馬　569
外肺葉型　161
回避-回避葛藤　314
回避傾向　314
回避ジレンマ　562
下位目標　547
快楽原則　205
学習性動因　312
学習性無力　483
学習性楽観　488
覚醒レベル　163
拡張性　388
影の部分　274
過剰統制　552
過正当化　355
家族療法　420
価値　450
価値の条件　383
活性リンク　511
葛藤　211, 308, 314
活動性　412
活発さ　132

家庭環境　143
カテゴリー化　471
可能自己　479
考えこみ　422
感覚麻痺　199
環境形成特性　68
関係性療法　294
関係的自己　285, 477, 602
関係の安定した機構　513
間欠強化　329
観察　45
観察学習　440
監視型　261
感受性訓練グループ　416
感情　450
感情的な争い　565

■き
記憶課題　38
記憶への影響　472
気質　131
器質性劣等感　277
気質特性　68
基準関連妥当性　46
拮抗条件づけ　348
機能的磁気共鳴画像化法　35
機能的自律性　374
機能分析　343
「客体」としての自己　600
脅威　593
強化　313
強化の随伴性　346
強化のスケジュール　329
共感的学習　293
きょうだい間の対抗意識　277
協調性　76
共通特性　67
共有環境　143
拒食行動　407
去勢不安　220
拒否感受性　514-516, 588
緊張低減　313
勤勉性対劣等感　282

■く
クライエント中心療法　384

■け
経験への開放性　76
継時的信頼性　45
系統的脱感作　348
ゲシュタルト療法　415
血流量計　35
原因帰属　485
嫌悪刺激　331

嫌悪療法　352
元型　274
顕現性　474
健康なパーソナリティ　223,423
顕在的な動機　243
現実原則　206
現実自己　404
現実自己とあるべき自己のズレ　406
現実自己と理想自己のズレ　406
現時点での人生・生活課題　546
現象学　372
現象学的・人間性レベル　13, 17, 367, 509

■こ
行為傾向　86
「行為主体」としての自己　600
抗うつ薬　177
攻撃　40, 515
攻撃者への同一視　221
高次条件づけ　318
高次の成長欲求　380
高次の動機　239
口唇期　217
構成概念　39
構成概念妥当性　48
抗精神病薬　178
肯定的配慮への欲求　382
行動遺伝学　124
行動活性化システム　165
行動形成　328
行動‐結果関連性　449
行動‐結果期待　449
行動査定　336
行動サンプリング　339
行動サンプリング法　32
行動主義　306
行動・条件づけレベル　12, 18, 303, 508
行動の欠陥　355
行動の類型　505
行動抑制システム　165
興奮系リンク　511
肛門期　219
合理化　272
コカイン依存　351
互恵的利他主義　185
誤差分散　97
個人主義　580
個人的適応　21
個人的な意味体系　586

個人的なナラティブ　414
個人的目標　546
固着　221
固定論者　492
古典的条件づけ　316
コネクショニスト理論　511
固有環境　144
根源的特性　68
コンストラクトの代替性　395
コンストラクトの利便性　396
根本的な帰属の誤り　96

■さ
再検査信頼性　45
最上位特性　78
最上位目標　547
最適覚醒レベル　163
催眠　420
作動自己概念　480
参加同意書　51
三重類型論　108, 109

■し
ジェンダー　589
ジェンダー関連行動　590
ジェンダー思考　590
ジェンダー・ステレオタイプ　589
自我　205
自覚　415
自我心理学　267
自我心理学者　267
自我同一性　282
自我統制　551
自我復元性　551
自我防衛機制　268, 270
弛緩反応　350
時間を越えた特性の安定性　81
刺激統制　324, 451
刺激欲求　171
刺激欲求尺度　171
自己　381‐382, 475
自己愛者の行動徴候　517
自己愛的徴候　517
至高体験　380
自己開示　417
自己概念　382
自己決定　383
自己構築　414, 600
自己高揚的バイアス　487
自己効力感　426, 444
自己効力期待　449, 455, 483
自己査定　408

自己指針　407
自己実現　377, 379‐380, 423
自己実現者　423
自己主張訓練　461
自己成就予言　473
自己スキーマ　476
自己性　600
自己制御　451, 537, 541‐542, 548
自己制御有能性　550, 558
自己評価　481, 548
自己評価基準　407
自己不一致　403, 406
自己方向づけ　601
自己報告　408
自己報告法　30, 47
自己理論　476
自主性対罪悪感　281
システム療法　430
自然観察法　32
自尊心　481
実験群　49
実験的アプローチ　48
実行意図　572
実行機能　550
実存主義　372
実存の不安　378
自動性　548
自動的処理　255, 520
死の本能　204
社会的学習理論　440
社会的感情　572
社会的認知　37, 470
社会的文脈　578
社会認知的個人変数　447
社会認知的レベル　15, 19, 433, 509
社交性　132
集合的無意識　273
従属変数　49
集団経験　416
集団主義　580
柔軟な注意　558
自由連想　201‐202, 244
主観的連続性　478
主題統覚法検査　230
主体能動性　600‐601
主体能動的　444
首尾一貫した個人差　1
主要特性　66
昇華　273
消去　313
状況　324
状況テスト　238
状況の役割　97
状況論　96

索 引

状況を越えた一貫性　94
消去スケジュール　356
条件刺激　317
条件性強化子　327
条件性嫌悪　351
条件つき表現　460
条件づけ　316
条件反応　317
条件反応学習　316
上行性網様賦活系　163
常習的接近可能性　512
症状代理形成　358
象徴的プロセス　443
情緒性　131
情緒的安定性　70
情緒的過剰親密　292
情緒反応性　131
情動的な熱いシステム　569
衝動的暴力　570
処理力動　514
自律性対恥と疑惑　280
進化　160, 572
人格学　236
進化論　180
神経症　170, 213
神経症傾向　70, 76
神経症的葛藤　307
神経症的不安　213
神経伝達物質　173
神経伝達物質系　152
親交　594
人種　588
人生・生活課題　546
人生の意味　426
心的構造論　203
心電図　35
親密さへの欲求　243
親密対孤立　283
親密な人間関係　565
信頼性　45
信頼対不信　280
心理辞書的アプローチ　74
心理社会的危機　280
心理社会的発達段階　280
心理的酸素　293
心理的状況　459-460
心理的伝記法　413
心理テスト　30
心理療法　461

■ す
推定遺伝率　139
随伴性管理　355
随伴性契約　355
スキーマ　471
スキーマの活性化　474

スキーマの効果　472
ストレス　154, 156, 562
ストレス対処　21, 566
ストレスに対する世話反応　594
ストレンジ・シチュエーション法　288

■ せ
生活空間　375
性器期　220
性質　93
誠実性　76
精神安定剤　178
精神的安寧　423
精神分析　198, 244
精神力動　209
精神力動的行動理論　307
精神力動的・動機づけレベル　11, 18, 195, 507
精神力動論　198
性心理的発達段階　217
成績に関する測度　30
生体の経験　384
生体的な全体　379
生体の評価　382
成長論者　492
生／性の本能　204
生物学・生理レベル　10, 17, 121, 507
生物学的切替え装置　127
生物学的欲求　310
生物の準備性　186
性役割　595
性役割アイデンティティ　590
生理的機能　35
勢力欲求　242
世代性対自己没頭と停滞　283
接近 - 回避傾向　309
接近可能性　474
接近傾向　309, 314
接近ジレンマ　553
接近 - 接近葛藤　314
セロトニン　154
前意識　200
潜在期　220
潜在的自尊心　458
潜在的な動機　243
潜在的方法　243
潜在連合テスト　458
全体としての人間　20
選択的注意　259
前部注意系　550

■ そ
相関　42
相関関係　42
相関係数　42
双極　388
相互作用　89
相互作用論　106
相互作用論の原理　108
操作化　40
操作的定義　39
双生児法　130
双方向の相互作用　523
双方向の相互作用主義　465
促進焦点　532
測定　45

■ た
体型　161
退行　221
体質的特性　68
対象関係論　285
代償的動機づけ　277
対人行動の領域　74
態度　67
大脳の非対称性　164
タイプA行動パターン　61
代用貨幣　342
ダウン症候群　151
タキストスコープ　252
ターゲット　37
多元的自己概念　479
多重行動基準　73
達成欲求　241
多動　353
妥当性　46
タナトス　204
男根期　220
男性ホルモン　594

■ ち
知覚された統制　487
知覚的防衛　251
注意そらし　556
注意のコントロール　571
注意の方向づけ　472
中心的養育者　287
中心特性　66
中肺葉型　161
超越瞑想法　418
超自我　206

■ つ
通過性の高い境界　376

■ て
抵抗　245

手がかり 312
敵意 109
適応的無意識 254
適用可能性 474
テストステロン 174
テストステロン 594
徹底操作 247, 564
転移 224, 246, 477

■と
同一性 414
同一性対役割拡散 282
同一性の危機 284
同一文化内の差異 579
動因 311
動因低減 313
投影 271
投影法 32, 229
動機決定論 199
同期性の原理 376
動機づけ 549
動機の同期性 374
動機の変容 209
道具的学習 323
統計的有意性 44
統合 505, 510
統合対絶望 283
統合的システム理論 584
同性愛嫌悪 273
統制群 49
統制的処理 520
統制不足 552
闘争か逃走か反応 568
独自特性 67
特性 63
特性アプローチ 60
特性帰属 64
特性構造 67
特性・性質レベル 10, 17, 57, 505
独立変数 49
トークン 342
友だちづくり 594
トラウマ 321
トラウマ経験 245
努力統制 550
鈍麻型 261

■な
内向 69
内向型 61, 163
内的一貫性 45
内的経験 403
内的ワーキング・モデル 287
内胚葉型 161

内発的動機づけ 451
内容的妥当性 46
仲間づくり 594
ナラティブによる同一性 414

■に
二次的性質 67
二重盲検法 50
二卵性双生児 130
人間関係訓練グループ 416
人間性心理学 371
人間の主体性 601
認知革命 439
認知行動療法 462
認知的回避 258
認知的・感情的パーソナリティ・システム 511
認知的・感情的ユニット 512
認知的再構成 246, 463
認知的再評価 563
認知的転換 439, 566
認知的に冷静なシステム 569
認知的評価 562
認知療法 463

■ね
ネガティブ感情 563
ネットワーク情報処理モデル 511

■の
脳 160
脳画像法 35
脳波計 35
能力特性 68
ノード 511

■は
剥奪の条件 311
恥 486
パーソナリティ構造 513
パーソナリティ査定 228, 454
パーソナリティ・システム 504
パーソナリティ心理学 1
パーソナリティ性質 514
パーソナリティ徴候 99
パーソナリティの一貫性 446
パーソナリティの社会認知的な再概念化 446
パーソナリティの定義 3

パーソナリティの発達 518, 596
パーソナリティのパラドックス 95, 111
パーソナリティの変容 461
パーソナル・コンストラクト 388
パーソナル・コンストラクト理論 387
パーソンセンタード・セラピー 384
罰 331
場の理論 375
ハーバード派人格学者 236
般化 328
般化した条件性強化子 327, 341
反射 316
反社会的パーソナリティ 174
反動形成 271
反応 313
反応時間 37

■ひ
非活性リンク 511
悲観主義 488
悲観的説明スタイル 488
非共有環境 144
非言語コミュニケーション 412
ヒステリー 199
ヒステリー性感覚麻痺 213
ビッグ5 76, 578
ビッグ5構造 76
否定的情動 562
人か状況か論争 95, 96
ヒトゲノム 126
人と状況の相互作用 107
人と状況の相互作用パターン 155
否認 213
皮膚電気反応 35
評価性 412
評定者間一致度 46
表面的特性 68

■ふ
不安 248, 321, 491
不安強度の階層 349
不安定 - 回避型 288
不安定 - 両価型 288
フェニルケトン尿症 150
符号化 448
不確かさへの志向 107
部分強化 329

索　引

プライミング　37, 474
プロトタイプ　471
プロトタイプ性　80
文化　578
文化的アフォーダンス　584
文化的な意味体系　581
文化的ユニット　581
分析心理学　273
分析レベル　7
分析レベルの統合　20

■へ
併存的妥当性　47
ペット・スキャン　35
ペニス羨望　220
変数　42
扁桃体　176, 568
弁別訓練　328
弁別刺激　327
弁別的能力　187, 558

■ほ
防衛　213, 258
防衛的悲観主義　536
方向性選択　182
報酬　354
報酬遅延　553
法則性　443
誇り　486
ポジティブ心理学　424
ポリグラフ　35

■ま
マシュマロ検査　554
マッチョ・パターン　595
マンダラ　275
マントラ　418

■み
ミラー行動スタイル尺度　261

■む
無意識　200
無意識過程　254
無気力　483

無条件刺激　316
無条件反応　316
無思料　315
無力感　488, 490
無力感志向　490

■め
名義的状況　460
明示的側面　388
迷信行動　330
瞑想　418
名誉の文化　586
目立ちやすさ　474
面接　410
面接技法　29

■も
目標　450
目標勾配　309
目標達成　541
目標追求　541, 546
目標の階層　547
モデル学習　440
モデルのいないモデル学習　462
モノアミン酸化酵素　173

■や
役割　396
役割構成レパートリーテスト　389

■ゆ
有効成分　523
有能感　549
有能性　282
有能性への動機づけ　241
夢　200
夢解釈　244

■よ
よい-悪い　412
陽電子放射断層撮影法　35
抑圧　213, 249
抑圧された記憶　256
抑圧者　259

抑圧性-鋭敏性　258
抑うつ　154, 488, 516
抑うつの指標　485
抑制　250, 563
抑制系リンク　511
抑制性　134
予測可能性　487
予測的妥当性　47
予防焦点　532

■ら
楽観主義　489
楽観主義傾向　426

■り
力動特性　68
力量性　412
理想自己　404
リビドー　204
領域固有性　186
両価性　309
利用可能性　474
リラクゼーション反応　350
リンク　511
倫理ガイドライン　51

■る
類型　61

■れ
冷静化の戦略　556
冷静な解釈　557
冷静なシステム　566
劣等コンプレックス　277
連続強化　329
連続プライミング音読課題　37

■ろ
ロジャーズ派セラピー　384
ロールシャッハ・テスト　229

■わ
歪曲　213

監訳者略歴

黒沢　香 (くろさわ　かおる)

1986年　コロンビア大学大学院自然科学研究科社会心理学専攻修了 Ph.D.
現　在　東洋大学社会学部教授

主な著訳書

心理学ガイド（分担執筆, 相川書房）
法と心理学のフロンティア
　　　　　　　　　　（分担執筆, 北大路書房）
事例に学ぶ心理学者のための研究倫理
　　　　　　　　　　（分担執筆, ナカニシヤ出版）
目撃供述・識別手続に関するガイドライン（分担執筆, 現代人文社）
サイコ・ナビ 心理学案内
　　　　　　　　　　（分担執筆, ブレーン出版）
心理学総合事典（分担執筆, 朝倉書店）

原島　雅之 (はらしま　まさゆき)

2009年　千葉大学大学院自然科学研究科情報科学専攻単位取得退学
現　在　千葉大学地域観光創造センター特任研究員

主な著訳書

無意識と社会心理学（分担訳, ナカニシヤ出版）

ⓒ 黒沢　香・原島雅之　2010

2010年4月15日　初版発行

パーソナリティ心理学
　全体としての人間の理解

原著者　W. ミシェル
　　　　Y. ショウダ
　　　　O. アイダック
監訳者　黒沢　香
　　　　原島　雅之
発行者　山本　格

発行所　株式会社　培風館
東京都千代田区九段南4-3-12・郵便番号102-8260
電　話 (03)3262-5256(代表)・振　替00140-7-44725

前田印刷・牧 製本

PRINTED IN JAPAN

ISBN978-4-563-05200-3 C3011